Boccaccios weltliterarische Schöpfung, die Novelle, hat ihre Vorläufer im Mittelalter: in kürzeren Verserzählungen über List und Betrug, Ehebruch und Liebe, erotische Besessenheit und feinsinnige Minne, derbe Obszönität und raffinierte Kasuistik. Der wagemutige Ritter und die höfische Dame, der galante Pfaffe und die kokette Bürgersfrau, der törichte Bauer und der listige Student, die liebestolle Nonne und der naive Mönch sind ihre Helden.

Die vorliegende Ausgabe bildet die thematische Vielfalt und Entwicklung dieser Gattung vom frühen 13. bis zum 15. Jahrhundert ab und erschließt sie durch profunde Kommentare. Die mittelhochdeutschen Texte sind kritisch geprüft, vielfach neu ediert und in die Sprache der Gegenwart übersetzt.

DEUTSCHER KLASSIKER VERLAG
IM TASCHENBUCH
BAND 47

NOVELLISTIK DES MITTELALTERS

Herausgegeben, übersetzt und
kommentiert von
Klaus Grubmüller

DEUTSCHER
KLASSIKER
VERLAG

Dieser Titel entspricht Band 23, herausgegeben von Klaus Grubmüller
der *Bibliothek des Mittelalters*, Frankfurt am Main 1996

Umschlagabb.: Codex FB 32001, Blatt 36r. Tiroler Landesmuseum
Ferdinandeum, Innsbruck

Deutscher Klassiker Verlag
im Taschenbuch · Band 47

Vertrieb durch den Suhrkamp Taschenbuch Verlag
Satz: pagina GmbH, Tübingen
Druck: CPI - Ebner & Spiegel, Ulm
Printed in Germany
ISBN 978-3-618-68047-5

1 2 3 4 5 6 – 15 14 13 12 11 10

NOVELLISTIK DES MITTELALTERS

MÄRENDICHTUNG

INHALT

I
DIE BEGRÜNDUNG DER GATTUNG

DER STRICKER
DIZ IST VON EINEM KUNDIGEN KNEHTE

Hœret, waz einem manne geschach,
an dem sîn êlich wîp zebrach
beide ir triuwe und ir reht.
der hâte einen gevüegen kneht.
der wart des an ir innen,
daz si begunde minnen
heimlîche ir pfarræere;
daz was dem knehte swære.
er halz den meister umbe daz:
er vorhte, er würde im gehaz,
ob er im des verjæhe,
ê er die wârheit sæhe.

Der wirt vuor ze acker und ze holz.
daz wîp hövisch unde stolz,
sô si in den hof sach rûmen,
sône wolde siz niht sûmen,
si koufte met unde wîn.
swaz guoter spîse mohte sîn,
der briet si vil unde sôt.
sô si dem pfaffen danne enbôt,
daz der wirt was entwichen,
sô quam er dar geslichen,
als ein minnediep von rehte sol.
sô si danne gâzen harte wol,
sô begundens an ein bette gân
und begunden dâ kurzwîle hân.
alsô vertriben si manigen tac.

DER STRICKER
DER KLUGE KNECHT

Hört, was einem Manne passierte,
dem seine Frau die Treue brach
(so zerstörte sie die Ordnung).
Er hatte einen braven Knecht.
Der beobachtete,
daß sie
heimlich ein Verhältnis mit dem Pfarrer anfing;
das bedrückte den Knecht.
Er verschwieg es seinem Herrn aus diesem Grund:
er fürchtete, daß der ihm böse wäre,
wenn er es ihm sagte,
ohne daß der die Wahrheit mit eigenen Augen sähe.

Der Bauer zog hinaus zu seinen Äckern und Wäldern.
Immer wenn sie ihn den Hof verlassen sah,
säumte die Frau, schön und in froher Stimmung,
nicht lange
und kaufte Met und Wein.
Was es an guten Speisen gab,
davon briet und sott sie im Überfluß.
Wenn sie dem Pfarrer dann Nachricht gab,
daß der Bauer den Hof verlassen habe,
dann schlich der herbei,
wie es einer, der sich Liebe stiehlt, eben tun muß.
Wenn sie dann ordentlich gegessen hatten,
gingen sie ins Bett
und trieben da ihre Spiele.
So brachten sie manch einen Tag hin.

Ie nahtes, sô der wirt lac
bî dem wîbe unde slief,
sô pflac si, daz si in anerief,
unz er sîn slâfen muose lân.
si hiez in balde ûfstân
und hiez in hin ze holze varn.
si sprach: »wil du die vart sparn,
unz uns diu naht gerûmet,
sô hâst du dich versûmet.
die tage sint zemâzen lanc;
daz nim in dînen gedanc
und var enwec balde.
ez ist verre hin ze walde;
ouch sint diu rinder harte laz.
du solt dich vrüejen deste baz.«
»deiswâr«, gedâhte der kneht,
»ez wære billich unde reht,
wesse mîn meister iuwern muot,
waz ir untriuwen uns tuot.
deiswâr, mac ich ez gevüegen,
ich wil iuch schiere rüegen
sô rehte mit der wârheit,
daz ez iu wirt ein herzeleit.«
dô si zuo dem viuwer quâmen
und ir gewant an sich genâmen,
dô swuor der kneht dâ vür,
ern quæme tâlanc vür die tür,
ern wære vil wol enbizzen ê;
im tæte der hunger sô wê,
daz er enbîzen solde,
ê er iender varn wolde.
daz was der vrouwen ungemach.
iedoch dô si den ernst ersach,
dô brâhte sie einen kæse und brôt.
si sprach: »nu iz den grimmigen tôt!
dune tuost ez durch den hunger niht.

Jede Nacht, wenn der Bauer
bei seiner Frau lag und schlief,
pflegte sie ihn anzusprechen,
bis er nicht mehr weiterschlafen konnte.
Sie gebot ihm, schleunigst aufzustehen
und in den Wald zu fahren.
Sie sagte: »Wenn Du mit dem Aufstehen warten willst,
bis die Nacht vorbei ist,
dann hast Du die Zeit vertan.
Die Tage sind nicht unbegrenzt lang;
das halte Dir vor Augen
und zieh' sogleich los.
Es ist weit bis in den Wald;
und auch die Ochsen sind ziemlich träge.
Um so früher mußt Du Dich aufmachen.«
»Wahrhaftig«, dachte der Knecht bei sich,
»es wäre angebracht,
daß mein Herr Eure Absichten kennte
und auch wüßte, wie ihr uns betrügt.
Bei Gott, wenn ich es fertigkriege,
dann werde ich Euch
so gehörig mit der Wahrheit bloßstellen,
daß Ihr bitter leiden werdet.«
Als sie zum Feuer kamen,
und ihre Kleider anlegten,
da sagte der Knecht, daß er – bei seinem Eid –
den ganzen Tag nicht vor die Türe treten werde,
wenn er nicht vorher ordentlich zu essen bekommen habe.
Ihm füge der Hunger solchen Schmerz zu,
daß er essen müsse,
bevor er irgendwohin gehen könne.
Das war der Frau unangenehm.
Aber als sie sah, daß er es ernst meinte,
brachte sie einen Käse und ein Stück Brot.
Sie sagte: »Schling den finsteren Tod in Dich hinein!
Du machst das nicht aus Hunger.

maht du daz werc gesûmen iht,
des bist du ze allen zîten bereit
durch dîne grôze schalcheit.«
si âzen, als si wolden,
und vuoren, als si solden.

Dô si verre quâmen an die vart:
»meister, nemet disen gart«,
sprach der kneht wider in,
»unde vart ein wîle hin.
ich muoz hin wider gân;
ich hân dâ heime verlân
mîne viustelinge und mînen huot.«
des wart der meister ungemuot,
doch sprach er: »nu louf balde!«
und vuor er hin ze walde.

Daz was dem knehte harte liep;
er verstal sich tougen als ein diep
hin in daz hûs an einen gemach,
dâ man in niht hôrte noch ensach.
sîn vrouwe diu was vil gemeit.
si greif an ir gewonheit
und bereite vil guot spîse.
dô wânde diu unwîse,
ez wære harte wol verholn
und al der werlde vorverstoln;
dâ si sich selben mit betrouc.
ein schœne swîn, daz dannoch souc,
daz vulde si und briet ez wol;
ein kannen guotes metes vol,
die holde si, dâ si in veile vant;
dar zuo buoch si zehant
ein vochenzen wîz als ein snê
und sande aber alsam ê
heimlîche nâch dem pfaffen.
doch nemohte si niht geschaffen,
daz si die spîse bereite.

Wenn Du die Arbeit irgendwie hinausziehen kannst,
dann bist Du dazu jederzeit bereit
in Deiner übermäßigen Bosheit.«
Sie aßen, wie sie wollten,
und ritten, wie sie sollten.
Ein Stück weit waren sie auf ihrem Weg gekommen:
»Herr, nehmt die Gerte«,
sagte da der Knecht,
»und fahrt ein Stückchen weiter.
Ich muß zurückgehen;
ich habe zu Hause
meine Fäustlinge und meine Mütze vergessen.«
Darüber war der Bauer ungehalten,
trotzdem sagte er: »Lauf zu!«
Und er selbst zog weiter in den Wald.
Das war dem Knecht sehr recht;
er schlich sich heimlich wie ein Dieb
zum Haus in einen Raum,
wo man ihn nicht hören und sehen konnte.
Seine Herrin war in bester Stimmung.
Sie tat wie gewöhnlich
und bereitete ein feines Mahl zu.
Dabei glaubte die Törin,
dies geschähe ganz heimlich
und verborgen vor aller Welt.
Damit hat sie sich selbst betrogen.
Ein prächtiges Schwein, so jung, daß es eben noch gesäugt worden war,
füllte sie und briet es knusprig;
eine Kanne Met
holte sie, wo man ihn verkaufte.
Dazu buk sie ein Brot,
weiß wie der Schnee,
und sandte wieder, so wie sonst,
heimlich nach dem Pfarrer.
Aber sie schaffte es nicht,
das Mahl fertigzumachen.

unz si sô lange gebeite,
dô si ze tische wâren gesezzen,
ê si begunden ezzen,
daz der wirt hin wider heim quam.
Dô man sîn kunft vernam,
dô wânde der pfarræere,
daz ez der kneht wære.
dâ von erkômen si niht
durch die niuwen geschiht:
daz der kneht dâ heime beleip
und daz der meister selbe treip
sîniu rinder von dem walde.
er lief zuo der tür balde
und stiez dar an mit grimme.
dô schuof des wirtes stimme
und ouch der zornicliche stôz,
daz si bî ein ander verdrôz
beide den pfaffen und daz wîp.
»vrouwe, hilf, daz ich den lîp
behalde«, sprach der pfaffe.
»ich wirde ein rehter affe,
begrîfet mich der wirt hie.
ich gewan sô grôze angest nie.
ich hœre wol, im ist zorn;
ich wæne, ich hân den lîp verlorn.«
dô gewan si manigen gedanc
und hiez in under eine banc
in einen winkel ligen gân.
daz si dâ gâz solden hân,
daz barc si allez von dem wege.
daz nam der kneht in sîne pflege,
daz er wol sach, war siz barc
(er was der vrouwen ze karc).
dô den wirt nieman inliez,
mit grimme er aber anestiez

Es hatte sich so lange hingezogen,
bis sie sich zu Tisch setzen
und mit dem Essen beginnen konnten,
daß der Bauer wieder nach Hause kam.
Als man ihn kommen hörte,
glaubte der Pfarrer,
daß es der Knecht sei.
Deshalb erschraken sie gar nicht
über diese neue Wendung,
daß nämlich der Knecht nicht wieder weggegangen war
und der Herr selbst nun
die Kühe aus dem Wald zurücktreiben mußte.
Der rannte sofort zur Türe
und schlug wütend dagegen.
Da bewirkte die Stimme des Bauern
und auch sein zorniges Pochen doch,
daß ihnen ihr Zusammensein unbehaglich wurde,
dem Pfarrer ebenso wie der Frau.
»Liebe Frau! Hilf, daß ich am Leben
bleibe,« sagte der Pfarrer.
»Ich werde wahrhaftig zum Gespött,
wenn mich der Bauer hier erwischt.
Noch nie hatte ich solche Angst.
Man hört es deutlich: er ist voller Wut.
Ich fürchte, mein Leben ist hin.«
Sie aber hatte ein paar gute Ideen
und ließ ihn sich unter eine Bank
in die Ecke legen.
Was sie essen hatten wollen,
das räumte sie alles beiseite.
Darauf richtete aber der Knecht seine ganze Aufmerksamkeit,
damit er auch genau sah, wo sie es verbarg
(er war für die Bäuerin viel zu schlau).
Als den Bauern niemand hereinließ,
schlug er erneut voller Wut gegen die Tür

und begunde daz wîp schelden.
noch balder denne zelden
lief si dô zuo der tür.
si sprach: »ob ich den lîp verlür,
ichn mohte niht ê herkomen;
ich hâte ein werc in die hant genomen,
daz enmohte ich dar ûz gewerfen niht.
sage an, wirret dir iht,
daz du sô vruo komen bist?
waz meinet, daz dir zorn ist?«
unz diu rede wart vernomen,
dô was der kneht hin umbe komen
und began ze dem tore ingân,
dâ er si ensamt sach stân.
dô sprach der meister wider in:
»welch tîvel hâte dich hiute hin,
daz du niht quæme hin wider?
du leist daz werc vaste nider.«
dô mahte er ein mære
und sagete, daz er wære
vil wundern unmüezic sît.
dô lie der meister den strît.
er was biderbe der kneht;
dâ von was des meisters reht,
daz er einen kleinen zorn
vil schiere hâte verkorn.
»vart enwec«, sprach daz wîp,
»und enspart rinder noch den lîp
und bringet holzes genuoc,
daz ir hin ze sumere den pfluoc
niht ensûmet durch die holzvart.
ir hât iuch übele bewart,
daz ir iuch alsô sûmen solt.
unz ir zwei vuoder noch geholt,
sô ist ez, weiz got, vinster naht.
dâ von gâhet über maht!
ir tuot uns anders grôzen schaden.«

und beschimpfte die Frau.
Schneller als wenn sie im Paß gegangen wäre,
rannte sie zur Tür.
Sie sagte: »Und wenn Du mich umbringst,
ich konnte nicht früher kommen.
Ich hatte eine Arbeit in die Hand genommen,
die konnte ich nicht einfach wegwerfen.
Sag, fehlt Dir irgend etwas,
weil Du so früh zurückgekommen bist?
Was bedeutet es, daß Du so zornig bist?«
Als man sie so reden hörte,
da war der Knecht ums Haus gekommen
und ging zu der Tür herein,
wo er die beiden zusammen stehen sah.
Da sagte der Bauer zu ihm:
»Welcher Teufel ist heute in Dich gefahren,
daß Du nicht wieder zurückgekommen bist?
Du hast ziemlich schnell genug von der Arbeit.«
Da erzählte er eine Geschichte
und sagte, daß er
ungemein beschäftigt gewesen sei.
Darauf hörte der Bauer mit dem Schimpfen auf.
Der Knecht war anständig.
Deswegen hatte der Bauer recht,
daß er sein bißchen Ärger
recht schnell unterdrückte.
»Fahrt los«, sagte die Frau,
»und schont weder die Ochsen noch Euch
und bringt so viel Holz,
daß ihr, wenn es auf den Sommer zugeht, den Pflug
nicht über den Holzfuhren vernachlässigen müßt.
Ihr habt Eure Pflichten nicht erfüllt,
wenn Ihr so trödelt.
Bis ihr noch zwei Fuder holt,
ist es, weiß Gott, stockfinster.
Deshalb beeilt Euch jetzt!
Sonst richtet Ihr großen Schaden an.«

si half den wagen selbe entladen
und sprach: »lât iu wesen gâch,
ir hât iuch versûmet nâch.«
Dô sprach der kneht dem meister zuo:
»ez ist benamen noch ze vruo,
daz ich zwei vuoder gehol.
herre meister, tuot sô wol
und lât uns ein wênic ezzen.
mich hât der hunger sô besezzen,
daz ich den lîp niht kan bewarn,
sol ich sô hin ze holze varn,
daz ich des ezzens enbir.
ezzet ein wênic mit mir!
swes ir dar nâch an mich gert,
des sît ir gar von mir gewert.
und ist, daz des niht geschiht,
sô geniezet ir mîn niemer niht.«
der meister sprach: »daz sî getân.
wir suln entriuwen ezzen gân.
swie lützel ich geezzen mac,
ich æze ê allen disen tac,
ê ich dich von hunger verlür.«
dô giengen si in dâ ze der tür.
daz gie dem wîbe an den lîp.
ez müet ein ieslîchez wîp,
diu einen zuoman hât,
ob man in bî ir begât.
unz si die hende hâten getwagen,
dô hâte si ûf den tisch getragen
brôt, kæse und ein tuoch.
si tet in tougen manigen vluoch.
doch sprach si: »ezzet vaste!«
über zwô und drîzic raste
wæren si ir lieber beide
denne an ir ougenweide.
der wirt sprach zuo dem knehte:

Sie half ihm selbst, das Fuhrwerk abzuladen,
und sagte: »Macht schnell,
ihr habt beinahe schon alles versäumt.«
Darauf sagte der Knecht zum Bauern:
»Eigentlich ist es ja noch viel zu früh,
um zwei Fuder zu holen.
Mein Herr und Gebieter, seid so gut
und laßt uns ein wenig essen.
Mich hat der Hunger so gepackt,
daß ich das nicht überlebe,
wenn ich so ins Holz fahren muß,
ohne etwas zu essen zu bekommen.
Eßt ruhig ein bißchen mit.
Was Ihr danach von mir wollt,
das verspreche ich Euch alles.
Wenn das nicht geschieht,
dann werdet Ihr keine Freude mehr an mir haben.«
Der Bauer sagte: »Einverstanden.
Wir wollen uns zum Essen setzen.
Wenn ich auch kaum etwas essen kann,
so äße ich doch lieber den ganzen Tag,
als daß ich Dich durch Hunger verlöre.«
Darauf gingen sie zur Tür hinein.
Das brachte die Frau fast um.
Es macht jeder Frau Ärger,
die einen Nebenmann hat,
wenn man ihn bei ihr findet.
Bis sie sich die Hände gewaschen hatten,
da hatte sie schon
Brot, Käse und auch ein Tischtuch auf den Tisch gebracht.
Heimlich verfluchte sie sie.
Aber sie sagte: »Eßt tüchtig!«
Vierundsechzig Meilen von hier
wären die beiden ihr lieber gewesen
als vor ihren Augen.
Der Bauer sagte zum Knecht:

»dîn vrouwe diu tuot rehte
hiute allen den tac, sam si dich
noch harter vürhte denne mich.
ich weiz wol, hæte ich mir nu
ze ezzen gevodert alsam du,
si wære mir niemer sô gereht.«
»entriuwen, meister«, sprach der kneht,
»ich hân nu lange den sin:
mit swem ich her gewesen bin,
daz man mîn nie niht engalt,
wan ze einer zît, dô was der walt
mit loube wol behangen;
dô quam ein wolf gegangen
hin under mînes meisters swîn.
diu schulde diu was niht elliu mîn,
wan ich sîn leider niht ensach
sô lange, unz mir ein leit geschach,
daz er begreif ein wênigez swîn.
daz was rehte als daz värhelîn,
daz dort ûfe lît gebrâten.
ichn kan des niht errâten,
wederz ir grœzer wære.«
»sich bezzernt dîniu mære«,
sprach der meister wider in.
er gie vrœlîche hin
und nam daz swîn, dâ erz gesach.
der kneht aber dô sprach:
»dô der wolf zuo den swînen quam
und ich ir schrîen vernam,
dô quam ich dar geloufen sâ.
dô lâgen breite steine dâ.
der selben wart mir einer,
der was grœzer noch kleiner
wan als diu vochenz, diu dort stât.
ich enweiz, wer si gemezzen hât:
ich gesach nie niht sô gelich.«

»Deine Herrin verhält sich
heute den ganzen Tag gerade so, als ob sie Dich
mehr fürchtete als mich.
Ich bin mir sicher: Wenn ich für mich
etwas zu essen verlangt hätte so wie Du,
sie hätte mir das niemals so erfüllt.«
»Wahrhaftig, Herr«, sagte der Knecht,
»seit langem habe ich erkannt:
Bei wem ich bisher auch gewesen bin,
nie hat jemand dadurch einen Schaden gehabt,
außer damals, als der Wald
dicht belaubt war.
Da schlich sich ein Wolf
unter die Schweine meines Herrn.
Ich hatte daran nicht allein schuld,
denn ich habe ihn leider so lange nicht gesehen,
bis mich das Unglück traf,
daß er sich ein kleines Schwein griff,
das gerade so war wie das Ferkel,
das dort oben gebraten liegt.
Ich kann gar nicht abschätzen,
welches von den beiden größer war.«
»Deine Geschichten werden besser«,
sagte der Bauer zu ihm.
Er ging frohgemut hin
und nahm das Schwein von dort, wo er es gesehen hatte.
Der Knecht fuhr daraufhin fort:
»Als der Wolf zu den Schweinen kam,
und ich sie schreien hörte,
da lief ich sogleich hin.
Große Steine lagen dort.
Von denen bekam ich einen zu fassen,
der war nicht größer und nicht kleiner
als das Brot, das dort liegt.
Ich weiß nicht, wer es abgemessen hat:
nie habe ich etwas gesehen, was sich so gleich war.«

»unser herre got gesegene dich!«
sô sprach der meister zehant,
»dîniu mære diu sint wol bewant.«
er nam die vochenz her abe.
dô sprach der kündige knabe:
»dô ich den selben stein genam,
ê der wolf von mir quam,
dô warf ich in an daz houbet,
daz er wart sô betoubet,
daz er vil kûme entran
und eine wunden gewan,
diu bluote, als ich swern wil,
vil volliclîche als vil,
ê daz er quæme dannen,
als des metes in der kannen,
die ir dort hinden sehet stân.«
dô begunde der meister dar gân
und nam die kannen her vür.
er sprach: »entriuwen, ich spür
die sælde an dînen mæren wol,
daz ich siu gerne hœren sol;
si sint beide guot und reht.«
»entriuwen, meister«, sprach der kneht,
»dô ich den wolf alsô traf
und im engienc sîn bestez saf,
dô mohte er lützel vliehen.
dô begunde ich im nâchziehen.
dô slouf er in eine veste,
dâ wâren ronen und este
sô vil zesamene geslagen,
daz ich in mêre niht mohte gejagen.
dar under leite er sich nider
und sach vil rehte her wider,
als jener pfaffe iezuo siht
(der trûwet ouch genesen niht),
der dort stecket under der banc.«
der meister mit zorn ûfspranc

»Unser Herrgott möge Dich segnen!«
sagte der Bauer gleich,
»Deine Geschichten sind sinnreich.«
Er nahm das Weißbrot herunter.
Darauf sagte der listige Bursche:
»Als ich diesen Stein nahm,
warf ich ihn, bevor jener noch fliehen konnte,
dem Wolf an den Kopf,
daß er benommen war,
und kaum mehr davonkam
und sich eine Wunde holte,
aus der Blut – das schwöre ich –
in solcher Menge floß,
bevor er floh,
wie der Met in der Kanne,
die ihr dort hinten stehen seht.«
Da ging der Bauer dorthin
und holte die Kanne heraus.
Er sagte: »Wahrhaftig, ich merke
sehr genau den Segen Deiner Geschichten,
deswegen höre ich sie gerne.
Sie sind gut und auch rechtmäßig.«
»Wirklich, Herr«, sagte der Knecht,
»als ich den Wolf so getroffen hatte,
und ihm sein edelster Saft davonfloß,
da konnte er kaum noch fliehen.
Da zog ich hinter ihm her.
Er schlüpfte in einen Bau,
vor dem waren so viele Baumstämme und Äste
übereinandergeworfen,
daß ich ihn nicht weiter jagen konnte.
Unter die legte er sich
und lugte genau so heraus,
wie jener Pfaffe schaut
(der glaubt auch nicht mehr davonzukommen),
der dort unter der Bank steckt.«
Voller Wut sprang der Bauer auf

und gevie den pfaffen bî dem hâr.
er sprach: »nu bin ich zewâr
dîner mære an ein ende komen
und hân vil rehte vernomen,
wes mich dîn vrouwe ûzjaget
ze allen zîten, ê ez taget.«
der pfaffe wart gebunden
sô sêre in kurzen stunden,
unz er dem wirte gehiez
(daz er vil kûme wâr geliez)
sînes guotes alsô vil,
daz im wære ein kindes spil,
hæte er daz wîp nie gesehen.
er muose des ze sælden jehen,
swaz er schaden an dem guote nam,
daz er mit dem lîbe dannen quam.
daz wîp diu wart ouch geslagen,
daz si den lîp mohte klagen
von schulden über manigen tac.
Swie wol si sît des wirtes pflac,
er wart ir dar nâch niemer mê
sô rehte holt, als er was ê.
der kneht was dem meister liep,
daz er im zeigte sînen diep
sô gevuoge âne bœsiu mære.
ez wære ein michel swære,
hæte er imz anders geseit.
Der vriuntlîche kündikeit
mit rehter vuoge kan begân,
der hât dar an niht missetân.
kündikeit hât grôzen sin.
er erwirbet valschen gewin,
der si mit valsche zeiget,
der hât sîn lop geveiget.
der dâ vriuntlîche wirbet mite,

und packte den Pfarrer bei den Haaren.
Er sagte: »Jetzt bin ich wirklich
hinter Deine Geschichten gekommen
und habe in aller Deutlichkeit erfahren,
warum mich Deine Herrin
immerzu fortschickt, noch bevor es Tag wird.«
Der Pfarrer wurde
auf der Stelle so schmerzhaft gebunden,
daß er dem Bauern
(nur mit Mühe konnte er das halten)
so viel an Geld und Gut versprach,
daß es ihm dagegen wie ein Kinderspiel vorgekommen wäre,
wenn er die Frau nie kennengelernt hätte.
Er mußte sich noch glücklich preisen,
weil zwar sein Besitz Schaden nahm,
aber er doch mit dem Leben davonkam.
Auch die Frau bekam solche Prügel,
daß sie ihren Leib bejammern konnte,
tagelang, wie sie es verdient hatte.

Wie sehr sie sich danach auch um den Bauern kümmerte,
er liebte sie nie mehr
so wie vorher.
Den Knecht aber schätzte der Bauer,
weil er ihm seinen Nebenbuhler gezeigt hatte,
so vorsichtig ohne häßliche Worte.
Es wäre eine große Belastung gewesen,
wenn er es anders vorgebracht hätte.

Wenn einer freundschaftlich seine Schlauheit
mit dem rechten Anstand zur Wirkung bringen kann,
der tut nichts Böses.
Schlauheit hat sehr wohl ihren Sinn.
Der holt sich allerdings verderblichen Lohn,
der sie in böser Absicht anwendet;
der richtet seinen guten Ruf zugrunde.
Wenn einer dagegen wohlmeinend mit ihr umgeht,

daz ist ein hovelîcher site.
man mac mit kündikeit begân
daz vil hovelîche ist getân.
daz merket bî dem knehte.
hæte er gesprochen rehte:
»der pfaffe minnet iuwer wîp,
als tuot si sêre sînen lîp«,
daz hæte der meister niht verswigen
und hæte sis zehant gezigen
und hæte si ouch lîhte geslagen.
sô begunde ouch siz dem pfaffen sagen;
sô schüefen lîhte ir sinne,
daz der wirt ir zweier minne
niemer rehte ervüere
und ze jungest wol geswüere,
der kneht hæte in betrogen
und hæte die vrouwen anegelogen
durch sînen bœsen haz,
und würde im vîent umbe daz.
daz was allez hingeleit
mit einer gevüegen kündikeit.
des enhazze ich kündikeit niht,
dâ si mit vuoge noch geschiht.

dann ist das vornehmes Verhalten.
Man kann mit Schlauheit
auch vornehm handeln.
Das könnt Ihr an dem Knecht sehen.
Wenn er einfach gesagt hätte:
»Der Pfarrer schläft mir Eurer Frau,
und sie genau so gern mit ihm«,
dann hätte der Bauer das nicht für sich behalten,
er hätte sie auf der Stelle bezichtigt
und hätte sie vielleicht sogar geschlagen.
Dann hätte die Frau es auch gleich dem Pfarrer gesagt;
leicht hätte sie dann in ihrer Durchtriebenheit erreicht,
daß der Bauer ihr Verhältnis
niemals richtig hätte erkennen können
und daß er am Ende noch geschworen hätte,
daß der Knecht ihn betrogen habe
und Lügen über die Bäuerin verbreite
aus feindseliger Bösartigkeit,
und daß er den Knecht gehaßt hätte.
Das war alles vermieden
durch diese schickliche Klugheit.
Deswegen tadle ich Klugheit nicht,
wenn sie mit Anstand geübt wird.

DER STRICKER
DIZ MÆRE *IST* WIE EIN WÎP IREN MAN LEBENDIC BEGRUOP IESAN

Ein man sprach wider sîn wîp:
»du bist mir liep als der lîp.
zewâre wærestu mir
sô rehte holt als ich dir,
daz næme ich vür der Kriechen golt.
du möhtest mir niemer sô holt
werden, als ich dir bin.
mir ist daz herze und der sin
sô sêre an dich geslagen,
daz ich dirz niemer kan gesagen.«
si sprach: »daz lâ werden schîn.
ich tete durch den willen dîn
swes du mich ie gebæte
und bin dar an iemer stæte.
tuo ein dinc des ich dich bite!
deiswâr, dâ wirbestu mite,
sîn sî wênic oder vil,
daz ich iemer allez daz tuon wil,
des du gesinnest an mich,
und wil des inne bringen dich,
daz du noch lieber bist mir
tûsentstunt denne ich dir.«
er sprach: »nu sage, waz ist daz?
daz tuon ich michel vürbaz,
denne du sîn iemer gegerst,
dar umbe daz du mich gewerst,
daz du alsô sêre minnest mich
mit triuwen, als ich minne dich.«
si sprach: »dâ geloube mir,

DER STRICKER
DER BEGRABENE EHEMANN

Ein Mann sagte zu seiner Frau:
»Ich liebe Dich wie mein Leben!
Sei sicher, würdest Du mich
ganz genauso lieben wie ich Dich,
das wäre mir kostbarer als alles Gold der Erde!
Niemals kannst Du mir so ergeben sein,
wie ich es Dir bin.
Ich hänge mit Herz und Sinn
so sehr an Dir,
daß ich es mit Worten niemals sagen kann.«
Sie sagte: »Das mußt Du mir beweisen.
Ich tat um Deinetwillen
alles, was Du je von mir verlangt hast,
und davon werde ich auch nicht abgehen.
Erfülle mir nur eine Bitte!
Fürwahr, damit erreichst Du,
daß ich immer alles tun werde,
was Du von mir erwartest,
es sei, was es sei,
und ich werde Dir zeigen,
daß Du mir noch tausendmal
lieber bist als ich Dir!«
Er sagte: »Sag doch, was ist es?
Ich will es noch viel besser machen,
als Du es je erbitten kannst,
damit Du mir beweist,
daß Du mich mit der gleichen Ergebenheit liebst,
mit der auch ich Dich liebe.«
Sie sagte: »Dann glaube mir,

mîn trût, swaz ich gesage dir.
ez müet ein iegelîchez wîp
und gât ir rehte an den lîp,
swaz si geseit ir man,
daz er des niht gelouben kan.
uns entuot kein dinc sô wê.«
er sprach: »enist des niht mê,
des du mich bitest?« si sprach: »nein.«
er sprach: »daz wære ein mort und mein,
wære ich dir niht des bereit.
ich wil dir swern einen eit,
wan du mir sô wol behagest,
swaz sô du mir gesagest,
daz ich daz allez gelouben wil,
sîn sî wênic ode vil,
sô du mich minnest als ich dich,
daz du niemer betriugest mich.«
als er der rede vollevuor
und er ir den eit geswuor,
zehant gedâhte si dar an:
»wie versuoche ich, ob mîn man
gelouben welle, daz ich im sage?«
  Ez was an einem mitten tage.
si sprach: »geselle, ez ist naht.
ich hân uns ze ezzen gemaht.
wir suln ezzen und slâfen gân.«
er sprach: »wie hâstu sô getân?
ez ist noch kûme mitter tac.«
»daz ich dîn ie sô wol gepflac«,
sprach daz wîp, »daz ist mir leit.
nu hœre ich des die wârheit,
daz der manne triuwe bœse ist,
sît du meineide worden bist
in sô kurzer wîle wider mich.
ich wolde und hân versuochet dich,
ob dîn triuwe und dîn eit
hæten deheine stætikeit.

mein Liebster, alles, was ich sage.
Es schmerzt jede Frau
und trifft sie zutiefst,
wenn das, was sie zu ihrem Mann sagt,
bei ihm keinen Glauben findet.
Nichts kränkt uns so sehr!«
Er sagte: »Ist das alles,
worum Du mich bittest?« Sie sagte: »Ja.«
Er sagte: »Dann wäre es ein schändliches Verbrechen,
wäre ich dazu nicht bereit.
Ich will Dir einen Eid schwören
(weil ich Dich so sehr mag),
daß ich alles, was Du sagst,
wirklich alles, glauben werde
– es sei, was es sei –,
da Du mich so liebst wie ich Dich
und niemals mein Vertrauen mißbrauchst.«
Als er das gesagt
und beschworen hatte,
begann sie gleich zu überlegen:
»Wie prüfe ich, ob mein Mann
alles, was ich sage, glauben wird?«
Es war eines Mittags.
Sie sagte: »Liebster, es ist Abend.
Das Essen ist fertig.
Wir wollen essen und schlafen gehen.«
Er sagte: »Wieso denn?
Es ist gerade erst Mittag.«
»Ich bedaure es«, sagte die Frau,
»daß ich immer so gut zu Dir war.
Nun beweisen mir Deine Worte,
daß die Treue der Männer nichts wert ist,
weil Du Deinen Eid
nach so kurzer Zeit gebrochen hast.
Ich habe Dich auf die Probe gestellt,
ob Deine Treue und Dein Eid
wirklich zuverlässig sind.

nu sihe ich unde hœre wol,
daz ich dich iemer haben sol
vür ein triuwelôsez vaz.
waz hæte dir geworren daz,
dô ich dir seite, ez wære naht,
hætestu dich wârhaft gemaht
und hætest gesprochen: ›ez ist wâr‹.
ich hân mêr denne ein halp jâr
noch baz gehandelt dînen lîp,
denne ie noch dehein wîp
ir manne getæte.
nu ist dîn triuwe unstæte.
des scheidet sich diu vriuntschaft nu.
ich sach ez als wol als du,
daz ez kûme mitte tac ist,
wan daz ichz tete durch den list,
daz ich dich dâ mit ervuor.«
vil sêre si bî ir lîbe swuor,
ern gewünne ir hulde niemer mê.
diu drô tet im alsô wê,
daz er vil kûme genas,
wan im daz wîp sô liep was.
daz wort er trûriclîche sprach:
»owê, daz ez mir ie geschach,
daz müeze got erbarmen!
des was mir werltarmen
vergezzen, sam mir mîn lîp.«
dô kniete er nider vür daz wîp.
er sprach: »liebiu vrouwe süeze,
gunne mir, daz ich ez büeze
und daz ich ez niemer mêr getuo.
ich wil dir geloben dar zuo,
geschæhe ez mir iht mê,
daz ez iemer ungesüenet stê.«
si sprach: »sô wil ichz varn lân.
du solt daz vil gewis hân,
ez müet mich nu sô sêre,

Nun muß ich feststellen,
daß Du nichts weiter
als ein treuloser Schuft bist.
Was hätte es Dich gekostet,
als ich sagte, der Abend ist da,
deinen Eid zu halten
und zu sagen: ›Ja, es ist wahr!‹
Mehr als ein halbes Jahr habe ich
besser für Dich gesorgt
als jemals eine Frau
für ihren Mann.
Es ist also auf Deine Liebe kein Verlaß.
Deshalb ist es aus zwischen uns.
Ich wußte ebensogut wie Du,
daß es gerade erst Mittag ist,
und sagte es nur in der Absicht,
dich auf die Probe zu stellen.«
Mit großem Ernst schwor sie bei ihrem Leben,
daß er ihre Liebe niemals mehr erlangen werde.
Diese Drohung traf ihn so tief,
daß er sich kaum beruhigen konnte,
denn er liebte diese Frau über alles.
Traurig sagte er:
»O weh, daß mir das widerfahren mußte,
das möge Gott erbarmen!
Das habe ich, einsam wie ich bin,
nicht bedacht, bei meinem Leben!«
Da fiel er vor der Frau auf die Knie.
Er sagte: »Liebe, süße Herrin,
gib mir die Gelegenheit, es wiedergutzumachen
und es niemals mehr zu tun.
Ich will Dir außerdem geloben,
daß ich, sollte es noch einmal geschehen,
keine Nachsicht mehr erwarte.«
Sie sagte: »Dann will ich's hingehen lassen.
Du kannst aber sicher sein,
es schmerzt mich so sehr, daß es dann,

getuost duz iemer mêre,
sô ist diu vriuntschaft dâ hin
und kumest niemer mê, dâ ich bin.«
dô was er vrô, daz si den zorn
sô schiere hâte verkorn.
Dar nâch wol in zwelf tagen
dô begunde si im aber sagen
ein gelogen mære umbe daz,
daz si in wolde versuochen baz.
si dûhte an disem mære,
daz si sîn meister wære;
des wart si stolz unde balt.
si mahte ein volbat (daz was kalt)
und sprach: »ginc in, ez ist warm.«
nu was er des muotes sô arm,
daz er dâ wider niht ensprach,
wan er sich aber des versach,
daz er ir hulde verlür.
swie sêre in in dem bade vrür,
er sprach doch: »ez ist warm genuoc.«
wan er daz sô wol vertruoc,
des wart ir herze vröuden vol.
sît erbôt si imz zwir als wol,
sam si dâ vor ê tæte,
und beleip dar an sô stæte,
daz si in ir mahte sô holt:
hæte si gesprochen: »diu erde ist golt«,
er hæte gesprochen: »ez ist wâr.«
daz tet si aber ein halp jâr.
Nu was ein pfaffe in der stat,
der si des lîbes dicke bat,
swenne erz gevüegen kunde.
daz treip er unz an die stunde,
daz si in minnen began.
eines tages sach si ir man
von im ûz ir stadel gân.

wenn Du das noch einmal tust,
endgültig aus ist;
Du wirst mich niemals mehr sehen.«
Da war er glücklich, daß sie ihren Unmut
so rasch abgelegt hatte.
Etwa zwölf Tage später
fing sie abermals an,
ihm eine falsche Behauptung vorzusetzen,
um ihn auf die Probe zu stellen.
Sie hatte vor, ihn mit dieser Probe
gänzlich zu unterwerfen;
das ließ sie hochmütig und dreist werden.
Sie bereitete ein Vollbad, das eiskalt war,
und sagte: »Steig hinein, es ist warm!«
Inzwischen war er so ängstlich,
daß er ihr nicht widersprach,
weil er fürchtete,
noch einmal ihre Gunst zu verlieren.
Wie sehr ihn in dem Bade auch fror,
er sagte nur: »Es ist angenehm warm.«
Daß er es so klaglos hinnahm,
das freute sie ungemein.
Seither kümmerte sie sich doppelt so aufmerksam um ihn
wie zuvor,
und sie ließ darin so wenig nach,
daß sie ihn sich völlig ergeben machte.
Hätte sie gesagt: »Die Erde ist aus Gold«,
er hätte gesagt: »Ja, es ist wahr!«
Ein halbes Jahr ging das so.
Nun lebte ein Priester in der Stadt,
der so oft um sie warb,
wie er es nur einrichten konnte.
Das trieb er so lange,
bis sie sich ihm hingab.
Eines Tages sah sie ihr Mann,
wie sie von dem Priester aus der Scheune kam.

er sprach: »daz ist missetân,
daz du dem pfaffen sô heimlich bist.«
si sprach: »du liugest, wizze Krist!
daz ich dir sô holt bin,
daz müet aber dînen sin.
ez wart nie wîp, geloube mir,
ir manne holder denne ich dir.
wil du des gelouben niht
und sprichest du dâ wider iht,
ich tuon dir solhen zorn schîn,
daz wir gescheiden iemer sîn.
swaz ich gespriche und begân,
wil du daz niht vür guot hân,
daz solt du balde sagen mir,
sô wil ich mich scheiden von dir.«
er sprach: »ez ist alles guot,
swaz dîn reiner lîp getuot.
dîniu wort diu sint elliu wâr.
und soldestu leben tûsent jâr,
ich gezîhe dich niemer nihtes mê.«
dô tet si im aber baz denne ê.
si bôt ez im wol und dannoch baz.
sô lange bezzerte si daz,
unz si in dar zuo brahte,
daz er ze allen zîten dâhte:
»ich hân daz aller beste wîp,
diu ie gewan wîbes lîp.«
Dô wart ez sô geschaffen,
daz si den selben pfaffen
sô sêre minnen began,
daz ir erleidete der rehte man.
daz tet si schîn, ich sage iu wie:
eines tages er von acker gie,
dô begunde si in anesehen.
si sprach: »waz ist dir geschehen?
daz ich mîn leben ie gewan!«
»waz meinestu, liebe?« sprach der man.

Er sagte: »Es gehört sich nicht,
daß Du mit dem Priester so vertraut umgehst.«
Sie sagte: »Weiß Gott, Du lügst!
Daß ich Dir so gewogen bin,
das schlägt Dir wieder auf den Verstand.
Niemals, glaube mir, hat eine Frau
ihren Mann mehr geliebt als ich Dich.
Willst Du das nicht wahrhaben
und äußerst Du daran den geringsten Zweifel,
dann macht mich das so wütend,
daß wir für immer geschiedene Leute sind.
Wenn Du all das, was ich sage oder getan habe,
nicht zu schätzen weißt,
so mußt Du es mir nur sagen,
dann werde ich Dich verlassen.«
Er sagte: »Es ist alles gut,
was Du edle Frau tust.
Deine Worte sind alle wahr.
Und lebtest Du tausend Jahre,
niemals mehr werfe ich Dir irgend etwas vor!«
Da umsorgte sie ihn wiederum noch mehr als zuvor,
sie verwöhnte ihn mehr und mehr.
Das steigerte sie so lange,
bis sie ihn soweit hatte,
daß er nichts anderes mehr denken konnte als:
»Ich habe die beste Frau,
nie hat eine bessere gelebt.«
Nun kam es aber dahin,
daß sich die Frau in den Priester
so heftig verliebte,
daß ihr der richtige Mann verleidet wurde.
Das machte sie deutlich, ich erzähle Euch wie:
Eines Tages kehrte er vom Feld heim,
da blickte sie ihn an.
Sie sagte: »Was ist mit Dir los?
Daß ich je geboren wurde!«
»Wovon sprichst Du, liebste Frau?« sagte der Mann.

si sprach: »dâ bistu garwe
tôt an dîner varwe.
dir wil des tôdes smerze
iezuo gân an dîn herze;
dâne ist leider niht wider.
ginc an dîn bette und lege dich nider.
wê mir, du wil sterben!
lâ mich dirn pfaffen erwerben,
daz er dir die sêle bewar.«
dô brâhte si den pfaffen dar
und hiez in sprechen sîn bîhte.
des erbat si in vil lîhte.
er wolde an allen dingen
ir willen volbringen.
des twanc in zweier hande nôt:
daz si imz sô wol bôt
und ouch daz nie dehein man
ein wîp sô rehte liep gewan.
dô si sîn bîhte vernâmen
und er gotes lîchnâmen
zuo dem tôde genam
und der pfaffe danne quam,
dô gap si im an sîne hant
ein kerzen, diu was schône enbrant,
und tet im diu ougen zuo.
si sprach: »lieber man, nu tuo
sam die ouch sint in dirre nôt,
wan, lieber man, du bist tôt;
dune solt dich niemer mê geregen.«
Si begunde in ûf die bâre legen;
die brâhte si vil schiere dar.
dô quâmen ir gebûren gar.
die naht si im wahte,
unz sich der tac ûfmahte.
zuo der kirchen man in truoc.
dô roufte si sich unde sluoc.
si gie im weinunde mite

Sie sagte: »Dir ist
der Tod ins Gesicht geschrieben.
Der Todesschmerz wird
Dir gleich ans Herz fassen;
da hilft nichts mehr.
Geh zu Deinem Bett und leg Dich hin!
Weh mir, Du wirst sterben!
Laß mich den Priester holen,
damit er Deine Seele rettet.«
Da führte sie den Priester zu ihm
und forderte ihren Mann auf zu beichten.
Sie mußte ihn nicht lange drängen.
Er wollte in allem
ihren Willen erfüllen.
Zwei Dinge brachten ihn dazu:
daß sie ihn so gut behandelte
und daß es nie einen Mann gegeben hatte,
der seine Frau so wahrhaft liebte.
Als man seine Beichte gehört
und er den Leib des Herrn
auf dem Sterbebett empfangen hatte
und der Priester fortgegangen war,
da gab sie in seine Hand
eine Kerze, die feierlich leuchtete,
und schloß ihm die Augen.
Sie sagte: »Lieber Mann, nun verhalte Dich so
wie alle anderen in dieser Lage,
denn, lieber Mann, Du bist tot;
niemals mehr wirst Du Dich regen.«
Sie legte ihn auf die Totenbahre;
die hatte sie eilig herbeigeschafft.
Dann kamen all ihre Nachbarn.
Nachts hielt sie ihm die Totenwache,
bis der Tag anbrach.
Man trug ihn zur Kirche.
Da riß sie sich die Haare aus und schlug sich.
Sie begleitete ihren Mann unter Tränen

und hâte klägelîche site.
die sêlemisse man im sanc;
diu wart iedoch niht ze lanc.
dar nâch truoc man in ze grabe.
si quâmen sîn beide gerne abe
daz wîp und ouch der pfaffe.
dannoch wânde der affe,
si versuohte in aber alsô
und wolde dar nâch in machen vrô.
daz wolde er vil gewis hân.
sô lange hâte er den wân,
unz man in in daz grap huop
und in vil balde begruop.
dô ez im an die rehten nôt gie,
dô rief er ane alle die,
die umbe daz grap wâren.
er begunde sô gebâren,
als den dâ twinget der tôt.
der pfaffe in allen gebôt,
daz si den segen vür sich tæten
und got vil tiure bæten,
daz er den tîvel dâ vertribe,
daz er iht lenger belibe
bî dem armen lîchnâmen.
»daz werde wâr. âmen«,
sprach dô man unde wîp.
alsô verlôs er sînen lîp.
swaz er gerief und geschrei,
sô sprâchen doch disiu zwei,
diu dâ westen diu mære,
daz ez der tîvel wære,
und liezen in niht ûzgraben.

Den schaden muose er des haben,
daz er satzte ein tumbez wîp
ze meister über sînen lîp.

und gebärdete sich so, wie Trauernde es tun.
Man sang ihm die Seelenmesse
(aber nicht besonders lang).
Danach trug man ihn zum Grab.
Beide wurden sie ihn gerne los,
die Frau und auch der Priester.
Und doch glaubte der Narr,
sie stelle ihn wie zuvor auf die Probe,
um ihn zuletzt glücklich zu machen.
Er war sich ganz sicher.
So lange blieb er bei seinem Wahn,
bis man ihn in das Grab hob
und ihn kurzerhand begrub.
Als es ihm nun wirklich ans Leben ging,
rief er alle um Hilfe an,
die um das Grab versammelt waren.
Jetzt gebärdete er sich wie einer,
der mit dem Tode ringt.
Der Priester forderte alle auf,
sich zu bekreuzigen
und Gott anzuflehen,
den Teufel hier zu vertreiben,
damit er nicht länger
in dem armen Verstorbenen hause.
»So sei es. Amen!«,
sprachen die Männer und Frauen.
Und so verlor er sein Leben.
Wie sehr er auch rief und schrie,
so sagten doch die beiden,
die die Wahrheit kannten,
er sei der Teufel,
und ließen ihn nicht ausgraben.
So mußte er zugrunde gehen,
weil er einer unverständigen Frau
die Herrschaft über sich zugestanden hatte.

DER STRICKER
VON DEM HEIZEN ÎSEN

Ein wîp sprach wider ir man:
»daz ich dîn künde ie gewan,
des wil ich iemer wesen vrô.
got hât dich gezieret sô
an schœne und an vrümikeit
und hât sô gar an dich geleit
swaz einem manne wol gezimt,
daz mir diu sorge den lîp nimt,
die ich dîn vor andern wîben hân.
wære dîn muot nu sô getân,
daz du mich gewis tætest,
daz du iht andere wîbe hætest,
daz wolde ich iemer mêre
gedienen alsô sêre,
daz du des selbe jæhest,
sô du die wârheit sæhest,
daz nie dehein wîp ir man
von herzen alsô liep gewan.«
er sprach: »vil liebiu minne mîn,
ich ger deheines wîbes wan dîn;
du bist mir lieber denne liep.
ich sî ein ungetriuwer diep,
habe ich deheine niuwan dich.
sô dir got, niht enzîhe mich,
daz ich solhes iht tuo;
dâ bistu mir ze liep zuo.
ich bin dir gerne bereit
aller der gewisheit,
der du an mich geruochest,
daz du wol versuochest,

DER STRICKER
DAS HEISSE EISEN

Eine Frau sagte zu ihrem Mann:
»Darüber, daß ich Dir begegnet bin,
werde ich immer glücklich sein.
Gott hat Dich so sehr
durch Schönheit und edle Anlagen ausgezeichnet,
und er hat Dir alles in solcher Fülle verliehen,
was einem Manne wohl ansteht,
daß ich fast vergehe vor Angst,
Dich an andere Frauen zu verlieren.
Wenn Du freilich bereit wärst,
mir die Sicherheit zu geben,
daß Du keine anderen Frauen hast,
dann wollte ich Dir das für alle Zeit
in einem Maße danken,
daß Du selbst sagen müßtest
(wenn Du die Wahrheit nur erkennst):
›Niemals hat eine andere Frau ihren Mann
so von ganzem Herzen geliebt‹.«
Er antwortete: »Du meine innig Geliebte,
ich will keine andere Frau als Dich;
ich liebe Dich über alles.
Ich will ein treuloser Schuft sein,
wenn ich jemals eine andere als Dich haben werde.
Unterstelle mir, um Himmels willen, nicht,
daß ich so etwas jemals mache:
dafür habe ich dich viel zu lieb.
Ich will Dir gerne
alle Sicherheit geben,
die Du haben willst,
damit Du alle Zweifel daran ausräumen kannst,

daz ich dînen lieben lîp
minnen wil vür elliu wîp.«
si sprach: »und getuostu daz,
sô wart nie dehein man baz
gehandelt von sînem wîbe,
denne du von mînem lîbe
gehandelt iemer werden muost,
ob du mir ein gerihte tuost,
des ich dich wil bewîsen:
trac mir daz heize îsen,
als liep ich dir ze vriunde sî!
dâ wil ich rehte kennen bî,
welhe liebe du zuo mir hâst,
ob du âne schulde bestâst.
des wil ich von dir niht enbern.
wil du mich des niht gewern
(daz ist ein êwiger haz),
sô tuostuz niuwan umbe daz,
daz du minnest anderiu wîp
und ahtest niht ûf mînen lîp.«
er sprach: »diu rede ist âne nôt.
mir wære lieber der tôt,
denne ich erwürbe dînen haz.
ich tuon vil gerne allez daz,
dâ mit ich dir gedienen mac,
ichn wil weder naht noch tac
dir dînen willen versagen.
ich wil daz îsen iezuo tragen,
dar umbe daz got bescheine,
daz dich alters eine
mit triuwen minnet mîn lîp
und anders an dehein wîp
nie gewan deheinen muot.«
Daz îsen wart zehant gegluot.
zwêne steine wâren dâ bereit;
dâ wart daz îsen ûfgeleit,
daz ez nâch sînem rehte lac.

daß ich Dich
mehr als alle anderen Frauen liebe.«
Sie sagte: »Wenn Du das tust,
so wird nie ein Mann liebevoller
von seiner Frau behandelt werden
als Du von mir;
auf ewig werde ich Dich verwöhnen
– wenn Du mir den Beweis lieferst,
den ich Dir nennen will:
trage mir zuliebe das heiße Eisen,
wenn ich Dir als Frau so viel wert bin.
Daran werde ich zweifelsfrei erkennen,
wie groß Deine Liebe zu mir ist
und ob Du ohne Schuld bist.
Darauf will ich nicht verzichten.
Wenn Du mir das nicht zugestehst
(das wird uns auf ewig entzweien),
machst Du es nur deswegen,
weil Du andere Frauen liebst
und ich Dir gleichgültig bin.«
Er sagte: »Du mußt nicht so reden.
Lieber würde ich sterben,
als mir Deine Feindschaft zuzuziehen.
Ich mache bereitwillig alles,
womit ich Dir zu Diensten sein kann;
ich werde Dir bei Tag und bei Nacht
nichts abschlagen, was Du möchtest.
Ich werde das Eisen sogleich tragen,
damit Gott offenbar mache,
daß ich ganz allein Dich
aufrichtig liebe
und sich auf eine andere Frau
nie meine Gedanken gerichtet haben.«
  Sogleich wurde das Eisen zum Glühen gebracht.
Zwei Steine waren aufgestellt;
auf sie wurde das Eisen so gelegt,
wie es den Regeln entsprach.

si sprach: »hebe ûf unde trac,
daz ich dîn triuwe ervar.«
der man neigte sich dar.
dâ hâte er einen gevüegen spân
vor in den ermel getân;
den lie er vallen in die hant,
daz sîn daz wîp niht bevant.
dar ûf nam er daz îsen.
er sprach: »nu sol got wîsen,
daz dir mîn lîp noch mîn gedanc
noch nie getet deheinen wanc
und dir ie was mit triuwen mite.«
er truoc ez mê denne sehs schrite.
als schiere daz was getân,
dô barc er aber sînen spân
unde lie si die hant sehen.
si sprach: »ich wil dir iemer jehen,
daz du dich wol behalden hâst
und alles valsches âne stâst.
diu hant ist schœne als ein golt;
ich wil dir iemer wesen holt.«

Er sprach: »des lône dir got!
nu ist mîn bete und mîn gebot,
daz ouch du mir daz îsen treist.
ichn state niht, daz du mirz verseist.
ez muoz hie zehant geschehen;
ich wil ouch dîn triuwe sehen.«
si sprach: »trûtgeselle mîn,
dar zuo wil ich dir ze liep sîn,
daz iemer quæme in dînen gedanc,
daz ich ie getæte deheinen wanc.
du weist wol, wie mir ist,
daz du mir tûsentstunt bist
lieber denne diu sêle mîn.«
er sprach: »lâ die rede sîn!
du woldest mich sîn niht erlân,
zwâr alsô wirt ouch dir getân.

Sie sagte: »Hebe es auf und trage es,
damit ich Deine Treue erkenne!«
Der Mann bückte sich darüber.
Er hatte aber einen passenden Holzspan
vorher in den Ärmel gesteckt;
den ließ er jetzt so in die Hand gleiten,
daß die Frau ihn nicht sehen konnte.
Damit nahm er das Eisen.
Er sagte: »Nun soll Gott dartun,
daß mein Sinnen und Trachten
immer ohne Schwanken war
und ich Dir stets treu gewesen bin.«
Er trug das Eisen mehr als sechs Schritte.
Sobald er das hinter sich gebracht hatte,
versteckte er den Span wieder
und zeigte ihr die Hand.
Sie sagte: »Ich werde jederzeit bezeugen,
daß Du Dich untadelig verhalten hast
und ohne Fehler bist.
Deine Hand ist makellos wie Gold.
Ich werde Dich immer lieben.«
Er sagte: »Dafür danke Dir Gott.
Jetzt verlange aber ich,
daß auch Du für mich das Eisen trägst.
Ich nehme es nicht hin, wenn Du mir das abschlägst.
Es muß auf der Stelle geschehen;
auch ich will Deine Treue bewiesen sehen.«
Sie antwortete: »Geliebter Freund,
dafür sollte ich Dir doch zu teuer sein,
daß Du jemals auf den Gedanken kommen könntest,
ich wäre irgendwie auf Abwege geraten.
Du weißt doch genau, wie es um mich steht:
daß Du mir tausendmal lieber bist
als meine Seele.«
Er antwortete: »Laß das Gerede!
Du hast mir das nicht erspart,
also wird es Dir nun ganz genauso geschehen.

du kanst dich des niht entsagen,
du müezest daz îsen iezuo tragen.«
zehant er ez in daz viuwer truoc
und gluote ez vaste genuoc
und leite ez ouch, dâ ez ê lac.
er sprach: »nu hebe ûf unde trac,
die wîle und ez die hitze hât!«
si sprach: »und ist des dehein rât?«
»nein sîn, entriuwen«, sprach er,
»du hebest dich wærlîche her.
du muost ez tragen als ich.«
si sprach: »geselle, sô bite ich dich
einer vil wêniger gebe;
daz diene ich iemer unz ich lebe,
gewerstu mich der selben bete.
swaz ich dir liebes ie getete,
des gedenke hie mite
unde tuo des ich dich bite.
du weist wol, daz sich ein man
genuoger dinge enthalden kan.
er hât starken muot und starken lîp,
sô sî wir swach und brœdiu wîp
und mugen uns niht enthaben sô wol.
die man sint grôzer krefte vol;
des mugen si tuon unde lân
und mugen dem dinge widerstân.
daz wir der krefte niht enhân,
daz hât got an uns getân.
des sol uns nieman verdenken,
ob wir etewenne wenken.
dâ von lâ mir vor einen man;
wan ich nie deheinen mê gewan
âne dich, des wil ich gote verjehen.
daz solt du an dem gerihte sehen.«
»daz wil ich tuon«, sprach er,

Du kannst Dich da nicht herausreden;
Du mußt jetzt das Eisen tragen.«
Er trug es sogleich zum Feuer,
brachte es gehörig zum Glühen
und legte es wieder dorthin, wo es vorher
gelegen hatte.
Er sagte: »Hebe es jetzt auf und trage es,
solange es heiß ist.«
Sie antwortete: »Muß das wirklich sein?«
»Allerdings«, sagte er,
»komm jetzt hierher.
Du mußt es genauso tragen wie ich.«
Sie sagte: »Geliebter, dann bitte ich Dich
nur um eine ganz kleine Gunst;
ich werde es Dir vergelten, solange ich lebe,
wenn Du mir das gewährst.
An alles, was ich Dir je Gutes getan habe,
erinnere Dich jetzt
und erfülle meine Bitte.
Du weißt, daß sich ein Mann
in vielen Dingen beherrschen kann.
Er hat einen starken Willen und große Kraft.
Wir Frauen dagegen sind schwach und haltlos
und können uns nicht so gut zusammennehmen.
Die Männer sind stark;
deshalb können sie handeln und auch verzichten
und sie können widerstehen.
Wir haben solche Kraft nicht:
so hat Gott uns geschaffen.
Deshalb darf es uns niemand übelnehmen,
wenn wir manchmal straucheln.
Darum: sieh mir einen Mann nach!
Denn mehr als diesen habe ich neben Dir bestimmt
nicht gehabt,
das schwöre ich bei Gott.
Das wirst Du bei dieser Prüfung erkennen.«
»Das soll geschehen«, sagte er,

»nu hebe dich zuo dem îsen her!«
si sprach: »trûtgeselle, tuo
des ich dich bite dar zuo
(daz gediene ich alsô,
daz du muost iemer wesen vrô,
daz du ez ie getæte.
sô ist ouch iemer stæte
diu herzenliebe vriuntschaft
mit micheler triuwen kraft
und diu liebe, die ich zuo dir hân.
du hâst sô wol an mir getân):
daz du mir noch zwêne vorlâst.
sît du wol an mir getân hâst,
nu tuo wol vollen wider mich;
daz diene ich iemer umbe dich.«
er sprach: »daz sî getân.
du muost balde ze dem îsen gân.«
»lieber geselle«, sprach siu,
»ich hân noch guoter pfunde driu,
der du einen pfenninc niht enweist.
nu tuo ez durch got aller meist
und nim diu selben driu pfunt.
ob dir ie ze deheiner stunt
von mir dehein liep sî geschehen,
dar an soltu hiute sehen,
als liep dir dîn sêle sî,
und lâ mir noch vor drî.«
er sprach: »die wil ich dir vorlân.
du hâst der rede genuoc getân.
gesprichestu tâlanc wort mê,
dune tragest mir daz îsen ê,
zewâre ich tuon dir den tôt.«
dô muoste si swîgen durch nôt.
daz îsen nam si ûf die hant
und wart alsô sêre verbrant,
daz si schrei mit grôzer ungehabe:
»ouwê, mir ist diu hant abe!«

»komm zu dem Eisen her!«
Sie antwortete: »Mein geliebter Freund, gehe,
ich bitte Dich, noch einen Schritt weiter
(dafür belohne ich Dich so,
daß Du immer Freude haben wirst
von Deinem Handeln;
dann wird auch
meine innige Verbundenheit mit Dir auf ewig bestehen
und auf die Kraft großer Treue gegründet sein,
und auch meine Liebe zu Dir.
Denn Du hast so gut an mir gehandelt):
sieh mir noch zwei weitere Männer nach.
Da Du schon so gut zu mir gewesen bist,
zeige Dich vollends gütig;
ich werde es Dir immerfort vergelten.«
Er antwortete: »Das sei Dir gewährt.
Geh jetzt zu dem Eisen.«
Sie sagte: »Lieber Freund,
ich besitze noch drei Pfund guter Münzen,
obwohl Du nicht von einem Pfennig weißt.
Mach es vor allem Gott zuliebe
und nimm diese drei Pfund.
Wenn Du je
von mir etwas Liebes erfahren hast,
dann sollst Du jetzt daran denken;
um Deiner Seele willen:
Laß mir noch drei nach!«
Er antwortete: »Ich lasse sie Dir nach.
Jetzt ist aber genug geredet.
Wenn Du jetzt noch ein Wort sagst,
bevor Du das Eisen getragen hast,
dann nehme ich Dir wahrhaftig das Leben.«
Da mußte sie notgedrungen schweigen.
Sie nahm das Eisen in die Hand
und verbrannte sich so sehr,
daß sie voller Verzweiflung schrie:
»O Himmel, meine Hand ist ab!«

Ein wahs hâte er gebreitet
und ein tuoch dar zuo bereitet
und wolde si verbinden.
des bat si in erwinden.
si sprach: »waz hilfet daz bant?
mir ist diu hant sô gar verbrant,
daz si mir nu niemer mê
ze nutze werden mac als ê.«
als er daz hôrte unde sach,
ûz grôzem zorne er dô sprach:
»hie ist dîn triuwe worden schîn.
nu solt du des vil gewis sîn,
daz mir hiute dehein wîp
unmærer ist denne dîn lîp;
und allez, daz dir leit ist,
daz wil ich tuon nâch dirre vrist.
nu hâst du ûf dich geladen
beidiu laster unde schaden;
diu wil ich dir helfen mêren.
rehte als du dîner êren
unz her hâst geschônet,
alsô wirt dir von mir gelônet.«

Er hatte Wachs ausgestrichen
und ein Tuch bereitgelegt
und wollte sie damit verbinden.
Sie bat ihn, das zu lassen.
Sie sagte: »Was hilft der Verband?
Meine Hand ist vollständig verbrannt;
ich werde sie nie mehr
so gebrauchen können wie früher.«
Als er das hörte und sah,
rief er voller Wut:
»So also ist Deine Treue offenbart worden.
Du kannst sicher sein,
daß ich jetzt keine Frau
mehr hasse als Dich.
Und alles, was Leid für Dich bedeutet,
das werde ich von nun an tun.
Du hast auf Dich
Schmach und Schande geladen;
ich werde Dir helfen, sie zu vermehren.
Genau so, wie Du Deine Ehre
bis jetzt geachtet hast,
so werde ich Dir lohnen.«

DER STRICKER
EIN MÆRE VON DRÎEN WÜNSCHEN

Ein man sprach ze sînem wîbe:
»an unser zweier lîbe
tuot got grôzer ungenâden schîn,
daz er uns lât sô arme sîn.
solde ich unz an mînen tôt
von armuot lîden solhe nôt,
ich wolde mich selben tœten ê.
mir tuot diu armuot sô wê,
daz ich enweiz, wie ich gebâren sol.
ich bin zornes und leides vol.
ich kan des niht versinnen mich,
daz ich mich iender wider dich
verworht habe ode wider got.
hâstu iender gotes gebot
zebrochen, daz solt du mir sagen.
ich hilfe dir die buoze tragen,
unz ich dich dîner schulde
bringe an gotes hulde.«
si sprach: »swaz ich begangen hân,
daz hân ich gar mit dir getân.«
er sprach: »sôn ist mir niht bekant,
war umbe uns got habe gepfant
êren und grôzes guotes.
got ist sô rehtes muotes,
gerten wirs, als wirs solden,
er werte uns swes wir wolden.
wir suln wachen über maht
und biten in tac und naht,
daz er uns gebe michel guot.

DER STRICKER
DIE DREI WÜNSCHE

Ein Mann sagte zu seiner Frau:
»Uns beiden zeigt sich Gott
nicht sehr gewogen,
weil er uns so arm leben läßt.
Wenn ich bis zu meinem Tod
derart unter Armut leiden soll,
bringe ich mich lieber selbst um.
Mich quält die Armut so,
daß ich nicht weiß, was ich tun soll.
Ich bin voller Wut und voll Kummer.
Ich kann mich nicht entsinnen,
mich jemals gegen Dich
oder gegen Gott vergangen zu haben.
Wenn Du irgendwann die Gebote Gottes
übertreten hast, dann mußt Du mir das sagen.
Ich helfe Dir, Buße zu tun,
bis ich Dich aus Deiner Schuld
in die Gnade Gottes zurückgeführt habe.«
Sie sagte: »Was ich getan habe,
das habe ich alles mit Dir zusammen gemacht.«
Er sagte: »Dann kann ich nicht erkennen,
warum uns Gott
Ansehen und Reichtum vorenthält.
Gott ist gerecht:
Wenn wir unser Begehren auf die richtige Weise vorbrächten,
dann gewährte er uns, was wir wünschen.
Wir wollen unsere ganze Kraft zusammennehmen
und ihn ohne Unterlaß Tag und Nacht bitten,
daß er uns Reichtum schenke.

ersiht er unsern stæten muot
und die grôzen arbeit dar zuo
(daz wir spâte unde vruo
mit der bete lîden müezen),
er beginnet uns lîhte büezen.«
»daz tuon ich gerne«, sprach daz wîp,
»sol ichs verliesen danne den lîp,
sô tuot mir baz ein kurzer tôt,
denne daz ich ein lange nôt
von armuot müeze lîden;
die wil ich gerne mîden.«
Sine sûmten sich niht mêre;
si bâten got vil sêre
umbe werltlîche rîcheit
und liten michel arbeit.
mit wachen und mit vasten
liezen si ir lîp niht rasten
mit venje und mit gebete.
swaz ieman mit gebete tete,
des liezen si niht under wegen.
des begunden si sô lange pflegen,
unz got ir tumpheit schande
und in sînen engel sande.
der quam, dâ er den man vant;
zuo dem sprach er zehant:
»du solt niht biten umbe guot.
got hât sô genædigen muot,
soldestu guot gehabet hân,
got hæte dir daz reht getân,
als er den andern allen tuot,
die er lât haben michel guot.
ich bin der engel, der dîn pfliget.
daz dir dîn tumpheit anegesiget,
des verliuse ich mîn arbeit.
mir ist daz inniclîche leit.«
er sprach: »daz ich niht guot hân,
dâ hât mir got gewalt getân.

Wenn er unsere Ausdauer sieht
und unsere Anstrengung
(weil wir von früh bis spät
die Mühe des Gebetes auf uns nehmen),
dann wird er uns gewiß helfen.«
»Gerne mache ich das«, sagte die Frau;
»wenn ich dabei dann mein Leben verliere,
dann ist mir ein kurzer Tod lieber,
als für lange Zeit elend
in Armut zu leben;
das möchte ich gerne vermeiden.«
Sie machten sich sofort daran
und baten Gott dringlich
um irdischen Reichtum
und erduldeten große Anstrengungen.
Beim Wachen und beim Fasten
erlaubten sie sich keine Pause,
auf den Knien flehten sie Gott mit ihren Gebeten an.
Alles, was man zu beten pflegt,
das machten sie sich zu eigen.
Das hielten sie so lange durch,
bis Gott ihre Dummheit bloßstellte
und seinen Engel zu ihnen sandte.
Der suchte den Mann auf
und sagte zu ihm:
»Du sollst nicht um Reichtum bitten.
Gott ist so huldvoll gesinnt;
wenn Du reich hättest sein sollen,
dann hätte Gott Dir schon gegeben, was Dir zusteht,
wie er es bei allen anderen tut,
denen er großen Besitz gewährt.
Ich bin der Engel, der Dich beschützt.
Weil Du Deiner Dummheit zum Opfer fällst,
ist alle meine Mühe umsonst.
Mir tut das von Herzen leid.«
Er antwortete: »Damit, daß ich nichts besitze,
tut Gott mir Unrecht.

ich wære als wol guotes wert
als alle, die er guotes hât gewert.
gæbe er mirs, sô solde ichz hân;
er muoz genâde an mir begân.
ich bite in iemer umbe guot,
unz daz er mînen willen tuot.«
dô sprach der himelische bote:
»sît du dem oberesten gote
niht gelouben wil noch mir,
sô wil ich guotes geben dir
noch mêre denne ein michel teil,
daz du versuochest dîn heil.
wirstu danne ein arm man,
dâ bistu selbe schuldic an.
habe drîer wünsche gewalt:
swie dîne wünsche sint gestalt,
die ersten drî die werdent wâr.
soldestu leben tûsent jâr,
du hâst mêre denne vil,
ob daz guot mit dir wesen wil.«
er sprach: »sô bin ich rîche.«
   Er gie vil vrœlîche
hin heim ze sînem wîbe:
»unser zweier lîbe
hât got ir nôt verendet.
er hât uns guot gesendet
mêr, denne wir in gebeten hân.
wir mugen in wol mit vride lân
und mugen wol mit vröuden leben.
er hât drî wünsche mir gegeben;
die werdent wâr alle drî.
nu rât, waz uns daz beste sî.
dunket dich daz wol gewant,
sô wil wünschen ich zehant
von golde einen grôzen berc
und dar umbe ein sô vestez werc
von einer hôhen mûre guot,

Ich bin den Reichtum genauso wert
wie alle, denen er Besitz gewährt hat.
Wenn er ihn mir gäbe, dann könnte ich ihn behalten.
Er muß mir seine Gunst gewähren.
Ich werde ihn immerzu um Reichtum bitten,
bis er meinen Wunsch erfüllt.«
Darauf sagte der Bote des Himmels:
»Da Du weder dem höchsten Gott
glaubst noch auch mir,
will ich Dir also Reichtum schenken,
mehr als reichlich,
damit Du Dein Glück versuchen kannst.
Wenn Du dann wieder arm wirst,
dann bist Du selbst daran schuld.
Du sollst über drei Wünsche verfügen:
von welcher Art Deine Wünsche auch sind,
die ersten drei werden sich erfüllen.
Auch wenn Du tausend Jahre leben wirst,
wirst Du mehr als genug besitzen,
wenn das Geld bei Dir bleiben mag.«
Er sagte: »Jetzt bin ich reich.«
Glücklich ging er
nach Hause zu seiner Frau.
»Für uns beide
hat Gott das Elend beendet.
Er hat uns Reichtum geschenkt,
mehr als wir verlangt haben.
Jetzt können wir ihn in Ruhe lassen
und in Freuden leben.
Er hat mir drei Wünsche freigestellt;
die werden alle drei wahr.
Gib mir einen guten Rat, was das Beste für uns ist.
Wenn Du das für gut hältst,
dann will ich uns auf der Stelle
einen großen Berg Gold wünschen
und darum herum eine fest gebaute
hohe und starke Mauer,

daz uns daz vihe niht entuot;
des wünsche ich zeinem mâle wol.
oder ich wünsche einen schrîn vol,
swie guoter pfenninge ich wil,
der iemer sî gelîche vil,
swie vil ich dar ûz nemen kan,
und swem ich dar ûz ze nemen gan,
daz er doch sî gelîche vol.«
dô sprach daz wîp: »ich hœre wol,
wir haben mêre denne vil.
nu tuo des ich dich biten wil.
du solt mir einen wunsch geben
und solt dâ wider niht streben;
du hâst genuoc an den zwein.
du weist wol, daz ich mîniu bein
sô vil dar nâch gebogen hân.
ez hât got als wol getân
durch mîn gebet sam durch daz dîn:
ein wunsch ist billîche mîn.«
er sprach: »nu habe dir einen
(ich gibe dir mêr deheinen)
und sich, daz du in bestatest sô,
daz sîn al diu werlt werde vrô.«
»nu wolde got«, sprach si zehant,
»hæte ich daz beste gewant
iezuo an mînem lîbe,
daz an deheinem wîbe
in der werlt ie wart gesehen!«
als der wunsch was geschehen,
dô hâte si daz gewant an.
»wê mir wê!« sprach der man,
»du vil unsæligez wîp,
du möhtest aller wîbe lîp
vil wol ze dir gekleidet hân
und hætest dannoch baz getân,
wærestu ieman holt gewesen.

damit uns die Tiere nichts tun.
Das wünsche ich zuerst einmal.
Oder ich wünsche mir eine Truhe voll
mit richtigen Pfennigen, so viel ich will,
die immer gleich viel bleiben,
so viel ich auch daraus hole
und wem ich auch erlaube, etwas herauszunehmen;
immer soll sie gleich voll bleiben.«
Da sagte die Frau: »Ich habe es gehört,
wir haben mehr als genug.
Nun erfülle mir eine Bitte.
Tritt mir einen Wunsch ab
und widersetze Dich dem nicht;
Dir reichen doch auch zwei.
Du weißt doch, daß ich meine Knie
so sehr dafür gebeugt habe.
Gott hat so gut gehandelt
wegen meines Gebetes ebensogut wie wegen des Deinen:
ein Wunsch steht mir zu.«
Er sagte: »So nimm Dir einen
(mehr gebe ich Dir nicht)
und sieh zu, daß Du ihn so verwendest,
daß jedermann damit glücklich wird.«
»Nun gebe Gott«, sagte sie darauf,
»daß ich jetzt sofort das schönste Kleid
an mir trage,
das man jemals an einer Frau
auf der ganzen Welt gesehen hat.«
Kaum war der Wunsch ausgesprochen,
da hatte sie das Kleid schon an.
»O weh«, sagte der Mann,
»Du ganz und gar unglückselige Frau,
Du hättest alle Frauen
ebenso schön wie Dich kleiden können
und hättest noch viel mehr Gutes tun können,
wenn Du nur jemandem zugetan gewesen wärst.

dîn sêle ist iemer ungenesen,
daz du niemans vriunt gewesen bist.
daz wolde der heilige Krist,
sît du triuwen bist lære,
daz ez dir in dem bûche wære,
daz du gewandes würdest sat!«
daz wart wâr an der stat:
daz gewant was in dem wîbe.
daz hæte si in dem lîbe
vil nâch gezerret enzwei.
vil ungevuoge si dô schrei,
wan ir was wirs denne wê.
si schrei ie mê unde mê.
dô man gehôrte disen schal,
die burger quâmen über al
und vrâgeten, waz ir wære.
dô sagete si in daz mære,
daz ir von ir manne geschach.
daz was ir vriunden ungemach;
die dröuweten im mit schalle
und sprâchen daz alle:
»lœset ir uns niht daz wîp,
wir nemen iu iezuo den lîp.«
si zucten mezzer unde swert
und drungen vaste dar wert.
dô er wol hôrte unde sach
beidiu des wîbes ungemach
und sîner vîende drô,
dô mahters alle samt vrô:
»daz wolde got, unser trôst,
daz si sanfte würde erlôst,
daz si gesunt wære als ê.«
dône war ir aber niht mê;
si was der ungenâden vrî,
und hâten die wünsche alle drî
ein schäntlich ende genomen,
und wâren des ze ende komen,
daz si niht guotes solden hân.

Deine Seele wird auf ewig verdammt sein,
weil Du keine Freunde hast.
Christus im Himmel möge es tun,
weil Du so herzlos bist:
daß es in Deinem Bauch sei,
damit Du genug kriegst von dem Kleid.«
Das erfüllte sich sofort.
Das Kleid befand sich in der Frau.
Es hätte sie in ihrem Leib
beinahe zerrissen.
Sie schrie maßlos,
denn sie hatte die schlimmsten Schmerzen.
Sie schrie immer mehr.
Als man diesen Lärm hörte,
kamen die Bürger der Stadt von überall her
und fragten, was sie habe.
Da erzählte sie ihnen die Geschichte:
was ihr durch ihren Mann widerfahren sei.
Das bereitete ihren Verwandten Schmerz;
sie drohten ihm laut
und sagten alle:
»Wenn Ihr die Frau nicht befreit,
dann bringen wir Euch auf der Stelle um.«
Sie zückten Messer und Schwerter
und drangen heftig auf ihn ein.
Als er so das Unglück seiner Frau
sah und hörte
und auch die Drohungen seiner Feinde,
da bereitete er ihnen allen eine Freude:
»Gott, unsere Hoffnung, möge
sie sanft befreien,
damit sie gesund werde wie früher.«
Sogleich quälte sie nichts mehr;
sie war vom Unheil befreit,
– und alle drei Wünsche
hatten ein klägliches Ende genommen
und hatten zum Ergebnis,
daß ihnen nichts gehörte.

Si hâten beidiu missetân;
doch wart dem manne der schulde verjehen.
dem was ouch vaster misseschehen.
daz wart im wol vergolden:
er wart sô vil gescholden
und wart sô gar der werlde spot,
daz er unsern herren got
niht anders bat wan umbe den tôt.
sîn schade was ein grôziu nôt;
dô wart sîn unwerdikeit
vil vollíclîche ein herzeleit:
sîn laster und sîn schande
volden allen in dem lande
beide naht und tac ir ôren.
er wart vor allen tôren
mit den worten ungeschœnet
und wart sô gar gehœnet,
daz er vor leide verdarp
und durch daz leit vor leide starp.

Swer sô vil guotes noch verlür,
swie grôze klage er dar umbe kür,
ern möhte ez doch volklagen niht,
als uns der tôren site vergiht.
unrehtiu gir, unrehtez bejagen
und nach vluste unrehtez klagen,
daz ist wan der tôren ahte.
die tôren sint drîer slahte:
die niht sinne hânt gewunnen,
die enwizzen noch enkunnen;
die andern wellent, wizzen niht,
die sint noch vürbaz enwiht;
sô sint die dritten sinne vol,
die kunnen unde wizzen wol
und tuont daz bœseste dâ bî,
swie ez in allez kunt sî.
manic tôre ist des muotes,

Sie hatten sich beide falsch verhalten;
aber dem Mann wurde die Schuld angelastet.
Der hatte auch den schlimmeren Fehler gemacht.
Dafür empfing er den gerechten Lohn:
Er wurde so sehr beschimpft
und so gnadenlos von allen verspottet,
daß er Gott, unseren Herrn,
nur noch um den Tod bat.
Seine Strafe war großes Leid;
der Verlust seiner Ehre
schmerzte ihn tief:
Sein Schimpf und seine Schande
klangen allen weit umher
Tag und Nacht in den Ohren.
Er wurde als der schlimmste aller Toren
mit bösen Worten geschmäht
und so schlimm verhöhnt,
daß er vor Leid verging
und in diesem Elend aus Kummer starb.
Wer so viel Reichtum noch verliert,
der kann das – wie heftig er auch jammert –
niemals angemessen beklagen:
das beweist uns das Schicksal dieser Toren.
Schlechte Begierden, falsches Streben
und nach dem Verlust ungerechte Klage,
das ist gerade die Art der Toren.
Es gibt dreierlei Toren:
Diejenigen, die keinen Verstand haben,
die können und verstehen nichts;
die anderen haben den guten Willen, aber keine Kenntnisse,
die taugen noch weniger.
Dagegen haben die dritten sehr wohl Verstand
und verfügen über Können und Wissen,
und handeln doch am schlimmsten,
obgleich sie über alles Bescheid wissen.
Manch ein Tor ist so gesinnt:

ob er vil vriunde und vil guotes
gewinnen und behalden kan,
sô dunket er sich ein wîse man.
swaz vriunde er hât, swie rîche er ist,
und ist der vil heilige Krist
sîn vriunt niht al eine,
sô hilfet ez allez kleine,
swaz er vriunde und guotes hât.
swenne er vriunde und guot lât,
ist im diu sêle danne ungenesen,
sô ist er ie ein tôre gewesen.
swer die sêle niht ernert,
der ist ein tôre, swie er vert.
ez hât nieman wîsen muot,
wan der gotes willen tuot.

wenn er viele Freunde gewinnen und viel Reichtum
anhäufen kann,
dann hält er sich für einen klugen Mann.
Wie viele Freunde er auch hat, wie reich er sein mag,
wenn nicht der gnadenreiche Christus
sein ganz besonderer Freund ist,
dann hilft ihm das alles nichts,
was ihm an Freunden und an Reichtum gehört.
Wenn er Freunde und Besitz verlassen muß
und dann seine Seele nicht gerettet wird,
dann ist er allezeit ein Tor gewesen.
Wer seine Seele nicht rettet,
der ist ein Tor, was er auch sonst tut.
Es ist nur der weise,
der den Willen Gottes erfüllt.

DER STRICKER
DIZ IST EIN HÜBSCHE LÊR
VON ZWEIN KÜNIGEN HÊR

Zwêne künige wâren ze einer zît,
die grôzen haz unde nît
ein ander truogen beide.
dem rîchen dem was leide,
daz der arme iht behielt.
wan daz er grôzer sinne wielt
und micheler vrümikeit,
er hæte in dicke hingeleit.
dô was er biderbe unde wîs;
dâ von bejagete er solhen prîs,
daz in der rîche niht vertreip
und wol bî sînen êren beleip,
unz der rîche künic starp.
Dô sîn sun die krône erwarp,
dô wolde er ouch den armen an.
daz widerrieten sîne man
und swuoren im vil sêre,
daz sîn vater nie dehein êre
an im kunde bejagen.
»ir enkunnet nieman gesagen«,
sprâchen sîne râtgeben,
»war umbe ir welt mit leide leben.
er hât iu leides niht getân;
des sult ir in geniezen lân.«
der künic vil zorniclîche sprach:
»mir ist ein solch ungemach
geschehen von sînen schulden,
ern kome sîn ze mînen hulden,
ich riche ez an im iemer.

DER STRICKER
DER ARME UND DER REICHE KÖNIG

Es lebten einmal zwei Könige,
die sich in Haß und Feindseligkeit
gegenüberstanden.
Den reichen störte es,
daß der arme überhaupt etwas besaß.
Wäre der nicht sehr klug gewesen
und besonders tüchtig,
hätte ihn der andere schon oft aus dem Wege geräumt.
Er aber war rechtschaffen und verständig;
dadurch hatte er sich solches Ansehen erworben,
daß der reiche ihn nicht verjagen konnte
und er in Ehren lebte,
bis der reiche König starb.
Als sein Sohn die Krone erhielt,
da wollte auch er dem armen ans Leder.
Davon rieten ihm seine Gefolgsleute ab
und beteuerten ihm,
daß sein Vater niemals Ruhm
im Streit mit ihm hatte erlangen können.
»Ihr werdet niemandem erklären können«,
sagten seine Ratgeber,
»warum Ihr im Unglück leben wollt.
Er hat Euch nichts Böses getan;
entsprechend solltet Ihr ihn behandeln.«
Der König antwortete wütend:
»Ich habe solches Leid
durch ihn erfahren,
daß ich immerfort an ihm Rache üben werde,
wenn er sich mir nicht unterwirft.

der râche erwinde ich niemer,
unz ich im sîn êre benime.
mir ist getroumet von ime
unsanfte und alsô swære,
daz er mir offenbære
nâch mînen êren büezen muoz,
ode im wirt des niemer buoz,
ern müeze haben allen tac
den strît, den ich geleisten mac.«
daz begunde den wîsen allen
vil sêre missevallen,
daz er grôze ungedult
begie umbe ein sô kleine schult.
er nam ir râtes niht war
und sande sînen boten dar.

Der quam dâ er den künic vant.
ein wazzer schiet ir zweier lant,
sô grôz, daz ez grôziu schif truoc.
dô der bote dort gewuoc,
waz dar bî im enboten was
und man den brief dar zuo gelas
und der brief des selben jach,
der künic zuo dem boten sprach:
»nu sage dem herren dîn daz,
treit er mir deheinen haz,
daz wil ich gerne stillen.
er hât mit mînem willen
dehein sîn laster nie gesehen.
ist ez unwizzende geschehen,
daz büeze ich vlîziclîche.
ich bin vil wol sô rîche
beide ritter unde guotes
und lîbes unde muotes,
daz ich im buoze niht versage.
von hiute über vierzic tage
heiz in her an ditz wazzer komen.

Damit halte ich nicht inne,
bis ich ihm seine Ehre genommen habe.
Ich habe von ihm
so beschwerlich und bedrückend geträumt,
daß er mir öffentlich
Genugtuung leisten muß, wie es meine Ehre verlangt,
oder es bleibt ihm nicht erspart,
sich Tag für Tag
dem Kampf zu stellen, so weit ich nur kann.«
Das mißfiel den erfahrenen Männern
sehr,
daß er unduldsam handelte
wegen eines so geringfügigen Anlasses.
Er richtete sich nicht nach ihrem Rat
und schickte seinen Boten los.
Der kam zum König.
Ein Fluß trennte die Länder der beiden,
so breit, daß große Schiffe ihn befahren konnten.
Als der Bote dort vorbrachte,
was man ihm aufgetragen hatte,
und man auch das Schreiben las
und dieses Schreiben das gleiche sagte,
da sprach der König zu dem Boten:
»Bestelle dies Deinem Herrn:
Wenn er mir irgendwie Haß entgegenbringt,
so möchte ich das gerne bessern.
Absichtlich ist ihm von mir nie
irgendeine Schmach zugefügt worden.
Wenn es ohne mein Wissen geschehen ist,
dann werde ich mich bemühen, es wiedergutzumachen.
Ich verfüge über genug
Ritter und so viel Besitz,
Kraft und Mut,
daß ich ihm gerne Genugtuung gebe.
Heute in vierzig Tagen
bitte ihn an diesen Fluß zu kommen.

swenne sîn klage wirt vernomen,
si sî krump ode sleht,
ich wil im büezen über reht.«
der bote dâ mit urloup nam.
dô er ze sînem herren quam
und er vernam disen tac:
»swaz ritter ich nu gehaben mac,
die müezen«, sprach er, »alle dar.
wirde ich danne dâ gewar,
daz er mir iender widerstât,
ich nime im allez, daz er hât.«
Dô si des tages beide erbiten,
zuo dem wazzer si dô riten,
daz ir zweier künicrîche schiet.
der ärmer künic dô geriet,
daz ietweder zwelf ritter nam
und gevarnde in einem schiffe quam
ûf einen wert wolgetân;
den sach man in dem wazzer stân.
dar begunden si beide gâhen.
dô si an ein ander sâhen,
der ärmer sprach: »lât mich verstân,
durch got, waz hân ich iu getân?«
dâ wider sprach der rîche:
»iu ist bescheidenlîche
mîn brief und ouch mîn bote komen;
die hât ir beide wol vernomen.
geloubet ir den niht beiden,
sô wil ichz iu bescheiden
und wil der wârheite jehen.
mir ist ein leit von iu geschehen,
des ich billîche enbære:
mir ist ein troum sô swære
von iu getroumet benamen,
daz ich michs wolde iemer schamen,

Wenn seine Klage vorgetragen ist,
will ich ihm – je nachdem, ob sie falsch ist oder richtig –
entsprechend dem Recht Wiedergutmachung leisten.«
Darauf nahm der Bote Abschied.
Als er zu seinem Herrn kam
und der diesen Termin vernommen hatte, sagte er:
»Alle Ritter, die ich habe,
müssen dahin.
Wenn ich merke,
daß er mir den geringsten Widerstand leistet,
dann nehme ich ihm alles, was er besitzt.«
Nachdem sie beide auf den festgesetzten Tag gewartet hatten,
ritten sie zu dem Fluß,
der zwischen ihren Königreichen lag.
Der ärmere König schlug vor,
daß jeder zwölf Ritter nähme
und mit einem Schiff
auf eine schöne Insel führe;
die sah man im Wasser liegen.
Dorthin eilten sie beide.
Als sie einander erblickten,
sagte der ärmere: »Laßt mich,
um Gottes willen, wissen, was ich Euch getan habe!«
Darauf entgegnete der reiche:
»Ihr habt ordnungsgemäß
mein Schreiben und meinen Boten erhalten;
die habt Ihr beide zur Kenntnis nehmen können.
Wenn Ihr den beiden nicht glaubt,
dann will ich es Euch auseinandersetzen,
und ich werde die Wahrheit sagen.
Mir ist ein Schmerz durch Euch zugefügt worden,
auf den ich lieber verzichtet hätte:
ich habe einen so wahrhaft schweren Traum
von Euch geträumt,
daß ich fortan in Schande leben müßte,

irn büezet mir den ungemach,
der mir des nahtes geschach.«
dô hâte der ärmer daz bedâht,
daz er vil ritter hâte brâht,
die besten über allez sîn lant,
und diu besten ros, diu man vant.
diu ros hâtens überschriten
und wâren ûf daz stat geriten;
der stuont daz velt allez vol.
dâ sach man in dem wazzer wol
der ritter schat begarwe
und ouch der rosse varwe.
des nam der ärmer künic war
und zeigte im mit der hant dar
in daz wazzer an den schat.
er sprach: »ich hân des guote stat,
daz iu hie reht von mir geschiht.
mich ensûmet ouch der wille niht.
sît ir sô grôzes leides jehet,
swaz ir der ritter iender sehet
in dem wazzer über al,
hin ûf unde her zetal
(die sint mir alle undertân,
daz sint die besten, die ich hân),
die vüeret gevangen von hinnen
und lât si danne gewinnen
iuwer hulde, sô si næhest megen.
dâ mit wil ich hinlegen
daz leit, daz iu von mir geschach.«
der rîcher künic dô sprach:
»wer möhte die berüeren
oder iender gevüeren
sît si alle niuwan schate sint?
ich wæne, ir habet mich vür kint,
daz ir mîn spotet alsô.«
der arme künic sprach dô:

wenn Ihr mir nicht Genugtuung für die Schmach gäbet,
die mir in dieser Nacht widerfuhr.«
Der Ärmere hatte aber dafür gesorgt,
daß er viele Ritter bei sich hatte,
die besten aus seinem ganzen Land,
und die besten Pferde, die man finden konnte.
Die hatten sie bestiegen
und waren an das Flußufer geritten;
die ganze Ebene war voll von ihnen.
Im Wasser sah man ganz genau
die Spiegelbilder der Ritter
und auch die Umrisse der Pferde.
Das sah auch der arme König
und zeigte mit der Hand
zu den Schatten auf das Wasser.
Er sagte: »Ich bin in der Lage,
Euch Gerechtigkeit widerfahren zu lassen.
Auch der Wille dazu fehlt mir nicht.
Da Ihr von so großem Leid berichtet:
Alles, was Ihr an Rittern
hier überall im Wasser seht,
flußauf- und flußabwärts,
(alle sind sie mir untertan,
die besten, die ich habe),
die sollt Ihr gefangen mit Euch führen,
und sie mögen sich dann
Euch unterwerfen, so weit sie wollen.
Damit will ich das Leid aus der Welt schaffen,
das Euch durch mich zugefügt wurde.«
Der reichere König antwortete darauf:
»Wer könnte die anfassen
oder wegführen,
da sie alle nur Schatten sind?
Ich glaube, Ihr haltet mich für ein Kind,
da Ihr derart Euren Spott mit mir treibt.«
Der arme König sprach darauf:

»nu hât ir mir doch verjehen,
daz ez in troume sî geschehen,
daz leit, daz ir von mir kleit.
sît ir mir selbe hât geseit,
daz iuch ein schate hât gemuot,
ob daz ein schate widertuot,
diu buoze ist eben unde sleht;
die sult ir nemen, daz ist reht.
geschiht iu von mir iemer mê
in deheinem troume alsô wê,
sô komet aber her ze mir;
die selben buoze vindet ir
ze allen zîten hie bereit.
welt ir grôze rîcheit
mit iuwern troumen bejagen,
sô sult irs alden wîben sagen.
die sagent iu wærlîche,
daz ir sælic unde rîche
werdet unde dar zuo alt.
der vrume ist danne drîvalt.«
sus wart sîn spoten sô grôz,
daz sîn den rîchen verdrôz.
der vuor zorniclîche dannen
und sagete sînen mannen
vil rehte, daz diu rede was.
daz er von spote dô genas,
dâ muose ein wunder ane geschehen.
si begunden alle samt jehen,
der iemer gedenken solde,
wie man im büezen wolde,
der kunde niht bezzers vinden.
dô muose der künic erwinden.
daz wazzer was sô werhaft,
hæte er dannoch grœzer kraft,
ez hæte der ander wol erwert.
Swer âne wîsheit ûzvert,
tuot der die widerkêre

»Ihr habt mir doch erzählt,
daß es im Traum geschehen sei,
das Leid, dessen Ihr mich anklagt.
Da Ihr mir selbst gesagt habt,
daß Euch ein Schatten belästigt hat,
so ist es eine angemessene und richtige Gegenleistung,
wenn ein Schatten das wiedergutmacht.
Ihr müßt sie annehmen, so entspricht es dem Recht.
Wenn Euch künftig durch mich
in irgendeinem Traum wieder so ein Leid widerfährt,
so kommt ruhig wieder zu mir;
diese Buße wird hier für Euch
allezeit zur Verfügung stehen.
Wenn Ihr großen Reichtum
in Euren Träumen erwerbt,
dann erzählt das alten Weibern.
Die sagen Euch dann bestimmt,
daß Ihr glücklich und reich
werdet und überdies alt.
Das ist dann ein dreifacher Nutzen.«
Sein Spott wurde so heftig,
daß es dem Reichen zu viel wurde.
Er ritt zornig davon
und erzählte seinen Leuten
genau, wie sie verhandelt hatten.
Daß er ihren Spott überlebte,
das war ein wahres Wunder.
Sie sagten alle,
daß einem, der darauf sinne,
wie man Genugtuung leiste,
nichts Besseres einfallen könne.
Da mußte der König aufgeben.
Der Fluß war ein zu guter Schutz:
auch wenn der König noch mächtiger gewesen wäre,
hätte der andere sich erfolgreich verteidigt.
Wenn einer ohne Überlegung auszieht
und dann zurückkehrt,

âne vrume und âne êre,
dâ ist niht wunders bî gewesen.
swer sînes willen wil genesen
und âne guote witze lebet,
swâ der nâch vremden êren strebet,
die herte sint ze werben,
des gewerft sol wol verderben.
man verliuset der unwægen spil
von den schulden harte vil,
daz si alle tumbe sinne hânt,
die daz unwægeste anegânt.

erfolglos und blamiert,
dann ist das nicht verwunderlich.
Wer seinen Willen durchsetzen will
und dies ohne rechten Verstand versucht,
und wer dabei nach unangemessenem Ruhm strebt,
der schwer zu erwerben ist,
dessen Unternehmen wird scheitern.
Waghalsige Spiele verliert man
aus eigener Schuld meistens,
weil alle die töricht sind,
die das Unangemessene anstreben.

DAZ SNEMÆRE

FASSUNG A

Ez het ein koufman ein wip,
diu was im liep als der lip.
er wær ir liep, des jah ouch sie,
iedoch gewan ir herze nie
die warheit darinne:
daz waren valsche minne.
ez geschach bi einen ziten,
niht langer wold er biten,
von sinem hus fuor er
mit koufe durch gewinnes ger.
er huop sich uf dez meres fluot,
als noch manic koufman tuot.
do kom er in ei*n* fremedez lant,

FASSUNG B

Kain laster er gesat,
der untrü wider gat.
der ist och ain wiser man,
der stat wol gebiten kan.
ain man hett ain schön wib,
dú im waz lieb sam sin lib,
dez er hart türe swür.
do er sins koffez für,
daz er bejagte gůt,
als noch vil manger tůt,
bi ainen andern man
si ain kint gewan.

DAS SCHNEEKIND

FASSUNG A

Ein Kaufmann hatte eine Frau,
die liebte er wie sein Leben.
Daß sie ihn liebe, sagte auch sie,
aber die aus dem Herzen kommende
Wahrheit war das nicht:
es war vorgetäuschte Liebe.
Eines Tages begab es sich,
daß er nicht mehr bleiben wollte
und mit seinen Waren auszog,
um Geld zu verdienen.
Er begab sich hinaus auf die Fluten des Meeres,
wie es heute noch viele Kaufleute tun.
Da kam er in ein fremdes Land,

FASSUNG B

Keine Schmach lädt der auf sich,
der Verrat entgegentritt.
Auch ist der ein kluger Mann,
der die richtige Gelegenheit abwarten kann.
Ein Mann hatte eine schöne Frau,
die liebte er wie sein Leben;
darauf schwor er viele Eide.
Als er in Geschäften unterwegs war,
um Geld zu verdienen,
wie viele es tun,
da bekam sie von einem anderen Mann
ein Kind.

(A) da er guoten kouf inne vant.
er beleip durh gewinne
driu jar darinne,
daz er nie wider heime quam,
unz daz vierde jar ende nam.
sin wip in minneclichen enphienc,
ein kindelin mit samt ir gienc.
do vragt er der mære,
wes daz kint wære.
si sprach: »herre, mich geluste din,
do gie ich in min gertelin.
des snewes warf ich in den munt,
do wurden mir din minne kunt,
do gewan ich ditze kindelin.
ze minen triuwen, ez ist din.«
»ja maht du vil wol war han,
wir suln ez ziehen«, sprach der man.
er braht si des niht inne,

(B) wan wirtes frömdi schaden birt.
do daz vernam der wirt
do fragt er si der märe,
waͤr dez kindes vatter wäre.
si sprach: »hertzlieber man,
grossen jamer ich gewan.
mich begund nach dir belangen
und kam allain gangen
in unsern wurtzgarten,
da ich din wolt warten,
wann mir waz nach dir we.
do lag ein ungefüger sne,
dez lait ich in den munt.
do ward ich swanger ze stunt
von der bruͤnschlichen gir,
die ich hett do zu dir.«

in dem er gute Geschäfte machte.
Um Geld zu verdienen, blieb er
drei Jahre dort,
und er kam erst wieder nach Hause,
als das vierte Jahr zu Ende ging.
Seine Frau empfing ihn freundlich,
ein kleines Kind ging an ihrer Hand.
Da fragte er danach,
wem dieses Kind gehöre.
Sie sagte: »Herr, mich verlangte nach Dir,
da ging ich in mein Gärtlein.
Ein wenig Schnee warf ich mir in den Mund,
da spürte ich Deine Liebe,
und empfing dieses Kind.
Bei Gott, es ist das deine.«
»Ja, Du magst recht haben,
wir wollen es großziehen«, sagte der Mann.
Er ließ sie das auch später nicht merken,

Denn die Abwesenheit des Mannes bringt immer Unheil.
Als der Mann das hörte,
fragte er sie danach,
wer der Vater des Kindes sei.
Sie antwortete: »Allerliebster Mann,
mir ist es ganz schlecht ergangen.
Mich verlangte nach Dir,
und ich ging alleine
in unseren Kräutergarten,
um nach Dir Ausschau zu halten,
denn ich hatte große Sehnsucht.
Dort lag eine Menge Schnee,
davon nahm ich etwas in den Mund.
Sofort wurde ich schwanger
durch das unwiderstehliche Verlangen,
das mich nach Dir erfaßt hatte.«

(A) daz er valscher minne
an ir was worden gewar
unz dar nah wol über zehen jar.
er lert daz kint under stunden
mit hæbechen unt mit hunden,
mit schachzabel unt mit vederspil
maniger hant freude vil,
mit zuhte sprechen unt swigen,
herpfen, rotten unt gigen
unt allerhande sait*en*spil
unt ander kurzewile vil.
nu hiez er aber *die* knehte
diu schef bereiten rehte
mit spise nah dem alte*n* site.
des snewes sun fuort er mite.
er huop sich uf daz wilde mer,
die unde sluogen in entwer.
si sluogen in in ein schœne lant,

(B) der man antwürt also:
»dez bin ich hertzlichen fro,
das got uns gab disen sun
gar lieplich züchte dün.
er wirt, wil got, ain werder man,
ist daz im got dez lebens gan.
er ist mir innicklichen zart.«
do daz kint ze knaben wart,
do sprach er dem wibe zu:
»hertz trüt, ez ist ze frü,
daz ich uz für disen knaben.
man musz in dest lieber haben,
gelernt er wol gebaren
von kintlichen jaren.
was man bi zit hebet an,
wol man daz gelernen kan.
hey, wol ain man wirt daz kint.«

daß er ihre betrügerische Liebe
erkannt hatte,
über mehr als zehn Jahre hin.
Er unterrichtete das Kind mit der Zeit
in der Jagd mit Habichten und Hunden,
im Schachspiel und im Umgang mit Vögeln,
in Vergnügungen von mancherlei Art,
mit Anstand sprechen und schweigen,
das Spiel mit Harfe, Rotte und Geige
und vielerlei Saiteninstrumenten
und viele andere Unterhaltungen.
  Eines Tages aber ließ er die Diener
die Schiffe wieder ordnungsgemäß ausrüsten,
mit Speisen, wie es üblich war.
Den Schneesohn nahm er mit.
Er fuhr hinaus auf das wilde Meer.
Die Wellen warfen ihn hin und her.
Sie verschlugen ihn in ein schönes Land,

Der Mann antwortete ihr:
»Darüber bin ich von Herzen glücklich,
daß Gott uns diesen Sohn geschenkt hat,
damit wir ihn liebevoll erziehen.
Er wird, so Gott will, ein tüchtiger Mann,
wenn Gott ihn alt werden läßt.
Ich bin ihm von Herzen zugetan.«
Als das Kind zum Jüngling geworden war,
da sagte der Mann zu seiner Frau:
»Schätzchen, es ist zu früh,
diesen Jüngling unter die Leute zu lassen.
Man wird ihn noch netter finden,
wenn er noch als Kind lernt,
sich richtig zu benehmen.
Was man bei Zeiten anfängt,
das kann man auch gut lernen.
Wohlan, ein rechter Mann wird dieses Kind.«

(A) da er einen richen koufman *vant.*
der vragt in sa der mære,
wa sin koufschatz wære.
des snewes sun wart dafür gestalt,
mit drinhundert marken er in galt:
daz was ein grozer rihtuom.
ouch het er des vil grozen ruom,
daz er daran niht was betrogen,
daz er daz gouchelin het gezogen.
der schatz braht im in sinen gwalt,
daz im zwir als vil galt.
nu beleip er niht langer da,
mit fröuden fuor er heim sa.
sin husvrowe gegen im gienc,
trurecliche si in enphienc.
si vragt in: »wa ist daz kint?«

(B) si sprach: »dü dich sin underwint
mit unverwenckten trüwen,
wan ich stirb von rüwen,
ob im geschaͤch arges icht.«
sus nam er in sin phlicht
den schoͤnen sneknaben
und begund sich uz haben.
er swür vast dem wib
bi got und sinem lib,
er pflaͤg sin, so er beste könd,
als er im liebes günd.
wenn er vor nie gebarte,
daz er sin nit warte,
so wol könd er gebaren
und siner lün varen.
er bracht in in ain lant,
da waz der sitt so gewant,

wo er auf einen reichen Kaufmann traf.
Der fragte ihn gleich danach,
wo seine Ware sei.
Darauf wurde der Schneesohn angeboten,
für dreihundert Mark kaufte er ihn:
das war viel Geld.
Außerdem erwarb er sich große Achtung,
weil er sich nicht so weit betrügen ließ,
daß er den kleinen Bastard großgezogen hätte.
Der Kaufpreis brachte ihm so viel ein,
daß ihn das doppelt entschädigte.
Nun blieb er dort nicht länger,
vergnügt fuhr er gleich nach Hause.
Seine Frau kam ihm entgegen,
freundlich empfing sie ihn.
Sie fragte ihn: »Wo ist das Kind?«

Sie antwortete: »Kümmere Du Dich um ihn
mit unverrückbarer Treue,
denn ich stürbe vor Schmerz,
wenn ihm etwas Böses zustieße.«
So nahm er ihn in seine Obhut,
den schönen Schneeknaben,
und machte sich auf den Weg.
Er schwor seiner Frau nachdrücklich,
bei Gott und bei seinem Leben,
daß er sich um ihn kümmere, so gut er nur könne,
weil er ihm seine Liebe schenken wolle.
Wenn das Kind auch vorher nichts habe tun können,
ohne daß er aufgepaßt habe,
so könne es sich nun auch gut benehmen
und seinen Vorlieben nachgehen.
Er brachte ihn in ein Land,
in dem es Gewohnheit war,

(A) er sprach: »mich sluoc der wint
beidiu hin unt her
uf dem wilde*n* mer entwer.
do wart daz kint naz al da
unt wart ze wazzer iesa,
wan ich het von dir vernomen,
daz er von snewe wær bekomen.
ist aber daz war, daz ich hœre sagen,
sone darft du in nimmer geklagen.
dehein wazzer vlieze so sere,
ez hab die widerkere
innerthalbe jares frist
ze dem urspringe dannan ez komen ist.
so solt ouch du gelouben mir,
ez fliuzet schiere wider zu dir.«
sus het er widernullet,
daz er was betrullet.
swelh man sich des bedenket,

(B) daz man kint koft.
ez waz ain diet ungetoft.
da verkoft er daz kint
ze hant an underbint.
er do mit dem gůt für.
der frowen er vil tür swür,
do er kam in egipte lant,
da zerflosz er in dem sant
von der sunnen hitz.
er sprach: »ez waz vnwitz,
daz ich nit gedacht e,
daz er smiltz alz der sne,
sid er waz von sne komen.«
ir list mochte si nit frůmen,
er wär ir wol verkert.
als si jm daz messer bot,
bisses halb gab er irs wider.

Er antwortete: »Der Wind hat mich
hin und her geworfen
auf dem wilden Meer.
Dabei wurde das Kind naß
und wurde auf der Stelle zu Wasser,
denn ich habe ja von Dir gehört,
daß es aus Schnee entstanden ist.
Wenn aber stimmt, was mir berichtet wird,
dann mußt Du ihn nicht beklagen.
Kein Wasser strömt so stark,
daß es nicht zurückkommt
binnen Jahresfrist
zu der Quelle, aus der es entsprungen.
So mußt auch Du mir glauben:
es fließt bestimmt bald wieder zu Dir.«
So hatte er gerächt,
daß er so zum Narren gehalten worden war.
Wenn ein Mann das im Sinn behält,

Kinder zu kaufen.
Es war ein Volk von Ungetauften.
Dort verkaufte er das Kind
gleich ohne viele Umstände.
Mit dem Erlös fuhr er zurück.
Der Frau schwor er hoch und heilig:
als er in Ägypten gewesen sei,
da sei das Kind im Sand zerflossen
wegen der Sonnenhitze.
Er sagte: »Es war eine Dummheit,
daß ich nicht daran gedacht habe,
daß er wie Schnee schmilzt,
da er doch aus Schnee entstanden ist.«
Ihre List hatte ihr keinen Vorteil gebracht,
sie war einfach umgedreht worden.
So wie sie ihm das Messer gegeben hatte,
gab er es ihr in böser Absicht zurück.

(A) ob in sin wip bekrenket,
daz er den *schranc* wider stürzet
unt mit listen liste lürzet:
daz ist ein michel wisheit,
wan diu wip habent mit karcheit
vil manigen man überkomen,
als ir e dicke habt vernomen.

(B) dez fiel ir alle fröd nider.
etlich belib stät,
der in noch also tät.
doch son wir hie bi mercken,
wer kan sin laster decken
und och sin hertzlait,
biß im sin stat wirt berait,
daz er mag wol erwenden
allenthalb an den enden,
der ist gar ain wiser man,
der lüg mit lüg gelten kan.

wenn seine Frau ihn verletzt,
daß er den Betrug zurückgibt
und der List die List entgegensetzt,
das zeugt von großer Klugheit,
denn die Frauen haben in ihrer Bosheit
schon viele Männer bezwungen,
wie Ihr ja schon öfter gehört habt.

Alle ihre Freude brach damit zusammen.
Manch einer möge konsequent bleiben,
der genauso handeln möchte.
Doch wir sollen hieran erkennen:
Wer seine Schmach verbergen kann
und seinen Schmerz,
bis sich ihm eine Gelegenheit bietet,
alles rundum
rückgängig zu machen,
der ist ein kluger Mann,
der Lüge mit Lüge zu vergelten vermag.

II
VARIANTEN DER ORDNUNGSDISKUSSION

HERRAND VON WILDONIE
DIU GETRIU KONE

Wir suln von lieben dingen sagen
und leider mære gar gedagen,
wan sî tuont wê dem herzen gar.
ich hân alliu mîniu jâr
mit leiden mæren her verzert,
dâ von ich freuden bin behert.
wan guotiu mære machent frô;
diu leiden hânt getân mir sô,
daz ich ir williclîche enbir.
swâ diu wal stât an mir,
dâ wel ich, daz mir rehte kumt
und mich an mînen freuden frumt.
nu ist daz mîn meistez leit,
daz mir diu wal ist gar verseit.
sît mir nieman niht wil sagen,
daz mir von rehte müge behagen,
sô bin aber ich sô wolgemuot,
daz ich vil lieber sage guot,
dan daz mir niht gezæme
und ieman *freude* næme.
dâ von wil ich ein mære sagen,
daz iu von rehte muoz behagen.
Ein ritter het ein schœne wîp,
diu was im liep als sîn lîp.
daz was billîch: ir schœne was
durchliuhtic als ein spiegelglas;
dar zuo was sî den vollen guot.
swâ ein wîp ist sô gemuot,
daz sî bî schœne güete hât,
der lîp billîch ze loben stât.

HERRAND VON WILDONIE
DIE TREUE GATTIN

Wir wollen von erfreulichen Dingen erzählen
und unangenehme Geschichten beiseite lassen,
denn die beschweren das Herz.
Ich habe meine Zeit über all die Jahre
mit traurigen Erzählungen hingebracht,
das hat mir die Freude zerstört.
Gute Geschichten machen glücklich,
die bösen haben mir so zugesetzt,
daß ich gerne auf sie verzichte.
Soweit ich die Wahl habe,
nehme ich mir das, was mir gut tut
und meine Freude mehrt.
Allerdings ist das mein größter Schmerz,
daß mir die Wahl gar nicht freisteht.
Da mir niemand etwas erzählen will,
was mir wirklich angenehm ist,
will ich so frei sein,
lieber selber etwas Gutes zu berichten
als etwas, was mir nicht gefällt
und jedermann die Freude nimmt.
Deswegen werde ich eine Geschichte erzählen,
die Euch mit Recht erfreuen wird.
Ein Ritter hatte eine schöne Frau,
die liebte er wie sein Leben.
Das war berechtigt: Ihre Schönheit
war klar wie ein Spiegel;
überdies war sie vollkommen gut.
Wenn eine Frau von solcher Art ist,
daß sich Schönheit mit gutem Charakter verbindet,
dann darf man sie zu Recht rühmen.

diu reine was sô êrbære,
daz ir man kein herzenswære
von den dingen nie gewan;
dâ von mohte er sî gerne hân.
sî was an zühten sô volkomen,
daz nie niht wart von ir vernomen,
daz man für unzuht möhte hân;
dar umb was *sî* ouch liep ir man.
sî bôt ez sînen friunden wol,
den gesten, als ein frum wîp sol.
ir wirt was an dem lîbe ein man,
daz er was niht sô wolgetân,
als er ez gerne het gesehen.
von im wil ich der wârheit jehen:
er was gerumphen unde klein.
der ritter vor den liuten schein,
als *er* wær hundert jâr alt;
des er doch niht gên ir entgalt:
er dûhte sî *schœne* als Absolôn
und sterker danne Sampsôn.
in ir herzen wart nie man,
den sî für in wolte hân.
daz machte ir grôziu frümikeit,
daz ander: er was gar bereit
ze alle diu, daz iemer man
an allen êren mac begân.
daz tet er allez völliclîch,
als ob er wære ein keiser rîch
gewesen und ein der schœnste man,
den al diu werlt ie gewan.
willic sînes muotes,
sînes lîbes, sînes guotes,
was er gar den undertân,
an den er êre solte begân.
dâ von wart sîn unflætikeit
in allen landen hingeleit.

Diese edle Frau war so makellos,
daß ihr Mann nie
ihretwegen Kummer hatte;
deswegen liebte er sie.
Sie war in ihrem Benehmen vollkommen,
und nie sagte sie etwas,
was man für eine Entgleisung hätte halten können;
auch deswegen war sie eine Freude für ihren Mann.
Sie umsorgte seine Freunde
und Gäste, wie man es von einer tüchtigen Frau erwartet.
Ihr Mann war nun allerdings ein Mensch,
der äußerlich nicht so gut geraten war,
wie er es gerne gesehen hätte.
Um die Wahrheit zu sagen:
er war runzlig und klein.
Den Leuten kam der Ritter vor,
als wäre er hundert Jahre alt;
aber sie ließ ihn das nicht spüren:
er schien ihr schön wie Absalom
und stärker als Samson.
In ihrem Herzen gab es nie einen Mann,
den sie statt seiner hätte haben wollen.
Das kam von ihrer Redlichkeit,
und zum andern war es deswegen: Er war immer
zu allem bereit, was man
Ehrenvolles tun konnte.
Das führte er alles ohne Tadel aus,
als ob er ein mächtiger Kaiser sei
oder der schönste Mann,
der je auf dieser Welt lebte.
Bereitwillig stellte er sein Denken,
sein Leben und seinen Besitz zur Verfügung
und war denen untertan,
denen er Ehren erweisen sollte.
Deswegen spielte seine Häßlichkeit
überhaupt keine Rolle.

Nu kam ez nâch gewonheit,
daz dem ritter wart geseit
von einem urlouge grôz.
dar fuor vil manic sîn genôz;
dar fuor ouch er durch sînen muot
und tet ez dâ sô rehte guot,
daz man im dâ des prîses jach
für alle die, *die* man dâ sach
(und wære er dâ heime beliben,
sô müeset ir iuch hân verzigen,
daz ich iu niemer *het* geseit
von aller sîner frümikeit).
dô er daz beste het getân,
dô muose ouch er aldâ enphân
etelîchez herzenleit,
daz manigem was vil unbereit,
der ze hinderst was dâ bî
(von dem bin ich der sage frî).
ein ouge im ûzgestochen wart
von einem, der sich ûf in spart
al die zît *und* in dô neit
umbe alle sîne frümikeit.
dem ritter tet sîn smerze wê,
iedoch klagte er daz michels mê,
als er sîn wîp an solte sehen,
daz ir wær leit an im geschehen.
wan ir leit daz was daz sîn,
sîn leit was ouch ir leides pîn.
Sîner swester sun der wart
sîn gereise ûf dirre vart;
er was im ouch durch zuht verlân.
den nam er von den liuten dan
und sprach: »getriuwer friunt, nu var
und sage der einen süezen klâr,
mîn dinc sich habe gefüeget sô,
daz ich sî iemer mêr unfrô.

Nun geschah es wie gewöhnlich,
daß dem Ritter
von einem großen Krieg erzählt wurde.
Dorthin begaben sich viele seiner Freunde;
auch er ritt hin, wie es ihm entsprach,
und er kämpfte dort so tüchtig,
daß man ihn auszeichnete
vor allen anderen, die man dort antraf
(wenn er aber zu Hause geblieben wäre,
dann müßtet Ihr auf all das verzichten,
was ich Euch bisher
über seine Vortrefflichkeit erzählt habe).
Als er dort aufs beste kämpfte,
da traf auch ihn
tiefes Leid –
manch einem,
der sich in den hinteren Reihen aufhielt, blieb das erspart
(von denen brauche ich auch nichts zu erzählen).
Ein Auge wurde ihm ausgestochen,
von einem, der die ganze Zeit auf ihn gewartet hatte
und ihn haßte
wegen seiner ganzen Tüchtigkeit.
Den Ritter quälte der Schmerz,
aber noch viel mehr beklagte er,
daß seine Frau, wenn er ihr ins Auge blickte,
seinetwegen Qualen leide.
Denn ihr Leid war das seine,
sein Leid war auch ihr Schmerz.
Sein Neffe war
sein Gefährte auf diesem Zug;
er war ihm auch zur Ausbildung anvertraut.
Den nahm er beiseite
und sagte: »Treuer Freund, reite los
und sage der edlen, liebenswerten, strahlenden Frau,
daß sich meine Sache so gefügt hat,
daß ich in Zukunft nie mehr glücklich sein werde.

ich was ê niht ein flætic man;
nu habe mir got alsô getân,
daz ich mich schame, daz sî billîch,
und welle ouch alliu tiutschiu rîch
rûmen und alliu diu lant,
dâ ich bî namen bin bekant.
und sage der süezen, daz ir bî
mîn herze in allen landen sî,
swar ich iemer mêr süle komen.
ich habe dâ nie von ir vernomen
offenbâr noch heimlîch,
dâ mit sî habe versmæhet mich.
ir zuht sî habe des niht erlân,
sî habe die êre mir getân,
daz ir diu werlt sol dester baz
sprechen. friunt, nu sage ir daz,
ich müge sî niemer mêr gesehen.
du solt ir des von mir verjehen:
ir schœnem lîbe, ir varwe klâr,
den müese ich sîn ein *marter* gar,
solte ich ir fürbaz wonen bî.
der marter sol sî wesen frî.
sît ich ir niht gedienen mac,
sô sol ouch sî deheinen tac
von mir gewinnen niemer leit.«
Der bote weinent von im reit
und kam hin, dar er wart gesant.
diu frouwe gienc gên im zehant;
sî vienc in zuo ir unde sprach:
»vor maniger zît ich nie gesach
deheinen boten alse gern,
und wilt du lieber mære wern
mich, *friunt*, von dem neven dîn.
sage an: ist frô der hêrre mîn?«
daz kindel weinent sprach gên ir:
»er hât enboten, frouwe, dir
sîn dienest, unde swâ er sî,

Ich war bisher schon kein schöner Mann;
jetzt hat Gott mir etwas angetan,
was zu Recht mein Ehrgefühl verletzt,
und deswegen werde ich Deutschland
verlassen und alle anderen Länder,
in denen man meinen Namen kennt.
Sage der geliebten Frau, daß
mein Herz überall bei ihr sein wird,
wohin ich auch kommen werde.
Ich habe nie ein Wort von ihr gehört,
offen oder im vertrauten Gespräch,
mit dem sie mir Mißachtung gezeigt hätte.
Ihre Vornehmheit hat sie
mich immer so höflich behandeln lassen,
daß alle Welt sie nur noch höher
rühmen muß. Sage ihr, mein Freund:
Ich werde sie nie mehr sehen können.
Dies sollst Du ihr bestellen:
Für ihre Schönheit, ihre strahlende Erscheinung,
müßte ich eine Qual sein,
wenn ich weiter mit ihr leben würde.
Diese Qual soll ihr erspart bleiben.
Da ich ihr schon nicht zu Diensten sein kann,
so soll sie wenigstens keinen einzigen Tag
durch meinen Anblick leiden.«
　Der Bote verließ ihn unter Tränen
und erreichte den Ort seiner Bestimmung.
Die Dame schritt sogleich auf ihn zu;
sie umarmte ihn und sagte:
»Schon lange habe ich keinen Boten
mehr so gerne gesehen;
Du wirst mir gute Nachrichten bringen,
mein Freund, von Deinem Onkel.
Sprich: ist Dein Herr guten Mutes?«
Weinend antwortete ihr der junge Mann:
»Er entbietet Euch, verehrte Herrin,
seinen Dienst; und wo immer er auch sei:

sô wone dir doch sîn herze bî.
daz hâst du wol gên im versolt.
ez habe nie schœne wîp gedolt
mit solhen zühten keinen man,
und der als übel wær getân.
sîn lîp wær dir *ievor* ze swach;
nu sî ein solher ungemach
im geschehen, daz er dir bî
ze smæhe an dînem bette sî
und müge dich niemer mêr gesehen.«
diu reine sprach: »waz ist geschehen
im, an dem mîn freude stât?«
der bote sprach: »ein ouge er hât
verlorn und doch vil ritterlîch.«
diu guote sprach: »friunt triuwen rîch,
nu renne balde und bite in komen,
und ich habe von im vernomen,
daz mir fürwâr gevalle niht.
des smerzen habe ich mit im phliht
billîchen, wan ez ist ein lîp.
ich bin ouch sô gemuot ein wîp,
daz mir ist als liep mîn man:
und solte er tûsent ougen hân
(und daz im diu stüenden wol),
sô wil ich unde billîch sol
sîn einic ouge hân sô zart,
daz mîn herze daz bewart,
daz ez gedenken müge dar an,
ob ez im übel sülle stân.«
»frouwe, ich sol dich triegen niht:
mîn reise diu ist gar enwiht.
dâ von lâ mich belîben hie.
nu weist du wol, daz er daz nie
gegen dir kein zît gebrach,
swaz er ernestlîchen sprach.«

sein Herz sei bei Euch.
Darauf habt Ihr Euch ein Anrecht erworben.
Noch nie habe eine schöne Frau
einen Mann mit solcher Achtung behandelt,
der so häßlich gewesen sei.
Sein Aussehen war schon vorher, an Dir gemessen, zu schlecht;
jetzt sei ihm ein solches Unglück
widerfahren, daß er für Dich
in Deinem Bett zu häßlich sei,
und deshalb könne er Dich nie mehr sehen.«
Die Reine antwortete: »Was ist ihm zugestoßen,
ihm, an dem mein Glück hängt?«
Der Bote sagte: »Ein Auge hat er
verloren, im ritterlichen Kampf.«
Die edle Frau rief: »Mein aufrichtiger Freund,
laufe schnell und bitte ihn zu kommen:
ich hätte von ihm erfahren,
was ich wahrhaftig nicht billige.
An seinem Schmerz habe ich gerechterweise gleichen Anteil,
denn wir sind ein Leib.
So wie ich als Frau empfinde,
habe ich meinen Mann in solcher Weise lieb:
wenn er tausend Augen hätte
(und wenn die ihm auch gut stünden),
so würde ich (und es gehörte sich auch so)
sein einziges Auge so zärtlich lieben,
daß ich es im Herzen trüge
und mir dessen bewußt wäre,
wenn es ihm schlecht ginge.«
»Meine Herrin, ich will Dich nicht täuschen:
Dieser Weg ist umsonst.
Laß mich deshalb hier bleiben.
Du weißt genau, daß er
zu keiner Zeit Dir gegenüber ein Wort brach,
das er im Ernst gesprochen hat.«

»nu wolte got«, diu reine jach,
»daz an mir al sîn ungemach
læge, und daz er wære ein man
als schœne, als er sich wolte hân.
ich hœre daz wol, ich muoz enbern
sîn, den ich doch hete gern.
daz ist ein jæmerlîchiu nôt,
wan âne in sô bin ich tôt.
nu bitte ich, lieber friunt, dich,
daz du in sehest noch durch mich
und *füerest* im mîn kleinât hin.
nu warte mîn, unlange ich bin.«
diu guote gienc von im zehant
in ir kemenâten, dâ sî vant
ein schære, und stach vil balde dar
ir selben ûz ein ouge gar,
daz ez ir über ir wengel ran.
alsô bluotic gie sî dan
für den boten. der *erkam*;
mit beiden handen er sich nam
ze hâre und schrei: »wê iemer ach,
sô grôziu dinc ich nie gesach!
frouwe guot, waz sol daz sîn?«
sî sprach: »nu sage dem hêrren dîn,
daz er her kume und sehe mich an:
dunke ich in noch ze wolgetân,
ich neme dem andern sînen schîn
(sô liep ist er dem herzen mîn);
und welle ich im verwîzen iht,
daz er mit einem ougen siht,
sô müge er wol von wârheit jehen,
ich müge ouch wan mit einem sehen.«
sî sprach: »var hin, *vil* lieber knabe,
und bite in des, daz er sî abe
solhes muotes und her kome,
daz sî im iemer an mir frome.«

»Gäbe doch Gott«, sagte die edle Frau,
»daß sein ganzes Unglück mich getroffen hätte
und er ein Mann
von der Schönheit wäre, die er sich wünscht.
Ich höre schon, ich soll auf den verzichten,
den ich doch bei mir haben will.
Das ist ein beklagenswertes Leid,
denn ohne ihn bin ich tot.
Deshalb bitte ich Dich, treuer Freund,
daß Du ihn meinetwegen doch aufsuchst
und ihm mein Zeichen überbringst.
Warte auf mich, ich bin sofort wieder zurück.«
Die brave Frau ging schnell
in ihre Kemenate; dort nahm sie
eine Schere und stach sich auf der Stelle
selbst ein Auge aus,
daß es ihr über die Wange lief.
Blutüberströmt trat sie dann
vor den Boten. Den erfaßte großer Schrecken;
mit beiden Händen griff er sich
in die Haare und schrie: »Weh und immer weh,
Schlimmeres habe ich noch nie gesehen.
Edle Frau, was hat das zu bedeuten?«
Sie antwortete: »Sage Deinem Herrn,
er solle kommen und mich ansehen:
Wenn ich ihm immer noch zu schön bin,
dann zerstöre ich auch noch das andere
(so sehr liebe ich ihn);
und wenn ich ihm vorwerfen wollte,
daß er nur auf einem Auge sieht,
so könne er wahrheitsgemäß antworten,
auch ich könne nur mit einem sehen.«
Sie sagte weiter: »Reite los, junger Freund,
und bitte ihn, daß er von seiner Absicht
ablasse und herkomme,
das werde ihm immerzu von mir vergolten.«

Der knabe weinent von ir gie,
wan im wart sô leide nie.
er saz ûf, im was vil gâch.
als er den hêrren sîn ansach,
weinent lief er gên im dar
und sagte im allez daz vil gar,
daz er dâ heime het gesehen;
und swes diu guote het verjehen,
des selben er aldâ gewuoc.
der ritter sich zen brüsten sluoc.
er sprach: »owê mir iemer wê!
ich het dar baz geriten ê.
ach, daz ich ie wart geborn!
wie hât mîn schœne wîp verlorn
ir ouge. wê, daz ich ie wart!«
der hêrre von der swarten zart
sîn hâr. ein ritter zuo im spranc,
der sprach: »nu habe sî iemer danc;
sî hât iu daz erzeiget wol,
daz sî ist gên iu triuwen vol.«
daz wort im alse nâhen gie,
daz er ein kraft dâ von gevie
und dâhte: »mir sagt wâr der man.
ich wil sî dester lieber hân.
wan sî hât erzeiget mir,
daz sî hât gên mir friundes gir.«
er sprach zem boten: »balde var,
vil lieber friunt, und bewar,
daz sî ir mêr iht schaden tuo
(ich strîche spâte unde fruo
zuo der vil reinen wandels frî),
und sage ir, daz ich iemer sî
nâch ir willen umb die tât,
die sî an mir erzeiget hât.«
Er îlte nâch im, im was gâch.
als er die minniclîchen sach,
vor liebe weinent lief er dar.

Der Knappe ging weinend hinaus,
denn so großen Schmerz hatte er noch nie erfahren.
Er saß auf, er beeilte sich sehr.
Als er seinen Herrn erblickte,
lief er unter Tränen auf ihn zu
und erzählte ihm alles ganz genau,
was er zu Hause gesehen hatte;
und was die edle Frau gesagt hatte,
das berichtete er hier.
Der Ritter schlug sich gegen die Brust.
Er rief: »O weh mir, immer nur weh!
Ich wäre besser früher hingeritten.
Ach, daß ich jemals geboren wurde!
Daß meine schöne Frau ihr Auge verloren hat!
Weh mir, daß ich am Leben bin!«
Der Herr riß sich das Haar aus dem Kopf.
Ein Ritter sprang zu ihm
und sagte: »Immerdar sei ihr Dank;
sie hat Euch bewiesen,
daß sie in treuer Liebe zu Euch steht.«
Diese Rede ging ihm so zu Herzen,
daß er Kraft daraus zog
und dachte: »Der Mann hat recht.
Ich werde sie noch mehr lieben.
Denn sie hat mir gezeigt,
daß sie mich als ihren Gefährten begehrt.«
Zum Boten sagte er: »Reite sofort los,
lieber Freund, und achte darauf,
daß sie sich nicht noch mehr Schaden zufügt
(ich eile durch Tag und Nacht
zu der reinen, makellosen Frau),
und sage ihr, daß ich ihr immer
ergeben sein werde wegen dieser Tat,
die sie für mich vollbracht hat.«
Er eilte ihm nach, es drängte ihn sehr.
Als er die Liebenswerte sah,
lief er unter Tränen auf sie zu.

diu reine minniclîche klâr
sprach: »friunt, lieber hêrre mîn,
du solt mir willekomen sîn.«
der hêrre sprach: »owê, wie sol
ich, liebiu, dich ergetzen wol
dînes smerzen, den dîn lîp
hât durch mich, vil wîplich wîp,
enphangen? wê der mînen tât,
die mîn lîp begangen hât!«
diu guote sprach: »und wilt du mich
ergetzen wol, daz lêre ich dich,
sô solt du des getrouwen mir,
daz *niuwan* gên dir stê mîn gir;
und lâz ouch mich dir wol behagen.
und solte ich tûsent ougen tragen
und gevielen dir diu niht,
sô solten sî mir sîn enwiht.«

Swer vor die frouwen gerne sach
durch die schœne, der man ir jach,
der sach sî nu vil lieber an
durch die triuwe, *die sî ir* man
erzeiget het; daz was billîch,
wan sî was schœne und triuwen rîch.
dâ von sî baz ze loben stât
dan manigiu, diu zwei ougen hât.

Swaz noch getriuwer konen sî,
die tuo got alles leides frî.
den allen sol ich sîn bekant
von Wildonie Herrant.

Die Reine, Süße, Lautere
sagte: »Gefährte, geliebter Herr,
seid mir willkommen!«
Der Mann antwortete: »O weh, wie kann
ich, Geliebte, den Schmerz wieder gutmachen,
den Du, Inbegriff aller Frauen,
meinetwegen
erlitten hast? Weh über die Tat,
die ich begangen habe!«
Die Edle sagte: »Wenn Du das
wiedergutmachen willst, dann, so lehre ich Dich,
sollst Du mir darin vertrauen,
daß mein Wunsch sich auf nichts anderes richtet als auf Dich;
freue auch Du Dich über mich.
Und wenn ich tausend Augen hätte
und die gefielen Dir nicht,
dann wären sie mir nichts wert.«
Alle, die die Dame vorher
wegen ihrer vielgepriesenen Schönheit gerne gesehen hatten,
die sahen sie jetzt noch viel lieber
wegen der Treue, die sie ihrem Mann
erwiesen hatte; das war richtig,
denn sie war gleichzeitig voller Schönheit und Treue.
Davon gebührt ihr mehr Preis
als manch einer, die zwei Augen hat.
Alle treuen Ehefrauen, die es sonst noch gibt,
befreie Gott von allem Leid.
Die mögen mich alle im Gedächtnis behalten:
Herrand von Wildonie.

RÜDIGER DER HÜNKHOVER
HIE HEBT AN DAZ MÆRE VON DEM SLEGEL

Man hœret, derz vernemen wil,
wunderlîcher dinge vil,
diu nu ergênt und sint geschehen,
der ich iu eines wil verjehen,
Rüedegêr der Hünchovære,
und ist ein wârez mære
und ist durch tugentlîchen muot
alten und jungen ze hœren guot,
daz diu jugent nâch Gotes lêre
vater unde muoter êre
und daz daz alter sich behüete
vor der jugent ungüete.
wan daz zehende kindelîn
tuot niht dem vater die triuwe schîn,
die er im erzeiget.
diu werlt vil sêre veiget,
wan si tägelîches abe
nimt an aller tugende habe:
daz wîlent was gehiure,
nemt war, daz ist nu tiure.

Ob ez nu müge mit vuoge sîn,
sô vernemt diz mærelîn,
daz ich von der wârheit hân.
ez was ein rîcher koufman,
erbære, getriuwe und milte,
des in niht bevilte:
ze Gote und nâch der werlde lobe
lac er tägelîchen obe
mit tugenden und mit prîse.

RÜDIGER DER HÜNKHOVER
DER SCHLEGEL

Man hört, wenn man bereit ist, zuzuhören,
mancherlei merkwürdige Sachen,
die sich jetzt zutragen oder einmal geschehen sind;
eine davon will ich,
Rüdiger von Hünkhofen, Euch erzählen,
und es ist eine wahre Geschichte,
und sie ist wegen ihres sittlichen Gehalts
für Jung und Alt nützlich zu hören,
damit die jungen Leute nach dem Gebot Gottes
Vater und Mutter ehren
und die Alten sich
vor der üblen Gesinnung der Jungen hüten.
Denn nicht einmal jedes zehnte Kind
erweist seinem Vater die Anhänglichkeit,
die dieser ihm bietet.
Die Welt geht zugrunde,
weil sie Tag für Tag abnimmt
an tugendhafter Gesinnung:
was einst in Ansehen stand,
seht, das findet man heute kaum noch.
Wenn es nun also gerade paßt,
dann hört diese Geschichte,
die ich aus wahrer Quelle habe.
Es lebte einmal ein wohlhabender Kaufmann,
angesehen, verläßlich und großzügig,
und nichts verdroß ihn:
um Gott und um den Beifall der Leute
bemühte er sich jeden Tag
durch vorbildliches Verhalten und rühmenswerte Taten.

hôhez lop het der wîse
al umbe in dem lande,
swâ man in erkande.
ouch het der werde man dâ bî
zwô töhter unde süne drî.
ieglîch kint bestatte er eben
mît grôzem guote bî sînem leben,
daz si sâzen in êren last
und daz in nihtes gebrast.
nu kom der tôt mit sîner kraft
und nam im sîn wîp tugenthaft.
des verdrôz in ze leben.
er gedâhte: »ich wil mîn habe geben
mînen kinden al gemeine
und wil mit in leben eine
sunder hûsvrouwen,
mich lân durnähtic schouwen,
wan ich bin nu worden alt
und sint mîne tage gezalt
vil nâhen an ein ende.
mîniu kint ich besende
und sage in allen mînen muot.
waz sol mir mîn grôzez guot,
sît ich doch schiere sterben muoz?
und gerecke ich mînen vuoz,
sô ist mîn sêle ellende.
ez ist guot, daz ich wende
mîn guot ze mînen kindelîn,
daz si her nâch gedenken mîn.«
Zehant er des niht enliez,
diu kint er im bringen hiez.
den willen sîn ern niht enbarc,
er gap in wol ûf tûsent marc
und sprach: »Lieben kint diu mînen,
lât kintlîch triuwe schînen:
helft mir mit êren ze grabe.
ich gên nu leider an dem stabe

Hohes Ansehen genoß dieser kluge Herr
überall im Land,
wo man auch von ihm hörte.
Der edle Herr hatte auch
zwei Töchter und drei Söhne.
Jedes seiner Kinder stattete er gleichmäßig
mit reichen Gütern für ihre Lebensführung aus,
so daß sie würdig leben konnten
und es ihnen an nichts fehlte.
Dann aber kam der Tod in seiner Allmacht
und nahm ihm seine treffliche Frau.
Darüber verlor er die Lust am Leben.
Er dachte sich: »Ich will meinen ganzen Besitz
meinen Kindern geben
und will mit ihnen zusammen
ohne Ehefrau leben,
will mich brav und fromm erweisen,
denn ich bin jetzt alt geworden
und meine Tage sind gezählt,
mein Ende ist nahe.
Ich lasse meine Kinder kommen
und eröffne ihnen allen meinen Entschluß.
Was habe ich von meinen ganzen Reichtümern,
wenn ich doch am Ende sterben muß?
Und wenn ich mich mit den Füßen sträube,
dann stürzt die Seele ins Unglück.
Es ist gut, wenn ich meinen ganzen Besitz
meinen Kindern übergebe,
damit sie später an mich denken.«
   Auf der Stelle setzte er das in die Tat um
und ließ die Kinder kommen.
Seine Absicht verheimlichte er ihnen nicht,
gab ihnen gut an die tausend Mark
und sagte: »Meine lieben Kinder,
erweist jetzt die treue Fürsorge der Kinder:
helft mir, daß ich mit Anstand das Grab erreiche.
Ich muß nun leider am Stock gehen

und mac hûses niht gephlegen.
mîn guot wil ich iu allez geben.
ob ich mir eine konen næme,
mînen alten tagen daz niht enzæme
und wære ouch iu vil lîhte swære.
ich wil nu sîn ein witewære
vür die grôzen missetât,
die mîn lîp begangen hât,
sît ich sünden êrst began.
kint, nu hebet mit mir an,
daz ir ez endet nâch êren,
als iuch iur gewizzen lêren.«
　Der alte sun sprach: »vater mîn,
daz ist billîch, du solt sîn
in mîner phlege und bî mir.
kintlîche triuwe erzeige ich dir.«
bî der hende gevie er in
und wîste in ze sînem hûse hin
und tete im schône unde wol,
als ein kint sînem vater sol,
daz er des niemer vergaz.
ab sîner schüzzel er az
mit im al die stunde
und im des sælde gunde.
diu zît mit vröuden wart vertriben,
unz daz vergiengen wochen siben.
der sun sprach: »vater hêre,
nu volge mîner lêre
und merke rehte mînen rât:
mîn bruoder lîhte vür übel hât
daz du sô lange bist bî mir.
kurzwîle zim, daz râte ich dir,
und habe ez vür übel niht.
dîn snuor dich vil gerne siht.
bis bî im eine wîle ouch dâ
und kum mir denne her wider sâ!«

und kann mich um die Führung eines Hauses nicht
mehr kümmern.
Euch gebe ich all meinen Besitz.
Wenn ich mir eine Frau nähme,
das gehörte sich nicht für mein Alter,
und Euch wäre es vielleicht auch nicht recht.
Ich will nun als Witwer leben,
als Buße für die vielen Sünden,
die ich begangen habe
von meinen ersten Fehltritten an.
Kinder, nehmen wir uns das gemeinsam vor,
und bringt Ihr es in Ehren zu Ende,
wie Euer Gewissen es Euch lehrt.«
Der älteste Sohn sagte: »Mein Vater,
es ist recht, Du sollst
bei mir leben und von mir umsorgt werden.
Respekt und Liebe des Kindes erweise ich Dir.«
Er faßte ihn an der Hand
und führte ihn zu seinem Haus
und behandelte ihn liebevoll und gut,
wie ein Kind mit seinem Vater umgehen soll,
damit er das nie vergessen werde.
Aus einer Schüssel aß er
mit ihm Mal für Mal
und er vergönnte ihm alles, was gut war.
Die Zeit ging in Freuden hin,
bis sieben Wochen vorbei waren.
Da sagte der Sohn: »Lieber Vater,
folge jetzt meinem Vorschlag
und höre auf meinen Rat:
Mein Bruder könnte es mir leicht verübeln,
daß Du so lange bei mir bist.
Vertreibe Dir auch bei ihm die Zeit
und mach Dir nichts daraus.
Deine Schwiegertochter sieht Dich gerne.
Bleib eine Weile bei ihm
und komm dann bald wieder hierher zurück.«

Der alte sprach: »daz sî geschehen!
ich wil ouch dînen bruoder sehen.
ich fürhte daz ez im lîhte versmâht.«
urloup nam er und guote naht.
zem andern sune klopfte er an.
vil balde wart im ûf getân.
gên im lief sun unde snuor
mit vil snellîcher ruor
und hiezen in willekomen sîn.
küsse, bolster phlûmvederîn
wurden im vil schône geleget.
sîn wart nâch êren gephleget
ze tische, ze bette, dort unde hie,
sitzent, ligent, swâ er gie.
den sun sîn wille lêrte daz,
daz er in schicte vürbaz,
dô er den vater alten
het vierzic tage behalten.
er sprach: »liebez väterlîn,
du solt den jungen bruoder mîn
gesehen, wie er hûses phlege
und wie er an den tugenden mege.
bis ouch bî im etlîche vrist
und kum her wider. dîn genist
gibe ich dir mit triuwen gern.«
er sprach: »des wil ich dich gewern.
ich wil den jungen wirt ouch schouwen
und sîne liebe hûsvrouwen.«
Mit urloube schiet er ouch dan.
zuo dem dritten sune er kam
und ruorte den rinc an der tür.
diu mære kômen snelle vür.
der sun der zabelte ûf dem brete.
daz spil sluoc er ûf ze stete
und lief dem alten engegen
und hiez im schœne tepiche legen.
guote spîse und klâren wîn

Der Alte sagte: »So soll es sein.
Ich will auch Deinen Bruder besuchen.
Ich fürchte, daß er sonst vielleicht beleidigt ist.«
Er verabschiedete sich und brach auf.
Bei seinem zweiten Sohn klopfte er an.
Sofort wurde ihm geöffnet.
Sohn und Schwiegertochter liefen
eilig und aufgeregt auf ihn zu
und hießen ihn willkommen.
Kissen und Polster aus weichen Daunen
wurden ihm sorgsam bereitet.
Mit großer Ehrerbietung behandelte man ihn,
bei Tisch, im Bett, hier und dort,
im Sitzen, im Liegen, im Gehen.
Seine wirkliche Einstellung veranlaßte den Sohn aber,
daß er ihn weiterschickte,
als er den alten Vater
vierzig Tage bei sich behalten hatte.
Er sagte: »Mein liebes Väterchen,
Du mußt meinen jüngsten Bruder besuchen
und sehen, wie er wohnt und lebt
und wie tüchtig er ist.
Bleib auch bei ihm einige Zeit
und komm dann wieder zurück. Dein Auskommen
sichere ich Dir zu; darauf kannst Du Dich verlassen.«
Der Vater sagte: »Da komme ich Dir gerne entgegen.
Ich will auch den jüngsten Familienvater besuchen
und seine liebe Frau.«
Er nahm Abschied und machte sich auf den Weg.
Zu seinem dritten Sohn kam er
und pochte mit dem Türring an das Tor.
Die Kunde breitete sich schnell aus.
Der Sohn spielte gerade Schach.
Gleich unterbrach er das Spiel
und lief dem Alten entgegen
und ließ ihm prächtige Teppiche auslegen.
Feine Speisen und funkelnden Wein

und swaz edeles mohte gesîn,
daz teilte er im schône mite.
nu tete er ouch der andern site:
dô vünf wochen nâmen ende,
der sun sprach: »vater, wende
dich ze mînen geswîen
und versuoche ouch den brîen
ze mînen swestern beiden,
und doch von mir niht scheide,
du enkomest her wider kurzlîche:
mit triuwen ich dir niht entwîche.«
er sprach: »sun, du sagest wâr.
ich wil ein siben tage ouch dar,
wie sich mîne töhter halten.«
dem grîsen einvalten
wart gegeben sîn geverte:
daz was ein stäbelîn herte,
dâ mit er sich der hunde werte.
Ûz dem hûse er dô krouch.
zer næhsten tohter kom er ouch
und klopfte oben an die want.
diu liez in în sâ zehant.
die rede ich iu kürzen wil:
man erbôt im dâ guotes vil,
biz daz vergiengen mânen zwên.
si sprach: »vater, du solt gên
ze mîner jungen swester.
diu hât geslahtet gester
swîn unde rinder.«
er sprach: »Got lône iu, kinder!
ir tuot mir schône unde wol,
des iu Got iemer danken sol.«
Urloup er von der tohter nam,
zem jungen töhterlîn er kam.
diu was gar envollen
mit guote bewollen

und was es sonst noch Gutes geben mochte,
das ließ er ihm festlich auftragen.
Aber dann verhielt er sich doch auch wie die anderen:
Als fünf Wochen um waren,
da sagte der Sohn: »Vater, wende
Dich doch an meine Schwäger
und probiere auch den Brei
bei meinen beiden Schwestern,
aber geh nicht von mir fort,
ohne bald wieder zurückzukommen:
anhänglich, wie ich bin, will ich nicht auf Dich verzichten.«
Er antwortete: »Mein Sohn, Du hast recht.
Ich will an die sieben Tage auch zu ihnen
und sehen, wie es meinen Töchtern geht.«
Dem gutgläubigen Greis
gab man einen Begleiter mit:
das war ein kräftiges Stöckchen,
mit dem er die Hunde abwehren konnte.
Er schlich sich aus dem Haus,
kam zu der Tochter, die am nächsten wohnte,
und klopfte oben an die Wand.
Sie ließ ihn gleich ein.
Ich kürze die Beschreibung ab:
Man behandelte ihn dort sehr gut,
bis zwei Monate vorbei waren.
Dann sagte sie: »Vater, Du sollst jetzt
zu meiner jüngsten Schwester gehen.
Die hat gestern
Schweine und Rinder geschlachtet.«
Er antwortete: »Gott vergelte es Euch, liebe Kinder!
Ihr seid gut und lieb zu mir,
dafür wird Gott Euch belohnen.«
Er verabschiedete sich von der Tochter
und zog zu seinem jüngsten Töchterlein.
Die war aufs üppigste
mit Gütern ausgestattet

und mit hûsrâte.
si hiez im bringen drâte
tepiche zen benken
und an die wende henken
sîdîniu ruckelachen
und ganze wirtschaft machen.
guoten wîn und linde spîse
getempert wol mit vlîze
gap man im ze imbîze
den âbent und den morgen.
nu wolde niht lenger borgen
daz töhterlîn junge:
dô siben tage verdrungen,
dô gap si im urloup.
des wart der alte grîse toup.
der sprach: »liep, war sol ich nu?«
»vater mîn, dâ solt du
gên ze mînem alten bruoder.
dem hât man wol hundert vuoder
vazze brâht von dem Rîn.
daz ist der allerbeste wîn
des ie kein munt bekort.
bis bî im eine wîle dort
und labe dâ dîne zungen
an dem wîne und die lungen.«
er gedâhte ze tuone daz.
»mîn elter sun verstât sich baz.
ich kum dar, als er mich hiez.
mîn tohter hât mîn hie verdriez.«
Sînen geverten er niht lie,
der vor sînen triten gie.
der was geleinet an die want,
den nam er iesâ in die hant.
urloup er nam und sleich dan
als ein guot einvalt man
zuo des eltern sunes tor.
dâ was ein schœniu loube vor

und hatte einen reichen Haushalt.
Sie ließ ihm gleich
Teppiche zum Sitzen auslegen
und an die Wände
seidene Tücher hängen
und ein reiches Mahl bereiten.
Guten Wein und köstliche Speisen,
mit großer Sorgfalt zubereitet,
servierte man ihm zur Labung
am Abend wie am Morgen.
Dann wollte ihn aber
das jüngste Töchterlein nicht länger versorgen.
Als sieben Tage vergangen waren,
schickte sie ihn weg.
Da erschrak der arme Greis.
Er rief: »Meine Liebe, wohin soll ich jetzt?«
»Lieber Vater, Du solltest
zu meinem ältesten Bruder gehen.
Dem hat man gerade gut hundert Fuder
Wein vom Rhein gebracht:
den allerbesten Wein,
den man jemals gekostet hat.
Bleib eine Weile bei ihm
und labe Zunge
und Magen an diesem Wein.«
Er wollte das tun.
»Mein ältester Sohn ist verständiger.
Ich gehe zu ihm, wie er es verlangt hat.
Meiner Tochter bin ich hier lästig.«
   Seinen Begleiter vergaß er nicht,
der lief vor seinen Schritten her.
Man hatte ihn an die Wand gelehnt,
jetzt nahm er ihn in die Hand.
Er verabschiedete sich und trollte sich davon
wie ein braver, treuherziger Mann,
zur Pforte seines ältesten Sohnes.
Vor der war eine noble Vorhalle

und ein türlîn eneben.
daz velsloz huop er eben
und bat sich în lâzen.
wirt unde hûsvrou sâzen
mit vröuden ob dem tische
und heten rîche vische.
dem sune kômen mære
daz sîn vater dâ wære.
vil trâge sprach er: »nu lâ in în!
ez müet mich ûf die triuwe mîn.
ich het des wân ze wâr,
er mite uns doch ein halbez jâr.«
vür den tisch der alte gie.
der sun sprach: »vater, sage an, wie
bist du gewesen sô lange vrist?«
diu rede was ein valscher list,
wan hœnischen underbunt
erzeigte sîn herze und sîn munt.
er sprach: »ich hân beschouwet doch
diu kint. ich kum zîtlîche noch.
sun, ein dinc daz ich dir sage:
ich bin gewesen siben tage
zer jungen tohter, diu gap mir
urloup und sande mich ze dir.
mich dûhte, si het mîn verdriez.
sust si mich von ir scheiden hiez.«
er sprach: »des mac wol werden rât.
vruo si sich dîn genietet hât.
nu gê hin und sitze dort
zuo dem gluotherde an daz ort.
mîn sin daz wol kiuset,
daz dich sêre vriuset.«
dô man im ze ezzene truoc,
sîn silbervaz daz was ein kruoc
oder ein becher vil sal.
man erlie in der guoten mâl,

und daneben ein kleines Türchen.
Er hob die Klinke hoch
und bat darum, eingelassen zu werden.
Der Hausherr und seine Frau saßen
gutgelaunt bei Tisch;
reichlich Fisch hatten sie vor sich.
Man unterrichtete den Sohn,
daß sein Vater gekommen sei.
Gelangweilt sagte er: »Dann laß ihn halt herein!
Es ist mir lästig, meiner Treu!
Ich hatte doch wirklich die Hoffnung,
er bliebe wenigstens ein halbes Jahr aus.«
Der Alte trat an den Tisch.
Der Sohn sagte: »Vater, sag uns, weshalb
bist Du so lange weg gewesen?«
Diese Worte waren hinterlistig,
denn Hohn und Spott
lagen in seiner Haltung und seiner Stimme.
Jener sagte: »Ich habe doch
meine Kinder besucht. Ich bin ja noch rechtzeitig zurück.
Mein Sohn, eins muß ich Dir aber erzählen:
Ich bin sieben Tage
bei der jüngsten Tochter gewesen, die schickte mich
weg und sandte mich zu Dir.
Mir schien, ich war ihr lästig.
So hieß sie mich gehen.«
Er antwortete: »Das läßt sich schon regeln.
Sie hat früh von Dir genug gehabt.
Geh da hin und setz Dich dort
auf die Seite an den warmen Herd.
Ich merke genau,
daß Du sehr frierst.«
Als man ihm das Essen brachte,
da war aus seinem silbernen Pokal ein Krug geworden
oder ein unansehnlicher Becher.
Man enthielt ihm die guten Speisen vor,

der man in vor hete gewent.
der guoten handelunge entspent
wart der vor sîn almuosen
mangem armen truoc ze buosen.
der sun ahte sîn niht umbe ein ei,
wan als ein voller krupfei
der gât ûf einem tenne,
und ein volkrüpfiu henne
diu niht mêre geklucken mac,
alsô giengens al den tac,
diu hûsvrouwe unde er,
hôchbrogende in dem hûse entwer.
Den alten verdrôz der site,
daz man im vuor unrehte mite.
er gedâhte: »ich bin hie niht wol.
zem andern kinde mîn ich sol.
der gedenket lîhte der triuwe sîn
an mir und gît mir lîhte wîn
und eteswenne ein schœnez brôt.
ich lige hie von gebresten tôt.
mîn sun hât gên mir hôchvart.
wê daz ich ie geboren wart!
wes hân ich silber unde golt
mînen kinden dar gebolt,
und ich nu selbe niht enhân?
des bin ich ein unsælic man.
diu wîle ist mir von schulden lanc,
ich bin alt unde kranc
unde bin gar abe geschaben.
got wolde daz ich wære begraben!«
uz dem hûse sleich er verholn.
im wârn versliffen gar die soln
und daz gewant erarmet,
daz er ir keinen erbarmet,
der im gæbe ein gewant.
der mandel was im dâ zer hant

die er früher bekommen hatte.
Freundlicher Umgang wurde dem Mann verweigert,
der früher vielen Armen
Wohltaten erwiesen hatte.
Sein Sohn kümmerte sich nicht im geringsten um ihn,
sondern wie ein vollgefressener Hahn,
der auf der Tenne herumsteigt,
und eine Henne mit vollem Kropf,
die nicht mehr gackern kann,
so stolzierten sie den ganzen Tag,
seine Frau und auch er,
aufgeblasen im Haus herum.
Den Alten ärgerte diese Art,
daß man so ungehörig mit ihm umging.
Er dachte sich: »Es geht mir hier nicht gut.
Ich will zu meinem zweiten Kind.
Das ist sich gewiß seines Respektes
vor mir bewußt und gibt mir bestimmt Wein
und hin und wieder gutes Brot.
Hier sterbe ich noch an Unterernährung.
Mein Sohn überhebt sich mir gegenüber.
Weh, daß ich jemals das Licht der Welt erblickte!
Weshalb habe ich Silber und Gold
meinen Kindern in den Rachen geworfen,
und selbst habe ich jetzt nichts.
Ich bin ein unglückseliger Mensch.
Die Zeit wird mir mit Grund lang.
Ich bin alt und schwach
und ganz verbraucht.
Wollte Gott, daß ich schon im Grabe läge!«
Heimlich schlich er sich aus dem Haus.
Seine Sohlen waren ganz abgenutzt
und seine Kleider ärmlich,
so daß keiner sich für besonders mitleidig gehalten hätte,
der ihm etwas zum Anziehen hätte schenken wollen.
Sein Mantel war an der Hand

dürchel und zem ellenbogen.
sust gie der arme versmogen
zem andern sune zuo dem mâl.
der saz in sîner stuben sal
und enphie in überwendiclîche.
»nu lône dir Got der rîche«
sprach der einvalte,
»mir sint diu lit erkaltet,
daz gewant ist mir verslizzen.
ich wil ûf den ofen sitzen.
die schuohe sint mir unden hol.«
er sprach: »mir gevellet wol,
du gêst dâ dir werde warm!«
uf den ofen saz der arm.
dô er dâ eine wîle gesaz,
im wart gedienet lützel baz.
man gap im ein kezzelkrût
und ein bier. sîn sun der trût
sach im alsô mit vlîze zuo
beide spâte unde vruo.
er enruochte wie er lebt.
diu zunge was im verklebt,
wan der alte grîse
het sô kranker spîse
niht gewent den sînen lîp.
undâre tete ouch des wirtes wîp.
er gedâhte: »ouwê mir wê!
ich vürhte daz ez mir übel ergê.
dise zwêne süne sint gar
gedûhet in ein kæsekar.«
Niht lenger wolde er dâ bestân,
zem dritten sun kom er gegân.
dâ spilten si der vingerlîn,
iedoch mit nœten kom er în.
»vater, nu bis willekomen«
sprach der sun, »ich hân vernomen

wie am Ellenbogen zerfetzt.
So ging der arme verachtete Mann
zu seinem zweiten Sohn zum Essen.
Der saß in seiner geräumigen Stube
und empfing ihn mißmutig.
»Gott der Allmächtige vergelte es Euch!«
sagte der gutmütige Alte,
»meine Glieder sind steif vor Kälte,
meine Kleider sind zerschlissen.
Ich will mich auf den Ofen setzen.
Meine Schuhsohlen sind voller Löcher.«
Er antwortete: »Mir ist das schon recht,
wenn Du wohin gehst, wo Dir warm wird!«
Der Arme setzte sich auf den Ofen.
Als er eine Weile dort saß,
da kümmerte man sich ein bißchen um ihn.
Man gab ihm etwas Kohl aus dem Kessel
und ein Bier. Sein lieber Sohn
schaute sich das gelassen an,
den ganzen Tag lang.
Es war ihm gleich, wie er lebte.
Dem Alten klebte die Zunge am Gaumen,
denn der Greis
war so schlechte Nahrung
nicht gewöhnt.
Auch die Frau war unfreundlich.
Er dachte bei sich: »Oh welcher Jammer!
Ich fürchte, mir wird es noch übel ergehen.
Diese beiden Söhne
hat man offensichtlich aus ein- und demselben
Käsefaß gezogen.«

Er wollte da nicht länger bleiben.
Er kam zum dritten Sohn.
Dort spielten sie ein Ringspiel,
aber mit Mühe kam er trotzdem hinein.
»Vater, sei willkommen!«
sagte der Sohn, »ich habe gehört,

daz mîne brüeder dir niht geben
und dich sô armen lâzen leben.
daz ist ein missewende!
gê hin, werme dîne hende,
sitze zem oven ûf die banc!
ich sihe wol daz du bist kranc.«
von im leinte er den stap
dar man im ze ezzene gap
ein vil unmære rihte,
diu was bereitet von nihte,
âne kæse und âne smalz:
dar ûf gerêret was ein salz,
dar nâch ein milch und eine birn,
daz selten im gevröute daz hirn.
alrêrst begunde im leiden
daz er von guote was gescheiden.
er gedâhte hinder sich.
»ouwê ich armer, waz hân ich
an mir selben getân,
daz ich mînes guotes niht enhân
doch alse vil behalten
daz ich mir armen alten
doch koufte ein labunge!
mir ist niht wol gelungen
nu in mînen alten tagen.
daz wil ich Gote von himele klagen
und allem himelischem her.
ich enweiz wie ich mich ner.
wâ sol ich nu triuwe vinden,
sît ich versmâhe mînen kinden?
des hât man mich deste unwerder.
ouwê, lebte ich niht ûf erden!«
Niht lenger er sich sûmte,
daz hûs er balde rûmte
und gie ze sîner tohter.
vor leide übel mohter.
diu tete, als ich iu wil verjehen,

daß meine Brüder Dir nichts geben
und Dich in Armut leben lassen.
Das ist schändlich!
Geh hin, wärme Deine Hände,
setze Dich zum Ofen auf die Bank.
Ich sehe, Du bist geschwächt.«
Seinen Stock legte er weg,
als man ihm etwas zu essen brachte:
ein mäßiges Gericht,
das aus nichts zubereitet war,
ohne Käse und ohne Schmalz:
darauf war Salz gestreut,
dazu Milch und eine Birne;
das konnte ihn wenig erheitern.
Jetzt erst tat es ihm leid,
daß er seinen Besitz weggegeben hatte.
Er dachte zurück:
»Ach Gott, ich Unglücklicher, was habe ich selbst
mir angetan,
da ich nicht wenigstens so viel
von meiner Habe zurückbehalten habe,
daß ich mir armem alten Mann
etwas zu essen kaufen könnte!
Es ist nicht gut eingerichtet
in meinen alten Tagen.
Das beklage ich vor Gott im Himmel
und allen himmlischen Heerscharen.
Ich weiß nicht, wovon ich leben soll.
Wo werde ich nun Fürsorge finden können,
da mich meine Kinder verachten?
Dadurch schätzt man mich nur noch geringer.
Ach, lebte ich doch nicht mehr auf dieser Welt!«
Er hielt sich nicht länger auf,
er verließ das Haus
und zog zu seiner Tochter.
Vor lauter Leid war er übel dran.
Die verhielt sich, wie ich Euch versichere,

als si in niemer het gesehen.
si vrâgte in waz er wolde.
swaz er kumbers dolde
an henden und an vüezen,
daz solden im wol büezen
sîne süne, wan er in het gegeben
guotes vil bî sînem leben!
bî den solde er belîben.
er gedâhte: »bin ich den wîben
als leidic als den mannen,
sô bin ich êrst verbannen
vor mînen kinden allen.
in unsælde ich bin gevallen.
daz sol ich lîden mit gedulde.
wan ez ist mîn eigen schulde.«
Dô er nu lange was gestân,
in hiez diu tohter sitzen gân
bî dem oven zuo der want.
ezzen gap man im zehant:
ein dünnez muos und einen leffel.
sîn liebiu tohter Seffel
phlac sîn alsô schône,
ärweiz unde bône
gap si im vür brâten.
der tievel het irz gerâten,
daz si im gap sô krankiu mâl:
si het guotes âne zal.
er het sich schiere genietet dâ,
von dannen schiet der alte grâ.
sînen geverten nam er, den stap,
der in selten ie begap
sîner reise deheinen trit.
der volgte im endiclîchen mit.
zer jungen tohter kom er wider.
diu het ûf sîdîn bolster nider
sich geleit durch gemach.
ir vater si sô armen sach

als hätte sie ihn nie gesehen.
Sie fragte ihn, was er denn wolle.
Was er Schmerz erdulde
an Händen und Füßen,
dagegen sollten ihm
seine Söhne helfen, denn ihnen habe er
viel in seinem ganzen Leben geschenkt.
Bei denen solle er bleiben.
Er dachte sich: »Wenn ich den Frauen
ebenso verhaßt bin wie den Männern,
dann bin ich jetzt schließlich
von allen meinen Kindern verstoßen.
Ich bin ins Unglück gestürzt.
Das muß ich geduldig ertragen,
denn es ist meine eigene Schuld.«

Als er nun lange herumgestanden war,
da forderte ihn seine Tochter auf,
sich an die Wand am Ofen zu setzen.
Rasch gab sie ihm etwas zu essen:
ein dünnes Mus und einen Löffel.
Seine liebe Tochter Sopherl
bemühte sich so liebevoll um ihn:
Erbsen und Bohnen
gab sie ihm statt des Bratens.
Der Teufel hatte ihr das eingegeben,
daß sie ihm so dürftiges Essen gab:
sie besaß Reichtümer im Übermaß.
Er hatte bald genug,
der alte Graukopf zog wieder davon.
Seinen Begleiter ergriff er, den Stock,
der ihn auf seinen Wegen
nie auch nur einen Schritt verließ.
Der begleitete ihn treu.
Er kam zu seiner jüngsten Tochter zurück.
Die hatte es sich auf seidenen Polstern
bequem gemacht.
Ihren Vater sah sie armselig

dort her treten an dem stabe
mit unmähtiger krefte habe.
wan sîn mage het dicken slîn
von dem muose und von dem brîn.
si gruozte in vil undâr.
si sprach: »wie bist du sô bar?
wâ ist dînes gewandes mê?«
er sprach: »mir ist von hunger wê,
daz ich gewandes wol vergizze.«
»sô sitze nider unde izze!«
alsô sprach diu junge
mit hœnischer zungen
und gap im kæse unde brôt.
»wie wunderlîch ist doch der tôt,
daz er dich niht hinnen nimt!
dîn swachez leben uns niht zimt,
wan du uns ze schanden gâst
und weder an noch in dich hâst.«
si hiez im bringen schier
nâch dem kæse ein afterbier.
daz beweinte er vil tougen.
er sprach: »mîniu ougen
sullen des engelten,
daz ich die armen selten
hie vor hân gespîset.
des bin ich nu bewîset,
daz si mich nu sehent arm
und von gewande selten warm.«
die hende begunde er winden
und krazte sich vor und hinden,
als ein man tuot in leide
dem an spîse und kleide
und an kreften abe gât
und sich des niemen erbarmen lât.
Nu het der alte man gewære
ze gesellen einen burgære
wîlent, dô er was bî habe.

an seinem Stock hereintreten,
kraftlos und schwach.
Denn sein Magen war ganz verschleimt
durch das Mus und den Brei.
Sie grüßte ihn mürrisch:
»Warum bist Du so schlampig bekleidet?
Wo ist Dein übriges Gewand?«
Er antwortete: »Mir tut der Hunger so weh,
daß ich meine Kleider ganz vergesse.«
»Dann setz Dich nieder und iß!«
Das sagte die junge Frau
voller Hohn
und gab ihm Käse und Brot.
»Wie merkwürdig ist doch der Tod,
daß er Dich nicht zu sich nimmt!
Dein unansehnliches Leben steht uns nicht gut an,
denn Du bringst uns Schande
und besitzt weder äußere noch innere Werte.«
Sie ließ ihm gleich noch
nach dem Käse ein Dünnbier bringen.
Darüber kamen ihm heimlich die Tränen.
Er sagte: »Meine Augen
müssen nun dafür büßen,
daß ich die Armen
früher so selten gespeist habe.
Das wird mir nun vor Augen geführt,
wenn sie mich arm sehen
und selten von Kleidern gewärmt.«
Er rang die Hände
und zerkratzte sich um und um,
wie es jemand im Schmerz tut,
dem es an Nahrung und Kleidung
und an Kraft fehlt
und dessen sich niemand erbarmt.
Nun hatte der brave alte Mann
einst, als er noch wohlhabend war,
einen Bürger zum Freund.

der was zem heiligen grabe
gevaren über den wilden sê
und ein jâr dâ gewesen od mê.
der kom wider an den stunden.
schône und êrlîche von den kunden
wart er enphangen in der stat,
dâ er wîp und kint hât
und ander rîche mâge.
der stuont an einem vîretage
vor sîner pharre kirchtür.
dâ gie der ellende vür
und het den huot gesenket
und vür diu ougen gehenket,
wan dô er in erblicte,
vor scham er sêre erschricte.
des gewarte der pilgerîn.
er gedâhte: »weder maht duz sîn
mîn lieber geselle?
des Got niht enwelle,
ob du als arm worden bist
kûme in eines jâres vrist!«
er warte unz er her wider gie,
vil blûclîchen ern gevie
bî dem sînen mandel.
»zürnt niht, ob ich iuch handel«
sprach der pilgerîn wert.
»min wille iuch ze vrâgen gert:
bist duz der geselle mîn?«
dô überwieln im diu ougen sîn,
der wârheit er im verjach.
den pilgrîn ouch daz weinen brach,
daz er die zäher rêrte.
»geselle, waz verkêrte
dîne grôze rîcheit?
mir gêt ze herzen dîn leit!«

Der war zum Heiligen Grab
über das wilde Meer gepilgert
und ein Jahr oder noch länger unterwegs gewesen.
Der kam in diesen Tagen zurück.
Festlich und prunkvoll wurde er
von seinen Freunden und Bekannten in der Stadt empfangen,
in der er Frau und Kinder hatte
und andere reiche Verwandte.
Der stand an einem Feiertag
vor der Kirchtür seiner Pfarrei.
Da kam der Verstoßene vorbei
und hielt den Hut gesenkt
und vor die Augen gedrückt,
denn als er ihn erblickt hatte,
da erschrak er sehr vor lauter Scham.
Das bemerkte der Pilger.
Er dachte sich: »Ob Du das sein kannst,
mein lieber Freund?
Das wird doch Gott nicht wollen,
daß Du so arm geworden bist
in gerade einmal einem Jahr.«
Er wartete, bis er wieder zurückkam;
vorsichtig faßte er ihn
an seinem Mantel.
»Seid nicht böse, wenn ich Euch anfasse«,
sagte der edle Pilger.
»Es drängt mich Euch zu fragen:
Bist Du es, mein Freund?«
Da flossen ihm die Augen über
und er bekannte ihm die Wahrheit.
Der Pilger brach auch in Weinen aus
und die Tränen flossen ihm herab.
»Freund, was hat
Deinen Reichtum so verkehrt?
Mir geht Dein Unglück zu Herzen.«

»Geselle, wie mir geschehen ist,
des mac ich iu ze dirre vrist
niht gesagen an ein zil.
vürbaz ichz iu sagen wil,
sô mir sîn wirt bezzer stat.«
der pilgrîn sprach: »geselle, sô gât
mit mir heim ezzen.
mîner triuwen ich vergezzen
niemer wil an iu vür wâr,
wan wir mit vröuden manic jâr
hân gelebt lieplîche.«
in nam der triuwenrîche
und liez in dâ niht lenger stân,
er muoste mit im heim gân.
dâ labte er sîne menscheit.
der guote man im dô seit
wie er über eine
sîn guot al gemeine
sînen kinden het gegeben
und in swachlîche liezen leben
mit gebresten alsô armen.
»daz müeze Got erbarmen«
sprach der alte burgære,
der getriuwe und der gewære,
»daz wir uns lân an unser kint,
und si uns ungehôrsam sint.
sô wir lîp unde leben
und ouch die sêle durch si geben,
dâ mit verdienen wir wan daz,
daz si untriuwe unde haz
iemer mêre uns bietent
und sich schiere unser genietent.
dâ solde ein ieslîch wîse man,
die wîle er lebt, gedenken an!«
er sprach: »geselle, nu volge mir,
ich wil vil wol râten dir,
daz du sunder missewende

»Freund, was mit mir geschehen ist,
das kann ich Euch jetzt
gar nicht alles sagen.
Später will ich es Euch erzählen,
wenn sich eine bessere Gelegenheit ergibt.«
Der Pilger antwortete: »Freund, dann kommt
mit mir nach Hause zum Essen.
Niemals will ich vergessen,
was ich Euch schuldig bin.
Denn wir haben viele Jahre glücklich
in Freundschaft gelebt.«
Der treue Freund nahm ihn zu sich
und ließ ihn nicht länger herumstehen,
er mußte mit ihm nach Hause gehen.
Dort half man ihm körperlich auf.
Der brave Mann erzählte ihm dann,
wie er mit einem Mal
seinen ganzen Besitz
seinen Kindern gegeben hatte
und die ihn kärglich leben ließen
in Armut und Mangel.
»Da möge sich Gott erbarmen«,
rief der alte Bürger,
der treue und aufrichtige,
»wenn wir uns unseren Kindern anvertrauen
und die uns den Gehorsam aufkündigen.
Wenn wir Leib und Leben
und auch noch die Seele für sie einsetzen,
damit erwerben wir nichts weiter, als daß
sie uns fortwährend
treulos und mißgünstig begegnen
und uns so schnell wie möglich loswerden wollen.
Daran sollte jeder vernünftige Mensch
zeit seines Lebens denken.«
Weiter sagte er: »Freund, folge mir,
ich will Dir einen guten Rat geben,
wie Du ohne Schmach

komest mit êren an dîn ende.«
er kuste in an sîne hende
und lobte leisten sîn gebot
und bat im ouch danken Got.
Zehant hiez er mit listen
eine eichîne kisten
würken ungevüege,
daz mans vil kûme getrüege,
von vier grôzen blochen
und oben wol belochen,
beslagen mit îsnîn spangen,
daz überlit wol angehangen
mit starken banden îsenîn.
alsô wart der selbe schrîn
bewart mit vünf starken slozzen
als si wæren gegozzen:
dar zuo vünf slüzzel kleine
gemerlet harte reine,
diu bölzlîn innerhalben hol.
alsô wart diu kiste wol
umbe und umbe beslagen.
zweinic man heten ze tragen
an der kisten genuoc.
in ein gewelbe man si truoc.
dar sazte man si lære,
als si zehen jâr gestanden wære.
Dâ mit und ouch daz geschach,
ze sîme gesellen er sprach:
»sich, der slüzzel wirt dir nütze,
den habe an dîne kütze
innerhalbe an einem riemen
unde lâz in sehen niemen,
wan ob in dîn sun sehe
und âne dîn wizzen daz geschehe.«
er gap im ouch die ræte,
wie er gebârte und tæte.

und in Ehren Deinen Lebensabend hinbringen
kannst.«
Jener küßte ihm die Hände
und versprach ihm, seinem Vorschlag zu folgen,
und er betete zu Gott, daß der ihm das vergelte.
Auf der Stelle ließ der Bürger dann kunstgerecht
eine eichene Kiste
bauen, so gewaltig,
daß man sie kaum tragen konnte,
aus vier kräftigen Bohlen,
oben gut verschlossen,
mit eisernen Beschlägen versehen,
den Deckel sorgfältig befestigt
mit kräftigen Eisenbändern.
Dann wurde dieser Schrein
mit fünf stabilen Schlössern ausgestattet,
die wie angegossen wirkten:
dazu hatte man fünf zierliche Schlüssel,
mit feinen Punkten verziert,
die Bolzen innen hohl.
So wurde die Truhe
rundum beschlagen.
Zwanzig Mann hatten
an dieser Kiste ordentlich zu schleppen.
Man brachte sie in ein Gewölbe.
Dort stellte man sie hin,
als ob sie schon zehn Jahre dort gestanden hätte.
Während dies so ablief,
sagte er zu seinem Freund:
»Sieh, dieser Schlüssel wird Dir nützlich sein,
befestige ihn innen an Deinem Kittel
an einem Riemen
und laß ihn niemanden sehen;
nur Dein Sohn soll ihn bemerken,
als ob es ohne Dein Wissen geschähe.«
Er gab ihm auch viele Ratschläge,
wie er sich verhalten und handeln solle.

Hin gie der alte unverzaget,
als der geselle im het gesaget,
hin ze sînem eltisten sun
und bat im dâ ûf tuon.
man vrâgte wer dâ wære.
»daz bin ich, der arme gangelære.
ich æze gerne mînes sunes brôt,
mich hungert und wære mir sîn nôt.«
der wirt ob dem tische saz
und daz gesinde über al und az.
der torwertel gie hin vür
und sagte der alte wære an der tür,
ob ez der wirt wolde,
daz man in în lâzen solde.
der vrâge antwurte der wirt:
»mîn vater selten mich verbirt
und suochet mîne brüeder selten.
sol ich des engelten,
daz ich daz eltist kint bin sîn?
nu gê hin und lâz in în!
mich müet sîn umbekriechen.
daz der tôt in siechen
mit nœten hât gebunden
und tœtet einen gesunden,
vür michel wunder ich daz hân.«
der alte der wart în gelân.
er gie dâ er ê was gesezzen,
hin zem oven ezzen
und kêrte die tenken sîten dar,
da der sun möhte nemen war
dâ zem ellenbogen, wie
der slüzzel an dem riemen hie.
der sun vil dicke dar warte,
wan wît was diu scharte,
diu dâ durch den mandel gie.
der slüzzel dâ ze blicke hie
als er wære silberîn:
alsô lieht was sîn schîn.

Guten Mutes ging der Alte
wie sein Freund ihm aufgetragen hatte
zu seinem ältesten Sohn
und bat um Einlaß.
Man fragte, wer da sei.
»Ich bin es, der arme Tippelbruder,
ich äße gerne meines Sohnes Brot,
mich hungert und ich brauchte es.«
Der Hausherr saß am Tisch,
und das Gesinde war rundherum am Essen.
Der Pförtner trat zu ihnen
und sagte, der Alte stünde vor der Tür,
ob der Herr wolle,
daß man ihn hereinlasse.
Darauf antwortete der Herr:
»Mich verschont mein Vater nie,
und meine Brüder besucht er kaum jemals.
Soll ich dafür büßen,
daß ich der Älteste bin?
Geh schon hinaus und laß ihn herein.
Mir ist sein Herumgekrieche lästig.
Daß der Tod diesen kranken Mann
nur mit Mühe zu fassen kriegt
und dafür einen Gesunden tötet,
das wundert mich sehr.«
Der Alte wurde hereingelassen.
Er ging dorthin, wo er auch früher gesessen hatte,
zum Ofen, um zu essen,
und wandte ihnen seine linke Seite zu,
damit der Sohn
unterm Ellenbogen sehen konnte, daß
da der Schlüssel an seinem Riemen hing.
Der Sohn schaute immer wieder hin,
denn der Riß war groß,
der durch den Mantel ging.
Der Schlüssel hing da blinkend,
als sei er aus Silber:
so hell war sein Glanz.

Dô daz gesinde gezzen hât
und der tisch wart entladet
und diu stube wart eine,
der sun stuont ûf vil seine
und gie ans tisches ende:
dâ saz der arme ellende
trûriclîche ûf der banc.
sîn phrüende was gewesen kranc,
daz er verholen dâ beweinte.
der sun sich gên im leinte
zer sîten, dâ der slüzzel hie.
bî dem riemen ern gevie
und schoute in, wan er was gemeit.
der vater tet samz im wære leit,
daz er in het erblicket,
er zitterte und erschricket
und wolde in hân verborgen.
»du ensolt niht sorgen«
jach der sun, »vater mîn,
sage mir, hâst du ein kistelîn?
ich gesach nie slüzzel sô kluogen
geworht mit solhen vuogen.«
er ruofte sînem knehte,
dem snellen Helmbrehte,
daz er im bræhte den silberkopf,
›dâ von sich erbürt der schopf‹,
und dar inne môraz.
zuo im ûf die banc er saz
und gap dem vater an den munt.
»trinc vaste, sô wirst du gesunt,
und lâ dich niht belangen hinne:
ich erzeige dir kintlîche minne.
trinc, lieber tetel, vaste,
daz der becher iht geraste!
du bist dûze sêre bekliben:
du soldest bî mir sîn beliben.
ich hân ze wâre hûsrât

Als das Gesinde gegessen hatte
und der Tisch abgeräumt war
und die Stube sich geleert hatte,
da stand der Sohn langsam auf
und ging an das Ende des Tisches:
dort saß der arme Ausgestoßene
traurig auf der Bank.
Seine Nahrung war dürftig gewesen,
und darüber weinte er verstohlen.
Der Sohn beugte sich zu ihm hinüber
auf der Seite, an der der Schlüssel hing.
Er faßte ihn am Riemen
und schaute ihn an, denn er war eindrucksvoll.
Der Vater tat so, als ob es ihm nicht recht sei,
daß er ihn gesehen hatte,
er zitterte und war erschrocken
und wollte ihn verbergen.
»Du brauchst keine Angst zu haben,
Vater«, sagte der Sohn,
»sag, hast Du eine kleine Truhe?
Ich habe noch nie einen so feinen
und so sorgfältig gearbeiteten Schlüssel gesehen.«
Er rief seinem Knecht,
dem wackeren Helmbrecht,
daß er ihm den silbernen Pokal bringe,
›durch den das Haar sich sträubt‹,
und darin Maulbeerwein.
Er setzte sich zu ihm auf die Bank
und setzte dem Vater den Becher an den Mund.
»Trink kräftig, dann wirst Du gesund,
und laß Dich's hier nicht verdrießen:
ich erweise Dir meine kindliche Liebe.
Trink kräftig, mein liebes Väterchen,
damit der Becher nicht zur Ruhe kommt!
Du bist in der Fremde sehr heruntergekommen,
Du hättest bei mir bleiben sollen.
Mein Haushalt ist doch so reich ausgestattet

als vil kein mîn genôz hât.
und sage mir, lieber vater, mê
wie ez umbe den slüzzel stê.«
»sun, sît du in hâst ersehen,
sô wil ich dir der wârheit jehen.
ich bin ein man der alt ist,
und wirde schiere als ein mist
und bin doch des muotes,
und het ich vil guotes,
daz müeste mîner kindelîn
al nâch mînem tôde sîn.
doch daz selbe daz ich hân
noch hulfe einen wîsen man.
ich hân ein kisten verspart,
diu selten ie entslozzen wart.
dar ane sint vünf sloz starc
und drinne ichn weiz wie manic marc.
die hân ich her behalten.
waz sol si mir alten?
in eime gewelbe si ist
iezuo gestanden lange vrist
ze mîme gesellen, der ist komen,
des kunft hâst du wol vernomen,
von Jêrusalêm ist er her wider.
ich hân sîn sêre gemangelt sider.
der slüzzel hân ich einen hie,
den ich noch nie von mir gelie.
sô weiz ich wol, die viere,
swenne ich wil, die vinde ich schiere.
und swer ûf tuon wil den schrîn,
sô müezens alle dâ sîn.
der wil ich nâch mînem leben
ieslîchem kinde einen geben.«
Der sun hiez balde springen,
vühsîn gewant dar bringen
und einen lûtervêhen huot,
dar zuo eine kappen guot.

wie bei keinem meiner Freunde.
Und sage mir, lieber Vater, noch,
was es mit dem Schlüssel auf sich hat!«
»Mein Sohn, da Du ihn nun schon gesehen hast,
so will ich Dir die Wahrheit entdecken.
Ich bin ein alter Mann
und werde bald zu Staub werden,
und ich bin doch dazu entschlossen:
so viel ich auch besitze,
das sollten meine Kinder
alles nach meinem Tode bekommen.
Doch das, was ich noch habe,
würde einem verständigen Menschen nützen.
Ich besitze eine verschlossene Kiste,
die noch nie geöffnet worden ist.
An der hängen fünf massive Schlösser
und drinnen ist Geld – wieviel, weiß ich nicht.
Die habe ich bis jetzt für mich behalten.
Was bringt sie aber mir altem Mann?
Sie hat bis jetzt lange Zeit
in einem Gewölbe gestanden
bei meinem Freund, der jetzt
– von seiner Ankunft hast Du bestimmt gehört –
aus Jerusalem zurückgekommen ist.
Er hat mir in der Zwischenzeit sehr gefehlt.
Von den Schlüsseln habe ich einen bei mir,
den habe ich noch nie aus der Hand gegeben.
Die anderen vier, das weiß ich sicher,
die bekomme ich schnell, sobald ich will.
Wenn jemand die Truhe öffnen will,
dann müssen sie alle da sein.
Nach meinem Tod
soll jedes Kind einen erhalten.«
  Der Sohn schickte sofort jemanden los,
um einen Rock aus Fuchspelz herbeizubringen
und eine Mütze aus Otterfell,
dazu einen schönen Umhang.

schuohe unde lîngewant,
daz wart allez brâht zehant.
»vater mîn, daz lege an dich!
ziuch abe daz alte, du erbarmest mich,
und gên denne unde baden wir,
ich wil ouch selbe gên mit dir.«
der vater sprach: »sun, nein ich,
ich sol vür sünden alsô mich
hinnen vür behalten.
got müeze mîn walten!
dîn gewant heiz tragen abe wege,
ez ist sünde ob ichz ane lege.
ich sol niht wæher wât tragen:
der tôt mir sitzet ûf dem kragen.
ich bin gewesen, daz ist wâr,
ungebadet ein halbez jâr.
ez wart nie sô warm noch sô kalt,
daz mir die wîle ie würde gestalt.«
Der sun sprach: »tetel, daz lâ ligen,
des krieges muoz ich dir ane gesigen.
daz wære uns kein êre niht,
daz man dich sô armen siht.«
den alten huot er von im nam,
den roc und mandel alsam,
schuohe unde niderkleit.
sîn gewant erm ane leit
und begunde den alten grîsen
mit im ze bade wîsen
und hiez sîn phlegen schône.
er gedâhte: »daz dir Got lône,
geselle lieber mir bekant!
got hât ze trôste dich mir gesant
mit dînem vil getriuwen rât,
den mir dîn munt gegeben hât.«
mit triuwen der geprîset
wart von dem bade gewîset
an ein bette durch sîn gemach,

Schuhe und Unterwäsche aus Leinen,
das brachte man alles auch schleunigst an.
»Das, mein lieber Vater, zieh an!
Zieh Dein altes Zeug aus, Du dauerst mich,
und dann laß uns baden gehen,
ich komme selbst mit.«
Der Vater antwortete: »Aber nein, mein Sohn,
davor werde ich mich
aus Sorge um mein Seelenheil hüten.
Gott bewahre!
Laß Deine Kleider wieder wegbringen,
es wäre eine Sünde, wenn ich sie anlegte.
Ich darf keine prunkvollen Gewänder tragen:
Mir sitzt der Tod im Nacken.
Es ist wahr:
ich habe ein halbes Jahr lang nicht gebadet.
Es mochte noch so heiß oder kalt sein,
die Gelegenheit dafür hat sich mir nie geboten.«
Der Sohn erwiderte: »Väterchen, laß gut sein,
in diesem Streit muß ich gewinnen.
Es wäre unserem Ansehen abträglich,
wenn man Dich so ärmlich sähe.«
Er nahm ihm den alten Hut ab,
ebenso Rock und Mantel,
Schuhe und Unterkleider.
Dafür legte er ihm seine Kleider an
und führte den Greis
mit sich zum Bad
und ordnete an, ihn sorgsam zu pflegen.
Dieser dachte sich: »Das möge Dir Gott lohnen,
lieber alter Freund!
Gott hat Dich mir zum Trost geschickt
mit Deinem freundschaftlichen Rat,
den Du mir gegeben hast.«
Freundlich und mit großer Höflichkeit
wurde er vom Bad
zu einem bequemen Bett geführt,

dâ man grôze rîcheit sach:
mit samît überdecket,
mit wurzen wol bestecket,
dar obe lac vêch unde bunt.
des wart der sieche ein teil gesunt,
wan man phlac sîn besunder
mit edeler spîse wunder
al nâch sînen êren
als eines althêren.
Des andern tages er niht enlie,
ze sîme gesellen er dô gie
und dankte im sîner triuwen.
»nu swîc, jâ muoz sich niuwen
dîn vrume« sprach der geselle,
»ez ensî, daz Got niht welle.
sô jeniu kint dich nu gesehent,
sô wirst wol inne wes diu jehent.«
Des dritten tages dô man sanc
und vor der kirchen was gedranc
und die süne ze kirchen wolten gân,
dô sâhen si den vater stân
in wiltwerkîme gewande.
der junge in kûme erkande,
swie lieht wære sîner ougen schîn.
er sprach zuo dem bruoder sîn:
»warte wie unser vater stât!
weist iht waz in berâten hât?
des nimt mich michel wunder.
er hât etwaz besunder
bî sînen tagen behalten her.
sihst niht, wie kintlîch stêt er
mit sîner vehen houben?«
»ein anderz wil ich glouben«
sprach der ander zehant,
»er treit mînes bruoder gewant,
daz vühsîne und daz niuwe.«

das prunkvoll ausgestattet war:
mit Samt bedeckt,
mit Kräutern bestreut,
und darauf mehrfarbiges Pelzwerk.
Dadurch gesundete der Kranke ein gutes Stück weit,
denn man pflegte ihn besonders aufmerksam
mit den wunderbarsten Speisen,
wie es seiner Würde
als Ahnherr entsprach.
Am nächsten Tag machte er sich gleich auf,
ging zu seinem Freund
und dankte ihm für seinen Freundesdienst.
»Schon gut, Dein Gewinn wird sich
wiederholen«, sagte der Freund,
»wenn Gott es nicht verhindert.
Wenn die anderen Kinder Dich jetzt sehen,
dann wirst Du merken, was die sagen.«
Nach drei Tagen, als man die Messe feierte
und sich vor der Kirche drängte
und die Söhne zur Kirche gehen wollten,
da sahen sie den Vater
in Pelzkleidern.
Der jüngste erkannte ihn kaum,
wie deutlich sich der Anblick auch seinen Augen darbot.
Er sagte zu seinem Bruder:
»Schau nur, wie unser Vater dasteht!
Weißt Du vielleicht, was ihm dazu verholfen hat?
Das wundert mich doch sehr.
Er hat offenbar
von früher etwas für sich zurückbehalten.
Siehst Du nicht, wie kindisch er aussieht
mit seiner bunten Pelzhaube?«
»Ich glaube etwas ganz anderes«,
sagte der zweite schnell,
»er trägt die Kleider meines Bruders,
die neuen aus Fuchspelz.«

»daz ist wâr ûf mîne triuwe.«
»sô hân ich daz betrahtet eben,
er hât imz niht umbe sust gegeben.
wir suln der mære vrâgen
und der wârheit lâgen,
des sol uns niht betrâgen.«
Si giengen dar sâ ze stete,
dâ der vater an sîme gebete
stuont âne vrostes sorgen.
si gâben im guoten morgen.
den gruoz er si niht versweic,
er dankte in beiden unde neic.
neben im si stuonden eben,
unz man den segen hete geben
und man hete gesungen
und die liute von kirchen drungen
und heim zem imbîz giengen.
diu kint in geviengen
eneben bî dem gêren.
»du solt danne kêren,
lieber vater, heim mit uns.
du soldest uns dînes suns
doch niht lân engelten,
daz du uns kumst sô selten
heim ze unserem tische.
ez ist uns ungelîche!
nu enwelle unser trehtîn
daz wir zer ammen verwehselt sîn.
wir sîn doch, wizze Krist,
dîniu kint als wol als er ist.«
si wolden in des niht erlân,
er muoste mit in heim gân.
der eine sun sprach: »vater mîn,
du solt hiute mîn gast sîn.«
der ander sprach: »vater, nein,
du solt gên mit mir hein!«
daz was ir kriec und ir schal.

»Meiner Treu, das stimmt!«
»Genau betrachtet,
wird er ihm das nicht umsonst gegeben haben.
Wir wollen dieser Geschichte nachgehen
und die Wahrheit aufspüren,
das darf uns nicht zuviel werden.«
  Auf der Stelle gingen sie dorthin,
wo der Vater betete,
ohne sich noch um die Kälte sorgen zu müssen.
Sie wünschten ihm einen guten Morgen.
Diesen Gruß ließ er nicht unerwidert,
er dankte ihnen beiden und verneigte sich.
Sie blieben dicht neben ihm stehen,
bis der Segen gesprochen
und die Messe zu Ende war,
die Leute aus der Kirche drängten
und nach Hause zum Essen gingen.
Die Kinder faßten ihn
miteinander an den Rockschößen.
»Komm mit uns,
lieber Vater, nach Hause.
Du solltest uns doch nicht
wegen Deines Sohnes vernachlässigen
und so selten
an unserem Tische Platz nehmen.
Da kommen wir zu kurz!
Christus, unser Herr, möge verhindert haben,
daß wir von der Amme verwechselt worden sind.
Wir sind, weißgott,
ebenso Deine Kinder wie er.«
Sie ließen nicht von ihm ab,
er mußte mit ihnen gehen.
Der eine Sohn sagte: »Mein lieber Vater,
Du sollst heute mein Gast sein.«
Der andere meinte: »Nein, Vater,
Du mußt mit mir kommen.«
So stritten und zankten sie.

der vater sprach: »lât mir die wal!«
diu wart an in verlâzen.
»sô wil ich mit dir ezzen
unde hiute imbîzens wern
und den andern morgen gern.«
des wart verhenget von in.
mit dem einen gie er hin
und lobte dem andern ze wâr
er kœme des andern tages dar.
im wart erboten wol daz mâl
mit spîse, der man het die wal,
und von klârem wîne.
daz vuogte sich von dem schrîne,
swaz halt dar inne wære verspart:
des bringe ich iuch wol an die vart.
(und ob ir welt daz ich daz tuo,
da gehœret iuwer swîgen zuo.)
Dô man nu hete gezzen,
der alte was gesezzen
gên dem sune, ich sage iu wie:
alsô daz der slüzzel hie
von dem gürtel eneben
ze blicke, daz in der sun sach eben –,
und het einen smit gebeten
daz er im eine kluoge keten
zuo dem riemen het geworht,
sam er sîn ze stelen vorht.
Dô der sun den slüzzel sach,
alsô er zem vater sprach:
»sage an, ist der slüzzel dîn?«
»jâ, entriuwen, er ist mîn.«
»so enmac ich des niht verdagen:
du hâst dîn kistelîn getragen
ze mînem bruoder dem alten.
der hât dirz behalten.
ich weiz wol, dâ ist inne –,
du hetest ungerne hinne

Der Vater sagte: »Laßt mir die Wahl!«
Sie gestanden sie ihm zu.
»Dann will ich mit Dir essen
und Dir heute das Mahl zuerkennen
und den anderen morgen aufsuchen.«
Dem stimmten sie zu.
Mit dem einen ging er los,
und dem anderen versprach er aufrichtig,
daß er am nächsten Tag zu ihm komme.
Das Mahl wurde ihm aufs feinste präsentiert,
mit Gerichten, aus denen man die freie Wahl hatte,
und mit klarem Wein.
Das kam durch die Truhe,
ganz gleich, was in ihr auch aufbewahrt war:
das lasse ich Euch schon noch wissen.
(Wenn Ihr wollt, daß ich das mache,
dann müßt Ihr aber auch schweigen.)
Als man nun gegessen hatte,
da setzte sich der Alte
zu seinem Sohn, ich sage Euch auch wie:
so, daß der Schlüssel,
den Blicken zugänglich, vom Gürtel hing
und der Sohn ihn genau sah;
er hatte im übrigen einen Schmied gebeten,
ihm eine hübsche Kette
zusätzlich zu dem Riemen zu machen,
als ob er fürchtete, er könnte gestohlen werden.
Als der Sohn nun den Schlüssel bemerkte,
sagte er zum Vater:
»Sag mir, gehört dieser Schlüssel Dir?«
»Ja, gewiß, es ist meiner.«
»Dann kann ich das nicht zurückhalten:
Du hast Deine Truhe
zu meinem großen Bruder gebracht.
Der bewahrt sie für Dich auf.
Ich weiß genau, da ist etwas drin –,
Du wolltest nicht gern

daz selbe kistel lâzen stân.
du woldest zallen zîten gân
wan in sîn hûs und niht ze mir,
des ich doch niht getroute dir.
daz rede ich doch niht umbe diu:
er kan wol sîniu sibeniu.
daz hât er drane getân bekant,
daz er dir gap sîn alt gewant.
ouch mac manz dâ bî kiesen:
er hât dich lân ervriesen
noch hiure her diz lange jâr.
nu ist im daz kistel komen dar.
dar in weiz er den mürzelinc:
er kan wol schaffen sîniu dinc
mit sînen listen grôzen.
wir mügen uns drane wol stôzen,
daz erz uns hât sô lange verholn.
er muoz uns ouch der broseme smoln,
swie verre uns sî diu kiste.
in helfent niht sîn liste.«

Der sun wart harte zornvar,
des nam der vater vil wol war.
er sprach: »sun, die rede verbir,
ein ander mære sage ich dir.
ich wil des wesen dîn gewer,
du bist mir alse liep als er
und hân dich alse harte erarnet.
der triuwen bis gewarnet,
der ich hân ernendet.
gôt hât her wider gesendet
den lieben gesellen mîn.
in des gewelbe stêt mîn schrîn,
daz ist den mir mîn vater lie.
der wart entspart noch selten ie
von deheines menschen handen,
beslagen mit îsnîn banden.

diese Truhe hier bei mir stehen lassen.
Immer schon wolltest Du
nur in sein Haus gehen und nicht zu mir.
Das hätte ich von Dir nicht erwartet.
Ich sage das nicht ohne Grund:
Er versteht sich schon auf seine sieben Sachen;
das hat er darin bewiesen,
daß er Dir seine alten Kleider gab.
Man kann es auch daran sehen:
Er hat Dich noch heuer
das ganze lange Jahr frieren lassen.
Nun ist ihm die Truhe zugefallen.
In dem weiß er das Dingsda:
Er versteht es, seine Ziele zu erreichen
mit seiner Verschlagenheit.
Wir dürfen uns sehr wohl daran stoßen,
daß er es uns so lange vorenthalten hat.
Er wird uns doch noch ein paar Krümel abgeben müssen,
wie unzugänglich die Kiste für uns auch sein mag.
Seine Schlauheit wird ihm nichts helfen.«
Der Sohn geriet in großen Zorn,
das merkte der Vater genau.
Er sagte: »Mein Sohn, laß dieses Gerede,
ich erzähle Dir eine andere Geschichte.
Ich versichere Dir,
Du bist mir genauso lieb wie er,
und ich habe genauso hart für Dich gearbeitet.
Laß Du Dir die Fürsorge angelegen sein,
auf die ich mich verlassen habe.
Gott hat meinen lieben Freund
wieder zurückgeschickt.
In seinem Gewölbe steht meine Truhe;
das ist die, die mir mein Vater hinterlassen hat.
Sie wurde noch kaum jemals
von irgend jemandem geöffnet;
aus Eisen sind ihre Beschläge.

und mîn hûsvrouwe starp,
an einem smide ich daz erwarp
(der ist mir ouch sît tôt geseit),
daz er mir vünf sloz drane leit
und vünf slüzzel dar zuo.
der tôt kom spâte oder vruo,
daz er mich welle meinen,
sô sol man ieslîchem einen
geben mîner kinde,
und swaz man drinne vinde,
daz sol man in gemeine wegen,
daz siz iht teilen mit slegen.
ich hetz verholn noch lenger vrist,
wan daz dîn elter bruoder ist
etlîcher mâze gewertic.
der erblicte des riemen stric,
dâ der slüzzel ane hie.
zehant er mich des niht erlie,
ich muoste im sagen die warheit:
dar umbe hat er an mich geleit,
als du sihest, ditze kleit.«
Der sun sprach: »ist alsô den mæren,
so ensol dich, vater, niht beswæren,
du muost dise lumpen lân
und mîniu kleider legen an.«
er ruofte dem knehte Irnvriden
und gebôt im bî der widen
daz er im dar bræht
sîn gewant mit borten gewæht
und niht den vilzînen huot:
von mürit eine gugeln guot
mit lûterem bunde.
daz muoste er an der stunde
ane legen unverholn.
er wart der versliffen soln
harte wol ergetzet

Als meine Frau starb,
habe ich einen Schmied
(der soll inzwischen auch tot sein)
dafür gewonnen, mir fünf Schlösser daran anzubringen
und dafür fünf Schlüssel anzufertigen.
Wenn der Tod früher oder später kommt
und mich holt,
dann soll man jedem meiner Kinder
einen geben,
und das, was man darin findet,
das soll man allen gemeinsam zusprechen,
damit sie es nicht im Streit teilen.
Ich hätte noch länger darüber geschwiegen,
aber Dein ältester Bruder ist
in gewisser Weise sehr aufmerksam.
Er sah die Schnur,
an der der Schlüssel hing.
Von da an gab er nicht nach:
ich mußte ihm die Wahrheit sagen.
Deswegen hat er mich in
die Kleider, die Du hier siehst, gesteckt.«
Dieser Sohn rief: »Wenn sich die Sache so verhält,
dann braucht Dich das, lieber Vater, nicht zu belasten;
laß diese Lumpen sein
und ziehe meine Kleider an!«
Er rief seinen Knecht Irnvrid
und befahl ihm bei Strafe des Todes,
das mit Borten verzierte Gewand
zu bringen
und nicht den Filzhut,
sondern eine schöne Haube aus kostbarem Purpur,
mit hellem Pelz besetzt.
Das mußte er auf der Stelle
vor allen Leuten anziehen.
Die durchgelaufenen Sohlen
wurden ihm ersetzt,

und in gemach gesetzet.
der kintlîchen minne
dankte er in sînem sinne
sîme gesellen, der inz lêrte,
daz man in sô hôhe êrte.
Des morgens dô diu sunne erschein,
dô dacte er sîn alt gebein
in dem gewande warmen.
jenez gap er den armen,
wan er dâ vor bî sînem leben
den armen manigez hete geben.
hin gie er ze kirchen wider
und huop ze Gote ûf sîniu glider
mit venjen unde mit gebete
an einer heimelîchen stete
bî dem kôre nâhen.
al die wunderte die in sâhen
und in vor heten gesehen,
waz wunders wære an im geschehen
und in siechen in kurzen stunden
het gemacht gesunden.
sîn junger sun der leste
diu mære noch niht enweste.
er suochte in her unde dar
und nam sîn dort und hie war.
dô man daz ambet het getân,
dô vant er in dort eine stân
dâ er stuont unde bat.
der sun sprach: »vater mîn, nu gât
mit mir heim ze iuwer snüere.
ich hân reht daz ich iuch vüere
heim in mîn hûs zuo ir,
wan daz hât si geboten mir
bî ir minne banne.«
er muoste mit im danne.
tür unde tor wart enspart,
mit êren er enphangen wart

und man machte es ihm bequem.
Für die Liebe seines Kindes
bedankte er sich insgeheim
bei seinem Freund, der ihm das beigebracht hatte,
daß man ihm solche Ehren erwies.
Am Morgen, als die Sonne aufging,
da hüllte er seine alten Knochen
in die warmen Kleider;
die alten gab er den Armen,
denn früher, in seinem alten Leben,
hatte er den Armen manches geschenkt.
Dann ging er wieder in die Kirche
und hob seine Arme zu Gott empor,
auf den Knien betend
an einer abgeschiedenen Stelle
nahe beim Chor.
Alle, die ihn erblickten
und früher gesehen hatten, waren erstaunt darüber,
welches Wunder ihm widerfahren war
und diesen kranken Mann in kürzester Zeit
gesund gemacht hatte.
Sein jüngster Sohn war der letzte,
der die Geschichte noch nicht kannte.
Er suchte ihn rundum
und spürte ihm hier und dort nach.
Als das Amt beendet war,
fand er ihn alleine dort,
wo er stand und betete.
Der Sohn sagte: »Lieber Vater, kommt nun
mit mir heim zu Eurer Schwiegertochter.
Ich bin im Recht, wenn ich Euch
in mein Haus zu ihr bringe,
denn das hat sie mir aufgetragen
und gedroht, mir ihre Liebe zu entziehen.«
Er mußte ihm folgen.
Tür und Tor wurden ihm geöffnet,
voller Achtung wurde er empfangen

ze menschlîcher genuhtsam.
diu snuor in bî der hende nam
und sazte in an ir sîten.
do enwart niht lenger bîten,
den sweher si engeste.
der sun vrâgte in ze leste
wanne imz gewant wære komen
oder wâ erz het genomen.
in dûhte sîn brüeder beide
samenten in ein scheide.
»bî den borten ichz erkenne.
jâ möhte mir noch etswenne
kunt werden diz gelæze,
da ich stüende oder sæze.«
  Der alte den gürtel zucte,
daz der slüzzel her vür ructe
mit der keten ûf daz bein.
zehant er dem sune erschein,
wan er was silberwîze
und was gemacht mit vlîze.
der sun sprach: »nu lâ schouwen
mich und mîn hûsvrouwen
disen kluogen slüzzel!«
vür getragen wart diu schüzzel
mit edelem wiltbræte
und mit maniger hande geræte,
wîn unde schœnez brôt.
dem sune er den slüzzel bôt.
daz ezzen liez er lange stân
und sach wan den slüzzel an,
wie schône er wære gevîlet.
dô enwart niht gîlet,
wan man müeziclîchen saz
und mit vröuden tranc und az.
  Der sun des kûme erbeite,
daz man ab dem tische geleite
diu wîzen tischlachen.

und voller Menschlichkeit.
Seine Schwiegertochter nahm ihn bei der Hand
und setzte ihn neben sich.
Man fackelte nicht lange,
sie half dem Schwiegervater aus seinem Mantel.
Schließlich fragte der Sohn,
wie er zu den Kleidern gekommen sei
oder wo er sie sich genommen habe.
Ihm schien es, seine beiden Brüder
sammelten in die gleiche Büchse.
»An den Borten erkenne ich sie.
Wenn mir nur irgendwann
der Sachverhalt bekannt würde,
so wahr ich hier stehe oder sitze!«
Der Alte zog am Gürtel,
daß der Schlüssel mit der Kette
auf seine Beine herausrutschte.
Sofort fiel er dem jüngsten Sohn auf,
denn er war silberhell
und mit Sorgfalt hergestellt.
Der Sohn sagte: »Laß ihn uns sehen,
mich und meine Frau,
diesen kostbaren Schlüssel!«
Man trug eine Schüssel
mit feinem Wildbret
und mit mancherlei Zutaten auf,
Wein und gutes Brot.
Der Alte zeigte dem Sohn den Schlüssel.
Der ließ das Essen lange stehen
und schaute nur den Schlüssel an,
wie sauber er ausgefeilt war.
Es herrschte keine Eile,
man ließ sich Zeit
und aß und trank mit Vergnügen.
Der Sohn konnte es kaum erwarten,
daß man die weißen Tischtücher
abräumte.

er vrâgte in von den sachen
umbe den slüzzel sâ zestunt,
daz im der vater tæte kunt
wes der slüzzel möhte sîn.
er sprach: »ein kiste, diu ist mîn,
dâ hœrt er zuo und slüzzel vier.
dînes wânes bewîse ich dich schier.
der burger wert der dâ ist komen,
des kunft hâst du wol vernomen,
der ist mîn geselle ze wâr
gewesen mêre den drîzic jâr.
der hât von tagen alten
ein kisten mir behalten.
dâ hœrent zuo vünf slüzzel eben.
der wil ich dir einen geben
und einen iedem kinde.
nâch mînem tôde swaz man vinde,
daz sol man teilen âne strît.
man wirt wol innen waz drinne lît«.
und sagte im wie daz wære geschehen,
daz sîn bruoder hete ersehen
den slüzzel und wie erm zehant
gap sîn vühsîn gewant,
und von sîme andern bruoder.
er sprach: »ich wil daz ruoder
ouch nâch dem winde wenden.
si wolden mir den venden
vor ziehen mit listen.
des gesmîdes in der kisten
muoz mir, ob Got wil, werden ouch.
si wænent lîhte ich sî ein gouch.
lege abe die alten slucken!
si wolden mich verdrucken.
du muost tragen scharlach,
daz beste daz ie man gesach.«
er ruofte sîner meide Prangen.
»brinc mir abe der stangen

Er fragte ihn dann gleich
nach den Geschichten mit dem Schlüssel,
daß der Vater ihm erzähle,
wem dieser Schlüssel gehöre.
Der sagte: »Ich besitze eine Truhe,
zu der gehören er und vier weitere Schlüssel.
Deinen Verdacht will ich gleich zerstreuen:
Der vornehme Bürger, der zurückgekommen ist
und von dessen Ankunft Du sicher gehört hast,
der ist länger als dreißig Jahre
mein Freund gewesen.
Er hat seit langer Zeit
eine Truhe für mich aufbewahrt.
Dazu gehören genau fünf Schlüssel.
Von denen will ich einen Dir geben
und einen jedem der anderen Kinder.
Was man nach meinem Tode findet,
das soll man ohne Streit teilen.
Man wird schon merken, was drin ist.«
Und er erzählte ihm, wie es passiert sei,
daß sein Bruder
den Schlüssel gesehen und wie er ihm gleich
seine Kleider aus Fuchspelz gegeben habe,
und auch von seinem zweiten Bruder.
Dieser nun sagte: »Ich will das Ruder
auch nach dem Wind ausrichten.
Sie wollten mir den Bauern
hinterlistig vorenthalten.
Von den Schätzen in der Truhe
muß ich, so Gott will, auch etwas bekommen.
Sie glauben wohl, ich sei ein Narr.
Zieh diese alten Kittel aus!
Sie wollten mich ausschalten.
Du mußt Scharlach tragen,
das beste, das man jemals gesehen hat.«
Er rief seine Magd Prange.
»Bring mir vom Kleiderhaken

mîn gewant, roc unde mandel!
du muost der kleider haben wandel,
diu dir mîn bruoder hât gegeben,
diu sint ze wît und stênt niht eben.
Got günne mir dîn lange ze leben!«
Jenez er aber den armen gap.
dâ mit êrte er daz heilege grap,
dâ sîn geselle was gewesen
und wider kom vor tôde genesen.
er bat Got daz ern vriste
durch sîne getriuwe liste,
die er in het gewîset,
daz er mit êren wart gespîset.
Melde kom, diu nie gelac
und selten ouch geligen mac,
sînen töhtern, den wîbes bilden,
Seffeln unde Hilden,
wie ein kiste vunden wære
unmâzen swære
in des vater gewalt,
dâ wære guot inne ungezalt,
und wie in mit rîcher kraft
ein bruoder vür den andern zâft
mit spîse und mit gewande.
»ez ist uns schade und schande«
diu eine zuo der andern sprach,
»sul wir der kisten sehen nâch,
daz uns des guotes niht enwirt.
in mînem herzen daz swirt.
an disen mæren ich daz spür:
in hânt unser brüeder vür
umbe daz guot gevazzet.
wir sîn sô niht verlazzet
von in des lieben vater mîn.
wir haben ouch brôt unde wîn.
uns ensol niht engên der schrîn.«

Obergewand, Rock und Mantel! –
Du mußt die Kleider wechseln,
die Dir mein Bruder gegeben hat,
die sind zu weit und passen Dir nicht.
Gott vergönne es mir, daß Du lange lebst!«
  Diese Kleider gab der Alte den Armen.
Damit ehrte er das Heilige Grab,
wo sein Freund gewesen
und von wo er aus Lebensgefahr zurückgekehrt war.
Er bat Gott, daß er ihn beschütze
für die freundschaftlichen Ratschläge,
die er ihm gegeben hatte
und durch die er so prunkvoll bewirtet wurde.
  Das Gerücht, das nie verstummt
und auch niemals verstummen wird,
kam zu seinen Töchtern, den Mustern aller Frauen,
Sopherl und Hilde,
daß eine Truhe gefunden worden sei,
maßlos schwer,
im Besitz des Vaters,
in der Reichtümer ohne Zahl seien,
und wie den Vater mit großem Aufwand
ein Bruder nach dem anderen
mit Speisen und Kleidern versorgt habe.
»Es ist für uns schmählich und von Nachteil«,
sagte die eine zur andern,
»wenn wir bei der Truhe das Nachsehen haben
und von den Reichtümern nichts bekommen.
Das gibt eine schwärende Wunde in meinem Herzen.
An diesen Geschichten merke ich:
Unsere Brüder haben ihn im voraus
wegen seiner Güter eingekleidet.
So wollen wir von ihnen nicht
um meinen lieben Vater betrogen werden.
Wir haben auch Brot und Wein.
Uns wird die Truhe nicht entgehen.«

Des tages si vil kûme erbiten,
den kirchganc si niht vermiten.
si legten an ir lîp zehant
beide ir vîrtäglîch gewant
und ir phæwîn hüete.
rehte als ein heide diu blüete,
alsô giengen si gevar.
dô sâhen si die vriundes schar
stên ûf dem kirchof,
ir vater als einen bischof
und die süne ze sînen sîten.
do enwart niht lenger bîten.
si vielen beide den vater an:
»nu sage, waz hân wir dir getân,
daz du uns mîdest sô lange vrist?
weist niht dazt unser vater bist
und ordenlîcher sippe stam?
warumbe tuost uns niht alsam,
als du unsern brüedern tuost?
itwîz du drumbe lîden muost.
sage ane, weder versmâhe wir
unde unser wirte dir?
oder sparst du unser brôt?
lieber vater, daz ist âne nôt.
wir geben dirz mit triuwen gern.
sich her, wir wellen niht enbern,
vater mîn, du gêst ouch mit uns.
als billîche als keines dînes suns
izzest unser brôt dar under
als ir ieslîches besunder.«
Si stuonden bî im, unz daz geschach,
daz man den segen in gesprach.
si entwichen von im keinen trit,
unz er in muoste volgen mit.
ir phrüendes ze samen truogen
und mit worten kluogen
giengens im sitelîche nâch,

Kaum konnten sie den Tag erwarten,
an dem sie zur Kirche gehen konnten.
Beide zogen sie dafür
ihre Feiertagsgewänder an
und setzten die Hüte mit den Pfauenfedern auf.
Gerade wie eine Heide in voller Blüte,
so geschmückt schritten sie einher.
Da sahen sie ihre Familie
auf dem Kirchhof stehen,
ihren Vater wie einen Bischof
und die Söhne an seiner Seite.
Sie hielten sich nicht zurück
und fielen gleich über den Vater her.
»Sag, was haben wir Dir getan,
daß Du uns so lange Zeit aus dem Weg gehst?
Weißt Du nicht mehr, daß Du unser Vater bist
und der rechtmäßige Stamm unserer Sippe?
Warum behandelst Du uns nicht so
wie unsere Brüder?
Dafür mußt Du Dich tadeln lassen.
Sag es: sind wir Dir zuwider
oder unsere Männer?
Oder willst Du unser Brot sparen?
Lieber Vater, das ist nicht notwendig.
Wir geben es Dir wirklich gern!
Schau, wir wollen nicht darauf verzichten,
lieber Vater, daß Du auch mit uns kommst.
Genauso rechtmäßig wie das Deiner Söhne
kannst Du dann auch unser Brot essen,
so wie das eines jeden einzelnen.«
Sie standen so lange bei ihm,
bis der Segen gesprochen war.
Keinen Schritt wichen sie von seiner Seite,
bis er mit ihnen gehen mußte.
Ihre Vorräte legten sie zusammen,
und mit höflichen Worten
kümmerten sie sich aufmerksam um ihn,

unz er in ouch verjach
des er den sünen het verjehen,
wie si den slüzzel heten ersehen,
der zer kisten wære gesmit,
dem volgten vier slüzzel mit,
der hôrten si ouch sunder wân
zwên nach sînem tôde an.
in würde ir teil ouch vür wâr
gelîche gewegen als ein hâr.
dô er in nu het geseit,
des wâren si gar gemeit
und kusten in an sînen bart.
nie vater baz gehandelt wart
von keinen sînen kinden.
Nu woldens niht erwinden,
si wurden mit einander
ze râte, ein und ander,
daz in ieglîch kint gar
ûz und ûz behielte ein jâr
mit gewande und mit spîse.
alsô wart der grîse
von sînen kinden ergetzet
und von der kisten gesetzet
beide in êre und in gemach,
unz doch ze jungest daz geschach,
daz er sterben bekande.
sîniu kint er besande,
vier burgære und den pfaffen.
sîniu dinc wolde er schaffen.
er sprach: »nu hœret mîniu kint,
vier burgære hie sint
unde mîn pharrære,
biderbe unde gewære.
die bite ich des walten,
daz si iu behalten
die slüzzel, unz ich zer erde
schône bestatet werde,

bis er auch ihnen erzählte,
was er seinen Söhnen gesagt hatte,
als sie den Schlüssel erblickt hatten,
der für die Truhe geschmiedet worden war,
und daß dazu noch vier weitere Schlüssel gehörten,
von denen ihnen ganz bestimmt auch zwei
nach seinem Tod gehören sollten.
Ihnen werde ganz gewiß
ein aufs Haar gleicher Anteil bestimmt.
Als er ihnen das gesagt hatte,
waren sie darüber ganz glücklich
und küßten ihn auf seine bärtigen Wangen.
Nie wurde ein Vater
von seinen Kindern besser behandelt.
Nun ruhten sie nicht,
bis sie übereinkamen,
die einen und die anderen,
daß ihn jedes Kind
ein ganzes Jahr hindurch
vollständig mit Kleidung und Essen versorgen solle.
So wurde dem alten Mann
von seinen Kindern viel Gutes getan,
und die Truhe verschaffte ihm
Achtung und ein angenehmes Leben,
bis es schließlich doch so weit kam,
daß er dem Tod ins Auge sehen mußte.
Er ließ seine Kinder kommen,
vier Bürger und den Priester.
Er wollte seine Angelegenheiten regeln.
Er sagte: »Nun hört, liebe Kinder,
vier Bürger sind hier
und mein Pfarrer,
alle rechtschaffen und verläßlich.
Die bitte ich um den Gefallen,
die Schlüssel für Euch aufzubewahren,
bis ich
feierlich bestattet bin,

als ez kristenlîchen zeme.
zehant iur iegelîchez neme
besunder den slüzzel sîn
unde tuot alle ûf den schrîn
und teilt daz golt schône.
daz iu mîn trehtîn lône!
wan ich dise vorhte hân,
würdes iezuo ûf getân,
daz lîhte ein kriec würde.
sô wære geswârt mîn bürde
und liezt den lîcham lîhte ligen,
dem der tôt wil ane gesigen.
nu tuot an mir Gotes êre,
ir hât mich schiere niemêre.«
Sîner bîhte heter verjehen
und was mit râte geschehen
daz er disiu dinc begie.
dar nâch er die sêle lie
und si Gote wider gap.
mit êren kom er in daz grap
und mit schœner bivilde.
daz wære im gewesen wilde
wan sîn geselle mit der kisten.
der gedâhte des mit listen,
daz si im schanden werten
und ouch die sêle ernerten.
Der rede kûme wart erbiten.
dar nâch mit gemeinen siten
beide vrouwen unde man
giengen zuo der kisten dan,
diu vrœlîchen von in wart
mit vünf slüzzeln entspart.
daz überlit man kûme erwegte,
oben an ûz der kisten regte
ûz einem grôzen slegel ein stil.
niht mêre ich iu sagen wil

wie es sich für Christen gehört.
Dann soll jeder von Euch
seinen eigenen Schlüssel nehmen,
und dann sperrt alle die Truhe auf
und teilt das Gold gerecht.
Der Herr möge es Euch vergelten.
Ich fürchte nämlich,
wenn man sie jetzt öffnete,
könnte leicht ein Streit entstehen.
Das würde mich sehr belasten,
und Ihr ließet am Ende meinen Leichnam liegen,
an dem der Tod sein Werk vollbracht hat.
Nun handelt an mir zur Ehre Gottes,
bald habt Ihr mich nicht mehr.«
Seine Beichte hatte er bereits abgelegt,
und es geschah mit Überlegung,
daß er so handelte.
Danach gab er seine Seele frei
und legte sie in Gottes Hand zurück.
Ehrenvoll wurde er
in festlichem Begräbnis bestattet.
Das wäre ihm nicht widerfahren,
hätte es nicht seinen Freund mit der Truhe gegeben.
Der hatte das klug ausgedacht,
daß sie ihm die Schande ersparten
und auch seine Seele gerettet war.
Kaum hatte man seine letzten Worte abwarten können.
Gleich traten in niederträchtigster Weise
alle, Frauen wie Männer,
an die Truhe heran
und sperrten sie in freudiger Erwartung
mit ihren fünf Schlüsseln auf.
Kaum hatte man den Deckel hochgehoben,
da ragte oben aus der Kiste
ein großer Schlegel mit seinem Stiel heraus.
Ich kann Euch nur sagen,

waz in der kisten wære
wan der slege swære.
der rede sol iuch niht belangen:
an den stil was gehangen:
ein brief ze breit noch ze smal.
der wart gelesen über al
den die der kisten stuonden bî.
dâ stuont geschriben: »swer der sî,
der êre habe unde guot
und da bî sô närrischen muot,
daz er sîne habe gebe
sînen kinden und er selbe lebe
mit nœten und mit gebresten,
den sol man zem besten
slahen an die hirnbollen
mit disem slegel envollen,
daz im daz hirn mit alle
ûf die zungen valle,
und sol in denne vüern enwec
und werfen in einen rinderdrec!«
dar ane niht mêre geschriben was.
und dô man den brief gelas,
ez erblaterte wîp unde man
und sâhen vaste einander an.
ir aller vröude wart toup
rehte als ein erloschen schoup.
si wânten vinden grôzen schaz.
dô was in ein ander saz
mit listen eben vor gespilt.
mîn sin sich des niht enhilt,
er hete in rehte mite gevarn.
des jâhen ouch al die dâ wârn
heimelîchen under in.
si bâgten niht umbe den gewin.
si giengen danne alse dar
des guotes ûz der kisten bar.

daß in der Truhe nichts weiter war
als der wuchtige Schlegel.
Diese Nachricht muß Euch nicht verdrießen:
Am Stiel hing
ein ganz normaler Zettel.
Der wurde all denen rundum verlesen,
die bei der Truhe standen.
Auf ihm war geschrieben: »Wenn einer
angesehen ist und wohlhabend
und dabei so töricht,
daß er seinen Besitz
seinen Kindern übergibt und selbst
in Not und Elend lebt,
dem sollte man am besten
mit aller Kraft diesen Schlegel
auf den Schädel schlagen,
daß ihm das ganze Hirn
auf die Zunge fliegt,
und dann soll man ihn wegbringen
und auf den Kuhmist werfen!«
Mehr stand da nicht geschrieben.
Als man den Brief verlesen hatte,
da erschraken Weib und Mann
und starrten einander an.
All ihre Freude war erstorben
wie eine verloschene Fackel.
Sie hatten geglaubt, einen großen Schatz vorzufinden.
Aber es war ihnen ein ganz anderes Testament
listig vor Augen gestellt worden.
Wenn ich es recht überlege, kann ich nicht verhehlen,
daß er ihnen zu Recht so mitgespielt hatte.
Das sagten auch alle, die dabei waren,
heimlich zueinander.
Sie stritten nicht weiter um ihren Anteil,
sondern gingen weg, wie sie gekommen waren,
ohne die Reichtümer aus der Truhe.

Die rede ich iu enden wil.
ez wart ie einem alse vil
als dem andern gewegen
âne gezenke und âne slege.
alsô het der geselle guot,
als noch vil manic geselle tuot
der triuwe unde witze hât,
dem guoten man gegeben rât
gên den ungetriuwen kinden,
als wir noch hiute vinden
getriuweren lantman,
der dem andern guotes gan,
denne geborne vriunde:
ez bestêt niht der niunde.
dâ von ich iemer triute
getriuwe lantliute.
wie diz mærlîn sî genant,
daz tuon ich iu bekant:
ez ist geheizen der slegel.
swer spilen welle der kegel,
der sol gên ûf den plaz.
dâ vindet er manigen vürsaz.
oder er gê ûf daz rennen.
dâ wirt er gäffet eteswennen.
vil maniger wirt dâ betrogen:
iu wirt daz helmel vür gezogen.
welt ir suochen gouches spil,
in belîbt diu veder und iu der kil.
enruocht waz man iu guotes seit,
gêt ot nâch der affenheit
und weset dar an unverzeit,
sô wirt iuwer eselheit
ze beiden sîten vil breit
und werdet den narren gemeit
und den wîsen herzenleit:
daz nim ich ûf mînen eit.

Hier beende ich meine Erzählung.
Es hat immer einer
so viel wie der andere bekommen,
auch ohne Zank und Streit.
So hat der gute Freund,
wie Freunde es immer tun,
die verläßlich und gewitzt sind,
dem braven Mann einen guten Rat gegeben
gegen seine pflichtvergessenen Kinder;
man kann auch heute noch
manch einen Landsmann finden,
der einem zuverlässiger Gutes gönnt
als die Verwandten:
nicht einmal jeder Neunte hält da stand.
Deswegen liebe ich vor allem
verläßliche Zeitgenossen.
Wie diese Geschichte heißt,
das will ich Euch noch erklären:
sie hat den Titel ›Der Schlegel‹.
Wer mit den Kegeln spielen will,
der muß auf den Spielplatz gehen.
Da findet er allerlei Einsatz.
Oder er soll zum Turnier gehen.
Dort wird er des öfteren hinters Licht geführt.
Manch einer wird dabei betrogen:
wie beim Halmziehen werdet Ihr ausgetrickst.
Wenn Ihr Narrenspiele sucht,
dann kriegen jene die Feder und Ihr den Kiel.
Kümmert Euch nicht darum, was man Gutes über Euch sagt.
Richtet Euch immer an der Narretei aus
und treibt das ganz unverzagt,
dann wird Eure Dummheit
sich rundum gut auswachsen,
und die Toren werden sich über Euch freuen,
den Klugen aber werdet Ihr leid tun:
das schwöre ich Euch.

KONRAD VON WÜRZBURG (?)
VON DEM RITTER MIT DER HALBEN BIRN

Hie vor ein rîcher künic was,
als ich von im geschriben las,
der het ein minneclîchez wîp
und eine tohter, der ir lîp
stuont ze wunsche garwe,
daz man sich in ir varwe
vollecliche mohte ersehen.
die schœne an wîben kunden spehen,
die jâhen ir des besten,
daz man si möhte gesten
für eine minneclîche maget.
swaz mannen an wîben wol behaget,
dâ was si vollekomen an.
swie manigen bitel si gewan,
den wart si verzigen allen.
Nu was ez so gevallen,
daz der künic durch ir bet
den fürsten allen kunt tet,
swer si gewinnen wolte,
daz er si arnen solte
zuo eime turneie,
sô der liehte meic
mit sîner wunne kæme,
und swer den prîs dâ næme,
der solte si ze wîbe hân.
für die burc ûf den plân
wart diu ritterschaft geleit.
diu solte weren, sô man seit,
durch al die schœne sumerzît.
diu mære erschullen alsô wît,

KONRAD VON WÜRZBURG (?)
DIE HALBE BIRNE

Vor einiger Zeit lebte ein mächtiger König,
so habe ich gelesen,
der hatte eine schöne Gemahlin
und eine Tochter, die von so
wunderbarer Gestalt war,
daß man sich in den Anblick ihrer Schönheit
ganz und gar verlieren konnte.
Alle, die etwas von schönen Frauen verstanden,
sprachen ihr den höchsten Rang zu:
man dürfe sie
als wundervolles Mädchen rühmen.
All das, was Männern an Frauen gefällt,
das besaß sie in Vollkommenheit.
Wie viele sich auch um ihre Hand bewarben:
allen wurde sie verweigert.
Nun war es so gekommen,
daß der König auf ihre Bitte
allen Fürsten bekannt machte,
daß jeder, der sie gewinnen wolle,
sie auf einem Turnier
erwerben könne,
wenn der helle Mai
mit seinen Freuden komme;
wer dort den Sieg erringe,
der solle sie zur Frau haben.
Auf einen Platz vor der Burg
wurden die Kämpfe gelegt.
Sie sollten, so sagt man,
den ganzen schönen Sommer hindurch dauern.
Die Nachricht wurde weithin verbreitet

daz alle die liute kômen dar,
die ritterschefte nâmen war.
 Nu was gesezzen dâ bî
ein ritter an gebürte vrî,
der was geheizen Arnolt.
der hete durch der minne solt
gevohten alsô manigen wîc.
er bluote als ein berndez zwîc
an êren und an tugent;
er hete in sîner jugent
prîses alsô vil bejaget.
der kam ouch durch die schœne maget
zuo dem turneie.
der ûzerwelte leie,
als er ze velde komen was,
ein samît grüene alsam ein gras
was sîn covertiure.
ouch fuorte der gehiure
des selben einen wâpenroc.
vil ritterlîch was sîn gezoc,
den er ze velde fuorte.
swen er dô beruorte,
der muoste im sicherheite jehen.
daz kunde hart wol gespehen
diu junge küniginne
und gedâhte in irme sinne
vil dicke, wer er möhte sîn.
sîn ellen wart vil harte schîn
an manigem stolzen ritter.
den vînden was er bitter,
wann er mit ellenhafter hant
von dem orse ûf den sant
vil manigen gehurten kunde.
der künic daz begunde
merken alsô vaste,
daz er in zuo einem gaste
eins tages über tisch luot

und alle kamen,
die sich auf Rittertum verstanden.
Nun lebte in der Nähe
ein Ritter aus freiem Geschlecht,
der hieß Arnolt.
Er hatte im Dienst der Minne
schon viele Kämpfe ausgefochten.
Sein Ruhm und sein Ansehen standen
wie ein üppiger Zweig in voller Blüte;
so viele Siege hatte er
schon in jungen Jahren errungen.
Der kam auch wegen der schönen Jungfrau
zu diesem Turnier.
Dieser erlesene Ritter benützte,
als er auf den Kampfplatz ritt,
Samt, grün wie Gras,
als Satteldecke.
Auch trug der schöne Mann
einen Waffenrock aus gleichem Material.
Von ritterlicher Kühnheit war auch die Mannschaft,
die er in den Kampf führte.
Wen er auch angriff,
der mußte sich ihm ergeben.
Das konnte
die junge Königin sehr genau sehen
und sie überlegte für sich
immer wieder, wer das wohl sei.
Viele kühne Ritter
lernten seine Kraft kennen.
Für die Gegner war er fürchterlich,
weil er mit mächtigem Arm
viele von ihnen vom Pferd zu Boden
zu werfen verstand.
Der König
merkte das bald
und lud ihn eines Tages als Gast
zu sich an die Tafel

durch sînen manlîchen muot.
des wart diu künigîn gemeit.
waz man von guoter spîse seit,
die rîche herren süllen haben,
der wart ein wunder dar getragen
dem ritter und der künigîn.
diu was der mâzgenôze sîn.
ze jungest kom ein trahte für
der besten biren, die man kür
ûf allem ertrîche.
die teilte man gelîche,
zwein und zwein eine.
dar zuo wart ein cleine
kæses dar gehouwen.
daz mac man noch wol schouwen
ûf rîcher herren tische.
nu hœrent wie diu frische
bire dô geteilet wart
nâch gebiureschlîcher art,
diu für den ritter wart geleit
und für die juncfrouwen gemeit.
die nam der unbedâhte helt
und sneit die biren ungeschelt
enzwei mit sînem mezzer.
des wart im vil gehezzer
des rîchen küniges tohter.
erbeiten niht enmohter,
biz er si schône besnite.
er tet nach eines vrâzes site
und warf sie halben in den munt.
die ander leite er ze stunt
hin für die junkfrouwen.
nu mag man wunder schouwen!
als er kam wider ûf den plân,
dô rief diu maget wolgetân:
»ei schafaliers, werder helt,
der die biren unbeschelt

wegen seiner Tapferkeit.
Darüber freute sich die Königin.
Alles was man an feinen Speisen aufzählen kann,
wie sie sich für feine Herren gehören,
von denen wurde das Wunderbarste aufgetragen
für den Ritter und die Königstochter.
Die war seine Tischdame.
Zum Schluß wurde noch ein Nachtisch serviert
von den besten Birnen, die man
auf der ganzen Welt finden konnte.
Die teilte man gleichmäßig auf,
immer für zwei eine.
Dazu wurde ein wenig
Käse gereicht.
Das kann man auch heute noch
an der Tafel wohlhabender Herren sehen.
Hört jetzt, wie da die
frische Birne
auf bäurische Weise geteilt wurde,
die man vor den Ritter legte
und vor das schöne Fräulein.
Die nahm der unaufmerksame Haudegen
und schnitt sie, ohne sie zu schälen,
mit seinem Messer auseinander.
Damit zog er sich den Zorn
der vornehmen Königstochter zu.
Er konnte es nicht erwarten,
bis er sie elegant zerlegt hatte.
Er benahm sich wie ein gieriger Fresser
und warf die ganze Hälfte in den Mund.
Die andere legte er dann
vor das Fräulein.
Nun gibt es Merkwürdiges zu hören!
Als er wieder auf den Turnierplatz kam,
da rief das schöne Mädchen:
»O Chevalier, stolzer Held,
der die Birne ungeschält

halben in den munt warf,
waz er zühte noch bedarf!
ei schafaliers ungefuoc,
der die halbe biren nuoc!«
als er sich aber do gefleiz
ûf einen langen puneiz,
dô rief diu wolgetâne aber:
»hiute und iemer laster hab er,
der die halbe biren az.
er ist an hovezühte laz.«
vil schiere er do erkande
daz laster und die schande,
die im diu küniginne bôt.
dar umbe wart er schamerôt
vor allen, die dâ wâren.
er enwuste, wie er solte gebâren.
vor zorne er wider heim fuor.
harte tobelîch er swuor
bî allen gotes bilden,
er wolte sich verwilden
an êren und an guote,
biz er die gemuote,
diu in geschendet hæte.
  Nu hete der vil stæte
einen kneht, der ganze triuwe hielt
und ouch guotes râtes wielt.
der was geheizen Heinrich.
den nam der herre zuo sich
an eine heimlîche stat,
dâ er in sînes râtes bat,
wie er daz vergulte,
daz in diu frouwe schulte
durch sô kleine missetât.
»vernemet, herre, mînen rât«,
sprach der knappe Heinrich,
»ez ist iu guot, des versihe ich mich.
leget von iu dise wât

als Hälfte hielt für mundgerecht:
was sind seine Manieren schlecht!
O Chevalier, Ihr seid nicht fein,
steckt die Birne halb hinein!«
Als er mit seiner Mannschaft erneut
eine lange Attacke ritt,
da rief die Schöne schon wieder:
»Schande über ihn, jetzt und immerdar,
der die Hälfte ganz verschlang,
zu feiner Zucht braucht er noch lang!«
Sofort merkte er,
welche Schmach und welche Schande
die Königin auf ihn häufte.
Er schämte sich vor den Umstehenden
und wurde ganz rot.
Er wußte nicht, was er tun sollte.
Wütend ritt er nach Hause.
Bebend vor Zorn schwor er
beim allmächtigen Gott,
er wolle sich fernhalten
von Reichtum und Ruhm,
bis er die ins Unglück gestürzt habe,
die ihn so blamiert hatte.
Der aufrechte Ritter
hatte einen Knappen, der fest zu ihm hielt
und ihm mit Rat und Tat zur Seite stand.
Er hieß Heinrich.
Den nahm der Herr
beiseite
und bat ihn um Rat,
wie er sich dafür rächen könne,
daß die Dame ihn
für ein so geringes Vergehen derart verspottet hatte.
»Hört, Herr, meinen Rat«,
sagte der Knappe Heinrich,
»das ist gut für Euch, da bin ich mir sicher!
Legt diese Kleider ab

und verkêret iuch, daz ist mîn rât,
und werdet zuo eime tôren.
lât iu ob den ôren
daz hâr abe nemen.
diu kleit, diu tœrlich zemen,
diu heizet iu gewinnen.
nach tobelichen sinnen
lâzet iu vermüseln
mit râme und mit üseln
antlitz und varwe,
daz iuwer lîp vil garwe
swarz als ein erde sî.
einen kolben swære als ein blî,
den nemet zuo eime leitestabe.
als ein tœrehter knabe
loufet für des küneges tisch,
ez sî reiger oder visch,
daz slâhet alles darnider!
redet ieman dar wider,
dem slâhet ein gebiusche
und machet ein geriusche
vor der küniginne,
als ir niht habet sinne!
frâget iuch ieman iht,
dem antwürtet niht,
reht als ir sît ein stumbe!
varet umb und umbe!
swâ diu küniginne sî,
dâ wônet stæteclîche bî!
swaz âventiure iu geschiht,
des verswîget mir niht,
swenne ir herwider kumet,
wan iu mîn rât wol frumet.«
Dô volget er vil drâte
sîme wîsen râte.
daz hâr wart im abe gesniten
nach tœrlîchen siten,

und verwandelt Euch, so rate ich Euch,
in einen Narren.
Laßt Euch über den Ohren
die Haare abscheren.
Kleider, wie sie Narren tragen,
laßt Euch geben.
Als ob Ihr verrückt wärt,
so laßt Euch
mit Ruß und mit Asche
Gesicht und Körper beschmieren,
so daß Ihr von oben bis unten
schwarz seid wie Erde.
Einen Kolben, schwer wie Blei,
nehmt als Wanderstab.
Rennt wie ein verrückter Junge
an die Tafel des Königs
und – ob nun Reiher oder Fisch aufgetragen ist –
schlagt alles zusammen.
Wenn irgend jemand aufbegehrt,
dann gebt ihm ordentlich eins drauf
und macht Lärm
vor der Königstochter,
als ob Ihr nicht bei Sinnen wärt.
Wenn Euch jemand etwas fragt,
dann antwortet nicht,
gerade so, als ob Ihr stumm wärt!
Tobt herum!
Wo immer die Königstochter sich aufhält,
da bleibt in der Nähe!
Was Euch auch widerfahren mag,
verschweigt mir nichts,
wenn Ihr wieder zurückkommt,
denn mein Rat ist nützlich für Euch.«
Ohne zu zögern
befolgte er diesen klugen Rat.
Das Haar wurde ihm abgeschnitten,
wie es bei Toren üblich ist,

und gekleidet als ein tôr.
er wart geswerzet als ein môr.
daz kleit im an dem knie erwant.
einen kolben nam er in die hant,
dâ mite huop er sich von dan.
beide wîp unde man
ersâhen in für einen gief.
dô er in der bürge lief,
dô wart ein grôz gehiuze:
»daz vil heilige criuze
beschirme uns noch hiute!«,
riefen al die liute,
»wer brâhte den tôren in daz hûs?«
si mahten alle ûz im irn grûs
und triben mit im iren schimpf.
dâ wider kund er den gelimpf,
der tôren was gemæze.
allez sîn gelæze
was unmâzen töbelîch.
vaste sluoc er umbe sich,
mit sîner herten kiulen
mahte er starke biulen
den knehten, die dâ liefen
und ime tôre riefen.
doch muosten siz verguot haben
von dem tœrehten knaben,
wan der mit tôren schimpfen wil,
der muoz verdulden narrenspil.
nu hœret, wes er flîzic was!
ein wunneclîchez palas,
dâ diu juncfrouwe inne slief,
dâ vür leite sich der gief,
swenne ez begunde nahten.
durch daz begund er gahten,
ob diu minneclîche
in ir heimlîche
begienge keiner slahte dinc,

und man zog ihn an wie einen Narren.
Man färbte ihn schwarz wie einen Mohren.
Seine Kleider reichten nur bis zum Knie.
Er nahm einen Kolben
und zog los.
Alle, Frauen wie Männer,
hielten ihn für einen Narren.
Als er in die Burg rannte,
da erhob sich großes Geschrei:
»Das Kreuz des Herrn
beschütze uns jetzt«,
riefen die Leute durcheinander,
»wer hat uns diesen Narren angeschleppt?«
Sie erschraken alle über ihn
und trieben mit ihm ihren Spott.
Dagegen setzte er das Benehmen,
das Narren angemessen war.
Sein ganzer Auftritt
war völlig verrückt.
Wie wild haute er um sich;
mit seiner schweren Keule
schlug er den Knappen,
die herumrannten
und ihn Narr schimpften, riesige Beulen.
Aber sie mußten es
dem verrückten Jungen hingehen lassen,
denn wer mit Narren Scherz treiben will,
der muß auch Narrenspiele ertragen können.
Hört nur, wie er sich Mühe gab!
Vor einen prächtigen Saal,
in dem das Fräulein schlief,
legte sich der Schlingel,
als es Nacht wurde.
Dadurch konnte er aufpassen,
ob die Schöne
in ihrem Kabinett
nicht irgend etwas anstellte,

dâ mite si der snürrinc
ze laster möhte bringen.
mit sô getânen dingen
lac er zuo allen zîten dâ
gerner vil dan anderswâ.
diz treip er unz ûf eine naht,
dâ diu maget vil geslaht
bî ir juncfrouwen saz
und ir swære gar vergaz
bî einem schœnen fiure
mit maniger âventiure.
dô kam ein juncfrouwe fîn
sam ein turteltiubelîn
für daz palastor
und wolde sich dâ vor
des wazzers erlâzen.
dô sach si den blôzen,
der ein tôre solde sîn.
balde lief si wider în
und seite ir frouwen mære,
daz der tôre wære
vor der kemenâten.
»sô werden wir berâten
mit schœner gemelîche«,
sô sprach diu minneclîche,
»bringet uns den narren,
er muoz hie tâlanc scharren
vor mir in der aschen!«
»frouwe, er ist ungewaschen«,
sprach ein kamerrûze,
»lâzet in dâ ûze!«
»waz dar umbe?«, sprach diu maget,
»mir ist sô vil von im gesaget,
er sî sô rehte spæhe,
daz ich in gerne sæhe.«
dô wart langer niht gebiten.
zwô fröuwelîn hinwec schritten,

womit dieser Schelm
ihren Ruf schädigen könnte.
Damit beschäftigt
lag er die ganze Zeit dort herum,
viel lieber als anderswo.
So trieb er es bis zu einem Abend,
an dem die vornehme Jungfrau
bei ihren Edelfräulein saß
und ihren Kummer
bei prasselndem Feuer
und mancherlei Geschichten völlig vergaß.
Da trat ein anmutiges Fräulein
wie ein Turteltäubchen
vor das Tor des Saales
und wollte dort draußen
Wasser lassen.
Dabei erblickte sie den nackten Mann,
den man für einen Narren hielt.
Schnell lief sie wieder hinein
und erzählte ihrer Herrin diese Geschichte:
daß der Narr
vor der Kemenate liege.
»Dann wird uns ja
ein hübscher Spaß beschert«,
rief die Liebliche,
»bringt uns nur den Toren,
er soll sich jetzt hier
vor mir in der Asche wälzen!«
»Aber Herrin, er ist ungewaschen«,
rief ein Kammerkätzchen,
»laßt ihn doch draußen!«
»Was soll's«, sagte das Fräulein,
»ich habe so viel von ihm gehört,
er soll so niedlich sein,
ich würde ihn gerne sehen.«
Da gab es kein Zögern mehr.
Zwei Edeldamen gingen hinaus,

als si ir juncfrouwe hiez.
si brâhten den vil tumben viez
in die kemenâten.
sitzen si in bâten
nider zuo dem viure.
dô wâren im vil tiure
schuohe unde lînwât,
und swaz geruochlîche stât,
des gienc er alles irre.
sîn vil lanc geschirre
daz hienc im in die aschen.
sus saz der ungewaschen
vor der küniginne.
an tœrlîche sinne
leit er allen sînen gerinc.
als ein tumber snürrinc
zart er ûf sînen giel.
den frouwen allen wol geviel,
swaz er des nahtes anevienc.
vil gemelîche er daz begienc,
biz an dem gebûre
diu starke natûre
ir kraft begunde öugen.
daz muoste sich erzöugen
an sînem ebenalten,
der vor lac gevalten
und sich krampf als ein wurm.
der hate sich ûf einen sturm
bereit mit aller sîner ger.
er stuont mit ûfgerihtem sper.
daz wart der küniginne sûr.
frou Vênus und ir sun Amûr
begiengen an ir wunder.
si enbran als ein zunder
von der angesihte,
daz dem tumben wihte
der eilfte vinger was ersworn.

wie ihre Herrin es angeordnet hatte.
Sie brachten den törichten Kerl
in die Kemenate.
Sie baten ihn,
sich ans Feuer zu setzen.
Da zeigte sich, daß er weder
Schuhe noch Unterkleider hatte,
und alles, was man aus Anstand trägt,
das fehlte bei ihm völlig.
Sein üppiges Gemächt
hing ihm in die Asche.
So saß er dreckverschmiert
vor der Königin.
Auf närrisches Zeug
richtete er sein ganzes Bemühen.
Wie ein blöder Tölpel
riß er sein Maul auf.
Den Damen gefiel das alles gut,
was er an diesem Abend anstellte.
Recht heiter spielte sich das ab,
bis an diesem ›Bauern‹
die machtvolle Natur
ihre Kraft vorführte.
Das sollte sich
an seinem gleichaltrigen Kumpel zeigen,
der vorher zusammengerollt dalag,
krumm wie ein Wurm.
Der hatte sich auf einen Angriff eingerichtet
mit seinem ganzen Verlangen.
Er stand mit aufgerichteter Lanze da.
Das wurde bitter für die Königin.
Venus und Amor, ihr Sohn,
wirkten Wunderbares an ihr.
Sie entflammte wie Zunder
durch den Anblick,
daß diesem törichten Burschen
der elfte Finger schwoll.

si sach den selben minnedorn
und leit vil seneclîche nôt.
den frouwen allen si gebôt,
daz si sich leiten nider.
dô wâren si niht wider,
sunder eine, diu dâ saz.
diu bekande ir vrouwen baz.
daz was ein altez kamerwîp.
durchriben was der selben lîp.
Irmengart was si genant.
ir frouwe sprach zuo ir zehant:
»nu lâ mich dînes râtes pflegen:
sît du mir dicke hâst rât gegeben
von heimelîchen sachen,
sô hilf mir, daz ich swache
den kumber, den ich dulde.
von des tôren schulde
brinne ich alsô sêre,
daz beide lîp und êre
hînaht an der wâge stât,
ob mîn wille niht ergât.«
dô sprach diu kamerbelle:
»nû vârent al getelle!
mîn rât der wirt iu nütze.
ir werdet urdrütze
der minne gelustes.
sît iuch ir âkustes
nieman kan erretten,
lât iu schône betten.
waz ob ich disen giegen
mit listen kan betriegen,
daz er sich zuo iu smucket
und iu die nôt enzucket,
diu von der strengen minne kumet!
swaz iuwerm lîp von im gefrumet,
des sît ir unvermeldet ouch.
er ist der aller beste gouch,

Sie schaute auf diesen Liebesstachel
und wurde von Begierde bedrängt.
Sie gebot allen ihren Damen,
zu Bett zu gehen.
Die hatten nichts dagegen,
außer einer, die sitzen blieb.
Die kannte ihre Herrin besser.
Es war eine alte Kammerjungfer.
Die war mit allen Wassern gewaschen.
Irmengart hieß sie.
Ihre Herrin sagte schnell zu ihr:
»Nun laß mich Deinen Rat erfragen:
Da Du mir so oft
in vertraulichen Angelegenheiten beigestanden hast,
hilf mir jetzt, damit
der Schmerz nachläßt, den ich leide.
Des Narren wegen
bin ich so entflammt,
daß Leben und Ehre
heute nacht auf dem Spiele stehen,
wenn mein Begehren nicht gestillt wird.«
Darauf antwortete die Kammerjungfer:
»Nun bleibt nur friedlich!
Mein Rat wird Euch helfen.
Ihr werdet noch Überdruß
am Genuß der Minne haben!
Da Euch niemand vor ihren Verlockungen
bewahren kann,
so laßt Euch ein schönes Lager bereiten!
Ich sollte doch diesen Narren
so geschickt übertölpeln können,
daß er sich zu Euch schmiegt
und Euch von der Not befreit,
die von der mächtigen Minne kommt.
Was Ihr mit ihm erleben werdet,
das ist Euch noch unbekannt.
Er ist der allerbeste Tor,

der ie wart getœret:
er ensprichet noch enhœret,
er ist ein rehter stumbe.«
diz hôrte wol der tumbe.
deheines wortes er verjach,
swaz diu dirne zuo im sprach,
wan daz er si an kaffete.
und dô si daz geschaffete,
daz ir frouwe nider kam,
den tôren si bî der hende nam
und fuorte in an ir bette.
vil schiere si in hette
zuo der frouwen geleit.
als uns diu âventiure seit,
dô lac der ungefüege stampf,
daz er sich als ein igel rampf
und smuckt sich zuo einander.
vil gerne bekander
der küniginne leckerheit,
als ich dâ vor hân geseit,
durch daz er si geschante.
dar umbe er sich nicht wante,
sam er si wolde grîfen an.
dâ lac von minnen unde bran
diu minneclîche künigîn
und leit vil seneclîchen pîn,
daz der tumbe gouch lac
und der minnen niht enphlac,
diu guoten wîben sanfte tuot.
dô sich diu juncfrouwe des entstuont,
dô sprach des rîchen küniges fruht:
»Irmengart durch dîne zuht,
ob dû mir keines guotes ganst,
sô lâ die liste, die dû kanst,
hînaht an mir werden schîn!
daz muoz dir iemer guot sîn.«
»gerne frouwe,« sprach diu maget,

der je unter die Narren kam:
Er kann nicht sprechen und nicht hören,
er ist wahrhaft stumm.«
Das hörte der Tor genau.
Kein Wort antwortete er,
was die Dienerin auch zu ihm sagte;
er gaffte sie nur an.
Und als sie es so arrangiert hatte,
daß ihre Herrin im Bett lag,
da nahm sie den Narren an der Hand
und führte ihn zu ihrem Bett.
Schnell hatte sie ihn
zu ihrer Gebieterin gelegt.
Aber so geht die Geschichte nun weiter:
Da lag der ungehobelte Klotz
und zog sich zusammen wie ein Igel
und ringelte sich ein.
Mit Vergnügen bemerkte er
die Begierde der Königstochter,
wie ich sie vorhin geschildert habe,
weil er sie so in Schande stürzen konnte.
Deshalb bewegte er sich nicht,
um sie anzufassen.
Da lag nun die schöne Königin
und brannte in Liebesglut
und litt Schmerzen der Sehnsucht,
weil der verrückte Narr dalag
und sich nicht im geringsten um die Liebe kümmerte,
die schönen Frauen wohltut.
Als das Fräulein das merkte,
da sagte dieses edle Königskind:
»Irmengart, wenn Du weißt, was sich gehört
und wenn Du mir etwas Gutes gönnst,
dann laß mir jetzt alle Deine Künste
zugute kommen!
Es wird Dein Schaden nicht sein.«
»Mit Vergnügen, Herrin«, sagte die Dienerin,

»mîn dienst ist iu unversaget.«
si nam den ungefüegen slûch
und leit in ûf ir linden bûch
und drukte in zwischen ir bein.
dannoch lac er unde grein
als ein alter hovewart,
biz diu frouwe Irmengart
einen stap erkripfete
und mit der gerten stüpfete.
daz kam ir dô ze heile.
des tôren hinderteile
gap si stich über stich,
biz er begunde regen sich.
des wart ir fröude manicvalt.
doch was der arge ribalt
des küniges tohter alsô gram:
dô ez in die wîse kam,
daz die vröuden zuo sigen,
dô liez er die schœne ligen,
alles liebes âne.
dô rief diu wolgetâne:
»stüpfa, maget Irmengart
durch dîne wîpliche art,
diu von geburt an erbet dich,
sô reget aber der tôre sich!«
diu maget dô gewerte
die frouwen des si gerte.
si menete und gupfete
si stach unde schupfete,
biz in der frouwen minnen art
beiden alsô tiure wart,
daz in diu süezekeit zerran.
dô wart der tœrehte man
gestôzen für den palast.
des morgens dô der tac ûf brast,
dô huop er sich von dannen
und lief ze sinen mannen

»ich stehe Euch zu Diensten.«
Sie nahm den groben Klotz
und legte ihn auf ihren weichen Bauch
und drückte ihn zwischen ihre Beine.
Selbst da lag er noch da und greinte
wie ein alter Hofhund,
bis Frau Irmgart
einen Stecken packte
und ihn mit dieser Gerte stupfte.
Das war ein Segen für die Frau.
Auf den Hintern des Narren
setzte sie Stich für Stich,
bis der anfing, sich zu bewegen.
Davon erlebte sie vielfältige Freuden.
Aber der schlimme Schurke
war der Königstochter so böse:
Als es an den Punkt kam,
wo die Freuden strömen,
da ließ er die Schöne einfach liegen,
ohne alles Glück.
Da rief die Liebliche:
»Stupf ihn, Jungfer Irmengart
in Deiner fraulichen Art,
die von Geburt Dir mitgegeben,
dann wird der Tor sich wieder regen!«
Die Dienerin gewährte ihrer Herrin,
was die begehrte.
Sie trieb ihn an und stupfte,
sie stach und rüttelte,
bis die Unersättlichkeit weiblicher Liebe
für sie beide zuviel wurde
und das süße Gefühl ein Ende nahm.
Darauf wurde der Narr
aus der Burg geworfen.
Am Morgen bei Tagesanbruch
machte er sich davon
und lief zu seinem Gefolge

und seite sînem knehte
allez daz vil rehte,
daz im des nahtes widerfuor.
der kneht dô vil tiure swuor,
ez wære ein sælige vart.
niht langer dô gebiten wart.
ein schœnez bat wart dar getragen,
er wart gewaschen und getwagen
von râme vnd ouch von schimele.
er lobete got von himele,
daz ime so rehte wol gelang.
er seite ouch sîme knehte danc
des râtes und der helfe.
mit gar grôzem gelfe
sprach der knappe Heinrich:
»herre, nu vernemet mich!
varet wider ûf den plân
für die frouwen wolgetân;
mit schilte und mit helme
rîtet in dem melme
als ein guoter ritter sol.
sô ruofet si, daz weiz ich wol:
›ritter mit der halben bir!‹
dâ wider ruofet ir wol zwir:
›stüpfa, frouwe Irmengart,
durch dîne wîpliche art,
diu von geburt an erbet dich,
sô reget aber der tôre sich‹.
zehant sô verstêt si sich
der leckerlichen missetât,
die si mit iu begangen hât
dô heime an ir bette.
ich setze iu ze wette
beide guot unde lîp,
ob iuch daz minneclîche wîp
iemermê beschrîe.«
von dannen reit der frîe

und erzählte seinem Knappen
alles ganz genau,
was ihm in der Nacht passiert war.
Der Knappe schwor heilige Eide,
daß dies eine glückhafte Unternehmung gewesen sei.
Man hielt sich nicht lange auf.
Ein schönes Bad wurde hergerichtet,
er wurde gewaschen und von
Ruß und Unrat gereinigt.
Er pries Gott im Himmel,
daß alles sich so gut gefügt hatte.
Auch seinem Knappen dankte er
für Rat und Hilfe.
Voller Übermut rief
der Knappe Heinrich:
»Herr, paßt auf!
Reitet wieder auf den Turnierplatz
vor die schöne Dame;
mit Schild und Helm gerüstet
stürzt Euch ins Getümmel,
wie es sich für einen rechten Ritter gehört.
Sie wird, das weiß ich genau, wieder rufen:
›Ritter mit der halben Birne!‹
Dann müßt Ihr mindestens zweimal zurückrufen:
›Stupf ihn, Jungfer Irmengart
in Deiner fraulichen Art,
die von Geburt Dir mitgegeben,
dann wird der Tor sich wieder regen.‹
Auf der Stelle wird sie sich
an die geilen Untaten erinnern,
die sie mit Euch
in ihrem Bett getrieben hat.
Ich wette mit Euch
um Gut und Leben,
daß Euch diese anmutige Dame
nie mehr etwas zurufen wird.«
Darauf ritt der Freiherr weg,

wider ûf den turnei.
diu frouwe im aber zuo schrei:
»ei schafaliers, werder helt,
der die biren ungeschelt
halber in den munt warf,
waz er zühte noch bedarf!«
dâ wider rief der ritter guot:
»ei schafaliers, hôher muot!
stüpfa, frouwe Irmengart,
durch dîne wîplîche art,
diu von geburt an erbet dich,
sô reget aber der tôre sich!«
dô diu frouwe daz vernam,
ein schreck ir an daz herze kam,
daz ir vil nâch geswunden was.
si wart noch grüener dan ein gras
und dar nâch als ein kirse.
dô sprach diu kamerbirse:
»frouwe, ich hân ez wol vernomen,
wir sint ze laster beide komen.
der tôre, der uns hât betrogen,
daz was der ritter wolgezogen,
den ir dô hant gescholten.
nu hât er iu vergolten
den unverdienten itewîz.
ez was ouch ie der werlde flîz,
daz er ze spotte dicke wirt,
swer bœsez schimpfes niht verbirt.
nû volget mir, daz ist mîn rât:
der helt, der iu beswîchen hât,
den heizet iu besenden.
bevelhet sînen henden
beide lîp unde guot
und nemet den ritter hochgemuot
ze eime êlîchen man.
mit liebe bringt in dar an,
daz er ze wîbe iuch behabe!

wieder hin zum Turnier.
Die Dame rief ihm wieder zu:
»O Chevalier, stolzer Held,
der die Birne ungeschält
als Hälfte hielt für mundgerecht,
was sind seine Manieren schlecht!«
Da rief der wackere Ritter zurück:
»O Chevalier hochgesinnt!
Stupf ihn, Jungfer Irmengart
durch Deine frauliche Art,
die von Geburt Dir mitgegeben,
dann wird der Tor sich wieder regen!«
Als die Dame das hörte,
da fuhr ihr der Schreck in die Glieder,
und beinahe wäre sie in Ohnmacht gefallen.
Sie wurde grasgrün
und dann lief sie an wie eine Kirsche.
Die alte Kammerjungfer erklärte:
»Herrin, ich habe es auch gehört,
wir sind beide in Schande gefallen.
Der Narr, der uns hereingelegt hat,
das war der feine Ritter,
den Ihr verspottet habt.
Jetzt hat er Euch
die unverdienten Schmähungen zurückgegeben.
So ist es schon immer in der Welt zugegangen,
daß häufig der zum Gespött wird,
der auf Bosheiten nicht verzichten mag.
Nun hört auf mich, das ist mein Rat.
Den Ritter, der Euch übertölpelt hat,
den laßt zu Euch kommen!
Legt in seine Hände
Euer Leben und Euren Besitz
und nehmt den Edlen
zum Mann!
Bringt ihn mit Freundlichkeit dazu,
daß er Euch als Frau haben will!

sô komet ir der schanden abe,
dâ mite ir sît gebunden.«
an den selben stunden
wart der ritter dô besant.
beide liute unde lant
wart im undertænic.
doch was er arcwænic
der frouwen bœse tücke,
durch daz ungelücke,
daz im des nahtes do geschach,
dô man in stüpfete und stach
in der kemenâten.

Dar umbe wil ich râten
allen guoten wîben,
daz si die zühte trîben,
die reinen wîben wol gezemen,
und ein sælic bilde nemen
an der küniginne,
wie sie betrouc diu minne,
dô si den list eröugete,
dâ mite si erzöugete
ir manne die grôze leckerheit.
des wart ir ungemüete breit:
er was ir iemer mê gehaz.
ein sælic man der merke daz,
wie der ritter Arnolt
aller sîner tugende solt
von ir unminniclîch verlôr,
ob er niht worden wære ein tôr,
daz er geschendet wære.
ein hübescher minnære
der flîze sich der dinge,
daz im niht misselinge,
daz ist mîn bete und mîn rât.
von einer kleinen missetât
wirt ein man geschendet
und ein wîp erwendet

Auf diese Weise werdet Ihr die Schande los,
in die Ihr gefallen seid.«
Auf der Stelle
wurde nach dem Ritter geschickt.
Alles, Land und Leute,
wurde seiner Herrschaft unterstellt.
Aber es blieb ihm der Argwohn
gegenüber der tückischen Bosheit der Frau,
weil man ihm
in jener Nacht so mitgespielt
und ihn gestupft und gestochen hatte
in ihrer Kemenate.
Deswegen will ich
allen braven Frauen den Rat geben,
sich so gesittet zu verhalten,
wie es sich für keusche Frauen gehört,
und sich ein nützliches Beispiel
an der Königstochter zu nehmen,
wie die von der Minne betört wurde
und sich jene List ausdachte,
durch die sie ihrem Mann
ihre maßlose Lüsternheit entdeckte.
Daraus erwuchs ihr großes Ungemach:
er war ihr für alle Zeit böse.
Ein verständiger Mann möge beachten,
wie der Ritter Arnold
sein wohlverdientes Ansehen
ganz lieblos durch sie verloren hat,
und daß er in Schande hätte leben müssen,
wenn er sich nicht zum Toren gemacht hätte.
Ein artiger Minnediener
möge sich so benehmen,
daß er nicht derart scheitert,
das ist mein wohlgemeinter Ratschlag.
Durch einen kleinen Fehltritt
kann ein Mann die Ehre verlieren
und eine Frau von

guotes willen, den si hât.
von Wirzburc maister Kuonrat
kan iu anders niht verjehen.
got lâze uns allen wol beschehen.

allen ihren guten Absichten lassen.
Nichts anderes kann ich, Konrad von Würzburg,
Euch empfehlen.
Gott gebe uns allen ein glückliches Leben.

VON DER ÜBELN ADELHEIT UND IREM MAN

In einem dorf was gesezzen ein man,
der nie kein guoten tac gewan.
daz geschach von sînem wîbe:
si swuor bî irem lîbe,
daz si nimmer wolt werden guot.
daz beswêrt im sînen muot.
er was geheizen der guot Markhart
– wê im, daz er ie geborn wart! –
und sî diu übel Adelheit.
si tet im *jârlanc* leit.
Eins tages sâzens ob dem viure;
der imbiz was im tiure.
er sprach: »liebe Adelheit,
ist der imbiz iht schier bereit?
gip uns zessen, daz dir got lône;
ez nâhet schier diu zît der nône.«
»und wær ez dîn grimmiger tôt,
du enbîzest tâlanc kein gebrôt,
du muost noch hiut vasten,
biz dir dîn ougen glasten.«
guot Markhart het ein pfenninc,
dâmit schafft er sîn dinc.
er wolt in daz dorf loufen
und im ein brôt koufen.
dô muost er sich ê roufen,
mit dem übeln wîb boufen.
si sluoc in und stiez,
daz *im* nieman gehiez
sîn leben vür den tôt,

DIE BÖSE ADELHEID

In einem Dorfe lebte ein Mann,
dem niemals ein angenehmer Tag gegönnt war.
Das kam von seiner Frau:
Die hatte bei ihrem Leben geschworen,
daß sie niemals gut sein wolle.
Das beschwerte ihm das Herz.
Er hieß der gute Markhart
(welch ein Unglück, daß er geboren war!)
und sie war die böse Adelheid.
Das ganze Jahr hindurch quälte sie ihn.
Eines Tages saßen sie am Feuer;
das Essen ließ auf sich warten.
Er sagte: »Liebe Adelheid,
ist das Essen nicht bald fertig?
Gib uns zu essen, Gott möge es Dir lohnen!
Es ist ja schon gleich Mittag.«
»Und wenn es Dein Tod wäre,
Du wirst den ganzen Tag lang nichts zu beißen bekommen.
Du hungerst heute,
bis Dir die Augen glänzen.«
Der gute Markhart hatte einen Pfenning,
damit regelte er die Angelegenheit.
Er wollte ins Dorf laufen
und sich ein Brot besorgen.
Aber vorher mußte er sich schlagen und
mit dem bösen Weib prügeln.
Sie schlug und stieß so auf ihn ein,
daß niemand ihm
das Leben statt des Todes hätte vorhersagen können,

hæt er genomen daz brôt.
er gedâht in *sînem* sinne:
»wes sol ich beginnen,
daz ich die vâlentinne
ûf mînen weg bringe?«
Dô er sîn nôt überwant,
der guot Markhart gienc zuohant
hin under sîn selbes tür.
dâ gienc manec man hin vür,
die gen Auspurc wolten gân.
daz merk vrouwe und man:
der guot Markhart moht niht lân,
er huop von ezzen wider an.
er sprach: »liebe Adelheit
– daz dir geschehe nimmer leit! –
sich, dâ gât manec man hin,
mich trieg dann mîn sin,
belib er *heim*, ez dûht mich guot.
er vertrinkt hiut mantel und *huot*.«
si sprach: »du wirst niht erlôn,
du muost ouch zuo *markt* gôn.«
er sprach: »liebe Adelheit
– dir geschehe *nimmer* leit! –
daz best ich dir râten sol:
belîp hie heim und hüet wol!«
si sprach: »hab dir den rât,
wan durch dich nieman lât!
kanstu mich verstân?
ich wil ouch zuo markt gân.«
er sprach: »merkz, wie ichz meine:
lâ die pfenninge hie heime,
darumb ich *gap mîn* guot rint!
des hânt schaden mîniu kint.«
si sprach: »ich wil dir sagen:
ich wil si selbs mit mir tragen
und wil dâvon zern;
daz kan mir nieman *entwern*.«

wenn er sich das Brot geholt hätte.
Er dachte bei sich:
»Wie soll ich es anstellen,
Daß ich diesen Teufel
auf meinen Weg zwinge?«
Als er seinen Ärger überwunden hatte,
ging der gute Markhart rasch
vor seine Türe.
Da kamen viele vorbei,
die nach Augsburg gingen.
Merkt auf, Frauen und Männer:
Der gute Markhart wollte nicht aufhören,
er fing wieder vom Essen an.
Er sagte: »Liebste Adelheid,
nie geschehe Dir ein Leid!
Schau, da gehen viele Männer vorbei;
wenn ich mich nicht täusche,
schiene es mir gut, wenn sie zu Hause blieben.
Sie versaufen heute Mantel und Hut.«
Sie antwortete: »Du bleibst nicht verschont,
Du mußt auch auf den Markt gehen!«
Er antwortete: »Liebste Adelheid,
nie geschehe Dir ein Leid!
Ich will Dir einen guten Rat geben:
Bleib Du hier zu Hause und paß auf Dich auf!«
Sie: »Behalt Deinen Rat,
denn Deinetwegen hält sich niemand zurück!
Wenn Du das begreifst:
ich werde auch auf den Markt gehen.«
Er: »Paß auf, wie ich's meine:
Laß das Geld hier zu Hause,
für das ich meine schöne Kuh hergegeben habe.
Davon haben sonst meine Kinder den Schaden.«
Sie: »Laß Dir sagen:
Ich werde es eigenhändig mitnehmen
Und werde mir davon gütlich tun;
niemand kann mich daran hindern.«

Diu wîle wert unlange,
dô kam ein man gegangen,
den het ein rock umbvangen
(der selbe rock, der was blâ)
und ein zwîfachen schaprûn grâ.
er truoc ein guot swert
und einen niuwen huot wert.
der guot Markhart gemeit
sprach zuo sîner Adelheit:
»nu luoc zuo disem affen!
wie ist er geschaffen!
er wirt ûz im machen,
daz man sîn beginnet lachen.
er tregt einen blâwen rock,
man wirt in ankaffen *als ein bock*;
ein swert tregt er und einen huot.
ez dunkt mich niht guot.«
si sprach: »du wirst es niht erlân,
du muost ouch ein blâwen rock hân.«
er sprach: »guot Adelheit,
als liep ich dir sî geseit,
des erlâz mich durch got,
wan ich würd der liute spot!«
si sprach: »du wirst es niht erlân!
du muost ein blâwen rock hân.«
er sprach: »liebe Adelheit
– dir geschehe *nimmer* leit! –
so kouf mir des bœsten!«
si sprach: »*nein*, des besten,
des ich zuo Auspurc vinde
veil umb mîn pfenninge.«

Diu wîle wert unlange;
si kâmen in die stat gangen.
si kouft des besten siben eln,
so siz an dem markte mohte weln,
und hiez daz snîden schier
umb guoter pfennige vier

Es dauerte nicht lange,
da kam ein Mann vorbei,
der trug einen engen Rock
(der Rock war blau)
und einen zweifach gewirkten grauen Kragen.
Er hatte auch ein Schwert
und trug einen wertvollen neuen Hut.
Der gute, wackere Markhart
sagte zu seiner Adelheid:
»Nun schau Dir diesen Affen an,
wie der aussieht!
Er wird es so weit bringen,
daß man über ihn lacht.
Er trägt einen blauen Rock.
Man wird ihn angaffen wie einen Geißbock.
Er trägt auch ein Schwert und einen Hut.
Gut finde ich das nicht.«
Sie sagte: »Es bleibt Dir nicht erspart,
Du mußt auch einen blauen Rock haben.«
Er: »Gute Adelheid,
so lieb wie ich Dir sein soll,
erspare mir das um Gottes willen,
ich werde sonst den Leuten zum Gespött.«
Sie: »Es bleibt Dir nicht erspart,
Du mußt einen blauen Rock haben.«
Er darauf: »Liebste Adelheid,
nie geschehe Dir ein Leid.
Kauf mir wenigstens einen schlechten!«
Sie antwortete: »Nein, den besten,
den ich in Augsburg
für mein Geld kriegen kann.«
Es dauerte nicht lang,
und sie kamen in die Stadt.
Sie kaufte sieben Ellen vom Besten,
das sie auf dem Markt finden konnte,
und ließ ihn gleich zuschneiden
für vier Pfennige

und hiez in machen wol,
als in ein biderman tragen sol.
dô der rock was bereit,
er sprach: »liebe Adelheit,
wollen wir iht schier heim?«
sî sprach aber: »nein!«
»so kouf uns ein rockebrôt!
im hûse ist uns manges nôt.
des *schœnen* hân ich keine pfliht.
ich wil ouch *hinz dem* wîne niht.
wîn ich niht trinken sol,
wazzer tuot mir alsô wol.«
si sprach: »wær ez dîn grimmer tôt,
du muost ezzen weizbrôt
und trinken den besten wîn,
sô er iendert hie mac gesîn.«
dâmit wolt si in tœten;
si wolt in vröuden nœten.
si vuort in zuohant
dâ si den besten wîn vant.
dâ selbst si nider sâzen,
trunken unde âzen,
daz ir dinc wol stuont,
als noch vil liute tuont.
er sprach: »trût Adelheit
– dir geschehe *nimmer* leit! –
merk, waz ich dir sage:
wir suln trinken *unz* ze tage!«
Dô Adelheit die rede vernam,
bald huop si sich von dan.
Adelheit diu vil vreche
lief ze tal bîm Leche.
si trat ze *nâch* ûf daz gestat
und gienc ein vil engez pfat.
er sprach: »*tritâ* herdan baz!«
si sprach: »warumbe tæt ich daz?
sît du mich sîn hâst gebeten,

und ließ ihn fein schneidern,
wie es sich für einen anständigen Mann gehört.
Als der Rock fertig war,
sagte er: »Liebe Adelheid,
wollen wir nicht gleich nach Hause?«
Sie sagte wieder: »Nein!«
»Dann kauf uns ein Roggenbrot,
zu Hause fehlt es uns an vielem.
Mit dem Feinen habe ich nichts im Sinn,
mir steht der Sinn auch nicht nach Wein.
Wein steht mir nicht zu,
Wasser tut es genausogut.«
Sie antwortete: »Und wenn es Dein Tod ist,
Du mußt Weißbrot essen
und den besten Wein trinken,
den man hier nur finden kann.«
Damit wollte sie ihn umbringen.
Sie wollte ihn zur Freude zwingen.
Sie führte ihn auf der Stelle
dorthin, wo sie den besten Wein fand.
Da ließen sie sich nieder,
tranken und aßen,
und ließen es sich gutgehen,
wie es viele Leute tun.
Er sagte: »Liebe Adelheid,
nie geschehe Dir ein Leid.
Paß auf, was ich Dir sage:
Wir wollen bis in den Tag hinein trinken!«
   Als Adelheid das hörte,
rannte sie auf der Stelle davon.
Die störrische Adelheid
lief hinunter zum Lech.
Sie trat zu nahe ans Ufer
und ging über einen ganz schmalen Steig.
Er rief: »Tritt doch weiter zurück!«
Sie meinte: »Warum denn nur?
Da Du mich darum gebeten hast,

ich wil hinzuo baz treten!«
daz schuof ir unreiner haz,
daz si hinîn blatzte baz.
der Lech truoc si an der stunt
vast an den tiefen grunt,
daz er si niemer mêr gesach.
daz was im ein klein ungemach.
er sprach: »du woltst nie volgen mir,
daz ist zuo schaden komen dir.
nu suocht ich gern, west ich wâ,
beidiu hie und anderswâ.
du *wære* ie sô widerspæne,
daz ich gedenk und wæne,
du sîest an der stunde
hin wider berc gerunnen.«
der guot Markhart niht enlie,
hin wider berc er gie.
ein rechen nam er in die hant.
wider berc suocht er zuohant
die ungetriuwen Adelheit.

Ein her im engegen reit:
»guoter man, waz wirret dir?
daz soltu hie sagen mir.«
»her, daz ist niht lanc,
daz mir ein wîp *er*tranc.«
der her sprach: »wann oder wâ?«
»daz tet si ver dort niden dâ.«
»so suoch sie ouch dort niden!
wes suochstu sie hie oben?«
»herre, si was sô widerspæne,
daz ich gedenk und wæne,
si sî zuo disen stunden
hie zuo berc gerunnen.«
er sprach: »het si solhen muot,
sô ist lîht dîn suochen guot.
daz best ich dir raten wil,

will ich weiter nach vorne treten.«
Da führte ihre finstere Bösartigkeit dazu,
daß sie sofort hineinstürzte.
Der Lech zog sie auf der Stelle
rasch in die Tiefe,
und er sah sie nie wieder.
Das war ein Kummer, der zu ertragen war.
Er sagte: »Du wolltest nie auf mich hören,
davon hast Du jetzt den Schaden.
Gerne würde ich ja nach Dir suchen, wüßte ich nur wo,
entweder hier oder ganz woanders.
Du warst die ganze Zeit so widerspenstig,
daß ich mir vorstellen kann,
Du bist jetzt wahrhaftig
den Fluß hinauf getrieben.«
Der gute Markhart zögerte nicht
und ging flußaufwärts.
Er nahm einen Rechen
und suchte schnell
nach der ungebärdigen Adelheid.
Ein vornehmer Herr ritt ihm entgegen.
»Lieber Mann, was verwirrt Dich so?
Sag mir das doch!«
»Herr, es ist nicht lange her,
daß mir meine Frau ertrank.«
Der Herr erwiderte: »Wann und wo?«
»Dort ganz weit unten.«
»Dann such sie auch dort unten.
Warum suchst Du sie hier oben?«
»Mein Herr, sie war derart widerspenstig,
daß ich zu wissen glaube,
sie sei jetzt
flußauf getrieben.«
Er antwortete ihm: »Wenn sie von solcher Art war,
dann ist gut suchen.
Dem besten Rat, den ich Dir geben kann,

und volg in kurzem zil
und tuo ir nimmer suochen:
den tievel lâz ir geruochen!«
dô volgt er sîner lêre
und gesuocht sie nimmer mêre.
und liez si ligen, als si lac,
und lebt hernâch mangen tac.

dem folge auf der Stelle
und suche sie nicht weiter;
der Teufel soll sich um sie kümmern.«
Da folgte er seinem Rat
und suchte sie nicht weiter.
Er ließ sie liegen, wie sie lag,
und lebte noch manchen lieben Tag.

DIE HISTORIEN VON DEM RITTER BERINGER

Es was ein ritter so rych,
gar edel und gar herrlich;
mit grossen eren stund sin husz,
doch must er selber herusz.
also was sin lob gemessen:
ungeren sach er essen,
noch keiner slachte spyse *zeren.*
wa er das kund geweren,
so stalt *er* syne sinne zu
beide spat und fru.
fleisch er gar beschlosz,
den selben man das *nit* verdroß.
hort er von hunern ein geschrey,
so nam er war, wie manig ey
im des tages ward geleyt.
dem keller er es vil eben seyt,
doch ward er dick dar an betrogen,
des ward er ubel und ungezogen.
wenn sich der geyle han
geliesz mit sinen wybern an,
er wond, es tet ein henn.
zu dem keller sprach er denn:
»du hast mir unrecht thon,
ich solt noch ein ey hon!«
Verlor er denn ein halbes brot,
so hub sich angst und not
von megten und von knechten.
nüt den zanen, grynen, vechten
was von im alle zyt bekant.
er was herr Beringer genant.

RITTER BERINGER

Es lebte einst ein mächtiger Ritter,
von hoher Abkunft und stattlich;
sein Haus stand in hohem Ansehen,
doch ihn selber mußte man ausnehmen.
So sah sein Ruhm aus:
ungerne sah er, daß man tafelte
oder irgendwelche Speisen zu sich nahm.
Wo er das verhindern konnte,
da bemühte er sich mit allen Kräften darum,
Tag und Nacht.
Fleisch schloß er ganz weg,
ihn selber hat das nicht gestört.
Wenn er das Gackern der Hühner hörte,
dann stellte er gleich fest, wie viele Eier
ihm an diesem Tag gelegt worden waren.
Gleich sagt er es seinem Verwalter.
Doch oft wurde er dabei getäuscht;
dann wurde er grob und ausfallend.
Wenn sich der kecke Hahn
mit seinen Weibern einließ,
dann meinte er, es sei eine Henne.
Dann sagte er zum Verwalter:
»Du hast mich betrogen,
ich muß noch ein Ei bekommen.«
Wenn einmal ein halbes Brot abhanden kam,
dann verbreiteten sich Angst und Schrecken
bei Mägden und Knechten.
Nichts als Murren, Schimpfen und Streiten
war die ganze Zeit von ihm zu hören.
Er hieß Ritter Beringer.

Nun hat er auch ein schones wyb,
der was tugentlich ir werder lyb.
mit der so lebet er also,
das sy sin ward vil selten fro.
Er hat ein gewonheit:
wa hin ein turnier ward geleyt
oder sust ein stechen,
do musten die frechen
sich liden frolich arbeit,
da hin er vil gerne reit,
glich als ob er wer
ein starcker beherter.
wan es gieng an ein gelten,
so sach man in selten
in der maß nie varn.
er kund sich wol davor bewarn,
das nieman uff in stech,
das im kein bein zerbrech.
wan er sy zusamen varn sach,
so zoch er von in und sprach:
»nun vechtend ir, so lug ich;
ir schlahend einander on mich.«
wan aber zergieng der tur*ney*
und man das lob den werden schrey
und etlicher geschlagen was,
das er was rot von blute nasz,
so hat er solichen schympff getryben,
das im sin houpt waz gantz belyben,
sin helm, auch sin waffen rock,
verloren *hatt er* keinen lock.
so kam er dann heim geritten
gar russig und in zornes sytte*n*
und seyt vil starcke mer,
wie er der kunest wer
und wie ers hat begangen.
so ward er schon entphangen.

Nun hatte er auch eine schöne Frau,
die war von edler Gestalt und vornehmer Gesinnung.
Mit der führte er ein Leben,
das ihr wenig Freude brachte.
Er hatte eine feste Gewohnheit:
wo immer ein Turnier veranstaltet wurde,
oder irgendein anderes Stechen,
wo kühne Ritter
frohgemut Anstrengungen ertrugen,
da ritt er eifrig hin,
ganz so, als wäre er
ein tüchtiger Turnierritter.
Wenn es aber ans Bezahlen ging,
so sah man ihn nie
sich entsprechend verhalten.
Er konnte sich recht gut davor hüten,
daß einer ihn anrannte
und er sich die Knochen brach.
Wenn er sah, wie sie aufeinander losritten,
dann zog er sich zurück und sagte:
»Kämpft Ihr nur, ich schaue zu;
Ihr könnt Euch ohne mich schlagen.«
Wenn aber das Turnier zu Ende war
und man den Ruhm der Besten verkündete
und manch einer so zerschlagen war,
daß er von Blut triefte,
dann hatte er solche Kurzweil gehabt,
daß sein Kopf unversehrt geblieben war,
auch sein Helm und sein Waffenrock;
keine Locke hatte er verloren.
So kam er dann nach Hause geritten,
ganz schmutzig und voller Grimm,
und erzählte viele großartige Geschichten,
daß er der Kühnste sei
und wie er alles angestellt habe.
Dann wurde er würdig empfangen.

Eins tags begund sin frauwe
den synen harnasch schauwen.
sy leget in gar uff ein banck,
sy gewan vil manigen gedanck,
wie es immer mecht gesin.
sy gedacht: »ich hon den vatter min
etwan von turnier sehen ryten,
das im sin naß waz verschniten,
ein gezierd was zerstochen,
sin waffen rock was erbrochen,
sin schilttach zerfurt.
nun ist dies nit beriert.
kem es da zu, ich miest es besehen,
wie es immer mecht beschehen,
daz dis ist blyben also gantz,
gar on aller schlachte schrantz.«
Dar nach fieget es sich,
daz ein turnier loblich
in dem land beruffet ward,
da man die ritterlich art
billich wolt schowen
durch die werden frauwen.
zu dem turnier ward gebotten
einer starcken rotten,
wol hundert ritter oder mer.
nun wolt ouch der her Beringer
also solichen bryß und eer bejagen,
da von man immer miest sagen.
er ward gar wunnelich bereit
in also ritters kleid,
das es mich immer ruwen sol,
das es im stund als wol.
als der tag waz geleyt,
das menig kun held gemeit
wolt zeigen sin krafft,
do man die werde ritterschafft
het geteilt und gezelt

Eines Tages fiel der Blick seiner Frau
auf seinen Harnisch.
Sie legte ihn auf eine Bank
und es gingen ihr allerlei Gedanken durch den Kopf,
wie es sich damit verhalte.
Sie dachte sich: »Ich habe meinen Vater
öfter vom Turnier kommen sehen;
seine Nase war zerschlagen,
die Helmzier zerhauen,
der Waffenrock zerfetzt,
der Schildmantel zerstört.
Hier ist aber überhaupt nichts angetastet.
Wenn sich das machen ließe, würde ich ja gerne sehen,
wie es dazu kommen kann,
daß dies hier völlig unversehrt ist,
ohne jeden Kratzer.«
Bald darauf ergab es sich,
daß ein großes Turnier
in diesem Land ausgerufen wurde,
bei dem man Rittertum
in rechter Weise sehen sollte,
für die edlen Frauen.
Zu diesem Turnier
wurde eine große Schar aufgeboten,
bestimmt hundert Ritter oder mehr.
Auch Ritter Beringer
wollte solchen Ruhm und solche Ehre erjagen,
daß man immer davon erzählen sollte.
Er wurde prächtig ausgerüstet
mit einer solchen Ritterrüstung,
daß es mir direkt leid tut,
daß sie ihm so gut stand.
Nachdem der Tag festgesetzt war,
an dem alle die kühnen stattlichen Helden
ihre Kraft zeigen wollten,
und als man alle Ritter
eingeteilt und gezählt hatte

und das feld waz erwelt,
do der turnier solt sin,
des hettens freud on pyn
vil meniges werden ritters wyb.
   Do gedacht herr Beringers wyb:
»fur war, das fieget mir hart wol,
das ich den turn*ie*r sehen sol,
wie min man ubt sich.
er ist heim so gruselich
und hat oft geseit
von ungefieger arbeit.«
also gieng sy getrat
in ein kemnat,
da sy harna*sch* fand.
darin bereit sy sich zu hand.
sy hieß sattlen ouch ein pferd,
was wol .xx. marck wert.
daruff sy sich schier schwang
– kein bruch gurtel sy nit zwang –
und kam schnelliglichen dar.
do sy schier ward gewar,
wie schar gegen schar trungent,
wie turnier und schwerter klungen,
wie einer den andern bert,
wie meniger sich da wert,
das er nit wird geworffen *hin.*
da hat verlust und ouch gewin
menig ritter lobesam.
   Die frauw lugen do began,
wo her Beringer der kune man,
wen er bezwung oder wo er stritt,
wann er da heim so vil sei*t*
von siner kunheit.
sy lugt umb in der schar,
do syn nienen ward gewar.
sy gedocht: »im ist nit recht.
kem ich nun zu dem knecht,

und auch der Platz ausgesucht war,
auf dem das Turnier stattfinden sollte,
da breitete sich ungetrübte Freude aus
bei den vielen vornehmen Ritterdamen.
Da dachte sich Ritter Beringers Frau:
»Wahrhaftig, das kommt mir gerade recht,
daß ich dieses Turnier sehen kann
und wie mein Mann sich schlägt.
Er ist zu Hause so grimmig
und hat oft erzählt
von unmenschlichen Anstrengungen.«
Sie ging also schnell
in eine Kammer,
in der sie Harnische fand.
Damit rüstete sie sich auf der Stelle.
Auch ein Pferd ließ sie satteln,
das war gut zwanzig Mark wert.
Schnell schwang sie sich darauf
– kein Hosengurt behinderte sie –
und ritt eilends zum Turnierplatz.
Schon sah sie,
wie die Rotten gegeneinander anrannten,
wie das Turnier lärmte und die Schwerter erklangen,
wie einer auf den anderen einschlug,
wie sich mancher zur Wehr setzte,
um nicht zu Boden geworfen zu werden.
Sieg und Niederlage gab es da
für manch einen ruhmreichen Ritter.
Die Frau schaute umher
nach Ritter Beringer, dem kühnen Helden,
wen er gerade bezwang oder wo er kämpfte,
denn zu Hause hatte er ja so viel
von seiner Tapferkeit erzählt.
Sie blickte sich in der ganzen Schar um,
aber sie konnte ihn nirgends entdecken.
Sie dachte bei sich: »Das ist nicht gut.
Wenn ich seinen Knappen finden könnte,

der seit mir licht die mer
wie es ergangen wer,
wie es umb den herren wer gestalt.«
do sach sy ein grunen wald
und zwey roß lieffen da by.
»ich muß sehen, ob er hie sy«,
gedacht sy und kam vil schier dar,
do sy des herren ward gewar,
wann sy bekant synen waffen rock.
den helm hat er uff ein stock
gesetzet und reit dar gegen
mit großen stichen und schlegen.
wann er in valt nider,
er hub in uff mit freuden wider
und krieget also sere.
sprach her Beringer:
»wie hab ichs nun so wol gethon,
man mus mich fur den tursten hon.«
Do sy des schimpffes vil gesach,
sy sprang zu im und sprach:
»o we du laster bure,
das du ie ritter wurde,
das sy dem sussen got geklagt!«
her Beringer so gar verzagt,
das er sich bot zu flychten.
die fraw mit unzuchten
stach in hinden uff den nack,
das er viel nider als ein sack
und nit enwißt wa er was.
sy erbeisset zu im uff das gras.
von irem ros sy sich liesz,
gar ungefieg sy in sties,
mit den hentschuhen uff die nasz,
das er betrofft den grunen wassen
und weder hort noch gsach.
er blickt mit jamer und sprach:
»erdenckent etlichen list,

der könnte mir vielleicht sagen,
wie es ihm ergangen ist
und wie es um den Herrn steht.«
Da erblickte sie ein grünes Wäldchen
und zwei Pferde, die daneben her liefen.
»Ich will sehen, ob er hier ist«,
dachte sie und ritt schnell hin.
Da entdeckte sie ihren Mann,
denn sie erkannte seinen Waffenrock.
Er hatte seinen Helm auf eine Stange
gesteckt und ritt gegen ihn an
mit gewaltigen Stichen und Schlägen.
Wenn er ihn zu Boden geschlagen hatte,
hob er ihn fröhlich wieder auf
und kämpfte so weiter.
Dabei sagte Ritter Beringer:
»Wie habe ich das fabelhaft gemacht,
man muß mich für den Besten halten!«
Als sie von diesen Spielereien genug gesehen hatte,
sprang sie auf ihn zu und rief:
»O weh, Du verfluchter Bauer,
daß Du jemals ein Ritter geworden bist,
das sei dem lieben Gott geklagt!«
Ritter Beringer erschrak derart,
daß er fliehen wollte.
Die Frau traf ihn ohne alle Umstände
von hinten in den Nacken,
daß er zu Boden fiel wie ein Sack
und nicht wußte, wo er war.
Sie stieg zu ihm herunter ins Gras,
verließ ihr Pferd
und stieß ihn grob
mit den Handschuhen gegen die Nase,
daß es auf den grünen Rasen tropfte
und ihm Hören und Sehen verging.
Er schaute jammernd hoch und sagte:
»Denkt Euch irgend etwas aus,

das mir mins lebens werd frist,
darumb will ich uwer diener sin
stet untz uff daz end min.«
Sy sprach: »ich hab in kurtzen tagen
erhangen zwen und dry erschlagen.«
des antwurt ir herr Beringer:
»wend ir, ich schwer uch uber mer,
dar an wil ich nit wencken,
oder was ir mugen erdencken.«
⟨. . .⟩
»so kussent mich fur min arszloch
dry stund und nemment uwern namen,
so sind wir versunet beide samen.«
es ward her Beringer so frow;
wider sich selb dacht er do:
»dis ist gar ein geringe busz
weder einer, der sterben mus.«
er sprach: »wol her, ich bin bereit.«
zuhand do hot er sich erheit.
die frauw trat in den stegreiff,
an ir kleider sy da greiff.
sy bot das loch dem wirt.
kein bruch sy nit irt.
do kuszt er sy plosz an.
er sprach: »pfu mich boser man,
mich ruwet das ich ie ritter ward.«
das was ein solich vart.
zum drytten mal er sich dar bot.
ir ward zu lachen also not,
das sy sich in den sattel lies,
den man sy nit me kussen hiesz.
⟨. . .⟩
sy sprach und kert sich gegen *ir* eeman:
»vil lieber Beringer,
nun thund es nimmer mer,

was mir mein Leben retten kann;
dafür will ich Euer treuer Diener sein
bis ans Ende meiner Tage.«
Sie entgegnete: »Ich habe vor ein paar Tagen
zwei aufgeknüpft und drei erschlagen.«
Darauf antwortete ihr der Ritter Beringer:
»Wenn Ihr wollt, dann schwöre ich Euch eine Fahrt ins Heilige Land,
darin werde ich nicht schwankend werden,
oder auch irgend etwas anderes, was Ihr Euch ausdenken könnt.«
〈. . .〉
»Dann küßt meinen Arsch
drei Mal und nennt dabei Euren Namen.
Dann sind wir ausgesöhnt.«
Darüber war der Ritter Beringer ganz glücklich;
bei sich dachte er:
»Das ist eine geringe Buße
verglichen mit dem Tod.«
Er sagte: »Gut, mein Herr, ich bin dazu bereit.«
Schon hatte er sich wieder erholt.
Die Frau stieg in den Steigbügel,
sie packte ihre Kleider.
Sie streckte dem Mann ihr Loch hin.
Keine Unterhose behinderte sie.
Da küßte er sie auf den Nackten.
Er sagte: »Pfui über mich elenden Menschen!
Ich bedaure es, Ritter geworden zu sein.«
So spielte sich das ab.
Zum dritten Mal beugte er sich zu ihr hin.
Sie konnte sich vor Lachen nicht halten
und setzte sich in den Sattel;
sie ließ sich nicht mehr von ihm küssen.
〈. . .〉
Sie sagte und wandte sich damit zu ihrem Ehemann:
»Mein lieber Beringer,
macht das nun nicht wieder,

so ho*nt* ir min huld;
vergeben sy uch uwer schuld.«
sy wenckt und wolt von im hin.
er sprach: »vil zarter herre min,
durch got sagend mir uweren namen,
⟨. . .⟩
ob ich by allen minen tagen
noch ie gehort von uch sagen.«
er sprach: »ich bin von Boszland
und heisz ritter Wienant
mit der langen ars krynnen
und bin zu Harburg inne.
wenn ir von mir horend sagen,
des namen sond ir nit vertagen.«
sy nam urlob und schied von dann.
den man lies sy trurig ston.
do kam der knecht geritten,
der da von was entwichen
gar fluchtenglich in den than.
als ich mich wol versunnen kan,
dis ist ein war rede schlecht:
boser her hat bosen knecht.
als er in erst ane sach,
gar zornenglich er do sprach:
»sag an, wo wert du
oder wannen kumstu?
secht du nit die arbeit,
die ich von dem ublen ritter leid?«
»herr«, sprach er, »ich sach es nit.
wann ich forcht des todes pflycht.
do floch ich, ich weis wa hin.
uff uwer gnad ich kummen bin.«
er sprach: »ich wil dir es recht sagen:
wir haben einander geschlagen,
doch hab ich syg gewunnen,
er ist mir kum entrunnen.

dann besitzt Ihr mein Wohlwollen;
Eure Schuld sei Euch vergeben.«
Sie wandte sich um und wollte weg.
Er sagte: »Liebenswürdiger Herr,
sagt mir um Gottes willen Euren Namen,
⟨. . .⟩
ob ich in meinem Leben
schon jemals von Euch gehört habe.«
Jener antwortete: »Ich bin aus Bößland
und heiße Ritter Wienand
mit der langen Arschfurche
und bin auf Harburg zu Hause.
Wenn Ihr von mir erzählen hört,
dann dürft Ihr meinen Namen nicht verschweigen.«
Sie verabschiedete sich und ritt davon.
Den Mann ließ sie traurig zurück.
Da kam der Knappe angeritten,
der hastig
in den Wald geflohen war.
Wenn ich's recht bedenke,
ist das eine einfache Wahrheit:
»Ein schlechter Herr hat einen schlechten Knecht.«
Sobald er ihn sah,
rief er voller Zorn:
»Sag bloß: wo warst Du
oder woher kommst Du?
Hast Du nicht die Schwierigkeiten gesehen,
in die mich dieser üble Ritter gebracht hat?«
»Herr«, antwortete er, »das habe ich nicht gesehen,
denn ich fürchtete den Tod.
Dann floh ich, ohne zu wissen wohin.
Im Vertrauen auf Eure Vergebung komme ich zurück.«
Der Herr sagte: »Ich sage Dir, wie's war:
Wir haben miteinander gekämpft,
aber ich habe den Sieg davongetragen
und er ist mir gerade noch entkommen.

er furt etlich wunden da hin,
da horet ein grosser meissel in.«
der knecht sprach: »so ryt wir hein
syt uns daz feld ist worden ein.«
von dannen sy schieden mit leid,
herr und knecht sy beid.
als er zum hoff in reit,
die fraw leit an ir bestes kleid.
sy gieng im tugentlich entgegen,
sy begund die hend zusamen legen.
gar zichtiglich sy do jach:
»vil lieber herr, wie kumment ir
so recht jemerlichen mir,
das ir von blut sind so rot!
ist er lebig oder tod,
der uch den schaden hat gethon?
kundent irs nit underston?
es ist mir lang wol vor gewesen.
wolt got, und mechten ir genesen.«
sy begund ein wenig weinen.
do mit wolt sy sich erscheinen,
das es ir wer ein grosze sere.
der wol zerpluwen Beringer
⟨. . .⟩
»min ruck, min buch sind mir zerbrochen,
dar zu min nasz und ouch min syten
⟨. . .⟩
wenn ich durch ere bin worden wund
⟨. . .⟩
und gesunt kumen herwider.
so legent ir uch nider
heint und achtet keiner ding nicht,
wan wie dem lyb wol geschicht
und wo man essen und trincken sol,
das kundent ir gesuchen wol.
des selben wil ich ouch *nu* pflegen.
der tufel geb sinen segen

Er hat sich einige Wunden geholt,
in die paßt eine große Kompresse hinein.«
Der Knappe meinte: »So laßt uns nach Hause reiten,
da man uns das Feld überlassen hat.«
Sie ritten unmutig davon,
beide, der Herr und der Knappe.
Als er in den Burghof hineinritt,
da hatte die Ehefrau ihr bestes Kleid angelegt.
Sie ging ihm sittsam entgegen,
sie schlug die Hände zusammen
und rief voller Ehrfurcht:
»Mein lieber Mann, wie kommt Ihr
so elend zu mir zurück,
rot vor Blut!
Lebt er oder ist er tot,
der Euch das angetan hat?
Konntet Ihr das nicht verhindern?
Es stand mir das schon lange vor Augen.
Gott gebe, daß Ihr wieder gesund werdet.«
Sie weinte ein bißchen.
Damit wollte sie vorspiegeln,
daß es ihr großen Schmerz bereite.
Der ordentlich durchgebleute Beringer
⟨. . .⟩
»Mein Rücken, mein Bauch sind mir zerschlagen,
auch meine Nase und meine Seite
⟨. . .⟩
denn ich bin der Ehre wegen verwundet worden
⟨. . .⟩
und gesund zurückgekommen.
Ihr aber habt Euch heute hingelegt
und um nichts gekümmert;
nur wie es Euch gut geht
und wo man Essen und Trinken findet,
darauf habt Ihr Euch verstanden.
Dem will ich mich jetzt auch hingeben.
Der Teufel soll künftig

allen turnier hinfur.
und wer ein stechen vor der thur,
fur war ich kem da nimer me«.
also verlobt her Beringer
beyde stechen und turnieren
und aller schlacht hofieren,
das man in da nimmer me gesach,
syt im sin fraw daz mul zerbrach.
doch brief ich, daz ein zuchtig wyb
vil ungeschlachten mannen lyb
dick macht freudenhafft
wann so die siesse ir minne krafft
all dar gewir*f*it und ir stri*c*,
und denn sy do gewinnet sig
an in beiden on gewer.
do was sich ouch her Beringer
eins mals kommen in die land,
das man in minneglichen vand
ligen und das vil stoltze wyb.
sy umfieng synen lyb
und sprach: »vil lieber herre min,
wie mugent ir mir so lieb gesin?«
do sprach er: »fraw, also sind ir
noch me dann zwurent lieber mir.«
Sy sprach: »herr, und wer das war!
ir hetten*t* so manig jar
so vil zu leyd mir gethon.
fur war, ich wol*t* in minem willen hon,
ich tet uch gern, was uch lieb wer,
mit allem willen dienstber.
ich des nie gegen uch genoß,
des ston ich dick froden blosz.«
Er sprach: »was hept sy aber an?
nun sich, wie sy klaffen kan!
lond ir nit uwer brechten sin,
macht uch von dem bette hin!
schwigend bald, es ist sin gnug.

alle Turniere holen.
Und wenn ein Stechen vor meiner Türe stattfände,
wahrhaftig, ich ginge da nicht mehr hin.«
So schwor der Ritter Beringer
allem Stechen und Turnieren ab
und allen Arten höfischen Treibens,
und man konnte ihn da nie mehr finden,
seit ihm seine Frau das Maul zerschlagen hatte.
Aber ich kann Euch sagen, daß eine artige Frau
auch einen groben Mann
oft glücklich macht,
wenn sie nämlich zärtlich ihre Liebe in all ihrer Macht
auf ihn wirft und deren Fangstricke
und sie dann den Sieg davonträgt
über sie beide ohne alle Gegenwehr.
Nun war auch Ritter Beringer
eines Tages in dieses Land gekommen
und man fand ihn und die schöne Frau
liebevoll beieinanderliegen.
Sie umarmte ihn
und sagte: »Mein herzlich geliebter Mann,
wie kann ich Euch nur so lieb haben?«
Er antwortete ihr: »Herrin, ich habe Euch
ja noch zweimal lieber.«
Sie antwortete: »Herr, wenn das nur wahr wäre!
Ihr habt mir so viele Jahre
Leid zugefügt.
Wahrhaftig, ich hatte immer nur die Absicht,
Euch freudig das zu erfüllen, was Ihr gern wolltet,
mit meinem ganzen Bemühen war ich Euch untertan.
Ihr habt mir das nie gedankt,
deshalb bin ich oft ohne Freude.«
Er rief: »Fängt sie schon wieder an!
Schau nur, wie sie keifen kann!
Wenn Ihr nicht mit Eurem Geplärr aufhört,
dann schert Euch aus dem Bett.
Schweigt jetzt, es reicht.

mich ruwet, das ichs hut vertrug.«
si sprach: »ich schwig billich.
uff min truw wil aber ich,
ich vind wol den einen man,
der mich von suppen horet an
und mich ouch vil nahe bestat,
der mirs nit ungerochen lat.«
er sprach: »ja, es hept sich!
nun sol ich recht forchten mich!
wer von frowen sich verzaget,
uff den sol man schob tragen,
zu bulver in verbrennen
und fur einen zagen erkennen.
uwer frunde all gemein,
beide groß und klein,
forcht ich nit ein helmlin.
wer mag doch uwer f*r*und gesin,
des ir uch also frowent
und uff in so sere trowent?«
si sprach: »ich nem in, ob ir *welt*.
er ist ein werder man gezelt,
der ie sattel uberschreit.
man forcht in, wa man von im seyt.
er ist geborn von Boßlant
und heisset ritter Wienant
mit der langen ars krinnen
und ist zu Harburg inne
und hat etlichen bracht in not,
darumb sin houpt waz vil rot.
dis ist min frund, von dem ich sag.
es sind noch nit syben tag,
da er mir enbot sinen gruß.
ob ich im von uch klagen muß,
so weisz ich wol, er tut im zorn,
das ir das leben hond verlorn.«
also do der ritter Wienant
von Boßlant ward genant,

Mir tut es leid, daß ich es heute durchgehen ließ.«
Sie antwortete: »Ich schweige, weil das Rechtens ist.
Aber, meiner Treu, ich werde mir Mühe geben,
den einen zu finden,
der mich als Verwandter anhört
und dem ich so am Herzen liege,
daß er das nicht ungerächt läßt.«
Er sagte: »Freilich, jetzt geht's los!
Jetzt soll ich mich wohl arg fürchten!
Wer vor Frauen Angst kriegt,
den soll man mit Stroh überhäufen,
zu Asche verbrennen
und für einen Feigling halten.
Eure ganzen Freunde,
große und kleine,
fürchte ich nicht die Bohne.
Wer mag schon Euer Freund sein,
daß Ihr Euch so darüber freut
und so viel Vertrauen in ihn setzt?«
Sie antwortete: »Ich nenne ihn Euch, wenn Ihr wollt.
Er wird zu den besten gezählt,
die jemals in den Sattel gestiegen sind.
Man fürchtet ihn, wo immer man von ihm spricht.
Er stammt aus Bößland
und heißt Ritter Wienand
mit der langen Arschfurche,
ist auf Harburg zu Hause
und hat schon viele so in Gefahr gebracht,
daß sie feuerrote Köpfe bekamen.
Das ist der Freund, von dem ich rede.
Es ist noch keine sieben Tage her,
daß er mir seinen Gruß sandte.
Wenn ich bei ihm über Euch Klage führe,
dann wird er, das weiß ich genau, so zornig werden,
daß es Euch ans Leben geht.«
Als da der Name des Ritters Wienand
von Bößland fiel

do erschrack herr Beringer
von forcht als ser
das im erzittert sin lyb
(darumb wenig gab das stoltz wyb)
und sprach: »zarte frau min,
thund uwer tugent an mir schin!
ob ich ie wider uch getet,
so lond mich buß und bette
und besserung lyden
und nymmer tag vermyden.
was ir gebietent, das sy schlecht!
furbas, wen uwer eigen knecht
wil ich in uwerem willen leben.
geruchent mir uwer huld geben
und sagent es dem ritter nicht
dem man die langen ars krynnen gicht.
er ist der aller wuste man,
des rytery nieman ie gewan.
ich getorst es uch warlich nie gesagen:
do ich kam und was geschlagen,
das ich von plut was rot,
do schlug er zwen by mir tod.
wann daz gluck da mich ernert,
mir solt das selb ouch sin beschert.«
sy sprach: »wend ir stet lon,
was ir dann habent mir gethon,
das will ich gern laussen varn
und ouch min klag furbas sparn,
untz ir sy zerbrechent,
die ir yetz gegen mir sprechend.«

Do gelobet er ir mit truwen dar,
wa sy immer wurd gewar,
das er dar an welt wencken,
was sy dann kunt erdencken,
das wolt er alles sin bereit.
des alles schwur er einen eyd.

erschrak der Ritter Beringer
so sehr,
daß er vor Angst am ganzen Leibe zitterte
(die schöne Frau gab darauf nichts!),
und er sagte: »Meine geliebte Frau,
beweist Eure Güte an mir!
Wenn ich Euch jemals etwas zuleide getan habe,
dann laßt mich Abbitte und Buße tun
und Wiedergutmachung leisten,
und kein Tag soll ausgenommen sein.
Was Ihr befehlt, das soll gelten.
Mehr noch: buchstäblich als Euer Sklave
werde ich mich Euch unterwerfen.
Laßt Euch herab, mir Eure Gunst zu gewähren
und sagt dem Ritter nichts,
den man nach der langen Arschfurche nennt.
Er ist der allerschlimmste Mensch;
solches Rittertum hat sonst noch nie jemand besessen.
Ich habe es Euch wirklich nicht zu sagen gewagt:
Als ich nach Hause kam, geschlagen
und blutüberströmt,
da hat er neben mir zwei totgeschlagen.
Hätte mich ein Zufall nicht gerettet,
wäre mir das gleiche passiert.«
Sie antwortete: »Wenn Ihr mich auf Dauer entschädigt,
dann will ich das vergessen,
was Ihr mir angetan habt,
und auch meine Klage zurückstellen,
bis Ihr Eure Versprechen brecht,
die Ihr mir jetzt gebt.«
Da gelobte er ihr aufrichtig:
wann immer sie entdeckte,
daß er schwankend würde,
dann wäre er zu allem bereit,
was sie sich als Strafe ausdächte.
Das alles beschwor er mit einem Eid.

Also die frauw irem man
mit offnen lusten an gewan,
das er ir undertenig ward.
und solt *er* ein mer vart
eines tags hon gethon,
er het es nimmer me gelon.
er wer sy williglich gefaren.
sy kund es doch vil wol bewarn,
sy bat in solliches dienstes nit.
sy hielt in eren pflicht
und bot ims wol die wyl er lebt.
uß irem willen er nit me strebt.
Er ward ir undertenig gar,
wa ir ietweder ward gewar,
was des andern wille waz,
das thet es gern und furbas,
wenn es im selber thet.
ir truw die was stet.
sy lebten furbaß tugentlich.
nun geb uns got das hymelrych.
amen.

So hat die Frau ihren Mann
mit offenkundiger List so besiegt,
daß er sich ihr unterwarf.
Und wenn er eines Tages
einen Kreuzzug hätte machen sollen,
er hätte sich nicht geweigert.
Er hätte ihn bereitwillig unternommen.
Sie hielt sich aber klug zurück,
sie verlangte solchen Dienst nicht von ihm.
Sie begegnete ihm mit Respekt
und behandelte ihn gut, so lange er lebte.
Er widersetzte sich ihr nie mehr.
Er war ihr gänzlich untertänig.
Wo immer einer von ihnen merkte,
daß der andere einen Wunsch hatte,
so erfüllte er den bereitwillig und noch lieber,
als wenn es für ihn selber gewesen wäre.
Sie lebten in beständiger Treue
und ohne Fehl.
Gott schenke uns das Himmelreich.
Amen.

VON EINEM PLINTEN

⟨I⟩ch wil euch sagen, das ist war,
es sein mer dann zehen jar,
das ich hort sagen mer⟨e⟩,
wie das einst were
ein plinter, der hett ein schöns weip.
die was im liep als sein leip.
sie was hübsch und wol gestalt
und was darzu auch nit ser alt.
fürwar wer sie hett gesehen,
der mußt mit mir die warheit jehen,
das sie was hübsch und wol gemut.
nun forcht der selbige plint gut
also ser, das icht ein ander man
würd zu seinem weibe gan.
er gedacht in seinem mut:
»ich wil sie haben in guter hut,
das mir sie nimant nem,
und wil sie nemen in einem zem.«
zu nacht, als er zu pette ging,
ein eisen halfter er do fing
und sloß ir beide pein darein.
domit solt sie besorget sein.
am morgen frue, do anprach der tag
(nun merket eben, was ich sag),
auß den panden er sie sloß.
sein sorg die was gar groß,
und gedacht in seinem mute:
»ach herr got, durch dein gute,
wie ich verlüre mein schönes weip,
das überwünt nimer mein leip.«

DIE BUHLSCHAFT AUF DEM BAUME

Ich will Euch etwas erzählen, was wirklich wahr ist:
Es ist mehr als zehn Jahre her,
da hörte ich davon reden,
daß einmal ein Blinder lebte,
der eine schöne Frau hatte.
Die liebte er wie sein Leben.
Sie war hübsch und wohlgeformt
und außerdem auch nicht gerade alt.
Wahrhaftig, wer sie gesehen hätte,
der müßte mit mir die Wahrheit verkünden:
daß sie schön war und charmant.
Nun fürchtete sich der gute blinde Mann
sehr davor, daß vielleicht ein anderer
zu seiner Frau käme.
Er dachte bei sich:
»Ich werde gut auf sie aufpassen,
damit sie mir niemand nimmt,
und werde ihr ein Zaumzeug anlegen.«
Nachts, wenn er zu Bett ging,
nahm er Fesseln aus Eisen
und schloß sie darin mit beiden Beinen ein.
Damit schien sie ihm versorgt.
Früh am Morgen, wenn der Tag anbrach
(paßt genau auf, was ich Euch erzähle!),
schloß er die Fesseln auf.
Seine Angst war sehr groß,
und er dachte bei sich:
»Ach, mein Herr und Gott, bei Deiner ganzen Güte,
wenn ich meine schöne Frau verlöre,
das würde ich nicht überleben.«

Er sprach: »frau, wir sullen gan.
nit lenger wil ich hie bestan
⟨. . .⟩
wan wir mugen uns began
hie nit so wol als anderswo.«
nun was ein schüler do,
der in der selben stat saß,
dem die frau von herzen holt was.
das ward dem plinten kunt getan.
darumb mußt sie von dannen gan.
der schüler ging, do er den plinten fant.
der furt eben an seiner hant
sein minnigliches freuelein.
nun gedacht im der schüler fein:
»ach got, mocht ich⟨s⟩ in meinem gemut
gewenden mit der frauen gut.«
er neiget sich zu ir und sprach:
»mir ist leit fast dein ungemach.«
ein brieflein gab er ir in di hant.
domit tet er ir gar bekannt
seinen sin und auch seinen mut.
das bedaucht di schönen frauen gar gut.
do sie gelas das kleine brieflein,
sie sprach: »ach liber meister mein,
ich sich dort einen paum stan.
wir sullen werlich darunter gan,
ob uns des obß mocht werden.
mich gelust noch nie hie auf erden
keins dings nie also wol.«
er sprach: »ich waiß nit, was ich sol
noch mit dir beginnen,
das ich es ⟨z⟩war werd innen,
das es sei on alles gefere.
mich bedunkt an deinem gepere,
du wolst an mir nit recht faren.
mag ich, ich wils bewaren.

Er sagte: »Frau, laß uns weggehen!
Ich will hier nicht länger bleiben.
⟨. . .⟩
denn wir können hier
nicht so gut leben wie anderswo.«
Nun gab es einen Studenten,
der in dieser Stadt wohnte
und dem die Frau von Herzen zugetan war.
Das wurde dem Blinden hinterbracht.
Deshalb sollte sie wegziehen.
Der Student begab sich zum Blinden.
Der führte gerade
seine begehrenswerte junge Frau am Arm.
Da dachte sich der kecke Student:
»Ach Gott, wenn es sich doch
machen ließe mit der schönen Frau, wie ich es mir wünsche!«
Er neigte sich zu ihr und sagte:
»Mich schmerzt Dein Unglück sehr.«
Er drückte ihr ein Brieflein in die Hand.
Darin offenbarte er ihr
seine Absichten und seine Gefühle.
Das dünkte die schöne Dame sehr angenehm.
Als sie das kleine Brieflein gelesen hatte,
sagte sie: »Ach mein lieber Mann,
ich sehe dort einen Baum stehen.
Wir sollten uns wirklich unter ihn stellen,
damit wir von dem Obst etwas bekommen.
Ich hatte noch nie so große Lust
auf irgend etwas in der Welt.«
Er sagte: »Ich weiß nicht recht, was ich
noch alles mit Dir anstellen soll,
damit ich wirklich erfahre,
ob da alles mit rechten Dingen zugeht.
Dein Benehmen macht mir den Eindruck,
als ob Du nicht recht an mir handeln wolltest.
Wenn ich kann, werde ich das verhindern.

doch wil ich selbert dar mit dir,
ob des obs mocht werden mir,
das du so fast gelobet hast
und so gern darnach gast.«
sie gingen mit einander dar.
des nam der schüler eben war,
wan er an das brieflein
hett geschriben den sin sein.
der schüler in seiner kappen trug
schöne öpfel, der waren genug.
darmit er steigen began
auf ein linten oben hinan.
die fraue furt den plinten dar,
do sie des schülers wart gewar,
das er steig auf die linten.
sie sprach zu irem plinten:
»nun wie sol ich es heben an,
das ich des obs müg gehan,
wan der paum ist so hoch?«
der plint pald seinen stecken zoch
und slug aufhin an die este,
das ein apfel vil hernider veste,
den der schüler warf herab.
er meinet, er slüg in mit dem stabe ab.
die fraue den apfel balde fant.
sie gab in dem plinten in die hant.
er sneit entzwei den apfel
und pot der frauen das ein teil.
sie sprach: »ich muß ir haben mee,
oder mir geschicht wirser dann wee.«
den stap er aber eins zucket.
an die est er do fluks drucket
und loset auch nach dem slag,
ob icht ein apfel fiel herab.
sie sprach: »es ist alles unmuß.
ich gebe nicht ein haselnuß,
umb was du mir mochst abgesla⟨h⟩en,

Doch ich will selbst mit Dir dorthin,
damit ich von dem Obst bekomme,
das Du so sehr gepriesen hast
und zu dem es Dich so drängt.«
Sie gingen zusammen hin.
Das beobachtete der Schüler ganz genau,
denn er hatte ihr in dem Brieflein
seinen Plan geschrieben.
Der Schüler trug in seinem Umhang
schöne Äpfel, und zwar reichlich davon.
Damit stieg er
ganz oben hinauf auf eine Linde.
Die Frau führte den Blinden hin,
als sie sah, wie der Student
auf die Linde stieg.
Sie sagte zu ihrem blinden Mann:
»Wie soll ich es jetzt anstellen,
daß ich das Obst bekomme,
denn der Baum ist so hoch?«
Der Blinde nahm sofort seinen Stock
und schlug gegen die Äste,
so daß gleich ein Apfel herunterfiel;
den hatte der Student heruntergeworfen.
Jener meinte, er habe ihn mit dem Stock abgeschlagen.
Die Frau fand den Apfel schnell.
Sie drückte ihn dem Blinden in die Hand.
Er schnitt ihn in zwei Teile
und gab der Frau die eine Hälfte.
Sie sagte: »Ich muß davon mehr haben,
oder es geht mir schlechter denn je.«
Er zückte seinen Stock abermals.
Flugs trommelte er an die Äste
und hörte nach dem Schlag genau hin,
ob auch ein Apfel herunterfiel.
Sie sagte: »Das ist alles Firlefanz.
Nicht eine Haselnuß gebe ich Dir
für das, was Du mir so herunterschlagen kannst –

du hettest dan ein lange gabeln.
darumb saltu mich steigen lan
auf den paum oben hinan,
das ich fülle vol meinen sack.
ich gewinn ir, so meinst ich mag.«
er sprach: »frau, so forcht ich mir,
das ein ander kum zu dir.«
»des saltu kein sorge han.
du salt her zu dem paum gan
und mit den henden in greifen an.
so weistu, ob ein ander man
zu mir auf den paum mocht klimen.
der solt auch wol gewinnen
lützel und wenig an der fert,
er gewünn dann doran streich hert.«
der plint gedacht: »ja, du hast war«,
und half ir auf den paumen dar.
do sie auf den paumen kam,
do umbfing der plint den stam
und loset da vil eben.
der schüler begund der frauen zustreben.
mit irem schönen, stolzen leibe
wolt er nach luste kurzweil treibe.
der plint rufen do began:
»schüt den paumen fluks obenan,
das etswas falle herab.«
der schüler was ein rechter knab.
er begund sich mit der frauen rütteln
und die öpfel auß der kappen schütteln.
er sprach, das were recht.
Unser herr und auch sein knecht
sant Peter gingen bede dafür.
das erhoret der plint gehür.
er sprach: »wer get dapei?
wart, das er auch ein freunt sei.«
sand Peter sprach: »herr meister, lug!

außer Du hättest einen besonders langen Krückstock.
Deswegen mußt Du mich
oben hinauf auf den Baum steigen lassen,
damit ich meinen Sack vollfüllen kann.
Ich hole mir soviel ich kann.«
Er antwortete: »Frau, da fürchte ich aber,
daß ein anderer zu Dir kommt.«
»Davor brauchst Du keine Angst zu haben.
Geh her zu dem Baum
und umfasse ihn mit beiden Händen.
Dann merkst Du, wenn ein anderer Mann
zu mir auf den Baum klettern will.
Der dürfte auch recht wenig Gewinn haben
von einem solchen Unternehmen
und sich höchstens eine Tracht Prügel einhandeln.«
Der Blinde dachte sich: »Fürwahr, Du hast recht«,
und half ihr auf den Baum hinauf.
Als sie oben angekommen war,
umfaßte der Blinde den Stamm
und spitzte aufmerksam die Ohren.
Der Student machte sich an die Frau heran.
Mit ihrem schönen, edlen Leib
wollte er sich nach Herzenslust vergnügen.
Der Blinde fing an zu rufen:
»Schüttle schleunigst den Baum da oben,
damit etwas herabfällt!«
Der Student war ein rechter Schlingel,
er begann mit der Frau ein wildes Auf und Nieder
und schüttete dabei die Äpfel aus dem Umhang.
So, sagte der Blinde, sei es richtig.
Unser lieber Herr und sein Gehilfe,
der heilige Petrus, kamen da vorbei.
Das hörte der brave Blinde.
Er sagte: »Wer geht vorbei?
Der soll aufpassen, daß er uns wohlgesonnen sei.«
Der heilige Petrus sagte: »Herr und Meister, schau Dir das an!

sichstu nit das grosse ungefug,
wie dem plinten tut das weip.
ich wolte gern, das sein leip
sehen solte den grossen mort.«
unser herrgot sprach: »sie fünd wol ein antwort
danoch, ob es der man sech an.«
»herr, wie wer das aber getan«,
sant Peter sprach, »das höret ich gern.«
unser herr sprach: »wiltu sein nit enpern,
so wil ich dich lassen sehen,
wie die fraue wirt jehen.«
den plinten er sehen ließ;
(der ward gar ein starker ries.)
do er nun do über sich sach,
gern mügt ir horen, wie er sprach:
»secht ir, frau hur, was habt ir
heut gerochen hie an mir?
des müßt ir euer beider leben
hie umb die lieb geben.«
sand Peter sprach: »herr meister, lug
und went disen ungefug,
laß diesen mort nit gesche⟨hen⟩
und heiß disen plinten nit gesehen.«
die frau antworten began
auf dem paum obenan.
sie sprach: »lieber man mein,
diese lieb muß dir ein puß sein,
das du nimmer werdest plint.
des half mir heut das himelisch kint
und auch darzu der schüler.
der lernet mich dise mer,
das du wider hast dein augen.
des saltu dir also taugen,
das du niderfallest auf dein knie,

Siehst Du nicht, wie unanständig
diese Frau den Blinden behandelt?
Ich wünschte, daß er
diese gewaltige Schweinerei sehen könnte.«
Unser Herrgott meinte: »Trotzdem fände sie bestimmt eine Antwort,
wenn der Mann es sähe.«
»Herr, wie könnte das denn zugehen?«,
sagte der heilige Petrus, »das wüßte ich gerne.«
Unser lieber Herr antwortete: »Wenn Du unbedingt willst,
dann will ich Dich sehen lassen,
was die Frau sagen wird.«
Er machte den Blinden sehend
(der entpuppte sich als großer, starker Mann).
Als er nun über sich hinauf nach oben blickte,
das hört Ihr sicher gerne, was er da rief:
»Seht Euch das an: Frau, Ihr Hure, wofür
laßt Ihr mich denn nun büßen?
Für diese Liebschaft werdet Ihr beide
Euer Leben lassen müssen.«
Der heilige Petrus sagte: »Herr und Meister, schau das an!
Wende dieses Unheil ab,
verhindere diesen Mord
und laß diesen Blinden nicht mehr sehen!«
Die Frau antwortete
von oben auf dem Baume.
Sie sagte: »Mein lieber Mann,
diese Liebschaft soll ein Mittel dafür sein,
daß Du nie mehr blind sein wirst.
Dazu haben mir heute das Kind im Himmel verholfen
und dieser Student.
Der hat mir diese Geschichte beigebracht,
damit Du wieder Dein Augenlicht erhältst.
Das sollte Dir so viel wert sein,
daß Du auf Deine Knie niederfällst

und sag uns beiden gnade hie,
dem guten schüler und auch mir,
und pit got, das dein augen dir
pleiben, die du itzunt hast.
ach du tor, wie lang du stast!«
er vil nider auf seine knie
und sprach: »frau, du lißt mich nie.
du hast mir gutlichen getan;
des sol ich dich genißen lan
heut und zu allen stunden,
das du so eben hast funden
ein puß, das ich mein augen han.
darumb saltu herab gan
und auch darzu der schüler.
dem sullen wir der mer
lonen hie an diser stat,
das er mir geholfen hat.«
die frau ging herab
und auch dazu der schön knab.
der plint vil im zu füssen
und sprach mit worten süssen:
»got in seinem reich
der dank euch gnedigleich.
wir sullen in freuden leben
und sullen dem schüler geben
etswas umb sein arbeit.«
das was der frauen nit leit.
zehen pfunt pfenning
die wug er also gering
und pot sie dem schüler dar.
das nam sant Peter eben war.
er sprach: »herr, sol ich dem plinden sagen,
ob er das weip icht wolle slagen?«
»ja, Peter, das sei erlaubet dir.«
zuhant ging er zu ir
und sprach: »got grüß dich!
es hat übel gemüet mich,

und uns beiden hier Deinen Dank abstattest,
dem braven Schüler und auch mir,
und bitte Gott, daß Dein Augenlicht
Dir so erhalten bleibt, wie Du es jetzt hast.
Ach Du Narr, warum zögerst Du so lange?«
Er fiel auf seine Knie nieder
und sagte: »Frau, Du hast mich nie im Stich gelassen.
Du hast mir Gutes getan;
das werde ich Dir vergelten,
heute und für alle Zeit,
daß Du ein so geeignetes Heilmittel gefunden hast,
durch das ich mein Augenlicht wiedergewonnen habe.
Deshalb sollst Du herunter kommen
und auch der Student.
Der soll für die Geschichte
jetzt gleich eine Belohnung bekommen,
dafür, daß er mir geholfen hat.
Die Frau kam herunter
und auch der schöne Jüngling.
Der Blinde warf sich ihm zu Füßen
und sagte mit gerührter Stimme:
»Gott im Himmelreich
danke Euch in seiner Gnade.
Wir werden glücklich leben
und wollen dem Studenten
für seine Bemühungen etwas geben.«
Das war der Frau nicht unangenehm.
Zehn Pfund Pfennige
wog er rasch aus
und gab sie dem Schüler.
Das beobachtete der heilige Petrus ganz genau.
Er sagte: »Herr, soll ich dem Blinden nicht sagen,
daß er die Frau lieber schlagen solle?«
»Ja, Petrus, es sei Dir erlaubt.«
Schnell ging er zu ihr
und sagte: »Gott grüße Dich!
Es hat mich sehr geärgert,

das du dem plinten hast getan,
das wil ich in wissen lan.«
sie sprach: »lug, man, das ist der,
der nach mir ist geloffen her
und mir wolte gewendet han
die puß, die ich dir hab getan,
wan er sehe dich gern plint,
darumb das ich im hett zu willen gedint.
ich sag dirs sicher, es ist war,
er treibs wol ein ganzes jar
mit mir an. das soltu rechen
und dein messer durch in stechen.«
der plint sein messer außzoch.
sand Peter do fast floch
hin, do er seinen herren fant,
und klaget im die mer zuhant.
er sprach: »Petre, du woltest anders nicht.
vil manchem mer also geschicht,
der do saget böse mer.
du warst aber also alber
und meinest nit, das dises weib
sich wol konte scheib,
das sie iren man betörte,
wie eben auch der man das hörte.«
er sprach: »herr, und hett ich gwalt
und solt ich halt nimmer werden alt,
ich gerech mich an diser bösen haut,
das sie dorft sprechen überlaut,
ich wer ir nachgestrichen.
darzu so sprach sie: ›stich in!‹
das laß ich faren, herre got,
und rich mich an ir durch dein gepot.«
»nein, Peter, ich wil dir sagen,
dem sünder sol man vil vertragen.
weistu nicht, das ich mein leben
für den sünder hab gegeben.
dorumb so wil ich keinen lon.

was Du dem Blinden angetan hast;
ich werde ihm das sagen.«
Sie sagte: »Schau her, Mann, das ist der,
der hinter mir her war
und der die Heilung verhindern wollte,
die ich für Dich besorgt habe,
denn er sähe Dich ganz gerne blind,
weil ich ihm zu Willen gewesen bin.
Ich sage es Dir mit Bestimmtheit, es ist wahr:
er hat es sicher ein ganzes Jahr
mit mir getrieben. Das mußt Du rächen
und ihn mit dem Messer erstechen.«
Der Blinde zog sein Messer.
Der heilige Petrus floh schleunigst
zu seinem Herrn
und beklagte sich über diese Geschichte.
Der sagte: »Petrus, Du hast es nicht anders gewollt.
Vielen anderen wird es noch so gehen,
die böse Geschichten erzählen.
Du warst aber so töricht
und glaubtest nicht, daß diese Frau
sich ohne weiteres aus der Klemme ziehen
und ihren Mann einwickeln könnte,
auch wenn der Mann alles deutlich registriert hatte.«
Petrus sagte: »Herr, wenn ich die Macht dazu hätte
und wenn ich dafür dann auch nicht alt würde:
ich räche mich an diesem Weibsstück,
weil sie es wagte, mit lauter Stimme zu behaupten,
ich hätte ihr nachgestellt.
Dazu rief sie noch: ›Erstich ihn!‹,
davon will ich gar nicht reden, mein Herrgott,
ich räche mich an ihr nach Deinen Geboten.«
»Nein, Petrus, ich sage Dir,
dem Sünder muß man vieles verzeihen.
Weißt Du nicht, daß ich mein Leben
für den Sünder hingegeben habe?
Ich will dafür keinen Lohn.

ich wil sie in meinem schirm han.
ee ich sie ließ in nöten,
ich ließ mich noch eins töten.
wer do peichtet und bereuet
und darzu mir getrauet,
dem vergibe ich sein schuld
und laß in erwerben mein huld.«
Also hot dise red ein ende.
got sol uns sein gnade sende.

Ich nehme sie unter meinen Schirm und Schutz.
Bevor ich sie in Bedrängnis kommen ließe,
ließe ich mich noch einmal töten.
Wer beichtet und bereut
und dazu auf mich vertraut,
dem vergebe ich seine Schuld
und lasse ihm meine Gnade zuteil werden.«
  Damit hat dieser Vortrag ein Ende.
Gott möge uns seine Gnade senden.

III
DIE ORDNUNG DER LIEBE: MINNEMORAL UND MINNEBETRUG

KONRAD VON WÜRZBURG
DAZ IST DAZ HERZMÆRE

Ich prüeve in mîme sinne
daz lûterlîchiu minne
der werlte ist worden wilde.
dar umb sô sulen bilde
ritter unde frouwen
an disem mære schouwen,
wand ez von ganzer liebe seit.
des bringet uns gewisheit
von Strâzburc meister Gotfrit:
swer ûf der wâren minne trit
wil eben setzen sînen fuoz,
daz er benamen hœren muoz
sagen unde singen
von herzeclichen dingen,
diu ê wâren den geschehen
die sich dâ hæten undersehen
mit minneclichen ougen.
diu rede ist âne lougen:
er minnet iemer deste baz
swer von minnen etewaz
hœret singen oder lesen.
dar umbe wil ich flîzec wesen
daz ich diz schœne mære
mit rede alsô bewære
daz man dar ane kiesen müge
ein bilde daz der minne tüge,
diu lûter unde reine
sol sîn vor allem meine.
Ein ritter unde ein frouwe guot
diu hæten leben unde muot

KONRAD VON WÜRZBURG
HERZMÄRE

Ich habe erkannt,
daß reine Liebe
dieser Welt fremd geworden ist.
Deshalb sollen
Ritter und vornehme Damen
in dieser Geschichte ein Musterbild sehen,
denn sie erzählt von wahrer Liebe.
Darüber gibt uns sichere Kunde
Meister Gotfrit von Straßburg:
daß jeder, der seinen Fuß richtig
auf die Pfade der wahren Liebe setzen will,
sich
zu Herzen gehende Geschichten
vortragen lassen muß,
die einst die erlebten,
die sich
verliebt in die Augen geblickt haben.
Diese Feststellung ist nicht zu leugnen:
jeder liebt noch viel mehr,
der über die Liebe
singen oder vortragen hört.
Deswegen will ich mich bemühen,
diese schöne Geschichte
mit meinen Worten so wahrhaftig darzustellen,
daß man in ihr ein Abbild erkennt,
das der Liebe angemessen ist,
die lauter sein soll und frei
von allem Bösen.
Ein Ritter und eine edle Dame
waren mit Leib und Seele

in einander sô verweben,
daz beide ir muot unde ir leben
ein dinc was worden alsô gar:
swaz der frouwen arges war,
daz war ouch deme ritter;
dâ von ze jungest bitter
wart ir ende leider;
diu minne was ir beider
worden sô gewaltec,
daz si vil manicvaltec
mahte in herzesmerzen.
grôz smerze wart ir herzen
von der süezen minne kunt.
si hæte si biz an den grunt
mit ir fiure enzündet
und alsô gar durgründet
mit minneclicher trûtschaft,
daz niemer möhte ir liebe kraft
mit rede werden zende brâht.
ir lûterlichen andâht
niemen künde vollesagen.
nie ganzer triuwe wart getragen
von manne noch von wîbe,
danne ouch in ir lîbe
si zwei zesamne truogen.
doch kunden si mit fuogen
zuo einander komen niht
alsô daz si zer minne pfliht
ir gernden willen möhten hân.
daz süeze wîp vil wol getân
het einen werden man zer ê,
des wart ir herzen dicke wê:
wande ir schœne was behuot
sô vaste daz der herre guot
nie mohte an ir gestillen
sîns wunden herzen willen,

so sehr ineinander verwoben,
daß ihr Denken und Fühlen
gänzlich eins geworden war.
Alles, was der Frau Kummer machte,
das betrübte auch den Ritter;
gerade deswegen nahmen sie schließlich
ein schlimmes Ende.
Die Liebe hatte sie beide
so überwältigt,
daß sie ihnen die vielfältigsten
Herzensqualen bereitete.
Großen Schmerz lernten sie
durch die süße Liebe kennen.
Sie hatte sie bis in den tiefsten Grund
mit ihrer Glut entzündet
und so völlig durchdrungen
mit inniger Zuneigung,
daß die Kraft ihrer Liebe
niemals mit Worten wirklich beschrieben werden könnte.
Ihre lauteren Empfindungen
könnte niemand zureichend schildern.
Kein Mann und keine Frau
hat jemals größere Treue bewahrt,
als diese beiden in ihrem Leben
einander erwiesen.
Doch konnten sie nicht mit Anstand
zueinander kommen,
um in der Liebeserfüllung
ihre Sehnsucht zu stillen.
Die anmutige Schöne
hatte einen angesehenen Mann zur Ehe,
das bereitete ihrem Herzen großen Schmerz:
denn ihre Schönheit wurde
so sehr behütet, daß der vornehme Ritter
nie das Verlangen seines wunden Herzens
bei ihr stillen konnte,

daz nâch ir minne lac versniten.
des wart diu nôt von in geliten
diu strenge was und engestlich.
nâch ir lîbe minneclich
begunde er alsô vaste queln
daz er sînen pîn verheln
niht mohte vor ir manne.
zuo der schœnen danne
reit er swenne ez mohte sîn,
und tet ir dô mit clage schîn
sînes herzen ungemach;
dâ von ze jungest im geschach
ein leit daz in beswârte.
der frouwen man der vârte
mit starker huote ir beider
sô lange biz er leider
an ir gebærden wart gewar
daz si diu süeze minne gar
het in ir stric verworren,
daz si muosten dorren
nâch einander beide.
dar umbe wart vil leide
disem guoten herren dô.
er dâhte wider sich alsô:
»enhüete ich mînes wîbes niht,
mîn ouge lîhte an ir gesiht
daz mich hernâch geriuwet,
wan si mir schaden briuwet
mit disem werden edeln man.
deiswâr ob ichz gefüegen kan,
ich bringes ûzer sîner wer.
über daz vil wilde mer
wil ich zwâre mit ir varn,
dur daz ich künne si bewarn
vor im biz daz er gar von ir
gewende sînes herzen gir

und so wurde es von der Liebe nach ihr gequält.
Dadurch erduldeten sie eine Qual,
die hart war und bedrängend.
Nach ihrem schönen Leib
verzehrte er sich so sehr,
daß er seinen Schmerz
nicht vor ihrem Mann verbergen konnte.
Er ritt zu der schönen Frau,
wann immer es möglich war,
und legte ihr mit seinen Klagen
die Qualen seines Herzens offen;
dadurch litt er schließlich
bedrückendes Leid.
Der Ehemann spürte den beiden
mit großer Aufmerksamkeit
so lange nach, bis er zu seinem Kummer
an ihrem Verhalten erkannte,
daß die süße Liebe
sie gänzlich in Fesseln geschlagen hatte
und sie beide
vor Sehnsucht nach einander vergingen.
Das quälte diesen edlen Herrn
sehr.
Er dachte bei sich:
»Wenn ich nicht auf meine Frau aufpasse,
dann muß ich vielleicht einmal etwas sehen,
was mir schmerzlich ist,
denn sie wird mir Schaden zufügen
mit diesem vornehmen Edelmann.
Bei Gott, wenn es sich machen läßt,
dann bringe ich sie aus seiner Reichweite.
Über das wilde Meer
werde ich mit ihr fahren,
um sie vor ihm zu schützen,
bis er
das Verlangen seines Herzens nicht mehr auf sie richtet

und si den muot von im geneme.
ich hôrte sagen ie daz deme
sîn liep vil sanfte würde leit
daz mit langer stætekeit
von im gescheiden würde gar.
dar umbe ich gerne mit ir var
zuo dem frônen gotes grabe,
biz daz si gar vergezzen habe
der hôhen minne die si treit
dem werden ritter vil gemeit«.
Alsus quam er des überein
daz er den gelieben zwein
ir trûtschaft wolte leiden,
diu niemer doch gescheiden
mohte werden under in.
er kêrte dar ûf sînen sin
daz er mit der frouwen
benamen wolte schouwen
Jerusalem daz reine lant.
und dô der ritter daz bevant,
der nâch ir süezen minne bran,
dô wart der muotsieche man
vil schiere des ze râte
daz er nâch ir drâte
wolte ouch varen über mer.
in dûhte daz er âne wer
dâ heime tôt gelæge,
ob er sich des verwæge
daz er wendic würde.
der strengen minne bürde
twanc sô vaste sînen lîp
daz er durch daz schœne wîp
wær in den grimmen tôt gevarn;
dar umbe er doch niht langer sparn
wolte nâch ir sîne vart.
und dô des an im innen wart
diu süeze tugende rîche,

und sie sich von ihm abwendet.
Ich habe sagen hören, daß jedem
sein Liebstes allmählich verleidet wird,
wenn man es auf lange Zeit
ganz und gar von ihm fernhält.
Deswegen werde ich freiwillig mit ihr
zum Grabe Gottes, unseres Herrn, fahren,
bis sie die heftige Minne vollständig vergessen hat,
die sie
für diesen edlen und stattlichen Ritter fühlt.«
So beschloß er,
den beiden Liebenden
ihre Neigung zu verleiden,
die doch in Wirklichkeit niemals
zerstört werden konnte.
Er faßte den Plan,
mit seiner Frau tatsächlich
Jerusalem, das heilige Land,
zu besuchen.
Als der Ritter das bemerkte,
der in süßer Liebe zu ihr entbrannt war,
da entschloß sich der unglückliche Mann
sogleich,
ihr schnell nachzufahren
übers Meer.
Ihm schien es, daß er wehrlos
zu Hause den Tod fände,
wenn er diesen Entschluß
nicht ausführte.
Der Zwang der mächtigen Minne
bedrängte ihn so sehr,
daß er für die schöne Frau
auch in den bitteren Tod gegangen wäre.
Deswegen wollte er die Reise zu ihr
nicht länger aufschieben.
Aber als
die Liebenswerte, die Vollkommene das erkannte,

do besande in tougenlîche
daz vil keiserlîche wîp.
»friunt, herre«, sprach si, »lieber lîp,
mîn man ist an den willen komen,
als dû wol selbe hâst vernomen,
daz er mich flœhen wil von dir.
nû volge, trûtgeselle, mir
durch dîner hôhen sælden art
unde erwende dise vart,
die sîn lîp hât ûf geleit
über daz wilde mere breit:
var alters eine drüber ê,
dar umbe daz er hie bestê.
wan swenne er hât von dir vernomen
daz dû bist vor im über komen,
sô belîbet er zehant,
und wirt der arcwân erwant
den sîn lîp hât ûfe mich,
wand er gedenket wider sich:
›wære an disen dingen iht
der mîn herze sich versiht
an mînem schœnen wîbe guot,
der werde ritter hôchgemuot
wære niht von lande komen‹.
sus wirt der zwîvel im benomen
den wider mich sîn herze treit.
ouch sol dir niht wesen leit
ob dû bist eine wîle dort,
biz man verredet hie daz wort
daz von uns fliuget über lant.
sô dich her wider hât gesant
der vil süeze reine Crist,
sô hâstu sam mir alle frist
dînen willen deste baz,
ob man gar verredet daz
daz man ûf uns ze mære saget.

da ließ sie ihn heimlich kommen,
diese herrliche Frau.
»Mein Freund, mein Herr«, sagte sie, »Geliebter,
mein Mann hat den Entschluß gefaßt,
wie Du ja selbst erfahren hast,
mich von Dir wegzubringen.
Bitte höre auf mich, Geliebter,
in Deinem glückhaften Wesen,
und wende diese Fahrt ab,
die er sich vorgenommen hat
über das weite, bedrohliche Meer:
Komm ihm zuvor und fahre alleine hinüber,
damit er hierbleibt.
Denn sobald er gehört hat,
daß Du vor ihm angekommen bist,
dann wird er sich sogleich zum Bleiben entschließen,
und der Verdacht wird zerstreut,
den er gegen mich hegt,
denn er denkt bei sich:
›Wenn irgend etwas an dem wäre,
was ich tief im Herzen
von meiner schönen, edlen Frau befürchte,
dann hätte der hochgeborne, stolze Ritter
nicht das Land verlassen.‹
So wird der Zweifel von ihm genommen,
den er im Herzen gegen mich hegt.
Auch Du sollst Dich nicht grämen,
wenn Du eine Weile dort bleibst,
bis die Gerüchte verstummt sind,
die über uns im Lande umgehen.
Wenn Dich
Christus, der Barmherzige und Gütige, wieder zurückschickt,
dann werden wir, Du und ich, für alle Zeit
unsere Wünsche viel eher erfüllen können,
wenn das Gerede vorbei ist,
das man über uns verbreitet.

dem edeln gote sîz geclaget
daz dû nâch dem willen dîn
niht iemer maht bî mir gesîn
und ich bî dir nâch mîner ger.
nu genc, vil lieber herre, her,
enpfâch von mir diz vingerlîn:
dâ bî soltû der swære mîn
gedenken under stunden
dâ mite ich bin gebunden,
sô dich mîn ouge niht ensiht:
wan zwâre swaz sô mir geschiht,
ich muoz an dich gedenken,
dîn vart diu kan mir senken
jâmer in mîns herzen grunt.
gip mir her an mînen munt
einen süezen friundes kus
und tuo dur mînen willen sus
als ich hân gesaget dir«.
»gerne, frouwe«, sprach er zir
ûz trüebes herzen sinne,
»swaz ich daran gewinne,
ich tuon mit willen swaz ir went.
ich hân sô gar an iuch versent
herze, muot und ouch den sin,
daz ich iu von rehte bin
eigenlichen undertân.
nu lânt mich iuwern urloup hân,
ûzerwelte frouwe guot,
und wizzent daz mîn sender muot
nâch iu muoz grôzen kumber doln.
ich bin sô gar an iuch verquoln
mit herzen und mit lîbe,
liebest aller wîbe,
daz ich des michel angest habe,
man trage tôten mich ze grabe,
ê daz diu sælde mir geschehe
daz ich iuch iemer mê gesehe«.

Gott, dem Allmächtigen, sei es geklagt,
daß Du nicht nach Deinem Willen
immer bei mir sein kannst
und ich bei Dir, wie ich es mir wünsche.
Komm jetzt zu mir, mein geliebter Herr,
und nimm diesen Ring entgegen:
damit sollst Du des Kummers
hin und wieder gedenken,
der mich an Dich bindet,
wenn ich dich nicht sehe:
denn wahrhaftig, was immer mir widerfährt,
meine Gedanken sind bei Dir;
Deine Ausfahrt wird
Schmerz in den Grund meines Herzens senken.
Gib mir auf meinen Mund
den süßen Kuß des Geliebten
und verhalte Dich mir zuliebe so,
wie ich Dir gesagt habe.«
»Gerne, Herrin«, sagte er zu ihr
betrübten Herzens,
»was immer das für mich bedeutet,
ich mache bereitwillig, was Ihr wünscht.
Ich habe mich so vollständig an Euch
mit Herz, Sinn und Verstand verloren,
daß ich Euch zu Recht
als Sklave zu eigen bin.
Nun erlaubt mir, Abschied von Euch zu nehmen,
auserwählte, edle Frau,
und wißt, daß mein sehnsuchtsvolles Herz
Euretwegen große Schmerzen leiden wird.
Ich verzehre mich vor Sehnsucht nach Euch so sehr,
mit Leib und Seele,
liebste aller Frauen,
daß ich große Angst davor habe,
man werde mich tot zu Grabe tragen,
bevor mir das Glück widerfährt,
Euch irgendwann einmal wiederzusehen.«

Hie mite was diu rede hin
die si dâ triben under in
von ir herzeleide.
diu zwei gelieben beide
schieden sich mit marter,
und twungen sich dô harter
ze herzen an der stunde
danne ich mit dem munde
iu bescheiden künne.
an werltlicher wünne
lag ir beider herze tôt:
ir liehten münde rôsenrôt
vil senfter küsse pflâgen,
dar nâch si sich verwâgen
aller fröuden under in.
der werde ritter kêrte hin
mit jâmer an daz mer zehant;
den êrsten kiel den er dâ vant,
darinne wart er über brâht.
er hæte sich des wol bedâht
daz er ûf der erden
niemer wolte werden
fröudehaft noch rehte frô,
got gefuoctez danne alsô
daz er ze lande quæme
und etewaz vernæme
von der lieben frouwen sîn.
des wart sîn herzeclicher pîn
vil strenge und ouch vil bitter.
der tugenthafte ritter
begunde nâch ir trûren
und in sîn herze mûren
vil jâmerlîche riuwe.
sîn altiu sorge niuwe
nâch ir süezen minne wart.
der reinen turteltûben art
tet er offenlîche schîn,

Damit war das Gespräch zu Ende,
das sie da
über ihre Herzensqualen führten.
Die beiden Liebenden
trennten sich unter Schmerzen
und drückten sich in dieser Stunde
noch fester ans Herz,
als ich es Euch mit meinen Worten
darstellen kann.
Für weltliche Freuden waren
ihre beiden Herzen gestorben.
Ihre leuchtenden Lippen, rot wie die Rosen,
tauschten viele zärtliche Küsse,
dann verzichteten sie
auf alle Freuden miteinander.
Der edle Ritter zog
klagend zum Meer.
Vom ersten Schiff, das er fand,
ließ er sich übersetzen.
Es war ihm bewußt,
daß er auf dieser Welt
nie mehr
wirklich glücklich und froh werden könne,
außer Gott füge es so,
daß er in sein Land zurückkäme
und etwas hörte
von seiner geliebten Herrin.
So war der Schmerz seines Herzens
sehr hart und auch sehr bitter.
Der vortreffliche Ritter
begann um sie zu trauern
und schloß in seinem Herzen
den jammervollen Schmerz ein.
Seine alte Sehnsucht
nach ihrer süßen Minne lebte neu auf.
Das Verhalten der unschuldigen Turteltaube
legte er an den Tag,

wande er nâch dem liebe sîn
vermeit der grüenen fröuden zwî
und wonte stæteclîche bî
der dürren sorgen aste.
er sente nâch ir vaste,
und wart sîn leit sô rehte starc
daz im der jâmer durch daz marc
dranc biz an der sêle grunt;
er wart vil tiefer sorgen wunt
und inneclicher swære.
der sende marterære
sprach ze maneger stunde
mit siufzendem munde:
»gêret sî daz reine wîp,
der leben und der süezer lîp
mir gît sô herzeclichen pîn.
jâ si liebiu frouwe mîn,
wie kan ir süeziu meisterschaft
sô bitterlicher nœte craft
senden mir ze herzen!
wie mac sô grôzen smerzen
ir vil sælic lîp gegeben!
sol si trœsten niht mîn leben,
sô bin ich endelîche tôt«.
In dirre clagenden herzenôt
was er mit jâmer alle tage,
und treip sô lange dise clage
biz er ze jungest wart geleit
in alsô sende siecheit
daz er niht langer mohte leben.
im wart sô grimmiu nôt gegeben
daz man wol ûzen an im sach
den tougenlichen ungemach
den innerhalp sîn herze truoc.
und dô der werde ritter cluoc
der leiden mære sich versach
daz im ze sterbenne geschach,

denn aus Sehnsucht nach seiner Geliebten
mied er den Zweig der grünenden Freude
und blieb beständig
auf dem Ast der dürren Trübsal.
Er sehnte sich sehr nach ihr,
und sein Kummer wurde so stark,
daß ihm die Qualen durch das Mark
bis in den Grund der Seele drangen;
er wurde krank vor schwerem Leid
und heftigem Schmerz.
Dieser Märtyrer des Verlangens
sagte immer wieder
unter Seufzern:
»Gepriesen sei die reine Frau,
die mir durch ihr Wesen und ihre Schönheit
so innigen Schmerz bereitet.
Ach meine geliebte Herrin!
Wie kann ihre berückende Macht
mir so viele bittere Qualen
in das Herz senken?
Wie kann ihre beseligende Erscheinung
so großen Schmerz verursachen?
Wenn sie meinem Leben keine Hoffnung gibt,
dann werde ich am Ende den Tod finden.«
In solcher Klage über seine Herzensqualen
grämte er sich Tag für Tag,
und er klagte darüber so lange,
bis er schließlich
so krank vor Sehnsucht wurde,
daß er nicht mehr weiterleben konnte.
Es erfaßten ihn so entsetzliche Qualen,
daß man ihm schon äußerlich ansah,
welch heimliches Unglück
er drinnen in seinem Herzen bewegte.
Als da dem vornehmen, feinen Ritter
zur traurigen Gewißheit wurde,
daß er sterben mußte,

dô sprach er zuo dem cnehte sîn:
»vernim mich, trûtgeselle mîn;
ich bevinde leider wol
daz ich benamen sterben sol
dur liebe mîner frouwen,
wan si mich hât verhouwen
biz ûf den tôt mit sender clage.
dar umbe tuo daz ich dir sage:
swenne ich sî verdorben
unde ich lige erstorben
durch daz keiserlîche wîp,
sô heiz mir snîden ûf den lîp
und nim dar ûz mîn herze gar,
bluotic unde riuwevar;
daz soltu denne salben
mit balsam allenthalben,
durch daz ez lange frisch bestê.
vernim waz ich dir sage mê:
frum eine lade cleine
von golde und von gesteine,
dar în mîn tôtez herze tuo,
und lege daz vingerlîn dar zuo
daz mir gab diu frouwe mîn;
sô diu zwei bî einander sîn
verslozzen und versigelet,
sô bring alsô verrigelet
si beidiu mîner frouwen,
durch daz si müge schouwen
waz ich von ir habe erliten,
und wie mîn herze sî versniten
nâch ir vil süezen minne.
si hât sô reine sinne
und alsô ganze triuwe
daz ir mîn jâmer niuwe
lît iemer an ir herzen,
bevindet si den smerzen
den ich durch si lîden sol.

da sagte er zu seinem Knappen:
»Höre, mein lieber Freund,
ich erkenne leider mit Gewißheit,
daß ich sterben muß
aus Liebe zu meiner Herrin,
denn sie hat mich durch die Qual der Sehnsucht
auf den Tod verwundet.
Darum tu, was ich Dir auftrage:
wenn ich gestorben bin
und tot daliege
wegen dieser herrlichen Frau,
dann laß mir den Leib aufschneiden
und nimm das Herz ganz heraus,
blutig, wie es ist und von trostlosem Aussehen;
das sollst Du dann mit Balsam
rundum einsalben,
damit es lange frisch bleibe.
Höre, was ich weiter sage:
mache ein kleines Kästchen
aus Gold und Edelsteinen
und lege mein totes Herz hinein
und lege den Ring dazu,
den mir meine Herrin gegeben hat.
Wenn beides beieinander liegt,
verschlossen und versiegelt,
dann bringe beides so gesichert
zu meiner Dame,
damit sie sehen kann,
was ich ihretwegen erlitten habe
und wie mein Herz versehrt ist
durch die Liebe zu ihr.
Sie ist so rein in ihren Gedanken
und von so vollkommener Treue,
daß sie mein neues Leid
immer im Herzen bewahren wird,
wenn sie den Schmerz erkennt,
den ich ihretwegen erdulden muß.

dar umbe tuo sô rehte wol
unde erfülle mîn gebot.
der reine und der vil süeze got,
der kein edel herze nie
mit der helfe sîn verlie,
der ruoche sich erbarmen
über mich vil armen,
und müeze der vil lieben geben,
fröud unde ein wünneclichez leben,
von der ich hie muoz ligen tôt«.

Mit dirre clagenden herzenôt
der ritter nam sîn ende.
dar umbe sîne hende
der cneht vil jâmerlîche want;
er hiez in snîden ûf zehant
unde erfulte im sîne bete.
swaz er in ê gebeten hete
daz tet er unde kêrte dan
als ein fröudelôser man
mit dem herzen alsô tôt.
er fuorte ez, als er im gebôt,
zuo der selben veste
dâ er si ûfe weste
durch die der liebe herre sîn
leit des grimmen tôdes pin.

Dô er zuo der veste quam
dâ diu frouwe tugentsam
was inne bî der selben zît,
dô reit im ûf dem velde wît
ir man engegen von geschiht
und wolte, als uns daz mære giht,
dâ lîhte hân gebeizet.
des wart der cneht gereizet
ûf clegelichez ungemach;
wan dô der ritter in gesach,
dô gedâhte er alzehant:
»zwâre, dirre ist her gesant

Deswegen handle richtig
und erfülle meinen Auftrag.
Der vollkommene und barmherzige Gott,
der niemals einem reinen Herzen
seine Hilfe versagt hat,
der möge sich
über mich Unglücklichen erbarmen
und der geliebten Frau
Freude und ein glückliches Leben geben,
für die ich hier in den Tod gehe.«
In so qualvollem Jammer
verschied der Ritter.
Darüber rang der Knappe
seine Hände unter großen Klagen.
Er ließ ihn sofort aufschneiden
und erfüllte ihm seine Bitte.
Worum er ihn gerade gebeten hatte,
das tat er, und er kehrte
als trauriger Mann
mit dem toten Herzen zurück.
Er brachte es, wie ihm aufgetragen war,
zu der Burg,
auf der er die wußte,
für die sein geliebter Herr
den bitteren Todesschmerz erlitten hatte.
Als er auf die Burg zuritt,
auf der die makellose Dame
damals lebte,
da kam ihm auf dem freien Feld
zufällig ihr Mann entgegen
und wollte, wie die Geschichte uns berichtet,
dort wohl der Beizjagd nachgehen.
Das brachte dem Knappen
Aufregung und Sorge;
denn als der Ritter ihn erblickte,
da dachte er sich gleich:
»Wahrhaftig, der ist aus keinem anderen Grund

umb anders niht wan umbe daz
daz er mæres etewaz
bringe mînem wîbe
von sînes herren lîbe,
der nâch ir minne jâmer treit«.
hie mite er zuo dem cnehte reit
und wolte in mære frâgen sâ.
dô gesach er schiere dâ
die lade von gezierde cluoc,
darinnen er daz herze truoc
und der frouwen vingerlîn.
er hætes an den gürtel sîn
gehenket beidiu von geschiht
als ob ez wære anders iht.
Dô der ritter daz ersach,
den cnappen gruozte er unde sprach,
waz er dar inne trüege.
dô sprach der vil gefüege
und der getriuwe jungelinc:
»herr, ez ist einer hande dinc
daz verre bî mir ist gesant«.
»lâ sehen«, sprach er alzehant,
»waz drinne sî verborgen!«
dô sprach der cneht mit sorgen:
»zwâre des entuon ich niht,
kein mensche ez niemer gesiht
wan der ez sol von rehte sehen«.
»nein, alsô mag ez niht geschehen«,
sprach der riter aber zime,
»wand ich dirz mit gewalte nime
und schouwe ez sunder dînen danc«.
Dar nâch was vil harte unlanc
biz daz er im daz ledelîn
brach von deme gürtel sîn.
daz tet er ûf mit sîner hant:
daz herze sach er unde vant

hierhergeschickt worden als dazu,
meiner Frau eine Nachricht
zu bringen
über das Befinden seines Herrn,
der aus Liebe zu ihr leidet.«
Damit ritt er zu dem Knappen
und wollte ihn auf der Stelle nach dieser Nachricht fragen.
Plötzlich sah er
das so schön verzierte Kästchen,
in dem das Herz verwahrt war
und der Ring der Frau.
Er hatte es wie zufällig
an seinen Gürtel gehängt,
als ob es irgend etwas anderes wäre.
Als der Ritter das sah,
grüßte er den Knappen und fragte,
was er darin trage.
Darauf antwortete der artige
und verläßliche Bursche:
»Herr, es ist etwas,
das durch mich von weither geschickt wird.«
»Laß sehen«, rief er sofort,
»was sich darin verbirgt!«
Der Knappe antwortete besorgt:
»Das mache ich ganz bestimmt nicht,
kein Mensch wird es jemals sehen
außer dem, der das Recht dazu hat.«
»Nein, so wird sich das nicht abspielen«,
erwiderte ihm der Ritter noch einmal,
»weil ich es Dir gewaltsam nehme
und ohne Deine Erlaubnis anschaue.«
Es brauchte nicht lange,
bis er ihm das Kästchen
vom Gürtel gerissen hatte.
Er machte es eigenhändig auf:
Er erblickte das Herz und fand

dâ bî der frouwen vingerlîn.
an den zwein wart ime schîn
daz der ritter læge tôt
und disiu beidiu sîner nôt
ein urkünde wæren
ze der vil sældenbæren.
Der ritter sprach dem cnehte zuo:
»ich sage dir, cnappe, waz du tuo:
var dîne strâze, wellest dû,
ich wil daz cleinœte nû
mir selben hân, daz sage ich dir«.
Sus reit er heim nâch sîner gir
und sprach ze sînem koche sâ,
daz er im ûz dem herzen dâ
ein cleine sundertrahte
mit hôhem flîze mahte.
daz tet der koch mit willen gar:
er nam zuo im daz herze dar
und mahte ez alsô rehte wol
daz man enbîzen niemer sol
dekeiner slahte spîse,
diu alsô wol nâch prîse
mit edeln würzen sî gemaht
als daz herze vil geslaht.
Als ez wart gar bereitet,
dô wart niht mê gebeitet;
der wirt gienc ezzen über tisch
und hiez tragen alsô frisch
die trahte sînem wîbe dar.
»frouwe«, sprach er suoze gar,
»diz ist ein spîse cleine,
die solt du ezzen eine,
wan dû ir niht geteilen maht«.
sus nam diu frouwe vil geslaht
und az ir friundes herze gar,
alsô daz si niht wart gewar

daneben den Ring seiner Frau.
Daran erkannte er,
daß der Ritter tot war
und diese beiden Gegenstände
Zeugnis ablegen sollten für seine Not
vor der beseligenden Dame.
Der Ritter sagte zum Knappen:
»Ich sage Dir, Knappe, was Du zu tun hast:
Zieh Deines Wegs, wie Du willst,
ich will dieses Kleinod
für mich haben, das laß Dir gesagt sein.«
So ritt er eilends nach Hause
und sagte gleich zu seinem Koch,
daß er ihm aus diesem Herzen
einen feinen Leckerbissen
mit besonderer Sorgfalt zubereite.
Das führte der Koch mit großem Eifer aus:
Er nahm das Herz
und bereitete es so sorgfältig zu,
daß man wohl niemals mehr
irgendeine Speise wird verzehren können,
die so vollendet
mit edlen Kräutern angerichtet war
wie dieses Herz von edelster Art.
Als es fertig zubereitet war,
gab es kein Zögern mehr:
der Herr des Hauses setzte sich zum Essen an den Tisch
und ließ die frische Mahlzeit
seiner Gattin auftragen.
»Herrin«, sagte er schmeichelnd,
»das ist eine besonders feine Speise,
die sollst Du allein essen,
denn teilen kannst Du sie nicht.«
So nahm die vornehme Frau davon
und aß das Herz ihres Geliebten ganz auf
und merkte nicht,

welher slahte ez möhte sîn.
daz jâmerlîche trehtelîn
sô süeze dûhte ir werden munt
daz si dâ vor ze keiner stunt
nie dekeiner spîse gaz
der smac ir ie geviele baz.
Dô diu frouwe stæte
daz herze gezzen hæte,
dô sprach der ritter alzehant:
»frouwe, nû tuo mir bekant,
wie disiu trahte dir behage.
ich wæne daz du dîne tage
enbizzest keiner spîse nie
süezer, frouwe, denne die«.
»Lieber herre«, sprach si dô,
»niemer werde ich rehte frô,
ob ich ie spîse gæze
diu sô zuckermæze
mich dûhte und alsô reine
sô disiu trahte cleine
der ich iezuo hân bekort.
aller spîse ein überhort
muoz si mir benamen sîn.
sprechent, lieber herre mîn,
ist diz ezzen lobesam
gewesen wilde oder zam?«
»Frouwe«, sprach er aber zir,
»vernim vil rehte waz ich dir
mit worten hie bescheide:
zam und wilde beide
was disiu trahte, sam mir got!
den fröuden wilde sunder spot,
den sorgen zam ân underlâz:
du hâst des ritters herze gâz
daz er in sîme lîbe truoc,
der nâch dir hât erliten gnuoc
jâmers alle sîne tage.

was es damit auf sich hatte.
Dieser schreckliche Leckerbissen
erschien ihrem feinen Gaumen so wohlschmeckend,
daß sie niemals vorher
etwas gegessen hatte,
was ihr besser schmeckte.
Nachdem die aufrechte Frau
das Herz verzehrt hatte,
da sagte der Ritter rasch:
»Meine Dame, jetzt laßt mich wissen,
wie diese Speise Euch gefällt.
Ich glaube, daß Du Dein Leben lang
nichts Angenehmeres gegessen hast
als dies.«
»Mein verehrter Herr«, antwortete sie,
»nie mehr will ich wieder richtig froh sein,
wenn ich jemals eine Speise gegessen habe,
die mir so zuckersüß
erschien und so ohne Fehl
wie dieses feine Gericht,
das ich eben gekostet habe.
Die Krönung aller Speisen
ist sie mir wahrhaftig.
Sagt, mein lieber Mann,
ist dieses vorzügliche Essen
vom Wild gewesen oder von zahmen Tieren?«
»Frau«, erwiderte er ihr,
»hör Dir genau an, was ich Dir
jetzt erkläre:
zahm und wild zugleich
war diese Speise, bei Gott!
Der Freude entfremdet ganz gewiß,
den Sorgen vertraut ohne Unterlaß:
Du hast das Herz des Ritters gegessen,
das er in seinem Leibe trug;
er hat für Dich so viel
Unglück erduldet sein ganzes Leben lang.

geloube mir waz ich dir sage:
er ist von sender herzenôt
nâch dîner süezen minne tôt,
und hât dir daz herze sîn
und daz guote vingerlîn
zeim urkünde her gesant
bî sînem cnehte in ditze lant«.
Von disem leiden mære
wart diu sældenbære
als ein tôtez wîp gestalt,
ir wart in deme lîbe kalt
daz herze, daz geloubent mir.
ir blanken hende enphielen ir
beide für sich in die schôz,
daz bluot ir ûz dem munde dôz,
als ir diu wâre schult gebôt.
»ja«, sprach si dô mit maneger nôt,
»hân ich sîn herze denne gâz
der mir hât ân underlâz
von grunde ie holden muot getragen,
sô wil ich iu benamen sagen,
daz ich nâch dirre spîse hêr
dekeiner trahte niemer mêr
mich fürbaz wil genieten.
got sol mir verbieten
durch sînen tugentlichen muot,
daz nâch sô werder spîse guot
in mich kein swachiu trahte gê.
enbîzen sol ich niemer mê
dekeiner slahte dinges,
wan des ungelinges
daz geheizen ist der tôt.
ich sol mit sender herzenôt
verswenden hie mîn armez leben
umb in der durch mich hât gegeben
beidiu leben unde lîp.
ich wære ein triuwelôsez wîp,

Glaube mir diese Worte:
Er ist aus quälender Sehnsucht
nach Deiner süßen Liebe gestorben
und hat Dir sein Herz
und den schönen Ring
durch seinen Knappen als Beweis
in unser Land geschickt.«
Durch diese schreckliche Nachricht
wurde diese dem Glück bestimmte Frau
totenbleich,
im Leibe erkaltete ihr
das Herz, glaubt mir.
Ihre weißen Hände
fielen ihr beide in den Schoß,
das Blut schoß ihr aus dem Mund,
das bewirkte ihr grausames Schicksal.
»Ja«, sagte sie in schrecklicher Not,
»wenn ich denn das Herz des Mannes gegessen habe,
der mir beharrlich
aus tiefster Seele zugetan war,
so will ich Euch versichern,
daß ich nach dieser einzigartigen Speise
nie mehr auch nur einen Bissen
anrühren werde.
Gott wird mir selbst
in seiner hochsinnigen Größe untersagen,
daß nach so edler Nahrung
gewöhnliche Kost mich berührt.
Ich werde nie mehr
irgend etwas genießen,
nur das Unheil,
das den Namen Tod trägt.
Ich werde mein erbärmliches Leben
in quälender Sehnsucht nach ihm hinbringen,
der für mich
Leib und Leben hingegeben hat.
Ich wäre eine treulose Frau,

ob ich gedæhte niht daran
daz er vil tugenthafter man
sante mir sîn herze tôt.
wê daz mir ie nâch sîner nôt
wart einen tac daz leben schîn!
zwâr ez enmac niht langer sîn
daz ich âne in eine lebe,
und er in deme tôde swebe
der vor mir triuwe nie verbarc«.
sus wart ir nôt sô rehte starc
daz si von herzenleide
ir blanken hende beide
mit grimme zuo einander vielt.
daz herze ir in dem lîbe spielt
von sender jâmerunge.
Hie mite gap diu junge
ein ende ir süezen lebene
und widerwac vil ebene
mit eime swæren lôte
swaz ir dâ vor genôte
ir friunt geborget hæte.
si galt mit ganzer stæte
und ouch mit hôhen triuwen ime.
Got welle, swaz ich dinges nime,
daz ich wider geben daz
müeze sanfter unde baz
dann ir vil reinez herze tete.
ich wæne daz an keiner stete
wart nie vergolten alsô gar
noch niemer wirt: des nim ich war
an den liuten die nu sint.
wand in froun Minnen underbint
lît niht sô strengeclichen an
daz beidiu frouwen unde man
zesamene gebunden sîn,
daz si des grimmen tôdes pîn

wenn mein Denken nicht davon bestimmt würde,
daß dieser vorzügliche Mann
mir sein Herz tot übersandt hat.
Ach, daß mir nach seiner Qual
auch nur einen Tag das Leben blieb!
Wahrhaftig, es kann nicht sein,
daß ich alleine ohne ihn lebe,
während der dem Tod anheimgefallen ist,
der mir seine Verbundenheit immer gezeigt hat.«
So wurde ihre Qual so übermächtig,
daß sie in tiefem Schmerz
ihre weißen Hände
wild ineinanderschloß;
das Herz zerbrach ihr im Leibe
vor sehnsuchtsvollem Leid.
Damit setzte die junge Frau
ihrem teuren Leben ein Ende
und wog sehr genau
mit schwerem Gewicht auf,
was ihr zuvor
ihr Geliebter so nachdrücklich zugedacht hatte.
Sie vergalt es ihm mit großer Festigkeit
und mit vollkommener Treue.
Gott gebe, daß ich für die Gaben, die ich bekomme,
leichter und einfacher
bezahlen darf,
als sie es in ihrer Reinheit getan hat.
Ich glaube, daß nirgendwo
eine so vollkommene Antwort gegeben wurde,
und es wird auch in Zukunft niemals geschehen;
das sehe ich
an den Menschen, die heute leben.
Denn die Bindung durch Frau Minne
verpflichtet sie nicht so fest,
daß Frauen und Männer
so aneinander gefesselt sind,
daß sie füreinander

nu durch einander lîden.
man slîzet ab der wîden
ein bast vil sterker mit der hant,
dann iezuo sî der minne bant
dâ nu liep bî liebe lît.
âne grimmes tôdes strît
werdent si gescheiden wol
die nu kumberlîche dol
durch einander wellent tragen.
frou Minne gît bî disen tagen
in selten alsô guoten kouf.
wîlen dô sie niender slouf
ze tugentlôser diete
umb alsô swache miete,
dô dûhte ir süezekeit sô guot
daz durch si manic edel muot
biz ûf den tôt versêret wart.
nu hât verkêret sich ir art
und ist sô cranc ir orden,
daz sie wol veile ist worden
den argen umbe ein cleinez guot.
dar umbe lützel iemen tuot
durch si nû dem lîbe wê.
man wil dar ûf niht ahten mê,
und tiuret daz vil cleine
daz sich algemeine
den liuten hât gemachet;
daz ist dâ von geswachet.
als ist ez umb die minne:
gewünne si die sinne
daz si noch tiurre würde,
ez wære jâmers bürde
nie geleget vaster an
dann iezuo frouwen unde man:
ez würde nâch ir sô gestriten
und für einander sô geliten
daz man ez gerne möhte sehen.

die schrecklichen Qualen des Todes leiden.
Man reißt von der Weide
mit der bloßen Hand eine stärkere Faser,
als es heutzutage das Band der Liebe ist,
wenn Freund und Freundin zusammen sind.
Ohne schrecklichen Todeskampf
werden die voneinander getrennt,
die heute schmerzhaftes Leid
füreinander erdulden wollen.
Frau Minne gibt ihnen heute
nie einen solchen Gewinn.
Einst, als sie niemals
bei schlechten Leuten Unterschlupf suchte
für derart dürftige Entlohnung,
da schien ihre Herrlichkeit so groß,
daß manch ein edles Gemüt
durch sie bis auf den Tod verwundet wurde.
Nun hat ihr Wesen sich gewandelt,
ihr Rang ist so niedrig,
daß sie käuflich geworden ist
für schlechte Menschen um wenig Geld.
Deswegen nimmt kaum noch jemand
ihretwegen Leid auf sich.
Man nimmt darauf keine Rücksicht
und schätzt das gering,
was sich den Leuten
gemein gemacht hat;
das verliert dadurch an Wert.
So ist es mit der Minne:
wenn sie so beschaffen wäre,
daß sie wieder kostbarer würde,
dann legte sich die Last des Leides
niemals schwerer
als jetzt auf Frauen und Männer:
es würde so um sie gekämpft
und füreinander so gelitten,
daß man es mit Freude sähe.

Niht anders kan ich iu verjehen,
von Wirzeburc ich Cuonrât.
swer alsô reine sinne hât
daz er daz beste gerne tuot,
der sol diz mære in sînen muot
dar umbe setzen gerne,
daz er dâ bî gelerne
die minne lûterlichen tragen.
kein edel herze sol verzagen!

Nichts anderes kann ich Euch erzählen,
ich, Konrad von Würzburg.
Wer ein so reines Gemüt hat,
daß er das Beste mit Freude tut,
der möge diese Geschichte bereitwillig
in sein Herz aufnehmen,
damit er lerne,
wie man die Minne rein bewahrt.
Kein edles Herz braucht zu verzagen.

HIE HEBT AN DIU RED VON PARIS VON ZWEIEN LIEBEN

Wa liep *an* liep wirt gewent,
durch liep zehant daz herze sent
nach lieplicher liebe bruot.
ei, wie wol dem herzen tuot
ein wünschen, *unz* ez bezzer wirt,
ob daz wünschen frucht gebirt
ze willen *wun*tlicher brust!
ach der vil minniclichen gelust!
wie friuntlich wirt ein kampf gewunnen!
minne und liebe sint dar kumen
und wellent griezwertel wesen.
er schrei: »Ich mag nicht genesen!
lieb, ich ger der stangen
bi roselochten wangen.«
so wol der werden signunft!
liep sich freut liebes kunft,
recht als *ez* sprechen welle:
»mins herzen trutgeselle,
iezunt wilt du tœten mich!«
»ei, frecher hoher muot, nu sprich,
wer da selbst belibet tot!«
ja wart nie minniclicher not!
Ein klegelichez leit geschach,
als mir Johannes verjach,
der die warheit weste wol.
ein ieglich fruchtic herze sol
erbarmen minniclichez leit,
ob ez in sinem herzen treit
icht liebe gen dem liebe sin,

DER SCHÜLER VON PARIS

Wo Liebende einander nahekommen,
sehnt sich das Herz aus Liebe schnell
nach der Glut inniger Umarmung.
O, wie gut tut dem Herzen
das Wünschen, bis es besser wird –
dann, wenn das Wünschen Früchte trägt,
so, wie die verwundete Brust es will.
O, die Freuden der Liebe!
Wie herzlich wird in diesem Kampf gesiegt!
Liebe und Minne sind hinzugetreten
und wollen Schiedsrichter sein.
Einer rief: »Ich überlebe das nicht!
Liebe, ich strecke die Waffen
vor den rosenfarbenen Wangen.«
Sei gepriesen, ruhmreicher Sieg!
Liebe freut sich über das Aufkeimen der Liebe,
gerade so, als ob sie sagen wolle:
»Geliebter meines Herzens,
jetzt wirst Du mich töten.«
»O, kühner hochgestimmter Sinn, sag nur,
wer da wohl selbst den Tod findet!«
Nie hat es innigeres Elend gegeben.
Ein beklagenswertes Unheil hat sich zugetragen,
wie mir Johannes berichtet hat,
der die Wahrheit ganz genau kannte.
Jedes aufkeimende Herz soll
sich erbarmen über Liebesleid,
wenn es in seinem Herzen
auch nur einen Hauch von Liebe zu seinem Geliebten fühlt,

und merke lieplichen pin,
der von liebe da geschicht,
daz ein herz von liebe bricht!
ein edeler graf het einen sun,
der da stets was gewon,
daz er edler züchte phlag.
eins mals er sich verwag:
gen Paris wolt der degen.
er het von kintheit gephlegen
meisterlicher lere;
des wolt er lernen mere
der naturlichen kunst.
er het aller liute gunst
durch sin schœne zuchte.
sin herz floug an fluchte,
als noch ist der jungen site.
im wart geben ein meister mite,
der sin *meizoge* solt sin.
do sanc daz junge gravelin
so wol mit siner stimme.
alle, die sin gebrimme
horten und sin süezen schal,
die wurden gefreut überal.

Man begund im sagen mere
von eime burgere,
wie der het ein so schœne meit
ze tochter, daz im was leit,
daz man sie solde schouwen,
die schœne juncfrouwen,
wan er ir ser forchte.
hoch er si verworchte
uf eim turn bi dem hus,
daz si nicht gieng hinuz
in der sunnen blichen.
ir kunde keine gelichen
an schœne, *dirre* meide junc.
zehant der grave nam den sprunc,

und es soll den Liebesschmerz erkennen,
der durch Liebe dort entsteht,
wo ein Herz aus Liebe bricht.
Ein vornehmer Graf hatte einen Sohn,
der stets
auf kultiviertes Benehmen zu achten pflegte.
Eines Tages faßte er einen Entschluß:
nach Paris wollte der Ritter.
Er hatte sich von Kindheit an um
die Wissenschaft bemüht;
deswegen wollte er noch mehr
über die Philosophie lernen.
Alle Leute waren ihm gewogen
wegen seines feinen Benehmens.
Sein Herz schwang sich in luftige Höhen,
wie es bei jungen Leuten immer noch der Brauch ist.
Ein Lehrer wurde ihm zur Seite gestellt,
der sein Erzieher sein sollte.
Da sang das junge Gräflein
so schön mit seiner Stimme.
Alle, die sein Schmettern
hörten und seine lieblichen Töne,
die freuten sich rundum.
Man erzählte ihm
von einem Bürger:
daß der ein so schönes Mädchen
zur Tochter hatte, daß es ihm Kummer machte,
wenn man sie sehen wollte,
dieses schöne Fräulein,
weil er sehr um sie fürchtete.
Hoch oben sperrte er sie ein,
auf einem Turm neben seinem Haus,
damit sie nicht hinausgehen konnte
in die helle Sonne.
Keine konnte ihr an Schönheit gleichkommen,
diesem jungen Mädchen.
Der Graf machte sich sofort auf,

daz er vil schier kam aldar,
da er der meide wart gewar
vor einem venster, da si saz.
er warf die blicke baz und baz,
unz er ir forme uzgenam,
daz sinem herzen wol gezam.
den fürsaz gap im *ir* schin,
daz si sin frouwe solde sin.
da vant blic an blic sin art,
als zu dem herzen wart geschart
die lieb in spilnder schricke.
do wart von lieben blicke
ein niuwez fiur friuntlich entzunt
und wart ir beider herz verwunt,
mit gernder lust erwecket.
alda het ufgestecket
frou Venus mit gewalt,
als sie gerne brogend pralt,
ir zepter und ir diadem.
der fantasien spur problem
wart sus und so gezwirnet,
ze glicher art erkirnet.
also der herr gedachte,
wie er sin weg gemachte
vor ir, da sie ze sitzen pflag.
ern geruote nacht noch tag,
wan er sie nicht mocht gesehen
nach minniclicher blicke spehen.
diu *zit* diu gie also dahin,
daz der grave sin sin
nie von siner frouwen liez.
ze jüngest er sinen meister hiez,
der im ze *meizoge* was geben.
er sprach: »nu merk mich eben!
der luft ist bœs in dem hus,
wir suln uns ziehen hinuz.
du solt ein ander hus besten,

dorthin zu gehen,
wo er das Mädchen sehen konnte,
wie sie vor dem Fenster saß.
Er maß sie Punkt für Punkt mit seinen Blicken,
bis er ihre Gestalt erfaßt hatte;
das tat ihm im Herzen wohl.
Ihr Anblick ließ ihn den Vorsatz fassen,
daß sie seine Frau werden solle.
Da trafen sich Blicke von gleicher Art
und das Herz wurde von Liebe erfaßt
in funkelndem Aufleuchten.
Da wurde durch den Blick der Liebenden
ein neues Feuer der Zuneigung entzündet
und ihrer beider Herz verwundet,
durch die Lust der Begierde erweckt.
Da hatte
Venus, die Herrin, in ihrer ganzen Macht,
so wie sie sich prunkend zu präsentieren pflegt,
ihr Zepter und ihr Diadem angelegt.
Die rätselhafte Wirkung der Einbildungskraft
verdoppelte sich in ihnen beiden
und wurde in gleicher Weise enthüllt.
So überlegte der Herr,
wie er vor ihr flanieren könne,
dort, wo sie zu sitzen pflegte.
Er fand keine Ruhe, weder nachts noch am Tag,
wenn er sie nicht sehen konnte
im Spähen nach Blicken der Liebe.
Die Zeit ging hin,
und der Graf konnte seine Gedanken
keine Minute von seiner Dame abwenden.
Schließlich ließ er seinen Lehrer kommen,
der ihm als Erzieher beigegeben war.
Er sagte: »Nun hör mir genau zu!
Die Luft in diesem Haus ist schlecht.
Wir wollen ausziehen.
Miete ein anderes Haus,

daz wir zu der letzen mügen gen
und hin heim dester sneller.
wir haben ein bœsen keller,
der win gewinnt trüebe var,
wir müezen in vil schier gar
ungetrunken lazen.«
do zeigte er in der strazen
ein hus, daz gegen ir über stuont,
zu der sin herz was verwunt.
daz tet er allez umb daz,
daz er mochte dester baz
die guoten in den ougen haben,
diu im sin herz het durchgraben.

Daz hus daz wart bestanden.
diu minne mit irn banden
ir beider herze bestrickte.
darzu frou Venus schickte
iren boten, der daz warp,
daz diu liebe nicht verdarp.
wan *in* sin sende not betwanc,
zehant er siner frouwen sanc
daz beste, daz er kunde.
darnach in manger stunde
warf si im ir kleinœde
ze zeichen, daz diu lieb nicht œde
wer, die si gen im truog.
do was der selbe herre kluog
und truog die liebe tougenlich,
daz niemen was so sinnenrich,
der des inne wurde,
wie er der minne burde
truog an sinem herzen
mit senlichen smerzen.
nu dunkt ez manigen ere sin,
wenn er ein herzenfrouwelin
hat und ez diu menig weiz.
dem wünsch ich, daz gelückes kreiz

damit wir schneller zur Vorlesung
und nach Hause kommen.
Wir haben einen schlechten Keller,
der Wein wird da trübe,
wir können ihn ja
gar nicht mehr trinken.«
Er zeigte ihm in jener Straße
ein Haus, das dem der Frau gegenüber lag,
die ihn im Herzen verwundet hatte.
Das machte er alles dafür,
daß er die Edle noch besser
im Auge haben könne,
die sein Herz durchbohrt hatte.
Das Haus wurde gemietet.
Die Minne umschloß mit ihren Fesseln
ihrer beider Herz.
Dazu sandte noch die Göttin Venus
ihren Boten, der dafür sorgte,
daß die Liebe nicht nachließ.
Wenn ihn die Sehnsucht überfiel,
sang er für seine Dame
das Schönste, worauf er sich verstand.
Darauf warf sie ihm oft
ein Schmuckstück zu,
zum Zeichen dafür, daß die Liebe nicht gering war,
die sie ihm gegenüber empfand.
Der Herr handelte überlegt
und pflegte seine Liebe im verborgenen,
und niemand war so scharfsinnig,
daß er merken konnte,
wie die Last der Minne
sein Herz beschwerte
mit sehnsuchtsvollem Schmerz.
Heute hält manch einer es für ehrenvoll,
wenn er eine Geliebte
hat und die Leute es wissen.
Dem wünsche ich, daß das wandelbare Glück

im nimmer geb lieplich zil,
der so von frouwen rüemen wil.
Als ich die rede kürzen sol:
diu juncfrou was gedenke vol,
wie er möcht komen zuo ir.
ir lust und aller irs herzen gir
was nach dem selben helde fruot,
swie sie sere was behuot
selbander mit der alten meit.
der het sie lange nu geseit,
wie gern si bi ir wolt haben
iren jungen dienestknaben.
diu alte gap ir ein rat,
daz si iren vater bat
umb siden aller leie var,
waz sie ir bedörft ein jar.
ir vater schuof daz alzehant:
waz man von schœnen dingen vant
uf Grant Pont und anderswa,
waz man der schœnsten siden da
in den kramen fünde,
waz si ir verwürken künde
ein ganz jar und dennoch mer,
daz ez ir kurzewile wer.
vil schœn kremeri man fant,
vil mer, dan ein ganz lant
immer künd vergelden gar.
man kouft der juncfrouwen dar
von siden und von golde,
waz sie des selben wolde.
daz wart ir hin heim gebracht.
do het diu juncfrou wol bedacht,
wie sie die siden vernæte.
ein seil sie davon dræte,
daz zu der erden solt reichen.
do gap sie dem herren zeichen,
wie *daz* er zu ir keme,

ihn niemals ans Ziel seiner Liebe gelangen läßt,
der so mit Frauen prahlt.
Um es abzukürzen:
Das Fräulein überlegte hin und her,
wie er zu ihr kommen könne.
Ihr Verlangen und alles Begehren ihres Herzens
richtete sich auf den artigen Helden,
wie sehr sie auch unter der Aufsicht
der alten Zofe stand, die bei ihr war.
Der hatte sie schließlich gesagt,
wie gerne sie ihn bei sich haben wollte,
ihren jungen Verehrer.
Die Alte riet ihr,
sie solle ihren Vater
um Seide der unterschiedlichsten Farben bitten,
so viel sie für ein Jahr brauchte.
Ihr Vater ließ das sogleich beschaffen:
Alles, was man an schönen Dingen auftreiben konnte,
auf dem Grand Pont und sonstwo,
alles, was man an schönster Seide
in den Geschäften fand,
so viel, wie sie verarbeiten konnte
in einem ganzen Jahr und mehr,
damit sie Abwechslung habe.
Viele schöne Waren trug man zusammen,
viel mehr, als ein ganzes Land
jemals hätte bezahlen können.
Man kaufte für das Fräulein
aus Seide und aus Gold
alles, was sie wollte.
Das wurde ihr nach Hause gebracht.
Das Fräulein hatte aber genau überlegt,
wie sie die Seide verarbeiten wollte.
Sie drehte ein Seil daraus,
das bis zur Erde reichen sollte.
Dann gab sie dem Herrn Zeichen:
er möge zu ihr kommen,

als in beiden wol gezeme.
vil ser sin herz krachte,
e daz der tag benachte,
vor lieb, als ez wol billich ist,
wa man so liepliche frist
git durch liebes minne
mit vorbedachtem sinne.
Nu der tag ze ende kam,
diu juncfrou ein schiben nam,
daran ein winde was gemacht,
damit sie gar manger slacht
uf want, des ir notdurft was,
daz sie tranc und daz sie az.
den sidenstranc sie daran hie,
zu der erden sie in lie.
der juncherr nam des war
und lief in hohem muote dar,
daz alle sine knechte
nicht westen rechte,
wa er were hingekart.
do er uf gewunden wart,
wie fro ze himel er do fuor,
do er die guldinen snuor
so schœn sach gedrungen,
damit man den jungen
uf want und den edlen last,
den lieben und den werden gast.
er wart so lieplich gekust!
nach minniclicher liebe lust
sie sprach: »Nu mich immer wol,
daz ich mich din genieten sol,
du vil hochgeborne frucht!
wol mich der seldenbernden flucht,
daz du zu mir bist her geflogen
und ich dich zu mir han gezogen!
nu han ich allez, des ich ger.
al min sendez herze*ser*

so, wie es gut sei für sie beide.
Sein Herz hüpfte vor Freude,
noch bevor die Nacht hereinbrach –
aus Liebe, wie es sich eben gehört,
wenn man eine so vielversprechende Verabredung
für das Glück der Liebe trifft
aus wohlerwogenem Plan.
Als der Tag nun zu Ende ging,
da nahm das Fräulein ein Rad,
an dem eine Winde befestigt war,
mit der sie allerlei
nach oben zog, was sie benötigte,
Essen und Getränke.
Sie hängte das seidene Seil daran
und ließ es hinunter zum Boden.
Der junge Herr bemerkte das
und lief in freudiger Erregung hin,
und alle seine Knechte
wußten nicht recht,
wo er hingekommen war.
Als er nach oben gezogen wurde,
wie glücklich fuhr er da gen Himmel,
da er das goldene Seil
so kräftig gewunden sah,
mit dem man diese junge
und vornehme Last nach oben zog,
den geliebten und geschätzten Gast!
Er wurde so herzlich geküßt!
Nach der Freude inniger Liebe
sagte sie: »Nun will ich für immer gesegnet sein,
da ich Dich erobert habe,
Du edler Sproß.
Heil mir für diesen glückhaften Flug,
daß Du zu mir geflogen bist
und ich Dich an mich gezogen habe.
Jetzt habe ich alles, was ich will.
All mein schmerzliches Sehnen

ist ze freuden nu gewant,
leit mich liebes hat gemant.
so kund mir nimmer baz geschehen,
daz ich dich stets solt sehen,
min liep, min zart, mins herzen trut
und ich din minnicliche brut,
am*is*, *mon* dus amis,
au toy mon chor *est* mis.
bin ich dir liep, als du mir bist?«
»juncfrou, mir niemen lieber ist.«
»herzenliep, du schimpfest lichte.«
»nein ich, liebez liep, ich bichte:
min herz ganz tun *kunt* ich dir,
liep, du soltz gelouben mir!«
zahei, wie lieplich ez da wart
nach der minniclichen art
liep zu liebe gesmucket,
mit armen zu gedrucket
dick nach beider willekür.
niement mit swerten stuont dafür,
der in ir schimphel werte,
des da ir herz gerte.
von *übriger* liebe
wart dem minnediebe
sin gerndez herze da verwunt,
daz ez in freuden da bestuont
ufgeslozzen und *er*starp.
also der liebe gast verdarp
in so minniclicher phlicht.
diu juncfrou sach die geschicht.
si sprach: »min lieber buole zart,
wie hat din varwe sich verkart?
red mir zu, mins herzen trut!«
do *hiez* die minnicliche brut
ir ein wazzer bringen
und het den gedingen,

hat sich in Freude verwandelt,
Leid hat mich zur Wonne geleitet.
Besseres konnte mir nicht widerfahren,
als daß ich Dich immer sehen darf,
mein Geliebter, mein Holder, Freund meines Herzens,
und ich, Deine zärtliche Braut,
amis, mon doux amis,
au toi mon cœur est mis.
Bin ich Dir so lieb wie Du mir?«
»Mein Fräulein, niemanden liebe ich mehr.«
»Geliebter, Du scherzt vielleicht?«
»Gewiß nicht, geliebtes Herz, ich lege ein
Bekenntnis ab:
mein ganzes Herz lege ich Dir offen,
Freundin, das mußt Du mir glauben!«
O Glück! Wie innig wurde da,
wie es der Liebe Art ist,
Freund an Freundin gedrückt
und mit den Armen umfangen,
so wie beide es sich wünschten.
Niemand stellte sich mit dem Schwert dazwischen,
der ihnen das Vergnügen gestört hätte,
das sie mit ganzem Herzen begehrten.
Durch übermäßige Liebe
wurde da dem Herzensbrecher
sein verlangendes Herz so verwundet,
daß es im Glück sich öffnend
stehenblieb und starb.
So ging der geliebte Freund zugrunde
im Dienste der Minne.
Das Fräulein sah, was sich ereignet hatte.
Sie rief: »Mein innig geliebter, zärtlicher Freund,
wie hat Deine Farbe sich verändert?
Sprich zu mir, Freund meines Herzens!«
Die liebende Frau
ließ Wasser bringen
und hoffte,

daz im ein amacht wer bekomen.
*sch*ier daz wazzer wart genomen,
daz man an in swancte.
waz man in besprancte,
daz half leider kleine.
do nam diu zart, diu reine
einen win in ir mündelin
und gap dem lieben friundelin
ze trinken uz ir selbes munt
und kust in mer wan tusentstunt.
waz si in vil gekuste
und dructen ze ir bruste,
er was ie ein toter man.
vil lute si schrigen bega*n*
von so jemerlicher not,
daz ir zartez mündel rot
und aller ir lip wart missevar,
der von schœne was so klar
gewesen nach trutlicher acht.
si hielt in *an* die dritte nacht,
vil dick si in kust toten
mit irem munt so roten,
ir lieben juncherren.
von übergrozen sweren
ir herz begund temeren.
ir wüeten und wemeren,
schrigen und hantslagen
und iren lieben gesellen klagen
möcht ein herze erbarmt haben,
daz uz eim stein were graben.

Ach Minne, wa wer du do,
do din junger diener so
jemerlich verlos den lip?
Venus, frou, daz selbe schrip!
ich wilz mit ir halten,
daz sie des gewalten
ha*be*, waz do ist geschehen.

daß er in Ohnmacht gefallen sei.
Rasch nahm man das Wasser
und benetzte ihn damit.
Wie sehr man ihn auch besprengte,
es half leider wenig.
Da nahm die Holde, Reine
Wein in ihren Mund
und gab dem zärtlich Geliebten
aus ihrem Mund zu trinken
und küßte ihn mehr als tausendmal.
Wie sehr sie ihn auch küßte
und an ihre Brust drückte,
er war und blieb ein toter Mann.
Laut fing sie an zu schreien
aus so schrecklichem Leid,
daß ihr zarter roter Mund
und ihr ganzer Leib alle Farbe verloren,
die doch vorher so strahlend
gewesen waren in der herzlichen Umarmung.
Sie hielt ihn bis zur dritten Nacht in den Armen,
immer wieder küßte sie den Toten
mit ihrem roten Mund,
ihren geliebten jungen Herrn.
Aus übergroßem Schmerz
begann ihr Herz zu hämmern.
Ihr Toben und ihr Wimmern,
ihr Schreien und ihr Händeringen
und ihre Klagen um den geliebten Freund
hätten ein Herz erbarmen müssen,
das aus Stein gemeißelt ist.

O Minne, wo warst Du da,
als Dein junger Diener so
jammervoll sein Leben verlor?
Venus, Herrin, schreib das auf!
Ich will ihr zugestehen,
daß sie die Gewalt hatte
über das, was hier geschehen ist.

zwar nu wil ich immer jehen,
daz sie nicht ganze triuwe hat,
daz sie iren diener lat
verderben in so lieber frist.
wa neme du den snœden list?
nu heizest du nicht minne,
niwer dieners morderinne.
Nu wart der armen meide
liep gewant zu leide.
si schrei niwer ach und we.
dem diu zarte juncfrou e
iren lip het gespart,
der schœne was, so zart,
der lag nu an ir arme tot.
ouwe der jemerlichen not!
waz si freuden het gehabt,
damit ir herze was gelabt
von hunger senlicher ger,
nu lief ez allez wider*ker*,
aller lieb ein vesper,
recht als ein grüenez zesper,
daz den anehanc verbirt,
daz *ez* wider dürre wirt.
so was ir grüenez herze val
worden in so grozer qual,
daz sich sin bluot so verderte
und geliche sîn ande die frucht versperte.
und wie diu turteltube
trinkt wan wazzer trüebe,
wen sie ires gaten mist,
also was ouch ir erwist
daz herz in jamers klanken.
amechtic ane wanken
was ir herzen dürrez zwi,
ja was ir freude niendert bi.
so het sie sich verwandelt

Aber wahrhaftig, ich werde immer sagen müssen,
daß ihr wahre Treue fremd ist,
wenn sie ihren Diener
bei so schönem Anlaß zugrunde gehen läßt.
Woher hast Du diesen bösen Trick genommen?
Du heißt ja nicht Minne,
sondern Mörderin Deines Dieners.
Nun verkehrte sich für das arme Mädchen
Freude in Leid.
Sie schrie immer nur ach und weh.
Der, für den das schöne Fräulein vorher
ihren Leib bewahrt hatte,
der schön war und so fein,
der lag nun tot in ihren Armen.
O weh über diese jammervolle Not!
Was sie vorher an Freuden erlebt hatte,
womit ihr Herz gelabt worden war
im Hunger sehnsuchtsvollen Begehrens,
das verkehrte sich nun alles ins Gegenteil,
eine Leidenszeit für alle Liebe,
gerade wie ein grünes Reis,
das der Feuchtigkeit entbehrt
und wieder dürr wird.
So war ihr grünendes Herz bleich
geworden durch das große Leid,
daß seine Blüte so verdorrte
und in gleicher Weise sein Schmerz die Frucht verhinderte.
Und wie die Turteltaube
nur noch trübes Wasser trinkt,
wenn sie ihren Gatten verloren hat,
so war auch ihr das Herz
in den Ketten des Jammers ermattet.
Ohnmächtig ohne Halt
war das verdorrte Reis ihres Herzens,
Freude war ihr fürwahr für alle Zukunft fremd.
So war sie ganz verfallen,

als einer, der verhandelt
wirt an eines andern stat.
Diu juncfrou die alten bat,
daz sie ir gebe rete,
wie sie nu getete,
daz man sin nicht würd inne.
do sprach diu dienerinne:
»ich rat iu wol daz beste:
wir suln in vernejen veste
in ein tuch, daz guldin si,
und suln in da selben bi
binden an daz seil wider
und lazen in an die strazen nider.
so sult ir warten, ob ir sit
so starc, daz *ir* zu der zit
in zu iu ziecht aleine.
merket, wie ichz meine:
ziecht ir in eine, so weiz ich daz,
daz ir mich dester baz
muget heruf gewinden.
so wil ich mich dan binden
an den stranc und lazen
mich zu im in die strazen
und tragen in fur ein ander hus.
so weiz man nicht, daz er hie uz
ist getragen, der selbe knabe.
so kume wir sin mit eren abe.«
Do sprach aber diu liebe maget:
»daz si immer Got geklaget,
sol ich mich von im scheiden so,
daz ich nicht weiz, wie und wo
er belibt, der hochgeborn,
den ich ze liep mir het erkorn.
nu wolt ich gerne kiesen,
daz ich solt verliesen,

wie einer, der
für einen anderen mißhandelt wird.
Das Fräulein bat die alte Zofe,
ihr zu raten,
was sie nun tun solle,
damit niemand etwas merke.
Die Dienerin sagte:
»Der beste Rat ist:
wir nähen ihn eng
in ein Tuch, das golden sein mag,
und binden ihn so
wieder an das Seil
und lassen ihn auf die Straße hinunter.
Dann müßt ihr zusehen, ob ihr anschließend
so stark seid, daß Ihr ihn zum rechten Zeitpunkt
alleine zu Euch hochzieht.
Paßt auf, wie ich mir das vorstelle:
Wenn Ihr ihn alleine ziehen könnt, dann weiß ich,
daß Ihr noch leichter
mich heraufziehen könnt.
Dann will ich mich
an das Seil binden und
mich zu ihm auf die Straße hinunterlassen
und ihn zu einem anderen Haus tragen.
Dann weiß man nicht, daß er hier
herausgetragen worden ist, dieser Jüngling.
So werden wir ihn mit Anstand los.«
Da erwiderte jedoch das holde Mädchen:
»Darüber müßte immerzu vor Gott Klage geführt werden,
wenn ich so von ihm Abschied nähme
und nicht einmal wüßte, wie und wo
er geblieben ist, der edle Mann,
den ich mir als Geliebten erwählt habe.
Gerne würde ich es hinnehmen,
hier und jetzt

iezunt hie min selbes leben
und wolt ouch vil gern geben
min leben und da*nn*och mere,
daz er niur lebendic were!«
Diu alte sprach: »Daz hilfet nicht.
unser klagen ist enwicht.«
den graven si vernete.
do wart ez nu gar spete,
daz es niemant da gienc.
wie kleglich si in umbvienc
mit jemerliche*m* schrien!
da huop sich ein gekrien
von der schœnen maget,
daz nie so wart geklaget,
e daz si in von ir geliez.
dick sie ir altfrouwen hiez,
daz sie in nicht bünde zuo,
daz scheiden were noch ze fruo;
wie ungerne si ez begunde sehen,
doch muoste ez geschehen.
ach wie jemerlich si sach
irem juncherren nach,
do in diu dienerin truog!
vil ser sie an ir herze sluog,
als sie der jamer note.
wan daz sie sich nicht tote,
daz ander tet sie allez gar.
do kom diu altfrou wider dar
für den turn, daz sis ufwant,
als si ir vor het genant.
Des morgens man funden hat
den graven in so schœner wat,
als einem herren wol zam.
der burger sin ser erkam,
für *des* hus er was getragen.
vil liute stuonden da engagen.
daz tuoch man uftrante,

mein eigenes Leben zu verlieren,
und noch mehr als mein Leben
gäbe ich hin,
wenn er nur wieder lebendig würde.«
  Die Zofe sagte: »Das hilft nichts.
Unser Klagen ist umsonst.«
Sie nähte den Grafen ein.
Inzwischen war es so spät geworden,
daß niemand mehr auf der Straße war.
Wie traurig sie ihn
in heftigem Jammer umarmte!
Dieses schöne Mädchen
erhob ein Klagegeschrei,
wie noch nie geklagt worden war,
bevor sie ihn verlor.
Immer wieder bat sie ihre Zofe,
ihn noch nicht zuzubinden,
es sei noch zu früh für die Trennung;
so ungern sie es auch sah,
es mußte schließlich doch sein.
Ach, wie unglücklich
blickte sie ihrem Herrn nach,
als die Zofe ihn wegtrug!
Heftig schlug sie sich an die Brust,
so bedrängte sie das Leid.
Gerade daß sie sich nicht tötete,
alles andere tat sie sich an.
Die Zofe kam dann wieder zurück
zum Turm, damit sie sie hochzog,
wie sie es ihr vorher erklärt hatte.
  Am Morgen fand man
den Grafen in so prunkvoller Einkleidung,
wie es sich für einen großen Herrn gehörte.
Der Bürger erschrak heftig,
vor dessen Haus er gelegt worden war.
Viele Leute standen da herum.
Man schnitt das Tuch auf,

zehant man in irkante.
sime gesinde man hiez sagen,
daz ir herre wer erslagen.
die heten in an den dritten tag
gesuocht und komen, da er lag.
do si in toten funden,
si suochten im die wunden,
wavon er het den tot genomen.
si wurden betrüebt und erkomen,
ir ougen begunden zeheren
umb iren jungen herren
und westen nicht, wie daz er hiet
den lip verlorn, do er verschiet.
si huoben in uf ze tragen,
die liute wurden klagen
von grozer mitlidunge.
do wart der grave junge
in sine herberge bracht.
schier het man im gemacht
von bretern einen totensarc,
darin man den helt verbarc.
   Diu juncfrou des innen wart,
daz man den herren an der vart
wolt zer kirchen bringen
und man im nu solt singen
messe vür die sele sin.
do hiez diu herzenbrecherin
iren vater komen zu ir.
er sprach: »kint, waz wilt du mir?«
sie bat, daz er sie wolt gewern
einer bete. er sprach »gern«.
sie sprach: »vater, ich bit dich,
als liep und du habest mich,
daz ez mit dinem willen ste,
daz ich hiut ze kirchen ge
und im opfer dar trage.
man klagt so jemerliche klage,

und sofort erkannte man ihn.
Seinen Dienern ließ man bestellen,
daß ihr Herr erschlagen sei.
Die hatten ihn schon drei Tage
gesucht und kamen nun dorthin, wo er lag.
Als er tot vor ihnen lag,
da suchten sie nach der Wunde,
die ihm den Tod gebracht hatte.
Trauer erfaßte sie und Schrecken,
Tränen traten ihnen in die Augen
wegen ihres jungen Herrn,
und sie wußten nicht, auf welche Weise er
ums Leben gekommen war, als er starb.
Sie hoben ihn auf und trugen ihn weg.
Die Leute verfielen in lautes Klagen
aus heftigem Mitgefühl.
Der junge Graf wurde
in seine Herberge gebracht.
Eilends zimmerte man ihm
aus Brettern einen Sarg,
in den man den Ritter bettete.
Das Fräulein erfuhr,
daß man den Herrn sogleich
in die Kirche bringen wolle
und man ihm
eine Seelenmesse singen werde.
Da bat sie, die ihm das Herz gebrochen hatte,
ihren Vater zu sich.
Er sagte: »Kind, was möchtest Du von mir?«
Sie bat ihn, ihr eine Bitte zu gewähren.
Er sagte: »Gerne.«
Sie antwortete: »Vater, ich bitte Dich,
bei Deiner Liebe zu mir,
daß Du Dein Einverständnis dazu gibst,
daß ich heute in die Kirche gehe
und ihm das Totenopfer bringe.
Man klagt so jammervoll,

daz der herr ermordet si,
der uns nahen was dabi
gesezzen uber die strazen.
darumb sol ich nicht lazen,
ich sülle ouch gen aldar,
wa man die liche mit der bar
zu der kirchen tragen sol.
daz zimt unsern eren wol.«
ir vater sprach: »Daz ist vil guot,
daz sich, liebz kint, din muot
also nach eren stellet,
wie wol mir daz gevellet!
daz si dir erloubet hiute,
wan manger hande liute,
die du da wirst schouwen
von mannen und von frouwen,
der kumt vil zu der begraft.«
wie diu juncfrou *was* behaft
mit übergrozen smerzen,
doch was irem herzen
ein wenic senfter, daz si solde
ze kirchen gen, diu holde.
Do si nu ze kirchen kam,
vil mangen des wunder nam,
daz si was uzgangen.
ein teil begund erlangen
der jungen studenden,
daz sie niur erkenden
die juncfrou, diu so schœne was,
daz vil maniger nicht las
des paternosters gebet
vür des herren selgeret,
si blicten alle die juncfrou an.
do man nu opferen began,
diu arme meit ellende
nam do ir gebende
und bracht ez ze opfer dar

daß jener Herr ermordet worden sei,
der ganz nahe bei uns
auf der anderen Seite der Straße gewohnt hat.
Deshalb will ich nicht darauf verzichten,
auch zum Altar zu treten,
wenn man den Leichnam auf der Bahre
in die Kirche tragen wird.
Das ist gut für unser Ansehen.«
Ihr Vater sagte: »Das ist schön,
mein liebes Kind, daß Dein Sinn
so sehr nach Ehre strebt.
Das macht mir große Freude.
Es sei Dir gestattet,
denn viele Leute,
die Du dann ja sehen wirst,
Männer und Frauen,
werden zu diesem Begräbnis kommen.«
Wie sehr das Fräulein auch bedrückt war
durch ihren übergroßen Schmerz,
es war ihr doch
etwas leichter ums Herz, weil sie
zur Kirche gehen durfte, das holde Mädchen.
Als sie nun in die Kirche kam,
wunderte sich manch einer darüber,
daß sie aus dem Haus gegangen war.
Einige von den jungen Studenten
begannen sich zu langweilen,
und sie schauten nur
auf das Fräulein, das so schön war,
und mancher sprach deswegen nicht
das Paternoster
für das Seelenheil des Herrn,
sie schauten alle nur das Mädchen an.
Als man nun zum Opfergang schritt,
da nahm das unglückliche, arme Fräulein
ihre Haube
und brachte sie als Opfer

dem priester uf den altar.
die liute wunder namen,
die da ze kirchen kamen,
wie sie daz meinte.
vil ser ir herze weinte,
wie *gar* ir ougel daz verbarc.
der priester gie zu dem sarc
und gap im kristenlichen segen.
do man in solde legen,
den minnen marterere,
daz volk nam die kere;
do der tote wart ufgeladen,
daz man in solt bestaden,
diu arme mocht nicht gelan,
si muost ouch dar gan
nach irem lieben trutgespil.
da was guoter liute vil,
die wichen alle vor ir,
da was manic frouwe zier,
und do sie hinzugetrat,
innercliche sie do bat,
daz man in lieze schouwen sie.
do man nu daz bret uflie
von sinem antlütze bleich,
leidic sie hinzusleich,
uf iren gesellen sie do viel,
irs herzen leit sie nicht verhiel,
ir ougen begunden si*m*eren,
hechsen und wi*m*eren
und allez daz ein mensch sol
vor leit tuon, daz tet sie wol.

Daz volc het ein gedrenge,
jeder man het *ez* enge
und sich vür den andern brach,
daz er niwer den jamer sach,
wie di zarte kirrte
und iren lip verdirrte.

vor dem Priester auf dem Altar dar.
Die Leute,
die zur Kirche gekommen waren,
wunderten sich, wie sie das wohl meine.
Ihr Herz weinte bitterlich,
wie sehr ihre Augen das auch verbargen.
Der Priester ging zum Sarg
und segnete ihn nach christlicher Art.
Als man ihn zu Grabe legen wollte,
den Märtyrer der Minne,
da wandte sich das Volk ab;
als der Tote hochgehoben wurde,
um bestattet zu werden,
da konnte sich die Arme nicht zurückhalten,
sie mußte da hin
zu ihrem innig geliebten Freund.
Da standen viele feine Leute,
die machten ihr alle Platz,
es waren da auch viele schöne Frauen,
und als sie hinzutrat,
da bat sie inständig,
daß man ihr erlaube, ihn anzusehen.
Als man nun das Brett hochhob
von seinem bleichen Antlitz,
da wankte sie schmerzerfüllt hin,
sie warf sich über ihren Geliebten,
ihren innigen Schmerz konnte sie nicht bezähmen,
ihre Augen fingen an zu klagen,
zu schluchzen und zu wimmern,
und alles, was ein Mensch im Unglück
tut, das tat sie auch.

Die Leute drängten zusammen,
allen wurde es eng
und jeder schob sich vor den anderen,
nur um den Jammer zu sehen,
wie das holde Mädchen schrie
und ihren Körper quälte.

si begund ir hen*del* twingen
und vast sich an in dringen
und schrei vor aller menge do:
»Min liebez liep, wie list du so,
daz liebst, daz ich ie gewan!
nu wil ich nimmer lebens han
und wil mich lan begraben mit dir.
sit so groze freude wir
han gehabt an lebene,
so wil ich wegen ebene
min leben zu diner not
und wil mit dir sterben tot.
ach barmherziger got,
laz iezunt wesen din gebot,
daz ich sterb in diser stunt!«
alda sie kuste sinen munt.
recht so der kus geschach,
do selbst ir liebez herze brach.
alda wart sie von got gewert
des todes, des sie het begert,
der da jemerlich geschach.
sie müest haben ungemach
und manic groze riuwe getriben,
wer si lebendic beliben.
also rach sie sinen tot
mit irem tod, als ir gebot
ir leit, ir riuwegez klagen,
des ir natur nicht kund vertragen:
sie muost *in* enbresten.
wa was nu blickes glesten,
wa was nu zweier herzen lust?
nu lag brust tot gen brust,
die sich heten e geschart
in so minneclicher art
und ungem*uo*ter triuwe.
da wart jamer niuwe

Sie rang die Hände
und drückte sich an ihn
und schrie vor der ganzen Menge:
»Mein Geliebter, Lieber, wie liegst Du hier so,
das Liebste, was mir jemals zuteil wurde!
Nun will auch ich nicht mehr leben
und will mit Dir begraben werden.
Da wir im Leben
so große Freude gehabt haben,
will ich
mein Leben Deinem Unglück gleichsetzen
und mit Dir den Tod finden.
Ach, barmherziger Gott,
gebiete Du,
daß ich jetzt sterbe!«
Sie küßte seinen Mund.
Gerade im Augenblick des Kusses
brach ihr liebendes Herz.
Damit gewährte ihr Gott
den Tod, den sie sich gewünscht hatte
und der in dieser Stunde so jammervoll vollzogen wurde.
Sie hätte großen Kummer
und übergroße Reue erdulden müssen,
wenn sie am Leben geblieben wäre.
So vergalt sie seinen Tod
mit ihrem Tod, wie es ihr
ihr Leid und ihre reuevolle Klage geboten hatten,
die sie im Innersten nicht ertragen konnte:
sie mußte ihnen entfliehen.
Wo war nun der Glanz der Blicke,
wo war die Freude ihrer beider Herzen?
Nun lag tot Brust gegen Brust,
die sich vorher
so liebevoll aneinander geschmiegt hatten
in unbeschwerter Zuneigung.
Da erneuerte sich die Klage

von aller der gemeine,
daz diu zarte reine
tot uf irem gesellen bleip,
darzu sie solcher jamer treip.
Ir vater nu hinzulief,
sinen knechten er do rief,
daz si die altfrou solten vahen,
diu stuont dem grabe nahen.
er begund si fragen der geschicht,
ob sie im saget icht,
wavon der jamer wer geschehen.
sie sprach: »Herr, ich wil verjehen.
uf iuwer gnade alle dinc.«
do seit si im den ursprinc,
wavon ez was zukomen,
daz sie der tot het benomen.
vil jemerlich er do sprach:
»ach daz din munt mir nicht verjach
von erst umb dise mere!
nu het ich sin doch ere,
daz ich ims het zer e geben.
ach wie habent sie ir leben
so gar jemerlich verlorn!
nu mag der grave hochgeborn
wol sinen lieben son klagen,
so muoz ich herzeleit ouch tragen
umb min einbornez kint.
uz minen ougen verswint,
daz ich dich nimmer gesehe
oder ich ze den knechten jehe,
daz man dich verderbe
zu des todes erbe!«
Do huop sich jamer unde not
von allen liuten, die sie tot
mit armen sahen umbvangen,
wie wengel lag gen wangen

in der ganzen Gesellschaft,
wie die zarte Holde
tot auf ihrem Geliebten lag;
dazu hatte sie dieses Unglück getrieben.
Ihr Vater lief nun herbei,
er rief seinen Dienern zu,
sie sollten die Zofe festhalten,
die neben dem Grab stand.
Er fragte sie danach,
ob sie ihm nicht sagen wolle,
was diesen Jammer ausgelöst habe.
Sie antwortete: »Herr, ich will
vertrauensvoll alles gestehen.«
Da erzählte sie ihm die Ursache,
woher es gekommen war,
daß der Tod sie ihm genommen hatte.
Voll Trauer sagte er:
»Ach, daß Du mir nicht
früher diese Geschichte erzählt hast!
Ich habe ihn doch so hoch geschätzt
und hätte sie ihm zur Frau gegeben.
Ach, wie haben sie ihr Leben
so unglücklich verloren!
Nun kann der hochgeborene Graf
seinen lieben Sohn beklagen,
und ich muß den Kummer ertragen
um mein einziges Kind.
Verschwinde aus meinen Augen,
damit ich Dich nie mehr sehe,
oder ich befehle den Knechten,
daß man Dich vernichte
und dem Tode weihe.«
Da erhob sich Jammern und Klagen
von all denen, die sie tot
in der Umarmung liegen sahen:
wie Wange an Wange lag,

so friuntlich gedrungen
und mund zu mund ge*tw*ungen,
die sich dick heten gekust
in so minniclicher lust.
do was süez worden sur
und leit was liebes nachgebur.
Ir vater sie ufheben liez
und in sin hus tragen hiez
mit einander beide
mit grozem herzeleide
und liez machen do von diln
den vil lieben trutgespiln
zu einander einen laden,
da man sie inne solt bestaden
des morgens zu der erden
mit solchen geberden,
als liep bi sim liebe lit.
sie wurden die selbe zit
zu einander do geleit
in den sarc mit trurekeit:
man begund ir arme lenken
und zu einander schrenken
und munt gen mund vüegt man eben.
da wart ein toter kus geben,
als ez lebend zimt wol,
wa lieb bi lieb wesen sol.
ir kinnel und ir wenglin,
ir lockel sam ein *sprenglin*
zinzerlich gewunden
wurden zu den stunden
mit *getlicher* maniere.
da wart der minne baniere
nider gedisparieret,
ir kleinod gefisimieret:
uf rotem veld ein nackent kint.
daz velt wart gelwer farwe blint.
also sie lagen jemerlich,

innig aneinander geschmiegt
und Mund an Mund gedrückt,
wie sie sich oft geküßt hatten
im Liebesglück.
Da war das Süße sauer geworden
und Leid war der Nachbar der Freude.
  Ihr Vater ließ sie wegtragen
und in sein Haus bringen;
beide zusammen
in großem Schmerz,
und er ließ aus Bohlen
den beiden Liebenden
gemeinsam einen Schrein machen,
in dem man sie bestatten sollte
am nächsten Morgen in der Erde,
und zwar in der Haltung,
in der ein Freund bei seiner Freundin liegt.
Sie wurden zu dieser Stunde
voll Trauer zueinander
in den Sarg gelegt:
man richtete ihre Arme
und verschränkte sie ineinander
und Mund drückte man auf Mund.
Da wurde ein toter Kuß gegeben,
wie er Lebenden wohl ansteht,
wo Liebende beieinander sind.
Ihr Kinn und ihre Wangen,
ihre Locken wurden wie ein Federbusch
zierlich umwunden
aus diesem Anlaß,
wie es sich nach der Mode schickte.
Das Banner der Liebe wurde da
niedergelegt und seines Schmuckes beraubt,
ihr Wappen zerrissen:
auf rotem Feld ein nacktes Kind.
Das Feld hatte seine gelbe Farbe verloren.
So lagen sie, ein Bild des Jammers,

die mit grozen freuden rich
al ir liebe het gemacht
nach naturlicher acht,
do sie lebendic waren,
e sie den lip verbaren.
also leit man sie nu dar
in so totlicher var,
die magt mit irem dienstknaben,
also wurden sie begraben.
Do was der minne melodia
von zwein zarten lieben da,
die nu zu erden wurden
nach elementen orden,
davon sie waren getirmet,
getempert und gevirmet.
den vergulten sie ir recht.
nu wart ir beider liebe slecht
ze erd *in ein* gemischet,
mit edler frucht gefrischet,
recht als sie bi iren jaren
ein lip und zwo selen waren,
recht geliche wart ein erd davon.
so wart naturen ouch ir lon
von zweien lieben kleinlich,
minniclich und reinlich.
got müez ir lieben selen phlegen
mit sinem gotlichen segen.
wer nu lieb *in* herzen treit,
der merkt wol lieb und leit,
wie einz bim andern huchet,
da liebe nicht enstruchet,
ob wol durch we wirt ver*w*irt,
daz sin honic ein galle wirt.
ez ist nicht anders wan verwegen,
wer *minn* und liebe wil phlegen.
*m*an sage, waz man welle sagen,
sie habent rechte liebe getragen.

die doch ihre Liebe
reich an Freuden gemacht hatte,
wie es der Natur entspricht,
als sie noch lebten,
ihr Leben noch nicht verloren hatten.
So legte man sie nun nieder,
bleich, wie der Tod sie gemacht hatte,
das Mädchen mit ihrem Verehrer,
so wurden sie begraben.

Da zeigte sich die süße Melodie der Liebe
an diesem liebenden Paar,
das jetzt zu Staub wurde
nach der Ordnung der Elemente,
nach der sie geschaffen worden waren,
zusammengemischt und befestigt.
Denen zollten sie ihren Tribut.
So wurde ihrer beider aufrechte Liebe
in der Erde ineinander gemischt
und mit edlen Aromen versetzt,
genau so, wie sie im Leben
ein Leib und zwei Seelen waren,
so wurde auch eine Erde aus ihnen.
So bekam auch die Natur ihren Teil
an diesem zierlichen,
liebenswerten, makellosen Paar.
Gott möge ihre geliebten Seelen beschützen
mit seinem Segen.
Wer Liebe im Herzen trägt,
der achte auf Freude und Leid,
wie beider Atem sich vermischt,
wo die Freude nicht ins Straucheln kommt,
wenn Wohl und Weh miteinander kämpfen
und der Honig zu Galle wird.
Es ist nichts anderes als eine Verwegenheit,
wenn einer Minne und Freude zugleich haben will.
Man kann sagen, was man will,
diese beiden haben die wahre Liebe erlebt.

Ach Got, durch die güete din
nu laz sie dir empholhen sin!
ez mocht *dich* doch erbarmen,
do sie mit toten armen
so zu einander wurden geleit.
wie mochtest du in haben verseit
imm*e* din himelriche,
do sie so liepliche
von rechter liebe sturben
und getriuwliche verdurben.
ob sie dan sünde habent getan,
die solt du, herr vater, lan
mit dem tod gebüezet wesen,
wan ich han dick gehoret lesen,
welch sünd nicht wider natur si,
da si so groze schult nicht bi,
als diu wider natur ist.
waz sie begiengen in der vrist,
daz was allz naturlich.
nu bist du doch gnadenrich,
nu bist du doch diu majestat,
diu al natur geschaffen hat,
nu bist du doch ein ursprinc
aller slachte dinc,
nu hast duz allez vor ersehen,
waz da ist und noch sol geschehen,
nu geb du menschen creatur
menlich und wiplich natur;
ob *die* natur ent*gu*stet,
daz sie lichte gelustet
nach widerspilndem bilde –
daz genus ist zwispilde,
*na*tur gert, menschheit ist kranc –,
so weiz doch, herre, din gedanc,
daz du ez hast kranc gemachet
und guotlich vor gesachet,
sie ist doch, herre, din geschaft.

Lieber Gott, in Deiner Güte,
laß sie Dir befohlen sein.
Es muß Dich doch erbarmen,
wie sie tot in der Umarmung
zueinander gelegt wurden.
Wie könntest Du sie
im Himmelreich abgewiesen haben,
da sie so innig
in wahrer Liebe starben
und in Verbundenheit untergingen.
Wenn sie gesündigt haben,
das mögest Du, Herr und Vater,
durch den Tod gebüßt sein lassen,
denn ich habe oft sagen hören,
daß eine Sünde, die nicht wider die Natur ist,
nicht so große Schuld verursache
wie eine, die ihr widerstrebt.
Was sie in ihrem Leben taten,
das folgte ganz der Natur.
Du bist doch voller Gnade,
Du bist doch die Majestät,
die die ganze Natur geschaffen hat,
Du bist doch der Ursprung
aller Dinge,
Du hast alles vorhergesehen,
was ist und fürderhin geschehen wird,
Du hast dem Menschen, Deinem Geschöpf,
männliche und weibliche Natur gegeben;
wenn die Natur in Unruhe gerät,
dann drängt es sie mit Macht
nach dem Gegenbild –
diese Gattung ist zwiefältig:
die Natur begehrt, der Mensch ist schwach –
dann weißt Du doch, Herr, in Deiner Weisheit,
daß Du sie schwach gemacht
und in ihrer Art so eingerichtet hast;
sie ist jedenfalls, Herr, Dein Geschöpf.

man rüemet ouch von diner kraft,
daz vor aller schulde
diner barmung hulde
tusentstunt grœzer si.
herr, da man ich dich bi,
daz sie din güete schirme
durch die gotliche virme,
diu ewiclich belibet.
sant Augustinus schribet,
wie daz *din* groze güete treit
verborgen barmherzekeit,
die der mensche nicht enweiz
noch der engelische kreiz;
dabi so bis gemant,
du vil edler heilant!

Man rühmt an Deiner Macht,
daß über alle Schuld
die Gnade Deines Erbarmens
tausendmal hinausreiche.
Herr, deswegen mahne ich Dich,
daß Deine Güte sie beschütze
mit der göttlichen Kraft,
die ewig bestehen bleibt.
Der heilige Augustinus schreibt,
daß Deine unendliche Güte
eine verborgene Barmherzigkeit enthält,
die der Mensch nicht erkennen kann
und auch nicht die Schar der Engel.
Daran sei erinnert,
edler Heiland.

VON PYRAMO UND THISBE, DEN ZWEIN LIEBEN GESCHAH VIL WÊ.

Künd ich sprechen oder sagen,
sô wolt *ich nicht* verdagen,
sagen von einem mær*e*
(daz ist alsô gewær*e*
und sicherlîchen wâr,
nicht gelogen umb ein hâr)
von der minne meisterschaft.
der gwalt und ir kraft
hie vor in alten zîten
in aller werlt sô wîten
was *sô* gar gezæme
und als gar genæme,
daz einz durch daz ander starp
und in der minne band verdarp,
als ich von zwein hôrt lesen
und wol wâr mac wesen.
triegen, liegen ist sô wert,
daz niemant *guoter minne gert*
noch stæte triuwe wil tragen.
dâ von wil ich iu sagen
von einer ganzen friuntschaft
und ouch von der minne kraft
diu vor zu einem mâl geschach,
als uns diu wârheit verjach.
Ze Babilôni wâren gesezzen
zwêne künige vermezzen,
die heten beide kint nicht mê
wan Pyramum und Tyspê.
bî ein ander stuond ir hûs.
der knabe der hiez Pyramus.

PYRAMUS UND THISBE

Verstünde ich mich darauf vorzutragen,
dann würde ich nicht länger schweigen
und eine Geschichte erzählen
(die ist verbürgt
und ganz bestimmt wahr
und nicht im geringsten gelogen)
über die Macht der Liebe.
Ihre Kraft und ihre Stärke
war einst in früheren Tagen
in der ganzen weiten Welt
so völlig unbestritten
und sogar so selbstverständlich,
daß einer für den anderen starb
und in den Fesseln der Liebe zu Tode kam,
wie ich es von zweien vortragen hörte
und wie es gewiß wahr sein wird.
Lügen und betrügen stehen heute so hoch im Kurs,
daß niemand mehr nach edler Liebe strebt
oder beständige Treue leben möchte.
Ich will Euch aber erzählen
von einer vollkommenen Liebe
und auch von der Macht der Minne,
wie sie einst einmal in Erscheinung trat
und wie uns der Wahrheit gemäß überliefert wurde.
In Babylonien lebten
zwei mächtige Könige,
die hatten beide nur ein Kind,
Pyramus und Thisbe.
Ihre Paläste standen nebeneinander.
Der junge Mann hieß Pyramus.

die herren wâren beide frô.
der zweier kint *seit* man dô,
si wæren sô gar wunniclîch
daz in niemant wær gelîch.
si wurden eines tags geborn
und wurden in einer nacht verlorn.
si begunden ein ander minnen
ê si sich kunden versinnen,
ê si sechs jâr wurden alt.
ir herze wart von minne kalt,
und *wolt* vor hitz verbrinnen
von *ir* stæt*en* minn*en*.
ditz triben si wol zehen jâr
ê sîn die liute *nâ*men wâr:
si begunden ez ze hove sagen.
si woltenz *lenger niht* vertragen.
daz wart den kinden leit,
als uns daz buoch seit.
des kômen diu kint in ungemach
und wurden beid an fröuden swach:
ir ietwederz wolt erlachen nie.
was ez daz man si *ze*samen lie,
ietwederz zuo dem andern sprach:
»wê mir wê und immer ach!
wes habent si sich versunnen,
daz si habent begunnen
uns von ein ander ze scheiden?
wes wil man uns leiden
des nieman solt achten noch,
und wæren wir vil elter joch
an lîbe und ouch an muote?
ach süezer got der guote,
ditz muoz uns gân ze herzen
und macht uns grôzen smerzen.
waz ist daz unser herze kelt,
dâ von der lîp sô gar verselt?
und ouwê, Minne, waz bist dû

Die Fürsten waren beide glücklich.
Von ihren Kindern erzählte man,
sie seien so schön gewesen,
daß ihnen niemand gleichkam.
Sie wurden am gleichen Tage geboren
und gingen in einer Nacht zugrunde.
Sie verliebten sich ineinander,
noch bevor sie das begreifen konnten;
sie waren noch keine sechs Jahre alt.
Ihr Herz erschauderte vor Kälte
und schien dann wieder vor Hitze zu brennen
wegen dieser unwandelbaren Liebe.
So lebten sie gut zehn Jahre lang,
bis die Leute es merkten:
Man erzählte es sich am Hof.
Sie wollten es nicht länger dulden.
Das brachte den jungen Leuten Leid,
wie uns unser Buch berichtet.
Dadurch stürzten sie ins Unglück
und verloren alle Freude;
keiner von ihnen lachte von da an mehr.
Ließ man sie zusammenkommen,
dann sagten sie zueinander nur:
»O weh und auf ewig ach,
was haben sie sich gedacht,
als sie
uns voneinander trennten?
Warum will man uns das verleiden,
was niemanden kümmern würde,
wenn wir älter wären
an Jahren und an Empfinden?
Ach lieber, barmherziger Gott,
das greift uns ans Herz
und schmerzt uns über die Maßen.
Was ist es, das unser Herz erkalten läßt,
und unser Leben verdunkelt?
Und Du, Minne, ach wer bist Du,

daz dû uns sô sêr keltest nû?
und solten wir dich strâfen,
wir schriren über dich wâfen,
wan wir nicht minnen kunnen
noch sîn nie begunnen.
ouwê herz und sinne,
wie müez*e* wir brinnen!
uns mîden vor den liuten!
waz sol daz bediuten?«

Solch red und dannoch mê
mit sô grôzem herzen wê
si mit ein ander *retten*,
wenn si sîn stat heten.
si wâren sô sêr behuot,
wie flîzic was ir sender muot,
daz si niht mochten *ein ander* zuo
weder spât noch fruo,
weder nacht noch tac,
wan dâ ein mûre lac,
diu die *veste* von ein ander schiet:
si mochten anders komen niet
ze reden wan durch ein want
vil hôch dâ diu mûre schrant.
des versach sich nieman.
ze allen zîten kômen si dran:
ietwederz nam des andern war
hinz daz in diu nacht gar
benam die kurzwîle.
recht als von eim phîle
ir herze wâren versêrt,
ir sendez leit gemêrt,
swenne si dannen muosten gân
und si einander muosten lân.
diu nacht wart in nie sô lanc:
als sêr si diu minne twanc.
in iren munt gar wênic kam,

daß Du uns jetzt so zu Eis erstarren läßt?
Dürften wir Dich tadeln,
dann fluchten wir Dir,
weil wir uns nicht lieben können
und damit noch nicht einmal den Anfang machten.
O Herz und Verstand,
Wie werden wir verbrennen!
Uns nicht sehen dürfen!
Was soll das nur bedeuten?«
Solche Worte und noch viel mehr
redeten sie voller Schmerz
miteinander
wenn sie Gelegenheit dazu hatten.
Sie standen aber so sehr unter Aufsicht,
daß sie, wie sehr sie sich in ihrer Sehnsucht auch bemühten,
nicht zueinander kommen konnten,
weder früh noch spät,
weder nachts noch am Tage,
denn es stand da eine Mauer,
die die beiden Burgen voneinander trennte:
sie konnten nur
durch eine Wand miteinander reden,
ganz oben, wo die Mauer Risse hatte.
Damit rechnete niemand.
Die ganze Zeit gingen sie da hin:
Jeder spürte den anderen,
bis ihnen die Nacht
diese Unterhaltung unmöglich machte.
Wie von einem Pfeil
waren ihre Herzen verletzt,
und ihr Sehnsuchtsschmerz steigerte sich,
wenn sie von dort weggehen
und voneinander lassen mußten.
Nie war ihnen die Nacht so lang geworden:
so sehr hatte die Liebe sie in ihrer Gewalt.
Kaum etwas nahmen sie zu sich,

des si ze spîse solten hân,
weder âz noch tranc.
diu Minne tet in manigen *twanc.*
si wâren vil nâch verdorben
und in der minne erstorben.
Ditz mochten si nit lîden mê.
dâ von sprach frouw Tyspê:
»Pyramus, mîn lieber âmîs,
macht dû nicht sîn als wîs
daz dû uns gebst einen rât
in der sache als ez nû stât?
wan mannes künne wîser ist
(sô vint uns etlîchen list)
und sterker danne der wî*be.*
ez mac nicht mê belîben,
wir müezen zuo ein ander kom*en*;
ez muoz uns immer *fromen*«,
sprach diu frou Tyspê:
»nâch dîner minne ist mir wê.«
»Tyspê, liebe frou mîn,
mîn sin ist kleiner dan der dîn.
nû gip uns, frou, dînen rât!
mîn freude alliu an dir stât;
dû bist mîns herzen wunne,
ein spiegel als diu sunne.
ich hân keinen rât dan den dîn;
waz dû nu râtest daz sol sîn.«
dô sprach diu reine guote
»betriegen sul wir die huote
noch hînacht vor der hane krât;
sô wirt unser vil guot rât.
der mâne ist lûter unde klâr;
unser nimt niemen war;
Frou Vênus, der minne meisterîn,
diu tuot uns lîcht ir hilfe schîn.
swer ie getrûte, der genas:
wir sullen dar zuo nicht sîn laz.

das ihnen als Speise geboten wurde,
kein Essen und kein Getränk.
Die Minne beherrschte sie ganz und gar.
Sie wären beinahe zugrunde gegangen
und an der Liebe gestorben.
Das konnten sie nicht mehr ertragen.
Deshalb sagte Thisbe:
»Pyramus, mein Geliebter,
Du bist doch gewiß so verständig,
daß Du uns raten kannst,
so wie die Sache nun steht.
Denn die Männer sind klüger
(und haben so manchen Einfall)
und stärker als die Frauen.
Es kann so nicht weitergehen,
wir müssen zueinander kommen:
das wird gut für uns sein«,
so redete Thisbe:
»Ich sehne mich nach Deiner Liebe.«
»Thisbe, geliebte Herrin,
mein Verstand ist geringer als der Deine,
gib Du uns, Angebetete, einen Rat!
Meine ganze Freude bist Du,
Du bist die Wonne meines Herzens,
ein Spiegel hell wie die Sonne.
Ich kenne nur den Rat, den Du mir gibst;
was Du rätst, das wird geschehen.«
Darauf sagte die unschuldige, edle Frau:
»Wir werden die Aufpasser täuschen,
noch heute, bevor der Hahn kräht;
damit wird uns geholfen sein.
Der Mond scheint hell und klar,
niemand wird uns bemerken.
Venus, die Beherrscherin der Liebe,
wird uns bestimmt ihre Hilfe zuteil werden lassen.
Wer etwas wagt, der gewinnt:
wir wollen da nicht zu zögerlich sein.

ein boum vor dem walde stât,
dâ man ab der strâzen gât
von der stat nicht verre:
dâ kan uns nicht gewerren.
ûf die liechten heide
sullen wir îlen beide
sô wir die wîle mügen hân;
daz süll wir durch niemen lân.«
dô sprach der schœne jüngelinc:
»mir gevallet wol daz dinc
daz dû uns nû hâst gerâten:
des volg ich dir vil drâte.
und ouwê süeziu minne,
dû hâst ouch gar mîn sinne,
Tyspê, gar in dîner hant!
dar umb sî mîn sêl dîn phant.
daz ist durch die minne dîn:
möcht ich ein keiser gesîn,
dir wolte ich wesen undertân;
ze einen knecht solt dû mich hân.
nâch dem und ez nû stât
hâst dû geben den besten rât.«
alsô schieden si von *hin*,
und heten doch manigen sin,
doch wâren ir *gedanke* grôz,
ir herze liten manigen stôz,
diu zît gie in mit sorgen hin,
si heten manegen grôzen pîn.
  Dô nû komen was diu zît
diu dem tag ein ende gît
und man si gân slâfen hiez
und man in die wîte liez
und in dem hûs über al
niemen hôrt keinen schal
und aller männiclîch slâfen was,
si wâren beide nicht ze laz
unde wâren wol behuot;

Ein Baum steht vor dem Wald,
nicht weit von der Stelle,
wo man von der Straße abbiegt:
da kann uns niemand stören.
Auf die lichte Heide
wollen wir beide eilen,
sobald die Zeit dazu ist;
niemand soll uns daran hindern.«
Darauf antwortete der schöne Jüngling:
»Das gefällt mir gut,
was Du uns rätst:
ich stimme Dir sofort zu.
Und ach süße Minne!
Du hast, liebe Thisbe, mein ganzes Denken
ganz und gar in Deiner Hand!
Dafür setze ich meine Seele als Pfand.
Dies geschieht aus Liebe zu Dir:
Und wenn ich Kaiser wäre,
wollte ich mich Dir unterwerfen;
sieh mich als Deinen Knecht an.
So wie die Dinge liegen,
hast Du den besten Rat gegeben.«
Mit diesen Worten trennten sie sich,
und es ging ihnen vieles durch den Kopf,
ihre Gedanken waren schwer,
ihr Herz erduldete manchen Schlag,
die Zeit verging ihnen in schweren Sorgen,
sie litten großen Schmerz.
Als nun die Stunde gekommen war,
die dem Tag ein Ende setzt,
und man sie schlafen schickte
und sie allein ließ
und im ganzen Haus
kein Ton mehr zu hören
und jedermann schlafen gegangen war,
da zögerten die beiden nicht lange;
sie waren sehr vorsichtig

si stâlen sich von der huot.
Tyspê diu tugentrîche,
diu was vil ungelîche
komen ûf die strâzen,
ê sich mocht abgelâzen
Pyramus ab der mûre;
daz im sît wart *sûre*.
Dô diu frou kom an die stat,
dâ si im daz zeichen geben hât
und si des herren nicht envant,
daz houbt nam si in die hant.
si sprach: »ouwê, lieber herre mîn,
wâ macht dû sô lange sîn?
wie ist mir diu zît sô lanc.
got geb uns guoten anevanc.«
dô si zuo ir selb alsô sprach,
einen lewen si komen sach.
er gie zuo dem brunnen sâ.
der boum was vil nâhen dâ,
dâ diu frou under saz.
ich wil ez iu bediuten baz,
war umb er zuo dem brunnen gie
und sich von dem walde lie:
er het ein rint gezzen.
dô was diu frouwe gesezzen,
biz daz er ûf den brunn gie.
diu frou ir kleider vallen lie
und flôch vil wunderbalde
hin gên dem wilden walde:
dâ verbarc si sich schône,
aller tugend ein krône.
der leo zuo den kleidern gie,
mit bluotegem munde er sie gevie,
von einander er si zart*e*,
mit bluot er si bewart*e*.
dô kom gegangen Pyramus:
ver*tw*elt het er sich in dem hûs:

und stahlen sich aus der Obhut der Aufpasser davon.
Thisbe, die vortreffliche Frau,
erreichte früher
die Straße,
noch bevor sich
Pyramus von der Mauer herunterlassen konnte.
Das wurde nachher noch schlimm für ihn.
Als die Frau an die Stelle kam,
die sie ihm bezeichnet hatte,
und den Mann nicht antraf,
nahm sie ihr Haupt in beide Hände.
Sie sagte: »O weh, mein geliebter Herr,
wo bist Du so lange?
Wie wird mir die Zeit lang.
Gott gebe, daß alles sich gut anläßt.«
Als sie so mit sich redete,
sah sie einen Löwen kommen.
Er ging direkt auf den Brunnen zu.
Der Baum, unter dem die Dame saß,
stand gleich daneben.
Ich will Euch genau erklären,
warum er zum Brunnen ging
und den Wald verließ:
Er hatte einen Ochsen verspeist.
Die Dame blieb sitzen,
bis er zum Brunnen kam,
dann ließ sie ihre Kleider fallen
und floh in Windeseile
in den finsteren Wald:
dort versteckte sie sich sorgsam,
der Inbegriff aller Tugenden.
Der Löwe trottete zu den Kleidern,
er packte sie mit seinem blutigen Maul,
zerrte sie auseinander
und beschmierte sie mit Blut.
Da kam Pyramus:
er war im Haus aufgehalten worden.

er vant diu kleider bluoticvar.
gar bald nam er ir war;
mit den armen er si umb vie,
als sie der leo ligen lie.
owê mir hiut und immer wê!
ich muoz von schulden sagen mê.
ach got, wer künd gesagen daz
waz leides in sînem herzen was?
ûz dem houbt brach er daz hâr
mit den henden, daz ist wâr,
daz gewant ab dem lîbe.
ez wart nâch einem wîbe
nie sô grôz ungehabe.
mit den nageln zart er abe
daz fleisch mit der hiute.
er sprach: »sô wê mir hiute!
wê daz ich ie wart geborn!
durch mich hât si den lîp verlorn.
mîn wîp was si nie worden noch:
si het sô grôze triuwe doch
als wir tûsent jâr oder mêr
in ganzer lieb gelebt*en* her.
ô Tyspê tugentrîche,
wer wart dir ie gelîche
an zucht, an tugent, an sælekeit?
got het vil gar an dich geleit
swaz er ie het versunnen,
sît diu werlt leben kunde,
an allen guoten wîben.
ich mag ez lân belîben,
dîn lop, dîn zucht, dîn grôziu tugent
wart nie gesehen in solch*er* jugent,
noch niemen möcht haben gezalt,
er wær wîse, junc oder alt,
waz an ir grôzen tugent lac
und waz si wîsheit *ph*lac.

Er fand die Kleider blutverschmiert.
Sofort fiel ihm das auf;
er nahm sie in die Hand,
so wie der Löwe sie liegen gelassen hatte.
O weh über mich, heute und immerdar!
Ich habe Grund, noch mehr zu klagen:
Ach Gott, wer könnte beschreiben,
welchen Jammer er im Herzen trug.
Er riß sich die Haare aus
mit seinen eigenen Händen, ich schwöre es,
und die Kleider riß er sich vom Leib.
Nie hat es wegen einer Frau
solche Klage gegeben.
Mit den Nägeln riß er sich
das Fleisch ab mitsamt der Haut.
Er sagte: »Fluch über mich an diesem Tag!
Fluch, daß ich jemals geboren wurde!
Meinetwegen hat sie das Leben verloren.
Sie war noch gar nicht meine Frau geworden!
Trotzdem besaß sie so große Treue,
als ob wir tausend Jahre oder mehr
in vollkommener Liebe zusammengelebt hätten.
O Thisbe, Du Vollkommene,
wer ist Dir jemals gleichgekommen
an Haltung, an Tugend, an Anmut?
Gott hat alles auf Dich verwandt,
was er jemals erdacht hat,
seit die Welt geschaffen wurde,
für alle edlen Frauen.
Auch wenn ich davon schweige:
Deine Ehre, Deine Sittsamkeit, Deine strahlende Tugend
hat man nie bei einer so jungen Frau erlebt.
Und niemand könnte beschreiben,
wäre er nun weise, jung oder alt,
wie vollkommen sie war
und über welche Klugheit sie verfügte.

wê mir, herr, diser nôt!
ist diu frouwe durch mich tôt,
daz weist dû wol, got der guote,
daz wende ich mit mînem bluote:
und west ich wer ez het getân,
er müest mir daz leben lân,
ez wær man oder tier,
ez würd im vergolten schier.
sîst dû ein tier, sô kum her
und bestant mich«, sprach er.
Als er daz wort volsprach,
den lewen er komen sach.
er ruoft in an mit grimme,
mit jæmerlicher stimme
sprach er zuo im: »du grimmez tier,
ez wirt dir vergolten schier
daz dû mir hâst getân:
ich muoz dich und dû mich bestân.«
daz wart fürbaz nicht gespart.
vil grimme er ûf den leon wart.
er stach den lewen, daz er gal,
durch daz herze hin ze tal.
alsô lac der lewe tôt,
erstochen in dem bluot *rôt*.
»owê, frou Tyspê,
waz was ich nicht komen ê?
owê, liebiu frou mîn,
und möcht ich für dich tôt sîn!
sît des nicht geschehen ist,
sô leb ich doch kein frist,
ich welle doch durch dich sterben.
möcht ich aber ê erwerben
umb dich, süezer herr Crist,
wan dû unser schepfer bist,
unser herr und unser got,
durch dîn miltez gebot,
daz dû unser sêlen liezest sîn

Weh mir, Herr, welches Unglück!
Wenn die Dame durch meine Schuld tot ist,
das sollst Du wissen, barmherziger Gott,
dann stehe ich mit meinem Blute dafür ein:
Wüßte ich, wer das getan hat,
er müßte das Leben lassen,
ob nun Mensch oder Tier,
es würde ihm auf der Stelle heimgezahlt.
Bist du ein Tier, dann komm
und tritt gegen mich an«, so rief er.
Als er das ausgesprochen hatte,
sah er den Löwen kommen.
Er rief ihn voller Zorn an,
mit klagender Stimme
sagte er zu ihm: »Du böses Vieh,
es wird Dir auf der Stelle heimgezahlt,
was Du mir angetan hast:
wir müssen gegeneinander antreten.«
Das wurde nicht weiter aufgeschoben.
Wütend ging er auf den Löwen los.
Er stach ihn, daß der aufbrüllte,
durch das Herz bis in den Grund.
So lag der Löwe tot,
erstochen in seinem roten Blut.
»O Thisbe, meine Herrin,
warum bin ich nicht früher gekommen?
O weh, geliebte Frau,
könnte ich an Deiner Stelle tot sein!
Da das nicht so ist,
will ich nicht mehr länger leben,
ich will Deinetwegen sterben.
Könnte ich aber doch vorher
bei Dir erbitten, Christus, gütiger Herr,
weil Du unser Schöpfer bist,
unser Herr und unser Gott,
daß Du in Deiner barmherzigen Macht
unsere Seelen

bî ein ander, swâ der wille dîn
si hin senden wolte.
wan dâ daz nicht ensolte
daz wir mit fröuden lebten noch
âne swær, sô wil ich doch
sterben durch dich,
daz du nicht varest âne mich
swâ er uns hin senden welle,
zu dem himel oder zu der helle.«
als er daz wort *volge*sprach,
sîn swert er durch sîn herze stach.

Mit dem selben kom gegân
diu frou von dem walde dan
her wider dâ si diu kleider lie.
herzen leit si dô gevie,
dô si die wârheit ervant
und ir recht wart bekant,
daz sich Pyramus het erstochen
und sîn leit dâ mite gerochen
durch irn willen. dô sin vant,
dô het er ir gewant
umbvangen mit den armen.
si sprach: »herrgot, lâ dirs erbarmen
die jæmerlîche nôt.
mîn lieber âmîs ist tôt.
lebst dû noch, sô sprich zuo mir,
wan ich was ie getriuwe dir,
sît ich mich êrst kunt verstân,
mit ganzen triuwen âne wân.«
si tet sô jæmerlîche
daz nie wart ir gelîche
mit klag umb keinen menschen nie
als frou Tyspê hete hie.
sus hôrt er si wuofen,
in hertzen leid ruofen.
wie sêr er mit dem tôde ranc,
doch er sîn ouge ûf twanc

bei einander sein ließest, wohin Dein Wille
sie auch immer schicken wird!
Denn da es nicht sein soll,
daß wir künftig im Glück
und ohne Qualen leben, so werde ich
für Dich sterben,
damit Du nicht ohne mich dorthin gehst,
wohin er uns schicken wird,
in den Himmel oder in die Hölle.«
Als er zu Ende gesprochen hatte,
stach er sich das Schwert durchs Herz.
Gerade da kam
die Frau aus dem Wald zurück,
dorthin, wo sie ihre Kleider zurückgelassen hatte.
Tiefer Schmerz erfaßte sie,
als sie die Wahrheit begriff
und ihr bewußt wurde,
daß Pyramus sich erstochen
und damit das Leid vergolten hatte,
das er ihretwegen litt. Als sie ihn fand,
hielt er ihre Kleider
in den Armen.
Sie rief: »Herr und Gott, erbarme Dich
über diese jammervolle Not.
Mein geliebter Freund ist tot.
Wenn es Dich noch gibt, dann sage ein Wort zu mir,
denn ich war Dir immer ergeben,
so lange ich denken kann,
in aufrichtiger Treue und ohne Falsch.«
Sie gebärdete sich so jammervoll,
daß noch nie in ähnlicher Weise
um einen Menschen geklagt wurde
wie hier durch Thisbe.
So hörte auch er sie klagen,
in ihrem tiefen Leid schreien.
Obgleich er mit dem Tode rang,
zwang er sich doch, die Augen zu öffnen,

und sach si jæmerlîchen an
vor im weinende stân.
sîn reden was gar dâ hin:
daz wart der frouwen ungewin.
alsô sach si in sterben
und durch ir minne verderben.
sie sprach: »herrgot, lâ dich erbarmen
über mich, Thysbe, vil armen.
daz *ist* ein nôt vor aller nôt
daz ich muoz sehen dînen tôt
und ich dir nicht gehelfen mac
und alli*u* tugent an dir lac
und ich von herzen liebe scheide:
daz tuot mînem herzen leide.
ach süeziu reine bernde tugent,
miltez herze in reiner jugent,
ûz erweltiu minne,
waz gap dir ie die sinne
daz dû dir daz leben hâst benomen?
war umb was ich nicht ê komen?
daz muoz mich immer riuwen;
mîn leit daz muoz ich niuwen
an mir selben, daz ist wâr
und nicht erlogen umb ein hâr.
ich was dir liep und du mir sa
und was daz nicht gunterva.
des sol ich nicht vergezzen,
ich muoz dirs wider mezzen
recht als dû mir verlihen hâst.
dîn tôt ist mir ein überlast,
daz tôt mit tôde gelten muoz;
mir wirt anders nimmer buoz
daz ich dich verlorn hân.
owê, wie sol ez mir ergân!
mîn herze ist mir ze herte
zu dînes tôdes verte:

und blickte sie voller Trauer an,
wie sie weinend vor ihm stand.
Sprechen konnte er nicht mehr:
das war ein großes Unglück für die Dame.
So sah sie ihn sterben
und ihrer Liebe wegen zugrunde gehen.
Sie rief: »Mein Herr und Gott, erbarme Dich
über mich unglückliche Thisbe!
Dies ist ein Leid über alles Maß,
daß ich Deinen Tod mitansehen muß
und Dir nicht helfen kann,
wo Du doch alles Gute in Dir vereintest
und ich jetzt von meiner innigen Liebe getrennt werde:
das schmerzt mich tief im Herzen.
O Du liebe, reine, blühende Tugend,
Du gütiges Herz in seiner unschuldigen Jugend,
Du einzigartige Liebe,
was hat Dich nur dazu gebracht,
Dir das Leben zu nehmen?
Warum bin ich nicht früher gekommen?
Die Reue wird mich nie mehr loslassen.
Mein Leid wird sich an mir selbst
wiederholen, das ist gewiß wahr
und ganz und gar keine Phantasie.
Du hast mich geliebt und ich Dich ebenso;
und nichts war daran falsch.
Das werde ich nicht vergessen,
ich werde Dir das in gleicher Weise vergelten,
wie Du es mir geboten hast.
Dein Tod ist mir eine so große Last,
daß nur der Tod diesem Tod antworten kann;
eine andere Hilfe gibt es nicht dagegen,
daß ich Dich verloren habe.
O weh, was wird aus mir werden?
Mein Herz ist viel zu ungerührt
bei Deinem Tod:

ich solt von leide sîn tôt,
dô ich dich sach in diser nôt.
swer sich nû recht kan verstân
in ganzer minn, wie kan der lân
daz er mir nicht hilfet klagen,
daz hie ze tôde lit erslagen
mînes herzen wünne.
swer mir des nû günne,
dem müeze nimmer widerfaren
dar umb er sich alsô müez klagen.
swer nû mit minne sî begriffen
oder mit herzen lieb besliffen,
dem müez ez fürbaz ze herzen gân.
diu minne kan nicht mâze hân.
adel, schœne und rîchheit,
gewalt, sterke und wîsheit,
und waz man davon singt oder seit,
und waz ein mensche fröude treit,
der wirt vil gar vergezzen,
swe*n* minne hât besezzen.
wê mir, ach und immer wê,
mir vil armer Tyspê!
war umb sach ich nicht ander leit?
wan ez mir in mîn herz sneit.
von dînem tôde ist mir wê:
mîn herz smilzt als der snê.
swie wênic wir haben gelebt,
diu minne hât uns überstre*b*t.
des leides wirt nimmer rât.
dîn tôt mich nicht leben lât.
von dînem tôde ist mir wê.
ân dich wil ich nicht leben mê.
ach mîn liebiu muoter,
künic vater guoter,
iuwer groziu huot*e*
kumt uns nicht ze guot*e*.
iuwer vorcht hât uns verlorn.

ich hätte vor Schmerz tot niedersinken müssen,
als ich Dich in diesem Leid sah.
Einer, der etwas versteht
von wahrer Liebe, wie könnte der
mir nicht in der Klage darüber beistehen,
daß hier auf den Tod erschlagen
die Freude meines Herzens liegt.
Wer mir solches Mitgefühl zuteil werden läßt,
dem möge niemals etwas widerfahren,
was ihn selbst zu solcher Klage zwingt.
Wen die Minne gepackt hat
oder innige Liebe berührt,
dem möge sie für alle Zeit ans Herz greifen.
Minne kann nicht maßhalten.
Adel, Schönheit und Reichtum,
Macht, Stärke und Klugheit,
alles, wovon man singt und sagt
und was dem Menschen Freude bringt,
das gerät dem völlig aus dem Sinn,
den die Liebe gepackt hat.
Weh mir, weh und immer weh
mir unglücklicher Thisbe!
Warum habe ich nicht ein anderes Leid sehen können?
Denn dieses schnitt mir ins Herz.
Dein Tod schmerzt mich:
Mein Herz schmilzt davon wie der Schnee.
Wie kurz wir auch gelebt haben,
die Minne hat uns überwunden.
Gegen dieses Leid gibt es keine Hilfe.
Dein Tod erlaubt mir nicht zu leben.
Dein Tod bereitet mir Schmerz.
Ohne Dich will ich nicht mehr leben.
Ach, meine geliebte Mutter,
Vater, edler König,
Eure große Sorge
hat nichts Gutes bewirkt.
Eure Ängstlichkeit hat uns zugrunde gerichtet.

wê mir daz ich ie wart geborn!
dîn minne gât mir ze herzen.
ich wil des tôdes smerzen
lîden hie an diser stunt:
ich mac nicht lenger sîn gesunt.
kein dinc mac daz erwenden;
mîn leit daz muoz sich enden.«
Si hiels in unde küst*e*,
vil wol si des gelüst*e*.
si huop ûf ir hende
ein wênic vor irm ende,
si sprach: »owê, süezer got,
nû tuo daz durch dîn gebot
und durch die grôze milte dîn
und lâz uns dort beinander sîn
in jener welt, des bite ich dich,
süezer got, des gewer mich.
und würde uns ein grap bereit,
des wærn die sêlen vil gemeit.
müge, her, daz gesîn,
sô tuo mir ein zeichen schîn
ob wir ze gnâde mügen komen
und ob ez uns müg gefromen.«
Ein grôz zeichen dô geschach,
dô sich frou Tyspê alsô rach.
ein boum stuont dâ, der hiez môrus,
dô daz zeichen geschach alsus:
man seit uns für die wârheit,
daz der boum sît immer treit
rôt obez, daz ê was swarz,
und het einen balsamsmac.
Tyspê diu rechte getriuwe
mit grôz*er* jâmers riuwe
mit beiden armen *si* umbvie
daz swert daz durch in gie
vil wundermanlîchen;
si stach ez krefticlîchen

Ach, daß ich jemals geboren wurde!
Deine Liebe greift mir ans Herz.
Ich will den Schmerz des Todes
jetzt in diesem Augenblick erfahren:
ich kann nicht mehr länger am Leben bleiben.
Nichts kann das abwenden,
mein Leid wird ein Ende nehmen.«
Sie umarmte und küßte ihn,
denn danach drängte es sie.
Sie erhob ihre Hände,
kurz bevor sie starb,
und sprach: »Ach, gnädiger Gott,
laß es geschehen in Deiner Macht
und Deiner großen Barmherzigkeit,
daß wir dort in jener anderen Welt
beieinander sind, darum bitte ich Dich,
gütiger Gott, gewähre mir das.
Wenn uns ein gemeinsames Grab bereitet würde,
freuten sich unsere beiden Seelen.
Wenn das, Herr, geschehen kann,
dann gib mir ein Zeichen,
ob wir Gnade finden werden
und ob es uns zum Heil führen wird.«
Da geschah ein großes Wunder,
als Thisbe es ihm so gleichtat.
Ein Baum stand dort, er hieß Morus,
als sich dieses Wunder ereignete:
man berichtet es als die reine Wahrheit,
daß dieser Baum von da an immer
rote Früchte trug, wo sie vorher doch schwarz waren,
und daß er Balsamduft verströmte.
Thisbe, die wahrhaft Liebende,
umfaßte voll aufrichtigem Schmerz
mit beiden Armen
das Schwert, das ihn durchdrungen hatte,
kraftvoll und wie ein Mann.
Sie stach es mit voller Wucht

mitten an die werde brust
und erzeigt irs herzen lust;
si stach sich durch ir herz*e*
und leit des tôdes smerz*en*;
si viel hin ûf den warmen
und umb vie in mit den armen.
alsô sint sie hie gevarn:
got müez die sêlen dort bewarn.
  dô ez morgens taget
und man ze hove saget
daz niemant die selben kind*e*
da ze hove *kunde vinden,*
dô wart vil grôz ungehabe.
si suochten ûf und abe,
biz in dô kômen mære
wie ez ergang*en* wære.
wer möcht nû gesagen daz,
wie wê ir muoter und irem vater was
daz ire kint nû lâgen tôt,
erstochen in irem bluote rôt.
si schriren lût *und wiefen*,
ze got si dô *riefen*
daz ir jâmer unde ir gal
in den lüften wider hal.
beide man und wîp
klagten iren lîp.
ez künde nieman gesagen
von den jæmerlîchen klagen:
dâ von wil ich geswîgen sâ,
wie ez ergangen ist aldâ.
doch wil ich iu fürbaz sagen,
wie diu kint wurden begraben.
ein grap wart in bereit,
dar în si wurden geleit.
  Vernemt alle besunder
wie ein grôzez wunder

in ihre edle Brust
und machte den Wunsch ihres Herzens offenbar.
Sie durchstach ihr Herz
und litt die Qualen des Todes;
sie stürzte auf den noch lebenswarmen Mann
und umschloß ihn mit den Armen.
So sind sie von hier gegangen:
Gott möge ihre Seelen im Jenseits beschützen.
  Als es am nächsten Morgen Tag wurde
und man am Hofe meldete,
daß niemand die Kinder
dort bei Hofe finden konnte,
da entstand große Unruhe.
Sie suchten hier und dort,
bis die Nachricht gebracht wurde,
was geschehen war.
Wer könnte nur beschreiben,
welchen Schmerz ihre Eltern fühlten,
als ihre Kinder nun tot waren,
erstochen im Blute liegend.
Sie weinten laut und klagten,
sie riefen Gott an,
daß ihre Klagen und ihre Schreie
die Luft erfüllten.
Alle, Männer und Frauen,
beklagten ihren Tod.
Niemand könnte wirklich
dieses jammervolle Klagen beschreiben:
deswegen werde ich jetzt auch nicht mehr weitererzählen,
was sich dort abgespielt hat.
Aber das will ich noch berichten,
wie die jungen Leute begraben wurden.
Ein gemeinsames Grab wurde für sie geschaffen,
da legte man sie hinein.
  Hört nun alle genau,
welch großes Wunder

geschach in kurzer frist,
als man ez noch von in list.
ein wînrebe wuochs ûz dem grab
vil hôch und lie sich her ab
zu der andern sîten in daz grap;
iren schaten si dar über gap.
durch daz wunder manz grap ûf brach,
daz wîp und man daz wunder sach
daz diu selbe rebe hie
von *einem in* daz ander gie.
dô si gesâhen daz wunder,
daz dûht si all besunder
ein vil grôzez zeichen
und begunden alle smeichen.
daz grap dakt man wider zuo,
umb ir sêlen bâtens spât und fruo.
 ditz mære ist hie ûz gezalt:
got mache uns mit fröuden alt.

sich in kürzester Zeit ereignete;
heute noch kann man davon lesen.
Eine Weinrebe wuchs aus dem Grabe
hoch heraus und senkte sich
auf der anderen Seite ins Grab hinab;
sie bot ihm ihren Schatten.
Wegen dieses Wunders öffnete man das Grab
und alle, Mann wie Frau, konnten sehen,
daß die Rebe
von einem zum anderen wuchs.
Als sie das Wunder sahen,
da hielten sie es alle
für ein ganz besonderes Zeichen,
und sie priesen es alle.
Das Grab wurde wieder bedeckt
und früh und spät betete man für ihre Seelen.
Damit ist diese Geschichte zu Ende erzählt;
Gott lasse uns glücklich alt werden.

HIE HEBET SICH AN DIE HEIDENINNE

Ein heide*n* was gesezzen
an tugenden gar vermezzen
lîbes unde guotes,
êren unde muotes.
er was von küneclîcher art,
sô edelez nie geborn wart.
bî sînen zîten über al
gap man im den besten schal,
den nie kein herre gewan.
er was ein sô küener man:
mit sînes lîbes kuonheit
was er *allen* bereit,
swie man iz an im gerte:
wie wol er si des gewerte
mit sper oder mit schilde!
ouch was er zu dem gevilde
ein sô volkomen man
(als ich iu wol gesagen kan).
er valte wilde unde zam,
der werde künec lobesam.
er was sô behende
ân alle missewende:
swâ er sich erzeigete,
wie drâte sich daz neigete
und wart im ouch undertân,
dem edelem künege wolgetân!
Der künec het ein vrouwen guot,
zu der stuont all*er* sîn muot.
sî was im ein wol gemachtez wîp,
mit zühten hielt sî iren lîp.

DIE HEIDIN

FASSUNG B

Einst lebte ein Heide
von vortrefflicher Art
nach Erscheinung und Besitz,
Ansehen und Gesinnung.
Er war aus königlichem Geschlecht;
ein vornehmeres hat nie gelebt.
In jenen Jahren
hatte er überall den besten Ruf,
den jemals ein Herr erworben hatte.
Ein so kühner Held war er:
Mutig
stellte er sich allen,
wie immer man es auch von ihm verlangte;
wie tüchtig er es ihnen gab
mit dem Speer oder mit dem Schild!
Auch auf dem Kampfplatz
war er ein Mann ohne Fehl und Tadel
(das kann ich Euch wahrlich sagen).
Er erjagte Wild und zahme Tiere,
dieser edle, ruhmreiche König.
Er war so gewandt,
ohne irgendeinen Fehler:
wo er sich auch zeigte,
wie schnell man sich ihm da unterwarf
und ihm untertan wurde,
diesem vornehmen, bewundernswerten König!
Der König hatte eine edle Gemahlin,
auf die richteten sich alle seine Gedanken.
Sie war ihm eine wundervolle Frau
und lebte in Ehren.

die wârheit hân ich vernomen:
sî was von rehte dar zu komen,
daz man sie loben solde;
ich gelîche sie dem golde.
ich spriche wol vürbaz:
sî was zu snel noch zu laz,
an trank und an âze
hât si kein übermâze.
mit guoten siten spotten,
mit gîgen und mit rotten,
darzu manger hande spil,
des man vor ir machte vil
swie der künec wolde:
mit vröuden als sî solde
kunde sî ez wol verstân.
Dem herren was sî undertân:
swes er sie bat oder hiez,
mit zühten sî des niht enliez.
sî bôt sich minneclîchen dar
und nam sîn allenthalben war:
mit sô ganzer stætekeit
was si im zu allen zîten bereit.
ez was ir wol angeborn.
zu vrouwen het er sie erkorn,
wan von küneclîcher art
nie schœner wîp geborn wart.
sî kom ouch nie mit schulden
ûz des küneges hulden,
swie kleine ez wære, umbe ein hâr.
Der edel herre nam des war;
er gedâht in sînem muote:
»sint dir got der guote
hât ein reinez wîp gegeben,
des maht du wol mit vröuden leben.
ûf disem ertrîche
weiz ich ir kein gelîche
mînem reinen wîbe.

Man hat mir darüber die Wahrheit erzählt:
sie hatte es ganz zu Recht verdient,
daß man sie rühmte;
ich setze sie mit reinem Golde gleich.
Ich kann noch mehr Gutes sagen:
sie war weder zu hastig noch zu träge,
beim Essen und Trinken
überschritt sie nie das Maß.
Mit Anstand scherzen,
fiedeln und die Rotte spielen,
dazu vielerlei Unterhaltungen,
die man ihr häufig bot
(wie immer der König das wünschte):
anmutig wie es sich gehörte
verstand sie sich auf all das.
Ihrem Herrn war sie ergeben:
worum er sie auch bat oder was er ihr auftrug,
wohlerzogen schlug sie ihm das niemals ab.
Liebenswürdig trat sie ihm entgegen
und war stets um ihn besorgt:
so ganz ohne Launen
war sie ihm jederzeit zu Diensten.
So war es ihr von Geburt an mitgegeben.
Er hatte sie als Gemahlin erwählt,
weil noch nie aus königlichem Geschlecht
eine schönere Frau geboren worden war.
Niemals gefährdete sie aus eigener Schuld
die Gunst des Königs,
kein bißchen, nicht um Haaresbreite.
Der hohe Herr wußte das wohl;
er dachte bei sich:
»Da Dir der barmherzige Gott
eine gute Frau gegeben hat,
kannst Du wahrlich glücklich leben.
Auf dieser Welt
weiß ich keine, die ihr gliche,
meiner makellosen Frau.

von irem schœnen lîbe
muoz ich der wârheit jehen:
ich hân nie schœner wîp gesehen.
sî tuot mir aller sorgen buoz.
ich wil sprechen unde muoz
ir dienen als dem herzen mîn,
sî ûzerweltez vrouwelîn!
ich sach den klê, den grüenen walt,
ich sach den snê, den winter kalt.
sint ich ir beider hân gewalt,
dar umbe dunke ich mich so balt:
sô lobe ich mîne vrouwen mê
dan die bluomen und den klê.
sî ist ein krône der tugent
und ein schône der jugent,
dar zu ein ûzerweltez vaz.
wer büezet mir den kumber baz
dan diu minneclîche
macht mich vröudenrîche,
daz mir leit wære,
weste ieman disiu mære,
daz si vollekomen ist sô gar.
sî weiz sîn niht als umb ein hâr,
daz ich sie mit sinne
sô unmæzlîchen minne.
nû gebiute ich dem herzen mîn,
daz *ez* der hêren künegîn
noch der vrouwen iht tuo kunt.
ouch verbiute ich mîne*m* munt,
daz er iht sage der vrouwen mîn
noch iemant iren liehten schîn;
wan kunde iemant von ir lesen,
daz müeste mir immer leit wesen.
waz êren an der schœnen lît
und waz vröuden sî mir gît,
jâ spriche ich ez niht offenbâr.
sî hât niht wandels umb ein hâr.«

Über ihre Schönheit
muß ich ehrlich sagen:
nie habe ich eine schönere Frau gesehen.
Sie befreit mich von allen Sorgen.
Ich will es bekennen: ich muß
ihr dienen wie meinem Herzen,
dieser unvergleichlichen Frau.
Ich habe den Klee gesehen, den grünen Wald,
ich sah den Schnee und den frostigen Winter;
da ich beides kenne,
fühle ich mich so kühn:
ich preise meine Dame
höher als alle Blumen und den Klee.
Sie ist die Krone aller Vortrefflichkeit,
der Inbegriff jugendlicher Schönheit,
ein auserwählter Schrein.
Wer befreit mich wirkungsvoller von Sorgen
als die Liebenswerte?
Sie macht mich reich an Freuden,
und es wäre bitter,
wenn irgend jemand sonst noch davon wüßte,
daß sie so über die Maßen vollkommen ist.
Sie weiß davon nicht das geringste,
daß ich sie mit allen meinen Kräften
so grenzenlos liebe.
So befehle ich meinem Herzen,
daß es der hohen Königin,
meiner Dame, keinesfalls etwas verrate.
Außerdem verbiete ich meinem Mund
meiner Gebieterin irgend etwas zu sagen
oder gar irgend jemandem von ihrem strahlenden Glanz zu erzählen.
Denn wenn jemand über sie etwas läse,
das bereitete mir auf alle Zeit Schmerz.
Was die schöne Frau Rühmenswertes besitzt
und was sie mir an Glück spendet,
das verkünde ich wahrhaftig nicht öffentlich.
Es ist an ihr nicht der kleinste Makel.«

Nû wizzet, daz sich nie verbarc
diu minne; sô sie von herzen starc
gêt tougenlîche (sô hœre ich jehen),
ez müezen ouch die liute sehen;
swie verholn sî nû ist,
man *wirt* ir in kurzer vrist
vil tougenlîchen inne;
alsô ich mich versinne.
die rede *mac ich niht* verheln:
diu state lêret den diep steln,
swenne er vindet daz guot
unbewart und unbehuot:
deist ein gelîchiu wîse,
dâ mit ich die vrouwen prîse.
mit reht hât sie den *lop* erworben:
dô möht *si* sîn erstorben.
in der selben zît
man hôrte iz in der werlte wît
von mannen und von wîben.
ir lop begunde man schrîben
in der breiten werlde vil.
sî hâte des lobes daz beste zil
behalten dâ mit rehte,
daz ritter unde knehte
und die besten alle gelîche
sprâchen wærlîche:
»sî hât ganze tugent
sô schœne mît ir jugent.«
er daz lop behabete,
daz man mære sagete,
wie stolz sîn herze wære
mit orsen zu dem spere.
küen und milde,
vrum under dem schilde.
ez ist niht ein bîspel:
er was zu allen dingen snel

Nun müßt Ihr wissen, daß sich
die Liebe nie verbergen läßt; wenn sie mit Macht
kraftvoll aus dem Herzen hervordringt
(so höre ich sagen),
dann werden das die Leute erkennen;
wie verborgen sie eben noch ist,
in kürzester Zeit wird man sie
in ihrer Heimlichkeit erkennen;
das weiß ich.
Diesen Satz will ich nicht zurückhalten:
Gelegenheit macht Diebe,
wenn sie die Dinge
unbewacht und ungeschützt antreffen.
Genauso ist es,
wenn ich die Dame rühme.
Ganz zu Recht hat sie ihren guten Ruf erworben:
nun hätte sie auch sterben können.
In jener Zeit
sprach man überhaupt viel
von Männern und Frauen.
Über ihren Ruhm aber schrieb man
in der ganzen weiten Welt.
Sie hatte den Gipfel des Ruhmes
völlig zu Recht erreicht,
so daß Ritter und Knappen
und die Besten überhaupt alle einmütig
und aufrichtig ausriefen:
»Sie besitzt vollkommene Tugend,
Schönheit und Jugend.«
Ihn wiederum pries man dadurch,
daß man sich erzählte,
wie kühnen Mutes er
auf dem Pferde mit dem Speer sei.
Wagemutig und großzügig,
tüchtig im Kriegshandwerk.
Das ist nicht einfach ein Exempel:
er war entschlossen in allem

und wâren beide wolgemuot.
sî was reine und guot.
swer ie von dem lande quam,
der lobt die vrouwen lobesam.
sust hâte daz reine wîp
und ir *vil* werder lîp
dem künege sîn lop gar benomen.
sî was mit rehte dar zu komen,
als ich iu vor sagete.
an nihte si verzagete,
daz nâch êren solde sîn,
diu ûzerwelte künegîn.
Welt ir, ich tuon iu kunt
die rede mit mîn selbes munt:
ez læge wol mit werdekeit.
ich bite iuch al*le* sô gemeit,
wer ez hœren welle vürbaz,
der sol *ez* lâzen âne haz,
ez sî *wîp* oder man.
die ez niht wollen verstân,
die bite ich sitzen hin dan;
nû hebet sich diu âventiure an.
Ein grâve, gesezzen über Rîn
der was in dem lande sîn;
dem quâmen disiu mære,
wie ein schœniu vrouwe wære,
mit zühten unde werdekeit,
mit aller hande stætekeit
und ein heidenischez wîp.
er sprach: »Ich wil mînen lîp
wâgen ûf âventiure.
got gebe mir zu stiure,
waz sîn genâde *welle* wesen.
lenger mac ich niht genesen,
ich wil varn an die stat,
dâ man mir von gesaget hât.«
er gedâhte hîn unde her;

und beide waren sie edel gesinnt.
Sie war rein und vornehm.
Wer jemals durch dieses Land kam,
der pries diese rühmenswerte Frau.
So hatten die edle Frau
und ihre noble Erscheinung
den Ruhm des Königs in den Schatten gestellt.
Das war mit Fug und Recht geschehen,
wie ich es Euch schon erzählt habe.
Vor nichts gab sie auf,
was Ehre bringen konnte,
diese unvergleichliche Frau.
Wenn Ihr wollt, dann erzähle ich Euch jetzt
die Geschichte mit meinen eigenen Worten:
es wäre gut so und anständig.
Ich bitte Euch alle, die Ihr so heiter seid:
wer mehr davon hören will,
der soll jetzt friedlich sein,
Mann wie Frau.
Diejenigen aber, die nicht zuhören wollen,
die bitte ich, sich anderswohin zu setzen;
nun fängt die Geschichte also an.
Ein Graf jenseits des Rheines ansässig,
lebte in seinem Lande;
zu dem drangen die Gerüchte,
welch schöne Frau es gebe,
voller Feinsinn und Würde,
ohne jeden Wankelmut,
und daß sie eine Heidin sei.
Er sagte: »Ich will mein Leben
für diese Aufgabe aufs Spiel setzen.
Gott steh mir bei,
soweit es mir seine Gnade zumißt.
Ich kann so nicht länger leben,
ich will dorthin ziehen,
wo sie leben soll.«
Er überlegte hin und her;

sîn muot was an gedanken swær
vor liebe und ouch vor leide;
die gedanken hâte er beide:
vor liebe was sîn herze vrô,
vor leide gedâht er im alsô:
»solt dû nû hinnen varn,
wer sol dîn hûs hie heim bewarn
und dîne bürge und dîn lant?
wirt aber diu vrouwe dir niht bekant,
sô maht dû verliesen dîn leben.
ungern ouch solt dû dich*s* begeben
und muost doch den tôt lîden.
lieber maht dû vermîden
beidiu bürge unde lant,
sint ez dar zu ist gewant,
daz dû dîn leben maht behalten.
nû lâz sîn got walten:
hilf dir selber *ûz* der nôt;
sint daz der grimmige tôt
gerne bî dir wolde wesen,
dû maht noch gerne genesen.
got weiz ez der rîche,
daz ûf disem ertrîche
niemant weiz disen smerzen,
den ich an mînem herzen
trage *nu* verborgen
mit maneger hande sorgen
immermêr al eine.
und westenz nû gemeine
die liute, waz ich sorgen trage
– vil grôz ist mînes herzen klage –,
sie würden lîhte spotten mîn.
sust sô wil ich sicher sîn,
daz ez ûz mîn selbes munt
nimmer wirt getân kunt
weder man noch wîp;
daz verbiut ich mir an den lîp,

sein Sinn war von Gedanken beschwert,
aus Liebe und auch vor Schmerz;
zweierlei Gedanken beschäftigten ihn:
aus Liebe war sein Herz glücklich,
im Kummer dachte er sich:
»Wenn Du jetzt fortziehst,
wer wird dann hier zuhause
Deine Burgen und Dein Land schützen?
Wenn Du diese Dame aber nicht kennenlernst,
dann hast Du ohnehin Dein Leben verloren.
Nur widerwillig wirst Du darauf verzichten,
und dennoch erwartet Dich der Tod.
Lieber kannst Du
auf Burgen und Länder verzichten,
wenn es Dir dazu verhilft,
daß Du am Leben bleibst.
Nun laß das Gottes Sache sein:
hilf Dir selbst aus dieser Bedrängnis;
wenn auch der grimmige Tod
an Deiner Seite sein will,
lieber willst Du doch selbst überleben.
Der allmächtige Gott weiß es,
daß auf dieser Welt
niemand den Schmerz kennt,
den ich in meinem Herzen
jetzt heimlich trage
in vielfacher Sorge,
in alle Zukunft und ganz allein.
Wüßten es freilich
die Leute, welcher Kummer mich quält
– groß ist der Jammer meines Herzens –,
dann würden sie wohl über mich spotten.
So will ich sicher sein,
daß es aus meinem Munde
niemals kundgetan wird,
nicht Männern und nicht Frauen;
das gebiete ich mir bei meinem Leben,

biz ich sie gar erwerbe
oder ê ersterbe
und mir daz leben werde benomen.
ez gê zu schaden oder zu vromen,
ich wil nû wesen bereit.
lieber muot, nû wis gemeit,
gip mînem herzen mannes kraft,
und mînem lîbe ganze ritterschaft
nâch triuwen und nâch rehte.«
zu ritter und zu knehte
sprach er: »Hie wirt niht gespart,
wir suln eine hervart
in disen zîten nû varn.
got müez uns selbe bewarn!
wir müezen grôzen prîs bejagen.
werd aber ich zu tôde erslagen,
sô vart, helde, zehant
herwider heim in mîn lant
und sît gewaltic, des ich hân!
dar zu einen houbetman
kieset ûz iu allen:
daz lât iu wol gevallen!«
  Dô die herren daz vernâmen,
zusamen si alle quâmen
und giengen dâ zu râte
ûf einer kemenâte.
den rât algemeinen
luoden sie an einen.
mit wîsheit quam er dar zuo,
daz man spât unde vruo
den rât stæte zu im nam.
dô sprach der wîse râtman:
»ir küenen dienestliute
trœstet iuwern herren hiute!
mînes herren êrster rât,
wizzet, daz der an mir stât.
ich râte iu ûf die triuwe mîn,

bis ich sie ganz für mich gewinne
oder den Tod finde
und des Lebens beraubt werde.
Ob es Schaden bringt oder Gewinn,
ich bin jetzt entschlossen.
Liebes Herz, sei getrost,
gib mir Mannesmut
und alle ritterliche Kraft
in Ehrlichkeit und nach Gebühr.«
Zu seinen Rittern und Knechten
sagte er: »Hier wird nicht lange gefackelt,
wir werden jetzt unverzüglich
auf einen Kriegszug ziehen.
Gott selbst möge uns beschützen!
Wir werden großen Ruhm erwerben.
Finde ich aber den Tod,
so zieht, ihr Helden, sogleich
wieder heim in mein Reich
und verfügt über das, was mir gehört!
Wählt dafür einen Anführer
unter Euch aus:
nehmt es gelassen hin!«
Als die Herren das hörten,
versammelten sie sich alle
und hielten Rat
in einer Kemenate.
Den gemeinsamen Rat
übertrugen sie einem Einzelnen.
Mit seiner Klugheit hatte er es dazu gebracht,
daß man zu jeder Zeit
bei ihm verläßlichen Rat holte.
Da sagte der weise Ratgeber:
»Ihr wackeren Dienstmannen,
gebt Eurem Herrn jetzt Zuversicht!
Der erste Rat für meinen Herrn,
das wißt Ihr, steht mir zu.
Ich rate Euch bei meiner Treuepflicht:

daz ir volget dem willen sîn,
und ob ez iuch immer geriuwe,
daz ir mir an die triuwe
mit scharfen worten sprechet
oder iuch an mir gerechet,
waz iu zu schaden wirt getân.«
sie sprâchen: »Hie genüeget uns an!«
dem herren seiten sie alsô.
vor grôzer liebe wart er vrô
und in von herzen holt.
beidiu silber unde golt
gap er rittern unde knehte.
sie gelobten im zu rehte,
die im wâren undertân.

Alle sîne dienstman
wurden zuhant bereit,
die sedel ûf diu ros geleit
wurden alle mitalle
mit vrœlîchem schalle;
nihtes sie vergâzen;
ûf diu ros sie dô sâzen.
sie riten die tageweide.
ûf eine grüene heide
quâmen sie zu âbentzît,
diu was breit unde wît.
müede sie alle wâren;
sie mohten niht gevâren
vürbaz in der selben zît.
sie bliben ûf dem anger wît
die naht biz an den morgen.
ir herre sprach mit sorgen:
»ich wil teilen ein spil:
wer mir mit triuwen volgen wil,
der sol mir swern einen eit.
zuhant wil ich sîn bereit,
iu dienen unde swern, daz
ich iu wil tuon baz,

folgt seinem Wunsche,
und wenn Ihr es jemals bereut,
dann mögt Ihr mir
mit bitteren Worten Pflichtvergessenheit vorwerfen
und Euch an mir rächen,
welchen Schaden Ihr auch immer erleidet.«
Sie riefen: »Das genügt uns.«
Sie teilten es ihrem Herrn mit.
Vor lauter Freude war er ganz glücklich
und ihnen von Herzen dankbar.
Silber und Gold
verteilte er an Ritter und Knappen.
Die, die ihm untertan waren,
leisteten ihm rechtsförmig den Eid.
Alle seine Dienstmannen
machten sich sogleich fertig,
die Pferde wurden
alle zusammen
unter fröhlichem Lärmen gesattelt;
auf nichts vergaßen sie.
Sie stiegen auf ihre Pferde.
Sie ritten den ganzen Tag lang.
Am Abend kamen sie
auf eine grüne Heide,
die war groß und weit.
Alle waren sie müde;
sie wollten zu dieser Stunde
nicht mehr weiterziehen.
So blieben sie auf diesem weiten Feld
die Nacht über bis zum Morgen.
Ihr Herr sprach sorgenvoll:
»Ich will Euch vor die Wahl stellen:
Wer mir getreu zur Seite stehen will,
der soll mir einen Eid schwören.
Sogleich will auch ich meine Bereitschaft erklären,
Euch zu Diensten zu sein, und schwören,
daß ich Euch noch viel mehr Gutes tun werde

denne ich ie hân getân.«
zuhant der hôste dienstman
swuor dem herren den eit,
daz er im sô bereit
wolde sîn in allen nœten,
ob man in ouch solde tœten.
die herren alle gelîche
swuoren wærlîche
dem grâven wesen undertân
und in den nœten bî im stân.
Der grâve sprach: »Nû sît bereit,
wol ûf, helden so gemeit,
wir suln niht lenger bîten:
nâch âventiure rîten
sulle wir in manic lant,
daz wir dâ werden bekant
und daz wir dâ schouwen
schœne vrouwen und juncvrouwen.
den sul wir gerne wesen bî
mit zühten unde valsches vrî.
got herre, starc unde wîs,
hilf, daz wir behalten den prîs
und an nihte verzagen!«
dô quam ein bote und begunde sagen
dem grâven niuwiu mære,
daz ein turnei wære
vil nâhen zweinzic mîlen.
dô begund er hin îlen
und quam, als ich iu sage,
vruo an einem suntage.
mît zühten sie umb giengen,
die helden sie schône enpfiengen.
juncvrouwen unde vrouwen
begunden sie vaste schouwen
und vrâgen von den gesten.
die herren von den vesten
quâmen dar geriten.

als jemals zuvor.«
Sofort schwor der höchste seiner Dienstmannen
seinem Herrn einen Eid,
daß er ihm
in allen Gefahren zur Verfügung stehen werde,
selbst wenn man ihn töte.
In gleicher Weise schworen alle die Herren
aufrichtig,
sich dem Grafen zu unterstellen
und ihm in der Gefahr beizustehen.
Der Graf sagte: »Nun macht Euch bereit,
wohlan, Ihr wackeren Krieger,
wir wollen nicht länger zögern:
zu ritterlicher Bewährung werden wir
in viele Länder ausreiten,
damit wir uns dort einen Namen machen
und schöne Damen und Edelfräulein
kennenlernen.
Mit denen werden wir Gesellschaft haben,
wohlerzogen und ohne Arg.
Gott, allmächtiger, weiser Herr,
hilf uns, daß wir Ruhm erwerben
und niemals verzagen!«
In diesem Augenblick kam ein Bote und brachte
dem Grafen die Nachricht,
daß ein Turnier stattfinde
nur zwanzig Meilen entfernt.
Da ritt er eilends hin
und kam an, so erzähle ich Euch,
frühmorgens an einem Sonntag.
Artig flanierte man umher
und begrüßte die Helden höflich.
Edelfräulein und Damen
interessierten sich für die Fremden
und fragten nach ihnen.
Die Herren kamen
von ihren Burgen herbeigeritten.

ieclîcher lobt ir siten.
vil maniger *sprach*: »Waz lobet ir?
ich sage iu, des geloubet mir,
sie sint *zu wer wol* umbe ein ei.«
dô huop sich der turnei
zuhant und wart
ouch lenger niht gespart:
zu den rossen sie dô giengen,
die setel sie dâ geviengen.
in denselben stunden
sie die helm ûfbunden.
sî teilten sich gelîche enzwei.
dô huop sich der turnei.
man sach dâ grôz gevehte,
beide ritter unde knehte
und mangen vrumen dienstman
den turnei zusamen slân.
mit engestlîchen dingen
sach man sie vaste ringen.
diu swert hôrt man klingen,
durch die rotten dringen.
man sach vehten vaste.
got half ouch dem gaste,
daz er saz als ein stein.
mangem man brach er diu bein
und sluoc her unde dar.
man nam sîn allenthalben war.
die liute alle gemeine,
beide grôz und kleine,
sprâchen wærlîche:
»eiâ, got der rîche,
waz wirt man wunders von im sagen!
wer in hât vür einen zagen,
der muoz selbe ein tôre sin,
sint er ist komen über Rîn
gewalteclîchen an diz lant
und hât uns alle geschant.«

Jedermann lobte ihr Benehmen.
Der ein oder andere sagte: »Was lobt Ihr sie?
Ich sage Euch, glaubt mir das,
vom Kämpfen verstehen die nicht die Bohne.«
Da fing das Turnier
sogleich an und man
hielt sich nicht lange auf:
Sie schritten zu den Pferden
und schwangen sich in den Sattel.
Dabei
zogen sie die Helme fest.
Sie teilten sich in zwei gleich starke Parteien.
Dann ging das Turnier los.
Man sah heftige Kämpfe,
Ritter und Knappen
und viele wackere Dienstmannen,
wie sie das Turnier miteinander ausfochten.
In gefahrvollen Begegnungen
sah man sie kraftvoll kämpfen.
Die Schwerter hörte man erklingen
und durch die Scharen dringen.
Man sah sie wild streiten.
Gott stand dem Fremdling bei,
daß er saß wie ein Fels.
Vielen brach er die Knochen
und seine Hiebe fielen hierhin und dorthin.
Man wurde überall auf ihn aufmerksam.
Alle Leute,
groß und klein,
riefen aufrichtig:
»Allmächtiger Gott,
was wird man Wunder von ihm erzählen!
Wer den für einen Feigling hält,
der muß ein Narr sein,
da er doch von jenseits des Rheins
hierher gekommen ist mit seiner ganzen Kraft
und uns alle beschämt hat.«

Des turneis wart genuoc getân,
dô muosten sie dar abe lân.
diu ros *in wâren nâch* erlegen,
der hiez man dô schône pflegen.
vil manger ouch von grôzer nôt
muoste dô kiesen den tôt.
ir leit was michel unde grôz;
sie mohten lieber alle blôz
in ir hemden sîn geriten;
sô hæten sie den tôt vermiten.
die tôten leit man inz grap.
den prîs man dem grâven gap.
mit willen und mit rehte
lobt man ouch sîn knehte:
sie wâren komen über Rîn
– und mohten küener niht gesîn –
alle mit dem grâven dar
umb ein vrouwen, diu was klâr.
daz ich iu sage, daz ist wâr:
sus triben siez wol einlif jâr
und lebten âne schande.
dô quâmen sie zu *dem* lande,
dâ sie die vrouwen wisten.
der grâve sprach mit listen
und mit ganzer manheit:
»ir werden helden, sît gemeit!
wir sîn komen in ein lant,
daz ist uns allen unbekant.
ez ist niht ein kindes spil,
daz ich iu sagen wil.
wie ob daz heidenische her
mit krefticlîcher wer
ûf uns kumt geriten her?
behüetet schilde unde sper
und setzet huotliute
an disem tage hiute!«
sie tâten, daz man in gebôt;

Schließlich nahm das Turnier ein Ende,
sie mußten leider aufhören.
Die Pferde brachen ihnen beinahe zusammen,
man ließ sie sorgfältig pflegen.
Viele hatten da auch
den Tod im heftigen Getümmel gefunden.
Ihr Leid war groß und gewaltig.
Sie wären lieber im bloßen
Hemde auf dem Turnierplatz gewesen,
dann wäre ihnen der Tod erspart geblieben.
Man legte die Toten ins Grab.
Den Preis erkannte man dem Grafen zu.
Ganz bewußt und mit Recht
rühmte man auch seine Knappen:
sie seien von jenseits des Rheins
– kühner konnten sie gar nicht sein –
alle mit dem Grafen hergekommen
für eine strahlend schöne Dame.
Es stimmt wirklich, was ich Euch erzähle:
elf Jahre lang trieben sie es so
und lebten ohne Niederlage.
Endlich kamen sie in das Land,
in dem die Dame leben sollte.
Der Graf sprach überlegt
und mit großer Tapferkeit:
»Ihr tapferen Helden, seid guten Mutes!
Wir sind in ein Land gekommen,
das uns allen unbekannt ist.
Es ist kein Kinderspiel,
was ich Euch jetzt sage.
Was denn, wenn das Heer der Heiden
mit seiner ganzen Streitmacht
uns entgegenreitet?
Haltet Schild und Speer bereit
und stellt Wachen
für den heutigen Tag auf!«
Sie taten, was man ihnen befahl.

got half in ûz aller nôt.
dô sie quâmen sô nâhen,
daz sie die burc ansâhen,
dâ diu vrouwe ûf was,
von der man seit unde las,
wie vröudenrîch si wære,
nû geloubet mir der mære,
die burc der kristen angesach,
in sînem herzen er dô sprach:
»wol mich wart der lieben stunt,
daz mir diu burc ist worden kunt,
die mîniu ougen hânt gesehen!
sol gelücke mir geschehen,
daz mîn vrouwe mich gewert,
des mîn herze an ir gert,
sô gewünne ich den hôsten prîs,
daz weder Hectôr noch Pâris
nie sô grôzen prîs gewan,
und wær ein vröudenrîcher man.«
Sie riten an ein wîtez velt
und sluogen ûf ir gezelt.
man sach dar wunneclîchen
von der burc lobelîchen.
sie tâten niht sô die zagen.
sie riten und begunden sagen
dem heiden niuwiu mære,
waz geste komen wære
mit gewalt in sîn lant.
er sprach: »nû rîtet hin zuhant
und vrâget, wer der herre sî,
ob er sî grâve oder vrî
oder waz er suoche in mînem lant,
daz mir daz werde bekant,
ob er vriunt oder vîent sî.«
dô sprach diu küneginne vrî:
»mich triege denne mîn muot,
mich dunket, ez sîn vriunde guot.«

Gott half ihnen aus aller Bedrängnis.
Als sie so nahe gekommen waren,
daß sie die Burg erblickten,
auf der die Dame lebte,
von der man hören und lesen konnte,
welch reiche Freuden sie spendete,
– glaubt es mir nur –,
da schaute der Christ auf die Burg
und sagte in seinem Herzen:
»O daß mir diese schöne Stunde geschenkt ist,
in der ich diese Burg kennenlerne,
die mir nun vor Augen steht.
Wenn mir das Glück widerfährt,
daß meine Herrin mir gewährt,
was ich aus ganzem Herzen von ihr begehre,
dann gewinne ich den allerhöchsten Preis,
einen höheren als Hektor und Paris
je gewonnen haben,
und ich wäre ein glücklicher Mann.«
Sie ritten auf eine große Wiese
und schlugen ihre Zelte auf.
Man konnte den Prunk
von der berühmten Burg aus gut erkennen.
Sie benahmen sich dort nicht wie Feiglinge,
sondern sie ritten los und sagten
dem Heidenkönig die Neuigkeit:
welche Fremdlinge
mit ihrer ganzen Macht in sein Land gekommen seien.
Er sagte: »Reitet sogleich hin
und fragt, wer dieser Herr ist,
Graf oder Freiherr,
und was er will in meinem Land,
damit ich erfahre,
ob er Freund ist oder Feind.«
Darauf sagte die Königin unbefangen:
»Wenn mich mein Gefühl nicht täuscht,
dann sind es wohl freundlich gesinnte Leute.«

Ein bote bereit was,
ûf ein ros er dô saz.
der bote dô hin nider reit.
der grâve was dô gemeit;
und empfienc den boten lieplîch
und liez in von im lobelîch:
er gap im silber unde golt,
dar umbe wart im der bote holt,
dar zuo ein hêrlich gewant.
er sprach zu im zehant:
»sag dem edeln herren dîn,
als liep dir ist diu êre sîn,
ich sî reht ein kristenmann,
und wil mich iemant bestân
mit sper oder mit schilde,
der kome ûf daz gevilde
her gegen mir geriten,
ob er wil, mit guoten siten.
sô wil ich sîn hie beiten
und mich dar zu bereiten.«
Dô der bote heim quam
und der künic diu mære vernam,
daz muote in vil sêre:
»sô mir lîp und êre,
sô wirt er an mir gewert
alles, des sîn herze gert.«
dem heiden und dem kristenman
leit man beiden harnasch an.
sie wurden beide wol bereit
nâch ritters gewonheit
und quâmen an einen wîten plân.
dô sprach diu vrouwe wolgetân:
»ez gê ze schaden oder zu vromen,
ich wil zu den kristen komen
und wil den kristen erkennen:
er wolde sich nie genennen!«
man blies ein starkez herhorn.

Ein Bote stand bereit,
er stieg aufs Pferd
und ritt hinunter.
Der Graf war sehr erfreut;
er empfing den Boten freundlich
und entließ ihn feierlich:
er schenkte ihm Silber und Gold
(damit verpflichtete er sich den Boten),
außerdem noch ein prächtiges Gewand.
Er sagte zu ihm:
»Sage Deinem edlen Herrn,
so wahr Dir Deine Ehre lieb ist,
ich sei ein echter Christ,
und wenn jemand gegen mich antreten will
mit Speer oder Schild,
der möge auf diesen Platz
geritten kommen,
wenn er will, den Regeln entsprechend.
Ich werde hier auf ihn warten
und mich auf den Kampf vorbereiten.«
Als der Bote zurückkam
und der König die Botschaft vernahm,
war er sehr ungehalten:
»Bei meinem Leben und meiner Ehre,
es wird ihm alles gewährt,
was er wünscht.«
Dem Heiden und dem Christen
legte man den Harnisch an.
Sie wurden beide ordnungsgemäß gerüstet
nach ritterlichem Brauch
und kamen auf einen großen Platz.
Da sagte die schöne Frau:
»Ob das gut oder schlecht ausgeht,
ich will zu den Christen gehen
und den christlichen Herrn kennenlernen:
er wollte ja seinen Namen nicht nennen.«
Man blies ein lautes Trompetensignal.

dem heiden was *unmâzen* zorn
daz ein kristenman
in sô küenlîchen torste bestân.
Der was des vrô und gemeit.
die helm ûf diu houbet geleit
wurden in kurzen stunden
und vil vaste gebunden.
zu den rossen sie dô giengen,
die sper sie geviengen
und diu ros mit zorn
hiewen sie mit den sporn.
der *heiden* quam geriten her,
der christen neiget ouch sîn sper
gegen des heiden bruste.
der heiden an dem *tjuste*
stach ûf den Kristen griulîch;
dô besaz er lobelîch.
diu sper sie beide brâchen,
daz alle liute sprâchen:
»der eine ist küen, der ander ein helt:
sie sint recken ûzerwelt
mit einander beide.«
De*m* heiden was gar leide,
daz der kristen was besezzen.
er begunde sich vermezzen,
er wolde den tôt lîden,
ê daz er vermîden
wolde den kristenman.
»vil lieber herre wolgetân«,
sprach diu vrouwe, »volge mir,
ich rât ez ûf mîn triuwe dir,
dû solt in niht mêr bestân.
er ist envollen ein küener man.
dir ist nû heil bî gewesen.
wiltû *i*ht vürbaz genesen,
sô hilf dir selbe ûz der nôt;
er tuot dir anders den tôt!

Der Heide bebte vor Zorn,
weil ein Christ
ihn so wagemutig herausforderte.
Der war froh und guten Mutes.
Die Helme wurden
schnell übergestülpt
und festgebunden.
Sie schritten zu den Pferden,
legten die Lanzen ein
und gaben den Pferden
heftig die Sporen.
Der Heide kam angesprengt,
auch der Christ neigte seine Lanze
gegen die Brust des Heiden.
Der Heide stach im Zweikampf
fürchterlich auf den Christen los;
der hielt sich unerschrocken im Sattel.
Beide zerbrachen sie ihre Lanzen
und alle Leute sagten:
»Der eine ist kühn, der andere ein Held:
sie sind auserlesene Helden
alle beide.«
Den Heiden ärgerte es,
daß der Christ im Sattel geblieben war.
Er faßte den verwegenen Vorsatz,
lieber zu sterben,
als dem Christen
nachzugeben.
»Mein lieber, edler Herr«,
sagte die Dame, »höre auf mich,
ich rate Dir bei meiner Treue:
tritt nicht mehr gegen ihn an!
Er ist wahrhaftig ein kühner Held.
Dir hat bis jetzt das Glück beigestanden.
Wenn Du das weiterhin überstehen willst,
dann mußt Du Dir selbst aus der Bedrängnis helfen;
sonst tötet er Dich.

hie mite senfte mir die pîn,
vil minneclîcher herre mîn!«
  Der künic dô mit zorn sprach:
»sol ich nû sîn sô swach
und dâ bî sô gar verzagen?
ich wil ê werden erslagen,
denne ich im gæbe den prîs.«
vor zorne moht er werden grîs;
sus sprach der heidenische man:
»ich wil in an dirre stunt bestân,
und sold ich lîden den tôt.«
sîner vrouwen er gebôt,
daz sî von im rite hin dan,
er wold in anderweit bestân.
diu vrouwe tete sam ein reinez wîp,
diu mit zühten ir lîp
zuo den tagen hête brâht.
vil drâte sie *sich* bedâht.
sî neic irem herren
und wart umb kêren
gegen dem kristenman
und sach in zühticlîchen an
und hiez in willekomen sîn.
dô *er er*sach ir liehten *sch*în
und ir munt, der was rôt,
mit willen er sich ir bôt
und danket ir hovelîche.
dô sprach diu minneclîche:
»guot herre, tar ich iuch biten
durch iuwer zuht mit guoten siten,
sô bite ich, des mîn herze gert.
durch iuwer vrouwen mich gewert:
lât den tjust under wegen
– iu volget nâch mîn guoter segen –
mit dem lieben herren mîn,
als liep iu alle vrouwen sîn.«
dô sprach der grâve sunder twâl:

Lindere meinen Schmerz,
mein geliebter Herr!«
Zornig erwiderte der König:
»Soll ich so schwächlich sein
und den Mut sinken lassen?
Lieber würde ich erschlagen,
als daß ich ihm den Sieg überließe.«
Vor Wut wurde er ganz grau;
dies rief der heidnische Ritter:
»Ich will jetzt gegen ihn antreten,
und wenn ich den Tod erlitte!«
Seiner Gemahlin befahl er,
wegzureiten,
er wolle ein zweites Mal gegen ihn anrennen.
Die Dame handelte wie eine züchtige Frau,
die bisher ihr Leben
in Würde gelebt hatte.
Schnell überlegte sie.
Sie verneigte sich vor ihrem lieben Herrn,
wandte sich um
hin zu dem Christen,
sah ihn huldvoll an
und hieß ihn willkommen.
Als er ihre strahlende Erscheinung sah
und ihren roten Mund,
bot er ihr aufmerksam seinen Gruß
und dankte ihr höflich.
Da sagte die liebenswerte Dame:
»Edler Herr, darf ich es wagen, Euch zu bitten,
bei Eurer Erziehung und Eurer Höflichkeit,
so spreche ich einen Herzenswunsch aus.
Bei Eurer Herrin, erfüllt ihn mir:
Brecht diese Tjost ab
– mein Segenswunsch begleitet Euch –
mit meinem geliebten Gemahl,
so wahr Euch alle Frauen wert sind.«
Ohne Zögern antwortete der Graf:

»und sol ich vürbaz zu keinem mâl
nimmer keinen man bestân,
ez sol nâch iuwerm willen ergân
und muoz alsô sîn!
vil ûzerwelte künigîn,
gebietet mir und bitet niht!
sol ich immer sîn enwiht,
ich wil ez *gerne* durch iuch lân
und wil in vürbaz niht bestân.
ouch wil ich im den prîs geben,
daz ir mit vröuden müezet leben;
des wünscht iu min herze unde sin.«
mit zühten neic im diu künegin
und wart der werunge vrô.
　Zuhant diu küneginne dô
reit zu irem lieben hêren.
sie sprach: »got müeze *êren*,
den gast, den ich nû mit vorhten bat.
er mich an der selben stat
mit zühten gewerte,
des ich an im gerte.
ich bat in dir den prîs geben;
er gewerte mich, des vröut sich mîn leben.«
dô daz der künic erhôrte,
sîn vröude sich zustôrte
und was im ûf die vrouwen zorn.
ein eit wart von im gesworn,
sie müeste lîden den tôt
oder sust vil grôze nôt,
diu vil grimme wære.
nû geloubet mir der mære:
er zürnte nie sô vaste.
diu vrouwe dancte dem gaste.
der heiden rief den herren sîn:
»ir helde, tuot mir helfe schîn!
und wirt er ab gestochen niht,
sô sî*n* wir alle gar enwiht.

»Und wenn ich künftig niemals mehr
gegen einen Mann antreten dürfte,
Euer Wunsch soll erfüllt werden:
so soll es sein.
Einzigartige Königin,
befehlt mir und bittet nicht!
Und wenn ich für alle Zukunft nichts mehr gälte,
für Euch will ich gerne darauf verzichten,
weiter gegen ihn zu kämpfen.
Ich will ihm auch den Sieg zusprechen,
damit Ihr in Freuden leben könnt.
Das wünsche ich Euch von ganzem Herzen.«
Höflich dankte ihm die Königin
und freute sich über die Erfüllung ihres Wunsches.
Sofort ritt sie
zu ihrem geliebten Gemahl.
Sie sagte: »Gott möge dem Fremden lohnen,
dem ich gerade ängstlich meine Bitte vortrug.
Er hat mir sogleich
huldvoll gewährt,
worum ich ihn bat.
Ich bat ihn, Dir den Sieg zuzusprechen.
Er gewährte mir das; darüber freue ich mich.«
Als der König das hörte,
verging sein ganzes Hochgefühl
und es erfaßte ihn Zorn auf seine Gattin.
Er schwor einen Eid,
sie müsse den Tod erleiden
oder sonst großes Unglück,
das ihr bittere Schmerzen brächte.
Glaubt mir das:
Er war noch nie so wütend gewesen.
Die Herrin dankte dem Fremden,
der Heide rief seinen Mannen zu:
»Ihr kühnen Helden, steht mir nun bei!
Wenn er nicht vom Pferd gestochen wird,
dann sollen wir allesamt nichts taugen.

wir müesten sîn von rehte zagen,
sold er den prîs alhie bejagen.«
dô quam ein recke, gar ein helt,
der was zu kuonheit ûzerwelt.
der sprach: »er muoz sîn leben
mir ûf disem anger geben.«
Ringel*ot* was er genant,
grôz kuonheit was im bekant.
dar nâch wâren helde drî,
die stuonden Ringeloten bi.
der êrste hiez Wolfart,
der niht wenne strîtes wart.
der ander Tituban genant,
er was zu den besten bekant,
an allen dingen was er lobelich;
dâ hiez der dritte Kuonrich.
der was der manheit gar ein helt,
zu den besten wart er gezelt.
noch wâren helde genuoc,
die ir wille da*r* zu truoc,
daz sie in wolden bestân:
doch gewan er in den sic an.
Ringelot der êrste
dûhte sich der hêrste.
er vuor limmende als ein ber.
er nam schilt und sper
und rant ûf den kristen.
der grâve stach mit listen
Ringeloten an den kragen,
daz er dâ selbe muost verzagen,
daz im daz bluot zum munde ûz schôz.
der ander wart dô sîn genôz,
er îlte ûf den grâven her.
durch den *dritten* stach er daz sper,
daz er vor tôde viel nider.
ûf den vierden reit er wider,
der leit vil grôzen pîn.

Wir wären wahrhaftig Feiglinge,
wenn er hier den Sieg erkämpfte.«
Da trat ein Recke vor, wahrhaft ein Held,
der war von außergewöhnlicher Kühnheit.
Der rief: »Er muß mir sein Leben
hier auf diesem Feld überlassen.«
Er hieß Ringelot,
für seine große Kühnheit war er bekannt.
Danach kamen drei Ritter,
die standen Ringelot zur Seite.
Der erste hieß Wolfhart,
der hatte nichts anderes als Kämpfen im Sinn.
Der zweite nannte sich Tituban,
der wurde zu den Besten gerechnet;
er war in jeder Hinsicht rühmenswert.
Der dritte von ihnen hieß Kuonrich,
der war in seiner Tapferkeit ein großer Held,
auch er zählte zu den Besten.
Es gab noch viele andere Ritter,
die es danach drängte,
gegen ihn anzutreten.
Aber er errang den Sieg über sie.
Ringelot, der erste,
hielt sich für den besten.
Er legte los wie ein brüllender Bär.
Er nahm Schild und Speer
und stürmte auf den Christen ein.
Der Graf stach kunstfertig
Ringelot an den Hals,
so daß der allen Mut sinken lassen mußte,
wie ihm das Blut aus dem Munde schoß.
Dem zweiten ging es gleich ganz genauso,
als er auf den Grafen losstürmte.
Den dritten durchstach er mit der Lanze,
daß er tot zu Boden fiel.
Auf den vierten ritt er los,
dem brachte das großen Schmerz.

de*m* andern gôz man wazzer în.
dem sehsten gab er die selben nôt,
den sibenden stach er ouch zu tôt,
der ahte ouch sîn ende nam.
der niunde ûf in gedrungen quam,
der was ein helt sô vermært,
doch viel er nider under daz pfärt,
daz im diu sêle ûz gienc.
  Der künic die vrouwen umbvienc,
dô er die manheit an im sach,
daz er die alle niderstach.
er sprach: »vil liebe vrouwe mîn,
mîn lîp sol dîn eigen sîn.
ich wil mich in dîne gnâde geben;
dû hâst behalten mir daz leben,
des wil ich immer danken dir.
nû tuo wol und volge mir:
rît dû zu dem kristen
und überkum in mit listen,
daz er vier tage oder drî
bî uns ruowende sî,
daz wir êren sînen lîp.«
hin reit daz werde wîp
und zuo dem grâven sprach:
»ich *ensol sîn wan* ein bote swach.
ich bit iuch, herre von über Rîn,
daz *ir* mit iuwern liuten *f*în
wollet sîn unser gast,
ezn sî iu niht ein überlast,
zwêne tage oder drî,
als liep iu iuwer vrouwe sî.«
  Der grâve sprach: »nû sît gewert
alles, des ir an mir gert!«
des selben dûht er sich gemeit.
mit zühten diu vrouwe wider reit.
irem herren seite sie,

Dem nächsten goß man Wasser ein.
Dem sechsten fügte er das gleiche Unglück zu,
den siebten stach er gleichfalls tot,
der achte fand auch sein Ende.
Der neunte drang auf ihn ein,
der war ein hochberühmter Held,
doch auch er stürzte vom Pferd,
daß die Seele seinen Körper verließ.
Der König schloß seine Gemahlin in die Arme,
als er diese Tapferkeit sah,
mit der jener sie alle zu Boden warf.
Er sagte: »Meine herzlich geliebte Frau,
mein Leben will ich Dir zu eigen geben.
Ich gebe mich ganz in Deine Hand;
Du hast mir das Leben gerettet,
dafür werde ich Dir immer Dank wissen.
Handle jetzt richtig und folge meiner Bitte:
reite zu dem Christen
und überrede ihn vorsichtig dazu,
daß er vier Tage oder drei
bei uns zur Ruhe bleibe,
damit wir seiner ritterlichen Kraft Ehre erweisen können.«
Die Frau ritt zu ihm hin
und sagte zum Grafen:
»Ich soll nichts weiter sein als ein kleiner Bote.
Ich bitte Euch, Herr von jenseits des Rheins,
daß Ihr mit Eurem feinen Gefolge
unser Gast sein wollt,
wenn es Euch nicht zu sehr beschwert,
zwei oder drei Tage,
so lieb Euch Eure Dame ist.«
Er antwortete: »Es sei Euch alles gewährt,
was Ihr von mir erbittet.«
Er war darüber sehr erfreut.
Gemessen ritt die Dame zurück.
Ihrem Gemahl berichtete sie,

er wolde gerne belîben hie.
der êren was der künic vrô.
sînen schaffæren gebôt er dô,
daz sie iz berihten nâch êren.
selbe begund er kêren
gegen dem grâven lobesam,
als iz sînen êren wol zam.
ritter unde spilliute,
als man phliget noch hiute,
riten mit im alle dar.
dô des der grâve wart gewar,
vil minneclîch ez im ergienc.
der wirt den gast empfienc
und daz gesinde minneclîch.
er sprach gar lieplîch:
»ir sult mir willekomen sîn
und wizzet bî der triuwe mîn,
daz iu mîn lîp und mîn guot
ist bereit mit ganzem muot,
swie ir selbe gebietet.
und als ir iuchs genietet,
sô kêrt, war ir hin welt!«
mit zühten neic im der helt
und was unmæzlîchen vrô.
mit vröuden riten sie dô
ûf des küneges veste.
dâ was kein gebreste
an êren und an guote.
sie wâren in ir muote
in allen holt über al.

Sich huop ein wunneclîcher schal,
biz daz man solde ezzen.
dâ wart nihtes vergezzen,
ez wart zu hant bereit.
diu tuoch wurden ûf geleit,
und man wazzer genam,
als iz den helden wol zam.

daß er gerne da bleibe.
Über diese Ehre freute sich der König.
Seinen Bedienten trug er auf,
sie sollten alles würdig vorbereiten.
Er selbst wandte sich
dem ruhmreichen Grafen zu,
wie es seinem Range zukam.
Ritter und Spielleute
ritten mit ihm,
wie das auch heute noch üblich ist.
Als der Graf das sah,
trat er freundlich auf ihn zu.
Der Gastgeber empfing den Fremden
und sein Gefolge höflich.
Er sagte liebenswürdig:
»Seid mir willkommen
und wißt bei meinem Wort,
daß ich und all mein Besitz
Euch uneingeschränkt zur Verfügung stehen,
wie immer Ihr es wünscht.
Und wenn Ihr der Sache überdrüssig seid,
dann zieht weiter, wohin Ihr wollt.«
Höflich dankte ihm der Recke
und war über die Maßen froh.
Festlich ritten sie dann
auf die Burg des Königs.
Dort gab es keinen Mangel
an Ehrungen und an Gaben.
Man war ihnen in aufrichtiger
Herzlichkeit zugetan.
Es herrschte ein fröhliches Treiben,
bis es ans Essen ging.
Da fehlte es an nichts,
es wurde sogleich angerichtet.
Tischtücher wurden aufgelegt
und man wusch sich die Hände,
wie es sich für Ritter gehörte.

der wirt hiez sie sitzen
mit vil guoten witzen,
einen ieclîchen man,
und er selbe hin dan
zu dem grâven was gesezzen.
der truhsæze hât ouch niht vergezzen
– wan er zu rehter zît quam –
von wilt und von zam;
des wart und was bereit genuoc.
mit willen er daz vür truoc.
man gap in den besten wîn,
der in dem lande mohte sîn.
sie trunken und âzen,
mit vröuden sie dô sâzen
und sâhen manger hande spil,
des man vor in machte vil.
der ros ich niht vergezzen sol,
der pflac man ûz der mâzen wol.
Dô daz ende genam,
menlîch kurzwîlte, als ez zam
unde daz êrlîch was,
dâ ûf dem palas,
und er gehaben mohte
als sînen êren ouch tohte,
mit vil grôzer edelkeit.
des herren was man dâ gemeit.
der künic reit selbe an daz gejeit,
als mir ist vor geseit.
Der grâve gienc zu den vrouwen,
die moht er gerne schouwen.
sie bâten in sitzen nider;
des was der helt niht wider.
er tet gerne, des man bat.
diu vrouwe sprach an der stat:
»umbe welchez tugenthaftez wîp
quelt ir, herre, iuwern lîp?
daz sult ir mir sagen.

Der Hausherr bat sie
mit ausgesuchter Höflichkeit, sich zu setzen,
jeden einzeln,
und er selbst
setzte sich zum Grafen.
Der Truchseß hatte auch nicht
– weil er rechtzeitig gekommen war –
auf Fleisch von wilden und zahmen Tieren vergessen;
davon wurde reichlich bereitgehalten.
Bereitwillig trug er das auf.
Man gab ihnen den besten Wein,
der im Lande zu finden war.
Sie speisten und sie tranken,
sie tafelten in froher Stimmung
und sahen allerlei Unterhaltungen zu,
die man vor ihnen aufführte.
Auch die Pferde darf ich nicht vergessen,
die versorgte man ungewöhnlich aufmerksam.
Als das zu Ende war,
vergnügten sich alle so, wie es geziemend war
und der Etikette entsprach,
im großen Saal,
und so wie jeder es vermochte
und es seinem Range entsprach,
vornehm und würdig.
An dem fremden Herrn hatten alle ihre Freude.
Der König selbst ritt auf die Jagd,
so hat man es mir erzählt.
Der Graf begab sich zu den Damen,
mit denen unterhielt er sich gerne.
Sie baten ihn, sich zu setzen;
der Ritter widersetzte sich nicht.
Er erfüllte ihre Bitte gerne.
Die Herrin ergriff das Wort:
»Wegen welcher tugendsamen Dame
quält Ihr Euch, Herr?
Bitte erzählt mir das.

ist ez, sô wil ich iuch klagen,
ob dâ von iuwer leit
entwich und quæm ein senftekeit
iuwerm senden herzen,
dâ von ez sînen smerzen
lieze varn hie zu stunt.
daz sol mir sagen iuwer munt,
wie ir selbe sît genant,
daz mir der name werd bekant,
ob ich iuch hœre nennen,
daz ich iuch müge erkennen:
sô habt ir vil wol getân.«
dô sprach der kristenman:
»ich bin Alpharius genant
und hân ouch bürge unde lant
*en*halp über Rîn.
nû sult ir, liebe vrouwe mîn,
ouch rehte sagen mir
durch iuwer zuht: wie heizet ir?«
sie sprach: »ist iu dester baz iht,
ich hân iuch sîn schiere beriht:
genant sô bin ich Dêmuot.«
»wol sie, diu nâch dem namen tuot!
vrouwe mîn, der solde sîn
wol mit reht der engel schîn,
wan sie sich vor valsche hât behuot;
sî ist zühtic unde guot.
got gebe ir sælde und êre!
des wünsch ich dir vil sêre.«
diu vrouwe sprach mit zühten dô:
»jâ wolde ich gerne wesen vrô,
daz mir diu vrouwe würde bekant,
durch die ir vart in diu lant.
sî mac wol sîn der sælden schrîn
und sol ver Sælde genannt sîn.«
er sprach: »nâch einer vrouwen

Ich wollte Euer Schicksal beklagen,
wenn Euer Kummer dadurch
schwinden,
Euer sehnsuchtskrankes Herz Linderung fühlen
und seinen Schmerz
bald vergessen könnte.
Zuerst aber müßt Ihr mir sagen,
wie Ihr selbst heißt,
damit ich Euren Namen kennenlerne
und ich Euch wiedererkenne,
wenn ich Euch nennen höre:
dann habt Ihr Euch richtig verhalten.«
Darauf antwortete der Christ:
»Ich heiße Alpharius
und besitze auch Städte und Land
jenseits des Rheins.
Nun mögt auch Ihr, verehrte Dame,
mir aufrichtig
in Eurer Höflichkeit sagen: Wie heißt Ihr?«
Sie antwortete: »Wenn es Euch dann besser geht,
so ist das schnell gesagt:
ich heiße Demut.«
»Wohl der, die nach diesem Namen lebt!
Meine Herrin, ihr käme
mit Recht der Glanz der Engel zu,
denn sie ist frei von allem Falsch;
sie ist ehrsam und rein.
Gott gebe ihr Glück und Segen.
Das wünsche ich Dir von Herzen.«
Die Dame erwiderte höflich:
»Fürwahr, es wäre mir eine Freude,
wenn ich die vornehme Frau kennenlernte,
wegen der Ihr in dieses Land gekommen seid.
Sie muß ein Denkmal aller Seligkeit sein
und sollte selbst den Namen Frau Glückseligkeit
tragen.«
Er sagte: »Wegen einer Dame

ich var, möht ich die beschouwen!
doch hân ich sie gesehen.
anders tar ich niht jehen,
wan: sî *ist* volkomen gar
als kein vrouwe, daz ist wâr.«
dô sprach diu reine künegîn:
»vil wol gelobter herre mîn,
wie ist diu vrouwe genant?
und wirt sî mir bekant,
sô wil ich iu mîn triuwe geben,
und vristet mir got daz leben,
ich wil iu darzu guot sîn,
daz ir erwerbet der Sælden schrîn.«
Dô sprach der grâve wolgetân,
(wan er sich des wol versan,
daz diu vrouwe listic was,
mit verdâhtem muote sprach er daz):
»würde mir ein gelübde getân,
sô möhte *ez* dester baz *ergân*.«
sî sprach: »des sî mîn eit
mit stæten triuwen iu bereit:
ich wirbe ez, sô ich beste kan.
jâ, sult ir niht zwîveln an.«
dô sprach der grâve listiclich
wider die vrouwen edel und rîch:
»urloubes gert nu mîn munt,
ob er, vrouwe, zu dirre stunt
mit zühten iht gereden kan,
daz ir mir keinen bœsen wân
von iuwern genâden dar zu kêret
und iuch dâ mit êret.«
sî sprach: »sprecht, waz ir welt!«
des vröuwet sich der helt.
diu vrouwe in gar lieplîch an sach,
ûz vrîem muote er dô sprach:
»eiâ, ûzerweltez *vaz*,
nû lâ die rede âne haz;

bin ich unterwegs, wenn ich die nur betrachten dürfte!
Aber ich habe sie gesehen.
Ich kann nur dies über sie sagen:
Sie ist so makellos vollkommen
wie niemals eine Frau sonst, das ist die Wahrheit.«
Darauf antwortete die edle Königin:
»Mein hoch gepriesener Herr,
wie heißt diese Dame?
Wenn Ihr sie mir nennt,
so will ich Euch mein Ehrenwort geben
– sofern Gott mich am Leben läßt –,
daß ich Euch dazu verhelfe,
dieses Monument der Glückseligkeit zu erwerben.«
Da sagte der stolze Graf
(weil er damit rechnete,
daß die Dame sich auf Ausflüchte verstand,
sagte er es wohlüberlegt):
»Wenn mir ein Versprechen gegeben würde,
dann würde ich mich besser fühlen.«
Sie sagte: »Mit meinem Eid
stehe ich bei meiner Ehre dafür ein:
ich setze mich dafür mit allen meinen Kräften ein.
Daran dürft Ihr nicht zweifeln.«
Darauf sagte der Graf bedächtig
zu der vornehmen und mächtigen Dame:
»Ich erbitte Eure Erlaubnis:
wenn mein Mund, meine Herrin, jetzt
nicht mehr zurückhaltend sprechen kann,
dann richtet in Eurer Güte
keinen bösen Gedanken auf mich
und werdet damit Eurem Rufe gerecht.«
Sie sagte: »Sprecht, alles was Ihr wollt!«
Darüber freute der Ritter sich.
Verliebt blickte er die Dame an,
freimütig sagte er:
»Ach, Du auserwähltes Geschöpf,
höre meine Rede ohne Zorn;

dû bist diu liebe vrouwe mîn,
nâch dir lîde ich grôze pîn
mit vil grôzer quâle,
wan dû mit der minne strâle
mich hâst in daz herze troffen.
diu wunde stât noch offen
baz denne einer spanne wît,
sît mir die salben niemant gît,
diu dem siechtuom müg erwern
und mich siechen solt ernern.
sô engestlîchen ez mir stât,
sint die salben niemant hât
wan ir, vrouwe, aleine!
wizzet, waz ich meine:
diu salbe heizet minne,
und tuot mich âne sinne.
darzu twinget sie mich sô sêre,
daz ich, vrouwe hêre,
mich genzlîch dir ergeben hân
unde bin dir, vrouwe, undertân
und wil nâch dînem willen leben.
got müeze mir die genâde geben,
daz dû gnædic werdest mir!
ûf genâde hân ich dir
mînes willen hie verjehen.
nû lâ mich, vrouwe, an dir sehen
senften tac und naht.
durch aller dîner tugende maht
nû lâ mich niht in dirre nôt!
daz wil ich biz an mînen tôt
gerne verdienen umbe dich.
reinez wîp, nû trœste mich
mit dîner klâren minne:
gewer mich, keiserinne!«
Diu künigîn dô sêre erschrac,
daz ir zunge gar erlac
und gereden niht enmohte

Du selbst bist meine verehrte Herrin,
nach Dir verzehre ich mich vor Sehnsucht
in schrecklichen Qualen,
denn Du hast mich mit dem Pfeil der Liebe
in das Herz getroffen.
Die Wunde klafft noch
weiter als eine Spanne weit,
da niemand mir jene Salbe gibt,
die diese Krankheit vertreiben
und mich heilen könnte.
So schlimm steht es mit mir,
da diese Salbe niemand besitzt:
nur Ihr, Herrin, alleine.
Hört, wie ich das meine:
Die Salbe heißt Minne
und bringt mich um den Verstand.
Und dazu überwältigt sie mich so sehr,
daß ich, erhabene Frau,
mich ganz und gar Dir ergeben habe
und Dir, Herrin, unterworfen bin
und nach Deinem Geheiß leben möchte.
Gott gewähre mir die Gunst,
daß Du mich erhörst!
Im Vertrauen auf Deine Nachsicht habe ich Dir
meine Wünsche jetzt gestanden.
Nun laß mich, Herrin, an Dir ablesen,
daß Tage und Nächte sanft werden.
Bei der Kraft Deiner Güte,
laß mich nicht in dieser Qual.
Dafür werde ich
bis in den Tod Dein Diener sein.
Reine Frau, gib mir Hoffnung
mit Deiner strahlenden Liebe:
erhöre mich, Kaiserin!«
Die Königin erfaßte solcher Schrecken,
daß ihre Zunge erlahmte
und sie nicht mehr so antworten konnte,

zu reht, als ez tohte;
wan sî saz in grôzer nôt.
sî wart von schamen alsô rôt,
daz sî vor leide nider seic
und lange wîle sweic.
über lanc sîder
quam sî zu mahte wider,
dô sî daz an dem kristen sach,
und doch mit zühten sprach:
»got weiz iz wol der guote,
daz ir *mich in mînem* muote
getrüebet hât sô sêre,
daz ich vürbaz mêre
enweiz, waz ich reden sol,
daz mînen êren stüende wol,
wan daz ich bite durch got,
daz ir lâzet *iuwern spot*
den ir ûz mir machen wolt.
ich bin iu sust gerne holt,
daz ir mich lâzet belîben
bî andern reinen wîben,
daz ich mîn zuht müge behalten
und mit êren alten,
ob mir got des heiles gan.«
dô sprach aber der kristenman:
»ich hôrte etwenne sagen,
daz niemant sol verzagen,
wer vrouwen gerne dienen wil
mit zühten. und tuot er des vil
und rüemet sich niht dâ bî,
wie liep im sîn vrouwe sî,
ob er sie des bræht inne,
daz er sie von herzen minne
und darzu wære undertân:
sî möhte ez nimmer verlân,
sî müeste *im* genædic wesen.
sint ich, vrouwe, durch genesen

wie es sich gehörte;
denn sie litt große Not.
Schamröte überzog sie,
und sie senkte den Blick vor Leid
und schwieg lange.
Erst nach langer Zeit
bekam sie sich wieder in die Gewalt,
als sie den Christen wahrnahm,
und sagte trotz allem voller Höflichkeit:
»Gott, der Barmherzige, weiß es,
daß Ihr mich in tiefster Seele
so sehr gekränkt habt,
daß ich jetzt nicht
mehr weiß, wie ich reden soll,
damit es sich mit meiner Ehre verträgt;
nur dies: ich bitte Euch um Gottes willen,
daß Ihr es bleiben laßt,
Euren Spott mit mir zu treiben.
Ich bin Euch dann zugeneigt,
wenn Ihr mich
in der Schar der braven Frauen bleiben laßt
und ich so meine Ehre behalten
und mit Anstand alt werden kann –
sofern Gott mir dieses Glück vergönnt.«
Wiederum entgegnete der Christ:
»Ich habe einmal sagen hören,
daß niemand verzagen müsse,
der den Damen
in Ehren dienen wolle. Wenn er das ausdauernd tut
(und dabei nicht prahlt,
wie sehr ihn seine Dame liebe),
wenn er ihr das deutlich macht,
daß er sie von Herzen liebe
und ihr dazu ganz ergeben sei,
dann könne sie gar nicht anders
als ihn zu erhören.
Da ich, verehrte Herrin,

bin gevarn her zu dir,
wilt dû, sô maht dû lônen mir,
oder sol ich verliesen mînen lîp?«
dâ wider sprach daz reine wîp:
»guot herre, tuot tugentlich,
durch iuwer zuht *gewert* mich
und lât die rede underwegen!
ich wil mîner êre pflegen,
diu ist mir lieber danne ir,
welt ir ez gelouben mir.
ich wil es iuch tuon inne,
daz ir mîner minne
nimmer werdet teilhaft;
iuwer rede habe nie sô grôze kraft,
wan ir trieget mit listen.«
dô sprach aber der kristen:
»vrouwe, sich an mîne pîn,
die ich trage an dem herzen mîn,
wan mir ist mêr wê
dan *Pî*ramô und Tisbê.
ein swert sie beide zu tôde stach,
dô was volendet ir ungemach.
daz ist mir leider niht geschehen,
des mag ich mit jâmer jehen.
den tôt hânt sie mit liebe genomen,
der ist mir leider noch niht komen.
dar umbe möht ich wol verzagen.«
Diu vrouwe sprach: »ich wil iu sagen
mînen muot mit zorne:
und sol ich diu verlorne
biz an mîn ende sîn,
ich sage ez dem herren mîn,
welt ir mich nicht lâzen âne nôt
und macht uz *mir* den spot.
die ir ê habt betrogen
und mit valsche überlogen,
sie wâren lîht unwîse;

hierher gekommen bin, um gerettet zu werden,
so kannst Du, wenn Du willst, mich belohnen –
oder soll ich mein Leben verlieren?«
Darauf entgegnete die Dame ohne Makel:
»Edler Herr, verhaltet Euch anständig,
des guten Tones wegen tut mir den Gefallen
und laßt solche Reden sein!
Ich will meinen Ruf wahren,
der ist mir wichtiger als Ihr,
ob Ihr es glaubt oder nicht.
Ich tue Euch kund,
daß Euch meine Liebe
niemals gewährt werden wird;
Eure Worte sollen niemals solche Macht erhalten,
denn Ihr redet mit trügerischem Geschick.«
Wiederum hielt der Christ dagegen:
»Herrin, sieh meine Qual,
wie ich sie im Herzen trage,
denn mein Schmerz ist größer
als der von Pyramus und Thisbe.
Ein und dasselbe Schwert hat sie beide durchstochen,
damit war ihr Leid zu Ende.
Das ist mir leider nicht widerfahren,
das muß ich leidvoll beklagen.
Sie haben den Tod freudig auf sich genommen,
mir war er leider noch nicht beschieden.
Ich hätte Grund, den Mut sinken zu lassen.«
Die Dame sprach: »Ich muß Euch jetzt
meine ganze Wut klarmachen:
Und wenn ich
bis an mein Lebensende verstoßen würde,
ich erzähle es meinem Gemahl,
wenn Ihr nicht aufhört, mich zu bedrängen,
und mit mir Euren Spott treibt.
Die, die Ihr zuvor überlistet
und mit Lügen getäuscht habt,
die mögen töricht gewesen sein;

ir betrieget mich niht sô lîse
als ir mange getan hât.
sprecht ir ›schâch‹, sô sprich ich ›mat‹.
sô ist daz spil gewunnen mîn!«
Der grâve sprach: »daz muoz sîn
leider mir, die wîle ich lebe.
gern ich nâch genâden strebe:
genâde ist bezzer denne reht.
ich bin, vrouwe, dîn eigenkneht.
und wilt dû dich niht erbarmen
über dînen diener armen,
der ist mêr denne halber tôt?«
dô sprach diu vrouwe: »lât mich ân nôt,
ir ungetriuwer kristen!
welt ir mit iuwern listen
mich mit valsche überkomen?
ich hân des triegens vil vernomen.
nû vernemet mich vürbaz:
und wirt iu mîn herre gehaz
(ich sag ez im ungerne),
und wæret irz der von Berne
sô küene als *h*er Dietrich,
der was ein helt lobelich –
ich nemme alle recken:
hern Hagen und hern Ecken –
sterker *dan* her Samsôn,
wîser dan her Salomôn –
kundet ir bedenken vil:
der rede gebe ich iu ein zil,
er benimt iu daz leben.
gern*er* müget ir mich begeben
und lât mich mit gemache!«
Der grâve sprach: »ich wache,
ich slâfe oder ezze,
dîn ich niht vergezze
noch nimmer vergezzen mac

mich täuscht Ihr nicht so einfach
wie viele andere.
Sagt Ihr: ›Schach!‹, so antworte ich: ›Matt!‹
Dann habe ich das Spiel gewonnen.«
Der Graf antwortete: »Das wird mich schmerzen,
so lange ich lebe.
Ich wünsche mir gnädige Gewährung:
Gnade ist besser als Recht.
Ich bin, Herrin, Dein Leibeigener.
Willst Du Dich nicht
über Deinen armen Diener erbarmen,
der schon mehr als halb tot ist?«
Da entgegnete die Dame: »Bedrängt mich nicht weiter,
Ihr treuloser Christ!
Wollt Ihr mich mit Euren Kunststücken
durch Falschheit überwinden?
Ich habe allerlei Ränke kennengelernt.
Hört jetzt genau hin:
Wenn mein Gemahl Euch zum Feind wird
(ich sage es ihm nicht gerne),
und wenn Ihr der Berner wärt
und kühn wie Dietrich,
der ein berühmter Held war –
ich nenne Euch alle Recken:
Hagen und Ecke,
stärker als Samson,
klüger als Salomon –
Ihr könnt Euch ja noch selbst einiges ausdenken:
diese Rede läuft nur auf eines hinaus,
er nimmt Euch das Leben.
Besser solltet Ihr auf mich verzichten
und mich in Ruhe lassen.«
Der Graf sagte: »Ob ich wache,
ob ich schlafe oder esse,
Dich vergesse ich nie,
und ich werde Dich nicht vergessen können

biz an mînen lesten tac.
des solt dû mich geniezen lân,
vil reine vrouwe wolgetân,
unde trœste mich enzît,
sint mir nieman vröude gît
wan dîn wunneclîcher lîp.«
dô sprach daz minneclîche wîp:
»guoter rede kunnt ir vil;
ich tuon doch, daz ich tuon wil.
nâch *iuwers* herzen gelust
müget ir rûmen iuwer brust
und redet, swaz ir wolt!«
der grâve sprach: »ich bin dir holt
und wil gerne mîn leben
durch iuch dem grimmen tôde geben.
dû entrœstest mich, vil sælic wîp,
sô verliuse ich mînen lîp.
nu bricht mir daz herze enzwei,
des ahte ich niht umbe ein ei,
des müget ir gelouben wol.«
Sî sprach: »ir sît strîtes vol!
geloubet mir der mære,
und westet ir, waz ez wære,
daz der tôt heizet,
ir liezet mich ungereizet
und mangen küenen helt,
die ouch sint recken ûzerwelt
als küene als ir,
des sult ir gelouben mir.
ich wil iu geben einen rât,
der iuwern êren wol an stât
(ir stechet sie niht al ze tôt,
ir müget komen in grœzer nôt):
daz ir vart zuhant
hin wider heim in iuwer lant;
daz dunket mich vil wol getân.«
zuhant dô sprach der küene man:

bis an meinen letzten Tag.
Dafür sollst Du mich belohnen,
Du edle Dame voller Schönheit;
erhöre mich bald,
denn nichts bringt mir Freude,
nur Du in Deiner Herrlichkeit.«
Darauf erwiderte die Schöne:
»Ihr versteht es, geschickt zu reden;
aber ich handle doch so, wie ich will.
Nach Herzenslust
könnt Ihr Euch Luft machen
und erzählen, wozu es Euch drängt.«
Der Graf sagte: »Ich bin Dir zugetan
und will mit Freude mein Leben
Deinetwegen dem bitteren Tod anheimgeben.
Wenn Du mich nicht erhörst, herrliche Frau,
dann verliere ich das Leben.
So bricht mir das Herz,
und es kümmert mich nicht die Spur,
das könnt Ihr glauben.«
Sie entgegnete: »Ihr geht zu weit in Eurem Eifer.
Glaubt mir:
wenn Ihr wüßtet, was das ist,
das man Tod nennt,
dann würdet Ihr mich nicht damit herausfordern
und die vielen kühnen Helden,
die auch ausgezeichnete Kämpen sind,
genauso kühn wie Ihr,
das könnt Ihr mir glauben.
Ich gebe Euch einen Rat,
der gut ist für Euer Ansehen
(wenn Ihr sie nämlich nicht alle totschlagt,
könnt Ihr in große Bedrängnis kommen):
macht Euch auf der Stelle auf
heim in Eurer Land;
das schiene mir vernünftig gehandelt.«
Schnell erwiderte der kühne Ritter:

»von Leben*b*erc hân ich den namen,
des ich mich niht wil schamen.
ich spriche noch wol, vrouwe guot:
vrouwen diu hânt kurzen muot,
saget man, und langez hâr –
war ich in dem lande var,
sô bist dûz doch diu vrouwe mîn!«
zuhant dô sprach diu künegîn:
»got müeze iuwer leiter *wesen*,
und lâz mich ouch dâ bî genesen
mit vröuden âne swære!«
Geloubet mir der mære:
der grâve trûriclîchen ane sach
die vrouwen unde sprach:
»got gebe dir, vrouwe, waz dû wil.
mîne vröude ich dir bevil
die dû mir möhtes geben.
ich wil nû trœsten mîn leben
selbe und mir geben trôst:
wil ez got, ich wirde erlôst
vil lîht über drîzec jâr.«
diu vrouwe sprach: »ir habet wâr.
vart ir ouch also hin,
ir nemet sîn guoten gewin,
an dem ir iuch versuochet habet.
hüetet, daz ir iht besnabet!
iu kumet lîht ein recke als ir,
des sult ir gelouben mir,
sô müget ir nemen den tôt.«
Er sprach: »dirre selben nôt
muoz ich nû bekorn.
sint ich sinne nu hân verlorn,
sô wil ich sie eine haben.
sold ich werden begraben,
daz machet dîn vil werder lîp,

»Ich trage den Namen vom Löwenberg,
dieses Namens will ich mich nicht schämen müssen.
Ich sage weiter, edle Dame:
Frauen haben kurzen Sinn,
so sagt man, und langes Haar –
wohin auch immer ich mich wende,
Du bleibst doch meine Herrin.«
Sofort antwortete die Königin:
»Gott möge Euch leiten
und auch mich
in Freude und ohne Kummer leben lassen.«
Glaubt mir, was ich erzähle:
Der Graf blickte die Dame
traurig an und sagte:
»Gott gewähre Dir, Herrin, was immer Du möchtest.
Mein Glück lege ich in Deine Hand;
Du magst es mir schenken.
Ich werde nun selbst für mein Leben
Trost suchen und mir Zuversicht verschaffen:
Wenn Gott will, dann werde ich vielleicht
in dreißig Jahren von meinem Unglück erlöst.«
Die Dame antwortete: »Ihr habt recht.
Wenn Ihr auch Abschied nehmt, ohne erhört worden zu sein,
so habt Ihr doch großen Ruhm durch das errungen,
was Ihr angestrebt habt.
Paßt aber auf, daß Ihr nicht strauchelt!
Gewiß trefft Ihr einmal auf einen Helden wie Ihr es seid,
das müßt Ihr mir glauben,
dann könntet Ihr leicht den Tod finden.«
Er sagte: »Dieser Gefahr
muß ich mich nun aussetzen.
Da mir ein vernünftiges Leben versagt ist,
will ich mich ganz ihr widmen.
Sollte ich, Herrin, den Tod finden,
so kommt das nur durch Deine erhabene Schönheit,

sint ich dich vür elliu wîp
mir zu vrouwen hân erkorn.
ich bin zu trœsten dir geborn,
daz wizzet vrouwe, wærlich.«
Sî sprach: »Des wæn ich
und weiz ez vür *die* wârheit wol:
iuwer lîp ist strîtes vol.
nû nemet mit *iu* von hinnen,
daz ir mit iuwern sinnen
habt an mir erworben;
ich wæn, ez sî verdorben,
und spriche: ›blâst ein horn!
iuwer dienst ist verlorn.‹
iuch sticht lîht ein dorn in den vuoz,
des welt ir iu machen buoz
und welt mir in stechen în:
des mac niht gesîn!
vart balde war ir wolt,
werbet umb einen bezzern solt,
danne ir hie erworben hât!
ich wil der rede haben rât!«
Urloup nam der kristenman
von der vrouwen wolgetân.
er sprach: »ir sît ein hertez wîp!«
sî sprach: »ê ich mînen lîp
wold iu bœsem kristen geben,
ich næm ê mir daz leben
und wolde kiesen den tôt.«
der grâve leit vil grôze nôt,
daz er muoste von ir varn.
»got herre, dû solt mich bewarn
mit aller mîner ritterschaft!«
Dô reit er in die heidenschaft
verre hin biz an daz mer.
mit im so vuor allez sîn her.
war er hin kêrte,

denn Dich habe ich vor allen Frauen
mir zur Gebieterin erwählt.
Ich bin geboren, um Dir Glück zu schenken,
das sollst Du wahrhaft wissen, Herrin.«
Sie antwortete: »Das glaube ich wohl
und halte es für die Wahrheit:
Ihr seid voller Streitsucht.
Nehmt das jetzt mit Euch,
was Ihr mit Eurer Klügelei
bei mir erreicht habt;
ich glaube nämlich, es ist alles vergebens,
und rufe: ›Blast ins Horn!
Eure Werbung ist gescheitert.‹
Vermutlich sticht Euch ein Dorn in den Fuß,
und Ihr wollt das beseitigen
und ihn mir hinein stechen:
das wird nur leider nicht passieren!
Reitet schnell weg, wohin es Euch beliebt,
und bemüht Euch um besseren Lohn,
als Ihr ihn hier errungen habt!
Von weiterem Gerede will ich jetzt verschont bleiben.«
Der Christ nahm Abschied
von der schönen Dame.
Er sagte: »Ihr seid eine harte Frau!«
Sie antwortete: »Bevor ich mich
Euch üblem Christen hingäbe,
nähme ich mir lieber das Leben
und suchte den Tod.«
Der Graf litt sehr darunter,
daß er sich von ihr trennen mußte.
»Gott, mein Herr, schütze Du mich
in allen meinen ritterlichen Taten!«
Da ritt er in das Heidenland,
weithin bis zum Meer.
Mit ihm ritt sein ganzes Heer.
Wohin er sich auch wendete,

got in dâ mit êrte,
daz er ie den sic gewan,
und was dâ bî ein zühtic man,
sô daz er keiner vrouwen pflac;
swie hô im zu minnen lac,
dô aht er ûf niht
und dûhte in wider sîn vrouwen enwiht,
der er mit ganzen triuwen neicte
und sich mit dienste erzeicte
an vil mangem strîte.
Daz *was* erschollen wîte,
und ouch diu heidenschaft vernam.
sî sprach: »herre lobesam,
war umbe quelt ir iuwern lîp?«
er sprach: »umb ein reinez wîp,
diu hât mir mîn herze besniten
mit iren guoten siten.«
»herre, wie ist sî genant?«
»weiz got, sî wirt iu niht bekant,
des hân ich einen eit gesworn:
biz ich daz leben hân verlorn
und drî tage gelige in dem grabe,
als ich mir vürgesetzet habe
– sô bin ich wærlîchen tôt,
und ist volendet mîn nôt,
die ich mit worten und *mit klage*
in mînem herzen trage –,
sô wil ich iu sie nennen,
daz ir sie müget erkennen.«
Nû merket rehte, waz ich sage:
vil grôz was sîn klage
umb daz heidenische wîp.
er hæte gerne sînen lîp
dem grimmen tôt gegeben.
nû widerstuont *im* daz leben
und wære *gerne* gewesen tôt.

Gott zeichnete ihn dadurch aus,
daß er stets den Sieg errang,
und er blieb dabei ein Mann mit Grundsätzen,
der sich mit keiner anderen Frau einließ;
wie sehr ihm die Liebe auch am Herzen lag,
er kümmerte sich nicht darum,
und es war ihm unwichtig im Vergleich zu seiner Herrin,
der er in aller Aufrichtigkeit zugetan war
und der er seinen Dienst widmete
in vielen Kämpfen.
Das wurde weithin bekannt,
und auch die Heiden hörten es.
Sie fragten: »Verehrter Herr,
warum quält Ihr Euch?«
Er antwortete: »Wegen einer vollkommenen Frau,
die mir das Herz versehrt hat
mit ihrer vornehmen Art.«
»Herr, wie heißt sie?«
»Bei Gott, das werdet Ihr nicht erfahren,
darauf habe ich einen Eid geschworen:
Wenn ich gestorben bin
und drei Tage im Grab gelegen habe,
das habe ich mir vorgenommen
– dann nämlich bin ich wirklich tot,
und mein Unglück hat ein Ende,
das ich mit beredter Klage
im Herzen trage –,
dann werde ich sie Euch nennen,
und Ihr dürft sie kennenlernen.«
Hört jetzt gut auf das, was ich Euch versichere:
Unermeßlich groß war seine Klage
um diese Dame aus der Heidenschaft.
Gerne hätte er sein Leben
dem bitteren Tod überantwortet.
Das Leben ekelte ihn an,
und am liebsten wäre er tot gewesen.

schouwet, welch eine nôt
der grâve nâch ir minne dolt,
wenne er kumet sô unverholt
nâch âventiure in vremdiu lant,
diu im wâren unbekant.
Nû geloubet mir der mære:
wie holt er ir wære
und sî im wider gram,
doch diu vrouwe wunnesam
die geste vaste vragete
daz man ir mære sagete.
sî hete gerne gehôrt,
daz er wære ermort
oder zu tôde erstochen;
sô würde an im gerochen
irez herzen ungemach.
ieder man besunder sprach:
»ez vert ein helt in dem lande
ân aller slahte schande.
er ist ein recke ûzerwelt
und ist zu de*n* besten gezelt,
die iergen in dem lande sîn,
und giht, er sî *von* über Rîn,
und si ouch ein kristenman.
niemant tar in bestân
mit stechen noch mit houwen.
er dient einer vrouwen.
kumen ist er in die lant;
sîn dienest daz ist unbekant,
wan wir der vrouwen niht enkennen;
ouch wil er ir niht nennen.
im möhte lieber sîn der tôt,
ê denne er sô grôze nôt
lite durch eines keisers wîp.
er wâget tumblîch sînen lîp.
ouch spricht man daz offenbâr,
daz er wol zehen jâr

Seht, welchen Schmerz
der Graf aus Liebe zu ihr litt,
so sehr er auch unermüdlich
zu ritterlichen Taten in fremde Länder zog,
die ihm gänzlich unbekannt waren.
Nun müßt Ihr mir aber dies glauben:
Wie sehr sie ihm auch zürnte,
weil er sie so sehr liebte,
die prächtige Dame
fragte doch jeden Fremden
nach neuen Nachrichten.
Gerne hätte sie erfahren,
daß der Graf ermordet
oder im Kampf getötet worden sei.
So wäre er für alle Belästigungen bestraft worden,
die er ihr zugefügt hatte.
Jeder einzelne sagte aber:
»Es zieht ein Held durch das Land,
ohne jeden Makel.
Er ist ein unvergleichlicher Kämpfer
und gehört zu den Besten,
die es irgendwo in der Welt gibt,
und er sagt, er komme von jenseits des Rheins,
und er ist ein Christ.
Niemand wagt es, gegen ihn anzutreten
im Hauen und im Stechen.
Er dient einer Dame.
In unserem Land ist er zugereist.
Wem er dient, das weiß niemand,
denn wir kennen seine Dame nicht;
und er weigert sich, sie zu nennen.
Besser wäre eigentlich für ihn der Tod,
als daß er solche Qualen litte,
und wäre es für des Kaisers Frau.
Er setzt sein Leben unbesonnen aufs Spiel.
Man erzählt sich auch ganz offen,
daß er bestimmt zehn Jahre lang

hab gestriten nâch einander.
lebte der wunderlich Alexander,
ern möhte niht volbringen daz.«
  Diu vrouwe nidersaz,
dô sî rehte het vernomen.
von sinnen was sî vil nâch komen,
unde stuont alleine,
diu guote und diu reine.
ja was ez niht zu spâte.
in die kemenâte
gienc sî und sluoc zu die tür,
den rigel schôz sî vaste vür.
sî saz ûf ir bette hin.
hie ûf geleite sî *ir* sin,
waz sî tuon wolde
oder waz sî lâzen solde.
sie dâhte hin unde her,
ir muot was an gedanken swer.
dô sî niemant bî ir sach,
zu ir selben sî dô sprach:
»dû wære ein ungetriuwez wîp,
ungeslaht was ie dîn lîp,
daz dû versagetest dem man
der minne mit zühten werben kan.
verliust nû der helt sîn leben,
waz wilt dû im zu lône geben
oder wie wiltû im gedanken des?«
sie sprach: »herre got, weste ich, wes
er hât engolten an der stat,
dô er dîner minne bat,
daz dû im niht tæte lieben wân,
daz hæte ervröuwet den werden man,
oder in nâch zühten hætest gewert.
dû soldest nemen ein swert
und dich zu tôde stechen.
die schult soldest dû rechen,
die dû an im begangen hâst!«

ununterbrochen Kämpfe bestritten habe.
Wenn der staunenswerte Alexander noch lebte:
selbst er könnte das nicht vollbringen.«
Die Dame mußte sich setzen,
als sie das gehört hatte.
Beinahe hätte sie die Besinnung verloren,
und sie stand ganz verlassen da,
diese untadelige Frau.
Doch es war ja nicht zu spät.
Sie ging in ihre Kemenate
und schloß die Türe;
sorgfältig schob sie den Riegel vor.
Sie setzte sich auf ihr Bett.
Ihre Gedanken richtete sie auf das,
was sie tun wolle
oder was sie lassen müsse.
Sie überlegte hin und her,
ihr Gemüt war mit Gedanken beschwert.
Als sie merkte, daß niemand bei ihr war,
da sprach sie bei sich:
»Du warst eine undankbare Frau,
unanständig hast Du Dich benommen,
weil Du einen Mann zurückgewiesen hast,
der regelgerecht um Minne zu werben versteht.
Wenn dieser Held jetzt sein Leben verliert,
welchen Lohn wirst Du ihm dann geben,
wie willst Du es ihm vergelten?
Mein Herr und Gott, wüßte ich nur, wofür
er damals hat büßen müssen,
als er um Deine Liebe warb
und Du ihm keine Hoffnung ließest
– das hätte den edlen Herrn beglückt –
geschweige denn, daß Du ihn ordnungsgemäß erhört hättest.
Du solltest ein Schwert nehmen
und Dich hineinstürzen.
Die Schuld mußt Du büßen,
die Du ihm gegenüber auf Dich geladen hast.«

Von des jâmers überlast
begunde si sêre weinen.
sî sprach: »nû hâst dû keinen
man gewunnen mêre liep.
jâ tuot er niht als ein diep,
der verholn stelen vert.
er hât sich offenbâr erwert
und hât behalten des prîses zil
mit manheit vor andern recken vil.
er ist ein wol gezogen man,
des solt dû in geniezen lân
und solt dich über in erbarmen.
lâz in an dînen armen
erwarmen eine naht!«
Sî sprach: »dû hâst missedâht
an dirre selben stunt.
nu tuo du ein ander kunt:
dô er næhest bî dir was
und bitende bî dir saz
umbe dîne minne,
die versagetest dû im mit sinne,
dû woldest dich ê stechen *tôt*,
danne dû senftest *s*îne nôt,
und wilt nû missetreten:
daz mac dich in scha*n*den weten.
ouch hât *dîn herre* liep
niht gevarn als ein diep
und hât dich vür ein werdez wîp
und hât einen alsô reinen lîp
und ist alsô schœne alse er
und brichet kurzlîch sîniu sper,
und minnet dich vür elliu wîp.
ich râte dir daz an dînen lîp:
sô dich *jener umbevienge*
und sîn wille ergienge,
sô würdest dû im ungenæme,

Vom Unglück überwältigt
brach sie in heftiges Weinen aus.
Sie rief: »Niemals hast Du
einen Mann mehr geliebt.
Er verhielt sich ja nicht wie ein Dieb,
der heimlich auf Diebstahl ausgeht.
Er hat sich ganz offen dem Kampf gestellt
und hat den Sieg
mit seiner Tapferkeit gegen viele andere Helden
errungen.
Er ist ein Mann mit Niveau,
dafür mußt Du ihn belohnen
und Dich seiner erbarmen.
Laß ihn in Deinen Armen
für eine Nacht Deine Wärme fühlen.«
Dann sagte sie: »Das sind falsche Gedanken,
die Du da soeben hattest.
Mach Dir jetzt etwas anderes klar:
als er ganz nahe bei Dir war
und neben Dir sitzend
um Deine Liebe flehte,
da hast Du ihn mit Überlegung abgewiesen;
lieber wolltest Du ihn töten,
als seine Not zu lindern,
und jetzt willst Du einen Fehltritt tun:
Das kann Dich in Schande stürzen.
Schließlich ist auch Dein geliebter Mann
nicht wie ein Dieb gekommen
und schätzt Dich als edle Frau
und ist eine genauso strahlende Erscheinung
und genauso schön wie er
und versticht gewandt seine Speere
und liebt Dich mehr als alle Frauen.
Bei Deinem Leben warne ich Dich:
Wenn jener Mann Dich in seine Arme nimmt
und er seinen Willen bekommt,
dann wirst Du diesem unerträglich,

dir selben widerzæme;
lîht vüer er wider in sîn lant,
sô wærestû immer mê geschant
beide an lîp und an êren:
dû solt wider kêren
und minnen dînen werden man!
den kristen solt dû varn lân,
als er aller beste mac.
ich wil pflegen des ich pflac.
unsinnic bist dû ê gewesen!«
Sî begunde aber herwider lesen
und gedenken an den küenen man.
sî sprach: »mich dunket guot getân,
daz dû den recken und den helt
der ûz den besten ist gezelt,
von minnen *n*iht lâst ligen tôt;
der hât umb dich grôze nôt
gehabet und vil bœser zît.
dar zu vil mangen herten strît
hât er gevohten umbe dich.
übel und arc daz sich
an und senfte sîne pîn.
dû solt tuon den willen sîn
und des er an dich gert;
des ist der helt gewert.«
»dar zu solt dû stille dagen,
er ta*r* ez nimmer gesagen.«
Dô begunde sî *in* wider drâte
laden nâch der minne râte.
sî sprach: »dû wilt im wesen bî.
er ist gevangen, mach in vrî!
er ist siech, er muoz genesen!
ez muoz wærlîch alsô wesen,
ûf mîn triuwe, daz mein ich.«
sî sprach aber: »*ne*in ich!

und vor Dir selbst wirst Du Dich ekeln.
Leicht könnte er auch in sein Land zurückkehren,
und Du fielst in Schande
mit Ruf und Ehre.
Kehre um
und liebe Deinen edlen Mann!
Laß den Christen ziehen,
wohin immer er will.
Ich werde das tun, was ich bisher getan habe.
Du hast ja zuletzt den Verstand verloren!«
Aber gleich fing sie wieder an, umgekehrt zu überlegen
und ihre Gedanken auf jenen kühnen Mann zu richten.
Sie sagte: »Es scheint mir richtig gehandelt,
daß Du diesen heldenhaften Recken,
der zu den Besten gehört,
nicht vor Liebe umkommen läßt;
der hat Deinetwegen große Not erduldet
und schwere Zeiten durchlebt.
Außerdem hat er viele schwere Kämpfe
für Dich durchfochten.
Sieh all das Schlimme und Böse
und lindere seine Qual.
Sei ihm zu Willen
und tu, was er von Dir will,
gewähre das diesem Helden.«
»Nein, sei still damit,
niemals wagt er das zu sagen.«
Darauf fing sie gleich wieder an,
ihn ihr nahekommen zu lassen, wie die Minne ihr riet.
Sie sagte: »Du willst bei ihm sein.
Er ist gefangen, befreie ihn!
Er ist krank, er soll gesund werden!
So muß es in der Tat sein,
das ist meine Meinung, meiner Treu!«
Wiederum aber sagte sie sich: »Nein!

ich was ûf unrehten wegen;
got der müeze mich gesegen,
daz mir *der* rede iht mêre entrinne:
ich was komen von sinne.
ich widerbring an dirre stunt,
daz ich mit mîn selbes munt
die rede hie gespreche,
daz ich mîn triuwe iht *breche*
an dem lieben herren mîn.
wærlîchen daz sol sîn.
zwâre, wirt der grâve erslagen,
sô müeze wir in doch verklagen
als die andern recken,
hern Dietrîchen und hern Ecken,
und dâ bî hern Hagen.
die vuoren ouch niht als die zagen,
sie wâren offenbâr genuoc:
wênic sie daz vür truoc,
wan sie wurden erslagen zu tôt.
geschiht daz dem, welich nôt!
jâ wil ich *mîner* êren pflegen
und lân den grâven underwegen
an êren und an lîbe.«
Nû sulle wir an disem wîbe
merken einen schœnen strît,
der gewert hât lange zît.
ein wîle sprach si »jâ«, ein wîle »nein«.
ir gemüete herte als ein stein
an alsô manic ende wielz,
unz ir daz herze smielz
als daz wahs gegen dem viure.
»möht ich nû zu stiure
vinden keine guote list,
die mir doch bræht etlîche *v*rist,
daz ich mich kund enthalten,
sô möht ich mit vröuden alten!«
sus saz sî und ensach

Ich war auf Abwegen;
Gottes Segen möge mich beschützen,
daß mir nicht noch mehr solches Gerede entschlüpft.
Ich hatte den Verstand verloren.
Ich mache das sogleich dadurch wieder gut,
daß ich in voller Verantwortung
jetzt aussage,
daß ich niemals
meinem geliebten Gatten die Treue brechen werde.
Wahrhaftig, so soll es sein.
Wenn der Graf wirklich erschlagen wird,
dann werden wir um ihn klagen müssen
wie um die anderen Helden,
Dietrich und Ecke
und auch Hagen.
Die benahmen sich auch nicht wie Feiglinge,
sie waren ziemlich ungeniert,
das hat sie nicht weit gebracht,
denn man hat sie erschlagen.
Wenn das ihm zustößt, welches Unglück!
Fürwahr, ich will auf meinen Ruf achten
und auf den Grafen verzichten,
seine Ausstrahlung und seine ganze Person.«
An dieser Frau kann man also
beispielhaft einen Konflikt beobachten,
der sich lange Zeit hinzog.
Einmal sagte sie »ja«, einmal »nein«.
Ihr Sinn, fest wie ein Stein,
wendete sich so sehr hierhin und dorthin
bis ihr Herz schmolz,
wie das Wachs im Feuer.
»Käme mir doch nur
ein guter Einfall zu Hilfe,
der mir Luft verschaffte,
damit ich mich beherrschen könnte –
dann könnte ich gelassen alt werden!«
So saß sie da; sie sah

noch enhôrte. sî sîder sprach:
»waz sol mir nû der lîp?
ich zwir unsælic wîp!
sol der grâve sô sîn verlorn,
sô wær *ich bezzer* ungeborn.«
  Einen reinen muot diu guote gewan,
der selbe muoste vür sich gân.
sî sprach: »er muoz her wider komen,
ez gê zu schaden oder zu vromen!«
einen boten sî im sante.
der selbe bote dar rante,
dâ er den grâven wiste.
er sprach: »dû werder kriste,
ein miete solt dû mir geben.
mîn vrouwe wünschet umb dîn leben.
dû bist ir genesen und ir trôst,
mit dir wirt si von sorgen erlôst.
sint dû botschaft hâst vernomen,
dû solt mit mir zu ir komen,
des soltû niht lân!«
  Wer vrôer *dan* der kristenman!
er was zuhant bereit,
die naht er zu dem tage reit,
biz er zu der vrouwen quam.
ir gruoz er lieplich vernam.
sî sprach: »wilkomen, herre mîn,
ich bin diu dienerinne dîn!«
des erschrac er vil sêr.
»eiâ, vrouwe hêr,
dû solt niht mîn dienerinne sîn,
dû bist diu liebe vrouwe mîn!«
sî sprach vil unvermezzen:
»dû solt mit mir ezzen!«
dô bereite man allerhande genuoc;
nâch êren man ez vür truoc.
der heiden was ûzgerîten dô;

und hörte nichts. Dann sagte sie:
»Was soll mir jetzt das Leben?
Ich doppelt unglückliche Frau!
Wenn der Graf so zugrunde geht,
dann wäre ich besser gar nicht geboren worden.«
Schließlich kam die edle Frau zu einer klaren Einsicht,
die sollte ausgeführt werden.
Sie sagte: »Er muß zu mir kommen,
ob es nun gut oder schlecht ausgeht!«
Sie sandte einen Boten zu ihm.
Der Bote lief dorthin,
wo er den Grafen wußte.
Er sagte: »Edler Christ,
gib mir eine Belohnung!
Meine Herrin verlangt nach Dir, bei Deinem Leben!
Du bist ihre Hilfe und ihre Zuversicht,
durch Dich wird sie von Sorgen befreit.
Wenn Du meine Botschaft verstanden hast,
wirst Du mit mir zu ihr gehen
ohne zu zögern.«
Wer war da glücklicher als der Christ!
Er war sofort bereit;
Tag und Nacht ritt er,
bis er zu der Dame kam.
Ihren Gruß nahm er erfreut entgegen.
Sie sagte: »Willkommen, mein edler Herr,
ich bin Deine Dienerin!«
Darüber erschrak er heftig.
»Ach, hohe Frau,
Du sollst nicht meine Dienerin sein,
Du bist meine geliebte Herrin!«
Sie sagte mit fester Stimme:
»Iß bitte mit mir!«
Darauf bereitete man reichlich von allem zu;
festlich trug man es auf.
Der Heide war fortgeritten;

daz huop den kristen gar *hô*.
sie hâten kurzwîle vil
und manger hande seitenspil.
daz lâze wir allez under wegen:
er wær gerne gelegen
mit der vrouwen an der legerstat.
nû hœret, wie er die guoten bat:
»eiâ, reine vrouwe mîn,
sich, wie wunt ich bin,
und ist ouch iezunt spâte.
in die kemenâte
sul wir beide slâfen gân.
ich wil iu triuwen bî gestân;
ouch wirt volendet mîn ungemach!«
diu vrouwe lachende sprach:
»wâ zwên gevangen diebe
zu einander tragent liebe,
die mügen mit einander steln,
wellen siez mit einander heln.
man vindet darzu liste vil,
der ez gerne tuon wil.«
Dô daz diu vrouwe gesprach,
der grâve si lieplîch ansach
und sprach: »hiute lieber denne gester!
sô wirt diu liebe vester
von tage zu tage an dir.
sô belîbest dû mir
mitten in dem herzen mîn,
ûzerwelte keiserîn!«
s*ô* sprach der werde kristen.
er hæte sie mit listen
gern in daz bette brâht.
diu vrouwe sich bedâht;
sî sprach: »vil lieber herre mîn,
ich wil senften dîne pîn,
sô dû mit vröuden müezest leben.
ich wil dir zwei geteiltiu geben,

das brachte den Christen in gute Stimmung.
Sie genossen mancherlei Unterhaltung
und hörten Saitenmusik.
Das lassen wir aber alles beiseite:
Er wäre gerne
bei der Frau im Bett gelegen.
Hört, wie er die Edle darum bat:
»Ach, makellose Herrin,
sieh, wie versehrt ich bin,
und außerdem ist es auch schon spät.
Laß uns zusammen in die Kemenate
schlafen gehen.
Ich werde ohne Falsch bei Euch liegen;
überdies gehen meine Qualen zu Ende.«
Die Dame sagte lachend:
»Wo zwei ertappte Diebe
einander lieben,
da können sie gemeinsam stehlen,
wenn sie es gemeinsam vertuschen.
Man findet dafür genug Ausflüchte,
wenn man gerne will.«
Als das die Dame sagte,
da schaute der Graf sie liebevoll an:
»Heute lieber als morgen!
So wird die Liebe zu Dir
von Tag zu Tag stärker.
Dann bleibst Du
tief in meinem Herzen,
auserlesene Kaiserin!«
So redete der edle Christ.
Er hätte sie mit seinen Überredungskünsten
gerne in das Bett gelockt.
Die Dame hatte nachgedacht;
sie sagte: »Mein lieber Herr,
ich will Deine Qual lindern,
so daß Du in Freuden leben kannst.
Ich will Dir zwei Möglichkeiten zur Wahl stellen,

diu doch beide hübesch sint.
sô spr*i*ch, werder Minnen kint,
wellet ir einez bestân?«
der grâve sprach: »nû teilet an,
daz uns beiden wol an stê
und niht krumbes dâ mit gê.«
diu küniginne sprach zu im:
»sich, herre; daz beste nim:
oberhalp der gürtel mîn,
wiltû, daz sol wesen dîn.
oder von der gürtel hin zu tal,
wiltû, daz nim über al.
und nimest dû daz beste teil,
daz wirt niht dîn unheil.
daz bezzer teil sol wesen dîn,
daz erge*r* lâz wesen mîn.
die wal hâb ich gegeben dir,
welhez dû wilt; daz ander lâz mir!
wis gewaltic über mich,
wie dû wilt, alsô sprich!«
　Der grâve hienc daz houbet nider.
diu vrouwe sprach: »antwürte mir wider!«
im was ûf sich selben zorn,
er saz, als im wær geschorn
der bart âne schermezzer.
er sprach: »mir ist bezzer,
daz ich mich selbe steck zu tôt,
*da*nne daz ich lîde nôt,
die ir gebt, vil sælic wîp,
und mir quelet mînen lîp.
ir ku*nn*et manger hande list.
ich ger drîer tage vrist,
daz ich mich bedenke wol,
welhez teil ich nemen sol.«
diu vrouwe sprach: »nû wis gewert
des ziles, des dû hâst gegert.«
mit urloup gienc sî slâfen.

die beide angenehm sind.
Sprich, edler Minneritter,
wollt Ihr eine davon wählen?«
Der Graf antwortete: »Nun nennt die Alternativen,
so daß es gut ist für uns beide
und nichts Krummes dabei.«
Die Königin sagte zu ihm:
»Schau, Herr! Nimm Dir das Beste:
was oberhalb meines Gürtels ist,
das soll, wenn Du willst, Dein sein.
Oder vom Gürtel bis zum Boden,
nimm das alles, wenn du willst.
Wenn Du den besten Teil nimmst,
dann gereicht Dir das nicht zum Schaden.
Der bessere Teil soll Dir gehören,
den schlechteren laß mir.
Dir habe ich die Wahl gelassen,
was Du willst; das andere überlasse mir.
Verfüge über mich,
sag, wie Du es wünschst.«
Der Graf senkte das Haupt.
Die Dame sagte: »Antworte mir!«
Er war mit sich selbst uneins.
Er saß da, als wäre ihm der Bart
ohne Schermesser geschoren worden.
Er sagte: »Für mich ist es besser,
wenn ich mich ersteche,
als die Qualen zu ertragen,
die Ihr mir antut, schöne Frau,
da Ihr mich so martert.
Ihr versteht Euch auf allerlei Kunstgriffe.
Ich möchte drei Tage Frist,
damit ich mir überlegen kann,
welche Hälfte ich nehmen soll.«
Die Dame sagte: »Die Frist,
die Du wünschst, sei Dir gewährt.«
Sie verabschiedete sich und ging schlafen.

Der grâve schrei »wâfen«
über daz listige wîp.
»sî benimt mir noch guotzît den lîp«,
sprach er wider sich selben dô.
er leit sich nider unvrô.
dô lac er unde dâhte,
gedanke *genuoc er* brâhte
mit sinnekeit in sînen muot:
»daz oberst teil daz ist guot;
doch ist daz underst bezzer vil.
wie ob ich ez nemen wil?
wan ez ist gar minneclîch
und mac mich machen vröuden rîch.
mit dem selben erwirb ich
daz oberst teil. – sê, wie sprich ich!
ich bin ein kint, daz prüef ich wol.
wenne dich dîn vrouwe hete *vol*
gehelset mit ir armen,
sî müeste sich erbarmen
und möht ez nimmer gelân,
sî müest dir wesen undertân
mit allem ir lîbe
und möhte dich nimmer vertrîben.
ich weiz ouch vür wâr daz:
sî nimmer gespræche laz.
dû maht alsô kiesen,
daz dû maht verliesen,
und *spræche sî*, ich wære
von rehte ein dorpære
und hæte ir unreht getân.
daz sol ich wol understân!
iedoch nim daz underst teil,
dâ von dîn herze mac werden geil.
wenne dû sie gehabete*st*,
swaz dû ir denne sagete*st*,
daz würde getân lieplîch.

Der Graf verwünschte
die listige Frau.
»Sie nimmt mir noch frühzeitig das Leben«,
sagte er bei sich.
Er legte sich bedrückt hin.
Er lag da und überlegte,
viele Gedanken gingen ihm
beim Nachdenken durch den Kopf:
»Der obere Teil ist gut;
aber der untere ist viel besser.
Ob ich den nehmen soll?
Denn er ist zur Liebe sehr geeignet
und bringt mir reiche Freuden.
Mit diesem Teil erwerbe ich
den oberen mit. – Schau nur, was rede ich!
Ich bin ja noch ein Kind, das kann man daran sehen.
Wenn Dich Deine Herrin ganz
mit ihren Armen umfangen würde,
dann müßte sie sich Deiner erbarmen
und könnte es gar nicht vermeiden,
sich Dir zu unterwerfen
mit ihrer ganzen Person,
und sie könnte Dich niemals mehr wegschicken.
Auch das weiß ich genau:
niemals redete sie zögerlich.
Du kannst also sehen,
daß Du auch verlieren kannst
und daß sie dann sagt, ich sei
ein rechter Tölpel
und habe unrecht an ihr getan.
Das muß ich unbedingt verhindern.
Trotzdem: nimm die untere Hälfte,
das wird Dein Herz beglücken.
Wenn Du sie erst hättest,
dann würde alles liebevoll gewährt,
was Du ihr sagtest. –

Ouwê wie spriche aber ich!
jâ wær ez ein michel schande,
swâ man ez in dem lande
hœrte oder ûz quæme,
daz ich daz underste teil næme.
man würde mich lîhte ruofen an:
›schouwet alle an disen man,
dar zuo in verspîet;
h*e*tzet unde schrîet
ûf in als ûf einen diep!
jâ wirt er nimmer vrouwen liep,
der also kiuset und hât gekorn.‹
sô wær ich bezzer nie geborn;
wan den liuten sin*t* gedanke vrî,
und dir niemant wonet bî.
sô überlöufest dû si umb sust,
dû kiusest zu schaden oder zu vlust.
und sol ich halt dar an verliesen,
sô wil ich rehte kiesen
daz oberste stücke,
ez wirt lîht mîn gelücke.
sî hât dich versuochet dâ mite;
dû solt sie mit zühten biten,
sô kan sî nimmer dir versagen.
dû solt an ir niht verzagen,
sint sî ist ganzer sinne vol.
sî weiz wol, waz sî tuon sol.
da von ist billich unde reht:
sî ist mîn vrouwe und ich ir kneht,
sô lâz ouch ir den strît
und nim, daz dâ oben lît.«
Sus was der grâve beide
mit liebe und mit leide
bevangen dise drî tage
mit sorgen und mit grôzer klage,
die er hete nâch dem wîbe;

Ach Gott, wie rede ich denn!
Es wäre doch wirklich eine große Schande,
wenn man es rundum im Land
hörte oder wenn es herauskäme,
daß ich die untere Hälfte nehme.
Man würde bestimmt hinter mir herrufen:
›Schaut Euch alle diesen Mann an,
spuckt ihn an!
Hetzt ihn und schreit hinter ihm her
wie hinter einem Dieb!
So einer wird natürlich nie bei Frauen beliebt,
der so wählen will oder schon gewählt hat.‹
Dann wäre ich besser nie geboren worden;
denn die Gedanken stehen den Leuten frei,
und Dir hilft keiner.
So denkst Du vergebens über sie nach,
du wählst zwischen Schaden oder Verzicht.
Und wenn ich schon dabei nur verlieren kann,
dann wähle ich ordnungsgemäß,
nämlich das obere Stück.
Vielleicht wird es ja mein Glück.
Sie hat Dich damit auf die Probe gestellt.
Bitte sie höflich,
dann kann sie sich Dir nicht versagen.
Du mußt nicht an ihr verzweifeln,
denn sie ist voller Klugheit.
Sie weiß genau, was sie tun muß.
Deswegen ist es ganz in der Ordnung:
sie ist meine Herrin und ich bin ihr Diener.
Deshalb gib in diesem Streit nach
und nimm das, was oben ist.«
So war der Graf zugleich
von Freude und Schmerz
umfangen in diesen drei Tagen,
von Sorgen und von sehnsüchtiger Klage,
die ihn nach der Frau quälten.

er vröuwet sich in sînem lîbe,
daz er der êren wære wert,
der er ie hete gegert
an daz tugenthafte wîp.
dâ wider was aber sîn lîp
mit herzenleide *bevangen.*
er gedâhte *im* gar *ange*:
»vünde ich nû die beste kür,
daz ich ir hulde *niht* verlür,
die ich mir zu vrouwen kôs!«
sus was sîn sorge *bî* vröuden grôz.
Die rede lâze wir hie bestân.
diu selbe vrouwe wolgetân
gienc an dem dritten tage vru
und sprach dem grâven lieplîch zu:
»herre, wie habt ir iuch bedâht?
ist iuwer wille volbrâht,
welich teil ir nemen welt?«
mit zühten antwurt ir der helt:
»sô wil ich, vrouwe, an dirre stunt
iu die rede tuon kunt
und wil ez niht lenger verdagen,
ich wil ez ûf genâde sagen:
daz oberste teil sol wesen mîn.«
diu vrouwe sprach: »daz muoz sîn«
und sach an den werden man
mit spilnden ougen und lacht in an.
der grâve sprach: »sol ez sô sîn,
sô gebiute ich dem teil mîn,
daz obwendic der gürtel ist,
daz ez nû zu dirre vrist
mich lieplîch umbevâhen sol.
daz stêt sînen êren wol.«
zuhant von der guoten daz geschach.
der grâve ir lieplîchen zu sprach:

Er freute sich,
weil ihm die Auszeichnung zuteil geworden war,
die er sich
von dieser vollkommenen Dame gewünscht hatte.
Andererseits aber
bedrängte ihn heftiger Schmerz.
Er dachte voller Beklemmung:
»Fände ich nur die beste Wahl,
mit der ich nicht die Huld der Frau verliere,
die ich mir als Herrin auserwählt habe.«
So war sein Kummer neben der Freude groß.
Diese Überlegungen lassen wir nun auf sich beruhen.
Die schöne Dame
kam am dritten Tage frühmorgens
und sagte freundlich zum Grafen:
»Mein Herr, wie habt Ihr es Euch überlegt?
Ist Eure Entscheidung gefallen,
welche Hälfte Ihr nehmen wollt?«
Höflich antwortete der Ritter:
»Ich will Euch also nun, Herrin,
meine Worte vortragen
und nicht länger schweigen.
Ich sage es im Vertrauen auf Eure Gunst:
die obere Hälfte soll mir gehören.«
Die Dame antwortete: »So wird es sein«
und blickte den edlen Herrn
mit fröhlichen Augen an und lachte ihm entgegen.
Der Graf sagte: »Wenn es sich so verhält,
dann gebiete ich meinem Teil,
der oberhalb des Gürtels ist,
daß er mich jetzt auf der Stelle
liebevoll umarme.
Das steht ihm wohl an.«
Sogleich führte die edle Frau das aus.
Der Graf sagte freundlich zu ihr:

»erbiut mir dînen rôten munt!«
sî sprach: »jâ, wiltû, tûsent stunt.«
sî drucket mit armen in,
er helste si und sî kust in,
lieplîch sî in umbevie.
Der helt sprach: »vrouwe, wie
sol ich nâch dînem willen leben?
die lêre bite ich mir geben.«
sî sprach: »dîn teil ist dir holt,
dû tuost wol mit im, swaz dû solt.«
sî greif in lieplîchen an.
dô sprach der helt *wol*getân:
»vrouwe, reine wîbes vruht,
durch aller vrouwen zuht
daz ander teil erwirp ouch mir!
daz bit ich und gebiut ez dir.«
sî sprach: »des mac niht gesîn,
daz *eine* ist mîn, daz ander dîn.
nu tuo mit dînem kurzwîle vil,
ich tuo mit mînem, waz ich wil.
ich wil daz mîne haben mir
und wil daz dîne geben dir.
waz dû wilt, daz tuo *mit* im.«
er sprach: »vrouwe reine, nim
und habe dir gar daz mîne
und verlîch mir daz dîne!«
sî sprach: »des geschiht niht!
sô wær ich immer mêr enwiht.«
dô sprach der werde kristen:
»owê, manger hande listen
bist dû, reine guote, vol.
jâ stüende ez dînen êren wol,
daz dû spræchest: ›ez muoz sîn‹;
sô wærstû zwir diu vrouwe mîn.«
sî sprach: »des mac nû niht wesen.
wie möht ich danne an êren genesen?
daz ich übergienge den rât,

»Biete mir Deinen roten Mund!«
Sie antwortete: »Tausendmal, wenn Du willst.«
Sie drückte ihn mit den Armen,
er umhalste sie und sie küßte ihn
und umarmte ihn innig.
  Der Ritter sagte: »Herrin, wie
soll ich nach Eurem Wunsche leben?
Belehrt mich bitte darüber.«
Sie antwortete: »Dein Teil ist Dir ergeben,
Du machst gewiß mit ihm, was sich gehört.«
Sie faßte ihn liebevoll an.
Da sagte der stolze Graf:
»Herrin, Du Inbegriff edler Frauen,
bei der Tugend aller Damen,
verschaffe mir auch die andere Hälfte!
Darum bitte ich Dich inständig.«
Sie antwortete: »Das kann nicht sein.
Die eine gehört mir, die andere Dir.
Vergnüge Du Dich mit der Deinen, wie Du willst,
ich verfahre mit der meinen nach meinem Belieben.
Die meine will ich für mich haben,
und die Deine gebe ich Dir.
Mach' mit ihr, was Du willst.«
Er sagte: »Makellose Frau, nimm hin
und behalte die meine ganz
und schenke mir dafür die Deine!«
Sie antwortete: »Das wird nicht geschehen.
Dann wäre ich ja gar nichts mehr.«
Darauf sagte der edle Christ:
»Ach, Du bist voller kluger Einfälle,
Du edle, vollkommene Frau.
Wahrhaftig, es vertrüge sich gut mit Deinem Ruf,
wenn Du sagtest: ›So soll es sein!‹;
dann wärst Du nämlich gleich doppelt meine Herrin.«
Sie antwortete: »Das kann nun wirklich nicht sein.
Wie sollte ich denn dann ohne Ehre leben?
Wenn ich diese Einsicht mißachtete,

daz wær ein grôziu missetât.
lâ dir genüegen an dem dînen
und lâz ouch mich bî dem mînen!«
Des wart der grâve vil unvrô
und sprach ûz grôzer sende sô:
»jâ wilt dû mich tœten!«
sî sprach: »ich hât ûz nœten
dînen werden lîp brâht.
nû hâst dû selbe missedâht,
daz wil ich *i*mmer klagen.«
er sprach: »vrouwe, ich muoz verzagen,
des maht dû gelouben mir.«
si sprach: »daz dîne habe dir!«
Nû geloubet, daz ich iu sage.
alrêrst huop sich de*s grâven* klage,
daz in sîn vrouwe umbevienc
und sîn wille niht ergienc;
daz was im ein alsô swære pîn,
daz ers lieber möhte ænec sîn.
sî helst und kust in vil;
iedoch wart im daz beste spil
mit rehter kündekeit genomen.
er was *nâch* von sinnen komen.
hie bî nemet nu ein bilde:
ez enwart nie man sô wilde
noch sô senfte geborn,
ez müest im von herzen wesen zorn,
wer in einsît zemte
und doch andersît lemte,
als dem armen grâven was.
wunder was, daz er genas!
von sô senlîcher nôt
möhte ein rise ligen tôt.
daz mære sî iu gesaget:
der grâve hâte gar verzaget,
sô daz er urloup genam.

dann wäre das ein großer Fehler.
Sei zufrieden mit Deiner Hälfte
und lasse mir die meine!«
Darüber war der Graf sehr unglücklich
und sprach voller Verlangen:
»Du willst mich wirklich töten!«
Sie antwortete: »Ich habe Dich schließlich
in Ehren vor Gefahr bewahrt.
Du aber hast Dich falsch entschieden.
Das kann ich fortan nur bedauern.«
Er sagte: »Herrin, mich erfaßt Verzweiflung,
das kannst Du mir glauben.«
Sie sagte: »Bleib Du bei dem Deinen!«
Nun glaubt nur, was ich erzähle.
Jetzt erst fingen die Klagen des Grafen wirklich an,
weil ihn seine Dame umarmt hatte
und er trotzdem nicht ans Ziel gekommen war.
Das bereitete ihm so großen Schmerz,
daß er gerne darauf verzichtet hätte.
Sie umarmte und sie küßte ihn,
aber das eigentliche Vergnügen
wurde ihm mit großem Geschick vorenthalten.
Er hätte beinahe den Verstand verloren.
Nehmt das als ein Beispiel:
Nie hat es einen Mann gegeben,
ob heftig oder sanft,
der nicht im Innersten in Wut geriete,
wenn man ihn einerseits lockte
und auf der anderen Seite zurückwies,
wie es dem armen Grafen hier widerfuhr.
Es war ein Wunder, daß er das überstand.
An solchem Liebesschmerz
könnte ein Riese zugrunde gehen.
Hört, wie es weiterging:
der Graf hatte den Mut so gänzlich sinken lassen,
daß er sich zum Abschied entschloß.

Der künic heim geriten quam.
der grâve einen guoten list
vant in einer kurzen vrist;
wan er hât ez wol vernomen,
daz der künic wær heim komen.
der grâve sprach: »reine vrouwe guot,
noch müget ir trœsten mînen muot.«
dô sprach sî: »lieber herre mîn,
habe dir daz teil dîn
und solt mir daz mîne lân.«
dô sprach der grâve wolgetân:
»sint dem mâle daz ich
niht hân erworben dich,
sô verbiut ich mînen ougen,
daz sie nimmer tougen
gesehen an den heiden;
daz verbiut ich in beiden.
ich verbiut ouch mînen ôren,
daz sie von im iht hôren,
ob er dich, vrouwe, iht bite,
daz sie in betrüeben dâ mite.
ouch verbiut ich mîne*m* rôten munt,
daz er im von dirre stunt
gespreche nimmer güetlîch zuo.
waz er wil, daz ander tuo:
spricht er ›nein‹, sô sprich ›ja‹,
spricht er ›swarz‹, sô sprich ›blâ‹,
spricht er ›wîz als ein snê‹,
sô sprich ›grüen als ein klê‹!
ich verbiut ouch mînen armen,
daz sie in niht erwarmen
lâzen an den brusten mîn.«
sî sprach: »ez muoz allez sîn,
alsô dû hâst geboten mir.
herre mîn, daz gelob ich dir
mit stæten triuwen behalten.«
»got müeze sîn walten«,

Der König war zurückgekommen.
Dem Grafen kam schnell
eine gute Idee;
denn er hatte gehört,
daß der König zurückgekommen war.
Der Graf sagte: »Edle, wunderbare Frau,
Ihr könnt mir doch noch Hoffnung geben.«
Darauf antwortete sie: »Mein lieber Herr,
behalte Du Deine Hälfte
und lasse mir die meine.«
Darauf sagte der stolze Graf:
»Da ich Dich nun einmal
nicht errungen habe,
verbiete ich den Augen, die ja mir gehören,
jemals (und wenn es heimlich wäre),
den Heiden anzusehen;
das verbiete ich ihnen beiden.
Ich verbiete auch den Ohren, die mir gehören,
in irgendeiner Weise auf ihn zu hören,
wenn er Dich, Herrin, etwa bitten sollte;
sie mögen ihn damit ärgern.
Gleichfalls gebiete ich dem roten Mund, der mein ist,
daß er von Stund an
nicht mehr freundlich zu ihm spricht.
Was er auch will, mache das Gegenteil:
Sagt er ›nein‹, dann sag' Du ›ja‹,
sagt er ›schwarz‹, dann sag' Du ›blau‹,
sagt er ›weiß wie der Schnee‹,
dann sag' Du ›grün wie der Klee‹!
Ich verbiete auch den Armen, die mein sind,
daß sie ihn jemals
an Deinem Busen, der mir gehört, wärmen.«
Sie sagte: »Alles soll so sein,
wie Du es mir gebietest.
Mein Herr, ich verspreche Dir,
das in aufrichtiger Verbundenheit zu befolgen.«
»Dafür möge Gott sorgen«,

sô sprach der werde kristen.
diz bewart er mit listen,
sô daz sî von unschulden
mohte zu unhulden
komen wider iren man.
  Dô beleip der grâve eine stân.
als mir ist vür wâr gesaget.
von im sô schiet diu vrouwe maget
unde gienc, dâ sî den künic sach,
der zu den truhsæzen sprach,
ob daz ezzen wære gereit,
daz diu tischlach würden ûf geleit,
als ich iu nu hâb gesaget.
ouch sol ez niht sîn verdaget,
ob man des grâven pflæge wol.
jâ, als man eines vürsten sol
pflegen, sô wart sîn gepflogen.
daz ist niht umb ein hâr gelogen.
wan man pflac sîn tac und naht,
als ez diu vrouwe het bedâht,
daz er hæte guot gemach,
dâ im allez guot geschach.
  Der künec zu tische saz
und dar nâch ein wîle gaz;
sîn vrouwen er ane sach,
minniclîchen er dô sprach:
»vrouwe, dû solt ezzen!«
sî sprach: »wir suln mezzen
die vüeze ûf dem tische.«
dô nâch brâht man vische.
dô sprach er: »gebt mir trinken her!«
sî sprach: »bring im schilt und sper!«
er sprach: »ir müget wol trunken wesen.«
sî sprach: »ich wil wærlîchen lesen,
waz wunders noch geschehen sol.«
er sprach: »jâ stüend ez vrouwen wol,
daz sie sæzen mit guoten sinnen.«

antwortete der edle Christ.
Mit Bedacht hatte er das so angelegt,
damit sie ohne Schuld
die Gunst ihres Mannes
verlöre.
Der Graf blieb alleine zurück.
Das hat man mir als die Wahrheit gesagt,
daß sich die Dame unberührt von ihm verabschiedete
und zum König ging,
der die Truchsessen fragte,
ob das Essen fertig sei
und man die Tischdecken auflegen könne,
wie ich es Euch eben erzähle.
Auch soll nicht unerwähnt bleiben,
ob man ordentlich für den Grafen sorgte.
Natürlich, wie man für einen Fürsten
sorgen soll, so kümmerte man sich um ihn.
Das ist kein bißchen gelogen.
Denn man sorgte Tag und Nacht für ihn,
weil doch die Dame darauf geachtet hatte,
daß er es bequem hatte
und ihm alle Annehmlichkeiten zur Verfügung waren.
Der König saß an der Tafel
und speiste eine Weile.
Er schaute seine Gemahlin an
und sagte freundlich zu ihr:
»Liebe Frau, iß doch!«
Sie antwortete: »Wir sollten
unsere Füße auf dem Tisch messen.«
Dann trug man Fisch auf.
Da sagte er: »Gebt mir etwas zu trinken!«
Sie sagte: »Bring ihm Schild und Speer!«
Er sagte: »Ihr seid ja wohl betrunken!«
Sie sagte: »Ich werde genau beobachten,
was sonst noch Seltsames geschehen wird.«
Er sagte: »Frauen stünde es gut an,
wenn sie bei Verstand wären bei Tisch.«

sî sprach: »ich wil beginnen
und machen einen âbenttanz.«
er sprach: »ir sît worden glanz,
der tiuvel hât iuch betrogen.«
»entriuwen, ir habt gelogen
in iuwern hals«, sô sprach daz wîp.
zu wunsche was ir reiner lîp.
  Der künic jæmerlîchen sprach:
»owê mir hiut und immer ach!
sî hât verlorn gar den sin.
owê, liebe vrouwe mîn«,
sprach er, »wer hât dir getân?«
sî sprach: »sehet in alle an!«
er sprach: »gebt mir wîrouch!«
sî sprach: »ir sît gar ein gouch!«
waz sol ich iu mêr sagen?
der künic wart sie vaste klagen.
sprach er »jâ«, sî sprach »nein«,
nante er »brôt«, sî sprach »stein«,
sprach er »trucken«, sî sprach »naz«.
dar an sî ouch niht vergaz:
wes er sie vrâgete,
ie daz ander sî im sagete.
  Daz treip sî reht, als ich sage,
vollíclîchen siben tage.
dô der künic daz gesach,
daz sî in allen zu sprach
güetlîchen gemeine
wan im sunder al eine,
er sprach: »ich wil iu sagen:
ûz wil ich rîten jagen.
vrou, tuot iuch der vuore abe,
ich bring iuch anders zu dem grabe.«
hin zu velde er dô reit.
drî knütel er dâ sneit.
nâch sînem willen ez ergienc,
zwêne hasen er gevienc.

Sie sagte: »Ich werde jetzt
einen Abendtanz anfangen.«
Er sagte: »Ihr seid verrückt geworden,
der Teufel hat Euch verwirrt.«
»Meiner Treu, ihr habt Euch
in den eigenen Hals gelogen«, sagte die Frau.
Dabei sah sie entzückend aus.
Der König sagte bedrückt:
»Ach, jetzt und immerdar o weh!
Sie hat völlig den Verstand verloren.
Ach, meine geliebte Frau«,
sagte er, »wer hat Dir etwas getan?«
Sie antwortete: »Schaut ihn Euch alle an!«
Er sagte: »Gebt mir Weihrauch!«
Sie sagte: »Ihr seid ein dummer Esel!«
Was soll ich Euch noch mehr erzählen?
Der König klagte heftig über sie.
Wenn er »ja« sagte, sagte sie »nein«.
Wenn er »Brot« sagte, sagte sie »Stein«,
wenn er »trocken« sagte, sagte sie »naß«.
Niemals hat sie sich vertan:
was immer er sie fragte,
sie antwortete stets etwas anderes.
Das trieb sie tatsächlich, wie ich Euch sage,
volle sieben Tage lang.
Als der König erkannte,
daß sie mit allen anderen
freundlich redete,
nur allein mit ihm nicht,
erklärte er: »Ich sage Euch:
ich reite jetzt zur Jagd aus.
Frau, legt dieses Benehmen ab,
sonst bringe ich Euch ins Grab.«
Er ritt auf das Feld.
Drei Knüppel schnitt er ab.
Alles verlief nach seinem Wunsch,
und er fing drei Hasen.

und dô er wider heim quam,
sô minner sî sîn war nam,
dan sî vor hâte getân.
er nam die vrouwen wolgetân,
daz sag ich iu vür wâr,
bî dem gelwen hâr
und zôch sie hin und dar.
sust zerret er ir daz schœne hâr,
er zuknultes umb daz houbt wol
und sluoc ir ouch den rücke vol;
die knütel sluoc er gar enzwei.
diu vrouwe jæmerlîchen schrei.
dô er sie *sô* wol durchsluoc,
daz man sie in daz bette truoc,
der künic mit zorn zu ir sprach:
»nû habt ir grôz ungemach.
nû wil ich ûz rîten,
niht lenger wil ich bîten.
ich gibe iu des die triuwe mîn,
ich wil lîht lenger ûzen sîn,
denne ich selber hân gedâht.
dâ habt ir mich kûm zu brâht.«
er hiez diu ros bereiten
und wold niht lenger beiten.
sust kârt er mit zorne dannen.
  Dô begunde diu vrouwe mannen
und gienc zu dem grâven guot.
betrüebet was ir muot.
sî klaget im ir ungemach.
der grâve ir güetlîchen zu sprach:
»reine, wer hât dir getân?«
sî sprach: »daz hât mîn leider man,
– sich herre! – getân umb dîn gebot.«
er sprach: »nein, ez ist dîn spot.«
»nein ez, ûf die triuwe mîn.«
»sô sage mir den smerzen dîn!«
dô zeicte si im daz houbet,

Als er wieder zurückkam,
kümmerte sie sich genauso wenig um ihn
wie vorher.
Er packte die schöne Dame,
das versichere ich Euch,
bei ihrem blonden Haar
und riß sie hin und her.
So zerrte er an ihrem schönen Haar,
daß ihr der ganze Kopf zerrauft war,
und schlug ihr auch noch den Rücken voll;
die Knüppel schlug er vollständig entzwei.
Die Dame schrie ganz jämmerlich.
Als er sie so ordentlich durchgebleut hatte,
daß man sie ins Bett legen mußte,
da sagte der König zornig zu ihr:
»Jetzt habt Ihr ziemlichen Ärger.
Ich werde jetzt ausreiten,
hier bleibe ich nicht länger.
Ich verspreche Euch,
ich werde vielleicht länger weg sein,
als ich selbst glaube.
Dafür habt Ihr Euch ordentlich angestrengt.«
Er ließ die Pferde fertig machen
und wollte nicht mehr länger bleiben.
So ritt er zornig davon.
Da raffte sich die Frau auf
und ging zu dem edlen Grafen.
Sie war ganz unglücklich
und klagte ihm ihr Leid.
Der Graf sagte fürsorglich zu ihr:
»Edle Frau, wer hat Dir das angetan?«
Sie sagte: »Das hat mein böser Mann
– schau genau her! – wegen Deiner Gebote getan.«
Er sagte: »Nein, das ist nicht Dein Ernst.«
»Doch, bei meinem Wort.«
»Dann berichte mir von Deinen Schmerzen!«
Da zeigte sie ihm ihren Kopf,

daz was ir gar betoubet;
sî zeicte im arme und rücke
und sprach: »ditze ungelücke
mîn lîp durch dînen willen treit.«
der grâve sprach: »ez ist mir leit
und lob doch got dâ bî,
daz dîn teil ist slege vrî.
ob mîn teil ist geslagen,
daz wil ich, vrouwe, doch wol verklagen.
wirret dir *an* dînem teile iht?«
sî sprach: »herre, nein ez, nicht.«
»sô wirt sîn vil guot rât,
sint dîn teil niht slege hât.«
sî sprach: »dû maht wol wesen blint
und sprichest als ein tumbez kint.
klage mir und habe dir!«
»jâ wurden sie geslagen mir«,
sprach er, »ûf den rücke mîn.«
sî sprach: »lâ dîn spoten sîn!
ich sag dir vil wol, wie ez lît
in dirre selben zît:
›die slege, die ich geliten hân,
die suln dir alle sîn getân‹,
vil lieber herre, sô sagest dû mir.
nû wil ich sagen dir,
daz nimmer mê von disem tac
wirt mir stôz noch slac
durch dînen willen getân.«
sî sprach: »wir suln slâfen gân!«
dô was ez ein wênic spâte.
ouch was diu kemenâte
bestat*et* mit ganzer zierheit;
ein *wæt*lich bette was bereit.
der grâve sie al umbevienc,
gegen dem bette er dô gienc.
sî sluoc nâch ir zu die tür,
den rigel schôz sî vaste vür.

der war ganz taub;
sie zeigte ihm Arme und Rücken
und sagte: »Dieses Unglück
muß mein Körper Deinetwegen ertragen.«
Der Graf sagte: »Das tut mir leid,
aber ich lobe doch Gott dafür,
daß Deine Hälfte von Schlägen verschont ist.
Wenn mein Teil geschlagen worden ist,
so werde ich das, meine Herrin, schon verschmerzen.
Fehlt Dir an Deiner Hälfte etwas?«
Sie antwortete: »Nein, Herr, gar nicht.«
»Dann ist das ja ganz in Ordnung,
wenn Deine Hälfte keine Schläge abbekommen hat.«
Sie sagte: »Du siehst wohl nicht ganz klar
und redest wie ein dummer Junge.
Beklage mich und nimm's für Dich.«
»Ich hab' sie ja wirklich bekommen«,
rief er, »auf meinen Rücken.«
Sie sagte: »Laß Deine Scherze!
Ich sage Dir genau, wie es sich
jetzt verhält:
›Die Schläge, die ich erlitten habe,
die sollen alle Dir gegeben worden sein‹,
das hast Du mir, mein lieber Herr, gesagt.
Dafür sage ich Dir,
daß ich von heute an nie mehr
Schläge oder Hiebe
um Deinetwillen erdulden werde.«
Dann sagte sie: »Laß uns schlafen gehen!«
Es war noch gar nicht spät.
Die Kemenate war
prunkvoll ausgestattet;
ein prächtiges Bett stand bereit.
Der Graf schloß sie fest in die Arme,
er ging zum Bett.
Sie schloß hinter sich die Türe
und schob mit Schwung den Riegel vor.

dô sie rehte wol beslôz,
der kleider wurden si beide blôz
reht alsô, daz kein
vadem an ir lîbe erschein.
wer vrôer dan der grâve was,
wan der helt dâ genas!
sus vielen si in daz bette hin,
der grâve mit der künigîn.
ir vröude was unmâzen grôz,
sie wâren aller sorgen blôz,
der selbe küene man
und diu vrouwe wolgetân.
sie hâten beide vröuden vil
und gar ein wunneclîchez spil,
des nieman verdriezen mac.
die lange naht biz an den tac
hâten si kurzwîle vil;
dar an ich niht liegen wil.
ich weiz wol, daz kein man
von grœzer wunne gesagen kan
dan sie hâten beide
gar ân alle leide.
sîn herze wart von rehte vrô,
er vorhte nieman umb ein strô.
si wurden beide ein ander holt,
des trâten sie den bôzolt.
sî sprach: »vil lieber herre,
ich bite dich dîner lêre,
daz dû die wellest geben mir,
daz ich künne geleben dir.«
er sprach: »aller vrouwen schîn,
ich muoz dîn eigen immer sîn
und dir dienen biz an mînen tôt,
wan dû mich hast brâht ûz der nôt.«
ditz was umbe sust,
sie machten einen andern tjust.
sî sprach: »nû wart mit sinnen,

Als sie richtig zugeschlossen hatte,
legten sie ihre Kleider ab,
so vollständig, daß kein
Fädchen an ihrem Körper zu sehen war.
Wie glücklich war da der Graf,
denn jetzt kam für ihn die Rettung.
So sanken sie auf das Bett,
der Graf und die Königin.
Ihr Glück war über die Maßen groß,
sie waren aller Sorgen ledig,
der heldenhafte Christ
und die anmutige Dame.
Sie genossen zusammen große Freuden
und glückhafte Wonnen,
wovon ja niemand genug kriegen kann.
Die ganze Nacht bis zum Morgen
vergnügten sie sich so;
ich will da nicht lügen.
Ich weiß genau, daß niemand
über größeres Glück berichten kann
als das, das sie beide erfuhren
ganz ohne allen Schmerz.
Sein Herz war im Innersten glücklich,
vor nichts in der Welt fürchtete er sich noch.
Sie liebten einander
und tanzten den Boßolt.
Sie sagte: »Lieber,
ich bitte Dich,
daß Du mich darüber belehrst,
wie ich für Dich leben kann.«
Er sagte: »Du Musterbild aller Frauen,
ich werde Dir immer untertan sein
und Dir dienen bis zum Tod,
denn Du hast mich vom Unglück befreit.«
Das ließen sie gut sein,
sie traten erneut gegeneinander an.
Sie sagte: »Nun paß gut auf,

ich wil iu niht entrinnen«,
alsô sprach daz schœne wîp,
»nû hâst dû gar den mînen lîp.
des hab dû guot gewalt.
lâ dir niht wesen zu balt
und var gar siticlîche,
daz dich diu Sælde rîche!«
sie hâten kurzwîle vil
und mit vröuden der minne spil
volliclîch als ich iu sage
nach ein ander acht tage.
diu vrouwe zu dem grâven sprach:
»volendet ist dîn ungemach
wol nâch dînen sinnen.
ich wil mit dir von hinnen
varn«, sô sprach diu künegîn.
er sprach: »vrouwe, das sol sîn!
wir suln uns bereiten
und suln niht lenger beiten.«
sî nam silber unde golt
und gap vil grôzen solt,
biz daz sî zu dem lande quam
mit dem grâven lobesam,
*h*in heim zu sînem lande.
sie lebeten âne schande.
  Dô der heiden heim quam
und disiu leiden mære vernam,
er sprach trûriclîche:
»eiâ, got der rîche,
waz sol mir nû der lîp,
sint ich hân verlorn mîn wîp,
die ich zu trôste hât erkorn!
lieber wær ich nie geborn,
sint mir der ungetriuwe kristen
mit sînen bœsen listen
enpfüert hât mîn reinez wip,
diu mir liep was sô der lîp.

ich will mich nicht von Dir trennen«,
so sprach die schöne Frau,
»jetzt hast Du mich ganz.
Gebrauche Deine Macht richtig!
Sei nicht zu ungestüm
und verhalte Dich gesittet,
damit das Glück Dir erhalten bleibt.«
Sie hatten großes Vergnügen miteinander
und trieben glücklich ihre Liebesspiele,
insgesamt – das kann ich Euch sagen –
acht Tage lang ohne Unterlaß.
Die Dame sagte zum Grafen:
»Dein Leid ist nun zu Ende,
ganz nach Deinem Wunsche.
Ich will mit Dir von hier
fortgehen«, das sagte die Königin.
Er antwortete: »Herrin, so soll es sein!
Wir wollen uns fertig machen
und nicht mehr lange verweilen.«
Sie nahm ihr Silber und ihr Gold
und verteilte reichen Lohn,
bis sie das Land erreichte
mit dem berühmten Grafen,
sein Land bei ihm zu Hause.
Sie lebten in Ehren.

Als der Heide nach Hause kam
und diese böse Geschichte hörte,
da sagte er betrübt:
»O Du allmächtiger Gott,
was soll mir nun das Leben,
da ich meine Frau verloren habe,
die ich mir zur Freude erwählt hatte.
Besser wäre es, ich wäre gar nicht erst geboren,
da mir der verräterische Christ
mit seinen hinterlistigen Machenschaften
meine treue Gattin weggenommen hat,
die ich liebte wie mein Leben.

alrêrst *muoz* ich sorgen
offenbâr und unverborgen
tragen under mîner brust
nâch sô grôzer verlust.
owê mîner vröuden grôz,
owê, wie wendet sich daz lôz
von liebe zu herzen leide!
owê, süeze ougelweide,
daz ich dich niht haben muoz!
wâ ist dîn minneclîcher gruoz?«,
gedâht er in dem muote sîn.
er sprach: »owê, künegîn,
daz ich dîn enbern muoz!
dîn handelunge und dîn gruoz
was mîner vröude ein ôstertac.
swenne ich an dînem arme lac
und dînen lîp al umbevie,
sô was mir rehte, wie
ich wære in dem paradîse.
diu guote, die ich immer prîse,
benimt mir offenbâr den sin;
der jâmer gibt mir ungewin.
nâch dir muoz mich erlangen,
wan ich dîn minne hân enpfangen;
al die wîle, daz ich lebe,
nâch dir ich immer strebe,
wan dû bist sô minneclich
und ouch so ganzer tugende rîch.
al die wîle, daz ich lebe,
nâch dir ich immer strebe.
owê hiute unde *immer* ach!
leit und ungemach,
beswært habt ir mich beide!
wem lâst dû mich, ougelweide?
wer sol mich minneclîchen grüezen,
wer sol mir kumber büezen,
wer sol mir vröude bringen,

Jetzt muß ich
unverhüllt und allen sichtbar
in meiner Brust den Kummer tragen
nach diesem schmerzlichen Verlust.
Ach, mein großes Glück,
ach, wie wendet sich das Schicksal
von Freude zu tiefstem Leid!
Ach, Du süße Augenweide,
daß ich Dich nicht mehr habe!
Wo sind die Zeichen Deiner Liebe?«,
das dachte er bei sich.
Er sagte: »Ach Königin,
daß ich auf Dich verzichten muß!
Dein Tun und Dein Reden
waren die Erfüllung meines Glücks.
Wenn ich in Deinen Armen lag
und Dich festhielt,
dann war mir gerade so,
als wäre ich im Paradies.
Die edle Frau, die ich immer rühmen werde,
raubt mir doch wahrhaftig den Verstand;
das Leid bringt großen Schaden.
Nach Dir werde ich mich immer sehnen,
denn ich habe Deine Liebe erfahren;
so lange ich lebe,
werde ich nach Dir streben,
denn Du spendest so reiche Liebe
und bist in jeder Hinsicht vollkommen.
So lange ich lebe,
werde ich nach Dir streben.
Ach, jetzt und immerdar!
Leid und Kummer,
wie lastet ihr beide auf mir!
Wie läßt Du mich zurück, meine Augenweide?
Wer wird mir Zeichen der Liebe senden,
wer wird mir den Kummer nehmen,
wer wird mir Freude bringen,

wer sol mir swære ringen,
wer sol mich lieplîch ane sehen,
wer sol mir ganzes prîses jehen,
wer sol mir leit verkêren,
wer sol mir vröude mêren,
wer sol mir büezen mîn leit?
mînes herzen umbekleit
ist nû leider worden blôz.
mîne sorgen die sint grôz;
wer sol mir swære vertrîben?
ich muoz in sorgen blîben
hiut und immer mêre.
überladen mit herzensêre
bin ich und wunt an mînen tôt.«
daz was des heiden nôt:
der lebte dô mit sorgen
den âbent und den morgen.
Ditz mære wît erschal
in dem lande über al.
der grâve was ouch heim komen,
als ir dâ vor hât vernomen.
der heiden in sorgen strebete,
der grâve mit vröuden lebete
mit der selben vrouwen sîn.
sie hâten vröude âne pîn.
ein *ph*ant der grâve koufte,
die heideninne man toufte.
sie hâten guot und êre
vürbaz immer mêre
beidiu biz an ir tôt.
sie hâten nie kein nôt
und lebeten dô mit schulden
gar nâch gotes hulden.
alsô gelanc dem kristenman
mit der vrouwen wolgetân
ân alle missewende.

wer wird mir die Bürden erleichtern,
wer wird mich liebevoll anblicken,
wer wird mich loben und preisen,
wer wird mir das Leid wenden,
wer wird meine Freude erhöhen,
wer wird mich vor Leid schützen?
Mein Herz hat jetzt die schützende Hülle verloren.
Schwere Sorgen bedrücken mich;
wer wird mir diesen Kummer wenden?
Ich werde von Sorgen bedrängt bleiben,
heute und für alle Zeit.
Versunken bin ich in bitterem Schmerz
und auf den Tod verwundet.«
Das war das Unglück des Heiden:
er lebte sorgenvoll
Tag und Nacht.

Diese Geschichte wurde weithin bekannt
im ganzen Land.
Auch der Graf war in sein Land gekommen,
wie Ihr vorher schon gehört habt.
Der Heide lebte voller Kummer,
der Graf genoß das Glück
mit seiner Frau.
Sie empfanden Freude ohne Schmerz.
Der Graf erwarb ein Unterpfand:
die Heidin wurde getauft.
Reichtum und Ruhm
behielten sie von da an immerfort
bis zu ihrem Tod.
Sie kannten keine Not
und sie lebten zu Recht
ganz in der Gnade Gottes.
So kam der Christ
mit der schönen Frau
geradewegs zum Ziel.

Hie hât daz buoch ein ende.
noch baz müez uns gelingen
an allen unsern dingen!

Hier ist dieses Buch zu Ende.
Auch uns möge sich alles zum Guten wenden
in allen unseren Angelegenheiten.

DIZ BÜECHEL HEIZET DER VROUWEN TRIUWE GOT HELF VNS MIT GANZER RIUWE

Ich wolde wünschen, möht ez wesen,
swaz ich von liebe hân gelesen
und von ganzer minne,
daz *noch* der werlde sinne
dâ mit gestricket wære,
als ich iu an disem mære
bescheiden wil mit worten,
wie stæt an allen orten
der werden vrouwen herze was,
von der ich diz mære las,
alsô daz si im mit triuwen galt,
der ir zu dienst het gezalt
lîp, herze, sinne unde muot.
enzundet was von ir minne gluot
sîn herze nie gescheiden wart
von ir, biz ez der tôt verkart.
des lônte im diu guote,
diu reine, wol gemuote,
alsô daz si daz leben verlôs
und den tôt durch sînen willen kôs.
die vorrede wil ich lân;
hie hebet sich daz mære an.
Ein ritter und ein werder degen,
lîbes und muotes gar erwegen,
der het gewendet sînen muot,
als noch manic vrumer ritter tuot,
daz er warp nâch vrouwen gunst,
dâ von er manic bluotrunst
enpfienc mit grimmer bitterkeit,

DIE FRAUENTREUE

Wenn es nur möglich wäre, wünschte ich mir
– nach dem, was ich von Liebe gelesen habe
und von vollkommener Minne –,
daß auch jetzt noch der Gang der Welt
davon zusammengehalten würde.
So will ich Euch in dieser Geschichte
mit meinen Worten erzählen,
wie konsequent allzeit
jene edle Dame in ihrem Herzen war,
von der ich diese Geschichte gelesen habe,
so sehr, daß sie einem in korrekter Treue erwiderte,
der ihrem Dienst
sein Leben, sein Herz, seinen Verstand und sein Gefühl hingegeben hatte.
In Liebe zu ihr entflammt
war sein Herz;
erst im Tod trennte es sich von ihr.
Das lohnte ihm die Edle,
die Reine, die Hochgesinnte
so, daß sie selbst das Leben verlor
und für ihn in den Tod ging.
Genug der Vorrede;
jetzt beginnt die Geschichte:
Ein Ritter, als Held gerühmt,
unerschrocken in Entschluß und Tat,
hatte seinen Sinn darauf gerichtet
– wie viele tüchtige Ritter das tun –,
um die Zuneigung der Frauen zu werben;
dabei hat er manche böse Wunde
empfangen und bitteres Leid erfahren.

dar umb er doch nie vermeit,
er wære in vrouwen dienste balt
mit ritterschefte manicvalt:
mit sper und mit dem schilde,
mit tugenden und mit milde.
dâ von er wîten wart bekant.
wâ der werde des enpfant
und wâ er dienen weste
den vrouwen, dâ tet er daz beste,
der ritter unverdrozzen.
des hât er ofte genozzen.
zu jungest er sîn doch engalt,
wan ez in verleitet unde valt.
　Der selbe ritter quam geriten
ûf âventiure nâch sînem siten,
durch ritterschaft in eine stat,
dâr ûz er nie mêr vuoz getrat.
diu liute im wâren unbekant
sunder einen burger, den er vant,
den het er vor gesehen,
dem begond er sich næhen.
er redet mit im zu künde,
er vrâgt in, wâ er vünde
die aller schœnsten vrouwen.
er sprach: »helt, welt ir schouwen
die schœnste, diu hie irgent ist,
die zeige ich iu in kurzer vrist:
morgen ist hie kirchtac.
vil wol daz geschehen mac,
daz ir si sehet alle.
swelch iu dô baz gevalle,
die zeiget mir mit winken
oder mit ougen pinken.«
der ritter wart der rede vrô.

Trotzdem hat er es nie aufgegeben,
sich im Dienste der Frauen hervorzutun,
mit allem, was ritterliche Art ausmacht:
mit Speer und Schild,
mit vornehmer Haltung und mit Großzügigkeit.
Dadurch machte er sich weithin einen Namen.
Wo immer dieser Ritter die Neigung dazu verspürte
und wo er wußte, daß man den Frauen diente,
da gab er das Beste,
dieser unerschrockene Ritter.
Oft kam er damit ans Ziel.
Zuletzt aber mußte er doch dafür büßen,
denn dies führte ihn ins Unglück und brachte ihm den Tod.

Der Ritter kam,
wie gewöhnlich auf der Suche nach einer Bewährungsprobe,
ritterlicher Kämpfe wegen in eine Stadt,
aus der er nie mehr einen Fuß setzte.
Er kannte dort niemanden,
nur einen Bürger, den er traf.
Den hatte er schon vorher gesehen.
An ihn wandte er sich;
er redete mit ihm, um sich kundig zu machen.
Er fragte ihn, wo er
die schönsten Damen finden könne.
Der sagte: »Kühner Ritter, wenn Ihr
die Schönste sehen wollt, die es hier weit und breit gibt,
dann zeige ich Euch die alsbald.
Morgen ist Kirchtag.
Es fügt sich aufs beste,
daß Ihr sie da alle sehen könnt.
Die, die Euch dann am besten gefällt,
die zeigt mir mit einem Wink
oder Ihr blinzelt mir zu.«
Darüber freute sich der Ritter.

si trâten vür die kirchtür dô,
die wîle dâ pfaffen sungen.
die vrouwen vür si drungen.
der ritter eine dâ ersach.
in sînem herzen er dô jach,
ern sæhe nie bilde mêr sô klâr.
er begunde der vrouwen nemen war:
si kom im zu der selben stunt
mitten in sînes herzen grunt,
dar ûz si nimmer mêr geschiet,
unz biz ez der tôt verschriet:
si het in gar der sinne beroubet.
diu vrouwe truoc ûf irem houbet
hâr, gespunnen golt gelîch,
dar ob gebende zwinzerlîch,
îr wimprân brûn, ir antlüz fîn,
ir ougen sam der sterne schîn,
ir mündel daz stuont rôsen var,
ob rôsen bleter wæren dar
geströut und *brunnen vor* rœte.
daz brâht den helt in nœte.
ir hals wîz und ir kinne
gestellet wol zu der minne;
zu den sîten smal, zu mâzen lanc,
si het vrouwlîchen ganc.
daz si nimmer ir ougen
erhuop, daz ist âne lougen,
zu wildiclîchem blicke.
der ritter ersiufzte dicke
und sach si an unverdrozzen
alsam ein bilde ergozzen.
nâch wunsche, was ir zarter lîp.
jâ, wer gesach ie schœner wîp!
zu prîse stuont wol ir gewæte.
zu der schœne, die si hæte,
sie was mit güete und mit tugent
gezieret wol; ir süeze jugent,

Sie gingen vor das Kirchentor,
während die Priester die Messe sangen.
Die Frauen drängten sich an ihnen vorbei.
Da fiel der Blick des Ritters auf die Eine.
Sein Herz sagte ihm,
er werde nie mehr ein so reines Bild sehen.
Er ließ den Anblick der Dame auf sich wirken:
In dieser Sekunde senkte sie sich
tief in den Grund seines Herzens
und verließ ihn nie wieder,
bis der Tod sie trennte.
Sie hatte ihm geradezu den Verstand geraubt.
Die Dame trug auf ihrem Kopf
das Haar wie Gold gesponnen,
darauf eine funkelnde Haube;
ihre Brauen waren braun, ihr Antlitz vornehm,
ihre Augen glichen dem Glanz der Sterne;
ihr Mund prangte in der Farbe der Rosen,
als ob Rosenblätter darauf
gestreut wären und vor Röte brennten;
das brachte den kühnen Ritter in Not.
Ihr weißer Hals und ihr Kinn
waren wie für die Liebe geschaffen;
sie hatte schmale Hüften, eine angenehme Größe,
einen damenhaften Gang.
Niemals hob sie ihre Augen,
das bezweifelt niemand,
zu einem unziemlichen Blick.
Der Ritter seufzte tief
und blickte sie unverwandt an,
als wäre sie eine Statue.
Ohne Makel war ihre feine Erscheinung.
Wer hat jemals eine schönere Frau gesehen!
Ihre Kleidung mußte man rühmen.
Zusätzlich zu ihrer Schönheit
war sie noch durch Güte und inneren Adel
geschmückt; ihre blühende Jugend

ich enkondez halbez niht volsagen:
si solde des rîches krône tragen.
  Der burger sprach dem ritter zu:
»welhiu,« sprach er »dünket iuch nû
diu schœnste? des sult ir mir verjehen.
ich weiz wol, daz ir habt gesehen
manegen schœnen stolzen lîp.«
er zeiget im sîn selbes wîp.
der burger lachen des began.
er het dar ûf keinen wân.
er bat den ritter mære,
daz er sîn gast wære.
daz versagt im der helt.
sîn herze daz was gar verselt
an die vrouwen tac und naht:
er trünke, er æze, er slief, er waht,
er stüende, er gienge, er læg, er saz,
der vrouwen nimmer er vergaz
unde kêrte dar sînen sin,
swâ diu vrouw*e* gieng*e* hin,
daz er *ir* an den wec trat,
beide vruo unde spât,
durch daz, daz si in grüezte
und dâmit swære büezte.
ân arcwân, durch ir selbes zuht
gruozt si den ritter; der helt enruocht
aller vröuden niht umb ein hâr,
swenne er solde sehen die vrouwen klâr.
  Der unverzagte werde man
herberge sâ gewan
zu næhest bî der vrouwen,
durch daz er si geschouwen
deste dicker mohte,
daz *ime vür sorgen tohte.*
des wart inne diu vrouwe guot,
daz er ir truoc holden muot.
er wolt sich nâch ir erwüeten.

könnte ich nicht einmal zur Hälfte beschreiben:
sie sollte die Krone des Reiches tragen.
Der Bürger wandte sich an den Ritter:
»Welche«, sagte er, »haltet Ihr nun
für die Schönste? Sagt mir's!
Ich weiß sehr genau, daß Ihr
viele schöne und stolze Frauen gesehen habt.«
Da zeigte der ihm seine eigene Frau.
Der Bürger begann zu lachen;
er hatte das nicht erwartet.
Er bat den berühmten Ritter
zu sich zu Gast.
Der aber schlug ihm die Bitte ab.
Sein Herz war vollständig
der Dame übereignet, bei Tag und bei Nacht.
Ob er trank oder aß, schlief oder wachte,
stand oder ging, lag oder saß,
niemals konnte er sie vergessen,
und er setzte alles daran,
ihr, wo immer sie hinging,
in den Weg zu treten,
früh oder spät,
damit sie ihn freundlich grüße
und so seinen Schmerz lindere.
Ohne jeden bösen Gedanken, nur aus Anstand
grüßte sie den Ritter. Den kümmerten
alle anderen Freuden überhaupt nicht mehr,
wenn er nur die strahlende Herrin sehen konnte.
Der kühne, edelmütige Herr
fand Unterkunft
in der Nähe der Dame,
damit er sie
so häufig wie möglich sehen konnte;
das war gut gegen den Kummer.
Die edle Frau merkte das,
daß er ihr von Herzen zugetan war.
Er hätte aus Sehnsucht nach ihr beinahe den Verstand verloren.

diu vrouwe diu begunde sich hüeten
und was irem herzen leit genuoc,
wan si zu nieman liebe truoc
wan zu irem êlîchen man.
der ritter in der minne bran.
Daz enstuont dar nâch niht lanc,
ir süeze minne in dar zu twanc,
daz er liez ruofen über al,
daz ez in der stat erschal,
ob ieman in wolde bestân
mit der tjost, gewâfen ân,
gegen dem wold er zu velde komen
in *eim* sîdîm hemde, hân ich vernomen.
die rede erhôrt ein tumber.
der brâht den helt in kumber,
also daz er den ritter stach,
daz daz sper in im zerbrach,
wan er mit grimme ûf in treip,
daz daz îsen in im beleip.
man sach in bleich, der ê was rôt,
man huop den werden ûf vür tôt,
man brâht in in sîn herberge sân.
einen arzt man im gewan,
als man zu wunden liuten pfliget.
der tôt im nâhen an gesiget
het mit smerzen bitter.
mit grimme sprach der ritter:
»mich sol nieman tuon gesunt,
wan durch der will*en* ich wart wunt.
læzt mich diu sust verderben,
sô wil ich gerne sterben.«
Manc werde vrouwe kom gegân
aldar zu trôst dem wunden man
und manger werder man alsam,
sînes herzen trût daz niht enquam.
dâ von sîn herze in jâmer qual,
sîn blüende jugent diu wart val.

Die Dame hielt Distanz,
und es war ihr dies alles sehr schmerzlich,
denn sie liebte niemanden sonst
als ihren Mann.
Der Ritter verzehrte sich vor Liebe.
Es dauerte dann nicht lange,
und die zärtliche Liebe zu ihr zwang ihn dazu,
überall ausrufen zu lassen
(in der ganzen Stadt hörte man es),
wenn jemand gegen ihn antreten wolle
in einer Tjost, ohne Rüstung,
dem wolle er entgegentreten
in einem seidenen Hemd – das hat man mir erzählt.
Diese Worte hörte ein unverständiger Mann.
Der brachte den tapferen Ritter in Not,
denn er stach sich so mit dem Ritter,
daß die Lanze in ihm zerbrach;
mit solcher Wut war er auf ihn eingedrungen,
daß die eiserne Spitze in ihm steckenblieb.
Da sah man den erbleichen, der vorher von blühendem Aussehen war,
man barg den edlen Mann im Glauben, er sei tot,
man brachte ihn gleich in seine Herberge.
Man holte ihm einen Arzt,
wie man das bei Verwundeten gewöhnlich tut.
Der Tod hätte ihn beinahe besiegt
mit grimmigem Schmerz.
Entschlossen sagte der Ritter:
»Niemand wird mich heilen,
außer der, deretwegen ich verwundet bin.
Wenn die mich so zugrunde gehen läßt,
dann will ich gerne sterben.«
Viele edle Frauen kamen
zu ihm, um dem Verwundeten zu helfen,
und auch viele vornehme Herren,
seine Angebetete kam nicht.
Das quälte ihn mit großem Schmerz,
seine strahlende Jugend welkte dahin.

Do tet der selben vrouwen wirt
ein dinc, dar an er was verirt.
er begonde biten unde vlên
die vrouwen, daz si wolde gên
zu dem selben ritter wunt.
si sprach: »er ist mir unkunt.
ichn weiz, waz ich dâ tuon sol.
er geniset ân mîn hülfe wol.«
wol west si, daz er durch si dolt
den smerzen und ir wære holt.
der wirt sprach aber der vrouwen zu:
»durch mînen willen, vrou, daz tu
und gê zu dem manne dar,
wan ich weiz daz wol vür wâr,
daz er mirz vür übel hât,
sint niemant ist in dirre stat,
ân mich, den er bekenne mêr.
er wænet lîht, daz ich dirz wer.
ich wil sîn halt mit niht enbern,
du enmüezest mich der bet gewern.«
durch ir zuht si daz tet,
und ouch durch ires mannes bet,
daz si sich nimmer werte.
si huop sich ûf die verte.
het er gewest des ritters muot,
er het die vrouwen baz behuot.
Dar kom diu vrouwe gegangen dô.
des wart der helt unmâzen vrô,
ob er ân alle swære
in dem paradîse wære.
die vrouwen lieplîch er enpfienc
und ir dirne, diu mit ir gienc.
er bat si bî sich sizzen.
si begund von scham erhizzen;
sam in ein glüete
si saz und kond vor güete

Da machte der Ehemann der Dame
einen großen Fehler.
Er fing an,
die Frau zu bitten und anzuflehen, sie solle
zu jenem verwundeten Ritter gehen.
Sie sagte: »Ich kenne ihn nicht.
Ich weiß nicht, was ich da soll.
Er wird auch ohne meine Hilfe gesund.«
Sie wußte genau, daß er ihretwegen
diese Schmerzen litt und daß er sie liebte.
Der Mann sagte erneut zu der Frau:
»Für mich, liebe Frau, tu das
und geh zu diesem Mann,
denn ich weiß genau,
daß er es mir übelnimmt,
weil es in dieser Stadt niemanden gibt,
den er kennt außer mir.
Er glaubt vielleicht, daß ich es Dir verbiete.
Ich möchte gar nicht gern darauf verzichten,
daß Du mir diese Bitte erfüllst.«
Aus Anstand machte sie es
und weil ihr Mann sie darum bat;
deshalb sträubte sie sich nicht länger.
Sie machte sich auf den Weg.
Wenn er die Absichten des Ritters gekannt hätte,
dann hätte er seine Frau besser geschützt.
Die Dame kam zu ihm.
Darüber war der kühne Mann über die Maßen glücklich,
so als ob er ohne alles Leid
im Paradies sei.
Er empfing die Dame freundlich,
und auch ihre Zofe, die mitgekommen war.
Er bat sie, sich zu ihm zu setzen.
Vor Scham wurde ihr ganz heiß.
Wie im Feuer
saß sie und konnte aus Scheu

dem manne kûm zu sprechen.
si entet niht sam die vrechen,
blœdiclîchen si daz sprach:
»mir ist leit iuwer ungemach.
wie gehabt ir iuch?« er antwort ir:
»vrouwe, waz geschehen ist an mir,
daz geschach durch iuch,« sprach der helt.
»ich gehab mich, vrouwe, wie ir welt.
welt ir, ir helft mir von der nôt;
tuot ir des niht, sô bin ich tôt.«
si sprach: »daz ir wert wol gesunt,
daz mir wær liep; daz ir sît wunt,
dar zu mag iu ein arzt baz
wan ich gerâten, wizzet daz.
ouch bin ichz niht Gotes sun,
daz ich die tôten muge getuon
lebendic. Got der reine
hât den gewalt aleine,
der mac über iuch erbarmen sich.«
er sprach: »vrouwe, wolt ir mich
vor dem tôde vrîen
und vor des jâmers schrîen,
so erlœst mich von der marter bant
und ziehet mit iuwer wîzen hant
daz îsen ûz der sîten mîn,
oder ich muoz des tôdes sîn.«
diu vrouwe sich schamte harte.
diu süeze und diu vil zarte
von scham wart si rôt, von sweize naz.
diu dirne sprach: »waz schat iu daz?«
und brâht si an mit aller nôt,
daz si ir hant zur wunden bôt,
und zôch ûz daz îsen.
des wil ich sie immer prîsen
baz den eine, diu zehant gereit

kaum mit dem Mann sprechen.
Sie verhielt sich nicht wie die Dreisten,
zaghaft sagte sie:
»Mir tut Euer Unglück leid.
Wie geht es Euch?« Er antwortete:
»Herrin, was mir zugestoßen ist,
das ist Euretwegen geschehen«, so sprach der kühne Mann.
»Mir geht es, Herrin, wie Ihr es wollt.
Wenn Ihr wollt, dann helft Ihr mir aus der Bedrängnis;
wenn nicht, dann bin ich tot.«
Sie sagte: »Wenn Ihr gesund würdet,
das freute mich; aber gegen Eure Verwundung
kann Euch ein Arzt besser helfen
als ich, solltet Ihr wissen.
Außerdem bin ich nicht der Sohn Gottes,
daß ich die Toten wieder
lebendig machen kann. Der vollkommene Gott
hat diese Macht als einziger.
Der möge sich Euer erbarmen.«
Er antwortete: »Herrin, wenn Ihr mich
vor dem Tod retten wollt
und vor Unglück und Klage,
dann erlöst mich aus den Fesseln dieser Marter
und zieht mit Eurer weißen Hand
das Eisen aus meiner Seite,
oder ich bin dem Tode verfallen.«
Die Dame scheute sich davor sehr.
Zart und empfindsam,
wurde sie rot vor Scham und war in Schweiß gebadet.
Die Zofe sagte: »Was schadet Euch das denn?«,
und brachte sie mit großer Mühe dazu,
daß sie mit der Hand die Wunde berührte
und das Eisen herauszog.
Dafür werde ich sie immerfort rühmen,
mehr als eine, die aus Leichtsinn

gewesen wær durch ir vürwizzekeit.
diu vrouwe nam urloup und gienc dan.
der ritter einen arzt gewan,
der machet in in kurzer stunt
mit tranke heil und wol gesunt.
Nâhen im zu dem herzen lac
diu vrouwe. er trahte naht und tac
wie er des begünne,
daz er die vrouwen gewünne.
wilder gedanke het er genuoc,
des lebens gar er sich verwuoc.
zu einem venster in gestigen
kom er, dâ er die vrouwen ligen
vant mit irem lieben man.
zu dem bette huop er sich sân,
er ruorte die vrouwen linde.
der wirt und daz gesinde
wâren entslafen vaste.
daz was vil liep dem gaste.
diu reine süeze vil sêr erschrac,
als ob ein grôzer doner slac
si het mit kraft betoubet.
etlîch des niht geloubet,
diu gar âne scheme
eines grœzern niht erqueme.
erkalt vor vorhten was ir lîp.
dô sich daz minneclîche wîp
versan, dô sprach si: »waz bist dû?«
der ritter sprach der vrouwen zu:
»daz bin ich,« sprach er, »vrouwe zart,
der wunt durch iuwern willen wart.«
»wê,« sprach si, »daz ich bin geborn!
wir haben beide daz leben verlorn.«
er sprach: »vrouw, waz touc mîn leben!
sol ich sust in jâmer streben
nâch iu, in seniclîcher nôt?
vil lieber wil ich ligen tôt.«

auf der Stelle bereit gewesen wäre.
Die Dame verabschiedete sich und ging weg.
Der Ritter fand einen Arzt,
der ihn schnell
durch einen Trank wieder gesund machte.
Bedrängend am Herzen
lag ihm die Dame. Er überlegte Tag und Nacht,
wie er es anstellen könne,
daß er die Frau für sich gewänne.
Viele kühne Gedanken hatte er,
das Leben setzte er schließlich aufs Spiel.
Zu einem Fenster stieg er hinein,
dort wo die Frau lag
mit ihrem geliebten Mann.
Er begab sich schnell zum Bett,
er berührte die Frau sanft.
Der Mann und die Dienerschaft
schliefen fest.
Das war dem Fremden gerade recht.
Die keusche, zarte Frau erschrak sehr,
als ob ein mächtiger Donnerschlag
sie mit aller Wucht betäubt hätte.
Manch eine glaubt das nicht,
die ohne jede Scham
auch vor größeren Dingen nicht erschrickt.
Ihr Körper wurde eiskalt vor Schreck.
Als die schöne Dame
wieder zu sich kam, da sagte sie: »Wer bist Du?«
Der Ritter antwortete ihr.
»Ich bin es«, sagte er, »teure Herrin,
der Euretwegen verwundet wurde.«
»Weh mir«, rief sie, »daß ich jemals geboren wurde!
Wir verlieren beide unser Leben.«
Er rief: »Frau, was soll mir mein Leben!
Soll ich Euch weiterhin so im Elend begehren
in verzehrender Not?
Lieber will ich tot sein.«

vor leide diu vrouwe daz hâr ûz rouft,
ein sîdîn hemde si an slouft,
mit im von dem bette
si gienc, daz si in hette
mit listen gerne brâht von dan.
die vrouwen die umbe vienc der man
und druckte si nâhen zu im hin
vor liebe: daz was sîn ungewin.
diu strenge minne tet im sô heiz,
diu wunde von ein ander reiz,
dô er die vrouwen zu im slôz.
daz bluot mit düzzen von im schôz,
daz er vor unmeht nider viel.
daz bluot im ûz der wunden wiel,
daz er der sêle wart ein gast.
daz herze im in dem lîbe brast.
der vrouwen der wart leide,
daz sprich ich bî dem eide;
ir wart sô wê von jâmers nôt,
si wær gerne mit im tôt.
ir herze vor jâmer leid getwanc.
si het manger hande gedanc,
wie si in von danne möht getragen.
si entorst dem manne niht gesagen,
wan als uns sagent die wîsen,
daz noch nôt bricht îsen:
ein bret si zu dem venster stalt,
den ritter nam si mit gewalt
und truoc in an sin bette wider.
zu irem manne gienc si sider
und leite sich mit sinne,
daz er siu nie wart inne.
alrest diu vrouwe gedâhte
der grôzen liebe ahte,
die der ritter zu ir hæt;
dô was ez leider nû *ze spæt*.

Vor Schmerz riß die Dame sich die Haare aus,
ein seidenes Hemd zog sie über,
mit ihm ging sie vom Bett
weg, weil sie ihn
gerne listig ablenken wollte.
Der Mann umarmte die Frau
und drückte sie eng an sich
aus lauter Liebe. Das war sein Schaden.
Die heftige Liebe wühlte ihn so auf,
daß die Wunde aufriß,
als er die Frau in die Arme schloß.
Das Blut schoß mit Getöse heraus
und er fiel ohnmächtig zu Boden.
Das Blut sprudelte aus der Wunde,
daß ihm die Seele zum Fremdling wurde.
Das Herz brach ihm.
Der Dame bereitete das Schmerz,
das nehme ich auf meinen Eid;
sie empfand solchen Schmerz durch Leid und Qual,
sie wäre am liebsten mit ihm tot gewesen.
Das Elend hat ihr Herz durch Leid bezwungen.
Ganz verschiedene Gedanken schossen ihr durch den Kopf,
wie sie ihn wegbringen könnte.
Sie wagte nicht, es ihrem Manne zu sagen;
doch wie die erfahrenen Leute sagen,
daß Not das Eisen bricht:
sie stellte ein Brett ans Fenster,
sie packte den Ritter mit aller ihrer Kraft
und trug ihn zurück in sein Bett.
Dann ging sie zu ihrem Mann
und legte sich vorsichtig hin,
daß er es nicht merkte.
Jetzt erst bedachte die Dame
das Außergewöhnliche an der großen Liebe,
die der Ritter ihr entgegengebracht hatte:
jetzt aber war es leider zu spät.

Des ritters kneht des morgens vru
sprâchen irem herren zu.
der kamerer im vaste rief:
den langen slâf er leider slief.
irn herren si tôten ligen sâhen,
si weinten mangen heizen trahen,
si wâren vröuden lære.
si enwesten, wie im wære
geschehen. daz was in leit genuoc.
einen purper man dar truoc,
den tôten ritter man dar nam
und bârt in ûf, als im wol zam.
er wart an allen dingen,
mit lesen und mit singen,
bewart nâch sînem rehte.
sîn getriuwen knehte
truogen in zu der kirchen vru.

Merket, wie diu vrouwe nû
im sîner triuwen lône:
die himelische krône
got durch ir triuwe muoste geben
und êwiclîchen mit im leben.
zu dem wirte diu vrouwe gienc.
lieplîch si in umbe vienc,
ir herze was verschrôten.
si bat, daz si dem tôten
opfern nâch irs herzen gir
müest; der wirt erloupt ez ir,
daz si tæt nâch ir ger,
waz nâch irem willen wær.
diu vrouw des ritters niht vergaz.
der wirt noch nieman weste waz
dâ mit meinte diu reine
sunder ir dirn aleine,
diu vor bî im mit ir was
gewesen, als ich ê las.

Die Knappen des Ritters sprachen
ihren Herrn am Morgen an.
Der Kämmerer rief ihn laut:
er schlief aber leider den unendlichen Schlaf.
Sie sahen ihren Herrn tot liegen,
sie weinten viele heiße Tränen,
sie hatten alle Freude verloren.
Sie wußten nicht, was ihm
zugestoßen war; es schmerzte sie sehr.
Man trug ein Seidenlaken herbei,
legte den toten Ritter darauf
und bahrte ihn auf, wie es sich gehörte.
Es wurde ganz der Ordnung gemäß,
mit Lesungen und mit Gesang,
für ihn zelebriert nach seinem Stand.
Seine treuen Knechte
trugen ihn am Morgen in die Kirche.
Merkt auf, wie ihm die Dame nun
seine Treue belohnt hat:
die Krone des Himmels
mußte Gott ihr für ihre Treue geben
und ein ewiges Leben mit ihm.
Die edle Frau ging zu ihrem Mann.
Sie umarmte ihn liebevoll,
ihr Herz war versehrt.
Sie bat darum, daß sie dem Toten
das Totenopfer nach ihrem innigen Begehren
darbringen dürfe; der Mann erlaubte ihr,
daß sie nach ihrem Wunsche handle,
so wie es ihr Wille sei.
Die Dame hatte den Ritter nicht aus dem Sinn verloren.
Weder ihr Mann noch sonst jemand wußte, was
diese makellose Frau damit meinte,
nur ihre Zofe,
die damals mit ihr bei ihm gewesen war,
wie ich vorher vorgetragen habe.

der het diu vrouw verjehen,
wie ir was geschehen.
ir reinez herze in jâmer ranc,
diu süeze zu dem opfer dranc:
mantel unde sukkenîe
opfert diu valsches vrîe.
ir herze in jâmers riuwe qual,
si opfert zu dem andern mâl
ir gewant, daz si in dem rocke bestuont.
bleich wart ir rôsenvarwer munt.
zum dritten mâl tet si alsam.
si vergaz vor leide gar der scham.
si gie, dâ der ritter lac,
si blickt in an, ir herze erschrac,
ir varwe si verkârte,
jæmerlîchen si gebârte,
mit jâmer si ir hende vielt,
ir herze sich in dem lîbe spielt,
diu vrouwe zu der erden sanc.
umb si wart ein vil grôz gedranc.
daz was ein ungevüege nôt:
diu vrouwe was vor leide tôt.
der rette sust, der rette sô.
der vrouwen wirt der quam unvrô,
vor leide zart er ûz sîn hâr.
er sprach: »ich weiz daz wol vür wâr,
und dunket mich gar sunder wân
daz nie kein man zer werlde gewan
ein wîp sô gar ân valschen list,
swie ez dar zu komen ist.«

Dâ legte man sie beide
mit jâmer und mit leide
in ein grap, die holden.
sust het si im vergolden,
und tet im ganze triuwe schîn.
hie endet sich daz büechelîn.

Der hatte die Dame erzählt,
was passiert war.
Ihr lauteres Herz quälte sich im Unglück,
die Reine schritt zum Opfer:
Mantel und Oberkleid
opferte sie, die Frau ohne Falsch.
Ihr Herz litt in elender Qual,
sie opferte als zweites
ihr Kleid, so daß sie im Unterkleid dastand.
Ihr rosenroter Mund wurde bleich.
Ein drittes Mal machte sie das gleiche.
Sie vergaß vor Schmerz alle Scham.
Sie ging dorthin, wo der Ritter lag,
sie blickte ihn an, ihr Herz erschrak,
sie verlor alle Farbe,
voller Schmerz trat sie auf,
vor Unglück rang sie die Hände,
ihr Herz zersprang ihr im Leib,
die Frau sank zu Boden.
Großes Gedränge gab es um sie.
Dies war ein trauriges Unglück:
die Frau war vor Schmerz gestorben.
Der eine rief dies, der andere das.
Der Ehemann kam verstört hinzu,
vor Schmerz riß er sich die Haare aus.
Er rief: »Ich weiß das ganz gewiß
und habe daran keinen Zweifel,
daß niemals ein Mann auf dieser Welt
eine Frau so ohne jede Falschheit hatte,
wie immer es nun auch gekommen ist.«
Darauf legte man die beiden,
die sich so treu ergeben waren, voll Kummer und Schmerz
in ein gemeinsames Grab:
So hatte sie es ihm vergolten
und zeigte ihm vollkommene Treue.
Hier ist dieses Büchlein zu Ende.

ARISTOTELES UND PHYLLIS

In Kriechen was gesezzen
ein künic vil vermezzen,
der was genant Philippus;
daz mære seit uns alsus,
daz er gewaltic wære;
milte und êrbære
was er alliu sîniu jâr.
an lîbe, *an* muote und an gebâr
nâch wunsche was er vollekomen,
vor andern künigen ûzgenomen
an gewalt und an rîcheit,
als uns diu âventiure seit.
der selbe künic het ein wîp,
diu was sô schœne, daz nie lîp
schœnre an wîbe *wart* gesehen;
des muosten alle die jehen,
die si ie gesâhen,
die verren und die nâhen.
diu was, als uns *daz* mære seit,
ein bluome reiner wîpheit
und ganzer tugende ein adamas
und lûter als ein spiegelglas
vor wandel und vor missetât,
als noch maniger vrouwen herze stât.
Dem künige und der künigîn
verlêch got ein kindelîn,
daz twanc dar nâch alliu lant.
Alexander was er genant,
daz hôch *wol* geborne kint.

ARISTOTELES UND PHYLLIS

In Griechenland lebte einst
ein heldenmütiger König;
er hieß Philipp.
Unsere Geschichte erzählt uns,
daß er sehr mächtig war;
großzügig und von hohem Ansehen
war er sein ganzes Leben lang.
In seiner Erscheinung, seinem Charakter und seinem Auftreten
entsprach er vollkommen dem Ideal, das man von einem König hat;
die anderen Könige überragte er
an Macht und Reichtum,
wie uns überliefert ist.
Dieser König hatte eine Frau,
die so schön war, daß man noch niemals
größere Schönheit gesehen hatte;
das mußten alle bestätigen,
deren Blick auf sie fiel,
ob sie von weither kamen oder aus der Nähe.
Sie war, wie uns unsere Geschichte berichtet,
eine Blüte reiner Weiblichkeit,
ein Diamant der höchsten Tugenden
und klar wie ein Spiegel,
frei von jedem Makel und Fehltritt,
wie man es auch sonst bei Frauen häufig findet.
Diesem König und seiner Königin
schenkte Gott ein Kind,
das später alle Reiche bezwang.
Alexander hieß es,
dieses Kind von hoher Abkunft.

alle die nû lebende sint,
gerîhten nie sô verre,
als Alexander der herre
sider tet in sînen tagen.
daz kint wart, als ich hôrte sagen,
schœne unde aller tugende vol.
an ime was, swaz man sehen sol
an hôher küniges vrühte.
durch kunst, durch herren zühte,
wart daz kint ze schuole gesat.
der künic ime gewinnen bat
einen meister, der was wîse
und gar von alter grîse:
Aristôteles was er genant.
der künic sprach: »meister, sît gemant
êren unde tugende,
und macht in sîner jugende
daz kint wîse und lêret ez.«
»ich tuon«, sprach Aristôteles.
der was sô künste rîche,
daz alle diu werlt gelîche
noch sîner künste lêre
hât hiute und iemer mêre.
er sprach: »nâch grôzen êren
wil ich daz kint lêren
und wil ime geben stiure
von al der âventiure,
die diu werlt haben sol.«
dô sprach der künic: »dar umbe ich sol
und wil iuch sicherlîche
guotes machen rîche.«
Vor des küniges palas
ein schœner boumgarte was,
dâvor ein hûs erbouwen wol.
der künic sprach: »meister, diz hûs sol

Alle, die heute auf dieser Welt leben,
haben nie so weithin geherrscht,
wie einst der große Alexander
zu seiner Zeit.
Dieser Sohn war, wie ich sagen hörte,
reich an Schönheit und edlen Eigenschaften.
Er besaß alles, was man zu finden wünscht
bei den Abkömmlingen großer Könige.
Um Gelehrsamkeit und adelige Erziehung zu erwerben,
wurde der junge Mann zur Schule geschickt.
Der König ließ für ihn
einen Gelehrten kommen, der sehr gescheit war
und schon grau vor Alter.
Er hieß Aristoteles.
Der König sagte zu ihm: »Meister, bedenkt
Ansehen und Anstand
und macht das Kind in seinen jungen Jahren
klug und unterrichtet es.«
»Das will ich tun«, sagte Aristoteles.
Der war so reich an Gelehrsamkeit,
daß die ganze Welt
nichts besitzt, was seiner Wissenschaft gleichkommt,
heute nicht und nicht in Zukunft.
Er sagte: »Würdige Haltung
will ich dem Jüngling beibringen,
und ich will ihm Orientierung geben
für alle die Herausforderungen,
die die Welt bereithält.«
Darauf antwortete der König: »Dafür werde ich Euch,
das verspreche ich,
reich entlohnen.«
Vor dem Palast des Königs
lag ein schöner Hain,
davor stand ein wohlausgestattetes Haus.
Der König sagte: »Meister, dieses Haus soll

sîn iuwer und des kindes
unde des ingesindes,
daz ir haben bî iu welt.«
dâ wart dô langer niht getwelt,
der meister nam den jungen knaben
und lêrte in die buochstaben:
a b c d e .
daz tet im an dem êrsten wê,
als ez noch tuot den jungen,
die dâ sint betwungen
mit schuole meisterschefte.
daz kint gevienc mit krefte
der künste von dem meister vil,
wan sîn sin was âne zil
gelernic unde verstanden,
daz man in allen landen
sô wîsen knaben niht envant.
doch wart er leider gepfant
an witzen unde an sinne;
daz tet diu strenge minne.
Diu künigîn het eine maget,
diu was sô schœne, sô man saget,
an lîbe unde an varwe,
daz man sich an ir garwe
vollekîchen hete ersehen.
die schœne an wîben kunden spehen,
die sprâchen, daz si wære
schœne unde lobebære.
si was von hôhem künne,
der werlte gar ein wünne.
diu süeze *vröuden*schouwe
was der künigin juncvrouwe
und was Phillis genant.
Alexander wart enbrant
in ir minnen glüete.
verirret an gemüete

für Euch sein und für den Knaben
und für das Gesinde,
das Ihr bei Euch haben wollt.«
Darauf zögerte man nicht lange,
der Lehrer nahm den Jungen zu sich
und brachte ihm die Buchstaben bei:
a b c d e.
Das machte ihm anfangs Mühe,
wie es heute noch den Kindern ergeht,
die dem Zwang der Schule
unterworfen sind.
Der Knabe erwarb mit Eifer
viele Kenntnisse von seinem Lehrer,
denn sein Verstand war unbegrenzt
aufnahmefähig und gelehrig;
in der ganzen Welt
konnte man keinen so klugen Knaben finden.
Doch leider wurde er
seiner Klugheit und seines Verstandes beraubt.
Das bewirkte die unbarmherzige Minne.
Die Königin hatte ein Fräulein,
das war so schön, wie man erzählt,
an Gestalt und Aussehen,
daß man sich an ihr kaum
sattsehen konnte.
Diejenigen, die sich auf die Schönheit von Frauen verstehen,
bestätigten, sie sei
schön und rühmenswert.
Sie war aus edlem Geschlecht,
eine Freude für alle Welt.
Diese reizende Augenweide
war Kammerfräulein der Königin
und hieß Phyllis.
Alexander war in
glühender Liebe zu ihr entbrannt.
Ganz verwirrt in seinem Gemüt

wart der juncherre.
er gedâhte harte verre,
wie ime der sorgen bürde
ein teil gelîhtert würde.
sîn lernen was verirret gar,
er nam der juncvrouwen war:
swenne er die niht ensach,
sô sach man grôz ungemach
an dem jüngelinge.
swen nû minne twinge,
der merke, wie im wære:
Alexander, der martelære,
enweste, wie gebâren.
diu minne in tûsent jâren
getwanc *nie* sô sêre
eines mannes herze mêre,
als er von ir betwungen was.
swâ er gestuont oder gesaz,
sô was diu reine guote
Phillis in sîne*m* muote.
  Diz werte alsô lange zît,
daz diu juncvrouwe sît
alse dicke bî im was,
daz er ie baz unde baz
kam in heinlîchen
mit der minneclîchen,
daz si einen muot gewunnen
und nâch ein ander brunnen.
er was betwungen, sî noch baz.
alsô lange werte daz,
daz diu juncvrouwe zart
wol an ime inne wart,
daz er nâch ir tobete.
darnâch si im gelobete,
dô er si vlîzeclîchen bat,
si wolte komen an eine stat
in den boumgarten,

war der junge Mann.
Er überlegte mit Eifer,
wie ihm die Last seines Kummers
etwas erleichtert werden könnte.
Um sein Lernen war es geschehen:
er sah nur noch das Mädchen.
Wenn er sie nicht sehen konnte,
dann sah man den Jüngling
in großer Unrast.
Wer selbst von der Liebe bedrängt wird,
der sehe sich an, wie es ihm erging:
Alexander, der Märtyrer,
wußte nicht mehr, was er tun sollte.
In den letzten tausend Jahren
hat die Liebe
das Herz eines Mannes nie so sehr überwältigt,
wie er von ihr bezwungen war.
Wo er auch stand oder saß,
Phyllis, die Edle und Reine,
beherrschte sein Gemüt.
Das ging lange Zeit so hin,
bis das Mädchen
so oft bei ihm war,
daß er immer mehr
vertraut wurde
mit seiner Angebeteten
und sie ein- und dasselbe Gefühl umfaßte
und sie in gegenseitiger Liebe entbrannt waren.
Er war überwältigt, sie noch mehr.
So lange blieb das so,
bis das liebe Mädchen
an ihm wahrnahm,
daß er sie begehrte.
Da versprach sie ihm,
als er sie inständig bat,
an eine bestimmte Stelle
im Baumgarten zu kommen

dâ wolte sî sîn warten.
des kômen si beide über ein.
dô wart under den gelieben zwein
vriuntschaft unde triuwe.
in ganzen vröuden niuwe
wart ir minne und ir gemach.
alsô dicke daz geschach,
sô si des stat*e* mohten hân.
dô begunde sich des entstân
der meister an dem jungen,
daz ime was misselungen
von der juncvrouwen minne.
des wart er *darnâch* inne
und bevant wol die wârheit.
darumbe er harte sêre streit
den jungen, unde morten
mit slegen und mit worten,
und huote sîn alle stunde,
sô er ie beste kunde.
daz half allez niht ein hâr.
swen er mohte komen dar,
ez wære spâte oder vruo,
der lieben gienc er alles zuo
und hete mit ir guot gemach.
ir beider bant vil gar zerbrach,
dâmite sî gebunden
wâren ze allen stunden
von der strengen minne.
ir herze unde ir sinne
die swebeten in vröuden gar
hôhe alsam ein adelar.
Diz was dem meister harte *swâr*,
er gienc zuo dem künige *dar*
und seit ime disiu mære,
daz der juncherre wære
verirret an der schœnen.

und dort auf ihn zu warten.
Darauf einigten sie sich.
Da verbanden sich die beiden Liebenden
in unzertrennlicher Gemeinschaft.
In neuer ungeschmälerter Freude
entfaltete sich ihre Liebe und ihr Glück.
Das passierte so oft,
wie sie nur Gelegenheit fanden.
Da fing aber
der Lehrer des Knaben an zu ahnen,
daß wegen der Liebe zu dem Mädchen
die Erfolge ausblieben.
Er fand es heraus
und es war die Wahrheit.
Deswegen bedrängte er
den Jüngling heftig und ging ihm ans Leder,
mit Schlägen und mit Worten
und bewachte ihn allezeit,
so gut er nur konnte.
Das half alles nicht im mindesten.
Wann immer es möglich war,
spät oder früh,
er ging stets zu seiner Geliebten
und hatte sein Vergnügen mit ihr.
Die Fessel war gesprengt,
mit der sie alle die Zeit
durch die unerbittliche Minne
gebunden gewesen waren.
Herz und Sinn
schwebten in Freuden,
wie ein Adler hoch oben am Himmel.
Das bedrückte den Lehrer sehr.
Er ging zum König
und erzählte ihm die Geschichte:
daß der Jüngling
durch die Schöne vom rechten Wege abgekommen sei.

der künic begunde hœnen
und strâfen sêre dise maget.
si sprach: »herre, waz er saget,
da enist dekeiniu schulde mite.
mîn vrouwe erkennet mîne site;
die sint wol sô stæte,
daz ich nœte missetæte.«
und swuor dô sô manigen eit,
daz diu küniginne streit
selber umbe ir unschul*de*.
dô kam si ze hul*de*.
Diu wolgetâne Phillis
was dâ nâch ungewis
minne und vriuntschefte.
des wart ir lîp an krefte
beroubet und an vröuden bar;
wanne man nam ir beider war
mit der vertânen huote,
daz diu reine, guote
niht mohte an ime gestillen
ir wunden herzen willen.
dô wart leider Alexander.
sîn herzeleit erkander,
wan ime sîn liep benomen was.
harte zornic er dô saz
an der schuolen brummende als ein ber.
er want sich hin und want sich her;
er was in sîme sinne
erblendet von der minne.
diu sende jâmerunge
vergienc ouch niht diu junge.
diu klâre unde schœne
wart ûzer mâzen hœne;
si was mit dem selben schaden
durch in, als er durch sî, beladen.
diu gewaltige minne
diu was ouch in ir sinne

Der König schmähte
und tadelte das Mädchen heftig.
Sie antwortete: »Herr, an dem, was dieser sagt,
trage ich keine Schuld.
Meine Herrin kennt meine Art;
die ist so aufrecht,
daß ich ungern einen Fehltritt täte.«
Und sie schwor viele Eide,
so daß die Königin selbst
für ihre Unschuld eintrat.
So wurde sie wieder in Gnaden aufgenommen.
Die schöne Phyllis
geriet danach aber in große Sorge
um ihre Liebe und ihre Freundschaft.
Dadurch wurde sie ganz schwach
und verlor alle Freude.
Denn man wachte über sie beide
mit den verwünschten Aufpassern,
so daß das liebe, unschuldige Mädchen
nicht mehr die Sehnsucht
ihres versehrten Herzens an ihm stillen konnte.
Noch schlimmer ging es Alexander.
Er litt an Liebesschmerz,
weil ihm seine Liebe entrissen war.
Wütend saß er
in der Schule und brummte wie ein Bär.
Er wälzte sich hierhin und dorthin;
er war im Innersten
von der Minne versehrt.
Der sehnsuchtsvolle Schmerz
ging auch an dem Mädchen nicht vorüber.
Die strahlend Schöne
wurde über die Maßen bedrückt.
Sie hatte durch ihn den selben Schaden
wie er durch sie erlitten.
Die machtvolle Minne
war auch in ihr Herz

ein teil ze stürmlîche komen
und het ir mit gewalt benomen
ein teil ir besten mâze.
si was an ir gelâze
ir selben *noch* der werlte mite
nâch ir gewonlîchem site.
swaz si sich vröuden an genam,
als ir dâ vor wol gezam,
daz missetet si allez dô.
ir leben was gerihtet sô:
si gedâhte in ir muote,
diu süeze, reine, guote,
wie si ir liep gespræche,
ir herzeleit geræche,
an dem meister wîse,
der was von alter grîse.
 Nû merket, wie ez hier umbe ergienc:
Phillis, diu *liehte sunne*, gienc
in eine kemenâte hin
und nam ein sîdîn swenzelîn
und leite *ez* an ir zarten lîp.
daz süeze, minneclîche wîp
het einen pelz darunder,
der was ouch guot besunder;
er gap ir sô blanken schîn
und was gar lûter hermîn.
si was schœne, daz geloubet.
si sazte ûf ir houbet
einen zirkel von golde,
der was smal, als er solde,
geworht mit hôhem sinne.
dô lâgen gimmen inne
zwischen dem gesteine
vil lieht und iedoch kleine,
die besten von dem lande,
smâragden und jâchande,

etwas zu stürmisch eingedrungen
und hatte ihr mit Gewalt
ihre Ruhe fast völlig genommen.
Sie verhielt sich so,
wie weder sie selbst noch die anderen
es gewohnt waren.
Wenn sie sich Vergnügungen vornahm,
die ihr früher gefallen hatten,
dann machte das jetzt keine Freude mehr.
Ihr Leben war so eingerichtet:
sie überlegte immer nur,
die Süße, Schöne, Gute,
wie sie ihren Geliebten sprechen
und das Leid ihres Herzens rächen könne
an dem weisen Lehrer,
der schon grau von Jahren war.
Hört nun, wie es damit weiterging:
Phyllis, die helle Sonne,
ging in ihre Kemenate
und nahm ein seidenes Kleid mit einer eleganten Schleppe
und zog es über ihren schlanken Körper.
Die süße, begehrenswerte Frau
trug darunter einen Pelz,
der auch von ausgesuchter Qualität war.
Der verlieh ihr hellen Glanz,
denn es war weißer Hermelin.
Glaubt mir, sie war schön.
Auf ihr Haupt setzte sie
einen goldenen Reif,
schmal, wie er sein soll,
und mit großer Kunstfertigkeit gearbeitet.
Gemmen waren
zwischen die Edelsteine eingelegt,
strahlend hell und dennoch zierlich,
die besten aus dem ganzen Land,
Smaragde und Hyazinthe,

saffire und kalzedône,
und wâren die vil schône
dâ unde dar în geleit.
des werkmannes wîsheit
nâch rehter spæheite
nie steine baz geleite.
diu schœne wol gezieret was.
si nam ein liehtez spiegelglas:
an lîbe unde ouch an varwe
beschoute si sich vil *garwe,*
ob kein dinc ir möhte missestân,
daz bezzerunge solte hân.
diu schœne was wol an geleit,
als uns diu âventiure seit.
Dâ der boumgarte was,
dô gienc si vür den palas
barvuoz, an den vüezen blôz.
ir bein wâren wîzer dan ein slôz
und slehter dan ein kerze,
blanc, ân alle swerze;
diu wurden von dem touwe naz.
dâbî ein kwecbrunne was,
dem gie diu minneklîche bî
vrô unde aller sorgen vrî.
ir trite wâren und ir ganc
gemezzen *ze* kurz noch ze lanc,
und doch in rehter mâze.
si was an ir gelâze
ûfreht und offenbære
gelîch dem sperwære
und gestreichet als ein papegân,
und liez ir ougen umbe gân
als ein valke ûf dem aste.
ze lîse, noch ze vaste
heten si beide ir weide.
si weideten beide
vil eben und vil lîse

Saphire und Chalzedone,
und sie waren besonders sorgfältig
hier und dort eingearbeitet.
Die Kunst des Goldschmiedes
hat nie mit solcher Geschicklichkeit
Steine schöner gefaßt.
Die schöne Frau war prächtig geputzt.
Sie nahm einen funkelnden Spiegel.
Ihre Gestalt und ihr Aussehen
betrachtete sie sorgfältig,
ob auch nichts fehlerhaft war
und noch gebessert werden müsse.
Die Schöne war trefflich gekleidet,
so erzählt es die Geschichte.
Dorthin, wo der Baumgarten lag,
ging sie, vor den Palast,
mit bloßen Füßen.
Ihre Beine waren weißer als ein Hagelkorn
und so gerade wie eine Kerze,
weiß, ohne alle Bräunung.
Der Tau benetzte sie.
In der Nähe gab es eine Quelle,
zu der ging die Anmutige,
froh und frei von Sorgen.
Ihre Schritte und ihre Bewegungen
waren weder zu kurz noch zu lang,
gerade im richtigen Maß.
Ihre Haltung war
aufrecht und herausfordernd
wie die eines Sperbers,
sie war geputzt wie ein Papagei
und ließ ihre Augen schweifen
wie ein Falke auf dem Ast.
Weder zu sanft noch zu heftig
hielten sie nach Beute Ausschau.
Sie pirschten beide
gemessen und ruhig

in harte süezer wîse.
daz minneklîche bilde
gebârte harte wilde;
si sleich her unde hin.
ûf huop si ir swenzelîn
vil nâch unz über ire knie.
bluomen lesende si gie
und warf die in ir swanz.
Phillis, diu liehte sunne glanz,
begunde sus gebâren,
daz si möhte ervâren
und betriegen den alten man,
der ir ir herzeliep benam.
darumbe lief der minnen trût
spilende als ein windes brût
durch daz gras ze dem brunnen.

Waz wîbe liste kunnen,
daz künde nieman gesagen.
ein wîp kan ûf der verte jagen,
daz sich vor ir listen
nieman kan gevristen.
ez wart nie man sô wîse,
noch von alter sô grîse,
wil er sîn den wîben bî,
ern werde gevangen an *dem* zwî
unde an der minnen lîmruot,
reht als der wilde vogel tuot,
der durch vrîheit, die er hât,
ûf daz gelîmete zwî stât.
als er des denne entsebet
und sich ûf ze berge hebet,
sus klebet er dô mitten dran
und reget sich und wil dan.
dâmite rüeret er daz zwî
an kleiner stat. swie küene er sî,
ez bindet in und macht in haft.
sus wirt der man *un*sigehaft

auf eine berückende Art.
Diese begehrenswerte Gestalt
benahm sich sehr seltsam;
sie schritt hin und her.
Sie hob ihr Kleid
fast bis über das Knie.
Blumen pflückend ging sie auf und ab
und warf sie in ihren Rockschoß.
Phyllis, strahlend wie die Sonne,
tat das,
um den alten Mann
zu versuchen und zu betören,
der ihr ihren Geliebten genommen hatte.
Deswegen lief das Liebchen
tändelnd wie die Gespielin des Windes
durch das Gras zum Brunnen.
Was die Frauen an Künsten beherrschen,
das kann niemand wirklich beschreiben.
Eine Frau kann eine Fährte so verfolgen,
daß sich niemand gegen ihre Einfälle
schützen kann.
Es ist noch nie ein Mann so weise gewesen
oder so altersgrau,
daß er nicht, wenn er sich mit Frauen abgibt,
an dem Zweig
oder der Leimrute der Minne gefangen wurde,
gerade so wie der ungezähmte Vogel,
der sich wegen der Freiheit, die er genießt,
auf der Leimrute niederläßt.
Wenn er das dann merkt
und sich in die Luft erheben will,
dann klebt er mitten dran
und flattert und will weg.
Damit bewegt er den Zweig
kein bißchen von der Stelle. Wie mutig er auch ist,
es fesselt ihn und hält ihn fest.
So verliert der Mann diesen Kampf

und gevangen in dem stricke
von wîbes ougen blicke.
swie wîse er sî, swie lôs ein man,
von wîbes listen nieman kan
sîn gemüete enbinden,
wil er sich lâzen vinden
in ir geselleschefte:
sô stark sint minnen krefte.
swer des welle wesen vrî,
der sî den wîben selten bî;
wan anders niht gehelfen kan,
wenne vliehen *verre* von in dan.
Nu lâzen wir die rede stân
und vâhen daz mære wider an,
daz *ez* niht blîbe in wâne.
Phillis, diu wolgetâne,
gienc spilnde under der blüete.
vil stolz was ir gemüete,
sî sleich har unde hin.
diz ersach durch ein vensterlîn
der alte meister und *blickte* dar
und nam ir gebærden war,
die dûhten in gar wunderlich.
»hei«, dâht er, »wie minneclich,
wie schœne und wie gehiure,
wie zartiu crêatiure
ist daz minneclîche wîp!
er sælic man, der sînen lîp
solte mit ir elten!«
in stiez an eine kelten
unde eine hitze darnâch.
diu minne tet im manigen schâch
und machte in zeime kinde.
vor der grüenen linde
kam diu süeze reine,
gar alles wandels eine,
vür des meisters vensterlîn

und wird gefangen in den Stricken
weiblicher Blicke.
Wie klug ein Mann auch sein mag oder wie dreist,
vor den Künsten der Frauen kann niemand
sein Herz bewahren,
wenn er sich
in ihrer Gesellschaft sehen läßt:
so stark ist die Kraft der Minne.
Wer davon frei sein möchte,
der meide die Frauen.
Denn nichts anderes hilft,
als sie ganz zu fliehen.
Nun wollen wir diese Überlegungen lassen
und uns wieder der Geschichte zuwenden,
damit nichts offen bleibt.
Phyllis, die Schöne,
ging tändelnd zwischen den Blumen umher.
Hochgemut war ihr Sinn,
sie schritt hin und her.
Das gewahrte durch ein Fenster
der alte Gelehrte; er schaute zu
und beobachtete ihr Verhalten,
das ihm sehr seltsam vorkam.
»Holla!«, dachte er sich, »wie liebenswert,
wie schön und reizend,
welch anmutiges Geschöpf
ist diese liebenswürdige Frau.
Ein glücklicher Mann, der
mit ihr alt werden dürfte!«
Es erfaßte ihn ein kalter Schauer
und gleich darauf überlief es ihn heiß.
Die Minne bot ihm Schach
und machte ihn zum Kind.
Bei der grünen Linde
kam die Liebe, Zarte,
Makellose
an das Fenster des Gelehrten

und warf im bluomen darîn
mê dan eine hantvol.
si sprach: »meister, ich gan iu wol
gelückes unde êren.
und möht ich iu gemêren
vröude unde kurzewîle,
darumbe ich eine mîle
wolte gân, wie kranc ich sî.«
der meister sprach: »gramerzî,
minneclîche süeze vruht!
an iu lît alliu diu genuht,
die man zer werlte haben sol.
juncvröuwelîn, nû tuo sô wol
und ruoche dich erbarmen
über mich vil armen
und ruoche gân her in ze mir;
hie ist nieman mê dan *wir.*«
Dô gie diu süeze reine,
gar alles wandels eine,
zuo dem meister hinîn.
si kêrte darûf iren sin,
wie si in geschante;
daran si gar *genante*;
si gie dar bî in sitzen.
er sprach: »ich bin an witzen
unde an sinnen gephant.
ich hân ervarn manic lant;
ich gesach nie kint sô wol getân.
lâ mich dîne hulde hân,
ich gibe dir goldes zweinzic marc,
und vüere dich in mînen arc
und nim darûz, wie vil du wilt.«
si sprach: »der rede mich bevilt,
meister, wes muotet ir an mich?«
»ich wolte, daz dû liezest mich
eine naht bî dir slâfen.«
si sprach: »*geschrirn* wâfen!

und warf ihm Blumen hinein,
mehr als eine Handvoll.
Sie sagte: »Verehrter Lehrer, ich wünsche Euch
Glück und Ruhm.
Wenn ich Euch
Freude und Kurzweil mehren könnte,
würde ich eine ganze Meile dafür
laufen, schwach wie ich bin.«
Der Gelehrte antwortete: »Grand merci,
liebenswertes, schönes Kind!
Ihr besitzt all das in Fülle,
was man auf der Welt braucht.
Junges Fräulein, nun sei so gut
und erbarme Dich
über mich Armen
und sei so gütig, zu mir herein zu kommen.
Hier ist sonst niemand außer uns.«
Da ging die Liebe, Zarte,
Makellose
zu dem Gelehrten hinein.
Ihr Sinn war darauf gerichtet,
ihn in Schande zu stürzen;
dazu war sie fest entschlossen.
Sie setzte sich neben ihn.
Er sagte: »Mir sind Sinn und Verstand
geraubt.
Ich bin in vielen Ländern gewesen;
noch nie habe ich ein so schönes Mädchen gesehen.
Schenke mir Deine Gunst,
ich schenke Dir zwanzig Mark Gold
und führe Dich an meine Truhe;
nimm Dir daraus, wie viel Du willst!«
Sie antwortete: »Diese Worte bedrücken mich,
Meister, was wollt Ihr von mir?«
»Ich möchte, daß Du mich eine Nacht
bei Dir schlafen läßt.«
Sie sagte: »Ich rufe um Hilfe!

meister, wie solt ich daz getuon?
ich wil mînen magetuon
sô tœrlîche niht verliesen.«
dô begunde sî wol kiesen,
daz er an sî vereffet was.
nu sach diu minneclîche, daz
ein satel bî der wende lac.
si sprach: »entriuwen, ich enmac
diz dinc niht tuon vergebene:
lât mich iu vil ebene
den satel ûf den rücke legen,
des sult ir iuch gen mir bewegen,
und lât mich tuon an dirre stunt
einen zoum in iuwern munt,
daz ist mîn sîdîn gürtellîn.
tuotz, wen es mac niht anders sîn,
ich enmac niht langer bîten.
ir müezet mich lân rîten
in *dem* boumgarten;
dâ enmac uns gewarten
deweder wîp noch man.«
der alte sprach: »ich enkan
dich niht vil wol gereiten.«
si sprach: »ich wil iuch bereiten
vil schône und eben als ein pfert;
sô sît ir mir denne wert,
und wil tuon, swaz iu liep ist.«
Nû hœret wunderlîchen list
von einem jungen wîbe:
swie sô man ez trîbe,
ein schœne minneclîchez wîp,
diu beide muot hât unde lîp,
waz diu wunders begât,
und wie vil gewaltes si hât
und wie si kan versêren,
herze und muot verkêren
mit ir süezen worten,

Meister, warum sollte ich das tun?
So töricht will ich
meine Unschuld nicht verlieren.«
Sie merkte dabei aber genau,
daß er vernarrt in sie war.
Nun sah das liebe Mädchen, daß
ein Sattel an der Wand lehnte.
Sie sagte: »Wahrhaftig,
umsonst kann ich das nicht machen:
Laßt mich Euch
einen Sattel passend auf den Rücken legen,
das müßt Ihr mir schon zugestehen.
Und laßt mich jetzt gleich
einen Zaum in Euren Mund legen,
das soll mein seidener Gürtel sein.
Macht das, denn sonst wird gar nichts passieren.
Länger kann ich jetzt nicht mehr warten.
Ihr sollt mich Euch
im Baumgarten reiten lassen.
Dort kann uns
kein Mensch beobachten.«
Der Alte antwortete: »Ich kann Dich
doch gar nicht richtig reiten lassen!«
Sie sagte: »Ich will Euch herrichten,
schön und passend wie ein Pferd.
Dann seid Ihr mir lieb,
und ich werde tun, was Ihr Euch wünscht.«
Nun hört Euch die merkwürdige Idee
dieser jungen Frau an:
Wie man es auch macht,
eine schöne begehrenswerte Frau,
die gut aussieht und dazu noch Verstand hat,
was die Erstaunliches anstellt,
wieviel Macht sie hat,
wie sie verletzen kann,
Herz und Sinn verkehren
mit ihren verführerischen Worten

swie si an allen orten
mit gallen sint gemischet!
von den gar verlischet
mannes kunst, swie wîse er ist.
wunder wirket wîbes list:
ir smeichen unde ir zarten,
ir lâgen unde ir warten,
ir sprechen und ir singen,
ir tanzen und ir springen,
ir weinen und ir lachen,
die kunnen alle machen
den stric und die gebende,
daz sie mit ir hende
vüeret den man, swar si wil.
wîbes kunst ist âne zil.
daz sî vil wol bewæret:
von wîben wart erværet
Adam unde Samsôn,
Davît unde Sâlomôn
unde die besten alle.
doch, samir Sante Galle,
diu wîp sint alle niht alsô.
wîp machent manic herze vrô,
daz in sorgen wære begraben.
wil ir ein teil niht êre haben,
noch kiusche*n* sin, noch stæten muot,
daz schat den niht, die sint behuot
und vrî vor aller missetât.
tûsent wîbe tugende hât
ein wîp. ob keiniu wære
bœse und wandelbære,
wâ solte man erkennen bî,
welhiu wære *missewende* vrî?
Nu suln wir vâhen wider an
daz mære, dâ *ez* wart verlân.
diu gewaltige minne,
der sinne ein rouberinne,

(obgleich sie ganz und gar
mit bitterer Galle vermischt sind)!
Ihnen gegenüber wird alle Kunst des Mannes
zunichte, wie klug er auch sein mag.
Die Kniffe der Frau wirken Wunder:
Ihr Schmeicheln und ihr Kosen,
ihr Lauern und ihr Verfolgen,
ihr Sprechen und ihr Singen,
ihr Tanzen und ihr Springen,
ihr Weinen und ihr Lachen,
die wirken
den Strick und die Fessel,
mit denen sie den Mann
an der Hand führen kann, wohin sie will.
Die Künste der Frauen sind ohne Grenzen.
Das kann man belegen:
Von Frauen wurden verführt:
Adam und Samson,
David und Salomon
und überhaupt die Besten von allen.
Doch, beim heiligen Gallus:
nicht alle Frauen sind so.
Frauen machen manch ein Herz glücklich,
das in Sorgen versänke.
Wenn einige von ihnen nicht auf ihren Ruf achten,
auf Reinheit oder Beständigkeit,
das schadet denen nicht, die sich in acht nehmen
und frei sind von jeder Untat.
Eine einzige Frau kann die guten Eigenschaften
von tausend haben. Wenn keine schlecht wäre
und wankelmütig,
wie sollte man dann die erkennen,
die frei sind von allem Makel?

Nun wollen wir die Geschichte
wieder aufgreifen, wo wir sie verlassen haben.
Die machtvolle Minne,
die Räuberin der Vernunft,

betwanc den meister grîsen,
der hôhen künste wîsen;
er sprach: »schœnez vröuwelîn,
ich wil dir undertænic sîn
unt tuon, swaz dû gebiutest,
daz dû mich niuwen triutest.«
der alte gouch sich nider lie
ûf die hende und ûf *diu* knie.
diu schœne minneclîche
nam vil behendeclîche
und leite den satel ûf in,
und nam ir sîdîn gürtellîn
und macht im ein zoum in den munt.
dô hete si gewunnen an der stunt
von rôsen ein blüejendez zwî.
diu schœne, missewende vrî
nam den zoum in die hant
unde saz ûf den wîgant
unde reit in vil schône.
in eime süezen dône
sanc si ein süezez minneliet.
dô sûmte sich der alte niet,
er krouch ûf allen vieren dô,
des wart ir gemüete vrô.
er krouch gegen dem boumgarten
unt truoc ûf im den zarten,
süezen, minneclîchen lîp.
  Daz ersach des küniges wîp
und ander ir juncvrouwen.
an den zinnen schouwen
begunden sî daz wunder,
daz Phillis dâ besunder
alsô hêrlîche reit.
des wart diu künigîn gemeit
und wunderte si harte vil.
dô si gereit unz an daz zil,
dâ saz si vrœlîchen abe.

überwand schließlich den greisen Philosophen,
den Meister aller hohen Wissenschaften.
Er sagte: »Schönes Fräulein,
ich will Dir untertan sein
und tun, was Du befiehlst,
damit Du mich nur liebst.«
Der alte Narr ließ sich nieder
auf die Hände und auf die Knie.
Die Schöne, Süße
nahm geschickt den Sattel
und legte ihn auf ihn,
und sie nahm ihren seidenen Gürtel
und verpaßte ihm einen Zaum in seinen Mund.
Dazu brach sie sich gleich noch
einen blühenden Rosenzweig.
Die Schöne, Makellose
nahm den Zaum in die Hand,
setzte sich auf den Helden
und ritt ihn würdig.
Auf eine süße Melodie
sang sie ein verzehrendes Minnelied.
Der Alte wehrte sich nicht,
er kroch auf allen vieren,
das erhob ihr Gemüt.
Er kroch zum Baumgarten
und trug dabei ihre anmutige,
zarte, liebenswerte Gestalt.
Das sahen die Königin
und ihre anderen Kammerfräulein.
Von der Zinne aus
betrachteten sie dieses wundersame Ereignis,
wie Phyllis ganz für sich
so würdevoll ritt.
Das erheiterte die Königin,
und sie staunte doch sehr darüber.
Als sie bis ans Ende geritten war,
stieg sie fröhlich ab.

si sprach: »dû alter gouch, nû habe
diz laster iemermêre,
daz dû mir mîn êre
unde mîn liep hâst benomen.
dîne hunder*t* jâr sint nû komen
ze siben jâren ûzerwegen.
daz dîn der tiuvel müeze pflegen!«
Phillis lief durch daz gras
vrœlîchen in den palas.
  Diz grôze unbilde daz erschal
in den hof und in den sal
vür den künic und alle die sîne.
Phillis diu süeze, fîne
hâte ir leit ger*o*chen.
dâ nâch in einer wochen
nam der meister sâ zehant
sîniu buoch und sîn gewant,
sîn golt, sîn silber und sîn habe.
er schicket ez bî naht abe
heinlîch in ein schiffelîn.
er enmohte dâ niht langer sîn
von dem spotte und von dem schimpf
und von dem grôzen ungelimpf,
den si hâten ûf dem sal.
er vuor daz wazzer hin zetal,
daz dâ durch die gegene vlôz;
wan in des schimpfes dâ verdrôz,
daz man sîn dâ würde sat.
er kam gevarn in eine stat,
in ein insel, hiez Galiciâ.
dâ beleip er unde machte dâ
ein michel buoch und schreip daran,
waz wunderlîche liste kan
daz schœne ungetriuwe wîp,
und wie diu leben unde lîp
manigem hât versêret;
und swer sich an si kêret,

Sie sagte: »Du alter Narr,
diese Schande sollst Du immerfort dafür tragen,
daß Du mir meine Ehre
und meinen Geliebten genommen hast.
Deine hundert Lebensjahre sind jetzt
zu sieben Jahren zusammengeschrumpft.
Der Teufel möge Dich holen!«
Heiter lief Phyllis
durch das Gras zum Palast.
Von diesem schrecklichen Debakel
hörte man bis zum Hof und in den Saal
und beim König und allen seinen Leuten.
Phyllis, die Liebliche, Zarte,
hatte ihren Schmerz gerächt.
Eine Woche später
nahm der große Meister plötzlich
seine Bücher und seine Kleider,
sein Gold, sein Silber und seinen ganzen Besitz.
Er ließ es bei Nacht
heimlich in ein Schifflein bringen.
Er konnte dort nicht länger bleiben
wegen des Spottes und der Schande
und dem großen Spaß,
den sie im Saal mit der Geschichte hatten.
Er fuhr den Fluß hinab,
der durch diese Gegend floß;
denn ihn bedrückte der Spott,
und es sollte ein Ende damit haben.
Er kam in eine Stadt
auf einer Insel, die Galicia hieß.
Dort blieb er und verfaßte
ein großes Buch und schrieb hinein,
auf welch merkwürdige Künste
sich die schöne, treulose Frau versteht
und wie sie vielen an Leben und Gesundheit
geschadet hat.
Wer sich mit ihr einlasse,

der wirt von ir gevangen,
als der visch an dem angen
und als der vogel in dem stricke.
ir lâge, ir ougenblicke
vâhent sam der agestein.
ich bin des komen überein,
daz dâvür niht gehelfen kan,
wan daz ein iegelîch wîse man,
der gerne âne vreisen sî,
sî ir gesellescheften vrî
und vliehe verre von in dan:
wan anders *niht* gehelfen kan.

der werde von ihr gefangen
wie der Fisch mit der Angel
und der Vogel im Netz.
Ihre Verlockung, der Blick ihrer Augen
bänden wie ein Magnet.
Ich bin zu der Einsicht gekommen,
daß dagegen nichts helfen kann,
außer daß jeder verständige Mann,
der ohne Schrecken leben will,
ihre Gesellschaft meidet
und sie gänzlich flieht:
denn sonst hilft gar nichts.

DIE FALSCH PEICHT

Ein obenteur ward mir gesait.
ein herre, der auß wallen rait,
der mir die warhait hat verjehen,
wa oder wenn das sei geschehen;
der sagt mirs auch also, als ichs euch sag.
ich hab mich geflissen vier tag
in also guter andacht,
e ichs hab zu reimen pracht.
künt es iemants getichten pas,
des wer ich fro, tet er das,
und künt sein wol gelachen
mit frölichen sachen.
es tichtet mancher schwere,
dem rat ich, das er lere
bei weiln nach schimpflichem sit,
da tempft man die sorg mit.
ich kan euch nit gesagen pas.
Der selbig herr zu rom sas,
wie sein nam aber wer,
wenn das er was ain römer?
und het gar vil gescheidigkait,
und nach werltlicher fröligkait
het er zu seinem leib
nach wunsch ain schönes weib.
die was auf treuen lieb und stet
gen irem man frü und spet,
und alles, das ir herz begert,
des ward sie von irem man gewert,

DER MÖNCH ALS LIEBESBOTE

FASSUNG A

Eine merkwürdige Geschichte ist mir erzählt worden.
Ein Herr, der auf Wallfahrt ausritt,
der hat mir die Wahrheit darüber berichtet,
wo und wann sich das zugetragen hat;
der hat es mir so erzählt, wie ich es Euch jetzt sage.
Ich war vier Tage lang damit beschäftigt,
mit großer Konzentration,
bis ich es in Reime gebracht hatte.
Wenn jemand das besser dichten könnte,
dann wäre ich froh, er täte es
und könnte darüber auch noch lachen
bei so lustigen Dingen.
Manch einer dichtet Ernstes,
dem rate ich, daß er
zuweilen Scherzhaftes vortrage,
damit vertreibt man die Sorgen.
Ich kann es Euch nicht besser erzählen.
Jener Herr lebte in Rom.
Wie aber war wohl sein Name,
abgesehen davon, daß er Römer war?
Und er besaß sehr viel Klugheit
und für das irdische Glück
hatte er
eine vollendet schöne Frau.
Die war, meiner Treu, lieb und gut
zu ihrem Mann, früh und spät,
und was ihr Herz nur begehrte,
das bekam sie von ihrem Mann,

und was ir erwerklich perait
ir gewant vnd ir reiches clait,
und sie kostet gar vil den reichen man,
als ich denn vernumen han.
er maint, das sie wer
alles wandels ler.
die straß gieng für die tür her,
die die maist menig trat.
ein junckherr von der stat
gar grosse lieb zu ir gewan
und wurd gar oft die strassen gan.
der juncker was hübsch und clug
und er herliche reiche claider an trug,
die warn gar wol geschniten
nach franzosischen siten,
und seiner knecht giengen vil mit
also nach höfelische*m* sit,
die allzeit sein diener warn.
bei vierundzwain*zic* jarn
was der selb jung man.
entsprungen warn im sein gran.
auf seim kopf was er unbeschorn.
der junckherr der was hochgeporn
von freunten und von gut.
darzw het er ain frischen mut.
nu stund der hübschen römerin
herz, mut und all ir sin
neur nach dem jungen man,
und sie fast in der minne pran.
  Eins mals der man auß rait.
dasselb was ir auch nit lait
und was ausdermosen fro.
behent liste vand sie do.
dasselb clug weip zuhant
sie gieng, da sie ainn parfußer münch vant,
und sagt im in falscher peicht ain wort.
der gut münch ir zu hört

und aufs vornehmste
wurden ihr Gewänder und schöne Kleider geboten,
und sie kostete so den reichen Mann eine Menge,
wie ich gehört habe.
Er glaubte, sie sei
von jedem Makel frei.
An der Türe führte die Straße vorbei,
die die meisten Leute benützten.
Ein junger Herr aus der Stadt
fiel in große Liebe zu ihr
und fing an, oft durch diese Straße zu gehen.
Der Jüngling war hübsch und klug
und trug herrliche teure Kleider,
die elegant geschnitten waren
nach französischer Mode,
und viele Diener begleiteten ihn
nach höfischer Art,
die ihm jederzeit zur Hand gingen.
An die vierundzwanzig Jahre
war dieser junge Mann.
Gerade hatte sein Bart zu wachsen begonnen,
sein Haupthaar war noch nicht geschnitten.
Der Junker war von hoher Geburt,
nach seiner Verwandtschaft und seinem Besitz.
Überdies war er heiteren Gemüts.
So stand der schönen Römerin
ihr Sinn, ihr Herz und ihr Gemüt
nur nach diesem Jüngling,
und sie entbrannte in heftiger Liebe.
Eines Tages ritt der Mann weg.
Das war ihr nicht gerade unangenehm,
sie war über die Maßen froh darüber.
Eine geschickte List dachte sie sich aus.
Dieses schlaue Weib ging schnell
zu einem Barfüßer-Mönch
und sagte ihm einiges in einer gespielten Beichte.
Der brave Mönch hörte ihr zu

und gedaht, wie er ir geb rat.
sie sprach: »herr, ain junckher hat
mir gesant ainn schönn güldein rink,
ein junger, tumer, töreter jünglink,
und pegeret meiner minne.
nu hab ich meinen sinne
also treu und also stete,
und das er von gold hete
mer denn dreu tausent fuder,
das nem ich nit, traut lieber pruder,
das ich mich an meinen ern
scholt also schentlich verkern,
und des möchten sich mein freunt wol schamen.«
und sagt im da des junckherrn namen,
das er in auch erkant.
und da sie in genant,
da wurd sie pald her für ton
von gold so maisterlich und schon
ainn rink, darein ain edler stain geschlagen,
und sprach: »lieber herre, nu last euch sagen!
tragt im hin wider seinen rink
dem unseligen jünglink
und pietet im durch sein zucht,
sei er ie kumen von guter frucht,
das er doch dise straße
doch ain weil ungegangen lasse,
bis zu hauß kum mein man frei.
ich fürcht, di leut gedencken dapei
mer, denn zu einer andern zeit.
mein haus nachent wüst leit
von meinem gesinde.
das volk ist so geschwinde
baide hie und auch dort,
ich fürcht, ich kum in ain wort.«
der gut ainfeltig münch nam den rink
und gedacht nu nichtz auf dise dink

und überlegte sich, welchen Rat er ihr geben könne.
Sie sagte: »Vater, ein junger Herr hat mir
einen schönen goldenen Ring geschickt,
ein junger, törichter, dummer Jüngling,
und er begehrt mich.
Nun bin ich in meiner Gesinnung
so aufrichtig und so treu –
selbst wenn er an Gold
mehr als dreitausend Fuder hätte,
dann nähme ich das nicht, guter lieber Bruder;
sollte ich am Ende meinen guten Ruf
derart in Schande verkehren?
Und meine Freunde müßten sich schämen.«
Und sie sagte ihm den Namen des Junkers,
damit er ihn auch erkenne.
Und als sie ihn erwähnt hatte,
da holte sie gleich einen Ring heraus,
aus Gold meisterhaft und prächtig gefertigt,
in den ein kostbarer Stein geschlagen war,
und sagte: »Lieber Herr, bitte laßt Euch dies noch sagen:
Bringt ihm seinen Ring zurück,
diesem unseligen Jüngling,
und bestellt ihm, bei seiner guten Erziehung,
wenn er denn von vornehmer Abstammung ist,
daß er doch eine Weile
nicht durch diese Straße gehe,
bis mein verreister Mann wieder nach Hause kommt.
Ich fürchte, die Leute denken sich jetzt dabei
mehr als zu einer anderen Zeit.
Fast mein ganzes Gesinde
ist aus dem Haus.
Die Leute sind so schnell dabei,
hierhin und dorthin,
ich fürchte, ich komme ins Gerede.«
Der gute treuherzige Mönch nahm den Ring,
dachte sich überhaupt nichts bei dieser Geschichte

und sucht den selben jungen
mit guter red seiner zungen,
da er in allain vant.
er nam in pei seiner hant
und sagt im alle die wort,
die er von der frauen het gehort.
er sprach: »du scholst von disem ablan,
wann es mag groß schad davon gan,
villeicht mörden und auch manschlacht.
die frau hat von freunten macht,
als du auch hast, das waiß ich wol.
got spricht selber, das man schol
dem argen willen wider stan.
du scholt aus deim herzen lan
solch dink. das rat ich dir.«
er sprach: »herr, wen maint ir
und auf wen legt ir disen wan?
ir tut villeicht unrecht gan.
auf wen gedenckt ir dise geschicht?
auf mein treu ich pin sein nicht.«
der münch sprach: »warümb leugstu?
ich wil dirs warzeichen geben nu,
das sie dir wider hat gesant.
das hastu ir vor geben in ir hant.«
der junckher ward gar missevar.
er stund und gedacht her und dar,
bis er kom auf die warhait.
er gedacht, im wer ain strik gelait
zu liebe und zu pulschaft,
und er legt drauf seiner sinnen kraft
und gedacht: ›du scholst obenteurn
durch die schönen vnd vil geheurn.
die dir die gab hat gesant,
die hat dich zu puln gemant.‹
er sprach: »herr, ich muß verjehen,
het ir *niht* get*a*n, mir wer geschehen

und suchte den jungen Mann auf
mit der Kunst seiner Rede,
wo er allein mit ihm sein konnte.
Er nahm ihn bei der Hand
und sagte ihm alles das,
was er von der Frau erfahren hatte.
Er sagte: »Du sollst damit aufhören,
denn es kann großer Schaden daraus entstehen,
vielleicht gar Mord und Totschlag.
Die Frau hat mächtige Freunde
und Du auch, das weiß ich ja.
Gott selbst sagt, man solle
der bösen Absicht widerstehen.
Verbanne solche Dinge aus Deinem Herzen,
das rate ich Dir.«
Er antwortete: »Herr, wen meint Ihr denn
und auf wen richtet Ihr diesen Verdacht?
Ihr beschreitet wohl den falschen Weg.
Wem schiebt Ihr diese Geschichte in die Schuhe?
Meiner Treu, ich bin es nicht.«
Der Mönch antwortete: »Warum lügst Du?
Dann werde ich Dir den Beweis geben.
Was sie Dir hier zurückschickt,
das hast Du ihr zuvor in die Hand gedrückt.«
Der junge Herr wurde ganz blaß.
Er stand da und überlegte hin und her,
bis er auf die Wahrheit kam.
Er dachte sich, ihm sei da ein Fallstrick gelegt
für die Liebe und für ein Verhältnis.
Und er konzentrierte alle seine Gedanken darauf
und überlegte sich: ›Du sollst Dich auf ein Abenteuer einlassen
mit dieser hübschen Schönen.
Die, die Dir diese Gabe schickt,
die fordert Dich zu einer Liebschaft auf.‹
Er sagte: »Herr, ich muß zugeben,
hättet Ihr nichts unternommen, wäre mir

villeicht ain grosse torhait.
sint euch die frau hat gesait
aller der ding ain anhab,
so wil ich euch sagen, was sie mir gab:
gar hübsch und auch raine
von gold und edelm gestaine
auch ain vingerlein; das ist gut.
der stain der stillet wol das plut
und ist auch gut für schwere.
ir gab ist mir auch unmere
und schül mir sein allzeit unwert,
seit sie der liebe nit pegert.«
der münch sprach: »des freu ich mich,
das du so gar peschaidenlich
mir deinen willen hast gesait.
von dir volgt mir alle seligkait,
das du wilt werden ain gotz kint.
und was meiner prüder sint,
die schüllen alle für dich piten
als gar mit andechtigen siten
umb ain gutes ende.«
und gab sein hende
disem jungen man
und sprach: »ich tar nit lenger stan,
ich setz dir die treue mein.
seit ich hab das vingerlein,
so gewinn ich weder rast noch ru.«
Da was das minnigklich weip nu
gegangen in irn palast hinein
und saß reht als ein künigein
in irem palast auf einer pank.
ir gute claider warn ir lank
und wol geschniten hin und dar.
do sie des pruders wurd gewar,
das er dem hauß nahet
und also ser jahet,
als von müdiger not,

vielleicht eine große Dummheit unterlaufen.
Da Euch die Frau
den Anfang der ganzen Geschichte erzählt hat,
will ich Euch auch sagen, was sie mir geschenkt hat:
Auch einen prachtvollen
aus reinem Gold und edlen Steinen
gearbeiteten Ring; der ist gut.
Der Stein stillt das Blut
und ist auch gut gegen Kummer.
Ihr Geschenk ist mir freilich gleichgültig,
und ich werde niemals Wert darauf legen,
da sie ja keine Liebe haben will.«
Der Mönch sagte: »Das freut mich,
daß Du mir so vernünftig
Deine Absichten dargelegt hast.
Deinetwegen kann ich auf die Seligkeit hoffen,
weil Du ein Kind Gottes werden willst.
Und alle Mitbrüder, die ich habe,
die werden
mit großer Andacht für Dich
um ein gutes Ende bitten.«
Und er gab dem jungen Mann
seine Hand
und sagte: »Ich will nicht länger bleiben,
ich gebe Dir mein Versprechen.
Seit ich den Ring habe,
kann ich keine Ruhe finden.«
Inzwischen war die begehrenswerte Frau
in ihr Palais gegangen
und thronte gerade wie eine Königin
dort drinnen auf ihrem Lager.
Ihre schönen Kleider waren lang,
und allenthalben gut geschnitten.
Als sie den Bruder wahrnahm,
wie er sich dem Hause näherte
und sich sehr beeilte
und wie er durch diese beschwerliche Anstrengung

was er untern augen rot
und sein stirn und sein wangen
waren mit grossem schwaiß umfangen
von der getreuen erbeit,
auf stund die frau gemeit
und hieß in wilkumen sein.
er sprach: »ich hab geliden pein.«
sie: »was guter mer pringt ir mir?«
er sprach: »ich hab deins herzen gir
geworben nach dem willen dein.
warumb sagestu mir nichtz vom vingerlein?«
sie sprach: »ja es ist gewesen mein,
wann ich gab im darümb das,
das ich gedacht, ich muß im auch etwas
zu wider wechsel senden,
das er mich nit scholt schenden
an meinen ern. das ist mir kunt.
es geschach in einer kurzen stund,
da er gieng die straße mein,
do warf er mir zu der tür hinein
einen gürtel und einen peutel in mein schos.
des nam mich wunder gros.
im peutel was der rink und ain prieflein.
ich gedaht: ›was mag daran geschriben sein?‹
da stund nit anders dran, denn von minn.
da was ich in meinem sinn
also reht ungeheur
und trug in zum feur.
darein warf ich in allzuhant.
auf mein treu er ist verprant.
daran rach ich meinen zorn.
er hat des mir aigentlich geschworn,
behielt er sein gesunt und sein macht,
er wöll noch heint auf dise nacht
mir versuchen meine want.
dasselb ich auch geschriben vant.

ganz rot unter den Augen war
und seine Stirne und seine Wangen
in Schweiß gebadet waren
durch die Mühen dieses Freundschaftsdienstes,
da stand die Frau huldvoll auf
und hieß ihn willkommen.
Er sagte: »Ich habe allerhand mitgemacht.«
Sie: »Was bringt Ihr mir an guten Nachrichten?«
Er sagte: »Ich bin Deinem Herzenswunsch
nachgekommen, wie Du wolltest.
Warum hast Du mir nichts von dem Ring erzählt?«
Sie antwortete: »Ja, er hat mir gehört;
ich habe ihn ihm deswegen gegeben,
weil ich dachte, ich müsse ihm auch etwas
im Gegenzug schenken,
damit er mich nicht
in meinem Ansehen herabsetzen kann. Das weiß ich.
Es war vor kurzem,
als er meine Straße entlang ging,
da warf er mir zur Türe
einen Gürtel und einen Beutel herein, direkt in meinen Schoß.
Das hat mich sehr gewundert.
In dem Beutel waren der Ring und ein Brieflein.
Ich dachte mir: ›Was mag da wohl drinstehen?‹
Es ging darin nur um die Liebe.
Das hat mich im Innersten
sehr erzürnt,
und ich habe ihn zum Feuer gebracht
und sofort hineingeworfen.
Meiner Treu, er ist verbrannt.
So habe ich meinen Zorn besänftigt.
Er hat mir ausdrücklich geschworen,
wenn er gesund und bei Kräften bleibe,
dann wolle er es noch heute nacht
an meiner Wand versuchen.
Das habe ich auch in dem Brief gefunden.

er schreibt auch, wie hinten ain pose want sei,
daselbst sei ain fauls pret pei.
*r*ür er das als umb ain har,
so müß es valln. das ist auch war.
so kum ich denn von dem valle
zu gespot und zu schalle
von meinen nachpaurn.
darümb so muß ich laurn
und wachen alle dise nacht.«
zuhant der gut münch sprach:
»du magst wol on sorgen
schlafen pis an den morgen.
auf mein treu, er tut dir nicht.
sag mirs, ob dir ichs geschicht!«
sie den pruder sitzen pat.
gar züchtigklich sie von im trat,
und da sie auß seinen augen kam,
gar weit schrit sie doch nam.
sie sprach: »wolt ir pei mir pestan,«
zu irn maiden, »ichs wol zu pringen kan,
das mir die lieb fruht wer,
mein allerliebster juncker,
heint die nacht am arm mein.«
sie gieng und schloß auf irn schrein,
darinn sie ain gürtel und ainn peutel vant,
als es mir ist worn pekant.
der gurtel der het hübscher varb vil,
als ich euch ieczund peschaiden wil.
sie was rot, grün, weiß und val,
sie was auch lank und schmal.
es was ain gross liebe pant.
sie die gurtel nit zusamen want.
sie trug in gar offenpar
dem guten münch dar
und hieß ins pergen unter sein clait.

Er schreibt auch, daß es hinten eine kaputte Wand gebe,
in der sei ein verfaultes Brett.
Wenn er das nur ein bißchen berühre,
dann falle es heraus. Das stimmt auch.
So werde ich denn durch dieses Herabstürzen
zum Gespött und Gerede
bei meinen Nachbarn.
Deshalb muß ich die ganze Nacht aufpassen
und wachbleiben.«
Gleich antwortete der brave Mönch:
»Du kannst ganz ohne Angst
bis zum Morgen schlafen.
Meiner Treu, er tut Dir nichts.
Sag' es mir, wenn Dir irgend etwas zustößt!«
Sie bat den Bruder, Platz zu nehmen.
Gemessen trat sie zurück,
aber als sie aus seinen Augen war,
da machte sie ganz große Schritte.
Sie sagte zu ihren Dienerinnen: »Wenn Ihr bei mir bleiben wolltet,
dann kann ich es wohl hinkriegen,
daß mir das geliebte Geschöpf,
mein über alles geliebter Junker,
heute nacht im Arme liegt.«
Sie ging und schloß ihre Truhe auf,
in der sie einen Gürtel und einen Beutel fand,
wie ich erfahren habe.
Der Gürtel hatte viele schöne Farben,
wie ich Euch jetzt offenlegen will:
Er war rot, grün, weiß und gelb,
er war auch lang und schmal.
Es war ein großes Minneband.
Sie wickelte den Gürtel nicht auf.
Sie trug ihn ganz offen
zu dem braven Mönch
und bat ihn, ihn unter seiner Kutte zu verbergen.

er sprach: »für war sei dir gesait,
nu wil ich tol*a*ng *niht* ruen tan,
bis ich in aber funden han.
ich gib dirs mein treu,
ich pring in in die reu,
das er auf got tracht
und dein lützel acht.«
sie macht, das der gut ainfeltig man,
der münch wurd ain rüffian,
das er süst wenig het getan,
het er die frauen reht kunnen verstan.
Der münch gieng zuhant,
da er seinen junckherrn vant,
den frechen seins leibs.
er sagt im den willn des weibs
ganz pis auf das ort
und gab im den gürtel dort.
er fragt in um di geschrift
seiner sel zu eim stift:
»wer hat dir den prief geschriben,
der in dem peutel was peliben,
der da noch an der gürtel ist?
wer gab dir die groß list?
des nimpt mich groß wunder.«
da fragt er in pesunder
umb das pret und ümb die want
und tet im alle dink pekant,
als im die frau het gesait.
do sprach der minnigklich gemait:
»herre, mir ist inniclichen lait,
das die vil grossen torhait
ie in mein herz geran,
wann sie hat einen edelman,
der ist schön und reich,
das in niemant sicherleich
mit warhait mag geschelten.
got der muß euch das vergelten,

Er sagte: »Ich verspreche Dir fest,
nun werde ich heute nicht ruhen,
bis ich ihn wiedergefunden habe.
Ich gebe Dir mein Versprechen,
ich bringe ihn dazu, zu bereuen,
damit er sich Gott zuwendet
und um Dich nicht mehr kümmert.«
Sie brachte es fertig, daß der gute, treuherzige Mann,
dieser Mönch, ein Kuppler wurde,
was er nicht ohne weiteres gemacht hätte,
wenn er die Frauen richtig gekannt hätte.
Der Mönch ging sogleich dorthin,
wo er seinen jungen Herrn wußte,
diesen dreisten Burschen.
Er sagte ihm die Botschaft der Frau
vollständig, bis zum Schluß,
und gab ihm den Gürtel.
Er fragte ihn nach dem Schreiben,
das ein Stachel in seiner Seele war:
»Wer hat dir den Brief geschrieben,
der im Beutel gewesen ist,
der immer noch an dem Gürtel hängt?
Wer hat Dir diese Kunst beigebracht?
Das verwundert mich sehr.«
Dann fragte er ihn im einzelnen
nach dem Brett und nach der Wand
und machte ihn mit allem bekannt,
was die Frau ihm gesagt hatte.
Da sagte der Herzensbrecher fröhlich:
»Herr, es tut mir in der Seele leid,
daß diese Riesendummheit
mir überhaupt in den Sinn gekommen ist.
Denn sie hat einen noblen Mann,
der ist schön und reich
und niemand hätte das Recht,
ihn zu tadeln.
Gott möge Euch vergelten,

das ir mich habt geleret!
mein herz was verkeret.
das, ob got wil, nimer geschicht.
auf mein treu, ich acht ir nicht.
ich acht nit, wie reich und schon sie sei.
mein leip der kümpt ir nimer pei.«
der münch wurd schnelle
da geen in sein zelle,
darinnen er sang und las,
das seiner sel gut was.
Den jungen wurd verlangen
da nach der frauen mit pezwangen,
wann sein herz was mit irer lieb umbfangen
und het im sein herz durchgangen.
da der tag ain ende nam
und nu die naht kam
und het gar eben vor pesehen,
wa im lieb schalt geschehen,
wa das müßt sein,
zu der porten hub er sich ein
und gieng tasten umb die pos want,
da selbst er das vaul pret vant.
do er neur das vaul pret wurd rürn,
als pald wurd es dy frau erhörn.
sie sprach: »wer ist da und wer ist das?«
»Das pin ich in rechter lieb on haß.
ir wist gar wol, wer ich pin.
helft mir, das ich kum ein hin!«
die fraw im da engegen gieng,
mit eim kusse sie in enpfieng
und mit einem umbrancken,
das was im gar wol zu dancken.
sie half da dem elenden.
mit iren schneeweissen henden
setzt sie das pret wider für.

was Ihr mich gelehrt habt.
Mein Herz war verwirrt.
Niemals wird das, wenn Gott will, geschehen.
Meiner Treu, ich beachte sie nicht mehr.
Ich kümmere mich nicht darum, wie reich und schön sie ist.
Ich werde niemals bei ihr liegen.«
Der Mönch ging eilends
in seine Zelle,
dort sang und las er,
das war gut für seine Seele.
Den Jungen verlangte es
mit Macht nach der Frau.
Denn sein Herz war von ihrer Liebe gefesselt,
sie hatte es ihm durchbohrt.
Als der Tag zu Ende ging
und die Nacht kam
und er sich genau umgesehen hatte,
wo das sei,
wo ihm die Liebe geschenkt würde,
da begab er sich zu der Türe hinein
und betastete die schadhafte Wand
und fand da das verfaulte Brett.
Als er es nur eben berührte,
hörte das die Frau sofort.
Sie rief: »Wer ist da? Wer ist das?«
»Das bin ich in aufrichtiger Liebe, ohne böse Absichten.
Ihr wißt genau, wer ich bin.
Helft mir, damit ich hineinkomme!«
Die Frau ging ihm entgegen,
sie empfing ihn mit einem Kuß
und mit Umarmungen,
und es war an ihm, ihr das zu vergelten.
Sie half dem Aushäusigen.
Mit ihren schneeweißen Händen
setzte sie das Brett wieder ein.

da ward ain haimliche tür
gemacht on ainen zimerman.
da stund ain kirz und pran
mit eim grossen scheine,
stund ain kandel mit weine,
sah er ein silbrein kopf stan,
der was so köstenlich und schon.
und gar gute koßt het das weib.
zwar ir miniglicher leib
und darzu ir lieb strik
und ir zertlich augenplik
den jungen in sein herz zwank,
das er wenig auf speis und trank
achtet noch auf die würz.
das ich nu die red kürz!
ain schöns pett ward gerüret
und lüstigklich zuflüret
mit liebe wol peraten.
was die zwai da taten,
das sei von mir gar verschwigen!
und lassen sie peiainander ligen
und tun, was sie wöllen!
　Seß ich pey meinn gesellen,
ich nem kößt und wein
und ain schönß freulein
für aller hande missetat.
der uns das geticht hat,
den wil ich euch allen tun bekant:
Cunrat von Wirzpurk ist er genant.

So wurde eine heimliche Türe gemacht
ohne Zimmermann.
Da stand eine Kerze und brannte
mit hellem Schein,
es stand eine Kanne mit Wein da,
er sah einen silbernen Becher stehen,
kostbar und schön.
Und beste Speisen hatte die Frau.
Wahrhaftig, ihr begehrenswerter Leib
und die Fesseln der Liebe
und die zärtlichen Blicke ihrer Augen
drangen dem Jüngling in sein Herz,
so daß er gar nicht auf Speisen und Getränke
achtete und nicht auf die Gewürze.
Laßt es mich nun kurz machen!
In ein schönes Bett legten sie sich,
voller Lust wurde es zerwühlt
durch leidenschaftliche Liebe.
Was die beiden da taten,
darüber rede ich nicht.
Lassen wir sie beieinander liegen
und tun, was sie wollen.
  Säße ich bei meinen Freunden,
dann nähme ich Essen und Wein
und ein schönes Mädchen
für jegliche Untat.
Der uns das gedichtet hat,
den will ich allen kundtun:
man nennt ihn Konrad von Würzburg.

JACOB APPET
DIS IST DER RITTER UNDERM ZUBER

Ez ist uns dicke wol geseit,
waz liste und grozer kündikeit
künnen sumelichiu wip,
damite si vil dicke ir lip
vor ir mannen vristent,
die si dicke überlistent
und machent si zuo toren gar.
Hiebi nemet einer mære war,
wie ein aventiur beschach
einem ritter den ich sach,
der mirz mit sinem munde
seite zuo einer stunde.
er minnete eine wirtin,
diu selb ouch sere minnet in;
si heten beide einander liep.
ir zweier vriuntschaft möht ein diep
unsanfte in beiden han verstoln.
swenne *ez* mohte sin verholn,
so kamens zuo einander;
so wart nie salamander
in dem heizen viure baz
danne in zwein bi einander was.
diu vriuntschaft werte *mangen* tac
ze jungest, als melde nie gelac.
Der wirt het starker brüeder dri.
nach langer rede, wie dem si,
die mære si bevunden.
si begunden an den stunden
den bruoder strafen sere:

JACOB APPET
DER RITTER UNTER DEM ZUBER

Oft hat man schon erzählt,
auf wieviel List und Verschlagenheit
sich manche Frauen verstehen,
um sich immer wieder
vor ihren Männern in Sicherheit zu bringen,
wenn sie sie – oft genug – übertölpeln
und ganz und gar zum Narren machen.
Hört dazu eine Geschichte
über eine abenteuerliche Begebenheit,
die einem Ritter widerfuhr, den ich einmal getroffen habe;
der hat sie mir selbst
seinerzeit erzählt.
Er liebte eine verheiratete Frau,
die auch ihn sehr liebte;
sie liebten sich gegenseitig.
Ein Dieb hätte ihnen ihre Liebe
nur schwer entwenden können.
Immer wenn es heimlich möglich war,
trafen sie sich;
ein Salamander hat sich nie
im heißen Feuer wohler gefühlt
als diese beiden, wenn sie beieinander waren.
Ihre Liebe währte lange Zeit,
und die Gerüchte verstummten nie.
Der Mann hatte drei starke Brüder.
Nach langem Palaver, wie es sich denn verhalte,
erfuhren sie die Geschichte.
Sie fingen auf der Stelle an,
ihren Bruder heftig zu beschimpfen:

»daz dir *got* al din ere
neme, du rehter bœsewiht!«
sprachen si; »weist du niht,
waz man von dinem wibe seit
so rehte groz unstætikeit?
siu minnet einen ritter,
der lebet also mit ir,
daz wir sin haben schande
in allem disem lande.«
der wirt sprach: »da ist niht an!
min wip enminnet keinen man
anders wærliche danne mich,
des wolt ich swern sicherlich.
siu ist so stæte und ist so guot,
ich weiz wol daz *sius* niht entuot.«
si sprachen: »ez ist sicher war;
siu tribet ez ieze wol ein jar
daz siu in offenliche hat.
ez weiz gemeinlich al diu stat,
kint, wip und alle die man;
des lasters maniger dir verban.«
do sprach der wirt: »daz ist mir leit!
wie bevinde ich nu die warheit?«
do sprachen si aber zuo im:
»wiltu nu hœren unsern sin
und wilt der warheit komen zuo,
so soltu sprechen mornen vruo,
du wellest riten ettewer.
des nahtes so kum wider her
und laz uns alle mit dir gan
und vür alle ir türen stan
und ganc du selber an die want,
du hœrest in dinne alzehant.«

Der wirt des rates schiere pflac.
morne vruo do ez wart tac

»Gott soll Dir Deine ganze Ehre
nehmen, Du gemeiner Schuft!«
sagten sie; »weißt Du nicht,
was man sich von Deiner Frau
und ihrer bodenlosen Flatterhaftigkeit erzählt?
Sie hat ein Verhältnis mit einem Ritter,
der verkehrt so mit ihr,
daß auf uns die Schande fällt
im ganzen Land.«
Der Mann sagte: »Da ist nichts dran!
Meine Frau liebt
bestimmt keinen andern Mann als mich,
darauf kann ich gefahrlos jeden Eid leisten.
Sie ist so treu und so brav,
ich weiß genau, daß sie das nicht tut.«
Sie sagten: »Es stimmt ganz gewiß;
sie treibt es jetzt schon ein gutes Jahr
ganz unverhohlen mit ihm.
Es weiß jeder in der Stadt,
Kinder, Frauen und die Männer allesamt;
wegen dieser Schmach bedauern Dich viele.«
Darauf antwortete der Mann: »Das schmerzt mich sehr!
Wie kann ich nun aber die Wahrheit herausbekommen?«
Da erwiderten sie ihm:
»Wenn Du unseren Vorschlag hören
und hinter die Wahrheit kommen willst,
dann solltest Du morgen früh behaupten,
Du wollest irgendwohin reiten.
Komm dann nachts wieder zurück,
und laß uns alle mit Dir kommen
und uns vor alle ihre Türen stellen,
und stell Dich selbst an die Wand,
dann wirst Du ihn drinnen sofort hören.«

Der Mann richtete sich sogleich nach diesem Rat.
Früh am nächsten Morgen, als es hell wurde

und er sich schone angeleit
und sich diu vrouw ouch hat bereit,
do sprach er: »liebe vrouwe min,
la dir min hus bevolhen sin,
wan ich in disen ziten
muoz verre von dir riten.
mir ist solhiu botschaft getan
daz ich es niht mac abe lan
und enkume niht in kurzer vrist.
hüete wol, also liep du mir bist!«
do sprach diu vrouwe: »waz seist du?
wiltu aber von mir nu?
waz wiltu damitte meinen?«
siu begunde weinen
und sprach: »groz sünde du begast
daz du mich alters eine last.
lieber wirt, belip bi mir,
wan ich din also kume enbir.«
in triuwen *rette siu niht* daz;
ir tet daz hin scheiden baz,
wan siu des was von herzen vro.
mit armen umbevienc siu in do
und kust in mit ir munde.
der kus gie niht von grunde.
siu sprach: »min lieber truter wirt,
wie kume din min lip enbirt!«
doch daht siu heimliche (daz ist war):
»ach got, wan wærest du *uz* ein jar!
daz wolt ich harte ringe wegen
und lieze din dort den tiuvel pflegen
und het hie minne und gemach
mit dem den ich ie gerne sach!«
vor ime siu groze trehen lie,
daz wenic ir ze herzen gie
daz groze weinen daz siu tet.
der *wirt* vil nach verzaget het,
daz er beliben wolte sin.

und er sich fein angezogen hatte
und als auch die Frau fertig war,
da sagte er: »Meine Liebe,
nimm Dich bitte meines Hauses an,
denn ich muß in diesen Tagen
weit weg reiten.
Ich habe Nachrichten erhalten,
die mir keine andere Wahl lassen,
und ich komme auch so schnell nicht zurück.
Paß gut auf, da Du mir viel bedeutest!«
Darauf antwortete die Frau: »Was sagst Du?
Willst Du schon wieder fort von mir?
Was soll das denn bedeuten?«
Sie fing an zu weinen
und sagte: »Du begehst eine große Sünde,
wenn Du mich so ganz alleine läßt.
Lieber Mann, bleib bei mir,
denn ich kann ohne Dich gar nicht sein.«
Aufrichtig war das nicht, was sie sagte.
Sein Aufbruch war ihr viel angenehmer,
sie freute sich herzlich darüber.
Sie umarmte
und sie küßte ihn.
Der Kuß war nicht ehrlich gemeint.
Sie sagte: »Mein innig geliebter Mann,
wie soll ich nur ohne Dich sein?«
Aber heimlich dachte sie (das stimmt wirklich):
»Ach je, wärest Du doch ein ganzes Jahr weg!
Das würde mich herzlich wenig kümmern,
und dort könnte Dich der Teufel versorgen,
und ich hätte hier Liebe und Vergnügen
mit dem, den ich immer gerne empfangen habe.«
Viele Tränen vergoß sie vor ihm,
aber es ging ihr nicht sehr zu Herzen,
dieses heftige Weinen, das sie da veranstaltete.
Der Mann hätte beinahe aufgegeben
und wäre geblieben.

er daht: »deist war, die brüeder din
die hant dich sicherlich betrogen,
wan si hant uf din wip gelogen«,
und sprach zuo ir: »gehabe dich wol!«
siu sprach: »ich tuon baz dann ich sol,
wan mir din hinevart swære lit.«
er sprach: »tuo wol, ez ist ritens zit.«
Alsus der wirt von huse reit.
dem ritter balde *wart* geseit
daz er des nahtes kæme ze hus,
der wirt wære geriten uz,
er solte han minne und gemach.
»der riche got mich ie gesach«,
sprach der ritter und was vro.
uf huop er sich balde do
des nahtes und kam aldar.
diu vrouwe nam sin schone war
und hiez in gotte wilkomen sin.
»vriunt und lieber herre min,
nu sul wir wunniclichen leben,
sit uns got den tac hat geben
daz uns gerumet hat min man.
ir sult gar kleine sorge han
daz *er* iht kome in kurzer stunt;
daz hat verjehen mir sin munt.«
siu truoc dar ir amise
vil reiner guoter spise,
dar zuo den aller besten win.
siu sprach: »vil lieber herre min,
nu sult ir leben ime suse.
ir sit hie wirt ze huse;
swaz ir welt, daz *sol* geschehen;
da wider getar nieman jehen.
doch wil ich iu sagen den murz:
wol uf, ez ist zit, diu naht ist kurz;
wir suln zesamen slafen gan.«
der ritter sprach: »daz si getan!
des ir gert, des bin ich vro.«

Er dachte: »Wahrhaftig, deine Brüder
haben dich ganz gewiß betrogen,
denn sie haben Lügen über deine Frau vorgebracht«,
und er sagte zu ihr: »Leb wohl!«
Sie antwortete: »Ich halte mich besser, als es gut ist,
denn Dein Scheiden bekümmert mich sehr.«
Er sagte: »Mach's gut, es ist Zeit aufzubrechen.«
  So ritt der Mann weg.
Dem Ritter bestellte man gleich,
daß er in der Nacht zum Haus kommen solle,
der Ehemann sei fort geritten,
und er könne Liebe und Vergnügen genießen.
»Der allmächtige Gott hat mir immer geholfen«,
sagte der Ritter und freute sich.
Bald brach er
nachts auf und kam zu ihr.
Die Dame machte ihm höflich ihre Aufwartung
und hieß ihn herzlich willkommen.
»Geliebter und verehrter Herr,
jetzt werden wir in Freuden leben,
da uns Gott den Tag geschenkt hat,
an dem mein Mann uns alleine gelassen hat.
Ihr braucht nicht im geringsten zu fürchten,
daß er schnell zurückkommt;
das hat er mir selbst erzählt.«
Sie trug ihrem Freund
ganz besondere und vornehme Speisen auf
und dazu den allerbesten Wein.
Sie sagte: »Mein geliebter Herr,
nun werdet Ihr in Saus und Braus leben.
Ihr seid hier der Herr im Haus;
was Ihr wollt, das wird geschehen;
da wird niemand zu widersprechen wagen.
Doch will ich Euch kurzweg sagen:
los jetzt, es ist Zeit, die Nacht ist kurz;
wir wollen miteinander schlafen.«
Der Ritter sagte: »Das wollen wir tun.
Was Ihr begehrt, das macht mich froh.«

Si giengen mit einander do
zuo bette do ze stunden.
eins spils si da begunden,
als man jensit Rines tuot.
daz spil den wirt niht duhte guot.
do daz spil ein ende nam,
diu vrouwe sagen do began,
wie von ir gescheiden was
ir man vil gar an allen haz
und wie siu drumbe weinte
und daz niht anders meinte,
wan daz siu was des scheidens vro;
alsus seite siu dem ritter do.
Diu mære horte gern der ritter;
daz *duhte* den wirt gar bitter:
der *was* des abendes wider komen
und hete werc und rede vernomen
und dar zuo siner brüeder dri
die ime da stuonden nahe bi.
si sprachen: »bruoder, hœrstu in da?«
»entriuwen«, sprach er, »bruoder, ja,
ich hœr in leider dinne,
mich triegent denne min sinne,
beide man und ouch min wip.
deist war, ez gilt ir beider lip.«
Die brüeder sprachen: »so ist es zit.«
si begunden wider strit
klopfen harte sere.
»owe iemer mere«,
sprach der ritter, »war sol ich
da ich wol verberge mich?«
do sprach diu vil gehiure:
»da uze bi dem viure
ein vil grozer zuber stat.
da sliefet under, deist min rat!«
der ritter niht ze træge was;
under den zuber er do saz.

Da gingen sie also miteinander
ins Bett.
Sie fingen ein Spiel an,
wie man es jenseits des Rheines treibt.
Der Ehemann hielt dieses Spiel nicht für gut.
Als das Spiel zu Ende gegangen war,
da fing die Frau an zu erzählen,
wie sich ihr braver Mann
im besten Einvernehmen von ihr verabschiedet hatte
und wie sie darüber geweint
und doch nichts anderes im Sinne hatte,
als daß sie glücklich war über seinen Aufbruch;
so erzählte sie dem Ritter.
Der Ritter hörte die Geschichte gerne;
für den Ehemann war sie bitter:
der war am Abend zurückgekehrt
und hatte die Werke und die Worte miterlebt,
und ebenfalls seine drei Brüder,
die neben ihm standen.
Sie sagten: »Bruder, hörst Du ihn dort?«
»Wahrhaftig«, sagte er, »ja, Bruder,
ich höre ihn leider dort drinnen,
es müßten mich schon meine Sinne trügen,
alle beide, den Mann und auch meine Frau.
Bei Gott, es geht ihnen beiden ans Leben.«
Die Brüder sagten: »Es ist an der Zeit.«
Sie fingen an,
wild wie um die Wette zu klopfen.
»O herrje«,
rief der Ritter, »wohin soll ich,
wo ich mich verstecken könnte?«
Da sagte die Schöne:
»Da draußen beim Feuer
steht ein großer Zuber.
Schlüpft da drunter, rate ich Euch.«
Der Ritter war gar nicht langsam;
er setzte sich unter den Zuber.

nacket barc er sich darin.
sin hube wære *im* lieber gesin
des males denne sin niderkleit,
als er mir selber sider seit.
die wile verbarc siu sin gewant
also daz ez nieman vant.
   Do daz verbergen geschach,
dort uze der wirt mit zorne sprach:
»wiltu mich niht lazen in?«
»ja, vil lieber meister min!«
siu zuhte die tür uf schiere.
do drungen si alle viere
in daz *hus* enwette.
si suochten an dem bette
ob ieman dar an wære.
do vunden si ez lære;
die vogele waren uz gevlogen.
des wart der wirt gar ungezogen
do er nieman dinne envant.
»zünd uf ein lieht!« sprach er zehant;
»la mich ersuochen alle gaden
nach dem der mir tuot grozen schaden
an guote und an eren!«
er begunde daz hus umbe keren.
diu vrouwe sprach: »wie verstu sus?«
er sprach: »do muostu bœser nuz
von mir noch hiute enbizen.
wiltu mich sus beschizen,
du bœse lotervalle?
joch hort ich iuwer kalle
daz ir tribet beide samt.
do ich stuont bi iu an der want
und ir min namet kleine war,
do hort ich iuwer kallen gar.«
   Siu sprach: »daz la mich dir sagen:
ich wil ez gotte von himel klagen,
daz ir mich hat erschrecket

Nackt versteckte er sich in ihm.
Seine Haube wäre ihm lieber gewesen
bei dieser Gelegenheit als seine Unterhose,
das hat er mir selber später gesagt.
Inzwischen versteckte sie seine Kleider,
damit niemand sie fand.
Als sie dabei waren, sich zu verstecken,
da rief der Ehemann draußen wütend:
»Willst Du mich nicht herein lassen?«
»Gewiß doch, mein verehrter Gebieter!«
Sie riß die Türe schnell auf.
Da drangen sie alle vier
um die Wette ins Haus.
Sie suchten im Bett,
ob jemand drinnen sei.
Sie fanden es leer;
die Vögel waren ausgeflogen.
Darüber verlor der Mann die Beherrschung,
als er niemanden drinnen fand.
»Zündet ein Licht an«, rief er sofort;
»laßt uns alle Zimmer durchsuchen
nach dem, der mir so großen Schaden zufügt
an meinem Besitz und an meiner Ehre!«
Er fing an, das ganze Haus auf den Kopf zu stellen.
Die Frau sagte: »Warum machst Du das?«
Er rief: »Daran wirst Du
noch schwer zu knacken haben!
Willst Du mich dermaßen bescheißen,
Du verdammte Hure?
Ich habe doch euer Geschäker gehört,
das ihr miteinander veranstaltet habt.
Als ich neben Euch an der Wand stand
und ihr mich nicht bemerkt habt,
da habe ich euer Geschwätz ganz genau gehört.«
Sie antwortete: »Dazu muß ich Dir aber sagen:
bei Gott im Himmel werde ich mich beschweren,
daß Ihr mich so erschreckt habt

und alse unsanfte erwecket
in einem troume da ich lac
und ich vil grozer vröuden pflac.
ich wand daz ich dich hette
bi mir an dem bette.
so rede ich lihte eteswaz,
wan ich din selten ie vergaz.
wan swer dem andern guotes gan,
kume er des vergezzen kan,
er slafe oder wache.
kumet mir daz ze *un*gemache
daz ich han gegen dir triuwe groz,
so engilt ich des ich nie genoz
und mac mir iemer wesen leit
min triuwe und ouch min stætikeit,
wan du ze *keiner* stunde
nie untriuwe an mir *bevunde*.
wes zihest du mich armez wip?
ze pfande setz ich minen lip,
daz nie kein wip het einen man
so rehte liep als ich dich han.«
  Do der wirt die rede bevant,
do begund er milten do zehant
und liez ein teil sin wüeten.
»got müeze dich behüeten
vor allem leide!« sprach siu do;
»lieber wirt, wie tuostu so
gegen dinem reinen wibe?
got rechez an ir libe,
die dich dar zuo bringen
mir zuo *un*gelingen,
daz du mich bringst zuo ruofe hie!«
mit armen siu in umbevie;
siu sprach: »du solt din zürnen lan.«
do sprach der wirt: »daz si getan!«
er lie sin zürnen do zehant;

und ganz plötzlich aus einem Traum geweckt,
den ich gerade hatte,
und in dem ich große Freude erlebte.
Ich glaubte, daß ich Dich
bei mir im Bett hätte.
Da habe ich bestimmt allerlei gesagt,
weil Du mir nie aus dem Sinn gehst.
Denn wenn jemand dem anderen zugetan ist,
dann kann er ihn nie vergessen,
ob er nun schläft oder wacht.
Wenn ich davon den Schaden habe,
daß ich Dir so sehr verbunden bin,
dann bezahle ich für etwas, wovon ich gar nichts hatte,
und es wird mir
meine unerschütterliche Treue Kummer bringen;
denn Du hast niemals
Untreue an mir entdecken können.
Was wirfst Du mir armer Frau vor?
Ich bürge mit meinem Leben dafür,
daß niemals eine Frau ihren Mann
so sehr geliebt hat wie ich Dich.«
Als der Mann diese Worte hörte,
war er ganz gerührt,
und seine Wut ließ ein bißchen nach.
»Gott möge Dich schützen
vor allem Schmerz!« sagte sie;
»geliebter Mann, warum gehst Du so
mit Deiner unschuldigen Frau um?
Gott möge die strafen,
die Dich zu meinem Unglück
so weit gebracht haben,
daß Du mich hier ins Gerede bringst!«
Sie umarmte ihn
und sagte: »Laß Deinen Zorn!«
Ihr Mann antwortete: »So soll es sein.«
Er gab seinen Zorn auf der Stelle auf;

siu half ouch daz er nieman vant,
beide horte noch ensach.
zuo den brüedern er do sprach:
»der tiuvel mit uns umbe gat,
der dicke mort geschaffen hat.
der wolte lihte daz ich min wip
ermordet und daz min lip
davon würde ze spotte.
ich dankes iemer gotte,
daz des tiuvels überkraft
hie niht ist worden sigehaft.«
Sus nam der zorn ein ende gar.
der wirt hiez balde tragen dar
spis und dar zuo guoten win.
er und ouch die brüeder sin
zuo dem viure sazen
und trunken unde azen.
ir schallen daz was harte groz,
daz doch den ritter sere verdroz
der da under dem zuber lac
und da vil kleiner vröuden pflac.
einer uf den zuber saz
da der ritter under was.
er sprach: »nu han ich allez gar
daz hus *ersuochet* har und dar,
wan under disem zuber hie
darunder so suochte ich nie.«
mit der viuste er den sluoc.
diu vrouwe sprach: »deist ungevuoc
daz du des niht enruochest
und under dem zuber suochest,
wan er ist drunder, wizzest daz,
der bi mir an dem bette was.
was er iht an dem bette da,
so vindstu in da, niht anderswa,
wan ich in drunder sliefen hiez
do min man an die türe stiez.

sie bemühte sich auch, daß er niemanden entdeckte,
nichts hörte und nichts sah.
Zu seinen Brüdern sagte er:
»Der Teufel treibt sich bei uns herum,
der so oft schon Mord und Totschlag angestiftet hat.
Der wollte wohl, daß ich meine Frau
umbringe und so mein eigenes Leben
verhöhne.
Ich danke Gott dafür,
daß die Macht des Teufels
hier nicht den Sieg errungen hat.«
  So war sein Zorn schließlich ganz besänftigt.
Der Mann ließ gleich
Speisen und guten Wein auftragen.
Er selbst und seine Brüder
setzten sich ans Feuer,
sie tranken und aßen.
Sie machten großen Lärm,
und das verdroß den Ritter ziemlich,
der unter dem Zuber lag
und da nicht viel Freude hatte.
Einer setzte sich auf den Zuber,
unter dem der Ritter saß.
Er sagte: »Jetzt habe ich
das ganze Haus rundum abgesucht,
nur unter diesem Zuber hier
habe ich überhaupt noch nicht nachgesehen.«
Er schlug mit der Faust drauf.
Die Frau sagte: »Das ist ungeschickt,
daß Du Dir nicht die Mühe machst,
unter dem Zuber zu suchen,
denn darunter steckt der, mußt Du wissen,
der bei mir im Bett war.
Wenn er im Bett gewesen ist,
dann findest Du ihn jetzt dort, nicht irgendwo sonst,
denn ich habe ihn drunter schlüpfen lassen,
als mein Mann an die Türe klopfte.

die rehte warheit ich dir sage.
suochstu niht, so bist ein zage.«
des begunde er lachen.
»wiltu mich«, sprach er, »machen
zuo einem toren, sage mir!
des rates ich niht volge dir.
noch sin wir gnuoc vertœret.«
siu sprach: »deist war, er hœret
waz wir alle han geseit.
im ist daz lange sitzen leit,
wan im ist vröude tiure.
mit vremder aventiure
muoz er von iu werden braht,
swie übel irz uf in hat gedaht.«
der wirt sprach: »liebe wirtin,
du solt din spotten lazen sin.
het ich in vunden hinne,
im wæren dine minne
ze sure worden, samir got.
davon laz uns ane spot!
min ist gespottet harte gnuoc,
daz tet des tiuvels unvuoc.«
do sprach aber diu wirtin:
»wol verstandener meister min,
spot nach schaden hœret.
ir werdet baz vertœret,
daz wil ich offenliche sagen.«
  Innen des begundez tagen.
nu was gesezzen neben in
ein husbach kluoge brotbeckerin,
diu wol der mære sich verstuont,
als hübsche vrouwen dicke tuont.
diu weste wol der minnen reht,
siu weste *beide* krump und sleht;
waz heimliche minne *hœret* an,
daruf siu sich gar wol versan.
der selben ouch der zuber was

Das ist die Wahrheit.
Wenn Du nicht suchst, bist Du ein Feigling.«
Da lachte er.
»Willst Du mich«, rief er,
»zum Narren halten, sag?
Diesem Tip folge ich nicht.
Wir sind schon närrisch genug.«
Sie antwortete: »Es stimmt aber, er hört
alles, was wir gesagt haben.
Ihm wird das lange Sitzen lästig,
denn er hat da wenig Freude.
Auf abenteuerliche Weise
muß er aus Eurer Reichweite gebracht werden,
so schlimm, wie Ihr es mit ihm vorhabt.«
Der Mann sagte: »Liebe Gattin,
hör mit Deinem Spott auf.
Wenn ich ihn hier gefunden hätte,
dann wären ihm Deine Tändeleien
arg bitter geworden, bei Gott!
Deswegen erspare uns diesen Spott.
Ich bin genug verhöhnt,
das hat die Gemeinheit des Teufels fertiggebracht.«
Darauf antwortete wiederum seine Frau:
»Mein scharfsinniger Gebieter,
Spott gehört zum Schaden.
Ihr werdet noch schlimmer zum Narren gemacht,
das will ich in aller Offenheit sagen.«
　Währenddessen wurde es Tag.
Neben ihnen wohnte
eine kluge Hausbäckerin,
die sich in solchen Geschichten auskannte,
wie schöne Frauen das häufig tun.
Die kannte die Regeln der Minne,
sie kannte das Krumme und das Gerade;
was zu heimlicher Liebe gehört,
darauf verstand sie sich bestens.
Der gehörte auch der Zuber,

da der ritter under saz.
diu wolt des morgens bachen
und ir teic machen;
do muoste siu ir zuber han.
siu sprach zer megede: »ga hindan
ze miner gevatern ir hus,
brinc mir den zuber bald heruz,
den ich ir nehtin spate lech
und irn ungerne verzech.«
   Diu maget diu gie balde dar.
siu sprach: »vrouwe min, gat har,
gebet uns den zuber wider hein,
wir müezen in haben überein.«
diu vrouwe sprach: »min trut gespil,
hœre waz ich dir sagen wil:
sage diner vrouwen er si haft,
daz siu durch rehte gevaterschaft
mir den zuber laze hie;
siu tet mir so liebe nie.«
   Diu maget diu gienc wider hein.
diu vrouwe sprach: »bringstu?« »nein.«
siu sprach: »wie gevüeget sich daz?«
»vrouwe, siu wil in bruchen baz
und wilz ze grozem dienste han,
welt ir ir den zuber lan.«
diu vrouwe zurnte sere;
siu sprach: »uf al min ere,
heiz mir den zuber wider geben,
oder ez muoz allez daz vernemen
daz in dirre gazzen ist,
samir der werde süeze Krist.«
   Diu maget gie balde wider dan;
siu sprach: »man muoz den zuber han,
vrouwe, des geloubet mir.«
siu sprach: »ga wider und sage ir,
wibes not diu irre mich.

unter dem der Ritter saß.
Die wollte am Morgen backen
und ihren Teig anrühren;
dafür brauchte sie ihren Zuber.
Sie sagte zu ihrer Magd: »Geh los,
zur Nachbarin nach Hause,
und bring mir schnell den Zuber zurück,
den ich ihr spät abends geliehen habe
und auf den ich ungerne verzichte.«
Die Magd ging sogleich hin.
Sie sagte: »Verehrte Frau, kommt her,
gebt uns den Zuber wieder zurück,
wir müssen ihn gleich haben.«
Die Frau sagte: »Liebe Freundin,
höre, was ich Dir sage!
Sag Deiner Herrin, er sei belegt,
und sie möge mir aus Freundschaft
den Zuber hier lassen;
etwas Angenehmeres hätte sie noch nie für mich getan.«
Die Magd ging wieder zurück.
Ihre Herrin fragte: »Bringst Du ihn?« »Nein!«
Sie sagte: »Wie kommt denn das?«
»Herrin, sie will ihn weiter benützen
und würde es als große Hilfe ansehen,
wenn Ihr ihr den Zuber noch ließet.«
Die Frau wurde sehr wütend;
sie sagte: »Auf meine Ehre!
Sag ihr, sie soll meinen Zuber zurückgeben,
oder alle werden davon hören,
die in dieser Gasse wohnen,
beim Heiland!«
Die Magd ging gleich wieder hin.
Sie sagte: »Der Zuber wird gebraucht,
Herrin, glaubt es mir!«
Jene erwiderte: »Geh zurück und sage ihr,
die Notlage einer Frau hindere mich.

niht me zuo diner vrouwen sprich!
ich han davür, siu merkez wol,
des ich ir getruwen sol.«
Diu maget gie wider hein und sprach:
»vrouwe min, hant guot gemach!
des zubers müezet ir enbern,
des wil ich *iuch triuwen* wern,
wan ez meinet wibes not.«
»losa«, sprach siu, »durchs tiuvels tot,
bristet miner gevatern anders nit,
daz ist ein wunderlicher sit.
het siu mir daz hiute lange gedaht,
ich hette sie von sorgen braht,
swie zornic min gevater si.«
Nu stuont ein schiurlin dabi,
ein wenic von dem huse hindan.
daz zunte diu brotbeckerin an
mit einem viure sa zehant.
do daz schiurlin was enbrant,
do schre siu »viura« sere.
waz sol diu rede mere?
dar kam geloufen manic man.
der wirt mit sinen brüedern kam
geloufen zuo dem viure.
die *wile* diu gehiure
den zuber ab dem ritter stiez.
zer hindertür siu in uz liez.
diu kleider gap siu im an den arm;
siu sprach: »nu müeze iuch got bewarn!«
und kuste in güetlich an sin munt.
hin schiet der ritter do zestunt.
alsus so wart der wirt betrogen.
Disiu mære ist war und niht gelogen.
wip kunnen groze kündikeit,
als Jacob Appet da hat geseit.
der habe, der hüete deste baz!
verliust er iht, waz schat im daz?

Mehr mußt Du zu Deiner Herrin nicht sagen.
Ich bin mir sicher, sie merkt genau,
was ich ihr anvertrauen will.«
Die Magd ging wieder nach Hause und sagte:
»Liebe Herrin, macht es Euch bequem,
auf den Zuber müßt Ihr verzichten,
das kann ich Euch versichern,
denn es geht um die Notlage einer Frau.«
»Hör nur«, sagte diese, »in Teufels Namen,
wenn meiner Nachbarin nichts weiter fehlt,
dann ist das ein merkwürdiges Verhalten.
Wenn sie mir das früher anvertraut hätte,
hätte ich sie von ihren Sorgen befreit,
so wütend kann mein Nachbar gar nicht sein.«
Nun stand eine kleine Scheune in der Nähe,
ein Stückchen vom Haus entfernt.
Die zündete die Bäckerin
gleich mit einem hübschen Feuerchen an.
Als die Scheune brannte,
schrie sie laut: »Feuer!«
Was soll man noch mehr sagen?
Viele Leute kamen hingelaufen.
Der Ehemann mit seinen Brüdern
rannte zum Feuer.
Währenddessen schob unsere Schöne
den Zuber über dem Ritter weg.
Sie ließ ihn zur Hintertüre hinaus.
Seine Kleider drückte sie ihm in den Arm;
sie sagte: »Gott schütze Euch!«
und küßte ihn liebevoll auf den Mund.
Der Ritter machte sich gleich davon.
So wurde der Ehemann betrogen.
Diese Geschichte ist wahr und keine Lüge.
Frauen verfügen über große Schläue,
so hat es Euch Jacob Appet erzählt.
Wer eine hat, der hüte sie besser!
Wenn er aber etwas dabei einbüßt, was schadet es schon.

IV
DIE FALLSTRICKE DER SEXUALITÄT: FRIVOLE KOMIK

DIZ IST EIN SCHŒNEZ MÆRE VON EINEM SPERWÆRE

Als mir ein mære ist geseit
gar vür eine wârheit,
niht vür ein lüge noch vür ein spel
(ez ist hübesch unde snel) –
ich sage ez iu, man seite mirz,
alz ir'z gelernet, sô saget irz.
Ez was, als mir ist geseit,
ein klôster guot und wol bereit,
erbûwen schône unde wol,
als man von rehte ein klôster sol.
dâ wâren vrouwen inne.
die dienden gote mit sinne.
die alten und die jungen
lâsen unde sungen
ze ieslîcher ir tage zît.
si dienden gote wider strît,
sô si beste kunden.
sie muosten ouch under stunden,
sô si nicht solden singen,
næn oder borten dringen
oder würken an der ram.
ir ieglîch wolde es haben scham,
diu dâ müezic wære beliben.
si entwurfen oder schriben.
ir ieglîch nâch ir ahte
worhte, swaz si mahte.
nu was, als mir ist geseit,
ir reht und ir gewonheit,
daz niemer dehein man

DER SPERBER

Wie man mir diese Geschichte
als die reine Wahrheit erzählt hat,
nicht als Lüge und nicht als Geflunker
(mag sie auch galant sein und kurzweilig) –
ich sag' sie Euch, man sagte sie mir,
wie Ihr sie hört, sagt Ihr sie weiter.
Es war, so hat man mir berichtet,
ein großes und wohlhabendes Kloster,
prächtig und umsichtig angelegt,
wie eben ein Kloster von Rechts wegen sein muß.
In dem lebten vornehme Damen,
die sich mit ganzer Kraft dem Dienst an Gott widmeten.
Ob alt oder jung,
sie beteten und sangen
zu jeder ihrer Gebetsstunden.
Sie dienten Gott in heiligem Eifer,
so gut sie nur konnten.
Zuweilen durften sie auch,
wenn sie nicht zum Chorgesang mußten,
nähen oder Bänder flechten
oder mit dem Rahmen weben.
Jede hätte sich dafür geschämt,
wenn sie untätig gewesen wäre.
Sie malten oder schrieben.
Jede beschäftigte sich nach ihrer Art
mit dem, was sie konnte.
Nun entsprach es, so hat man mir erzählt,
ihrer Regel und ihren Bräuchen,
daß niemals ein Mann

in ir klôster torste gân
durch deheine sache.
si wâren mit gemache
innerhalp des klôsters tür;
ir dehein kam her vür,
wan die der ampte pflâgen.
an den die witze lâgen,
die muosten innerhalben sîn.
ez lêrte diu schuolemeisterîn
die jungen singen unde lesen,
wie si mit zühten solden wesen,
beidiu sprechen unde gân,
ze kôre nîgen unde stân,
als in der orden gebôt.
in wâren die münde sô rôt,
swes si gote bâten,
ob siz mit vlîze tâten,
daz er niht enkunde
sô rôsenrôtem munde
betelîchiu dinc versagen.
Nu was bî den selben tagen
ein schœne juncvrouwe dâ.
wære si gewesen anderswâ,
dâ man si mehte hân gesehen,
sô müesten ir die liute jehen,
daz si benamen wære
gar unwandelbære.
si was alles guotes
lîbes unde muotes
volliclîchen gewert,
des man an schœnen vrouwen gert,
wan daz ir eines gebrast,
daz si der liute was ein gast,
daz si in dem lande
weder liute noch site erkande,
des man ûzerhalben pflac.
wan si was vil manegen tac

es wagen durfte, ihr Kloster zu betreten,
aus welchem Grunde auch immer.
Sie blieben in aller Ruhe
innerhalb der Klostermauern.
Keine ging nach draußen,
nur die, die Ämter verwalteten.
Wer verständig war,
der blieb im Kloster.
Die Leiterin der Klosterschule unterrichtete
die jungen Schwestern im Chorgesang und im Lesen,
wie man sich sittsam verhalte,
spreche und schreite,
im Chor knie oder stehe,
so wie die Regel es vorschrieb.
So rot waren ihre Lippen:
Sie mochten Gott bitten, worum sie wollten,
wenn sie es nur beflissen taten,
dann konnte er
so rosenfarbenen Lippen
keine Bitte versagen.
Zu dieser Zeit lebte
in diesem Kloster ein schönes Fräulein.
Wäre sie anderswo gewesen,
wo man sie sehen hätte können,
dann hätten die Leute ohne Zweifel gesagt,
sie sei wahrhaftig
ohne jeden Makel.
Alle Vorzüge
des Aussehens und der inneren Haltung
waren ihr in Fülle geschenkt,
die man sich bei schönen Frauen wünscht,
nur einen Fehler hatte sie:
sie war mit den Menschen nicht vertraut
und kannte im ganzen Land
weder die Leute noch die Gewohnheiten,
nach denen man außerhalb des Klosters lebte.
Denn sie war schon lange Zeit

dâ ze klôster beliben
und het ir zît dâ vertriben
vil nâch ûf fünfzehen jâr,
und ahtete niht umb ein hâr
ûf der werelde üppikeit.
si lebete in einvaltikeit
rehte nach klôsters site,
dâ si was erzogen mite.
Diu selbe juncvrouwe
eines tages durch schouwe
ûf die rincmûre gienc,
diu daz klôster umbevienc.
niht verre von des klôsters tür
dâ gienc diu lantstrâze vür.
dô kam ein ritter dar geriten;
dem stuont wol nâch ritters siten
sîn lîp unde sîn gewant;
einen sperwer vuorte er ûf der hant.
dô er ir kam sô nâhen,
ir gruoz und ir empfâhen
was bî im, dô si in sach,
daz si alsô zuo im sprach:
»ich wil iuch gerne vrâgen,
des lât iuch niht betrâgen!
mîn vil lieber herre,
habet ir iht verre
ditze vogelîn gevüeret her?«
»nein ich, vrouwe!« sô sprach er.
si sprach: »Sô tuot mir bekant,
wie iuwer vogelîn sî genant!
im sint sîn vüeze sô gel,
sîn ougen schœne und sinewel,
sîn gevider vêch und sleht.
wære im sîn snabel gereht,
sô wære dehein gebreste dar an.
vil wol ich mich des verstân,
daz ez vil suoze singet.

in diesem Kloster
und hatte dort
schon fast fünfzehn Jahre verbracht
und kümmerte sich nicht im geringsten
um die Freuden der Welt.
Sie lebte in aller Unschuld
genau nach den klösterlichen Regeln;
so war sie erzogen.
  Dieses Fräulein
ging eines Tages, um ins Land zu schauen
auf die Ringmauer,
die das Kloster umschloß.
Nicht weit vom Klostertor
ging eine Straße vorbei.
In diesem Augenblick kam ein Ritter dahergeritten;
der trat, wie es bei Rittern üblich ist,
prächtig auf nach Gestalt und Kleidung.
Er trug einen Sperber auf der Hand.
Als er so nahe bei ihr vorbeikam,
da galt ihm ihr Gruß und ihr Willkommen,
sobald sie ihn sah,
und sie sagte zu ihm:
»Ich möchte Euch etwas fragen,
nehmt es mir nicht übel!
Mein verehrter Herr,
habt Ihr etwa
dieses Vögelchen von weit her mitgebracht?«
»Gewiß nicht, meine Dame!«, antwortete er.
Sie erwiderte: »So laßt mich doch wissen,
wie man dieses Vöglein nennt!
Seine Füße sind so gelb,
seine Augen glänzend und rund,
sein Gefieder schimmernd und glatt.
Wenn nur sein Schnabel nicht so krumm wäre,
dann wäre kein Makel an ihm.
Ich kann ganz genau erkennen,
daß es besonders süß singen kann.

swelher vrouwen ir ez bringet,
diu muoz iu iemer holt sîn.
ez ist ein schœne vogelîn.«
der ritter vil wol hôrte
an der juncvrouwen worte,
daz si benamen wære
guot und alwære.
er tet ir bekant,
ez wære ein sperwer genant.
er sprach: »Vrouwe, er ist mir veile;
er wirt iu wol ze teile,
welt ir in mir gelten.«
si sprach: »Man gît mir selten
zer pfrüende pfenninge.
kumt iu ein gedinge,
daz ich selbe mac gehân,
ich lân des koufes niht zergân.
sô gerne hæte ichz vogelîn.«
er sprach: »Vil liebiu vrouwe mîn,
sît ir koufes an mich gert,
sô nime ich gerne iuwer wert.
ich wil in umb iur minne geben!
dâ sult ir niht wider streben.«
dô sprach diu juncvrouwe alsô:
»daz tæte ich gerne und wære es vrô.
nu enweiz ich leider, waz ir welt.
daz ir mir hât vür gezelt
und ez minne hât genant,
daz ist mir leider unbekant.
ich weiz niht, waz ez müge sîn.
ich hân niht in mînem schrîn
wan zwêne bildære,
drî nâdeln und ein schære
und zwei niuwe hârbant
und mîn vîrtegelîch gewant
und den mînen salter.

Die Dame, der Ihr es bringt,
wird Euch immerdar zugetan sein.
Es ist ein schönes Vögelchen.«
Der Ritter merkte gleich
an der Rede des Fräuleins,
daß sie wirklich
unschuldig und arglos war.
Er ließ sie wissen,
man nenne es Sperber.
Er sagte: »Meine Dame, ich verkaufe ihn;
er wird Euer,
wenn Ihr ihn mir bezahlt.«
Sie antwortete: »Ich bekomme nie
Geld für meinen Unterhalt.
Wenn Euch ein Preis einfällt,
über den ich selbst verfüge,
dann will ich diesen Kauf nicht scheitern lassen.
Zu gerne hätte ich das Vöglein.«
Er antwortete: »Meine verehrte Dame,
da Ihr ihn unbedingt von mir kaufen wollt,
nehme ich gerne Euren Preis.
Ich gebe ihn Euch für Eure Minne!
Dagegen könnt Ihr nichts haben.«
Darauf erwiderte das Fräulein:
»Das machte ich gerne, und ich wäre glücklich darüber.
Aber leider weiß ich gar nicht, was Ihr haben wollt.
Das, was Ihr da erwähnt
und Minne genannt habt,
das ist mir völlig unbekannt.
Ich weiß nicht, was das sein könnte.
In meiner Truhe ist nichts
als zwei Figuren,
drei Nadeln und eine Schere,
zwei neue Haarbänder,
meine Sonntagskleider
und mein Psalter.

ich gewan bî mînem alter
niht mê guotes bî der zal.
dar under lân ich iu die wal,
und zürnet dan mîn müemelîn,
doch hân ich daz vogelîn.«
er sprach: »Vrouwe minneclîch,
iur lîp der ist sô minne rîch.
die wolde ich bî iu vinden,
solde ich mich underwinden,
daz ich bî iu solde suochen.
und welt ir es geruochen,
ich hebe iuch von der mûre her nider!«
»wie kume ich dan hin ûf wider?«,
sprach diu juncvrouwe dô.
der ritter wart der rede vrô.
»daz gevüege ich, vrouwe, wol!«
sîn herze daz wart vröuden vol.
der lieben er sich underwant.
er vuorte si sâ zehant
in einen boumgarten.
er begunde mit vlîze warten,
daz ez nieman ensach,
swaz von in beiden dâ geschach.
sîn pferit bant er vaste
zuo eines boumes aste
und sînen sperwære.
sîn herze wart vröudenbære.
er saz zuo ir in den klê;
der guoten tet er sanfte wê;
er suochte die minne, unz er si vant;
diu süeze minne si beide bant.
er hiels si unde kuste,
als dicke in des geluste,
und suochte die minne aber dô.
dô sprach diu juncvrouwe sô:
»herre, nemet iur minne gar,
daz ich iu rehte mite var,

Mehr besitze ich noch nicht,
jung wie ich bin.
Daraus könnt Ihr wählen,
und wenn mir meine Vorsteherin dann böse ist,
dann hab' ich wenigstens das Vögelchen.«
Er antwortete: »Verehrte Dame,
Ihr seid mit Minne reich gesegnet.
Ich würde sie schon bei Euch finden,
wenn ich mich dranmachte,
sie zu suchen.
Wenn Ihr es gestattet,
dann helfe ich Euch von der Mauer herunter.«
»Aber wie komme ich wieder hinauf?«,
sagte darauf das Fräulein.
Der Ritter freute sich über diese Antwort:
»Dafür sorge ich schon, meine Dame!«
Sein Herz hüpfte vor Freude.
Er nahm sich der Kleinen an.
Er führte sie sogleich
in einen Hain.
Sorgfältig achtete er darauf,
daß niemand sehen konnte,
was da zwischen ihnen beiden geschah.
Fest band er sein Pferd
an einen Ast
und auch seinen Sperber.
Sein Herz zersprang fast vor Freude.
Er setzte sich zu ihr in den Klee;
aufs angenehmste tat er dem braven Mädchen weh;
er suchte die Minne, bis er sie fand;
die süße Minne band sie aneinander.
Er umarmte und küßte sie,
so oft er Lust hatte
und suchte immer wieder nach der Liebe.
Die junge Dame sagte dabei:
»Mein Herr, nehmt Euch die Minne ganz,
damit ich Euch auch gerecht werde

daz ich mich iht versünde,
und merket, waz ich iu künde:
swer ein dinc gewinnet
und sich des versinnet,
daz ers niht gar vergolten hât,
daz ist ein michel missetât.
nemet der minne, swie vil ir welt!
ich hân daz harte wol gezelt,
daz ich iuch niht hân gar gewert.
nemet der minne, swie vil ir gert!
sît ich mit minne gelten sol,
so getrûwe ich iu vergelten wol.
geltes bin ich iu bereit.«
der ritter hübesch und gemeit
suochte aber die minne,
unz in dûhte in sînem sinne,
daz im sîn sperwære
vil wol vergolten wære.
im sagete ouch daz herze sîn,
daz nie dehein vogelîn
würde baz vergolten vor noch sider.
er half ir ûf die mûre wider
und nam urloup von ir sâ.
er reit hin und liez si dâ.

Nu hœret wie ez ir ergienc
und wie si ir dinc ane vienc:
si gienc und gâhete zehant,
dâ si ir meisterinne vant.
si sprach: »Vil liebez müemelîn,
ditze schœne vogelîn
hân ich gekoufet ringe
âne alle pfenninge.
ein herre hât mir ez gegeben.
daz er mit sælden müeze leben!
alsô wil ich im vluochen.
ich liez in darumbe suochen
eine, daz ist minne genant.

und mich nicht versündige,
und paßt auf, was ich Euch sage:
wer etwas erwirbt
und es darauf anlegt,
das nicht vollständig zu bezahlen,
das ist eine schlimme Untat.
Nehmt Euch von der Minne, soviel Ihr wollt!
Ich habe ganz genau mitgerechnet:
ich habe Euch noch nicht vollständig entschädigt.
Nehmt Euch von der Minne, soviel Ihr begehrt!
Da ich mit Minne bezahlen darf,
traue ich mir zu, Euch alles zurückzugeben.
Ich bin zum Bezahlen bereit.«
Der Ritter, galant und keck,
suchte erneut nach der Minne,
bis es ihm schien,
daß der Sperber
vollständig bezahlt sei.
Sein Herz sagte ihm auch,
daß niemals, weder vorher noch später,
für einen Vogel ein besserer Preis bezahlt worden ist.
Er half ihr wieder auf die Mauer
und verabschiedete sich von ihr.
Er ritt davon, und sie blieb zurück.

Hört nun, wie es ihr erging,
und was sie machte:
Sie ging gleich eilends
zu ihrer Oberin
und sagte: »Verehrte Mutter,
dieses prächtige Vögelchen
habe ich ganz billig gekauft,
ohne alles Geld.
Ein Herr hat es mir gegeben.
Gesegnet soll er sein!
Das wünsche ich ihm.
Ich ließ ihn nach etwas suchen,
das man Minne nennt.

daz ist mir worden wol bekant,
alsô daz ich enruochte,
swie dicke erz bî mir suochte.
er ist rehte ein meister daran.
daz ditze klôster nie gewan
einen solhen suochære,
daz ist mir iemer swære.
wir sîn doch guotes wol sô rîch!
ez ist harte unbillîch,
daz man uns iht gebresten lât,
des man iergen veile hât.
wære uns guot sô tiure,
sô solden wir ze stiure
unser pfrüende halbe geben daran.
sô liebez ich mir nie gewan,
ich enhülfe ez dâ mit gelten.«
diu alte begunde schelten.
si roufte si sêre unde sluoc.
daz si des koufes ie gewuoc,
daz mahte si gote immer klagen.
si hæte si nâch ze tôde erslagen.
ir zornes si sô lange pflac,
unz si zwir ûf der erde lac.
»nu bistu worden ein wîp!
dîn vil sinnelôser lîp
hât dir benomen die êre!
des gewinstu niemer mêre
wider juncvrouwen namen!
zewâre, des mahtu dich schamen!«
ir zorn was unmâzen grôz.
manegen zwik unde stôz
het diu guote empfangen.
Dô daz was ergangen,
des vröute sich diu guote
und gedâhte in ir muote,
wie si nâch ir schulde
kæme zir muomen hulde.

Das habe ich jetzt kennengelernt,
und es war mir nicht unangenehm,
wie oft er es auch bei mir suchte.
Er ist ein wahrer Meister darin.
Daß unser Kloster
sich nie einen solchen Sucher zugelegt hat,
das bekümmert mich auf ewig.
Wir sind doch so reich!
Es ist sehr ungerecht,
daß wir etwas entbehren müssen,
was es irgendwo zu kaufen gibt.
Wenn es uns aber an Besitz fehlt,
dann sollten wir als Entschädigung
die Hälfte von unserem Lebensunterhalt dazugeben.
Etwas so Wertvolles besitze ich gar nicht,
daß ich damit nicht zum Kaufpreis beitrüge.«
Die Alte fing an zu zetern.
Sie zog sie an den Haaren und schlug sie.
Daß ihr dieser Handel jemals in den Sinn kam,
das beklagte sie vor Gott.
Beinahe hätte sie sie totgeschlagen.
So lang tobte sie ihre Wut aus,
bis jene zwei Mal zu Boden gestürzt war.
»Jetzt bist Du zur Frau geworden!
Dein unverständiger Leib
hat Dir die Ehre genommen.
Nun wirst Du nie mehr
Jungfrau heißen können.
Wahrhaftig, dafür kannst Du Dich schämen.«
Ihre Wut war maßlos.
Viele Püffe und Schläge
erhielt die Gute.
Als das vorbei war,
war sie froh
und überlegte bei sich,
wie sie auf angemessene Weise
die Gunst der Oberin zurückgewinnen könne.

der gedanc in ir herzen lac
unz an den anderen tac.
si begunde heimelîchen
ûf die mûre slîchen,
ob ir daz heil geschæhe,
daz si den ritter sæhe.
dar nâch stuont al ir gedanc.
nu was ez dar nâch niht lanc,
daz der ritter kam geriten.
si sprach im zuo mit unsiten:
»hebet mich von der mûre nider
und gebet mir mîne minne wider
und nemet ir iuwer vogelîn!
wan ez hât mîn müemelîn
mit mir gezürnet sêre
und giht ich habe mîn êre
durch den sperwer verkorn
und mînen magetuom verlorn.
nu hebet mich an die erde,
daz mir wider werde
mîn minne und iu iur vogelîn!«
er sprach: »Vrouwe, daz sol sîn!«
er huop si nider in den klê
und tet ir rehte alsam ê
und galt ir die minne,
als er von sînem sinne
aller beste kunde.
si sprach: »Der mir es gunde,
ich koufte al tac zwei vogelîn.
nu giht aber mîn müemelîn
ich habe es michel laster.
nu müet iuch dester vaster,
daz ich werde maget als ê.
ir wænet lîhte ez tuo mir wê
und welt mir lîhte borgen?
darumbe sult ir niht sorgen!
machet ir mich wider maget,

Diesen Gedanken wälzte sie hin und her
bis zum nächsten Tag.
Heimlich
schlich sie sich auf die Mauer,
in der Hoffnung, Glück zu haben und
den Ritter zu sehen.
Darauf richteten sich alle ihre Gedanken.
Bald darauf
kam der Ritter wirklich angeritten.
Sie sagte ungehalten zu ihm:
»Hebt mich von der Mauer herunter
und gebt mir die Minne zurück
und behaltet Euer Vöglein!
Denn meine Oberin
war sehr böse auf mich
und sie sagt, ich habe meine Ehre
für den Sperber hingegeben
und meine Jungfräulichkeit verloren.
Helft mir auf den Boden,
damit ich meine Minne zurückbekomme
und Ihr Euren Vogel!«
Er antwortete: »Das soll geschehen, meine Dame!«
Er hob sie herunter in den Klee
und machte mit ihr das gleiche wie zuvor
und gab ihr aufs beste die Minne zurück,
so wie er sich nach seinen Kenntnissen
darauf verstand.
Sie sagte: »Wenn es mir jemand vergönnte,
dann kaufte ich jeden Tag zwei Vögelchen.
So aber sagt meine Gevatterin,
es sei eine große Schande für mich.
Gebt Euch also noch mehr Mühe,
damit ich Jungfrau werde wie früher.
Ihr meint vielleicht, es tue mir weh,
und wollt mir etwas stunden.
Macht Euch deswegen keine Sorgen!
Wenn Ihr mich wieder zur Jungfrau macht,

sô sît ir von mir unbeklaget.
ich hân ez allez wol verguot,
swaz ir mit mir nu tuot,
wan so muoz mîn müemelîn
ir grôzen zorn lâzen sîn,
sô ir diu mære werdent kunt«.
dô galt er ir ander stunt
und sprach: »Vil liebiu vrouwe mîn,
ich tar niht langer hie gesîn,
wan ich muoz von hinnen varn.
got müeze iu êre und lîp bewarn!«
si sprach: »Ir vart alsô niht hin!
durch daz ich einvaltic bin,
sô welt ir mich betriegen?
sich hüebe ein michel kriegen,
ê daz ir vüeret sô von mir!
ir hât mir vergolten niht wan zwir
und nâmet mîn minne drî stunt.
ez wære ein ungetriuwer vunt,
welt ir mir sô entwîchen.
ir müezet mir nemelîchen
die dritten minne wider geben,
und welt ir iht dâ wider streben,
des hât ir iemer mînen haz!«
»vil gerne, vrouwe, tuon ich daz!«
sprach der ritter tugentrîch.
in duhte diu rede gemelîch.
er galt ir an der selben stat
die dritten minne, als si in bat.
er half ir ûf die mûre hin.
er reit hin, si gienc in.
Si was des wehsels harte vrô.
zir meisterinne sprach si dô:
»herzeliebez müemelîn,
lâ dîn grôzez zürnen sîn
und lâ mich dîne hulde hân.

dann beklage ich mich darüber nicht.
Ich finde alles in Ordnung,
was Ihr jetzt mit mir macht,
denn dann muß meine Oberin
sich in ihrem Zorn beruhigen,
wenn sie das erfährt.«
Daraufhin vollzog er die Wiedergutmachung ein zweites Mal
und sagte: »Meine hochverehrte Dame,
ich darf nicht länger hier bleiben,
denn ich muß weiterreiten.
Gott schütze Euch Ehre und Leben!«
Sie antwortete: »So reitet Ihr nicht fort!
Nur weil ich gutmütig bin,
wollt Ihr mich so hereinlegen?
Es gäbe einen gewaltigen Streit,
bevor Ihr so davonkämt.
Ihr habt mir's erst zwei Mal zurückgegeben,
aber genommen habt Ihr die Minne drei Mal.
Es wäre pflichtvergessen und ein fauler Trick,
wenn Ihr Euch so davonmachen wolltet.
Ihr müßt mir doch wahrhaftig
die dritte Liebe noch zurückgeben.
Und wenn Ihr Euch sträubt,
dann werde ich Euch auf ewig hassen.«
»Mit Vergnügen, meine Dame, mache ich das«,
sagte der tüchtige Ritter.
Er fand diese Worte spaßig.
Auf der Stelle gab er ihr
die dritte Minne zurück, wie sie es verlangt hatte.
Dann half er ihr auf die Mauer.
Er ritt weg, sie ging hinein.
Sie war über die Veränderung glücklich.
Zu ihrer Oberin sagte sie:
»Innig geliebte Muhme,
laß Deinen Zorn jetzt sein
und schenke mir wieder Deine Gunst.

ich hân ez allez widertân
darumbe du mich hâst geslagen.
ich wil dir liebiu mære sagen:
ich hân wider mîne minne!
hiute dô du sliefe hinne
lange vor der nône,
dô galt er mir schône,
der herre dem ich mîn minne gap.
ungehalden, âne stap
übergân ich noch wol wîten rinc.
ez was ein seltsæne dinc,
daz du zurntest sô sêre
und jæhe er hæte mîn êre
mit der minne mir benomen.
und wære er nie inz lant komen,
dannoch müeste ich sîn genesen!
ich wil im iemer holt wesen.
er ist ein getriuwe man.
vil wol ich mich des verstân.
er galt mir güetlîchen gar.
got gebe, daz er wol gevar;
des wünsche ich im, als ich sol;
er zæme hie ze klôster wol.
wære er hie, des wære ich vrô.«
diu alte diu sprach aber dô:
»swaz man saget oder tuot,
sô hâstu alwæren muot.
wære der schade nu einer,
sô wære er dester kleiner.
nu sint ir zwêne geschehen.
daz solte ich ê hân undersehen.
sît ich des nicht hân getân,
sô muoz ich mînen zorn lân«.
Swer ditze mære gehœret hât,
der merke disen kurzen rât:
swer daz viur erkenne,
der hüete daz ez in iht brenne!

Ich habe alles rückgängig gemacht,
für das Du mich geschlagen hast.
Ich kann Dir erfreuliche Kunde bringen:
Ich habe meine Minne wieder.
Heute, als Du drinnen schliefst,
lange vor Mittag,
da hat er sie mir ordnungsgemäß zurückgegeben,
der Herr, dem ich meine Minne gab.
Ohne Stütze und ohne Stock,
schreite ich wieder durch einen weiten Ring.
Es war seltsam,
daß Du so wütend warst
und sagtest, er habe mir die Ehre
mit der Minne genommen.
Auch wenn er nicht in dieses Land gekommen wäre,
trotzdem wäre es mir gutgegangen.
Ich werde ihm meine Zuneigung bewahren.
Er ist ein redlicher Mann.
Das weiß ich ganz genau.
Er hat mir bereitwillig alles zurückgegeben.
Gott gebe, daß es ihm gutgehe;
das wünsche ich ihm, wie es sich gehört;
er stünde unserem Kloster gut an.
Wenn er hier wäre, wäre ich glücklich.«
Die Alte sagte darauf:
»Was man auch sagen oder tun kann:
Du bist eben einfältig.
Wenn der Schaden nur einfach wäre,
dann wäre er entsprechend kleiner.
So ist es zwei Mal passiert.
Dagegen hätte ich früher etwas tun sollen.
Da ich das versäumt habe,
muß ich meinen Zorn lassen.«
Wer sich nun die Geschichte angehört hat,
der merke sich diesen kleinen Ratschlag:
»Wer das Feuer sieht,
der hüte sich davor, sich zu verbrennen.«

swer sich aber übersiht,
daz im solher schade geschiht,
den nieman erwenden kan,
ez sî wîp oder man,
der lâze ez güetlîchen varn,
oder er sol ez ê bewarn.
daz ist wîser liute site.
hie sî iu bescheiden mite
daz vil hübsche mære
von der vrouwen sperwære.

Wenn aber einer nicht aufpaßt
und ihm dann ein Schaden zugefügt wird,
den niemand abwenden kann,
der finde sich damit ab
(ganz gleich ob Mann oder Frau),
oder er muß sich eben besser in acht nehmen.
So verhalten sich kluge Menschen.
Damit habt Ihr
diese zierliche Geschichte
vom Sperber der Dame gehört.

DIS IST VON DEM HESELIN

Tribe ich die zît vergebene hin,
sît ich von gotes genâden bin
genemmet in der mâzen,
man solte mich verwâzen.
ich wil durch kurze wîle,
den nîdæren ze bîle,
ein âbentmærlîn welzen,
unt tiutschlîchen velzen
dise rîmes ende.
und wær ich sô behende,
daz ich sô reine worhte,
daz ich mir niht envorhte
der lôsen nîdære schimpf,
die dô zehant ungelimpf
ûf ander liute hânt getân,
und niht êren mac an in stân,
nu wolt ich hân der edeln gunst.
und gît vrou Venus mir vernunst,
sô sprenge ich ûf ir zuoversiht,
die man nâch minnen ringen siht.
Ein ritter, wol gebârende,
der welte gunst vârende
mit milte und ouch mit vrümekeit
reit, dô meneclîch sîn korn sneit,
ze velde ûf sînen acker
mit zwein hunden wacker
und mit eime sperwære.
der selbe beizære
ersach ein jungez heselîn.
dâ jaget er zuo die hunde sîn,
ouch jaget er ime selbe nâch.

DAS HÄSLEIN

Brächte ich meine Tage nutzlos hin,
der ich so ähnlich wie »von Gottes Gnaden«
heiße,
dann müßte man mich verfluchen.
Ich will zur Unterhaltung
und den Neidern zum Tort
ein Nachtgeschichtchen ausspinnen
und es dabei
in deutsche Reime bringen.
Wenn ich so geschickt wäre
und so sorgfältig arbeiten könnte,
daß ich den
Spott boshafter Neider nicht fürchten müßte,
die immer gleich bereit sind,
andere Leute zu schmähen,
und vor denen kein Ruhm bestehen kann,
dann wünschte ich mir die Zuneigung der Edlen.
Wenn die erhabene Venus meiner Kunst aufhilft,
dann gebe ich denen Hoffnung,
die man nach Liebe streben sieht.
Ein Ritter von feinem Benehmen,
um die Gunst der Welt
durch Großzügigkeit und Mut bemüht,
ritt, als gerade jedermann sein Korn schnitt,
hinaus auf sein Land
mit zwei tüchtigen Hunden
und mit einem Sperber.
Dieser Weidmann
erspähte ein junges Häslein.
Auf das hetzte er seine Hunde,
und auch er selbst jagte ihm nach.

ze vlühte was dem hasen gâch
und entran hin in daz korn;
des wart sîn vrîheit verlorn,
wan ez gevienc ein snitter
und gab ez dem selben ritter.
daz was ouch reht, daz wizze got,
wan er het ez gejagôt.
des vröute sich der ritter dô
und gedâhte in sînem muot alsô:
›Diz ist rehte ein âventiure.‹
nu betrahtete der gehiure,
waz er hiemite tæte.
dô riet ime sîn herze stæte,
er solt ez bringen einer maget,
diu ime lange was versaget,
nâch der sîn minnetragender muot
glüejet in der senede gluot,
als in der essen tuot daz golt.
des wart sîn muot inein geholt;
wan man kint geringe
mit solîcheme dinge
ze vriunde gewinnet.
ein kint den apfel minnet
und næme ein ei vürz rîchste lant.
alsus reit er alzehant
gegen eime dorfe hin,
als in bewîsete sîn sin,
dâ sîniu strâze durch gie;
sîn heselîn er streichet ie.
Nû lac ein juncvröuwelîn,
edel, schœne unde fîn,
der jâre ein kint und ouch einvalt
an einer louben, diu gestalt
was engegen der strâzen hin.
und als er kam geriten in
mit dem tierlîn wilder art
vür die juncvrouwen zart,

Der Hase wandte sich eilends zur Flucht
und rannte in ein Kornfeld;
damit war seine Freiheit dahin,
denn es fing ihn einer der Schnitter
und gab ihn dem Ritter.
Das war auch weißgott richtig so,
denn dieser hatte ihn gejagt.
Darüber freute sich der Ritter
und dachte bei sich:
›Das ist wahrhaftig ein merkwürdiger Vorfall.‹
Der freundliche Herr überlegte,
was er damit tun sollte.
Da gab ihm sein treues Herz den Rat,
es einem Mädchen zu bringen,
das ihn immer wieder abgewiesen hatte
und nach dem sein liebendes Herz
in glühender Sehnsucht brannte
wie das Gold in der Esse.
Dazu entschloß er sich,
denn junge Leute
kann man mit solchen Kleinigkeiten
sich gewogen machen.
Sie können auf einen Apfel versessen sein
und würden das mächtigste Land für ein Ei hergeben.
Er ritt also
auf ein Dorf zu
(so hatte er es in Erinnerung),
durch das sein Weg führte.
Sein Häslein streichelte er dabei beständig.
Dort nun saß ein Mädchen,
vornehm, schön und zierlich,
jung an Jahren und unschuldig,
in einer Laube,
die zur Straße hinaus ging.
Und als er herangeritten kam
mit seinem Wildhäschen,
vor das zierliche Fräulein,

daz ersach diu junge magt.
er gruozte si; siu sprach: »herre, sagt,
wannân kam iu daz heselîn?
wan wolte got und wær ez mîn!
oder wær ez iu aber veile?«
er sprach: »ez mac ze teile
iu vil wol werden, schœnez kint,
ob ir des koufes vlîzic sint.«
»jâ, vil lieber herre mîn,
vil gerne het ich daz heselîn;
nû sagent mir, wes ist ez wert?
und hân ich denn iht, des ir gert,
dâmit ich iuch gewern mac,
ich engelebete nie sô lieben tac.«
er sprach vil balde: »ich gib ez iu
umbe iuwer minne.« dô sprach siu:
»minne, herre, waz ist daz?
ir vordert, got weiz, in weiz waz.
nemet, daz ich geleisten müge,
ob iuch der muot ze koufe züge.
herre, ich hân in mînem schrîn
beslozzen driu pfunt vingerlîn
und zehen bickelsteine
und einen borten kleine,
sîdîn, mit golde wol durchslagen,
darûf berlîn sint getragen
gemischet rôt unde wîz,
daran mîn muoter leite ir vlîz
und aller meisterschefte list:
den nemet, ob iu ernest ist,
und lânt den kouf nu vür sich gân,
wan ich es nû niht bezzer hân.«
Der ritter der sprach aber dô:
»der kouf mac niht ergân alsô;
ich enwil weder golt noch steine,

da fielen die Augen des Mädchens darauf.
Er grüßte sie; sie antwortete: »Sagt, mein Herr,
wie kommt Ihr zu diesem Häslein?
Wollte Gott, und es gehörte mir!
Würdet Ihr es vielleicht verkaufen?«
Er sagte: »Ihr könnt es
sehr wohl erwerben, schönes Kind,
wenn Ihr am Kauf interessiert seid.«
»Ja, verehrter Herr,
sehr gern hätte ich dieses Häslein;
sagt mir, was es kostet.
Und wenn ich irgend etwas habe, was Ihr gerne möchtet
und was ich Euch geben kann,
dann hätte ich noch nie einen so glücklichen Tag erlebt.«
Er antwortete ohne Zögern: »Ich gebe es Euch
um Eure Minne.« Da sagte sie:
»Minne, Herr, was ist das?
Ihr verlangt etwas, das ich weißgott nicht kenne.
Nehmt etwas, das ich aufbringen kann,
wenn Euch an dem Handel etwas liegt.
Herr, ich habe in meinem Kästchen
drei Pfund Ringe
und zehn Würfel
und einen zierlichen Gürtel
aus Seide mit Gold durchwirkt
und mit Perlen besetzt,
rot und weiß gemischt;
meine Mutter hat darauf all ihre Mühe verwandt
und alle meisterliche Kunstfertigkeit:
nehmt den, wenn es Euch ernst ist,
und dann wickeln wir den Handel jetzt ab,
denn ich habe nun einmal nichts Besseres.«
Der Ritter aber erwiderte:
»So kann der Kauf nicht zustande kommen;
ich will weder Gold noch Edelsteine,

wan iuwer minne reine.«
»der hân ich niht.« »Ich vinde si wol
bî iu, ob ich si suochen sol.«
»sô nement si hin; wes beitent ir?
und gênt den jungen hasen mir,
und hânt ir iuwer minne.«
er sprach: »ist ieman hinne,
der uns hœret oder siht,
sô mac ich ir genemen niht;
ir müezent sîn aleine.«
dô sprach diu maget reine,
daz linde turteltiubelîn:
»ze kirchen ist mîn müeterlîn
und allez daz gesinde.«
do erbeizet er geswinde.
den sperwer sast er von der hant,
und als er dô sîn pfert gebant,
dô huop er sich ze der louben în
und gap daz junge heselîn
der jungen maget, dâ siu saz,
an der got niht des vergaz,
daz schœniu wîp erzöugen sol.
sîn meisterschaft schein an ir wol:
ir forme was versniten niht,
engelvar was ir gesiht,
ir wonten wîbes site bî,
diu mâze lie si wandels vrî.
ir was wol sô rehte geschehen:
got möhte selbe gerne sehen
die selben juncvrouwen
in sînem himel schouwen.
und dô daz selbe megetîn
enpfangen hete ir heselîn,
siu sprach: »herre, ich bin gewert;
nemet selber, des ir dâ gert.«
der ritter tet, als ime gelanc.
daz junge kint er zuo im twanc

nur Eure reine Minne.«
»Die besitze ich nicht.« »Ich finde sie bestimmt
bei Euch, wenn ich sie suchen darf.«
»So nehmt sie Euch! Was wartet Ihr?
Gebt mir den kleinen Hasen
und holt Euch Eure Minne.«
Er sagte: »Wenn irgend jemand hier ist,
der uns hören oder sehen kann,
dann kann ich sie nicht nehmen;
Ihr müßt alleine sein.«
Da sagte das tugendhafte Mädchen,
die sanfte Turteltaube:
»Mein Mütterchen ist in der Kirche
mit dem ganzen Gesinde.«
Da stieg er schnell vom Pferd.
Er nahm den Sperber von der Hand,
und nachdem er sein Pferd angebunden hatte,
trat er in die Laube ein
und gab das kleine Häslein
dem Mädchen, wie es da saß;
an dem hatte Gott nichts von dem vergessen,
was schöne Frauen auszeichnet.
Seine ganze Könnerschaft wurde an ihr deutlich.
Ihre Figur war ohne Makel,
engelsgleich war ihr Antlitz,
züchtig wie die Frauen konnte sie sich benehmen,
ihre Sittsamkeit bewahrte sie vor Fehlern.
An ihr war alles vollkommen.
Gott selbst hätte
dieses Mädchen mit Freude angesehen
und im Himmel geschaut.
Als das Fräulein nun
ihr Häslein bekommen hatte,
da sagte sie: »Mein Herr, mein Wunsch ist erfüllt;
nehmt Ihr Euch selbst, was Ihr begehrt.«
Der Ritter tat das, wie er es verstand.
Er drückte das junge Mädchen an sich

unt kuste ir mündelîn rôsenrôt,
als im sîn wille dô gebôt.
herre, wie gewarp er dô!
sît ime diu state wart alsô,
dâ lac er sanfte, âne vluoch
nider ûf daz hungertuoch
und betwanc in kündeclîche ir wer,
diu betwungen hât vil manic her
unde alle künige twinget.
wan durch liebe ringet,
swaz lebelîchen lebende ist;
minne und minneclîcher list
hât noch der welte gesiget an.
die vant ouch hie der junge man
und nôz ir jungen süezen lîp,
biz daz diu maget wart ein wîp.
daz dunket, ûf mînen orden, mich
ûzer mâzen wunderlich.
und dô diu juncvrouwe zart
der sumerzîte ginret wart,
siu sprach: »suochet her wider, tiure helt,
âne zorn, swie vil ir welt,
biz ir die minne vunden hânt;
sint iuwers heselîns gemant.«
dô suocht er aber vürbaz;
daz lie diu juncvrouwe âne haz.
darnâch dûht in varndes zît.
diu juncvrouwe twanc in aber sît
mit ir herzen gelüste
vil lieplîch an ir brüste
und bat in zertlîche,
daz er niht entwiche
– ez wære im anders sünde –
ê er die minne vünde
dâ noch niuwan ze einem mâle.
dô vorht er, daz diu twâle
vreisen wære swanger;

und küßte ihren rosenroten Mund,
wie es ihm sein Verlangen aufgab.
Gott, wie geriet er da außer sich!
Als sich ihm die Gelegenheit bot,
da legte er sich sanft, ohne ein böses Wort,
nieder auf das Fastentuch,
und es besiegten ihn geschickt ihre Waffen,
die schon so viele Heere bezwungen haben
und die alle Könige niederwerfen.
Denn nach Liebe strebt
alles, was auf Erden lebt;
Liebe und Liebeskunst
haben immer schon die Welt überwunden.
Die hat auch der junge Herr hier angetroffen,
und er genoß ihren jungen schönen Leib,
bis die Jungfrau zur Frau wurde.
Das erscheint mir, bei meinem Stand,
über die Maßen erstaunlich.
Als das sanfte Mädchen
den Sommer in sich fühlte,
da sagte sie: »Sucht weiter, kühner Held,
ich bin nicht böse, soviel Ihr wollt,
bis Ihr die Minne gefunden habt;
denkt an Euer Häslein!«
Da suchte er weiter;
das Mädchen ließ es gerne zu;
danach schien es ihm Zeit zum Aufbruch.
Da drückte ihn das Mädchen erneut
voll herzlicher Lust
liebevoll an ihre Brust
und bat ihn zärtlich,
nicht zu gehen
– das wäre eine Sünde! –,
bevor er die Minne
wenigstens noch einmal gefunden habe.
Er fürchtete aber, daß Unheil drohen könnte,
wenn er weiter bliebe.

dô enbeitet er niht langer.
dô rief im diu juncvrouwe aber nâch:
»herre, war ist iu sô gâch?
wes nemet ir niht die minne gar?
ich wirde, weiz got, wol gewar,
daz ir si gar niht hânt genomen.
wellent ir niht herwider komen,
sô ist mir iuwer schade leit.«
der ritter lachende dannân reit.
Nû hât ir müeterlîn vernomen
messe, und was her wider komen.
und als diu tohter sî ersach,
siu lief engegen ir und sprach:
»luoge, liebe muoter, sich,
zarte muoter, waz hân ich!
ein alsô hübschez heselîn!«
siu sprach: »sage, kint mîn,
wer gap dir daz hübsche tierlîn?«
si beschiet vil ebene ir den sin,
wie si den hasen hete kouft.
des wart ir gelwez hâr zerrouft;
darnâch ir liehten wangen
begunde diu muoter zwangen
mit ir vil leiden vinger.
diu tohter wart geringer.
in sprüngen siu von dannân vlôch,
ir zornes siu sich sus enzôch.
der jungen tet ir schade wê,
doch muoten si die slege mê,
dan der minne verlüste.
kein trûren an ir brüste
kam nâch der verlornen minne.
sus gie si in dem sinne
ie tages an die louben
und wartet in dem glouben
des ritters, ob er kæme,
dazs ir minne wider næme,

Er wartete nicht länger.
Das Mädchen aber rief ihm nach:
»Herr, was habt Ihr es so eilig?
Warum nehmt Ihr Euch die Minne nicht gänzlich?
Ich merke, bei Gott, genau,
daß Ihr sie nicht ganz genommen habt.
Wenn Ihr nicht zurückkommt,
tut es mir leid, daß Ihr den Schaden habt.«
Der Ritter ritt lachend davon.
Nun hatte ihre Mutter die
Messe gehört und war zurückgekommen.
Als die Tochter sie sah,
lief sie ihr entgegen und rief:
»Schau, liebe Mutter, sieh,
sanfte Mutter, was ich habe!
Ein wunderschönes Häslein.«
Sie antwortete: »Sag, mein Kind,
wer gab Dir dieses hübsche Tierchen?«
Sie erklärte ihr ganz genau,
wie sie den Hasen gekauft hatte.
Da wurde sie an ihren blonden Haaren gezerrt;
dann zerkratzte die Mutter
ihr die hellen Wangen
mit ihren bösen Fingern.
Die Tochter war behender.
In großen Sprüngen floh sie,
so entzog sie sich ihrem Zorn.
Die junge Frau bekümmerte dieses Unglück,
doch schmerzten sie die Schläge mehr
als der Verlust der Minne.
Sie fühlte in ihrer Brust keine Trauer
nach der verlorenen Minne.
In dieser Stimmung ging sie
jeden Tag zur Laube
und wartete dort
auf den Ritter und glaubte, wenn er zurückkäme,
könne sie ihre Minne wieder zurücknehmen;

unde ir tæte, als er ê tet,
daz siu ir minne wider het,
als obe der koufschaz niht wære vlorn.
des hete siu dô wol gesworn.
Nû kam er ouch geriten sider
an dem dritten tage wider.
und als siu in von êrste an sach,
vil lûte rief si unde sprach,
alse siu niht hete sinne:
»herre, mîne minne
süllent ir mir herwider geben!
ich hân ein martellîchez leben
und jæmerlîche hochgezît
gehabet von mîner muoter sît.
siu hât mir ûz mîn hâr gerouft;
ich hân niht wol umbe iuch gekouft.
gênt mir wider die minne mîn
und nement ir iuwer heselîn;
wir süln des koufes widerkomen.
ich hân sîn schaden gnuoc genomen,
sît ich die minne hân verlorn.«
dô sprach der ritter wolgeborn:
»müget ir dâmite ze hulden komen,
die minne, die ich hân genomen,
wær ich eine, die leite ich wider.«
nû lief diu schœne hin nider
und brâhte mit ir daz heselîn.
si sprach: »zarter herre mîn,
sît ich nû aber eine bin,
sô nement iuwern hasen hin
und gênt mir mîne minne.«
der ritter guoter sinne
ervulte dô der jungen bet.
daz er ouch âne daz gerne tet,

und wenn er mit ihr machte, was er davor gemacht hatte,
hätte sie ihre Minne wieder,
gerade so, als ob der Kaufpreis nicht verloren sei.
Das hätte sie auch beschworen.
Nun kam er wirklich
am dritten Tage zurückgeritten.
Und gleich als sie ihn erblickte,
rief sie laut und sagte,
als wäre sie ohne Verstand:
»Herr, meine Minne
müßt Ihr mir zurückgeben!
Ich habe inzwischen ein Märtyrerleben gehabt
und grauenhafte Aufführungen
mit meiner Mutter durchgemacht.
Sie hat mir die Haare ausgerissen.
Ich habe mit Euch kein gutes Geschäft gemacht.
Gebt mir meine Minne wieder
und nehmt Euer Häslein zurück!
Wir wollen den Kauf rückgängig machen.
Ich hatte genug Schaden davon,
weil ich die Minne verloren habe.«
Da antwortete der hochwohlgeborene Ritter:
»Wenn Ihr damit wieder in Gnaden aufgenommen werdet:
die Minne, die ich entgegengenommen habe,
die gäbe ich Euch gerne zurück, aber alleine müßten wir sein!«
Da lief die Schöne nach unten
und brachte das Häslein mit.
Sie sagte: »Mein lieber Herr,
da ich nun alleine bin,
nehmt Euren Hasen zurück
und gebt mir meine Minne!«
Der Ritter
erfüllte frohgemut die Bitte der jungen Frau.
Um das, was er ohnehin mit Vergnügen tat,

des liez er lîhte sich erbiten.
man pfliget noch der selben siten:
swar zuo dem manne stât sîn muot,
daz er daz durch kleine bete tuot.
Sus wart von eime wîbe maget.
daz ist doch selten mê gesaget,
ich mein'z alsus, nû merkent daz:
si wânde sîn, als's ê des was,
ein maget wider worden
âne megetlîchen orden.
wer zwîvelt an dem mære,
dem guoten ritter wære
mit ir reiner minne wol?
nieman daz unbilden sol
noch waz der âventiure geschiht,
als uns daz mære hie vergiht.
der minnen übergulde,
nu wer behuop ir hulde?
der ritter sældenrîche,
daz diu minneclîche
wânde ein maget sîn, als ê,
des siu verworht habet ê.
und dô disiu âventiure ergie,
diu juncvrouwe dicke blicket ie
an ir vil liebez heselîn.
ouch tet er sîne tugent schîn
und liez ir ir minne wider
und gap ir ouch den hasen sider,
der bleip ir zuo gewinne.
si dûhte in ir sinne,
siu het ez wol geschaffet,
und er wære gar veraffet.
Nu dô der ritter wolbedâht
sîn pfert ze velde hâte brâht,
dô was ouch komen ir müeterlîn.
daz kint tet ir aber schîn
und lief vil balde gegen ir

ließ er sich gerne bitten.
Man handelt heute noch genauso:
Wonach dem Mann der Sinn steht,
darum läßt er sich gerne bitten.
So wurde aus einer Frau ein Mädchen.
So etwas bekommt man selten erzählt;
ich meine es so, paßt auf:
sie glaubte das zu sein, was sie vorher war,
wieder zur Jungfrau geworden,
ohne zu den Jungfrauen zu gehören.
Wer will daran zweifeln,
daß dem guten Ritter
ihre unschuldige Liebe gefiel?
Niemand soll das mißbilligen
noch das, was hier sonst noch alles geschieht
und wovon diese Geschichte erzählt.
Der Inbegriff der Minne:
wer hat denn ihren Segen verdient?
Der Ritter, ein Günstling des Glücks,
weil das liebenswerte Mädchen
wieder Jungfrau zu sein glaubte wie vorher
und dies doch bereits verspielt hatte.
Und als sich das so abspielte,
schaute das Mädchen immer wieder
auf ihr geliebtes Häslein.
Und er zeigte auch seine ganze Ehrlichkeit,
ließ sie ihre Minne zurückhaben
und gab ihr dazu auch noch den Hasen;
der war ihr Gewinn.
Sie glaubte bei sich,
sie habe es richtig gemacht
und er sei hereingefallen.
Als nun der Ritter ganz überlegen
mit seinem Pferd aus dem Dorf geritten war,
da kam auch ihre Mutter zurück.
Das Mädchen machte sich wieder bemerkbar
und rannte schnell auf sie zu

und rief vil lûte, mê den zwir:
»nû, muoter, mac ich noch genesen!
der ritter der ist hie gewesen,
und hât mir mîne minne wider
und ouch den hasen geben sider,
den hân ich vor ze teile.«
si sprach: »wê mir dîns heiles
und owê dem gewinne!«
siu kripfte in ir sinne
ir schœne tohter in daz hâr.
si sprach: »nû weiz ich wol vür wâr,
sô daz ich dîn muoter bin,
er hât dînen magetuom dâhin,
des muoz ich iemer trûric sîn.
und owê, kint, der êren dîn!
ich solte dîn baz hân war genomen,
sô wære ich niht ze leide komen,
in dem mîn herze muoz sîn begraben,
die wîle wir daz leben haben.«
»nu gehabe dich wol, diz ist geschehen,
man sol zem besten sich versehen«,
sprach daz wênige kint.
»mîn leit daz wert âne underbint,
und wîset an mîn ende mich.«
»liebe muoter, nû trœste dich.
ich tetz und sol'z ouch gerne tragen;
swîc und lâ dîn jâmerklagen.«
des kindes trôst der alten wac.
si sprach: »noch müez ich lieben tac
an dir geleben und sælikeit!
vröude dir ist unverseit.
lâ sîn, setz ûf den borten stolz;
dîn setzen ist noch niht ze holz.
swîc, und lâ dich vrœlich sehen;
dir mac noch wunder wol beschehen.«
Darnâch wart über ein jâr,
dô wart dem ritter offenbâr

und rief mehr als einmal laut:
»Jetzt, Mutter, bin ich doch wieder geheilt.
Der Ritter ist hier gewesen
und hat mir meine Minne zurückgegeben
und den Hasen dazu,
den habe ich zusätzlich als Geschenk.«
Die Mutter antwortete: »Fluch über deine Heilung
und über diesen Gewinn!«
Sie packte in ihrer Erregung
ihre schöne Tochter an den Haaren.
Sie rief: »Ich weiß es doch nun wirklich,
so wahr ich Deine Mutter bin,
er hat Dir die Unschuld geraubt.
Darüber werde ich nie hinwegkommen.
Und erst Dein guter Ruf!
Ich hätte besser auf Dich aufpassen sollen,
dann wäre ich nicht in dieses Unglück gestürzt,
in dem mein Herz nun begraben bleiben wird,
solange wir leben.«
»Nun sei guten Mutes, es ist passiert,
man sollte das beste daraus machen«,
sagte das zarte Kind.
»Mein Leid währt ohne Ende,
meine Gedanken richten sich auf den Tod.«
»Liebe Mutter, beruhige Dich!
Ich habe es getan und werde das freudig ertragen.
Sei still und laß Deine verzweifelten Klagen!«
Der Trost ihres Kindes wog für die Mutter schwer.
Sie rief: »Gute Tage möge ich noch
mit Dir erleben und Glück.
Die Freude wird Dir nicht versagt bleiben.
Laß gut sein, setze den stolzen Kranz auf;
es ist noch nicht alles verloren.
Rede nicht davon und gib Dich fröhlich;
Dir mag noch viel Wunderbares bevorstehen.«
Danach übers Jahr
wurde dem Ritter vor aller Welt

einer juncvrouwen lîp
gelobet vür ein êlich wîp,
diu was schœne unde kluoc,
wol gevriunt und rîch genuoc,
unt truoc der meide schappelîn,
durch daz si ein maget solte sîn:
der borte ist der megede reht.
der êren ein getriuwer kneht
versach sich niht wan guotes.
des was er hôhes muotes
und bewac sich kosten unde schaden.
vrouwen unde herren laden,
die er ze vriunt bekande,
begunde er in dem lande
ze sîner êren hôchgezît.
nu prüevet, wâ mîn wân an lît:
swaz geschehen sol, daz geschiht;
alsô wæne ich, und anders niht.
daz wart an disen dingen schîn:
ez ergienc, als ez solte sîn.
Der werde junge ritter fîn
gedâht ouch an sîn heselîn
unde an daz kint gehiure,
und aller der âventiure,
wie ez umbe den kouf ergie.
sîn edel herze niht enlie,
si müeste dâ ze hove sîn,
sîn juncvrouwe und ir heselîn.
wie het er si gelâzen dâ!
hiemite reit er hin iesâ,
dâ ime der liebe kouf geschach.
diu juncvrouwe von êrste ersach
ir vriunt, ze dem si herze truoc.
si sprach: »liebe muoter, luog,
der ist, der die minne nam.«
dâvon diu muoter sêre erkam:
»ach, kint, wes hâstu mich ermant!«

eine junge Dame
als Gattin verlobt,
die schön war und verständig,
aus guter Familie und mit großem Besitz,
und die den Jungfernkranz trug,
an dem sie als unberührte Frau zu erkennen war:
Dieser Kranz ist das Vorrecht der Jungfrauen.
Unser aufrichtiger Diener der Ehre
erwartete nur Gutes.
Deshalb war er froher Stimmung
und stürzte sich in Ausgaben und Unkosten.
Damen und Ritter,
die er zu seiner Verwandtschaft zählte,
lud er aus dem ganzen Land
zu seinem Ehrenfest.
Nun hört Euch an, was ich dazu meine:
Was geschehen muß, das geschieht.
Das glaube ich und nichts anderes.
Es wurde auch an dieser Geschichte offenbar:
es passierte, was passieren mußte.
  Der edle, vornehme Junker
dachte auch an sein Häslein
und an das hübsche Mädchen
und an all die Dinge,
die sich bei diesem Kauf ereignet hatten.
Sein großmütiges Herz bestand darauf,
daß auch sie an seinen Hof kämen,
das Mädchen und ihr Häslein.
O hätte er sie nur zu Hause gelassen!
Er ritt also gleich dorthin,
wo sich der Handel mit der Liebe abgespielt hatte.
Das Mädchen erblickte als erste
ihren Freund, dem sie zugetan war.
Sie rief: »Sieh, liebe Mutter,
das ist der, der sich die Minne nahm!«
Die Mutter erschrak darüber sehr:
»Ach Kind, woran hast Du mich erinnert!«

nu was ouch er hinzuo gerant
unde bat die vrouwe, ir müeterlîn,
daz si iemer durch den willen sîn
ze sîner êren kæme,
und daz si mit ir næme
die juncvrouwe und ir heselîn.
si gedâhte: »owê der êren mîn!
kum ich zuo des hôchgezît,
der mîne tohter hât gevrît
ze kebse, wan ich den sihe an,
wie lützel ich dan vröuden hân,
sît er des hoves solte
billîch, ob er wolte,
pflegen mit der tohter dîn.
ouch vürht ich sêre, und lâz ich sîn,
daz er offene die geschiht.«
si wolt imz eht versagen niht.
»Herre, gerne«, sprach si dô,
»ich bin iuwer êren vrô.
wir süllen beide gerne komen.«
dô sprach der ritter ûzgenomen:
»genâde und danc habent iemer;
der tugende vergiz ich niemer.«
er schiet von dannan heim vil vrô.
nu sich diu zît getruoc alsô,
daz er an sîner vröuden tac,
an dem sîn hôchgezît gelac,
durch kôsen bî ir sîten saz,
diu ime gelobet ze wîbe was,
ein wunder dô kam în geriten:
daz kint mit kintlîchen siten,
von dem ich ê hân geseit,
und brâhte sîn heselîn gemeit
mit ime, ân arge liste.
der wirt, der dâ wol wiste,
wie der hase wart gekouft,
und wie diu tohter wart zerrouft,

Da war er auch schon herangekommen
und bat die Frau, ihre liebe Mutter,
sie möge seinetwegen
zu seinem Ehrentag kommen
und das Mädchen und ihr Häslein
mit sich bringen.
Sie dachte sich: »Ach je, meine Ehre!
Wenn ich zur Hochzeit des Mannes komme,
der meine Tochter zur Kebse gemacht hat,
und den vor mir sehe:
wie wenig Freude macht mir das,
da er doch das Fest
von Rechts wegen, wenn er nur wollte,
mit meiner Tochter bestreiten müßte.
Doch fürchte ich sehr, wenn ich mich weigere,
wird er die ganze Geschichte aufdecken.«
Sie wollte es ihm also nicht abschlagen.
»Gerne, mein Herr«, sagte sie also,
ich freue mich über diese Ehre.
Wir werden beide gerne kommen.«
Da sagte der treffliche Ritter:
»Habt Dank auf immer!
Diese Gunst werde ich niemals vergessen.«
Er verabschiedete sich und ritt glücklich nach Hause.
Als es sich nun so ergab,
daß er an seinem Freudentag,
an dem seine Hochzeit stattfinden sollte,
zärtlich plaudernd an der Seite jener saß,
die seine Frau werden sollte,
da kam – ein wahres Wunder –
das Mädchen hereingeritten in seiner kindlichen Art,
von dem ich Euch schon erzählt habe,
und brachte das hübsche Häslein
mit, ohne jede Arglist.
Der Herr, der sehr genau wußte,
wie der Hase erworben worden war
und wie die Tochter zerzaust wurde

und wie der wehselkouf geschach,
der lachete unt tet einen kach
und began sô sêre lachen
von den selben sachen
und mohte sich des niht enthaben,
daz man in ieze wolte laben,
und wider kûme kam ze sich.
dô wolte vrâgen meneclich,
wes er gelachet hæte.
des enthuop sich wol der stæte.
ich wæne, er sîne heinlikeit
vil ungerne ieman hæte geseit.
Nu begunde in ouch daz vröuwelîn,
diu sîn gemahel solte sîn,
mit ernstes vrâge understân,
durch waz er hæte getân
sô herzeclîchez lachen.
dô wolt er die sachen
niht entsliezen und bat sî,
daz si in der vrâge lieze vrî.
der vürwiz reizete si dô mê,
wan ir bete starker wart dan ê.
siu wolte wizzen dô bînamen,
wâvon kæme dirre gamen.
dô wert er sich: »entuo sîn niht.«
si sprach: »ir sagent mir dise geschiht,
samir leben unde lîp,
oder ir gewinnet niemer guot wîp
an mir unde lieben tac.«
der vrouwen kriec dô nider wac,
daz er der jungen briute zart
ir willen volgende wart
unde si dô gewerte
der rede, der si gerte,
und seit ir von des hasen vart,
wie er in dem korne erslichen wart

und wie das ganze Geschäft sich abgespielt hatte,
der lachte und platzte laut heraus
und lachte so sehr
über diese Geschichte
und konnte sich gar nicht mehr einkriegen,
daß man ihm gleich helfen wollte
und er kaum wieder zu sich kam.
Da wollten alle wissen,
worüber er gelacht hatte.
Dem entzog sich dieser Ehrenmann.
Ich glaube, er wollte sein Geheimnis
nicht gerne irgend jemandem sagen.
Jetzt fing aber auch das Edelfräulein,
das seine Gattin werden sollte, an,
ernsthaft auf der Frage zu bestehen,
aus welchem Grunde er
so herzlich gelacht hatte.
Er wollte das Rätsel
aber nicht lösen und bat sie,
daß sie ihm die Antwort erlasse.
Das reizte ihre Neugier aber nur noch mehr,
denn ihre Bitten wurden noch drängender als vorher.
Sie wollte jetzt unbedingt wissen,
wovon diese Heiterkeit komme.
Er wehrte ab: »Hört auf damit!«
Sie antwortete: »Ihr erzählt mir diese Geschichte,
bei meinem Leben,
oder Ihr werdet an mir niemals eine gute Frau haben
und keinen glücklichen Tag.«
Die Drohungen der Frau zogen die Waagschale nach unten,
und er tat seiner jungen, schönen Braut
ihren Willen
und gab ihr
die Auskunft, die sie haben wollte,
und erzählte ihr von der Jagd nach dem Hasen,
wie er im Kornfeld aufgespürt worden war

und wie er darnâch wart verkouft
und wie diu tohter wart zerrouft,
daz siu die minne verlôs,
und wie er si aber wider nôz,
do er ir die minne wider gap.
si sprach: »samir daz heilige grap,
diu was ein rehte tœrîn:
hete siu gehabet den willen mîn,
si enhet ez, weiz got, niht geseit.
ez was ein grôze tumpheit.
inâ! joch het mir unser kappelân
wol hundertstunt alsô getân,
und wær mir, weiz got, noch hiute leit,
würde ez der muoter mîn geseit.
inâ! waz seit si rehtez tœrlîn,
wan lie si niht ir klaffen sîn!«
Dô der ritter diz vernam,
ein schrecke im an sîn herze kam.
sîn varwe sô verwandelt was,
daz er kûme gesaz,
ieze bleich und denne rôt,
als im der schrecke dô gebôt.
und dô er wider sich versan,
zehant er trahten began,
wie der rede wære dô.
er gedâhte: »ist disem dinge alsô,
sô wirt mîn brûtluft volbrâht
anders, dan ich hân gedâht.«
sîn sitzen was niht langer.
in eime zorne ûf sprang er,
er lie hin gen dem kinde drasen,
daz dô was komen mit dem hasen.
bî sîne sîte sat er die,
die er von êrst mit spotte enpfie.
swaz durch in dar komen was,
dô sich daz allez zesamen gelas,
beide vrouwen unde man,

und auf welche Weise er dann verkauft wurde
und wie das Mädchen ganz zerzaust wurde,
weil sie die Minne verloren hatte,
und wie er sie dann noch einmal genießen konnte,
als er ihr die Minne zurückgab.
Die Dame sagte: »Beim Heiligen Grab,
die war wahrhaftig eine Närrin.
Wenn sie von meiner Statur gewesen wäre,
dann hätte sie das wirklich nicht erzählt.
Das war eine Riesendummheit.
Mein Gott! Schließlich hat unser Kaplan mit mir
wohl hundertmal das gleiche getrieben,
und es täte mir, weißgott, noch heute leid,
wenn man es meiner Mutter sagte.
Mein Gott! Warum redete dieses Närrchen,
warum ließ sie ihr Geplapper nicht sein.«
Als der Ritter das hörte,
wurde es ihm kalt ums Herz.
Er wechselte die Farbe
und konnte sich kaum aufrecht halten,
einmal bleich, dann rot,
so setzte ihm der Schrecken zu.
Und als er wieder zu sich kam,
begann er sofort zu überlegen,
was es mit dieser Rede auf sich habe.
Er dachte bei sich: »Wenn dem so ist,
dann wird meine Hochzeit
anders ablaufen, als ich dachte.«
Es hielt ihn nicht länger auf dem Sitz.
Voller Wut sprang er auf;
er eilte zu dem Mädchen,
das mit dem Hasen gekommen war.
An seine Seite setzte er die,
die er erst mit Gelächter empfangen hatte.
Alle, die seinetwegen gekommen waren,
was sich da zusammengefunden hatte,
Ritter und Damen,

si wânten eine brût hân
an der gemahelten maget.
ûf stuont der wirt, sô man saget,
und hiez sich hœren überal
und seite von obene zetal
vil eben, wie ez ergangen was,
umbe diz unde umbe daz,
wie köuflich er daz kint gewan,
und wie er ir minne vuorte dan,
und wie er sî ir gap hinwider.
darnâch seit er aber sider,
wie ez umbe die brût was getân
und ouch umbe ir kappelân.
Unde alse er volle seite,
dô bat er gereite,
die sîne vriunde wâren dâ,
daz si ime durch liebe seiten sâ
unde des würden inein,
welhiu in geviele under den zwein,
daz er die sîme lîbe
behüebe z'einem wîbe.
dô rietens an der stunde
alle mit einem munde,
daz er die junge fîne
mit dem heselîne
ze rehte wîben solte,
ob er gedenken wolte,
waz billich wære und êre.
do enbeitet er niht mêre,
er nam si mit des pfaffen hant.
diu ander wart wider heim gesant
zuo irme kappelâne.
Noch bin ich in dem wâne
und gloubz und wil es iemer jehen:
daz sîn sol, daz muoz geschehen.
als an disen selben zwein
geschach und offenlich erschein.

die hielten
das verlobte Fräulein für seine Braut.
Der Herr trat nach vorne
und ließ sich weithin vernehmen
und sagte von dort oben hinab
in gemessenen Worten, was geschehen war,
das eine wie das andere:
wie er das Mädchen durch einen Kauf erworben hatte
und wie er ihr ihre Minne wegnahm
und wie er sie wieder zurückgab.
Danach erzählte er aber auch,
wie es um seine Braut stand
und auch um ihren Kaplan.

Und als er zu Ende war,
da bat er ohne Zögern
seine Verwandten,
daß sie ihm als Freunde sagten
und sich darüber einig würden,
welche von den beiden ihnen besser gefiele,
damit er sich die
als Frau nehme.
Da rieten sogleich
alle wie aus einem Mund,
daß er die zarte Kleine
mit dem Häslein
mit vollem Recht heiraten müßte,
wenn er bedächte,
was Billigkeit und Ehre ausmacht.
Da zögerte er nicht mehr länger,
er nahm sie mit dem Segen des Priesters zur Frau.
Die andere wurde wieder nach Hause geschickt
zu ihrem Kaplan.

Es ist immer noch meine Meinung,
und ich glaube das und werde es immer verkünden:
Was geschehen muß, das geschieht –
so wie es mit diesen beiden
passierte und vor allen Leuten sichtbar wurde.

JOHANNES VON FREIBERG
DIZ BÜECHEL HEIZET DAZ RÄDELIN UND IST VON EINEM MAIDELIN

Jôhannes von Vrîberc,
der mangez wunderlîche werc
ûf der erden würken kan,
der wil aber heben an
und uns ein büechel tihten
von seltsænen geschihten.
ez ist wâr, daz ez geschach,
wan der ez hôrt unde sach,
der sagt mirz vür die wârheit.
nû hœret, lieben kint gemeit,
diu seltsænen mære.
Ez was ein burgære
in einer stat gesezzen,
an tugenden gar vermezzen.
er was biderbe unde rîche,
daz man sînen gelîche
zu *den* selben stunden
niergen hête vunden
in der stat über al.
sîn lop hâte wîten schal.
er lebt ân alle schande,
wo man in dem lande
sînen namen nante,
daz man in wol erkante.
sîn vrouwe was schœne und dâ bî guot.
sie hâten beide senften muot,
des moht*en* sie mit vröuden alden
und aller sælden walden.
der burger hât ein schœnez hûs,

JOHANNES VON FREIBERG
DAS RÄDLEIN

Johann von Freiberg,
der viele erstaunliche Dinge
auf dieser Welt ins Werk setzen kann,
der setzt nun von neuem an
und wird uns ein Gedicht schreiben
über merkwürdige Geschehnisse.
Es ist wahr, daß das passiert ist,
denn einer, der es gesehen und gehört hat,
hat es mir als Wahrheit erzählt.
Nun hört, meine lieben Freunde,
diese sonderbare Geschichte.
Es lebte ein Bürger
in einer Stadt,
voll der vorzüglichsten Eigenschaften.
Er war tüchtig und reich;
einen zweiten dieser Art
hätte man damals
nirgendwo
in der ganzen Stadt finden können.
Sein Ruhm war weit verbreitet;
er lebte ohne irgendwelche Skandale,
und deshalb sprach man, wo immer im Land
sein Name genannt wurde,
gut von ihm.
Seine Gemahlin war schön und von edler Gesinnung;
sie waren beide sehr liebenswürdig,
und so konnten sie ohne Sorgen alt werden
und über alles Glück verfügen.
Der Bürger besaß ein prächtiges Haus,

dâ zogten herren în und ûz,
ritter und ander geste,
den tet man hie daz beste,
daz man imer kunde.
Zu der selben stunde
het der wirt einen schrîbær,
enruocht, wer er wær.
er was zühtic unde guot.
er hât sînen muot
und alle sîne sinne
gesatzet nach gewinne,
alsô daz er gerne tet
schœner vrouwen gebet.
man vint noch mangen degen,
die des selben site phlegen,
daz sie dienen vrouwen ûf rîchen solt;
weder umb silber noch umb golt,
niht wan umb ir minne:
als satzte der schrîber sîne sinne.
Mit im sô dient ein meitîn,
ûf die hât er die sinne sîn
alsô gar gekêret,
daz er was beswæret
mit maniger hande sorgen
den âbent und den morgen.
wer daz meitîn hête gesehen,
der müeste mir der wârheit jehen,
daz sie benamen wære
gar unwandelbære!
ir scheitel was wîz unde smal,
wol geschicket hin ze tal,
sie hâte zarte löckel,
sie was gesmücket als ein töckel.
zu den sîten was diu liebe smal,
sie was minnenclich über al
biz ûf *die* vüeze gemezzen:

da gingen vornehme Herren ein und aus,
Ritter und auch andere Fremde,
denen bot man immer vom Besten,
so gut es nur immer ging.
  Zu dieser Zeit
hatte der Mann einen Sekretär,
fragt nicht, wie er hieß.
Er war wohlerzogen und anständig.
Er hatte seine Absichten
und sein ganzes Streben
auf Erfolg ausgerichtet
und erfüllte deshalb gerne
die Bitten schöner Frauen.
Man findet auch sonst noch viele Helden,
die die Gewohnheit haben,
Damen für reichen Lohn zu dienen;
nicht für Silber und nicht für Gold,
nur für ihre Liebe:
danach strebte auch er.
  Mit ihm zusammen war ein junges Mädchen beschäftigt,
auf die hatte er sein ganzes Sinnen und Trachten gerichtet;
das machte ihm
Sorgen,
früh und spät.
Wer dieses Mädchen gesehen hat,
der wird mir zustimmen,
daß sie wahrhaftig
ohne irgendeinen Fehler war.
Ihre Stirn war weiß und schmal,
wohlgeformt war sie nach unten,
sie hatte feine Locken
und war geputzt wie ein Püppchen.
An den Hüften war die liebenswerte Frau schmal,
sie war rundum begehrenswert,
bis herunter zu den Füßen betrachtet:

got hâte an ir nihts vergezzen.
ir munt brant als ein rubîn:
daz brâht den schrîber dicke in pîn,
daz er niht zeiner stunt
solte küssen iren rôten munt;
ir wangen lûhten als die rôsen.
wen er durch lieplîch kôsen
zuo der juncvrouwen gegienc,
übellich sie ez enphienc.
er bat sie lieplich umb ir minne.
sie sprach: »ir hât niht guoter sinne,
ir ret als *iu zem ein* holre.
mich dunket wol ir hât den kolre,
der gêt iu in dem houbt entwer.
iuwer rede ist mir unmær,
iuwer rede sult ir iuch mâzen
und sult mich mit gemache lâzen;
ich wilz iu vürbaz niht vertragen,
ich wil ez mînem herren sagen!«
waz er güetlich wider sie sprach,
übellich sie ie wider stach.
sprach er »jâ«, sie sprach »nein«,
alsô hullen sie in ein.
sprach er »swarz«, sie sprach »wîz«,
dar an legte sie iren vlîz.
waz er an ir *geruochte*,
nimer sie daz guot gedûhte.
Des krieges sie lange mit im phlac,
biz an einen suntac,
dô hâten sie vil vremder geste
und mit arbeit überleste.
von dem morgen biz verre in die naht
hât diu juncvrou gewacht.
die geste wâren slâfen *gegangen*:
sus was diu juncvrou bevangen
mit müede und mit arbeit;
ûf eine banc het sie sich geleit.

Gott hatte nichts an ihr vergessen.
Ihr Mund leuchtete wie ein Rubin:
Es bedrückte den Schreiber oft,
daß er nicht irgendwann einmal
ihren roten Mund sollte küssen dürfen;
ihre Wangen leuchteten wie Rosen.
Wenn er zum Plaudern und Schmeicheln
zu dem Mädchen ging,
empfing sie ihn unwirsch.
Er bat sie freundlich um ihre Liebe.
Sie sagte: »Ihr seid nicht bei Verstand,
Ihr redet, als brauchtet Ihr ein wenig Holler.
Ich glaube, Ihr habt einen Stich;
der sitzt Euch quer im Kopf.
Euer Gerede ist mir zuwider,
Ihr sollt das einstellen
und mich in Ruhe lassen;
ich werde das künftig nicht mehr dulden,
ich werde es meinem Herrn erzählen.«
Was immer er Freundliches zu ihr sagte,
sie giftete bösartig zurück.
Sagte er ja, dann sagte sie nein.
So stimmten sie zusammen.
Sagte er schwarz, dann sagte sie weiß,
darauf kam es ihr an.
Was er von ihr wollte,
das fand sie niemals richtig.
Dieses Gestreite hielt sie lange durch,
bis zu einem Sonntag,
an dem sie viele Gäste hatten
und eine Unmenge Arbeit.
Vom Morgen bis weit in die Nacht
war das Mädchen auf den Beinen gewesen.
Die Gäste waren schlafen gegangen:
da wurde auch das Mädchen
von Müdigkeit und Erschöpfung ergriffen;
sie legte sich auf eine Bank.

Der schrîber gegangen quam,
der juncvrouwen er war genam,
daz sie entslâfen was.
ûf den oven er gesaz;
sie slief, er wachte.
der schrîber gedâhte
wunderlîcher dinge vil,
der ich niht aller sagen wil.
sînen vinger begond er netzen
und an einen stein wetzen,
daz er aller râmic wart.
hin huop er sich an die vart,
daz lieht nam er in die hant,
er huop der juncvrouwen ûf ir gewant
hôch über daz kinne,
daz sie sîn nie wart inne.
dô sach er stên ir brüstelîn
alsam zwei *pardîsepfelîn.*
wer sich mit vröuden,
besunder göuden
dar zu hête gesmücket,
dem wær sîn trûren entzücket.
von *den* vröuden ich niht,
wan ich bin enwiht,
vollen gesagen mac;
in dûhte tûsent iâr ein tac.
Ir lîp was allenthalben sleht,
gestalt wol nâch wunsche reht.
zen sîten was diu liebe smal,
lieplich geschicket hin ze tal
biz ûf der rôsen gertel:
wer nâch lust ein vertel
solde dar zu hân getân,
der müeste allez trûren lân.
obwendic dem rôsenbüschelîn
mit dem rehten vinger sîn,
mâlet er ir ein redel,

Da kam der Schreiber vorbei
und merkte,
daß das Mädchen eingeschlafen war.
Er setzte sich auf den Ofen;
sie schlief, er wachte.
Dem Schreiber gingen
mancherlei merkwürdige Dinge durch den Kopf,
von denen ich gar nicht reden will.
Er machte seinen Finger naß
und rieb ihn an einem Stein,
daß er ganz schmutzig wurde.
Dann machte er sich auf,
er nahm das Licht in die Hand
und schob das Kleid des Mädchens
über das Kinn hoch,
so daß sie ihn nicht sehen konnte.
Da sah er ihre kleinen Brüste
sich wie zwei Granatäpfel hervorwölben.
Wer sich mit Vergnügen,
ohne lautes Prahlen,
dort angeschmiegt hätte,
dem wäre die Trauer vergangen.
Von diesen Freuden kann ich,
weil ich ein Niemand bin,
nicht ausführlich erzählen;
ihm jedenfalls schienen tausend Jahre wie ein Tag.
Ihr Körper war rundum vollkommen,
ganz wie man es sich wünschen mochte.
An den Hüften war sie schmal,
lieblich geformt nach unten
bis zum Rosengärtlein:
wer zum Vergnügen einen Ausflug
dorthin unternommen hätte,
der hätte alles Trauern lassen können.
Oberhalb des Rosenbüschleins
malte er mit seinem rechten Finger
ihr ein Rädlein auf,

als ein kleinez medel
lîse dar über gekrochen wære.
nû hœret vürbaz disiu mære!
under dem nabel an der wîze
macht er irz mit vlîze
al umbe und umbe sinewel,
mit swarzem râme ûf ir wîzez vel.
jâ nimt mich wunder wes er gedâht,
daz er die wîle niht enlacht.
dô daz redel wart bereit,
diu kleider wider über geleit
wurden der juncvrouwen an der stunt;
er kuste sie an iren rôten munt.
der schrîber sich umbe karte
mit mangem klegelîchen worte.
Nu merket disiu mære:
wie dem ze muote wære,
der dô wære gesezzen
drî tage ungezzen,
und in einen garten quæm gegangen,
vil obzes sæhe vor im hangen
und torst sîn doch niht brechen:
als mac ich dem schrîber sprechen,
daz er sô von dannen gienc,
daz er sie niht umbe vienc.
des leit er grôzen smerzen
im grunt sînes herzen.
er gienc zu bette slâfen,
er schrei vil lûte wâfen
über die siuberlîche meit,
daz im sîn vröude wart verseit
von ir alze sêre.
waz sol ich iu sagen mêre?
im begonde sêre erlangen,
als einem vische, dem dâ ist engangen
daz wazzer und lechet ûf dem lande:

als wenn ein kleines Würmchen
sanft darüber gekrochen wäre.
Nun hört diese Geschichte weiter.
Unter dem Nabel, wo es weiß war,
da machte er es sorgfältig,
ganz und gar rund,
mit schwarzem Ruß auf ihre weiße Haut.
Da hätte ich wirklich gern gewußt, woran er dachte,
damit er dabei nicht lachen mußte.
Als das Rädlein fertig war,
wurden die Kleider gleich wieder
über das Mädchen gelegt;
er küßte sie auf ihren roten Mund.
Der Schreiber wandte sich
mit bedauernden Worten ab.
Nun beachtet dabei aber dies:
wie es einem zumute ist,
der drei Tage
ohne Essen war
und in einen Garten kommt,
dort Obst in Fülle vor sich hängen sieht
und sich nicht traut, es zu pflücken:
so muß ich den Schreiber beschreiben,
weil er wieder wegging,
ohne sie zu umarmen.
Dadurch litt er
im Grunde seines Herzens sehr.
Er legte sich ins Bett,
er schrie laut vor Schmerz
über das schöne Kind,
weil sie ihm die Freude
gar zu hartnäckig verweigerte.
Was soll ich Euch weiter erzählen?
Er war voller Verlangen,
wie ein Fisch, dem
das Wasser abhanden gekommen ist und der am Land vertrocknet.

sust was dem schrîber ande;
sîn herze in jâmer eitte,
daz er kûme erbeitte
biz an den liehten morgen
mit manger hande sorgen.
Do er die juncvroun an sach,
gar lieplich er zuo ir sprach:
»got geb dir guoten morgen!«
sie sprach: »ir habt vil zu sorgen!
wâr nâch welt ir dâ wider streben,
wil mir got einen guoten morgen geben?
wirt mir ein guoter morgen nu,
daz kumt von iuwerm wünschen niht zu;
iuwers gruo*zes* ich wol enbære,
wan *er* ist mir gar unmære.«
er sprach: »eia, wie redest du nu?
jâ spræche dû mir güetlichen zu
dô ich dich güetlich umbevienc
und mîn wille an dir ergienc.
dô swigest dû vil stille,
wen ez was ein guoter wille«.
sie sprach: »entriuwen daz ist niht wâr.
ich wold ê hût und hâr
mir abe schinden lâzen.
als wærlich sît ir verwâzen
hiut und iemer mêre,
wolt ir mir mîn êre
alsô mit worten rouben.«
»wilt dû mirz niht gelouben«,
sprach der schrîbære,
»daz ist mir gar unmære.
daz sprich ich âne smeichen.
ich wil dirs geben ein zeichen,
daz du selber muost jehen,
daz ez vür wâr ist geschehen.
wan dô ich bî dir gelac,

So war der Schreiber ganz unglücklich.
Sein Herz glühte im Schmerz,
und er konnte kaum
den hellen Morgen erwarten,
von Sorgen beschwert.
Als er das Mädchen erblickte,
sagte er ganz liebenswürdig zu ihr:
»Gott gebe Dir einen guten Morgen!«
Sie antwortete: »Ihr habt vielleicht Sorgen!
Was wollt Ihr denn dann,
wenn Gott mir einen guten Morgen gibt?
Wenn der Morgen schön wird,
dann kommt das bestimmt nicht von Euren Wünschen;
auf Euren Gruß könnte ich gut verzichten,
denn er ist mir lästig.«
Er sagte: »Ei, wie redest Du denn?
Du hast doch recht freundlich mit mir geredet,
als ich Dich liebevoll in den Armen hielt
und mein Wille sich an Dir erfüllte.
Da warst Du fein still,
Du wolltest es so.«
Sie sagte: »Meiner Seel, das ist nicht wahr.
Lieber wollte ich mir Haut und Haar
abziehen lassen.
Verflucht sollt Ihr wahrhaftig sein,
heute und für alle Zukunft,
wenn Ihr mir meine Ehre
mit solchem Gerede rauben wolltet.«
»Wenn Du mir's nicht glauben willst«,
sagte der Schreiber,
»dann tut mir das leid.
Ich sage es im Ernst.
Ich will Dir dafür ein Zeichen geben,
damit Du selbst sagen mußt,
daß es wirklich geschehen ist.
Denn als ich bei Dir lag,

biz schiere wolde werden tac,
dô mâlet ich dir ein redelîn
vorne an dem bûche dîn,
ê dannen ich von dir schiet;
mîn sin mir daz riet,
sint ich die wârheit reden sol.
jâ west ich daz selbe vor wol,
daz etlicher vrouwen stêt ir site,
daz sie niht wil, daz man sie bite;
unde ê sie danne tæte
des man si güetlich bæte,
sie begünde ê sprechen unde jehen,
ez wær ir slâfende geschehen.
ez sî dir liep oder leit,
sô ist ez doch diu wârheit.«
sie sprach: »entriuwen ist daz wâr,
sô sint guldîn mîniu hâr.«
er sprach: »nû mahtu ez besehen,
sô muost du mir der wârheit jehen«.

Sie gienc in einen garten,
und wolde der wârheit warten.
sie trat *hinder* einen boum,
sie greif nider an den soum,
sie huop ûf ir underste wât:
dô sach si stênd ein swarzez rat
an irem bûche vorne.
der juncvrouwen wart vil zorne.
sie sprach: »wie hât er imz gedâht,
oder welcher tiuvel hât in brâht
sô nâhen zuo mînem lîbe?
hât er mich ze wîbe
alsô slâfende gemacht,
sô hât got wunder an mir *geaht*.
daz mac aber niht zu komen!
wie solde er mir hân benomen
slâfende mîn êre?
des engeloube ich niemer mêre.«

bis es schon fast Tag wurde,
da malte ich Dir ein Rädlein
auf Deinen Bauch,
bevor ich wegging.
Meine Klugheit hat mir das eingegeben,
um die Wahrheit zu sagen.
Denn das habe ich ja schon vorher gewußt,
daß viele Frauen es so halten,
daß sie unsere Bitten nicht erfüllen wollen;
und bevor sie es dann doch getan haben sollen,
worum man sie so freundlich gebeten hat,
würden sie lieber sagen,
es sei ihnen im Schlaf zugestoßen.
Ob es Dir gefällt oder nicht,
es ist doch die Wahrheit.«
Sie antwortete ihm: »Freilich, wenn das wahr ist,
dann sind meine Haare aus Gold.«
Er sagte: »Du kannst es Dir anschauen,
dann mußt Du mir die Wahrheit zugeben.«
   Sie ging in den Garten
und wollte nach der Wahrheit sehen.
Sie trat hinter einen Baum,
sie griff nach unten an den Saum
und hob ihr Unterkleid hoch:
da sah sie ein schwarzes Rad
vorne an ihrem Bauch.
Wut ergriff das Mädchen.
Sie sagte: »Wie hat er sich das ausgedacht
oder welcher Teufel
hat ihn so nah an mich herangebracht?
Wenn er mich
im Schlaf zur Frau gemacht hat,
dann hat Gott ein Wunder an mir gewirkt.
Das kann aber doch nicht passieren!
Wie sollte er mir
im Schlaf meine Ehre genommen haben?
Das glaube ich niemals.«

Sus saz diu juncvrou und dâhte,
vil gedanke sie vür brâhte.
zetal sie aber nider sach
an daz redel unde sprach:
»schrîber kunnen liste vil.
dar umbe ich wol gelouben wil,
daz ez mit listen ist dar zu komen,
daz mir mîn meittuom ist benomen.
waz kindischer gedanke
und valscher wanke,
waz tœrehter sinne hân ich nu?
wie mohte daz imer komen zu,
daz mir solde alsô ein man
mînen meittuom gewinnen an,
daz ich sîn niht gewar würde?«
Sus truoc sie swære bürde
mit gedanken an irem herzen,
dâ von sie hette smerzen
von prîme biz ûf mitten tac,
daz sie grôzer sorgen phlac.
sie begonde aber her wider lesen:
»herre got, wie ist mir gewesen,
daz er mir daz redelîn
hât gemâlet an den bûch mîn?
ja ist mir in mînen gedunken,
ich sî gewesen trunken;
sô hât er mit mir getân,
waz er durch got niht wolde lân.
nû wil ich rehte zu im gên
und wil in biten unde vlên,
ob er mir welle verjehen,
wie mir armen sî geschehen,
daz ich mînen meittuom hân verlorn.«
Sus hêt diu juncvrou gesworn,
daz sie von dem schrîbær
ze wîbe gemachet wær.
bî der selben juncvrouwen

So saß das Mädchen da und überlegte,
viele Gedanken gingen ihr durch den Kopf.
Sie blickte wieder an sich herunter
auf das Rädlein und sagte:
»Schreiber verstehen sich auf viele Kunstgriffe.
Deshalb will ich es halt glauben,
daß es durch einen Trick dazu gekommen ist,
daß ich meine Unschuld verloren habe.
Was bleibt mir denn nun an kindischen Überlegungen,
überflüssigen Zweifeln
und törichten Gedanken?
Wie konnte das nur geschehen,
daß mir auf diese Weise ein Mann
die Unschuld rauben konnte,
ohne daß ich es merkte?«
So trug sie die schwere Last
ihrer Gedanken im Herzen,
und das schmerzte sie
vom frühen Morgen bis mitten in den Tag;
sie war voller Sorgen.
Sie fing erneut an sich zu betrachten:
»Mein Herr und Gott, was war mit mir los,
daß er mir das Rädlein
auf den Bauch gemalt hat?
Es scheint mir fürwahr,
ich sei betrunken gewesen;
so hat er mit mir angestellt,
was er um nichts in der Welt lassen wollte.
Ich will nun doch zu ihm gehen
und will ihn dringlich bitten,
mir zu erklären,
wie sich das abgespielt hat,
daß ich arme Frau meine Unschuld verloren habe.«
So hätte das Mädchen tatsächlich beschworen,
daß sie durch den Schreiber
zur Frau gemacht worden sei.
An dieser Jungfrau

sult ir merken unde schouwen
ein alt gesprochen wort,
daz ir dicke habt gehôrt:
die vrouwen habent langez hâr
und kurz gemüete, daz ist wâr.
alsô sprach her Vrîdanc:
der vroun gemüete daz ist kranc.
Diu juncvrouwe gienc alzehant,
dar sie den schrîber vant.
dô sie den schrîber ansach,
lecheliche sie dô sprach:
»ich solde zürnen sêre,
daz ir mir mîn êre
habt alsô beroubet;
wer hat iu daz erloubet?«
er sprach: »ich habez selber getân,
du maht mich schelden oder slân,
ob dû wilt wênic oder vil.«
sie sprach: »triuwen, ich enwil
iuch slahen noch schelden.
ir sult mich sîn niht melden,
des wil ich iuch gerne biten,
durch iuwer tugent mit guoten siten;
wie ouch diu schult ist dîn,
sô wil ich doch diu beste sîn.
sint daz ez ist geschehen nu,
sô wil ich daz beste tuon dar zu.
torst ich iemer wâgen,
ich wolde doch dich gerne vrâgen,
wen mîn herze ist gedanke vol.«
er sprach: »dû maht vrâgen wol,
waz ich weiz, daz sag ich dir.«
sie sprach: »sô sage, lieber, mir,
daz dir got iemer lône,
wie hâstu mir sô schône
an gewunnen mîne minne,
daz ich sîn nie wart inne?«

sollt Ihr Euch
ein altehrwürdiges Wort vor Augen führen,
das Ihr schon oft gehört habt:
»Die Frauen haben langes Haar
und kurzen Verstand, das ist wahr.«
Meister Freidank hat es so gesagt:
»Der Verstand der Frauen ist schwach.«
  Das Mädchen ging dann
zum Schreiber.
Als sie ihn erblickte,
sagte sie freundlich:
»Ich müßte Euch böse sein,
weil Ihr mir meine Ehre
auf diese Weise geraubt habt;
wer hat Euch das erlaubt?«
Er sagte: »Das habe ich selbst gemacht,
Du kannst mich schelten oder schlagen,
so wenig oder viel Du willst.«
Sie sagte: »Bei Gott, ich will
Euch weder schlagen noch schelten.
Ihr sollt davon aber nichts erzählen,
darum bitte ich Euch
höflich, bei all Eurer taktvollen Gewandtheit.
Wenn die Schuld auch bei Euch liegt,
so will doch ich weiter vollkommen sein.
Da es nun einmal geschehen ist,
so will ich doch das Beste daraus machen.
Wenn ich mich nur trauen würde,
dann würde ich Dich gerne fragen,
denn ich denke über nichts anderes nach.«
Er sagte: »Du kannst gerne fragen,
was ich weiß, das sage ich Dir.«
Sie sprach: »Dann sage mir, mein Lieber,
– Gott möge es Dir lohnen –,
wie hast Du Dir so behutsam
meine Liebe erworben,
daß ich es gar nicht gemerkt habe?«

er sprach mit behendekeit:
»ich hât mich zu dir geleit.«
sie sprach: »wie? daz soltu sagen,
sô wil ichz niemer mêre *klagen*
und wil iemer sîn dîn eigen.«
er sprach: »ich muoz dirz zeigen,
ich kan dirz anders niht gesagen,
wie wir bî ein ander lâgen.«
sie sprach: »wâ, wen sol daz sîn?«
er sprach: »bis denne an dem bette dîn,
wenne die liute koment slâfen,
sônen darf uns nieman strâfen.«
Diu juncvrouwe kûme erbeitte,
biz sich ir herre geleite
unde ander gesinde, daz dar inne was.
zu dem schrîber sie dô saz,
sie begunde im lieplich kôsen.
der schrîber begunde ir lôsen.
sie sprach: »ez ist iezunt spâte,
gê wir in die kemnâte!«
»ich gên gerne mit dir dar,
sô hân ich angest man wert sîn gewar,
wen die liute noch alle wachen,
sô hœrt man uns beide krachen,
wen wir gên durch den ganc;
der stêt hô und ist gar lanc,
daz weistu selber wol.«
sie sprach: »dem sol ich getuon wol,
dar umbe lâz dîn klagen.
ich triuwe doch *dich* wol ze tragen,
daz man nimer wirt gewar,
daz unser zwei sint an der schar.«
er sprach: »liebe wiltu sô?«
diu juncvrou sprach: »entriuwen, jô.«
Der schrîber was niht ze laz,
der juncvrouwen er gesaz
ûf iren linken rücke.

Er antwortete geschwind:
»Ich habe mich zu Dir gelegt.«
Sie darauf: »Wie? Das mußt Du mir sagen,
dann will ich mich nicht beklagen
und will Dir für alle Zeit zu eigen sein.«
Er sagte: »Ich muß es Dir zeigen,
ich kann es Dir anders nicht erklären,
wie wir beieinander lagen.«
Sie fragte: »Wo und wann soll das geschehen?«
Er antwortete: »Sei in Deinem Bett,
wenn die Leute schlafen gehen,
dann kann uns niemand tadeln.«
  Das Mädchen konnte es kaum erwarten,
bis sich der Herr hingelegt hatte
und das übrige Gesinde, das dort lebte.
Sie setzte sich zum Schreiber
und plauderte zärtlich mit ihm.
Der Schreiber hörte ihr zu.
Sie sagte: »Jetzt ist es spät,
laß uns in die Kammer gehen!«
»Gerne gehe ich da mit Dir hin,
aber ich habe Angst, daß man es merkt;
die Leute sind ja alle noch wach,
und so hört man uns leider knarren,
wenn wir den Gang entlanggehen,
der führt weit hinauf und ist sehr lang,
das weißt Du ja selbst.«
Sie sagte: »Darum kümmere ich mich schon,
deswegen mußt Du nicht jammern.
Ich traue mir schon zu, Dich vorsichtig zu tragen,
damit man nicht merkt,
daß wir zu zweit sind.«
Er sagte: »Meine Liebe, willst Du das wirklich?«
Das Mädchen antwortete: »Natürlich.«
  Der Schreiber, nicht faul,
setzte sich bei dem Mädchen
links auf den Rücken.

wart, ob er iht von gelücke
moht singen unde sagen,
daz in solt ze bette tragen
ein siuberlîchez megedîn;
sol daz niht grôz gelücke sîn?
ich wolde selber von gelücke sagen,
der mich sô ze bette wolde tragen.
Er sprach: »du solt *vil lîse* gên
und ûf den vüezen vaste stên,
unde hüete, daz ich iht valle,
wen die liute wachent alle.«
sie sprach: »*swîc*, ich tuon,
dû bist ringe als ein huon,
sam mir sente Alêne,
ich trüege dîner zwêne!«
er sprach: »liebe, und ist daz wâr?«
sie sprach: »wis ân allen vâr,
daz ich iht dir liege.«
sie hüpfet mit im als ein zige
in der stuben entwer,
beide hin unde her.
über eine hôhe banc
diu juncvrou mit dem schrîber spranc,
als ein hase über eine vurch;
daz tet sie allez dâ durch,
daz er iht dorfte vrâgen,
ob sie in mohte tragen.
sie sprach: »sihestu wie veste ich stê?«
er sprach: »liebe, tuo dir niht wê,
wan dû bist an dem lîbe swach.«
als ein rêch über einen bach
spranc sie über die swelle
wol gegen einer elle.
in daz bette sie in brâhte;
diu meit sich wol bedâhte,
den rigel suochte sie her vür,

Paßt auf, ob er etwa nicht von Glück
singen und sagen kann,
daß ihn ins Bett
ein schmuckes Mägdlein trägt.
Soll das etwa nicht ein großes Glück sein?
Ich selber würde es ein Glück
nennen, wenn man mich so ins Bett brächte.
Er sagte: »Du mußt ganz leise gehen
und Dich kräftig auf den Beinen halten,
und paß bloß auf, daß ich nicht herunterfalle,
denn die Leute werden alle wach.«
Sie sagte: »Sei doch still, ich mach das schon,
Du bist leicht wie ein Hühnchen,
bei der heiligen Helena,
ich könnte zwei von Deiner Sorte tragen.«
Er antwortete: »Liebe Freundin, stimmt das wirklich?«
Sie sagte: »Du mußt überhaupt nicht fürchten,
daß ich Dich belüge.«
Sie hüpfte mit ihm wie eine Ziege
in der Stube herum,
hin und her.
Über eine hohe Bank
sprang das Mädchen mit dem Schreiber,
wie ein Hase über eine Furche;
das machte sie alles,
damit er nicht zu fragen brauchte,
ob sie ihn tragen könne.
»Siehst Du, wie sicher ich stehe?«
Er sagte: »Meine Freundin, tu Dir nicht weh,
denn Du bist nicht so kräftig.«
Wie ein Reh über einen Bach
sprang sie über die Schwelle,
bestimmt eine ganze Elle weit.
Sie brachte ihn ins Bett.
Das Mädchen war sehr umsichtig,
sie suchte den Riegel heraus

sie stiez in veste vür die tür;
sie sprach: »nu wis ân allen vâr,
daz unser ieman werde gewar.«
er sprach: »ziuch ûz dîn gewant;
sint uns got hât her gesant,
sô wîse ich dir in kurzer vrist,
wie dir nehten geschehen ist.«
sie sprach: »ich hab mich dir ergeben,
wie du wilt, als wil ich leben
und wil sîn dîn eigen.
du maht mir bezeigen,
waz nu sî dîn wille,
dar zu swîg ich stille.«
sie wurden beide der kleider blôz:
ir vröude wart unmâzen grôz.
sie lâgen gar unverdrozzen
zu ein ander geslozzen
und mit armen umbevangen;
wer über si wær ergangen,
der möhte niht gemerken han,
welchez wær wîp oder man.
zuo der selben stunt,
dô wart ir beider munt
sô nâhen ze samne geriben,
man *en*hête ein mâhenblat da zwischen *getriben.*
 Dô spilt er der juncvrouwen mit,
lieplich nâch der werlde sit
âne haz und âne nît,
als man in der werlde phlît
zu spilen mit der minne.
dô sie des wart inne,
daz ez was sô süeze,
diu juncvrou sprach: »ich müeze
mit liebe niemer tac geleben:
ich wolde allez *dar* umbe geben,
daz ich ûf erden geleisten mac,

und legte ihn schwungvoll vor die Türe.
Sie sagte: »Jetzt mußt Du überhaupt nicht mehr fürchten,
daß jemand uns bemerkt.«
Er sagte: »Zieh Deine Kleider aus;
da Gott uns hierher geschickt hat,
zeige ich Dir jetzt gleich,
was Dir in der Nacht zugestoßen ist.«
Sie sagte: »Ich habe mich in Deine Hände begeben,
wie Du es willst, so will ich leben
und will Dir zu eigen sein.
Du kannst mir zeigen,
was immer Du möchtest,
ich bin ganz still dabei.«
Sie zogen sich beide aus.
Ihre Freude war grenzenlos.
Sie lagen ganz glücklich
aneinander geschmiegt
und hielten sich umarmt;
wer sich über sie gestellt hätte,
der hätte nicht erkannt,
wer Frau und wer Mann war.
Gleichzeitig
hatten sie ihren Mund
so eng aneinander gedrückt,
daß man kein Mohnblatt zwischen sie stecken konnte.
  Dabei spielte er mit dem Mädchen,
zärtlich, wie es die Leute so treiben,
ohne Mißgunst und ohne Argwohn,
so wie man überall
das Spiel mit der Liebe zu spielen pflegt.
Als sie merkte,
daß es so angenehm war,
da sagte das Mädchen: »Ich möchte
vor Liebe den Tag gar nicht erleben.
Ich wollte alles dafür geben,
was ich auf dieser Welt nur aufbringen kann,

daz daz spil *werte* biz an den tac.
solde ich leben als Elîas,
in dem rœmischen palas
iemer inne gewaltic sîn,
daz liez ich *durch* daz spil mîn.«
er sprach: »liebe, wie ist dir gewesen?«
»daz kan nieman vol lesen,
noch vol schrîben,
diser minne trîben.
und wær daz mer tinte
und der himel perminte
und alle sterne dar ane,
beidiu sunne unde mâne,
gras, griez unde loup
dar zu der kleine sunnen stoup,
daz daz wæren *schrîbære*:
den wær iz allen ze swære,
daz sie vol schrîben und vol lesen
konden wie sanft mir ist gewesen.
diu zît endûhte mich niht lanc,
vor mînen ôren was ein gesanc,
als kleiniu voglîn sungen
und tûsent rotten klungen.
mîniu ougen *viurîn* mir schozzen,
als sie sæhen entsprozzen
rôte rôsen in dem touwe
in einer grüenen ouwe.
unser vröude nieman sagen mac:
mich dunkent tûsent iâr ein tac.
zu der selben stunde
was mir in mînem munde
honic unde zuckermel,
daz vlôz mir zetal *die* kel.«
Dô sprach aber diu guote:
»mir was in mînem muote,
die wîle ich in den vröuden lebte,
wie ich in den lüften swebte.«

damit dieses Spiel bis zum Tag dauert.
Wenn ich so lange leben dürfte wie Elias,
oder im Palast zu Rom
immerzu herrschen,
darauf verzichtete ich für dieses Spiel.«
Er sagte: »Geliebte, wie ist es gewesen?«
»Das kann niemand vollkommen berichten
oder vollständig beschreiben,
dieses Spiel der Liebe.
Wenn das ganze Meer Tinte wäre
und der Himmel Pergament,
und alle Sterne darauf,
die Sonne und der Mond,
Gras, Sand und Laub
und dazu der feine Staub in der Sonne
allesamt Schreiber wären:
für alle die wäre es zu schwer,
vollends zu beschreiben und zu berichten,
wie wohl mir gewesen ist.
Die Zeit kam mir überhaupt nicht lang vor.
Vor meinen Ohren hörte ich Gesang,
wie wenn kleine Vögel sängen
und tausend Harfen erklängen.
In meinen Augen sprangen die Funken,
als ob sie
rote Rosen im Tau
auf einer grünen Wiese aufsprießen sähen.
Unsere Freude kann niemand beschreiben.
Mir schienen tausend Jahre wie ein Tag.
Zugleich
fühlte ich in meinem Mund
Honig und feinen Zucker,
das rann mir die Kehle hinunter.«
Weiter sagte die Feine:
»Es war ein Gefühl,
als ich diese Freuden erlebte,
als ob ich in den Lüften schwebe.«

an des spiles ende,
dô greif si zu der wende
unde erwischte zwô nahtegal,
die hâten alsô lûten schal,
als ez wær in dem meien.
»dô wir uns iezunt wolden zweien,
dô«, sprach aber diu süeze reine:
»ich hât niergen ein glit sô kleine,
geloube mir der mære,
da ensæze ûf ein videlære,
und videlten alle den alpleich,
daz mir *der sin* gar entweich,
daz ich enhôrte noch ensach,
sô wunderlich mir geschach.
der mich tiure vrâgte,
daz ich die warheit sagte,
ich konde niht gerâten,
wie wir mit ein ander tâten.
daz dich got lâz âne leit!
nû wîse mirs anderweit,
sô wil ichz denne merken baz!«
Der schrîber, der was niht ze laz,
er wert die meit als sie in bat,
vierstunt vor der hanekrât,
drîstunt dar nâch vor dem tage.
ez was ir beider herzen klage,
daz die selben holden
von ein ander scheiden solden.
er kuste sie an iren rôten munt
in kurzer wîle wol tûsent stunt,
er sprach: »got müez dîn imer phlegen!«
von dannen schiet der werde degen.
Bî disem selben *m*ære,
ir stolzen schrîbære,
sult ir prüeven unde merken
und iuwer gemüete sterken,

Am Ende dieses Spiels
faßte sie an die Wand
und erwischte zwei Nachtigallen,
die schlugen so laut,
als ob es Mai wäre.
»Als wir uns vereinigen wollten«,
sagte die anmutige Jungfrau weiter,
»da hatte ich nirgendwo einen noch so kleinen Körperteil,
glaube mir diese Geschichte,
wo nicht ein Fiedler saß,
und die fiedelten alle den Elfenleich,
daß mir die Sinne gänzlich schwanden
und ich nichts mehr hörte und sah,
so wunderbar, wie mir da geschehen ist.
Wenn mich einer dringlich
nach der Wahrheit fragte,
ich könnte nicht berichten,
was wir miteinander getan haben.
Gott möge Dich vor Leid schützen.
Zeige es mir ein zweites Mal,
dann will ich besser aufpassen.«
Der Schreiber, nicht faul,
gewährte dem Mädchen, worum sie ihn bat.
Vier Mal vor dem Hähnekrähen,
drei Mal danach, bis es Tag wurde.
Beide klagten die Liebenden von Herzen,
daß sie
sich trennen mußten.
Er küßte sie auf ihren roten Mund,
bestimmt tausend Mal in kürzester Zeit,
er sagte: »Gott möge Dich immer behüten!«
Dann nahm der kühne Held Abschied.
An dieser Geschichte,
Ihr wackeren Schreiber,
sollt Ihr bewiesen sehen und Euch merken
(und Euren Mut festigen),

ob ir die vrouwen werdet biten,
daz ir rehte wizzet ir siten:
ez sî meit oder wîp,
welchiu zu der êrsten zît
ez machet gar nôtlich,
diu lât aller drâtest sich
dar nâch über komen,
als ir habt vernomen
von diser selben meit,
von der ich iu hân geseit.
ir gemüete was herte als ein stein,
sprach er »jâ«, sie sprach »nein«:
zu leste er sie überquam,
daz sie in ûf den rücke nam
unde truoc in in ir bette,
dô wart sîn allez wette.
Hie endet sich daz mære
von dem schrîbære
unde von dem juncvröuwelîn
und ist geheizen: daz redelîn.

daß Ihr, wenn Ihr um Frauen werbt,
ihr Verhalten richtig kennt:
ob Mädchen oder Frau,
wenn eine am Anfang
sich besonders widerstrebend zeigt,
die läßt sich danach am allerschnellsten
verführen,
wie Ihr es
von diesem Mädchen gehört habt,
von dem ich Euch erzählt habe.
Ihr Sinn war hart wie Stein,
sagte er ja, dann sagte sie nein.
Am Ende aber brachte er sie soweit,
daß sie ihn auf den Rücken nahm
und in ihr Bett trug
und alles gut wurde.
Hier ist die Geschichte zu Ende
vom Schreiber
und vom Jungfräulein,
und sie heißt: das Rädlein.

DIZ MERE HEIZET DAZ GENSELÎN UND SAGT VON EINEM MÜNCHE UND VON EINEM MAGEDÎN

Ich hôrt sagen ein mer
wie ein klôster wer
rîch unde erbûwen wol,
als von reht ein klôster sol.
ir gasthûs und ir spitâl
heten niht gesatztiu mâl,
wan zuo welhen zîten der man
geriten ode gende kan,
der vant daz ezzen ie bereit.
minneclich und unverseit
gap man swaz si mohten hân.
also solten noch diu klôster stân.
ouch hôrt ich mêr von in sagen,
ir klôster daz wer underslagen
daz die münich und ir gemach
selten ieman fremder sach.
und seit daz selbe mer
daz manic münich dâ wer
der selten für daz klôster kan.
Nû was dar inne ein junc man;
der het sîniu jâr vertriben
daz er dar inne was beliben
sît daz er was ein kindelîn.
des muost im unbekant sîn
swaz lebt in dem lande,
wan daz er ors nach sage erkande,
daz man die solde rîten.
Do kam ez zuo einen zîten,
daz der apt solt rîten;

DAS GÄNSLEIN

Ich hörte eine Geschichte erzählen,
von einem Kloster,
das prächtig und umsichtig angelegt war,
wie eben ein Kloster von Rechts wegen sein muß.
Sein Gästehaus und seine Herberge
hatten keine begrenzten Essenszeiten,
denn wann auch immer jemand
geritten oder gegangen kam,
immer fand er eine Mahlzeit bereitet.
Freudig und bereitwillig
gab man den Gästen, was sie haben wollten.
So sollten die Klöster heute noch sein.
Auch hörte ich von jenen Mönchen erzählen,
daß ihr Kloster ganz weltabgeschieden gewesen sei
und daß sie und ihre Zellen
kaum jemals ein Fremder zu Gesicht bekam.
Man erzählt auch,
daß es manche Mönche gab,
die überhaupt nie aus dem Kloster herauskamen.
Nun lebte dort auch ein junger Mann;
der hatte seine Jahre so verbracht
und dort drinnen
von Kindheit an gelebt.
Deswegen war ihm alles unbekannt geblieben,
was es draußen gab,
nur gerade von Pferden wußte er vom Hörensagen
und daß sie zum Reiten da seien.
Da ergab es sich eines Tages,
daß der Abt ausreiten mußte.

des wolt er nicht bîten
und wolt schaffen des klôsters dinc.
in bat der selbe jüngelinc
daz er in fuort durch daz lant,
daz im würde erkant
der site von dem lande,
des er vil klein erkande.
der abt der gewert
den münich des er begert,
wan er in einveltigen sach.
in disem sinne daz geschach:
er gedâht, wirt im erkant
beide liut unde lant,
sô mac man im enpfelhen wol
swes ein man pflegen sol.
er wirt uns ein vil nützer man.
alsus fuort er in von dan.
sîn knehte niht vermiten,
mit *ir* herren sie dô riten.
ir pfert giengen schôn enzelt.
dô sie kômen an daz velt,
swaz in vihes wider gie,
der münich nimmer verlie,
er sprach ie: »wie ist daz genant?«
der abbet der seit imz zehant
swie sîn name sölt sîn.
ez wer rint, schâf oder swîn,
daz tet er im zuo rehte kunt.

Dô kômen sie in kurzer stunt
zuo einem hove do sie hin wolten
und ouch dâ belîben solten.
dô sie der meier gesach,
er lief gein in unde sprach:
»got wilkommen, lieber herre mîn,
und alle die mit iu hie sîn!«

Er machte sich daran,
sich um die Angelegenheiten des Klosters zu kümmern.
Der junge Mann bat ihn,
daß er ihn mitnähme über Land,
damit er sehe,
was im Lande der Brauch sei,
denn er wußte davon so gut wie nichts.
Der Abt erfüllte
dem Mönch seine Bitte,
denn er sah ja, wie unverständig er war.
Er tat es aus dieser Überlegung
heraus: »Wenn er
Land und Leute kennenlernt,
dann kann man ihm beruhigt alles anvertrauen,
worum man sich kümmern muß.
Wir können ihn dann gut gebrauchen.«
So nahm er ihn mit.
Die Knechte
ritten mit ihrem Herrn auch mit.
Ihre Pferde schritten gemessen im Paß.
Als sie ins Freie hinauskamen,
fragte der Mönch bei jedem Tier, das ihnen entgegenkam,
immer gleich:
»Wie heißt das?«
Der Abt sagte ihm darauf bereitwillig
den Namen.
Ob Rind, Schaf oder Schwein,
alles machte er ihm korrekt bekannt.

Nach einer Weile kamen sie
zu einem Hof, wohin sie
wollten und wo sie zu bleiben gedachten.
Als sie der Verwalter sah,
lief er auf sie zu und sagte:
»Herzlich willkommen, verehrter Herr,
und alle, die Euch begleiten!«

als man in diu ors empfie,
der abte unt der münich gie
zuo einem fiur an ir gemach.
alsô schier daz geschach,
man zôch in abe sâ zehant
ir schuohe unde ir obergewant.
Nû het der wirt ein schœnez wîp
und ein tohter, der lîp
was ze wunsche wol gestalt,
sie was wol zweinzic jâr alt,
die ouch dort her giengen,
die herren sie empfiengen.
der abbet hiez sie sitzen nider.
dâ wârn sie niht wider,
sie sâzen nider an die stat.
der münich den abbet aber bat
daz er in wizzen lieze
wie diu crêâtûre hieze.
dô sprach der abbet zuohant:
»diz sint gense genant.«
dô sprach der münich: »crêde mich,
sô sint die gense siuberlich.
wie kumt daz wir niht gense hân?
die möhten sich vil wol begân
an unser klôsterweide.«
des lachten si dô beide
des wirtes tohter und sîn wîp.
si wundert sêre daz sîn lîp
was sô rehte minneclich
unt daz er niht verstüende sich
wie ein wîp wer genant.
den apte vrâgten si zehant
ob der herre sinnic wer.
dô seit er in diu mer,
als ir ê hant vernumen,
wie der münich dar was kumen
und wie er erwahsen wer.

Nachdem man ihnen die Pferde abgenommen hatte,
gingen der Abt und der Mönch
ans Feuer, um sich auszuruhen.
Eilends bemühte man sich um sie
und zog ihnen
Schuhe und Oberkleider aus.
Der Gastgeber hatte eine schöne Frau
und eine Tochter, die
von vollkommener Gestalt war;
sie war etwa zwanzig Jahre alt.
Die beiden traten auch herzu
und begrüßten die Herren.
Der Abt bat sie, Platz zu nehmen.
Sie sträubten sich nicht
und ließen sich nieder.
Der Mönch bat nun wiederum den Abt,
daß er ihm sage,
wie solche Geschöpfe hießen.
Darauf antwortete der Abt schnell:
»Die nennt man Gänse.«
Da rief der Mönch: »Crede mich!
Dann sind Gänse aber etwas Hübsches.
Wie kommt's, daß wir keine Gänse haben?
Die hätten es doch gut
auf unserer Klosterweide.«
Da lachten
die Tochter des Hausherrn und seine Frau.
Sie wunderten sich sehr, daß er
wie zur Liebe geschaffen schien
und doch keine Ahnung davon hatte,
was eine Frau sei.
Sie fragten den Abt ganz ungeniert,
ob dieser Herr bei Verstand sei.
Da erzählte er ihnen die Geschichte,
die Ihr schon gehört habt,
wie der Mönch ins Kloster gekommen
und dort aufgewachsen sei.

als dô daz selbe mer
des wirtes tohter bevant,
dô gedâhte si zuohant:
»er ist ein sô hêrlich man,
dêst wâr, ob ichz gefüegen kan,
ich versuoch ob er diu wîp
erkenne, ir namen unde ir lîp.«
der rede si gedagt,
ir gedanc si niemen sagt
des si gedâht hete.
  Nû wart ez alsô spete
daz die herren slâfen solten gân.
nû wolt der meier des niht lân,
er hiez in betten nâch irm sit.
dô was ouch sîn tohter mit;
si schuof daz disem jungen man
wart gebettet wol hin dan
von den andern verre,
dar umbe daz der herre
möht haben sîn gemach.
nâch sînem willen daz geschach.
  Dô man die herren geleit,
der wirt hiez gereit
allez daz gesinde slâfen gân,
den herren ir gemach lân.
der münich niht slâfen mahte;
er het manige ahte,
wie ieglich dinc wer genant
daz im des tages wart erkant.
diu juncfrowe ouch ungeslafen lac
mit gedanken der si pflac,
wie daz würde vollebrâht
daz si dâ vor hete gedâht.
dô die liute entsliefen über al,
dô stuont si ûf ân allen schal
und sleich zuo sînem bette dar.
als ir der münich wart gewar,

Als die Tochter des Hausherrn
das gehört hatte,
da dachte sie sogleich:
»Er ist ein so wohlgestalteter Mann!
Wahrhaftig, wenn ich es hinbekomme,
will ich herausfinden, ob er
sich auf Frauen versteht, in Theorie und Praxis.«
Diese Worte behielt sie bei sich,
niemandem verriet sie die Gedanken,
die ihr durch den Kopf gegangen waren.
  Inzwischen war es so spät,
daß die Herren schlafen gehen wollten.
Der Gutsverwalter bestand darauf,
ihnen ein Lager nach ihrer Gewohnheit zu bereiten.
Auch seine Tochter war damit beschäftigt.
Sie richtete es so ein, daß dem jungen Mann
sein Bett ein gutes Stück
von den anderen entfernt hergerichtet wurde,
damit sein Herr
seine Bequemlichkeit habe.
Das geschah mit dessen Einverständnis.
  Als man die Herren zu Bett gebracht hatte,
ließ der Hausherr sogleich
das ganze Gesinde schlafen gehen,
um den Herren Ruhe zu bieten.
Der Mönch konnte nicht schlafen;
er überlegte ständig,
wie alle die Dinge benannt seien,
die er am Tage kennengelernt hatte.
Das Mädchen lag auch wach
und dachte darüber nach,
wie das ins Werk zu setzen sei,
was sie sich ausgedacht hatte.
Als die Leute rundum eingeschlafen waren,
stand sie ganz leise auf
und schlich sich zu seinem Bett.
Als der Mönch sie wahrnahm,

er sprach zuohant: »waz mac daz sîn?«
Si sprach: »ich binz, daz junge genselîn,
und hân vrostes vil erliten:
herre, ich wolt iuch gerne biten
daz ir hin under liezet mich,
in der minne, daz ich
iht ervrüer, wan hie ist ez kalt.«
dô was der münich einvalt
daz er si zuo im hin under lie.
in der minne daz ergie.
dô si dar under zuo im kam,
dô konde dirre junge man
mit ir lützel noch vil
daz man do heizzet bettespil.
dô konde siz ein wênic baz.
mit guoter fuoge schuof si daz
daz er in kurzer stunde
des selben spiln begunde.
der münech die gans *brûht*
mit flîze, wan in dûht
im were wol und dennoch baz.
alsô lange treip er daz
unz si des tages sich versach.
dô stuont si ûf unde sprach:
»nu sült ir nimmer verjehen
des von uns zweien ist beschehen.
würde ez dem abte kunt,
man *tet* uns *beide sâ* zestunt
den vil grimmeclîchen tôt.«
vil tiure si im daz gebôt
daz erz geseite nimmer man.
daz lobt er und gie *si* von dan
an ir heimlîch.
ir muot was fröudenrîch
daz si was dannân kumen unt dar
daz ir dâ nieman wart gewar.

sagte er gleich: »Was mag das sein?«
Sie antwortete: »Ich bin es, das junge Gänslein,
und ich habe sehr gefroren:
Herr, ich möchte Euch bitten,
daß Ihr mich hineinschlüpfen ließet,
um Gottes willen, damit ich
nicht erfriere, denn hier ist es kalt.«
Da war der Mönch so naiv,
daß er sie zu sich hineinließ.
Das tat er aus Nächstenliebe.
Als sie nun zu ihm unter die Decke geschlüpft war,
da kannte sich dieser junge Mann
ganz und gar nicht in dem aus,
was man Bettspiel nennt.
Aber sie konnte das ein bißchen besser.
Geschickt brachte sie es dazu,
daß er in kurzer Zeit
gerade dies zu spielen versuchte.
Der Mönch nahm sich der Gans
mit Eifer an, denn es schien ihm,
er fühle sich wohl und immer besser.
So lange trieb er das,
bis sie den Tag heraufkommen sah.
Da stand sie auf und sagte:
»Ihr dürft aber niemals verraten,
was mit uns beiden passiert ist.
Wenn der Abt das erführe,
dann würde man uns beide
gleich einen schrecklichen Tod sterben lassen.«
Ganz dringlich trug sie ihm das auf,
daß er es niemals jemandem sage.
Das versprach er, und sie ging weg
in ihre eigene Kammer.
Ihr Herz war voller Freude,
weil sie hingekommen war und zurück
und niemand sie bemerkt hatte.

Dô si kam an ir gemach,
dar nâch vil schier daz geschach
daz ûf begonde gân der tac.
dar nâch ouch vil unlange lac
der abte und der münich dâ.
si schuofen ir dinc iesâ
durch daz si wârn kumen dar.
dô si daz geschuofen gar,
zuohant si wider heim riten.
die klôsterliute niht vermiten,
dô si heim wârn kumen,
der münech wart her genumen
unde frâgten in zehant
wie im geviel daz lant.
dô begunde er in verjehen
daz er wol hete gesehen
vil dinge in dem lande
des er ê niht erkande.
des gelachten si vil,
sîn rede was ir aller spil.
doch pflac er der kündekeit
daz ir keinem wart geseit
wie im des nahtes ûf der vart
diu junge gans ze teil wart.
daz hal er sêre, als si in hiez;
nieman er daz wizzen liez.

Nû was ez vor der hôchzît
diu in dem winter gelît,
diu wîhennaht ist genant.
der abte besant zuohant
kelner unde koche.
er sprach: »uns nâhet ein woche
daz wir singen müezen und lesen.
nû sült ir der herren flîzic wesen
daz ir uns ein wirtschaft gebent.
sô die liute mit arbeit lebent,

Als sie in ihre Kammer gekommen war,
brach bald darauf
der Tag an.
Da blieben auch
der Abt und der Mönch nicht länger liegen.
Sie erledigten die Angelegenheiten,
deretwegen sie hergekommen waren.
Als sie damit fertig waren,
ritten sie gleich nach Hause.
Die Klosterbrüder konnten es nicht lassen,
sich nach ihrer Rückkehr
den Mönch vorzunehmen
und ihn gleich zu fragen,
wie ihm das Land gefalle.
Da fing er an, ihnen zu erzählen,
daß er viele Dinge gesehen habe
im Lande,
von denen er vorher nichts wußte.
Darüber lachten sie sehr,
seine Erzählungen belustigten sie alle.
Aber so schlau war er trotzdem,
daß keinem von ihnen verraten wurde,
wie er nachts auf dieser Reise
die junge Gans gekriegt hatte.
Das verschwieg er sorgfältig, wie sie es ihm aufgetragen hatte;
niemandem erzählte er davon.
Nun ging es auf den Festtag zu,
der im Winter liegt
und Weihnachten heißt.
Der Abt ließ
Kellermeister und Köche kommen.
Er sagte: »Vor uns steht eine Woche,
in der wir singen müssen und die Messe lesen.
Da sollt Ihr Euch um die gelehrten Herren kümmern
und uns ein reichhaltiges Mahl zubereiten.
Wenn die Leute zu arbeiten haben,

so sol man ir pflegen dester baz.«
die herren lobten alle daz.
   Der junge münich stuont dâ bî.
Er sprach: »sît daz iuwer wille sî,
daz wir vollez ampt süllen hân,
sô sült ir nimmer verlân,
müge ez an iuwern staten sîn,
so schaffet, lieber herre mîn,
daz iedem man ein gans werde:
sô wart ûf der erde
nie keinen liuten baz.«
der abbet vienc der rede haz:
er hiez in swîgen. daz geschach.
dar nâch er aber schier sprach:
»gense daz ist ein wirtschaft,
ob aller wirtschaft ein überkraft
die in der werlt ieman gewan.«
der abt sprach zuo dem jungen man:
»bruoder, tuot die rede hin.
wâ hin habet ir iuwern sin
und iuwer witze getân?
nû mügt ir iuch doch wol verstân
daz wir niht fleisches ezzen.
ich will mich des vermezzen,
ir müezt der rede buoz enpfân.«
er hiez in balde dannan gân.
des getorst der münich lâzen niht.
er sprach iedoch: »waz mir geschiht,
guot weren gense, der sie mac han,
guot unde wolgetan.«
hie mit wart er hin vertriben.
die andern alle dâ beliben
und schuofen um ir lîpnar.
dar nâch satzten si gar
beide ir singen unde ir lesen,
wer des meister sölt wesen.
dô daz allez wart *gesat*,

soll man sie gut pflegen.«
Die Herren hießen das alle gut.
Der junge Mönch stand daneben.
Er sagte: »Wenn Ihr das anordnet,
daß wir den vollen Gottesdienst durchführen sollen,
dann sollt Ihr auch dafür sorgen
– wenn es in Euren Möglichkeiten liegt –
verehrter Herr,
daß jeder Mönch eine Gans erhält:
dann gibt es niemanden auf der Welt,
dem es besser ginge.«
Der Abt wurde zornig über diese Worte.
Er befahl ihm ruhig zu sein. Das tat er.
Gleich darauf aber sagte er wieder:
»Gänse, das ist eine Bewirtung,
der Gipfel aller Festlichkeit,
die man in der Welt erleben kann.«
Der Abt sagte zu dem Jungen:
»Bruder, laßt dieses Gerede.
Wo sind denn Euer Verstand
und Eure Einsicht geblieben?
Ihr könnt Euch doch wohl daran erinnern,
daß wir kein Fleisch essen.
Ich werde mich dazu entschließen müssen,
Euch für Euer Gerede Buße tun zu lassen.«
Er gebot ihm, sich sofort zu entfernen.
Der Mönch wagte nicht, sich zu widersetzen.
Er sagte aber: »Was immer mir passieren wird,
Gänse wären gut, wenn man die haben könnte,
gut und angenehm.«
Da wurde er hinausgeworfen.
Die anderen blieben alle
und berieten über das Essen.
Danach legten sie für
das Messelesen und den Gesang fest,
wer dafür jeweils zuständig sein sollte.
Nachdem das alles festgesetzt war,

der abt im gewinnen bat
aber disen jungen man.
er fuort in von den liuten dan
an sîn heimlîch.
er bat in flîziclîch
daz er im verjehe
dâ von diu rede geschehe
daz er der gense begert.
der münich in des gewert.
dô er sô tiur wart gemant,
dô verjach er im zehant
reht der gense wârheit,
als ich iu ê hân geseit,
wie er die gans hin under lie
und sich die naht mit ir begie.
dô daz der abbet bevant,
trûreclichen er sprach zehant:
»leider mir, ir sît betrogen:
ich hân iu selbe verlogen.
crêde mich, ez was ein wîp.
iuwer sinnelôser lîp
hât bî wîben gelegen.
ich solt iuwer baz hân gepflegen,
sô het ich reht getân.«
buoze hiez er in empfân.
daz geschach nâch sîner bet.
doch wen ich er im unreht tet:
wan swaz er sünden dâ gewan,
dâ was der apt schuldic an.
het er im die wârheit
ungelogen und âne spot geseit,
er het sich lîhte baz behuot.
spot und lüge ist selten guot:
si sint sünde und *ouch* ân êre.
waz sol ich dâ von sagen mêre
denne ich hân alhie getân?
ez ist mîn geloube und hân den wân

bat der Abt, ihm
noch einmal diesen jungen Mann zu bringen.
Er nahm ihn mit, von den anderen weg,
in seine Zelle.
Er bat ihn dringlich,
daß er ihm erzähle,
warum er davon gesprochen habe,
daß er Gänse haben wolle.
Der Mönch tat ihm den Gefallen.
Als er so heftig bedrängt wurde,
erzählte er ihm ohne Zögern
die Wahrheit über die Gänse,
wie ich sie Euch vorhin berichtet habe,
wie er die Gans unter sich gelegt
und die Nacht mit ihr hingebracht habe.
Als der Abt das hörte,
sagte er traurig:
»Weh mir, Ihr seid betrogen worden.
Ich selbst habe Euch belogen.
Crede mich, es war eine Frau.
Ihr habt in Eurem Unverstand
mit einer Frau geschlafen.
Ich hätte besser auf Euch aufpassen sollen,
dann hätte ich richtig gehandelt.«
Er trug ihm auf, Buße zu tun.
Das tat er, wie es ihm aufgetragen wurde.
Doch ich glaube, der Abt hatte ihm Unrecht getan.
Denn was er da an Sünden auf sich lud,
an dem war der Abt schuld.
Wenn der ihm die Wahrheit
offen und ehrlich gesagt hätte,
dann hätte er sich leicht besser vorsehen können.
Spott und Lüge sind nie gut:
sie sind Sünde und bringen Schmach.
Was soll ich noch mehr sagen
als das?
Ich glaube und vermute,

daz ze Swâben noch der münich sî
vil lîht zwên oder drî
die diu wîp erkennent baz.
gedienten die ir meister haz,
die büezen ouch, daz ist mîn rât.
hie mit die rede ein ende hât.

daß es in Schwaben heute solche Mönche gibt,
vielleicht zwei oder drei,
die sich auf Frauen besser verstehen.
Wenn die den Kummer ihrer Oberen erregen sollten,
dann mögen sie auch Buße tun, dazu rate ich.
Damit ist meine Geschichte zu Ende.

DER ZWICKAUER
DES MÜNCHES NOT

Ich seit iu gerne eteswaz,
daz iuch luste dester baz,
so ich bi iuch wære.
nu hort disiu mære,
die sint seltsæn genuc:
wie ein münch ein kint truc
und wie er iz gewan,
da sult ir wunder prüven an.
Ein kleinez kint wart gegeben
zu einem münch in ein reinez leben.
im was diu werlt unbekant.
do wart ez anderswa gesant
zu einem kloster in einen walt.
ez was wan siben jar alt.
ez lernt die schrift *der wisheit*;
die kunst wart im also bereit,
daz ez allez daz wol las,
daz vor im geschriben was.
daz kint nam an der lenge zu
mer den ez an der grœze tu,
biz daz ez wart ein jungelinc:
der apt ez zu kamer*er* enpfinc.
eines morgens nach metten
saz er vor sinem betten
und las, waz er geschriben vant.
do sach er »der minne bant«
geschriben an einem bletelin.
er daht waz ez mohte sin
oder waz ez mohte bediuten,
daz ez bunde die liute.

DER ZWICKAUER
DES MÖNCHES NOT

Ich möchte Euch gerne etwas erzählen,
damit Ihr mehr Spaß daran habt,
wenn ich bei Euch bin.
Hört also diese Geschichte,
die reichlich sonderbar ist:
wie ein Mönch mit einem Kinde schwanger ging
und wie er sich das geholt hat,
dieses Mirakel könnt Ihr hier kennenlernen.
Ein kleines Kind
wurde einem Mönch anvertraut, damit es keusch lebe.
Die Welt kannte es nicht.
Dann wurde es an einen anderen Ort geschickt:
in ein Kloster im Wald.
Es war erst sieben Jahre alt.
Es lernte die Schrift der Gelehrten.
Diese Fähigkeit beherrschte es so,
daß es alles lesen konnte,
was bis dahin geschrieben worden war.
Das Kind nahm zu an Größe
(mehr als an Breite),
bis es zum Jüngling herangewachsen war.
Der Abt machte es zu seinem Bedienten.
Eines Morgens nach der Frühmesse
saß er vor seinem Bett
und las in den Büchern.
Sein Blick fiel auf »Die Fessel der Liebe«,
die in einem kleinen Bändchen niedergeschrieben war.
Er überlegte, was das sei
und was es bedeute,
wenn es die Menschen binde.

zu hant tet er daz buch hin
und leit dar uf sinen sin,
daz im wurde bekant,
welchez wær der minne bant.
der münch begonde slichen
zu einem knehte heimlichen,
der phlac zu allen ziten
mit dem apte riten;
er duht in vil gewære
und vraget in waz minne wære
und wo man sie mohte vinden
bi alten oder bi kinden,
und ob sie hette iht groze kraft
oder ob sie bunde *mit* meisterschaft.
der kneht antworte im des:
»ir wizzet selber niht wes
ir mich da habt gevraget?
zware ob ir siech laget:
vrowe minne machet iuch gesunt.
ja enbindet si niht *zaller stunt*;
swem sie gibt iren trost,
der wirt von allem leide erlost;
ir hus ist geziret wol
guter spise und wines vol.«
der münch sprach: »so wil ich dar,
e daz werde ein halbez jar.«
der kneht gab im den *rat*,
daz er den apt *bat*
umb kneht und umb ein phert;
sine vriunt wæren beswært
mit vil swæren sachen,
daz wolte er zu gute machen.
der apt gewert in siner bet,
kneht unde phert an der stet
und da zu silbers genuc;
er was ouch selber so kluc,
daz er in einer kurzen stunt
gesamt het wol zehen phunt.

Schnell legte er das Buch beiseite
und dachte
darüber nach,
was die Fessel der Liebe sei.
Der Mönch schlich heimlich
zu einem Knecht,
der immer
mit dem Abt zu reiten pflegte;
der schien ihm vertrauenswürdig.
Er fragte ihn, was die Minne sei
oder wo man sie finden könne,
bei Erwachsenen oder bei Kindern,
oder ob sie große Macht habe,
oder ob sie auf besonders geschickte Weise feßle.
Der Knecht antwortete ihm darauf:
»Ihr wißt das wirklich nicht selbst,
was Ihr mich da gefragt habt?
Wahrhaftig: wenn Ihr krank wäret,
Frau Minne machte Euch gesund.
Es ist auch nicht so, daß sie immer in Fesseln schlägt;
wem sie Trost spendet,
der wird von allem Kummer befreit.
Ihr Palast ist voll
von feinen Speisen und gutem Wein.«
Der Mönch sagte: »Da muß ich hin,
noch bevor ein halbes Jahr um ist.«
Der Knecht riet ihm,
den Abt
um einen Begleiter und um ein Pferd zu bitten.
Seine Verwandtschaft sei belastet
durch mancherlei Beschwernis,
das wolle er zum Guten wenden.
Der Abt erfüllte ihm die Bitte,
er gab ihm gleich einen Knecht und ein Pferd
und dazu reichlich Silber;
selbst war er auch so geschickt,
daß er in kurzer Zeit
gut zehn Pfund zusammengebracht hatte.

Als in der kneht lerte,
von huse er da kerte:
der kneht reit im allez vor,
der münch volgte sinem spor,
wan er was nie mer uz komen,
daz hette der kneht wol vernomen.
sie komen in ein stat;
der kneht herberge bat
zu einer vrowen, diu was balt,
weder zu junc noch zu alt.
ir man was uber se gevarn,
sie solt daz hus bewarn.
der kneht hiez bereiten gnuc,
der vrowen er die malhen zu truc.
vil gerne sie diu vrowe enpfienc,
vil vaste sie da umb gienc
und hette groze arbeit,
wie sin gemach wart bereit
heimlich von dem wege,
do sie des münches wol pflege;
do braht man spise manicfalt
beide warm unde kalt,
dar zu edeln külen win.
der münich sprach: »hie mac wol sin
der minnen hof und ir gewalt.
ez dunket mich so wol gestalt,
wær ez in minem kloster so,
die münche wæren alle vro!«
Der kneht sprach zu der wirtin:
»wizzet ir ein vrewelin
daz minem herren gezæme
und gut dar umbe næme?«
diu vrowe sprach: »wie stet sin leben?
mag er geleisten unde gegeben
zehen phunt an liber stat?«
der kneht die vrowen vaste bat,
daz si den münch zu ir liezen.

Wie der Diener des Abtes es ihm gesagt hatte,
so ritt er aus dem Kloster weg.
Der Knecht ritt immer vor ihm her,
der Mönch folgte in seiner Spur,
denn er war noch nie von zu Hause weg gewesen,
das hatte der Knecht ja gehört.
Sie kamen in eine Stadt;
der Knecht fragte nach Herberge
bei einer Frau voller Abenteuerlust,
nicht zu jung und nicht zu alt.
Ihr Mann war über das Meer gefahren,
sie sollte das Haus hüten.
Der Knecht ließ alles herrichten,
er brachte die Mantelsäcke zu der Frau.
Die Frau nahm sie gerne auf,
eifrig ging sie umher
und gab sich große Mühe,
ihm ein angenehmes Lager zu bereiten,
abseits gelegen und im Verborgenen,
wo sie ihn recht betreuen konnte;
dorthin brachte man allerlei Speisen,
Warmes und Kaltes,
dazu kühlen Wein.
Der Mönch sagte: »Hier ist wohl
der Hof der Minne und ihr Reich.
Ich finde das alles gut eingerichtet;
wenn es bei mir im Kloster so wäre,
dann wären alle Mönche glücklich.«
Der Knecht sagte zur Frau des Hauses:
»Wißt Ihr ein Fräulein,
die es meinem Herrn angenehm macht
und Geld dafür nimmt?«
Die Frau sagte: »Wie sind seine Verhältnisse?
Kann er sich das leisten, zehn Pfund
für einen netten Anlaß auszugeben?«
Der Knecht bedrängte die Frau heftig,
sie solle den Mönch doch zu ihr lassen.

des möht si wol geniezen.
diu vrowe sprach alzehant:
»ich han versetzet mine phant.
wirt mir daz gelöst,
so wirt der münch getröst,
und ich tun allez, daz ich sol.«
der kneht sprach: »so tut ir wol.
daz gut habt ir beslozzen,
und nemet unverdrozzen,
swie vil ir selbe wolt.
er ist iu von herzen holt,
wan er sere nach iu tobt.«
da wurden sechs phunt gelobt
und zu hant da gezalt.
also der kneht die minne galt.
diu vrowe ervolte sin gebet.
die besten kleider si an tet,
zu dem münche si gesaz.
ir munt was niht an worten laz.
ir ougen als der sterne schin,
rosenvar ir wengelin,
ir kel wis als ein harm,
ir vinger klein, sinewel ir arm.
si was zu guter maze groz.
den münch des dinges niht verdroz.
anders kond der kneht niht mere;
der gab im die lere,
swaz in diu vrowe hiez,
daz er des niht enliez.
er sprach: »si sol iu zeigen:
diu minne ist iuwer eigen.
nu grifet si vrilichen an,
wan ich si verlonet han.«
der münch wart der mære vro.
er sprach: »ich wil iz fugen also,
daz diu minne zu mir vert
und dem apte vreude mert,

Das brächte ihr guten Gewinn.
Die Frau antwortete darauf:
»Ich habe einiges als Pfand versetzt;
wenn mir das ausgelöst wird,
dann soll der Mönch beglückt werden,
und ich mache alles, was er will.«
Der Knecht sagte: »So ist es gut.
Den Preis habt Ihr festgesetzt,
nehmt Euch ungeniert,
so viel Ihr wollt.
Er ist Euch von Herzen zugetan,
denn er ist ganz verrückt nach Euch.«
Es wurden sechs Pfund vereinbart
und auch sofort bezahlt.
So viel war dem Knecht die Minne wert.
Die Frau erfüllte seine Bitte.
Sie zog ihre besten Kleider an
und setzte sich zum Mönch.
Sie redete munter drauflos.
Ihre Augen waren wie das Leuchten der Sterne,
rosig waren ihre Wangen,
ihr Hals weiß wie Hermelin,
ihre Finger zierlich, ihre Arme rund.
Sie hatte eine nette Größe.
Dem Mönch war das alles nicht unangenehm.
Mehr konnte der Knecht nun nicht mehr tun;
er unterwies ihn noch,
alles zu befolgen,
was die Frau ihn zu tun hieß.
Er sagte: »Sie soll es Euch zeigen.
Die Minne gehört Euch.
Greift ungeniert zu,
denn ich habe sie bezahlt.«
Der Mönch freute sich über diese Worte.
Er sagte: »Ich will es so einrichten,
daß die Minne mit zu mir kommt
und das Glück des Abtes mehrt

dar zu der samenunge,
alt unde junge.«
der tore want des fürwar,
der apt und der münche schar
wærn sunder minne erzogen.
da was er sere an betrogen.
zehant diu wirtinne quam.
den münch si bi der hant nam.
eya, wie schire er wart braht,
da si hin het gedaht.
do stunt ein bette wol bereit,
da wart der münch uf geleit.
sinen rock behielt er an.
do sprach diu vrowe wolgetan:
»ja sit ir in iuwerm kloster niht!
tut ab den rock!« do lasch daz liht.
niht lenger si do beite,
zu dem münche si sich leite.
der tore lag als ein stock.
diu vrowe zoch im ab den rock,
hin naher si zu im ruckte,
sere si in zu ir druckte.
sie hette gerne gesehen,
daz ir ein gut wær geschehen.
er lac stille als ein ron,
wanne ern weste niht da von,
was er da scholde triben.
er was vor allen wiben
von kintheit sicher gewesen.
er konde singen unde lesen
vil baz denne minnen.
diu vrowe in irn sinnen
mit liste des gedahte,
wie si in zu toren machte,
wan si des *müzec* ligens verdroz.
si gab dem münch einen stoz
mit den füzen alzehant,

und das unseres ganzen Konvents,
der Alten und der Jungen.«
Dieser Narr glaubte doch wahrhaftig,
der Abt und alle die Mönche
seien ohne Minne aufgewachsen.
Da täuschte er sich sehr.
Nun fing die Dame des Hauses an.
Sie faßte den Mönch an der Hand.
O, wie schnell wurde er dorthin gebracht,
wo alles geplant war.
Da stand ein schönes Bett bereit,
in das wurde der Mönch gelegt.
Seinen Rock hatte er aber noch an.
Da sagte die schöne Frau:
»Ihr seid doch nicht im Kloster!
Zieht doch den Rock aus!« Dann erlosch das Licht.
Sie säumte nicht länger
und legte sich zum Mönch.
Der Esel lag da wie ein Stock.
Die Frau zog ihm den Rock aus
und rückte enger an ihn heran;
sie drückte ihn fest an sich.
Sie hätte es gerne gesehen,
wenn ihr etwas Gutes widerfahren wäre.
Aber er lag unbeweglich da wie ein Baumstamm,
denn er wußte überhaupt nicht,
wie er sich da verhalten sollte.
Er hatte mit Frauen
von seiner frühesten Jugend an nichts zu tun gehabt.
Er konnte viel besser singen und lesen
als lieben.
Die Frau legte sich in ihren Gedanken
eine List zurecht,
wie sie ihn zum Narren machen könne,
denn sie hatte das Herumliegen satt.
Sie gab dem Mönch
plötzlich mit den Füßen einen Stoß,

daz er wielz an die want.
der vrowen was zu dem münche gach.
vil vaste si im ruckte nach,
mit iren knien si in *knat*,
mit iren füzen si in trat.
an rucke und an herzen
begond ez in sere smerzen,
als er verbrant wære.
er daht im vil unmære
alle wip zu minnen.
vil gern wolt er entrinnen.
daz er die minne het erkorn,
des het er wol gesworn.
im gab diu vrow einen slac,
daz er stille lac.
si sprach: »nu liget, ir bœsewicht!
iu geschiht an dem libe niht.
daz hat iu vrow minne gesant,
nach der ir vart in die lant.«
des slahens wart do wol geswigen.
der münch beleip do stille ligen.
do ez mittenaht wart,
diu vrowe tet nach ir art.
si begond sich umbe wenden,
uz warf si die hende
nach minne, so die nat*e*re tut,
so si zu schaden hat den mut.
den münch si aber angewant.
mit grozen slegen alzehant
kurzet si im die wile.
er wær uber hundert mile
gewesen liber denne da.
in duht im wære diu minne zu na.
owe, wie wenic er do slief.
si sprach: »daz ist der ander brief,
den iu vrow minne hat gegeben.
nu mugt *ir wol* mit vreuden leben.«

daß er gegen die Wand fiel.
Die Frau ging auf den Mönch los.
Schnell rückte sie ihm wieder auf den Leib,
sie stieß ihn mit den Knien
und trat ihn mit den Füßen.
Im Rücken und an der Brust
hatte er solche Schmerzen,
als wenn er verbrannt wäre.
Er stellte es sich ziemlich unangenehm vor,
alle Frauen zu lieben.
Liebend gern hätte er sich davongemacht.
Daß er damit die Minne kennengelernt habe,
das hätte er beschworen.
Die Frau gab ihm noch einen Stoß,
damit er still liege.
Sie sagte: »Bleibt jetzt liegen, Ihr schlechter Mensch!
Euch passiert schon nichts.
Das hier hat Euch Frau Minne geschickt,
nach der Ihr durch die Welt reitet.«
Damit war endlich Ruhe mit den Schlägen.
Der Mönch blieb ruhig liegen.
Als es Mitternacht wurde,
verhielt sich die Frau ganz nach ihrem Geschlecht.
Sie wälzte sich herum,
stieß die Hände heraus
um Minne, so wie es die Natter tut,
wenn sie die Absicht hat zu schaden.
Wieder machte sie sich an den Mönch heran.
Mit schweren Hieben
vertrieb sie ihm die Zeit.
Er wäre lieber hundert Meilen weit weg
gewesen als hier.
So war ihm die Minne zu nah.
O Gott, wie wenig kam er da zu seinem Schlaf.
Sie rief: »Das ist der zweite Brief,
den Euch Frau Minne schickt.
Nun könnt Ihr ja in Freuden leben.«

er sweic vil stille und gedaht doch:
»wær ich in minem kloster noch
und sæze vrow minne vor dem tor,
ich enkom nimmer dar vor.«
dar nach ein wenic vor dem tag
hub sich der vrowen dritte klag,
daz si von im versumet was.
einen leczen si im do las
mit slegen. daz was diu dritte not.
do sach si den morgen rot.
urloup gap si dem münche do.
des was er von herzen vro.
ungesegent er von danne lief.
dem kneht er do mit zorne rief,
daz er die pfert bræhte na.
er wolt niht lenger beliben da.
der kneht erschrac der mære.
er want, daz der wirt kumen wære.
in was beiden vil gach,
der münch fur dem knehte nach.
si riten baz den*ne* enzelt
allez twerhes uber velt
mer den guter mile dri
(ir tweder was da sorgen vri),
biz zu einer grünen heide.
da erbeizten si beide.
der kneht sach den herren an.
er duht in missevar getan,
bleich gar an den wangen.
er vragt, wie ez im wær ergangen
mit der *vrowen* minne.
der münch sprach mit sinne:
»ob ez mir ist ergangen wol,
da von ich mich niht rumen sol,
wen rumen daz ist got leit,
des sag ich dir die warheit.«
der kneht vragt in niht mere.

Er schwieg und dachte sich:
»Wenn ich noch in meinem Kloster wäre
und Frau Minne stünde vor der Pforte:
niemals käme ich heraus.«
Später, kurz vor Tagesanbruch,
fing die dritte Klage der Frau an,
weil er sie verschmäht hatte.
Sie gab ihm eine Lektion
aus Schlägen. Das war die dritte Katastrophe.
Dann sah sie das Morgenrot.
Sie erlaubte dem Mönch zu gehen.
Der war darüber von Herzen glücklich.
Ohne Gruß rannte er davon.
Seinem Knecht rief er zornig zu,
er solle die Pferde herbeibringen.
Er wollte da keine Minute länger bleiben.
Der Knecht erschrak darüber.
Er glaubte, daß der Ehemann gekommen sei.
Sie hatten es beide sehr eilig,
der Mönch hinter dem Knechte drein.
Sie ritten schneller als im Paßgang
einfach quer über das Feld
weiter als gute drei Meilen,
(keiner von ihnen war frei von Sorgen),
bis zu einer grünen Heide.
Da saßen sie beide ab.
Der Knecht schaute sich seinen Herrn an.
Er schien ihm ziemlich schlecht auszusehen,
ganz bleich im Gesicht.
Er fragte ihn, wie es gelaufen sei
mit der Minne.
Der Mönch sagte wohlüberlegt:
»Wenn es mir gutgegangen ist,
dann darf ich mich dessen nicht brüsten,
denn Prahlen ist Gott verhaßt,
das ist die Wahrheit.«
Der Knecht fragte nicht weiter.

der münch ilte sere
heim zu sinem kloster wider.
zu dem knehte sprach er sider:
»ich han vil dicke vernumen,
daz da von kint sint kumen,
wo zwei bi ein ander sint.
nu sag mir uf die triuwe din:
wer sol daz kint tragen?«
»daz wil ich rehte sagen«,
sprach der kneht; »der under leit.«
»owe der jæmerlichen zeit«,
gedaht der münch alzehant;
alrest wart im leit erkant.
er gedaht: »owe wes sol ich pflegen?
nu bin ich armer under gelegen,
nu wirt ein kint von mir geborn.
so hab ich min ere gar verlorn.
darzu verliuse ich min pfründ gar,
ob sin der apt wirt gewar,
und die münche gemeine
werdent mich von in scheiden.
so wær mir liber der tot,
e ich lide iren spot.«
dar nach wol zwelf wochen,
do gienc der münch sochen,
so hette si in zustozen.
in vrageten sin genozen,
wie er so wære, waz im würre,
und ouch so gar dürre.
er wolt ez keinem verjehen,
waz im von der minne wær geschehen,
wan er wol hette gesworn,
ez wurde ein kint von im geborn.
dar nach an einem *mitten*tage,
kom dem apt ein groze klage
von einem sinem hofman.
daz horte der tragent münch an.

Der Mönch eilte schnell
nach Hause in sein Kloster.
Später sagte er zu seinem Knecht:
»Ich habe oft davon gehört,
daß Kinder daraus entstanden sind,
wo zwei beieinander liegen.
Nun sag mir auf Ehr' und Glauben:
Wer wird das Kind kriegen?«
»Das kann ich Dir genau sagen«,
sagte der Knecht, »immer der, der unten liegt.«
»O Gott, was für Unglückstage«,
dachte der Mönch sofort;
gleich wurde ihm das Elend bewußt.
Er dachte sich: »Was soll ich nur tun?
Ich Unglücklicher bin unten gelegen,
jetzt bringe ich ein Kind auf die Welt.
Damit habe ich meine Ehre völlig verloren.
Überdies werde ich meine Pfründe verlieren,
wenn der Abt das merkt,
und aus der Gemeinschaft der Mönche
werde ich ausgestoßen.
Ich würde ja lieber sterben,
als ihren Spott auszuhalten.«
Zwölf Wochen später
fing der Mönch zu kränkeln an,
so hatte sie ihn zerschlagen.
Seine Mitbrüder fragten ihn,
wie es ihm gehe, was ihn bedrücke
und warum er so mager sei.
Er wollte es keinem erzählen,
was ihm bei der Minne zugestoßen war,
denn er hätte geschworen,
er bringe ein Kind auf die Welt.
Danach eines Mittags
wurde dem Abt eine schwerwiegende Klage
von einem seiner Pächter vorgetragen.
Dabei hörte der schwangere Mönch zu.

der man sprach: »ich muz iu klagen:
der witwen sun hat mir ein rint geslagen
dort oben in dem dorfe,
daz ez hat verworfen
ein vil schœnez kelbelin.«
»ich wil gut rihter sin«,
sprach der apt zu dem hofman,
»er ist mir so undertan,
daz ich in wol betwinge
und er mit dir dinge
und vergilt dir din kalp wol
als ers zu reht gelten sol.«
der tragent münch het wol gehort
vil eben des hovemannes wort.
nach der witwen sun er sant,
wan er in wol erkant,
daz er heimlich zu im quæme
und sin wort vernæme.
der witwen sun in daz kloster gienc,
der münch in liplichen enphienc
und furt in heimlichen an sin gemach.
nu hort wie der münch sprach:
»ich hort über dich klagen,
daz du ein rint hetest geslagen,
daz ez ein kalp verwurfe.
ich din ouch wol bedurfe
solcher slege von diner hant,
wan mir ist leider wol bekant,
daz ich lebendes kint trage.
nu furht ich, ob ichz iemant sage,
daz ich wert geschant.«
der witwen sun sprach sazehant:
»we, wa von ist iu kumen daz?
nu dunket mich der prior ze laz,
so ist der apt gar zu alt.

Der Mann sagte: »Ich muß bei Euch Klage erheben:
Der Sohn der Witwe hat mir eine Kuh so sehr geschlagen,
oben im Dorf,
daß ihr ein wunderschönes Kälbchen
abgegangen ist.«
»Ich werde ein guter Richter sein«,
sagte der Abt zum Pächter,
»er ist mir untertan,
ich kann ihn leicht zwingen,
daß er sich mit Dir verständigt
und Dich für das Kalb entschädigt,
wie es dem Recht entspricht.«
Der schwangere Mönch hatte
die Worte des Pächters ganz genau gehört.
Er schickte nach dem Sohn der Witwe,
denn er kannte ihn gut,
damit der heimlich zu ihm komme
und ihn anhöre.
Der Sohn der Witwe kam ins Kloster,
der Mönch empfing ihn freundlich
und führte ihn heimlich in seine Zelle.
Jetzt paßt auf, was der Mönch sagte:
»Ich hörte über Dich Klagen führen:
Du sollst eine Kuh so geschlagen haben,
daß sie ein Kalb verlor.
Ich brauche auch
solche Schläge von Dir,
denn ich habe unglücklicherweise erfahren,
daß ich mit einem echten Kind schwanger bin.
Ich muß fürchten,
daß ich in Schande falle, wenn ich es jemandem erzähle.«
Der Sohn der Witwe sagte schlagfertig:
»O Gott, wie habt Ihr Euch denn das geholt?
Da hat wohl der Prior nicht richtig aufgepaßt,
und der Abt ist viel zu alt.

wer hat daz wunder an iuch gestalt?
hat ez der kelner getan?
so ist er ein vrevelicher man.«
der münch sprach: »wærlich nein er!
der münch ist keiner
schuldic an minem libe.
ich trag iz von einem wibe.
mit der han ich minne getriben,
daz mir daz kint ist beliben.«
do sprach aber der witwen sun:
»herre, ich wil gerne tun,
allez daz iu lip ist.
iedoch wenic liute genist,
diu ir kint *niht* mugent getragen
volle zit zu iren tagen.«
der münch sprach: »ich wil iz wagen.
nu laz dichz niht betragen,
slach mich sere, des ist mir not.
niht gedenke an minen tot.
ich vergib liuterlichen dir,
swaz du sunden begest an mir.
daz ich des slahens gewis si,
ich gib dir guter pfunde dri.«
der witwen sun was des gemeit.
niht lenger er do beit.
er sprach: »daz holz daz bi dem kloster leit,
dar in kumt morgen zu prime zeit,
so wil ich iu helfen, ob ich mac,
e daz werde mitter tac.«
der münch sprach: »ich wil volgen dinem rat,
kum ouch du niht zu spat.«
der witwen sun was ein schalk.
er macht uf des münches balk
dri knuttel eichin,
die braht er mit im dar in.
der münch was frü kumen dar.

Wer hat denn dieses Wunder fertiggebracht?
Ist es der Kellermeister gewesen?
Dann ist er aber wirklich ein schlechter Mensch.«
Der Mönch sagte: »Nein, der doch nicht, bestimmt!
Keiner von den Mönchen
ist schuld an meinem dicken Bauch.
Ich hab' es von einer Frau.
Mit der hab' ich Liebe gemacht,
und dabei ist mir das Kind geblieben.«
Darauf erwiderte der Sohn der Witwe:
»Herr, ich will gerne alles tun,
was Ihr wollt.
Aber nur wenig Leute überleben das,
die ihr Kind nicht austragen wollen
die volle Zeit bis zum Termin.«
Der Mönch sagte: »Ich wage es.
Laß Dich's nicht verdrießen,
schlag mich kräftig, das brauche ich.
Mach Dir keine Gedanken um meinen Tod.
Ich vergebe Dir aufrichtig
die Sünden, die Du vielleicht an mir begehst.
Damit ich Deiner Schläge sicher sein kann,
gebe ich Dir solide drei Pfund.«
Der Sohn der Witwe freute sich darüber.
Er fackelte nicht mehr lange.
Er sagte: »Zu dem Wäldchen, das beim Kloster liegt,
zu dem kommt morgen zur Zeit der Prim,
dann werde ich Euch helfen, so gut ich kann,
noch bevor es Mittag wird.«
Der Mönch sagte: »Ich werde Deinem Vorschlag folgen,
komm bitte auch Du nicht zu spät.«
Der Sohn der Witwe war ein Schuft.
Er behandelte die Haut des Mönches
mit drei eichenen Knüppeln,
die er extra mitgebracht hatte.
Der Mönch war früh gekommen.

da er des knehtes wart gewar,
er gab im driu phunt unde sprach:
»unverdrozzen slach!
du solt min niht schonen,
ich wil dir baz lonen.«
darzu sprach der witwen sun:
»ir schult ab iu die kappen tun!«
daz was vil schire getan.
im beleip niht dan ein rock an.
er warf in nider als ein rint
und slug in, und wæren siben kint
in sinem libe gewesen,
ir wær keinez genesen.
alle sine knochen
wurden im zubrochen
von mange*m* herten slage.
da bi in einer lage
lag mit vorhten ein junger hase;
der was bedecket mit dem grase.
dar inne getorst *er* niht lenger ligen
vor den engestlichen slegen.
do der dritte knuttel brach,
der münch den hasen loufen sach.
er sprach: »la die slege sin!
ich wil loufen nach dem kinde min.
owe moht ich iz gevan!
ich wold ez einer ammen lan,
daz si ez ernerte.«
der hase gegen walde kerte.
der münch sach im allez nach.
vil jæmerlichen er do sprach:
»owe min vil libez kint,
wie snel dir diu bein sint!
daz muz ich immer klagen.
du soldest eines fursten brief tragen,
wan in einer kurzen wil
liefest du manic mil.

Als er den Knecht sah,
gab er ihm drei Pfund und sagte:
»Schlag rücksichtslos zu!
Schonen darfst Du mich nicht,
um so besser entlohne ich Dich.«
Darauf antwortete der Sohn der Witwe:
»Zieht den Mantel aus!«
Das geschah sogleich.
Er hatte nur noch den Rock an.
Der Knecht warf ihn zu Boden wie eine Kuh
und schlug auf ihn ein, und wenn sieben Kinder
in seinem Bauch gewesen wären:
das hätte keines überlebt.
Alle seine Knochen
waren gebrochen
durch die vielen harten Schläge.
In der Nähe lag
voller Angst ein kleiner Hase auf der Lauer;
er war im Gras verborgen.
Er traute sich nicht länger liegenzubleiben
wegen dieser fürchterlichen Schläge.
Als der dritte Knüppel zerbarst,
da sah der Mönch den Hasen wegrennen.
Er rief: »Hör auf mit den Schlägen!
Ich will hinter meinem Kind her.
O wenn ich es doch fangen könnte!
Ich würde es zu einer Amme geben,
damit sie es ernährt.«
Der Hase wandte sich zum Wald.
Der Mönch starrte ihm nach.
Ganz unglücklich sagte er:
»Ach mein liebes Kind,
was hast Du für schnelle Beine!
Ewig werde ich Reue tragen!
Du solltest die Botschaften eines Fürsten besorgen,
denn in ganz kurzer Zeit
läufst Du viele Meilen.

oder soldest worden sin ein koch,
wan du treist den löffel noch
gereite als ein ander man,
der wol zezzen machen kan.«
nu prüfet an dem toren:
er meint des hasen oren,
die er ufgerecket sach.
gegen walde wart dem münche gach.
er wolt daz leit nicht lenger doln,
er wolt sin kint wider holn.
er lief als ein tobender hunt.
sin herze slug er tusent stunt,
sin hende er jæmerlichen want,
sin kint er do niht envant.
von leide rouft er uz sin har.
des wart ein alter münch gewar.
der kom von unwissen dar geriten.
er sprach: »waz meint ir hi miten
oder wes ist diu schulde,
daz ir habt so groz undulde?
oder meint ez *unsin oder* zorn?«
er sprach: »mein kint hab ich verlorn,
daz ich hab selbe getragen.
daz muz ich von schulden klagen.«
der ritende münch mit zorne sprach:
»got weiz wol daz ich nie gesach
münch kint mer getragen.
ich wil ez dem apt sagen
dar zu der samnunge.«
daz antwort in der junge:
»ich enruchte, wer ez weste,
der bœsest oder der beste,
het ich wan min kint wider.
hie leit min vreude gar dernider.«
er gab im einen kolben slac,
daz er vor im nider lac.
er sprach: »ir sit unsinnic worden

Oder Du hättest ein Koch werden sollen,
denn Du hältst den Löffel genauso
hin wie jemand,
der gutes Essen machen kann.«
Nun seht diesen Narren:
Er meinte die Ohren des Hasen,
die aufgestellt waren.
Den Mönch trieb es zum Wald.
Er wollte das Leid nicht länger ertragen,
er wollte sein Kind zurückholen.
Er rannte wie ein tollwütiger Hund.
Gegen die Brust schlug er sich tausendmal,
seine Hände rang er klagend,
sein Kind fand er nicht.
Vor Schmerz riß er sich die Haare aus.
Das sah ein alter Mönch.
Der kam zufällig vorbeigeritten.
Er sagte: »Was wollt Ihr damit?
Was ist schuld daran,
daß Ihr Euch so aufregt?
Seid Ihr verrückt oder zornig?«
Er antwortete: »Mein Kind habe ich verloren,
das ich selbst ausgetragen habe.
Darüber klage ich mit vollem Recht.«
Der Mönch auf dem Pferd rief zornig:
»Weißgott, das habe ich noch nie erlebt,
daß ein Mönch ein Kind ausgetragen hätte!
Das muß ich dem Abt erzählen
und dem ganzen Konvent.«
Darauf antwortete ihm der junge Mönch:
»Es wäre mir völlig egal, wer das weiß,
ob ein Schlechter oder ein Guter,
wenn ich nur mein Kind wieder hätte.
Mein ganzes Glück ist zerstört.«
Der Mönch schlug ihn mit dem Kolben,
daß er vor ihm zu Boden stürzte.
Er rief: »Ihr seid verrückt geworden

und schendet uns den orden
und alle die da inne sint.«
er sprach: »het ich min kint
noch zeimal gesehen,
ichn ruchte, waz mir noch moht geschehen.«
»in nomine«, sprach der ald,
»daz ir in disem wald
ein kint woldet vinden!«
er begonde *im* sere binden
die hende sam einem diebe.
er sprach: »sint iu so liebe
ist zu vremden kinden,
ir sult iz wol ervinden,
wie mir dar umbe ist zu mute.«
vil lützel er do rute,
er slug in mit der kiule
vil manic groze biule.
waz der alte münch gereit,
der junge allez neben im schreit
gebunden an einem stricke.
vil heiz weint er dicke.
sines kindes er gedaht.
do er in in daz kloster braht,
die münche namen sin alle war
und komen mit der menige dar.
do in der apt an gesach,
vil *gutlichen* er do sprach:
»sag an, libe, wie ist dir geschehen?«
er sprach: »het *ir* min kint gesehen,
ez must iu wol behagen.
ich kan iu niht mer gesagen,
wan moht ich ez erloufen,
ich wolt ez lazen toufen
und wold iuch zu gevatern biten
und den prior da miten,
dazu den kelnære.«
den münchen disiu mære

und bringt Schande über unseren Orden
und alle seine Mitglieder.«
Jener antwortete: »Wenn ich mein Kind
doch nur noch einmal gesehen hätte!
Dann wäre es mir ganz gleich, was noch passierte.«
»Beim Herrn«, rief der Alte,
»daß Ihr in diesem Wald
ein Kind finden wolltet!«
Er wollte ihm
die Hände wie bei einem Diebe binden.
Er sagte: »Da Ihr so große Liebe
zu einem fremden Kinde fühlt,
so sollt Ihr merken,
was ich davon halte.«
Er gönnte sich keine Ruhe
und schlug ihm mit dem Kolben
manch eine kräftige Beule.
Den ganzen Weg, den der alte Mönch ritt,
lief der junge neben ihm her,
festgebunden mit einem Strick.
Er weinte heiße Tränen,
denn er dachte an sein Kind.
Als er ihn in das Kloster brachte,
sahen ihn die Mönche alle
und kamen in Scharen herbei.
Als der Abt ihn erblickte,
sagte er mit gütiger Stimme:
»Sprich, mein Lieber, wie ist es Dir ergangen?«
Er sagte: »Hättet Ihr mein Kind gesehen,
es hätte Euch gut gefallen.
Ich kann Euch nur das sagen:
wenn ich es erwischt hätte,
dann hätte ich es taufen lassen,
und Euch hätte ich als Paten gebeten
und den Prior dazu
und auch den Kellermeister.«
Den Mönchen kam diese Rede

wunderlich dûhten.
den rock si im uf luchten.
do si die slege sahen,
mitalle si da jahen,
daz er wære behaft
von der bœsen geist kraft.
der apt hiez do suchen
den salter mit andern buchen
und hiez beswern den bœsen geist
mit aller siner volleist,
daz der münch erlost würde
von siner swæren bürde.
des aptes gebot si do taten;
uber den münch si do traten,
gute segen si do lasen,
der münch begonde rasen.
in disem grozen leide
sprach der münch: »min kint ist noch heide!
het ez enphangen die kristenheit,
so wær zergangen min leit.«
der apt sprach: »nu hœret,
wie uns der teufel tœret!
siniu wort sint so spæhe,
daz bannen ist im unmære.
er kan bœser liste genuc.«
den weichbrunnen man dar truc.
mit der stole umbhengen
und in besprengen,
swaz si im taten,
si droten oder baten,
daz was allez ein wint.
er sprach: »het ich min libes kint,
daz ich wol zwelf wochen truc,
so het ich aller vreuden genuc.«
do wart den münchen allen zorn;
si hetten des alle gesworn,

merkwürdig vor.
Sie hoben ihm die Kutte hoch.
Als sie die Spuren der Schläge sahen,
sagten sie alle einhellig,
er sei vom bösen Geist
besessen.
Der Abt ließ
den Psalter und die anderen Bücher herbeibringen
und befahl, den bösen Geist zu beschwören
mit ganzer Kraft,
damit der Mönch
von seiner schweren Last befreit würde.
Der Auftrag des Abtes wurde ausgeführt.
Sie traten zu dem Mönch
und sprachen fromme Beschwörungsformeln.
Der Mönch geriet in Raserei.
In seinem großen Schmerz
rief der Mönch: »Mein Kind ist doch noch Heide!
Wäre es in die Gemeinschaft der Christen aufgenommen,
dann würde mein Schmerz vergehen.«
Der Abt sagte: »Hört nur,
wie uns der Teufel zum Narren hält!
Seine Rede ist schlau.
Das Bannen ist ihm gleichgültig.
Er versteht sich gut auf faule Tricks.«
Man brachte das Weihwasser herbei.
Ob sie ihm die Stola umhängten
oder ihn besprengten,
was sie auch taten,
ob sie drohten oder flehten,
all das nützte gar nichts.
Er sagte nur: »Wenn ich mein liebes Kind hätte,
das ich zwölf Wochen lang getragen habe,
das wäre mein ganzes Glück.«
Da gerieten die Mönche alle in Wut;
sie wollten alle beschwören,

daz er unsinnic wære.
in einen karkære
satzten si in mit grimme.
da was der arme inne
virzehen tag unde naht,
daz im ezzens niht wart braht
wan wazzer unde brot.
zu allen ziten bat er got,
daz er sin kint dar sante,
daz ez kristen nam erkante.
an dem funfzehenden tage
der münch begonde dem apt sagen
in siner bihte rehte
von der minne und von dem knehte
und von der vrowen diu in da sluc,
von der er daz kint truc,
und wie er under lac,
da si der minne mit im pflac.
und sagt von ende, wie ez geschach.
do sprach der apt: »din ungemach
sol heute ende nemen.
du darft dich nimer schemen
vor mir noch vor dem priore.
du solt gen zu kore
singen unde lesen
und solt ein gut kint wesen,
als die gewonheit vor tet,
und hab mich in dinem gebet.
din sünde sint dir vergeben,
nu wirb umb daz ewige leben.«
hie endet sich diz mære,
daz machete der Zwickowære
und ist genannt ›Des münches not‹.
nu bitten wir den waren got,
daz er uns an dem jungsten tage
von sime riche iht verjage.

daß er verrückt sei.
In den Kerker
warfen sie ihn zornig.
In dem blieb der Arme
vierzehn Tage und Nächte,
und er bekam nichts zu essen
als Wasser und Brot.
Unablässig bat er Gott,
daß er ihm sein Kind schicke
und es Christ würde.
Am fünfzehnten Tag
fing der Mönch an,
in seiner Beichte richtig
von der Minne und von dem Knecht zu erzählen
und von der Frau, die ihn geschlagen hatte
und von der er das Kind empfangen habe,
und wie er unten gelegen habe,
als sie sich mit ihm der Liebe hingegeben hatte.
Und er erzählte ganz, wie es geschehen war.
Darauf sagte der Abt: »Dein Unglück
soll heute sein Ende nehmen.
Du brauchst Dich nicht mehr zu schämen
vor mir und vor dem Prior.
Geh in den Chor
zum Singen und Beten
und sei ein guter Mönch,
wie es die Gewohnheiten vorschreiben,
und schließe mich in Dein Gebet ein.
Deine Sünden sind Dir vergeben,
strebe jetzt nach dem ewigen Leben.«
Hier endet dieses Märe,
das hat der Zwickauer gemacht,
und es heißt ›Des Mönches Not‹.
Nun bitten wir den wahren Gott,
daß er uns am Jüngsten Tage
nicht das Himmelreich verweigere.

V
EIN AUSSENSEITER

DIZ IST VON EINEM SCHRETEL UND VON EINEM WAZZERBERN

Swer hovelîcher mære ger,
der neige herze und ôre her,
dem gibet dise âventiure
ein lachen ze stiure.
ich lache ouch, wen des wirt zît,
ob sorge mir die muoze gît,
der ich *wan* sorge ie muoste pflegen.
Nu *hœrt*, wie der von Norwegen,
ein künic edel und hôchgeborn,
einem andern künige ûz erkorn,
an adele sînem genôzen,
an rîcheit dem grôzen
und an gewalt dem starken
künige von Tenemarken
sante einen zamen wazzerbern.
zwâr ich wil iuch der wârheit wern:
er was der wîzen einer,
ein grôzer, niht ein kleiner.
dem bern dâ gegeben wart
gein Tenemarken ûf die vart
ein wegewîser villân,
von dem lande ein Norman,
der in vüeren solde
unde sîn durch miete wolde
schôn ûf der selben verte pflegen.
hin vuoren sie von Norwegen
über den sê den starken
und quâmen zu Tenemarken
in des edelen küniges lant.
dâ sie von stade ûf den sant

SCHRÄTEL UND WASSERBÄR

Wer einen höfischen Vortrag wünscht,
der leihe mir sein Ohr und sein Herz;
diese Geschichte
bringt ihn zum Lachen.
Auch ich lache, wenn es Zeit dazu ist,
wenn die Sorge mir die Ruhe dafür läßt,
da ich doch immer von Sorgen bedrängt werde.
Hört nun, wie der Herrscher von Norwegen,
ein edler und vornehmer König,
einem anderen König von hoher Abkunft,
der ihm an Adel gleich war,
groß an Reichtum
und gewaltig an Macht,
dem König von Dänemark,
einen zahmen Wasserbären sandte.
Um Euch die Wahrheit nicht vorzuenthalten:
es war der weißen einer,
ein großer, kein kleiner.
Dem Bären wurde
auf die Reise nach Dänemark
ein wegekundiger Bursche mitgegeben,
ein Mann aus dem Norden,
der ihn führen sollte
und bereit war, ihn gegen Entlohnung
auf der Reise gut zu pflegen.
So fuhren sie von Norwegen
über das große Meer
und kamen nach Dänemark
in das Land des edlen Königs.
Als sie beide vom Ufer an Land

quâmen beide, dirre und der,
des bern meister und der ber,
des bern pfleger nam den bern
bî der lannen, hin vuort ern.
er sûmte cleine sînen ganc,
wan in der âbent des tages twanc,
daz er îlte vaste
gein herbergen durch raste.
er gâhte sêre durch gemach,
unz daz er ligen vor im sach
ein schœnez dorf; dâ hin kêrte er;
im volgte an sîner hant der ber.
  Dô er in daz dorf quam,
dâ sach er wît unde wunnesam
in einem hove guot hûsgemach.
und er den hof sô schœnen sach,
er dâhte in sînem sinne,
dâ sæze ein ritter inne
oder sus ein guoter hande man.
dar kêrte der villân
mit dem bern sân zehant.
den wirt des hoves er dâ vant
gar trûric vor dem hove stân;
er was ein guot einvaltic man,
von art ein rechter gebûre.
swie ofte im *hart* und sûre
wart sîn lîpnar mit nôt,
er gap doch guotlîch sîn brôt
ietslîchem, der sîn geruochte
und in mit zühten suochte.
  Mit dem bern der Norman
den wirt dâ grüezen began.
der wirt im dankte schône;
er jach: »daz iuch got lône!«
und hiez in willekumen sîn.
er sprach: »vil lieber vriunt mîn,

traten, der eine wie der andere,
der Herr des Bären wie der Bär,
da nahm der Bärenführer den Bären
an die Kette und führte ihn davon.
Er ließ sich nicht viel Zeit,
denn der Abend zwang ihn
zur Eile,
wenn er eine Unterkunft für die Nacht finden wollte.
Er beeilte sich sehr, um es sich bequem machen zu können,
bis er vor sich
ein hübsches Dorf liegen sah; dorthin strebte er;
ihm folgte an der Hand der Bär.
Als er in das Dorf kam,
sah er groß und prächtig
auf einem Anwesen ein stattliches Wohnhaus.
Als er den Hof so ansehnlich liegen sah,
dachte er bei sich,
dort müsse ein Ritter leben
oder sonst ein angesehener Herr.
Dorthin wandte sich der Bauernkerl
sogleich mit seinem Bären.
Er fand den Besitzer des Hofes
ganz trübselig vor dem Hause stehen.
Er war ein braver, einfacher Mann,
seinem Wesen nach ein echter Bauer.
So hart und sauer ihm auch oft
sein Lebensunterhalt wurde,
so redlich teilte er doch sein Brot
mit jedem, der sich an ihn wandte
und ihn höflich darum bat.
Der Norweger mit dem Bären
entbot dem Hausherrn seinen Gruß.
Der dankte ihm höflich.
Er sagte: »Gott lohne es Euch!«
und hieß ihn willkommen.
Er sagte: »Mein Freund,

durch iuwer zuht tuot mir bekant,
waz tieres vüeret ir an der hant?
ist diu selbe crêatiure
gehiure oder ungehiure?
daz eislîche kunder,
ist ez ein merwunder?
muoz ich mich vor im vürhten iht?«
der Norman sprach: »nein, herre, niht;
ez ist ein zamer wazzerber.
mîn herre, der künic, sant in her,
der êrenrîche von Norwegen;
disem küniclîchem degen
hât er in ze prêsant
her gesendet in diz lant,
dem ich in vüeren und bringen sol.
vil lieber wirt, nu tuot sô wol,
als iuwern tugenden sî geslaht,
und lât mich mit iu über naht
blîben under dache
in iuwerm hûsgemach*e*.«
Der guote Tene einvaltic
sprach: »ich bin ungewaltic
des hûses und des hoves mîn.«
der Norman sprach: »wie mac daz sîn?«
des antwort im der wirt zehant;
er jach: »des tiuvels vâlant
und sîn gespenste ist zu mir kumen
in mînen hof und hât benumen
mir, waz ich vröuden ie gewan.
mit niht ich daz ervarn kan,
waz crêatiuren ez sî.
sîn hant ist swêr alsam ein blî:
wen ez erreichet mit dem slage,
swie grôz *er* sî, *swie* starc sîn clage,
ez sleht in, daz er vellet nider.
sîne gestalt und sîniu gelider,
die moht ich leider nie gesehen,

seid so gut und laßt mich wissen,
was für ein Tier Ihr da an der Hand führt!
Ist dieses Geschöpf
gutartig oder böse?
Dieses schreckliche Untier,
ist es ein Seeungeheuer?
Muß ich mich vielleicht vor ihm fürchten?«
Der Norweger antwortete: »Nein, mein Herr;
es ist ein zahmer Wasserbär.
Mein Herr hat ihn hierher gesandt,
der verehrungswürdige König von Norwegen;
dem heldenhaften König hier
hat er ihn als Geschenk
in dieses Land geschickt;
zu dem soll ich ihn bringen.
Verehrter Herr, nun handelt so,
wie es Eurer Lebensart wohl ansteht
und laßt mich über Nacht
bei Euch auf Eurem Hof
unter Eurem Dache bleiben.«
Der brave, wackere Däne
sagte: »Ich kann nicht verfügen
über mein Haus und meinen Hof.«
Der Norweger sagte: »Wie kann das sein?«
Darauf antwortete ihm der Hausherr sogleich;
er sagte: »Der teuflische Unhold
und sein Gespenst sind zu mir
auf meinen Hof gekommen und haben mir
alles geraubt, was mir je an Freude begegnet ist.
Ich kann auf keine Weise herausbringen,
was für eine Kreatur das ist.
Seine Hand ist schwer wie Blei:
wen es mit seinem Schlag erwischt,
gleich wie groß er ist und wie laut er schreit,
den schlägt es zu Boden.
Seine Gestalt und sein Aussehen
konnte ich leider noch nie sehen,

wan daz ich des vür wâr muoz jehen
und sage ez iuch ze wunder,
daz ich gevriesch nie kunder
sô starc noch sô gelenke:
tische, stüele unde benke,
die sint im ringe alsam ein bal.
ez wirfet ûf und ze tal
die schüzzeln und die töpfe gar,
ez rumpelt stæte vür sich dar.
ovenbrete und ovensteine,
körbe, kisten algemeine,
die wirfet ez hin unde her.
ez gêt ôt allez daz entwer,
waz ist in dem hove mîn.
nu hab ouch ich die vreise sîn
und sîn untât gevlogen
und hab mich gar von im gezogen.
des ich mich an iuch selben *ziehe*:
seht, mîn gesinde und al mîn *vihe*
hât ez her ûz von im getriben
unde ist aleine dar inne bliben.
von im ich grôzen kumber dol.
vil lieber gast, ir seht ouch wol,
daz mir hûsrât ist wilde.
ich hân ûf diz gevilde
vor disen hof gehüttet;
zestœret und zerüttet
ist leider al mîn hûsgemach.«
Der gast gezogenlîchen sprach:
»vil lieber wirt, daz ist mir leit.
lât mich durch iuwer hovischeit
und durch iuwer zuht hin în
unde lât mich hînt darinne sîn.
waz ob mir lîhte hilfet got,
daz der tiuvel und sîn *spot*
und sîn trucnüsse mich verbirt?«
»turret irz gewâgen«, sprach der wirt,

nur das kann ich mit Sicherheit behaupten,
und ich sage es, auch wenn Ihr Euch wundert:
niemals habe ich von einem
so starken und so wendigen Ungeheuer gehört:
Tische, Stühle und Bänke
sind ihm leicht wie ein Ball.
Es wirft
Schüsseln und Töpfe hin und her,
es rumpelt ständig vor sich hin.
Die Ofenbänke und die Ofenziegel,
Körbe und Kisten,
alles wirft es durcheinander.
Alles wirbelt kreuz und quer,
was auf meinem Hofe ist.
Nun fürchte auch ich mich vor ihm
und bin vor seinem Wüten geflohen
und habe mich ganz zurückgezogen.
Dafür rufe ich Euch zum Zeugen an:
Seht, mein Gesinde und all mein Vieh
hat es herausgejagt
und ist alleine drinnengeblieben.
Es fügt mir großen Kummer zu.
Verehrter Gast, Ihr seht ja auch ganz genau,
daß mir mein Hausrat nicht zur Verfügung steht.
Ich habe auf diesem Feld
vor dem Hof meine Zelte aufgeschlagen;
gänzlich dahin
sind Ruhe und Frieden in meinem Haus.«
Der Fremde sagte höflich:
»Lieber Herr, das tut mir leid.
Laßt mich doch nach feiner Art
und aus Höflichkeit hinein
und laßt mich heute nacht dort bleiben.
Vielleicht hilft mir ja Gott,
daß der Teufel mit seinem Unwesen
und seinen Trugbildern mich verschont.«
»Wenn Ihr Euch traut, das zu riskieren«, antwortete der Hausherr,

»ich gan ez iuch innenclîchen wol.
ob ich die wârheit sprechen sol,
sô dunket ez mich tumplich.«
der Norman sprach: »nu stiuret mich
und mînen bern mit der spîse;
ich dunke iuch tump oder wîse,
ich wâgez, *swie* mirz halt ergât.«
»sint ir sîn nicht welt haben rât«,
sprach der wirt, der guote man,
»ich teile iu mite, swaz ich hân;
mîn einvaltigez armuot,
vil lieber gast, daz nemt vür guot.«
der wirt ez im guotlîch erbôt:
er gab im bier unde brôt,
vleisch, rüeben unde salz;
er gab im eier unde smalz
unde vrischer buttern gnuoc dâ mite
ze spîse nâch des landes site,
und sînem bern einen wider,
der im doch sûre gnuoc wart sider.
der gast im seite grôzen danc.
er nam die spîse und den tranc;
in gotes namen dâ gienc er
hin in den hof, mit im der ber.
Der guote man von Norwegen
tet vor sich des gotes segen.
hin gienc er in ein bakhûs.
er ahte clein ûf sulchen grûs,
als im der wirt dâ seite.
ein viuwer er bereite,
als im der hunger geriet;
sîn kost er sôt unde briet.
dâ nû diu kost was bereit,
er az und tranc und was gemeit
unde gab ouch sînem bern genuoc.
dar nâch die müede in dar zu truoc,
daz er sich leit ûf ein banc,

»dann gönne ich es Euch von Herzen gern.
Um die Wahrheit zu sagen:
ich halte es für töricht.«
Der Norweger sagte: »Jetzt versorgt mich
und meinen Bären mit Essen;
ob Ihr mich nun für dumm oder für klug haltet,
ich riskiere es, gleich wie es mir ergeht.«
»Da Ihr Euch nicht helfen lassen wollt«,
sagte der freundliche Hausherr,
»gebe ich Euch, was ich habe;
mit meinem kärglichen Besitz,
verehrter Gast, nehmt vorlieb.«
Er versorgte ihn großzügig:
Er gab ihm Bier und Brot,
Fleisch, Rüben und Salz;
er gab ihm Eier und Schmalz
und reichlich frische Butter mit,
wie es sich im Lande fürs Essen gehörte,
und für den Bären einen Widder,
der ihm freilich später ziemlich sauer aufstieß.
Der Gast bedankte sich herzlich.
Er nahm Speisen und Getränke an sich.
In Gottes Namen dann ging er
ins Haus hinein, mit ihm der Bär.
Der gute Norweger
schlug das Kreuz
und ging in das Backhaus.
Er machte sich wenig aus der Schauergeschichte,
die ihm der Hausherr aufgetischt hatte.
Er machte sich ein Feuer,
weil ihn der Hunger dazu drängte;
er kochte und briet sein Essen.
Als die Mahlzeit fertig war,
aß er und trank und war fröhlich
und gab auch seinem Bären reichlich.
Danach war er so müde,
daß er sich auf eine Bank legte

und der slâf in des betwanc.
der ber was von dem gêne laz.
dô er im gnuoc des widers gaz,
er leit sich bî daz viuwer nider;
im wâren müede sîne glider.
Dâ nû der guote man gelac
und slâfes nâch der müede pflac
und ouch der müede ber entslief:
hœrt, wie ein schretel dort her lief.
daz was kûme drîer spannen lanc,
gein dem viure ez vaste spranc.
ez was gar eislîch getân
und het ein rôtez keppel an;
daz ir die wârheit wizzet:
ez hete ein vleisch gespizzet
an einen spiz îsenîn;
den truoc ez in der hende sîn.
daz schretel ungehiuwer
sich satzte zu dem viuwer
und briet sîn vleisch durch lîpnar.
und ez des bern wart gewar,
ez dâhte in sînem sinne:
»waz tuot diz kunder hinne?
ez ist sô griulîch getân,
und sol ez bî dir hie bestân,
du muost sîn lîchte schaden nemen.
nein, blîbens darf ez nicht gezemen.
ich hân die andern gar verjaget;
ich bin ouch noch sô niht verzaget,
ez muoz mir rûmen diz gemach.«
nîtlîch ez ûf den bern sach.
ez sach ôt dar und alles dar;
ze lest erwac ez sich sîn gar
und gap dem bern einen slac
mit dem spize ûf den nac.
er rampf sich und grein ez an.
daz schretel spranc von im hin dan

und der Schlaf ihn übermannte.
Der Bär war vom Laufen erschöpft.
Als er genug vom Widder gefressen hatte,
legte er sich am Feuer hin;
seine Glieder waren schwer.
  Als nun der brave Mann dalag
und den Schlaf der Erschöpfung schlief
und als auch der müde Bär eingeschlummert war:
Hört, wie da ein kleiner Kobold angelaufen kam!
Er war gerade drei Spannen groß.
Schnell sprang er ans Feuer.
Er sah grausig aus
und hatte ein rotes Mäntelchen um;
damit Ihr die ganze Wahrheit wißt:
er hatte ein Stück Fleisch
auf einen eisernen Spieß gesteckt;
den trug er in der Hand.
Der unheimliche Kobold
setzte sich ans Feuer
und briet das Fleisch zur Mahlzeit.
Als er den Bären erblickte,
dachte er bei sich:
»Was tut dieses Ungeheuer hier?
Es ist so scheußlich anzusehen;
wenn es länger hier bei Dir ist,
wird es Dir bestimmt etwas antun.
Nein, hierzubleiben darf man ihm nicht gestatten.
Ich habe alle anderen verjagt;
und so feige bin ich doch auch nicht:
es muß mir diese Stube räumen.«
Feindselig blickte er auf den Bären.
Wieder und wieder starrte er ihn an;
schließlich faßte er sich ein Herz
und versetzte dem Bären einen Schlag
mit dem Spieß auf den Nacken.
Der verzog das Gesicht und knurrte ihn an.
Der Kobold sprang zurück

und briet sîn vleischel vürbaz,
unz daz ez wart von smalze naz.
dem bern ez aber einez sluoc;
der ber im aber daz vertruoc.
ez briet sîn vleisch vür sich dar,
unz daz ez rehte wart gewar,
daz nû der brâte sûste
und in der hitze brûste;
den spiz ez mit dem brâten zôch
vaste ûf über daz houbet hôch;
daz bœse tuster ungeslaht
sluoc ûz aller sîner maht
den müeden bern über daz mûl.
nu was der ber doch niht sô vûl,
er vuor ûf und lief ez an;
daz schretel im dâ niht entran.
er begreif ez mit den tatzen,
bîzen, krimmen unde kratzen
begonde er ez sô grimme,
daz ez in grimmer stimme
und überlût engstlîchen schrê:
»wê, herre, wê! wê, herre, wê!«
wie cleine im wâren sîne glider,
ez was doch starc und greif hin wider
dem müeden bern in den giel.
ez zuzerret im den *triel*;
ez beiz, ez *kratzte* in unde kram,
daz er vor zorne lûte erbram
unde schrei in grôzem grimme
sîn angeborne stimme,
die alsô grimmiclich erhal,
daz allez daz dâ von erschal,
daz in dem wîten hove was.
ob ir ietwederz dâ genas,
vür wâr, daz was ein wunder.
der ber und diz unkunder
begonden grimmiclîchen toben;

und briet sein Fleischstückchen weiter,
bis es von Fett troff.
Wieder zog er dem Bären eins über;
den Bären kümmerte das wiederum wenig.
Er briet sein Häppchen vor sich hin,
bis er genau sah,
daß der Braten jetzt brutzelte
und in der Hitze zischte;
den Spieß mit dem Braten hob
er hoch über den Kopf;
der böse, gewalttätige Unhold
schlug mit ganzer Kraft
dem müden Bären aufs Maul.
So träge war der Bär nun doch nicht:
er fuhr auf und ging auf den Kobold los;
der konnte ihm nicht entkommen.
Er packte ihn mit den Tatzen;
zu beißen, kneifen und kratzen
begann er ihn so wütend,
daß der mit schriller Stimme,
ganz laut und voller Angst schrie:
»Hilfe, o Gott, Hilfe! Hilfe, o Gott, Hilfe!«
Aber so schmächtig er auch war,
stark war er doch und griff seinerseits
dem müden Bären in den Rachen.
Er zerrte ihm das Maul auseinander;
er biß, kratzte und kniff ihn,
daß der vor Zorn laut aufbrummte
und voller Wut
mit der seiner Art eigenen Stimme brüllte,
die so fürchterlich dröhnte,
daß davon
der ganze weite Hof widerhallte.
Wenn jemand das überstanden hat,
dann war das wahrhaftig ein Wunder.
Der Bär und dieser Unhold
tobten wütend umher.

iezunt lac daz schretel oben,
bî einer wîle lac ob der ber.
sie wielkenz hin unde her.
die zwêne kampfgeverten
sich beide vaste werten.
nu bîzâ, bîz! nu limmâ, lim!
nu kratzâ, kratz! nu krimmâ, krim!
sie bizzen unde lummen,
sie kratzten unde krummen
einander alsô grimmiclich,
daz als harte ervorchte sich
des bern meister, daz er vlôch
und in den bakoven krôch.
er krôch hin în und sach her vür
gar trûric ûz des ovens tür;
er luoget ûz dem luoge
und sach die grôze unvuoge,
die an dem bern dâ geschach.
daz was sînes herzen ungemach.
  Daz schretel mit dem bern vaht
vil vaste hin gein mitternaht.
zulest er ez doch überwant;
ez vlôch von im und verswant.
war ez quam, wer weiz daz?
der ber was von dem strîte laz;
er leit sich ûf den estrich wider
und raste *die* kampfmüeden lider.
der Norman sach wol dise geschicht:
er quam ôt ûz dem oven niht.
mit vorhten er dar inne lac,
unz daz er sach den liehten tac.
dâ alrêrst krôch er her vür
gar ruozic ûz des ovens tür.
dô er ûz dem oven quam,
sînen bern er dâ nam
unde vuort in ûz dem hove hin vor.
der wirt des hoves stuont vor dem tor;

Einmal lag der Kobold oben,
dann wieder der Bär.
Sie wälzten sich hin und her.
Die beiden Kämpfer
wehrten sich nach Kräften.
Nun beiß, nun beiß! Nun stöhn, nun stöhn!
Nun kratz, nun kratz! Nun kneif, nun kneif!
Sie bissen und sie stöhnten,
sie kratzten und sie kniffen
einander so fürchterlich,
daß die Angst
den Bärenführer so sehr packte, daß er floh
und in den Backofen kroch.
Er kroch hinein und schaute
entgeistert aus der Ofenklappe;
er lugte aus dem Loch
und sah, wie übel
dem Bären da mitgespielt wurde.
Das traf ihn mitten ins Herz.
Der Kobold kämpfte mit dem Bären
mit ganzer Kraft bis Mitternacht.
Schließlich besiegte der Bär ihn doch.
Er ergriff die Flucht und verschwand.
Wer weiß schon, woher er gekommen war?
Der Bär war von der Schlacht erschöpft;
er legte sich wieder auf den Boden
und ruhte seine kampfmüden Glieder aus.
Der Norweger sah zwar, was geschehen war:
er kam aber trotzdem nicht aus dem Ofen.
Ängstlich blieb er darin liegen,
bis er den hellen Tag anbrechen sah.
Dann erst kroch er,
ganz rußverschmiert, aus der Ofentür.
Als er den Ofen verlassen hatte,
nahm er seinen Bären
und führte ihn aus dem Hof heraus.
Der Hausherr stand vor dem Tor;

dem gaste er guoten morgen bôt.
er het gehôrt wol dise nôt,
die in dem hove dâ geschach.
der guote wirt guotlîchen sprach:
»und lebt ir noch, vil guoter man?«
»jâ, sint mir got des lebens gan,
sô lebe ich gerne vürbaz.«
ze vil geredet, waz touc daz?
mit kurzen worten überslagen,
er dankte im grôz, hôrt ich sagen,
und nam urloup. hin gienc er;
mit im gienc der zekratzte ber.

Der guote wirt, der villân,
dâ sînen pfluoc rüsten began.
des pflac er unde was sîn site,
wan er betruoc sich dâ mite.
er vuor ûf daz gevilde hin
durch sîner lîpnar gewin.
sînen pfluoc er dô enpfienc,
ze acker er dâ mite gienc.
er mente sîn ochsen, hin treip er.
nu lief daz schretel dort her
und trat ob im ûf einen stein.
mit bluote wâren sîne bein
berunnen ûf und zetal.
sîn lîbel daz was über al
zekratzt und zebizzen;
zuzerret und zerizzen
was sîn keppel, daz ez truoc.
ez rief eislîch und lûte genuoc
und sprach dem bûmanne zu;
ez rief wol drîstunt: »hœrst duz du?
hœrst duz dû? hœrst dûz iedoch?
lebet dîn grôze katze noch?«

Er luoget ûf und sach ez an.
sust antwort im der bûman:
»jâ, jâ, mîne grôze katze,

er wünschte dem Gast einen guten Morgen.
Er hatte den Kampf deutlich gehört,
der sich in dem Hof abgespielt hatte.
Der freundliche Gastgeber fragte gütig:
»Lebt Ihr noch, wackerer Mann?«
»Ja, da Gott mir das Leben geschenkt hat,
lebe ich gerne noch etwas weiter.«
Was bringt es, zu viel zu reden?
Kurz zusammengefaßt:
Er dankte ihm herzlich, habe ich gehört,
und verabschiedete sich; seines Weges ging er,
mit ihm ging der zerkratzte Bär.
  Der freundliche Hausherr, der Bauer,
machte nun seinen Pflug bereit.
Das war sein Alltag und seine Gewohnheit,
denn davon lebte er.
Er fuhr auf die Felder,
um seinem Broterwerb nachzugehen.
Er nahm also seinen Pflug
und ging damit auf den Acker.
Er führte seine Ochsen, er trieb sie voran.
Da kam der Kobold angelaufen
und stellte sich vor ihm auf einen Stein.
Blutverschmiert waren seine Beine
von oben bis unten.
Sein kleiner Körper war über und über
zerkratzt und zerbissen;
zerfetzt und zerrissen
war das Mäntelchen, das er trug.
Er schrie böse und ziemlich laut
und rief den Bauern an;
er rief genau dreimal: »Hörst Du, Du da?
Hörst Du, Du da? Hörst Du endlich?
Lebt Deine große Katze noch?«
  Der schaute auf und blickte ihn an.
Dies antwortete der Bauer:
»Ja, ja, meine große Katze,

dir ze trutze und ze tratze
lebet sie, du bœsez wihtel, noch.
sam mir daz öhsel und daz joch,
vünf jungen sie mir hînt gewan;
die sint schœne und wol getân,
lancsîtic, wîz und hêrlîch,
der alten katzen alle gelîch!«
»vünf jungen?« sprach daz schretelîn.
»jâ!« sprach er, »ûf die triuwe mîn!
louf hin unde schouwe sie,
dun gesêhe sô schœner katzen nie.
besich doch, ob ez wâr sî!«
»pfî dich!« sprach daz schretel, »pfî!
sol ich sie schouwen? wê mir wart.
nein, nein, ich kum niht ûf die vart.
sint ir nu sehs worden,
sie begonden mich ermorden;
die eine tet mir ê sô wê.
in dînen hof ich nimmer mê
kume, die wîle ich hân mîn leben.«
die rede quam dem bûman eben.
Daz schretel sâ vor im verswant.
der bûman kârte heim zehant;
in sînen hof zôch er sich wider
und was dâ mit gemache sider;
er und sîn wîp und sîniu kint,
die lebten dâ mit vröuden sint.

Dir zum Ärger und zum Trotz
lebt sie noch, Du garstiger Wicht.
Bei meinem Öchslein und beim Joch!
Fünf Junge hat sie heute nacht bekommen,
die sind alle schön und wohlgebaut,
schlank, schneeweiß und herrlich,
genau wie die alte Katze!«
»Fünf Junge?« rief der Kobold.
»Ja!«, antwortete er, »bei meiner Ehre!
Lauf hin und schau sie Dir an!
Du hast noch nie schönere Katzen gesehen.
Schau doch nach, ob es wahr ist!«
»Pfui!« rief der Kobold, »pfui!
Anschauen soll ich sie? Mir hat das weh getan!
Nein, nein, auf diesen Weg mache ich mich nicht.
Wenn es jetzt sechs sind,
dann bringen sie mich um;
die eine hat mich übel genug zugerichtet.
Auf Deinen Hof
komme ich mein ganzes Leben nicht mehr.«
Diese Worte kamen dem Bauern gelegen.
Der Kobold verschwand auf der Stelle.
Der Bauer kehrte gleich nach Hause zurück;
er zog wieder in seinen Hof ein
und hatte dort von Stund an seine Ruhe.
Er und seine Frau und seine Kinder,
die lebten seither glücklich und zufrieden.

VI
ERZÄHLEN ALS GATTUNGSREFLEXION: HEINRICH KAUFRINGERS RADIKALE KONSEQUENZEN

HEINRICH KAUFRINGER
DER FEIGE EHEMANN

Ain schädlin wärlich pesser ist
dann ain schad ze aller frist.
under zwaien übeltat
ist das allweg wol mein rat,
ob man aintweders müeste han,
das merer übel sol man lan
und sol das minder übel haben.
e das ainer wurd begraben,
e solt er hend und füeß verliesen.
ainer sol auch lieber kiesen,
ob ain statt verprinen wolt,
und das er niderwerfen solt
sein haus und auch erzerren gar,
das das fewr nicht fürbas far,
e das die statt wurd gar verprant.
ain ieglich dieb tuot auch das kant,
der verliesen muos das leben
und dem galgen wirt gegeben,
der pitt durch der eren schein,
das man im näm das haubet sein.
ain aubentür beschehen ist
vor zeiten, als man davon list,
die triffet dise red an zwar
etwie vil und doch nit gar;
die will ich ew ze diser stunt
sagen und auch machen kunt.
Ze Straßpurg sas ain reicher man;
der hett ain frawen wolgetan.
die was das allerschönste weib,
die ie kom zuo manes leib.

HEINRICH KAUFRINGER
DER FEIGE EHEMANN

Ein kleiner Schaden ist wahrhaftig
immer besser als ein größerer.
Wenn man von zwei Übeln,
das ist allezeit mein Rat,
eines ertragen muß,
dann soll man das größere meiden
und das kleinere wählen.
Bevor sich jemand begraben läßt,
sollte er eher Hände und Füße opfern.
Man soll sich auch lieber entscheiden,
wenn eine Stadt in Flammen aufzugehen droht,
sein Haus abzureißen
und dem Erdboden gleichzumachen,
damit sich das Feuer nicht weiter ausbreite,
statt daß die ganze Stadt in Schutt und Asche fällt.
Jeder Dieb macht das auch deutlich,
wenn es ihm ans Leben geht
und er zum Galgen geführt wird
und er dann der Ehre wegen darum bittet,
enthauptet zu werden.
Vor Zeiten hat sich,
wie man lesen kann, ein Vorfall ereignet,
auf den treffen diese Worte wahrhaftig zu,
jedenfalls irgendwie, aber auch wieder nicht ganz;
den will ich Euch jetzt
erzählen und vor Augen führen.
In Straßburg lebte ein reicher Mann;
der hatte eine schöne Frau.
Sie war die Allerschönste,
die je ein Mann besessen hat.

an frümkait was si wol bewart.
darzuo hett die frawe zart
zucht und grosser tuget vil.
für war ich das sprechen wil:
niemant von ir hören macht,
damit ir ere wurd geswacht.
in den landen überal
die red gemainclich da erhal,
das man niendert vinden künde
under allen roten münde
in der weiten welt gemain
ain weib als frumm, schön und rain,
die zucht und grosse tuget hat,
als ze Straßpurg in der statt.
Ain stolzer ritter hort die mär;
der was ain rechter lantfarer.
er pruchet seinen werden leib
oft und vil durch schöne weib,
den er dienet fruo und spat.
er kom geritten in die statt
und was da wol ain halbes jar.
wau er der frawen wart gewar,
so gieng er ir pald ze plick.
zuo ir redt er auch oun schrick
und darzuo in rechtem schimpf,
als er wol kund mit gelimpf,
manig wort in schalkait.
das was der rainen frawen lait,
wann si wol erkante das,
das es wider ir ere was,
des er an si begert;
des wart ir herz gar versert.
des wolt si im gestatten nicht.
das traib er mit so stäter pflicht,
das si des nimer leiden macht.
si vorcht, ir ere wurd geswacht
von der bösen lüte red.

Sie war ganz besonders tüchtig.
Und überdies wußte diese hübsche Frau
sich gut zu benehmen und war sehr sittsam.
Ich sage Euch die Wahrheit:
niemand hat je etwas über sie in Erfahrung gebracht,
was ihr Ansehen angetastet hätte.
Ringsherum im Land
wurde einhellig davon gesprochen,
daß man nirgendwo
unter allen roten Mündchen
auf der ganzen weiten Welt
eine so brave, schöne und ehrbare Frau finden könne,
vollkommen mit allen Tugenden ausgestattet,
wie die in Straßburg.
Ein edler Ritter hörte davon;
der war weit herumgekommen.
Er hatte seine ganze Kraft
viele Male für schöne Frauen eingesetzt,
denen er früh und spät zu Diensten war.
Er kam in die Stadt geritten
und blieb da sicherlich ein halbes Jahr.
Wo immer er die Frau bemerkte,
trat er ihr kühn unter die Augen.
Er sprach auch ohne Scheu mit ihr
und mit viel Charme,
da er sich artig
auf manches galante Wort verstand.
Das war der sittsamen Frau nicht recht,
denn sie sah genau,
daß es gegen die Ehre war,
was er von ihr wollte;
das verletzte sie im Innersten.
Sie wollte es ihm nicht hingehen lassen.
Er trieb es immer so weiter,
bis sie es nicht mehr ertragen mochte.
Sie fürchtete, ihr Ansehen nähme Schaden
durch das Gerede der schlechten Leute.

irem mann si das ze wissen det
und clagt im grossen überlast,
den si hette von dem gast.
er sprach: »liebe frawe mein,
ich will dir wenden dise pein.
wenn er mit dir redet mer,
so haiß in pald kommen her
zuo dir in dein kamer guot,
so will ich in stiller huot
mich enthalten auch darin.
ich sol im lonen seiner minn,
das er fürbas ewiclich
mit guotem frid muoß lassen dich.«
Darnach an dem tritten tag,
als der ritter täglich pflag
ze kirchen zuo der messe gan,
da kom die fraw wolgetan
im engegen oun argen list.
er gruost si zuo der selben frist
gar lieplich und vil schone.
er sprach: »das ew got lone!
liebe fraw, nun tüet mir kunt
ietzo hie zuo diser stunt,
wau ich zuo ew komen sol,
wann ich grossen kummer dol
von euch allain und auch vil müe,
das ich ew das ze wissen tüe;
das mag niemant wenden mir
in aller welt als wol sam ir.«
des antwurt im die frawe rain:
»ir sült zuo mir kommen hain
nach essens in das hause mein;
darin will ich allaine sein.
ich will es schicken hiut darzuo,
das uns niemant tuot unruo.«
der herre ward der red vil fro.
von ir gieng er zehand do;

Sie erzählte es ihrem Mann
und beklagte sich über die Bedrängnis,
die sie durch den Fremden litt.
Er sagte: »Meine geliebte Frau,
ich werde Dich von diesen Qualen befreien.
Wenn er Dich wieder anspricht,
dann laß ihn bald zu Dir kommen
in Deine schöne Kammer.
Dann werde ich mich in einem Versteck
ebenfalls dort aufhalten.
Ich werde ihm seine Minne so heimzahlen,
daß er Dich in Zukunft auf ewig
in Frieden lassen wird.«
Drei Tage später,
als der Ritter wie jeden Tag
in die Kirche zur Messe ging,
da kam die schöne Frau
ihm ohne bösen Gedanken entgegen.
Er grüßte sie sogleich
freundlich und respektvoll.
Er sagte: »Gott möge Euch lohnen!
Verehrte gnädige Frau, tut mir nun
jetzt gleich hier kund,
wohin ich zu Euch kommen darf,
denn ich trage großen Kummer
um Euretwegen allein und große Last,
das muß ich Euch bekennen;
niemand sonst kann mich davon befreien
in der ganzen Welt als Ihr.«
Darauf antwortete ihm die brave Frau:
»Ihr dürft zu mir kommen
in mein Haus, nach dem Essen,
ich werde dort allein sein.
Ich werde es heute so einrichten,
daß uns niemand stört.«
Über diese Worte freute sich der Ritter sehr.
Er verabschiedete sich schnell von ihr;

er was hohes muotes vol.
für war ich das sprechen sol:
enzündet ward das herze sein.
der minne straul ward auch darein
geschossen ze der selben stunt,
das er ward vil sere wunt.
im wart die zeit gar ze lang,
dieweil der priester messe sang.
Da nun kom die rechten zeit,
er gieng hin oun alle peit
zuo dem haus und clopfet an.
da kam die fraw wolgetan
in tugentlicher weise.
si lies in ein vil leise.
in die kamer fuort si in
zuo ainer schönen sideln hin;
darauf sassen si zesamen.
der wirt hett sich da mit namen,
als die fraw wol weste das,
haimlich hinder ain grosses vas
gesetzet in der kamer sein.
er hett ain panzer stark und vein
angelegt und was berait,
dem ritter füegen grosses lait.
nun was der ritter komen dar
in ainem underrocke zwar;
der was guot von rotem golt.
er gieng geleich, sam er wolt
zuo frawen an den tanze gan.
kainen harnasch hett er an.
ainen tegen guot und vein
hett er an der seiten sein.
zuo im sprach die fraw gemait:
»es ist ain grosse torhait
an ewch, lieber herre mein,
das ir also gaund herein
one harnasch und oun swert.

er war festlich gestimmt.
Um die Wahrheit zu sagen:
sein Herz war entbrannt.
Der Pfeil der Liebe hatte es
in diesem Augenblick getroffen,
und er litt an der Wunde der Sehnsucht.
Die Zeit wurde ihm viel zu lang,
während der Priester die Messe las.
Als nun die vereinbarte Stunde da war,
ging er eilends
zu ihrem Haus und klopfte an.
Da kam die schöne Frau
in ihrer sittsamen Art.
Sie ließ ihn vorsichtig ein.
Sie führte ihn in ihr Zimmer
auf ein feines Bänkchen.
Dort setzten sie sich zusammen.
Der Ehemann hatte sich indessen tatsächlich,
wie die Frau genau wußte,
heimlich hinter eine große Truhe
in seinem Zimmer gesetzt.
Er hatte einen starken, prächtigen Panzer
angelegt und hielt sich bereit,
dem Ritter kräftig zuzusetzen.
Der Ritter war hingegen
in einem Rock erschienen;
der war vornehm aus rotem Gold.
Er kam an, als ob er
mit Damen zum Tanze gehen wolle.
Harnisch trug er keinen.
Einen feinen und noblen Dolch
hatte er umgebunden.
Die schöne Dame sagte zu ihm:
»Es ist sehr töricht
von Euch, verehrter Herr,
daß Ihr so hierher kommt,
ohne Harnisch und ohne Schwert.

ir möchtent werden versert
von meinen fraínden und magen.
ich sich ew hie antragen
ainen rock, ist guot und glanz,
sam ir wölt an ainen tanz.
ir habt auch hie ain messer zwar;
das wär ewch unhilflich gar,
ob ewch iemant tätte lait.«
die fraw die red darumb sait
in lutem pracht mit gefär,
das ir man dest käcker wär.
da sprach der ritter wolgetan:
»fraw, ich pin ain sollich man,
das ich niemant fürchte zwar.
auch sag ich ew das für war,
das ich pin als stark dabei
und auch muotes also frei,
das mir niemant ist geleich
mit aller phendikait sicherleich.
ich haun hie ain messer guot,
darvor kain harnasch ist behuot.«
ain platten in der kamer hieng.
der ritter die vil pald empfieng
in sein hand; er legt si dar
für die frawen offenbar.
die was stark und hett sechs fach.
zuo der frawen er da sprach:
»fraw, nun secht die sterke mein!«
auß zuckt er den tegen sein.
in ainem stich er gar durchstach
die guoten platten sechsflach.
er sprach: »mein tegen ist vil guot.«
Der man lag dört in stiller huot.
er erschrack der rede ser.
er gedorst da nimer mer
hinder dem vaß herfür kommen,
als er im hett fürgenommen.

Ihr könntet verletzt werden
von meiner Verwandtschaft.
Ich sehe Euch einen Rock tragen,
vornehm und schimmernd,
als ob Ihr zum Tanz wolltet;
Ihr habt da zwar auch ein Messer,
aber das würde Euch nicht viel helfen,
wenn Euch jemand etwas antun wollte.«
Die Frau sprach diese Worte
absichtlich mit lauter Stimme,
damit ihr Mann um so mutiger würde.
Darauf antwortete der schöne Ritter:
»Meine Dame, ich bin ein Mann,
der niemanden fürchtet.
Außerdem sage ich Euch,
daß ich so stark bin
und auch so kühnen Sinnes,
daß mir niemand gleichkommt,
bei aller Geschicklichkeit.
Ich habe ein tüchtiges Messer,
dem kein Harnisch standhält.«
Im Zimmer hing eine Panzerplatte.
Der Ritter nahm sie schnell
in die Hand; er legte sie
offen vor die Frau.
Sie war stark und hatte sechs Schichten.
Er sagte zur Frau:
»Meine Dame, seht jetzt meine Kraft!«
Er zückte seinen Dolch.
Mit einem Stich durchdrang er
diesen mächtigen sechsfachen Panzer.
Er sagte: »Mein Dolch ist hervorragend.«
  Der Mann lag still in seinem Versteck.
Über diese Worte erschrak er sich zu Tode.
Er wagte überhaupt nicht mehr,
hinter der Truhe hervorzukommen,
wie er es vorgehabt hatte.

er gedacht im in dem sinn sein:
»ich muos leiden jamers pein,
villeicht er mein wirt hie gewar.«
auch vorcht er die sterke gar,
die an dem werden ritter lag.
»niemant mich gefristen mag
vor dem messer; das ist guot«,
gedacht er im in seinem muot.
»das panzer hilfet wenig mich,
seit das er in ainem stich
durchstochen hat die platen guot.
ich will verhalten in der huot;
mir mocht von im geschehen we.
wie es halt dem weib erge.«
Der ritter wider nidersas.
zuo der frawen ruckt er bas.
lieplichen er si umbefie.
si sprach lut: »was maint ir hie?
ich gestatt ew kainer minn.
mein man ist in dem haus hinn.
wirt er gewar diser geschicht,
er lat es ungerochen nicht.«
was sol ich nun sagen mer?
der ritter nam die frawen her;
er truog si auf das pete hin
wider ir gunst und iren sin.
si schrai vil sehr und auch vast.
der ritter was ir überlast.
ir kom niemant ze hilfe do;
des ward die erber fraw unfro.
der ir ze hilf solt sein berait,
der lies si staun in herzenlait.
mit seiner sterk er si da zwang,
das er si da überrang,
das sein will da ward volbracht.
es was vorher nit erdacht
von dem weib und irem man,
das es also sölt ergan.

Er dachte bei sich:
»Ich werde elende Qualen leiden,
leicht kann er mich ja hier entdecken.«
Er fürchtete sich vor der Kraft,
die der edle Ritter besaß.
»Niemand wird mich schützen können
vor diesem Messer; das ist hervorragend«,
dachte er bei sich.
»Der Panzer wird mir wenig helfen,
wo er doch mit einem Stich
diese starke Platte durchstochen hat.
Ich werde in meinem Versteck bleiben;
denn er könnte mir wehtun.
Einerlei, was mit meiner Frau geschieht!«
Der Ritter setzte sich wieder.
Er rückte näher an die Frau heran.
Zärtlich umarmte er sie.
Sie sagte laut: »Was wollt Ihr hier.
Ich erlaube Euch keine Liebe.
Mein Mann ist im Haus.
Wenn er das merkt,
dann kennt er keine Gnade.«
Was soll ich weiter sagen?
Der Ritter nahm die Frau
und trug sie zum Bett
gegen ihre Neigung und ihren Willen.
Sie schrie laut und heftig.
Der Ritter war ihr über.
Niemand kam ihr zu Hilfe;
darüber war die brave Frau sehr unglücklich.
Derjenige, der zur Hilfe bereitstand,
der ließ sie in ihrer Qual allein.
Jener aber bezwang sie mit seiner Kraft
und überwältigte sie
und setzte seinen Willen durch.
Das hatten sie sich vorher nicht gedacht,
die Frau und ihr Mann,
daß es so ausgehen werde.

Da dem weib der ungemach
von dem ritter so geschach,
si wainet gar von herzen ser,
wann si verlorn hett ir er
als schämlich gar oun argen list.
der ritter wolt si ze der frist
mit süesser red getröstet haun;
das was ir zuo dem tod getaun.
si mocht gen im nit fraintlich tuon
und gab im weder frid noch suon.
si redt mit im gar scharpflich,
das er von dannen machet sich
gar mit trurigem muot zwar.
er wisset das nicht fürwar,
wie er es geschaffet hett,
wol oder übel, an der stet.
Da die fraw des wart gewar,
das der edel ritter gar
auß dem haus gegangen was,
si gieng vil pald zuo dem vas.
si vand den küenen weigant;
der hett sein swert in der hant,
das panzer an dem halse sein.
si sprach zuo im mit jamers pein:
»wie leistu hie, du böser hunt!
wie hastu zuo diser stunt
mich gelassen in grosser not!
mir wär wäger vil der tot,
wann ich erlos worden pin.
wau hastu nur gedacht hin,
das du nit woltest helfen mir?«
er sprach güetlich da zuo ir:
»schweig still, liebe frawe mein,
und lauß die sach auch guot sein,
die geschehen ist an dir.
du solt das gelauben mir,
ich will ze arg nimer mer

Als der Frau dieses Leid
durch den Ritter widerfahren war,
weinte sie sehr,
denn sie hatte ihre Ehre verloren,
schmachvoll und ohne böse Absicht.
Der Ritter wollte sie jetzt
mit zärtlichen Worten trösten;
Das brachte sie fast um.
Sie konnte zu ihm nicht freundlich sein
und verzieh ihm nicht.
Sie redete zornig auf ihn ein,
so daß er sich davonmachte,
traurigen Sinnes fürwahr.
Er wußte wahrhaftig nicht,
was er gemacht hatte,
Gutes oder Böses, in diesem Augenblick.
Als die Frau merkte,
daß der feine Ritter
das Haus verlassen hatte,
ging sie schnell zur Truhe.
Sie fand den kühnen Helden,
das Schwert in der Hand,
den Panzer um die Brust.
Sie sagte zu ihm in ihrem Unglück:
»Was liegst Du hier, Du gemeiner Hund!
Wie hast Du mich in dieser Stunde
in großer Not im Stich gelassen!
Lieber wäre ich tot,
denn ich habe meine Ehre verloren.
Was hast Du Dir nur gedacht,
daß Du mir nicht geholfen hast?«
Er redete begütigend auf sie ein:
»Sei still, liebe Frau,
und laß die Sache auf sich beruhen,
die Dir passiert ist.
Du darfst mir glauben:
ich werde nichts Böses

gedenken deiner wird und er;
und sag auch nicht von mir das,
das ich gewesen pin so las.
das ich also verhalten haun,
das haun ich darumb getaun:
ain schädlin ist doch pesser zwar
dann ain schad, das wiß fürwar!
wann hett ich im icht laid getan,
er hett mich auch des nit erlan
mit seiner sterke, die er hat,
er hett mich durchstochen trat
in meinem panzer vil guot.
das ist nicht so wol behuot,
als die platten gewesen ist.
so wär ich ze diser frist
des todes aigen gewesen gar;
das wär ain grosser schade zwar.
sunst hast du gelitten pein.
das haist und ist ain schädlein;
des machtu genesen wol.«
Für war ich nun sprechen sol:
er hat war und doch nit gar.
wann wär er palde komen dar,
e der frawen laid geschach,
und hett kainen ungemach
dem ritter gefüeget do,
so wär es nicht ergen also
und war auch da kain schädelein
an der lieben frawen sein
noch kain schad an im volbracht.
da er aber das gedacht,
das er also verhalten wolt,
darumb im pillich wirt ze solt,
das er muos schand und laster han.
er ist ain böser wartman,
der es also sicht und hört,
das man sein guot fraind betört,

über Dich und Deine Ehre denken.
Aber wirf auch mir nicht vor,
daß ich feige gewesen bin.
Daß ich mich so zurückgehalten habe,
das habe ich aus diesem Grund getan:
Ein kleiner Schaden ist doch fürwahr besser
als ein großer, mußt Du wissen.
Denn wenn ich ihm irgend etwas getan hätte,
dann hätte er mich nicht geschont,
stark wie er ist,
und mich auf der Stelle durchbohrt
trotz meines starken Panzers.
Der ist nicht so gut bewehrt,
wie es jene Panzerplatte war.
So wäre ich auf der Stelle
des Todes gewesen;
das wäre doch wahrhaftig ein großer Schaden.
Nun hast Du Schmerzen gelitten.
Das kann man einen kleinen Schaden nennen;
das geht vorbei.«
Um die Wahrheit zu sagen:
er hat recht, aber doch nicht ganz.
Denn wenn er gleich gekommen wäre,
bevor der Frau Leid zugefügt wurde,
und den Ritter
nicht angegriffen hätte,
dann wäre es nicht so gekommen,
und es wäre auch kein kleiner Schaden
seiner lieben Frau zugestoßen
und kein großer ihm.
Weil er es aber vorzog,
sich zu verstecken,
deswegen ist es zu Recht sein Lohn,
Schmach und Schande zu tragen.
Derjenige ist ein schlechter Beschützer,
der so deutlich sieht und hört,
wie man seine Liebsten in Bedrängnis bringt,

und den nit hilft aus der not.
ich wünsch im bis an seinen tot
als ungelück ze leipgeding.
got geb, das im nicht geling,
was er immer greifet an!
nit bösers ich im wünschen kan.

und ihnen nicht aus der Not hilft.
Ich wünsche ihm sein Leben lang
alles Unglück zum Nießbrauch.
Gott gebe, daß ihm mißlingt,
was immer er anpackt!
Schlimmeres kann ich ihm nicht wünschen.

HEINRICH KAUFRINGER
DIE RACHE DES EHEMANNES

Ain ritter küen und hochgemuot
saß auf ainer veste guot;
der hett die gewonhait,
das er gern gen hofe rait.
da suocht er die ritterschaft
mit seins werden leibes kraft.
ze schimpf, ze kürzweil mangerlai
mit stechen und in turnai
tett er das pest mit seinem leib.
nun hett er gar ain schönes weib;
die minnet im der pfarrer.
si waren ainander nicht unmär.
Ains nachtz der pfaff bei ir lag
und mit ir der minne pflag;
da was der ritter ausgeritten.
der pfaff sprach mit guotem siten
zuo dem lieben puolen sein:
»ich pitt ew, liebe frawe mein,
das ir mich ains dings gewert,
daran ir mich besunder ert.
tüet ir das, so erkenn ich wol,
das ewer herz ist trewe vol
und das ir mich für alle man
habt lieb, als ferr ich mich verstan.«
sie sprach zuo im lieplich:
»herr, wes ir nun pittent mich,
des sült ir sein gewert von mir.
mein herz und sin und mein begir
ist allzeit darzuo genaigt,

HEINRICH KAUFRINGER
DIE RACHE DES EHEMANNES

Ein kühner und stolzer Ritter
lebte auf einer mächtigen Burg;
er war es gewöhnt,
regelmäßig zu Hofe zu reiten.
Dort strebte er nach ritterlichem Ruhm
mit der ganzen Kraft seiner stolzen Gestalt.
Im Wettkampf und bei jeder Art Geplänkel
setzte er sich, beim Zweikampf wie beim Massenturnier,
mit Leib und Leben ein.
Aber er hatte eine schöne Frau,
und die liebte der Pfarrer.
Die beiden waren sich nicht gleichgültig.
Eines Nachts lag der Pfarrer bei ihr
und sie liebten sich;
der Ritter war weggeritten.
Der Pfarrer sagte höflich
zu seiner holden Geliebten:
»Ich bitte Euch, meine geliebte Freundin,
daß Ihr mir etwas gewährt
womit Ihr mir besondere Ehre erweisen würdet.
Wenn Ihr das macht, dann weiß ich genau,
daß auf Euer Herz Verlaß ist
und daß Ihr mich mehr als alle Männer
liebt – sofern ich davon irgend etwas verstehe.«
Freundlich antwortete sie ihm:
»Lieber Herr, worum Ihr mich auch bittet,
es sei Euch gewährt.
Mein Herz und mein ganzes Sinnen und Trachten
sind immerzu darauf gerichtet,

wie ewch mein dienst werden erzaigt.«
da sprach der pfaff in stiller weis:
»so pitt ich ew mit ganzem fleis,
alspald mein herr kom ze lant,
so seit aller trew ermant,
die ich und ir zesamen han,
so sült ir mir zwen stockzan
pringen aus dem halse sein.
daran tüet ir den willen mein.«
das weib verhies dem pfaffen das.

Da nun der ritter komen was
wider haim ze seinem weib
und er wolt trüten iren leib,
als er vormals het getan,
die fraw kert sich von im dan
und det ab im gar schmächlich.
der ritter sprach: »wie fliuchstu mich?
wer hat dir gefüeget lait?
du hast vor mit gewonhait
dich erzaiget schon gen mir.
sag an, was gepristet dir?
das wend ich dir, als ferr ich mag.«
si sprach: »für war ich dir nun sag,
lieber herr, den geprechen mein.
du hast in dem halse dein
ainen zan, der stinket ser.
den schmack haun ich lang zeit her
gelitten, das ich nimer mag.
ich muos sterben ee meinr tag,
es sei dann, das du laussest dir
den zan außprechen hie vor mir.
so mag der schmack dann dir zergaun
und mag ich dann bei dir bestaun
bis an mein end mit guotem muot.
sunst wirt mein leben selten guot,
du werdest dann des zans beraubt,
der übel stinkt aus deinem haubt.«

Euch meinen Dienst zu erweisen.«
Da sagte der Pfaffe leise:
»Dann bitte ich Euch inständig:
Sobald Monsieur auf seine Güter zurückkommt,
denkt an das Vertrauen,
das uns verbindet,
und bringt mir zwei Backenzähne
aus seinem Munde.
Damit erfüllt Ihr meinen Wunsch.«
Die Frau versprach das dem Pfarrer.
 Als nun der Ritter
zu seiner Frau nach Hause zurückgekommen war
und er sie liebkosen wollte,
wie er es sonst immer getan hatte,
da wandte sie sich von ihm ab
und wies ihn voller Verachtung zurück.
Der Ritter sagte: »Warum läufst Du vor mir weg?
Wer hat Dir etwas Böses getan?
Bisher bist Du mir noch immer
freundlich begegnet.
Sag nur, was fehlt Dir?
Ich ändere das, so gut ich kann.«
Sie antwortete: »Dann sage ich Dir nun ehrlich,
mein lieber Mann, woran ich leide.
Du hast in Deinem Munde
einen Zahn, der schrecklich stinkt.
Diesen Gestank habe ich lange Zeit
ertragen, aber jetzt kann ich nicht mehr.
Ich werde vor der Zeit sterben,
wenn Du Dir nicht
den Zahn vor meinen Augen herausreißen läßt.
Dann wird der Gestank verschwinden
und ich kann
bis an mein Ende wohlgemut bei Dir bleiben.
Auf andere Weise habe ich keine guten Tage mehr,
wenn Dir nicht dieser Zahn entfernt wird,
der so gräßlich aus Deinem Kopf heraus stinkt.«

Dem ritter was die rede swär.
er sant nach ainem pader,
der der kunst ain maister was.
zelieb dett er dem weib das,
wann er si mit trewen maint.
er wond, si wär mit im veraint
in ganzen trewen, als si solt.
da was si dem pfaffen holt;
der was ir lieber puole zwar.
da nun der pader kam dar
zuo dem ritter haim ze haus,
da sprach der herr oun allen grauß:
»lieber maister, greift herein
hie in das gelingg wang mein;
da haun ich ainen stockzan.
als ferr ich mich versinnen kan,
so mag er wol der peste sein,
der hie stat in dem halse mein;
den ziechent mir heraus zehant.«
der pader sich des underwant,
er zucket aus dem glinggen wang
ainen stockzan mit der zang;
der was frisch und stark genuog.
den nam zuo ir die frawe cluog
und behielt in schon und wol.
der herr lag in jamers dol,
wann im zemal wee geschach.
die fraw da zuo dem pader sprach:
»we mir diser grossen swär!
du pist worden sinne lär,
das du dem lieben herren mein
haust gefüegt so grosse pein,
die im doch unhilflich ist.
ich sprich, so mir der hailig Crist,
du hast dich ser übersehen.
maister, du solt eben spehen,
das dir der kunst nit zerrinn:

Den Ritter bedrückten diese Worte.
Er ließ einen Bader kommen,
der seine Kunst meisterhaft beherrschte.
Er tat es der Frau zuliebe,
weil er ihr aufrichtig zugetan war.
Er glaubte, sie sei ihm
in Treue verbunden, wie es sich gehörte.
Sie aber liebte den Pfarrer;
der war in Wirklichkeit ihr Geliebter.
Als nun der Bader
zum Ritter ins Haus gekommen war,
da sagte der Ritter unerschrocken:[1]
»Verehrter Meister, greift hier
in meine linke Wange hinein;
da habe ich einen Backenzahn.
Soweit ich mich erinnern kann,
müßte er der beste sein,
den ich im Munde habe;
zieht den auf der Stelle heraus.«
Der Bader ging ans Werk,
er riß ihm aus der linken Wange
mit seiner Zange einen Backenzahn.
Der war makellos und ziemlich kräftig.
Den nahm diese muntere Dame an sich
und hob ihn sorgfältig auf.
Der Mann litt große Schmerzen,
weil ihm das weh tat.
Die Frau aber sagte zum Bader:
»O je, was für ein Elend!
Du hast ja wohl den Verstand verloren,
daß Du meinem lieben Mann
solche Schmerzen zugefügt hast,
wo das doch gar nichts nützt.
Ich sage Dir, bei Christus unserem Herrn,
Du hast Dich fürchterlich getäuscht.
Meister, Du mußt genau hinschauen,
sonst ist's mit Deiner Kunst vorbei:

der bös stockzan stet dört in
in dem gerechten wange sein.«
da muost der ritter mer pein
leiden von dem weib gescheit.
der pader zuckt oun alle peit
aus dem gerechten wange her
ainen zan, davon vil ser
dem werden ritter aber geschach.
von pluot ran ain grosser pach
über sein antlutz vil clar.
die frau nam auch des zans war;
des underwand si sich zehand.
si gieng, da si den pfaffen vand.
dem gab si die stockzän baid.
des daucht sich der pfaff gemait.

Nun merkent, wie es darnach gieng.
da der pfaff die zen empfieng
von dem weib, gieng er zehant,
da er ain würfelmacher vand.
dem pracht er die zwen stockzen
und patt fleissiclichen den,
das er aus dem selben pain
zwen würfel gefüeg und clain
unverzogenlichen macht,
wol gefiert und unbeswacht.
da die würfel wurden beraitt,
der pfaff da nit lenger pait,
zuo ainem goldschmid er da gacht.
die zwen würfel er im pracht
und hies im die mit silber vein
überlegen und vassen ein,
das das bain bedecket ward.
mit rotem gold vein und zart
ward ergraben oben aus
ses, zingg, drei, es, kotter, daus;
das stond in den würflen reich
auf allen eggen werkleich.

der schlechte Backenzahn sitzt doch dort
in seiner rechten Wange.«
Da mußte der Ritter noch mehr Schmerzen erleiden
durch seine schlaue Frau.
Ohne zu zögern riß ihm der Bader
aus der rechten Wange
einen Zahn heraus, und dadurch widerfuhr
dem edlen Ritter erneut großer Schmerz.
Das Blut floß in Strömen
über sein feines Antlitz.
Die Frau nahm sich auch dieses Zahnes an;
schnell nahm sie ihn zu sich.
Sie ging zum Pfarrer.
Dem gab sie beide Backenzähne.
Das stimmte den Pfarrer froh.
Nun paßt auf, was dann passierte:
Als der Pfarrer die Zähne
von der Frau erhalten hatte, ging er gleich
zu einem Würfelmacher.
Dem brachte er die beiden Backenzähne
und bat ihn dringlich,
aus diesen beiden Stücken
unverzüglich
zwei hübsche, zierliche Würfel zu machen,
schön verziert und ohne Fehler.
Als die Würfel fertig waren,
eilte der Pfarrer weiter
zu einem Goldschmied.
Er brachte ihm die beiden Würfel
und ließ sie von ihm mit kostbarem Silber
überziehen und fassen,
so daß das Bein ganz bedeckt war.
Mit edlem, feinem rotem Gold
wurde oben eingraviert:
sechs, fünf, drei, eins, vier, zwei.
Das stand auf diesen kostbaren Würfeln
kunstgerecht an allen Seiten.

Darnach unlang fuogt sich das,
das der pfarrer komen was
zum ritter in gesellschaft guot,
als noch ain ieglich minner tuot:
wil er die frawen lieb han,
er sol erwerben iren man.
so mag es sich dann schicken wol,
das im wirt der minne zol.
also komen si zesamen,
der ritter und der pfaff mit namen,
und lebten gar geselliclich.
der ritter nit verstuond sich
in den sachen kainr gevär
zwischen dem weib und dem pfarrer.
der ritter und der pfaff gescheit
spilten in dem pret oun neit
durch kürzweil und in fraintschaft.
nun hett des guoten weines kraft
den pfaffen übergangen ser,
das er da ward claffen mer,
dann seiner weißhait gezam.
die veinen würfel er da nam
und warf si in das pret hinein.
es waren zwen würfel silbrein;
die augen darin ergraben
waren mit rotem gold erhaben.
si gevielen wol dem ritter her.
er sprach: »ich gesach nie mer
so guot würfel vein und zart.
golt und silber ist nicht gespart,
und sind gar weißlich gemacht.«
der trunken pfaff gar sere lacht
und sprach gar aus torothem muot:
»herr, die würfel sind nie so guot
von rotem gold und silber vein,
es muoß dannocht edler sein
das gepain, das darin ligt.

Bald darauf traf es sich,
daß der Pfarrer
zum Ritter ganz schicklich zu Besuch kam,
wie das Liebhaber immer tun:
wer die Frau als Geliebte haben will,
der muß ihren Mann für sich gewinnen.
Dann fügt es sich mühelos,
daß ihm der Liebeslohn zufällt.
So kamen sie zusammen,
ausgerechnet der Ritter und der Pfarrer,
und unterhielten sich angeregt.
Der Ritter hatte nicht den geringsten Verdacht
wegen der Geschichte
zwischen seiner Frau und dem Pfarrer.
Der Ritter und der schlaue Pfarrer
spielten friedlich am Spielbrett
zur Unterhaltung und aus Geselligkeit.
Da überwältigte die Kraft des schweren Weines
den Pfarrer so sehr,
daß er anfing, ärger zu schwadronieren,
als es sich für einen klugen Mann gehörte.
Er nahm seine feinen Würfel
und warf sie aufs Brett.
Es waren zwei silberne Würfel,
und die eingravierten Augen
waren mit rotem Gold hervorgehoben.
Sie gefielen dem edlen Ritter sehr.
Er sagte: »Noch nie habe ich
so schöne, kostbare und zierliche Würfel gesehen.
Mit Gold und Silber hat man nicht gespart,
und sie sind sehr kunstvoll ausgearbeitet.«
Der betrunkene Pfarrer lachte laut auf
und sagte aus einer törichten Laune:
»Mein Herr, die Würfel mögen noch so kostbar
aus rotem Gold und feinem Silber sein,
wertvoller ist dennoch
das Bein, das sie enthalten.

der adel das gold hinwigt.
das silber auch nicht geleichen mag
dem gepain, als ich ew sag,
wann des gepain der würfel guot
ainem ritter hochgemuot,
edel und küen in kurzer frist
in seinem hals gestanden ist.«
da der herr die red vernam,
vil ser er darab erkam.
er swaig darzuo und gedacht,
wie in sein weib hett darzuo bracht
mit irer bösen gscheidikait,
das er sölich aribait
an den zänen hett geliten.
er gedacht mit guotem siten,
wie er dem pfaffen und dem weib
gefüegen möcht an irem leib,
davon si empfiengen baid
schaden und gros herzenlaid.

An dem tritten tag darnach
der ritter zuo dem pfaffen sprach
und auch zuo der frawen sein,
er wölt reiten an den Rein
zuo ainem hof durch ritters er.
er empfalch dem pfaffen her
das haus und auch die frawen fein.
das daucht si baide guot sein.
damit der ritter dannen schiet.
vil schier er sich des beriet,
als er es wol füegen kund,
das er was in kurzer stund
gar haimlich wider haim komen,
das sein hett niemant war genomen.
er gieng ze der kamer ein
und sas hinder ain hohen schrein
vil leise da verborgen.

Dessen vornehme Herkunft wiegt das Gold auf.
Auch das Silber kommt
dem Bein nicht nahe, das versichere ich Euch,
denn das Bein der kostbaren Würfel
befand sich noch vor kurzem
im Munde eines stolzen,
vornehmen und tapferen Ritters.«
Als der Herr die Rede hörte,
erschrak er sehr darüber.
Er schwieg und erinnerte sich daran,
wie ihn seine Frau
mit ihrer bösartigen Schlauheit dazu gebracht hatte,
daß er den Ärger
mit seinen Zähnen auf sich nahm.
Er überlegte in aller Ruhe,
was er dem Pfaffen und seiner Frau
antun könne,
damit auch sie
großen Verlust und schwere Herzensqualen erleiden müßten.

Drei Tage später
sagte der Ritter zum Pfarrer
und auch zu seiner Frau,
er wolle an den Rhein
zu einem Hof reiten, um ritterliche Ehre zu erwerben.
Er empfahl dem guten Pfarrer
sein Haus und seine Frau.
Das fanden sie beide nett.
So verabschiedete sich der Ritter.
Schnell überlegte er,
wie er es so arrangieren könne,
daß er in kürzester Zeit
heimlich wieder nach Hause kam
und niemand das merkte.
Er ging in die Schlafkammer hinein
und setzte sich leise und gut versteckt
hinter einen hohen Kasten.

darnach oun alle sorgen
ward die kamer aufgespart.
der pfaff und auch das weibe zart
giengen mit ainander ein.
si mainten da gar sicher sein.
da ward der pfaff betrogen gar,
als ir des werdent schier gewar.
nun stuond ain pet schon berait.
der pfaff und auch das weib gemait
legten sich daran vil schier.
grosse fräud was zwischen ier
mit halsen und mit küssen vil,
darzuo mit der minne spil.
das triben si als vil und lang,
bis das sich die nacht her swang
und die kamer tunkel ward.
der ritter sich nit lenger spart,
zuo dem pett gieng er vil leis.
da lag der pfaff in der weis,
sam er kurzlich geminnet hät.
im hieng seiner hoden gerät
schüzlich für den ars dernider.
das begraif der ritter sider
und huob es vast in seiner hand,
bis das er ain messer vand;
damit schnaid er dem pfaffen ouß
hoden und palg oun allen grouß
alles vor dem ars hinan.
da ward der pfaff ain arm man.
er hett sich nachet plüet ze tot,
davon das weib laid grosse not.
Nun will ichs in den nöten lan
und von dem ritter lobesan
will ich nun sagen fürebas.
er gieng zehand oun underlaß
aus der kamer vil stille.
ervollet was sein wille

Danach wurde die Kammer
ganz sorglos geöffnet.
Der Pfarrer und die liebe Frau
kamen miteinander herein.
Sie glaubten sich völlig sicher.
Da hatte sich der Pfarrer aber getäuscht,
wie Ihr gleich merken werdet.
Es war ihnen schon das Bett bereitet.
Der Pfarrer und die schöne Frau
legten sich sofort hinein.
Großes Vergnügen hatten sie aneinander
mit Umarmungen und vielen Küssen,
und erst recht, als sie miteinander schliefen.
Das trieben sie so oft und so lang,
bis die Nacht hereinbrach
und es finster wurde in der Kammer.
Dann hielt sich der Ritter nicht mehr zurück,
er trat leise ans Bett.
Dort lag der Pfarrer gerade so,
wie er eben noch gevögelt hatte.
Seine Hoden hingen ihm
ungeschützt am Arsch herunter.
Der Ritter packte das alles schnell
und hielt es mit der Hand fest,
bis er ein Messer fand;
mit dem schnitt er dem Pfaffen
Hoden und Sack unerschrocken
ganz und gar vom Arsch ab.
So wurde der Pfarrer ein Habenichts.
Beinahe hätte er sich zu Tode geblutet,
das brachte die Frau in ziemliche Schwierigkeiten.
Jetzt will ich sie in ihrer Bedrängnis zurücklassen
und weiter von unserem ehrenwerten Ritter
erzählen.
Er verweilte nicht mehr länger, sondern ging rasch
leise aus der Kammer.
Sein Ziel hatte er erreicht,

etwie vil und doch nit gar.
nun sült ir werden des gewar,
wie er es handelt darnach.
zuo seinem ros kert er mit gach.
er rait ferr von seinem haus
und was wol ain monat aus,
bis er sein sach pracht ze end.
er rait oun alle missiwend
zuo ainem guoten weisircher,
der seiner kunst was gewär,
und hies den palg zuo irch machen
und darzuo die hoden swachen
hies er derren wol und schon;
darumb gab er im seinen lon.
da das alles was berait,
der ritter küen und gemait
gieng da zuo ainer kramerin;
die muost ir kunst und auch ir sinn
auch dem ritter tailen mit.
er sprach: »mit vleiß ich ew pitt,
das ir mir aus dem irchlein
macht ain veines pütelein.«
das geschach da mit der vart.
die hoden wurden nicht gespart,
die wurden für zwen knopfe vein
geheftet an das pütelein
undan an die züpfel baid.
darnach der herr oun underschaid
zuo ainem goltschmid keret hin.
dem gab er auch davon gewin,
das er die zwen knöpfe vein
und darzuo das peutelein
mit gold und silber zierte schon;
darumb gab er im guoten lon.

Da der pütel beraitet was,
der herr da nicht enlies das,

jedenfalls zu großen Teilen, aber noch nicht ganz.
Nun sollt Ihr erfahren,
was er danach tat.
Er kehrte geschwind zu seinem Pferd zurück.
Er ritt weit weg von zu Hause
und blieb einen guten Monat weg,
bis er seine Angelegenheiten erledigt hatte.
Ohne Umstände ritt er
zu einem tüchtigen Weißgerber,
der zuverlässig war in seinem Handwerk,
und gab ihm den Auftrag, die Haut zu Leder zu machen,
und dazu ließ er die kleinen Hoden
sorgfältig trocknen.
Dafür entlohnte er ihn.
Als das alles fertig war,
ging unser kühner Ritter frohgestimmt
zu einer Kramersfrau;
die sollte auch ihre Fertigkeit und ihre guten Ideen
dem Ritter zugute kommen lassen.
Er sagte: »Ich bitte Euch dringend,
daß Ihr mir aus dem Lederstückchen
ein hübsches Beutelchen macht.«
Das geschah ohne Verzug.
Die Hoden wurden nicht vergessen,
sie wurden als zwei zierliche Knöpfe
an das Beutelchen genäht,
unten an die beiden Zipfel.
Darauf wandte sich der Herr ohne langes Überlegen
an einen Goldschmied.
Der machte auch ein Geschäft damit,
daß er die beiden zierlichen Knöpfe
und das hübsche Beutelchen
mit Gold und Silber fein verzierte;
dafür bekam er einen guten Preis.
Als der Beutel fertig war,
hielt sich der Herr nicht länger auf

er rait wider haim ze land.
das weib er in truren vand.
si sprach: »lieber herre mein,
es leit der guot fraind dein,
der pfaff, in grosser krankhait.
es sol dir pillich wesen lait,
wann er hat gros trew zuo dir
allzeit gehept, das glaub du mir.
gang zuo im hain und clag in ser.
er hat nach dir vil gross beger.«
Der ritter des nicht enlies,
er dett, als in das weib hies.
er gieng zuo dem pfaffen ein.
der lag dört in jamers pein
und darzuo in ungemach.
da der pfaff den herren sach,
er hies in willikomen sein.
des danket im der ritter fein.
er clagt des pfaffen krankhait,
doch was es im nit gar lait.
der pfaff gehuob sich übel gar.
da der ritter des nam war,
er zoch aus der taschen sein
das schön und kostlich pütelein.
er sprach: »das haun ich ew nun pracht.
ich haun oft an ew gedacht,
das ich ew nit lär käm.
das pütelein ist gar genäm
und darzuo gar kostlich
mit gold und silber werklich
gemachet und volbracht vil eben;
das will ich ew gern geben.«
da der pfaff den pütel sach,
er sprach: »all mein ungemach
ist geringert worden mir;
nach dem pütel stet mein gir,
wann der ist so schön und guot,

und ritt wieder zurück in sein Land.
Er traf die Frau in Trauer an.
Sie sagte: »Mein lieber Mann,
der Pfarrer, Dein guter Freund,
liegt schwer krank darnieder.
Das muß Dich eigentlich sehr schmerzen,
denn er hat immer treu zu Dir
gestanden, das kannst Du mir glauben.
Geh zu ihm und sprich ihm Dein tiefes Bedauern aus.
Er sehnt sich sehr nach Dir.«
Der Ritter sträubte sich nicht
und tat, worum die Frau ihn bat.
Er ging zum Pfarrer hinein.
Der lag da in Schmerz und Qual
und in einem ziemlich üblen Zustand.
Als der Pfarrer den Ritter erblickte,
hieß er ihn willkommen.
Dafür dankte ihm der Ritter höflich.
Er klagte über die Krankheit des Pfarrers,
doch es tat ihm überhaupt nicht leid.
Dem Pfaffen ging es sehr schlecht.
Als der Ritter das sah,
zog er aus seiner Tasche
das schöne und kostbare Beutelchen.
Er sagte: »Das habe ich Euch mitgebracht.
Oft habe ich an Euch gedacht,
ich wollte nicht mit leeren Händen kommen.
Das Beutelchen ist sehr hübsch
und außerdem kostbar
und kunstvoll mit Gold und Silber
hergestellt und sorgfältig ausgearbeitet;
ich schenke es Euch gerne.«
Als der Pfarrer den Beutel sah,
da sagte er: »Meine ganze Qual,
wird mir erleichtert;
auf den Beutel richten sich alle meine Wünsche,
denn der ist so schön und vornehm,

das er mir sterket den muot.«
der ritter sprach: »wie guot er ist
von gold und silber ze der frist,
so ist das leder edler vil,
als ich ew nun sagen wil.
wann die knöpf, die daran sein,
und darzuo das pütelein,
daran gros zier ietzo leit,
sind gehangen in kurzer zeit
ainem pfaffen vor dem ars.
auch sagt ich ew nie so wars,
als ich ew nun sagen wil:
her pfaff, da ist nicht anders zil,
dann das ew ietz zuo diser stund
der scharpfe tod muoß werden kund
alhie von den handen mein,
es sei dann, das ir ietz herein
mein weib besenden wölt zuo ew;
die ist ew ie gewesen trew,
die hat ew gehalsen vil,
küßt und züngelt oun endes zil.
das haist ewch ietzo mer tuon,
oder ir habt von mir nicht suon.
und wenn si ew dann in den mund
ir zungen reckt, sa zestund
sült ir die zungen beissen auß
behendiclich aun allen grauß.
tüet ir oun verziehen das,
ich versprich ew gar oun has,
an ewrem leib nichtz ze tuon,
und gib ew darzuo frid und suon.
ob ir aber des nit tuot,
so mag ew niemant wesen guot,
ewr leben muoß ain ende haun.
das mag niemant understaun.«
da der pfaff die red vernam,
in grösser leiden er da kam.

daß er mir Kraft gibt.«
Der Ritter antwortete: »Wie kostbar er auch
durch das Gold und das Silber jetzt ist,
so ist doch das Leder noch viel vornehmer;
ich will Euch das erklären.
Die Knöpfe, die daran befestigt sind,
und das Beutelchen,
das jetzt so schmuck aussieht,
die hingen noch vor kurzem
einem Pfaffen unterm Arsch.
Noch nie bin ich so aufrichtig gewesen,
wie ich es jetzt sein werde:
Herr Pfaffe, nichts anderes steht Euch bevor,
als daß Ihr jetzt in dieser Stunde
den bitteren Tod
von meiner Hand erleiden werdet –
es sei denn, Ihr laßt sofort
meine Frau zu Euch kommen.
Die ist Euch immer treu gewesen,
sie hat Euch ständig umarmt,
geküßt und ohne Maß mit Euch gezüngelt.
Das laßt sie jetzt erneut tun,
oder Ihr könnt keine Nachsicht von mir erwarten.
Wenn sie dann ihre Zunge
in Euren Mund steckt, dann
beißt sie ihr auf der Stelle ab,
unerschrocken und flink.
Wenn Ihr das ohne Umschweife tut,
dann verspreche ich Euch in aller Herzlichkeit,
Euch nichts mehr zuleide zu tun
und schließe Frieden mit Euch.
Wenn Ihr es aber nicht macht,
so kann Euch niemand mehr helfen,
Euer Leben wird zu Ende gehen.
Niemand wird das verhindern können.«
Als der Pfarrer diese Worte hörte,
da überkamen ihn noch größere Qualen.

anders er da nicht begert,
dann das der herr von dannen kert
und das er in lies genesen.
er wolt gern gehorsam wesen,
alles das ze tuon vil gern,
das der herr nit wolt enbern
und als er im hett vor gezelt;
das hett der pfaff ze tuon erwelt.
damit der ritter schied von dan.
  Darnach der pfaff, der arm man,
nach dem weib vil palde sant.
die kom zuo im her gerant
gar frölich oun underlas.
si sprach: »ist ewch nicht worden bas?«
er sprach: »es ward so böse nie.
seit ir nun sind bei mir hie,
so pietent mir ewr mündlin rot,
ob geringert wurd mein not.«
si pot im lieplich iren mund.
er sprach ze der selben stund:
»reckent mir die zungen her,
das ist meines herzen ger;
des pitt ich, liebe frawe mein,
so wirt geringert all mein pein.«
die fraw in alles des gewert,
das er da an si begert.
si rackt im ir zungen dar.
des nam der pfaff eben war;
die paiß er der frawen ab.
bösen lon er ir da gab.
si ward irer red beraubt.
also ward die lieb betaubt
gar cläglich zwischen in baiden
mit schaden und herzenlaide
und mit aim bösen ende gar.
die fraw was in der stumen schar.

Er wünschte sich nichts weiter,
als daß der Herr verschwände
und ihn am Leben ließe.
Er wollte ihm gerne gehorchen
und alles das bereitwillig tun,
was der Herr verlangte
und ihm vor Augen gestellt hatte.
Der Pfarrer hatte sich entschieden, das zu tun.
Darauf ritt der Ritter weg.
Danach schickte der Pfarrer, dieser verstümmelte Mann,
eilends nach der Frau.
Die kam freudig und voll Eifer
zu ihm gelaufen.
Sie sagte: »Geht es Euch nicht besser?«
Er antwortete: »So schlimm war es noch nie.
Da Ihr nun bei mir seid,
kommt her mit Eurem roten Mündchen,
damit meine Not gelindert wird.«
Sie kam ihm mit dem Mund entgegen.
Er sagte darauf:
»Kommt doch näher mit Eurer Zunge!
Das wünsche ich mir von ganzem Herzen;
darum bitte ich Euch, meine Geliebte,
dann werden alle meine Schmerzen leichter.«
Die Frau gewährte ihm alles,
was er von ihr wollte.
Sie streckte die Zunge heraus.
Der Pfarrer paßte genau auf;
er biß sie ihr ab.
Eine schlimme Belohnung hat er ihr so gegeben:
sie war ihrer Sprache beraubt.
So wurde die Liebe
zwischen den beiden kläglich ausgelöscht,
mit Schädigung, bitterem Leid
und einem schlimmen Ende.
Die Frau gehörte jetzt zu den Stummen.

si sprach: »läll läll« und anders nicht;
das was da irer sprache pflicht.
»läll läll läll läll« schrai si ser.
anders kunt si nit reden mer.
si lief hain in grimigem muot.
zuo ir sprach der ritter guot:
»wannen laufest her so schnäll?«
zuo im sprach si: »läll läll läll läll.«
er sprach: »wie ist dir geschehen?«
si kund gen im nicht anders jehen
dann: »läll läll« ze aller stund.
er det, sam es im wär unkunt
und sam im wär von herzen lait.
doch die frawen er nun mait
und het fürbas nimer me
mit ir kain geschäft als ee.

Darnach über ain halbes jar
der ritter hett sein frainde gar
zuo wirtschaft geladen hain.
seins weibes fraind all gemain
wurden auch geladen dahin.
das det der ritter auf den sin,
das er den frainden kund tät,
wie die frau gefaren het,
damit er ir wurd entladen,
wann er hett des weibs nur schaden,
schand und laster und gar kain er;
das betruobt den ritter ser.
wie doch die sach nit offenbar wär,
dannocht laid er darumb swär.
da si nun ze tisch gesassen,
all getrunken und auch gassen,
da wurden si all wolgemuot,
als man ze wirtscheften tuot.
da hat man oft kürzweil vil
mit mangerlai fraudenspil.
also ward da vil gesait

Sie sagte: »läll, läll« und sonst nichts;
das war das, was sie sagen konnte.
»läll, läll, läll, läll«, rief sie laut.
Sonst konnte sie nichts mehr sagen.
In verzweifelter Stimmung lief sie nach Hause.
Der wackere Ritter sagte:
»Warum läufst Du denn so schnell?«
Sie antwortete nur: »läll, läll, läll, läll.«
Er sagte: »Was ist passiert?«
Sie konnte ihm nichts anderes erwidern
als immerzu: »läll, läll«.
Er tat so, als wüßte er nichts davon
und als täte es ihm von Herzen leid.
Aber er ging der Frau von nun an aus dem Weg
und hatte fürderhin
keinen Umgang mehr mit ihr wie früher.
Ein halbes Jahr später
hatte der Ritter alle seine Freunde und Verwandten
zu einem Fest eingeladen.
Auch die ganze Verwandtschaft der Frau
war eingeladen worden.
Das machte der Ritter in der Absicht,
den Verwandten vor Augen zu führen,
was die Frau angestellt hatte,
und um sie loszuwerden;
denn er hatte von dieser Frau nur noch den Schaden,
Schande und Schmach und keine Spur von Ehre;
das machte dem Ritter großen Kummer.
Obgleich die Geschichte nicht öffentlich bekannt war,
litt er wegen ihr doch sehr.
Als sie sich nun zu Tisch gesetzt
und alle getrunken und gegessen hatten,
da kamen sie in Stimmung,
wie das bei Festen so ist.
Da vertreibt man sich meist die Zeit
mit mancherlei Erzählungen.
So erzählte man sich auch hier

von manger frawen gemait
und von mangem manne cluog
hüpsch tagalt mit guotem fuog.
  Der haußwirt zelest began
auch in schimpf weis vahen an,
in ze sagen ain tagalt.
er sprach: »merkent, jung und alt,
was ich ietzo haun erfar*e*n;
das ist geschehen in kurzen jaren.
es was ain ritter wolgeborn;
der hett ain weib auserkorn;
die was im lieber dann sein leib.
nun het das selbig vaig weib
ainen pfaffen lieber vil
mit der cluogen minne spil
dann den werden ritter vest,
wann frawen selten tuond das pest,
als die alten haund gesait.
der pfaff und das weib gemait
waren ains tags zesamenkomen,
als ich das nun haun vernomen,
und lebten in ganzer fraintschaft.
der pfaff das weib hett behaft,
das si det nun, was er wolt,
wann si im was mit trewen holt.
nun wolt der pfaff nit enbern,
das weib muost in des gewern,
das si im von irem man,
dem werden ritter lobesan,
aus seinem hals solt pringen her
zwen stockzän oun widerker.
das weib was des gehorsam.
da si zuo dem ritter kam
und er si trüten wolt als ee,
si sprach, ir wär unmassen we,
und kert sich ferr von im hindan
und sprach, er hett ain bösen zan,

von manch einer schönen Frau
und von stattlichen Männern
allerlei artige Geschichten.
  Schließlich fing auch der Gastgeber an,
ihnen eine Geschichte vorzutragen,
als sei es ein Zeitvertreib.
Er sagte: »Jung und Alt merke jetzt
auf das, was ich neulich gehört habe;
es hat sich vor wenigen Jahren zugetragen.
Da lebte ein Ritter von hoher Abkunft,
der hatte eine ausgesucht schöne Frau;
die liebte er mehr als sein Leben.
Aber diese unselige Frau
zog einen Pfaffen
in den zärtlichen Liebesspielen
dem edlen, tapferen Ritter vor,
denn Frauen machen ja nie das Richtige,
wie schon die Alten gesagt haben.
Der Pfarrer und die schöne Frau
hatten sich eines Tages zusammengetan,
wie man mir erzählt hat,
und lebten in einträchtiger Liebe.
Der Pfarrer hatte die Frau so betört,
daß sie alles tat, was er wollte,
denn sie liebte ihn aufrichtig.
Nun legte der Pfarrer es darauf an,
daß die Frau ihm die Gunst gewähre,
ihm ohne Umschweife zwei Backenzähne
aus dem Munde ihres Mannes,
des edlen, ehrenwerten Ritters,
zu bringen.
Die Frau gehorchte.
Als sie zum Ritter kam
und der sie liebkosen wollte wie früher,
sagte sie, ihr sei ganz schlecht,
und wandte sich weit von ihm ab
und behauptete, er habe einen schlechten Zahn,

der stunk im aus dem halse ser.
das traib si als vil, bis er
im den zan außprechen hies.
darnach si des nicht enlies,
si sprach, der zan wär nit der recht,
und pracht das zuo mit bösem gespächt,
das dem ritter mer ain zan
aus dem hals ward prochen dan.
die zän gab si dem pfaffen baid;
der ducht sich des gar gemait.
er macht daraus zwen würfel guot
ze spot dem ritter hochgemuot.«
　Da die red also geschach,
ir ieglicher besunder sprach
und wart ain gemain urtail,
das weib verdienet het unhail;
den leib sölt si verlorn han.
da sprach der ritter wolgetan:
»ich sag ew nun meinen sin,
das ich der selb ritter pin,
dem die zän sind außgeprochen.
doch ist es nit ungerochen,
wann darumb das weib verschant
ir zungen hat gelaun ze pfant,
die ir der pfaff hat außgepissen.
auch ist der pfaff ser beschissen.
dem haun ich mit cluogem sitten
baid sein hoden ausgeschnitten.
nun habt ir die urtail geben,
das weib süll darumb ir leben
aun genad verlorn haben.
die will ich damit begaben,
das si beleib bei dem leben,
und ir auch ze pfrönd geben
zwaihundert pfund oder mer,
das si genzlich von mir ker
und bei mir kain beleiben hab.

der gräßlich aus seinem Munde stinke.
Das trieb sie so lange, bis er
sich den Zahn ziehen ließ.
Danach hörte sie nicht auf;
sie sagte, das sei nicht der richtige Zahn gewesen,
und brachte es mit ihrem Gekeife so weit,
daß dem Ritter noch ein Zahn
aus dem Munde gerissen wurde.
Diese Zähne gab sie beide dem Pfarrer;
der war darüber recht vergnügt.
Er ließ daraus zwei schöne Würfel machen,
dem edelmütigen Ritter zum Spott.«
Nachdem das vorgetragen war,
ergriff jeder einzelne das Wort,
und man war sich im Urteil einig:
diese Frau habe den Untergang verdient;
sie müsse ihr Leben verlieren.
Da sagte der edle Ritter:
»Ich entdecke Euch nun den wirklichen Sinn:
ich bin nämlich der Ritter,
dem man die Zähne gezogen hat.
Aber das ist nicht ungerächt geblieben,
denn dafür hat dieses ehrlose Weib
ihre Zunge als Pfand verloren,
die hat ihr der Pfarrer ausgebissen.
Auch der Pfarrer ist arg hereingefallen,
dem habe ich ganz sorgfältig
seine beiden Hoden abgeschnitten.
Nun habt Ihr das Urteil gesprochen,
daß die Frau dafür ohne Erbarmen
ihr Leben verlieren solle.
Ich will sie damit beschenken,
daß sie am Leben bleiben darf,
und ich will ihr auch für ihren Lebensunterhalt
zweihundert Pfund oder noch mehr aussetzen,
wenn sie nur völlig aus meinem Leben verschwindet
und nicht mehr bei mir wohnt.

die ee ist zwischen unser ab;
das hat si nun wol verschuld.
ich verleich ir zwar mein huld
nimer fürbas ewiclich.«
Die fraind underwunden sich
des armen weibes da vil schnäll.
die sprach nichtz dann: »läll läll läll.«
also puost si ir missitat.
damit die red ain ende hat.

Unsere Ehe ist aufgelöst;
daran trägt sie die ganze Schuld.
Ich werde ihr auf ewig
meine Gunst nicht mehr gewähren.«
Die Verwandten nahmen darauf
die arme Frau ganz schnell zu sich.
Die sagte nur: »läll, läll, läll.«
So hat sie für ihre Untat gebüßt.
Damit ist diese Geschichte zu Ende.

HEINRICH KAUFRINGER
DIE SUCHE NACH DEM GLÜCKLICHEN EHEPAAR

Es ist ain altes sprichwort;
das haun ich vil oft gehort:
ain man und auch sein eweib
zwuo sel und ainen leib
süllen mit ainander haun.
was ir ainem wirt getaun,
es seie guot oder pein,
das sol in baiden gschehen sein.
si süllen also sein veraint,
was ir ains mit willen maint
und im ain wolgefallen ist,
so sol das ander ze der frist
auch sein gunst dazuo geben.
das haist wol ain raines leben
und ist ain rechte ee zwar.

Ich will ew sagen das für war:
es was ain reicher burger;
der hett gros wird und er.
er was milt und hochgemuot
und was von geslächt gar guot.
er was frumm und tugentlich
und darzuo gar erentrich.
in dem haus er kostlich lebt.
sein herz in grossen fräuden swebt,
wenn die guoten gesellen sein
komen in sein haus hinein.
die hett er bei im vil gern;
gesellschaft mocht er nit enbern.
er hett gar ain säligs weib;

HEINRICH KAUFRINGER
DIE SUCHE NACH DEM GLÜCKLICHEN EHEPAAR

Es gibt ein altes Sprichwort,
das habe ich oft gehört:
Ein Mann und seine Frau
sollen zwei Seelen und einen Leib
miteinander haben.
Was dem einen von ihnen widerfährt,
es mag gut sein oder schlecht,
das soll ihnen beiden geschehen sein.
Sie sollen so sehr eins sein,
daß dem, was der eine von ganzem Herzen will
und was ihm eine Freude ist,
der andere sogleich
auch beistimmt.
Das kann man ein wahrhaft vollkommenes Leben nennen,
und es ist fürwahr eine rechte Ehe.
Ich erzähle Euch die Wahrheit:
Es lebte ein reicher Bürger,
der war sehr geachtet und angesehen.
Er war großzügig und stolz
und aus guter Familie.
Er war tüchtig und vornehm
und dazu noch ein bekannter Mann.
Er führte ein großes Haus.
Sein Herz war voller Freude,
wenn seine lieben Freunde
in sein Haus kamen.
Er sah sie gerne bei sich;
auf Geselligkeit mochte er nicht verzichten.
Er hatte eine brave Frau;

die was im lieb sam sein leib.
er und frumkait hett si vil
und tugent oun endes zil.
si was wol in dem willen sein,
doch muost der man gar vil pein
leiden von der frawen guot,
darumb das er hochgemuot
und in dem haus gesellig was;
darum was si im gehas,
wann si vil karkhait an ir het.
wenn ir der man ze wissen tet,
das er wolt haben wirtschaft,
so ward er von ir gestraft.
das betruobt den man vil sehr.
er zoch hin, so zoch si her.
si was ze karg, er was ze milt.
das weib ich doch darumb nit schilt,
wann in andern sachen zwar
was si im gefölgig gar.
Ains tags der man allaine sas.
er gedacht mit im selber das:
»wie mag das nur müglich sein,
das nun hie die frawe mein
gemainclich in der ganzen stat
von iederman gros lobe hat,
das si hab oun endes zil
tugent, er und frümkait vil?
man sagt von ir auch für war,
si sei oun allen wandel gar.
das dunkt mich ain torhait sein,
wann si tuot mir laid und pein
mit irer bösen karkhait.
die statt gemainclich wänt und sait,
si sei gar in meinem willen;
so tuot si mir widerpillen
mer, dann iemant waiß fürwar.
das haun ich gar haimlich zwar

die liebte er wie sein Leben.
Sie war angesehen und tüchtig
und mit vielen guten Eigenschaften gesegnet.
Sie war ihm gehorsam,
und dennoch mußte der Mann große Qualen
leiden durch diese wackere Frau,
weil er großzügig war
und ein geselliges Haus führte;
und sie war ihm deswegen böse,
weil sie sehr geizig war.
Wenn ihr der Mann mitteilte,
daß er eine Gesellschaft geben wolle,
dann zankte sie mit ihm.
Das bekümmerte den Mann sehr.
Er zog in die eine Richtung, sie in die andere.
Sie war zu geizig, er zu großzügig.
Ich tadle die Frau trotzdem deswegen nicht,
denn in den anderen Dingen
war sie ihm wirklich gehorsam.
 Eines Tages war der Mann alleine.
Er überlegte vor sich hin:
»Wie ist das nur möglich,
daß meine Frau
rundum in der ganzen Stadt
von allen gepriesen wird,
weil sie so grenzenlos
tüchtig, ehrbar und brav ist.
Man sagt von ihr sogar,
sie sei ohne allen Makel.
Das halte ich für töricht,
denn sie fügt mir Schmerz und Leid zu
mit ihrem schlimmen Geiz.
Man meint und sagt in der Stadt allgemein,
sie füge sich ganz meinem Willen;
dabei gibt sie mir wahrhaftig mehr Widerworte
als irgend jemand weiß.
Das habe ich im verborgenen

gelitten manig zeit und tag,
das ichs nit lenger leiden mag.
wir seien nicht also veraint,
als man von uns spricht und maint.
zwar nun will ich nit erwinden,
ich will suochen und auch vinden
in aller der welt gemain
zwai wirtlüt frumm und auch rain,
die also seien veraint,
was ir ains will und maint,
das es sei des andern will
oun krieg und oun widerpill.
des will ich an ain ende komen,
als ich mir haun fürgenomen.«
Der herr beraitt sich da zehant.
er wolt reiten in die lant.
zuo im nam er zerung vil,
wann er hett guotz oun endes zil.
er sprach, er wölte koufmanschaft
suochen mit gelückes kraft.
der herre frumm und wolgetan
rait mit ainem knecht von dan.
si komen in manig statt guot.
nun was der herr also gemuot,
wenn er kom in ain stat gros,
das in dann des nicht verdros,
das er ettwie lang belaib
und sein zeit also vertraib,
das er gern gefunden hiet,
als ferr er kom in alle piet,
zwai wirtlüt mit veraintem sin,
die nicht hetten zwischen in
kain irrung, krieg noch widerpart.
er rait als ferr die selben vart,
das er grosses guot verzert,
das im das nicht was beschert,
das er niendert vinden kunt

so viele Tage und Jahre erduldet,
daß ich es nicht mehr länger ertragen kann.
Wir sind nicht so eins,
wie man das von uns meint und erzählt.
Fürwahr: ich will nicht darauf verzichten,
in der ganzen Welt rundum
zwei tüchtige und feine Eheleute
zu suchen und auch zu finden,
die so miteinander eins sind,
daß das, was einer von ihnen will und anstrebt,
auch der Wille des anderen ist,
ohne Zank und ohne Widerworte.
Das werde ich ausführen,
wie ich es mir vorgenommen habe.«
Der Herr machte sich gleich fertig.
Er wollte in die Welt hinaus reiten.
Er packte ordentlich Proviant ein,
denn er war ja sehr reich.
Er sagte, er wolle Geschäfte machen,
und das Glück möge ihm beistehen.
Der tüchtige und stattliche Herr
ritt mit einem Knecht los.
Sie kamen in viele bedeutende Städte.
Der Herr hatte sich so eingerichtet:
Wenn er in eine große Stadt kam,
dann verdroß es ihn nicht,
lange zu bleiben
und seine Zeit darauf zu verwenden,
mit allem Eifer
– sofern er in alle Gegenden kommen konnte –
zwei Eheleute mit einem einzigen Willen zu finden,
zwischen denen nicht
Zwietracht, Streit und Widerspruch herrschten.
Er kam so weit umher auf dieser Reise,
daß er viel Geld verbrauchte,
und doch war es ihm nicht beschert,
irgendwo

bei ainander ze der stund
söllich wirtlüt guot und rain.
doch wolt er nicht wider hain;
er wolt sich ee verzeren gar.
Das traib er mer dann vier jar.
in dem fünften jar kom er
geritten in ain statt vil her;
die was gros und wolgetan.
er wolt seiner zerung lan
auch ettwie vil darinne zwar.
er was da wol ain halbes jar
daz ainem reichen burger;
der was trew und gar gewär.
der hett ain weib tugentreich.
si zugen baide gar geleich
mit worten, werken und mit sin.
niemant sach, das zwischen in
kainerlai krieg noch zwaiung was.
für war will ich sprechen das:
des was der werde gast fro.
zuo seinem knecht sprach er also:
»ich haun hie gefunden zwar,
das ich gesuocht haun manig jar.
wir süllen reiten haim ze lant.«
Da der wirt nun das erkant,
das der gast wolt reiten dan,
da sprach der wirt wolgetan
gar haimlich zuo dem gast sein:
»ich pitt ew, lieber herre mein,
und nempt das auf von mir für guot,
das ir mir ze wissen tuot,
was ewer geschäfte hie sei.
kain koufmanschaft vindt ir hiebei,
die ewrem land sei fuoklich.
in meinem sinn so dunket mich,
wie ir hie aubentüre suocht.
mein herz das ser von ew geruocht

in jenen Tagen
solche braven und vollkommenen Eheleute zu finden.
Aber er wollte nicht wieder nach Hause.
Lieber hätte er alles aufgebraucht.
Das trieb er so länger als vier Jahre.
Im fünften Jahr kam er
in eine bedeutende Stadt geritten;
die war groß und ansehnlich.
Er wollte einiges von seinen Reisemitteln
auch dort verbrauchen.
Er war bestimmt ein halbes Jahr
dort bei einem reichen Bürger;
der war aufrichtig und sehr zuverlässig.
Er hatte eine Frau ohne Makel.
Sie stimmten beide völlig überein
in Worten, Werken und Gesinnung.
Niemand sah, daß zwischen ihnen
irgendwie Streit oder Zwietracht war.
Ich will das beteuern:
Darüber war der edle Fremdling glücklich.
Er sagte zu seinem Knecht:
»Hier habe ich wahrhaftig gefunden,
was ich viele Jahre gesucht habe.
Wir wollen nach Hause in unser Land reiten.«
Als ihr Gastgeber nun merkte,
daß der Fremde fortreiten wollte,
da sagte der edle Herr
ganz vertraulich zu seinem Gast:
»Ich bitte Euch, mein verehrter Herr
– nehmt mir das nicht übel –,
laßt mich wissen,
welche Angelegenheiten Ihr hier verfolgt.
Ihr könnt hier keine Geschäfte finden,
die für Euer Land nützlich sind.
Mir scheint,
daß Ihr hier Aventiure sucht.
Ich möchte das jetzt sehr gerne

ze wissen hie an diser frist
in fraintschaft und oun argen list.«
des antwurt im der gast zehant:
»in gehaim tuon ich ew bekant,
wie mein läf sind gestalt.
ich haun dahaim in meinr gewalt
ain erber weib frumm und guot.
all mein hab ist wol behuot
und versorget mit ir gar.
si ist in meinem willen zwar.
dann ain geprest der ist an ir:
das ist ain missfallen mir,
das si ain wenig ze karg ist.
si straufet mich ze aller frist,
das ich pin so erentreich.
daran ist si mir ungeleich.
das hat mich dahaim ausbracht,
wann ich haun mir des gedacht,
das ich nimmer haim kumm,
bis das ich vind zwai wirtlüt frumm,
die geleich ainmüetig sein.
die mocht ich auf die trewe mein
ietzo an dem fünften jar
an ainer statt vinden als gar
als an ew und ewrm weib.
darumb ich lenger nicht beleib.
ich will mich schiken haim ze land.«
zuo im sprach der wirt zehand:
»ir sült hiut hie beleiben,
den tag bei mir vertreiben,
so will ich ew wissen lan,
wie unser leben sei getan
zwischen mir und meinem weib.«
da sprach der gast: »ich beleib
vil gern, lieber herre mein.«

von Euch wissen,
in aller Freundschaft und ohne jeden
Hintergedanken.«
Darauf antwortete ihm der Gast:
»Im Vertrauen will ich Euch wissen lassen,
wie meine Dinge liegen.
Ich nenne zu Hause
eine angesehene, tüchtige und brave Frau mein eigen.
Mein Besitz ist bei ihr in guten Händen
und alles wird gut versorgt.
Sie fügt sich wirklich meinem Willen.
Nur einen Fehler hat sie:
Es mißfällt mir,
daß sie viel zu geizig ist.
Sie tadelt mich unentwegt,
weil ich so viel Wert auf öffentliches Ansehen lege.
Darin ist sie ganz anders als ich.
Das hat mich von zu Hause fortgetrieben,
denn ich habe mir vorgenommen,
nicht wieder nach Hause zu kommen
bis ich zwei gute Eheleute finde,
die im gleichen Willen übereinstimmen.
Die konnte ich (darauf gebe ich Euch mein Wort)
jetzt im fünften Jahr
nirgendwo so uneingeschränkt finden
wie bei Euch und Eurer Frau.
Deswegen bleibe ich nicht länger.
Ich werde mich nach Hause aufmachen.«
Der Hausherr antwortete ihm hastig:
»Ihr solltet heute noch hier bleiben und
den Tag bei mir verbringen,
dann will ich Euch erkennen lassen,
wie es um unser Leben bestellt ist
bei mir und meiner Frau.«
Darauf sagte der Gast: »Ich bleibe
sehr gerne, mein verehrter Herr.«

Der wirt sandt nach den frainden sein
und hett mit in wirtschaft groß.
niemant da die weil verdros.
da was manig saitenspil
und auch schöner frawen vil.
da was manig süeß gedön,
darnach die frawen tanzten schön.
die wirtin was gar wolgemuot.
ir herz in fräuden tobt und wuot.
das gefiel dem gast vil wol.
für war ich das sprechen sol:
das triben si den tag bis nacht.
da das alles ward volbracht
und iederman ze hause gieng,
der wirt die red da anefieng
mit dem werden gast sein.
er sprach: »ir habt die frawen mein
hiut gesehen in der gepär,
sam si guotes muotes wär,
als si auch gewesen ist.
nun will ich ew ze diser frist
die rechten ursach wissen lan,
darumb ich ew behept han
und wirtschaft mit der frawen mein.
es gat oft nach fräuden pein
und nach wunne herzenclag.
also ist hewt disen tag
mein weib gewesen in fräudenspil;
der hat si gehept gar vil.
nun müest ir ietz zestund sehen
und auch aigenlichen spehen,
das die fräud nit helfen mag,
darnach muoß volgen jamers clag
dem weib, als si verschuldet hat.«
zuo der frawen sprach er trat:

Der Gastgeber lud seine Freunde ein
und feierte mit ihnen ein großes Fest.
Niemandem wurde die Zeit lang.
Die Lauten erklangen,
und es waren auch viele schöne Frauen da.
Liebliche Töne erfüllten die Luft
und die Frauen tanzten anmutig nach den Weisen.
Die Dame des Hauses war wohlgelaunt.
Ihr Herz hüpfte und sprang vor Freude.
Dem Gast gefiel das sehr.
Ich muß die Wahrheit sagen:
Es ging so den ganzen Tag bis in die Nacht.
Als alles zu Ende war
und alle nach Hause gegangen waren,
da wandte sich der Hausherr
an seinen geschätzten Gast.
Er sagte: »Ihr habt meine Frau
sich heute so verhalten sehen,
als ob sie guter Stimmung wäre
– das war sie ja auch.
Jetzt aber will ich Euch
den wahren Grund wissen lassen,
warum ich Euch zurückgehalten habe
und ein Fest mit meiner Frau veranstaltet.
Es kommt oft nach Freude Schmerz
und nach Glück jammervolle Klage.
So hat heute den Tag lang
meine Frau in der Freude gelebt;
davon hat sie viel erfahren.
Jetzt aber müßt ihr gleich mitansehen
und ausdrücklich zur Kenntnis nehmen,
daß die Freude
für diese Frau keinen Schutz bietet
vor schmerzlicher Klage, denn sie hat Schuld auf sich geladen.«
Er sagte schnell zur Frau:

»trag pald her das trinkschürr dein!
so will ich dir schenken ein
sant Johanns minn, die ich hie haun.
darnach süll wir slaufen gaun.«
das weib erschrack der red vil ser.
»das trinkschirr trag ich nimmer her«,
sprach si, »auf die trewe mein!
ich leid ee des todes pein.
was begindst du heint mit mir?
lauß mich es doch trinken von dir
vor dem pett, mein lieber man,
als ich vormals haun getan.«
der wirt da des nicht enlie,
selb er nach dem trinkschirr gie.
er satzt es für die frawen cluog.
das was nicht gar wol ir fuog.
si schampt sich sere vor dem gast;
der was da ir überlast.
es was ains menschen hirenschal.
darein schankt der wirt oun wal
den claren wein. er sprach zuo ir:
»se nim hin und trink von mir
sant Johannes minn alhie.«
die fraw da des nicht enlie,
si gedorst darwider nicht sein,
si trank darauß mit jamers pein.
der wirt da zuo dem gast sprach:
»herr, das ist mein ungemach,
den ich all nacht muoß sehen an.
wenn ich des nachtz will schlafen gan,
so muoß die fraw oun alle wal
trinken aus der hirenschal;
die haun ich zuckt und beraubt
ainem pfaffen aus seinem haubt.
den vand ich ligen bi dem weib;
der hett getrütet iren leib.

»Trag sofort Dein Trinkgeschirr herein!
Dann will ich Dir
die Johannesminne einschenken, die ich hier habe.
Danach wollen wir schlafen gehen.«
Die Frau erschrak über diese Worte sehr.
»Das Trinkgeschirr bringe ich niemals her«,
sagte sie, »bei meinem Wort!
Ich erdulde lieber Todesqualen.
Was hast Du heute mit mir vor?
Laß sie mich doch bei Dir trinken,
vor dem Bett, mein geliebter Mann,
wie ich es früher getan habe.«
Der Mann aber gab nicht nach,
er holte selbst das Trinkgeschirr.
Er stellte es vor die empfindsame Frau.
Das brüskierte sie sehr.
Sie schämte sich vor dem Gast;
der machte ihre Last noch schwerer.
Es war die Hirnschale eines Menschen.
In die schenkte der Hausherr ohne zu zögern
hellen Wein. Er sagte zu ihr:
»Sieh, nimm hin und trinke mit mir
jetzt die Minne des Heiligen Johannes.«
Die Frau wehrte sich nicht,
sie traute sich nicht zu widerstehen,
sie trank daraus unter jammervollen Qualen.
Der Mann sprach darauf zu seinem Gast:
»Mein Herr, das ist mein Unglück,
das ich mir jeden Abend ansehen muß.
Wenn ich am Abend schlafen gehen will,
dann muß die Frau jedes Mal
aus der Hirnschale trinken.
Die habe ich
einem Pfaffen aus dem Kopf gerissen und mitgenommen.
Den fand ich bei meiner Frau liegen;
er hatte mit ihr geschlafen.

dem nam ich das leben sein.
ich gruob in auch haimlich ein,
das niemant waiß, wau er hin kam.
die hirnschal ich ze pfand nam;
darauß das weib trinken muoß.
wol fünf jar hat si die buoß
bisher volbracht alle nacht.
ich haun mir auch das erdacht,
das ich si des nicht erlaun,
si muoß in der buos bestaun
bis an ir end oun underlaß.
niemant mag ir wenden das.«
Da der gast die red vernam,
zuo seinem knecht er da kam.
er sprach: »wir wöllen nicht peiten,
wir süllen von hinnen reiten.
es ist die zeit noch nit kommen,
als ich das haun vernommen,
das wir reiten haim ze land.«
er nam urlaub sa zehand.
si ritten aber fürbas.
fürwar süllt ir wissen das:
so der man ie ferrer kam,
so er ie minder vernam,
des sein herz begeret ser.
er rait also hin und her,
bis er wol tausent guldein
verzert aus der täschen sein,
das er ain claines gelt behuob.
Er gewan da aber ruob
in ainer statt weit und gros.
darin er ainen wirt erkos;
der was mächtig und auch reich.
in daucht das leben gar geleich
von dem wirt und seinem weib.
zwuo sel und ainen leib

Ich nahm ihm das Leben.
Ich habe ihn auch heimlich eingegraben,
und niemand weiß, wo er hingekommen ist.
Die Hirnschale habe ich als Pfand genommen;
daraus muß die Frau trinken.
Gut fünf Jahre hat sie diese Buße
bisher jede Nacht vollzogen.
Ich habe auch beschlossen,
daß ich sie zwinge,
diese Buße
bis an ihr Ende unablässig zu tun.
Niemand kann ihr helfen.«
Als der Gast diese Worte hörte,
ging er zu seinem Knecht.
Er sagte: »Wir wollen nicht länger bleiben,
wir reiten weg.
Es ist noch nicht so weit,
nach dem, was ich gehört habe,
daß wir nach Hause reiten können.«
Er verabschiedete sich sogleich.
Sie ritten wieder weiter.
Ihr müßt wahrhaftig wissen:
Je weiter der Mann kam,
um so weniger fand er,
was er so von Herzen wünschte.
Er ritt hierhin und dorthin,
bis er bestimmt tausend Gulden
aus seinem Beutel verbraucht hatte
und nur noch wenig Geld übrig war.
Dann ließ er sich wieder
in einer großen und berühmten Stadt nieder.
Dort wählte er sich einen Gastgeber,
der mächtig war und auch reich.
Es schien ihm
das Leben seines Wirtes und seiner Frau völlig übereinzustimmen.
Zwei Seelen und einen Leib

wolt er da gefunden han
an dem weib und irem man.
im geviel gar wol ir leben.
er markt darauf vil und eben,
das er anders nicht erkant,
er wölt sich schicken haim ze lant;
wann er da gefunden hett
zwai wirtlewt, die gar stet
mit ainander waren veraint.
ir ieglichs das ander maint
mit ganzen trewen oun gevar.
  Da der wirt des wart gewar,
das der gast von dannen wolt,
er sprach: »her gast, ich pin ew holt.
ewr wandel ist hüpsch und geheur.
mich dunkt, ir suochent aubenteur;
das süllt ir mich wissen lan.
ich pin hie ain söllich man
an geburt und mit gewalt,
das ich ew mag helfen palt
in diser statt und der gepiet.
ob ir ichtz ze schaffen hiet,
in guoter gehaim sagt mir das;
es sol nicht komen fürebas.«
der gast sprach mit züchten do:
»ich sag ewch mein gehaim also:
ich suoch sältzam aubentür.
ich haun dahaim ain weib gehiur;
die ist in dem willen mein.
es dunkt uns baide guot sein,
was unser aintweders tuot;
das ist des andern sin und muot.
dann ain geprest ist an ir zwar,
das si ist ze karg fürwar.
damit tuot si mir unmuot vil.
für war ich ew das sagen wil:
ich pin dahaim ain mächtig man

glaubte er gefunden zu haben
bei dieser Frau und ihrem Mann.
Ihr Leben gefiel ihm sehr.
Er paßte ganz genau auf,
ob er nicht etwas Gegenteiliges beobachten konnte;
schon wollte er sich nach Hause aufmachen,
weil er jetzt
zwei Eheleute gefunden hatte, die ohne Wanken
miteinander vereint waren.
Jeder liebte den andern
ganz aufrichtig und ohne Vorbehalt.
Als der Hausherr das merkte,
daß sein Gast fort wollte,
sagte er: »Mein lieber Gast, ich bin Euch zugetan.
Euer Benehmen ist fein und angenehm.
Mir scheint, Ihr sucht Aventiure.
Das könnt Ihr mir sagen.
Ich bin ein Mann
von Stand und von solcher Macht,
daß ich Euch kräftig beistehen kann
in dieser Stadt und ihrem Land.
Wenn Ihr irgend etwas zu bestehen habt,
dann sagt mir das in vollem Vertrauen;
es wird nicht nach draußen dringen.«
Der Gast antwortete gemessen:
»Ich sage Euch mein Geheimnis:
ich suche sonderbare Aventiure.
Ich habe zu Hause eine liebe Frau;
die fügt sich meinem Willen.
Es dünkt uns beide gut,
was der andere macht;
das ist dann auch Absicht und Meinung des andern.
Nur einen Fehler hat sie in der Tat:
sie ist einfach zu geizig.
Damit fügt sie mir viel Kummer zu.
Ich will Euch die Wahrheit sagen:
ich bin zu Hause ein mächtiger Mann

und pin geritten von dan
gar ferr in das land herein.
ich haun wol tausent guldein
verzert, das ich nit vinden kan
ain weib und iren eeman,
die mit ainander veraint sein,
und vind nur zanggen und grein,
als weit und ich geritten pin.
ains ziucht her, das ander hin.
ich haun mir das fürgenomen,
ich wöll nicht ze land komen,
bis ich zwai wirtlüt vind,
an den ich des enpfind,
das kain zwaiung bei in ist.
das haun ich ze diser frist
gesuochet mer dann sechs jar.
nun pin ich worden erst gewar,
das ich haun gefunden die
an ew und ewrm weib alhie,
wann ich nicht erkennen mag,
dann das ir baide nacht und tag
fraintlich gen ainander tuot.
des pin ich fro und wolgemuot.
darumb will ich beraiten mich
hain ze land sicherlich
zuo meinem weib und meinem haus,
wann ich pin lang gewesen aus.«

Der wirt da zuo dem gast sprach:
»ir habt clainen ungemach
von ewrm weib, als ir da sait.
ich will ew mein herzenlait
in guoter gehaim nun sagen,
wölt ir darzuo still tagen,
das ir es niemant tüeent kunt.
das versprecht mir hie zestunt,
wann ich es niemant wissen laß.«
zehand der gast gelupt im das,

und bin ausgeritten
weit in das Land hinein.
Ich habe bestimmt tausend Gulden
verbraucht, ohne daß ich
eine Frau und ihren Ehemann finden kann,
die in Eintracht leben;
ich finde nur Zanken und Keifen,
wie weit ich auch geritten bin.
Der eine zieht hierhin, der andere dorthin.
Ich habe mir vorgenommen,
nicht wieder in mein Land zu kommen,
bis ich zwei Eheleute finde,
bei denen ich fühle,
daß es keine Zwietracht zwischen ihnen gibt.
Danach habe ich jetzt
mehr als sechs Jahre gesucht.
Jetzt aber ist mir deutlich geworden,
daß ich sie gefunden habe
in Euch und Eurer Frau hier,
denn ich kann nichts anderes sehen,
als daß Ihr Tag und Nacht
liebevoll miteinander umgeht.
Darüber bin ich glücklich und frohgestimmt.
Deshalb will ich mich aufmachen,
heim in mein Land
zu meiner Frau und meinem Haus,
denn ich bin lange weg gewesen.«
Der Hausherr sagte zu seinem Gast:
»Eure Frau macht Euch
keinen großen Kummer, wie Ihr das so erzählt.
Ich will Euch meine Seelenqual
jetzt in aller Vertraulichkeit berichten,
wenn Ihr stillschweigen wollt
und es niemandem verratet.
Versprecht mir das auf der Stelle,
denn ich will nicht, daß es jemand weiß.«
Sogleich versprach ihm der Gast,

das er niemant sagt die mär,
wann er was trew und on gefär.
der wirt nam da den gast sein.
er fuort in in das haus hinein
durch ainen keler tief und weit;
darbei in ainer abseit
da was ain stainin kamer gros,
die er dem gast da aufslos.
darin gieng ain grosser baur,
der was fraisam, stark und saur,
an ainer ketten stark und guot;
damit da was der baur behuot,
das er nit mochte komen auß.
er stuond, sam im ain windspraus
hett zerrüttet als sein har;
das stroblet im unhaimlich zwar.
da der gast den bauren sach,
zuo dem wirt er da sprach:
»das sind sältzan aubentür.
was betütt der ungehür
baur, der hie gefangen ist?«
  Da sprach der wirt ze der frist:
»her gast, ich will ew wissen laun,
wie meinem leben ist getaun.
das süllt ir merken gar recht.
ich pin von guotem geschlächt
geporn und die frawe mein.
wir mügen wol die pesten sein
hie in der statt, das wißt fürwar,
an gepurt und an reichtum zwar.
nun tuot mein weib nicht, als si sol,
wann si ist aller unkeusch vol;
die hat si getriben ser
in der statt hin und her
und hat ir geschlächt geschant.
mein er ward mir auch entrant,
das ich ir boßhait ser engalt.

daß er niemandem die Geschichte erzähle,
denn er war zuverlässig und aufrichtig.
Da nahm der Hausherr seinen Gast.
Er führte ihn in das Haus
durch einen tiefen und großen Keller;
dort in einem abseits gelegenen Teil
war eine große steinerne Kammer,
die er dem Gast aufsperrte.
In ihr lebte ein großer Bauer,
schrecklich, stark und böse
an einer kräftigen und festen Kette;
mit ihr wurde der Bauer festgehalten,
damit er nicht hinaus konnte.
Er stand da, als ob ihm ein Sturmwind
sein ganzes Haar zerwühlt hätte.
Es sträubte sich wirklich ganz unheimlich.
Als der Gast den Bauern sah,
sagte er zum Wirt:
»Das ist eine seltsame Aventiure.
Was bedeutet dieser fürchterliche
Bauer, der hier gefangen ist?«
Da antwortete ihm der Herr rasch:
»Mein lieber Gast, ich will Euch erklären,
wie es um mein Leben steht.
Paßt gut auf!
Ich bin aus guter Familie
und auch meine Frau.
Wir sind gewiß die Besten
hier in der Stadt, müßt Ihr wissen,
nach Abstammung und Reichtum.
Aber meine Frau verhält sich nicht, wie sie soll,
denn sie versammelt alle Unkeuschheit in sich.
Die hat sie unwiderstehlich
in der Stadt hin und her getrieben
und ihre Familie in Schande gestürzt.
Auch meine Ehre wurde vernichtet
und ich mußte für ihre Schlechtigkeit büßen.

mich hetten baide jung und alt
durch iren willen gar ze swach.
da ich den gepresten sach,
das si den nit lassen wolt,
ich det, als ainer tuon solt,
der gern wird und ere hiet.
ich rait in ain fremde piet;
da was ich gar unerkant.
den starken pauren ich da vand.
mit gewalt fuort ich in dan
mit meinen fr ainden unde man.
in stiller weis das geschach,
das niemand hort und auch sach,
wauhin er ie gekomen wär.
ich pracht in her oun alle swär
gar haimlich in das haus mein.
da muoß er gefangen sein,
dieweil das weib lebent ist.
die gat zuo im ze aller frist,
wann si ir boßhait treiben wil.
er treibt mit ir der minne spil
als vil, das si genüeget wol
und nichtz fürbas fraugen sol.
nun want iederman fürwar,
si habe sich gepessert zwar,
und hat man si nun schon und wert.
so ist mein ere vast versert
gar haimlich und gar leise.
guoten wein und die speise,
der ich täglich niessent pin,
die trag ich dem pauren hin
altag selb zuo dem tische sein.
ich pflig sein, auf die trewe mein,
vil bas dann mein selbers leib,
das er getrüten müg das weib,
das si ain genüegen hab
und nit suoch der minne lab,

Mich hielten alle, jung und alt,
ihretwegen für zu schwächlich.
Als ich ihren Fehler erkannte,
von dem sie sich nicht befreien wollte,
handelte ich, wie einer handeln soll,
der sich Ansehen und Würde erhalten möchte.
Ich ritt in ein fremdes Land,
wo mich niemand kannte.
Dort fand ich den starken Bauern.
Mit Gewalt entführte ich ihn
mit meinen Verwandten und mit meinen Leuten.
Das spielte sich ganz still ab,
damit niemand sah und hörte,
wohin er gekommen ist.
Ich brachte ihn ohne Schwierigkeiten
heimlich hierher in mein Haus.
Dort muß er gefangen bleiben,
so lange die Frau lebt.
Die geht immer dann zu ihm,
wenn sie ihre Schlechtigkeit ausleben will.
Er treibt es mit ihr
so lange, bis es ihr reicht
und es nichts weiter zu fragen gibt.
Seitdem glauben alle,
sie habe sich wirklich gebessert
und man achtet und schätzt sie jetzt.
Meine Ehre wird dabei
heimlich und im stillen verletzt.
Guten Wein und das Essen,
wie ich sie täglich zu mir nehme,
die bringe ich dem Bauern
jeden Tag selbst auf den Tisch.
Ich pflege ihn, bei meinem Wort,
besser als mich selbst,
damit er die Frau so beschlafen kann,
daß sie genug kriegt
und nicht das Vergnügen der Minne sucht,

als si vormals hat getan.
des muoß ich schand und laster han.
ich sag ew auch das für war:
das leiden haun ich zehen jar
mit dem bauren hie getriben;
das weib ist dieweil beliben
oun all ander manne gar.
her gast, nempt meiner kind war,
die ich haun in meiner pflicht!
iederman sich des versicht,
das si seien alle mein.
das ist mir ain grosse pein,
wann si des pauren alle sind,
was ir hie secht meiner kind.«

Da der gast die red vernam,
vil ser er davon erkam.
des wirtes leiden det im we.
der wirt sprach da zuo im me:
»ich rat ew auf die trewe mein,
ir sült nit lenger aus sein
von ewrm weib frumm und guot.
gar übel ir zwar an ir tuot.
si verschult es nicht an ew,
wann si hat kain untrew.
ir karkait ist ze schelten nicht.
wölt ir lenger haben pflicht,
in dem land hieumb ze raisen,
so mügt ir ewer guot zerzaisen
und verzeren genzlich gar,
ee ir vindet, das ist war,
des ir ew habt fürgenommen.
niemant ist als gar volkomen.
der tiefel säet den samen sein
zwischen der wirtlüt geren ein,
das es selten mag bestaun,
si müessen oft ain zwaiung haun.«

wie sie es vorher getan hat.
Dadurch nämlich fiele ich in Schmach und Schande.
Ich sage Euch auch darin die Wahrheit:
diese Quälerei habe ich zehn Jahre
mit dem Bauern da ausgehalten;
die Frau hat in dieser Zeit
keinen anderen Mann gehabt.
Lieber Gast, seht meine Kinder,
die ich in meiner Obhut habe!
Jeder glaubt,
sie seien alle die meinen.
Das schmerzt mich sehr,
denn alle sind sie vom Bauern,
die Ihr hier als meine Kinder seht!«
Als der Gast diese Worte hörte,
erschrak er sehr.
Das Leid seines Gastgebers bekümmerte ihn.
Der fuhr fort:
»Ich rate Euch, weißgott,
Ihr sollt nicht länger fortbleiben
von Eurer braven und tüchtigen Frau.
Ihr behandelt sie wirklich schlecht.
Sie hat das nicht verdient,
denn sie ist Euch nicht untreu gewesen.
Ihren Geiz braucht man nicht zu tadeln.
Wenn Ihr Euch noch länger damit beschäftigen wollt,
im Land herumzureisen,
so werdet Ihr Euren Besitz verschleudern
und ganz und gar aufbrauchen,
bevor Ihr (das ist die Wahrheit!) das findet,
was Ihr Euch zum Ziel gesetzt habt.
Niemand ist so gänzlich vollkommen.
Der Teufel sät seinen Samen
in den Schoß der Eheleute,
daß es selten so steht,
daß sie ohne Zwietracht leben.«

Der gast volgt dem wirt zehant.
er wolt reiten haim ze lant,
als im sein trewer wirt riet.
fraintlich er da von im schiet.
er hett gar betrüebten sin.
das ain ros gab er hin
umb die zerung sa zehant,
das er damit käm ze lant.
der knecht muost ze fuossen gan;
da rait der herr wolgetan.
si komen mit ainander hain.
die frawe erber und auch rain
was des mannes kunft vil fro.
er lies ir iren willen do
mit der karkhait, die si het.
er gedacht oft an die stett,
da er vor gewesen was,
an das jämerlich trinkfas
und auch an den pauren groß,
den die ketten da beslos.
wenn er des gedacht vil eben,
so maint er, ir baider leben,
das er hett und das weib sein,
das wär weder schand noch pein.
er lies es alles wesen guot;
ob si gen im wart ungemuot,
das er truog der milte kron,
das übersach er ir vil schon.
Darumb rat ich das fürwar:
ain ieglich fromer man sol zwar
seinem weib das übersehen,
ob er anders nicht mag spehen
an ir, dann das si kark sei.
da muoß frümkait wonen bei.
er sol ir das laun guot sein
und sol ir darumb kain pein
tuon und füegen zuo der frist,

Der Gast folgte dem Herrn auf der Stelle.
Er beschloß nach Hause zu reiten,
wie ihm sein treuer Gastgeber geraten hatte.
In Freundschaft nahm er von ihm Abschied.
Er war sehr traurig.
Das eine Pferd tauschte er
gegen Proviant ein,
damit er bis in sein Land kommen könne.
Der Knecht mußte zu Fuß gehen,
der vornehme Herr ritt.
Sie kamen zusammen nach Hause.
Die ehrsame und keusche Frau
freute sich sehr über die Ankunft ihres Mannes.
Er ließ ihr den Willen
mit ihrem Geiz.
Er dachte oft an die Orte,
an denen er vorher gewesen war,
an die elende Trinkschale
und auch an den riesigen Bauern,
der angekettet war.
Wenn er das genau bedachte,
dann wurde ihm klar, daß ihr Leben,
wie er und seine Frau es führten,
weder Schande noch Leid brachte.
Er ließ alles so gut sein;
wenn sie ungehalten mit ihm war,
weil er seine Freigebigkeit auf die Spitze trieb,
dann nahm er das nachsichtig hin.

Deswegen ist das mein Rat:
Jeder brave Mann soll
es wirklich seiner Frau nachsehen,
wenn er nichts anderes an ihr entdeckt,
als daß sie geizig ist.
Das kann sich mit Tüchtigkeit verbinden.
Er soll es damit gut sein lassen
und soll sie nicht deswegen
quälen,

wann es der mindst geprest ist,
den ain weib gehaben mag.
nit mer ich ew fürbas sag.

denn das ist der geringste Fehler,
den eine Frau haben kann.
Mehr sage ich jetzt nicht mehr.

HEINRICH KAUFRINGER
DIE UNSCHULDIGE MÖRDERIN

Got lat den gerechten menschen nicht
auß seiner väterlichen pflicht.
er hilft im allzeit gar gewär
aus nöten und von aller swär.
so der mensch nun darauf stat,
das er nun ganz getrawen hat
zuo got und im enpfilhet gar
als sein leiden, wißt fürwar,
das den got nicht will verlan,
er well im allzeit beigestan,
als ich ew nun sagen wil,
wie ain junkfraw kumers vil
gelitten hat und aribait,
davon si kam in herzenlait
unverdient und gar oun schuld.
der half got mit seiner huld
aus allen iren nöten gar.
Die selb junkfraw was fürwar
keusch und frumm, vein und zart
und geporn von hoher art.
von geslächt was si ain gräfin,
ains ganzen lands gepieterin.
darzuo hett si ain pruoder guot,
ain stolzen ritter hochgemuot,
der seins leibs ain held was.
ain küng nicht ferr von in sas;
der was edel, jung und reich.
der vand niendert sein geleich,
die im von adel als wol gezäm
und die er zuo der ee näm

HEINRICH KAUFRINGER
DIE UNSCHULDIGE MÖRDERIN

Gott verstößt einen schuldlosen Menschen nicht
aus seiner väterlichen Obhut.
Er hilft ihm jederzeit sicher und zuverlässig
aus allen Nöten und aus jeglicher Bedrängnis.
Wenn der Mensch nun festhält
an seinem Vertrauen zu Gott
und alles ganz und gar in seine Hände legt,
was er leidet, so wißt,
daß Gott ihn nicht verlassen,
sondern ihm alle Zeit beistehen wird.
So will ich Euch nun erzählen,
wie eine junge Edelfrau viel Leid
und Not erlitten hat
und in große Seelenqual gestürzt wurde,
unverdient und völlig ohne Schuld.
Ihr half Gott durch seine Gnade
aus allen ihren Nöten.
Dieses Edelfräulein war wahrhaft
sittsam und ehrbar, fein und zart
und von vornehmer Abkunft.
Sie kam aus einem Grafengeschlecht
und war Herrin eines ganzen Landes.
Sie hatte auch einen bedeutenden Bruder,
einen prächtigen, edlen Ritter,
von heldenhafter Gestalt.
Nicht weit von ihnen lag die Burg eines Königs;
der war von edler Abstammung, dazu jung und reich.
Nirgends fand er eine Frau, die ihm ebenbürtig war
und dem Adel nach so gut zu ihm paßte,
daß er sie hätte zur Ehefrau nehmen können,

sam die selben gräfin guot.
die kom dem küng in den muot,
das er ir ze der ee begert.
des wart der küng schier gewert
von dem jungen graufen do.
der gab sein swester also
dem küng zuo ainem eeweib.
die ward im lieb sam der leib.
da der heirat nun beschach,
iederman besunder sprach,
si wären baide tugentreich,
an guot, an adel gar geleich.
von ir baider wirdikait
ward in den landen vil gesait.
Nun het der küng ain diener;
der was ain ritter mit gevär.
der hett ain knecht, der was bös.
der sprach gar mit valschem kös
diß red zuo dem herren sein:
»nun merkt, lieber herre mein,
das ich ew sag, das ist war:
es hat mein herr der künig zwar
ain bösen heirat getan.
die junkfraw ist nicht oun man
ir zeit gewesen bisher.
si hat volbracht unkeusch mer
dann ander böser weibe vier.
ob ir das nit gelaubent mir,
ich pring es kurzlich darzuo,
das si ewrn willen tuo;
so werdent ir dann wol gewar,
das si ist unendlich gar.
wölt ir volgen meinem rat,
guot aubentür ewch zuogat.«
Da der ritter die rede hort
(er was üppig und bedort),
im viel ain böser sin ein.

wie eben die edle Gräfin.
Sie kam dem König in den Sinn,
und er wünschte sie sich zur Ehe.
Dieser Wunsch wurde dem König ohne Zögern
von dem jungen Grafen gewährt.
Er gab also seine Schwester
dem König zur Ehefrau.
Sie wurde ihm so lieb wie sein Leben.
Als nun die Heirat vereinbart war,
sagte jeder,
sie seien beide voll Edelmut
und einander an Besitz und Adel ganz ebenbürtig.
Ihr beider Ansehen
wurde in den Ländern hoch gerühmt.
Nun hatte der König einen Dienstmann;
der war ein Ritter voller Tücke.
Der hatte einen bösen Knecht.
Der sagte hinterhältig
dies zu seinem Herrn:
»Hört, lieber Herr,
ich habe Euch was zu sagen, und das ist wahr:
Mein Fürst, der König, hat wahrhaftig
schlecht geheiratet.
Die junge Dame war schon bisher
den Männern nicht abgeneigt.
Sie hat mehr Unzucht getrieben
als vier üble Weiber zusammen.
Wenn Ihr mir das nicht glaubt,
dann sorge ich im Handumdrehen dafür,
daß sie Euch zu Willen ist;
dann seht Ihr sehr wohl,
daß sie durch und durch schlecht ist.
Wollt Ihr meinem Rat folgen,
so steht Euch ein schönes Abenteuer bevor.«
Als der Ritter das hörte
(er war leichtfertig und töricht),
da packte ihn die Bosheit.

er sprach: »lieber fraind mein,
nun hilf mir und rat darzuo,
wie ich in den sachen tuo,
das mein begir werd volbracht.
wann der küng morgen ze nacht
will sich unverzogenleich
legen zuo der junkfraw reich
und mit ir die hochzeit han.
möcht mir das zehanden gan,
das si mir wurd vor zetail,
das wär mir ain grosses hail.«
Der knecht sprach: »herr, nun merkt mich eben!
ich will ew guoten rat geben,
das ir die junkfraw heint ze nacht
trütent, als ich haun gedacht.
wann ir pruoder, der grauf jung,
mit aller seiner samenung
und mit seinen undertan
wirt noch heint die nachtsäld han
bei seinem swauger, dem künig reich.
da wellent si baid geleich
mit ainander ze rat wern,
wie si die hochzeit nach ern
und nach nutz volbringen gar.
so ist die edel junkfraw zwar
allain in der veste guot;
die hat niemant heint in huot
dann allain der portner
und darzuo der wachter.
mit ew will ich reiten dan
bis für die vest in den tan.
da will ich dann sein verborgen
bis an den liechten morgen.
ewr ros sült ir bei mir lan
und süllt dann ze fuossen gan
hinan bis an die veste guot.

Er sagte: »Lieber Freund,
dann hilf und rate mir,
wie ich vorgehen soll,
damit ich zu meinem Vergnügen komme.
Denn der König wird sich morgen nacht
ohne Zögern
zu seiner vornehmen jungen Frau legen
und mit ihr Hochzeit halten.
Wenn es mir gelänge,
sie vorher zu kriegen,
wäre das ein prächtiges Ding.«
Der Knecht antwortete: »Hört, lieber Herr!
Ich will Euch einen Weg zeigen,
wie Ihr die junge Dame heute nacht noch
umarmen könnt, so, wie ich es mir gedacht habe.
Ihr Bruder, der junge Graf, wird
mit seinem ganzen Gefolge
und seinen Leuten
noch heute die Nacht
bei seinem Schwager, dem mächtigen König,
verbringen.
Da werden sie dann beide
miteinander beraten,
wie sie die Hochzeit mit allen Ehren
und zum Besten aller abhalten können.
So ist das Edelfräulein gewiß
allein in der Burg;
die hat heute nacht niemand unter seiner Obhut
als allein der Torhüter
und ein Wächter.
Ich will mit Euch
bis in den Wald vor der Burg reiten.
Dort will ich mich verborgen halten,
bis der Tag anbricht.
Euer Pferd könnt Ihr bei mir lassen
und dann zu Fuß gehen
bis zu der mächtigen Burg.

dem wachter dann ze wissen tuot
und sprecht zuo im vil schone:
›wachter, das dir got lone,
sag der werden junkfrau dein,
das si den künig lauß hinein.
der well haben iren rat,
des si und er nutze hat.‹
des gedar si euch nit versagen.
wann es dann beginnet tagen,
so kompt zuo mir auf das spor,
da ir mich hapt gelassen vor.«
Der ritter ward der rede fro.
si beraittent sich nun do
und ritten mit ainander baid
gen der vest über die haid.
darnach komen si vil pald
gar in ainen dicken wald,
der von der burg nit ferre lag.
da sahen si dört in dem hag
gros volk gen in reiten her.
si fuorten schilt und auch sper
und ir harnasch ritterleich.
es was der edel künig reich
und sein swauger, der graufe guot.
si ritten all wolgemuot
auß des jungen graufen vest
und wolten all die nachtrest,
baide ritter und auch knaben,
ze dem edlen künig haben.
der guot ritter und sein knab
die satzten sich ainhalb ab,
das ir niemant ward gewar,
bis das volk alles gar
mit ainander ir strass ritten.
lenger si da nicht enbitten,
si kerten zuo der veste guot.
der ritter was wolgemuot,

Dem Wächter sollt Ihr dann
in wohlgesetzten Worten sagen:
›Wächter, Gott soll es Dir lohnen,
wenn Du Deiner edlen Herrin sagst,
daß sie den König hineinlassen solle.
Er möchte sie um Rat bitten,
zu ihrem und seinem Nutzen.‹
Das wagt sie nicht, Euch zu versagen.
Wenn es dann zu tagen beginnt,
so kommt wieder zu mir dorthin,
wo Ihr mich zurückgelassen habt.«
Der Ritter freute sich über diesen Vorschlag.
Sie machten sich nun fertig
und ritten miteinander
über die Heide zur Burg hin.
Nach kurzer Zeit kamen sie
in einen dichten Wald,
der schon ganz nahe an der Burg lag.
Dort im Gehölz sahen sie
eine Menge Leute ihnen entgegenreiten.
Sie führten Schild und Speer
und ihre ritterlichen Harnische mit sich.
Es waren der edle König
und sein Schwager, der vornehme Graf.
Sie ritten frohen Mutes
von der Burg des jungen Grafen fort,
und sie wollten alle,
Ritter wie Knappen,
die Nacht beim König verbringen.
Der Ritter und sein Knappe
setzten sich auf der einen Seite ab,
damit sie niemand bemerkte,
bis der ganze Troß
miteinander seines Wegs geritten war.
Dann warteten sie nicht länger
und wendeten sich der mächtigen Burg zu.
Der Ritter war guten Mutes,

wann er wol erkant das,
das niemant in der vest was,
der im schädlich mocht gesein.
  Nun hett sich der sunnen schein
verborgen und genaiget ser.
die nacht was nun komen her,
darin man gern greifet an,
das man nicht ze recht sol han.
wer übel tuot als ain dieb,
der hat die vinstern nacht lieb
und hasset den liechten tag.
der knecht belaib in dem hag
mit baiden pfärden vil leise.
der herr gieng in stiller weise
bis an den burggraben hinan.
er sprach: »wachter, guoter man,
sag der edlen frawen dein,
das si mich lauß pald hinein.
ich pin der küng und staun hie ain.
ich muoß zuo der junkfraw rain;
damit will ich werden ze rat
und auch ettwas sagen trat,
das unser baider notdurft ist.
verziucht si das ze diser frist,
so mag es anders nit gesein,
wir müessen baide leiden pein.«
  Die mär wurden pald gesait
der edlen junkfrawen gemait.
si erschrack der red vil ser
und gedacht sich hin und her:
»lauß ich den herren nun herein,
so mag ich nit darwider sein,
ob er im ettwas fürnimpt,
das meinen eren nit gezimpt.
des muoß ich im gehorsam wesen;
mit im sterben und genesen
muos mein werder, stolzer leib.

denn er hatte ja sehen können,
daß niemand mehr in der Burg war,
der seinem Vorhaben hätte gefährlich werden können.
Nun stand die Sonne schon
sehr tief und war fast untergegangen.
Die Nacht war angebrochen,
wo man sich gern das aneignet,
was man von Rechts wegen nicht haben kann.
Wer schlecht wie ein Dieb handelt,
der liebt die finstere Nacht
und verabscheut den hellen Tag.
Der Knecht hielt sich unauffällig
mit den beiden Pferden im Wald versteckt.
Der Ritter schlich sich leise
bis an den Burggraben heran
und rief: »Wächter, guter Mann,
sag deiner edlen Herrin,
daß sie mich sogleich hineinlasse.
Ich bin der König und stehe allein hier.
Ich muß zu der keuschen jungen Gräfin,
damit mir Rat zuteil werde
und ich auch selbst kurz etwas sagen kann;
das ist wichtig für uns.
Wenn sie mir das jetzt abschlägt,
dann wird uns das unweigerlich
beide ins Unglück stürzen.«
Diese Nachricht wurde sogleich
dem schönen Edelfräulein überbracht.
Sie erschrak sehr darüber
und überlegte hin und her:
»Wenn ich ihn nun hereinlasse,
so kann ich mich nicht dagegen wehren,
wenn er sich etwas herausnimmt,
was meine Ehre beschädigt.
Ich muß ihm gehorsam sein.
Mit ihm leben und sterben
muß ich edle, vornehme Frau,

ich pin im doch gelobt ze weib.
lauß ich in aber nicht herein
und sol er dann söllich pein
darumb leiden, als er spricht,
immer er das an mir richt.«
also was si hin und her
betrüebet umb ir selbers er
und umb ir künftig schaden gros.
doch ainen sin si ir erkos,
das si in wolt hinein lan,
wie es ir halt solt ergan.
  Zuo dem portner si da gieng.
die slüssel si von im empfieng.
si patt in haimlich mit ir gan.
die slagprugg muost er niderlan.
der ritter ward gelassen ein
in des edlen künges schein.
si fuort den ritter vil trat
haimlich in ir kemenat.
si sprach: »lieber herre mein,
was mag ewr geschäft sein,
das ir allain seit komen her?
des pin ich erschrocken ser.«
er sprach fraintlich zuo ir:
»junkfraw, nun gelaubent mir,
das ich ew sag die warhait,
das ich ew sag auf meinen aid,
das ich stäticlichen prinn,
wüet und tob nach ewer minn,
seit ir mir sind gelübt ze weib.
und sol ich ewrn stolzen leib
nit trüten heint bi diser nacht,
so ist mein leben gar volbracht
und muos zestund haben end.
und ob ir das oun missiwend
mir gehorsam wöllend sein,
ich sprich auf die trewe mein,

bin ich ihm doch zur Ehefrau versprochen.
Wenn ich ihn aber nicht hereinlasse
und er deshalb dann solchen Schmerz
erleiden muß, wie er behauptet,
so wird er das fortan an mir rächen.«
So war sie hin- und hergerissen
zwischen der Sorge um ihre Ehre
und um künftige Qualen.
Schließlich faßte sie den Entschluß,
ihn hineinzulassen,
wie es ihr auch dabei ergehen mochte.
 So ging sie zum Torwächter
und erhielt von ihm die Schlüssel.
Sie bat ihn, heimlich mit ihr zu kommen.
Er mußte die Zugbrücke herunterlassen.
Der Ritter wurde eingelassen,
weil sie glaubten, es handle sich um den König.
Sie führte den Ritter schnell
und unbemerkt in ihre Kemenate.
Sie sprach: »Lieber Herr,
was kann Euer Anliegen sein,
daß Ihr allein hergekommen seid?
Das erschreckt mich sehr.«
Er sagte freundlich zu ihr:
»Edles Fräulein, glaubt mir,
daß ich Euch die Wahrheit sage:
ich versichere Euch auf meinen Eid,
daß ich mich beständig nach Eurer Liebe verzehre
und fiebernd nach Euch verlange,
seit Ihr mir zur Frau versprochen worden seid.
Und wenn ich Euch
nicht in dieser Nacht noch umarmen kann,
so ist mein Leben verloren
und wird zu dieser Stunde noch ein Ende haben.
Wenn Ihr mir aber ohne Zögern
gehorsam sein wollt,
so verspreche ich Euch bei meiner Treue:

des geniessent ir umb mich
fürbas immer ewiclich.«
des antwurt im die junkfrau do:
»herr, wie tüet ir nun also?
nun haun ich doch vernommen das,
morgen ze nacht oun underlaß
süllen wir bei fräuden stan,
mit ainander hochzeit han.
das ist gar ain kurze zeit.
ich getraw euch, das ir peit
und mich mit frid lassent sein.
das zimpt bas den eren mein,
dann das ir ietzo ewer gir
alspald volfüeren wolt an mir.«
Was sol ich nun sagen mer?
er patt die junkfrawen als ser,
das sein will doch muost ergan.
si wont, es wär ir lieber man,
der edel künig her und reich.
da was er im gar ungeleich.
er machet aus der magt ain weib.
da er nun trütet iren leib
und mit ir lebt in fräudenspil,
da het die fraw auch kürzweil vil
und erpotz dem herren wol,
als dann ain frummes weib sol
mit irem mann ze pett leben.
si hett in vil schon umbgeben
mit iren weissen armen plank.
fraintlich si in zuo ir zwank;
das dett si zwar oun argen list.
das nam der ritter ze der frist
der frawen nicht auf in guot.
er sprach aus dorothem muot:
»mein knecht hat gesagt vil war,
der küng hab genommen zwar
ain böses weib gar verschant.«

ich werde Euch das
fürderhin immer lohnen.«
Da antwortete ihm das Fräulein:
»Herr, warum benehmt Ihr Euch so?
Ich habe doch gehört, daß
wir morgen nacht ungestört
Freude haben
und miteinander Hochzeit halten werden.
Das ist nur noch eine ganz kurze Zeit.
Ich vertraue Euch, daß Ihr bis dahin wartet
und mich solange in Frieden leben laßt.
Das steht meiner Ehre besser an,
als daß Ihr jetzt Euer Verlangen
sogleich an mir befriedigen wollt.«
Was soll ich nun noch mehr erzählen?
Er bedrängte die junge Frau so sehr,
daß er doch seinen Willen bekam.
Sie glaubte, es wäre ihr lieber Gemahl,
der edle, reiche und vornehme König.
Dabei war der Ritter ihm ganz unähnlich.
Er machte aus dem Mädchen eine Frau.
Als er sie nun liebkoste
und sich mit ihr der Freude hingab,
da hatte die Dame auch viel Vergnügen
und machte es dem Ritter schön,
so wie eben eine gute Frau
mit ihrem Mann im Bett umgehen soll.
Sie hatte ihn freundlich
mit ihren blanken, weißen Armen umfangen.
Liebevoll drückte sie ihn an sich;
das tat sie ganz unbefangen.
Aber der Ritter nahm das
in dieser Situation nicht positiv auf.
Er sagte aus einer törichten Laune heraus:
»Mein Knecht hat die Wahrheit gesagt,
daß der König sich wirklich
eine schlechte, verdorbene Frau genommen habe.«

des antwurt im die fraw zehant.
si sprach: »was habt ir gesait?«
er sprach: »liebe frau gemait,
ir süllt nicht zürnen darumb.
ich pin von slauf worden tumb.
ich kan ew nichtz davon sagen.«
er hett es gern underslagen,
wann er hett geredt zevil.
für war ich das sprechen wil:
die red dett wee der frawen zart.
Nun was der ritter mit der vart
ser von unruo entslafen.
was hett das weib ze schaffen?
si gieng vil leis von im dan
und zündet pald ain kerzen an
und gieng hinwider zuo im ein.
si luogt im under das antlütz sein.
vil pald si da erkante das,
das er nicht der künig was.
des erschrack si da vil ser,
das si also hett ir eer
von dem bösen man verlorn.
si gieng mit laid und in zorn
und mit grossem unmuot
und vand ain messer scharpf und guot;
das truog si in die kemenat.
damit schnaid si dem ritter trat
das haubet von dem pottich dan;
das muost er ir ze pfande lan.
Nun was die frau aber in swär.
sie gieng zuo dem portner,
der in hett gelassen ein.
si sprach: »lieber fraind mein,
nun hilf mir auß grosser not!
darumb will ich das gold so rot
mit dir tailen ewicleich,
das du muost immer wesen reich.

Sofort fragte ihn die Gräfin:
»Was habt Ihr gesagt?«
Er sagte: »Liebe, schöne Dame,
Ihr sollt deshalb nicht zürnen.
Ich bin vom Schlaf ganz dumm geworden.
Ich kann Euch nichts dazu sagen.«
Er hätte es gern zurückgenommen,
denn er hatte zuviel geredet.
Das will ich Euch versichern:
Diese Bemerkung verletzte die schöne Gräfin sehr.
Nun war der Ritter
nach dieser Anstrengung bald eingeschlafen.
Was tat da die Frau?
Sie schlich sich leise von seiner Seite,
zündete eine Kerze an
und ging wieder zu ihm in die Kammer hinein.
Sie schaute ihm ins Gesicht.
Sofort erkannte sie,
daß er nicht der König war.
Darüber erschrak sie sehr,
weil sie so ihre Ehre
durch diesen schlechten Menschen verloren hatte.
Sie ging in Leid und Zorn
und in großer Erregung hinaus
und fand ein treffliches, scharfes Messer;
das trug sie in die Kemenate.
Damit trennte sie auf der Stelle dem Ritter
das Haupt vom Rumpf;
das mußte er ihr als Preis überlassen.
Nun war die Gräfin wieder in Bedrängnis.
Sie ging zum Torwächter,
der ihn hereingelassen hatte.
Sie sagte: »Lieber Freund,
hilf mir aus großer Not!
Dann will ich mein rotes Gold
auf ewig mit Dir teilen,
und Du sollst für alle Zeiten reich werden.

der herr hat mich betrogen ser,
der in der nacht ist komen her,
den ich und du herein lies
und der sich den künig hies;
der wolt mich geschwechet han.
darumb muost er sein leben lan.
sein haupt haun ich im abgeschniten.
in trewen will ich dich nun pitten,
das du mich des wölst gewern,
den pottich würf in die cistern.
der pottich ist ze sware mir;
so will ich auch gaun mit dir
und will das habt darein tragen.
davon soltu niemant sagen;
so will ich dir ze lon geben,
das du dester bas macht leben
all dein tag bis an dein end.«
da sprach der portner gar behend:
»ich merk wol zuo diser stund,
das ewch der herr hat verwund;
der hat ewch geminnet schon.
wölt ir nun auch mir ze lon
ewren leib tailen mit,
so will ich tuon, des ir mich pit.
last ir mich aber minnen nicht,
so ist ewr pitten gar entwicht.«
die fraw sprach: »nicht red also!
ich will dich immer machen fro,
das du muost ain herre sein.«
er sprach: »liebe frawe mein,
der pet will ich ew nicht gewern.
zwar ich will des nicht enbern,
ich will ew vor minnen wol,
so tuon ich dann, was ich sol
und das ir mich ze pitten habt.
wenn ir mich also begabt,
das ist mir ain pesser sold

Der Ritter hat mich schrecklich betrogen,
der in der Nacht hergekommen ist,
den wir beide hereingelassen haben
und der sich für den König ausgab.
Er wollte mich schänden.
Deshalb mußte er sein Leben lassen.
Ich habe ihm den Kopf abgeschnitten.
Ich bitte Dich nun inständig darum,
daß Du mir den Dienst erweist,
den Rumpf in die Zisterne zu werfen.
Der Körper ist für mich zu schwer;
ich will auch mit Dir mitgehen
und den Kopf tragen.
Davon darfst Du niemandem etwas erzählen;
dann will ich Dich so reich belohnen,
daß Du sorglos leben kannst
bis ans Ende Deiner Tage.«
Da antwortete der Torwächter eilig:
»So ist es also,
daß Euch der Ritter berührt
und regelrecht mit Euch geschlafen hat.
Wenn Ihr nun auch mir als Lohn
Euren Körper überlaßt,
so will ich tun, worum Ihr mich bittet.
Laßt Ihr Euch aber von mir nicht lieben,
so ist all Euer Bitten umsonst.«
Die Dame sagte: »Rede nicht so!
Ich will Dich für immer so zufrieden machen,
daß Du ein vornehmer Herr sein kannst.«
Er versetzte darauf: »Liebe Frau,
so werde ich Euch Eure Bitte nicht erfüllen.
Ich will unter keinen Umständen darauf verzichten,
Euch vorher zu lieben;
dann tue ich auch, was Ihr von mir erwartet
und worum Ihr mich gebeten habt.
Wenn Ihr mich auf diese Art belohnt,
so ist mir das ein schönerer Lohn

dann als ewer silber und ewr gold.«
was die fraw gepatt ie
den knecht, des wolt er tuon nie,
si wölt in dann vor minnen lan.
also muost si in truren stan.
was sol ich nun sagen mer?
si mocht weder hin noch her,
si muost mit irem stolzen leib
werden da des portners weib.
des wille ward erfüllt an ir
gar nach seines herzen gir.
Da er sein boßhait volbracht,
das weib da mit dem portner gacht
und fuort in zuo der kemenat.
den toten körpel nam er trat
und swang in über den hals sein;
das haubt truog das frawelein.
si giengen hin zuo der zistern.
die fraw wolt des nicht enbern
und sprach zuo dem portner:
»nun puck dich hie gar gewär
und las nun mit guotem fleis
den pottich vallen vil leis
in das wasser hin zetal,
das der wachter disen val
nicht von uns müg hören hie.«
der portner des nicht enlie,
er puckt sich mit dem körpel dar;
den wolt er lassen vil gewar
in die zistern vil leise.
die fraw was cluog und weise
und begraif in bei den füessen sein
und sturzt in in den waug hinein,
den valschen portner, vil schon.
also ward im der minne lon.
er muost verderben ze der stund
in des diefen wassers grund.
das haupt si selb hinein swang.

als Euer ganzes Silber und Gold.«
So sehr die Gräfin den Knecht auch bat,
er wollte es nicht tun,
bevor er sie besessen hatte.
So blieb sie in ihrer Not alleine.
Was soll ich weiter erzählen?
Sie wußte nicht mehr aus noch ein,
sie mußte sich als adlige Dame
dem Torwächter hingeben.
Er vollzog an ihr seinen Willen
ganz nach seinem Begehren.
Als er seine Niederträchtigkeit vollbracht hatte,
trieb die Frau ihn zur Eile
und führte ihn zur Kemenate.
Schnell nahm er den toten Körper
und schwang ihn sich über die Schulter;
den Kopf trug die Edelfrau.
Sie gingen zur Zisterne.
Die Gräfin fackelte nicht lange
und sagte zum Torwächter:
»Bücke Dich hier vorsichtig hinab
und laß ganz sorgfältig
den Rumpf leise
ins Wasser hinein fallen,
damit der Wächter den Aufprall
nicht hören kann.«
Der Torwächter ließ sich das nicht zweimal sagen,
er beugte sich mit der Leiche nieder;
er wollte sie leise
und vorsichtig in die Zisterne hinabgleiten lassen.
Die Frau war klug und beherzt,
packte ihn bei den Füßen
und stürzte ihn in das Wasser hinein,
ganz ungerührt, diesen falschen Torhüter.
So erhielt er seinen Liebeslohn.
Er mußte auf der Stelle zugrunde gehen
auf dem Grund des tiefen Wassers.
Den Kopf warf die Gräfin selbst hinterher.

Darnach baitet si nit lang,
si gieng wider vil trat
in ir guoten kemenat.
die leilach waren von pluote rot.
si was in angst und in not,
wie si das vertilget gar,
das sein niemand wurd gewar.
si wuosch und arbaitt sich ser
und hett bis tag kain ruo mer.
si legt irs selber gar hert,
bis si es pracht ze gevert,
das diser geschichte zwar
niemant werden mocht gewar.
Da es nun was worden tag,
der knecht hielt dört in dem hag
hindan von der vest nit ferr.
er luogt vast, wenn sein herr
aus der vest wölt zuo im gaun,
als er mit im hett gelaun.
im was umb den herren laid.
er hielt also auf der haid
wol bis hin zuo mittem tag.
da trabt dört her durch das gehag
gar mit ritterlicher wer
der jung grauf mit seinem hör.
er wölt ze haus reiten hain
balt zuo seiner swester rain.
si waren nun komen also nahen,
das si den knecht wol sahen;
der hett ain maiden an der hant.
si komen schnäll zuogerant
und fraugten in da der mär,
was da sein geschäfte wär.
da paret er gar schiuch ab in.
er hett weder weis noch sin,
wann er fuort nit rechte sach.

Danach hielt sie sich nicht lange auf
und ging schnell wieder
in ihre schöne Kemenate.
Die Bettücher waren blutgetränkt.
Sie schwebte in Angst und Schrecken,
wie sie das wegbekommen könnte,
damit es von niemandem mehr bemerkt würde.
Sie wusch und mühte sich ab
und hatte bis Tagesanbruch keine Ruhe mehr.
Sie gab sich die größte Mühe,
bis sie es zuwege gebracht hatte,
daß von diesen Ereignissen
niemand mehr etwas erkennen konnte.
Als es nun Tag geworden war,
wartete der Knecht dort in dem Wäldchen,
nicht weit von der Burg.
Er hielt aufmerksam Ausschau, wann sein Herr
aus der Burg zu ihm käme,
wie er es mit ihm ausgemacht hatte.
Er geriet in Sorge um seinen Herrn.
So wartete er auf der Heide
gut bis zum Mittag.
Da kam,
ritterlich gerüstet,
der junge Graf mit seinem Heer durch den Wald gesprengt.
Er wollte schnell nach Hause reiten
zu seiner keuschen Schwester.
Sie waren nun so nahe herangekommen,
daß sie den Knecht bemerkten.
Der führte einen Hengst an der Hand.
Sie ritten schnell auf ihn zu
und fragten ihn,
in welcher Angelegenheit er hier sei.
Da wandte er sich scheu von ihnen ab.
Es fiel ihm nichts Vernünftiges ein,
denn er führte ja nichts Gutes im Schilde.

si hiessen in bös und swach
und sprachen all unverholn,
er hett baide ros gestoln.
si sluogen in ser und vast;
darnach an ains boumes ast
ward er gehenkt unverborgen.
daran muost er also worgen,
bis er daran starb vil trat.
den tod er wol verdient hat,
wann er hätt bösen rat geben,
davon der ritter hat sein leben
verlorn und der portner.
die junkfraw ist in grosse swär
auch von seinem rat nun komen;
die gröste eer ist ir genommen,
die ir got ie geben hat.
das kompt von dem valschen rat,
den der bößwicht hat getan.
wir süllen in da hangen lan.
 Der grauf rait mit hohem muot
darnach in sein veste guot
und sagt der swester diß geschicht.
si gedacht und redet nicht
und verstuond gar wol die mär,
wie den sachen allen wär.
darnach der grauf aber sait:
»swester, du solt sein berait
ze diser stund oun alle peit.
wir müessen auf die hochzeit.
der küng hat verheiratt sich;
der hat ze weib genommen dich.
du muost heint ain praut sein.
darnach richt dich, swester mein.«
si erschrack der red vil ser,
wann si verlorn hett ir eer;
si was betrogen schalklich.
doch zehand berait sich

Sie schimpften ihn schlecht und elend
und beschuldigten ihn offen,
er habe beide Pferde gestohlen.
Sie schlugen ihn heftig;
danach wurde er an einem Ast
weithin sichtbar aufgehängt.
Das nahm ihm dermaßen die Luft,
daß er schnell starb.
Er hat den Tod wahrlich verdient,
denn er hat einen bösen Rat gegeben,
durch den der Ritter sein Leben
verlor und auch der Torwärter.
Auch das Fräulein ist in große Bedrängnis
durch seinen Rat gekommen;
die höchste Ehre wurde ihr genommen,
die Gott ihr gegeben hat.
Das kommt alles von dem schlimmen Rat,
den dieser Bösewicht gab.
Er soll da hängen bleiben.
  Hochgestimmt ritt der Graf
darauf in seine prächtige Burg
und erzählte seiner Schwester von dem Vorfall.
Sie überlegte und sagte nichts,
durchschaute aber sehr wohl die Geschichte,
wie sich das alles verhielt.
Dann sagte der Graf:
»Schwester, Du mußt Dich jetzt
unverzüglich fertig machen.
Wir müssen zur Hochzeit.
Der König heiratet,
und er hat Dich zur Frau genommen.
Heute nacht wird das Brautlager sein.
Richte Dich dafür her, liebe Schwester.«
Darüber erschrak sie sehr,
denn sie hatte ihre Ehre ja schon verloren.
Sie war bösartig betrogen worden.
Doch sogleich machte sich

die fraw betrüebt und ungemuot
mir iren junkfrawen guot
und der grauf mit seiner macht.
die junkfraw ward dem künig pracht
ze hof mit grossen eren do.
des ward der edel künig fro.
er enpfieng si schon und wol.
die junkfrau sas in jamers dol;
was iederman da frauden pflag,
so hett die junkfrau grosse clag
in irem herzen taugenleichen.
si claget ser got dem reichen
iren kummer und auch schmerzen.
si was gar betrüebt von herzen
und det mit den gepärden nicht,
sam si hette jamers pflicht.
  Nun was das essen berait.
der künig und die fraw gemait,
der grauf und manig ritter cluog
und auch schöner weib genuog
wurden da gesetzt ze tisch.
baide wiltpret und auch visch
und was man guotes haben sol,
damit ward ir gepflegen wol;
des hett man da allen rat.
si lebten wol und wurden sat.
der kost man vil von in truog.
da si nun hetten all genuog
und die tisch wurden lär,
pusaunen und pfeifer
wurden da gehört oun zal
und manig fräudenreicher schal.
  Darnach der küng ze pette gieng.
der grauf sein swester da empfieng
und nam si zwischen der arm sein
und fuort si ze der kamer ein.
da si nun für das pett kam,

die junge Dame traurig und unglücklich fertig,
zusammen mit ihren Edelfräulein,
und dazu der Graf mit seinem Gefolge.
Das edle Fräulein wurde dem König zugeführt,
am Hof mit allen Ehren.
Darüber war der edle König glücklich.
Er bot ihr einen festlichen Empfang.
Das Fräulein aber litt in ihrem Elend;
während alle sich der Freude hingaben,
da klagte sie heftig,
heimlich in ihrem Inneren.
Sie klagte Gott dem Allmächtigen
ihren Kummer und ihren Schmerz.
Sie war von ganzem Herzen traurig
und verriet doch in ihrer Haltung nicht,
wie sehr das Leid sie umfing.
Nun war das Mahl aufgetragen.
Der König und die schöne Frau,
der Graf und eine große Schar edler Ritter
und auch viele schöne Frauen
wurden an die Tafel geführt.
Wild und Fisch
und alles, was gut und teuer war,
damit wurden sie verwöhnt.
Von all dem war reichlich vorhanden.
Sie lebten gut und litten keinen Hunger.
Vieles von den Speisen blieb übrig.
Als sie nun alle satt waren
und die Tische abgeräumt wurden,
da konnte man Posaunen und Pfeifer
in großer Zahl hören
und viel ergötzliche Musik.
Danach ging der König zu Bett.
Der Graf nahm seine Schwester,
faßte sie mit beiden Händen
und führte sie in das Schlafgemach.
Als sie nun an das Bett kam,

vil pald si besunder nam
aine irer junkfrawen;
zuo der hett si besunder trawen.
si sprach: »haiß das volk ausgan!«
das ward zehand getan.
das weib und ir junkfrau guot
und der künig hochgemuot,
die driu allain da beliben;
die andern wurden heraus getriben.
der küng an dem pette lag.
die junkfraw des liechtes pflag.
die küngin sprach der junkfraw zuo:
»gang mit mir hinaus durch ruo;
da will ich meins gemaches gan.«
das ward da vil schier getan.
si giengen mit dem liecht herfür
baid sampt für die kamertür.
die küngin sprach mit guotem sitt:
»nun merk, wes ich dich nun pit!
ich haun besunder trawen auf dich;
das soltu laun geniessen mich.
wann wir ietzo gangen ein
zuo dem küng, dem herren mein,
so lesch dann das liecht zehant
und bis aller trew ermant,
die ich dir ie hab getan,
und leg dich an das pett hinan
zuo dem lieben herren mein
und lig da, bis der wille sein
an dir werd volbracht vil schon!
darumb gib ich dir ze lon,
das ich dich immer reichen wil.
gold und silber oun endes zil
gib ich dir auf die trewe mein,
das du sein hast vollen schrein,
und versprich mir genzlich das,
das du gar oun underlas

nahm sie schnell
eines ihrer Edelfräulein beiseite;
zu dem hatte sie besonderes Vertrauen.
Sie sagte: »Schicke die Leute hinaus!«
Das geschah sogleich.
Die Frau, ihr edles Fräulein
und der stolze König,
die drei blieben alleine zurück.
Die anderen wurden hinausgeschickt.
Der König lag im Bett.
Das Fräulein kümmerte sich um das Licht.
Die Königin sagte zu ihr:
»Geh zur Sicherheit mit mir hinaus,
ich will auf die Toilette gehen.«
Das taten sie sogleich.
Sie gingen mit dem Licht
zusammen vor die Türe.
Die Königin sagte mit großer Höflichkeit:
»Merk auf, ich muß Dich um etwas bitten!
Zu Dir habe ich besonderes Vertrauen;
dafür könntest Du mir entgegenkommen.
Wenn wir jetzt wieder hineingehen
zu meinem Herrn, dem König,
dann lösche schnell das Licht
und – erinnere Dich an all das Gute,
das ich Dir jemals getan habe! –
leg Dich ins Bett
zu meinem geliebten Mann
und bleib da liegen, bis sein Wille
an Dir ordnungsgemäß vollzogen ist.
Dafür verspreche ich Dir als Belohnung,
daß ich Dich für immer reich machen werde.
Gold und Silber ohne Maß
gebe ich Dir, auf mein Wort,
und Deine Truhen werden voll sein;
versprich mir aber zuverlässig,
daß Du ohne Verzug

von dem pett wöllest gan,
so ich dich heint des erman.«
die junkfraw des nicht enlies,
der küngin si da verhies
getrewlich oun argen list,
alles das ze diser frist
ze tuon, des si die küngin pat.
Si giengen in die kamer trat.
das liecht da erlöschet wart.
die junkfraw sich nit lenger spart,
si legt sich zuo dem küng vil leis
in der maß und in der weis,
sam si die recht küngin sei.
die küngin stuond nachent darbei;
die hort wol, wie es ergieng.
der küng die junkfraw umbefieng
und lebt fraintlich mit ir
gar nach seines herzen gir
und truckt si vast an seinen leib
und machet aus der magt ain weib.
das hort die küngin alles eben,
wann si stuond nicht ferr daneben
in der kamer gar still.
Da nun des herren will
an der junkfraw was ergangen,
da ward die küngin belangen;
si wartet da mit unruo,
bis dem herren gieng nun zuo
der schlauf, das er rüssen wart.
lenger si do sich nit spart,
zuo dem pett si da tratt
und die junkfrawen pat,
das si nun gieng von dem pett,
als si ir versprochen hett.
das wolt die junkfraw nicht tuon
und wolt weder frid noch suon
der edlen küngin da geben

das Bett wieder verläßt,
wenn ich Dich heute nacht dazu auffordere.«
Das Fräulein war bereit,
der Königin
aufrichtig und ohne Hintersinn zu versprechen,
alles
so zu machen, worum die Königin sie bat.
Sie betraten rasch das Schlafgemach.
Das Licht wurde gelöscht.
Das Fräulein zögerte nicht lange,
sie legte sich vorsichtig zum König,
ganz so,
wie wenn sie die richtige Königin wäre.
Die Königin stand in der Nähe;
sie hörte genau, was vor sich ging.
Der König umarmte das Fräulein
und liebte sie
nach Herzenslust
und drückte sie fest an sich
und machte aus dem Mädchen eine Frau.
Das hörte die Königin alles genau,
denn sie stand nicht weit weg davon
ganz still im Zimmer.
Als der Herr nun seinen Willen
mit dem Fräulein gehabt hatte,
da wurde die Königin ungeduldig.
Sie wartete voller Unruhe,
bis den König
der Schlaf übermannte und er zu schnarchen anfing.
Da wartete sie nicht mehr,
trat an das Bett
und bat das Fräulein,
nun herauszukommen,
wie sie es ihr versprochen hatte.
Das wollte das Fräulein jetzt aber nicht,
und sie wollte sich nicht verständigen
mit der edlen Königin

noch kain guot red daneben.
des erschrack die küngin ser.
si batt die junkfrawen mer,
das si nicht als übel tät
und das si ir hielte stät
ir trew, als si versprochen het.
was die küngin pat und ret,
das was alles sampt entwicht.
die junkfraw wolt ir weichen nicht;
si wolt selber küngin sein.
das was der künigin ain pein
und ain grosser ungemach.
grosser laid ir nie geschach.
si gieng in der kamer umb.
si was nachet worden tumb
und von iren sinnen komen.
doch hett si ir fürgenomen,
si wolt noch oun underlas
ir gelück versuochen bas.
si gieng zuo dem pett als ee
und patt die junkfrawen me,
das si ir nit tätt söllich fraiß.
da wart die junkfraw lutraiß,
das es in der kamer hal.
si redt mit üppigem schal,
ob der herr erwachet wär.
der was von dem slauf so swär,
das er irer baider wort
weder vil noch wenig hort.
  Die küngin muost sich sein verwegen,
wie gern si nun wär gelegen
bei dem edlen künig her,
si gedorst sein muoten nimer mer.
si gedacht nun her und hin.
da si mit betrüebtem sin
also stuond in herzenlait,

und gab ihr nicht einmal gute Worte.
Darüber erschrak die Königin sehr.
Sie drang in das Fräulein,
sie solle nicht so böse sein
und die Abmachung halten,
wie sie es versprochen habe.
Alles Reden und Bitten der Königin
nützte nichts.
Das Fräulein wollte ihr nicht weichen;
sie wollte selbst Königin sein.
Das bereitete der Königin Schmerz
und großen Kummer.
Größeres Leid ist ihr nie widerfahren.
Sie ging im Gemach her und hin.
Beinahe wäre sie verrückt geworden
und hätte den Verstand verloren.
Aber sie nahm sich vor,
unverdrossen
ihr Glück weiter zu versuchen.
Sie ging wieder wie vorher zum Bett
und bat das Mädchen erneut,
sie nicht in solchen Schrecken zu stürzen.
Da wurde das Fräulein so laut,
daß es im Gemach tönte.
Sie redete mit lauter Stimme
ohne Rücksicht darauf, daß der König erwachen könnte.
Der lag aber in so schwerem Schlaf,
daß er von ihrem Streit
nicht das geringste hörte.
Die Königin mußte auf ihn verzichten,
wie gerne sie auch
bei dem großen König gelegen wäre,
sie traute sich nicht, weiter nach ihm zu verlangen.
Sie überlegte hin und her.
Als sie nun mit beschwertem Gemüt
so in ihrer Herzensqual dastand,

da hort si wol, das die mait
auch nun ser entslafen was.
si gedacht ir genzlich das,
si wölt ir auch füegen pein.
si gieng pald in die kuchein
gar haimlich in stiller weis.
si zunt ain liecht an vil leis
und truog das in die kamer dan
und zunt an vier enden an,
das die kamer pran vil ser.
si lief zuo dem pett nun her,
daran der küng lag und slief.
ir gewand si von ir schwief,
das si stuond nacket unde plos.
den edlen küng si umbeslos
und zuckt in von dem pett herdan.
si sprach: »wolauf, mein lieber man!
wir süllen pald gaun hinauß,
das wir hie in disem haus
nicht verderben von dem fewr;
das ist gros und ungehewr.«
der küng vil pald da aufsprank.
er set seiner frawen dank,
das si im half aus der not.
si liefen baide gar genot
aus der kamer für die tür.
die küngin sties den rigel für
und gieng da mit dem künig dan.
in der kamer da verpran
die junkfraw ze pulver schon.
also ward ir der recht lon
umb ir untrew gros gegeben,
das si da verlos ir leben.

  Der küng und auch die frawe rain
waren baide überain
und lebten mit ainander wol.
si was aller trewen vol

da hörte sie, daß das Mädchen
auch fest eingeschlafen war.
Sie überlegte sich gründlich,
daß sie ihr nun auch Schmerz zufügen wolle.
Sie ging schnell in die Küche,
heimlich und leise.
Sie zündete vorsichtig ein Licht an,
trug es in das Schlafgemach
und legte an vier Ecken Feuer,
so daß das Gemach lichterloh brannte.
Dann lief sie zum Bett,
dorthin, wo der König im Schlafe lag.
Sie warf ihre Gewänder von sich,
so daß sie nackt und bloß dastand.
Sie umfaßte den König mit den Armen
und zog ihn vom Bett weg.
Sie rief: »Auf, lieber Mann,
wir müssen sofort hinaus,
damit wir nicht in dieser Burg
im Feuer zugrunde gehen;
das ist groß und schrecklich.«
Der König sprang sofort auf
und dankte seiner Frau,
weil sie ihn aus der Gefahr gerettet hatte.
Sie liefen beide schleunig
vor die Türe des Schlafgemachs.
Die Königin schob den Riegel vor
und ging mit dem König weg.
Im Zimmer verbrannte
das Edelfräulein zu feiner Asche.
So erhielt sie den gerechten Lohn
für ihre schreckliche Treulosigkeit:
sie kam ums Leben.

Der König und seine edle Frau
lebten einträchtig
und in Freuden miteinander.
Sie war voll aufrichtiger Sorge

gen dem werden künig her;
des geleichen was auch er
gen der edlen frawen clar.
Da si wol zwai und dreissig jar
also bei ainander waren,
als ich das nun haun erfaren,
da lag der edel künig gros
ains tages in der frawen schos
und was da entslaufen ser.
die fraw gedacht hin und her
und ward mit rew umbegeben,
wie si den ritter umb sein leben
hett gepracht, das was ir lait,
und den portner und die mait,
und wie der knecht ungetrew
auch sterben muost, das ward ir new,
und ward darumb wainen ser,
das die zäher dem künig her
vielen auf das antlütz sein.
er sprach: »liebe frawe mein,
sag mir, was ist dir geschehen?
zwar ich haun dich nie gesehen
mit als gar betrüebtem muot.
lauß mich wissen, frawe guot,
wer dir nun laid hab getaun!
es muos im an das leben gaun.«
die fraw kund sich enthalten nicht;
si hett so vil jamers pflicht,
das im der herr hett fürgenomen,
er wolt sein an ain end komen.
doch muost er ir versprechen das,
das er darumb kainen has
noch zorn gen dem weibe het;
das wolt er ir halten stät.
Die fraw huob ze sagen an,
wie der ritter wolgetan

für den großen und würdigen König;
und ebenso verhielt auch er sich
zu der edlen, schönen Dame.
  Als sie nun bestimmt zweiunddreißig Jahre
miteinander gelebt hatten,
wie man mir erzählt hat,
da lag der große König
eines Tages im Schoß seiner Frau
und schlief tief.
Die Frau überlegte hin und her
und wurde von Reue darüber gequält,
daß sie den Ritter ums Leben
gebracht hatte (das schmerzte sie)
und den Torwächter und das Mädchen,
und daß der treulose Knecht
auch hatte sterben müssen (das hatte sie jüngst erfahren),
und sie fing deswegen heftig zu weinen an,
und die Tränen fielen dem edlen König
auf sein Antlitz.
Er sagte: »Meine geliebte Frau,
sag mir, was ist Dir widerfahren?
Wahrhaftig, ich habe Dich noch nie
so traurig gesehen.
Laß mich wissen, edle Frau,
wer Dir Leid zugefügt hat!
Es wird ihn das Leben kosten.«
Die Frau konnte nicht mehr an sich halten;
sie versank derartig in ihrem Leid,
daß der Mann sich vornahm,
dem ein Ende zu setzen.
Aber er mußte ihr versprechen,
daß er nicht zornig
und wütend auf die Frau werden wolle;
das versprach er treu zu halten.
  Die Frau fing an zu erzählen,
wie der feine Ritter

des nachtes zuo ir komen wär
in künges weis mit gevär
und wie er si beslaufen hiet
und wie er sich selbs verriet
mit red, die er ir det bekant,
darumb lies er sein haupt ze pfand,
und wie si von dem portner
darnach ser bezwungen wär,
der ir det gros ungemach,
und wie si in auch warf darnach
in der tiefen zistern grund.
auch dett si dem herren kund,
wie der wartman vor der vest
erhangen ward an die est,
der mit seinem bösen rat
ain anfank was der maintat,
davon ir vil schmäch geschach.
auch dem herren si verjach,
wie si mit der diern rett,
die sich des ersten nachtes het
zuo im gelegt an ir statt,
und wie si die mit vleiß pat,
das si von dem pette kert.
da si des nit ward gewert
von der selben tochter vein,
des muost si mit des fewres pein
von ir da zestund verderben
und gar jamerlichen sterben,
das si hett selb gezündet an.
das sagt si alles irem man.
da die red also ergieng,
der küng die frawen schon umbfieng;
er truckt die lieplich an sich.
»du hast gar hart erarnet mich«,
sprach er zuo der frawen do,
»ich will mit dir leben so,
das ich dir immer dienen wil,

eines Nachts zu ihr gekommen sei,
sich hinterlistig als König verstellend,
und wie er mit ihr geschlafen habe
und wie er sich selbst verriet
durch die Worte, die er von sich gab,
wofür er seinen Kopf zur Strafe verloren habe,
und wie sie danach von dem Torwächter
zur Liebe gezwungen worden sei,
was ihr großen Kummer verursacht habe,
und wie sie dann auch den
in der Zisterne Abgrund geworfen habe.
Weiter erzählte sie dem König,
wie der Aufpasser vor der Burg
an den Ästen aufgeknüpft wurde,
der mit seinem schlimmen Rat
der Anfang der Untat war,
durch die so viel Unheil über sie gekommen sei.
Sie berichtete ihrem Herrn auch,
was sie mit der Zofe besprochen hatte,
die sich in der Brautnacht
an ihrer Stelle zu ihm gelegt hatte,
und wie sie die mit aller Mühe gebeten habe,
das Bett wieder zu verlassen.
Da ihr das nicht zugestanden worden sei
von diesem sauberen Töchterlein,
habe dieses in qualvollem Feuer,
das sie selbst gelegt habe,
auf der Stelle zugrunde gehen
und elend sterben müssen.
Das erzählte sie ihrem Mann alles.
Als sie zu Ende war,
nahm der König seine Frau tröstend in die Arme;
er drückte sie liebevoll an sich.
»Du hast schrecklich für mich bezahlt«,
sagte er zur Königin,
»ich werde mein Leben so einrichten,
daß ich Dir immerfort zu Diensten sein werde,

wann du haust erlitten vil
durch meinen willen, das ist war.
weder haimlich noch offenbar
soltu von mir der geschicht
fürbas doch engelten nicht
weder an eren noch an muot.«
das versprach der herre guot
der frawen bei den trewen sein.
  Nun dunkt mich in dem sinne mein,
der edel küng det recht daran,
wann die fraw übels nie began
und kom doch in grosse swär
unverschult und oun gevär.
des engulten si doch ser,
die si prachten umb ir er,
wann ir ieglicher sein leben
muost darumb ze pfand geben.
es geschach des ritters knecht
umb seinen valschen rat gar recht.
der muost hangen als ain dieb.
er riet seinem herren zelieb,
das valsch was und auch erlogen.
des ward er an den ast gezogen.
der ritter muost auch leiden pein
umb die grossen poßhait sein,
die er an der künigin dett,
da er si valschlich überrett
und si irer er beraubt.
darumb schnaid si im das haubt
von seinem pottich vil schon.
dem portner ward sein rechter lon
von der küngin auch gegeben,
das er verlos sein leben,
da er in dem waug versank,
wann er under iren dank
nützet iren stolzen leib,

denn Du hast viel
für mich erlitten: das ist die Wahrheit.
Nicht insgeheim und nicht vor den Leuten
wirst Du wegen dieser Geschichte
künftig irgendeinen Schaden haben,
nicht in Deinem Ansehen und nicht in meiner
Wertschätzung.«
Das versprach dieser vornehme Herr
der Dame auf sein Wort.
Nach meinem Urteil
hat der edle König richtig gehandelt,
denn die Frau hat nichts Böses getan
und kam doch in große Bedrängnis,
unverschuldet und ohne jede böse Absicht.
Dafür haben diejenigen ihre Strafe erhalten,
die ihr ihre Ehre nahmen,
denn jeder
mußte mit seinem Leben dafür bezahlen.
Dem Knecht des Ritters geschah es
recht wegen seinem bösen Rat.
Der mußte hängen wie ein Dieb.
Er gab seinem Herrn zuliebe einen Rat,
der falsch war und auf einer Lüge beruhte.
Deshalb wurde er aufgeknüpft.
Der Ritter mußte auch Strafe erleiden,
weil er so böse
an der Königin handelte,
als er sie hinterhältig verführte
und ihr ihre Ehre raubte.
Deshalb hat sie ihm den Kopf
säuberlich vom Rumpf getrennt.
Der Torwächter erhielt auch seinen gerechten Lohn
von der Königin:
er verlor sein Leben,
als er im Brunnen versank,
weil er gegen ihren Willen
ihren schönen Körper besaß

das si muost wesen auch sein weib.
der junkfrawen auch recht geschach
mit des starken fewres rach,
das si ze pulver verpran,
da si nun den küng ze man
und den küng ie haben wolt.
darumb hat si bösen solt
empfangen. das gefelt mir wol,
wann si was aller untrew vol.
den ist allen recht geschehen.
Ich wolt das vil gern sehen,
das allen den also geschäch,
von den man sich des versäch
one zweifel und fürwar,
das si lebent mit gevar
und aller untrew sind vol.
wärlich es gevelt mir wol
und dunkt mich sein guot und recht,
wenn untrew iren herren slecht,
als den vieren geschehen ist.
aber die fraw oun argen list,
ich main die edel küngin vein,
die hat gelitten grosse pein
und darzuo vil manig swär.
darumb das si oun gevär
ist gewesen und auch guot,
so hat si got gehept in huot.
er half ir aus aller not.
si wär oft von sorgen tot,
wär ir got nit beigesten.
also tuot got allen den,
die unverschuldt komen in swär.
hiemit endet sich das mär.
also sprach der Kaufringer.

und sie so auch seine Frau sein mußte.
Auch dem Edelfräulein geschah es recht
mit der Strafe des großen Feuers,
als sie zu Asche verbrannte,
weil sie den König zum Mann haben
und immer bei ihm bleiben wollte.
Dafür ist sie schlecht belohnt worden.
Das gefällt mir gut,
denn sie war voller Treulosigkeit.
Ihnen allen ist recht geschehen.
Ich sähe es gerne,
wenn es allen so erginge,
bei denen man
ganz sicher und ohne Zweifel davon ausgehen kann,
daß sie Böses im Schilde führen
und auf Verrat setzen.
Es gefällt mir in der Tat
und ich finde es gut und richtig,
wenn Bosheit den vernichtet, der sich auf sie verläßt,
so wie es diesen vieren geschehen ist.
Aber die Dame ohne Arg,
ich spreche von der vornehmen und schönen Königin,
die mußte großes Leid erdulden
und schwere Qualen.
Weil sie ohne jede Arglist
gewesen ist und gut,
deswegen hat Gott ihr seinen Schutz gewährt.
Er half ihr aus aller Not.
Immer wieder hätte sie vor Leid sterben können,
wenn Gott ihr nicht beigestanden hätte.
So begegnet Gott allen,
die ohne Schuld in Bedrängnis kommen.
Damit hat die Geschichte ein Ende.
Der Kaufringer hat sie erzählt.

HEINRICH KAUFRINGER
DREI LISTIGE FRAUEN

Ich gelaub, das niemand werd
ze den zeiten auf der erd
gelaichet und betrogen mer
mit listen und mit gscheider ler
als der man von seinem weib.
ain aubentür ich davon schreib;
die ist mir gevallen ein.
Es waren drei gepürin fein,
die sind uns all wol erkant:
die erst ist frau Jüt genannt.
die ander haist fraw Hiltgart.
die tritt wirt lenger nicht gespart,
die will ich nennen sa zehant:
fraw Mächilt ist si genannt.
die beraitten sich ze gaun
in ain statt wolgetaun.
si prachten aier mit in dar;
die wolten si verkoufen gar
auf dem markt in der statt.
si wurden schier des ze rat,
si wolten tailen gar geleich
das gelt, das in got der reich
umb die aier hett beschert.
si verkouften mit der vert
die aier umb siben haller all;
die tailten si mit reichem schall.
ieglicher wurden zwen zetail;
darnach ward gros unhail
zwischen der weib und manig swär

HEINRICH KAUFRINGER
DREI LISTIGE FRAUEN

Ich glaube, daß niemand
heutzutage auf dieser Welt
schlimmer getäuscht und betrogen wird
mit schlauen Einfällen und klugen Ideen
als die Männer von ihren Frauen.
Davon schreibe ich hier eine Geschichte,
die mir in den Sinn gekommen ist.
Es waren drei schöne Bäuerinnen,
wie wir sie alle gut kennen:
Die erste nennt sich Frau Jutta,
die zweite heißt Frau Hildegard.
Und auch die dritte soll Euch nicht vorenthalten bleiben,
die nenne ich gleich jetzt:
sie heißt Frau Mechthild.
Die machten sich auf den Weg
in eine schöne Stadt.
Sie nahmen Eier mit sich;
die wollten sie alle
auf dem Markt in der Stadt verkaufen.
Sie kamen schnell überein,
daß sie ganz gleichmäßig
das Geld aufteilen wollten, das ihnen der Herrgott
für die Eier zukommen lassen werde.
Sie verkauften dann
die Eier um insgesamt sieben Heller;
die teilten sie, und es ging laut dabei her.
Jede bekam zwei;
danach aber gab es großen Streit
zwischen den Frauen und allerlei Ärger

umb den ungeraden haller.
si kriegten darumb lang und vil.
ir iegliche in haben wil.
da sprach frau Hiltgart zuo in:
»nun merkent all meinen sin.
ich will uns guoten rat geben.
mir gfellt wol bei leib und leben,
wollich under uns dreien ist,
die mit irem cluogen list
allermaist gelaichen kan
und betriegen iren man,
die sol zwar haun oun alle swär
den ungeraden haller.«
die red geviel in allen wol,
seit ich die warhait sagen sol.
si gelobten das alle drei
ze halten und bestaun darb*e*i.
  Da nun fraw Hiltgart haim kam,
vil schier si des war nam,
das ir man nun komen was
von acker und ze tische sas
ob ainem starken muos häbrein.
si gieng zuo der stuben ein.
schalklich vieng si es da an,
wie si betrug den guoten man;
der was genannt mair Perchtold.
si was im weder trew noch holt.
si achzet vor im ser und vast
und hett weder ruo noch rast
von irem gestiften wetag.
si sprach: »wee mir der grossen clag,
das ich also sterben muoß!
das mag mir niemat machen buos
wann du, vil lieber wirte mein.
wiltu mir die trewe dein
getailen mit ze diser stunt,

wegen dem überzähligen Heller.
Sie stritten sich lang und laut um ihn.
Jede wollte ihn haben.
Da sagte Frau Hildegard:
»Hört gut zu, wie ich es mir denke!
Ich weiß einen Ausweg.
Ich fände das, bei meinem Leben, gut:
diejenige von uns dreien,
die mit List und Tücke
am allerbesten
ihren Mann hereinlegen und hinters Licht führen kann,
die soll ohne Umstände
den überzähligen Heller haben.«
Das gefiel ihnen allen gut,
um die Wahrheit zu sagen.
Sie versprachen alle drei,
sich daran zu halten und es auszuführen.
Als nun Frau Hildegard nach Hause kam,
merkte sie gleich,
daß ihr Mann
vom Feld gekommen war und am Tisch saß
über einem kräftigen Haferbrei.
Sie ging in die Stube hinein.
Boshaft stellte sie es an,
den guten Mann zu betrügen.
Der hieß Meier Berthold.
Sie liebte ihn nicht und war ihm auch nicht treu.
Sie stöhnte laut vor ihm herum
und hatte gar keine Ruhe mehr
wegen einer gespielten Krankheit.
Sie sagte: »O welch ein Jammer,
daß ich so sterben muß!
Niemand kann das von mir abwenden,
nur Du, mein geliebter Gatte.
Wenn Du mir jetzt
aufrichtig helfen wirst,

so wird ich frisch und schier gesunt.
last du mich aber in der not,
so kiuß ich den pittern tot
alhie vor den augen dein.«
der man sprach: »liebe frawe mein,
was dir enprist, das wirt auch mir.
waumit mag ich gehelfen dir?
das solt du mich nun wissen lan.
sölich lieb ich zuo dir han,
das mir kain pein ze hert ist,
ich will die leiden ze der frist
durch dich oun alle missewend,
das dein siechtum nem ain end.«
Hiltgart sprach do zuo irem man:
»du hast gar ain bösen zan
enmitten in dem halse dein;
davon leid ich dise pein.
der schmeckt übel aus deinem mund,
das ich davon pin ungesund
und sterben muoß ee meiner tag.
für ain warhait ich dir sag,
das mir kain andre erznei
für den tod als hilflich sei,
sam das du laussest dir den zan
außprechen. so mag ich gehan
noch mengen tag das leben mein.«
der man sprach zuo der frawen sein:
»das sind wunderliche mär.
zwar ich haun bisher kain swär
an meinen zänen nie gehabt.
got hat mich damit begabt,
das si sind stark und gesund.«
die fraw die ward sich an der stund
gehaben wirser vil dann vor.
der man was ain rechter tor.
er wont, si wölt verschaiden sein.

dann werde ich auf einen Schlag wieder gesund und
munter.
Wenn Du mich aber in dieser Not verläßt,
so ist der bittere Tod mein Los,
hier vor Deinen Augen.«
Der Mann sagte: »Liebe Frau,
was Dich krank macht, das setzt auch mir zu.
Womit kann ich Dir helfen?
Laß mich das gleich wissen.
Ich liebe Dich so sehr,
und kein Schmerz ist zu groß,
als daß ich ihn nicht auf der Stelle
für Dich ohne alles Zögern erdulden würde,
wenn nur Deine Krankheit vorbeigeht.«
Da antwortete Hildegard ihrem Mann:
»Du hast einen ganz faulen Zahn
im Mund stecken;
der läßt mich diese Schmerzen leiden.
Der stinkt so aus Deinem Mund,
daß ich davon krank bin
und vorzeitig sterben muß.
Ich sage es Dir im Ernst:
keine andere Medizin kann mich
besser vor dem Tod schützen,
als wenn Du Dir den Zahn
ziehen läßt. Dann kann ich
noch viele Tage leben.«
Der Mann sagte zu seiner Frau:
»Das ist eine seltsame Geschichte.
Ich habe bisher wirklich noch keine Beschwerden
mit meinen Zähnen gehabt.
Gott hat sie mir
kräftig und gesund gegeben.«
Sofort stellte sich die Frau
noch viel schlimmer an als zuvor.
Der Mann war wirklich ein Esel.
Er glaubte, sie würde sterben.

si det mit den gepärden schein,
sam si litt gar grossen schmerzen.
der man gedacht sich da von herzen
und für war sich des versan,
er hett ain stinkenden zan;
des hett er hundert aid gesworn.
er ward da zuo ainem torn
von seines weibes laicherei.
   Er hett ain knecht, was muotes frei;
der hett gros lieb zuo dem weib.
er was auch ir laidvertreib.
si waren baid ainander holt.
der kam von acker, als er solt,
mit dem pfluog eingefarn,
da si in der trüebsal warn.
in die stuben er da trat.
sein maister in mit vleis bat.
er sprach: »vil lieber knecht mein,
bis geholfen der frawen dein,
das si also nit verderb
und des gähen tods nit sterb.
ich haun alhie in meinem mund
ain zan, der ist ungesund.
den prich mir aus dem halse mein,
so ringert sich der frawen pein.«
der knecht schier beraitet was;
dem weib det er zeliebe das.
er pand den pauren für sich
auf ainen tisch vesticlich,
das er nit mocht weichen zwar.
die fraw pot dem knecht do dar
ain zangen ungefüeg und gros.
der paur ward da fräudenlos,
da er die grossen zangen sach.
er laid disen ungemach
durch die frawen williclich.
der knecht det ob im maisterlich.

Sie gebärdete sich,
als ob sie ganz große Schmerzen leide.
Da glaubte der Mann im Innersten
und hielt es für die Wahrheit,
daß er einen stinkenden Zahn habe;
darauf hätte er hundert Eide geschworen.
So wurde er zum Narren gemacht
durch den Betrug seiner Frau.
Nun hatte er einen ziemlich dreisten Knecht,
der in die Frau sehr verliebt war.
Er vertrieb ihr auch gelegentlich den Kummer.
Beide mochten einander sehr.
Der kam, wie es sich gehörte,
mit dem Pflug vom Acker zurück,
als sie in dieser argen Lage waren.
Er betrat die Stube.
Sein Herr bat ihn inständig.
Er sagte: »Lieber Knecht,
hilf Deiner Herrin,
damit sie nicht zugrunde geht
und eines plötzlichen Todes stirbt.
Ich habe in meinem Mund
einen kranken Zahn.
Den brich mir heraus,
dann wird der Schmerz der Frau gelindert.«
Der Knecht war dazu sofort bereit;
er tat es aus Liebe zur Frau.
Er band den Bauern vor sich
so fest auf einen Tisch,
daß der sich überhaupt nicht mehr rühren konnte.
Die Frau reichte dem Knecht
eine gewaltige Zange.
Dem Bauern wurde ganz anders zumute,
als er die riesige Zange sah.
Er litt diese Unannehmlichkeit
für seine Frau gern.
Der Knecht verfuhr mit ihm meisterhaft.

er graif im in das glingge wang;
er zuckt heraus mit der zang
gar ain starken, frischen zan,
das dem ainfaltigen man
das pluot ze dem mund ausgie.
er hett grösser schmerzen nie
vor gelitten all sein tag.
für ain warhait ich das sag:
das weib hett daran kain genüegen.
si begund es darnach füegen,
wie si betrug den pauren bas.
nun mügt ir geren hören das.
si schrai lut: »we mir diser not!
ich muos kiesen den pittern tot.
die pein meret sich an mir. –
für war will ich sagen dir«,
sprach si do zuo dem knecht,
»der zan ist nit der recht,
den du aus dem glinggen wang
im hast gezogen mit der zang.
du solt mich merken recht und eben:
der zan, der mich pringt umb das leben,
der stat in dem gerechten wang.«
der knecht nam wider her die zang
vil pald in die hande sein.
der paur muost leiden mer pein.
er was ze ferr dar hinderkommen
im ward ain frischer zan genommen
aus dem gerechten wange sein.
im vergieng des liechtes schein,
das er weder hort noch sach
von disem grossen ungemach.
er was da zerplichen gar.
die fraw nam des eben war.
si wolt in aber laichen mer.
si sprach zum knecht: »pring pald her
den pfarrer zuo dem maister dein,

Er griff ihm in die linke Wange;
mit der Zange zog er
einen kräftigen, schönen Zahn heraus,
so daß dem einfältigen Mann
das Blut aus dem Munde schoß.
Größere Schmerzen hatte er nie
zuvor im Leben gelitten.
Ich muß die Wahrheit sagen:
der Frau war das immer noch nicht genug.
Sie richtete es so ein,
daß sie den Bauern noch ärger anführte.
Das könnt Ihr jetzt hören:
Sie schrie laut: »Weh, ich Ärmste!
Der bittere Tod ist mein Los.
Meine Schmerzen werden immer stärker.
Ich muß Dir die Wahrheit sagen«,
sagte sie zum Knecht,
»der Zahn ist nicht der richtige,
den Du ihm aus der linken Wange
mit der Zange gezogen hast.
Paß diesmal bitte genau auf:
Der Zahn, der mich ums Leben bringt,
der sitzt in der rechten Wange.«
Der Knecht nahm sogleich die Zange
wieder in die Hand.
Der Bauer mußte noch mehr Schmerzen erdulden.
Er wurde da wirklich zu arg betrogen.
Ein gesunder Zahn wurde ihm
aus der rechten Wange gezogen.
Die Sinne schwanden ihm
und er sah und hörte nichts mehr
von diesem ganzen Unglück.
Er war leichenblaß geworden.
Die Frau merkte das genau.
Sie wollte ihn noch mehr hinters Licht führen.
Zum Knecht sagte sie: »Schnell, bring
den Pfarrer her zu Deinem Herrn,

das er im die schulde sein
ze wissen tüee mit der peicht,
wann der tod her auf in sleicht.«
  Der pfarrer kam vil schiere dar.
da die fraw des ward gewar,
si clagt dem pfaffen ir swär.
si waint und schrai oun all gepär,
sam aine tuot ze aller stunt,
die recht clagt von herzen grunt.
der paur det ganze peicht do.
sein betrüebter sin stond also,
das er sich sterbens hett verwegen.
der pfaff gab im gottes segen
und schied von im schier von dan.
die fraw sas für den guoten man
und wainet ser offenbar,
das der paur selb wont fürwar,
im wär wirser, dann im was.
das dett si alles umbe das,
das si in wolt laichen mer.
die kerzen truog si pald her.
si gab im die in die hand.
si sprach: »got hat her gesant
seinen poten hie zestund.
die sel sich schaidet von dem mund
ietzo hie zuo diser zeit.
herr got, kumm oun alle peit
und empfach die sele schon
und füer si für den gottes tron.
da sol si ewiclichen sein.
got genad dir, lieber wirt mein!«
da die red nun nam ain end,
die fraw truog her ain tuoch behend
und dackt das pald über in.
der paur wont selb, die sel wär hin.
die fraw schrai lut: »wee mir der not!

damit er ihm seine Sünden
beichten kann,
denn der Tod naht sich ihm.«
Der Pfarrer kam schnell.
Als die Frau ihn sah,
klagte sie ihm ihr Leid.
Sie weinte und schrie unmäßig,
wie es immer die tun,
die richtig von Herzen klagen.
Der Bauer legte eine vollständige Beichte ab.
Sein Gemüt war so verfinstert,
daß er sich zum Sterben entschloß.
Der Pfarrer erteilte ihm den Segen Gottes
und ging dann weg.
Die Frau setzte sich vor den braven Mann
und weinte so herzzerreißend,
daß der Bauer wirklich selbst meinte,
es gehe ihm schlechter, als es wirklich war.
Das machte sie alles nur,
um ihn noch mehr zu betrügen.
Rasch brachte sie eine Kerze herbei.
Die gab sie ihm in die Hand.
Sie sagte: »Gott hat
jetzt seinen Boten hergeschickt.
Die Seele fährt
in diesem Augenblick aus dem Mund heraus.
Lieber Gott, komm sogleich
und empfange die Seele würdig
und führe sie vor Gottes Thron.
Dort soll sie in Ewigkeit weilen.
Gott sei Dir gnädig, mein geliebter Gatte.«
Als sie geendet hatte,
brachte die Frau rasch ein Tuch herbei
und deckte es über ihn.
Der Bauer glaubte selbst, seine Seele hätte ihn verlassen.
Die Frau schrie laut: »Weh, ich Ärmste!

mir ist mein lieber wirt tot.
owe meins herzenlieben man!
nimer ich dich verclagen kan,
wann dein trew die was so gros,
die mich in deinem herz beslos,
das ich muos truren ewiclich,
wenn ich nun gedenk an dich.
owe, lieber mein Perchtold,
du pist mir ie gewesen hold!
das ich dich so verlorn han,
des muoß ich immer trurig stan.«
Die mär wurden offenbar
in dem dorf gesagt für war,
frau Hiltgart wär ain wittib worn.
si schlos zuo hinden und vorn
ir haus wol mit ganzem fleiß,
bis si den man pracht vil leis
in ain par oun obedach,
darüber si ain tuoch gar swach
behendiclich gedecket het,
dardurch der paur sach, was man det.
da si nun das pracht zuo gevert,
die haußtür schier ward aufgespert.
fraw Jüt und Mächilt komen dar
und die nachpürin gar.
sie clagten das betrüebte weib,
das ir werder, stolzer leib
irs mans als schier beraubet was.
doch erkant fraw Mächilt das
und darzuo fraw Jüt vil leis,
in wöllicher maß und auch weis
ditz geschicht was geschehen;
si gedorsten davon nichtz jehen.
si giengen mit den lüten auß.
Niemant belaib in dem hauß
dann das weib und ir knecht.
es fuogt in baiden gar recht.

Mein lieber Gatte ist mir gestorben!
O weh, mein von Herzen geliebter Mann!
Ich kann Dich nicht genug beweinen;
Deine Treue war so groß,
die mich in Deinem Herzen bewahrte!
Ich muß ewig trauern,
wenn ich an Dich denke.
O weh, mein lieber Berthold!
Du hast mich stets geliebt!
Dich auf solche Weise verloren zu haben,
darüber werde ich immerfort trauern.«
Die Geschichte wurde offen
im Dorf als wahr erzählt:
Frau Hildegard sei Witwe geworden.
Sie schloß von allen Seiten
ihr Haus sorgsam zu,
bis sie ihren Mann behutsam
in einen Sarg ohne Deckel gelegt hatte,
über den sie ein ganz dünnes Tuch
mit großer Geschicklichkeit deckte,
durch das der Bauer alles sah, was vor sich ging.
Als sie damit fertig war,
wurde schon die Haustür aufgeschlossen.
Frau Jutta und Frau Mechthild kamen
mit allen Nachbarinnen.
Sie betrauerten die Leidtragende,
weil sie in der Blüte ihres Lebens
so plötzlich ihres Mannes beraubt worden war.
Frau Mechthild
und auch Frau Jutta merkten aber insgeheim,
auf welche Weise
es so gekommen war;
sie wagten nicht darüber zu sprechen
und gingen mit den anderen Leuten hinaus.
Es blieb niemand im Haus
bis auf die Frau und ihren Knecht.
Das paßte beiden sehr gut.

das weib sas zuo der par hin.
si hett ain torothen sin.
si clagt den man zeitlich recht.
si empfalch sich da dem knecht.
si sprach: »du solt nun fürbas mir
trostlich sein, so will ich dir
gern undertänig wesen,
bei dir sterben und genesen.«
der knecht versprach ir da zehant,
sein hilf wolt er ir tuon bekant.
er graif si an gar lieplich
und legt das weib under sich,
wann er besorgt den man vil clain.
er legt sich zwischen ire pain
und minnet si on allen grauß.
der paur luogt zuo der par herauß,
wann im das antlütz plosse was.
er sach aigenlichen das,
das si ob ainander lagen
und der minne spil da pflagen.
er sprach: »knecht Hainz, und lebte ich
sam hiut fruo sicherlich,
mir müest zwar dise schmachait
von ganzem herzen wesen lait.
ich lies es nicht ungerochen,
ich wurd darumb mit dir erstochen.
sunst muos ichs guot lassen sein,
wann ich, auf die trewe mein,
niemant mer geschedigen mag
von des pittern todes lag,
der mich hat gevellet nider
und zerissen alle meine glider.«
damit laß wir es guot sein.
also hat fraw Hiltgart vein
iren man gelaichet wol.

Die Frau setzte sich neben den Sarg
und faßte einen liederlichen Gedanken.
Den Mann hatte sie zur rechten Zeit beweint;
nun überließ sie sich dem Knecht.
Sie sagte: »In Zukunft sollst Du
mich trösten, dann will ich Dir
gern dienstbereit sein
und mit Dir durch dick und dünn gehen.«
Der Knecht versprach ihr ohne Zögern,
seine Hilfe stehe ihr zur Verfügung.
Er zog sie leidenschaftlich an sich
und legte sie hin,
denn um den Mann machte er sich keine großen Sorgen.
Er legte sich zwischen ihre Beine
und liebte sie bedenkenlos.
Der Bauer schaute aus dem Sarg heraus,
denn sein Gesicht war unbedeckt.
Er sah mit eigenen Augen,
daß sie aufeinander lagen
und Liebesspiele trieben.
Er sagte: »Knecht Heinz, wenn ich noch so lebendig wäre
wie heute morgen,
dann wäre mir diese Schweinerei wirklich
in der Seele zuwider.
Ich würde das nicht durchgehen lassen,
selbst wenn ich im Kampf mit Dir ums Leben käme.
So aber muß ich es gut sein lassen,
weil ich ja wahrhaftig
niemandem mehr etwas zuleide tun kann,
denn der bittere Tod hat mich ereilt,
der mich niedergeworfen
und der Kraft meiner Glieder beraubt hat.«
Hiermit soll es gut sein.
So hatte die schöne Frau Hildegard
ihren Mann fein betrogen.

seit ich die warhait sagen sol,
so waiß ich nicht die rechten mär,
ob ir der ungerad haller
darumb wurd zetail gegeben;
das kan ich nit gewissen eben.
Nun will ich ew auch wissen lan,
wie fraw Jüt iren man
betrogen und gelaichet hat.
der was genannt mair Cuonrat.
da der aubent nun was komen,
mair Cuonrat hett das wol vernomen,
das mair Perchtold tod was.
frau Jüt wißt auch vil wol das.
si besant met und weins genuog
und pracht das zuo mit hüpschem fuog,
als si das kund schicken wol,
das ir man ward weines vol
und gar trunken an der stett,
das er nicht wißt, was er det.
vor überiger trunkenhait
entslief er bei dem weib gemait
auf dem pank unmassen vast.
das weib hett da nit lenger rast,
si pracht ain guot scharsach dar.
ain platen si dem mane schar
und macht da aus dem affen
ain ungeweichten pfaffen.
darnach muost er ze pete gan;
frau Jüt legt sich zuo im hinan.
er schlief die ganzen nacht vil ser.
Da nun der tag was komen her
und man die gloggen rüeren wart,
da hett geschafft fraw Hiltgart,
das ir man ward ze kirchen tragen.
was sol ich ew nun mer sagen?
frau Jüt graif da vil leise an
an dem pett iren man.

Um ehrlich zu sein,
weiß ich leider nicht genau,
ob ihr der überzählige Heller
dafür zugestanden wurde;
das kann ich auch gar nicht wirklich wissen.
Jetzt will ich Euch aber auch erzählen,
wie Frau Jutta ihren Mann
betrogen und hinters Licht geführt hat.
Sein Name war Meier Konrad.
Als es nun Abend geworden war,
hatte Meier Konrad gehört,
daß Meier Berthold tot war.
Das wußte Frau Jutta natürlich auch.
Sie ließ reichlich Met und Wein bringen
und brachte es geschickt zuwege
– darauf verstand sie sich bestens –,
daß ihr Mann sich mit Wein füllte
und bald so völlig betrunken wurde,
daß er nicht mehr wußte, was er tat.
Vollständig betrunken
fiel er bei seiner schönen Frau
auf der Bank in tiefen Schlaf.
Da beeilte sich die Frau,
ein scharfes Schermesser herbeizuholen.
Sie schor dem Mann eine Glatze
und machte so aus dem Trottel
einen Pfarrer ohne Weihen.
Darauf wurde er ins Bett gesteckt.
Frau Jutta legte sich neben ihn;
er schlief die Nacht hindurch sehr tief.
Als es Tag geworden war
und die Glocke geläutet wurde,
hatte Frau Hildegard es schon hingekriegt,
daß man ihren Mann zur Kirche getragen hatte.
Was soll ich Euch mehr erzählen?
Frau Jutta rührte leise
ihren Mann im Bett an

si wackt in gar beschaidenlich:
»stet auf vil pald, her Hainrich«,
sprach si zuo irem manne do.
des pfarrers nam was also;
der was dieweil ausgeritten.
si wackt den man mit cluogem siten
gar still und auch vil leise
in aller maß und weise,
sam er der recht pfarrer wär.
im was das haupt gar ze swär
worden von den trünken gros,
das er nit markt des weibes kos.
si stieß in ze der seiten sein:
»stet auf, lieber herre mein!
hört ir nit der gloggen klank?
zwar ir schlaufent hiut ze lank.
stet auf und nempt des opfers sold,
der ew wirt von mair Perchtold,
des grebnuß hiut ze kirchen ist.«
da sprach mair Cuonrat ze der frist:
»was mainstu hie? was triuget dich,
das du wilt ze pfaffen mich
machen nun zuo diser stunt?
nun ist dir doch das wol kunt,
das ich der puoch nicht enkan.«
frau Jüt sprach zuo irem man:
»wie rett ir so, her Hainreich?
get hin ze kirchen zuo der leich
über den hailigen altar
und sprecht ain selmeß offenbar.
das ist ew nutzlicher vil,
seit ich die warhait sagen wil,
dann das ir ligt als läßlich hie.«
mair Cuonrat sprach: »ich waiß nit, wie
ich dein red aufnemen sol.
dir ist mit dem gespöt gar wol.

und weckte ihn ganz vorsichtig:
»Steht rasch auf, Herr Heinrich«,
sagte sie zu ihrem Mann.
So hieß der Pfarrer,
der gerade fortgeritten war.
Sie weckte ihren Mann sehr behutsam,
sehr sanft und leise auf,
ganz so,
als ob er tatsächlich der Pfarrer sei.
Sein Kopf war ihm aber viel zu schwer geworden,
vom vielen Trinken,
als daß er die Worte seiner Frau gehört hätte.
Sie stieß ihn in die Seite:
»Steht auf, lieber Herr!
Hört Ihr nicht die Glocke läuten?
Ihr schlaft heute wirklich zu lange.
Steht auf und nehmt das Totenopfer entgegen,
das Ihr für Meier Berthold bekommt,
dessen Begräbnis heute in der Kirche stattfindet.«
Darauf sagte Meier Konrad:
»Was erzählst Du eigentlich? Bist Du nicht ganz bei Sinnen,
daß Du mich
auf einmal zum Pfarrer machen willst?
Das weißt Du doch genau,
daß ich nichts von Büchern verstehe.«
Frau Jutta antwortete ihm:
»Was redet Ihr da, Herr Heinrich?
Geht in die Kirche zu dem Toten
an den heiligen Altar
und sprecht vor den Leuten das Seelenamt.
Das ist besser für Euch,
um die Wahrheit zu sagen,
als hier so träge liegenzubleiben.«
Meier Konrad sagte: »Ich weiß nicht, was
ich von Deinem Gerede halten soll.
Du hast wohl Lust zu spotten.

du haist mich pfaff Hainreich;
mair Cuonrat pin ich mer geleich.«
des antwurt im frau Jüte:
»bei meinen trewen ich betüte
und für war ich das nun sprich:
ir seit mein herr pfaff Hainrich.
greifent auf ewr hapt zehant,
so wirt ewch das wol bekant,
das es ist ain warhait,
was ich ew nun haun gesait.«
da graif er auf das haupt vorn.
er vand ain platen weit geschorn,
als ain pfaff dann haben sol.
er sprach: »nun erkenn ich wol,
das ich fürwar ain pfaff pin.
dannocht haun ich in dem sin,
im sei werlich also nicht,
wann mein kunst ist gar entwicht.
ich kan doch kainen buochstab.«
frau Jüt wolt da nicht lassen ab.
si sprach: »get hin ze kirchen trat.
got ew nit damit enlat,
alspald ir für den altar tret,
so erkennt ir, was im puoch stet.«
Das gelabt mair Cuonrat.
zuo der kirchen eilt er drat.
frau Jüt kom auch mit im dar.
si stalt in über den altar
und legt im das meßgwand an.
si sprach: »ir sült hie still stan,
bis sich das volk mach herzuo.
es ist noch ain clain ze fruo.«
mair Cuonrat stuond in pfaffen weis
(er mocht vor sorgen werden greis)
ob dem hailigen altar.
da das volk was komen dar,
niemant erkant für ware das,

Du nennst mich Pfarrer Heinrich;
ich bin aber eher Meier Konrad.«
Darauf antwortete ihm Frau Jutta:
»So wahr ich hier stehe, beschwöre ich
als die Wahrheit:
Ihr seid mein Herr, der Pfarrer Heinrich.
Faßt Euch doch auf den Kopf,
dann seht Ihr,
daß es wahr ist,
was ich Euch gesagt habe.«
Da faßte er sich auf den Kopf
und stellte eine große Tonsur fest,
wie sie sich für einen Pfarrer gehört.
Er sagte: »Jetzt sehe ich ein,
daß ich in der Tat ein Pfarrer bin.
Trotzdem will es mir so vorkommen,
daß das nicht wirklich wahr ist,
weil mir jede Gelehrsamkeit fehlt.
Ich kann doch nicht einmal lesen.«
Frau Jutta blieb beharrlich
und sagte: »Geht schnell zur Kirche.
Gott wird Euch nicht allein lassen.
Sobald Ihr an den Altar tretet,
werdet Ihr erkennen, was im Buch steht.«

Das glaubte Meier Konrad.
Rasch eilte er zur Kirche.
Frau Jutta kam mit ihm.
Sie stellte ihn an den Altar
und legte ihm das Meßgewand an.
Sie sagte: »Bleibt hier ruhig stehen,
bis das Volk herbeikommt.
Es ist noch ein bißchen früh.«
Meier Konrad stand als Pfarrer
(vor Angst bekam er fast graue Haare)
am heiligen Altar.
Als die Gemeinde versammelt war,
erkannte niemand,

das es mair Cuonrat was,
der vor in stuond in pfaffen wat.
frau Jüt in schon gelaichet hat.
si sol des ain genüegen haun.
wir süllen in da lassen staun.
  Wir süllen lenger nicht gedagen,
wir süllen von frau Mächilt sagen,
wie die hett iren man geschant;
der was mair Seifrid genant.
da er des nachtz was slafen gan,
frau Mächilt hett dem guoten man
gar taugenlich und verholn
alles sein gewand verstoln.
da nun die nacht ain end nam
und der liecht tag her kam,
si wackt in auf und sprach im zuo:
»du solt nit lenger haben ruo.
wir süllen baid ze kirchen gan.
der pfaff will ietzo meß han;
mair Perchtold ist laider tot.
stand auf, lieber wirt, genot,
lauß uns das opfer pringen dar.
du waist doch wol das fürwar,
das er unser guoter fraind was.«
da mair Seifrid horte das,
vil pald er von dem pette gie.
»ich vind mein gewand nit hie«,
sprach er zuo der frawen sein.
si sprach: »bei den trewen mein,
du hast als dein gewand an.
nicht lenger soltu hie stan.
wir saumen uns des opfers zwar;
die meß ist schier volbracht fürwar.
gang für dich pald und red nit vil.«
mair Seifrid sprach: »zwar ich enwil
nit nacket zuo der kirchen gan.
ich wurd gespötz nicht erlan

daß er es war,
der in der Kleidung des Pfarrers vorne stand.
So hatte ihn Frau Jutta tüchtig hereingelegt.
Sie kann damit zufrieden sein.
Wir lassen ihn da stehen.
Lange wollen wir aber nicht schweigen,
sondern von Frau Mechthild erzählen,
wie die ihren Mann in Verruf brachte.
Sein Name war Meier Siegfried.
In der Nacht, als er schlafen gegangen war,
hatte Frau Mechthild dem guten Mann
heimlich und unbemerkt
alle Kleider versteckt.
Als die Nacht vorbei war
und der helle Tag anbrach,
weckte sie ihn und sagte:
»Du kannst nicht weiterschlafen.
Wir müssen beide in die Kirche.
Der Pfarrer will jetzt Messe halten;
Meier Berthold ist leider gestorben.
Schnell, steh auf, mein Lieber,
laß uns das Opfer spenden.
Du weißt doch genau,
daß er ein guter Freund von uns war.«
Als Meier Siegfried das hörte,
stieg er schnell aus dem Bett.
»Ich sehe meine Kleider hier nirgends«,
sagte er zu seiner Frau.
Sie antwortete: »Meine Güte,
Du hast sie doch alle an.
Jetzt steh hier nicht herum.
Wir verpassen noch das Opfer,
die Messe ist ja schon fast zu Ende.
Mach voran und rede nicht lang.«
Meier Siegfried sagte: »Ich will doch nicht
nackt in die Kirche gehen!
Ich würde ja nur noch das Gespött aller sein

von dem kirchgang überal.
du solt laun von deinem schal.
raich her mir pald mein gewand!«
des antwurt im das weib zehand
unbeschaidenlich in zorn:
»zwar du hast dein sinn verlorn
und pist mit sehenden augen plind.
fraug alle, die ze kirchen sind;
die mügen anders nit jehen,
dann das si dich fürwar sehen
in deiner waut staun alhie.«
Fraw Mächilt des nicht enlie,
si schwuor im das vil und ser,
das der man gedorst nicht mer
darwider reden sicherlich.
in dem sinn versach er sich
und het gesworn hundert ait,
sein leib wär schon und wol beclait.
darzuo pracht in das faig weib.
er gieng da mit plossem leib
vil pald ze der kirchen ein
und mit im die frawe sein.
mair Cuonrat stond ob dem altar,
mair Perchtold lag dört in der par,
mair Seifrid gieng oun als gewant
hinfür, da er den altar vant.
sein opfer wolt er darauf legen
von seins fraínds mair Perchtolds wegen.
er graif an die hoden sein.
er wont, da hieng ain pütenlein;
das wolt er geoffnet han.
er suochet zwen riemen daran;
die kund er da nicht vinden zwar.
das opfergelt wolt er fürwar
vil pald daraus haun genommen.
frau Mächilt was da zuo im komen,
da er verirret stuond also.

bei so einem Kirchgang.
Hör auf mit dem Gerede
und gib mir schnell meine Kleider!«
Darauf antwortete ihm die Frau
unbeherrscht und voller Zorn:
»Du bist wirklich nicht bei Verstand
und siehst mit offenen Augen nichts!
Frag alle in der Kirche,
die werden Dir genau das bestätigen:
daß sie Dich
in Deinen Kleidern dastehen sehen.«
Frau Mechthild ließ nicht davon ab
und beschwor es ihm so nachdrücklich,
daß ihr Mann sich gar nicht mehr traute,
Widerworte zu geben.
Er faßte Zutrauen zu dieser Vorstellung
und hätte hundert Eide darauf geschworen,
schön und korrekt gekleidet zu sein:
dahin hatte ihn das nichtsnutzige Weib gebracht.
So eilte er nackt
in die Kirche;
seine Frau kam mit.
Meier Konrad stand am Altar,
Meier Berthold lag in seinem Sarg,
und Meier Siegfried ging völlig unbekleidet
nach vorne zum Altar.
Dorthin wollte er ein Opfer legen
für seinen Freund, Meier Berthold.
Er griff sich an den Hodensack,
wo er einen Geldbeutel vermutete;
den wollte er öffnen.
Er suchte die beiden Bänder daran,
doch er konnte sie nicht finden.
Er wollte tatsächlich nur
rasch das Opfergeld herausnehmen.
Frau Mechthild war neben ihn getreten,
während er so verwirrt dastand.

den pütel wolt si offnen do.
si zuckt aus ain messer guot.
si sprach: »du pist als gar unfruot,
du kanst dich doch aus nichten
mit deiner weis verrichten.
lau sehen deinen pütel mir,
ob ich in müg geoffnen dir.«
si schnaid im aus die hoden sein.
des ward mair Seifrid leiden pein,
wann er verlos ain guot gelid.
vil lut schrai mair Seifrid,
das es in der kirchen hal.
er lief heraus mit grossem schal,
sam er hett sein sinn verlorn.
lut ruoft er mit grossem zorn
über sein aigens weib das mort.
da das mair Cuonrat erhort,
zehand er von dem altar lief.
mit luter stime er auch rief:
»mein weib hat mich gelaichet schon;
des sei der tewfel ir lon!«
er lief auch ze der kirchen aus.
da vand er vor dem gotzhaus
mair Seifriden clagen ser;
der lief baide hin und her
sam ain wüetender hund,
wann er was gar sere wund.
als ain kuo er schrai und luot.
vor zorn auch mair Cuonrat wuot.
si liefen mit ainander baid
hin ze holz über die haid.
si waren baid worden wilt.
das hett frau Jüt und Mächilt
angepruen oun alle swär
umb ain ungeraden hallär.

Das volk alles sampt gemain,
baide jung, alt, gros und clain

Sie wollte ihm den Beutel öffnen.
Sie zog ein scharfes Messer hervor.
Sie sagte: »Du bist so fürchterlich täppisch;
so kannst Du Dir doch überhaupt nicht
helfen.
Zeig mir Deinen Beutel,
vielleicht kann ich ihn Dir öffnen.«
Sie schnitt ihm seine Hoden heraus.
Davon erlitt Meier Siegfried große Schmerzen,
denn er verlor einen tüchtigen Körperteil.
Er schrie so laut,
daß es in der Kirche gellte.
Er lief mit großem Getöse heraus,
als ob er wahnsinnig geworden sei.
Laut und wütend rief er
den Wehruf über seine eigene Frau.
Als Meier Konrad das hörte,
rannte er sofort vom Altar weg
und rief seinerseits mit lauter Stimme:
»Meine Frau hat mich tüchtig hereingelegt:
dafür soll sie der Teufel holen!«
Auch er lief aus der Kirche.
Vor dem Gotteshaus traf er auf
Meier Siegfried, der schrecklich klagte;
er rannte hin und her
wie ein toller Hund,
denn er war sehr schmerzhaft verletzt.
Er schrie und brüllte wie eine Kuh.
Auch Meier Konrad tobte vor Zorn.
Beide liefen zusammen
über die Wiese zum Wald.
Sie waren wahnsinnig geworden:
das hatten Frau Jutta und Frau Mechthild
leichtfertig angerichtet
für einen überzähligen Heller.
  Alle Leute auf einmal,
jung, alt, groß und klein,

namen war diser geschicht.
si erkanten werlich nicht,
wie in baiden was geschehen.
si wolten das erfaren und spehen.
das volk lief alles sampt heraus,
das niemant in dem gotzhaus
belaib, als ich ew sag für war,
dann mair Perchtold in der par.
der schrai lut: »wes lig ich hie?
ich pin gelaicht, ich waiß nit wie,
von meinem ungetrewen weib.
der tiefel far in iren leib!«
mit der red er aufsprank.
er hett ain fraißlichen gank.
er lief zuo dem volk daforn
und ruoft lut mit grossem zorn:
»wau ist die faig frau Hiltgart?
lenger wirt es nicht gespart,
ich will ir zwar den lon geben.
si muoß verliesen ir leben
alhie von den handen mein.
des mag ir niemand vor gesein.«
des erschrack das volk vil ser.
ainr lief hin, der ander her.
si vorchten all den toten man
und fluhen all von im hindan,
das ir kainr belaibe da.
er mocht vor angsten werden gra,
der ditz geschicht gesehen hiet.
mair Perchtold sich des beriet,
da er sach über die haid
vor im laufen hin mit laid
mair Seifrid und mair Cuonrat,
mair Perchtold in da nachtrat.
er wolt erfaren unde spehen,
wie in baiden wär geschehen.
er eilet in baiden nach.
hin ze holz was im vil gach.

bemerkten den Vorfall.
Sie begriffen aber nicht,
was mit den beiden geschehen war.
Das wollten sie herausfinden.
Das ganze Volk lief hinaus,
so daß im Gotteshaus niemand
mehr blieb, das versichere ich Euch,
außer Meier Berthold in seinem Sarg.
Er schrie laut: »Warum liege ich hier?
Ich bin, ich weiß nicht wie, betrogen worden
von meiner treulosen Frau.
Der Teufel fahre ihr in den Leib!«
Mit diesen Worten sprang er auf.
Furchterregend kam er daher.
Er lief vor die Leute
und rief in großem Zorn:
»Wo ist die elende Frau Hildegard?
Jetzt gibt es keine Zurückhaltung mehr,
ich werde ihr den verdienten Lohn geben!
Sie wird ihr Leben verlieren,
hier auf der Stelle durch mich eigenhändig!
Keiner kann sie davor schützen!«
Darüber war das Volk heftig erschrocken.
Der eine lief hin, der andere her.
Alle fürchteten sich vor dem Toten
und suchten vor ihm das Weite
und niemand blieb da.
Der hätte vor Angst graue Haare bekommen,
der dies mitangesehen hätte.
Meier Berthold kam zur Besinnung,
als er vor sich schmerzerfüllt
Meier Siegfried und Meier Konrad
über die Heide rennen sah.
Er folgte ihnen;
er wollte erkunden,
was den beiden widerfahren war.
Eilig lief er ihnen
zum Wald hin nach.

Nun lassen wir die trappen gen
ze holz, bis das si sich versten,
das si all gar trunken sind
und mit sehenden augen plind.
und si das erkennen zwar,
so laufens wider haim fürwar
und laussent es dann guot sein,
was si geliten habent pein.
nun wolt ich gern wissen das,
wölhe iren man nun bas
betrogen und gelaichet hiet.
der mir das nun sagt und riet,
den wölt ich gar für weise han.
wölhe das nun hett getan,
si hett pillich oun alle swär
den ungeraden hallär.
des waiß ich selb nit sicherlich.
hiemit die red nun endet sich.

Lassen wir nun die Tröpfe im Wald herumlaufen,
bis sie begreifen,
daß sie alle betrunken sind
und mit offenen Augen blind.
Wahrhaftig, wenn sie das erkennen,
dann gehen sie wieder nach Hause
und lassen auf sich beruhen,
was sie an Schmerzen erlitten haben.
Ich wüßte jetzt nur noch gern,
welche Frau ihren Mann am besten
betrogen und hinters Licht geführt hat.
Wenn mir das jemand verraten könnte,
den hielte ich für sehr klug.
Diejenige aber, die es geschafft hätte,
bekäme ohne Anstand
den überzähligen Heller.
Ich selbst aber weiß es nicht genau,
und damit ist die Geschichte zu Ende.

VII
DIE FREISETZUNG DES BÖSEN: DER WEG INS GROTESKE

NIEMAND
DIE DREI MÖNCHE ZU KOLMAR

Als mir ein mære ist geseit
vür eine ganze wârheit,
daz beschach ze Kolmære.
nu vernemet vremdiu mære,
wie uns ein man hât her geseit,
der von Kolmære reit:
In der stat ze Kolmar dâ
was ein man gesezzen sâ,
der was rîch des guotes
und vrî sînes muotes,
wan daz *in vlôch* alle tage
daz gelücke, daz im abe
guot gienc, daz unzellich ist.
nu het er in der selben vrist
eine vrouwen minneclîch.
diu was aller vröuden rîch;
si was *volleclich* gewert,
waz man an schœnen vrouwen gert.
der lîp was ir wol gestalt;
si was wol zweinzic jâr alt.
si het liep den werden got,
si leiste sîn gotlich gebot,
si het got liep alsam ir lîp.
Diz was vor einer ôsterzît,
daz si gân wolte
bîhten, als si solte
zuo einem klôster, dâ
wâren predier inne sâ.
si leit sich ane und gie hin;
gein dem klôster stuont ir sin.

NIEMAND
DIE DREI MÖNCHE ZU KOLMAR

Mir ist eine Geschichte erzählt worden,
die ganz und gar wahr sein soll;
sie hat sich in Kolmar zugetragen.
Hört diese seltsame Begebenheit nun,
wie sie uns einer berichtet hat,
der aus Kolmar kam:
In jener Stadt Kolmar
lebte ein Mann,
der war reich an Gütern
und unbeschwerten Sinnes;
aber Tag für Tag mehr
wandte sich das Glück von ihm ab, und er verlor
mehr an Besitz, als man zählen kann.
Zugleich hatte er
eine liebenswerte Frau.
Sie war der Inbegriff aller Freude.
Sie besaß all das in Fülle,
was man sich von schönen Frauen wünscht.
Sie sah wunderschön aus
und war gerade zwanzig Jahre alt.
Sie verehrte den lieben Gott,
sie befolgte seine Gebote,
sie liebte Gott wie ihr eigenes Leben.
Es war einmal vor Ostern,
daß sie beichten gehen wollte,
wie es sich gehörte,
in einem Kloster,
in dem der Predigerorden saß.
Sie zog sich an und ging dort hin;
dieses Kloster hatte sie sich ausgewählt.

als si in daz klôster kam
und ir *der* bîhter war genam,
er sprach: »gotwilkomen, liep vrouwe vîn!«
si sprach: »gnâde, lieber herre mîn!«
diu vrouwe geviel im harte wol,
wan si was aller tugende vol.
ze bîhte si *dô* nider gesaz
und sich genzlich vermaz,
daz si bîhten wolte
ze rehte, als si solte.
als diu bîhte was beschehen
unde si im het verjehen
gar, waz si het getân
und dô si von im wolte gân,
er sprach: »vil liebe vrouwe mîn,
ich gibe dir vür die sünde dîn,
daz du nû sâ mich lâzest în
und du tuost den willen mîn.
dâ wider solt niht langer streben:
ich wil dir drîzic marc geben.«
diu vrouwe von der rede erschrach,
dô er ir sô zuo *gesprach*
mit solîchen sachen.
des begunde si swachen,
und gedâhte wider *sich dô*,
daz si wart leidic und unvrô:
»wie gedenke ich in mînem muot,
daz ich kum von disem herren guot?«
si sprach: »lieber herre mîn,
ich enweiz, ob ez mac sîn.
ich wil heim versuochen dâ
und wil herwider iu sagen sâ,
wie ez dâ heime vüege sich;
dâvon bîtet sicherlich!«
dem münch geviel daz harte wol;
sîn herze daz wart vröuden vol.
doch was ez lützel in ir sin,

Als sie das Kloster betrat
und der Beichtvater sie sah,
sagte er: »Willkommen, schöne Dame!«
Sie antwortete: »Danke, verehrter Herr!«
Die Dame gefiel ihm gut,
denn sie war voller vortrefflicher Eigenschaften.
Sie kniete sich zur Beichte nieder
und war fest entschlossen,
richtig zu beichten,
wie es sich gehörte.
Als die Beichte beendet war
und sie ihm ohne Rückhalt gesagt hatte,
was sie alles getan hatte,
und als sie dann weggehen wollte,
da sagte er: »Meine verehrte Herrin,
ich gebe Dir als Buße für Deine Sünden auf,
daß Du mich gleich bei Dir einläßt
und mir zu Willen bist.
Dem sollst Du Dich nicht lange widersetzen:
ich gebe Dir dreißig Mark.«
Die Frau erschrak über diese Worte,
als er so mit ihr
über solche Dinge redete.
Deswegen fühlte sie sich schlecht
und dachte bei sich
mißmutig und betrübt:
»Was kann ich mir einfallen lassen,
daß ich diesem feinen Herrn entgehe?«
Sie sagte: »Mein lieber Herr,
ich weiß nicht, ob das sein kann.
Ich will zu Hause nachsehen
und will Euch danach gleich sagen,
wie es daheim aussieht;
darauf wartet zuversichtlich!«
Dem Mönch gefiel das recht gut;
sein Herz hüpfte vor Freude.
Doch sie hatte keineswegs die Absicht,

daz si wolte volgen im,
und nam urloup von im sâ
und gie hin und lie in dâ.
Als si von dem klôster kam,
vil grôz beswærde si nam,
waz ir der münch het tân alsô.
dô gedâht si schiere dô,
wie si ze bîhte solte komen,
daz ir bîhte würde vernomen.
diu vrouwe dar umb niht enlie,
z'einem klôster si dô gie,
dâ wâren in barvüezen,
die ouch dicke müezen
beidiu singen unde lesen
und ouch in ir klôster wesen.
als si in daz klôster kam
und ir ein münich war genam,
er hiez si gotwilkomen sîn.
»genâde, lieber herre mîn!«
sî sprach, diu reine guote,
wan si het in ir muote
manegen grôzen gedanc.
dar nâch wart vil unlanc,
daz er ir bîhte hôrte.
und dô der vrouwen worte
elliu wâren beschehen
und si im gar het verjehen,
dô tet der münch gebære
reht als der predigære:
»*ich* wil iu sehzic marc geben,
welt ir mich darum lân pflegen
iuwer minne *tougenlich*.
die gibe ich iu sicherlich.«
dô tet diu vrouwe lobesam,
als si dem predier het getân:
si nam urloup und schiet von dan.
als si ûf den wec kam,

ihm nachzugeben;
sie verabschiedete sich von ihm,
ging weg und ließ ihn zurück.
Als sie das Kloster verlassen hatte,
da machte ihr das großen Kummer,
was ihr der Mönch angetan hatte.
Sie überlegte sich rasch,
wie sie so zur Beichte gehen könne,
daß ihre Beichte auch angehört würde.
Die Frau gab nicht auf,
sie ging in ein Kloster,
in dem Barfüßermönche waren,
die auch oft
die Messe lesen
und im Kloster anwesend sein müssen.
Als sie in das Kloster kam
und ein Mönch sie bemerkte,
hieß er sie willkommen.
»Danke, mein verehrter Herr!«
sagte die reine und vornehme Frau,
denn sie trug in ihrem Herzen
nur edle Gedanken.
Es dauerte dann nicht lange,
daß er ihr die Beichte hörte.
Und als die Worte der Frau
nun alle gesagt waren
und sie ihm alles bekannt hatte,
da benahm sich der Mönch
ganz genauso wie der Dominikaner.
»Ich gebe Euch sechzig Mark,
wenn Ihr mich dafür
Eure Liebe heimlich genießen laßt.
Ganz bestimmt gebe ich Euch das.«
Da verhielt sich diese brave Frau
so wie schon beim Dominikaner:
Sie verabschiedete sich und ging weg.
Als sie auf der Straße war,

si gedâhte schiere wider sich:
»ach herre got, wie tuon ich,
daz ich ze bîhte müge komen?«
  Dô gie si, als ich hân vernomen,
vür ein klôster dort hin.
zuo dem selben kêrt si în.
dâ wâren augustiner inne,
si dienten got mit sinne.
als si in daz klôster gie,
ein münich aber niht enlie,
er gruozt si schiere zehant.
si dankt im und sprach: »tuot mir bekant,
ob ir bîhte wellet hœren mir!«
»jâ, gerne!« sprach er zuo ir.
si bîhtet aber dâ ze stat.
der münich ouch die vrouwen bat
und gelobt ir hundert marc.
ir orden was niht so *arc*,
si hæten ir daz guot geben:
doch wolte si dekeinem leben.
dô antwurt si im sunder wân,
als si den andern het getân,
und nam urloup von im sâ.
si gie hin und liez in dâ.
  In ir hûs sâ ze stat
in eine kemenâten si trat
und zôch den mantel ab ir lîp
und weinet vaste in widerkîp
und was betrüebt sô sêre:
die münch mit valscher lêre
wolten sî gewunnen hân.
dô wolte sî deheinen man
dan ir wirt aleine
ân valsch und âne meine.
des kam ir wirt zehant
gangen, dâ er si weinent vant.
er sprach: »liebe vrouwe guot,

dachte sie gleich wieder bei sich:
»O mein Herrgott, was soll ich tun,
daß ich zu einer Beichte komme?«
Sie ging dann, wie man mir erzählte,
wieder zu einem Kloster.
Dort trat sie ein.
In dem waren Augustiner,
sie dienten Gott mit Bedacht.
Als sie das Kloster betrat,
war wieder ein Mönch gleich darauf aus,
sie sofort zu grüßen.
Sie dankte ihm und sagte: »Laßt mich wissen,
ob Ihr mir die Beichte hören wollt!«
»Gerne«, antwortete er ihr.
Sie beichtete also erneut.
Dieser Mönch bedrängte die Frau auch
und versprach ihr hundert Mark.
Ihr Orden war nicht so geizig,
sie hätten ihr den Lohn schon gegeben.
Aber sie wollte keinem gehören.
Deshalb antwortete sie ihm selbstverständlich
genauso wie den anderen
und verabschiedete sich sogleich von ihm.
Sie ging weg und ließ ihn stehen.
Zu Hause betrat sie sofort
ihre Kemenate,
zog den Mantel aus
und weinte heftig voller Empörung;
sie war sehr traurig,
weil die Mönche sie mit falschen Reden
verführen wollten.
Sie wollte aber keinen Mann,
nur ihren Gatten allein,
ohne Hintergedanken und Betrug.
Derweil kam ihr Mann
und fand sie weinend.
Er sagte: »Liebe, teure Frau,

waz hât betrüebet dir den muot,
daz du weinest alsô sêre?
nu gesach ich dich nie mêre
weinen sô vaste!«
die trehen si dô laste;
dô het *er si* doch gesehen.
er sprach: »waz ist dir beschehen?«
und vrâgte sî der mære,
waz ir beschehen wære.
dô wolt si imz entsaget hân.
er sprach: »daz ich hân gesehen an,
daz kan mir nieman widersagen.«
dô mohte si ez niht verdagen:
si klaget im *ir* herzeleit,
si huop ûf unde seit,
wie ir die münche het*en* tân
und wie si urloup von in nam
und sprach, si wolt ez versuochen,
des *die münche wolten* ruochen.
  Der wirt der dâhte zehant:
»leider mir ist mîn guot zetrant.
möht ich ez wider gewinnen,
des wil ich hiut beginnen.«
er sprach zuo ir: »es wirt guot rât!
dâ soltu schiere vil gedrât
dem êrsten hin enbiuten,
sô er wînglocken hœre liuten,
daz er kome *ginge*
und sîn silber bringe.
dem andern sô enbiute dâ,
daz er ze mitter naht nu sâ
kome hart hælinge
und ouch sîn silber bringe,
dem dritten, daz er vil spâte
ze metti kome gedrâte
unde daz er mit im neme

was betrübt Dich so,
daß Du so sehr weinen mußt?
Nie habe ich Dich bis jetzt
so heftig weinen sehen.«
Sie trocknete die Tränen;
aber er hatte sie schon gesehen.
Er sagte: »Was ist Dir passiert?«
und wollte wissen,
was ihr widerfahren sei.
Da wollte sie es leugnen.
Er aber sagte: »Was ich gesehen habe,
das kann mir niemand ausreden.«
Da konnte sie nicht mehr schweigen:
sie klagte ihm ihren Kummer;
sie fing an, ihm zu erzählen,
was ihr die Mönche getan hatten
und wie sie weggegangen sei
und gesagt hätte, sie wolle das versuchen,
was die Mönche von ihr wollten.
  Der Mann dachte sich gleich:
»Ich habe meinen Besitz ja unglücklicherweise verloren.
Wenn ich ihn wiedergewinnen kann,
dann will ich heute damit beginnen.«
Er sagte zu ihr: »Es wird alles gut.
Du mußt jetzt ganz schnell
den ersten herbestellen;
wenn er die Weinglocke hört,
soll er in seinem Eifer kommen
und auch seine Silberlinge mitbringen.
Dem zweiten gib Bescheid,
daß er um Mitternacht
ganz heimlich komme
und auch sein Silber mitbringe;
dem dritten, daß er spät
zur Matutin herbeieile
und daß er die hundert Mark mitbringe,

die hundert marc, als im wol zeme.
und enbiute in dâ miten,
ich sî vrüeje ûz geriten!«
dô der wirt daz geseit,
diu guote vrouwe vil gemeit
aber dô niht langer liez
und tet, daz si ir wirt hiez:
zuo den münchen allen drin
sante si drî boten hin
und hiez si, als ich hân vernomen,
daz si des nahtes solten komen,
dô diz die münche vernâmen dô,
si wurden alle harte vrô,
als si diu mære heten vernomen,
daz si des nahtes solten komen.
und der âbent ane gie.
Der wirt aber niht enlie
und diu wirtinne sîn,
sie hiezen wazzer tragen în,
wan ez was vil spâte.
si wurden des ze râte,
daz si *ervulten* daz kezzî
und einen grôzen zuber dâbî.
Diz beschach allez verholen,
wan er *ervult* den zuber vollen
heizes wazzers sâ zehant
und satzte in zuo einer want.
Dô diz allez beschach
und man sich des wol versach,
daz der êrste münich kæme,
dô wâren si geræme:
der wirt lief sâ zehant
hinder die tür an eine want;
einen kolben het er gevangen.
dô kam ein münch gegangen
an daz tür*lîn* sâ zehant.
dô daz diu wirtin bevant,

wie es sich gehört.
Und laß sie dabei wissen,
ich sei schon früh weggeritten.«
Als der Mann das gesagt hatte,
da zögerte die brave, liebenswerte Frau
nicht länger
und tat das, was ihr Mann ihr aufgetragen hatte:
Zu allen drei Mönchen
sandte sie Boten
und ließ ihnen bestellen (wie man mir erzählt hat),
daß sie in der Nacht kommen sollten.
Als das die Mönche hörten,
freuten sie sich alle sehr,
als sie erfuhren,
daß sie nachts kommen sollten,
und es Abend geworden war.
Der Mann wiederum
und seine Frau nahmen sich dies vor:
Sie ließen Wasser hereintragen,
denn es war sehr spät.
Sie beschlossen,
den Kessel zu füllen
und dazu einen großen Zuber.
All das spielte sich heimlich ab;
er füllte den Zuber ganz
mit heißem Wasser
und schob ihn an die Wand.
Als das alles so vorbereitet war
und man sich darauf einrichtete,
daß der erste Mönch komme,
da waren sie ganz konzentriert:
Der Mann stellte sich
hinter die Tür an die Wand;
er hatte einen Kolben gepackt.
Da kam der eine Mönch
zur Türe gegangen.
Als das die Frau merkte,

si sprach vil schiere: »wer dâ?«
»daz bin ich, bruoder Teciâ.«
diu vrouwe liez den münich în.
er sprach: »vil liebe vrouwe mîn,
darumb ich her komen bin,
darnâch setzet iuwern sin,
daz mir iur minne werde;
sô enwart ûf dirre erde
nie deheinem manne baz.«
»gerne«, sprach si, »tuon ich daz.
gebet mir, daz ir mir hât verheizen,
sô wil ich iu ez danne leisten.«
Daz silber gap er ir ze stunt.
dô daz dem wirte wart kunt
und er daz erhôrte
an der vrouwen worte,
daz sî daz silber het empfangen,
dô kam der wirt gegangen
mit dem kolben in der hant
und biuschlet umb die want,
als er unsinnic wære.
daz hôrt diu tugentbære,
als ez dâ vor was an geleit.
dô sprach diu vrouwe vil gemeit:
»ôwê, herre, dâ kumt mîn man.
ir sult hin in den zuber gân.
wan er ist erlaffen,
sô wil ich gân slâfen,
daz er schiere nider gât
und uns hie mit vride lât.«
der wirt vuor mit unsiten.
der münch mohte kûme erbîten,
biz er in den zuber kam
und er gar verbran.
dô nâmen si in sâ zehant
und leiten in zuo einer want.
der münich was ze stunde

sagte sie gleich: »Wer ist da?«
»Ich bin es, Bruder Tecia.«
Die Frau ließ den Mönch herein.
Er sagte: »Herzlich geliebte Frau,
richtet Euch jetzt auf das ein,
wegen dem ich hergekommen bin,
und laßt mich Eure Liebe erfahren.
Dann ist es auf dieser Welt
nie einem Manne besser ergangen.«
»Gerne«, sagte sie, »mache ich das.
Gebt mir, was Ihr mir versprochen habt,
dann will ich Euch erhören.«
Sofort gab er ihr das Silber.
Als der Wirt das merkte
und er es heraushörte
aus den Worten der Frau,
daß sie das Silber erhalten hatte,
da kam der Mann
mit dem Kolben in der Hand
und schlug an die Wand,
als ob er wahnsinnig wäre.
Das verstand die Vortreffliche so,
wie es vorher besprochen worden war.
Die gute Frau sagte:
»O Gott, da kommt mein Mann.
Ihr müßt in den Zuber springen.
Er ist gewiß müde;
deshalb will ich mich schlafen legen,
damit er schnell zu Bett geht
und uns hier in Ruhe läßt.«
Der Mann benahm sich wie rasend.
Der Mönch konnte es kaum erwarten,
daß er in den Zuber konnte
und sich dort zu Tode verbrühte.
Darauf nahmen sie ihn
und legten ihn auf die Seite.
Der Mönch war auf der Stelle

ûf von herzen grunde
vollen wazzers worden.
und dô si gar gehôrten,
daz man lûte mitte naht,
dô heten si in ir aht,
swenne si daz vernæmen,
daz die andern kæmen.
Darnâch vil unlange wart,
daz der ander münich hart
kam vür des hûses tor.
diu vrouwe sprach: »wer ist dâ vor?
sît irz, lieber herre mîn?«
»jâ«, sprach er, »lât mich hin în!«
diu vrouwe den münich în lie.
daz silber si von im empfie.
dô der wirt erhôrte daz,
daz daz silber empfangen was,
den kolben truoc er in der hant
und sluoc in aber umb die want.
der münich dô kûm entran.
die vluht er in den zuber nam.
er verbran schiere zehant.
si leiten in ouch zuo der want.
Und dô daz alles beschach dâ,
metti lûte man schiere sâ:
der dritte münch geloufen kam.
dô daz diu wirtin vernam,
si gie zuo dem tore hin
und lie den münich în.
daz silber sî von im empfie.
der wirt aber dô niht lie:
er tet, als er ê het getân.
der münich vil kûm entran.
er balde in den zuber viel.
daz wazzer dô vaste wiel,
daz er ouch verbran.

bis ins Herz hinein
voll Wasser gelaufen.
Und als sie nun hörten,
daß man Mitternacht läutete,
da paßten sie auf,
daß sie hörten,
wenn die anderen kamen.
Es dauerte nicht lang,
bis der zweite zudringliche Mönch
vor das Tor kam.
Die Frau fragte: »Wer ist draußen?
Seid Ihr es, mein Lieber?«
»Ja«, antwortete er, »laßt mich herein!«
Die Frau ließ den Mönch ein.
Sie bekam das Silber von ihm.
Als der Ehemann gehört hatte,
daß das Silber übergeben war,
nahm er den Kolben
und schlug damit wieder an die Wand.
Der Mönch konnte nicht entkommen.
Er floh in den Zuber
und verbrühte sich im Nu.
Sie legten ihn ebenfalls auf die Seite.
Nachdem das erledigt war,
läutete man schon zur Matutin:
der dritte Mönch kam an.
Als die Frau das hörte,
ging sie zur Türe
und ließ auch den dritten herein.
Sie bekam das Silber von ihm.
Der Ehemann fackelte wieder nicht lange
und machte das, was er schon bei den anderen getan hatte.
Der Mönch hatte keine Chance zu entkommen.
Er fiel sofort in den Zuber.
Das Wasser kochte mächtig hoch
und er verbrühte sich.

Dô daz allez was getân
und si verbrunnen wâren,
einen nam er bî den hâren
und zôch in vür des hûses tür.
ein varnder schuoler gie dâ vür,
der was trunken sâ zestunt.
der wirt sprach: »tuo mir kunt:
wiltu gedienen vier pfenninge?«
»jâ«, sprach der schuoler ringe.
»waz sol ich tuon, herre mîn?«
»nim den münch und trac in in den Rîn!«
nâch des wirtes râte
nam er den münch gedrâte
und truoc in hin, als er in bat.
Der wirt nam sâ ze stat
den andern münch und truoc in hin
und leint in vür daz hûs sîn.
dô der wirt getete daz,
der schuoler her wider komen was
und wolt pfenning genomen hân.
»sich ich den münich noch hie stân?«
sprach der wirt sâ zestunt.
dô daz dem schuoler wart kunt,
dô nam er in bî dem hâr:
»daz dich ein veigez jâr«,
der schuoler sprach, »müez ane komen!«
Dô daz der wirt het vernomen,
daz er den andern hin truoc,
den dritten er bald *vür getruoc*,
als er die zwêne het getân.
der schuoler aber geloufen kam
und wolt daz gelt hân genomen.
»bistu ieze wider komen?«
sprach der wirt sâ zehant.
»er stât doch dort an einer want.«
der schuoler begund sich klagen.

Als das alles erledigt
und sie alle verbrüht waren,
packte er einen von ihnen an den Haaren
und schleppte ihn vor die Tür.
Da ging gerade ein Student vorbei,
der betrunken war.
Der Mann redete ihn an: »Sag' mal,
willst Du Dir vier Pfennige verdienen?«
»Ja«, antwortete der Student leichthin.
»Was muß ich tun, verehrter Herr?«
»Nimm den Mönch und wirf ihn in den Rhein!«
Er kam dem Wunsch des Mannes nach,
packte den Mönch eilends
und trug ihn weg, wie der ihn gebeten hatte.
Der Mann nahm daraufhin sofort
den zweiten Mönch, trug ihn hinaus
und lehnte ihn vor sein Haus.
Als das erledigt war,
war der Student wieder zurück
und wollte seine Pfennige haben.
»Sehe ich den Mönch nicht noch hier stehen?«
sagte da der Ehemann.
Als der Student das sah,
packte er ihn an den Haaren:
»Daß Dir ein böses Jahr
bevorstehe!« fluchte der Student.
Als der Mann merkte,
daß er auch den zweiten wegschaffte,
trug er sofort den dritten hinaus,
so wie er es auch mit den anderen beiden gemacht hatte.
Der Student kam wieder angelaufen
und wollte das Geld haben.
»Bist Du wieder zurückgekommen?«
sagte der Mann.
»Er steht doch noch dort an der Wand.«
Der Student fing an zu jammern:

»ich hân in in den Rîn getragen«,
sprach der schuoler zestunt.
»er lît in des Rînes grunt
ald aber der tiuvel *vuort* in dâ.«
der wirt sprach aber sâ:
»sich hin, wâ er dort stât!«
»daz dich got niemer berât!«
zuo dem münche sprach er,
»bistu ieze geloufen her?«
den dritten nam er sunder wân,
als er den zwein het getân,
unde tet im ouch alsô.
Vil balt kam er geloufen dô
und wolt pfenninge empfangen hân.
an einem wege sach er gân
einen bruoder, der ze mettî gie.
der schuoler aber niht enlie,
er lief im nâch sâ zehant
und nam in bî hâr und gewant
und zôch in gar unsûberlich.
der bruoder sprach: »herr, wes zieht ir mich?«
der schuoler sprach vil gâch:
»du loufst mir dise naht nâch
und kan dîn niht abe komen.
dich möht der tiuvel hân genomen!«
»nein ich, herre, sô helf mir got!
ich sag iu âne allen spot:
ich wolt dâ hin ze mettî sîn
und gebüezet hân die sünde mîn.«
sust truoc er in vil verr dort hin;
dô wolt er im entrunnen sîn.
dô lief im nâch der knappe
und vienc in bî der kappe:
»wis hie, *du* bruoder tollenkopf!«
vil manegen twanc unde stopf
gap er im allenthalben
und truoc in hin vil balde.

»Ich habe ihn in den Rhein geworfen«,
sagte er sofort.
»Er liegt auf dem Grund des Rheins,
oder der Teufel hat ihn hierher gebracht.«
Der Mann entgegnete ihm aber erneut:
»Schau hin, wie er dort noch herumsteht!«
»Daß Dich Gott nicht länger beschütze!«
schrie er den Mönch an.
»Bist Du wieder hergelaufen?«
Er packte wahrhaftig auch den dritten
wie die beiden anderen
und machte mit ihm das gleiche.
Gleich danach kam er angelaufen
und wollte die Pfennige haben.
Auf dem Wege sah er
einen Bruder, der zur Frühmesse ging.
Der Student zögerte keinen Moment,
rannte sofort hinter ihm her,
packte ihn an Haaren und Kutte
und zerrte ihn rabiat weg.
Der Bruder sagte: »Herr, warum zerrt Ihr mich weg?«
Der Student antwortete aufgebracht:
»Du läufst mir die ganze Nacht nach,
und ich kann Dich nicht loswerden.
Dich soll der Teufel holen!«
»Aber nein, mein Herr, bei Gott!
Ich sage Euch ganz im Ernst:
Ich wollte zur Frühmesse gehen
und Vergebung für meine Sünden suchen.«
Trotzdem schleppte er ihn weiter;
da versuchte er, ihm zu entkommen.
Der Bursche rannte ihm nach
und packte ihn an der Kapuze:
»Hiergeblieben, Bruder Wirrkopf!«
Viele Stöße und Schläge
verabreichte er ihm rundum
und schleppte ihn eilends weg.

der bruoder dô vil lûte schrei.
darumbe gap er niht ein ei
unde *truoc* in vaste hin.
gein dem Rîne stuont sîn sin.
dem bruoder was ez kein spot;
er dâht: »ach lieber herre got,
waz wil dirre man an mir begân,
dem ich kein leit hân getân?«
der schuoler was *erlaffen.*
er wist niht, waz er schaffen
solt. dô er aber hin kam,
er tet im rehte alsam
er den andern het getân.
Dô gie er dâ, als ich vernam,
zuo des wirtes hûse hin
und nam die pfenninge sîn.
dô gap er im gering:
einen münch umb einen pfenning
het der *schuoler* hin getragen.
do begund er dem wirte klagen,
wie im der münch under wegen kam
und wie er in dô aber nam
und in aber hin wider truoc
und wie er im gap streiche gnuoc.
dô diu mære wurden kunt
dem wirte, dô gedâht er zestunt:
»leider, du hâst übel gevarn.
got müez im sêle und lîp bewarn!«
Diz bîspel ich hie vor sage
und bewært sich alle tage
und beschiht niht selten,
daz der unschuldic muoz engelten
des schuldigen missetât.
hiemit diu rede ein ende hât.
dâ von hüeten sich gelîche
beide arm unde rîche
vor solîcher missetât.

Der Bruder brüllte laut.
Das kümmerte ihn nicht die Spur,
er schleppte ihn einfach weiter.
Er wollte zum Rhein.
Für den Bruder war das kein Spaß;
er dachte: »Lieber Herrgott,
was will dieser Mensch mit mir machen,
dem ich keinerlei Leid angetan habe.«
Der Student war ganz kaputt.
Er wußte nicht, was er machen
sollte. Als er aber angekommen war,
machte er mit ihm genau das gleiche
wie mit den anderen.
   Dann ging er (wie man mir erzählt hat)
zum Haus seines Auftraggebers
und nahm seine Pfennige entgegen.
Der Lohn war gering:
einen Mönch um einen Pfennig
hatte der Student weggeschleppt.
Er jammerte dem Mann vor,
wie ihm der Mönch unterwegs begegnet war
und wie er ihn wieder gepackt hatte
und wieder zurückgetragen
und wie er ihm reichlich Schläge verpaßt hatte.
Als der Mann diese Geschichte hörte,
dachte er gleich:
»Meiner Seel, das hast Du nicht gut gemacht.
Gott gebe ihm das ewige Leben!«
   Dieses Beispiel trage ich Euch vor,
und es bestätigt sich Tag für Tag
und passiert immer wieder,
daß der Unschuldige
die Untat des Schuldigen büßen muß.
Damit ist mein Vortrag zu Ende.
Danach sollen sich gleichermaßen
die Reichen und die Armen
vor solch einer Untat hüten.

wan ez im niht wol ergât,
der versuochet ungewonlich spil
und dâ von niht lâzen wil,
als dise münche nun hânt getân.
des sol man in den schaden lân,
sît si verkêrten die bîht.
daz richet got. sô Nieman spricht.

Denn es bekommt einem nicht gut,
wenn man so unpassende Spiele treibt
und nicht von ihnen ablassen will,
wie es diese Mönche getan haben.
Deswegen muß man ihnen den Schaden gönnen,
denn sie haben die Beichte mißbraucht.
Das straft Gott: so spricht Niemand.

HANS ROSENPLÜT
VOM PFARRER, DER ZU FÜNFMALN STARB

Sich fügt eins tags zu einen zeiten,
das ein pfaffe auß sollt reiten,
der in eim dorf ein pfarrer was,
wann sich begab so kürzlich das,
das er ein kranken berichten solt.
und do er zu im reiten wollt
und sich het ganz darzu bereit
und sporn und stifal angeleit,
do het er an eim stifel unten
wol in der solen ein weite schrunten,
das er gedacht: »wie macht sich das?
nu ist es kotig dauß und naß.
so ich dann ab vom pferd würd steen,
so würd mirs kot in den stifal geen.«
seiner kellnerin rüft er dar,
das sie des loches nem eben war
und im do riet, wie er tet,
das im der stifal würd vernet,
das er nit lang darauf dorft peiten.
die kellnerin sprach: »do sollt ir reiten
dorthin zu eurs gevattern haus
und rüft im, das er guck herauß
und euch das loch am fuß vernee.
es wirt euch hart vermacht ee.«
Also rait er dahin mit eil
(unsern herren ließ er daheim die weil)
und rait für seins gevattern laden
und sprach: »ich klag euch meinen schaden,
das ich so notigs sollt hinweck.
seit mir beholfen mit eim fleck

HANS ROSENPLÜT
DER FÜNFMAL GETÖTETE PFARRER

Es passierte einmal,
daß ein Geistlicher,
der Pfarrer in einem Dorf war, ausreiten mußte;
denn es war plötzlich notwendig geworden,
daß er einem Kranken die Sakramente bringen mußte.
Als er losreiten wollte,
sich fertiggemacht
und Sporen und Stiefel angelegt hatte,
da hatte er an einem der Stiefel
unten in der Sohle einen langen Riß,
und er dachte: »Wie kommt das denn?
Draußen ist es dreckig und naß.
Wenn ich so vom Pferd absteige,
läuft mir der Dreck in den Stiefel.«
Er rief seine Haushälterin,
daß sie sich das Loch einmal ansehe
und ihm rate, was er tun solle,
damit der Stiefel genäht würde,
ohne daß er lange warten müsse.
Die Köchin sagte: »Ihr müßt
zum Haus Eures Freundes reiten;
ruft ihn heraus, damit er
Euch das Loch am Fuß vernäht.
Schneller wird das kaum zu erledigen sein.«
Also machte er sich eilends auf
(den Leib des Herrn ließ er derweil zu Hause),
ritt vor die Werkstatt seines Freundes
und rief: »Ich bin in Schwierigkeiten,
denn ich muß dringend weg.
Helft mir mit einem Flicken

do unten an dem stifal mein!«
der schuster sprach: »herr, das sol sein,
seit das es doch ist also not.
ich verstich euchs pald mit eim drot.«
nu hort zu, was do geschach.
ich waiß nit, wie er so leppisch stach,
das er am fuß ein adern traff.
hin zu der erden sank der pfaff
und plutet sich aldo zu tot.
davon der schuster kam in not
und west nit, wie er solt geparn,
wann im bei allen seinen jarn
nie solcher unmut ward bekant.
seiner frauen rüft er dar zuhant,
wie sie darzu ein sin bedecht,
das man den pfaffen vom weg precht,
das niemant innen würd der tat.
sie sprach: »ziehen wir in hinein vil drat
und auch sein pfert in schnellem sinn;
sein wirt alspald zwar niemant inn.«
alspald sie in in das haus do prachten.
ein hübschen sin sie in erdachten.
des morgens, do es tagen began,
do griffen sie den pfaffen an
und satzten in auf sein pfert gar wacker
und furten auf ein haberacker,
als ob der pfaff durch pös gever
selbs darein geritten wer.
Der paur kam, des der haber was
und sprach: »herr, warumb tut ir das?
seit ir nit weiser, dann das ir
zu grossem schaden reitet mir
und ir doch all tag uns verpiet,
das keiner des andern schaden nit
begern noch auch muten sol.
tut ir es selbs, das sicht man wol.«
wie vast der paur erzürnt wart,

da unten an meinem Stiefel aus.«
Der Schuster antwortete: »Herr, das mache ich,
wenn es schon so dringend ist.
Ich nähe es Euch gleich mit einem Zwirn zu.«
Nun hört, was dann passierte!
Ich weiß nicht, wie er so täppisch zustechen konnte,
daß er am Fuß eine Ader traf.
Der Pfarrer sank zu Boden
und verblutete.
Dadurch kam der Schuster in große Bedrängnis;
er wußte nicht, was er tun sollte,
denn in seinem ganzen Leben
hatte er noch nie solchen Verdruß gehabt.
Er rief sofort nach seiner Frau,
damit sie sich ausdenke,
wie man den Pfarrer von der Straße schaffen könne,
damit niemand die Tat entdecke.
Sie sagte: »Ziehen wir ihn schleunigst hinein
und ganz schnell auch sein Pferd;
so wird ihn bestimmt niemand so bald finden.«
Sofort schleppten sie ihn ins Haus
und schmiedeten einen hübschen Plan.
Am Morgen, als es gerade hell wurde,
packten sie den Pfarrer,
setzten ihn beherzt auf sein Pferd
und führten ihn in ein Haferfeld,
als ob er in böser Absicht
selbst hineingeritten wäre.
Der Bauer, dem der Hafer gehörte, kam herbei
und rief: »Herr, warum tut Ihr das?
Habt Ihr nichts Klügeres im Sinn, als mich
mit Eurer Reiterei ins Unglück zu stürzen,
wo Ihr uns doch Tag für Tag verbietet,
daß einer dem anderen Schaden
wünscht oder ihm gar selbst zusetzt.
Jetzt macht Ihr es selbst; man sieht es.«
Wie sehr der Bauer auch schimpfte,

so tet doch das pfert nach seiner art,
nachdem und es auch hungerig was,
und gieng dest vester einhin paß.
do das der paur an im ersach,
do hub er aber an und sprach:
»ach herr, wie sol ich das versteen?
wöllt ir des schimpfs nit abgeen,
es wirt euch reuen sicherlich.
ich sag euch wol, erzürnt ir mich,
ir wert so sanft daheim beliben
und het an einem brief geschriben,
als das ir mir mein habern abfretzt,
des ich pin noch unergetzt.«
wie vast der paur do flucht und schalt
und meint, der pfaff der trib gewalt,
so kert sich doch das pfert nit dran,
das es wollt von dem habern lan.
erst wart der paur erzürnt recht.
in grossem zorn er sich verjecht.
wol zu der erden er sich pückt,
ein grossen stain er do aufzückt
und warf den pfaffen in sein prust,
das er zu der erden fallen must.
darnach sach er den pfaffen an
und wartet, ob er nicht auf wöllt stan.
do lag er vor im und was tot.
des kam der paur in grosse not
und sprach: »ach got, was hab ich tan,
das ich das mort begangen han!«
zu seiner frauen er hin lief.
gar heimlich er ir zu im rief
und pat sie, das sie im rat wöllt geben,
er hett den pfarrer pracht umbs leben,
und sagt ir, wie es gangen was.
do sprach die frau: »so hab im das!
laß dir darumb gar nit grausen.
wes gieng der narr dann do umb mausen.

das Pferd tat doch ganz nach seiner Natur,
und weil es auch noch hungrig war,
trottete es um so beharrlicher weiter hinein.
Als das der Bauer bemerkte,
begann er erneut und rief:
»Ach Herr, wie soll ich das verstehen?
Wenn Ihr mit diesem Scherz nicht aufhört,
wird es Euch mit Sicherheit reuen.
Ich sage Euch: Wenn Ihr mich in Wut bringt,
wäret Ihr besser brav zu Hause geblieben
und hättet irgendein Schriftstück aufgesetzt,
als mir meinen Hafer abfressen zu lassen,
für den ich noch nichts eingenommen habe.«
Wie sehr da der Bauer auch fluchte und schimpfte,
weil er meinte, der Pfarrer wende Gewalt an,
das Pferd scherte sich doch nicht darum,
daß es vom Hafer lassen sollte.
Nun geriet der Bauer erst recht in Rage.
In seiner Wut verlor er die Beherrschung.
Er bückte sich,
packte einen großen Stein
und warf ihn dem Pfaffen an die Brust,
so daß der zu Boden stürzte.
Dann starrte er den Pfarrer an
und schaute, ob er nicht wieder aufstehen wolle.
Der aber lag vor ihm und war tot.
Darüber packte den Bauern großes Entsetzen
und er rief: »O Gott, was habe ich getan,
ich habe einen Mord begangen.«
Er lief zu seiner Frau.
Verstohlen nahm er sie beiseite
und bat sie, ihm einen Rat zu geben:
er habe den Pfarrer umgebracht;
und er sagte ihr, wie das passiert war.
Da antwortete die Frau: »Recht geschieht ihm!
Mach' Dir deswegen keine Vorwürfe!
Was mußte der Narr auch stehlen gehen.

wolt nit selbs bedenken der tor,
was er uns all tag predigt vor,
das keiner seim nechsten schaden solt.
do er sich selbs nit hüten wolt,
so will ich in zwar nimer klagen.
gee dan, wir wöllen in herein tragen
piß hin gen der nacht, das es tunkel ist.
wir vinden etwo einen list,
das wir von im on schaden kummen.«
des nachts sie den pfaffen numen
und trugen für irs nachpaurn tür.
do was ein gatter außen für.
gar hübschlich lainten sie in daran.
die nacht must er am gattern stan.
Des morgens fru, do es ward liecht,
aufwischt der selbig paur und giecht
zu seiner frauen: »es ist zeit,
das ich nu auß gen acker reit.«
die haustür zoch er auf so drot.
von schrecken wart er plaich und rot,
do er den pfaffen plickt an.
iedoch er sich vil schir besan
und sprach zu im: »ach herre mein,
was sol doch dise narrenweis sein,
das ir mich also habt erschreckt?
wie habt ir euch daher gestreckt?
was tut ir do? wem geet ir noch?
durch got so sagt mir es doch.
seit ir nit weiser, dann das ir heint
neur also an dem gattern leint?«
der paur wer zornig oder fro,
der im kein antwurt gab do,
das was der pfaff, den er do vand.
der paur hub wider an zehand
und sprach: »ach herr, was sol das sein,
das ir heint also spottet mein?
wann ich kan es nit anders schetzen,

Selbst wollte der Dummkopf also nicht beherzigen,
was er uns immer gepredigt hat:
daß keiner seinem Nächsten schaden soll.
Da er sich selbst nicht zusammennehmen wollte,
denke ich gar nicht daran, ihn zu beklagen.
Geh jetzt, wir wollen ihn hereintragen
bis zur Nacht, wenn es dunkel ist.
Wir finden irgendwie einen Weg,
wie wir ihn ohne Schwierigkeiten wieder loswerden.«
In der Nacht packten sie den Pfarrer
und schleppten ihn vor die Tür ihres Nachbarn.
Vor der war ein Gatter.
Fein säuberlich lehnten sie ihn daran.
Die ganze Nacht mußte er am Zaun stehen bleiben.
  Früh am Morgen, als es hell wurde,
sprang nun dieser Bauer auf und sagte
zu seiner Frau: »Es ist Zeit,
daß ich aufs Feld reite.«
Rasch öffnete er die Haustür.
Vor Schreck wurde er blaß und rot zugleich,
als er den Pfarrer sah.
Aber er fing sich schnell
und sagte zu ihm: »Ach, mein Herr,
was soll das für eine Posse sein,
warum erschreckt Ihr mich so?
Wieso habt Ihr Euch hier angelehnt?
Was macht Ihr da? Hinter wem seid Ihr her?
Um Gottes willen, so sagt es mir doch!
Ist Euch nichts Klügeres eingefallen, als heute nacht
nur so an dem Gatter zu lehnen?«
Ob der Bauer zornig oder freundlich war,
wer ihm keine Antwort gab,
das war der Pfarrer, den er gefunden hatte.
Der Bauer fing gleich wieder an
und sagte: »Ach Herr, was soll das bedeuten,
daß Ihr mich heute so zum besten haltet?
Ich kann das nicht anders verstehen,

dann das ir mich ie meint zu tretzen.
ich pit euch darumb: geet noch hindan.
wöllt ir den tag am gattern stan?
laßt mich hinauß, es wer nu zeit,
ee ich euch treff mit einem scheit,
das ir mich werdt erkennen recht.«
wie groß der paur het ein geprecht,
so kart sich doch der pfaff nit daran.
der paur erzürnen do began.
den gattern stieß er auf mit gewalt.
den pfaffen er dernider fallt,
das er vor im gestrecket lag.
des kam der paur in grosse klag.
seiner frauen er auch pald aufrief.
die saumbt sich nit, sie zu im lief
und fragt in, was im wer geschehen.
do ward er wider zu ir jehen:
»ach liebes weib, rat, wie ich tu.
das ich ie aufgestund so fru,
des muß alles unglück immer walten.
von eren und gut pin ich gespalten.
ich waiß nit, wie ich komm darvan.
ein grossen mord han ich getan:
den pfaffen ich ermordet han.
der wolt nit von dem gattern gan.
ein stoß gab ich im und nit mee.
do sprach er weder ach noch wee
und hat also sein end genommen.«
die frau sprach: »wie ist das kommen?«
der paur begund irs als zu sagen.
do sprach die frau: »so laß dein klagen!
hett er dann anders nit zu schaffen,
dann das er stund am gattern gaffen?
so hab im den verheiten schaden!
komm, laß in tragen in das gaden
und darnach wol decken zu,
piß wir gedenken, wie man im tu.«

als daß Ihr mich foppen wollt.
Ich bitte Euch: Geht doch weiter!
Wollt Ihr den ganzen Tag am Gatter stehen?
Laßt mich hinaus (es ist nun höchste Zeit),
bevor ich Euch mit einem Holzscheit bearbeite,
damit Ihr mich richtig kennenlernt.«
Wie sehr der Bauer auch zeterte,
der Pfaffe scherte sich nicht darum.
Da packte den Bauern die Wut.
Mit Gewalt stieß er das Gatter auf
und streckte den Pfarrer nieder,
daß er der Länge nach vor ihm lag.
Darüber verfiel der Bauer in großes Wehklagen.
Eilig rief auch er nach seiner Frau.
Die lief schnell zu ihm
und fragte ihn, was passiert sei.
Darauf antwortete er ihr:
»Ach liebe Frau, rate mir, was ich tun soll!
Davon, daß ich so früh aufgestanden bin,
kommt alles Unglück.
Ansehen und Besitz habe ich verloren.
Wie ich heil davonkommen soll, weiß ich nicht.
Ich habe einen schändlichen Mord begangen:
ich habe den Pfarrer umgebracht.
Der wollte einfach nicht vom Zaun weg.
Ich habe ihm nur einen Stoß gegeben, nichts weiter.
Doch er rief weder ›Ach‹ noch ›Weh‹
und ist so ums Leben gekommen.«
Die Frau fragte: »Wie ist das denn zugegangen?«
Der Bauer erzählte ihr alles.
Da antwortete die Frau: »Hör auf zu jammern!
Hatte er denn nichts anderes zu tun,
als am Zaun zu stehen und zu gaffen?
So hat er jetzt die verdammte Bescherung.
Komm, laß ihn uns in die Kammer tragen
und gut zudecken,
bis wir überlegt haben, was wir mit ihm machen.«

do behielten sie in, piß es ward nacht.
die frau an iren nachpaurn dacht.
der selb im dorf ein meßner was.
sie sprach: »mein man, pis nit zu laß!
uns scheitt doch neur ein hülzine wand.
ein pret verrücken wir zuhand
und schieben in einhin und schweigen still.«
do sprach der paur: »es ist mein will,
seit es nit anders mag gesein.«
do schloff die frau zum ersten hinein
und sprach zum mann: »nu peut mirn her!«
do namen sie den pfaffen schwer
und dunsen in des meßners gemach.
ein multern mit teig die frau ersach,
wann sie des morgens solten pachen.
die frau gedacht: »es wirt sich machen.«
sie winket irem man zu ir
und sprach: »bring her ein schefflein mir!«
der paur tet, als sie in hieß.
kein teig sie in der multern ließ
piß an wenig, das do bleib.
nu höret, was sie damit treib.
den pfaffen gund sie zuhin rücken
und auch über die multern pücken.
die hend sie im im teig umbwült.
das maul sie im auch damit fült,
sam er in allen het verschlickt,
piß das er daran wer erstickt.
von dannen karten sie zuhand.
auch so vermachten sie die wand
und legten sich do nider und schliefen.
Des morgens ward der meßner riefen,
das sein frau aufstünd und kneet,
der han het mitternacht gekreet.
die frau wüscht auf und legt sich an
und lief zu irem teig hindan,
ob er icht aufgegangen wer.

Sie behielten ihn da, bis es Nacht wurde.
Der Frau fiel ihr Nachbar ein.
Der war im Dorf Küster.
Sie sagte: »Mann, sei nicht so faul!
Uns trennt doch nur eine Holzwand.
Wir verrücken gleich ein Brett,
schieben ihn hinüber und verhalten uns ruhig.«
Da antwortete der Bauer: »Mir soll es recht sein,
anders geht es ja nicht.«
Da schlüpfte die Frau zuerst hinüber
und sagte zu ihrem Mann: »Nun schieb ihn mir her!«
Sie packten den dicken Pfaffen
und zerrten ihn in die Kammer des Küsters.
Die Frau entdeckte einen Backtrog mit Teig,
denn am Morgen sollte gebacken werden.
Sie dachte bei sich: »So könnte es gehen.«
Sie winkte ihren Mann zu sich
und sagte: »Bring mir eine Kelle!«
Der Bauer tat, wie ihm geheißen.
Keinen Teig ließ sie in dem Backtrog
bis auf ein bißchen, das drin blieb.
Nun hört, was sie damit anstellte:
Sie schob den Pfaffen hin
und beugte ihn über den Backtrog.
Die Hände wühlte sie ihm in den Teig.
Auch stopfte sie ihm das Maul damit voll,
als ob er den ganzen Teig verschlungen hätte,
bis er daran erstickt wäre.
Dann machten sie sich sogleich davon.
Auch die Wand verschlossen sie wieder,
legten sich hin und schliefen.
Am Morgen rief der Küster,
daß seine Frau aufstehen und den Teig kneten solle,
der Hahn habe längst Mitternacht gekräht.
Die Frau sprang auf, zog sich an
und lief zu ihrem Teig,
ob er aufgegangen wäre.

do was die multern alle ler.
ein kreuz die frau do für sich macht,
doch waiß ich nit, was sie gedacht,
dann das sie pald ein liecht aufschlug
und eilet zu der multern klug
und ward den pfaffen sichtig an.
vast sie erschrecken do began,
das sie nahet verzaget was,
piß das sie ward erkecken paß.
do gund sie den pfaffen recht ansehen
und do zu ir selber jehen:
»sol ich das nit zu wunder sagen?
hat dich der teufel herein getragen
oder hat er dich zemal besessen,
das du mir mein taig hast gefressen?
nu muß dirs gleich der rit gesegen!
doch dünkt mich zwar, dir sei gelegen
dein fressen, du verfluchter pfaff.
des sitz nu also do und gaff
und hab dir den verheiten schaden!
mich dünkt zwar, du habst gnug geladen,
das du verdeust nimmermer.
hat dich der teufel getragen her,
der für dich wider außhin schir.
nu wöllt ich wenen, du soltest mir
und andern leuten ler geben,
wie wir verzerten unser leben.
so pistu selbs eim geschleck nachgangen,
des doch ein sau kaum solt gelangen.«
der meßner lag am pet und schlief.
die frau im do vil pald aufrief.
sie sprach: »stee auf und schau durch got,
ob nit der teufel treib seinen spot
an unserm öden pfarrer hie.
wer gesach doch solches wunder ie?«

Aber der Backtrog war völlig leer.
Die Frau bekreuzigte sich,
doch weiß ich nicht, was sie dachte.
Aber gleich zündete sie ein Licht an,
eilte beherzt zum Backtrog
und erblickte den Pfarrer.
Sie erschrak so heftig,
daß sie beinahe die Fassung verlor;
schließlich erholte sie sich wieder.
Da schaute sie sich den Pfarrer genau an
und sagte zu sich:
»Muß man das nicht ein Wunder nennen?
Hat Dich der Teufel hereingebracht
oder ist er mit einem Mal in Dich gefahren,
daß Du mir meinen Teig aufgefressen hast.
Nun soll Dich gleich das Fieber packen!
Aber es kommt mir bald so vor,
Dein Fressen setze Dir sehr zu, verfluchter Pfaffe.
Nun hocke nur da und gaffe
und hab davon die verdammte Bescherung.
Mir scheint wirklich, Du hast genug in Dich hineingestopft;
das wirst Du niemals verdauen.
Hat Dich der Teufel hereingeführt,
dann soll der Dich auch schleunigst wieder hinausbringen.
Nun meinte ich doch, Du solltest mir
und anderen Leuten ein Beispiel sein,
wie wir unser Leben zu führen hätten.
Jetzt bist Du selber einer Nascherei erlegen,
nach der es doch eine Sau kaum gelüsten sollte.«
Der Küster lag auf dem Bett und schlief.
Die Frau weckte ihn schnell.
Sie rief: »Steh auf und schau um Gottes willen,
ob der Teufel nicht seinen Spott treibt
mit unserem dummen Pfarrer hier.
Wer hat jemals schon so etwas Verrücktes gesehen?«

aufwischt der meßner und wolt schauen,
was also ernstlichs prech der frauen.
do er den pfarrer ansach,
»wee heut und immer«, er doch sprach,
»wie ist es neur darzu kommen?
wer hat des wunders ie vernommen?
was wildes gelüstes hat in besessen,
das er hat so vil taigs gefressen?«,
sprach er zu seiner frauen leis.
die frau sprach: »ich pin sein nit weis.«
der man sprach: »das wer alls nit zu achten,
und möchten wir neur eins betrachten,
wie wir des pfaffen kemen ab.«
die frau im pald ein rat do gab
und sprach: »ich waiß kein pessern sin:
wir tragen in in die kirchen hin
und legen im an sein meßgewand
und stellen in über altar zuhand
und ziehen darnach frümeß an.
so dann die leut herzu werden gan
und sehen, das er sich nit verrückt,
so wöllen sie wänen, er sei verzückt
in grosser andacht, die er hab.
sich, also kommen wir sein ab.
der meßner was des rates fro.
seiner frauen volget er do
und hub do frümeß an zu ziehen.
do kamen die paurn und begunden knien
hin zu dem altar und anderswar.
zuletzt ein altes weib kam dar
und begund gar vast zum altar dringen
und zwischen den leuten sich einzuzwingen,
ob sie ergriff das meßgewand.
und do es ir ward in die hand,
do fur sie gen dem mund damit
und wolt das küssen nach peurischem sit

Der Küster fuhr auf und wollte nachsehen,
was der Frau so Schlimmes zugestoßen sei.
Als er den Pfarrer erblickte,
rief er: »Weh mir, jetzt und für alle Zeit!
Wie ist es nur dazu gekommen?
Wer hat je so Unglaubliches gehört?
Was für eine wilde Begierde hat ihn gepackt,
daß er so viel Teig gefressen hat?«,
fragte er seine Frau leise.
Die antwortete: »Ich weiß das auch nicht.«
Der Mann darauf: »Das braucht uns alles nicht zu kümmern;
wir sollten nur eines bedenken,
nämlich wie wir den Pfarrer loswerden.
Die Frau wußte sogleich Rat
und sagte: »Mir fällt nichts Besseres ein:
wir tragen ihn in die Kirche,
legen ihm sein Meßgewand an,
beugen ihn über den Altar
und läuten dann zur Frühmesse.
Wenn dann die Leute herbeikommen
und sehen, daß er sich nicht bewegt,
dann werden sie glauben, er sei entrückt
in seiner tiefen Andacht.
Sieh, so werden wir ihn los.«
Der Küster war erleichtert über diesen Ausweg.
Er folgte seiner Frau
und begann zur Frühmesse zu läuten.
Da kamen die Bauern und knieten nieder
vor dem Altar und auch sonst.
Zuletzt kam ein altes Weiblein,
drängelte sich eilig zum Altar vor
und zwängte sich zwischen den Leuten durch,
um das Meßgewand zu berühren.
Und als sie es in die Hand bekommen hatte,
führte sie es zum Mund
und wollte es nach bäuerlicher Sitte küssen,

und rückt in auf ein seiten gar,
das er viel auf sie nider dar
und schlug sie schweres falls zu tot.
do hub sich jamer und auch not.
zum altar ward ein groß gelauf.
dem pfaffen wolten sie helfen auf.
do was er ganz und gar erstarrt.
des erschraken sie also hart.
do hub sich zweierlei hand not:
ein teil die klagten des pfaffen tot,
die andern wurden die frauen klagen,
die er do het zu tod erschlagen.
do sie nu lang geklagt hetten
und alle kleglichen teten,
do westens pessers nit zu schaffen,
sie namen die frauen und den pfaffen
und bestatten sie zu der erden drot.

Also hat der pfaff den tot
genommen nach der weiber ler.
Hanns Rosenplüt der schnepperer
tut uns die abenteur verjehen.
got laß uns allen wol geschehen.

und sie zog den Pfarrer so nach einer Seite,
daß er auf sie niederstürzte
und sie mit vollem Gewicht erschlug.
Da begann ein Jammern und ein Wehklagen
und ein großes Gerenne zum Altar.
Sie wollten dem Pfarrer aufhelfen,
doch der war ganz und gar erstarrt.
Darüber erschraken sie fürchterlich.
Nun erhob sich ein zweifaches Wehgeschrei:
die einen beklagten den Tod des Pfarrers,
die andern trauerten um die Frau,
die er erschlagen hatte.
Als sie nun lange geklagt hatten
und sich alle in Klagegebärden ergingen,
da wußten sie nichts Besseres,
als die Frau und den Pfarrer zu nehmen
und sie rasch zu beerdigen.
So hat der Pfarrer den Tod
gefunden nach dem Ratschlag der Frauen.
Hans Rosenplüt, der Schnepperer,
erzählt uns diese Geschichte.
Gott lasse es uns allen wohlergehen.

HANS ROSENPLÜT
VON EINEM VARNDEN SCHULER

Nu horet einen klugen list,
wie einest einem widerfaren ist.
ein varender schüler ist er genant.
hübscheit ist mir von im bekant.
Zu einem pauern er eintrat.
die frauen er umb die herberg pat,
das sie in ließ liegen auf einer pank.
dorumb wolt er ir sagen großen dank.
die frau ob irem tische saß.
der pfaff im dorf mit ir aß.
den hett sie heimlich zu ir geheißen,
das er in irem vorst solt peißen.
dorumb er mit ir aß und trank.
der schüler hett ein bösen dank
und gedacht, was wirtschaft das mocht sein.
die frau die pot im dar den wein
und ließ ir augen zu im sweimen
und sprach: »mein man ist nicht daheimen.
vor im tar ich dich nicht geweren,
sust wolt ich dich herbergen geren.«
der pfaff der ward in krums ansehen.
der schüler ward zu der frauen jehen:
»dürt ir sein nicht tun vor euerm man,
so laß ich bei der zeit davon.«
er merket wol ir beider sin
und gesegent sie und ging dahin.
die tür er in die hant do nam,
und do er für die stuben kam
und tet, sam er zum haus auß ging,

HANS ROSENPLÜT
DER FAHRENDE SCHÜLER

Hört jetzt von einer raffinierten List,
wie sie vor Jahren einmal einem einfiel.
Es war ein fahrender Schüler,
der als klug und einfallsreich bekannt ist.
Er betrat eines Tages ein Bauernhaus
und bat die Bäuerin um Unterkunft;
sie möge ihn auf der Bank schlafen lassen.
Das wolle er ihr danken.
Die Frau saß gerade bei Tisch.
Der Pfarrer aus dem Dorf speiste mit ihr.
Den hatte sie heimlich eingeladen,
damit er in ihrem Wald auf die Pirsch gehe.
Deshalb aß und trank er mit ihr.
Der Student hatte einen finsteren Verdacht
und dachte bei sich, was das wohl für eine Bewirtung sein möge.
Die Frau bot ihm Wein an,
blickte ihn vielsagend an
und sagte: »Mein Mann ist nicht zu Hause:
Seinetwegen getraue ich mich nicht, Dich hereinzulassen;
sonst würde ich Dich gerne beherbergen.«
Der Pfarrer schaute ihn schief an,
der Schüler sagte zu der Frau:
»Wenn Ihr Euch wegen Eures Mannes nicht traut,
dann will ich natürlich darauf verzichten.«
Er hatte genau gemerkt, was die beiden vorhatten.
Mit einem »Gott befohlen!« ging er davon.
Er öffnete die Stubentüre,
und als er vor der Stube war,
tat er so, als ob er das Haus verließe.

nu horet, was er da anving.
er sleich hinhinder in den stal
(sein gedanken waren one zal)
und verparg sich in ein vinstere ecken
und meint den pfaffen abzuschrecken.
ob er zu warer tat möcht kumen,
ein gute schenk müst er im frumen.
So er wartt mit heimlicher lauer,
so klopfet außen an der pauer.
da furen sie bede auf in der stuben.
den rigel sie aussen paß fürschuben
und ließen den pauern so lang anpossen,
biß sich der pfaff nu hett verstoßen
auf in ein vinster unter ein dach.
das selb der schüler eben sach.
der pfaff der hett getragen ein
ein flaschen groß mit gutem wein.
die behielt sie herauß in den futterkreben.
das selb das sach der schüler auch eben.
ein gebraten hun stack am spieß.
das selb sie auch darzu verstieß.
ein veiste henn im hafen sod.
die ruckt sie auf einen ort gar drot
und leinet das derrholz dafür
und lief darnach zu der haustür
und ließ da ein iren man.
da sach ers zorniglichen an
und sprach: »wie verzeuchst du es so lank?«
da sprach sie: »da lag ich auf der pank
und slief süeßlich, ee du mich erweckt.
du hast mich auß dem slaf erschreckt.«
Do gingen sie in die stuben beid.
der schüler gar leis herfür schreit
und sleich gemechlich für die tür
und stund ein kleine weil dafür

Nun paßt auf, was er anstellte!
Er schlich sich nach hinten in den Stall
(seine Einfälle waren nicht zu zählen!),
verbarg sich in einer finsteren Ecke
und wollte so dem Pfarrer einen gehörigen Schreck
einjagen.
Wenn es sich wirklich so bewerkstelligen ließe,
müßte es ihm ein ordentliches Schweigegeld
einbringen.
Als er so heimlich auf der Lauer lag,
da klopfte draußen der Bauer.
Da fuhren die beiden in der Stube hoch.
Sie schoben den äußeren Riegel noch fester vor
und ließen den Bauern so lange an die Tür hämmern,
bis der Pfarrer sich davongemacht hatte
nach oben ins Finstere unter das Dach.
Der Student beobachtete das alles ganz genau.
Der Pfarrer hatte
eine große Flasche guten Wein mitgebracht.
Die brachte sie nach draußen in den Futterkorb.
Auch das sah der Student genau.
Am Spieß steckte ein gebratenes Huhn,
das versteckte sie auch dort.
Im Ofen wurde eine fette Henne gesotten,
die schob sie schnell in eine Ecke
und lehnte das Dörrbrett davor
und lief dann zur Haustür
und ließ ihren Mann herein.
Der schaute sie wütend an
und sagte: »Warum brauchst Du so lange?«
Sie antwortete ihm: »Ich lag auf der Bank
und habe süß geschlummert, als Du mich wecktest.
Du hast mich aus dem Schlaf geschreckt!«
Sie gingen zusammen in die Stube.
Der Student kam leise aus seinem Versteck
und schlich langsam vor die Türe
und blieb eine kleine Weile davor stehen.

und klopfet an mit einem slag.
der pauer zum venster herauß sach.
der schüler pat den pauern ser:
»beherberg mich heint umb gotes er!«
der pauer sprach: »das tu ich durch got,
dorumb das ich oft prich sein gepot.«
der schüler hinein zum pauern ging.
an seinem hals ein garn hing.
da das der pauer an im sach,
mit worten er zu dem schüler sprach:
»sollich gesellen die erfaren vil
und sind alle gern klug und subtil.
möchtest du uns nicht ein schimpf gemachen,
das du uns die frauen machest lachen?
die ist als wunderlich heint,
und ich ir doch zwar nicht bin veint.«
der schüler sprach: »das kan ich wol.
ich mach uns all noch freuden vol.
den teufel den wil ich uns pannen,
das er uns kurzweil muß außspannen.«
von dem bauern er do begert,
das er im hinein precht sein swert.
damit er in der stuben umbreiß
und machet damit einen kreiß
und stund da mit dem pauern darein
und ward nu reden in latein.
»nicht vorcht dich!«, er zum pauern sprach,
»er mag uns tun kein ungemach.
und tu neur nach meinen worten eben
und gee hinauß zu dem futterkreben.
darinnen vindest du ein gepraten hun.
nicht vorcht dich, er mag dir nicht getun.
du vindest auch darinnen ein flaschen mit wein.
das nim zu dir und trags herein.
darnach gee hinauß an den tennen.
da vindest du ein gesottne hennen
auch hinten in dem ofen stan.

Mit einem Schlag pochte er an das Tor.
Der Bauer blickte zum Fenster heraus.
Der Student bat ihn flehentlich:
»In Gottes Namen, nehmt mich heute nacht auf!«
Der Bauer entgegnete: »Ich tue es Gott zu Ehren,
denn oft genug breche ich sein Gebot.«
Der Schüler trat ein.
An seinem Hals hing ein Band.
Als der Bauer das sah,
wandte er sich mit diesen Worten an den Schüler:
»Euresgleichen erfährt eine Menge
und ist meist gelehrt und scharfsinnig.
Kannst Du uns nicht einen kleinen Spaß machen,
damit meine Frau etwas zu lachen hat?
Sie ist heute so seltsam,
obgleich ich ihr doch wirklich nicht böse bin.«
Der Student meinte: »Gewiß kann ich das.
Ich mache uns allen noch reichlich Vergnügen.
Ich werde den Teufel für uns bannen,
daß er uns einen Zeitvertreib bietet.«
Vom Bauern wollte er,
daß er ihm sein Schwert bringe.
Mit ihm umschritt er die Stube,
zog einen Kreis damit,
stellte sich mit dem Bauern hinein
und fing an lateinisch zu reden.
»Fürchte Dich nicht!«, sagte er zum Bauern,
»er kann uns nichts Böses antun.
Handle nur genau nach meinen Anweisungen
und geh' hinaus zum Futterkorb.
In ihm findest Du ein gebratenes Huhn.
Fürchte Dich nicht, er kann Dir nichts tun.
Du findest drin auch eine Flasche Wein.
Nimm beides und trage es herein.
Dann geh' hinaus auf die Tenne.
Dort findest Du ein gesottenes Huhn
hinten im Ofen liegen.

mit worten ich in gepannet han,
das er uns es ferr hat her gefürt
und hat es einem pfaffen abgespürt.
er solt bei einem weib sein gelegen.«
der pauer tet für sich den segen
und ging hinauß gar unverzagt
und vand es, als er im hett gesagt,
und trug das hinein über den tisch
und sprach: »es ist alls rein und frisch.«
der pauer ward zum schüler jehen:
»lieber, wie gern wolt ich in sehen,
wie er doch het ein gestalt,
ob er wer junk oder alt.«
der schüler sprach: »woltstu sein herzenhaft,
so wolt ich in zwingen mit wortes kraft,
das er sich müst laßen sehen an.«
der bauer sprach: »menlich wil ich bestan.«
da gingen sie beide hinauß in das haus,
und sprach: »nu wart, das dir nicht graus.«
an dem tennen er umbreiß
und machet auch da einen kreiß
und stellet da den pauern darein
und verpot im bei großer pein:
»nu weich nicht darauß bei deinem leben,
so wil ich dir in zu sehen geben.«
der schüler tet die tür auf weit
und sprach zum pauern: »es ist schir zeit.«
der pauer sich ser im kreiß umbsach.
der schüler steig auf unter das dach,
da er den pfaffen west und vand,
und sprach: »zicht bald ab euer gewant,
so hilf ich euch von diesem schimpf,
das ir davon kumpt mit gelimpf
und das euer niemant innen wirt,

Mit meinen Sprüchen habe ich ihn gezwungen,
daß er uns das alles von weit her gebracht hat;
er hat es einem Pfaffen abgeluchst.
Der hatte vor, mit einer Frau zu schlafen.«
Der Bauer bekreuzigte sich,
schritt mutig hinaus,
fand alles so, wie er es ihm gesagt hatte,
brachte es herein auf den Tisch
und sagte: »Es ist alles ordentlich und frisch.«
Dann entschloß er sich, den Studenten zu bitten:
»Mein Freund, wie gerne würde ich ihn sehen:
welches Aussehen er wohl hat,
ob er jung ist oder alt?«
Der Schüler entgegnete: »Wenn Du den nötigen Mut aufbringst,
dann will ich ihn durch die Kraft meiner Rede zwingen,
sich zu zeigen.«
Der Bauer sagte: »Tapfer werde ich ihm entgegentreten.«
Da traten sie beide aus der Stube hinaus in das Haus,
und der Student sagte: »Paß auf, daß Du Dich nicht erschreckst!«
Er umschritt die Tenne,
zog auch da einen Kreis,
stellte den Bauern hinein
und gebot ihm bei strengster Strafe:
»Bei Deinem Leben! Geh' da nicht heraus,
dann will ich ihn Dir zu sehen geben.«
Der Student machte die Türe weit auf
und sagte zum Bauern: »Gleich ist es soweit!«
Der Bauer blickte im Kreis herum.
Der Student stieg hinauf unter das Dach,
wo er den Pfarrer wußte, und fand ihn dort.
Er sagte zu ihm: »Zieht sofort Eure Kleider aus,
dann helfe ich Euch aus dieser mißlichen Lage,
damit ihr glimpflich davonkommt
und niemand Euch erkennt,

wann euch noch niemant hat gespürt.«
der pfaff der sprach: »ich volg deiner leren.
hilfstu du mir hie darvon mit eren,
das ich on schaden kum davon,
so hab dir alls mein gewant zu lon.«
der pfaffe zog sich nacket ab.
er sprach: »die bruch muß auch herab.«
da bescheiß er den pfaffen wol mit ruß
von oben herab biß auf den fuß
und macht in swarz als ie kein rab.
da rumpelt er die leitern herab
und pfuchzet gein dem bauern auß
und lief da zu der tür hinauß.
der bauer erschrack, das im ward heiß,
das er darnider viel im kreiß
und das er ward gel und pleich.
der schüler schrei: »wie pist du so weich?
nu hab ich dirs alls vor geseit,
das er dir mag getun kein leit.«
der pauer sprach: »solt ich nicht erschrecken?
er trug an im ein großen stecken.
daran sach ich ein gesleuder hangen,
das glenkert hinden an der stangen.
dorin trug er zwen michel stein,
die klopften im umb seine pein.
ich meint, er wolt mein damit remen
und mir damit mein leben nemen.«
der schüler sprach da zu dem bauern:
»vor im getrau ich dich wol beschauern.
vorcht dich nimmer, er ist hin,
wann ich sein doch gewaltig bin,
und vach ein herz und bis ein man.

denn noch hat keiner etwas gemerkt.«
Der Pfarrer sagte: »Ich folge Deinem Rat.
Wenn Du mir hilfst, hier mit Anstand herauszukommen
und ohne daß ich zu Schaden komme,
dann sollst Du zur Belohnung alle meine Kleider haben.«
Der Pfarrer zog sich nackt aus.
Der Student sagte: »Auch die Unterhose muß herunter.«
Dann beschmierte er den Pfarrer vollständig mit Ruß,
vom Kopf bis zu den Füßen,
und machte ihn schwärzer als jeden Raben.
Dann polterte der Pfarrer die Leiter herunter
und fauchte auf den Bauern zu
und rannte zur Türe hinaus.
Der Bauer erschrak so, daß ihm ganz heiß wurde
und er in seinem Kreis zu Boden stürzte
und kreidebleich war.
Der Student schrie ihn an: »Was bist Du für eine Memme!
Ich habe Dir doch gesagt,
daß er Dir nichts antun kann.«
Der Bauer entgegnete: »Hätte ich mich etwa nicht erschrecken sollen?
Er hatte einen großen Stecken an sich,
daran sah ich eine Schleuder hängen,
die hinten an der Stange baumelte.
In ihr lagen zwei mächtige Steine,
die ihm um die Beine schlugen.
Ich hatte Angst, er wollte damit gegen mich anrennen
und mich umbringen.«
Der Student entgegnete dem Bauern:
»Vor dem traue ich mich schon, Dich zu beschützen.
Hab keine Angst mehr, er ist weg,
denn ich beherrsche ihn vollkommen.
Nimm Dir ein Herz und sei ein Mann.

mein kunst ich wol beweret han.«
die frau der hönerei do lachet,
das ers so hübschlich hett gemachet,
das er dem pfaffen half davon,
das sein nicht kennen kond ir man,
und sprach zu im: »du bist ein gesell.
sweig still und laß in varn in die hell.
du bist in guter schul gewesen
und hast die rechten bücher gelesen.
wir wollen uns hinein in die stuben setzen
und wollen uns unsers leids ergetzen.«
sie gingen all drei in die stuben und aßen.
die nacht sie bei einander saßen.
die frau die trug in dar das pest,
was sie von essen und trinken west,
und lebten wol die ganzen nacht.
vil kurzweil er dem pauern macht.
des morgens begond er von im scheiden.
er dankt in allen peiden
so ser auß seinem ganzen gemüt.
so hat geticht Hanns Rosenplüt.

Ich habe meine Fähigkeiten ja wohl deutlich genug
demonstriert.«
Die Frau lachte über diese Fopperei:
wie er es so hintersinnig angestellt hatte,
wie er dem Pfarrer zur Flucht verhalf,
ohne daß ihr Mann ihn erkennen konnte.
Und sie sagte zu ihm: »Du bist mir einer.
Rede jetzt nicht weiter und laß ihn in die Hölle fahren.
Du hast gute Schulen besucht
und die richtigen Bücher gelesen.
Setzen wir uns in die Stube
und entschädigen wir uns für unser Unglück!«
Alle drei gingen sie in die Stube und speisten.
Die ganze Nacht saßen sie beieinander.
Die Frau trug das Beste auf,
was sie an Essen und Trinken kannte,
und sie ließen es sich die ganze Nacht gutgehen.
Der Student unterhielt den Bauern mit seinen Späßen.
Am anderen Morgen nahm er Abschied von ihm
und dankte ihnen beiden
von ganzem Herzen.
Das hat Hans Rosenplüt gedichtet.

HANS ROSENPLÜT (?)
VON DEM MALER ZU WIRTZPURG

Wolt ir nu sweigen und gedagen,
ich wolt euch hübsche abenteuer sagen,
die spricht von einem klugen man,
der abenteuer so vil began.
in Wirzpurg was er daheimen.
was ie mocht fliegen oder sweimen,
das konde er malen oder snitzen.
er was so klug an seinen witzen.
vil kunst trug er in seinem leib.
er hette das allerschönste weib,
so es ein man neur sehen solt.
der probst vom tum der was ir holt
und pulet heimlich oft umb sie,
das sie in ließ zwischen ire knie.
Eins tags wolt sie zu metten gan.
der probst kam zu ir auf die pan
und grußt sie so minnigleich
und sprach: »frau, ich wolt euch machen reich,
das ich ein nacht solt bei euch ligen,
und west ich neur, das es blieb verswigen,
ich wolt euch geben sechzig schock
und darzu kaufen mantel und rock.«
die fraue sprach: »beitet biß morgen fru,
so kumpt dann wider da herzu,
so wil ich euch es wißen lan,
ob ichs verdienen müge vor meinem man.«
Die frau gar pald hin heim lief.
den iren man sie zu ir rief
und sprach: »kennst du vom tum den probst?
der hat mir in ein or gelost,

HANS ROSENPLÜT (?)
DER BILDSCHNITZER VON WÜRZBURG

Schweigt jetzt und seid still,
dann erzähle ich Euch eine feine Geschichte
von einem klugen Mann,
der viel Merkwürdiges erlebte.
Er war in Würzburg zu Hause.
Alles was fliegt und sich bewegt,
das verstand er zu malen oder zu schnitzen,
so bedachtsam und umsichtig war er.
Er war voller Kunstfertigkeit.
Dazu hatte er die allerschönste Frau,
die man überhaupt nur finden konnte.
Der Dompropst hatte ein Auge auf sie geworfen
und warb oft heimlich um sie,
damit sie ihn zwischen ihre Knie lasse.
Eines Tages wollte sie zur Frühmesse gehen.
Der Propst trat ihr in den Weg,
grüßte sie charmant
und sagte: »Verehrte, ich würde Euch reich machen,
wenn ich eine Nacht bei Euch liegen dürfte;
und wenn ich wüßte, daß es verborgen bliebe,
dann gäbe ich Euch sechzig Schock Silber
und kaufte Euch dazu noch Rock und Mantel.«
Die Frau sagte: »Wartet bis morgen früh
und kommt dann wieder hierher,
dann will ich Euch wissen lassen,
ob ich diesen Verdienst meinem Mann zumuten will.«
Die Frau lief schnell nach Hause.
Sie rief ihren Mann
und sagte: »Kennst Du den Dompropst?
Der hat mir geschmeichelt und ins Ohr geflüstert,

er wölle mir geben sechzig schock
und darzu kaufen mantel und rock,
das ich in ein nacht ließ bei mir liegen.
nu rat zu, wie wir in betriegen.
mich deucht gut, du gingst über felt,
ob uns von im möcht werden das gelt,
und komest herwider heimher schir.
dieweil so hieß ich in kumen zu mir.
kein beßern sin mochten wir nicht treffen,
damit wir in umb das gelt mochten effen.«
der man sprach: »könden wir den gigen
in unser pette herheim betriegen,
und das derselb öde gauch
auß unserm pette nem ein schauch,
es precht uns wol ein guten frumen.
noch heint heiß in her zu uns kumen.«
der maler ging auß über lant.

Ir meit sie pald zu dem probst hin sandt,
das sie in hieß kumen, ee er eß,
und auch des geldes nicht vergeß.
der probst eilt palde und kam zu ir.
sie sprach: »das gelt gebet mir,
das schütt mir her in meinen gern,
so wil ich euer freude gemern.«
do er das gelt von im geließ,
do stieß sie ein hünlein an ein spieß
und legt es zu dem feur gar resch.
do setzten sie sich zusammen zu tisch
und aßen und tranken und lebten gar wol.
der probst der ward do freuden vol
und legt der frauen selber für.
der maler ward klopfen an der tür.
die fraue schrei: »es kumpt mein man!«
der probst sprach: »wie greifen wir es an,
das ich davon kumme mit dem leben?«
sie sprach: »ein gut rat wil ich euch geben.

daß er mir sechzig Schock Silber geben
und dazu noch Rock und Mantel kaufen werde,
wenn ich ihn eine Nacht bei mir liegen ließe.
Überlege also mit, wie wir ihn übers Ohr hauen
können.
Ich hielte es für gut, daß Du weg gehst
(wenn wir schon von ihm das Geld kriegen können)
und plötzlich wieder zurückkommst.
In der Zeit ließe ich ihn zu mir kommen.
Einen besseren Weg können wir gar nicht finden,
ihn um sein Geld zu betrügen.«
Der Mann antwortete: »Wenn wir diesen Narren
in unser Bett hinein locken könnten
und wenn dieser blöde Tölpel
von dort einen gehörigen Schreck mitnähme,
das brächte uns einen ordentlichen Gewinn.
Laß ihn noch heute nacht zu uns kommen!«
Der Maler ging aus dem Haus.
Gleich sandte sie ihre Magd zum Domprobst,
damit sie ihn bitte, noch vor dem Essen zu kommen
und auch das Geld nicht zu vergessen.
Der Propst brach sofort auf und kam zu ihr.
Sie sagte: »Gebt mir das Geld,
schüttet es in meinen Schoß,
dann will ich Eure Freude mehren.«
Als er das Geld aus der Hand gegeben hatte,
steckte sie ein Hühnchen auf einen Spieß
und legte es eilends auf das Feuer.
Dann setzten sie sich miteinander an den Tisch
und aßen und tranken und ließen es sich gutgehen.
Der Propst war in bester Stimmung
und legte selbst der Hausfrau vor.
Da klopfte der Maler an die Tür.
Die Frau schrie: »Es kommt mein Mann!«
Der Propst meinte: »Was machen wir,
daß ich mit dem Leben davonkomme?«
Sie sagte: »Ich gebe Euch einen guten Rat.

nu zicht ab palde alle euer wot,
so wil ich euch verben gel und rot
und wil euch malen weiß und pla.
so stet ir zu den götzen da
und mischt euch under sie an die want,
so seit ir meinem man unbekant.«
der probst zog sich ab piß auf ein pruch.
der maler tet manichen fluch,
das sie in nicht wolt pald einlan.
sie streich dem probst die varb an
und stelt in an der götzen zeilen
und ward hin zu der haustür eilen.
den rigel von der tür sie nam,
und do der maler in das haus kam,
der maler sprach: »frau, lang her ein liecht.
ich gee daher von einem, der giecht,
er wolle mir ein pild kaufen ab.
laß mich suchen, ob ich icht hab.«
die frau die bracht ein liecht behend.
damit leucht er hin zu der wend.
do sach er dem probst kopf und har.
do sprach er: »sicherlich, fürwar,
der knecht, der mir das pild hat gesnitzt,
mit eren er oben an dem tisch wol sitzt.
es ist gestalt, sam es hab leben.
ich wil im einen bessern wochenlon geben.«
do sach er unten hinab baß.
do sprach er: »hausfrau, was ist das?«
do sach er dem probst an sein geschir:
»hausfrau, wie hangt es da so jagirr?
lang her ein beihel und laß es abhauen,
es stet gar ungeschaffen vor den frauen.«
die frau sprach: »nicht, mein lieber man,
es kleiben die frauen ir wachslicht daran.«
doch sie im ein peihel darreicht.
der probst erschrack, das er erpleicht,
und fur an der wend hin und herwider

Zieht auf der Stelle alle Eure Kleider aus,
dann will ich Euch gelb und rot einfärben
und weiß und blau anmalen.
Stellt Euch so zu den Figuren dort
und mischt Euch an der Wand unter sie,
dann erkennt Euch mein Mann nicht.«
Der Propst zog alles aus, sogar die Unterhose.
Der Maler fluchte wütend,
weil sie ihn nicht gleich einlassen wollte.
Sie beschmierte den Propst mit Farbe,
stellte ihn in die Reihe der Schnitzfiguren
und eilte zur Haustüre.
Sie zog den Riegel zurück,
und als der Maler ins Haus kam,
sagte er: »Frau, gib mir ein Licht her!
Ich komme von einem, der sagt,
er wolle mir eine Skulptur abkaufen.
Laß mich suchen, ob ich etwas habe.«
Die Frau brachte ihm flink ein Licht.
Damit leuchtete er an der Wand entlang.
Da sah er vom Propst den Kopf und die Haare.
Er sagte: »Wahrhaftig,
der Geselle, der mir diese Figur geschnitzt hat,
der soll hoch geachtet oben am Tisch sitzen.
Sie sieht aus, als ob sie lebe.
Ich werde ihm einen besseren Wochenlohn geben.«
Dann schaute er genauer nach unten.
Er rief: »Frau, was ist das?«
Er schaute auf das Gemächt des Propstes:
»Frau, warum hängt das da so aufgescheucht herum?
Gib ein Beil her und laß es uns abhauen!
Es ist ein allzu häßlicher Anblick für die Frauen.«
Die Frau antwortete: »Nicht doch, lieber Mann,
da kleben die Frauen ihre Wachskerzen hin.«
Trotzdem reichte sie ihm ein Beil.
Der Propst erschrak so, daß er ganz bleich wurde,
und raste an der Wand hin und her

und stieß der götzen wol zwelf darnider.
zu der tür hinaus was im gach.
der maler lief im hinden nach
und schrei: »werft ab prucken und steg!
die götzen laufen mir alsampt weg.
es fleucht einer vor mir als ein polz.
nu was er zwar das peste erlein holz,
so ichs indert in dem walde vant.
in snitzt mein knecht mit seiner hant.«
  Der probst kom heimhin snauden.
der maler richt an ein großes pauden
und klopfet greulich an dem tor.
der probst schrei herab: »wer ist davor?«
er sprach: »herr, vernempt die mer.
ich bin ein armer maler.
mir ist ein pild da herein gelaufen.
das meint ich morgen zu verkaufen.
es hette mir leicht gegolten hundert pfunt.«
der probst sprach: »hab zu deinen munt
und see dirs auch und trags von hinnen,
das sein neur niemands von uns werd innen.«
  Der maler ward ein froer man
und trug die hundert pfunt auch hindan
und bracht sie hin heim zu seiner frauen
und ließ sie sein hausfrau schauen
und gab ir sie dar in iren geren.
die frau peleib pei iren eren.
der maler was auch ein piderb man.
nicht anders ich von in beiden gesagen kan.
nu hat die abenteuer ein end.
würd mir der wein hie in mein hend,
so wolt ich trinken und saufen,
das mir die augen müsten überlaufen.

und riß gut und gerne zwölf von den Statuen um.
Es drängte ihn zur Tür hinaus.
Der Maler rannte hinter ihm her
und schrie: »Brecht Brücken ab und Stege!
Meine Kunstwerke laufen mir allesamt weg.
Eines flieht vor mir wie ein Pfeil.
Es war wahrhaftig aus dem besten Erlenholz,
das ich jemals im Wald gefunden habe.
Mein Geselle hat es selbst geschnitzt.«
  Der Propst kam ganz außer Atem nach Hause.
Der Maler veranstaltete ein wildes Gehämmer
und klopfte fürchterlich an das Tor.
Der Propst rief herunter: »Wer ist da?«
Er antwortete: »Herr, hört diese Geschichte!
Ich bin ein armer Maler.
Mir ist eine Statue hier hereingerannt.
Die wollte ich morgen verkaufen.
Sie hätte mir leicht hundert Pfund gebracht.«
Der Propst sagte: »Sei still
und schau Dir's an und nimm es mit,
damit nur niemand etwas von uns mitbekommt.«
  Der Maler wurde ein glücklicher Mensch.
Er nahm auch noch die hundert Pfund mit
und brachte sie nach Hause zu seiner Frau
und zeigte sie ihr
und legte sie in ihren Schoß.
Die Frau hatte ihre Ehre bewahrt,
und der Maler war auch ein braver Mann.
Ich kann nichts anderes über ihn sagen.
Damit ist diese Geschichte zu Ende.
Wenn man mir Wein hier in die Hand gäbe,
dann würde ich trinken und saufen,
und die Augen würden mir überlaufen.

HANS ROSENPLÜT
DI TINT

Sweigt ain weil und horcht her,
so wil ich euch sagen ain neus mer
von eim münch und von einer frauen,
wie das in wurd ir er verhauen,
das sie zu schanden wurn vorn leuten,
als ich euch wil hernach pedeuten.
Der münch der pulet umb das weib
und warb so seer umb iren leib,
das sie ain nacht neur pei im leg,
das er ains solchen mit ir pfleg,
des man peginnt pei der nacht.
die frau dem münch des nit versagt
und sprach: »allerliebster herre mein,
nu greift in eurn peutel hinnein
und gebt ainen gotspfenning drauf,
so pestetigt ir den kauf,
so wil ich heint pei euch sein.
und denkt uns umb ainen guten wein,
und das wir paide werden vol.
wann, herr, ir wißt das selber wol,
das alle pferd ziehen gar ungern,
wenn man sie dürsten leßt und hungern.«
der münch der ward gen ir gar milt
und nam ainen pfenning, der siben gilt
und der ain pehemisch ist genant,
und trügt in der frauen in ir hant.
Da es nacht ward, da man sich leit,
die frau sich auf di vart pereit
und hub sich in das kloster schnell
und fund den münch in seiner zell.

HANS ROSENPLÜT
DIE TINTE

Seid jetzt eine Weile still und hört zu!
Ich will Euch eine neue Geschichte erzählen
von einem Mönch und einer Frau:
Wie sie ihren guten Ruf verloren
und in Schande fielen vor allen Leuten;
ich berichte es Euch gleich.
Der Mönch bedrängte die Frau
und warb stürmisch um ihre Gunst;
nur eine Nacht solle sie bei ihm liegen,
damit er das mit ihr treiben könne,
was man bei der Nacht zu tun pflegt.
Die Frau verweigerte sich dem Mönch nicht
und sagte: »Mein allerliebster Herr,
greift in Euren Beutel
und gebt einen Gottespfennig dafür;
damit ist der Handel abgeschlossen
und ich werde heute nacht bei Euch sein.
Kümmert Euch um einen guten Wein,
damit wir beide uns ordentlich betrinken können.
Denn das wißt Ihr ja selbst, mein Herr:
Pferde ziehen nicht gern,
wenn man sie hungern und dürsten läßt.«
Der Mönch wurde gleich ganz großzügig,
nahm einen Pfennig, der soviel wert ist wie sieben
– man nennt ihn einen böhmischen –,
und drückte ihn der Frau in die Hand.
Als es Nacht wurde und man zu Bett ging,
machte sich die Frau auf den Weg,
begab sich schnell ins Kloster
und traf den Mönch in seiner Zelle.

da enpfieng ers schon und swangs nider
und sprach: »es traureten all mein glider,
wann ich forcht ser, ir würt mir feln
und möcht euch dahaim nit außsteln.«
da sprach sie: »lieber herr mein trauter,
nu offenpart ich euchs doch lauter,
das ich wolt kumen, als ich euch seit,
wenn sich di leut heten schlafen geleit.«
der münch da pei der frauen lag
und seins willn mit ir pflag
und dient ir da auf den knieen,
biß das man metten wurd anziehen.
da gedaucht in, wie er sich het entpferbet,
wann er so treulich het geerbet
im graben, da man di leut in macht,
und het di halben nacht gewacht.
des enpfand er wol an seim gesicht.
da schlug er pald auß ain liecht
und sucht ain glas da an der want,
darin was rosenwasser geprant.
das selb das straich er an sein stirn.
damit da kreftigt er sein hirn,
das im der schwintel da vergieng.
das glas er wider an die want hieng
und sprach zu ir: »nu hin, mein bülein,
nu schlaf di weil und tu ain rülein,
so wil ich pald di metten auß der kutten schüteln.
ob iemant di weil an der tür würd nütteln,
so erschreckt nit, wann ich kum wider
und wird mich denn wider legen nider.«
 Der münch gieng hin, sein metten er sank.
die weil wirt das weib auch krank.
den schwindel, den der münch da het,
der selb ir auch im kopf wee tet.

Der empfing sie froh, warf sie aufs Bett
und sagte: »Alle meine Glieder trauerten schon,
denn ich fürchtete sehr, ich müßte auf Euch verzichten,
weil Ihr Euch zu Hause nicht davonstehlen könntet.«
Da sagte sie: »Mein guter, lieber Herr,
ich habe Euch doch ganz ehrlich versprochen,
daß ich dann kommen werde (das habe ich ausdrücklich gesagt),
wenn die Leute schlafen gegangen sind.«
Der Mönch lag also bei der Frau;
er trieb es mit ihr, wie er es sich gewünscht hatte,
und leistete ihr auf den Knien seinen Dienst,
bis man zur Frühmesse läutete.
Da meinte er, daß er ganz blaß geworden sei,
weil er so tüchtig gearbeitet hatte
in dem Graben, in dem man die Kinder macht,
und deswegen die halbe Nacht nicht geschlafen hatte.
So fühlte sich sein Gesicht an.
Da löschte er gleich das Licht
und suchte nach einem Glas an der Wand,
in dem er gebranntes Rosenwasser hatte.
Das strich er sich auf die Stirn.
So stärkte er sich den Kopf,
damit der Schwindel aufhöre.
Dann hängte er das Fläschchen wieder an die Wand
und sagte zu ihr: »Wohlan, mein Schätzlein,
jetzt schlaf' einstweilen und ruhe Dich ein bißchen aus;
ich schüttle schnell die Frühmesse aus der Kutte.
Wenn inzwischen jemand an der Türe rüttelt,
dann erschrick nicht, denn ich komme zurück
und lege mich dann wieder ins Bett.«

Der Mönch ging weg und feierte die Messe.
Da wird es auch der Frau schlecht.
Der gleiche Schwindel, an dem der Mönch litt,
der tat auch ihr im Kopf weh.

davon sie schwach ward, gel und plaich.
da gedachts daran, das sich der münch pstraich,
und staig da auß dem pett zuhant
und sucht das rosenwasser an der want
und dergraif da ain ander glas.
das selbig voller tinten was.
do wurd sie fra, da sis vant,
und goß der tinten vol ir hant
und pestraich sich damit auf der vart,
das sie eim teufel gleich sehen wart,
und legt sich nu wider ans pett nider.
Über ain weil so kümpt der münch wider
und trug ain liechtlein in seiner hant.
die frauen er da schlafen vant,
wann sie da im pett noch lag.
da er ir unter ir augen sach,
da erschrak er, das er hinter sich sprang
und im der schwaiß fürher drang.
hin zu der tür auß er da lief.
seinen prüdern er da zu im rief.
mit lauter stimm er zu in redt:
»der teufel der ligt an meim pett!«
da komen di münch gelaufen schnell
hin für des selben münches zell
und gutzten hinnein zu der tür.
die frau erwacht und sach herfür
und was nu schwerzer denn ie kain mor.
do schrai ain münch: »er hat wor!«
di münch da von der frauen flugen
und in di winkel sie sich schmugen.
die weil da macht sich auf das weib
und schlug ain leilach umb irn leib
und sprang dahin recht sam ain pok
und ließ dahinten irn mantel und rok
und lief da zum kloster auß
und kam hin haimhin in ir haus

Davon wurde sie ganz schwach, fahl und blaß.
Da erinnerte sie sich daran, daß der Mönch sich etwas ins Gesicht gestrichen hatte;
sie stieg sogleich aus dem Bett,
suchte das Rosenwasser an der Wand
und erwischte ein anderes Glas.
Das war voller Tinte.
Sie war froh darüber, daß sie es gefunden hatte,
goß sich die Tinte auf die Hand,
bestrich sich damit sogleich
– und sah danach aus wie der Teufel;
dann legte sie sich wieder ins Bett.
Nach einiger Zeit kommt der Mönch zurück,
er trug ein Licht in der Hand.
Er traf die Frau schlafend an,
denn sie hatte sich wieder ins Bett gelegt.
Als er ihr ins Gesicht schaute,
erschrak er so, daß er einen Satz nach hinten tat
und ihm der Schweiß aus allen Poren drang.
Er rannte aus der Tür.
Er rief seine Mitbrüder zu sich.
Mit lauter Stimme verkündete er ihnen:
»In meinem Bett liegt der Teufel!«
Da liefen die Mönche schnell
zur Zelle dieses Mönches
und starrten zur Tür hinein.
Die Frau wachte auf und schaute heraus
und war nun noch schwärzer als je ein Mohr.
Da schrie ein Mönch: »Er hat recht!«
Die Mönche rannten vor der Frau davon
und drängten sich in die Ecken.
Derweil stand die Frau auf,
schlug ein Bettuch um ihren Körper
und sprang ganz wie ein Bock davon;
sie ließ ihren Mantel und ihren Rock zurück
und rannte zum Kloster hinaus
und kam heim in ihr Haus

und wurd in ainen spiegel sehen.
da wurd sie gewar, wie ir was geschehen,
und wusch di tinten von ir ab.
darumb sie mantel und rok gab,
das sie iederman wurd verschmehen.
  Nu wolt ich, das alln den also solt geschehen,
die auf in tragen solch schanden pürden,
und auch also öffenlichen würden
gefangen in der schanden segen,
die sich des nachts in di kloster legen
und solche püberei darin treiben.
so würd oft ains unterwegen pleiben,
damit man verschult gotes güt.
so hat geticht Hanns Rosenplüt.

und schaute in den Spiegel.
Da merkte sie, was ihr passiert war,
und wusch sich die Tinte ab.
Dafür hat sie Mantel und Rock hergegeben,
weil jedermann sie sonst verachtet hätte.
Ich wünschte, daß es allen so ergeht,
die die Last solcher Schande auf sich geladen haben,
und daß sie genauso in aller Öffentlichkeit
im Netz der Schande gefangen werden –
– denjenigen, die sich nachts in die Klöster legen
und dort solche Hurerei treiben.
Dann würde vieles unterbleiben,
womit man die Güte Gottes verwirkt.
Das hat Hans Rosenplüt gedichtet.

DER TURNEI VON DEM ZERS

Ir herschaft, ir solt gedagen,
so wil ich euch sagen.
ir sollent stille sweigen
beide tanzen und g⟨e⟩igen.
des sollen wir beginnen
und ein ander kurzweile bringen
(*on* manigerlei seitenspil)
das geit uns freuden vil,
das uns *dest* minner möge betragen:
wir sollen nu abenteur sagen.
ich sage zu meinem teil das:
Hievor ein frecher ritter was,
den sahen schön frauwen gern
bei kurzweile und bei hohen ern,
und wo die meinst mennige was,
da man trank und aß.
und wo der ritter zugieng,
williklich *in* da enpfieng
manig roter munt mit freuden;
mit dem ich nu wil geuden.
offenlichen und taugen
und lustig in den augen
was er den leuten gezem,
und was er tet, das was genem.
ich wil euch sagen so vil mer:
waidenlichen mit dem sper
kond er wol in turnei.
er was ein ritter frei.
sein ungelück was vertret.
er was auch liep an dem bett.

DAS NONNENTURNIER

Liebe Leute, seid jetzt still,
dann will ich Euch etwas erzählen.
Ihr sollt aufhören
mit dem Tanzen und mit dem Fiedeln.
Dafür laßt uns loslegen
und uns einen anderen Zeitvertreib vornehmen
(ohne die ganze Musik),
das wird uns viel Spaß bringen,
damit wir uns noch weniger langweilen:
wir wollen Geschichten erzählen.
Ich für meinen Teil trage das Folgende vor:
Einst lebte ein kühner Ritter,
den sahen die schönen Frauen gerne
bei Geselligkeiten und bei festlichen Anlässen
und dort, wo der größte Trubel war,
wo man aß und trank.
Wo immer der Ritter sich zeigte,
empfing ihn bereitwillig
und voller Freude manch ein roter Mund.
Mit diesem Ritter will ich mich nun ins Vergnügen stürzen.
Offen und heimlich,
fröhlich vor aller Augen,
war er den Leuten angenehm,
und was er machte, war recht.
Ich erzähle Euch noch viel mehr:
elegant führte er die Lanze
im Turnier.
Er war ein kecker Ritter.
Das Unglück mied ihn.
Er war auch beliebt im Bett.

und welch frauwe es darzu bracht,
das er bei ir lak ein nacht,
die daucht sich fürbaß immer mere
beide hoffertig und here.
das het er getrieben mangen tag,
das ich es alles nit gesagen mag.
so merket das auch darnach,
wie im zum letzten geschach.
Eins mals im der ⟨. . .⟩ *zugie*,
das *in* ein edele frauwe *inlie*,
er solt des nachtes bei ir ligen.
des het er sie vor oft verziegen.
sie sprach: »vil lieber herre mein,
ir solt mir wilkum⟨en⟩ sein!«
»got dank dir, liebes freuwel⟨e⟩in,
ich wil auch tun den willen dein.«
sie sprach: »ich bin euch holt mit sinnen,
werlich nicht umb euwer minnen,
ich küß dan euch an euwern roten munt.
ir sult mich helsen zu aller stunt.
ich helse euch mit weissen armen.
laßt ir mich euch nicht erbarmen?
wes euwer leip eins von mir begert,
des wert ir neunstunt gewert.
wir sollen lieplich mit einander faren.
ir solt mich heint nit sparen.
dankt mir meiner langen zeit,
die ich uf euch han geleit,
und der meinen großen gir
der püßt genzlichen mir!
des sagen ich euch fürbaß dank.
awe, were die nacht lang,
so müsten wir vil beginnen,
ee das ich euch ließ von hinnen.«
das geviel dem ritter wol.
er sprach: »ich tun alles, das ich sol

Und jede Frau, die es erreichte,
daß er eine Nacht bei ihr lag,
die fühlte sich von da an
stolz und geadelt.
Das hatte er so lange Zeit getrieben,
und ich kann alles gar nicht erzählen.
Hört aber dann auch
wie es ihm zuletzt erging.
   Einmal geschah es ihm,
daß ihn eine vornehme Dame einließ,
damit er nachts bei ihr läge.
Das hatte er ihr vorher oft abgeschlagen.
Sie sagte: »Mein lieber Herr,
seid mir willkommen!«
»Gott danke Dir, liebes Fräulein,
ich werde auch tun, was Du wünschst.«
Sie sagte: »Ich bin Euch von Herzen hold,
ich sträube mich nicht gegen Eure Liebe
und küsse Euch auch auf Euren roten Mund.
Ihr sollt mich immerzu umarmen.
Ich schließe Euch in meine weißen Arme.
Wollt Ihr Euch meiner nicht erbarmen?
Das, was Ihr Euch einfach von mir wünscht,
das werde ich Euch neunfach gewähren.
Wir wollen uns lieben!
Ihr sollt mich in dieser Nacht nicht länger verschmähen!
Entschädigt mich für die lange Zeit,
die ich auf Euch verwandt habe,
und stillt mir meine Begierde
gründlich.
Dafür werde ich Euch immer dankbar sein.
Wahrhaftig, wenn die Nacht nur lang genug wäre,
dann könnten wir viel treiben,
bevor ich Euch wieder weg ließe.«
Das gefiel dem Ritter gut.
Er sagte: »Ich mache alles, was ich soll

und was ich volbringen mag,
die nacht heint biß an den tag.
morgen wil ich urlaup haben.
das wil ich euch vorware sagen.«
die langen nacht sie lagen,
sie ließen sich nicht betrogen,
sie hetten wunne und freuden vil
und auch aller freuden spil.
da es nu schier wolt tagen,
die frauwe begonde klagen.
da sprach das minnekleiche weip:
»ach herre, und solt euwer leip
fürbaß immer bei mir ligen
und mich des nicht *han* verziegen,
so wolt ich kurzweile pflegen
und in hohen freuden sweben.
ich wil euch bei euwerm eide fragen,
warumb euch mein wol betragen.
das tut meinem herzen we
und überwinde es nimmerme.
wolt ir nicht bei mir ligen,
zwor es wirt nimmer verswiegen.
doch laß ich sein dabei nicht:
ich mach euch allen frauwen enwicht
und auß euch einen swachen man.
das kan nieman understan.«
da sprach der ritter wol getan:
»frauwe, das solt ir varen lan,
ir solt euch laßen benügen.
treuwen, es mag sich gefügen,
ich kum zu euch nimmermere,
wan es were umb alle mein ere
und würd leicht darumb erslagen.
davon wil ich sein nimmer wagen.
ir solt mir urlaup geben,
es gült leicht gar mein leben.

und wozu ich imstande bin,
die Nacht hindurch, bis es Tag wird.
Morgen will ich mich aber verabschieden dürfen.
Darauf bestehe ich.«
Sie lagen die ganze lange Nacht beieinander,
es wurde ihnen nicht langweilig,
sie hatten viel Freude und Spaß
und auch jegliche Art von Vergnügen.
Als es nun schon hell wurde,
da fing das Fräulein an zu klagen.
Die liebestolle Frau sagte:
»O, lieber Herr, wenn Ihr
künftig immer bei mir läget
und Euch mir nicht entzöget,
dann würde ich mich bestens unterhalten
und im Glücke schweben.
Bei Eurem Eide frage ich Euch,
warum Ihr glaubt, meiner überdrüssig zu werden.
Das schmerzt mich im Herzen
und ich werde es niemals verwinden.
Wenn Ihr nicht bei mir liegen wollt,
dann werde ich das, meiner Treu, nicht für mich behalten.
Aber dabei belasse ich es nicht:
ich verleide Euch allen Frauen
und stelle Euch als schwächlichen Mann dar.
Daran wird mich niemand hindern.«
Darauf antwortete der edle Ritter:
»Meine Dame, laßt das gefälligst bleiben,
habt doch endlich genug.
Wahrhaftig, selbst wenn sich die Gelegenheit ergäbe,
ich werde nicht mehr zu Euch kommen,
denn meine Ehre stünde auf dem Spiel,
und leicht könnte ich dafür auch erschlagen werden.
Deswegen will ich das niemals mehr riskieren.
Ihr sollt mich gehen lassen,
sonst geht es mir am Ende noch ans Leben.

was man nit gehaben mag mit eren,
das sal man billich enberen.«
die frauwe sprach gar kündeklich:
»herre, macht es nit zu nötlich!
zwor ich wil euch schenden, wo ich kan,
wan ir seit ein vaiger man.
ein kleinot habt ir an euwerm leib,
das lait mir und manigem weib.
ich wil es euch uf mein eid sagen:
und wolt irs kein weil tragen,
ir wert allen frauwen unwert,
das euch niemant zu freunde gert.
nu wart, ob es schande sei!
welchü frauwe euch wonet bei
und leit an euwers herzen prust,
so wolt ir euwern gelust
zuhant an ir da wenden
und wolt euch selber schenden.
des dünkt ir euch gemeit.
pfi euch euwer boshait,
das ir den so liep habt,
da ir schanden und laster von tragt!
ja solt ir in versteinen,
den zwischen euwern beinen,
so müsten euch alle frauwen loben
und nach euch wüten und toben
und gewünne⟨t⟩ wirde und ere.
kan ich das, zwor ich kan auch mere,
wan es gilt nit euwer leben.
ich wölt euch ein salben geben,
zuhant, als ir euch getailt,
das ir an dem ersten gehailt;
so würde alle euwer freude neuwe.«
»frauwe, nempt hin mein treuwe,
ich wil es tun alles gern,
das mir die frauwen holt wern.

Was man nicht in Ehren bekommen kann,
darauf muß man billigerweise verzichten.«
Die Frau antwortete ihm voller Hinterlist:
»Herr, tragt nicht zu dick auf!
In der Tat, ich werde Euch in Schande bringen, wo ich nur kann,
denn Ihr seid ein gemeiner Kerl.
Ihr habt ein Kleinod an Eurem Körper,
das ist mir und vielen Frauen verhaßt.
Ich nehme das auf meinen Eid:
Wenn Ihr dieses Ding noch lange tragt,
dann werdet Ihr allen Frauen so zuwider,
daß Euch keine mehr als Geliebten will.
Nun überlegt, ob das nicht eine Schande ist!
Welche Frau auch bei Euch ist
und an Eurer Brust liegt,
schon richtet Ihr Eure Begierde
auf sie
und bringt Euch selbst in Schande.
Und das findet Ihr hübsch!
Pfui über Eure Bosheit!
Daß Ihr den so wert haltet,
der Euch Schmach und Schande bringt!
Ja, wenn Ihr ihn steinigen würdet,
den zwischen Euren Beinen,
dann würden Euch alle Frauen rühmen
und sie wären wie wild hinter Euch her
und Ihr erwürbet Ehre und Ansehen.
Ich weiß das und noch viel mehr:
Euer Leben steht ja nicht auf dem Spiel.
Ich würde Euch eine Salbe geben,
gleich wenn Ihr Euch zerstückelt habt,
damit sofort alles heilt;
auf diese Weise würde alle Eure Freude erneuert.«
»Meine Dame, empfangt den Ausdruck meiner Treue,
ich werde das alles gerne tun,
damit mir die Frauen hold sind.

ich muß der frauwen hulde haben,
solt ⟨man⟩ mich darumb begraben.«
Allem seinem guten leben
wart ein swachs ende gegeben.
er wart vil gar enwicht,
wan in genüget ni⟨ch⟩t.
der weisen lere also stet:
wer sich nit benügen let
meßlicher dingen,
dem mag wol misselingen.
An einem tage das geschach,
das der ritter vast sach
zwischen seine bein,
da er was alters ein.
da er den edeln freien sach,
nu höret, wie der tor sprach!
er sprach: »du ungiftige slange,
was hat dich hergehangen?
du bringest mich gar enwicht.
und hett ich dein ni⟨ch⟩t,
ich were frauwen der liebste man,
so das leben ie gewan.
du werest mir tausen⟨t⟩stunt
grußes von rotem mund
noch meines herzen gelust.
wan ich an weibes brust
lieplich bin gesmucket,
so hastu dich getrucket
und helst dich nirgent recht
und ⟨hast⟩ die minneklich erschreckt.
des muß ich mich *derschamen*
und muß zuhant von dannen.
wan ich mich gein ir wil neigen
und ir meinen dinst erzeigen,
so hastu dich niedergelegt
und die minneklich erschreckt.
und ob ich dein nit enhiet,

Ich muß die Gunst der Frauen besitzen,
und wenn man mich dafür begräbt.«
Sein ganzes gutes Leben
nahm so ein böses Ende.
Er ging zugrunde,
weil er nicht genug bekam.
Die Lehre der Weisen heißt so:
Wer nicht genug hat
bei maßvoller Bescheidung,
für den kann die Geschichte leicht schiefgehen.
Eines Tages kam es so,
daß der Ritter
prüfend zwischen seine Beine schaute,
als er ganz allein war.
Als er den Edelfreien sah,
hört nur, was dieser Tor da sprach!
Er sagte: »Du Schlange ohne Gift,
wer hat Dich da hergehängt?
Du richtest mich zugrunde.
Wenn ich Dich nicht hätte,
wäre ich den Frauen der liebste Mann,
der je geboren wurde.
Du hältst von mir den tausendfältigen
Gruß aus rotem Mund fern,
nach dem es mein Herz gelüstet.
Wenn ich mich liebevoll an die Brust einer Frau
geschmiegt habe,
dann hast Du Dich dazwischen gedrückt,
und Du versteckst Dich nie richtig
und hast die Liebliche erschreckt.
Dafür muß ich mich schämen
und muß auf der Stelle weg.
Wenn ich mich vor ihr verneigen
und ihr meinen Dienst erzeigen will,
dann hängst Du herunter
und erschreckst die Schöne.
Wenn ich Dich nur nicht hätte,

wie gern ich dein geriet!
und möcht ich es dir geleiden,
ich wolt dich herabesneiden
gar von dem leib
durch willen aller weib.«
unlang darnach
der zagel hinwieder sprach:
»ich bin euwer strauf *fro*
und euwer bösen *dro*.
zwor ir seint ein böser man.
kund ir des nit verstan?
euch ist manig gruß gegeben
oft und dick von meinen wegen
und habt zwor wirde und ere
werlich von mir mere
dan von dem deursten kleinot,
das ir an euwerm leip irgen habt,
und habt mich des noch nie ergetzet.
ir habt mich an ein stat gesetzet
und in einen winkel bracht
(es het den bösten knecht versmacht),
so ir in irgent habt.
wißet, das mich sein betragt.
wert ir nit ein böser zage,
ir sni⟨t⟩et mich itzunt herabe,
das frauwen und man sehe,
welchem under uns baß geschehe.«
da sprach der ritter here:
»das überwindestu nimmermere.
dein wiederklaffen hilft dich nicht,
du vergrünter, schalkhaftiger böswicht.
du must itzunt urlaup haben.
ich wil dich in ein klonster tragen
und wil mich dein erlaßen
und under ⟨ein⟩ stiegen stoßen.
da mustu fürbaß greißen.
ich wil dich nimmerme preisen

wie gern würde ich auf Dich verzichten!
Wenn ich Dir alles verleiden könnte,
würde ich Dich am liebsten abschneiden
von meinem Körper
allen Frauen zuliebe.«
Sofort erwiderte darauf
sein alter Freund:
»Ich bin ganz zufrieden mit Eurem Tadel
und mit Eurer bösen Drohung.
Wahrhaftig, Ihr seid ein schlechter Mensch.
Könnt Ihr das nicht verstehen?
Oft seid Ihr meinetwegen
freundlich gegrüßt worden,
und Ihr habt durch mich
wirklich mehr Ansehen und Ehre
als durch das teuerste Kleinod,
das Ihr jemals besessen habt,
und trotzdem habt Ihr mir das nie gelohnt.
Ihr habt mich so in die Enge getrieben
und so in eine Ecke gezwängt
(der schlimmste Knecht wäre beleidigt),
wie Ihr sie nur irgend habt hinkriegen können.
Wißt, daß mich das ärgert.
Wenn Ihr nicht ein solcher Feigling wärt,
dann würdet Ihr mich jetzt abschneiden,
damit Frauen und Männer sähen,
für welchen von uns das besser ist.«
Darauf sagte der edle Ritter:
»Das wirst Du nicht überstehen.
Dein Gerede hilft Dir nichts,
Du verdreckter, hinterlistiger Bösewicht.
Du wirst Dich jetzt verabschieden müssen.
Ich werde Dich in ein Kloster bringen
und mich von Dir befreien
und Dich unter eine Treppe stecken.
Da wirst Du fortan jammern können.
Ich werde Dich nie mehr

in kein erlich niederkleit.
dir wiedervert da alles leit.
weile und zeit wirt dir lang.
beide süde und verchergetrank
das muß uf dich triefen.
darnach müßen wir sleifen
und manig *rosenvarber* munt.
mir wirt baß dausentstunt,
dan mir ie ist gewesen.
so müßt irs schemlich genießen
vor allen frauwen und man
und muß euch an das leben gan.«
der ritter wart dem zagel gever,
er nam in bei dem hare her
und furt in ein geswinde fart,
des er wol gewar wart.
er nam den zagel in die hant.
vil schier wart der zagel entrant
herabe von dem leibe gar.
er streich der edeln salben dar;
die machten hoher meinster drei
mit der kunst von Arabei;
die hett im die frauwe geben.
sie bracht in nahen umb das leben,
doch wart er geheilet zuhant.
　Da der zagel wart entrant
herabe von dem leibe gar,
des wurden sie beide wol gewar,
das ir keiner keins smerzen enpfant.
⟨. . .⟩
der ritter wart unmassen fro.
er eilt vil balde da,
er wolt den zagel in ein klonster bringen.
da waren fünfzig nunnen innen.
da satzt er in under ein stieg.
(allererst hebet sich der krieg.)
da lief der ritter sozuhant,

in eine anständige Unterhose zwängen.
Alles Elend wird Dir dort widerfahren,
Zeit und Weile werden Dir lang.
Brühe und Schweinefutter
werden auf Dich heruntertropfen.
Dann werden wir ausrutschen
und manch ein rosenfarbenes Mündchen auch.
Mir ist gleich tausendmal besser
als jemals zuvor.
Deshalb wird Euch Schmach widerfahren
vor allen Leuten:
es wird Euch ans Leben gehen.«
Der Ritter machte sich über seinen Schwanz her.
Er packte ihn an den Haaren
und wirbelte ihn wild umher,
und der merkte das genau.
Er nahm ihn in die Hand.
Auf der Stelle wurde er
völlig vom Leibe getrennt.
Er strich eine feine Salbe drauf;
die hatten drei gelehrte Magister gemacht
mit Hilfe der arabischen Künste;
die Frau hatte sie ihm gegeben.
Sie brachte ihn fast um,
aber er wurde schnell wieder gesund.
Als das Glied
vollständig vom Körper getrennt war,
da merkten sie beide,
daß keiner mehr irgendeinen Schmerz fühlte.
〈. . .〉
Der Ritter war über die Maßen froh.
Er lief eilends davon,
denn er wollte seinen Penis in ein Kloster bringen.
In dem lebten fünfzig Nonnen.
Dort steckte er ihn unter eine Treppe.
(Gleich wird der Streit losgehen.)
Dann rannte der Ritter schleunigst

da er die bösen frauwen vant,
die im ⟨gab⟩ den falschen rat,
darumb das er würde zu spat.
er sprach: »tuw dar vil trat,
nu gebt mir das botenbrot!
ich han mein zagel her
nu bracht, das er nimmermer
keiner frauwen tut kein leit.
des dünk ich mich gemait.«
nu merket ir nu das,
wie dem botenbrot was.
sie nam ein scheit in die hant,
des der ritter wol enpfant.
sie schrei mit lauter stimme,
die verflucht valentinne:
»wol her, wer mir helfen wil!
diser ritter ⟨hat⟩ so vil
werder weib im zu lait bracht.«
und umb sein grosse missetat
wart er jemerlichen zurplauwen
⟨. . .⟩
mit rocken und mit stecken
gaben sie im zu lecken
mangen starken straich,
das im der rück wart weich
recht als vorn der leip.
mer wan hundert weip
die jageten in auß der stat,
die genant ist Saraphat.

Er lief da vil balde
hin gein einem walde
gar in ein wildes hol.
darinnen geschach im nit wol.
vor also großer schande
torst er nimmerme kummen zu lande.
er weint vor sich dar
mer dan vierunddreißig jar

zu der bösen Frau,
die ihm den hinterlistigen Rat gegeben hatte,
damit er zum Gespött werde.
Er sagte: »Nun aber schnell her damit,
gib mir die Belohnung!
Ich habe meinen Schwanz
jetzt weggebracht, damit er nie mehr
einer Frau etwas zuleide tut.
Deswegen fühle ich mich ganz glücklich.«
Paßt nun auf,
was die Belohnung war.
Sie packte ein Scheit,
das der Ritter zu spüren bekommen sollte.
Sie rief mit lauter Stimme,
diese verfluchte Teufelin:
»Herbei, wer mir helfen will!
Dieser Ritter hat so viele
edle Frauen ins Unglück gestürzt.«
Für seine Missetaten
wurde er jämmerlich verbleut.
⟨. . .⟩
Mit Spinnrocken und mit Stecken
gaben sie ihm viele kräftige Schläge
wie Peitschenhiebe,
bis ihm der Rücken so weich war
wie der Leib von vorne.
Mehr als hundert Frauen
jagten ihn aus der Stadt,
die den Namen Saraphat trägt.
   Da rannte er schnell
zu einem Wald
in eine unwegsame Höhle.
In der erging es ihm nicht gut.
Wegen seiner großen Schande
traute er sich nie mehr unter die Leute.
Er weinte
mehr als vierunddreißig Jahre vor sich hin

und wart gar ein armer man,
biß im der tot das leben nam.
Nu sult ir stille gedagen,
so wil ich euch von dem zagel sagen.
dem geschach von dem winde gar wee.
beide regen und snee
das must gar uf in sneiwen,
uf den edeln zagel freien,
und mangerlei armut
must er alles nemen vergut.
das hett er wol ein jar verswiegen.
nu daucht in, er wölt tot ligen.
er gedacht: »ich wil morgen früwe,
das man mir den tot tüwe,
und wil in den kreuzgang steen,
wan sie alle von kore geen,
das sie mich wol beschauwen,
die nunnen und die frauwen,
wie es mir darnach ergee,
das das selbe an got stee.«
da er sich des alles vermaß
und des morgens hierfür saß,
da man die frümesse het gesungen,
das die frauwen und die nunnen
wolten geen an ir gemach:
da das nu der zagel ersach,
da macht er sich uf an gever.
da was er ainklich ach⟨t⟩per.
des hetten sie k⟨l⟩ein wargenumen,
biß das sie über in kwomen.
si schrien alle: »was ist das?«
doch sahen sie schiere, was es was.
dan ein wolt sein nit erkennen.
sie sprach: »man sal in verprennen
oder lebentig begraben.«
die andern wolten es nit steet haben.
ein ander nunne wolt urteil geben

und war ein ganz armer Mensch,
bis der Tod ihn vom Leben erlöste.
   Jetzt seid still,
dann will ich Euch vom Schwanz erzählen.
Der litt sehr unter dem Wind.
Regen und Schnee
fielen auf ihn herab,
auf den edelfreien Schwanz,
und mancherlei Not
mußte er hinnehmen.
Das hatte er nun ein ganzes Jahr still ertragen.
Jetzt hatte er das Gefühl, er müsse sterben.
Er dachte: »Ich will,
daß man mich morgen früh töte,
ich werde mich in den Kreuzgang stellen;
wenn sie alle in den Chor gehen,
mögen sie mich anschauen,
die Nonnen und die Stiftsdamen,
und wie es mir dabei ergeht,
das soll in Gottes Hand liegen.«
Nachdem er sich dazu entschlossen hatte
und sich am Morgen dorthin setzte,
wo man die Frühmesse feierte,
und als die Damen und die Nonnen
nun in ihre Zellen gehen wollten:
als das der Bengel sah,
da richtete er sich ganz ohne böse Absicht auf.
Da richtete sich die Aufmerksamkeit allein auf ihn.
Sie merkten es erst,
als sie an ihm vorbeikamen.
Sie brüllten alle: »Was ist denn das?«
Doch sie erkannten gleich, was es war.
Nur eine verweigerte sich dieser Einsicht.
Sie sagte: »Man soll ihn verbrennen
oder lebendig begraben.«
Die übrigen wollten das nicht gelten lassen.
Eine andere Nonne wollte ein Urteil sprechen

über des edeln zagels leben.
sie sprach: »er ist des vil wol wert,
seit er des klonsters hat begert,
in slahe iede nunne frei,
nach dem und sie im veint sei.
wes wirt uns *betragen* dan?
sehet, das tun wir aber san!«
der rede waren sie alle fro.
sie sprachen alle gern: »ja.«
da kwam ein scharpfe nunne herte
und bracht ein zugwaiche gerte.
sie trauwet im fast damit.
sie sprach auß zornigem sit:
»fliehet ab dem wege vil snelle!«
und zeigt im hin gein ir zelle.
da kwam ein zarte nunne stolz
und bracht ein starkes spitz holz.
sie sprach: »ich stich dich entreuwen ⟨in⟩,
und fläugestu nit balde *hin*,
wan ich dich sein nit umbsunst bit.
ob ir meinen willen det
und giengt in die zelle mein,
da sollestu mir wilkumen sein.«
da kwam ein biederbe nunne frum,
die slug in mit einem reisentrum.
da sie im sechs slege hett getan,
an dem letzten lachet sie in an.
und die den segen las zu tische,
die slug in mit einem federwische,
doch das er sein vil wol genas.
sehet, wie veint die im was.
da sprach ein zarte nunne frische:
»ach got, möcht ich dich erwischen,
so wölt ich dich lieplich behalten
und sließen in mein *kalter*
und hett manig *gemach* mit eren.«
sie hett in under iren ger⟨e⟩n

über das Leben des vornehmen Schwanzes.
Sie sagte: »Er hat es verdient,
da er sich dem Kloster zugewandt hat,
daß jede Nonne ihn ohne alle Bedenken schlägt,
je nachdem, wie sie ihn haßt.
Was wird uns das schon verdrießen?
Schaut, wir wollen das gleich jetzt machen.«
Über diese Worte waren sie alle froh.
Sie sagten alle freudig: »Ja!«
Da kam eine bissige, grobe Nonne
und brachte eine geschmeidige Gerte.
Sie drohte ihm heftig damit.
Sie sagte wütend:
»Verschwindet schleunigst von hier!«
und wies ihm den Weg zu ihrer Zelle.
Dann kam eine feine, edle Nonne
und brachte einen kräftigen Holzspieß.
Sie sagte: »Ich spieße Dich auf, meiner Treu,
wenn Du nicht bald abhaust,
denn umsonst fordere ich Dich dazu nicht auf.
Wenn Ihr meinen Willen tut
und in meine Zelle geht,
dann sollst Du mir dort willkommen sein.«
Dann kam eine brave, ehrbare Nonne,
die schlug ihn mit einem Reisigbündel.
Als sie ihm sechs Schläge verpaßt hatte,
da lachte sie ihn beim letzten an.
Und diejenige, die bei Tisch den Segen sprach,
die schlug ihn mit einem Federwisch,
aber er hat das problemlos überstanden.
Schaut nur, wie die ihn haßte.
Dann sagte eine feine, muntere Nonne:
»Ach Gott, wenn ich Dich kriegte,
dann würde ich Dich liebevoll beschützen
und in meine Truhe sperren,
und ich hätte viel Vergnügen, ohne aufzufallen.«
Sie hätte ihn gerne

gar lieplich gesmuckt
und in iren schoß getruckt.
gut weile im der zagel nam,
biß das die küsterin über in kwam.
da sie den zagel ansach,
nu höret, wie sie zu im sprach.
(er begonde sie erbarm⟨en⟩.
sie lief her mit beiden arm⟨en⟩.)
sie sprach: »ir verfluchten hübscherin,
wie tut ir dem dürsten ding,
das uf der erden mag geleben?
got hat in uns zu trost gegeben.
nu ist die werlt wol gemut
alle dorch des werden zagels gut.
ich verbeut mir alleine *den* funt.
ich gebe in nit umb hundert pfunt.
davon ich es sprechen wil:
er macht mir kurzweile vil,
er ist schön und wolgetan,
er lachet mich ietzunt an.
das sprech ich entreuen wol:
du bist aller tugent vol.
ich wil dich uf seiden legen
und mit golde wiederwegen.«
das daucht die andern alle enwicht.
eine sprach: »im ist also ni⟨ch⟩t.
was man in das klonster sent,
das gehöret gemein in das konvent.«
Sie huben in uf mit grimme
und trugen in für die aptissinne.
die hett in vil gern gehabt.
das wart ir kürzlich versagt.
ir eine sprach: »ich waiß das wol,
wie man den zagel teilen sol.«
(doch wart schand ⟨und⟩ laster darauß.)
oben in *dem* mushaus
ir aller frauwe da nu sprach:

liebevoll unter ihren Rock geschmiegt
und in ihren Schoß gedrückt.
Der alte Bengel nahm sich Zeit,
bis die Küsterin über ihn kam.
Als sie ihn anschaute,
hört nur, was sie da zu ihm sagte!
(Er dauerte sie;
deshalb rannte sie mit ausgebreiteten Armen herbei.)
Sie sagte: »Ihr verfluchten Huren,
was tut Ihr dem wertvollsten Ding an,
das auf Erden lebt.
Gott hat ihn uns zum Trost geschenkt.
Da sind die Leute alle guter Stimmung,
weil sie diesen edlen Schwanz besitzen!
Ich bitte mir diesen Fund alleine aus.
Nicht für hundert Pfund gebe ich ihn her.
Das ist der Grund für meine Rede:
Er bietet mir viel Zeitvertreib,
er ist schön und artig,
er lächelt mich gerade jetzt an.
Deswegen sage ich ganz aufrichtig:
Du bist der Inbegriff aller Werte.
Ich will Dich auf Seide betten
und mit Gold aufwiegen.«
Davon hielten die anderen gar nichts.
Eine sagte: »So geht das nicht.
Was ins Kloster geschickt wird,
das gehört dem ganzen Konvent gemeinsam.«
  Sie hoben ihn wütend auf
und brachten ihn zur Äbtissin.
Die hätte ihn auch gerne gehabt.
Das wurde ihr kurzerhand abgeschlagen.
Eine von ihnen sagte: »Ich weiß schon,
wie man diesen Freund teilen soll.«
(Daraus wurde aber Schande und Schmach.)
Oben im Refektorium
sprach jetzt ihre oberste Herrin:

»mich dünket das der beste gemach,
das wir ein urteil bringen:
welche mit turnei und mit ringen
ie der ander anbehabe,
das in die frölich haime trage.«
da sprach ein nunne also frum:
»das sullen wir alle gern tun.«
»so sament euch zu einem schock,
iede nunne in einem rock,
so bin ich auch wol dabei,
und sehet, welche die werdest sei.«
den turnei musten sie geloben.
der wart uf mittentag geschoben.
der solt haimlich zergan,
so das klonster zu würde getan.
und iede nunne nach ir macht,
wie stille sich des hetten bedacht.
Der aptissinne wart gesait,
die nunnen weren alle bereit.
da ir die botschaft kwam,
zuhant sie den zagel nam
auf seidenin küssen so waich
und von dem mushaus slaich.
da das nu das kovent ersach,
sie giengen vast hinden nach.
da sie von dem mushaus komen
und sie den turnei vernamen,
zuhant giengen sie alle
mit einem grossen schalle
herabe uf einen schönen plan,
der was gar wünnekleich getan.
fürwar ich das sprechen wil,
er hett freuden also vil.
sie giengen zusamen mit reicher gir
und trugen under in ein panir,
da was gemalet an
ein hübscher nackenter man.

»Ich halte das für das Angemessenste,
daß wir ein Urteil herbeiführen:
Diejenige, die sich im Turnier und im Kampf
gegen jede andere behauptet,
die soll ihn glücklich nach Hause tragen.«
Darauf antwortete eine brave Nonne:
»Das werden wir alle gerne machen.«
»Dann sammelt Euch zu einer Gruppe,
jede Nonne in ihrem Überrock,
ich selbst werde auch dabei sein,
und seht zu, welche die Würdigste ist.«
Diesem Turnier mußten sie zustimmen.
Es wurde auf Mittag festgesetzt.
Es sollte heimlich stattfinden,
wenn das Kloster geschlossen wäre.
Und jede Nonne machte es so,
wie sie sich das heimlich ausgedacht hatten.
Der Äbtissin wurde mitgeteilt,
daß die Nonnen alle bereit seien.
Als sie diese Kunde vernahm,
nahm sie sogleich das Glied
auf einem weichen, seidenen Kissen
und schritt würdig aus dem Refektorium heraus.
Als das der Konvent sah,
zog er eilends hinterher.
Als sie nun aus dem Refektorium gekommen waren
und das Turnier vor Augen hatten,
zogen sie alle
mit festlichem Klang
herunter auf einen ebenen Platz,
der aufs schönste gestaltet war.
Ich kann wahrhaftig sagen:
dort erlebte man viel Freude.
Sie zogen gemeinsam voller Begierde ein
und hatten ein Banner dabei,
auf das
ein hübscher nackter Mann gemalt war.

der zagel wart dahin gesetzt,
da man den turnei gelegt hett.
sie stießen über in einen fanen.
die nunnen wurden in anzannen
und stunden alle zu einem ringe.
iekliche lak uf dem gedinge,
ob sie des ersten uf in *kweme*,
das man in ir dester minner neme.
sie liefen zusamen zu einem mal,
das vierundzwainzig uf der wal
wurden getreten under die füße
dorch den werden zagel süße.
doch komens auf vil trat.
da hub sich angest und not.
mich hat oft wonder genomen,
das sie nit alle umb die helse kummen.
doch wart mange geslagen,
das man*s* vor tot herdan must tragen.
wan einü gedacht an den hort,
und das ir sein ein plick wart,
so lief *sie* hinwieder zu im
und sach an das kluge engelin.
der turnei *wert* uf komplet,
das den zagel niemant hett
stet in seiner eigenschaft.
von des großen turneis kraft
den nunnen wart allen zorn.
sie sprachen: »es ist alles verlorn.«
sie gedachten an den alten haß.
ieklich nunne rurt sich baß.
bei dem hare sie herzogen,
das sich beulen auß in bogen.
der es manger vor hett getan,
man könd es nimmer versünt han.
was ich euch sage, das ist war:
ein gab der ander an ein or
starker slege wol drei.

Der Penis wurde dort aufgestellt,
wo das Turnier stattfinden sollte.
Über ihm wurde eine Fahne aufgepflanzt.
Die Nonnen grinsten ihn an
und standen alle im Kreis.
Eine jede hatte die Hoffnung,
wenn sie zuerst in seinen Besitz käme,
daß man ihn ihr dann weniger leicht wieder wegnähme.
Sie rannten alle auf einmal zu einem Ziel,
so daß vierundzwanzig auf der Walstatt
zu Boden getreten wurden
wegen des werten, lieben Schwanzes.
Aber sie kamen schnell wieder auf die Beine.
Da kamen Angst und Not auf.
Ich habe mich oft darüber gewundert,
daß sie sich nicht alle die Hälse gebrochen haben.
Aber manch eine bekam doch solche Schläge,
daß man sie für tot wegtragen mußte.
Wenn eine an den Schatz dachte
lief sie wieder zu ihm hin,
um einen Blick auf ihn zu werfen,
und schaute sich das schlaue Engelchen an.
Das Turnier dauerte bis zur Komplet,
und niemand hatte den Schwanz
dauerhaft in seinem Besitz.
Wegen der Gewalt dieses mächtigen Turniers
gerieten die Nonnen alle in Wut.
Sie sagten: »Es ist alles vergebens.«
Sie dachten an vergangenen Ärger.
Jede Nonne schlug noch mehr um sich.
Sie zogen sich so an den Haaren,
daß sich Beulen herauswölbten.
Wenn man das manch einer vorher angetan hätte,
man hätte es niemals wiedergutmachen können.
Was ich Euch sage, das ist wahr:
Eine gab einer anderen
bestimmt drei mächtige Schläge aufs Ohr.

Da sprach manig dirne frei,
die in dem klonster waren
und die alle zusahen,
und etlich vil laute schrei:
»ach got, solten wir in den turnei,
so solt wir uns dertumeln
und also ertumeln, rumeln
durch des werden zagels ere.
ob unser keiner nimmermere
in das klonster getörst einen trit,
dafür geben wir nichts nit.
wir sullen es niemant sagen
und sullen es entreuwen wagen.
nu gilt es doch nit unser leben,
es ist doch neur ein urlaup geben
und ein straufen von den nunnen,
die uns des zagels nicht gunnen,
und das wir sie bei dem har
ziehen villeicht ungewar.«
sie sprachen alle: »schauwe, schauwe,
ein mait hat gern als ein frauwe,
und tut ir oft dick als not.«
da⟨s⟩ sprach manig munt so rot.
all⟨er⟩erst wart den nunnen leit.
geleich zwainzig klonstermait
die sprungen in den turnei.
sehet, da hub sich erst ein geschrei!
sie schreiten fraislich: »slach und stoß!«
ir aller vechten das was groß,
eine sunst, die ander so.
sie schrieen alle: »jora jo!«
und hetten ein wunderlich geverte.
erst lag es den nunnen herte.
sie gerten alle einer ru.
sehet, die gieng in nicht zu.
mit slegen wart in wol gelont.

Währenddessen sagten sich viele der jungen Mädchen,
die sonst noch im Kloster waren
und die alle zuschauten,
und manch eine schrie es auch laut:
»O Herr, wenn wir nur ins Turnier dürften,
dann würden wir uns Bewegung machen
und uns ins Zeug legen, dreinschlagen
für die Ehre des werten Schwanzes.
Wenn auch keine von uns
einen Schritt in die Klausur tun darf:
darauf wollen wir überhaupt nichts geben.
Wir wollen es niemandem sagen
und es freiweg riskieren.
Schließlich geht es nicht um unser Leben.
Es handelt sich doch nur um die Erlaubnis
oder den Tadel der Nonnen,
die uns den Schwanz nicht gönnen,
und vielleicht auch, weil wir sie
mutwillig an den Haaren ziehen.«
Sie riefen alle: »Schau, schau,
eine Jungfrau hat's genauso gern wie eine Frau,
und oft braucht sie es genauso dringend.«
Das sagte manch ein roter Mund.
Da kam Ungemach auf die Nonnen zu!
Gleich zwanzig Klosterfräulein
stürzten sich in das Turnier.
Schaut, was da für ein Geschrei anhob!
Sie schrien wild: »Schlag und stoß!«
Alle kämpften sie gewaltig,
die eine auf diese Weise, die andere auf jene.
Alle schrien sie: »Jora jo!«
und sie schlugen sich erstaunlich.
Bald wurde es für die Nonnen beschwerlich.
Sie wollten alle eine Pause.
Seht, die bekamen sie nicht.
Schläge waren ihr Lohn.

der aptissin wart nit geschont.
die raiß sich faste in der mitte
und dünst recht als ein smitte
und hett den zagel bei dem kopfe.
die köstrin hett in bei dem schopf⟨e⟩.
da hub sich *ein* also getans reißen
von kratzen und von beißen,
das sie kurren als die seuwe.
manig rittermessig frauwe
die grienen vast als die swein,
und möcht auch anders nit gesein.
es was herte wieder *hert*.
manger wart ir nack *zurzert*
und bei den oren gar enteckt,
das ir die swart wol halb pleckt.
sie wurden vast gestoßen.
den zagel muste⟨n⟩s beide laßen.
und solt ich einen aid swern,
ein nunne und ein klonsterdirn
die kwamen in den turnei zusammen
und rauften sich mit einander,
das die nunne vil laute schrei:
»mein herzeliebe Adelheit,
schone mein enwenig baß!
du hast wol neun jare *gaß*
mein brot und mein essen.«
sie sprach: »des ist vergessen.
gebt mir den zagel drat
oder ich slach euch zu tot.
das sage ich euch fürwar,
und schon daran nieman zwor.
gebt ir mir in nit balde her,
ich brich euch ein auge auß dem schedel.«
sie sprach: »pfi dich immermere,
Adelheit, du unere!«
sie worden hart gestoßen.
den zagel musten sie baide laßen.

Auch die Äbtissin wurde nicht geschont.
Die tobte mittendrin umher
und schlug zu wie ein Schmied
und hielt den Schwanz am Kopf.
Die Küsterin hatte ihn am Schopf gepackt.
Da fing ein derartiges Gezerre an,
ein Kratzen und Beißen,
daß sie grunzten wie die Säue.
Manche Damen von ritterlichem Stand
brüllten laut wie die Schweine
und konnten gar nicht anders.
Es stand Grobheit gegen Grobheit.
Manch einer wurde der Hinterkopf zerfetzt
und an den Ohren bloßgelegt,
daß ihr die Kopfhaut zur Hälfte heraustrat.
Sie wurden hin und her gestoßen.
Beide mußten sie den Schwanz loslassen.
Wenn ich es beeiden müßte:
Eine Nonne und ein Klosterfräulein
trafen bei diesem Turnier zusammen
und rauften miteinander,
bis die Nonne laut schrie:
»Meine allerliebste Adelheid,
nun schone mich doch ein bißchen!
Du hast doch bestimmt neun Jahre lang
mein Brot und mein Essen verzehrt.«
Sie erwiderte: »Das ist längst vergessen.
Gebt mir sofort den Schwanz
oder ich schlage Euch tot.
Ich sage das ganz ehrlich
und werde wirklich niemanden schonen.
Wenn Ihr ihn mir nicht sofort gebt,
reiße ich Euch ein Auge aus dem Schädel.«
Jene rief: »Auf ewig pfui über Dich,
Adelheid, Du ehrlose!«
Sie wurden hin und her gestoßen.
Beide mußten sie den Schwanz loslassen.

ein gestöße da uf sie da gieng.
ein freche nunne den zagel gevieng.
da das ein alte nunne ersach,
wie vast sie den turnei durchbrach
und schrei an, die den zagel hett:
»hab in vaste, liebe Margreth,
und gedenk mir getreuwlich daran,
das ich dich derzogen han.
der zagel ist gar billich dein:
laß mich sein behelter sein!
ich mag dich sein nit verzeihen.
ich wil dir in oft und dick leihen.«
die nunne sprach auß großem zorn:
»guter geheiß wirt vil verlorn.
euwers leihens gesweiget drat!
es ist nicht davor, das der man selber hat.
der greift dar, wan er wil,
und darf nicht betteln vil.«
Der zagel wart undergeslagen
und dieplich auß dem turnei getragen,
und were des selben nicht geschehen
(seit ich die warheit muß jehen)
in dem geistlichen orden,
der turnei were zu einem streit worden.
da der zagel was verlorn,
den nunnen wart allen zorn.
da der zagel wart gevangen,
da was der turnei zurgangen.
da der zagel verloren was,
da saßen sie nieder in das gras.
manig nunne so *frutig*
was jemerlich blutig
und etlich was durchhitzet,
das sie sere switzet,
und manige klagete ir leit sere,
wie hart sie geslagen were.

Ein Stoßen und Treten fegte über sie hinweg.
Eine kühne Nonne erwischte den Schwanz.
Als das eine alte Nonne sah,
wie heftig brach sie da durch das Getümmel
und schrie die an, die den Schwanz hatte:
»Halt ihn fest, liebe Margreth,
und erinnere Dich dankbar daran,
daß ich Dich erzogen habe.
Der Schwanz ist zu Recht Dein:
Laß mich aber sein Aufbewahrungsort sein!
Ich will ihn Dir nicht wegnehmen.
Ich werde ihn Dir ganz oft leihen.«
Die Nonne erwiderte voller Zorn:
»Gute Versprechen gehen oft verloren.
Seid ganz schnell still mit Eurer Leiherei.
Es geht nichts über das, was man selbst hat.
Da greift man hin, wann man will
und braucht nicht lange zu betteln.«
  Der Penis wurde versteckt
und heimlich aus dem Turnier gebracht,
und wenn das nicht geschehen wäre
in dieser geistlichen Gemeinschaft
(um die Wahrheit zu sagen!),
dann wäre aus diesem Turnier glatt noch ein Streit geworden.
Als nun der Schwanz verlorengegangen war,
da waren die Nonnen alle wütend.
Als er eingefangen war,
da war das Turnier zu Ende.
Als er verschwunden war,
da ließen sie sich alle im Gras nieder.
Manch eine muntere Nonne
war jämmerlich mit Blut verschmiert,
und etliche waren so erhitzt,
daß sie furchtbar schwitzten,
und viele beklagten heftig ihre Schmerzen,
und wie schlimm sie geschlagen worden waren.

manig klagt iren ruck,
wie sere er ir were zurtruckt,
das er ir tet vil wee.
sie sprach oft und dick: »owe!«,
und das er ir were zurmüscht ⟨gar⟩.
manig klagt ir har,
das es ir were außgezerret gar.
des namen sie oft und dick war.
ir sleier und ir weil
die lagen dort an maniger zeil
und waren jemerlich zurzart.
ere und zucht was gar verspart,
die man sie oft hett gelert.
sich het manig geunert
umb den minneklichen funt,
sie hett derarnet zehen pfunt.
sie muten an die dirn,
das sie solten swern
zu dem turnei stille zu swaigen
und bei in in dem klonster pleiben
lieplich hin als her.
kein krieg wart nimmermer.

Viele klagten über ihren Rücken,
und wie sehr er ihnen verbleut worden war,
und daß er ihnen arg weh tat.
Sie stöhnten oft und immer wieder: »O weh!«,
und daß er ihnen ganz zertrümmert sei.
Manch eine beklagte ihr Haar,
weil es ihr vollständig ausgerissen war.
Das konnte man häufiger sehen.
Ihre Schleier und die Nonnenhauben
lagen herum zwischen den Reihen
und waren erbärmlich zerrissen.
Anstand und Ehre waren verschwunden,
die man ihnen so oft beigebracht hatte.
Manch eine hätte ihre Ehre
für diesen Findling der Liebe hingegeben,
wenn sie gerade zehn Pfund dafür bekommen hätte.
Sie verlangten von den Mädchen,
daß sie ihnen schworen,
über das Turnier Stillschweigen zu bewahren
und bei ihnen im Kloster zu bleiben
in Freundschaft so wie früher.
Streit gab es nie mehr.

HANS ROSENPLÜT
EIN DISPUTATZ EINS FREIHEITS MIT EIM JUDEN

Es fugt sich eines tags zu einer zeit,
das sich erhub ein grosser streit
in Niderlant in einer stat,
als man mir gesaget hat,
zwischen juden und kristen den beiden.
nimant kunt sie irs krigs entscheiden.
da nu der krig nam überhant
und das ein alter jud erkant,
hinfür trang er in schneller eil
wol zu den ersten an ir zeil
und sprach: »vernemt, was ich euch sag:
lat uns bestellen einen tag,
auf welche zeit euch das gefelt.
hiezwischen ir unter euch erwelt
ein meister, der do könn bewern,
ob euer gelaub sei eitel kern
on alle fraß und spreur.
finden wir dann auch ein man so teur
unter uns, der euern tür bestan:
die zwen sullen wir zusamen lan
und umb den gelauben regniren;
und welcher dann mit disputiren
den andern klüklich überwint,
was dann darnach der andern sint,
das die hienach on alle genat
sullen genzlich zihen auß der stat,
von erb, von eigen, was er hat.

HANS ROSENPLÜT
DIE DISPUTATION

Es geschah einmal,
daß ein großer Zwist entstand
in einer Stadt im Niederland,
wie man mir erzählt hat,
und zwar zwischen den Juden und den Christen.
Niemand konnte ihren Streit schlichten.
Als nun die Feindseligkeiten überhandnahmen
und ein alter Jude das sah,
da lief er in großer Eile
zu den Stadtoberen in ihr Viertel
und sagte: »Hört bitte, was ich Euch vortrage:
Laßt uns eine Verhandlung festsetzen
auf einen Tag, der Euch günstig scheint.
Wählt bis dahin unter Euch
einen gelehrten Mann, der beweisen kann,
daß Euer Glaube reines Korn ist,
ohne Hülsen und ohne Spreu.
Wenn wir auch einen so tüchtigen Mann
unter uns finden, der sich getraut, dem Euren entgegenzutreten,
dann sollten wir die beiden zusammenbringen
und um den Glauben streiten lassen.
Und wenn dann beim Disputieren
einer den anderen mit Geschick überwindet,
dann müssen diejenigen, die zur anderen Partei gehören,
hinterher ohne Erbarmen
alle aus der Stadt fortziehen,
weg von ihrem Erbe und allem, was sie besitzen.

das dunket mich der nützest rat.«
die kristen die waren der rede fro
und gelobten in das selbig do,
das es also solt werden geendt.
secht, also wart der ernst gewendt.
in dem sich die juden versahen,
und do die zeit herzu wart nahen,
da hetten die juden sich verpflicht
mit aller sach auf die geschicht.
die kristen bliben noch dahinden,
wann sie kein meister mochten finden
noch kein doctor so hoch geert,
so weis noch so wol gelert,
der sich der sach wolt unterfahen,
weit noch preit, verr noch nahen.
darumb waren sie in grossen sorgen.
  Darnach fugt es sich an einem morgen,
so kummt gegangen in die stat
ein freiheit gar in schnöder wat.
zu einem wirt er ein wart fragen.
da hort er wirt und wirtin klagen
den grossen kummer und auch die schwer,
das sie also von gut und er
entweichen solten auß der stat.
in dem der freiheit zuhin drat
und merket auf die rede vil leis
und sprach: »ist nimant hie so weis,
der euch von solchen sorgen entpünde,
so merket, was ich euch verkünde:
wölt ir vor sorgen sein behut,
so geet neur hin mit gutem mut
und tröst die öbersten alle vast
und sprecht, wie kummen sei ein gast,
der sie von sorgen trau entpinden.
ob sie sich so milt wöllen laßen vinden
und im anschneiden ein gewant,

Das halte ich für den besten Weg.«
Den Christen gefielen diese Worte,
und sie versprachen ihnen,
daß alles so entschieden werden solle.
Seht, auf diese Weise wurde das Schlimmste abgewendet.
Nun bereiteten die Juden sich vor,
und als die Zeit herankam,
da hatten sie sich
mit Hab und Gut auf diese Sache eingelassen.
Die Christen hinkten noch hinterher,
denn sie konnten keinen Magister finden
und auch keinen entsprechend angesehenen,
weisen und hochgelehrten Doktor,
der die Sache auf sich nehmen wollte,
weit und breit nicht, weder in der Ferne noch nah.
Darüber waren sie in großer Sorge.
Da traf es sich eines Morgens,
daß ein Landstreicher in abgerissener Kleidung
in die Stadt kam.
Er wollte gerade bei einem Wirt um Einlaß bitten,
da hörte er die Wirtsleute
über ihre Not und über die Sorge klagen,
daß sie Besitz und Ehre verlieren
und aus der Stadt verschwinden müßten.
Dabei trat der Landstreicher zu ihnen,
achtete still auf ihre Worte
und sagte dann: »Wenn hier niemand so gelehrt ist,
daß er Euch von derartigen Sorgen befreien kann,
dann hört, was ich Euch verkünde:
Wollt Ihr aller Sorgen ledig sein,
so geht nur getrost hin
und beruhigt die Stadtväter alle
und sagt, daß ein Fremder gekommen sei,
der sich zutraut, sie von ihren Nöten zu befreien.
Wenn sie sich so freigebig erweisen wollten,
ihm ein Gewand zuzuschneiden,

das er nit anders werd erkant
von reich, von arm, von iderman,
dann das er sei ein gelerter man
und auch ein meister der geschrift,
der kummen sei von hohem stift,
so wöll er in zu pfand geben
beide sein leib und auch sein leben,
er wöll mit meisterlichen sinnen
den juden klüklich angewinnen.«
das redt der freiheit als auf das,
wann er gedacht: »wie möcht ich paß
zu einem guten leben kummen,
dann würd ich also aufgenumen.
nu han ich oft und dick gehert,
ein gut mal sei henkens wert.
so wert doch das etlich tag.
villeicht hilft got, das ich mag
des krigs on schaden kummen hin.«
darauf da satzt er seinen sin
und sagt darauf ein solches zu.
do hett der wirt kein rast noch ru,
den öbersten tet ers bekant.
nach dem freiheit so wart gesant.
der sprach: »seit alles zweifels an,
ich hof, got sol mir peigestan.«
　Nicht lenger da gepeitet wart.
in kosperliche kleider zart
wart der freiheit schir gekleidt.
vil grosser ere und wirdikeit
wart im von iderman erzeigt.
vil mancher gelerter man im neigt.
darzu die juden groß und klein
nicht anders westen alle gemein
und auch ir rabi also wert,
dann das er wer der pest gelert,
so man in fünd in allen kristen.

so daß er für nichts anderes
von jedermann, von arm und reich, angesehen
werden könne
als für einen gelehrten Mann
und einen Kenner der Heiligen Schrift,
der aus dem Domkapitel gekommen sei,
dann wolle er ihnen
Leib und Leben dafür verpfänden,
daß er mit überlegener Gelehrsamkeit
den Juden regelgerecht besiegen werde.
Das sagte der Landstreicher nur
mit dem Hintergedanken: »Wie könnte ich leichter
zu einem rechten Wohlleben kommen,
als wenn ich so aufgenommen würde.
Zwar habe ich oft schon sagen hören,
ein gutes Mahl sei den Henker wert,
aber das zieht sich doch eine Weile hin.
Vielleicht hilft mir Gott, und ich komme
ohne Schaden aus diesem Wettkampf heraus.«
Darauf richtete er seinen Sinn,
und deshalb machte er seinen Vorschlag.
Da hatte der Wirt nicht Rast noch Ruh,
er überbrachte die Geschichte den Stadtvätern.
Man schickte nach dem Landstreicher.
Der sagte: »Seid nur voller Vertrauen,
ich hoffe, Gott wird mir beistehen.«
Man machte sich gleich ans Werk.
In kostbare feine Kleider
wurde der Landstreicher gesteckt.
Große Wertschätzung und Hochachtung
bezeugte ihm jedermann.
Sogar manch gelehrter Mann verneigte sich vor ihm.
Auch die Juden, ob groß, ob klein,
wußten allesamt nichts anderes –
und sogar ihr ehrenwerter Rabbi –,
als daß er der Größte unter allen Gelehrten wäre,
die man in der ganzen Christenheit finden könne.

doch meint er, sich vor im zu fristen.
da nu die frist schir was vergangen,
da wart mit schranken und mit stangen
ein weiter platz gerichtet zu,
das iderman möcht sehen mit ru
und auch von wort zu wort hören,
ursprünklich auß welchen rören
der prunn des gelaubens kem geflossen,
der manchen sünder hat begossen.
da alle sach nu was volbracht,
darauf man sich hett lang bedacht,
darnach an einem morgen fru
bereitet sich der jud darzu.
hin in die schranken er sich macht.
auf die hohen kunst was er bedacht.
und da der freiheit des wart innen,
er sprach: »sol ich den preis gewinnen,
so muß ich gessen und trunken haben.
das tut mein herz in weisheit laben,
das ich den juden überwind.«
da wart bereitt im vil geschwind
ein gute supp von malmasir;
zu der verpflicht er sich vil schir
und aß und trank und sterkt sein hirn.
da er das prüfet in seiner stirn,
auf macht er sich und sprach: »wol an,
wir sullen in einer processen gan,
das iderman erkenn dapei,
das doch die zeit nu kummen sei.«
also wart er gar schon beleit
piß in den platz mit wirdikeit.
Da er den juden erst ansach,
da hub er ernstlich an und sprach:
»nu antwurt, jud, wes ich dich frag.
womit meinstu auf disen tag

Dennoch glaubte der Rabbi, gegen ihn bestehen zu können.
Da nun die Frist fast vergangen war,
wurde mit Schranken und mit Stangen
ein geräumiger Platz hergerichtet,
damit jeder ohne Schwierigkeit sehen
und auch Wort für Wort hören könne,
aus welchem Brunnen
die Quelle des Glaubens in ihrem Ursprung geflossen sei,
die so manchen Sünder benetzt hat.
Nun war alles vorbereitet,
worauf man sich so lange bedacht hatte,
und eines frühen Morgens machte sich
der Jude bereit.
Er begab sich in die Schranken.
Seinen ganzen Sinn richtete er auf die Gelehrsamkeit.
Als der Landstreicher das merkte,
sprach er: »Wenn ich den Preis gewinnen soll,
dann muß ich gegessen und getrunken haben.
Das wird mein Herz mit Weisheit tränken,
so kann ich den Juden überwinden.«
Da bereitete man ihm eilends
eine gute Suppe aus Malvasierwein;
der widmete er sich sogleich,
aß und trank und stärkte sein Gehirn.
Als er die Wirkung in seinem Kopf fühlte,
erhob er sich und sagte: »Also gut,
wir wollen nun in einer Prozession einziehen,
damit jeder sieht,
daß der Zeitpunkt jetzt gekommen ist.«
Auf diese Weise wurde er festlich
und mit großer Würde auf den Platz geleitet.
Als er den Juden das erste Mal erblickte,
begann er mit ernster Miene zu sprechen:
»Antworte nun, Jude, auf meine Frage!
Womit glaubst Du heute bei dieser Verhandlung

deim gelauben grüntlich nachzukummen,
das do in kürz werde vernummen,
wer heut auf disen tag oblig
und auch dem andern angesig,
das es sich lenger nit verzich?
weistu des nit, so mut es an mich.
ein kurzen sin wil ich dir sagen,
der uns tut langer mü vertragen.
wann solt wir alles das offenberen
und auch mit worten ganz erkleren,
wie, wo und wenn im anegang
der jüdisch gelaub nem sein anefang
und wie im got hett außerwelt
das jüdisch volk für all dise welt
piß auf die zeit, das sie mißteten,
da sie das gulden kalb anpetten,
das in da kam zu grossen unstaten,
solten wir die tümpfel alle durchwaten
und auch die rede von den propheten,
die sie von Cristo ie geteten,
von seiner zukunft und menschwerung
(darzu man dorft vil tifer erklerung),
solt man das alles gar durchsuchen
in allen capiteln und auch puchen,
eins monats würden wir nit vereint.
darumb so deucht es mich gemeint,
das wir mit dreien fragen allein
der sach hie würden überein
oder allein mit dreien deuten,
wie das gemacht werd vor den leuten,
das das also volendt werd
on hinderlist und on geverd.
darumb dich, jud, vil pald bedenk,
warauf sich dein gewissen senk,
es sei auf deuten oder fragen,

Deinen Glauben zuverlässig bewähren zu können,
damit man schnell erfährt,
wer in dieser Sache die Oberhand behält
und den anderen besiegt –
damit es sich nicht lange hinzieht?
Wenn Du es nicht weißt, dann überlaß es mir.
Ich will Dir einen Gedanken vortragen,
der uns längere Mühen erspart.
Wenn wir nämlich alles darlegen
und wortreich ausdeuten wollten,
wie, wo und wann zu allererst
der jüdische Glaube seinen Ursprung genommen,
wie Gott sich
das jüdische Volk vor aller Welt auserwählt hat
bis zu der Zeit, da sie Unrecht taten,
weil sie das Goldene Kalb anbeteten
(woraus ihnen großes Unglück entstand),
wenn wir alle Sümpfe durchwaten müßten
und auch noch die Aussprüche der Propheten behandeln,
die sie über Christus taten,
von seiner Ankunft und Menschwerdung
(dazu brauchte man allein eine tiefschürfende Auslegung)
– wenn man das alles sorgfältig erörtern wollte
in allen Paragraphen und Büchern:
in einem ganzen Monat kämen wir nicht zusammen.
Darum halte ich es für vernünftig,
daß wir mit nur drei Fragen
die Sache entscheiden
oder gar nur mit drei Gebärden,
wie man sie vor dem Publikum machen kann,
so daß alles ohne Hinterlist und ohne Betrug
zu Ende gebracht wird.
Darum, Jude, prüfe schnell,
was Dich Deine Klugheit vorziehen läßt,
das Gestikulieren oder das Fragen,

das wirs einander zu tun sagen.«
hin drat der jud da auf ein ort.
zun juden sprach er: »meine wort
sein nit als deutiklich als des kristen.
des möcht er mich villeicht überlisten;
darumb ich liber deuten wil.«
auch ritens im der juden vil.
nicht lenger der jud sich do spart,
zum freiheit drat er an der vart
und sagt im zu vor allen leuten,
wie er in wölt bestan mit deuten.
der freiheit sprach zu im: »das sei!
so merk, wer pesser deuten drei
am ersten unter uns beiden hat,
das der gewunnen hab vil drat.« –
»trauen«, sprach der jud, »es ist mir eben.
noch weiß ich nicht, wer an sol heben.«
der freiheit sprach: »da süllen wir
ein loß darumb aufwerfen schir.«
der jud der sprach: »das ist mein will.«
  Das loß da auf den juden vil,
und da das auf in was gefallen,
da stund er in einem zwallen.
doch er sich nit lang besan,
ein schnelles deuten er ving an
und rackt ein vinger von im dar.
des nam der freiheit eben war.
zwen vinger er hinwider pot.
da schrei der jude: »auwe der not«,
und wart gar zorniklich geporen
und sprach: »ich hab das erst verloren.«
davon die juden erschraken gar
und begunden alle zu laufen dar
und namen in pald da auf ein ort
und fragten in von wort zu wort
mit grosser flee und auch mit pet,

damit wir das klarstellen können.«
Da trat der Jude beiseite.
Zu den anderen Juden sagte er: »Meine Worte
sind nicht so klar und deutlich wie die des Christen.
Deswegen könnte er mich leicht überlisten;
ich will mich also lieber auf Gesten verlegen.«
Auch viele der Juden rieten ihm dazu.
Da säumte der Jude nicht länger,
schnell trat er zum Landstreicher
und beschied ihn vor allen Leuten,
daß er ihm mit Gesten entgegentreten wolle.
Der Landstreicher antwortete: »Abgemacht!
Denke also daran: wer
von uns beiden zuerst drei bessere Gebärden hat,
der soll dann gewonnen haben.«
»Wahrhaftig«, sagte der Jude, »damit bin ich einverstanden.
Ich weiß nur noch nicht, wer anfangen soll.«
Der Landstreicher antwortete: »Dazu wollen wir
gleich ein Los werfen.«
Der Jude sagte: »Das ist mir recht.«
Da fiel das Los auf den Juden,
und als es auf ihn gefallen war,
stand er wie betäubt da.
Doch er besann sich nicht lange,
er machte flink eine Gebärde
und streckte einen Finger von sich.
Kaum hatte der Landstreicher das bemerkt,
als er ihm schon zwei Finger entgegenhielt.
Da schrie der Jude: »O, welche Not!«,
fing an, sich wie ein Wütender zu gebärden,
und rief: »Ich habe das erste Spiel verloren!«
Darüber erschraken die Juden sehr,
liefen alle herbei,
nahmen ihn hastig beiseite
und fragten ihn in heftigem Hin und Her,
mit Bitten und Flehen:

das er sie doch bescheiden tet,
was er mit seinem deuten meint
und was der vinger hett bescheint.
er sprach: »ich hab gemeint dapei,
wie ein gerechter wek neur sei.
darauf da meint ich stet zu sten.
so deut er mir, ir sein zwen,
und wie sie bede gerecht auch sein,
der ein zu freud, der ander zu pein,
das ist gen himel und gen hell.
zu grossem unglück ich uns zel,
das ers so weislich hat besunnen.«
da sprachen sie: »er hat gewunnen.«
die kristen traten auch zusamen.
den freiheit auf ein ort sie namen
und paten in durch got vil ser,
das er in sagt durch sein er,
durch was er wer gelegen ob,
das im der jud selbs geb das lob.
der freiheit tet in das bestimmen
und sprach: »da was mit grossem grimmen
der jud so gar inprünstiklich
in zorn erzürnt wider mich,
das er sich sust nit west zu rechen,
dann das er mir meint außzustechen
ein aug mit seinem vinger drot.
da gedacht ich mir: ›wöll dann got
nit helfen noch sein gnade senden,
an beiden augen wil ich dich plenden.‹
darumb ich im zwen vinger pot.
ob er dann schwig, das was im not.
wann wern wir recht zusamen kummen,
ein untersturz hett er genummen.«
der rede waren die kristen fro.

er möge ihnen doch erklären,
was er mit seiner Gebärde ausdrücken wollte
und was der Finger bedeutet hatte.
Er antwortete: »Ich habe damit sagen wollen,
daß es nur einen rechten Weg gebe.
Damit meinte ich, auf sicherem Boden zu stehen.
Er aber bedeutete mir, es gebe zwei
und beide seien richtig,
der eine zur Freude, der andere zum Schmerz,
das heißt: zum Himmel und zur Hölle.
Ich sehe es als großes Unglück für uns,
daß er sich das so klug ausgedacht hat.«
Da riefen sie: »Er hat gewonnen.«
Auch die Christen traten zueinander.
Sie nahmen den Landstreicher beiseite
und baten ihn um Gottes Willen inständig,
daß er ihnen auf seine Ehre sage,
wodurch er so überlegen gewesen sei,
daß sogar der Jude selbst ihm den Preis zugestanden habe.
Der Landstreicher legte ihnen das dar
und sagte: »Voller Wut
war der Jude heftig
in Zorn gegen mich geraten,
so daß er sich nicht anders zu helfen wußte,
als daß er mir bedeutete,
er werde mir auf der Stelle mit dem Finger ein Auge ausstechen.
Da dachte ich bei mir: ›Wenn denn Gott
nicht hilft oder seinen Beistand sendet,
dann will ich Dich an beiden Augen blenden.‹
Deshalb streckte ich ihm zwei Finger entgegen.
Er schwieg dann, weil er nicht anders konnte.
Denn wenn wir richtig aneinander geraten wären,
dann wäre er unterlegen.«
Über diese Worte freuten sich die Christen.

Zusamen tratens wider do,
der freiheit und der jüdisch man.
da ving der jud hinwider an
und reckt von im ein ofne hant,
die meniklich was unbekant,
dem freiheit, der do wider in was.
idoch er sich nit lang vergaß,
nach dem und in sein sin ermant,
ein faust macht er auß seiner hant
und reckt die gen dem juden drot.
da sprach der jud: »ach got, ach got,
nu gesach ich nie auf erd kein kristen,
der herter wer zu überlisten.
gen im so pin ich ganz ein wint.
auwe mir armen judenkint!«
also schrei er mit lauter stimm
auß neid, auß posheit und auß grimm.
doch gab er ie dem freiheit recht.
da kamen die juden mit grossem precht.
iren meister auf ein ort sie prachten.
mit worten sie in da anfachten,
wie es doch hett einen fug,
das im der freiheit wer zu klug.
der jud der antwurt in geschwint
und sprach: »ich gelaub, das wir sint plint,
als ich das an seinem deuten spür,
wenn er trift allenthalben für
mit warheit und mit kündigkeit.«
da sprachen sie: »so uns bescheit
doch die zwei deuten beidesant.«
da sprach der jud: »mit offner hant
hab ich gen im ein deuten tan;
dapei so gab ich zu verstan,
das die parmherzikeit got des herrn
ganz allen menschen offen wern

Ein zweites Mal traten sie gegeneinander an,
der Landstreicher und der Jude.
Da machte der Jude wieder den Anfang
und streckte,
was jedermann unverständlich war,
dem Landstreicher, der ihm gegenüberstand, eine offene Hand entgegen.
Doch der überlegte nicht lange;
einfach so wie es ihm in den Sinn kam,
machte er eine Faust
und reckte sie dem Juden schnell entgegen.
Da rief der Jude: »Ach Gott, ach Gott!
Auf der ganzen Welt habe ich niemals einen Christen gesehen,
dem schwerer beizukommen wäre.
Gegen ihn bin ich ein Nichts.
Weh über mich armen Judenmenschen!«
So schrie er mit lauter Stimme,
voller Haß, voller Bosheit und voller Wut.
Aber er gab doch dem Landstreicher recht.
Da kamen die Juden mit großem Lärm
und nahmen ihren Gelehrten beiseite.
Sie griffen ihn mit ihren Reden an:
wie es denn angehen könne,
daß der Landstreicher zu klug für ihn sei.
Der Jude antwortete sofort
und sagte: »Ich glaube, daß wir blind sind;
das merke ich an seinen Gebärden,
denn er übertrifft mich rundum
durch Wahrheit und durch Klugheit.«
Da sagten sie: »So erkläre uns
doch die beiden Gebärden!«
Da sagte der Jude: »Mit offener Hand
habe ich gedeutet;
damit habe ich zu verstehen gegeben,
daß die Barmherzigkeit Gottes, des Herrn,
allen Menschen offen stehe

und das die nimant wern entzogen.
so deut er mir, ich hab gelogen,
mit seiner zugeschlossen hant.
damit tut er also bekant,
das die erparmung gotes sei
beschlossen und nit allen frei,
wann nimant weiß, wie recht er pit,
das im die werde versaget nit.
wann wer durch seiner erparmung schein
dester lenger wolt in sünden sein
und nicht gedenken an sein strafen,
der möcht die erparmung leicht verschlafen,
das er an seinen letzten stunden
villeicht am pösten würde funden.«
die juden sprachen: »trauen zwar,
der krist hat des recht und war.«
die kristen es auch nit lang machten.
den freiheit auf ein ort sie prachten
und paten in alle ser mit fleiß,
das er in sagt, in welcher weis
er aber eins gewunnen het,
das er sie des bescheiden tet.
der freiheit sprach: »ich nit entpir,
die warheit sag ich vil schir.
der jude auf mich erzürnet was
und deutet mir auß seinem haß:
ein packenschlag solt mir geschen,
das ich mich vor im müst verdrehen.
das deutet er mir mit flacher hant.
da tet ich im wider bekant:
wölt er ims nit lan untersagen,
ich wölt in ganz zu der erden schlagen
mit meiner faust, die ich im pot.
ob er dann schwig, das riet im got,
und mir des krigs gewinnen gab,

und daß sie niemandem vorenthalten werde.
Da zeigte er mir
mit seiner geschlossenen Hand, ich hätte unrecht.
Damit weist er darauf hin,
daß das Erbarmen Gottes
Grenzen habe und nicht allen offen stehe;
denn niemand, wie gehörig er auch bittet, weiß,
ob es ihm nicht versagt wird.
Denn wer in der Aussicht auf Erbarmen
nur um so länger in Sünde lebt
und nicht an seine Strafe denkt,
der könnte leicht die Gnade verschlafen
und so in seiner letzten Stunde
zu den Bösen gerechnet werden.«
Da sagten die Juden: »Wahrhaftig,
der Christ hat darin völlig recht.«
Die Christen warteten auch nicht lange.
Sie nahmen den Landstreicher beiseite
und baten ihn alle voller Eifer,
daß er ihnen sage, wie
er wiederum gewonnen habe;
das möge er ihnen erklären.
Der Landstreicher meinte: »Da will ich mich nicht zieren;
ich sage Euch gleich die Wahrheit.
Der Jude war zornig auf mich
und zeigte mir in seiner Wut:
ich sollte eine solche Ohrfeige bekommen,
daß ich ins Taumeln käme.
Das zeigte er mir mit seiner flachen Hand an.
Da machte ich ihm wiederum deutlich:
wenn er das nicht bleiben ließe,
würde ich ihn ganz und gar zu Boden schlagen,
mit meiner Faust, die ich ihm unter die Nase hielt.
Daß er dann den Mund hielt, das hat ihm Gott geraten,
und daß er mir den Sieg überließ;

wann er gedacht: ›laß ich nit ab,
villeicht würt es sich anders machen‹.«
da vingen die kristen an zu lachen
und waren der tagalt alle fro.
In kreiß macht er sich wider do
zum dritten mal in froer beger.
da paten die juden iren meister ser,
das er doch got daran wölt eren
und iren gelauben noch möcht beweren
und sich darauf dest paß bedecht
und sich mit deuten nicht vergecht.
er sprach: »ich hof, got stee mir pei,
als unser gelaub der pesser sei.«
in solchem trauen er hin ging.
ein anders deuten er anfing.
ein vinger steckt er zu der stund
im selber da in seinen munt.
des sich der freiheit nit versach.
do ving er hinwider an gach,
als er des hett besunnen sich:
mit flacher hant er im da strich
über sein selbs pauch zu tal.
da schrei der jud mit lautem gral:
»wie hilfstu heut, herr Adonei?«
also er mördiklichen schrei.
sein har begund er selbs außraufen.
da komen die juden alle gelaufen,
und hetten sie in nit hin genummen,
von seinen sinnen wer er kummen.
von in wart er da aber gefragt,
das er durch gotes willen in sagt,
was die zwei deuten möchten mein.
da sprach der jude: »es ist umb kein.
alle unser sinn die sein verloren.
got hat die kristen außerkoren
und im die genzlich zugeeigt,
wann ich mit deuten pin geschweigt.

denn er dachte: ›Hör' ich nicht auf,
geht es vielleicht ganz anders aus‹.«
Da fingen die Christen an zu lachen
und freuten sich alle über dieses Schauspiel.
Dann begab er sich
zum dritten Mal voller Zuversicht in den Kreis.
Die Juden flehten ihren Schriftgelehrten an,
daß er doch bitte Gott die Ehre erweisen
und ihren Glauben doch noch bestätigen möge;
daß er sich die Sache besser überlege
und sich mit den Gesten nicht übereile.
Er sprach: »Ich hoffe, Gott steht mir bei,
da doch unser Glauben der bessere ist.«
Im Vertrauen darauf ging er hin.
Ein weiteres Mal fing er mit den Gesten an.
Einen Finger steckte er sich schnell
selbst in den Mund.
Damit hatte der Landstreicher nicht gerechnet.
Trotzdem legte er seinerseits sofort los,
nachdem er sich besonnen hatte:
Mit der flachen Hand strich er
über seinen Bauch nach unten.
Da schrie der Jude gellend auf:
»Wie hilfst Du heute, Herr Adonai?«,
so schrie er wie in Todesnot
und begann sich selbst das Haar auszuraufen.
Da kamen die Juden alle herbeigelaufen,
und hätten sie ihn nicht fortgebracht,
so hätte er den Verstand verloren.
Abermals wurde er von ihnen gefragt,
er möge ihnen doch um Gottes Willen sagen,
was die beiden Gebärden bedeuten könnten.
Da sagte der Jude: »Es ist umsonst.
Alle unsere Weisheit, die ist verloren.
Gott hat die Christen auserwählt
und sie sich vollständig zugeeignet,
denn ich bin mit den Gesten zum Schweigen gebracht.

zu deuten ist mir nimmer goch.«
die juden sprachen: »sag uns doch,
was sol das deuten in dem munt?«
da sprach der jud: »ich tu euch kunt,
das ich dapei gab zu versteen,
wie alle rede vom mund geen,
es sei auf pös oder auf gut,
darnach dem menschen steet sein mut.
so deut er mir, ich möcht wol scherzen,
des mundes rede gee von dem herzen,
und welcherlei das herz vol stee,
das des der munt übergee.
auch redt der munt zu mancher frist
anders, dann des herzen meinung ist.
idoch so sei das herz der grunt,
wiwol der munt tu valsches kunt.
und das das sei, das leit am tag.
sein deuten nimant strafen mag.«
des wart der juden klag vil groß.
vil mancher heimlicher zeher floß
auß iren augen zu der stund,
wann in wart da nit anders kund,
wann das sie alle auß der stat
entweichen müsten da vil drat;
des begunden sie sich vast schamen.
die kristen auch iren freiheit namen
und paten in gar ser mit fleiß,
das er in sagt, in welcher weis
der jud in munt gedeutet hett,
das er in das zu wissen tet.
der freiheit sprach: »ich tu euch kunt:
do er den vinger stiß in munt,
damit so meint er nit mer,
dann wie er so hungerig wer
und das im nicht als wol nu tet,
als wenn er etwas zu essen hett;
damit da wer im nu vil wol.

Auf das Gestikulieren bin ich nicht mehr begierig.«
Die Juden riefen: »So sag uns aber doch,
was soll das Deuten in den Mund?«
Der Jude antwortete: »Ich sage Euch,
daß ich damit zu verstehen gab,
daß alle Rede vom Munde ausgeht,
gleich ob es böse oder gut gemeint ist,
worauf das Trachten des Menschen sich richtet.
Da bedeutete er mir, ich wolle wohl Scherze treiben,
die Rede des Mundes komme aus dem Herzen,
und wes das Herz voll sei,
des gehe der Mund über.
Auch spräche der Mund bisweilen
anders, als es das Herz meint.
Doch das Herz sei der Ursprung,
auch wenn der Mund Falsches behaupte.
Daß das so ist, liegt offen zu Tage.
Niemand kann seine Gebärden tadeln.«
Darüber erhob sich unter den Juden große Klage.
Viele heimliche Tränen flossen
da aus ihren Augen,
denn ihnen wurde damit nichts anderes verkündet,
als daß sie nun ohne Verzug alle aus der Stadt
weichen müßten;
das empfanden sie als große Schande.
  Die Christen nahmen sich ihren Landstreicher
und baten ihn inständig,
daß er ihnen sage, in welcher Absicht
der Jude in den Mund gedeutet habe;
das solle er ihnen erklären.
Der Landstreicher verkündete: »Ich teile Euch mit:
Als er den Finger in den Mund stieß,
meinte er damit nichts anderes,
als daß er hungrig sei
und daß ihm nun nichts so wohl täte,
als wenn er etwas zu essen bekäme;
dann würde er sich wirklich wohl fühlen.

da daut ich im, ich wer eben vol,
nach essen fregt ich nit ser,
darumb so gab er mir die er
und auch den preis, dadurch gewunnen,
das ichs so weislich hett besunnen
mit weisen und mit klugen sachen.«
des musten die kristen aber lachen,
wann sie waren irs glücks fro,
das in gelungen was also.
  Nicht lenger da gepeitet wart:
die juden musten auf der vart
allesampt weichen auß der stat.
der in aufgegossen hett das pat,
das was der freiheit also her.
des dankten im die kristen ser,
wann ers pei gut und er behilt.
des waren sie auch gen im so milt,
das er sein alles wart ergetzt.
in hohe wirde wart er gesetzt
und auch sein lebtag wol gehalten.
  Himit so wil ichs got lan walten
und auch davon nit sagen mer.
so hat gedicht Hans Schnepperer.

Da bedeutete ich ihm, ich sei ziemlich voll
und frage nicht viel nach Essen.
Deshalb gestand er mir die Ehre
und den Preis zu, die dadurch errungen seien,
daß ich es so weise bedacht hätte
mit Klugheit und Witz.«
Darüber mußten die Christen wieder lachen,
denn sie freuten sich des Glücks,
das ihnen so zuteil geworden war.
  Dann fackelte man nicht lange:
Die Juden mußten unverzüglich
allesamt aus der Stadt weichen.
Der ihnen dieses Bad aufgegossen hatte,
das war dieser feine Vagabund.
Dafür dankten ihm die Christen sehr,
denn er bewahrte ihnen Besitz und Ehre.
Deswegen waren sie zu ihm auch großzügig
und er wurde für alles reichlich belohnt.
Er hatte sich großes Ansehen erworben
und wurde sein Lebtag lang in Ehren gehalten.
  Damit will ich Gott walten lassen
und nichts mehr darüber sagen.
So hat Hans Schnepperer gedichtet.

KOMMENTAR

EINLEITUNG

I. MÄRE UND NOVELLE

Was eine Novelle sei, darüber gibt es – wie bei fast allen literarischen Gattungen – in der Vorstellung gebildeter Leser ein klares Bild, aber kaum zureichende ›Definitionen‹ durch die Literaturwissenschaft. Das ist nicht verwunderlich. Gattungen entstehen in den seltensten Fällen nach verbindlichen Vorgaben, sie bilden sich heraus im mehr oder weniger unausgesprochenen Konsens derer, die sich schreibend oder lesend am literarischen Gespräch beteiligen. Werke entstehen im Bezug auf diese Vorstellungen, sie erfüllend oder sie überschreitend, modifizierend oder negierend; immer aber verändert das neue Werk auch das Bild, das die Gattung bietet, und damit die Vorstellung, an der man sich von da an orientieren wird. So ist es kein Wunder, daß literarische Gattungen Gebilde mit undeutlichen Rändern und unbestimmbaren Grenzen sind, abhängig von allen möglichen Variablen, vor allem solchen der individuellen Einstellung zu kollektiven Vorgaben, und ganz gewiß historischem Wandel unterworfen.

Das gilt auch für die Novelle. Immerhin aber gibt es bei ihr in der allgemeinen Vorstellung und in der Literaturwissenschaft einen festen Punkt: die Begründung der Novelle durch den Florentiner Kleriker und Diplomaten Giovanni Boccaccio (1313-1375). Sein *Decameron*, ein Zyklus von zehn mal zehn Erzählungen, in geselligem Kreis an zehn Tagen hintereinander vorgetragen, gilt als die Geburtsurkunde der Novelle. Die Eigenheiten von Boccaccios Novellen lassen sich bestimmen (Einmaligkeit des erzählten Falles, Mehrdimensionalität der Figuren, Mehrdeutigkeit der Wertperspektive, Betonung von Intellekt und Witz, Rahmenerzählung als Deutungshorizont); ihre traditionsbildende Kraft ist ebenso offensichtlich wie die fortwährende und fortschreitende Veränderung des ursprünglichen Musters. Auch Boccaccio freilich stand – selbstverständlich – in einer historischen Kontinuität; auch vor ihm wurde erzählt, und auch die von ihm erzählten Geschichten sind großenteils altbekannt und immer wieder neu erzählt worden. Oft reichen sie weit zurück bis in die Überlieferungen des alten Indien, Persiens oder auch schon der arabischen Mittelmeerkultur. Oft aber scheinen sie auch Grundsituationen des menschlichen Lebens immer wieder auf die gleiche Weise in Erzählungen oder Motive zu fassen, ohne daß sich historische Zusammenhänge erweisen ließen.

In das Mittelalter sind die alten Geschichten und Motive wohl häufig mündlich überliefert worden, oft aber auch im großen Sammelbecken der lateinischen Exempelliteratur, das noch wenig erforscht ist. Aus ihr speisen sich die verschiedenen Formen novellistischer Kurzerzählungen, die in den deutschen Nachbarliteraturen vom späten 12. Jahrhundert an entstehen: mit großem Erfolg und gelegentlich auf hohem Niveau das französische Fabliau, vielleicht auch angeregt von seinem eher höfischen Gegenstück, dem Lai, später auch italienische Kleinerzählungen, z. B. im *Novellino* vom Ende des 13. Jahrhunderts, und schon vom zweiten Viertel des gleichen Jahrhunderts an auch die deutsche Kurzerzählung: anfangs wohl eher dem lateinischen Exemplum verpflichtet, im Laufe des Jahrhunderts dann mehr und mehr dem Einfluß des machtvoll aufblühenden Fabliau ausgesetzt.

All dies liegt vor Boccaccio, liefert ihm z. T. wohl die Stoffe, unterscheidet sich von ihm aber durch die Art des Erzählens. Offensichtlich wurde vorher anders erzählt, ›mittelalterlicher‹, aber was dies genau heißt, ist Gegenstand eines heftigen Gelehrtendisputs. Ohne Zweifel gehören dazu Elemente wie höfische Kultiviertheit, amouröse Freizügigkeit, auch drastische Komik und derbe Sexualität, dies alles aber in enger, von Fall zu Fall genauer zu bestimmender Nachbarschaft zum lehrhaften Exempel und seinen Bemühungen, das Zusammenleben der Menschen in der von Gott geschaffenen Welt durchschaubar zu machen und zu richtigem Verhalten anzuleiten.

Um dieses mittelalterliche Erzählen, soweit es in deutscher Sprache stattfand, geht es in dieser Sammlung.

Mittelalterliche Kurzerzählungen in deutscher Sprache sind in großer Zahl überliefert. Von wenigen genau bestimmbaren Ausnahmen (v. a. Exempeln und Legenden) abgesehen, sind sie (wie auch die höfischen Epen) in Reimpaarversen geschrieben. Zyklische Zusammenstellungen gibt es nicht, jedes Werk steht für sich. Wie man sie als Gruppe bestimmen, gar ihre Grenzen festlegen soll, das ist – wie gar nicht anders zu erwarten – eine offene Frage. Definitorische Festlegungen helfen nicht weiter. Aber vielleicht könnte man sich, da es sich eben um undefinierte Übereinstimmungen handelt, mit einer umgangssprachlichen Beschreibung helfen: es handelt sich um Geschichten in der Art, wie sie auch bei Boccaccio erzählt werden könnten, freilich in Versen und nicht zyklisch gebunden, nicht einem einzigen Autorwillen unterworfen und deshalb vielfältiger und bunter in ihrem Erscheinungsbild, ihren Bauformen und ihren stilistischen Niveaus, schließlich im großen und ganzen (aber hier setzen schon die historischen Differenzierungen an) noch stärker an unmittelbar belehrende und orientierende Zwecke gebunden. Um diese Differenzen zur ›modernen‹, von Boccaccio ausgehenden Gattung Novelle schon im Namen kenntlich zu machen, hat man (gleichfalls nicht ohne heftigen Widerspruch) in Anlehnung an das mittelhochdeutsche Wort für ›Nachricht, Bericht, Erzählung‹ den Terminus Märe geschaffen; ihn werde ich für die von mir vorgestellte Gruppe von Verserzählungen verwenden. Dabei gehe ich davon aus, daß es sich nicht um eine zufällig nach beliebigen Kriterien zusammengewürfelte Gruppe handelt, sondern um eine Textreihe, die sich in historischer Kontinuität aufbaut, different und immer weiter sich differenzierend, aber doch jeweils bezogen auf die gemeinsamen oder auf die vorausliegenden Muster: so dürfen wir sie eine Gattung nennen.

II. EINE SKIZZE DER GATTUNGSGESCHICHTE ZUR BEGRÜNDUNG DER TEXTAUSWAHL

1. Die Begründung der Gattung: Der Stricker

Ziel dieser Auswahl ist es, die Gattung Märe in charakteristischen Exemplaren, also in ihren musterhaften und individuellen, ihren erfolgreichsten, amüsantesten und erschreckendsten, feinsinnigsten und derbsten, ältesten und jüngsten Beispielen vorzustellen.

Wenn über eine Sammlung lesenswerter Einzelstücke hinaus ein Bild der Gattung entstehen soll, dann kann dies nur in der Nachzeichnung ihrer historischen Entfaltung geschehen. Daran orientieren sich Auswahl und Anordnung.

Das Märe kommt im Deutschen im zweiten Drittel des 13. Jahrhunderts auf. Zusammen mit anderen Kleinformen in Reimpaarversen, erörternden (die wir *reden* nennen) und zweiteilig-auslegenden (die wir *bispel* nennen), tritt es zuerst im Werk des Strickers in Erscheinung, eines fahrenden Berufsdichters aus dem zweiten Viertel des 13. Jahrhunderts, der seinen Schaffensschwerpunkt wohl in Österreich hatte. Der Stricker begründet die Gattung und prägt ihr Bild; der von ihm geschaffene Märentypus bleibt für lange Zeit die Bezugsgröße: stringent zielgerichtetes Erzählen, um psychologische Wahrscheinlichkeit wenig bemüht, ausgerichtet auf die Vermittlung grundlegender Einsichten in normgerechtes Verhalten, demonstrative und emotionslose Kälte des Erzähltones, verhaltene Komik, die vor allem aus dem unkommentiert-selbstverständlichen Erzählen unsinnigen Verhaltens resultiert.

Dem Stricker als Gattungsstifter muß der erste Abschnitt einer Mären-Anthologie vorbehalten sein. Dabei sollen neben den Musterstücken der neuen Gattung (*Der kluge Knecht* [1], *Der begrabene Ehemann* [2], *Das heiße Eisen* [3]) auch jene vertreten sein, die dem Quellenhintergrund, aus dem der Stricker schöpft, noch am nächsten stehen und die damit den am engsten verwandten Erzähltyp am deutlichsten repräsentieren: das Exempel (*Die drei Wünsche* [4], *Der arme und der reiche König* [5]). Anzuschließen an das Werk des Strickers ist das *Schneekind* [6], eines der bekanntesten Mären, das im Überlieferungsverband der Strickermären tradiert wird. Es steht für die Möglichkeit, das Erzählprinzip der Rücksichtslosigkeit gegenüber allen vom geraden Erkenntnisweg ablenkenden Umständen so zu überzeichnen, daß es sich der Mitleidlosigkeit des Witzes annähert und sich selbst karikiert. Es ist ein verführerischer Gedanke, das *Schneekind* doch unter die echten Mären des Strickers zu zählen (der philologische Gegenbeweis ist nicht unanfechtbar) und diesem damit auch noch das konsequente Ausreizen der Reichweite seines Mären-Erzählens zuzutrauen.

2. *Varianten der Ordnungsdiskussion*

Das auf seinen demonstrativen Zweck ausgerichtete, Regeln des menschlichen Zusammenlebens illustrierende Märe, wie es der Stricker geprägt hat, findet noch im 13. Jahrhundert seine Weiterführung in ganz unterschiedliche Richtungen: z. B. in ziemlich geradliniger Fortsetzung im Werk des steirischen Adeligen Herrand von Wildonie (hier vertreten durch *Die treue Gattin* [7]), z. B. in der Ausweitung zu detailfreudigeren, aber immer noch ganz auf das Lehrziel ausgerichteten Großformen wie dem *Schlegel* Rüdigers des Hinkhofers [8] oder dem *Helmbrecht* von Wernher dem Gärtner (der hier nur deswegen nicht aufgenommen ist, weil er am ehesten als weithin bekannt vorausgesetzt werden kann und deshalb zugunsten weniger bekannter Stücke zurückstehen darf). Zunehmend treten dabei vom Ende des 13. Jahrhunderts an die komischen Elemente in den Vordergrund, ohne sich freilich völlig aus ihrer Funktion als Demonstrationsmaterial für tadelnswertes Verhalten zu lösen. Die vielleicht zu Unrecht Konrad von Würzburg zugeschriebene *Halbe Birne* (Fassung A [9]) ist dafür ein erstes Beispiel, die *Böse*

Adelheid [10] und der *Ritter Beringer* [11], in dem sich zugleich bereits die künftige Vorliebe für drastische Obszönitäten ankündigt, mögen diese Tendenz für das 14. Jahrhundert belegen, die *Buhlschaft auf dem Baume* [12] führt sie in geradezu blasphemischer Frivolität zu einem makabren Höhepunkt: der liebe Gott selbst demonstriert seinem Begleiter Petrus, daß die Menschen böse sind und vor allem bestrebt, ihre Gaben zur Pervertierung der göttlichen Ordnung einzusetzen.

3. Die Ordnung der Liebe: Minnemoral

Schon beim Stricker, erst recht in den Mären der späteren Jahrhunderte ist das bevorzugte Demonstrationsfeld für die Regeln des menschlichen Zusammenlebens und ihr Verfehlen die Beziehung zwischen Mann und Frau. In dem Maße, in dem vom späten 12. Jahrhundert an in der volkssprachigen Literatur insgesamt, im höfischen Roman wie im Minnesang, die Macht der Liebe als Thema immer mehr in das Zentrum der Diskussion rückt, verselbständigt sie sich auch als Märenthema, wird verabsolutiert und in ihrer eigenen Gesetzlichkeit dargestellt, und zwar so, daß sie nicht mehr als Musterfall des Zusammenlebens dient, sondern geradezu zur Begründung für die Wendung gegen die Gesellschaft wird. In aller Heftigkeit vertritt gleich das erste dieser Mären, Konrads von Würzburg *Herzmäre* (um 1260) [13], die unausweichliche Notwendigkeit, mit der die Liebenden die Erfüllung ihrer Liebe suchen müssen: ohne sie ist ein Überleben nicht möglich, es bleibt nur die (hier besonders makabre) Vereinigung im Tode. Weniger gewalttätig, nicht eigentlich gegen lebensbedrohenden Widerstand, sondern empfindsamer in der Verkapselung in persönlichem Liebesglück und Liebesleid, stellt den gleichen Gedanken der *Schüler von Paris* [14] dar, und ganz in diesem Sinne wird später, in der ersten Hälfte des 14. Jahrhunderts, auch die antike Fabel von *Pyramus und Thisbe* [15], etwas ungeschickt, in deutsche Verse übertragen.

Das Recht der Liebe ist ein eigenes Recht. Es fordert Verhalten nach seinen Gesetzen und erlaubt die Übertretung anderer Ordnungen in seinem Namen.

Das spezifische Minnerecht der mittelalterlichen Minnetheorie liegt der *Heidin* [16] und der *Frauentreue* [17] zugrunde: die Verpflichtung zur Erhörung bei regelgerechter Werbung, in der *Heidin* verknüpft mit einer minnekasuistischen Spitzfindigkeit (der Wahl zwischen der oberen und der unteren Hälfte der Dame), in der *Frauentreue* gebunden an die Vereinigung im Tode.

Die Lizenzen zum Ordnungsverstoß im Namen der Liebe nützen die – zahlreichen – Mären, die das listige Arrangement verbotener Rendezvous oder die gerissene Verschleierung des Betruges zum Thema haben. Dabei gibt es ein umgekehrt proportionales Verhältnis zwischen Legitimität und Komik: die dargestellte Notwendigkeit der Minnebegegnung, sei sie begründet durch unwiderstehliche Anziehung füreinander Bestimmter (*Aristoteles und Phyllis* [18]) oder durch das Flair eines galanten Flirts (*Der Mönch als Liebesbote* [19]), läßt List und Betrug als notwendigen Ausweg oder doch als elegante Lösung erscheinen, die Beliebigkeit einer Liebschaft (Jacob Appet: *Der Ritter unter dem Zuber* [20]) verschiebt die Akzente in die Richtung der komischen Blamage auf Kosten des betrogenen Ehemannes.

4. *Die Fallstricke der Sexualität: Frivole Komik*

Liebe ist auch ein Problem der Praxis. Das Arrangement der Liebesbegegnung setzt gewisse Kenntnisse voraus oder darf doch wenigstens nicht durch falsche Vorstellungen behindert werden. Unwissen und Ungeschick, sexuelle Naivität, die Komplikationen, die sie heraufbeschwört, und die Chancen, die sie eröffnet: auch in dieser Form wird Liebe im Märe zum Thema. Das entlastende Lachen stellt sich bekanntlich gerne ein, wenn direkt und ungeniert über einen Lebensbereich gesprochen wird, der durch die Grenzen der Scham und der gesellschaftlichen Konvention der Darstellung entzogen ist. Komisch wird das überdies, wenn es sich mit der Entlarvung von (ebenso rührender wie elementarer) Dummheit verbindet: das naive Mädchen wird zur Hauptfigur dieses Märentyps. Seine Verführung unter haarsträubenden Vorwänden ist Gegenstand einiger der liebenswürdigsten Mären: des besonders weit verbreiteten *Sperbers* [21], des *Häsleins* [22] und des genüßlich-frechen *Rädleins* [23].

Wenn Dummheit und Naivität sich gar noch der Standessatire dienstbar machen lassen, steigert das den komischen Effekt und kann auch der Rechtfertigung des Tabubruches dienen. Der unwissende Mönch wird so (auch im Kontrast zum Mönch als begehrtem Liebhaber) zum anderen Hauptdarsteller in der frivolen Abteilung der Märendichtung: das *Gänslein* [24] ist dafür das heiterste, der schwangere Mönch in *Des Mönches Not* [25] das drastischste Beispiel.

5. Ein Außenseiter: Schrätel und Wasserbär

Ganz für sich steht durch ihren märchenhaften Stoff, ihre Herkunft aus dem Norden und durch ihre harmlose Heiterkeit die Geschichte von *Schrätel und Wasserbär* [26]. Sie ordnet sich dennoch in der Leichtigkeit ihres Erzähltones und durch die Verwandlung des Bedrohlich-Geheimnisvollen der Sage in das Schwankhafte unverkennbar dem Märenerzählen zu und kann als Beispiel dafür dienen, wie das Märe sich ferner stehende Stoffe anverwandelt.

6. Erzählen als Gattungsreflexion: Heinrich Kaufringers radikale Konsequenzen

Wie Märenerzählen funktioniert, läßt sich kaum irgendwo genauer erfahren als im Werk des Heinrich Kaufringer (Ende 14. Jh.). Der Kaufringer radikalisiert die Prinzipien, denen die Märenautoren folgen, mit kühler Konsequenz und macht sie so kenntlich.

Er versteht sich darauf, die unverstellte Logik des Schwankes in ihrer brutalen Sachlichkeit (*Der feige Ehemann* [27]) vorzuführen; er weiß, daß Mären aus der Kombination und Variation einfacher Schemata entstehen, und nutzt dieses Wissen zur Konstruktion einer Rachehandlung in einer detailgenauen ›Parallelaktion‹ (*Die Rache des Ehemannes* [28]) und läßt in der grausigen Geradlinigkeit des Geschehens hier bereits erkennen, daß Umstände oder gar emotionale Betroffenheiten dem Erzählziel des Märe nur im Wege stehen; er führt dies wiederum mit ungenierter Deutlichkeit in der von allem Mitgefühl gereinigten ›Lehrhaftigkeit‹ der *Suche nach dem glücklichen Ehepaar* [29] vor und im Prinzip ganz genauso in der irritierenden Menschlichkeit, die ziemlich kommentarlos der (dreifachen) *Unschuldigen Mörderin* [30] zuteil wird.

Schließlich überzeichnet der Kaufringer alle diese Prinzipien in eine bösartige Groteske im grausigen Hexensabbat der *Drei listigen Frauen* (Fassung B) [31], in dem den für nichts betrogenen und verstümmelten Männern nur noch die Flucht in den Wahnsinn bleibt.

7. *Die Freisetzung des Bösen: Der Weg ins Groteske*

Heinrich Kaufringers *Drei listige Frauen* zeigen die Richtung an, die das Märe im 15. Jahrhundert nimmt. Wenn die Erzählmaterialien, mit denen seine Autoren arbeiten, Ordnungsverstöße verschiedenster Art und ihre Bestrafung, List und Betrug, Dummheit und Raffinesse, erotische Unbedingtheit und sexuelle Besessenheit, nicht mehr der Demonstration einer in der Balance von Verstoß und Strafe am Ende immer wohlgeordneten Schöpfung unterstellt werden, verselbständigen sie sich zu Elementen einer chaotischen, vom Zufall regierten, willkürlichen und bösen Welt.

Im frühen 14. Jahrhundert findet sich in den *Drei Mönchen zu Kolmar* [32], deren Verfasser sich sehr bezeichnend Niemand nennt, bereits ein frühes Beispiel einer solchen Weltsicht: die über alles Maß gesteigerte Bestrafung dreier lüsterner Mönche mündet in die zufällige Ermordung eines völlig Unschuldigen.

Im 15. Jahrhundert ist es Hans Rosenplüt, der diesen Märentyp prononciert vertritt. Bei ihm herrscht der Zufall auf ähnlich bösartige Weise im *Fünfmal getöteten Pfarrer* [33], und er läßt in seinem *Fahrenden Schüler* [34] auch den moralisch völlig uninteressierten intellektuellen Betrugskünstler auftreten, der sich auf Kosten aller amüsiert. Sexualität vereinzelt sich in dieser Welt ins groteske Deta il (*Der Bildschnitzer von Würzburg* [35]), wird zur Ursache wirrer Mißverständnisse (*Die Tinte* [36]) oder gar (im anonymen *Nonnenturnier* [37]) zu einer wilden Schlacht um ein vagierendes Geschlechtsteil. Selbst religiöse Themen bleiben von diesem Regime des Widersinns nicht verschont: die *Disputation* [38] liefert die Karikatur eines Religionsgesprächs, in dem die dreiste Dummheit der Christen den Sieg über den klugen und rücksichtsvollen Juden davonträgt: auch die Märendichtung kündigt das Ende des Mittelalters an; über das 15. Jahrhundert reicht sie nicht hinaus.

III. DOPPELFASSUNGEN

Zur mittelalterlichen Kurzerzählung – zum Fabliau wie zum Märe – gehört ihre besonders lebendige Überlieferungsform. Wie schon die einzelnen Motive als Erzählbausteine einer mündlichen Kultur immer wieder von neuem in gleicher oder veränderter Zusammensetzung erzählt werden können, so auch ganze Geschichten: der Handlungsgrundriß bleibt erhalten, die Ausformulierung ist das Werk des jeweils aktuellen Erzählers. *Der Schüler von Paris*, *Die Heidin*, *Der Mönch als Liebesbote*, *Drei listige Frauen*, *Das Schneekind* sind in unserer Sammlung Beispiele für solche mehrfach neu bearbeiteten Erzählungen. Wenn das Bild der Gattung in all seinen Facetten sichtbar werden soll, dann muß auch dieses variierende Erzählen vorgeführt werden. Ich habe es beim

Schneekind [6] durch die Wiedergabe jeweils zweier Fassungen versucht.

Wie bei der Motivverarbeitung schlägt sich auch bei der Überlieferung formulierter Texte die Spannung zwischen mündlicher und schriftlicher Kultur, in der volkssprachige Literatur im Mittelalter lebt, nieder. Mären werden häufig durch Sprecher mündlich vorgetragen worden sein; wieweit sie sich auf ausformulierte Aufzeichnungen stützten, wissen wir nicht. Gelegentlich läßt eine sehr disperse Überlieferung aber vermuten, daß häufig improvisiert worden ist. Auch dies mußte in dieser Auswahl sichtbar werden. Ein Beispiel, das komplizierte Darstellungsprobleme aufwirft, bietet *Des Mönches Not* [25].

IV. ZUR TEXTGESTALTUNG

Eine Anthologie wie diese, die Texte aus drei Jahrhunderten, mit sehr unterschiedlichen literarischen Ambitionen, stilistischen Ansprüchen und divergierenden Sprachnormen, vielfältigsten Überlieferungsgegebenheiten und sehr unterschiedlicher editorischer Erschließung zusammenführt, wird Einheitlichkeit im editorischen Vorgehen nicht erreichen können. Sie würde auch eine Einheitlichkeit der Gattung vortäuschen, die ihrer historischen Lebendigkeit nicht entspricht.

Mein Vorgehen orientiert sich an der jeweiligen Überlieferung. Ich gehe grundsätzlich davon aus, daß Texte, bei denen ein formender Autorwille vorauszusetzen ist, auf eine kritische Edition Anspruch haben. In den wenigsten Fällen bietet die Überlieferung allerdings für ein solches rekonstruierendes Verfahren die Voraussetzungen. Man wird sich dann mit Annäherungen begnügen müssen, häufig leider auch mit bloßen Handschriftenabdrucken. Sie haben ihren legitimen Sinn allerdings dort, wo wir gleichberechtigte Autorfassungen (Vortragsvarianten?) vermuten können. Dort sind sie zu bevorzugen.

Mein Kommentar zu den Texten stellt die Überlieferungsverhältnisse und die daraus zu ziehenden Folgerungen jeweils im Einzelfall vor. Sofern Editionen vorliegen, die diesen Folgerungen entsprechen, übernehme ich sie (in jedem Falle geprüft und nötigenfalls revidiert), wo dies nicht der Fall ist, sind die Texte nach den dargestellten Prinzipien von mir neu ediert.

V. ZU DEN ÜBERSETZUNGEN

Das Prinzip dieser Reihe, das zeilengenaue Übersetzungen fordert, legt dem Übersetzer Fesseln an. Häufig ließe sich bei fortlaufender Prosa pointierter, lockerer, unterhaltsamer übersetzen. Die Bindung an den mittelhochdeutschen Satzbau, der noch weniger strikt geregelt und in seinen Bezügen oft sehr lose ist, verträgt sich nur schwer mit der in unserer Sprache erforderlichen Klarstellung aller Satzbezüge. Dennoch halte ich den eingeschlagenen Weg für richtig: er verhindert es, daß ein gefälliger moderner Erzählton die historische Distanz verdeckt und den Texten die Fremdheit nimmt, denen sie doch ihren Reiz verdanken. Manche dieser Geschichten ließen sich heute nicht mehr erzählen; sie brauchen das historische Kolorit. Es ging mir bei meinen Übersetzungen darum, dies zu bewahren. Dazu gehört auch, daß die Verschiedenartigkeit der Werke zu ihrem Recht kommen mußte. Höfisches und Derbes, Sprödes und Elegantes steht nebeneinander, und das darf auch in den Übersetzungen nicht verdeckt werden.

VI. DIE KOMMENTARE

In den Kommentaren ist besonderer Wert auf das Wortverständnis der mittelhochdeutschen Texte und auf die Einbettung unserer Geschichten in die weit verzweigte Motivik der internationalen Erzählliteratur gelegt worden.

Die Abschnitte *Motivik*, *Quellen*, *Thematik* sollen ebenso zu weiterer Lektüre wie zu weiterführender Forschung anregen. Meine interpretierenden Bemerkungen habe ich, oft mit großem Bedauern, knapp gehalten.

Die *Stellenkommentare* geben neben Erläuterungen zu kulturhistorischen Details vor allem grammatische und lexikalische Erklärungen und rechtfertigen so auch meine Übersetzungen. Verweise auf die gängigen Wörterbücher sind in aller Regel nur dort angebracht, wo es eines Hinweises auf den maßgeblichen Auskunftsort bedarf oder wo meine Übersetzung eine über die bloße Wörterbuchbedeutung hinausgehende Stütze braucht.

Die Literaturhinweise sind keine vollständigen Bibliographien; sie wählen aus. Das gilt auch für die Stellenhinweise aus größeren Abhandlungen und Monographien: nur für das jeweilige Märe aussagekräftige Partien sind genannt.

Als *Weitere Ausgaben* sind nur solche aufgenommen, die einen gewissen editorischen Anspruch stellen; bloße Handschriftenabdrucke stehen in der Abteilung *Überlieferung*, die unveränderte Wiedergabe edierter Texte bleibt unerwähnt.

Literaturhinweise zur Einleitung

Exempel und Exempelsammlungen, hg. von Walter Haug und Burghart Wachinger, Tübingen 1991; Fischer, Studien; Grubmüller, Das Groteske im Märe; Haug, Theorie; Joachim Heinzle, *Boccaccio und die Tradition der Novelle. Zur Strukturanalyse und Gattungsbestimmung kleinepischer Formen zwischen Mittelalter und Neuzeit*, in: Wolfram-Studien 5 (1979), S.

41-62; ders., Märenbegriff und Novellentheorie; ders., *Altes und Neues zum Märenbegriff*, in: ZfdA 117 (1988), S. 277-296; ders., *Vom Mittelalter zur Neuzeit? Weiteres zum Thema ›Boccaccio und die Tradition der Novelle‹*, in: *Festschr. Walter Haug und Burghart Wachinger*, hg. von Johannes Janota u.a., Tübingen 1992, Bd. 2, S. 661–670; Omer Jodogne und Jean-Charles Payen, *Le Fabliau. Le Lai narratif*, Turnhout 1975; Jan-Dirk Müller, *Noch einmal: Maere und Novelle. Zu den drei Versionen von den Drei listigen Frauen*, in: *Philologische Studien. Festschr. Elfriede Stutz*, hg. von Alfred Ebenbauer, Wien 1984, S. 289-311; Hans-Jörg Neuschäfer, *Boccaccio und der Beginn der Novelle. Strukturen der Kurzerzählung auf der Schwelle zwischen Mittelalter und Neuzeit*, München 1969; Nykrog, Fabliaux; Hannelore Schlaffer, *Poetik der Novelle*, Stuttgart und Weimar 1993; Strasser, Vornovellistisches Erzählen; Winfried Wehle, *Novellenerzählen. Französische Renaissancenovellistik als Diskurs*, München 1984; Hermann H. Wetzel, *Die romanische Novelle bis Cervantes*, Stuttgart 1977; Ziegeler, Erzählen im Spätmittelalter; ders., *Boccaccio, Chaucer, Mären, Novellen: ›The Tale of the Cradle‹*, in: *Kleinere Erzählformen im Mittelalter*. Paderborner Colloqium 1987, hg. von Klaus Grubmüller, L. Peter Johnson und Hans-Hugo Steinhoff, Paderborn u. a. 1988, S. 9-31.

EINZELKOMMENTAR

1
DER STRICKER
DER KLUGE KNECHT

Überlieferung

Das Märe ist in zwei der großen Sammelhandschriften mit Strickerdichtungen überliefert, in H dabei an zwei verschiedenen Stellen in unterschiedlicher Gestalt (Nr. 182 und Nr. 209):

W (um 1280, bairisch-österreichisch), Bl. 45vb-47vb.

H (1. Viertel 14. Jh., Nordwestböhmen/Oberfranken), Bl. 318va-320vb (= Nr. 182) und 360rb-362rb (= Nr. 209).

Autor und Entstehung

Das Märe ist in einer Gruppe kleinerer Reimpaargedichte überliefert, die dem Stricker und vielleicht einer ihm folgenden ›Stricker-Schule‹ zugeschrieben werden; es gibt Spekulationen, nach denen die maßgebliche Handschrift W sogar auf den Nachlaß des Strickers zurückgehe (zusammenfassend Mihm, Überlieferung, S. 35-40; Ziegeler, Wiener Codex 2705). Die heute gültige Aussonderung der »echten« Strikker-Stücke (Übersicht bei Carl von Kraus, *Mittelhochdeutsches Übungsbuch*, Heidelberg 1926, S. 279 f.) beruht auf Reimuntersuchungen von Konrad Zwierzina, die nie publiziert wurden und in ihrer Stichhaltigkeit deshalb nicht wirklich zu beurteilen sind.

Der Stricker war wohl fahrender Berufsdichter; seine Schaffenszeit läßt sich nur ungefähr auf die Jahrzehnte zwischen 1220 und 1250 festlegen, der Schwerpunkt seiner Tätigkeit lag wohl in Österreich.

Der Stricker hat ein umfangreiches und vielfältiges literarisches Œuvre hinterlassen: einen Artusroman (*Daniel von dem blühenden Tal*), eine modernisierte Fassung des *Rolandsliedes* (*Karl*), einen Schwankroman (*Pfaffe Amis*) und vor allem eine große Zahl von kürzeren, im weitesten Sinne didaktisch-reflektierenden Reimpaargedichten: Fabeln, erörternde *Reden*, bildhaft belehrende *Bîspel* und auch erzählende Mären (vgl. Fischer, Studien, S. 145-148, 405-407 [Lit.]; Joachim Bumke, *Geschichte der deutschen Literatur im hohen Mittelalter*, München 1990, S. 223 f., 290-295). Der Stricker hat offenbar diesen Typus geschaffen; für die Literatur des Spätmittelalters wurde er zu einer der prägenden Ausdrucksformen.

Eine verläßliche chronologische Untergliederung der Stricker-Werke ist bisher noch nicht gelungen; die Mären können so allesamt nur allgemein der Schaffenszeit des Strickers zugeordnet werden.

Text

Der Text folgt der Ausgabe von Fischer/Janota, Verserzählungen I, S. 92-109, der sich auf W stützt und nur Fehler nach H (Nr. 182) bessert. Die von Ehrismann (Stricker, S. 254) für einige dieser Stellen vorgeschlagene Rückkehr zum Wiener Text (v. 93 *fulte* und v. 249 *den stein* [jeweils gegen die eigene Analyse, S. 254], v. 281 ff. [mit anstößigem Reim *zewâre : mære*], v. 286 *ez* statt *ê ez* [möglich allenfalls kontrahiertes *êz*], v. 334 [mit rührendem Reim *haz : gehaz*] und einiges Unerhebliche) vermindert die Qualität des Textes unter das sonstige Niveau des Strickers, ohne daß entscheidend an Authentizität gewonnen wäre.

Die zweite der beiden Heidelberger Fassungen (Nr. 209) weicht im Wortlaut und in der Ausgestaltung der Handlungszüge stark ab; sie stellt eine eigenständige Fassung dar, die das schwankhafte Element stärker herausstellt und den Schluß mit den programmatischen Überlegungen zur *gevüegen kündekeit* ganz streicht. Einen Eindruck davon mögen die Beschreibung des Rendezvous (entspricht v. 90-110 der hier edierten Fassung) und der Schluß (entspricht v. 280-338) vermitteln (die Orthographie der Handschrift ist hier beibehalten, um einen Einblick in deren Sprachstand zu geben [nach Fischer/Janota, Verserzählungen I, S. 96 f. und 106-108]):

sie briet ein swin, daz dennoch sovc, [90]
Vnde bereit iz harte wol
an einen spiz vnd mettes dar zv en kannel vol [92]
Vnde sant nach dem pfaffen. [97]
donen moht sie niht geschaffen,
Daz die spise wurde berait,
vnd daz sie also lange gebait, [100]
daz der pfaffe dar was kvmen.
do daz die vrowe hat vernvmen,
Gegen im sie hin gienc.
Mit beden armen er vmbe vienc
Sie vnde wiste sazehant,
do er ein schone bette vant.
Do leit er sich an
mit der vrowen wol getan.
Do begond er kvrtzewilen
vnd dar zv vaste ilen,
als imz die wolfe wolten nemen.
Jz moht in doch niht gezemen,
er wer billicher da haime gewesen
vnd het an sinen buchen gelesen.
Do die minne ein ende nam
vnd der pfaffe in daz hvs qvam
Vnde sie waren gesezzen, [101]
e sie begonden ezzen,
Do was der wirt von holtze kvmen.
do daz die vrowe hat vernvmen,

Do want sie, iz wer der kneht [106]
vnde enwestez niht reht
Der selben grozen schalkeit,
die er het vf sie geleit:
Daz der kneht da haime bleip [109]
vnd daz der meister selbe treip [110]
(wenne er hat ez dicke getan,
daz er den meister hete ze holtze lan).

der wirt in zorne vf spranc. [280]
Er sprach: »ich hab iz alrerst vernvmen, [284]
Jch bin der mere an ein ende kvmen.« [283]
er vienc den pfaffen bi dem har [281]
vnde rovft in vngewar.
Sin rucke wart also ze slagen,
daz er gote moͤhte clagen,
Vnd mit knvtteln so dvrch bert,
Daz er daz leben nach hat verzert.
Dar nach in kvrtzen stvnden [288]
do wart er vaste gebvnden. [287]
Do mit quam er in ein gedinge
vmbe fvnfzic pfvnt pfenninge:
»Die lazze holn den kneht din.
daz beste pfvnt sol wesen sin.«
er gab im die slvsselin
vnde zeiget im sinen schrin:
»Jn ein steinein kemerlin,
do ge dv hin in!«
der wirt des pfaffen die wile wielt.
vil vaste er in mit dem har hielt;
Er gab im einen slac.
da mit er sin vaste pflac,
Biz der kneht her wider quam
vnd daz der meister vernam.
der kneht lief vnverdrozzen,
wan er sin ein pfunt het genozzen.
Er sprach: »herre, hie sint ringe

fvnfzic pfvnt pfenninge;
Die nemet, herre, in iwer gewalt.
Jch han sie geschowet vnde gezalt.
Halt sie, lieber herre min,
last vch dar mit ver golten sin
Jwer hvner vnde iwer swin
vnd daz svzze mettelin,
Jwer kese vnde iwer eyer.«
also was ouch der mayer
Gewesen svst vil manchen tac.
er slvc den pfaffen vf den nak
Vaste mit der favst,
daz im sin hovbet savst,
Vnde stiez in vuͤr die tvr
vnd zoch do sin wip her vur.
Der wart ir rvcke so ze slagen,
daz siz got mohte clagen:
Jz half wenic ir gebet.
wie vil gvtes sie im sider tet, [300]
er getrŏwet ir doch nimmer me [302]
als wol alsam e.

Weitere Ausgaben: GA III, S. 149-158 (unter dem Titel *Der geäffte Pfaffe*); Heinrich Meyer-Benfey, *Mittelhochdeutsche Übungsstücke*, Halle [2]1920, S. 73-83; Rosenhagen, Stricker, S. 66-76; Mettke, Stricker, S. 88-109; Moelleken III/1, S. 100-124; Ehrismann, Stricker, S. 96-115.

Übersetzungen: Fischer, Schwankerzählungen, S. 221-227; Spiewok, Decamerone, S. 69-75; Ehrismann, Stricker, S. 96-115; Viviani, Die Nonne im Bade, S. 121-128.

Motivik, Quellen, Thematik

Die Geschichte gehört wie Rosenplüts *Fahrender Schüler* (s. u. Nr. 34) zu einer Gruppe von Ehebruchsschwänken (AaTh 1358 C: »Trickster discovers Adultery: Food Goes to

Husband instead of Paramour«), in denen eine (Bauers-)Frau sich mit dem Pfarrer zum Rendezvous trifft, diesem zur Einstimmung leckere Speisen auftischt, dabei vom zurückkehrenden Ehemann oder einem Dritten (Knecht, Student) überrascht wird und den Liebhaber und die Zutaten des Mahles in aller Eile verstecken muß. Meist ist es dann der Helfer, der durch Andeutungen die Verstecke preisgibt oder sie den Bauern selbst entdecken läßt (EM III, Sp. 1060).

In dieser Form ist diese Geschichte zuerst – ungefähr gleichzeitig – um die Mitte des 13. Jahrhunderts beim Stricker und im afrz. Fabliau *Le povre clerc* (Nykrog, Fabliaux, Nr. 34; hg. von Montaiglon/Raynaud, Bd. 5, S. 192-200, deutsch von Tegethoff, Märchen, Schwänke und Fabeln, S. 167-169) überliefert.

Varianten finden sich später z. B. bei Giovanni Sercambi im späten 14. Jahrhundert (Sercambi, *Novelliere*, Nr. 14 [Bd. 1, S. 106-117]: *De bono fatto*, deutsch von Wesselski, Märchen des Mittelalters, S. 73-79), bei Valentin Schumann (Schumann, *Nachtbüchlein*, S. 14-16) und 1557 im *Wegkürzer* des Martin Montanus (Montanus, Schwankbücher, S. 78-83).

Erweiterte Fassungen (vgl. Komm. zu Rosenplüt, *Fahrender Schüler* [Nr. 34]: *Compilatio singularis exemplorum, Scala coeli*, Hans Sachs, Burkhard Waldis) begnügen sich dann nicht damit, den Knecht oder Schüler den Ehebruch aufklären und den Pfarrer bloßstellen zu lassen, sie machen – in einem zweiten Durchgang – auch den betrogenen und ›rehabilitierten‹ Ehemann noch einmal zum Opfer, wenn der Student dem vor Angst schlotternden Bauern den gedemütigten Pfarrer als Teufel vorführt und ihn so entkommen läßt.

Des Strickers Märe und das afrz. Fabliau entsprechen sich bis in manche Einzelheiten hinein genau. »Das Fabliau und ⟨dieses⟩ Märe gehören mit zu den ältesten Beispielen der literarischen Gestaltung eines gleichen Schwankstoffes in Frankreich und Deutschland« (Frosch-Freiburg, Schwankmären und Fabliaux, S. 80). Für beide sind allerdings nur ungefähre Datierungen möglich, so daß über die Priorität einer Fassung keine Aussagen möglich sind; auch der innere Vergleich der beiden Erzählungen (Frosch-Freiburg, Schwankmären und Fabliaux, S. 80-86; Strasser, Vornovellistisches Erzählen, S. 75, 78-80, 227 f.) bringt darüber keine Entscheidung. Ohnehin sind beide Entlehnungsrichtungen aus literaturhistorischen Gründen wenig wahrscheinlich: deutsche Literatur pflegt im 13. Jahrhundert in Frankreich nicht zur Kenntnis genommen zu werden, und umgekehrt scheint der Stricker französische Quellen (außer im *Karl*) kaum benutzt zu haben (allerdings könnte die Darstellung des für den Pfaffen vorbereiteten Mahles und seine Störung durch den heimkehrenden Ehemann von den Eingangspartien von Jean Bodels *Vilain de Bailluel* angeregt sein, vgl. Komm. zum *Begrabenen Ehemann* [Nr. 2]). Vieles spricht daher für eine gemeinsame Quelle, die man am ehesten in der im 13. Jahrhundert rasch aufblühenden lateinischen Exempelliteratur vermuten kann. Als Hinweis darauf darf man es vielleicht auffassen, daß die ältesten Versionen der erweiterten Fassung in Exempelsammlungen (*Scala coeli*, *Compilatio singularis exemplorum*) nachgewiesen sind.

Die Gestalt, die der Stricker dem Stoff gibt, ist aufs engste damit verbunden, daß bei ihm nicht ein Schüler oder Student in der Rolle des Entlarvers auftritt, sondern der Knecht des Bauern. Damit ist nicht einer jener wandernden Kleriker zur Hauptperson gemacht, die gerne als Beispiel für Lebenslust und ungebundene Intellektualität außerhalb aller sozialen Bindungen genommen werden (und die man ganz gewiß im 13. Jahrhundert auch in Deutschland schon kannte [anders Fischer, Studien, S. 122 Anm. 57, und Frosch-Freiburg, Schwankmären und Fabliaux, S. 81]), sondern jemand, dessen Platz in der Personenkonstellation hierarchisch genau festgelegt ist: er ist Untergebener des Bauern und ihm zu Gehorsam verpflichtet. Aus dieser Konstellation wird der Erzählsinn entwickelt: wie der Untergebene, der seinem Herrn im Überblick über die Situation weit voraus ist, diesen in aller Zurückhaltung zum Erkennen der Lage führt, ohne seine Überlegenheit auszuspielen und somit die Grenzen des sozialen Gefüges zu verletzen. Man hat in diesem Verfahren, das weit entfernt ist vom übermütigen Spiel mit der Dummheit aller, wie es die ›Studenten-Fassungen‹ vorführen, und sich auch unterscheidet von der Rache-Konstellation des Fabliau (nur weil die Frau ihm kein Nachtlager gewährt hat, packt der *clerc* aus), die programmatische Verdichtung der in hierarchischen Ordnungen geforderten Haltung gesehen: schickliche Klugheit (*gevüegiu kündekeit*, v. 336), die den Verstand nützt, aber die durch den geltenden (christlichen) Ordnungsentwurf gesetzten Grenzen respektiert (Ragotzky, Gattungserneuerung).

Literaturhinweise: Bédier, Les Fabliaux, S. 453 f.; Ehrismann, Stricker, S. 253-257 (Lit.); ders., Vom Eheleben, S. 29-32; EM III, Sp. 1055-1065: Ehebruch belauscht (Rainer Wehse); Fischer, Studien, S. 412 f. (Lit.); Frosch-Freiburg, Schwankmären und Fabliaux, S. 80-86; Grubmüller, Das Groteske im Märe, S. 40 f.; Köppe, Ideologiekritische Aspekte, S. 139-211; Londner, Eheauffassung, S. 258-298; Ragotzky, Gattungserneuerung, S. 83-92; Schirmer, Stil- und Motivuntersuchungen, S. 111-116, 128; Strasser, Ehestandsmären, S. 92-94; dies., Vornovellistisches Erzählen, S. 75, 78-80, 227 f.; Elfriede Stutz, *Versuch über mhd. ›kündekeit‹ in ihrem Verhältnis zur Weisheit*, in: *Digressionen. Wege zur Aufklärung. Festgabe f. Peter Michelsen*, hg. von Gotthardt Frühsorge u. a., Heidelberg 1984, S. 33-46; VL² IX, Sp. 417-449 (Karl-Ernst Geith, Elke Ukena-Best, Hans-Joachim Ziegeler).

Stellenkommentar

Überschrift: nach der Heidelberger Handschrift (H 182), normalisiert.

3 *ir reht*] *Reht* »Rechtsordnung« ist Ausfluß der von Gott gegebenen Ordnung der Welt; jemandes *reht* sind nicht nur

die ihm im einzelnen zustehenden »Rechte«, sondern es bezeichnet den im göttlichen Ordnungsplan (*ordo*) für den Einzelnen vorgesehenen Ort (neben *orden*, später auch *stand*). Das *reht zebrechen* heißt also nicht etwa nur Gesetze übertreten, sondern seine Zuständigkeiten überschreiten und die göttliche Ordnung mißachten (DWb VIII, Sp. 364-406, bes. 365: »Stellung innerhalb der gesellschaftlichen Ordnung«).

4 *gevüegen]* *Vuoge* ist »Angemessenheit, besonders nach Ort, Zeit oder Umständen« (DWb IV/1, 1, Sp. 372), nhd. noch in »mit Fug und Recht«; *gevüegen* als zugehörige Adjektivableitung bezeichnet denjenigen, der sich angemessen, passend, schicklich verhält. Der Knecht »realisiert die Anforderungen seiner Rolle vorbildlich, er ist *gevüege*« (Ragotzky, Gattungserneuerung, S. 85).

9 *halz]* *Hal ez* »verbarg es«.

13 *wirt]* Eigentlich der Herr des Hauses, hier also der Bauer.

14 *hövisch]* Die Standestugend der Hofgesellschaft wird hier für eine Bauersfrau in Anspruch genommen. Das bedeutet wohl weniger ein Unterlaufen des »realhistorischen Anspruch⟨es⟩ der Höfe, alleiniger Träger der Zivilisation zu sein« (Ehrismann, Stricker, S. 257), als die Ausweitung der Themenstellung ins Generelle, die Transposition des bäuerlichen Personals ins Zeichenhafte der Parabel. Dann braucht *hövisch* hier auch nicht kritisch aufgefaßt zu werden (Ehrismann ebd.: »hoffärtig«), sondern kann festliche Stimmung meinen.

24 *gâzen]* Entspricht *ge-âzen*; das Präfix *ge-* vor Präteritalformen dient zur Bezeichnung der Vorzeitigkeit (PWG § 308 c).

48 *rüegen]* Hier: »öffentlich bekanntmachen«, auch »anklagen, beschuldigen« (Lexer II, Sp. 527).

90 *daz dannoch souc]* Wörtlich: »das da(mals) noch (an der Mutterbrust) saugte«; herausgestellt wird damit das zarte Alter des Ferkels, deshalb die Ergänzung in der Übersetzung.

95 *vochenzen]* »Eine Art Kuchen oder Weißbrot« (Lexer

III, Sp. 424); zu mlat. *focatia* (BMZ III, S. 357) von *focus* »Herd«. Mundart-Belege DWb III, Sp. 1863.

99 f. *bereite. / unz]* Der überlieferte Wortlaut ist nur zu verstehen, wenn *unz* adverbial gelesen wird: »so lange = bis dahin« (vgl. BMZ III, S. 191). Nach *bereite* muß dann (gegen Fischer) Satzschluß angesetzt werden.

128 *gâz]* Unregelmäßiges Partizip Präteritum von *ezzen*, hier in adjektivischer Verwendung (Belege und Diskussion: DWb III, Sp. 1160 f.).

136 *zelden]* »Den Zelt gehn« (Lexer III, Sp. 1055) = im Paßgang gehen, das ist »der einem Pferde angelernte wiegende Schrittgang« (DWb VII, Sp. 1494). Die Stelle ist wohl ironisch zu verstehen.

204 *raste]* »Ein Wegmass von verschiedener Länge« (Lexer II, Sp. 344); *spacium terre quod quinquaginta passibus finitur* (*Vocabularius Ex quo*, L 216). Ursprünglich wohl ein Maß von zwei Meilen (*est duplex miliare ytalicum* bzw. *eyn rast vel zwe meil*, ebd.), dann – mit dem offensichtlichen Veralten des Wortes – mit der Meile gleichgesetzt: *ein walsche meil* bzw. *eyn mile* (ebd.). Ich wähle hier die präzise Bedeutung.

265 *reht]* Dieses Stichwort kontrastiert den anfänglichen Verstoß gegen die rechte Ordnung durch die Frau mit deren Wiederherstellen durch rechtes Verhalten, nämlich das respektvolle Hervorrufen von Erkenntnis durch ein ›indirektes‹ Verfahren: Erzählen von *rehten mæren.* (Vgl. Ragotzky, Gattungserneuerung, S. 87.)

271 *veste]* Jede Art von geschütztem Ort.

297 *geslagen]* Der Ehemann hat das Recht, die Frau zu strafen (vgl. Rudolf His, *Das Strafrecht des deutschen Mittelalters*, Bd. 2, Leipzig 1935, S. 101 f.); im Falle von handhaftem, d. h. bei frischer Tat aufgedecktem, Ehebruch sind Schläge eine milde Strafe, auch die Todesstrafe hätte vollzogen werden können (ebd. Bd. 1, Leipzig 1920, S. 479).

303-307 *der kneht* 〈. . .〉 *anders geseit]* Dieser Abschnitt schließt nach der zeitgenössischen Rhetorik regelgerecht als *propositio* die *narratio* ab (Schirmer, Stil- und Motivuntersuchungen, S. 111).

308-338 *Der vriuntlîche kündikeit ⟨. . .⟩ mit vuoge noch geschiht]* Das Epimythion ist nach den Regeln der rhetorischen *expolitio* gebaut: *res* mit *ratio* (v. 308-311), *duplex pronuntiatio*: negative und positive Formulierung des Hauptgedankens (v. 312-318), *exemplum* (v. 319-336), *conclusio* (v. 337 f.); vgl. Schirmer, Stil- und Motivuntersuchungen, S. 111-116.

308 *kündikeit]* »Schlauheit, Listigkeit, Gerissenheit«. Das Wort hebt sich von den übrigen Lexemen im ›Sinnbezirk des Verstandes‹ dadurch ab, daß ihm positive ethische Konnotationen fehlen. Es wird in der Literatur der höfischen Klassik neutral oder auch abwertend (besonders im *Reinhart Fuchs*) für »das Gebiet individueller Klugheit oder Schlauheit« verwendet: »Es hat nicht die ethische Hochwertung von *wisheit* ⟨. . .⟩, aber daß es sie nicht hat, das heißt bei der hier herrschenden Grundeinstellung, daß es ethische Abwertung trägt.« (Jost Trier, *Der deutsche Wortschatz im Sinnbezirk des Verstandes. Die Geschichte eines sprachlichen Feldes*, Bd. 1, Heidelberg 1931, S. 308.)

Die Auslegung des *Klugen Knechts* (v. 308-338) kann auch als Versuch gelesen werden, den Begriff der intellektuellen Versiertheit positiv zu füllen. Dazu dienen Attribute (*vriuntliche kündikeit*, *gevüegiu kündikeit*, *kündikeit ⟨. . .⟩ mit vuoge*) ebenso wie die Anwendung des Begriffs auf das Verhalten des Knechtes. (Zusammenfassend zu den Deutungsmöglichkeiten Ragotzky, Gattungserneuerung, S. 2-6.)

316 *hovelîcher site]* Höfisches Verhalten meint hier entsprechend der Geschichte (vgl. zu v. 14) nicht mehr nur das Verhalten am Hofe, sondern allgemein eine (von dort ausgehende) kultivierte Lebensart; *kündikeit* wird ihr zugeordnet.

2

DER STRICKER
DER BEGRABENE EHEMANN

Überlieferung

Das Märe ist in den drei großen Sammelhandschriften mit Strickerdichtungen überliefert:

W (um 1280, bairisch-österreichisch), Bl. 25rb-26va.
H (1. Viertel 14. Jh., Nordwestböhmen/Oberfranken), Bl. 266va-268ra.
K (1. Viertel 14. Jh., Nordwestböhmen/Oberfranken, Abschrift aus H), Bl. 273va-275ra.

Text

Der Text folgt der Ausgabe von Fischer/Janota, Verserzählungen I, S. 28-36, die sich auf die Wiener Handschrift stützt und nur an wenigen Stellen fehlerhaften Text nach den beiden anderen Handschriften korrigiert (entbehrlich ist nur v. 31 die Änderung von *igelich* der Wiener Handschrift zu *ieslîchez*).

Weitere Ausgaben: GA II, S. 361-368; Rosenhagen, Strikker, S. 8-16; Moelleken II, S. 207-217.

Übersetzungen: Spiewok, Decamerone, S. 608-613; Viviani, Die Nonne im Bade, S. 190-195.

Autor und Entstehung

Vgl. Komm. zum *Klugen Knecht* (Nr. 1).

Motivik, Quellen, Thematik

Die vom Stricker erzählte Geschichte läßt sich am besten aus ihrer Schlußpointe, dem Begraben eines Mannes, dem eingeredet wird, er sei tot, verstehen. Dieses Motiv (Motif-Index J 2311. 0. 1: »Wife makes her husband believe that he is dead«) ist weit verbreitet. In den Literaturen des Mittelalters und der Renaissance baut auf ihm eine Reihe von novellistischen Erzählungen auf, z. B.:

- *Le vilain de Bailluel* des Jean Bodel, ca. 1165-1210 (Nykrog, Fabliaux, Nr. 150; hg. Nouveau Recueil, Bd. 5, S. 222-249; deutsch von Strasser, Von Lieben und Hieben, S. 48-51),
- Giovanni Boccaccio, *Decameron* III,8 (v. J. 1353 [S. 309-320]; deutsch von Witte/Bode, S. 271-281),
- Poggio, *Facezie* (1450-52), Nr. 268 (S. 401 f.; deutsch von Floerke, Facezien, S. 265-267),
- Sabadino degli Arienti, *Le Porretane* (v. J. 1483), Nr. 41 (S. 347-360),
- Doni, *Novelle* (um 1543), Nr. 6 (S. 18-20),
- Antonfrancesco Grazzini, *Cene* (vor 1550), Novelle Nr. 13 (hier verglichen nach der Übersetzung von Alfred Semerau, *Lauten und Dolche. Novellen bei Nacht erzählt*, München 1962, S. 135-152).

In allen diesen Erzählungen steht der eingeredete Tod nicht in einer Reihe von Kraftproben, sondern mehr oder weniger für sich, funktionalisiert zumeist als Manöver, um den Ehemann für einige Zeit aus dem Wege zu räumen und ein Stelldichein zwischen der Frau und dem Liebhaber zu ermöglichen (z. B. Jean Bodel und Boccaccio); der Betrug an den Gläubigen durch die vorgespiegelte ›Wiederauferstehung‹ des Toten (Sabadino degli Arienti, Boccaccio: Rückkehr aus dem Fegefeuer) und der damit verbundene Prestigegewinn des cleveren Priesters können hinzutreten.

Als Schlußelement verwendet wird das Motiv dagegen in den zahlreichen Ausformungen der ›Wette der drei Frauen‹ (dazu Raas, Wette der drei Frauen), wie sie im Deutschen

u. a. in den drei Fassungen der *Drei listigen Frauen* (s. u. Nr. 31) vertreten sind. Wie beim Stricker steht die Suggestion des Todes dort am Ende einer Reihe von Proben weiblicher Überredungskunst und Machtausübung, allerdings mit gänzlich anderem Darstellungsziel: dort das Wetteifern zwischen den Frauen um die kühnste List, hier der Machtkampf zwischen Mann und Frau um die Folgen eines freiwilligen Räumens der Machtposition durch den Mann. Nicht zu verkennen ist allerdings, daß in beiden Gestaltungen die Klugheit der Frau und die Dummheit des Mannes die Grundkonstellation herstellen.

Genetisch wird man keine Beziehungen zwischen dem *Begrabenen Ehemann* und den *Drei listigen Frauen* herstellen wollen. Sie zeigen wohl eher die unterschiedlichen Entwicklungsmöglichkeiten des Ausgangsmotivs an. Dieses könnte dem Stricker am ehesten in der Fassung des Jean Bodel zugekommen sein (vgl. Strasser, Vornovellistisches Erzählen, S. 87 f.), zumal diese in der Gestaltung der Eingangszene auch für den *Klugen Knecht* (s. o. Nr. 1) Anregungen gegeben haben könnte. Der Stricker hätte dann nach dem einfachen Bauprinzip der Steigerung die ersten beiden Täuschungsschritte (Abendessen am Mittag, kaltes Vollbad) vorgeschaltet, er hätte die Reihe seinem Aussageziel: törichte Selbstaufgabe des Mannes aus Minneverblendung – mit deutlichem Bezug zum Minnesang – dienstbar gemacht (vgl. Stellenkommentar) und dies als Verstoß gegen die Ordnung gebrandmarkt (Ragotzky, Gattungserneuerung, S. 98-104), und er hätte die Brisanz seines Themas durch die Radikalisierung des Schlusses betont: in keiner anderen Fassung kommt es zur tatsächlichen Tötung des Mannes und zum Begraben bei lebendigem Leibe.

Literaturhinweise: Ehrismann, Vom Eheleben, S. 27 f.; Fischer, Studien, S. 408 (Lit.); Londner, Eheauffassung, S. 332-346; Ragotzky, Gattungserneuerung, S. 98-104; Schirmer, Stil- und Motivuntersuchungen, S. 232 f., 235 f.; Strasser, Ehestandsmären; dies., Vornovellistisches Erzählen, S.

55 f., 71-74, 82, 84-88, 219 (und Register); Ziegeler, Erzählen im Spätmittelalter, S. 559.

Stellenkommentar

Überschrift: nach der Heidelberger Handschrift, normalisiert; *ist* fehlt.

2 *liep als der lîp]* Eine im Minnesang verbreitete Floskel, z. B. Friedrich von Hausen, MF 43,28: *und daz si mir ist liep alsam mîn selbes lîp*; ähnlich MF 54,18 (nach Handschrift C) und bei Meinloh von Sevelingen, MF 11,14. In der Exposition dieser Erzählung wird immer wieder auf den Minnesang (vgl. auch die Anmerkungen zu *stæte*, v. 14, und *triuwe*, v. 28) angespielt. Dargestellt wird so die Umsetzung der Ergebenheitsadressen des Sängers ins ›Leben‹ (und die Unangemessenheit dieses Verfahrens).

4 *holt]* Ein zentraler Begriff dieser Erzählung (vgl. noch v. 6, 129, 143, 146; *hulde*: v. 85, 121): Ursprünglich ein Terminus der Herrschafts- und Rechtsordnung, die »Zuneigung des Herrn zu seinem Untergebenen« bezeichnend (DWb IV/II, Sp. 1733) und dann auch dessen Treue und Ergebenheit (vgl. HRG II, Sp. 256-259; zum historischen Hintergrund Gerd Althoff, *Huld. Überlegungen zu einem Zentralbegriff der mittelalterlichen Herrschaftsordnung*, in: Frühmittelalterliche Studien 25 [1991], S. 259-282). Im Minnesang wird der Begriff auf das Minneverhältnis übertragen; er gehört zu denen, die der Minneterminologie ihr charakteristisches rechtliches Gepräge geben und dient insbesondere zur Bezeichnung der Asymmetrie im Verhältnis Sänger: Dame (Dienst: Lohn). – Die Nennung dieses zentralen Begriffes, der im Neuhochdeutschen nicht mehr adäquat wiedergegeben werden kann, ruft hier also sowohl den Hintergrund des Feudal- und Lehensrechtes wie den des Minnesangs auf. Die Forderung nach Gleichrangigkeit der Emotionen mit genau diesem Wort kann bereits als ein Verstoß gegen die gesetzten Grenzen gelesen werden.

5 *der Kriechen golt]* Fremde, insbesondere orientalische Herkunft (*golt von Arabia*, z. B. Konrad von Würzburg, *Trojanerkrieg*, v. 19911) kennzeichnet in formelhaften Wendungen Glanz und Kostbarkeit des Goldes. Genaue Parallele zu dieser Stelle: Stricker, *Karl der Große*, hg. von Karl Bartsch, Quedlinburg und Leipzig 1857, v. 2065: *daz næme ich für der Kriechen golt.*

9 *an dich geslagen]* Wörtlich: »an dir befestigt«.

10 *daz ‹. . .› kan]* Unsagbarkeitstopos, wie er auch im Minnesang verbreitet ist, z. B. bei Reinmar, MF 165,28 und 165,7-9: *wil aber ich von ir tugenden sagen, / des wirt so vil, swenne ichz erhebe, / daz ichs iemer muoz gedagen.*

14 *stæte]* »Beständig, feststehend, dauerhaft gültig«. Das Wort hat zwei bevorzugte Anwendungsbereiche: den rechtlichen (DWb X/II, 2, bes. Sp. 2546-2549) und den der höfischen Literatur, besonders auch des Minnesangs (vgl. Vera Vollmer, *Die Begriffe der Triuwe und der Staete in der höfischen Minnedichtung*, Diss. Tübingen 1914). Zur Funktion dieser terminologischen Zitate vgl. Kommentar zu v. 2 und 4.

28 *mit triuwen]* Einer der zentralen Begriffe der höfischen Literatur, der wie andere aus dem Feudalwesen übernommen ist. *Triuwe* meint ursprünglich »Abmachung, Vertrag«, dann die »Verläßlichkeit« im Einhalten von Vertragsbeziehungen und von Verpflichtungen jeder Art; von dort nimmt die Ausweitung in einen persönlich gewendeten Tugendbegriff (»Treue«) ihren Ausgang (DWb XI/I, 2, Sp. 282-342). Zur Verwendung im Minnesang Vera Vollmer (vgl. Komm. zu v. 14), zur Funktion dieser höfischen Signalwörter in diesem Text (auch: v. 61, 65, 69, 78) vgl. Komm. zu v. 2 und 4.

38 *mort und mein]* Alliterierende Formel (*mein*: »Verbrechen, Frevel«, vgl. Meineid), die bis ins 16. Jahrhundert verbreitet ist (DWb VI, Sp. 1912): »Verbrechen und Mord«; in der formelhaften Verwendung dann häufig zur steigernden Bezeichnung einer verdammenswürdigen Handlung (HRG III, Sp. 459).

40 *swern einen eit]* Auch der Eid gehört zu den in den Minnesang übernommenen Rechtsgesten, auf die hier im-

mer wieder angespielt wird, vgl. z. B. Albrecht von Johannsdorf, MF 88,10, oder Heinrich von Morungen, MF 130,34.

45 *sô]* Hier als Einleitung eines Modalsatzes (»dementsprechend wie«, vgl. PWG § 465η), der begründende Funktion hat.

61 *triuwe]* Vgl. Komm. zu v. 28.

69 *triuwelôsez vaz]* *Vaz* »Gefäß, Behälter, auch Schrein und Faß« wird häufig zur Umschreibung moralischer Qualitäten verwendet: *schanden vaz, der êren vaz* (vgl. BMZ III, S. 281 und Lexer III, Sp. 34). Genaue Parallelen: Hartmann von Aue, *Büchlein*, v. 1851 und Albrecht von Halberstadt (*Albrecht von Halberstadt und Ovid im Mittelalter*, hg. von Karl Bartsch, Quedlinburg und Leipzig 1861), Nr. 16, v. 527.

70 *geworren]* Wörtlich: »geschadet«, zu *werren* (Lexer III, Sp. 791-793).

79 *vriuntschaft]* Auch *vriuntschaft* bezeichnet ein Rechtsverhältnis: ein entweder durch verwandtschaftliche Bindung oder durch Abmachung begründetes Verpflichtungsverhältnis, das insbesondere gegenseitigen Beistand und Hilfe fordert und auf *triuwe* (vgl. Komm. zu v. 28) gegründet sein soll. Vgl. Althoff, Verwandte, Freunde und Getreue.

82 *wan daz]* »Außer daß, nur daß«, vgl. PWG § 466 Anm. 2.

92 f. *des was 〈. . .〉 vergezzen]* Passivische Konstruktion (»es stieß mir zu, daß ich vergaß«), die sich nur im Aktiv wiedergeben läßt, vgl. BMZ I, S. 543, Nr. 8. Zur Konstruktion Behaghel II, § 619, III.

94 *kniete er nider]* Als pathetische Geste der Unterwerfung (vgl. HRG II, Sp. 901-904; vgl. ebd. I, Sp. 1416) mit ihren rechtlichen und politischen Implikationen hier im dezidiert nicht-höfischen privaten Milieu unangemessen belastet; eines der Darstellungsmittel zur Betonung einer Komik der Maßstablosigkeit.

114 *meister]* »Der allgemeine Begriff, der im Mhd. das Wort beherrscht, ist der des Übertreffens, Überlegenseins u. damit der Auctorität, des Maßgebendseins« (BMZ II/1, S. 113).

208 *gebûren]* Die Unterscheidung zwischen dem starken Maskulinum *gebûr* »Nachbar« und dem schwachen *gebûre* »Bauer« (BMZ I, S. 290) gilt hier offensichtlich nicht mehr.

212 *roufte]* Sich das Haar zu raufen ist konventionalisierte Klagegebärde, vgl. z. B. Peil, Die Gebärde, S. 310.

[In diesen Stellenkommentar sind Anregungen von Anne Wawer und Manfred Eikelmann eingegangen.]

3
DER STRICKER
DAS HEISSE EISEN

Überlieferung

Das Märe gehört zu den am breitesten überlieferten Werken des Strickers. Es ist über den engeren Kreis der Strickerhandschriften hinaus auch in die sonst jüngeren Werken vorbehaltene Dresdner Kleinepikhandschrift und in die Heldenepikumgebung der Pommersfeldener Handschrift geraten:

W (um 1280, bairisch-österreichisch), Bl. 26va-27vb.

H (1. Viertel 14. Jh., Nordwestböhmen/Oberfranken), Bl. 268ra-269rb.

K (1. Viertel 14. Jh., Nordwestböhmen/Oberfranken, Abschrift aus H), Bl. 275ra-276rb.

p (1373, Thüringen), Bl. 13^{r}-16^{r}.

w (1393, Innsbruck), Bl. 34vb-36rb (Abdruck: Schmid, Codex Vindobonensis 2885, S. 145-149).

i (1456, Tirol, von w abhängig), Bl. 23va-24va (Faksimile: Sammlung kleinerer deutscher Gedichte, Bl. 23^{v}-24^{v}).

d (1447, ostschwäbisch [Augsburg?]), Bl. 5vb-6vb (der Text ist dem von w nah verwandt; Abdruck: Hefti, Codex Dresden M 68, S. 82-87).

Römhild/Thüringen, Stadt- und Stiftskirche, 2 Pergament-Doppelblätter (um 1350, mitteldeutsche Abschrift einer bairisch-österreichischen Vorlage, vgl. Hermann Men-

hardt, *Der Stricker und der Teichner*, in: PBB [Tüb.] 84 [1962], S. 266-295, hier 286-289: fragmentarische Überlieferung der *Drei Wünsche* (s. u. Nr. 4) und des *Heißen Eisens* (v. 21-24, 27-41, 55-72, 89-102, 105-108, 123-129, 131-138, 155-160, 165-167 [unleserlich], 168-176, 181).
(Nicht auffindbar ist das bei Fischer, Studien, S. 291 und 41 genannte Fragment der Biblioteca Communale in Trient.)

Text

Die Ausgabe folgt dem von Fischer/Janota, Verserzählungen I, S. 37-50, auf der Grundlage der Wiener Handschrift 2705 hergestellten Text. Nur der in keinem der Textzeugen belegte Genitiv *anderer* (v. 12) ist durch den grammatisch ohne weiteres möglichen und durchweg bezeugten Akkusativ (Wien 2705: *anderre*) ersetzt. Zu den abweichenden Schlußpartien vgl. den Stellenkommentar zu v. 193-198.

Weitere Ausgaben: GA II, S. 373-378; Pfeiffer, Zwei alte Schwänke, S. 89-95; Rosenhagen, Stricker, S. 16-22; Moelleken II, S. 218-230; Curschmann/Glier, Dichtung des Mittelalters II, S. 576-587.

Übersetzungen: Fischer, Schwankerzählungen, S. 60-64; Spiewok, Decamerone, S. 650-654; Curschmann/Glier, Dichtung des Mittelalters II, S. 576-587.

Autor und Entstehung

Vgl. Komm. zum *Klugen Knecht* (Nr. 1).

Motivik, Quellen, Thematik

Die Geschichte baut auf der historisch und literarisch gut bezeugten Institution des Gottesurteils auf. Es stellt im Mittelalter ein etabliertes, wenn auch immer wieder angefochtenes Instrument der Rechtsfindung dar, das – ähnlich dem Gottesgericht – darauf baut, daß Gott durch ein Zeichen für die Verurteilung des Schuldigen und die Entlastung des Unschuldigen die Aufrechterhaltung der Rechtsordnung sicherstellt. Es ist dafür eine ganze Reihe von Verfahren entwickelt und auch in Rechtsordnungen festgelegt worden (Überblick bei Grimm, Rechtsalterthümer, Bd. 2, S. 563-578). Die Feuerprobe, meist als das Tragen eines glühenden Eisens praktiziert, ist die geläufigste Form des Gottesurteils.

Trotz der Versuche zu einer christlichen Begründung des Gottesurteils hat sein unverkennbar magischer Ursprung zu einer schwankenden Haltung der Kirche geführt, die sich dann auf dem Laterankonzil v. J. 1215 zum Verbot der Mitwirkung von Priestern verfestigte. Unterbunden wurde die Praxis dadurch offensichtlich nicht, und auch die Kirche hat im Zuge der Ketzerverfolgung und der Hexenprozesse (in mehr oder weniger verschleierter Form) wieder auf sie zurückgegriffen (EM VI, Sp. 24-31; HDA III, Sp. 994-1064; HRG I, Sp. 1769-1773; Peter Browe, *De ordaliis*, Rom 1932 und 1933; Charlotte Leitmaier, *Die Kirche und die Gottesurteile*, Wien 1953; Hermann Nottarp, *Gottesurteilstudien*, München 1956).

In der mittelalterlichen Literatur treten Gottesurteile immer wieder auf, ohne daß daran Anstoß genommen würde, z. B. in *Vom Rechte* (hg. von Albert Waag und Werner Schröder, *Kleinere deutsche Gedichte des 11. und 12. Jahrhunderts*, Tübingen 1972, S. 112-131, v. 239-266), in der *Kaiserchronik*, v. 15494-15509, oder in Ebernands von Erfurt *Heinrich und Kunigunde* (hg. von Reinhold Bechstein, Quedlinburg und Leipzig 1860, v. 1487-1580). Die zweifelhafte und in der Deutung umstrittene Gestaltung von Isoldes Feuerprobe in Gotfrids von Straßburg *Tristan*, v. 15685-15768, bildet die Ausnahme. Daß der Stricker durch die *Tristan*-Stelle »den Anstoß zum Ausbau des Motivs als Schwankmaere« erhalten habe (Strasser, Ehestandsmären, S. 89) läßt sich nicht ausschließen; als »Quelle« (ebd., S. 88) hat sie ihm aber wohl nicht gedient. (Zum Gottesurteil in anderen Literaturen des Mittelalters vgl. Ralph Jay Hexter, *Equivocal Oaths and Ordeals in Mediaeval Literature*, Cambridge/Mass. 1976.)

Zur Erzählung des Strickers gibt es wohl keine Vorlage und nur entfernte Parallelen. (Dem Fastnachtspiel des Hans Sachs: *Das heiß eysen* [in: Hans Sachs, hg. von Keller/Goetze, Bd. 9, S. 85-95], dürfte es seinerseits als Vorlage gedient haben.) Der Stricker wird den Erzählverlauf selbst konstruiert haben und dabei von einer in der Exempelliteratur weiter verbreiteten Geschichte ausgegangen sein. In ihr unterzieht sich ein ehebrecherisch lebender Ehegatte (Mann oder Frau) auf Wunsch des Partners einer Feuerprobe (Heißes Eisen). Vor dem Gottesurteil legt der Proband die Beichte ab, und das bewirkt, daß er/sie das glühende Eisen unversehrt tragen kann. Danach wird er (oder sie) rückfällig, beruft sich gegenüber aufkommendem Verdacht prahlend auf das bestandene Gottesurteil und wird dafür sofort bestraft (z. B. dadurch, daß das nur hinweisend angefaßte kalte Eisen ihn oder sie schmerzhaft verbrennt).

Dieses Exempel ist z. B. überliefert bei

- Caesarius von Heisterbach, *Dialogus miraculorum* (ca. 1219-1223), X,35; deutsch von Wesselski, Mönchslatein, S. 187 f.;
- Ps.-Vinzenz von Beauvais, *Speculum morale*, Lib. III, Dist. XIV, pars 10 (Nachdruck der Ausgabe Douai 1624: Graz 1964, Bd. 3, S. 1455);
- in einem Exempel aus der Grazer Handschrift 838 aus dem 14. Jahrhundert (abgedruckt bei Anton E. Schönbach, *Miscellen aus Grazer Handschriften*, Graz 1900, S. 94: Nr. 196);
- im *Alphabetum narrationum* des Arnold von Lüttich (Stephan von Besançon?), hier nach der engl. Übersetzung bei Mary Macleod Banks, *An Alphabet of Tales. An English 15th Century Translation of the Alphabetum Narrationum of Etienne de Besançon*, London 1904 und 1905, Bd. 1, S. 121: Nr. 173;
- in Johannes Paulis *Schimpf und Ernst*, hg. von Bolte, Nr. 227 (Bd. 1, S. 146).

Verglichen mit dieser Exempelversion (die auf den Nutzen der Beichte und deren Bindung an Reue und Umkehr ausgerichtet ist), ist beim Stricker das Wiederholungsschema völlig anders genützt. Es wird eine Wettbewerbssituation zwischen Mann und Frau aufgebaut, die durch das unangemessene und fadenscheinig begründete Verlangen der Frau nach einem Liebesbeweis durch die Feuerprobe ausgelöst wird. Sie wird von beiden Beteiligten programmatisch mit dem Begriff der *triuwe* verbunden (v. 61 und 69). Damit ist bereits der Aspekt der Gegenseitigkeit aufgerufen, der dann konsequent in die Bitte des Mannes um den korrespondierenden Treuebeweis der Frau mündet. Sie löst durch den negativen Ausgang, der nicht einmal durch das Zugeständnis dreier Ehebrüche abgewendet werden kann, die Katastrophe aus. Am Ende steht das Gegenteil des zu Beginn Gewollten: aus der Befestigung der Ehe durch eine Treueprobe wird ihre Zerstörung durch den Untreuebeweis. Vorbereitet ist dieses Ende durch die Unangemessenheit der von der Frau benützten Terminologie: je brüchiger sich das Verhältnis darstellt, um so intensiver nützt sie die Sprache der höfischen Minne und ihrer Unterwerfungs- und Gegenseitigkeitsvokabeln: *dienen*, *triuwe*, *stæte* bis hin zur *herzenliebe*[*n*] *vriuntschaft* (v. 147). Zu erwägen ist, ob nicht auch das Verhalten des Mannes (vgl. Ziegeler, Erzählen im Spätmittelalter, S. 193) schon auf die Hohlheit der Beziehung deutet. Er tritt ja keineswegs den Unschuldsbeweis an und wagt es nicht einmal, sich der Treueprobe auszusetzen: er weicht ihr durch Manipulation aus. (Wenn dies als die angemessene ›vernünftige‹ Haltung gegen die Mystifikation des Gottesurteils aufzufassen sein sollte, wäre es jedenfalls unangemessen, die Frau in diese Falle tappen zu lassen; listige Verschlagenheit des Mannes und törichte Blindheit der Frau kommen so als weitere Diskussionsebenen dazu.)

Literaturhinweise: Fischer, Studien, S. 409 f. (Lit.); Strasser, Ehestandsmären, S. 84-89; dies., Vornovellistisches Erzählen, S. 46 f., 54 f., 72 f.; Suchomski, ›delectatio‹ und ›utilitas‹, S. 178; Tekinay, Erzählmotive, S. 93-97; Otmar Werner, *Entwicklungstendenzen in der mittelhochdeutschen Verserzählung zur dramatischen Form. Studien zum Stricker: »Das heiße Eisen«*, in: ZfdPh 85 (1966), S. 369-406.

Stellenkommentar

Überschrift: nach der Wiener Handschrift 2885 (w), normalisiert.

1 *wîp ⟨...⟩ man]* Das Protagonistenpaar bleibt ausdrücklich ohne jede ständische Einordnung.

12 *andere]* Fischer setzt gegen die gesamte Überlieferung hier den Genitiv *anderer* an; der überlieferte Akkusativ ist grammatisch nicht anstößig (*iht* ist dann adverbial aufzufassen). – *hætest]* Der Konjunktiv ist hier nicht inhaltlich als Infragestellung der Aussage zu verstehen, sondern als formales Übergreifen des Konjunktivs im übergeordneten Satz (v. 11) auf den Objektsatz (v. 12). Vgl. PWG § 472.

19 *minne]* Die Verwendung des Appellativs zur Anrede der Geliebten findet sich öfter, vgl. BMZ II/1, S. 181 (Nr. 3).

22 *diep]* Konkretisierend als pars-pro-toto für »Verbrecher«.

33 *und]* Zu *und* als Einleitung von Konditionalsätzen vgl. PWG § 445 Anm. 1.

34 *wart]* Sätze mit *nie* und *ie* werden im Mhd. allgemein im Präteritum formuliert (vgl. PWG § 308b). In der Sprache der Gegenwart muß differenziert werden; für die hier gemeinte verallgemeinernde Rede ist das Präsens am Platze.

38 *gerihte]* *Gerihte* ist auch Terminus für »den Entlastungsbeweis im Reinigungsverfahren« (BMZ II/1, S. 648), der vielfach durch ein Gottesurteil bestritten wird. So wird das Wort auch für den Isolde in Gotfrids *Tristan* abgeforderten »Beweis durch Gottesurteil« verwendet (z. B. v. 15515: *swaz gerihtes man mir ûf geleit / des bin ich gerne bereit, / daz iuwer aller arcwân / werde vürder getân*). In dieser Bedeutung kann das Wort dem Eid als anderem Beweismittel gegenübergestellt

werden (z. B. bei dem von Gliers: *Wil des diu guote minen eit / oder min gerihte*, Schweizer Minnesänger, Lied 3, III,17 f.).

40 *trac ⟨. . .⟩ îsen]* Zur Praxis des Gottesurteils s. o. unter *Motivik, Quellen, Thematik.*

41 *ze vriunde]* *Vriunt* bedeutet auch »Gatte/Gattin«, »Geliebter/Geliebte« (vgl. BMZ III, S. 411).

55 *gedienen]* Der Rechtsterminus *dienst*, der im mittelalterlichen Sozialgefüge das Verhältnis des Dienstmannes zu seinem Herrn bezeichnet (DRWb II, Sp. 855-875), wird im Minnesang pointiert zur Darstellung der werbenden Unterordnung des Mannes unter die Frau genutzt. Der Stricker überträgt mehrfach dieses gedankliche Konstrukt in die erzählte Realität seiner Mären (vgl. Komm. zum *Begrabenen Ehemann* [Nr. 2]) und deckt damit die Unangemessenheit eines solchen handlungsrelevanten Wirklichkeitsanspruches auf; die Situierung des Dienst-Gedankens in nicht-höfischem Milieu verstärkt an dieser Stelle die Diskrepanz. Das Wort wird mehrfach wieder aufgenommen: v. 118, 143, 154.

60 *alters eine]* »Als einziger auf der Welt«, vgl. BMZ I, S. 420. Zur ursprünglichen Bedeutung von *alter* »Zeitalter, Welt« vgl. DWb XIV/I, 1, Sp. 1458 f.

61 *mit triuwen]* Wie *dienst* (vgl. oben zu v. 55) in die höfische Literatur übernommener Begriff aus dem Gefolgschaftswesen (vgl. Kommentar zum *Begrabenen Ehemann* [Nr. 2], v. 28). Wieder aufgenommen in v. 69, 79, 94, 148. Abschließend thematisiert in v. 187.

90 *mîn bete und mîn gebot]* Ursprünglich wohl Doppelformel zur Bezeichnung der Dringlichkeit des Verlangens (Hendiadyoin: auch *bete* bedeutet »Auftrag«); dann treten die beiden Aspekte auseinander: »Bitte und Befehl« (vgl. BMZ I, S. 171).

95 *trûtgeselle]* Vgl. Komm. zu v. 116: *geselle*. (*trût* »Vertrauter, Geliebter«.)1009

111 *die wîle und]* Als relative Partikel kann *u nd* mit dem adverbialen Akkusativ *die wîle* verbunden werden: »die Zeit, die« (PWG § 451).

112 *ist ⟨. . .⟩ rât]* Wörtlich: »Gibt es dagegen keine Hilfe?«

113 *nein sîn]* Wiederholung des Erfragten (hier: v. 112 *des*) in der Antwort durch ein Pronomen (meist allerdings im Nominativ): Behaghel III, § 1122; wörtlich also: »nein dessen = dagegen (nicht)«.

116 *geselle]* Häufig aus seiner ursprünglichen Bedeutung »Hausgenosse, (Kriegs-)Gefährte« in die Sprache der höfischen Minne übertragen. (Belege aus Minnesang und höfischer Epik: BMZ II/2, S. 29.)

130 *dem dinge]* Unspezifischer, wohl nur formal zu verstehender Platzhalter für ein Dativobjekt.

147 *herzenliebe vriuntschaft]* Zu *vriunt* in der Bedeutung »Gatte, Geliebter«, die *vriuntschaft* hier aufnimmt, vgl. Komm. zu v. 41. *herze(n)liep* ist als Adjektiv weit verbreitet (Lexer I, Sp. 1273) und wohl in den wenigsten Fällen ohne Bezug zur programmatischen Aufladung zum Inbegriff einer Liebe aus inniger Verbundenheit durch Walther von der Vogelweide in dessen Lied 49,25 zu hören.

169 *tâlanc]* »von jetzt an den Tag hindurch« (kontrahiert aus *tagelanc*, vgl. Lexer II, Sp. 1390).

177-179 *Ein wahs ⟨...⟩ verbinden]* Das Verbinden der Wunde und das Versiegeln des Verbandes mit Wachs sind Teil des Rechtsaktes. Heilung der Hand nach drei Tagen ist ein Unschuldsbeweis (Strasser, Ehestandsmären, S. 87).

193-198 Schluß nach den Handschriften WHK. Die anderen Handschriften weichen stark ab (die Römhilder Fragmente sind am Ende verstümmelt).

w: *Hie hat daz mer ain ende*
Got vns sölhe peweisung wende.

d: *Hie haut disu red ain end*
Got verleich vns ain gůt end.

p: *Sehet disen schaden vnd disen spot*
Ir warb sie alles ane not.
Meyster kato lerit sinen sůn;
Her spricht: »dit salt du alle zcit tun:

Straffe wedir wib noch man,
Du sehis dich E selber an,
Ab du icht strafbere sis;
Da von sprichet man dir pris.
Waz an dir gebrestin sy,
Da saltu ebene merken by,
Daz du dar vmme yman straffes,
Du waches adir slaffes.
Du salt ouch habe die zeche,
Daz man icht von dir spreche:
Wez sich der bok schuldig weyz,
Dez vor sehet her sich vf die geyz.«
Dit waz eyn wise lere,
Dar vmme priset man in sere.
Wan dise frouwe sundir wan
Gedachte da vil weninc an,
Waz sie vor hatte getriben.
Were die bete vnderwegen bliben,
Die sie leyte an iren man
Vnd hette heymelichen getan,
Waz sie vor hatte getriben,
Lichte wer sie vngeschant bliben
Von solcher missewende.
Got gebe vns eyn gut ende.

4

DER STRICKER

DIE DREI WÜNSCHE

Überlieferung

Das Märe gehört zu den am breitesten überlieferten Werken des Strickers:

W (um 1280, bairisch-österreichisch), Bl. 24ra-25rb.

H (1. Viertel 14. Jh., Nordwestböhmen/Oberfranken), Bl. 265ra-266va.

K (1. Viertel 14. Jh., Nordwestböhmen/Oberfranken, Abschrift aus H), Bl. 272ra 273va.
E (um 1350, Würzburg), Bl. 87ra-88vb (Faksimile: Hausbuch des Michael de Leone, Bl. 87-88).
w (1393, Innsbruck), Bl. 127rb-129rb (Abdruck: Schmid, Codex Vindobonensis 2885, S. 437-442).
i (1456, Tirol, von w abhängig), Bl. 62va-63va (Faksimile: Sammlung kleinerer deutscher Gedichte, Bl. 62^{v}-63^{v}).

Gotha, Forschungs- und Landesbibliothek, Memb. II 227 (Ende 14./Anf. 15. Jh., bairisch), 2 Fragmentstreifen = 1 Blatt: v. 39-178.

Römhild/Thüringen, Stadt- und Stiftskirche, 2 Pergament-Doppelblätter (um 1350, mitteldeutsche Abschrift einer bairisch-österreichischen Vorlage, vgl. Hermann Menhardt, *Der Stricker und der Teichner*, in: PBB [Tüb.] 84 [1962], S. 266-295, hier 289 f.: fragmentarische Überlieferung der *Drei Wünsche* [v. 1-15, 123-142, 159-166, 168-177] und des *Heißen Eisens* [Nr. 3, s. dort]).

Text

Die Ausgabe folgt dem von Fischer/Janota, Verserzählungen I, S. 1-11, auf der Grundlage der Wiener Handschrift 2705 hergestellten Text.

Weitere Ausgaben: GA II, S. 253-259; Rosenhagen, Stricker, S. 1-8; Mettke, Stricker, S. 70-77; Moelleken II, S. 194-206; Ehrismann, Stricker, S. 150-165.

Übersetzung: Ehrismann, Stricker, S. 150-165.

Autor und Entstehung

Vgl. Komm. zum *Klugen Knecht* (Nr. 1).

Motivik, Quellen, Thematik

Das Motiv von den (unüberlegten) Wünschen, in der deutschen Literatur bekannt aus den *Kinder- und Hausmärchen* der Brüder Grimm (KHM, Nr. 19: *Von dem Fischer un syner Fru* und Nr. 87: *Der Arme und der Reiche*) und aus Johann Peter Hebels *Kalendergeschichten* (*Drei Wünsche*, abgedruckt bei Röhrich, Erzählungen I, S. 68-70) ist ungemein weit verbreitet (AaTh 750A; Motif-Index Q 1. 1, J 2075; Überblick über wichtige Versionen bei Bolte/ Polivka II, S. 210-229; Röhrich, Erzählungen I, S. 253-258, Abdruck von zwölf deutschen Fassungen ebd., S. 62-79).

Es ist in vielen europäischen und außereuropäischen Literaturen nachzuweisen und tritt ebenso im Kontext mündlicher Erzählliteratur wie in literarisierten Fassungen auf (z. B. Euripides, *Hippolytos* I,1, v. 45 f.; Ovid, *Metamorphosen* XI, v. 100-145 [Midas]; *Pantschatantra* V,8 [Bd. 2, S. -345]; *Erzählungen aus den Tausendundein Nächten* IV, S. 329-331: *Die Geschichte von den drei Wünschen*; Jean de La Fontaine, Fables VII,6 [La Fontaine, Œuvres, Bd. 2, S. 119-126]). Auch bei stärkerer Einengung der Motivkonstellation (z. B. *Drei unüberlegte Wünsche*) dürfte sich dieses Motiv einer genetischen Fragestellung entziehen. Verbreitung und Struktur sprechen für die Möglichkeit unabhängiger Entstehung in allen möglichen Kulturen. Für den Streit über den orientalischen oder antiken Ursprung der Erzählmotivik des europäischen Mittelalters, in dem es eine wichtige Rolle spielte (Bédier, Les Fabliaux, S. 212-228 zu *Les quatre sohais Saint Martin*, hg. Nouveau Recueil IV, S. 211-216), gibt es in allgemeiner Form wenig her (konkret dagegen jetzt Beobachtungen zur Abhängigkeit der *Quatre sohais Saint Martin* von einer Episode der arabischen Übersetzung des persischen *Sindbād-Nāme* bei Ulrich Marzolph, *Arabia ridens 1. Die humoristische Kurzprosa der frühen adab-Literatur im internationalen Traditionsgeflecht*, Frankfurt 1992, S. 197-201).

Das Grundmuster kann für die unterschiedlichsten lehrhaften Zwecke funktionalisiert werden: es kann ganz allgemein Torheit oder Weisheit der Menschen exemplifizieren, vor Übereilung und unbedachter Rede warnen, Unzufriedenheit und Maßlosigkeit anprangern, Armut und Reichtum unter moralischen Aspekten relativieren, häufig auch die besondere Unvernunft und Maßlosigkeit der Frauen geißeln.

Für die Ausrichtung, die der Stricker der Geschichte gibt, ist konstitutiv:

- die Gewährung der drei Wünsche auf heftiges Bitten des Paares (und nicht etwa als Belohnung oder freiwillig gewährte Gunst),
- die Abtretung eines der drei Wünsche an die Frau,
- das Verspielen der drei Wünsche durch unbedachte Reden und die Notwendigkeit, entstandenes Unheil rückgängig zu machen.

Diese Konstellation ist sonst im Mittelalter so nicht überliefert. Anknüpfen konnte der Stricker allenfalls an die Fassung, die die anglonormannische Dichterin Marie de France (ohne greifbare Vorlage) in der 2. Hälfte des 12. Jahrhunderts dem Stoff gibt (französisch und deutsch hg. von Gumbrecht, Marie de France, Nr. 57 [S. 180-183]), den offenbar sie auf diese Weise in die Fabelüberlieferung einführt (vgl. Hervieux, Fabulistes latins II, S. 597 f.): die Wünsche werden dort allerdings von einem Zwerg als Preis für seine Freilassung gewährt und sie werden durch eine bloße Unachtsamkeit verspielt (den Wunsch nach einem Vogelschnabel, um ans Mark eines Knochens heranzukommen).

Wahrscheinlicher als eine Ableitung aus Marie de France ist aber, daß der Stricker seine Geschichte aus dem verfügbaren Motiv selbst geformt hat (wie auf andere Weise auch Hans Sachs, hg. von Goetze/Drescher, Nr. 727 [Bd. 5, S. 198 f.: *Die wůnschent pewrin mit der hechel*]). Ganz in seine generellen Intentionen fügt sich die Erkenntnisleistung ein, auf die er sie ausrichtet: die Einwilligung des Menschen in die von Gott verantwortete Ordnung der Welt und die Einsicht in die Unmöglichkeit, sie und auch den Platz des Einzelnen in ihr zu verändern (zum theologischen Hintergrund Wailes, Kleindichtung, S. 146-164), daneben – dem untergeordnet – die Warnung vor der Leichtfertigkeit der Frauen.

Literaturhinweise: Ehrismann, Stricker, S. 266 f. (Lit.); Fischer, Studien, S. 114 Anm. 37, 125 Anm. 65, 278, 417 f. (Lit.); John Margetts, *Die erzählende Kleindichtung des Strickers und ihre nichtfeudal orientierte Grundhaltung*, in: Schirmer, Märe, S. 316-343, bes. S. 321 und 328; Ragotzky, Gattungserneuerung, bes. S. 136 Anm. 68; Bernhard Sowinski, *»Die drei Wünsche« des Stricker. Beobachtungen zur Erzählweise und gedanklichen Struktur*, in: *Festschrift für Fritz Tschirch*, hg. von Karl-Heinz Schirmer und Bernhard Sowinski, Köln und Wien 1972, S. 134-150; Strasser, Vornovellistisches Erzählen, bes. S. 47, 57, 62 f., 68 f.; Ziegeler, Erzählen im Spätmittelalter, bes. S. 142 f., 175-178 (und Register).

Stellenkommentar

Überschrift: nach Handschrift W, normalisiert.

34 *büezen]* Hier wörtlich: »wiedergutmachen, entschädigen«.

47 *venje]* Aus lat. *venia* »Verzeihung, Vergebung, Nachsicht«, mlat. auch: »kniefällige Bitte/Gebet« (vgl. *veniare* »kniefällig bitten«), also mhd. »fußfälliges Gebet zu Gott« (BMZ III, S. 298).

49 *liezen ⟨. . .⟩ wegen]* Wörtlich: »das unterließen sie nicht«.

51 *schande]* Präteritum zu *schenden* (vgl. PWG § 54a und 262): »zu Schanden machen, in Unehre bringen, entehren, tadeln« (Lexer II, Sp. 700). Ehrismanns Übersetzung »bis Gott ihre Dummheit zu viel wurde« (Der Stricker, S. 155) geht von einer nicht belegten Bedeutung von *schenden* aus (vgl. Lexer II, Sp. 700).

137 *vil wol ze dir]* *Ze* steht hier im Sinne von »zusätzlich zu« (vgl. BMZ III, S. 852-856, hier 855 [Nr. 6]: »demjenigen

vorgesetzt, zu dem noch etwas anderes hinzukommt«, z. B. Hartmann von Aue, *Gregorius*, v. 225: *ir jâmer zuo den triuwen*).

141 *vriunt]* Vgl. Komm. zu v. 158.

143 *triuwen]* Ein aus dem Feudalwesen übernommener Begriff, ursprünglich »Abmachung, Vertrag«, dann die Verläßlichkeit im Einhalten von Vertragsbeziehungen und von Verpflichtungen jeglicher Art, schließlich auch die sich darin niederschlagende Haltung: »Treue« und auch »Wohlmeinenheit« (BMZ III, S. 107; vgl. außerdem DWb XI/I, 2, Sp. 282-342 und Komm. zum *Begrabenen Ehemann* [s. o. Nr. 2], v. 28).

151 *wirs denne wê]* Wörtlich: »(es war ihr) schlimmer als weh«.

158 *vriunden]* *Vriunt* wird in diesem Märe in seinen beiden Bedeutungskomponenten verwendet: als »Freund« (v. 141) und als »Verwandter«. Gemeinsame Basis für beides ist das Verhältnis gegenseitiger Hilfeleistung, das entweder durch freiwillige Vereinbarung oder durch Sippenbeziehung begründet sein kann. In beiden Verwendungsweisen enthält das Wort jedenfalls eine starke objektiv-rechtliche Komponente (vgl. Althoff, Verwandte, Freunde und Getreue).

172 *war]* Von *werren* »Verdruß, Schaden, Not bringen, bekümmern« (vgl. BMZ III, S. 742-744).

181 *vergolden]* Partizip Perfekt von *vergelten* »zurückzahlen, zurückerstatten«, zu *d* < *t* vgl. PWG § 257 Anm. 4.

204-212 *die tôren ⟨. . .⟩ kunt sî]* Die Klassifizierung verschiedener Typen von Toren findet sich im Mittelalter häufiger (vgl. Sowinski, S. 147 Anm. 44), z. B. bei Freidank, 78,17-22; *Facetus* (hg. von Carl Schröder, Berlin 1911), 152-155; Hugo von Trimberg, *Renner*, v. 17631-17634. Der Stricker stimmt am ehesten zur Gliederung im *Renner*.

208 *vürbaz enwiht]* Wörtlich: »(noch) darüberhinaus nichts«.

218 *und]* Zu *und* als Einleitung von Konditionalsätzen vgl. PWG § 445 Anm. 1.

227 f. Wörtlich: »Es ist niemand weise,/nur der, der Gottes Willen erfüllt«. Die Sentenz stimmt exakt überein mit Freidank, 78,9 f. (vgl. Sowinski, S. 149).

5

DER STRICKER

DER ARME UND DER REICHE KÖNIG

Überlieferung

Das Märe ist in drei der großen Sammelhandschriften mit Strickerdichtungen und in einem Fragment überliefert:

W (um 1280, bairisch-österreichisch), Bl. 32vb-33vb.

H (1. Viertel 14. Jh., Nordwestböhmen/Oberfranken), Bl. 278vb-280ra.

K (1. Viertel 14. Jh., Nordwestböhmen/Oberfranken, Abschrift aus H), Bl. 285vb-287ra.

Nürnberg, Stadtbibliothek, Frag. germ. 13 (15. Jh., bairisch), 1 Blatt = v. 1-52 (vgl. Werner Williams-Krapp, *Neues zur Überlieferung der geistlichen Bispelreden des Strikkers*, in: ZfdA 108 [1979], S. 346-368, hier S. 367 f.).

Text

Der Text folgt (bis auf v. 41, vgl. Stellenkommentar) der Ausgabe von Fischer/Janota, Verserzählungen II, S. 24-30, die sich auf die Wiener Handschrift stützt und nur an wenigen Stellen (vgl. Stellenkommentar) zweifelhaften Text nach den beiden anderen Handschriften korrigiert.

Weitere Ausgaben: Moelleken II, S. 278-285; Ehrismann, Stricker, S. 164-175.

Übersetzung: Ehrismann, Stricker, S. 164-175.

Autor und Entstehung

Vgl. Komm. zum *Klugen Knecht* (Nr. 1).

Motivik, Quellen, Thematik

Das Motiv der Schattenbuße, das der Stricker hier aufgreift, ist weit verbreitet und wird für die verschiedensten Demonstrationszwecke nutzbar gemacht.

Zuerst erscheint es in der klassischen Antike (Plutarch, Demetrios 901 D, hg. von Robert Flacelière und Emile Chambry, Plutarque, *Vies*, Bd. 13, Paris 1977, 27,12-14) und in orientalischen Erzählungen (z. B. in den *Vierzig Wesiren*, S. 321, in den *Prinzen von Serendip* und im *Bahar Danush* [vgl. *Pantschatantra*, Bd. 1, S. 127]) als schattenhafter oder nur im Spiegel erscheinender Lohn für die Frau (die Hetäre), mit der ein Jüngling im Traum verkehrt hat. Im Abendland ist sie z. B. bei Walter Map (*De nugis curialium*, hg. von M. R. James, 2. Aufl. von C. N. L. Brooke und R. A. B. Mynors, Oxford 1983, S. 186f. [= II,22]) überliefert; als Vermittler könnte Klemens von Alexandrien (*Stromatum lib. IV*, hg. J.-P. Migne, Patrologiae cursus completus, Patrologia graeca, Bd. 8, Paris 1857, Sp. 1323f.) in Frage kommen.

Aus Geschichten dieser Art abgeleitet ist das auch in der Rechtsliteratur häufig belegte stellvertretende Bestrafen des Schattens, im Erzählzusammenhang z. B. zu finden in Andreas Hondorffs *Promptuarium Exemplorum* v. J. 1568 (hier nach der Ausgabe Straßburg 1572: Bl. 78[r]) und in Kirchhoffs *Wendunmuth*, Nr. 290 (Bd. 3, S. 262).

Gleichfalls orientalisch (im südindischen *Guru Paramarta*, vgl. Otto Wolfgang, *Meister Jämmerling oder Die Abenteuer des Guru Paramarta*, Hannover 1927, S. 35-37) ist die Version belegt, in der ein Armer (Bauer, Landstreicher etc.) für den bloßen Geruch (Rauch) des Bratens bezahlen soll und dies dann mit dem bloßen Klang der Münzen erledigt. Sie wird im ital. *Novellino* (1280/1300), Nr. 9 (S. 43-45) erzählt und ist in der Frühen Neuzeit beliebter Erzählstoff (Pauli, *Schimpf und Ernst*, hg. von Bolte, Nr. 48 [Bd. 1, S. 37]; *Till Eulenspiegel*, hg. von Hermann Knust, Halle 1884, 80. Historie, S. 126f.; Rabelais, *Gargantua und Pantagruel*, III,37: deutsch von

Walter Widmer, François Rabelais, *Gargantua und Pantagruel*, München 1979, Bd. 1, S. 713-717; *Scelta di Facezie, Tratti, Buffonerie, Motti, e Burle, Cauate da Diversi Autori*, Florenz 1579, S. 140 f.). Aus mündlicher Überlieferung zeichnet Johann Andreas Schmeller die gleiche Geschichte noch im frühen 19. Jahrhundert in Franken auf (*Die Mundarten Bayerns grammatisch dargestellt*, München 1821, S. 448).

Schon bei Pauli und Rabelais, die sich beide auf Johannes Andreae berufen, zeigt sich, wie das Motiv als juristisches Exempel pointiert werden kann; das wird dort zugespitzt, wo es – teilweise mit erheblicher Modifikation des Kernes – dazu benützt wird, den Lehrsatz *voluntas pro facto* zu karikieren, z. B. bei Burkhard Waldis (Waldis, *Esopus*, Nr. 14 [T. 2, S. 42-45]) und in unterschiedlicher Gestalt mehrfach bei Hans Sachs (z. B. RSM ²S/1054a; ²S/3285b; *Der Schultheis mit dem Karpffen*, Hans Sachs, hg. von Goetze/Drescher, Bd. 2, S. 578-582).

Auf welche Weise der Stricker Zugang zu diesem vielfältigen Quellenhintergrund gewonnen hat, ist nicht zu sagen. Da er sich nirgendwo genau zuordnet, muß eher davon ausgegangen werden, daß ihm das Darstellungs- und Argumentationsprinzip bekannt war und er es selbständig gefüllt hat. Dabei ist wiederum die gekonnte Zuspitzung auf die Handlungspointe und die Zuordnung aller Erzähldetails auf diese zu beobachten. Das »Modell des vernünftigen Handelns« (Ehrismann, Der Stricker, S. 269) ist der Pointenstruktur der schlagfertigen Gegenwehr deutlich untergeordnet (um eine »Stabilisierung der politischen Ordnungen« [ebd.] geht es hier nicht). Wichtig aber ist, daß diese Gegenwehr die Willkür der Macht durch Klugheit unterläuft und auch den Formalismus des Rechts nicht gelten läßt: *wîsheit* (v. 172), »die richtige Orientierung des Verstandes und des Willens an dem von Gott gesetzten Ordnungsentwurf« (Ragotzky, Gattungserneuerung, S. 127), ist das Vermögen, das Macht und Recht mit Inhalten füllen und so fruchtbar machen muß.

Literaturhinweise: Ehrismann, Stricker, S. 268 f. (Lit.); Fischer, Studien, S. 413 (Lit.); Köppe, Ideologiekritische Aspekte, S. 167 f., 209; Ragotzky, Gattungserneuerung, S. 122-128; Strasser, Vornovellistisches Erzählen, S. 60, 73 u. ö. (Reg.).

Stellenkommentar

Überschrift: nach Handschrift H, normalisiert.

5 *iht behielt.*] Ehrismann (Stricker, S. 164 f.) läßt den Satz nicht an dieser Stelle enden, sondern faßt ihn als Vordersatz zu v. 6 (»außer viel Verstand«) auf. Das führt ihn notwendig zur negativen Interpretation von *iht* = »nichts«, die zwar grammatisch möglich ist, aber der Sache nach nicht sehr sinnvoll.

6 *wan daz* ⟨. . .⟩ *wielt*] Wörtlich: »Wenn es nicht wäre, daß (vgl. PWG § 466 Anm. 2) er über große Klugheit verfügte« (*wielt* zu *walten*, Lexer III, Sp. 659).

8 *hingeleit*] Zu *hinlegen* »vernichten, zerstören« vgl. Lexer I, Sp. 1299 zu *hinleger*; außerdem die im Findebuch, S. 173, verzeichneten Belege, z. B. Rudolf von Ems, *Weltchronik*, hg. von Gustav Ehrismann, Berlin 1915, v. 17786 und 23578.

16 *man*] »Vasallen«, die zu Rat (*consilium*) berechtigt und verpflichtet sind; in der Formel *rat unde helfe* (*consilium et auxilium*) ist diese Bindung verfestigt (LMA III, Sp. 162).

24 *des* ⟨. . .⟩ *lân*] Wörtlich: »Davon sollt Ihr ihn den Nutzen haben lassen«.

28 *hulden*] *Hulde* ist Rechtsterminus: die Zuneigung des Herrn zu seinem Untergebenen und dessen pflichtgemäße Treue und Ergebenheit (vgl. Komm. zu Stricker, *Begrabener Ehemann* [s. o. Nr. 2], v. 4). »In jemandes *hulde* kommen« reicht in seiner Bedeutung von der Aufgabe der Eigenständigkeit bis zur Bitte um Vergebung (vgl. etwa Hartmann von Aue, *Iwein*, v. 183 f.: *ich kume nâch mînen schulden / gerne ze sînen hulden*); in jedem Falle handelt es sich um einen Akt der Demütigung.

35 *büezen*] *Buoze* ist anders als nhd. »Buße« in einem faktischen Sinne die Wiedergutmachung des Schadens und die zu leistende Genugtuung (BMZ I, S. 282 f.).

36 *wirt* 〈...〉 *buoz*] In unpersönlichen Sätzen vom Typ *mir wirt buoz*, in denen *buoz* im Unterschied zu *buoze* als Maskulinum zu verstehen ist (BMZ I, S. 281), wird häufig nicht nur »das Bessern oder Hinwegschaffen eines Übels« bezeichnet, sondern »ein nicht Vorhandensein« (ebd.).

41 *er grôze*] Das von Fischer ergänzte *(er) sô (grôze)* ist entbehrlich.

48 *gewuoc*] Zu *gewâhen* »sagen, berichten« (Lexer I, Sp. 871).

48-51 »Die Ankündigung der Fehde erfolgt der Vorschrift gemäß durch einen Boten und einen Brief« (Ragotzky, Gattungserneuerung, S. 124). Vgl. HRG I, Sp. 1083-1093.

64 *von hiute über vierzic tage*] Zwischen der Abgabe des Fehdebriefes und dem Beginn der Auseinandersetzungen mußte eine bestimmte Frist (im allgemeinen 1-3 Tage) verstreichen (vgl. Otto Brunner, *Land und Herrschaft. Grundlagen der territorialen Verfassungsgeschichte Österreichs im Mittelalter*, Wien [5]1965, S. 76). Der arme König nimmt die Spielregeln also korrekt auf.

71 *tac*] Zu »Gerichtstag, Gericht, Verhandlung« vgl. Lexer II, Sp. 1384 f.

107 *überschriten*] Zu *überschrîten* in der Bedeutung »besteigen« vgl. BMZ II/2, S. 218; für die Übersetzung »überschreiten« (Ehrismann, Stricker, S. 171: »Diese [die Pferde?] hatten den Fluß überquert und waren an das Ufer geritten«) fehlt ein geeignetes Objekt.

116 *ich* 〈...〉 *stat*] Wörtlich: »Ich habe eine gute Gelegenheit dazu...«

144 *daz ist reht*] Wohl zu beziehen auf das aus dem Alten Testament (Gn 9,6) abgeleitete Talionsprinzip des mittelalterlichen Rechts (vgl. HRG V, Sp. 114-116), nach dem Gleiches mit Gleichem vergolten werden solle. Die Voraussetzung formuliert v. 143: *diu buoze ist eben unde sleht.*

145 f. *geschiht iu* 〈...〉 *alsô wê*] Die Handschrift W schreibt

Geschiht iv iemer me / In deheinem trovme also. Fischer ergänzt (der Sache nach notwendiges) *von mir* (v. 145) und (dem Reime nach notwendiges) *wê* nach HK, Ehrismann (Stricker, S. 172 und 268) bleibt in v. 145 bei W und korrigiert in v. 146 dessen *also* in *als ê.*

148 f. *vindet ir / ze allen zîten]* Handschrift W (der Ehrismann ebd. folgt) schreibt *vinden wir / Allezit.* Fischer korrigiert zu (der Sache nach notwendigem) *vindet ir* und (metrisch notwendigem) *ze allen zîten* nach HK.

6
DAS SCHNEEKIND

Überlieferung

Das *Schneekind* ist i n zwei Fassungen überliefert.

Fassung A ist in die große Strickersammlung Wien 2705 (W), die mit ihr verwandten Handschriften E und Donaueschingen 93 und außerdem in die Märenhandschriften w und i aufgenommen worden. Sie ist sehr gut bezeugt.

Fassung B ist nur einmal und relativ spät in der Donaueschinger Liedersaalhandschrift überliefert.

Fassung A:
W (um 1280, bairisch-österreichisch), Bl. 161vb-162rb.
E (um 1350, Würzburg), Bl. 85rb-85vb (Faksimile: Hausbuch des Michael de Leone, Bl. 85).
w (1393, Innsbruck), Bl. 126va-127rb (Abdruck: Schmid, Codex Vindobonensis 2885, S. 434-436).
i (1456, Tirol, von w abhängig), Bl. 8ra-8rb (Faksimile: Sammlung kleinerer deutscher Gedichte, Bl. 8^{r}).
Donaueschingen, Fürstl. Fürstenbergische Hofbibliothek, Cod. 93, um 1400, nordbairisch: kleine Sammlung von Bispeln und Fabeln (Mihm, Überlieferung, S. 106 f.; Klaus Grubmüller, *Meister Esopus. Untersuchungen zu Geschichte und Funktion der Fabel im Mittelalter*, Zürich und München 1977, S. 126-135, 145), Bl. 24^{r}-26^{r}.

Fassung B:
l (›Liedersaal-Handschrift‹: um 1430/33, Oberschwaben), Bl. 243ra-243va (Abdruck: Laßberg, Lieder-Saal III, S. 513-515).

Autor und Entstehung

Fassung A wurde wegen der Überlieferungsgemeinschaft mit Werken des Strickers (insbes. in der alten Stricker-Handschrift W) lange Zeit diesem zugeschrieben (z. B. in der Ausgabe von Rosenhagen, Stricker, S. 52-54). Nach den Ergebnissen der Reimuntersuchungen von Konrad Zwierzina (vgl. Carl von Kraus, *Mittelhochdeutsches Übungsbuch*, Heidelberg 1926, S. 279 f.) kommt der Stricker als Autor nicht mehr in Frage (vgl. aber Ziegeler, Erzählen im Spätmittelalter, S. 193 Anm. 181). Datierungsanhaltspunkt ist die Überlieferung in Handschrift W: vor 1280, vielleicht im weiteren Umkreis einer ›Strickerschule‹.

Fassung B ist deutlich jünger, genauere Anhaltspunkte fehlen (Ende 14. Jahrhundert?).

Text

Fassung A: Die Wiener Stricker-Handschrift aus dem späten 13. Jahrhundert (W) bietet insgesamt einen verläßlichen Text. Auf ihn kann eine Ausgabe sich stützen. Nur an wenigen Stellen weist die Überlieferung auf individuelle Fehler oder Neuerungen von W, die rückgängig zu machen sind (von Gewicht ist dabei insbesondere die Koalition der mit W eng verwandten Donaueschinger Hs. 93 (d^4) mit den Handschriften des anderen Überlieferungsstranges Ewi); die Abweichungen gegenüber W, die über die orthographische Normalisierung hinausgehen, sind im Text durch Kursivierung angezeigt:

13 *eine* w. 37 *mit* Ed^4] fehlt Wwi. 41 *saitte spil* W. 43 *nu*

hiez er aber die Ewi] *er gebot aber daz sin* W *Er hies aber die* d⁴. 45 *altem* W. 50 *vant* d⁴Ewi] *inne vant* W. 64 *trurecliche* Ewi] *minnechlichen* W *trevleich* d⁴. 68 *wildem* W. 85 *schranc* d⁴E] *srank* w *stranchk* i *schaden* W.

Gravierendere Abweichungen der übrigen Handschriften gegenüber W sind im Stellenkommentar vermerkt; ein vollständiges Lesartenverzeichnis bietet Cramer, Mæren-Dichtung I, S. 171-174.

Weitere Ausgaben: Franz Pfeiffer, *Altdeutsche Beispiele. XL: Das Schneekind*, in: ZfdA 7 (1849), S. 377-380; GA II, S. 383-385; Rosenhagen, Stricker, S. 52-54; de Boor, Mittelalter, S. 1417 f.

Übersetzungen: Fischer, Schwankerzählungen, S. 74 f.; Spiewok, Decamerone, S. 739-741.

Fassung B: Die Überlieferung in der Liedersaalhandschrift (l) als einzigem Textzeugen bietet keine Möglichkeit zu korrigierenden Eingriffen; auch der Sprachstand der Handschrift ist in seinem Abstand zum Original nicht zu beurteilen. Ich gebe Fassung B deshalb im Abdruck der Handschrift und reguliere nur die Schreibung von *u*/*v* und *i*/*j*/*y*. Bei der Interpretation der diakritischen Zeichen ist zu beachten, daß sowohl *ŭ* (v. 9 f.: *gŭt : tŭt*) wie *ü* (v. 7 f.: *swür : für*) für mhd. *uo* stehen können, *ü* außerdem auch für *û* (v. 38: *trüt*).

Weitere Ausgaben: GA III, S. 726-728; Cramer, Mæren-Dichtung I, S. 175-177.

Motivik, Quellen, Thematik

Die Geschichte vom Schneekind ist im Mittelalter weit verbreitet (Texte bei Röhrich, Erzählungen, Bd. 1, S. 204-221; weiteres bei Weidhase, S. 61-63), über seine Vorgeschichte ist nichts bekannt, über den ironisierten Zusammenhang mit abergläubischen Empfängnisvorstellungen kann man spekulieren (Frosch-Freiburg, Schwankmären und Fabliaux, S. 43 f.).

Gleich das älteste Zeugnis zeigt den Stoff in literarischer Umgebung. In der Sammlung der *Cambridger Lieder*, deren Entstehung mit dem Hof Kaiser Heinrichs III. (1028-1056) in Verbindung gebracht wird (VL^2 I, Sp. 1189 [Karl Langosch]), ist er als *Modus Liebinc* (mit deutscher Übersetzung gedruckt bei de Boor, Mittelalter, S. 1415-1417) überliefert, verfaßt von einem »stilistisch überdurchschnittlich versierten, gebildeten Autor« (VL^2 VI, Sp. 631 [Volker Schupp]). Die Verwendung des Stoffes für rhetorische Übungen (*abbreviatio*) bezeugt für das späte 12. Jahrhundert Galfred von Vinsauf (*Poetria nova*, hg. von Edmond Faral, *Les arts poétiques du XIIe et du XIIIe siècle*, Paris 1962, S. 197-262, v. 713-717).

Es ist gut vorstellbar, daß der anonyme deutsche Autor der Fassung A die Geschichte in solchen Zusammenhängen, also im Rahmen der lateinischen Klerikerkultur, kennengelernt hat. Dem *Modus Liebinc* steht der deutsche Anonymus jedenfalls in einigen Zügen (Entgegengehen der Gattin, Essen des Schnees) näher als dem altfrz. Fabliau *De l'enfant qui fu remis au soleil* (Nykrog, Fabliaux, Nr. 59; hg. Nouveau Recueil, Bd. 5, S. 211-221; deutsch bei Widmer, Hexameron, S. 79-82) vom Ende des 13. Jahrhunderts, obwohl auch dazu Gemeinsamkeiten bestehen (Ausschau aus Sehnsucht). Deutlicher stellt sich Fassung B in die Nähe des Fabliau: die Züge, die es von Fassung A unterscheiden (die Dankbarkeit für den Erben, die ganz ähnlich formulierte Zuversicht auf Gottes (Erziehungs-) Hilfe, die Betonung der Bildbarkeit in früher Jugend, das Geplänkel um den frühen Auszug ins Leben und die Verantwortung des Mannes) finden sich auch im Fabliau, allerdings treffen sich die beiden deutschen Fassungen wieder in anderen Details (Essen des Schnees).

Man wird davon ausgehen dürfen, daß es sich bei den beiden Mären und dem Fabliau um jeweils unabhängige Gestaltungen eines in klerikalem Bildungsmilieu geläufigen Stoffes handelt, der einen Vorwurf bietet zur Präsentation von witziger Prägnanz. Im *Modus Liebinc* und im *Schneekind A* ist das am besten gelungen; *Schneekind B* bindet die Geschichte eher wieder in exempelartige Lehrhaftigkeit ein.

Auch im späteren Mittelalter und in der Frühen Neuzeit ist das *Schneekind* ein beliebter Erzählstoff geblieben. Es findet sich in den *Cent nouvelles nouvelles*, Nr. 19 (S. 61-63; deutsch von Semerau, S. 160-167) und in Giovanni Sercambis *Novelliere*, Nr. 126 (Bd. 3, S. 3-8), im frühen 18. Jahrhundert beim Abbé de Grécourt (*Contes et Chansons*, hg. von E. Dentu, Paris 1886, S. 79-81).

In Deutschland wird es u. a. im Liederbuch des Liebhart Eghenvelder (vgl. VL^2 II, Sp. 377-379 [Helmut Lomnitzer]) als dreistrophiges Lied, von Johannes Pauli, *Schimpf und Ernst*, Nr. 208 (Bd. 1, S. 132 f.), Hans Sachs, hg. von Goetze/Drescher, Nr. 59 (Bd. 3, S. 145-147) und Burkhard Waldis, *Esopus* IV,71 (Tl. 2, S. 174-176) bearbeitet. August von Platen hat es 1829 als *Exempel* in den 2. Akt seines *Romantische⟨n⟩ Ödipus* eingefügt (vgl. Röhrich, Erzählungen, Bd. 1, S. 216 f.).

Literaturhinweise: Peter Dronke, *The rise of the Medieval Fabliau: Latin and Vernacular Evidence*, in: Romanische Forschungen 85 (1973), S. 275-297; Fischer, Studien, S. 396 f. (Lit.); Frosch-Freiburg, Schwankmären und Fabliaux, S. 43-61; Haug, Theorie, S. 16-19; Heinzle, Märenbegriff und Novellentheorie, S. 132; Jonas, Versschwank, S. 54-81; Jürgen Kühnel, *Modus Liebinc. Die Sequenz vom ›Schneekind‹*, in: Diagonal 1991, S. 137-157; Schirmer, Stil- und Motivuntersuchungen, S. 233, 325 Anm. 86; Stehmann, Studentenabenteuer, S. 181 f.; Strasser, Vornovellistisches Erzählen, S. 160, 334 f.; Suchomski, ›delectatio‹ und ›utilitas‹, S. 102 f., 105 f.; VL^2 VIII, Sp. 774-776 [Volker Schupp]; Helmut Weidhase, *Das aktualisierte Lachen. Zum mittelalterlichen Märe vom Schneekind*, in: *Sprache und Sprachhandeln. Festschrift für Gustav Bebermeyer*, hg. von Jochen Möckelmann, Hildesheim und New York 1974, S. 61-88; Ziegeler, Erzählen im Spätmittelalter, S. 25, 99 Anm. 7, 143, 187-195.

Stellenkommentar

Fassung A

Überschrift: nach dem Explizit der Handschrift w (*Hie endet sich daz sne mer*), normalisiert.

2 *diu was ⟨. . .⟩ lip*] Eine für den Stricker und seine Umgebung kennzeichnende Einleitungsfloskel, vgl. *Begrabener Ehemann* (Nr. 2), v. 2; *Heißes Eisen* (Nr. 3), v. 21; Herrand von Wildonie, *Die treue Gattin* (Nr. 7), v. 24.

4-6 *iedoch gewan ⟨. . .⟩ valsche minne*] Dafür in Handschrift d^4: *Vnd gewan doch des herczen nie / Die warheit wart dar inne / bebärt das es was ein falsche minne.*

14 *inne*] Fehlt in den Handschriften Ewi; vgl. v. 50.

15 *er beleip durh gewinne*] Die Handschriften wi führen ein anderes Motiv ein: *Vnd durh ander minne.*

23 *geluste*] Alle anderen Handschriften schreiben *lustet* bzw. *lust* (wi); die Lesart von W kann dennoch nicht verworfen werden.

25 *des snewes ⟨. . .⟩ in den munt*] Die Handschriften-Gruppe Ewi schreibt: *Vnt warf des snewes in (den) munt.*

27 *do*] Alle anderen Handschriften schreiben *unt*; die Lesart von W kann dennoch nicht verworfen werden. – *ich*] fehlt in der Handschriften-Gruppe Ewi.

32 f. *daz er ⟨. . .⟩ was worden gewar*] Die Überlieferung ist hier sehr dispers, in E und d^4 gestört. E: *daz er valscher minne / daz er was worden gewar.* wi: *daz ir falschen minne / er was worden gewar.* d^4 (unter Einbeziehung von v. 34): *das valsch wër ir minne / vncz wol vber czwai iar / Er was haimleich in seiner gewar.*

35-42 *er lert daz kint ⟨. . .⟩ kurzewile vil*] Der Kaufmann läßt dem Kind (abgesehen von den ständisch auf den Adel begrenzten Turnierkünsten) mit Jagd, Musik und Anstandslehre eine ausgesprochen höfische Erziehung zuteil werden; vgl. etwa die Erziehung des Wilhelm von Orlens bei Rudolf von Ems (*Willehalm von Orlens*, hg. von Victor Junk, Berlin 1905, v. 2772-2781, 3387-3450, 3929-3934; einschränkend

Bumke, Höfische Kultur, S. 435). Zur Musik Bumke ebd. S. 438.

40 *rotten]* Die Rotte ist ein »harfenartiges Saiteninstrument« (Lexer II, Sp. 509), eine Art Harfenzither; vgl. Hugo Steger, *Die Rotte. Studien über ein germanisches Musikinstrument im Mittelalter*, in: DVjs 35 (1961), S. 96-147.

48 *unde]* Das Wort (zu lat. *unda*: »Welle, Woge«, vgl. Lexer II, Sp. 1776) ist in der Überlieferung früh mißverstanden worden. Nur in W und d[4] (in der lexikalischen Variante *tvnnen*, vgl. DWb XI/I,2, Sp. 1807 f.) ist es erhalten, Ewi ersetzen durch *winde*.

51-52 Fehlen in d[4].

55 *grozer rihtuom]* Die Innsbrucker Handschrift (i) ändert in *snöder reichtum*; dazu Ziegeler, Erzählen im Spätmittelalter, S. 195.

58 *gouchelin]* Gut belegtes Wort für den Bastard (Lexer I, Sp. 1057 und 1058), in der Überlieferung aber (außer in W) durchweg mißverstanden: *iůnglinch* d[4], *grechel* E, *gensel* wi.

61 *nu beleip er niht langer da]* Die anderen Handschriften stellen um: *Niht langer er belaib da* d[4] Ewi. Die Lesart von W ist ohne Anstoß.

Nach 70*]* In eine andere Erklärungsrichtung, ähnlich wie in Fassung B, ist der Gedanke weitergeführt durch zwei eingeschobene Verse in wi: *Do ez kom in die haizzen lant / Do zergie ez zehant.*

72 *bekomen]* In der hier benötigten Bedeutung »seinen Ursprung nehmen« gut belegt (BMZ I, S. 904), in allen Handschriften außer W jedoch durch *komen* ersetzt.

75-80 *dehein wazzer ⟨. . .⟩ schiere wider zu dir]* Anspielung auf die salomonische Lehre vom Kreislauf des Wassers (Ec 1,7) vgl. Weidhase, S. 69-72 (u. a. mit Verweis auf Meister Eckhart, *Buch der göttlichen Tröstung*, hg. von Josef Quint, Berlin 1952, S. 28, 10-15).

76 *ez hab]* Zum Fehlen der Negationspartikel *en* (in allen Handschriften) in exzipierenden Sätzen bei verneintem Obersatz vgl. PWG § 447.

77 f. *innerthalbe ⟨. . .⟩ dannan ez komen ist]* In Ewi umgestellt: *Zů dem vrspring in iares frist / Von dannan ez bekumen ist.*

81 *widernullet]* Nur an dieser Stelle (Hs. W und E; d^4: *widerfvllet*; wi: *wider nallet*) belegt. Lexer (III, Sp. 846) zitiert nur die Erklärung von Fedor Bech, Kleine Beiträge. 7. *Widernüllen*, in: Germania 10 (1865), S. 401 f.: »gehört wohl zu *nulle* ⟨»Scheitel, Hinterhaupt«, vgl. Lexer II, Sp. 119⟩ und bedeutet eigentlich mit dem Kopf, der Stirne wieder- oder zurückstoßen, jem. wieder eins versetzen, sich rächen.«

82 *daz er was betrullet]* In d^4 umgestellt: *Den list da mit er was wetrvllet.*

85 *schranc]* In der Überlieferung gesichert, sonst in der hier erforderlichen Bedeutung »Betrug« nur schwach und eher formelhaft (*sunder schranc* »wahrlich«, vgl. Karl Stackmann, *Wörterbuch zur Göttinger Frauenlob-Ausgabe*, Göttingen 1990, S. 312) belegt (BMZ II/2, S. 203).

86 *lürzet]* Eigentlich: »täuscht, betrügt«.

87-90 *daz ist ein michel wisheit ⟨...⟩ e dicke habt vernomen]* Der misogyne Schluß ist in den Handschriften E und wi entschärft. E: *daz ist ein michel wisheit | sv̊mlich man v̊berkumen ist ein tumpheit.* wi: *Daz ist ain michlew weishait | Daz ain man seins hertzen lait | Hat vil manigen v̄br komen | Also wart im sein lait benomen.* In Handschrift d^4 wird er hingegen durch angefügte Verse über die topischen Frauenopfer (vgl. Komm. zu *Aristoteles und Phyllis* [s. u. Nr. 18], v. 449 f.) verschärft:

Adam, sampsonem, dauid regemque salomonem
Mulier decepit, quis modo tutus erit:
Die weip habent betrogen
Vnd mit list vberczogen
Adam den ersten man
Vnd sampson den aller sterchisten man
Dauid den gerechten man
Vnd auch den chv̄nig salomon.

Stellenkommentar

Fassung B

1 *gesat]* Zu *gesæjen* »säen, aussäen« (Lexer I, Sp. 894) im Sinne von »verursachen«?

4 *gebiten]* Zu *bîten* »warten«, vgl. Lexer I, Sp. 756.

8 *koffez]* Mhd. *koufes* mit alemann. *o* < *ou*, vgl. Frnhd. Gr. I/1, § 79 Anm. 13.

13 *frömdi]* Alemann. Form von *vremede* »Trennung, Abwesenheit«.

14 *wirt]* »Ehemann«, vgl. Lexer III, Sp. 932 f.

27 *brůnschlichen]* Alemann. Form von *brünstlîch* »brünstig« mit dem auch sonst häufigen Ausfall von *t* zwischen Konsonanten (PWG § 112) und schwäb.-alemann. *sch* < *s*, häufig in *geischlich*, vgl. Karl Weinhold, *Alemannische Grammatik*, Berlin 1863, § 190 und 193; Wolfgang Kleiber, Konrad Kunze und Heinrich Löffler, *Historischer südwestdeutscher Sprachatlas*, Bern und München 1979, Karte 178.

32 *gar lieplich züchte dün]* Der Text dürfte hier gestört sein; ich lese diese Floskel in der Funktion eines Finalsatzes. – *dün* = *tuon*.

34 *ist daz 〈. . .〉 gan]* Wörtlich: »wenn es so ist, daß Gott ihm das Leben vergönnt«.

47 *unverwenckten]* Zu *wenken* »schwanken, weichen« (Lexer III, Sp. 763 f.).

60 *lün]* *Lûne* »Laune, Neigung«.

63 f. *koft : ungetoft]* Vgl. Komm. zu v. 8.

79 *bisses halb]* Ist *biz* »Biß« mit der Nuance »Verletzung, Verwundung« gemeint: »um zu verletzen«? Oder kann *biz* die Schneide des Messers bedeuten: »mit der Schneide voraus«? [Hinweis M. Eikelmann].

7
HERRAND VON WILDONIE
DIE TREUE GATTIN

Überlieferung

Das Märe ist wie die drei anderen Erzählungen Herrands (*Der betrogene Gatte*, *Der nackte Kaiser*, *Die Katze*) nur unikal, erst sehr spät und nicht in den einschlägigen Mären-Sammelhandschriften überliefert; manches spricht dafür, daß sie nicht durch öffentliche Verbreitung, sondern durch Tradition innerhalb der Familie überlebt haben:

Wien, Österreichische Nationalbibliothek, Cod. Series nova 2663 (›Ambraser Heldenbuch‹, geschrieben 1504-1506 auf Veranlassung Kaiser Maximilians I. durch Hans Ried in Bozen), Bl. 217ra-217va (VL^2 I, Sp. 323-327).

Autor und Entstehung

Herrand II. von Wildonie (ca. 1230-1278/82), mit dem man den Verfasser der *Treuen Gattin* identifiziert (vgl. die Schlußsignatur, v. 276) war Angehöriger eines einflußreichen steirischen Ministerialengeschlechts mit Stammsitz in Wildon bei Graz. Herrand war wie seine Familie auch sonst im politischen Leben engagiert; er war Truchseß von Steier und hat in die Auseinandersetzungen zwischen Ottokar von Böhmen und Rudolf von Habsburg um die Königswürde in prominenter Position eingegriffen. Verheiratet war er mit der Tochter des steirischen Politikers und Dichters Ulrich von Lichtenstein; es mag sein, daß der Anstoß zu eigener literarischer Tätigkeit (neben den Mären noch drei Lieder) von dort kam. In der Märendichtung nimmt er als einziger »adeliger Dilettant« (Fischer, Studien, S. 163) eine Sonderstellung ein.

Text

Aus der späten unikalen Überlieferung des 16. Jahrhunderts läßt sich das Werk des 13. Jahrhunderts nicht verläßlich rekonstruieren. Da der Autor aber ersichtlich den Regeln seiner Zeit folgt, verfälschte auch die bloße Wiedergabe der Handschrift die historische Situierung des Textes. Die Normalisierung, d. h. die Anwendung des für Werke des 13. Jahrhunderts als Orientierungsgröße postulierten Sprach- und Schreibusus, bietet die Möglichkeit zu einer ungefähren Annäherung, ohne daß die Formen im einzelnen zu sichern wären.

Ich gebe deshalb hier den normalisierten Text nach der Ausgabe von Hanns Fischer (Herrand von Wildonie. *Vier Erzählungen.* 2., revidierte Auflage besorgt von Paul Sappler, Tübingen 1969). Dort sind auch die Vorschläge der textkritischen Literatur verzeichnet. Kursiviert sind hier nur Änderungen gegen die Handschrift, die über die Normalisierungseingriffe hinausgehen (Lesarten der Handschrift im Stellenkommentar).

Weitere Ausgaben: GA III, S. 713-719; Joseph Bergmann: *Des steyermärkischen Herrn und Sängers Herant von Wildon vier poetische Erzählungen aus der Mitte des dreyzehnten Jahrhunderts*, Tl. 1, in: Jahrbücher der Literatur. Anzeigeblatt für Wissenschaft und Kunst 95 (1841), S. 1-32, hier 6 f.; Kummer, S. 129-137.

Übersetzung: Gernentz, Schwanritter, S. 255-273.

Motivik, Quellen, Thematik

Das Märe geht von einem weitverbreiteten Exempel (Motif-Index T 327. 1) aus, das vielleicht im Orient entstanden ist (überliefert im indischen *Kathâsarit-Sâgara*, ca. 1063-1081, Nr. XXVIII, 34A, hg. von Norman M. Penzer, *The Ocean of Story, being C. H. Tawney's Translation of Somadeva's Kathā Sarit*

Sāgara, Bd. 3, London 1925, S. 19-23). Im Abendland taucht es zuerst im *Pratum spirituale* des Johannes Moschus (vor 619) auf (J.-P. Migne, Patrologiae cursus completus, Patrologia graeca, Bd. 87c, Paris 1857, Sp. 2911 f.) und in dessen lateinischer Übersetzung im Buch X der *Vitaspatrum*, cap. 6 (MPL 74, Sp. 148). Dargestellt ist die Abwehr einer Versuchung durch eine asketisch lebende Frau (*Kathâsarit-Sâgara*: einen Prinzen): ihre Augen lassen einen Mann in Liebe entbrennen und um sie werben, sie aber reißt sich ein Auge aus und sendet es als die Ursache dieser Beunruhigung dem Verehrer zu. In dieser Form, in der die Tat der Nonne als heroischer Beweis ihrer Weltabgewandtheit und Keuschheit dient, ist die Geschichte, gesteigert durch Prominenz (König von England) oder Gewalttätigkeit des Bewerbers, in der mittelalterlichen Exempelliteratur verbreitet, z. B. bei

– Herbert de Torre, *De miraculis libri tres* II,42 (MPL 185,2, Sp. 1352 f.),
– Stephan von Bourbon, *Tractatus de diversis materiis predicabilibus*, cap. 248 und 500 (nach Antoine Lecoy de la Marche, *Anecdotes historiques, légendes et apologues d'Etienne de Bourbon*, Paris 1877, S. 211 f. und 431),
– Jakob von Vitry, *Exempla*, Nr. 57 (S. 158),
– Odo von Cheriton, *Parabolae ex sermonibus dominicalibus*, Nr. 120 (nach Hervieux, Fabulistes latins IV, S. 311).
(Weiteres bei Jakob von Vitry, *Exempla*, S. 158, und Klapper, Erzählungen des Mittelalters, S. 248 f.; vgl. auch Johannes Pauli, *Schimpf und Ernst*, Nr. 11 [Bd. 1, S. 13 f.].)

Herrands Fassung zeigt die grundsätzliche Polyvalenz solcher Erzählmotive. Bei ihm wird der Bedeutungskern, der Erweis unbedingter Treue und Opferbereitschaft, ganz aus dem religiös-asketischen Kontext gelöst und zum Zeichen unauslöschlicher Liebe gemacht. Die Selbstverstümmelung ist Antwort auf die Verletzung des Partners und dessen Verzicht auf die Ehefrau aus dem vermeintlich hochherzigen Bedürfnis, sie zu schonen. Ihre Antwort unterläuft die höfischer Haltung entsprechende hohe Bewertung des äußeren Erscheinungsbildes und setzt ihr eine Verbundenheit des

Gefühls entgegen, die vom Äußeren unabhängig ist. Die Übertragung des Motivs in höfische Umgebung führt so nicht einfach zu einem Beispielfall höfischer Liebe, sondern dient der Fundierung einer Liebesethik, die sich nicht schon mit Konvention und höfischem Schein zufrieden gibt, sondern die ganze Person fordert.

Es ist wahrscheinlich, daß diese Transformation nicht erst Herrands Werk war. Sie begegnet noch einmal in dem anonym überlieferten Märe *Das Auge* (aus der 1. Hälfte des 13. Jahrhunderts?; vgl. VL^2 I, Sp. 516 f.), das mit Herrands *Treuer Gattin* im Erzählverlauf übereinstimmt (bei freier Ausgestaltung der Rolle des Knappen), aber in den Formulierungen ganz selbständig ist. Die beiden Mären dürften also auf eine gemeinsame Vorlage zurückgehen. Ob der Anstoß dazu tatsächlich auf den bei Andreas Capellanus (II,15) diskutierten Minnecasus zurückgeht (Curschmann, S. 71), in dem wiederum gefragt wird, wie eine Frau einem Liebhaber zu begegnen hat, der im männlichen Kampf »ein Auge oder eine andere Zierde seines Körpers« verloren habe, muß offen bleiben; eng verwandt ist den beiden deutschen Mären aber eine Episode im altfrz. Versroman *Ille et Galeron* des Gautier d'Arras (1167-1184), die tatsächlich als Vorlage in Frage kommt: »Das höfische Märe hätte sich in diesem Fall also au s der Episode des Romans entwickelt« (Curschmann, S. 75). Unabhängig von den möglichen direkten Abhängigkeiten spricht es jedenfalls für die (theoretische) Aktualität des von Herrand aufgegriffenen Themas, daß die Frage nach der Haltung zum verstümmelten Liebhaber und damit nach dem Verhältnis von äußerer Erscheinung und innerer Neigung mehrfach zur Debatte gestellt wird.

Literaturhinweise: de Boor, LG III/1, S. 248 f.; Michael Curschmann, *Zur literarhistorischen Stellung Herrands von Wildonie*, in: DVjs 40 (1966), S. 56-79; Fischer, Studien, S. 162 f., 351-353 (Lit.); Karl Ferdinand Kummer, *Das Ministerialengeschlecht von Wildonie*, in: Archiv f. österreichische Geschichte 59 (1880), S. 177-322; Ortmann/Ragotzky, triuwe-Beweise, S. 90-94; Schirmer, Stil- und Motivuntersuchungen, S. 23 Anm. 79; Edward Schröder, *Herrand von Wildon und Ulrich von Liechtenstein*, in: Göttingische Gelehrte Nachrichten 1923, S. 33-62; Strasser, Vornovellistisches Erzählen, S. 171, 178, 179; VL² III, Sp. 1144-1147 (Michael Curschmann).

Stellenkommentar

Überschrift: nach der Handschrift (*Ditz pu̍chel haysset die getrew kone*), normalisiert. – *kone*] »Ehefrau« (Lexer I, Sp. 1672).

20 *freude*] *sein fr.* Handschrift.

24 *diu was* ⟨...⟩ *sîn lîp*] Signifikante Einleitungs- und Vergleichsformel, v. a. in den Mären des Strickers, vgl. z. B. den *Begrabenen Ehemann* (s. o., Nr. 2), v. 1 f.

26 *durchliuhtic als ein spiegelglas*] Ein verbreiteter Vergleich, vgl. etwa Konrad von Würzburg, *Silvester*, v. 46 f.; Seifrits *Alexander* (hg. von Paul Gereke, Berlin 1932), v. 5870. Ähnlich: *lûter als ein sp.* (vgl. Lexer II, Sp. 1088).

30 *der lîp*] *lîp* steht hier wie häufig im Mhd. für die Person (*der* = deren).

38 *sî*] Fehlt in der Handschrift.

41 *wirt*] »Ehemann«, vgl. Lexer III, Sp. 932 f.

45 *gerumphen*] Zu *rimphen* »sich zusammenziehen, krümmen, runzeln« (Lexer II, Sp. 439 f.).

47 *er*] *es* Handschrift.

48 *des er*] *daz es* Handschrift.

49 *schœne*] *schőner* Handschrift.

49 *Absolôn*] Der dritte Sohn Davids; seine Schönheit ist im Alten Testament (II Sm 14,25 f.) beschrieben und topisch geworden. Vgl. z. B. Hartmanns von Aue *Erec*, v. 2817. Weiteres bei Heimo Reinitzer, *Über Beispielfiguren im Erec*, in: DVjs 50 (1976), S. 597-639, bes. S. 601 f. Anm. 14 und 15.

50 *Sampsôn*] Letzter großer Richter in Israel (Buch der Richter 13-16), dessen Stärke gleichfalls topisch geworden

ist. Vgl. auch dazu z. B. *Erec*, v. 2818 und Reinitzer (wie Komm. zu v. 49).

74 *die]* Fehlt in der Handschrift.

77 *het]* *han* Handschrift.

86 *ûf in spart]* Wörtlich: »sich aufgespart hatte für ihn«.

87 *und]* *vͤntz* Handschrift.

103 *flætic]* »Hübsch, schön«, nur noch in der negierten Form (»unflätig«) erhalten.

107 *rûmen]* *paẘen* Handschrift.

111 *swar]* *wohin* Handschrift.

113 *offenbâr noch heimlîch]* Vgl. zu diesem Begriffspaar Rüdiger Brandt, *Enklaven – Exklaven. Zur literarischen Darstellung von Öffentlichkeit und Nichtöffentlichkeit im Mittelalter*, München 1993, bes. S. 130 und 225-229.

122 *marter]* *martrer* Handschrift.

135 *friunt]* *freuͤt* Handschrift.

135 *neven]* Im Mhd. sowohl der Neffe (allerdings meist nur der Sohn der Schwester) wie der Onkel (wiederum auf der mütterlichen Seite: Mutterbruder); vgl. BMZ II/1, S. 331 f. und William J. Jones, *German Kinship Terms (750-1500). Documentation and Analysis*, Berlin und New York 1990. Zu der dahinter stehenden Verwandtschaftsstruktur des Avunkulats vgl. Karl Bertau, *Versuch über Verhaltenssemantik von Verwandten im Parzival*, in: K. B., *Wolfram von Eschenbach. Neun Versuche über Subjektivität in der Geschichte*, München 1983, S. 190-240.

137 *kindel]* Zur Bedeutungsbreite des mhd. *kint*, das den jungen Erwachsenen einschließt, vgl. BMZ I, S. 817 f., und DWb V, Sp. 711.

144 *und der]* Zu *und* in Verbindung mit einem Relativpronomen vgl. Behaghel III, § 1006 (S. 309).

145 *ievor]* *ye* Handschrift.

185 *füerest]* *fuͤer* Handschrift.

185 *kleinât]* Ursprünglich »Kleinigkeit«, dann kostbares, aber auch bedeutungshaltiges Stück, Abzeichen, Zeichen, Ehrengabe, Geschenk (vgl. DWb V, Sp. 1121-1129).

193 *erkam]* *dar kam* Handschrift.

194 f. *er sich nam / ze hâre]* Sich das Haar zu raufen ist konventionalisierte Klagegeste; vgl. Peil, Die Gebärde, S. 310.

207 *vil]* Fehlt in der Handschrift.

226 f. *von der swarten zart / sîn hâr]* Gleichfalls der Klagekonvention entspricht es, sich die Haare auszureißen; zahlreiche Parallelstellen bei BMZ II/2, S. 763 f. und Lexer II, Sp. 1343.

260 *niuwan]* *nûn* Handschrift.

268 *die sî ir]* *diser* Handschrift.

8
RÜDIGER DER HÜNKHOVER
DER SCHLEGEL

Überlieferung

Der *Schlegel* ist in zwei Handschriftenpaaren, den beiden repräsentativen Pergamenthandschriften HK aus dem frühen 14. Jahrhundert und den beiden Papierhandschriften w und i aus dem späten 14. und dem 15. Jahrhundert, außerdem in der ostschwäbischen Sammlung kleinerer Reimpaardichtungen von 1447 überliefert:

H (1. Viertel 14. Jh., Nordwestböhmen/Oberfranken), Bl. 103vb-111rb.

K (1. Viertel 14. Jh., Nordwestböhmen/Oberfranken, wohl Abschrift von H), Bl. 104vb-112rb (Abdruck: Mailáth/Köffinger, S. 157-188).

w (1393, Innsbruck), Bl. 103rb-114va (Abdruck: Schmid, Codex Vindobonensis 2885, S. 365-396).

i (1456, Tirol, wohl von w abhängig), Bl. 49rb-55va (Faksimile: Sammlung kleinerer deutscher Gedichte, 49^{r}-55^{v}).

d (1447, ostschwäb.), Bl. 24rb-32va (Abdruck: Hefti, Codex Dresden M 68, S. 182-218).

Autor und Entstehung

In v. 5 nennt sich *Rvdeger der hvnchover* (so H und K; wi schreiben *hönig hawser*, d *Hunghüser*). Er wird mit dem *Rvdger hvͤnchovær* identifiziert, der sich ca. 1286 in einer in Regensburg ausgestellten Urkunde (abgedruckt bei Koch, S. 215 f.) als Zeuge und Schreiber nennt; seinen Namen trägt er wohl nach dem Ort (Ober-)Hinkhofen südöstlich von Regensburg. Sprache und Überlieferung stützen die Entstehung des Textes im letzten Viertel des 13. Jahrhunderts in Bayern (Fischer, Studien, S. 182 f.).

Andere literarische Werke Rüdigers sind nicht bekannt. Die Zuschreibung der *Heidin* (II und III = *Wittig von Jordan*) an ihn durch Püterich von Reichertshausen im 15. Jahrhundert (vgl. Fischer, Studien, S. 182) ist nicht sehr glaubwürdig, sie zeigt aber wohl, daß sich sein Ruf als Märendichter einige Jahrhunderte gehalten hat.

Text

In der Überlieferung stehen sich HK und wi, die jeweils nur den Wert eines Textzeugen haben, deutlich unterschieden gegenüber; d ändert häufig ziemlich willkürlich, geht aber wohl von einem Text der Gruppe wi aus. Für die Textkonstitution hat es nur beschränkten Wert.

Pfannmüller (*Mittelhochdeutsche Novellen. II. Rittertreue. Schlegel*, Berlin 1933, S. 27-63) wägt für seine Ausgabe die beiden Überlieferungen gegeneinander ab: wi (und d) beeinträchtigen »Launenhaftigkeit, Willkür und Nachlässigkeit« (Die Überlieferung des Schlegels, S. 232), H leide an einer schematischen Pedanterie, äußerlichen Glättungen und der Einrichtung des Textes für das Auge, die bis zu »rein papierener Mache« führe (ebd. S. 233). Seine Kennzeichnung von wi (und d) als mündlicher, H (und K) als literarischer Überlieferung ist gewiß überzogen (vgl. auch Leitzmann, Zu von der Hagens Gesamtabenteuer, S. 269), richtig sind aber die gegensätzlichen Tendenzen dargestellt, die es nicht zulassen, einem der beiden Überlieferungszweige vertrauensvoll zu folgen. Pfannmüller versucht einen Text herzustellen, der die Eigenmächtigkeiten von HK (vgl. auch Stellenkommentar zu v. 293 f., 584-587, 763 f., 1054-1063, 1104-1109) und die Nachlässigkeiten von wi und d (vgl. auch Stellenkommentar zu v. 1147) aneinander korrigiert (seine Aussage, er folge wid ist aus dem Widerspruch zur Autorität von HK zu verstehen und erweckt einen falschen Eindruck). Seinem – zweifellos gewagten – Versuch folge ich, weil jede andere Möglichkeit noch größere Unsicherheiten mit sich brächte. Abweichungen sind im Stellenkommentar vermerkt (zu v. 63, 191 f., 529, 669, 969, 1009).

Die jetzt im Druck erschienene Dissertation von Margarete Koch aus dem Jahr 1961 bietet einen von ungesicherten Geschmacksurteilen geleiteten Text (Der Schlegel, S. 1-34), der wenig hilfreich ist.

Übersetzung: Koch, S. 35-68; Pretzel, Erzählungen, S. 84-103.

Motivik, Quellen, Thematik

Geschichten, die den Undank der Kinder gegen ihre Eltern exemplifizieren und vor ihm warnen, sind alt und weit verbreitet. In der Bibel (Sir 33,20-24), in der Volksüberlieferung (vgl. die Sprichwörter und sprichwörtlichen Redensarten bei Wander, Sprichwörter-Lexikon IV, Sp. 1507, Nr. 72), in der Weltliteratur (Shakespeares *König Lear*) und auch in der deutschen Märendichtung des Mittelalters (*Die halbe Decke* in insgesamt acht Fassungen, vgl. VL[2] III, Sp. 405-411 [Ulla Williams]) wird auf sie Bezug genommen; »in mehreren schlesischen und sächsischen städten hängt am stadtthor eine keule mit der inschrift: *wer den kindern gibt das brot / und selber dabei leidet not, / den soll man schlagen mit dieser keule tot*« (Jacob Grimm, *Der heilige Hammer*, in: ZfdA 5 [1845], S. 72-75, hier 72).

Die Version, die dem *Schlegel* zugrundeliegt, hebt sich von den anderen Geschichten durch das Motiv der (meist postumen) Rache des Vaters ab, zu deren Vorbereitung die vorzeitige Weggabe des Erbes und die Vorspiegelung noch zurückgehaltener weiterer Reichtümer gehören und deren Ausführung an eine Truhe mit wertlosem Inhalt und einer belehrenden oder verspottenden Botschaft gebunden ist. Der Kolben (Schlegel) kann sowohl als Narrensymbol wie auch als ein Rechtssymbol für das Gewaltverhältnis zwischen Vater und Kindern (s. o.) in diesen Zusammenhang geraten sein.

Auch in dieser sehr speziellen erzählerischen Auffüllung findet sich das Motiv von den undankbaren Kindern in vielen Literaturen und erweist sich dabei als »erstaunlich stabil« (EM IV, Sp. 125): »Die Verbreitung reicht [in den Aufzeichnungen mündlicher Überlieferung aus dem 19. und 20. Jahrhundert, K. G.] von Irland, Großbritannien und Flandern bis ins Baltikum und in den slav.-osteurop. Bereich, von Portugal und Spanien über die Inseln des Mittelmeeres und Italien in den Vorderen Orient« (ebd. mit Nachweisen).

Der *Schlegel* gehört dabei zu den ältesten Zeugnissen; etwa gleichzeitig (letztes Drittel des 13. Jahrhunderts) wird in der aus Frankreich stammenden *Compilatio singularis exemplorum* eine Exempelversion aufgezeichnet, die vielleicht auf ein altfranzösisches Fabliau zurückgeht; die Inschrift auf dem Kolben (*malleum*) wird in französischen Versen mitgeteilt (Fischer, Deutsche Literatur und lateinisches Mittelalter, S. 18). Wenig später (um 1300) nimmt der Genueser Dominikaner Jacobus de Cessolis die Geschichte in sein moraldidaktisches *Schachzabelbuch* auf, die deutschen Übersetzungen, z. B. die des Konrad von Ammenhausen v. J. 1337 (hg. von Ferdinand Vetter, Frauenfeld 1892, v. 17224-17565) oder die Prosaübersetzung aus dem frühen 15. Jahrhundert (hg. von Gerard F. Schmitt; *Das Schachzabelbuch des Jacobus de Cessolis, O. P. in mittelhochdeutscher Prosaübersetzung*, Berlin 1961, S. 109,50-111,111) verbreiten sie weiter. Im 14. und 15. Jahrhundert taucht die Geschichte in vielen Exempel- und Predigtsammlungen auf, in der *Scala coeli* des Johannes Gobii, bei Bromyard, Johannes Herold und Geiler von Kaisersberg (Nachweise in den Anmerkungen zu Pauli, *Schimpf und Ernst*, Bd. 2, S. 358 f. zu Nr. 435); im 16. Jahrhundert verwendet sie Johannes Pauli (s. o.), Luther paraphrasiert sie i. J. 1539 in einer seiner Tischreden (Weimarer Ausgabe II/4, Nr. 4506), Hans Sachs bearbeitet sie in einem Meisterlied (RSM ²S/1055a) und in einem seiner Schwänke (*Der kolb im kasten*, in: Hans Sachs, hg. von Keller/Goetze, Bd. 7, S. 435-440).

Der Erzählstoff des *Schlegel* ist also einer der verbreitetsten überhaupt; die Form, die ihm Rüdiger der Hünkhover gegeben hat, ragt aus den anderen Fassungen weit heraus. Rüdiger nutzt den zweifachen ›Doppelweg‹, den der Vater geht, zu genauen Kontrastierungen, denen die genrehaften Beschreibungen der Speisen und Zurüstungen in ihren treffsicheren Abwandlungen die Farben geben: den ersten Durchgang durch die Haushalte der Kinder kennzeichnet über alle fünf Stationen abnehmende Großzügigkeit, den zweiten die Steigerung der Armseligkeit und Grausamkeit; der Rückweg in die Stellung des verwöhnten Gastes verläuft wiederum in steigernder Kontrastierung: immer erneut wird der Kleiderprunk der vorausliegenden Station überboten. Aus dem düpierten Alten ist durch die ›Krise‹ seiner Verstoßung ein Wissender geworden, der die Kreaturen dieser Welt in ihrer Bosheit und Raffgier ins Leere laufen lassen und lächelnd über sie verfügen kann.

Literaturhinweise: EM IV, Sp. 123-127 (Elfriede Moser-Rath); Hanns Fischer, *Deutsche Literatur und lateinisches Mittelalter*, in: *Werk – Typ – Situation. Studien zu poetologischen Bedingungen in der älteren deutschen Literatur*, hg. von Ingeborg Glier u. a., Stuttgart 1969, S. 1-19, bes. 17-19; ders., Studien, S. 58, 115, 182-184, 214, 390 f. (Lit.); Margarete Koch, *Der Schlegel. Zur Novelle von Rüdiger von Hünchoven. Kritische Ausgabe, Untersuchungen und Übersetzung*, Hamburg und Münster 1993 (Diss. Hamburg 1961); Leitzmann, Zu von der Hagens Gesamtabenteuer, S. 268-271; Ludwig Pfannmüller, *Die vier*

Redaktionen der Heidin, Berlin 1911, S. 138-146; ders., *Kleinere Beiträge zur Kenntnis der mhd. Novellendichtung. I. Die Überlieferung des Schlegels*, in: ZfdA 54 (1913), S. 231-239; Schirmer, Stil- und Motivuntersuchungen, S. 29 Anm. 105, 39, 43 Anm. 137, 76, 97, 100f., 103, 108 Anm. 133; Strasser, Vornovellistisches Erzählen, S. 147f. Anm. 525; VL² VIII, Sp. 307-310 (Ulla Williams); Ziegeler, Erzählen im Spätmittelalter, S. 448, 450.

Stellenkommentar

Überschrift: nach Handschrift w, normalisiert.

5 *Rüedegêr der Hünchovære*] Zu den Varianten und zur Datierung oben: *Autor und Entstehung*.

54 *und gerecke ich mînen vuoz*] Wörtlich: »Und wenn ich meinen Fuß hervorrecke« – als Geste des Widerstandes gegen den Tod?

63 *und sprach*] Von Pfannmüller, wohl aus metrischen Gründen, gestrichen; die Phrase ist jedoch in allen Handschriften überliefert.

106 *nam ⟨. . .⟩ guote naht*] »Abendlicher Abschiedsgruß«, aber auch, was hier zutreffen wird, »überhaupt Verabschiedung« (Lexer II, Sp. 22): *urloup* und *guote naht* stehen also im Sinne eines Hendiadyoin.

112 *phlûmvederîn*] »Aus Flaumfedern« (*phlûme*, *phlûmveder*).

124 *an den tugenden mege*] Wörtlich: »über Tüchtigkeit verfügt«; *mege* zu *mugen* »vermögen, können«.

135 *zabelte ûf dem brete*] *Zabelen* meint eigentlich jede Art von Brettspiel (Lexer III, Sp. 1015); in *schâchzabel* ist es eine feste und verbreitete Verbindung eingegangen.

136 *sluoc er ûf*] Zu *ûfslahen* in der Bedeutung »aufschieben, verschieben« vgl. Lexer II, Sp. 1702.

150 *ich dir niht entwîche*] Wörtlich etwa: »entziehe ich mich dir nicht«.

152 *ein siben tage*] *Ein* als Indefinitpronomen bezogen auf

Pluralformen: »Spezifizierung im Bereich des Indefiniten« (PWG § 423 δ) »gewisse, bestimmte«. Vgl. auch die Beispiele bei BMZ I, S. 419 (Nr. 9).

180 *ruckelachen]* »Teppich zwischen dem Rücken und der Wand. Mit solchen Rückenlachen konnte im Freien schnell ein prachtvoller Saal gebildet werden. Auch wurden im Hause die Wände damit bekleidet; sie sind ein Zeichen der größten Pracht« (BMZ I, S. 924).

190 *toup]* Nicht nur »taub«, sondern auch: »gefühllos, starr, verrückt« (Lexer II, Sp. 1484).

191 f. *nu : du]* Pfannmüllers Korrektur zu *nuo : duo* gegen alle Handschriften ist völlig unnötig.

200 *die lungen]* Das Bild »labe deine Lunge« am Wein läßt sich so nicht in die Gegenwartssprache übernehmen.

205 *Sînen geverten]* Den in v. 155 f. genannten Stock.

209 f. *urloup er nam ⟨. . .⟩ einvalt man]* Die Verse fehlen in den Handschriften wi; damit ist der Sinn gestört. Der Abschnitt ist Beispiel für die Fehlerhaftigkeit der Handschriften wi (vgl. Pfannmüller, Die Überlieferung des Schlegels, S. 234).

250 *entspent]* Wörtlich: »entwöhnt«.

252 *truoc ze buosen]* Wörtlich: »im Busen, Schoß getragen hatte«.

253 *umbe ein ei]* Konventionelle Verstärkung der Negation, vgl. PWG § 436.

254 *krupfei]* Das Wort ist nur an dieser Stelle belegt, vgl. BMZ I, S. 888, Lexer I, Sp. 1757; vgl. aber Pfannmüller, Vier Redaktionen der Heidin, S. 146 Anm.

256 *volkrüpfiu]* Zu *krüpfen* »den Kropf füllen«, vgl. BMZ I, S. 888.

260 *hôchbrogende]* Zu *brogen* »sich übermütig erheben, groß tun, prahlen« (vgl. Lexer I, Sp. 358 f.).

268 *gebresten]* Wörtlich: »Mangel«.

272 *gebolt]* Zu *boln* »rollen, werfen, schleudern« (Lexer I, Sp. 324).

293 f. *verslizzen : sitzen]* Eine der Stellen, an denen die Handschriften H und K zur Beseitigung eines unreinen Rei-

mes völlig umformulieren: *Ich wil vf dinen ofen sitzen / der rok mir dvrchel ist zv den slitzen* (vgl. Pfannmüller, Überlieferung des Schlegels, S. 233).

301 *kezzelkrût]* Im Kessel gekochter Kohl, vgl. Lexer I, Sp. 1566. Zum Kohl als bescheidener Bauernspeise Beispiele bei Bumke, Höfische Kultur, S. 241 f.

314 *kæsekar]* »Gefäß zur Bereitung der Käse: hölzernes zylindrisches Gefäß, unten und seitwärts durchlöchert, damit die noch übrige Molke vom Käse abtropfen könne« (BMZ I, S. 788). Die Redensart ist sonst nicht belegt; sie könnte auf die Gleichartigkeit des Charakters zielen (so Gustav Ehrismann, *Zum Schlegel des Rüdeger von Hunthofen*, in: Germania 35 [1890], S. 403 f.).

317 *spilten si der vingerlîn]* Belege für Spiele mit Ringen bei BMZ III, S. 322.

Nach 318 in HK: *In die stvben newe / da svcht er kindes trewe* (dazu Pfannmüller, Die Überlieferung des Schlegels, S. 234 f.).

378 *Seffel]* Wohl Koseform zu Sophia (oder Josepha?). Die Handschriften schreiben *Soffel* HK, *Söffel* wi, *Söpffel* d.

396 *mit unmähtiger krefte habe]* Wörtlich: »im Besitz ohnmächtiger Kraft«.

414 *afterbier]* Minderwertiges »Nachbier«, als zweiter Aufguß auf die Braurückstände (Trebern); vgl. DWb V, Sp. 1574 f. s. v. Kofent.

423 f. *die hende ⟨. . .⟩ vor und hinden]* Die Hände zu winden und sich zu kratzen sind topische Gesten des Schmerzes vgl. z. B. Peil, Die Gebärde, S. 310.

513 *belochen]* Zu *belûchen* »zuschließen, einschließen«.

521 *gemerlet]* Bei Lexer I, Sp. 2114 nur der Verweis auf einen späten Vokabularbeleg: *multis punctis aut notis maculosa.*

529 *als si]* Pfannmüller kontrahiert ohne Not zu *alss.*

530 *Dâ mit und ouch]* Vgl. PWG § 465,3 Anm. 1: »Manchmal kann subordinierendes *und* durch Hinzutreten zu einem adverbialen Ausdruck diesem Konjunktionscharakter verleihen«. *da mite und* = indem.

545 *gangelære]* Zu *gangeln* = Iterativum zu *gangen* »gehen«: »hin und her gehen« (vgl. Lexer I, Sp. 736 und 857).

580 *eine*] Zur Bedeutung »allein, frei von etwas« vgl. Lexer I, Sp. 523.

584-587 fehlen in den Handschriften HK: das zerstört den Zusammenhang, weil der Perspektivenwechsel zwischen Vater und Sohn verlorengeht. Die Stelle ist einer der Belege für die Anfechtbarkeit der Fassung HK (vgl. Pfannmüller, Überlieferung des Schlegels, S. 235).

603 *dâ 〈. . .〉 erbürt*] Ich folge der Zeichensetzung Pfannmüllers, nach der dieser Satz als eine Art Aufschrift oder Name des Pokals zu verstehen ist. Koch, S. 51, übersetzt »Davon erholt man sich«, was inhaltlich gut paßt, lexikalisch aber nicht zu rechtfertigen ist.

604 *môraz*] Beispiele für die Wertschätzung des Maulbeerweines bei Schultz, Höfisches Leben, Bd. 1, S. 412 Anm. 3.

610 *tetel*] Selten belegtes (Lexer II, Sp. 1430) Diminutiv zum hauptsächlich mundartlich verbreiteten *tatte*, *datte* »Vater«; vgl. DWb II, Sp. 914f.

650 *lûtervêhen*] Zusammengesetzt aus *lûter* »Otter« und *vêch* »mehrfarbig, bunt«, besonders bei Pelzwerk verwendet (dazu Lexer III, Sp. 36f.), hier also: »aus Otterpelz«. Vgl. Edward Schröder, *Lückenbüßer. Schlegel 650*, in: ZfdA 59 (1922), S. 164.

652 *lîngewant*] Beispiele für Hemden aus Leinen bei Schultz, Höfisches Leben I, S. 290 Anm. 6 und 8. Zur Verwendung für das Untergewand auch Brüggen, Kleidung und Mode, S. 272f.

669 *die wîle ie würde gestalt*] Pfannmüllers an wi ausgerichteter Text (*gestrâlt*, zu *strælen* »kämmen«?) gibt keinen Sinn. Ich setze mit HK *gestalt* ein.

706 *sanc*] Zu *singen* in absoluter Verwendung für »Messe lesen« BMZ II/2, S. 299f. Vgl. auch Komm. zu *Frauentreue* (s. u. Nr. 17), v. 332.

710 *wiltwerkîme*] »Aus Wild gewirktem«, d. h. aus Pelz.

749f. *tische : ungelîche*] Unreiner Reim, an dessen Besserung die Handschriften mit wenig Geschick laborieren: *tische : vngeliche wizse* (*wische*) HK, *tischen : vngelischen* wi, *tische :*

vngeleiche d (vgl. Pfannmüller, Überlieferung des Schlegels, S. 233).

763 f. *verlâzen : ezzen]* Unreiner Reim, der nur in den Handschriften wi erhalten ist, in HK (*lazen : svnder hazzen*) und *d* (*uerlaussen : essen zemässen*) mit wenig Geschick zu bessern versucht wird. Vgl. Pfannmüller, Die Überlieferung des Schlegels, S. 233.

804 *sîniu sibeniu]* BMZ II/2, S. 257 erklären die Stelle naheliegend mit: »er ist gar schlau«. Weitere Belege für die Wendung gibt es nicht.

811 *mürzelinc]* Das Wort ist nicht erklärt und sonst nicht belegt (vgl. Lexer I, Sp. 2255). Vermutlich ist es Ableitung von *murz* »Stückchen, Stummel« (ebd.); so auch im *Ritter unter dem Zuber* (s. u. Nr. 20), v. 135. Hier mag es zur Kennzeichnung der Verlegenheit über den unbekannten Gegenstand verwendet sein.

816 *smoln]* Das Wort ist sonst nicht belegt (vgl. BMZ II/2, S. 433; Lexer II, Sp. 1017); der Sinn ergibt sich aus dem Zusammenhang.

861 *bî der widen]* *Wide* ist der aus Zweigen zusammengedrehte Strang des Henkers. Die Strafdrohung *bî der wide* heißt: »bei Strafe des Stranges« (Beispiele BMZ III, S. 619).

865 *mürit]* Sonst nicht belegt. Im *Vocabularius teutonico-latinus* von ca. 1482 (hg. von Klaus Grubmüller, Hildesheim 1976) ist *muritum* als lateinisches Äquivalent zu dem gleichfalls sonst unbekannten *rotterpfeller* (aus *phell* »Seidenzeug«?) mit *ostreum*, *ostrum* glossiert (Bl. bb III^{v}), dem Wort für die Purpurschnecke. Es wird sich also wohl um einen kostbaren purpurfarbenen Stoff handeln. – *gugeln]* Eigentlich die an den Umhang angeschnittene Kapuze, vgl. Brüggen, Kleidung und Mode, S. 220.

866 *bunde]* »Pelzwerk, Buntwerk« (Lexer I, Sp. 383).

883 *huop]* Von Pfannmüller nach Handschrift w gegen *banhte* HK eingesetzt. Leitzmann (Zu von der Hagens Gesamtabenteuer, S. 270) wird recht haben mit der Bemerkung, dies sei als *baneken* »taumeln, spielen, sich vergnügen« zu lesen. Aber was wäre der Sinn?

884 *mit venjen]* »In kniefälligem Gebet« (Lexer III, Sp. 64 f.).

917 *samenten in ein scheide]* Wörtlich: »sammelten in ein- und dieselbe Scheide«.

969 *ich]* *eich* in Pfannmüllers Ausgabe ist Druckfehler.

971 *venden]* »Den Bauern« (als Figur im Schachspiel), hier als Bezeichnung für die Beute?

978 *scharlach]* Eigentlich kostbares Wolltuch, meist aus Flandern und Brabant: Das »namhafteste wollene Luxusgewebe ‹. . .›, das damals in Europa produziert wurde« (Brüggen, Kleidung und Mode, S. 282); als Bezeichnung unabhängig von der (keineswegs immer roten) Farbe. Die Einengung auf die Farbbezeichnung ist schon im 13. Jahrhundert belegt (DWb VIII, Sp. 2200).

995 *Melde ‹. . .› gelac]* Vgl. Jacob Appet, *Der Ritter unter dem Zuber* (s. u. Nr. 20), v. 24.

1009 *des guotes]* Ich wähle die Lesart von Handschrift d, die dem von Pfannmüller aus HK übernommenen sinnlosen *der rüden* überlegen ist und nicht einfach wie wi durch Streichung (*der*) vor der verdorbenen Überlieferung kapituliert.

Nach 1045 in HK: *dvrch gemach in vnser hvs / vnd wiz ovch in vnser klvs* (dazu Pfannmüller, Die Überlieferung des Schlegels, S. 235).

1054-1063 *giengens im ‹. . .› als ein hâr]* Dafür in HK:

Als die vrowen wol kvnnen
Dem andren si niht gvnnen
Da kvnnen si mit worten
Krenken an allen orten
Mit also behenden siten
Daz da an wafen wirt versniten
Ir rede ist als ein salbe gvt
Die wol einer wunden tvt
Die von ir kreften heilet
Ist ob si gemeilet
Mit vnreinen scham
Da kvmt vil liht der klam
Dar zv daz si bleichen mvz

Des ir reine salbe machen pvz
Mit vrowen gelezze vnd mit ir sit
Habe wir niht hie zv tvn mit
Mvst wir sagen von dem alten
Wie des wart gewalten
Des genvhtsam nam zv
Peide spat vnd vru
Als ein teik wol erhaben
Die vrowen heten in ab geschaben
Die taten im ie daz beste
Er sagte in zv letste.

Die Reimtechnik und der ganz unpassende Inhalt dieser Verse erweisen sie als sekundäre Zutat (vgl. Pfannmüller, Die Überlieferung des Schlegels, S. 235 f.).

1103 *wil ane gesigen]* Eigentlich: »(über den der Tod) siegen wird«; das Futur ist wohl daraus zu erklären, daß *lîcham* hier noch den lebenden Körper meint.

1104-1109 fehlen in HK (vgl. Pfannmüller, Die Überlieferung des Schlegels, S. 235).

1142 *hirnbollen]* Zu *bolle* »kugelförmiger Körper«, vgl. BMZ I, S. 119.

Nach 1147 fügen die Handschriften wi und d einen Abschnitt ein, der als Verdoppelung des Gedankens überflüssig ist und den Zusammenhang stört; die Fortsetzung mit v. 1148 hängt in der Luft. Es wird sich um eine sekundäre Zutat handeln (Text nach Handschrift w, Bl. 113rb-113va):

Avf aim dach stund ain kra,
Si schraÿ: »narr, pist du da?«
So merk mein sprache eben:
Hast du den kinden dein gut geben
Auf ir gnad dein habe,
So pist du tümber dann ain rabe,
Wan der pirget die nare sein
Vor den jungen kindelein.
Er fürcht in ir jugent
Jr raẅbisch vntugent,
So er werd greise,

Daz er vind sein speise.
Wenn er se pringet ze flügen,
So weiset er sei mit zügen
Von dem nest in andre lant.
Also verfürt er sei zehant
Vnd klewbt er dann sein korne,
Die er het verporgen vorne,
Vnd mauzzet sein gefider
Aber gen dem winter wider.

1150 *erblaterte]* Das Wort ist nur an dieser Stelle belegt; der Sinn ist aus dem Zusammenhang und aus mundartlichen Varianten zu erschließen (vgl. BMZ I, S. 203; Lexer I, Sp. 616).

1165 f. *ez wart ⟨. . .⟩ gewegen]* Gemeint ist: Jeder bekommt das, was er durch sein Verhalten dem anderen gegenüber verdient.

1176 *geborne vriunde]* *Vriunt* ist eigentlic h sowohl Verwandter wie Freund; hier wird durch das Attribut eine Differenzierung versucht: »Freunde von Geburt«.

1183 f. *swer ⟨. . .⟩ plaz]* Gleiche Bedeutung wie: »Wer kegeln will, muß aufsetzen«, zuerst belegt bei Sebastian Brant, Narrenschiff, hg. von Friedrich Zarncke, Leipzig 1854, 68,8.

1189 *iu wirt daz helmel vür gezogen]* Verbreitete Redewendung für: »jemanden übervorteilen«, wohl als betrügerischer Trick beim Losen mit Halmen. Zahlreiche Belege bei BMZ I, S. 613 f.; Lexer I, Sp. 1150 f.

1191 *in belîbt ⟨. . .⟩ iu der kil]* Redensartlich im Sinne von »Ihr zieht den Kürzeren«; vorausgesetzt ist dabei, daß die Feder als Doppelheit aus dem gefiederten und dem verhärteten Teil aufgefaßt wird.

9

KONRAD VON WÜRZBURG (?)
DIE HALBE BIRNE

Überlieferung

S (um 1330/50, Elsaß?), Bl. 49rb-53ra. Die Handschrift ist 1870 verbrannt. (Abdruck: Myller, Samlung deutscher Gedichte III, p.XXXIX-XLII; Abschrift von Franz Roth verglichen.)

p (1373, Thüringen), Bl. 129^{r}-133^{v}: v. 1-447.

w (1393, Innsbruck), Bl. 26rb-30va (Abdruck: Schmid, Codex Vindobonensis 2885, S. 118-130).

i (1456, Tirol, von w abhängig), Bl. 18rb-20vb (Faksimile: Sammlung kleinerer deutscher Gedichte, Bl. 18^{r}-20^{v}).

k (zwischen 1430 und 1435, Nordschwaben), Bl. 19va-22vb (Abdruck: Schmid, Codex Karlsruhe 408, S. 116-128).

l (›Liedersaal-Handschrift‹: um 1430/33, Oberschwaben), Bl. 198ra-201ra (Abdruck: Laßberg, Lieder-Saal III, S. 147-160).

Nürnberg, Germanisches Nationalmuseum, Cod. 42531, Fragmente: 2 Doppelblätter (Mitte 14. Jahrhundert, niederalemannisch, wohl Reste einer Sammelhandschrift kleinerer Reimpaardichtungen; vgl. Reinhard Bleck, *Eine Kleinsammlung mittelhochdeutscher Reimpaardichtungen [Nürnberg, Germanisches Nationalmuseum, Hs 42531]*, in: ZfdA 116 [1987], S. 283-296), Bl. 1ra: v. 446-464 (Abdruck: Ludwig Müller, *Bruchstücke einer mhd. Erzählungshandschrift*, in: ZfdA 24 [1880], S. 56-65, hier: 57). Im folgenden: s^{1}.

Autor und Entstehung

Von den fünf Handschriften, die den Schluß überliefern, nennen vier (S w i l) in bemerkenswerter Einmütigkeit Konrad von Würzburg (vgl. Komm. zum *Herzmäre* [Nr. 13]) als Autor (die fünfte [k] formuliert den Schluß völlig neu). Dieses Zeugnis hat Gewicht. Dennoch gilt die *Halbe Birne* seit Karl Lachmann (Auswahl aus den Hochdeutschen Dichtern des dreizehnten Jahrhunderts, Berlin 1820, p.IXsq., Anm. 4) als ein Gedicht, »das sein Verfasser dem Konrad v. W. auflügt«; die Autorzuschreibung mithin als ›Fälschung‹. Als Begründung dienten – neben der ›Obszönität‹ des Werkes – sprachliche Argumente (insbesondere die Verbform *hette*, vgl. Komm. zu v. 338).

Überzeugend hat dann der Herausgeber der *Halben Birne*, Georg Arnold Wolff (s. u. *Text*), aufgewiesen, daß der Autor aufs engste mit der Sprechweise Konrads vertraut ist; er teilt mit ihm charakteristische Vokabeln, Formulierungen, Reimbindungen, stilistische Eigenheiten (einige Beispiele im Stellenkommentar zu v. 10, 38, 59 f., 75, 161); manches wird überhaupt erst vor dem Hintergrund von Konrads Werk verständlich (vgl. Komm. zu v. 192).

Nicht aus der Welt zu schaffen sind allerdings einiges (vgl. Komm. zu v. 149, 245) an abseitigem Vokabular (was sich allerdings durchaus als eine dem Gegenstand angemessene bildkräftige Sprache begreifen ließe) und unreine Reimbindungen, die Konrad von Würzburg sich sonst nicht gestattet (vgl. Komm. zu v. 71 f., 231 f., 301 f., 338). Diese Beobachtungen hat Laudan (im Anschluß an die Arbeiten von Konrad Zwierzina) weiter ausgebaut und dezidiert entschieden: »die ›Halbe Birne‹ ist nicht von Konrad von Würzburg verfaßt« (S. 166). Der Verfasser habe ihm, »an dessen späteren Werken er sich stilistisch gebildet hatte«, »sein schmutziges Gedicht« untergeschoben (ebd.).

Dieses Ergebnis hängt allerdings an der Vorstellung eines subtil ausgearbeiteten Stil- und Reimideals, dem Dichter wie

Konrad von Würzburg unter allen Umständen und bei jedem Gegenstand gefolgt seien. Hält man diese Prämisse nicht für unumstößlich, erhält das Zeugnis der Überlieferung wieder Gewicht: Konrad von Würzburg bleibt als Verfasser der *Halben Birne* möglich; von jemandem, der mit seinem Werk aufs engste vertraut war, stammt sie allemal.

Text

Der stilistische Anspruch des Werkes und seine – wie auch immer zu wertende – Berufung auf Konrad von Würzburg legitimieren das Bemühen um die Wiederherstellung des Autortextes; der Zustand der Überlieferung, in der die späten und in unterschiedliche Richtungen verändernden Handschriften dominieren, bietet dafür freilich nicht die günstigsten Voraussetzungen. Dennoch ist ein kritischer Text möglich (Argumentation bei Grubmüller, Wider die Resignation). Er kann auf der (verbrannten, aber durch Roths Abschrift rekonstruierbaren) Straßburger Handschrift aufbauen und deren individuelle Abweichungen aus der Zusammenschau der übrigen Handschriften und aufgrund inhaltlicher und stilistischer Kriterien korrigieren (zum Verfahren Grubmüller ebd.). Im Ergebnis unterscheidet er sich nicht grundsätzlich, wohl aber in vielen Einzelheiten von dem in der Ausgabe von Georg Arnold Wolff (*Diu halbe Bir. Ein Schwank Konrads von Würzburg*, Erlangen 1893) gebotenen. Ein textkritischer Apparat stellt in traditioneller Form die Varianten der Überlieferung dar (nicht berücksichtigt sind Wortumstellungen, Wechsel zwischen best. und unbest. Artikel, Artikel und Possessivpronomen, Demonstrativ- und Personalpronomen, bedeutungsgleichen Präpositionen und Konjunktionen, starker und schwacher Flexion, außerdem nicht bedeutungsrelevante Suffixvariation, Füllwörter [*vil*, *gar*, *nu* etc.] und individuelle Verschreibungen; das erste Verswort ist unabhängig von der Schreibung der Handschriften im Apparat immer durch Großbuchstaben angezeigt). Der Apparat erlaubt es, die textkritischen Entscheidungen zu überprüfen; wo es sich als notwendig erweist, werden sie im Stellenkommentar begründet.

Weitere Ausgaben: GA I, S. 211-224; Kully/Rupp, S. 20-35.

Übersetzung: Petzoldt, Schwänke, S. 17-19.

Überschrift: wik] *Dis ist von der bir* S *Dit mer heyzet dy albe bern* p.

1 *H. by vor* p, *rîcher* fehlt p, *saz* wi. 2 *ichs* l. 3 *ein* fehlt w, *winnderliches* aus *wunderliches* korr. S. 4 *ir* fehlt S, *dy waz yme lieb* p. 5 *Daz wunsches zcu eyner garwe* p. 6 *Man mochte an irre varwe* p. 7 *mohte* fehlt l *vol* p, *besehen* Sp. 8 *Wer* p, *schœne an wîben*] *schonen vrouwen* p *schönheit* k *schoni an frowen* l. 9 *sprachent* kl. 10 *möhte gesten*] *ze loben weste* wi, *Man machte sy zcu gesten* p *Sy kond sich wol geste* l. 11 *Zu ainer* l *Dy vil* p, *wunnencliche* S. 12 *Das an* l, *mannen vnd vrouwen* p, *wol* fehlt wi. 13 *daz waz* pk, *an*] *ane getan* p. 14 *bitel*] *pitter* wik, *Manig ritter sach sy an* p *Mangen ritter sy gewan* l. 15 *Sy wart* l, *versaget* pkl. 16 *Nu was ez*] *Doch w. e.* wik *jz waz* p *das was* l. 17 *d. sein stet* wi. 18 *Allen fürsten* wi, *herren* p. 19 *haben* pl *erarnen* k. 20 *der kůmmen* k *erarnen* l, *Vnd dy virdinen wolde* p. 22 *Jn dem kulen meygey* p. 24 *und* fehlt pkli, *dâ*] *ir* p.

27 *der torney* p. 28 *Sẃ* S *Der* l, *werden* l. 29 S] *al* fehlt pwi, *lieben* p, *Da kwam die liecht s.* k, *Gen der liechten s.* l. 30 *hersullen varen w.* p *erhüllen wit* l. 31 *Biz* k, *Sy sullen alle k.* p, *liute* fehlt pwikl. 32 *r. dinen zewar* p, *Die der r. war* l. 33 *Da waz da g. b.* p *Namen da bÿ w. g.* l. 34 *an*] *von* pwikl, *Ain r. so vermessen* l. 36 *Vnd het* wil *Der auch* k, *umbe* S, *durch hocher m. s.* l. 37 *alsô manigen wîc*] *an manchir stat wit* p *also mangerlaÿ* wi *mangen turnay* l, *Hett g. mangen streit* k. 38 *bernder* S *grunez* pl. 39 *tugent* wil] *tugenden* Spk. 40 *Er bluote* S, *iugenden* Sk. 41 *prîses alsô vil* p(l)] *Des brisz so* l *Gar vil lobs* wi *Lobes zart vil* k *Und hatte lobes vil* S. 42 *ouch durch*] *durch* p *auch dar durch* wi, *schœne*] *selbe* S fehlt wik, *Das er durch d. s. m.* l. 43 *dem selben t.* wik, *Wölt riten z.* l. 44 (*vil*) *vnverzaget* kp(l). 45 *quam* p. 46 *Her hatte eyn samit grune an* p. 47 *Dez selben w.* p, *kooport*

tivr w *woport tewer* i, *Sein kóoppertůre waz tewr* k *Der was newür* l. 48 *Den f.* l, *der vil g.* Si, *Dy selben dy icy hure* p. 49 *waffen r.* S, *Her vurte eyn w.* p, *Ze ainem stoltzen* l. 50 *Gar r.* p *Rÿtterlich* k, *Mit jm ain ritterlicher zock / Kam aldar geritten / Mit klüglichen sitten* l.

51 *Sin sper das er f.* l. 52 *Vnd wen* k, *dô*] *auch* wi *da mit* l, *Vnd myt strite r.* p. 53 *sicherheite*] *siges* pwi. 54-63 fehlen k. 54 *hart wol* S] *man wol* p *gar wol* wi *vil wol* l, *gespehen* p] *gesehen* S *ersehen* wi *sprechen* l. 56 *und g.* S] *Si g.* wi *G.* l *Dy duchte* p. 57 S] *So dicke wer sy mohten s.* p *Wer er (es) m. gesein* w(i) *Dicke wer m. der sin* l. 58 *ellen* Sl] *manhait* wi, *wart vil harte*] *vil harte* S *wart vil dik* wi *wart jm dick* l. 59 *vromen r.* p *frien r.* l. 61 f. *Dy her anevertigete vf dem lande / von syner heldes hande* p. 61 *Die er* l, *ritterleicher h.* wi. 62 *daz lant* wil(p). 63 *hurten* wi, *Mit hurten varin uedir komen* p *Wol gestossen konde* l. 64 *daz*] *der* wi fehlt l, *Daz wart harte wol vernomen* p *Da begonde balde spehen* k. 65 *Daz m.* wi, *By dem konige v.* p *Der kůnig also vast* k *Warten vff in vast* l. 66 *Wann er* l, *Her bat yn zcu gaste* p. 67 *Dez tages* l, *ze tisch* wik, *Dez tages do her vbir siner tablin gut* p. 68 *mynneclichen* p. 69 *dy iuncfrouwe* pwi, *Des frowet sich dü schone magt* l. 70 *Wan* l, *guoter* fehlt wi, *Von gůter sp. alz* k. 71 *künig* wik, *Dy den hern wol behayn* p *Der reich kůnig mocht gehan* k. 72 *Des* S, *Der wart vil vor sy getrayn* p. Nach 72: *Als sy wol solt behagen* l. 73 f. fehlt k. 74 *maszgeselle* l, *Wan diu junkfraw az mit im* wi. 75 *Ze leste* wip, *kom*] *do quam* p *trug man* l, *ein trahte*] *in getragen* S *eyn gerihte* p.

76 *Die* Swi, *beste bir* S, *so ich spür* l. 77 *ûf*] *Mócht ůff* k, *In deseme riche* p. 78 *Dy wart geteylet g.* p. 79 *Ye zwain* wi, *ze zwain* l. 80 fehlt S, *Dar nach* kl, *wart ein*] *wart auch* wi *kwam ein* k *so wart ein* l *keyse* p. 81 *chese* wil, *dar zuo* S, *Wart vor sy gehouwen* p *Snÿeten kese dar getragen* k. 82 *Als man dick mag sch.* l, *Den hern vnd den vrouwen* p, *Alz ir noch hórent sagen* k. 83 *Obir dez h. t.* p. 84 *merckent* l. 85 *Die bir* S, *do* fehlt w. 86 *gepaůrischer* k *paẘrischer* wi *gebürlicher* l *ritter gebures* p. 88 *vil g.* S. 89 *Da nam der* p *Der vil* l, *vnverstanden h.* p *auz erwelt* w. 90 *Er s.* k *S.* l, *die biren*] *sy vnzcwe* p. 91 *Daz tet er mit sim ..ser* p. 92 *vil*] *dest* wi fehlt p. 93 *edeln* p. 94 *Kaům erbeiten*

moͤcht er k *Er nit gebiten mochter* l. 95 *Bitze dz* S *Daz* p *Hintz* wi, *si schône*] *dy bern hette* p *die birn hat* l, *Daz sÿe von ÿm wart besnÿeten* k. 96 *tet*] *sach ûf* S, *Recht nach freszlichen sÿeten* k *Er schob nach fraisigem sitten* l. 97 *sie*] *die halbe bir* S, *Dy halben warf er* p *Waͤrff er die halben* k *Die birn halb* l. 98 *Vnd leit die ander da z. st.* k, *ander halbe* Swi *leit* fehlt wi, *Er lait zu der selben st.* l. Nach 97: *Hien daz ander tail / jm ze grossem vnhail* l. 99 *hin*] *Hie* S fehlt pk, *het für div j.* wi. 100 *Nu* (*Hÿe*) *mugit ir* p(k) *Jr müsent* l.

102 *iuncfrouwe* pwik. 103-106 nur in S. 107 *Zcu hern wy der u.* p *We ze laid dir u.* wi *Hÿe ryͤtt zuͤ der u.* k *Za ha geuatter u.* l. 109-112 fehlen pkl. 109 *do*] *dann* wi. 110 *grozzen* wi. 110 *junkfraw* wi. 113 fehlt p *Vnd sy vnbeschelt ausz* l *Er gab sie vnbesnÿeten* k. 114 *Der was* l, *an* fehlt wil, *Der waz zcu hofe an zcuchten vngefug* p *Er ist aber uͤff den hoͤff gerÿten* k. 115 *Wie wol er* l, *bekande* Sl, *Der ritter daz e.* p. 116 *vnd oͮch d.* S, *div selb grosse sch.* wi. 117 *iuncfrouwe* p, *erpot* wikp. 118 *Er wart dick sch.* l *An schemeden wart her dicke rot* p *Er muͤst von schanden werden rot* k. 119 *Wider a.* p, *allen den die* S. 120 *gefaren* k, *Woste her nicht wy g.* p *Er west wie er g. / als was er thun solt / vnd ob er danne wolt* l. 121 *wider*] *do* p, *Wider er dannen fur* l. 122 *Gar t.* pwik, *Gar vnmenschlich* k, *er do* kp, *Tür er sich verswür* l. 124 *erwilden* wi *entwilden* pkl.

126 Sl] *Daz yn dy hochgemute* p *Durch daz ez in mute* w(i), *Biz er sich die jungfrauͤwen bemuͤt* k. 127 *in*] *er* S, *bescholten* l. 128 *Daz h.* p, *er vil* i, *Vmb sin missetat* l. 129 *ganze*] *sinem* p, *gantzer tr. wielt* k, *Er hett ain knecht so stat* l. 130 *ouch*] *vil* wi, *viͤl guͤtes behielt* k, *Vnd yme eyn truwen rat ane nimt* p *Der pflag guter ratt* l. 132 *er dar* k, *zuo sich*] *für sich* S *zuͤ ym gleich* kl *tawgenlech* w(i). 133 *Zu im an* wi. 134 *Daz er* wi, *in* fehlt p. 135 *er ir v.* l, *Wy her derwerbe der iuncfrouwen hulde* p. 136 *junkfraw* wik, *Dü jn so beschulte* l *Dy en hatte so sere gescholden* p. 137 *Vmbe* pkl. 139 *knecht* pk. 140 *ist iu*] *wirt* k, *Iz ist vch gut volget iz mich* p *Ez wirt gut sicherleich* wi *Herre nu vernemet mich* l. 141 f. fehlen kl. 141 *Werfent* S. 142 *verandern* S. 143 *Ir w.* l. 144 *Vnd l.* pl. 145 *Das har alles garwe a. n.* S. 146 *Vnd k.* l *K.* k, *dü uch t.* l, *die toren z.* wi. 147-150 fehlt l. 147 *låszt* k,

Vnd lazset vch in winden p. 148 *tőrlichen* kwi, *Durch torliche dinge* p. 149 *Und l.* S, *bemale* p. 150 *râme*] *aschen* wi *rűsz* k, *und ouch m.* S.

151 fehlt p, *Euwer a. vnd euwer v.* k, *Mit a. vnd uwer f.* l. 152 *Vnd daz* k, *úch der l.* S, *lib varwe* p, *Vnd entwilden uwer garwe* l. 153 *alsam* S, *alz eyn mor* p. 154 *Eyne kulen* p, *Vnd e. k. als* l, *Vnd ain kolben da pei* wi. 155 *Dy nemet* p, *stabe* p, *Nement in die hant ze ainem stab* l. 156 *Recht alz* p, *So sint ir ain vil tumber knab* l. 157 *Vnd loffet* pl, *der koniginne* p. 158 reiger] *braten* p *flaisch* wi *wiltprat* lk. 159 *werffent* wikl, *gar d.* p. 160 *Sprech* kl, *iemant icht* l, *Vor nemet wer da spreche w.* p. 161 *gut gepruzse* p *gebösz* l. 162 *gestosz* l. 165-174 fehlt l. 165-178 fehlt p. 166 *veriehent* kwi. 167 *Als ob* wi, *Vnd tůt als* k. 168 *Vnd v.* k. 169 *Wo der kűnigýnne wőnung sei* k. 170 *seit* wi, *allewegen* k. 171 *antwúrte* S *glűckes* k. 172 *Die* w *Der* i, *Daz versmehet mit tőrhait nicht* k. 173 f. fehlt k. 174 *Mein rat ew* wi. 175 *getrate* S.

176 *Dem vil w.* wi. 177 f. fehlt k. 177 *im* fehlt wi, *Vnd hiesz jn gewinen* l. 178 *Gar nach* S, *sinnen* l. 179 *und*] *Er wart* S fehlt lwi, *cleyden* p *claider* l. 180 *swartz* wi, *Her liz sich malen alz eyn mor* p *Sich schwertzen als ain moren / vnd daz clait sniden / vn samit vnd siden* l. 181 *auf dem k.* wi *ob den knÿewen* k *ab den k.* l *an der erden* p, *wante* pk. 183 *schied er v.* l. 184 *Ez warent frowen o. m.* l. Nach 184: *Blǐckten ein ander an* k. 185 *Vnd e.* k, *greiff* k, *Recht alz eyn thumer geyf* p *Lachet jn an für einen giech* l. 186 *vf dy berg* p *gen der b.* l. 187 f. fehlt pl. 187 *ain grozze(r) schawtz* w(i), *Vnd macht ein geheűtz* k. 189 *noch* fehlt wi, *Můs vns beschirmen h.* k. *Nu bescherme vns got h.* p. *Her got behüt vns h.* l. 190 *riefen al*] *Do riffen* p *Sprachen ez* wi *Sprǎchen gemeynlich* k *Ein tail sprachen* l. 191 *uns disen t.* S. 192 *Si heten an im ain g.* wi *Si tribent ab jm iren g.* l *Sy muzen triben iren gnuz* p *Also trieben sýe iren straűsz* k. 193 *Sy* p, *mǎchten* k *hetten* l. 194 *kam der g.* l, *Dar zů halff er jn mit vnglýmpff* k. 195 *vormeszen* p, *Den tőren hetten sýe vnwert* k. 196 *A. syne sinne* p *A. sein vngeberd* k *Alles sin wesen das* l. 197 *torleich* wi, *W. vnmenschlich* k *Stunden yme tumlich* p *Dücht sy hart gemenlich* l. 198 *Her sl. vil wîte u. s.* p. 199 *grozsen* p *starken* wi. 200 *Slug her* p *Vnd machot* wi *Er slüg in* l, *grozz* wikl.

201 *Die knaben jm nach l.* l. 202 *tôre*] *zů tŏr* k, *Vnd en ane r.* p *Si vast vff in r.* l. 203-206 fehlt p. 203 *han* S, *Das must man aller han v.* l. 204 *t. man* S, *Als man nach dick tüt* l. 205 *Wan* fehlt k. 206 *dulden* wil *vertragen* k. 207 *flîzic*] *in inne* p. 208 *In eynem wunneclichen p.* p *Daz waz ein wunnigklicher p.* k *Vor ainem schönen ballas* l. 209 *frowe* S *kůnigynne* k *maget* l, *j. lief* p. 211-213 fehlt l. 212 *Do* p *So* wi, *er begunde* S *er kŏnde* k, *achten* k *trachten* pwi. 213 f. fehlt wi. 213 *wunnencliche* S. 214 *Ob das minickliche kint* l. 215 *dingen* S, *Hette (Traÿbe) k. hande d.* p(k) *Tett kain ding das jr miszzimpt* l *Ob er find ain dink* wi. 216 fehlt S, *den s.* p, *snüdalingen* l. 217 *Und z.* S, *laster sy m.* l. 218 fehlt S, *Von* k, *In sulhen gedingen* wi *Mit s. sachen so* l. 220 *Vil lieber wen a.* p. 221 *unz* fehlt k *piz* wi, *Jz geschach an eyner stat* p *Das zoch sich bisz ze a. n.* l. 222 *iuncfrouwe (ge-)slaht* (p)k. 224 fehlt l, *vngemachs* k, *Aller erin swer sy v.* p. 225 f. fehlt p. 225 *Sasz bÿ ainem f.* l.

226 *Vnd sageten a.* k, *Mit m. a. / wart sy do gemain* l. 227 *ein juncfrouwe fîn* p] *der frowen eine* Swi *ein kleines freuwelein* k, *Vnder den mayden ein* l. 228 p] *Recht alz ein t., Gegangen alterseine* (S)wi. 229 *für* p] *Geslichen f.* k, *Für die (der* S*) kemenaten tür* (*t.* fehlt wi) Swi. 230 f. fehlt wi. 230 *solde* p, *sich han d. v.* k, *Unde wolte gerne d. f.* S, *Gewesen das sy sich d. v.* l. 231 *des*] *Sich d.* S, *D. w. han (hett* l*) benŏmen* kl. 232 *Si sach* wi, *vant* Sk, *blôzen*] *blaszen* S *basin* p *vmberaten* wi *tŏmmen* k *den selben komen* l. 234 *rief* S. 235 *iuncfrouwen* pwik. 236 *Wie der* pk. 239 *Also g.* p, *Al gemaincklich hie* l *Vnd mag uns gelingen / Mit hůbschen dingen / Wan der tŏr ist gemeheleich* k. 241 *vns har den* S, *Nü bringen mir den toren* l *Sal her vns vor erre* p *Er kan üns wol erfraẅen / mit flegen vnd mit draẅen / Sol er hie talank kerren* wi. 242 *Er sal da lanck snarren* k *Er musz mit mir schoren* l *Wy lazsen in nu verzcerre* p *vnd mit den henden scherren* wi. 243 *Hir noch in deser a.* p, *Hie vor in* l. 244 *Wen her ist* p *Er ist* k *Der vil* l. 245 *kamerische* p, *Do sprach ain alti kamer rach* l. 246 *Wir lazsen en* p *Fraw lat in* wi, *Wir sollen in laszen dort aůszen* k *Min fro lant jn mit gemach* l. Nach 246: *Er ist ain tor ain affen / vnd ist gar vngeschaffen* l. 247-250 fehlt p. 249 *Unde ist so* S.

251 *dez niht vermeden* p. 252 *iuncfrouwen* pk *frawen* wil, *h.*

ritten S *nach ým schreýten* k. 253 f. fehlt S, *Vnd namen den toren an die hant / Sy fürten jn so ze hant / Enschwischen jn vil drat* l. 253 *div künigin* wi, *Vnd taten daz i. j. h.* p. 254 *Si zugen* wi, *fÿltz* k, p zerstört. 257 *Zu ainem guten f.* l. 258 *was* pwil, *leider t.* pl. 260 *Oder* S, *erlichen* p *gefurleichen* wi *gefüglich* k, *Er forchtlich nacket stat* l. 261 *Wann er der bruch irre* l. 262 *Er hett ein grösz g.* k. 263 *Hangen jn der aschen / So sasz er jn der åschen* k. 264 *Lang u.* p *Vnd sasz u.* k *Vnd was gar* l. 265-270 fehlt p. 265 *Er saz in dem schalle* l. 266 *Vnder den frowen alle* l. 267 *Kert er alles sein ding* k. 268 *schüszling* k. 269 *er s. weiten g.* wi, *Auff die zarten erden s. g.* k. 270 *Den jungfraüwen er w. g.* k. 271 *beging* pk. 272 *Sin ding her aneving* p *Vïl törlich er daz ane fienck* k. 273-282 fehlen k. 273 *Da wüchs an* l. 274 *stark* wi. 275 *Sich schier her erzaiget* l.

276 *Do* wi, *Daz begunder e.* S *Vnd sich also erraiget* l. 277 *zcwen aldin* p. 278 *Der lag an dri g.* p. 279 *sich rampf* wi *gerumpfen* l, *gecrummet als ein lintworm* p. 280 *Der stunt gericht* l, *Recht alz ainer zu a. st.* wi. 281 *Geschicket nach* p, *Prait er sich m. a. g.* wi. 283 *an der iuncfrouwen suse* p *sawr* (*gar swere*) *der küniginne* wi(k) *dü konigin* l. 284 *vnd der mynnen amor* p, *Venus daz ist div minne* wi *Jr wýtze und alle ir sýnne* k *Gehezt von venus der min* l. 285 *Dy worchten* p *Div pegie* wi *Dýe giengen* k *Si gieng* l. 286 *pran recht* wi. 289 *waz ým e.* k, *stunt enpor* wil. Nach 289: *jr wart kunt daz ir da vor / Nie mer waz peschehen* wil. 290 *Enstach der m.* p, *d. s. dörn* k, *Si pegund fast daz sehen* wil. 291 *so grozze n.* p (*vil*) *senleichen pein vnd n.* wi *snellicklich* l *engstlich* k. 292 *Jren meyden s.* p, *Den jungfraüwen man allen g.* k. 293 *giengen n.* l *n. leýten* k, *Sy solden alle gen en neder* p. 294 *Jrinkein sprach* ⟨. . .⟩ *wedir* p *Nicht lenger sie erbeiten* k. 296 *der iuncfrouwen site* p. Nach 296: *Dan der andern keýn / Da von bleip sýe bei ir aýn* k, *Denn die andern alle / Sie giengen on schalle / jn ain kemnate / Stil vnd gedrate* l. 297 f. fehlt p. 298 *ir l.* wil *ir alter l.* k. 300 *Sýe* k, *zuo ir* fehlt wil.

301 *Jrmengart durch dine zcucht* p. 302 *rat hast* Sl *hast* k, *Ab du ie queme von guter frucht* p. 303 *sache* pwil, *Råt zü h. s.* k. 304 *gevachen* S *möge swachen* k *icht geswache* l, *Si lief daz sy ir swachte* p. 309 *Noch h.* S *Hir nach* p. 310 *für sich gat* S.

311 f. fehlt wi. 312 *Der iuncfrouwen geselle* p *Jungfrauͤwe (frowe) farent stille* k(l). 313-364 fehlt p. 314 *noch u.* k. 315 *Der suͤsze mýnnen luͤst* k *Vor der minne g.* l. 316 *ir* fehlt S, *Seit sich ires durstes (jr kust)* wil *Seit euwer gýer stet zuͤ ým suͤse* k. 317 *So kan ez n. e.* k. 319 *Ob* wil *So wil* k. 320 *M. l. uͤber krýegen* k. 323 *strengen* fehlt Sl. 324 *da mit* wi, *swaz úwer lip mit ime g.* S *Daz uwer lip wirt gesunt* l.

328 *Er gesichet* l. 330 *Doch hoͤrt ez d. vil t.* k *Dez lachet d. vil t.* l. 331 *Keýns andern* w. *k. vergasz* l. 332 *div fraw* wi *sy alles* l. 333 *Daz er sy also offt* l. 334 *Do si es also schafte* wi *Vnd da die diͤrne g.* k *Da si also jn jn gofft* l. 335 *die jungfrawͤe* k. 339 *kuͤnigýnne* k. 342 *kranpf* S, *Als (ein) igel er s. r.* (w)ik. 343 *smuhten* S, *Nache zu e.* l. 344 *Doch vil wol b.* k. 345 *jungfrauͤwen* k, *böshayt* l. 346 *hie vor ist* wi *úch vor ist* l. 347 *Das er sy gern g.* lwi. 348 *er nie genante* S, *Doch geýn ir er sich nýe gewant* k *Da von er sin namen vant* l 349 *Wan* S *Do* l *Alz ob* k *Daz* wi, *nicht wolt* wi. 350 *lag si* wi(lk).

351 *Dýe maýt also reýche* k. 352 *und*] *Si* wi fehlt lk, *Lack gar schemmeleiche* k. 355 *zarten w.* k *schönen frowen* l *(den) frawn* wi. 356 *entstuont*] *diu fraw* wil, *verstunt* wi, *D. s. d. j. die werde frucht* k. Nach 356: *Daz er stille wolt ligen / Do waz jr frod gar ersigen* l. 357 *rîchen* fehlt wil, *Dez verstunt da rieff d. edeln k. f.* k. 358 *Eýa jrmelgart* k. 359 *mit keýner liebe guͤnst* k. 360 *kunst* wi, *alle liͤst vnd dein kuͤnst* k. 361 *Noch h.* S. 363 *frouwe* fehlt wi, *Gern sprach der frowen m.* l. 364 *hilff* wil. 365 *legt* iw, *vil tumben* S, *u. sluszel* p. Für 365-369 in k: *Sýe stuͤnd auff vnd vernam / Daz die roͤse nach der mýnne bran / Sýe gedacht auch jn iren sýnnen / Wýe sie der toͤre moͤcht gemýnnen / Da lack die mýnneklich fruͤcht / Jr waz vergeszen alle ir zuͤcht / Duͤrch den vngefuͤgen ståmpff / Der beý ir lack vnd sich råmpff / Daz tet er alles vmb daz / Daz er sie beschauͤwet dester basz / Jrmelgart da erdacht / Daz sýe jn uͤff die jungfrauͤwen bracht / Da er uͤff die roͤsen kwam / Da lack er alz ein fuͤler stamme* k. 366 *Der frawen auf* wi, *Sy legeten uf ire bruste* S. 367 *Obene zcwissen ire beyde bein* p. 368 *Noch do* S, *Do lag der tore* p *Do lag er* l. 370 *Bisz das dü* l, *daz weib* wi, *Daz tet her durch der mynnen art* p. 371 *ergripfte* w *ergreifete* i *gericht* l, *Dez wart ir vngemute breit* p *Jrmelgart ein nadel nam* k. 372

Und fehlt wil, *starken stipfte* w *starckem gifte* i *grossem sticht* l, *Vnd ir vil grosze leckerkeyt* p *Den toͤren sýe stechen began* k. 373 *Der k.* S *Div k.* l, *Do sprach dy mayt mynneclich* p *Da der tore der stiche wart geware* k. 374 f. fehlen k. 374 *Wol do her nu regen sich* p. 375 *Ermengart tet yme ein stich* p.

376 *ruren* wi, *Do begonde der thore regen sich* p *Er beguͤnd sich ruͤren hýn vnd dar* k. 377-383 fehlen pk. 377 *Do w.* wil. 378 *der selb r.* wil. 380 *Do er* S, *an (jn) div zeit* wil. 381 *Das jr froͤd solt sigen* l. 382 *sy* l, *Daz er div fraw lie ligen* wi. 383 *leydes* p *gutes* l. 384 *sprach* pwik, *die kuͤnigýnne wolgetan* k. Nach 384: *Alz sie den fruͤmmen woͤlt han* k, *Stich ermengart den gouch / Sichen aber stichen ouch* p. 385 *Stichen* p *stupfen* wi, *vrouwe* pwi, *Stiͤch vnd ruͤre jn baz I.* k, *Stüpf jn stüpf jn* l. 388 *rürt* wi, *aber*] *auch* k, *Stich den torn so reyt her sich* p. 389-401 fehlt p. 389 *dirne* wi, *Der frowen dirn g.* l *Die nacht lac die vil guͤt* k. 390 *Die jungfrowe* S, *Ir waz gar wol zuͤ muͤt* k. 391-396 fehlt k. 391 *vnd stupfte* wi, *Si mant sy daz sy stupfte* l. 392 *Sú stúpfet unde stúpfete* S, *Si stach sy büpfte* l. 393 *Piz er sei ze weib gewan* wil. 394 f. fehlt wikl(pk). 397 *gezogen* wil, *palas* S, *Da wart er gestoͤszen fuͤr den haͤck* k. 398 *vf was* S *uff brachst* l, *uͤff brach der tag* k. 399 *dan* wil *danne* k (vgl. 400). 400 *zu seinem dinst man* wil *Wieder heýme zuͤ seinem manne* k.

402-404] *Jren seten dez wundirt noch manchin man / Waz her froude dez nachtes gewan / Dar nach her heym quam* p. 404 *bei seiner sele* k, *Vil tür er* l. 405 f. fehlt p. 405 *were gewesen* k. 407 *schœnez* fehlt wi, *daz wart g.* S *ward jm her g.* wi, *Mit frouden her in eyn bat trat* p. 408 *Her waschin vnd vngetwan* p. 410 *Her dochte sere en wedere* p. 411 *rehte* fehlt pwikl, *yme frouden da g.* p. 412 *ouch* fehlt pwikl, *hern heynrich* p. 413 f. fehlt p. 414 *Mit grôzem gegelfe* S, *hart gr.* l. 417 f. fehlt p. 417 *Reidet* kl. 418 *jungfrowe* S *kuͤnigynne* k. 419 *und ouch m.* Skl. 420 *in solichem m.* S, *Vnd jn streit jn jn dem welm* k *Wen ir nu wider kumet in den melmen* p. 422 *sy abir* p. 423 *Eya r.* k. 424 *hin wieder zw.* k *r. daz wel ich wern* p. 425 *Stichen* p, *frouwe*] *abir* p *baz magt* k.

Nach 426: *Sichen abir stichen ouch / Sichen Ermengart den gouch* p. 428 fehlt S. 429 *Also snel also her daz wort gesprach / dy vrouwen sich* ⟨. . .⟩ *vor sach / dy wart noch* ⟨. . .⟩ *eyn waf* ⟨. . .⟩: Ende von p. Nach 429: *Diser gemeleichen tat* w *Das solt ir wiszen sicherlich* k *Vnd gedenckt wider sich* l. 430 *Diser gemenleichen tat* i. 434 *mîn g.* S *leben* k. 436 *an geschrie* S. 439 *kuͤnigýnne* k, *in aber an* S *nü aber* (*a. zů*) l(k). Nach 439: *Hýe reit zuͤ der vngefuͤck / Der die halben bÿeren nuͤck / Er ist der hoͤffzuͤcht lasz / Der die halben býeren frasz / Er gasz sýe vnbesnýeten / Er ist aber uͤff den hoͤff gerieten* k. 440 *Haý zelaide werder h.* wi *Hie ze lait fert der h.* l. *Er ist ein voller h.* k. 443 *Hay waz* wi, *hofzucht* wikl. 445 *Hay ze laide hoh gemut* wi *Hie ze lait der vngefügt* l *Zewelich mit hohen m.* k. 446 *Stupf ein* S *Stupfen* wi, *Stuͤpffa stuͤpffa J.* k. 449 *Vil lihte r.* s^1, *rürt* wi, *r. auch* k. 450 *Do si div red* (*das mer*) wi(l).

451 *Ein clumpf* s^1. 452 *sýe n. verswuͤnden* k *sy v. n. geuallen* l, *Von rehter schame het siv daz* s^1. 453 *grv̂n als* s^{1}wi, *noch* fehlt k. 454 *rot als* s^{1}k. 455 fehlt k. 457 *Das wir zeschant sint k.* l. 458 *uch hett* l. 461 *Er* (*Der*) *hat iuch* (*iu wol*) s^{1}l. 462 *ýeverwaýs* k, *Vmb so cleine i.* s^1 *Der vnuerschulte ritter wisz* l. 463 *So ist noch d.* s^1, *Daz ist ýe der werlt gehaýs* k. 464 *dicke*] *gern* k *da von* l fehlt wi, *vil gerne ze schanden* s^1. 465 *spottes* (*spot*) s^{1}k. Ende s^1 (s. u. 514 f.). 467 *beslaffen* wil. 468 *muͤzent ir* S. 469 *Vnd enphelhet in sein h.* wi. 471 *Ir n.* wi *Nement* l. 472 *Vnd habt in ze ainem e. m.* wi. 473 *Vnd greift ez froͤlichen an* k. 474 *Vnd daz* wi, *frawen* wi.

478 *dô* fehlt wikl. 479 *Der frauͤwen buͤrg u.* k. 481 *hat er a.* S *hett er ein wenig* l *waz sein a.* k. 482 *f. genant ir b.* l. 483 *gelükhe* wi *selbe g.* l. 484 *do* fehlt wikl. 487 *ich uch r.* l. 489 *die site* wi *suͤlch ding* k *den willen* l. 491 *sulh b.* wi *eben b.* k *dar an ain b.* l. 493 *betoͤrt* k. 494 *aügte* wi *taiget* l, *Als sie ez zuͤ letzste auͤget* k. 496 *grôze* fehlt wil. 497 *vngluͤck* k. 498 *auch ymmer g.* wi *ein teil g.* k. 499 *ÿegleich m.* wil.

502 *Alse garwe gar verlor* S *Dýe er duͤrch vnzuͤcht verloͤr* k. Nach 502: *Ain spehen list er im* (*nú* w) *erkoz / wie er ir mocht vergelten* (*er das vergülte* l) */ jr gespott vnd ir schelten* (*als sy an jm verschulte* l) */ dez waz si im nicht lang vor* wil. 503 *Daz* S, *Wer er nicht w.* wil. 504 *Wýe sere er* k. 505 *Er* wi, *Ain yglich m.* l. 508 *m. bete*] *m. ler* l fehlt k, *guͤt raͤt* k. 509 *Wan von* S *Vmb* l.

510 *Wirt dick e.* k. 511 *fro* l, *Vnd daz jn ein weib pfrenget* k.
512 *Mit gůtem w.* k. 513 fehlt k, *Von Wurzeburg ich K.* S.
514 fehlt k, *Hat vns das veriehen* l, *Diz ist der halben birn mere* s^1.
515 fehlt k, *allen* fehlt l, *G. erlaz vns aller swere* s^1.

Nach 515: *An all misse wende / Ditz gut mer hat ain ende / Alle schand vnd allen spot / Wend vns lieber herr got* wi. *Zwͤcht zů ím schach vnd måt / Alz ich die warheit sprechen sol / Doch gelange dem ritter wol / Daz er wart zů eýnem kůnigreich / Hýlff vns herre zů hiemelrich / Nach dises leibes leben / Daz werd vns allen gegeben* k.

Motivik, Quellen, Thematik

Die Geschichte von der *Halben Birne* ist im deutschen Mittelalter in zwei Fassungen überliefert, von denen die des Hans Folz (Fassung B) aus dem späten 15. Jahrhundert (hg. von Fischer, Reimpaarsprüche, S. 22-28) sehr deutlich auf das Gedicht aus dem Umkreis Konrads von Würzburg zurückgeht. Der ältere Dichter hat den Grundriß geschaffen.

Die *Halbe Birne* gehört zu einem Komplex von Geschichten, die aus »freischwebenden Erzählelemente⟨n⟩ von den mittelalterlichen Dichtern immer von neuem um den gleichen Kern herumkomponiert worden« sind (EM II, Sp. 424). Er setzt sich aus drei Motiven zusammen:

1. Dem Motiv des tölpelhaften Freiers, der sich als unkultiviert und ungeschickt blamiert; es wird z. B. in einer Novelle des Luigi Alamanni (1495-1556) als Eingangsmotiv verwendet: der Graf von Barcelona läßt beim Bankett einen Granatapfel fallen und nimmt ihn vom Boden wieder auf (in deutscher Übersetzung bei Hanns Floerke, Liebesnovellen der italienischen Renaissance, München 1947, S. 315-345). Auch in der altnord. *Clarussage* des Bischofs Jón Halldórsson († 1339), die auf eine lateinische Vorlage aus Frankreich zurückgehen soll, wird eine ähnliche Situation erzählt: Clarus, Sohn des Sachsenkaisers Tiburtius, bekleckert sich, als er mit der Tochter des Frankenkönigs speist, mit einem Ei (vgl. Bolte/Polívka I, S. 445).

2. Dem Motiv des verstellten Narren, der – gleichermaßen wegen seiner Manneskraft wie der (scheinbaren) Unglaubwürdigkeit seiner eventuellen Berichte – als Liebhaber besonders geschätzt wird. Ziemlich unverstellt bildet es den Inhalt von Boccaccios *Decamerone* III,1 (S. 239-246; deutsch von Witte/Bode, S. 210-217), aber schon beim Troubadour Wilhelm von Aquitanien (1071-1126) wird es verwendet (*Farai un vers, pos mi somelh*, hg. von Alfred Jeanroy, *Les chansons de Guillaume IX., duc d'Aquitaine*, Paris 1913, S. 8-13), und in die *Compilatio singularis exemplorum* (deutsch bei Wesselski, Märchen des Mittelalters, S. 72) ist es gleichfalls aufgenommen. Zurückverfolgen läßt es sich in den Orient (vgl. Felix Liebrecht, *Zur Volkskunde*, Heilbronn 1871, S. 141-153), und mündlich ist es in der Volksliteratur verbreitet (vgl. Heinrich von Wlislocki, *Der verstellte Narr*, in: Germania 33 (1888), S. 342-356).
3. Dem Motiv der Entgegnung auf eine Verspottung durch die Anspielung auf ein pikantes Detail, z. B. den Kuß auf den Hintern einer Frau (so im Märenfragment *Der arme Bäcker* [FB 30a] und in Bonaventure Des Périers [vgl. EM III, Sp. 432-438] *Enfant de Paris;* Weiteres unten im Komm. zum *Beringer* [Nr. 11]); gelegentlich wird die Replik auch sonst mit Hilfe einer mehr oder weniger bedeutungsleeren Wortformel bewerkstelligt (Des Periers: »Ha ha formage«, *Bäcker* [vermutlich]: »Ja je, je ja«).

Die Anknüpfungspunkte für den Autor der *Halben Birne* liegen auf der Hand: Er konnte z. B. bei der Exempelfassung (s. o. 2) ansetzen, die Abweisung des Bewerbers durch den Etikettefehler (s. o. 1) begründen, daraus das Motiv für die Verspottung des Freiers ziehen und die Rache mit Hilfe einer die Inhalte schon fast offenlegenden Wortformel (s. o. 3) vollziehen lassen. Er erreicht so, vor allem in der Verbindung von 1 und 2, die unmittelbare Konstrastierung von höfischer Kultiviertheit und elementarer Begierde, macht darauf aufmerksam, daß zivilisiertes Benehmen nicht formalistisch auf bestimmte Sektoren, also z. B. auf Speisesitten, einzugrenzen ist, sondern sich als Formung des Lebens jederzeit zu bewähren und gegen die triebhafte Natur durchzusetzen hat. Geschieht das nicht, kann sich die höfische Gesellschaft auch nicht mehr auf ihre Kulturleistung berufen: sie verliert ihre Ehre.

Literaturhinweise: EM II, Sp. 421-425 (Kurt Ranke); Fischer, Studien, S. 118, 120, 144 Anm. 16, 163-165, 370f. (Lit.); Anne Gouws, *Aufbauprinzipien der Versnovellen Konrads von Würzburg*, in: Acta Germanica 14 (1981), S. 23-38, hier 27 f.; Klaus Grubmüller, *Wider die Resignation: Mären kritisch ediert. Einige Überlegungen am Beispiel der ›Halben Birne‹*, in: *Methoden und Probleme der Edition mittelalterlicher Texte*, hg. von Rolf Bergmann und Kurt Gärtner, Tübingen 1993, S. 92-106; Hufeland, Schwankdichtung, S. 79-84; Jonas, Versschwank, S. 48-53; Krohn, Zeugnisse des Niedergangs, S. 271-274; Langensiepen, Tradition und Vermittlung, S. 92-97; Hans Laudan, *Die ›halbe bir‹ nicht von Konrad von Würzburg*, in: ZfdA 50 (1908), S. 158-166; Londner, Eheauffassung, S. 127-140; Jan-Dirk Müller, *Die hovezuht und ihr Preis. Zum Problem höfischer Verhaltensregulierung in Ps.-Konrads ›Halber Birne‹*, in: Jahrbuch der Oswald-von-Wolkenstein-Gesellschaft 3 (1984/1985), S. 281-311; Schirmer, Stil- und Motivuntersuchungen, S. 98, 192 f., 229, 297; Strasser, Vornovellistisches Erzählen, S. 170 f.; VL[2] III, Sp. 404 f. (Norbert Richard Wolf); Stephen L. Wailes, *Konrad von Würzburg and Pseudo-Konrad: Varieties of Humour in the ›Märe‹*, in: Modern Language Review 69 (1974), S. 98-114, bes. 110-113; Ziegeler, Erzählen im Spätmittelalter, S. 313 f., 342, 392.

Stellenkommentar

Überschrift: nach den Handschriften wik.

4 f. *der ir ⟨. . .⟩ garwe]* Wörtlich: »deren Gestalt vollständig dem Ideal entsprach«.

6 *varwe]* »Farbe, Aussehen, Schönheit« (Lexer III, Sp. 26).

7 *ersehen*] In reflexiver Verwendung: »sich in Anschauung verlieren«, vgl. z. B. Heinrich von Morungen, MF 144,9-11: *Owê, –/ daz er sô dicke sich / bî mir ersehen hât*!

10 *gesten*] Besonders häufig von Konrad von Würzburg verwendet (vgl. BMZ I, S. 486 f. und die Anm. bei Wolff, Ausg., S. 67 f.).

14 *bitel*] »Freier, Bewerber«; die Überlieferung zeigt, daß das Wort schon im späten 14. Jahrhundert nicht mehr verstanden wurde.

38 *bluote als ein berndez zwîc*] Ein von Konrad von Würzburg besonders häufig gebrauchtes Bild; zahlreiche Beispiele bei Wolff, Ausg., S. 77-79.

44 *leie*] Sonst (auch bei Konrad von Würzburg) »nur im ausgesprochenen Gegensatz zu Pfaffe« (Wolff, Ausg., S. 80), hier in gleicher Bedeutung (»Nichtgeistlicher«), aber ohne Pointierung.

49 *wâpenroc*] Über dem Panzer getragenes Oberkleid.

53 *sicherheite*] Die Unterwerfungserklärung des Besiegten.

59 f. *ritter : bitter*] Ein von Konrad von Würzburg besonders häufig gebrauchter Reim; eine Fülle von Belegen bei Wolff, Ausg., S. 88.

71 f. *haben : getragen*] Der Reim ist konstant überliefert und nicht einfach aus der Welt zu schaffen (so Wolff, Ausg.); für ihn sprechen auch die von Wolff (Ausg., S. 94 f.) beigebrachten Formulierungsparallelen.

74 *mâzgenôze*] wörtlich: »Speisegefährte«.

75 *trahte*] wörtlich: »Speise«; in Konrads von Würzburg *Herzmäre* (s. u. Nr. 13) mit besonderer Betonung verwendet (v. 411, 425, 434, 443, 452, 463, 492, 497).

76 *der besten biren*] Völlig abwegig ist die (auf Parallelstellen bei Neidhart, in Neidhartspielen, im *Schlegel* [s. o. Nr. 8] u. a.) gestützte Vorstellung von Wailes (Varieties of Humour, S. 110 f.), es handle sich um eine Parodie eines höfischen Mahls, weil Birnen und Käse ein Armeleute-Essen seien. Das mag bei isolierter Nennung so sein, ignoriert hier aber völlig den Zusammenhang.

81 *kæses dar gehouwen]* Die Formulierung ist sonst nicht belegt, aber in der Überlieferung gesichert.

103-106 *ei schafaliers ⟨. . .⟩ bedarf]* Die Verse sind nur in Hs. S überliefert; für ihre Echtheit spricht, daß ihr Ausfall durch Zeilensprung (v. 103 → 107) leicht zu erklären ist.

110 *puneiz]* »Angriff von vorn in geschlossenem Verband« (Bumke, Höfische Kultur, S. 353).

123 *bî allen gotes bilden]* Wörtlich: »beim Inbegriff Gottes« (vgl. Lexer I, S p. 273 zu *mannes bilde*, *wîbes bilde* etc.).

124 *verwilden]* »Fremd werden, sich entfremden« (Lexer III, Sp. 307 f.); die Lesart *entwilden* meint »kultivieren« und bringt eine aus dem Gesamtzusammenhang verständliche, an dieser Stelle aber ganz unpassende Denkrichtung ins Spiel.

126 *gemuote]* Zu *müejen* »quälen, in Bedrängnis bringen«.

133 *an eine heimlîche stat]* Wörtlich: »an einen vertrauten Ort«.

145 *daz hâr abe nemen]* Typisches Narrenzeichen, als groteske Analogie zur als Ausdruck der Demut gemeinten Tonsur der Kleriker? (vgl. LMA VI, Sp. 1023-1026).

149 *vermüseln]* Das Wort ist mhd. sonst nicht belegt (vgl. BMZ II/1, S. 279 s. v. *bemüsel* zu dieser Stelle), aber durch die Überlieferung gesichert. Die Bedeutung ergibt sich aus dem Kontext.

151 *varwe]* Eigentlich: »Aussehen«.

154 *kolben]* Zum Kolben als Narrenattribut, ursprünglich »das negative Gegenstück zum Szepter des weisen Königs David«, LMA VI, Sp. 1023-1026, hier 1024.

158 *reiger]* Der Reiher steht bei Konrad von Würzburg (*Partonopier und Meliur*, v. 2580 f.) als Jagdwild in einer Reihe mit Fasan und Rebhuhn. Das *Bůch von gůter spîse* (hg. von Hans Hajek, Berlin 1958) enthält als aufwendiges Rezept: *Den reigel uf der schiben gemaht* (Nr. 94).

161 *gebiusche]* Sonst nicht belegt, wohl aber das Simplex *bûsch* »Schlag mit dem Knüppel«, gerade bei Konrad von Würzburg (Wolff, Ausg., S. 117 f.).

187 *gebiuze]* Auch Hs. S hat entgegen Myllers Abdruck *gebútze*.

192 *mahten 〈. . .〉 ûz im irn grûs*] Die Stelle war schon für die Schreiber schwer verständlich (s. o. *Text*). Durchschauen läßt sie sich durch die einzige Parallelstelle, ausgerechnet bei Konrad von Würzburg (*Schwanritter*, hg. von Edward Schröder, Berlin 1925, v. 234 f.): *die liute machten einen grûz* (= »erschraken«) / *von disem wunder wilde.*

221-243 *diz treip 〈. . .〉 in der aschen*] Die textkritischen Entscheidungen in dieser Passage sind im einzelnen diskutiert bei Grubmüller, Wider die Resignation, S. 100-103.

231 f. *erlâzen : blôzen*] Ein mundartlicher Reim, der auf dem niederalemannischen Zusammenfall von *â* und *ô* (vgl. Frnhd. Gr. I/1, § 75,2) beruht und bei Konrad von Würzburg »nicht wieder begegnet« (Wolff, Ausg., p.XVII). »Da indes der Dichter mundartliche Formen und Worte keineswegs vermeidet und die Reime ein buntes Spiel von Doppelformen zeigen, könnte man glauben, es sei hier zur Erhöhung der spaßhaften Wirkung der derbere elsässische Vokal gebraucht« (ebd.). Daß es sich um eine »Sonderbarkeit« handelt, räumt allerdings auch Wolff ein.

245 *kamerrûze*] Wie *kamerbelle* (v. 311) nur hier belegt; die Bedeutung »spöttische Benennung einer Kammerfrau« (Lexer I, Sp. 1501 s. v. *kamerbelle*) ergibt sich aus dem Kontext.

259 *lînwât*] Vgl. Komm. zum *Schlegel* (Nr. 8), v. 652.

267 *gerinc*] »Ringen, Streben« (Lexer I, Sp. 882).

277 *ebenalten*] Eigentlich: »von gleichem Alter«, hier (sonst so nicht belegt): Hüllwort für Penis.

284 *frou Vênus und ir sun Amûr*] Vgl. Konrad von Würzburg, Lied 2 (hg. von Edward Schröder, Berlin 1926), v. -103: *Vênus, vil werdiu künigîn, / wache, ein frouwe, êst an der zît! / dîn sun Amûr der beitet dîn: / varent sament in den strît.*

298 *durchriben*] Nur hier belegt; Sinn wohl »erfahren, durchtrieben« (vgl. Lexer I, Sp. 485).

301 f. *pflegen : gegeben*] Der Reim ist in allen Handschriften (außer dem völlig anders formulierenden p) gesichert; die anstößige Form ist also nicht aus der Welt zu schaffen (so Wolff mit der Konjektur *gegeben* > *gewegen*).

311 *kamerbelle*] Vgl. Komm. zu v. 245.

338 *bette]* Die Form, durch den Reim auf *bette* gesichert, findet sich nicht im Werk Konrads von Würzburg (dort meist *hæte*) und gilt seit Lachmann als Argument gegen seine Autorschaft (vgl. Wolff, Ausg., S. 154f.; dort auch einige Gegenargumente).

365 *slûch]* Eigentlich: »Schlauch, Fresser, Schlemmer«.

391 *gupfete]* Nach Hs. S (*kupfete*), vgl. BMZ I, S. 592 und Lexer I, Sp. 1124. Das von Wolff konjizierte *kipfete* ist nirgends belegt.

392 *schupfete]* Zu *schüpfen* »durch Stoßen in schaukelnde Bewegung versetzen« (Lexer II, Sp. 826f.).

393-395 *biz in 〈...〉 zerran]* Die Stelle ist nur in Hs. S überliefert; viel spricht dafür, daß sie wegen der schwer verständlichen Formulierung durch eine schlichtere Fassung ersetzt wurde: *biz er si ze wîb gewan* (s. o. *Text*).

420 *melme]* Eigentlich: »Sand, Staub«.

502f. *verlôr : tôr]* Der Einschub in den Handschriften wil (s. o. *Text*) vermeidet zwar die nicht ganz gewöhnliche, aber bei Konrad von Würzburg belegte (vgl. Wolff, Ausg., S. 187) Präteritalform *verlôr* zugunsten von *verlôz* (: *erkôs*), bewerkstelligt den Anschluß aber nur mit dem noch unpassenderen *vôr : tôr* und ist auch inhaltlich nicht recht verständlich.

505 *ein]* Nach Roths Abschrift so schon in S, nicht (wie bei Myller): *sin*.

10
DIE BÖSE ADELHEID

Überlieferung

Das Märe ist nur in einer Handschrift überliefert:

k (zwischen 1430 und 1435, Nordschwaben), Bl. 121rb-122vb (Abdruck: Schmid, Codex Karlsruhe 408, S. 484-488).

Entstehung

Ein Autor ist nicht bekannt. Einziger Anhalt für die Datierung ist die Überlieferung: der größte Teil der Texte dieser Handschrift gehört dem 14. Jahrhundert an (Mihm, Überlieferung, S. 74), dem steht auch für das Märe nichts entgegen. Naheliegend ist es, wegen des Lokalkolorits als Entstehungsort Augsburg oder Umgebung anzunehmen.

Text

Der Text bietet den Wortlaut der Handschrift, wo immer er sich rechtfertigen läßt; orthographisch und, wo es nötig war, auch morphologisch ist normalisiert.

Die kritische Ausgabe Niewöhners (NGA, S. 44-46, mit einigen willkürlichen Änderungen auch bei de Boor, Mittelalter, S. 1426-1428) entfernt sich ungerechtfertigt weit von der handschriftlichen Grundlage. Nur die folgenden Verbesserungsvorschläge Niewöhners habe ich übernommen (Kursivierung im Text):

1 f. *In* 〈. . .〉 *gewan*] *Jn einem dorff was gesessen ein man/Als ich von jm vernomen han/Der by sinen zÿten/nie kein guten tac gewan* Hs. (vgl. Anm. zur Stelle). 10 *jârlanc*] *ver brant* Hs. 28 *im*] *bÿ* Hs. 31 *sînem*] *sÿnnen* Hs. 47 *heim*] *dann do heimen* Hs. 48 *huot*] *den hüt* Hs. 50 *markt*] *marck* Hs. 61 *gap* 〈. . .〉 *rint*] *nü gab / Felblein myn güt rint* Hs. 66 *entwern*] *gewern* Hs. 95 *nein*] *neÿ* Hs. 112 *schœnen*] *schon* Hs. 113 *hinz dem wîne*] *heincz den wein* Hs. 131 *unz ze*] *ze* Hs. 136 *nâch*] *nohet* Hs. 138 *tritâ*] *trittel* Hs. Nach 139 ein Vers gestrichen: *Jch furcht du vallest hin ein* Hs. 152 *wære*] *werd* Hs.

Über Niewöhner hinaus korrigiere ich (Kursivierung im Text):

52 *nimmer*] *lemmer* Hs. (vgl. Anmerkung zur Stelle). 81 *als ein bock*] *als er sey ein bock* Hs. 93 *nimmer*] *lemmer* Hs. 129 *nimmer*] *lemmer* Hs. 165 *ertranc*] *her tranck* Hs.

Weitere Ausgabe: Keller, Erzählungen, S. 204-209.
Übersetzungen: Fischer, Schwankerzählungen, S. 42-46; Spiewok, Decamerone, S. 603-607; Wunderlich, Schwankliteratur, S. 96-107.

Motivik, Quellen, Thematik

Unter den Geschichten von Ehefrauen, die sich weigern, sich der im Gesellschaftsbild des Mittelalters rechtlich und theologisch verankerten Autorität des Mannes zu beugen (vgl. EM III, Sp. 1077-1082; AaTh 1365A-C), zeichnet sich durch die weiteste Verbreitung und zugleich den stabilsten Erzählverlauf jene aus, in denen die Frau aus Trotz am Ende in einem Fluß ertrinkt und vom Ehemann flußaufwärts gesucht wird oder gesucht werden soll, weil ihr als letzte und äußerste Manifestation ihrer Widerspenstigkeit auch noch dieser Verstoß gegen die Naturgesetze unterstellt werden muß (AaTh 1365A).

Diese Version ist zuerst in der altfranzösischen Fabelsammlung der anglonormannischen Dichterin Marie de France (1170/80) überliefert (*Äsop*, Nr. 95, S. 307-310, deutsch von Gumbrecht, Marie de France, S. 259-261), danach in lateinischen Exempelsammlungen weit verbreitet (Tubach, Index exemplorum, Nr. 5285), zuerst in angewandter Form in den *Sermones vulgares* des in der 1. Hälfte des 13. Jahrhunderts wirkenden Predigers Jakob von Vitry (*Exempla*, Nr. 227, S. 225f). Wohl aus den Exempelsammlungen geht sie in die Erzählkompendien der frühen Neuzeit (Johannes Pauli, Martin Montanus, Hans Wilhelm Kirchhoff) ein, in Italien taucht sie in Poggios *Facezie* auf (Nr. 60, S. 162; deutsch von Floerke, Facezien, S. 64f.), aber auch in Fabelsammlungen wird sie weitertradiert (z. B. im mittelniederdeutschen *Wolfenbüttler Äsop* Gerhards von Minden [Nr. 65, S. 79-82] und auch bei Jean de La Fontaine, Fables III,16 [La Fontaine, Œeuvres, Bd. 1, S. 247-249]); im 18. Jahrhundert hat Gottlieb Konrad Pfeffel sich des Stoffes angenommen (Texte und Nachweise bei Röhrich, Erzählungen, Bd. 2, S. 307-322, 486-488). Die orientalische Version in dem vom 16. Jahrhundert an überlieferten *Hodscha Nasreddin*, Nr. 276 (Bd. 1, S. 158 f.) wird wohl aus dem europäischen Erzählgut übernommen sein.

Konstant bleibt in allen Fassungen die für die Pointe unerläßliche Todesart der Frau und die Suche nach ihr, variabel ist die vorbereitende Darstellung ihrer Bösartigkeit, die oft auch zu einer bloßen einleitenden Behauptung schrumpft.

Die Vorgeschichte unseres mittelhochdeutschen Märe hat keine Parallele; eine exakte Quelle oder gar eine Vorlage ist daher nicht auszumachen. Die Wahrscheinlichkeit und einige Details (Suche mit Rechen bzw. Stange, der Name *Adelheid* bei Pauli) sprechen für Einordnung in die Exempeltradition.

Die Umorientierung der Vorgeschichte aus einer bäuerlichen Welt in die bürgerliche der Handelsstadt Augsburg und ihr Ausbau zu einem Stationenweg von Widerspruchshandlungen strukturieren die deutsche Geschichte genauer als alle anderen und geben Gelegenheit, den Tod der Frau nicht als einfache Folge ihres Starrsinnes vorzuführen, sondern als ein vom Manne mit listiger Umsicht herbeigeführtes Ereignis. Der erste Teil exponiert den unbedingten Widerspruchsgeist der Frau an immer neuen Gelegenheiten; wer dies – wie der gequälte Ehemann – erkennt, kann es nützen und sich die Frau vom Halse schaffen. Der durch den ersten Teil hindurch scheinbar Unterlegene und Gequälte baut in Wirklichkeit bereits seine Gegenstrategie auf und erweist sich im Rückblick von Anfang an als der durch listige Klugheit Überlegene. Auf diese Weise verdoppelt das Märe den misogynen Aspekt: die Frau ist nicht nur halsstarrig, sondern kann vom klügeren Mann (deswegen) auch manipuliert werden.

Literaturhinweise: Brietzmann, Böse Frau, S. 208; EM III, Sp. 1077-1082: Ehefrau: Die widerspenstige E. (Elfriede Moser-Rath); Fischer, Studien, S. 305 (Lit.); Frosch-Freiburg, Schwankmären und Fabliaux, S. 137-141; Monika Jonas, *Idealisierung und Dämonisierung als Mittel der Repression.*

Eine Untersuchung zum spätmittelalterlichen Schwank, in: Wallinger/Jonas, Der Widerspenstigen Zähmung, S. 67-93; dies., Versschwank, S. 81-87, 168; Londner, Eheauffassung, S. 321-339; Röhrich, Erzählungen, Bd. 2, S. 307-322, 486-488; Suchomski, ›delectatio‹ und ›utilitas‹, S. 186 f.; VL², 4, Sp. 963 f. (Hans-Joachim Ziegeler); Wailes, Social Humor, S. 136-138.

Stellenkommentar

Überschrift: aus der Handschrift.

1 f. *In ⟨. . .⟩ gewan*] Mit weniger starkem Eingriff in den Wortlaut der Handschrift wäre ein dreizeilig gereimter Erzähleingang zu rekonstruieren, doch wäre das eine singuläre Erscheinung:

In einem dorf was gesezzen ein man,
als ich von im vernomen han,
der nie kein guoten tac gewan.

16 *nône*] *Hora nona*, die neunte Stunde der monastischen Tageszeiten und des Stundengebets, eigentlich gerechnet ab 6 Uhr morgens, danach die Mittagsstunde bezeichnend, vgl. engl. *noon* (DWb VII, Sp. 880).

18 *gebrôt*] Wohl das sonst nur noch in Wittenwilers *Ring* (hg. von Edmund Wießner, Leipzig 1931, v. 5696; vgl. aber Wießners Kommentar, Leipzig 1936, S. 204 zu dieser Stelle) überlieferte *gebræte* als Kollektivum zu *brôt* (Lexer I, Sp. 761). Eigentlich heißt der Vers also: »Du wirst den ganzen Tag lang nichts ›Brotähnliches‹ zu essen bekommen.«

26 *boufen*] Wohl eine Nebenform von *buffen* »stoßen, prügeln« (DWb II, Sp. 492 f.). Auch in den obd. Mundarten sind allerdings nur Formen mit kurzem Vokal belegt.

34 *ûf*] Niewöhners Konjektur zu *ûz* ist als massive Veränderung des Sinnes nicht gerechtfertigt.

52 *nimmer*] Das handschriftlich überlieferte *lemmer* ist sonst nirgendwo belegt und unverständlich. Die formelhafte Wiederholung der Anrede an Adelheit spricht dafür, daß die

unproblematische Formulierung beim ersten Vorkommen (v. 44 *daz dir geschehe nimmer leit*) auch für die weiteren Male (v. 52, 93, 129) gilt.

69 *rock]* »Das mit Ärmeln versehene und gewöhnlich eng anliegende Kleidungsstück, welches den Oberkörper bedeckt« (DWb VIII, Sp. 1093), in aller Regel über die Knie reichend und mit Falten verziert. Vgl. Schultz, Höfisches Leben, Bd. 1, S. 299; detailliert Brüggen, Kleidung und Mode, S. 100, 241-244.

70 *blâ]* Eigentlich ein eher unscheinbares Blaugrau, das meist für die Beschreibung unauffälliger Kleidung verwendet wird (dazu paßt auch die graue Farbe des *schaprûns*, v. 71). Ziel der Passage ist aber die Beschreibung eines aufgedonnerten Stutzers, deshalb wird die Übersetzung »blau« das Richtige treffen.

71 *schaprûn]* Eigentlich »Kapuze«, ein über dem Rock getragenes Kleidungsstück, das »kragenartig allein den Hals schützt« (Schultz, Höfisches Leben, Bd. 1, S. 305) und dessen angeschnittene Kapuze, wenn sie (wie offenbar hier) nicht über den Kopf gezogen wird, den Rücken herabhängt. Vgl. Brüggen, Kleidung und Mode, S. 244.

72 *swert]* Das Schwert zu tragen ist das Standesvorrecht des Ritters; bei Angehörigen anderer Stände wird das zumeist als anmaßend empfunden oder bedarf zumindest besonderer Regelungen (vgl. Bumke, Höfische Kultur, S. 224 f.): Kaufleute durften Schwerter zum Schutze ihrer Waren mitführen (Schultz, Höfisches Leben, Bd. 1, S. 507). In der Beschreibung hier handelt es sich aber wohl eher um einen Flaneur.

155 *hin wider berc]* Eigentlich: »gegen den Berg hin«.

11
RITTER BERINGER

Überlieferung

Das Märe ist nur in einem Inkunabeldruck überliefert:
Die historien von dem ritter beringer. Straßburg: ohne Drukkernennung [erschlossen: Matthias Brant] 1495 (GW 3869).

Autor und Entstehung

Autor und Entstehungszeit sind nicht bekannt; die Überlieferung gibt keine brauchbaren Hinweise. Manches spricht dafür, daß das Gedicht im Alemannischen entstanden ist (Schorbach, Edward Schröder), ob aber tatsächlich schon in der zweiten Hälfte des 13. Jahrhunderts (Edward Schröder, S. 826: »aus der nächsten Zeit nach Konrad von Würzburg«) in Straßburg, läßt die korrupte Überlieferung nicht erkennen (Schröders Überlegungen zur Reimtechnik müssen von einem bereits rekonstruierten Text ausgehen). Möglich bleibt weiter auch Entstehung bis ins 15. Jahrhundert (Schorbach: Ende des 14. Jahrhunderts).

Text

Eine Ausgabe liegt nicht vor; der Text ist bisher nur in einem Faksimile der Inkunabel (Karl Schorbach, *Die historien von dem ritter Beringer*, Leipzig 1893) und in einer in Versen abgesetzten, interpungierten und um wenige Fehler bereinigten (insgesamt aber nicht fehlerfreien) Transkription (Cramer, Mæren-Dichtung, Bd. 1, S. 71-81) zugänglich.

Meine Ausgabe gibt den Text der Inkunabel wieder. In folgenden Punkten ist in das Erscheinungsbild des Inkunabeltextes eingegriffen:

- Absatzgliederung entsprechend den großen Satzinitialen.
- Einführung einer interpretierenden Interpunktion (die Inkunabel begnügt sich mit Reimpunkten im fortlaufend gesetzten Text).
- Großschreibung von Namen.
- Auflösung von Abbreviaturen (*dz* und *wz* nach den ausgeschriebenen Formen stets zu *das* und *was*).
- Regulierung von *u* und *v*, *i* und *j* nach dem Lautwert. (Beibehalten ist hingegen die Unterscheidung von *i* und *y*, da letzteres offensichtlich Tendenzen zur Kennzeichnung von Lautwerten zeigt: es steht fast ausschließlich für langes *î* und im Diphthong *ey*).
- Vernachlässigung der Unterscheidung von Schaft-ſ und *s* (regelhaft komplementäre Verteilung: ſ im An- und Inlaut, *s* nur im Wortauslaut).
- Korrektur fehlerhafter oder unvollständiger Stellen (Kursivierung im Text, Erläuterung im Stellenkommentar).

Übersetzungen: Fischer, Schwankerzählungen, S. 47-54; Lemmer, Erzähler, S. 543-551.

Motivik, Quellen, Thematik

Das Märe geht auf ein französisches Fabliau zurück. Die Überlieferung des Grundmotivs (»eine verkleidete Frau zwingt ihren prahlerischen Mann, ihr das Hinterteil zu küssen« [Frosch-Freiburg, Schwankmären und Fabliaux, S. 62]) in so weit auseinanderliegenden Texten wie einem mongolischen Märchen (vgl. Felix Liebrecht, *Beiträge zum Zusammenhang indischer und europäischer Sagen und Märchen*, in: Orient und Okzident 1 [1862], S. 116-136, hier S. 116 f.) und einem fragmentarisch überlieferten Märe des Hans Folz (*Der arme Bäcker* [FB 30a]) bietet für Überlegungen nach Vorgeschichte und Tradierung des Motivs keine brauchbare Handhabe (vgl. auch Bédier, Les Fabliaux, S. 151 f.).

Das Fabliau ist in zwei Fassungen überliefert, von denen

die zweite als kürzende Überarbeitung der ersten gelten kann (vgl. Rychner, Contribution, Bd. 1, S. 67):

- Garin, *Bérengier au lonc Cul I*, 1. Drittel des 13. Jahrhunderts (Nykrog, Fabliaux, Nr. 8; hg. von Rychner, Contribution, Bd. 2, S. 100-109; deutsch von Gier, Fabliaux, S. 199-215; Strasser, Von Lieben und Hieben, S. 60-68).
- Anonymus, *Bérengier au lonc Cul II*, Mitte 13. Jahrhundert (Nykrog, Fabliaux, Nr. 9; hg. von Rychner, ebd.; deutsch von Widmer, Hexameron, S. 62-67).

Das Märe ist von keiner der beiden Fassungen direkt abhängig; deren Unterschiede (vor allem die Milderung der Sozialsatire Garins in Fassung II) liegen auf einer Ebene, die die deutsche Bearbeitung ohnehin nicht erfaßt. Der Ritter wird hier nicht als Parvenu eingeführt (anders Krohn, S. 270 f., der das Märe liest, als sei es mit dem Fabliau identisch, vgl. auch Komm. zu v. 161), der notwendigerweise die Maßstäbe ritterlichen Verhaltens verfehlen muß und von seiner Frau aus vornehmem Geschlecht deshalb zu Recht gedemütigt wird; der deutsche Ritter steht vielmehr für den blamablen und verkommenen Zustand des Rittertums selbst, wie schon die neue (von der Forschung [Werner, Fischer, Strasser, anders Krohn, S. 269] zu Unrecht als funktionslos aufgefaßte) Einleitung zeigt, in der der knausrige und mürrische Held vom Idealbild des freigebigen und hochsinnigen Ritters abgesetzt wird. Die Frau ist danach nicht mehr diejenige, die die alten Maßstäbe aufrechterhält, sondern sie ist enttäuschte Ehefrau, die die Situation geistesgegenwärtig nützt, ihren Mann düpiert und sich zum Herrscher über ihn emporschwingt. Sie steht den lebenstüchtigen und in ehelichen Kraftproben stets überlegenen Heldinnen in den Mären Kaufringers näher als ihrem frz. Vorbild. Was sich vom Fabliau aus als »verderbte Version« darstellen mag (Strasser, Vornovellistisches Erzählen, S. 205), findet seine Begründung so durchaus in der literarischen Umgebung der deutschen Märendichtung. Obgleich wörtliche Entsprechungen fehlen, die Tendenz verändert und einige Details verschoben sind (z. B. ist *Bérengier* in den Fabliaux das Pseudonym der

Frau als Ritter, im Deutschen das des Ritters – die Frau muß sich einen neuen Namen zulegen), geht das Märe unstreitig von den Fabliaux aus, freilich wohl kaum über eine schriftliche Vorlage, sondern durch mündliche Vermittlung (Verwechslung der Namen!) des Stoffes.

Literaturhinweise: Fischer, Studien, S. 135 f., 316 (Lit.); Frosch-Freiburg, Schwankmären und Fabliaux, S. 62-68; Krohn, Zeugnisse des Niedergangs, S. 268-271; Langensiepen, Tradition und Vermittlung, S. 98-102; Edward Schröder, Rez. zu Schorbach (s. o.: *Text*), in: Euphorion 2 (1895), S. 825 f.; Arthur Ludwig Stiefel, *›Ritter Beringer‹ und seine Quelle*, in: ZfdA 39 (1895), S. 426-429; Strasser, Vornovellistisches Erzählen, S. 205-207; Richard Maria Werner, Rez. zu Schorbach (s. o.: *Text*), in: AfdA 21 (1895), S. 145-147; VL^{2}I, Sp. 722 f. (Werner Williams-Krapp).

Stellenkommentar

Vorbemerkung: Dem Drucker stand offensichtlich nur ein begrenztes Inventar an diakritischen Zeichen zur Verfügung, insbesondere die Umlautzeichen fehlen durchweg. Das führt insbesondere bei *ü* zu mißverständlichen Schreibweisen mit *u*, z. B. in *kun* < *küene* (100), *kunheit* < *küenheit* (136), *fur* < *für* (109), *gurtel* < *gürtel* (122), *grunen* < *grüenen* (144), *kussent* (188), *uwern* (189) u. ö. Besonders problematisch werden dabei Formen mit gerundetem *i*, vgl. Komm. zu v. 327 und 397.

Überschrift: nach dem Titelblatt der Inkunabel.

7 *noch ⟨. . .⟩ zeren]* Nach einem Vorschlag von Schröder (S. 826). Der Druck hat: *nach keinem geschlecht der spyse zu eren*, Fischer (Studien, S. 135), schreibt: *von keinem geschlecht der spise zeren.*

9 *er]* Fehlt im Druck.

12 *nit]* Druck: *nit nit.*

16 *keller]* Zu *kellære* »Verwalter«.

32 *der]* Druck: *die.*

36 *turnier]* Zu den folgenden Einzelheiten der Turnierbeschreibung vgl. *Das Ritterliche Turnier im Mittelalter*, hg. von Josef Fleckenstein, Göttingen 1985.

37 *stechen]* Untertyp des Turnierkampfes: Zweikampf mit Lanzen.

38 f. *do musten 〈. . .〉 sich liden]* Die Interpretation als Relativsatz gründet sich auf die Auffassung von *dô* als relatives Adverb (PWG § 450) und auf die freiere Stellung des finiten Verbs auch im Nebensatz (Behaghel IV, § 1456-1461, 1490, 1497-1499). – Zu *sich lîden* vgl. Lexer I, Sp. 1900.

42 *beherter]* Zu *bûhurdære* »Buhurd-Ritter«, nach *bûhurt, behurt* »Ritterspiel, wo Schar in Schar eindringt« (Lexer I, Sp. 380).

53 *turney]* Der Reim erfordert hier *turney* gegen *turnier* des Druckes (das er auch sonst verwendet).

60 *hatt er]* Aus *hatten* des Druckes korrigiert.

62 *russig]* Entspricht *ruozic* »rußig, schmutzig« (Lexer II, Sp. 554). – *sytten]* Vom Reim erfordert statt *sytte* des Drucks.

74 *naß]* Cramer bessert zu *harnaß.*

77 *schilttach]* Das Wort ist sonst nicht belegt; wohl identisch mit *Schilddecke*: »Überzug eines Schildes«, »oberster Belag, oberste Schicht eines Schildes« (DWb IX, Sp. 126).

79 *miest]* Entrundete Form von *müest*, häufig vor allem in niederalemann. Drucken (Straßburg!), vgl. Frnhd. Gr. I/1, § 65.

83 *fieget]* Entrundete Form von *füeget*, vgl. Komm. zu v. 79.

107 *wyb]* Cramer bessert (wohl im Anschluß an Schröder, S. 826) zu *lyb.*

110 *turnier]* Druck: *turner.*

114 *ungefieger]* Vgl. Komm. zu v. 83 und 79.

115 *getrat]* Zu *gedrâte* < *drâte* mit Hyperkorrektur der fälschlich angenommenen binnendeutschen Konsonantenschwächung (PWG § 101).

117 *harnasch]* Druck: *harnacsch.*

129 *hin]* Der Reim erfordert die Korrektur von *nider* des Druckes.

135 *seit]* Druck: *sei.*

161 *laster bure]* Aus dem Zusammenhang erklärt sich das als spontane, auf das beobachtete Verhalten bezogene Beschimpfung und braucht nicht als Reminiszenz an den *vilain* des Fabliau erklärt zu werden (Frosch-Freiburg, Schwankmären und Fabliaux, S. 65).

172 *ungefieg]* Vgl. Komm. zu v. 83 und 79.

174 *betrofft]* Von *betropfen*, mit westmitteldt. häufiger »Hyperverschiebung« *p* > *ff*, vgl. Frnhd. Gr. I/3, § 139 Anm. 5.

184 *uber mer]* Wörtlich: »über das Meer«, stehende Wendung für die Fahrt ins Heilige Land und den Kreuzzug; Belege bei Lexer I, Sp. 2107.

187 Aus dem Reimschema ergibt sich, daß hier ein Vers ausgefallen ist.

189 *dry stunt]* Der dreimalige Kuß (Fabliau: *el cul baisier* [v. 228]) wird allgemein (Frosch-Freiburg, Schwankmären und Fabliaux, S. 66; Strasser, Vornovellistisches Erzählen, S. 207) als typisch sekundäre Übertrumpfungsformulierung aufgefaßt.

196 *erheit]* Sonst nicht belegte Ableitung von *heien* »wachsen, gedeihen« (BMZ I, S. 649; Lexer I, Sp. 1209), vgl. *geheien* (Lexer I, Sp. 786).

200 *bruch]* *Bruoch* ist die Hose um Hüfte und Oberschenkel, ohne die Beinkleider (Kühnel, Kleidung und Rüstung, S. 38; Brüggen, Kleidung und Mode, S. 210).

209 Aus dem Reimschema ergibt sich, daß hier ein Vers ausgefallen ist.

210 *ir]* Fehlt im Druck.

213 *hont]* Druck: *hon.*

218 Aus dem Reimschema ergibt sich, daß hier ein Vers ausgefallen ist.

223 *mit der langen ars krynnen]* Erklärung im Fabliau (v. f.): *Du cul et du con li resamble / Que trestot li tenist ensanble* (»Vom Arsch bis zur Scheide schien ihm alles zusammenzugehören«).

224 *Harburg]* Am wahrscheinlichsten ist nach den sprachlichen Indizien hier Schloß *Horburg* im oberen Elsaß, an der Ill gelegen, gemeint, kaum Schloß Harburg b. Donauwörth, eine der Besitzungen der im 15. Jahrhundert auch als Literatursammler berühmten Grafen von Öttingen-Wallerstein (oder handelt es sich um eine obszöne Anspielung?). Im Fabliau ist der Sitz des Ritters nicht erwähnt.

229 *geritten]* Auf diese Stelle bezieht sich wohl Edward Schröders Vermutung (S. 826), *geritten* sei aus *geslichen* entstellt.

242 *des todes pflycht]* Verbindungen mit *phliht*, hier »Art und Weise, Verbindung mit ...« sind oft nur umschreibend gebraucht; Belege, besonders zu *des todes phliht*, bei BMZ II/1, S. 507, und Lexer II, Sp. 254.

250 *meissel]* Wohl hier nicht »das Instrument des Wundarztes zum Sondieren der Wunde« (Lexer I, Sp. 2090), sondern die Tuch- oder Leineneinlage in eine offene Wunde (DWb VI, Sp. 1984, Nr. 3).

271-277 Die Passage ist durch die Überlieferung zerstört; zu drei Reimwörtern fehlen Entsprechungen. Es sind also mindestens drei Verse ausgefallen.

284 *nu]* Druck: *im.*

294 *brief]* Zu *prüeven* (vgl. Komm. zu v. 83 und 79) »nachdenkendes Erwägen, Prüfen, Erkennen, Beweisen, Dartun« (Lexer II, Sp. 302).

297 *siesse]* Vgl. Komm. zu v. 83 und 79.

298 *gewirfit]* Druck: *gewirsit.* – *stric]* Druck: *stryt.*

309 *zwurent]* Entspricht *zwirent* »zweimal« (vgl. Komm. zu v. 327).

311 *hettent]* Druck: *hetten.*

313 *wolt]* Druck: *wol.*

327 *suppen]* Wohl gerundete Form von *sippen* > *süppen* (Frnhd. Gr. I/1, § 65), ohne Umlautkennzeichnung, wie in diesem Druck üblich. – Die verwandtschaftliche Beziehung begründet die Verpflichtung zum rechtlichen Beistand.

333 *schob]* Zu *schoup* »Strohbündel, Strohwisch« (Lexer II, Sp. 775 f.).

338 *helmlin]* Hier als Verstärkung der Negation verwendet, wie auch sonst häufig Gegenstände von geringem Wert (vgl. PWG § 436). Belege für *Halm* als Bezeichnung von Wertlosem: DWb IV/2, Sp. 239.

339 *frund]* Druck: *fund.*

342 *welt]* Die Reimbindung erfordert die Korrektur von *wollent* des Druckes.

343 *ein werder man gezelt]* Zur Konstruktion vgl. BMZ III, S. 844-847.

371 *wen]* Floskelhafte Verkürzung von *wæne ich* »glaube ich«, als bloße Verstärkungspartikel verwendet. Vgl. Lexer III, Sp. 678.

386 *laussen]* Aus *lâzen* mit schwäbischer Diphthongierung (vgl. Frnhd. Gr. I/1, § 75,3).

397 *lusten]* Vgl. Komm. zu v. 327.

12

DIE BUHLSCHAFT AUF DEM BAUME

Überlieferung

Die Fassung A der *Buhlschaft auf dem Baume* (zur fragmentarisch überlieferten Fassung B s. u. *Motivik, Quellen, Thematik*) ist nur in einer Handschrift überliefert:

m^5 (1462-82 [1478?], nordbairisch-ostfränkisch [aus Nürnberg?]), Bl. 57^r-63^r.

Text

Ich folge dem Abdruck der Handschrift bei Fischer, Märendichtung, S. 485-492, in dem Fehler gebessert sind und die Orthographie behutsam reguliert ist (vgl. ebd. S. 557).

Weitere Ausgaben: Keller, Erzählungen, S. 298-305; Holthausen, S. 170-175.

Übersetzungen: Fischer, Schwankerzählungen, S. 174-

178; Spiewok, Decamerone, S. 708-715; Wunderlich, Schwankliteratur, S. 120-135.

Autor und Entstehung

Ein Autor nennt sich nicht. Den einzigen Anhaltspunkt für die Datierung bieten Überlieferung (vor 1478/82) und Sprache: Das Märe wird um die Mitte des 15. Jahrhunderts entstanden sein.

Motivik, Quellen, Thematik

Die Geschichte ist ihrem Typ nach zu verstehen als Spezialisierung des Motivs von der vorgeblichen Sinnestäuschung als Ausflucht bei entdecktem Ehebruch. Die Spezialisierung wird erreicht durch Kombination mit drei weiteren verbreiteten Motiven: dem verzauberten Birnbaum, der angeblichen Heilung des Blinden durch Ehebruch seiner Frau und der Wanderschaft Gottes und des heiligen Petrus auf Erden:

1. In vielfältigen Formen findet sich das Erzählmotiv, daß eine beim Ehebruch ertappte Frau ihrem Manne suggeriert, seine Beobachtung beruhe auf einer Sinnestäuschung. In der deutschen Märendichtung sind das *Kerbelkraut* (Fischer, Studien, S. 361, Nr. 68) und die *Frauenlist* (Fischer, Studien, S. 337f., Nr. 37) die bekanntesten Beispiele; in der Fabelüberlieferung taucht eine entsprechende Geschichte z. B. bei Marie de France (*Äsop*, Nr. 44: *De muliere et proco eius*, deutsch von Gumbrecht, Marie de France, S. 151-153) auf, in der Exempelliteratur bei Jakob von Vitry (*Exempla*, Nr. 251; deutsch von Wesselski, Mönchslatein, S. 121).

Raffinierter wird das Motiv dort ausgesponnen, wo dem Gatten die Sinnestäuschung schon vorher eingeredet oder durch den vorgeführten Geschlechtsakt sogar suggeriert wird. Dies ist z. B. der Fall im Fabliau des Garin aus dem 13. Jahrhundert (*Du prestre ki abevete*, Nykrog, Fabliaux, Nr.

111; hg. von Montaiglon/Raynaud III, S. 54-57) und im deutschen Märe *Der Wirt* (FB 144). Auch in indischen und persischen Erzählungen (Beispiele bei Beyerle, S. 66-68) und im Umkreis der Erzählungen aus Tausendundeiner Nacht ist diese Konstellation überliefert (inseriert in die Ausgabe von Felix Paul Greve: *Die Erzählungen aus 1001 Nächten.* Vollständige deutsche Ausgabe in 12 Bänden auf Grund der Burtonschen englischen Ausgabe, Leipzig 1907 f., Bd. 7, S. 382-384).

2. Schon in den Varianten aus 1001 Nacht spielt beim Täuschungsmanöver ein Baum eine Rolle, von dem aus oder auf dem der (angebliche oder wirkliche) Ehebruch beobachtet wird. In einigen abendländischen Texten wird dieser Baum präzise als Birnbaum bezeichnet (vgl. Motif-Index 1518: ›The enchanted pear tree‹; EM II, Sp. 417-421: Der verzauberte Birnbaum), so schon im 12. Jahrhundert in der *Comoedia Lydiae* (vgl. Beyerle, S. 69-71) und dann vor allem bei Boccaccio, *Decameron* VII,9 (S. 644-656; deutsch von Witte/Bode, S. 570-581) und in Chaucers *Merchant's Tale*, v. 2069-2418 (*The Riverside Chaucer*, 3rd Edition, hg. von Larry D. Benson, Oxford 1988, S. 153-168; deutsch von Martin Lehnert, *Chaucer. Die Canterbury Tales*, München 1985, S. 296-305). In den *Canterbury Tales* zeigt sich dann – parallel zu unserem deutschen Märe – eine weitere Verschärfung des Betrugsmanövers: Der Ehemann ist blind und wird auf besonders bösartige Weise ›hinters Licht‹ geführt, indem ihm vorgegaukelt wird, der Ehebruch sei das Rezept, das ihn wieder sehend machen könne. So findet sich das schon in Fabel 1 von Adolfs von Wien (VL^2 I, Sp. 68-71) *Doligamus* aus dem Jahre 1315 (abgedruckt bei W. F. Bryan/Germaine Dempster, *Sources and Analogues of Chaucer's Canterbury Tales*, London 1941, S. 352 f.) und später in der Zusammenfassung der mittelalterlichen Fabeltradition in Heinrich Steinhöwels *Äsop* (hg. von Hermann Oesterley, Tübingen 1873, S. 326 f.).

3. Wenn das zum Ziele führen soll, bedarf es des Eingreifens übernatürlicher Mächte. In Chaucers *Merchant's Tale*

nimmt der antike Götterhimmel an dem bösen Experiment teil, im deutschen Märe kommen der liebe Gott und Petrus – nach dem Muster der zahllosen Erzählungen vom Typ ›Christus und Petrus auf Wanderschaft‹ (vgl. AaTh 774 A-P, bes. AaTh 791: ›Christus und Petrus im Nachtquartier‹; dazu EM II, Sp. 1437-1440; Weiteres EM IV, Sp. 155-164; vgl. auch Stellenkommentar zu v. 139) – zufällig vorbei und klären an diesem Kasus ihr ›Weltbild‹. Auch diese Verbindung ist nicht singulär: Sie findet sich so z. B. auch in einer Florentiner Handschrift des 14. Jahrhunderts (daraus übersetzt von Wesselski, Märchen des Mittelalters, S. 64 f.) und ganz ähnlich im italienischen *Novellino* vom späten 13. Jahrhundert, allerdings nur in einer der maßgeblichen Handschriften, dem Florentiner Codex Panciatichiano 32 (am leichtesten zugänglich bei Bryan/Dempster, Sources and Analogues of Chaucer's Canterbury Tales, S. 341-343). Man wird also wohl davon ausgehen müssen, daß nicht erst der deutsche Märenautor die Kombination der einzelnen Erzählelemente zur komplexen Geschichte geleistet hat. Dafür spricht ja auch die zweite, nur fragmentarisch erhaltene deutsche Fassung (*Die Buhlschaft auf dem Baume B*: 15. Jahrhundert, mittelniederdt., vgl. VL^2 I, Sp. 1114 f.), die nicht auf die Fassung A, sondern auf eine gemeinsame Quelle zurückgeht.

Den Zynismus der deutschen Version erreichen die anderen Texte allerdings nicht. In ihnen bleibt es dabei, daß der Herrgott seinem Begleiter die geistesgegenwärtige Verschlagenheit der Frauen vor Augen führt, die sie sogleich eine Ausrede finden läßt. Der deutsche Bearbeiter geht einen Schritt weiter: Er läßt den hl. Petrus die Schlechtigkeit der Welt am eigenen Leibe erfahren und führt Gott als ungerührten Kommentator seiner verderbten Schöpfung vor. Wenn – wofür wenig spricht – die Berufung auf das Recht zur Vergebung nicht einfach aus gedankenlosem Schematismus zu erklären ist, dann gerät gegenüber verstockten und verschlagenen Sündern wie diesen (bei denen von Beichte, Reue und Gottvertrauen gewiß keine Rede sein kann) sogar Gottes Gnadengewalt in ein schiefes Licht. Die *Buhlschaft auf dem*

Baume stellt sich mit dieser satirisch-kritischen Tendenz in die Reihe der für das 15. Jahrhundert durchaus typischen Mären, die die Welt als ungeordnet und böse zeigen (besonders: Kaufringer: *Drei listige Frauen* [hier Nr. 31], *Die Suche nach dem glücklichen Ehepaar* [Nr. 29], Rosenplüt: *Der fünfmal getötete Pfarrer* [Nr. 33], *Das Nonnenturnier* [Nr. 37]).

Ein »Grenzfall« der Gattung Märe (Fischer, Studien, S. 72-77, hier S. 75) ist die *Buhlschaft auf dem Baume* gewiß nicht. Abgesehen davon, daß die ›nicht-diesseitigen‹ Figuren und die Wundertätigkeit Gottes, die Fischer die Geschichte in die Nähe der geistlichen Erzählung rücken lassen, entwicklungstypologisch nur als letzte, pointierende Zutat zu einem sonst in allen Stadien schwankhaften Stoff zu erkennen sind, werden der liebe Gott und vor allem der heilige Petrus in dieser Umgebung selbst in Schwankfiguren verwandelt. In dieser Pikanterie liegt der besondere erzählerische Reiz, den dieses Märe in die Gattung einbringt.

Literaturhinweise: Dieter Beyerle, *Der doppelte Betrug. Ein Thema der mittelalterlichen Novellistik*, in: Romanistisches Jahrbuch 30 (1979), S. 63-82; EM II, Sp. 417-421: Der verzauberte Birnbaum [James T. Bratcher]; Fischer, Studien, S. 75; Ferdinand Holthausen, *Die Quelle von Chaucers ›Merchant's Tale‹*, in: Englische Studien 43 (1910/11), S. 168-176; VL^2 I, Sp. 1113-1115 [Jürgen Meier]; Ziegeler, Erzählen im Spätmittelalter, S. 501 f. (Lit.).

Stellenkommentar

Überschrift: nach der Handschrift.

18 *zem]* Für mhd. *zoum*; die Lautgestalt ist am ehesten über die im Bairischen nicht seltene Monophthongierung *ou* > *e* vor Nasalen (z. B. *der pem* < *boum*) zu erklären (vgl. Frnhd. Gr. I/1, § 79 Anm. 9).

20 *halfter]* In der Kernbedeutung zwar auf »Zaum ohne Gebiß« beschränkt (DWb IV/II, Sp. 226), doch erhält sich

der etymologische Hintergrund (*halp* »Griff, Handhabe«) auch in gelegentlicher weiterer Verwendung als »Haft, Fessel« (ebd.).

52 *bedaucht]* Diphthongierte und apokopierte Form des regulären Präteritums *dûhte* von *dunken* »dünken«.

57 *ob]* Sog. ›hypothetisches‹ *ob* (vgl. Behaghel III, § 976): »für den Fall, daß«, hier vielleicht in der Variante »in der Hoffnung, daß«.

66 *bewaren]* Zu *bewarn* »bewahren vor, verhüten« (Lexer I, Sp. 253). In Betracht käme auch *bewæren* »beweisen«, doch schreibt die Handschrift *e* für *æ* (z. B. v. 146, 170 etc.).

75 *kappen]* »Umhang, der oft kreisrund geschnitten wird, mit Kopfloch« (Kühnel, Kleidung und Rüstung, S. 129; erst später »geht die Bezeichnung K[appe] vom Mantel auf die Kapuze und die Kopfbedeckung ›Kappe‹ über« (ebd.; vgl. auch Brüggen, Kleidung und Mode, S. 229).

76 *öpfel]* In v. 57 ist noch von »Obst« die Rede; die Präzisierung zu »Äpfel« gehört zu den Signalen, die die sexuellen Konnotationen des Sündenfalls hervorrufen.

78 *linten]* Die Linde ist der topische Baum, der den Ort der Liebesbegegnung bezeichnet, vgl. etwa Walther von der Vogelweide, 39,11: *Under der linden / an der heide, / dâ unser beider bette was*, oder *Carmina Burana*, Nr. 84, v. 1,7: *sub tilia.*

96 *wirser dann wee]* Wörtlich: »schlechter als schlimm«.

101 *unmuß]* Wörtlich: »Beschäftigung, Geschäftigkeit« (vgl. Lexer II, Sp. 1919).

104 *lange gabeln]* Vielleicht auch zu den sexuellen Zweideutigkeiten zu rechnen.

107 *das ich fülle vol meinen sack]* Vgl. Anm. zu v. 104.

108 *so meinst ich mag]* Adverbiale Verwendung von *meiste* (zum *n*-Einschub im Nürnberg. vgl. Frnhd. Gr. I/3, § 129,4a) im Sinne von: »so sehr ich irgend kann« (vgl. BMZ II/1, S. 112).

139 *sand Peter]* Der heilige Petrus wird im folgenden zunehmend zur komischen Figur. Das kann anknüpfen an seine Rolle im geistlichen Spiel des Mittelalters (vgl. Erich Krüger, *Die komischen Szenen in den deutschen geistlichen Spielen*

des Mittelalters, Wertheim a. M. 1931, S. 28) und in der lateinischen Vagantendichtung, z. B. in *Heriger* (hg. in Karl Müllenhoff und Wilhelm Scherer, *Denkmäler deutscher Poesie und Prosa aus dem VIII-XII Jahrhundert*, Berlin ³1892, S. 53-55). Als Schwankfigur populär geworden ist Petrus vor allem durch Hans Sachs, z. B. in *Sant Petter mit der gais* (Hans Sachs, hg. von Goetze/Markschies, Nr. 159 [Bd. 1, S. 440-444]). Weiteres bei Fritz Cullmann, *Der Apostel Petrus in der deutschen Literatur, mit besonderer Berücksichtigung seiner Darstellung im Drama*, Gießen 1928.

143 *mort]* Die Hauptbedeutung »vorbedachte Tötung, Mord« (Lexer I, Sp. 2204) kommt hier (anders als in v. 161) nicht in Frage; gemeint ist *mort* an dieser Stelle im Sinne »eines hauptfrevels, schweren verbrechens« (DWb VI, Sp. 2534).

148 *wiltu sein nit enpern]* Wörtlich: »Wenn du darauf nicht verzichten willst«.

178 *wie lang du stast]* Wörtlich: »wie lange du stehen bleibst!«

232 *scheib]* Zu mhd. *schîben* »sich wälzen, sich wenden« (vgl. Lexer II, Sp. 717 f.); hier wohl: »sich herauswinden« (Fischer, Märendichtung, S. 557: »sich aus der Klemme ziehen«). Zur besonders ostfrk. und nürnberg. belegten Tilgung der Infinitivendung in *scheib* < *scheiben* vgl. kurz Frnhd. Gr. IV, § 80 Anm. 1.

13
KONRAD VON WÜRZBURG
HERZMÄRE

Überlieferung

Das *Herzmäre* ist das am breitesten überlieferte Werk dieses Bandes; zwölf Textzeugen sind davon bekannt:

H (1. Viertel 14. Jh., Nordwestböhmen/Oberfranken), Bl. 346ra-349rb (in der Genf-Kalocsaer Handschrift [K] ist die Lage, die dieses Märe enthielt, verloren gegangen [Mihm, Überlieferung, S. 56]).

S (um 1330/50, Elsaß), Bl. 4va-8vb. Die Handschrift ist 1870 verbrannt (Abdruck: Myller, Samlung deutscher Gedichte I, S. 208-212; Abschrift von Franz Roth verglichen).

w (1393, Innsbruck), Bl. 10va-14rb (Abdruck: Schmid, Codex Vindobonensis 2885, S. 65-76).

i (1456, Tirol, von w abhängig), Bl. 8rb-10vb (Faksimile: Sammlung kleinerer deutscher Gedichte, Bl. 8^{r}-10^{v}).

l (›Liedersaal-Handschrift‹: um 1430/33, Oberschwaben), Bl. 129va-132rb (Abdruck: Laßberg, Lieder-Saal II, S. 359-376).

m (1455-1458, nordbairisch-ostfränkisch [Nürnberg?]), Bl. 147^{r}-161^{r}.

Prag, Národní Muzeum, Ms. X A 12 (›Liederbuch der Klara Hätzlerin‹: 1470/71 in Augsburg geschrieben, ostschwäbisch, Minneredensammlung, ergänzt um weitere Reimpaargedichte, u. a. drei Mären; vgl. Mihm, Überlieferung, S. 110), Bl. 82^{r}-89^{r} (Abdruck: *Liederbuch der Clara Hätzlerin*, S. 173-179).

Nürnberg, Germanisches Nationalmuseum, Hs. 42575, Fragment: v. 351-390 (Abdruck: Julius Zacher, *Aus Konrads von Würzburg Herzmære*, in: ZfdPh 11 [1880], S. 289-305).

Schönstein b. Wissen a. d. Sieg, Fürstl. Hatzfeld-Wildenburgisches Archiv, Nr. 7693 und 8866: 6 Pergamentbll., 48 v. (Abdruck: Wolfgang Stammler, *Wolframs ›Willehalm‹ und Konrads ›Herzmære‹ in mittelrheinischer Überlieferung*, in: ZfdPh 82 [1963], S. 18-29; für Schröders Ausgabe nicht ausgewertet).

Wien, Österreichische Nationalbibliothek, Cod. series nova 2593 (Einzelmanuskript von 8 Bll., 1. Hälfte 16. Jh., niederschwäbisch), v. 1-440 (vgl. Schröder, Ausgabe, p.XVIII sq.).

Berlin, Staatsbibliothek Stiftung Preußischer Kulturbesitz, Ms. germ. 2° 488 (Würzburg, um 1530, verwandt mit dem ›Liederbuch der Klara Hätzlerin‹), Bl. 97^{r}-106^{v}.

Eine Handschrift aus dem Jahre 1512, eng verwandt mit Prag X A 12, dem ›Liederbuch der Klara Hätzlerin‹ (vgl. *Liederbuch der Clara Hätzlerin*, p.XXXVIII sq.) befand sich im Besitz des »allbekannt⟨en⟩ Dichter⟨s⟩ Ludwig Bechstein« (Haltaus) und ist seither verschollen.

Autor und Entstehung

Im größten Teil der Handschriften ist dieses Märe anonym überliefert; es endet in den Handschriften H, S (dort mit der Überschrift: *Dise mere mahte Meister gotfrit von strazburg vnd seit von der minnen*), w, i, Prag und Schönstein nach v. 532 mit den zusätzlichen Versen:

Hie hât diz mære ein ende.
der rîche got in schende
daz er der spîse ie gewuoc,
diu sô jâmerlîche truoc
sô gar getriuwem wîbe
daz leben von ir lîbe.
daz muoz mich riuwen iemer
und ich vergizze niemer
sîner törperheite,
daz erz ir ie geseite.

Der ausführlichere Schluß mit der Nennung Konrads von Würzburg als Autor ist nur in den jungen Handschriften l und m überliefert. Dennoch leidet es keinen Zweifel, daß diese Verfassersignatur den Sachverhalt richtig darstellt; das *Herzmäre* fügt sich nach Stil und Tendenz aufs beste in das Œuvre Konrads von Würzburg (um 1230-1287) ein, des gewiß vielseitigsten deutschsprachigen Literaten aus dem 13. Jahrhundert, der – zuerst für niederrheinische Gönner, später für Klerus und Patriziat der oberrheinischen Städte Basel und Straßburg – Minnelyrik, Legendenepen, genealogische Erzählungen, höfische Romane und Geschichtsepen geschaffen hat.

Das *Herzmäre* gilt in der Forschung als eines der Frühwerke Konrads (Schröder, Ausgabe, p.XXVI), es könnte gegen 1260 entstanden sein.

Text

Die Überlieferung des *Herzmäre* ist vielfältig und zersplittert; der Umfang des Textes schwankt zwischen 484 und 602 Versen. Die Handschriften ordnen sich in zwei große Gruppen: H S w i Prag Berlin und ml Wien; obwohl der ›echte‹ Schluß nur in der letzteren überliefert ist, enthalten die älteren Handschriften H und S insgesamt ohne Zweifel den am besten erhaltenen Text. Auf ihnen basiert auch Edward Schröders kritische Ausgabe (*Kleinere Dichtungen von Konrad von Würzburg*, hg. von Edward Schröder. Mit einem Nachwort von Ludwig Wolff. Bd. 1: *Der Welt Lohn – Das Herzmære – Heinrich von Kempten*, Berlin [9]1968). Trotz der ein wenig selbstherrlichen Ausführungen in der Vorrede (p.XXV; vgl. aber p.XXVII zur zweiten Auflage über die Seltenheit von Konjekturen – s. jedoch unten zu v. 491-497) handelt es sich im wesentlichen um den orthographisch und grammatisch normalisierten, mit Hilfe von Handschrift H (seltener w, Prag, Wien oder l) korrigierten Text von S (nach dem Abdruck bei Myller, Samlung deutscher Gedichte I, S. 208-212, und der Abschrift von Roth); die (nicht sehr zahlreichen) Eingriffe, die sich auf eine regelmäßige metrische Gestalt des Textes richten, lassen sich bei einem Autor, der so umfangreiches und so gut überliefertes Vergleichsmaterial bietet und so sicher gestaltet, wohl rechtfertigen.

Ich übernehme deshalb Schröders Text in seiner letzten Gestalt (zu v. 41 und 113 vgl. Stellenkommentar) und gebe nur hier für die folgenden Stellen die Rückkehr zur Überlieferung von HS zu erwägen:

16 *dâ* fehlt HS. 35 *dem* HS. 52 *ganzer*] *groezer* HS. 68 *von in geliten*] *von ime gelitten* S (*in ir liten* H). 85 *geworren* HS. 113 *des* fehlt S (*wart er des in ein* H). 152 *er*] *ich* HS. 154 *im*] *mir* H (fehlt S). 163 *von dem lande* S (der Vers fehlt in H).

181 *Vnde enphach* S (*Vnd nim hin* H). 305 *lade*] *ledelin* HS (auch w, Prag). 311 *versigelt* S(H). 312 *verrigelt* S(H). 326 *vil* fehlt HS (auch w, Wien). 396 *er sach daz herze vnde vant* HS (auch l, m, Wien). 464 *ane spot* HS (*sünder on* m; vgl. Leitzmann, Zu den kleineren Dichtungen, S. 372). 482 *liechten hende* HS (vgl. Leitzmann ebd.). 508 *er vil*] *der* HS.

Ohne rechte Grundlage in der Überlieferung ist bei Schröder der Abschnitt 491-497; auf der Grundlage der Handschriften H und S muß er lauten:

daz ich nâch dirre spîse
sô wol gemaht nach prîse
niemer keine trahte hêr
mich fürbaz wil genieten mêr.
Got verbiete durch sînen muot,
daz nach so werder spîse guot
in mich kein swachiu trahte gê.

Weitere Ausgaben: GA I, S. 229-244; Karl Müllenhoff, *Altdeutsche Sprachproben*, Berlin [2]1871, S. 89-96; Moriz Haupt, *Ährenlese*, in: ZfdA 15 (1872), S. 246-266, 467-469, hier 251 f. (Schluß nach Handschrift l).

Übersetzungen: Pretzel, Erzählungen, S. 120-127; Gernentz, Schwanritter, S. 49-87; Konrad von Würzburg, *Die Herzmäre. Otto mit dem Barte. Der Welt Lohn*, frei aus dem Mittelhochdeutschen übertragen von H. Kraeger, Leipzig 1891, S. 9-27; Rölleke, S. 67-99.

Motivik, Quellen, Thematik

Dem *Herzmäre* liegt eine in vielen Literaturen verbreitete, möglicherweise aus indischer Tradition stammende Handlungskonstellation (vgl. Blamires, S. 253-257; EM VI, Sp. 933-939) zugrunde, nach der ein ehebrecherisches Paar dadurch bestraft wird, daß einem der beiden Partner, meist der Frau, das Herz oder auch ein anderer Körperteil (z. B. die Genitalien) des anderen als Speise vorgesetzt wird. Die Rache des Ehemannes ist in den meisten Versionen der motivierende Anlaß; so ist auch er es, der den Nebenbuhler tötet.

In dieser Form ist die Geschichte zuerst in dem verlorenen *Lai Guiron* bezeugt, der im frz. Tristan-Roman des Thomas von Britanje (ca. 1170) kurz referiert wird (Thomas, *Tristan*, eingeleitet, textkritisch bearbeitet und übersetzt von Gesa Bonath, München 1985, v. 833-842; Gotfrid von Straßburg, *Tristan*, v. 3524 f., läßt gleichfalls einen Leich *von mînem hêrn Gurûne / und von sîner friundinne* vortragen, äußert sich aber nicht zu dessen Inhalt). Sie wird, z. T. in burlesker Form (*Lai d'Ignaure*, um 1200, hg. von Rita Lejeune, *Renaut. Le Lai d'Ignaure ou Lai du prisonnier*, Brüssel 1938), häufiger überliefert, z. B.

- im italienischen *Novellino* (Nr. 62),
- in der Vida des zw. 1175 und 1212 bezeugten provenzalischen Troubadours Guillem de Cabestany (hg. von Jean Boutière und A.-H. Schulz, *Biographies des troubadours*, Paris 1964, S. 530-555; deutsch bei Hans-Jörg Neuschäfer, *Die ›Herzmäre‹ in der altprovenzalischen Vida und in der Novelle Boccaccios*, in: Poetica 2 [1958], S. 38-47, hier 38 f.),
- vielleicht auf der Vida des Guillem beruhend bei Boccaccio, *Decameron* IV,9 (S. 418-422; deutsch von Witte/Bode, S. 370-374),
- in der vom 16. Jahrhundert an überlieferten deutschen *Bremberger-Ballade* (vgl. VL² I, Sp. 1014-1016; abgedruckt in Röllekes Ausgabe, S. 112-114), in der die Geschichte sich an den Minnesänger Reinmar von Brennenberg (VL² VII, Sp. 1191-1195) heftet.

(Weiteres bei Blamires, S. 253-255.)

Diesen Racheversionen gegenüber setzt Konrad von Würzburg einen anderen Akzent: nicht der eifersüchtige Ehemann tötet den Liebhaber, sondern dieser stirbt in der Fremde an gebrochenem Herzen; er schickt sein Herz der Geliebten als Zeugnis seiner Liebe. Der Ehemann fängt es (zufällig) ab und tischt es seiner Frau auf.

Konrads von Würzburg *Herzmäre* ist der älteste Zeuge dieser Umdeutung; wenig später (ca. 1300) ist sie aber, sicher nicht von Konrad beeinflußt, auch im altfrz. *Roman du castelain de Couci et de la dame de Fayel* des Jakemés Sakesep aus der

Pikardie überliefert (hg. von Maurice Delbouille, Paris 1936; deutsch bei Ernst Tegethoff, *Französische Volksmärchen*, Bd. 1, Jena 1923, S. -172); auf ihn gehen eine frz. Prosaauflösung des 15. Jahrhunderts und ein flämisches Gedicht aus dem 14. Jahrhundert zurück, dazu eine Ballade Ludwig Uhlands (abgedr. bei Rölleke, Konrad von Würzburg, S. 114-117). In den weit verbreiteten *Sermones Parati* aus dem 14. Jahrhundert (vgl. VL^2 VII, Sp. 303 f.) ist die Geschichte als Exempel überliefert (gedruckt bei Gaston Paris, *Le Roman du chatelain de Couci*, in: Romania 8 [1879], S. 343-373, hier S. 367).

Der zentrale Punkt in der (wohl auf eine gemeinsame Quelle [aus der Pikardie?] zurückgehenden) Umgestaltung bei Konrad von Würzburg und im *Castelain de Couci* liegt in der neuen Funktion des Herzens: vom »Objekt der Rache« wird es zum »Symbol der Liebe« (Schulze, S. 454). Den Hintergrund dafür bildet das neue »Verständnis des Herzens als Zentrum der Liebe, wie es sich in französischen und deutschen Minnegedichten« (Schulze, S. 455) vor und nach 1200 ausprägt.

Konrad von Würzburg greift diese Bildlichkeit auf und verschmilzt sie mit dem alten Topos vom Herzen als Sitz des Lebens. Damit gelingt ihm ohne Mühe der Anschluß an die Liebesideologie seines Vorbildes Gotfrid von Straßburg. Der Tod als die andere Seite der Liebe, von Gotfrid in sprachlichen Paradoxien immer wieder beschworen, wird von Konrad in eine ebenso gewalttätige wie symbolträchtige Handlung übersetzt. Seine Sprache, an Gotfrid geschult und ihn imitierend, zielt nicht auf gedankliche Durchdringung der Abgründe der Liebe und auch nicht auf deren Evokation, sie beschwört sie vielmehr in immer neuer Variation der Formeln: *herzenôt*, *herzeleit*, *herzesmerzen*, *herzeclîche pîn* (vgl. Schulze, S. 468) und *sende siecheit*. Daß im Vergleich zum *Castelain de Couci* die Handlung in ihrer Abfolge brüchig wird (vgl. Wachinger, S. 73 f.), liegt wohl ebenso wie die Entkonkretisierung des namenlos gewordenen Paares an dieser in den Mittelpunkt der Gestaltung gestellten atmosphärischen Statik: nicht eine konsequent inszenierte List-Handlung des Ehemannes treibt das Paar auseinander und in den Tod, sondern das Leid in der Welt und die immer schon vorweggenommene unauflösliche Bindung von Liebe und Schmerz.

Literaturhinweise: David Blamires, *Konrads von Würzburg ›Herzmære‹ im Kontext der Geschichten vom gegessenen Herzen*, in: Jahrb. der Oswald-von-Wolkenstein-Gesellschaft 5 (1988/89), S. 251-261; Rüdiger Brandt, *Konrad von Würzburg*, Darmstadt 1987, S. 105-110; Danielle Buschinger, *Le ›Herzmære‹ de Konrad von Würzburg et la légende du cœur mangé*, in: *Actes du colloque sur le recit bref au Moyen-Âge*, hg. von Danielle Buschinger, Paris 1979, S. 263-276; EM VI, Sp. 933-939 (Albert Gier); Fischer, Studien, S. 99, 163-165, 240, 242, 275, 367 f. (Lit.); Anne Gouws, *Aufbauprinzipien der Versnovellen Konrads von Würzburg*, in: Acta Germanica 14 (1981), S. 23-38; Timothy Jackson, *Der Adel im Werk Konrads von Würzburg. Idealisierung und Kritik*, in: Jahrbuch der Oswald-von-Wolkenstein-Gesellschaft 5 (1988/89), S. 109-123, hier 110; Fritz Peter Knapp, *Der Selbstmord in der abendländischen Epik des Hochmittelalters*, Heidelberg 1979, S. 199-212; Hartmut Kokott, *Konrad von Würzburg. Ein Autor zwischen Auftrag und Autonomie*, Stuttgart 1989, S. 71-77; Albert Leitzmann, *Zu den kleineren Dichtungen Konrads von Würzburg*, in: PBB 62 (1938), S. 361-383, hier 371-373; John E. Matzke, *The Legend of the Eaten Heart*, in: Modern Language Notes 26 (1911), S. 1-8; Ortmann/Ragotzky, triuwe-Beweise, S. 94-99; Heinz Rölleke, *Konrad von Würzburg. Heinrich von Kempten, Der Welt Lohn, Das Herzmære. Mittelhochdeutscher Text nach der Ausgabe von Edward Schröder. Übersetzt, mit Anmerkungen und einem Nachwort versehen* von H. R., Stuttgart 1968; ders., *Zum Aufbau des Herzmære Konrads von Würzburg*, in: ZfdA 98 (1969), S. 126-133; Schirmer, Stil- und Motivuntersuchungen, S. 51, 89, 144-148, 174 f.; Ursula Schulze, *Konrads von Würzburg novellistische Gestaltungskunst im ›Herzmære‹*, in: *Mediaevalia litteraria. Festschrift für Helmut de Boor*, hg. von Ursula Hennig und Herbert Kolb, München 1971, S. 451-484; Strasser, Vornovellistisches Erzählen, S. 172, 179; Burghart Wachinger, *Zur Rezeption Gottfrieds von Straßburg im 13. Jahrhundert*, in: *Deutsche Literatur des späten Mittelalters. Hamburger Colloquium 1973*, hg. von Wolfgang Harms und L. Peter Johnson, Berlin 1975, S. 56-82, hier 71-76.

Stellenkommentar

Überschrift: nach den Handschriften wi, normalisiert.

2 *lûterlîchiu minne]* Vgl. Gotfrid von Straßburg, *Tristan*, v. 18276 und v. 196: *lûterliche herzeger* (Wachinger, S. 72 Anm. 40). Die Wendung ist in v. 587 wieder aufgenommen.

9 *von Strâzburc meister Gotfrit]* Gotfrids von Straßburg *Tristan* (ca. 1200/1220) ist das stilistische Vorbild Konrads von Würzburg (vgl. Wachinger), zu dem er sich hier und in der *Goldenen Schmiede* (hg. von Edward Schröder, Berlin 1926), v. 94-99, ausdrücklich bekennt.

12-17 *daz er benamen hœren muoz 〈. . .〉 mit minneclichen ougen]* Vgl. dazu Gotfrid von Straßburg, *Tristan*, v. 174-186: *wan swâ man hœret oder list, / daz von so reinen triuwen ist, / dâ liebent dem getriuwen man / triuwe und ander tugende van* (177-180; vgl. Wachinger, S. 72). Zu denken ist auch an Tristans und Isoldes Beschäftigung mit den Geschichten berühmter Liebespaare in der Waldeinsamkeit, v. 17186-17203 (vgl. Schulze, S. 471).

13 *sagen unde singen]* Vgl. Komm. zu *Pyramus und Thisbe* (Nr. 15), v. 377.

21 *hœret singen oder lesen]* Ob mit der Variante *lesen* tatsächlich Vortrag aus einem Buch gemeint ist (vgl. die Übersetzung Röllekes), muß offen bleiben. Es kann sich auch hier, wie bei *sagen*, um einen bestimmten Rezitationston handeln. Vgl. Fischer, Studien, S. 267 f.

34 *war]* Zu *w erren* »verwirren, beunruhigen, bekümmern«; vgl. Lexer III, Sp. 791-793.

41 *mahte in herzesmerzen]* Schröder hat in der 2. Auflage

diese Korrektur Leitzmanns (Zu den kleineren Dichtungen, S. 371) übernommen, allerdings mit ebenso sinnwidrigem wie inkonsequentem *ir.* – Zu *herzesmerzen* vgl. Gotfrid von Straßburg, *Tristan*, v. 1071 und 4222.

41 f. *herzesmerzen / grôz smerze wart ir herzen]* Wortspiel im Stile Gotfrids von Straßburg, vgl. *Tristan*, v. 1071-1074: *der süeze herzesmerze, / der vil manec edele herze / quelt mit süezem smerzen, / der liget in mînem herzen.*

50 *andâht]* Zu *denken* (an jemanden): »seine Gedanken auf jemanden richten«.

58 *zer minne pflihtl]* Wörtlich: »zur Beschäftigung mit der Minne«; *pflihtl* oft nur in umschreibender Funktion, vgl. Lexer II, Sp. 254.

63 *was behuot]* Zu *behüeten*: *behuotet* mit Rückumlaut und Synkope, vgl. PWG § 262 und 54. Hier Anspielung auf die *huote*, die (allgemeine) Beaufsichtigung der Frau zur Verhinderung von Minnebeziehungen. Vgl. zur Konventionalisierung Seibold, *Huote*.

67 *versniten]* Wörtlich: »verwundet«.

69 *engestlich.]* Schröder setzt mißverständlich Komma nach *engestlich*.

81 *huote]* Vgl. Komm. zu v. 63.

85 *stric]* Vgl. Gotfrid von Straßburg, *Tristan*, v. 12180-12182: *Minne, diu strickærinne, / diu stricte zwei herze an in zwein / mit dem stricke ir süeze enein.*

97 *wer]* Lexer III, Sp. 767: »Besitzrecht, Besitz, Gewalt«.

105 f. *sîn liep* 〈. . .〉 *daz]* Allgemein auf Mann und Frau bezogen (vgl. Schröders Anm., Ausgabe, S. 70).

113 *des]* Schröder nimmt seinen eigenen Text der 2. Auflage (ohne *des*) in den Anmerkungen, S. 70, zurück. Dementsprechend ist *des* wieder eingesetzt.

131 *wendic würde]* Wörtlich: »abwendig würde«; der Satz heißt also: »Wenn er sich dazu entschlösse, davon abzusehen« (vgl. Leitzmann, Zu den kleineren Dichtungen, S. 371).

141 *keiserlîche]* Bei Konrad von Würzburg ein beliebtes Epitheton zur Beschreibung von Herrlichkeit und Vollkommenheit; einige Belege: Lexer I, Sp. 1537.

151 *alters eine]* Vgl. Komm. zum *Heißen Eisen* (s. o. Nr. 3), v. 60.

156 *arcwân 〈. . .〉 164 zwîvel]* Zwei Stichworte, die die Situation des Ehemannes Marke im *Tristan* Gotfrids von Straßburg immer wieder benennen; die Stilisierung auf die Marke-Situation hin ist unüberhörbar (vgl. Schulze, S. 464).

180-221*]* Die Abschiedsszene ist nach dem Vorbild der Trennung Tristans und Isoldes gestaltet, vgl. Gotfrid von Straßburg, *Tristan*, v. 18270-18362.

180-189 *nu genc 〈. . .〉 in mîns herzen grunt]* Vgl. dazu die Rede Isoldes in Gotfrids *Tristan*, v. 18311-18323: *und nemet hin diz vingerlîn: / daz lât ein urkünde sîn / der triuwen und der minne, / ob ir dekeine sinne / iemer dar zuo gewinnet, / daz ir âne mich iht minnet, / daz ir gedenket dâ bî, / wie mînem herzen iezuo sî. / gedenket an diz scheiden, / wie nâhen ez uns beiden / ze herzen und ze lîbe lît. / gedenket maneger swæren zît, / die ich durch iuch erliten hân.*

198-210 *ich hân sô gar 〈. . .〉 ze grabe]* Die Rede des Ritters korrespondiert in der Haltung mit Teilen der Abschiedsrede Isoldes (*Tristan*, v. 18292-18303).

198 *versent]* Steigernde Variation (»in Sehnsucht verloren«) des Programmwortes in Gotfrids von Straßburg *Tristan*-Prolog, bes. v. 121 f.: *der edele senedære / der minnet senediu mære* und v. 126-128: *von edelen senedæren, / die reine sene wol tâten schîn, / ein senedære und ein senedærîn.* Im weiteren immer wieder aufgegriffen: v. 204, 254, 260, 278, 293, 471, 502, 521.

204 *sender muot]* Vgl. Komm. zu v. 198.

206 *verquoln]* Zu *verqueln* »vor Schmerz vergehen, sich vor Sehnsucht verzehren«.

215-217 *von ir herzeleide 〈. . .〉 mit marter]* Vgl. Gotfrid von Straßburg, *Tristan*, v. 18366-18370: *sîn lîp, sîn ander leben Isôt / beleip mit manegem leide: / die spilgesellen beide, / die geschieden sich ê mâles nie / mit solher marter alse hie.*

226 *si sich verwâgen]* Zu *sich verwegen* »sich entschließen«, aber auch, wie hier, »verzichten« (vgl. Lexer III, Sp. 297 f.).

248-253 *der reinen turteltûben art 〈. . .〉 der dürren sorgen aste]* Das Bild der auf dem dürren Ast trauernden

Turteltaube ist weit verbreitet; vgl. z. B. Wolframs von Eschenbach *Parzival*, v. 57,10-14: *ir freude vant den dürren zwîc / als noch diu turteltûbe tuot. / diu het ie den selben muot: / swenne ir an trûtscheft gebrast, / ir triwe kôs den dürren ast*, oder auch Shakespeares *Wintermärchen* V,3, v. 132-135. Es beruht auf der biblischen Verwendung der Taube als Liebessymbol (z. B. Ct 2,14; 5,2) und auf der antiken Vorstellung von der ehelichen Treue der Tauben (Plinius, *Historia naturalis*, X,34). Zahlreiche Belege bei Ernst Martin, *Wolframs von Eschenbach Parzival und Titurel*, 2. T.: Kommentar, Tübingen 1903, S. 65 f.

254 *sente]* Vgl. Komm. zu v. 198.

260 *der sende marterære]* Das Bild des Liebesmärtyrers auch in Gotfrid von Straßburg, *Tristan*, v. 17089. Zu *sende* vgl. Komm. zu v. 198.

274-286 Vielfache Anklänge an Hartmann von Aue, *Gregorius*, v. 837-852; vgl. Schulze, S. 461.

278 *sende]* Vgl. Komm. zu v. 198.

293 *sender]* Vgl. Komm. zu v. 198.

297 *keiserlîche]* Vgl. Komm. zu v. 141.

327 *edel herze]* Konrad zitiert hier das Kennwort für die von Gotfrid von Straßburg entworfene Welt derer, die die ambivalente Erfahrung der Liebe bejahen und so auch die Erzählung von Tristan und Isolde verstehen können. (Vgl. Klaus Speckenbach, *Studien zum Begriff ›edelez herze‹ im Tristan Gottfrieds von Straßburg*, München 1965.) Bei Konrad ist der Begriff nicht in gleicher Weise aufgeladen (Speckenbach, S. 127), er »erscheint als Synonym für die unverbrüchlich Liebenden und kommt damit dem Gebrauch bei Gottfried relativ am nächsten, darf aber nicht als gleich bedeutungsträchtig überschätzt werden« (Schulze, S. 477; vgl. Wachinger, S. 72). Vgl. aber auch die pointierte Stellung im Schlußvers (588).

337 *want]* Zum Händeringen als konventionalisierter Klagegeste vgl. Komm. zum *Schlegel* (s. o. Nr. 8), v. 423 f.

411 *sundertrahte]* Nur an dieser Stelle belegt (vgl. BMZ III, S. 79; Lexer II, Sp. 1312): »besondere Speise« (zu *trahte* »Speise« wie in v. 425 u. ö.).

437 *gaz]* Vgl. Komm. zu v. 466.

454 *überhort]* Wörtlich: »höchster Schatz« (vgl. Lexer III, Sp. 1627).

462 *wilde ⟨. . .⟩ 464 wilde]* Konrad nützt für dieses Wortspiel die Doppelbedeutung von *wilde*: »unkultiviert, wild« (v. 462, mit Richtung auf »das Wild«) und »fremd, entfremdet« (v. 464). Im Nhd. kann das nicht wiedergegeben werden.

466 *gâz]* Unregelmäßiges Partizip Präteritum von *ezzen*: »gegessen« (Belege und Diskussion DWb III, Sp. 1160f.); *gaz* in v. 437 ist dagegen normales Präteritum mit perfektivierendem *ge*-Präfix.

485 *diu wâre schult]* Eine von Konrad von Würzburg mehrfach gebrauchte Wendung (*Heinrich von Kempten*, hg. von Edward Schröder, Berlin [9]1968, v. 325; *Engelhard*, v. 972): »schicksalhafte Notwendigkeit« (Rölleke, Konrad von Würzburg, S. 124).

515 *triuwe]* Hier im präzisen Sinn von Verpflichtung auf Gegenseitigkeit, wie er z. B. in der *Frauentreue* (hier Nr. 17) das Konzept der ganzen Erzählung begründet; vgl. dort Komm. zu v. 11.

538 *underbint]* Hier nicht »Trennung, Unterschied«, sondern »Verbindung, Zwischenglied«, entsprechend der von Lexer II, Sp. 1780 angesetzten Grundbedeutung: »was zwischen zwei Dingen ist, um sie zu verbinden oder zu trennen«.

547 *liep bî liebe lît]* Vgl. Hartmann von Aue, *Erec*, v. 9420: *sô dâ liep bî liebe lît.*

552-579 *frou Minne gît bî disen tagen ⟨. . .⟩ gerne möhte sehen]* Nach dem Vorbild der ›Minnebußpredigt‹ in Gotfrids von Straßburg *Tristan*, v. 12183-12361 (vgl. Schulze, S. 473).

573 *tiurre]* Komparativ zu *tiure*, mit Synkope des *e* der Komparativendung, vgl. PWG § 54a.

587 *die minne lûterlichen tragen]* Vgl. Komm. zu v. 2.

588 *edel herze]* Vgl. Komm. zu v. 327. Schulze (S. 476) schlägt in Anlehnung an Hs. l als Schluß vor: *Kein edel herze sol verzagen! / – hie hât diz mære ein ende. – / daz got die valschen schende.*

14
DER SCHÜLER VON PARIS (B)

Vorbemerkung: Zur Wahl der Textfassung

Die Geschichte vom *Schüler von Paris* ist im Mittelalter in drei Fassungen erzählt worden, die nicht unmittelbar miteinander zusammenhängen:

– *Der Schüler von Paris A*, entstanden im späten 13. Jahrhundert in Thüringen, überliefert in vier der kleineren Märenhandschriften (p; Frankfurt, germ. 4°2; Bremen, b 42 b, vgl. *Ritter unter dem Zuber* [Nr. 20]; Heidelberg, cpg 4), die z. T. (p, Frankfurt) noch ins 14. Jahrhundert zurückreichen.
– *Der Schüler von Paris B*, entstanden an der Wende des 13./14. Jahrhunderts, überliefert im Handschriftenpaar wi.
– *Der Schüler von Paris C*, entstanden gleichfalls um die Wende des 13./14. Jahrhunderts in Thüringen, überliefert als Ganzes nur in Handschrift m aus der 2. Hälfte des 15. Jahrhunderts.

Der zweifelsohne höfische, die Macht der Liebe sentimental verherrlichende Grundgedanke ist in der ältesten Fassung (A) am wenigsten bewahrt. Der Tod des Geliebten wegen zu frühen Geschlechtsverkehrs nach dem Aderlassen verfehlt das Thema der Überwältigung durch Liebesglück ganz entschieden, und die Einmischung von Schwankmotiven (Mönch als Liebesbote [s. u. Nr. 19], verkleideter Liebhaber) weicht den Ernst der Geschichte zusätzlich auf. Die Fassungen B und C bewahren ihn, wenn auch in unterschiedlicher Form: B in einer gesuchten, am ›geblümten Stil‹ orientierten Sprache, C breiter ausmalend, klarer im Ausdruck.

Die Entscheidung für den Abdruck der Fassung B beruht auf deren älterer und besser kontrollierbarer Überlieferung und auf dem zusätzlichen Reiz, den die Anklänge an den ›geblümten Stil‹ für die dafür sonst gar nicht empfängliche Gattung der Mären bedeutet.

Überlieferung

Der *Schüler von Paris B* ist in zwei der großen Märenhandschriften überliefert:

w (1393, Innsbruck), Bl. 61vb-67vb (Abdruck: Schmid, Codex Vindobonensis 2885, S. 232-251).

i (1456, Tirol, von w abhängig), Bl. 36ra-39va; v. 658-691 Blatt zerstört, z. T. noch die Versanfänge erhalten (Faksimile: Sammlung kleinerer deutscher Gedichte, 36^{r}-39^{v}).

Autor und Entstehung

Ein Autor ist nicht bekannt; als Entstehungszeit wird die Wende des 13./14. Jahrhunderts angenommen. Die Reimsprache (*ê:æ* [v.163 f., 361 f. u. ö.], *uo:u* [v. 111 f., f. u. ö.], *u:o* [33 f.]) deutet auf mitteldeutsches Gebiet (Hessen?).

Text

Die Reime bieten »nicht genug Anhaltspunkte zur Durchführung eines bestimmten Dialektes« (Rosenfeld, S. 27 Anm. 2); andererseits ist die bairische Schreibsprache der Wiener Handschrift (w), nach der eine Ausgabe sich zu richten hat, dem Werk sicherlich fremd. Ich gebe den Text deshalb im Wortlaut der Wiener Handschrift (w), aber in normalisierter Orthographie, die allerdings auf durchgehaltene mitteldeutsche Schreibungen (u. a. *e* < *æ*) Rücksicht nimmt.

An folgenden Stellen (Kursivierung im Text) weiche ich wegen fehlerhaften oder unverständlichen Wortlauts von w ab (meist nach den Vorschlägen von Rosenfeld; notwendige Diskussionen im Stellenkommentar; nicht aufgenommene Besserungsvorschläge weise ich nicht ausdrücklich zurück):

1 *an*] *mit* wi. 5 *unz*] *hintz* wi. 7 *wuntlicher*] *püntleicher* wi.

17 *ez*] *ob ichz* wi. 47 *meizoge*] *mainzog* w *maitzog* i. 65 *dirre*] *der* wi. 71 *unz*] *hintz* wi. 73 *den*] *sein* wi, *ir*] *den* wi. 95 *zit*] *zeigt* w *zeÿt* i. 99 *meizoge*] *mainzog* w *maitzog* i. 123 *in* fehlt wi. 177 *daz*] *daz daz* wi. 214 *herzeser*] *hertz swer* wi. 221 *Ames* wi, *mon*] *moy* w *moys* i. 222 *est*] *eys* wi. 227 *kunt* fehlt wi. 237 *übriger* i] *vbrigeren* w. 238 *wart*] *want* w *wont* i. 241 *erstarp*] *starb* wi. 248 *hiez* i] *heez* w. 252 *schier* i] *sier* w. 264 *began* i] *begar* w. 270 *an*] *hintz an* wi. 276 *ir* fehlt wi. 287 *habe*] *hat* wi. 306 *widerker*] *wider her* wi. 309 *daz den*] *die der* wi. 310 *ez*] *si* wi. 311 *so*] *also* wi. 313-319 in wi unverständlicher, wohl verderbter Text:

Daz sich in plüt so verpirt
Vnd geleich frucht sein ant gespürt
Hat als ain wein traẅbel
Vnd wie daz türtertaẅbl
Tüt, wen ez seins gaten misset,
Also waz ir hertz erwisset,
Jr hertz in jamers klanken.

Rekonstruktionsversuch nach Rosenfeld (vgl. Stellenkommentar). 338 *ir* fehlt wi. 361 *dannoch* i] *damach* w. 369 *jemerlichem* i] *jemerleichen* w. 393 *des* i] *daz* w. 450 *was*] *se* w *so* i. 475 *gar*] *so* wi. 482 *daz*] *do* wi. 497 *sineperen* wi. 498 *wineperen* wi. 502 *ez enge*] *zenge* wi. 507 *hendel* i] *henldl* w. 521 *daz* i] *dach* w. 535 *in*] *in ir* wi. 541 *vngemiter* wi. 58 *getwungen*] *gedrungen* w *twungen* i. 596 *sie* i] *so* w. 606 *sprenglin*] *spreglein* wi. 609 *getlicher*] *gotleicher* wi. 617 *al*] *als* wi. 633 *in ein*] *an in* wi. 643 *in* fehlt wi. 647 *verwirt* i] *verbirt* w. 650 *minn* i] *mimn* w. 651 *man* i] *wan* w. 655 *dich*] *dir* wi. 659 *immer* w. 681 *die*] *den* w, *enkustet* w. 683 *nach*] *auz* w. 685 *nutur* w. 689 *sie*] *so* w. 690 *man*] *nu* w. 699 *din* fehlt w.

Motivik, Quellen, Thematik

Das Märe geht von einer ähnlichen Grundkonstellation aus wie die *Frauentreue* (Nr. 17), ist aber einfacher gebaut. Es braucht für sein Thema nur die beiden korrespondierenden Motive:

- Tod eines Mannes aus übermäßigem Liebesglück (Parallelen diskutiert Rosenfeld, S. 481-486, ohne präzises Ergebnis),
- Tod einer Frau an der Bahre des Mannes (Parallelen im Komm. zur *Frauentreue*).

Weiteres wird von Fall zur Fall für die Gestaltung des Handlungsverlaufs herangezogen, so in der Fassung B das verbreitete Motiv von der Einschließung des Mädchens im Turm zur Bewahrung ihrer Reinheit (Motif-Index T 381; Rosenfeld, S. 491 f.) und das Hochziehen des Liebhabers an einem Seil (vgl. z. B. die Schwankballade vom *Schreiber im Korb*: VL^2 VIII, Sp. 852 f. und die Illustration zu Kristan von Hamle in der Großen Heidelberger Liederhandschrift, Bl. 71^v).

Die Grundkonstellation, die den *Schüler von Paris* auszeichnet, findet sich in der Kombination der beiden Kernmotive sonst nirgends. Die nahe benachbarten Texte unterscheiden sich alle darin, daß sie für den Tod des Mannes jeweils spezifische Begründungen geben:

- Marie de France, *Les dous amanz* (Marie de France, Lais, S. 250-267): der Liebhaber hat vergessen, für eine Kraftprobe sein Stärkungsmittel einzunehmen;
- Boccaccio, *Decameron* IV,8 (S. 411-417: *Girolamo und Salvestra*; deutsch von Witte/Bode, S. 364-370): der Liebhaber wird bei seiner Wiederkehr verschmäht und tötet sich aus Verzweiflung im ehelichen Schlafzimmer seiner Geliebten, indem er die Luft anhält. (In der nah verwandten Version Giovan Francesco Straparolas, *Piacevoli notti* IX,2 [Bd. 2, S. 101-105; deutsch von Floerke, Straparola, S. 233-239] bricht ihm aus Verzweiflung das Herz.)
- Margarete von Navarra, *Heptameron*, Nr. 50 (S. 323-327; deutsch von Widmer, Heptameron, S. 559-564): dem Liebhaber bricht beim Rendezvous die Wunde vom Aderlaß auf, der durch den Liebeskummer notwendig geworden war.

Es spricht vieles dafür, daß die Reduktion des ersten Minnekasus auf die Überwältigung durch Liebesglück das Spezifikum der deutschen Fassungen ist (das dann vom Autor der Fassung A wieder rückgängig gemacht worden wäre): es läßt sich am ehesten verstehen als Ausformulierung einer Gedankenfigur, wie sie sich in Erzählliteratur (Heinrich von Neustadt, *Apollonius*, hg. von Samuel Singer, Berlin 1906, v. 11960) und in Minnelehren findet: *Wenne ich ir gunst unt vriuntschaft möht erwerben / so wær mir wol ze muote, / ich wolt ouch in den vröuden gerne sterben* (*Des Minners Klage*, hg. HMS III, S. 432-437, Str. 43,5 f. Vgl. Rosenfeld, S. 483). In seiner schlichten Eindeutigkeit und Umstandslosigkeit kommt das der höfisch-sentimentalen Tendenz der Geschichte sehr entgegen. Die Fassung B, die hier gedruckt wird, versucht diese emphatische Verherrlichung der Liebe noch durch eine – nicht immer glückliche – Stilisierung der Sprache zu unterstützen, die sich mit Genitivumschreibungen, rhetorischen Figuren (vgl. Komm. zu v. 44), dunkler Bildlichkeit (vgl. Komm. zu v. 86, 606 u. ö.) und gesuchtem, teilweise nur in der Frauenlob-Tradition zu belegendem Vokabular (vgl. Komm. zu v. 308, 497, 498, 606, 607, 611, 612, 681 u. ö.) an den Mustern des geblümten Stils orientiert.

Von wo die deutschen Fassungen ihren Ausgang genommen haben, ist nicht zu klären. Da kaum anzunehmen ist, daß die romanischen Versionen, Boccaccio und Margarete von Navarra, von den deutschen Mären angeregt sind, sie diesen aber näherstehen als der Lai der Marie de France, wird man am ehesten eine romanische Ausgangsform (ein verlorenes Fabliau: Rosenfeld, S. 471-480) für Mären und Novellen annehmen. Über ihre Gestalt und auch über die Frage, ob für die drei deutschen Mären eine vermittelnde deutsche Vorstufe angenommen werden soll, ließe sich nur spekulieren.

Literaturhinweise: Kurt Burchardt, *Das mhd. Gedicht von der »Frauentreue«*, Diss. Berlin 1910, S. 106-116; Fischer, Studien, 240, 400 f. (Lit.); Rosenfeld, Novellenstudien, S. 163-524; Schirmer, Stil- und Motivuntersuchungen, S. 7, 175-178, 187 und Anm. 129; Stehmann, Studentenabenteuer, S. 146-153; Strasser, Vornovellistisches Erzählen, S. 141, 295

Anm. 991; VL² VIII, Sp. 867-869 (Rolf Max Kully); Ziegeler, Erzählen im Spätmittelalter, S. 259-266, 274 Anm. 31, 288-290, 293.

Stellenkommentar

Überschrift: nach der Wiener Handschrift (w), normalisiert: »Hier fängt die Erzählung von den zwei Liebenden aus Paris an«.

10 *minne und liebe]* Der Autor spielt hier und im weiteren mit der Doppelbedeutung von *liebe*: »Freude« und »Liebe«, gleichzeitig auch mit dem partiellen Zusammenfallen von *minne* und *liebe*.

11 *griezwertel]* Aufseher und Richter bei den gerichtlichen Zweikämpfen und Turnieren, wohl von *Grieß* »Gestade, Strand« als Kampfplatz (vgl. DWb IV/I, 6, Sp. 277) abgeleitet (DWb IV/I, 6, Sp. 285-288).

12 *er schrei]* Unvermittelter Neueinsatz: »Sind hier Verse ausgefallen?« (Rosenfeld, S. 294).

13 *ich ger der stangen]* »Ich erkläre mich für überwunden«: »wenn einer sich im Zweikampfe für überwunden erklärte, so schob der Grießwart eine Stange zwischen die Kämpfenden und trennte sie damit« (BMZ II/1, S. 640).

20 *frecher hoher muot]* Umschreibender Ausdruck für den Geliebten (Rosenfeld, S. 294 zu v. 13 f.).

24 *Johannes]* Es ist unklar, wen der Dichter hier meint. Rosenfeld verwirft seine Idee, es könne sich um Johannes von Würzburg (vgl. VL² IV, Sp. 824-827) handeln, wegen fehlender weiterer Anhaltspunkte zu Recht wieder (S. 294). Vgl. aber Komm. zu v. 613. Fischer, Studien, S. 251 Anm. 17 vermutet eine »bekannte und angesehene historische Gestalt«.

26 *fruchtic]* Wörtlich: »fruchttragend«, die Übersetzung versucht den Bildbereich zu wahren.

39 *meisterlicher lere]* Wörtlich: »die Lehren der Meister = Magister« (vgl. *Vocabularius Ex quo*, M 43), also: das, was Gelehrte unterrichten.

41 *der naturlichen kunst]* Vgl. *Philosophia ein naturlich kunst* (*Vocabularius Ex quo*, P 527), aber auch: *Philosophia naturalis naturlich kunst / kunst der nature* (ebd. P 527/528).

44 *fluchte]* Sicher nicht in der Bedeutung »Flucht« (vgl. Lexer III, Sp. 418), sondern als sonst nicht belegte Ableitung zu *vluc* »Flug« (Lexer III, Sp. 415 f.) zu stellen. Zum Bild vgl. Rosenfeld, S. 237 (zu v. 293 der Fassung C). Wohl ein Versuch, die im geblümten Stil beliebte Stilfigur der *figura etymologica* (= Verbindung zweier Wörter des gleichen Stammes) zu imitieren. Vgl. auch v. 210 f.

50 *gebrimme]* Ein sonst nicht belegtes Wort, abgeleitet von *brimmen* »brummen, brüllen«; vielleicht ein mißlungener Versuch zu gesuchter Ausdrucksweise. (Vgl. aber Rosenfeld, S. 295 f.)

63 *der sunnen blichen]* Wörtlich: »das Glänzen der Sonne«.

66 *nam den sprunc]* So nicht belegt; wohl analog gebildet zu *von sprunge gên*, *von sprunge varn* »anheben, beginnen« (Lexer II, Sp. 1121).

71 *uzgenam]* »Wohl aus: *nemen* = lernen, kennen lernen, *ûznemen* also: ›vollständig erkennen‹« (Rosenfeld, S. 295).

86 *der fantasien spur problem]* Im Anschluß an Rosenfeld, S. 295: *problem* »Rätsel« (vgl. *Vocabularius Ex quo*, P 1122), *spur* »Fährte« als Effekt.

87 *gezwirnet]* Mit Rosenfeld (S. 295) als Ableitung von *zwirn* »zweimal« aufgefaßt: »verdoppelt«.

88 *erkirnet]* »Wie einen Kern aus der Schale brechen: 〈. . .〉 vollständig darlegen« (Lexer I, Sp. 642). Anders Rosenfeld (S. 295 f.): »kernhaft, vollkommen machen«.

104 *letzen]* Lehnwort aus lat. *leccio* »Lesung, Vorlesung«, vgl. *Vocabularius Ex quo*, L 152, App.; Lorenz Diefenbach, *Novum glossarium Latino-Germanicum mediae et infimae aetatis*, Frankfurt a. M. 1857, S. 322. Rosenfelds »Abschied« paßt nicht.

140 *gelückes kreiz]* Das Rad der Fortuna als Symbol des wandelbaren Glücks und der Schicksalsbestimmung.

149 *selbander 〈. . .〉 meit]* Wörtlich: »sie selbst als zweite mit der alten Zofe.«

159 *Grant Pont]* Der Grand Pont, später Pont au Change, von Chatêlet zur Seine-Insel führend, war mit Ladengeschäften und Kaufmannswohnungen bebaut und eines der Handelszentren im mittelalterlichen Paris; vgl. den Plan von Paris v. J. 1550 in: *Ville de Paris. Commission Du Vieux Paris*, Cahiers de La Rotonde 9, Paris 1986.

179 *sin herz krachte]* Das Bild (wörtlich: »sein Herz krachte [vor Freude]«) ist im Mhd. konventionell und weit verbreitet (zahlreiche Belege bei Rosenfeld, S. 297); es ist in der Gegenwartssprache nicht mehr geläufig und muß ersetzt werden.

210 *flucht]* Vgl. Komm. zu v. 44.

216 *gemant]* Belege für die Bedeutung »gebracht« bei Rosenfeld, S. 297.

221 f. *amis 〈. . .〉 est mis]* Einlage in der höfischen Modesprache Französisch: »Mein Freund, mein süßer Freund / Dir ist mein Herz übergeben.«

276 *wemeren]* Ein im Mhd. sonst noch kaum belegtes Wort, vgl. DWb XIV/2, Sp. 223 f., und Rosenfeld, S. 298.

284 *Venus, frou, daz selbe schrip]* Ganz ähnlich bei Ulrich von Türheim, *Tristan*, v. 1796: *Vrouwe Minne, diz wunder schrîp*!

307 *vesper]* Lat. Lehnwort, das ebenso den Abend als Tageszeit meint wie die vorletzte der kanonischen Tagzeiten des Stundengebets, die – als die Zeit der Kreuzabnahme Christi – besonders der Betrachtung des Leidens und Sterbens Christi gewidmet war. Diese Bedeutung wird hier mitspielen.

308 *zesper]* Die Bedeutung von *zesper* ist auch an den anderen Belegstellen (vgl. Lexer III, Sp. 1098, und Rosenfeld, S. 299) unklar. Auf jeden Fall handelt es sich um eine (grüne, violette) Pflanze oder den Teil einer solchen. Vgl. (Ps.-)Frauenlob, hg. von Ludwig Ettmüller, Quedlinburg und Leipzig 1843, 286,16.

313-319 *daz sich sin 〈. . .〉 jamers klanken]* Der überlieferte Wortlaut ist unverständlich, vgl. oben zu *Text*. Der Besserungsvorschlag Rosenfelds (S. 299), dem ich folge, entfernt sich allerdings sehr weit von der Überlieferung und kann nur als Annäherung an einen verständlichen Text aufgefaßt werden.

316 *trinkt wan wazzer trüebe]* Steht in der Handschrift vor v. 315: *Hat als ein wein traẅbel.* Zur Begründung der waghalsigen, aber immerhin einen verständlichen Zusammenhang herstellenden Änderung Rosenfeld, S. 299 f.

323-325 *so het sie sich ⟨. . .⟩ an eines andern stat]* Übersetzung in Anlehnung an den Vorschlag Rosenfelds (S. 300). *Verhandeln* »mißhandeln«: Lexer III, Sp. 391.

383 f. *note : tote]* Präterita zu *nœten* und *tœten* mit Rückumlaut und Synkope (aus *notete* und *totete*, vgl. PWG § 54).

394 *engagen]* Bair.-schwäb. Nebenform zu *engegen* (PWG § 137).

428 *als liep und]* Zu *und* »wie« als modaler Partikel vgl. PWG § 465,3. Genau in der gleichen Floskel verwendet es Ulrich von Türheim, *Tristan*, v. 1394.

431 *im opfer dar trage]* Das Darbringen der Gaben im Rahmen der Meßliturgie, das in der Totenmesse einen besonders betonten Ort hatte (vgl. LThK VII, Sp. 1118, 1176). Vgl. auch v. 437.

458 f. *ein teil begund erlangen / der jungen studenden]* Die Konstruktion ist völlig korrekt: *ein teil* ist Objekt zu *erlangen*, *der ⟨. . .⟩ studenden* attributiver Genitiv. Der Besserungsvorschlag von Schmid, Codex Vindobonensis 2885, S. 244 (*dez ⟨. . .⟩ studenden*) ist überflüssig.

464 *selgeret]* Hier nicht in konkreter Bedeutung als der Kirche vermachter Besitz zum Heile der Seele (DWb X/I, Sp. 44-46), sondern wohl übertragen: das Gebet als Stiftung zum Wohle des Toten.

468 *gebende]* Die vom Kinn aus über die Wangen nach oben gebundene Kopfbedeckung der Frau, vgl. Komm. zur *Frauentreue* (s. u. Nr. 17), v. 78.

478 *legen]* Zu absolut gebrauchtem *legen* »begraben« vgl. die Belege aus Herbort von Fritzlar und Hartmanns *Rede vom Glauben* in BMZ I, S. 991.

497 *simeren]* Das überlieferte Wort *sineperen* ist nicht be-

legt. Rosenfeld, S. 301, ändert zu *timberen* »finster machen, sich verfinstern« (vgl. Lexer II, Sp. 1439); Schmid, Codex Vindobonensis 2885, S. 245, wählt *simperen* als »Vermischung« von *simeren* »jammern, klagen« (Rheinisches Wörterbuch VIII, Sp. 147) und *simpen* »anhaltendes Weinen von Kindern« (ebd. Sp. 150). Näher liegt Verschreibung oder Nebenform zu *simeren* selbst.

498 *hechsen]* Wohl orthographische Variante zu *heschen* »schluchzen« (Lexer I, Sp. 1278). – *wimeren]* Das überlieferte *wineperen* ist nicht belegt; vielleicht ist es orthographische Variante zu dem allerdings auch noch kaum belegten *wimmer(e)n*, vgl. Komm. zu v. 276.

505 *kirrte]* Schwache Form von *kerren* »schreien« (DWb V, Sp. 613).

506 *verdirrte]* Wörtlich: »ausdörrte« (zu: *verderren*).

606 *sprenglin]* Die Form ergibt sich aus dem Reim, die Bedeutung ist unklar. Sicherlich hängt sie nicht mit dem belegten *sprengelin* »(Haut-)Flecken, Mal« (Lexer II, Sp. 1114) zusammen, das in geblümter Rede häufiger für Genitivumschreibungen verwendet wird, z. B. bei Frauenlob: *wip, der ere ein sprengel* (VIII, *20,17) und in der *Minneburg*, v. 3379: *irs namen sprengel.*

607 *zinzerlich]* Die Bedeutung ist auch an den übrigen Belegstellen (Lexer III, Sp. 1130; Findebuch, S. 490: Ottokars *Reimchronik*; vgl. auch Komm. zu *Frauentreue*, v. 78: *zwinzerlich* »funkelnd«) nicht völlig klar. Nahe liegt aber eine Charakterisierung des ornamentalen Eindruckes.

608 Nach diesem Vers vermuten Rosenfeld (S. 302) und Schmid, Codex Vindobonensis 2885, S. 248, mindestens ein ausgefallenes Reimpaar.

611 *gedisparieret]* Das Wort ist sonst nicht belegt (Findebuch, S. 68 meint diese Stelle); Rosenfeld leitet es von lat. *disparare*, frz. *desparer* »ornatu spoliare« ab (S. 302).

612 *gefisimieret]* Das Wort ist sonst nicht belegt; ein Zusammenhang mit *visament* »Physiognomie, Aussehen, Wappenbeschreibung« bzw. *visieren* (Schmid, Codex Vindobonensis 2885, S. 248) ergibt keinen brauchbaren Sinn. Rosen-

feld (S. 302) konjiziert *gesismatieret* zu altfrz. *sismater* »spalten«. Der Sinn könnte damit getroffen sein, die Konjektur ist vielleicht sogar überflüssig, wenn eine Beziehung zu frz. *fissurer* »spalten« bzw. altfrz. *fissure* »Spalte, Riß« (*Altfranzösisches Wörterbuch*, Adolf Toblers nachgelassene Materialien, bearbeitet und hg. von Erhard Lommatzsch, Bd. 3, Wiesbaden 1954, Sp. 1884) angenommen werden darf. Der Bedeutung nach träfe auch *vizieren* (aus lat. *vitiare*) »beeinträchtigen, zerstören« den Sinn der Stelle, doch ist das Wort erst ab 1362 und nur in ripuarischen und klevischen Urkunden belegt (vgl. Arvid Rosenquist, *Der französische Einfluß auf die mittelhochdeutsche Sprache in der zweiten Hälfte des XIV. Jahrhunderts*, Helsinki 1943, S. 641).

613 *uf rotem veld ein nackent kint]* So auch in Johanns von Würzburg *Wilhelm von Österreich* (hg. von Ernst Regel, Berlin 1906), v. 3909 und 3985. Amor als Wappenfigur *gemâlet als ein nacket man* auch in Konrads von Würzburg *Partonopier und Meliur*, v. 20728.

630 *getempert]* Die Vermischung der vier Elemente im Menschen ist die Grundlage der medizinischen (galenischen) Anthropologie im Mittelalter; sie schlägt sich in der Lehre von den vier Körpersäften und den vier Temperamenten nieder (vgl. LMA III, Sp. 1800-1802).

645 *einz bim andern huchet]* Wörtlich: »eines mit dem anderen haucht = atmet«.

647 *verwirt]* Zu *verwirren* »sich verwickeln, in Kampf geraten«, transitiv in der Bedeutung »entzweien« belegt (Lexer III, Sp. 311).

648 *sin honic ein galle wirt]* Das Bild ist verbreitet, vgl. etwa: Hartmann von Aue, *Der arme Heinrich*, hg. von Hermann Paul/Gesa Bonath, Tübingen [15]1984, v. 152; Walther von der Vogelweide, 25,18; Freidank, 30,25. Weiteres bei Rosenfeld, S. 303.

667 *welch sünd nicht wider natur si]* Vgl. Andreas Capellanus, S. 162: *Credo tamen, in amore Deum graviter offendi non posse; nam quod natura cogente perficitur, facili potest expiatione mundari.*

681 *entgustet]* Das Wort ist nicht belegt. Rosenfelds (S.

303) Erklärung schließt an *gusten* »besänftigen, beruhigen« bei Ps.-Frauenlob, Minneleich, hg. von Ludwig Ettmüller, Quedlinburg und Leipzig 1843, 25,3-4, an: *entgusten* »in Unruhe versetzen, reizen«. Wörtlich hieße die Stelle also: »Wenn die Natur (den Menschen) reizt«.

688 *guotlich vor gesachet]* Ich verstehe: »Nach ihrer Qualität (*guotlich*) vorher eingerichtet« (vgl. Rosenfeld, S. 303).

698 *sant Augustinus schribet]* Rosenfeld verweist auf *De praedestinatione sanctorum* I,8: *nimium gratia ista secreta est: gratiam vero esse quis ambigat? haec itaque gratia, quae occulte humanis cordibus divina largitate tribuitur, a nullo duro corde respuitur* (MPL 44, Sp. 972).

15
PYRAMUS UND THISBE

Überlieferung

Das Märe ist nur in zwei eng verwandten Märenhandschriften überliefert:

w (1393, Innsbruck), Bl. 20ra-24ra (Abdruck: Schmid, Codex Vindobonensis 2885, S. 98-110).

i (1456, Tirol, von w abhängig), Bl. 14va-17ra (Faksimile: Sammlung kleinerer deutscher Gedichte, Bl. 14^{v}-17^{r}).

Autor und Entstehung

Ein Autor ist nicht bekannt. Für die Entstehungszeit stehen als Anhaltspunkte nur die Überlieferung (1393) und – als wenig zuverlässiges Kriterium – die Sprachbehandlung zur Verfügung. Auf dieser Grundlage setzt man das Gedicht allgemein in die 1. Hälfte des 14. Jahrhunderts (z. B. VL ²VII, Sp. 929).

Text

Das Märe ist bisher nur im normalisierten und durch einzelne Konjekturen verbesserten Text der Wiener Handschrift (⟨Moriz⟩ H⟨aupt⟩, *Pyramus und Thisbe*, in: ZfdA 6 [1848], S. 504-517) und durch einen buchstabengetreuen, stellenweise fehlerhaften Abdruck der gleichen Handschrift mit den Abweichungen der Innsbrucker (Cramer, Mæren-Dichtung, Bd. 1, S. 112-125) zugänglich.

Das Fehlen aller Anhaltspunkte für die Datierung und die Überlieferungslage, die wegen der vermutlich direkten Abhängigkeit der Innsbrucker Handschrift von der Wiener kaum Kontrollmöglichkeiten bietet, legen eine Edition nach dem Leithandschriftenprinzip nahe. Andererseits enthält der Text der Wiener Handschrift Hinweise auf eine vorausliegende Textgestalt, die diese in die Nähe ›klassischen‹ Sprachgebrauchs rückt: dazu zählen die anfänglich konsequente Kennzeichnung von æ (durch ⟨ë⟩), der Hinweis auf nicht apokopierte Reimformen in v. 3 f. (Hs. w: *mër : gewëre*), de r undiphthongierte Formen fordernde Reim *haws : pyramus* (v. 29) und die in der Konsequenz davon einzuführenden *ei* statt *ai* und *ou* statt *au*. Die Durchführung der daraus abzuleitenden Eingriffe in den Text der Wiener Handschrift läßt sich allerdings nur bei konsequenter Normalisierung rechtfertigen; andernfalls mischten sich aktuelle und Vorlagenschreibungen zufällig.

Ich biete hier also einen orthographisch normalisierten, von metrisch begründeten Eingriffen aber freien Text, zu dem die (nicht orthographisch oder metrisch bedingten) Abweichungen der Innsbrucker Handschrift (= i) angemerkt sind. Über die Normalisierungen hinausgehende Korrekturen am Text der Wiener Handschrift (= w) sind im Text kursiviert und im folgenden Lesartenverzeichnis nachgewiesen (ohne Nachweis: regelmäßiges *anander* w < *einander*, *div* w *dew* i < *die*: v. 95, 147, 172, 181).

2 *ich nicht* i] *icht micht* w. 2 f. *mër : gewëre* w, *mär : gewär* i.

11 *so*] *ez so* w *et so* i. 18 f. *guoter minne* ⟨. . .⟩ *triuwe wil*] *anders* (*ander* i) *nit gert* / *Guter minne noh stet trew* wi. 32 *set* wi. 41 *wolten* wi. 42 *Von irer steter* (*steten* i) *minne* wi. 44 *nemen* w *numen* i. 46 *nicht lenger* wi. 52 *was ez*] *E* wi, *zesamen* i] *samen* w. 74 *müzz* wi. 79 *retten* i] *reteten* w. 87 *vest* wi. 98 *Jn* wi. 106 *dank* wi. 117 *weib* w *weiben* i. 119 *komen* i] *kom* w. 120 *frum* w *frummen* i. 125 *nû*] *Du* wi. 143 *verren* i. 163 *von dan hin* wi. 165 *gedenk* w. 184 *wart ze sawr* w *was ze sawer* i. 211 f. *zart : pewart* wi. 214 *verquelt* wi. 222 *Wes* wi. 236 *gelebt* wi. 246 *solcher* i] *solhe* w. 250 *phlac* i] *plak* w. 274 *rôt* i] *tot* w. 276 *waz*] *war waz* w *war vmb waz* i. 290 *dâ* fehlt i. 297 *volt gesprah* w *vol versprach* i. 333 *ist* fehlt wi. 334 *dînen*] *den* i. 336 *all* wi. 341 *ûz*] *Fraw venus auz* w. 380 *Swem* w *wenn* i. 388 *überstrebt* i] *vberstrest* w. 395 f. *huote : guote* i] *hut : gut* w. 405 f. *chüsten : gelust* w *chüsten : gelusten* i. 430 *grozzs* w *grosses* i. 431 *si*] *si in* wi. 437 *hertz* wi. 438 *smercz* i. 445 *kind* wi. 446 *vinden chunt* wi. 450 *ergang* w *ergangen* i. 455 *lût und wiefen*] *lawt waffen* wi. 456 *riefen*] *rufften* w *raften* i. 477 *die grab* i. 480 *ainem grab in* wi.

Motivik, Quellen, Thematik

Die Geschichte geht auf Ovids *Metamorphosen* (IV, 55-166) zurück; seine Quellen sind nicht bekannt, eine »hellenistische ⟨. . .⟩ Sammlung vorderasiatischer Erzählungen« wird vermutet (P. Ovidius Naso, *Metamorphosen*, Kommentar von Franz Bömer, Buch IV-V, Heidelberg 1976, S. 33). Sie gilt als eine der Liebesgeschichten, die als Vorläufer für den hellenistischen Roman angenommen werden (Bömer ebd.; Erwin Rohde, *Der griechische Roman und seine Vorläufer*, Leipzig 1846, S. 154).

Von Ovid aus hat die Geschichte von *Pyramus und Thisbe* ihren Weg in die Weltliteratur genommen (vgl. Hart, Schmitt-von Mühlenfels), und Pyramus und Thisbe sind zu einem der Musterliebespaare geworden (Beispiele für das deutsche Mittelalter bei Fischer, Studien, S. 109 Anm. 33).

Boccaccio (*De claris mulieribus*, cap. 12, in: Pier Giorgio Ricci, Giovanni Boccaccio. *Opere in versi. Corbaccio* 〈. . .〉 *Prose Latine. Epistole*, Mailand und Neapel 1965, S. 722 f.), Chaucer (*The Legend of Good Women*, chapt. II, in: *The Riverside Chaucer*, 3rd Edition, hg. von Larry D. Benson, Oxford 1988, S. 606-608) und vor allem Shakespeare im *Sommernachtstraum* waren wichtige Stationen. In der deutschen Literatur hat Andreas Gryphius in seiner *Absurda Comica oder Herr Peter Squentz* (1657) Shakespeares Umdeutung ins Grobianisch-Komische aufgenommen.

Im Mittelalter ist Ovid viel gelesen worden (zusammenfassend Hartmut Kugler, VL^2 VII, Sp. 247-273), vom 12. Jahrhundert an zählte er zu den Schulautoren (vgl. z. B. James H. McGregor, *Ovid at School: From the Ninth to the Fifteenth Century*, in: Classical Folia 32 [1976], S. 29-51) und wurde vielfach kommentiert und übersetzt; auch für die Geschichte von *Pyramus und Thisbe* ist Verwendung im Schulunterricht nachgewiesen (Robert Glendinning, *Pyramus and Thisbe in the Medieval Classroom*, in: Speculum 61 [1986], S. 51-78).

Auch poetische Bearbeitungen des Stoffes gibt es in größerer Zahl; Heinz Peter Uebach (*Zwei mittellateinische Pyramus- und Thisbe-Dichtungen*, Bern und Frankfurt a. M. 1975) zählt insgesamt sechs, darunter

- eine, die Matthäus von Vendôme (Mitte 12. Jahrhundert) zugeschrieben wird (hg. von Franco Munari, in: Studi italiani di filologia classica 31 [1959], S. 65-77; gegen die Autorschaft des Matthäus: Bruce Harbert, *Matthew of Vendôme*, in: Medium Aevum 44 [1975], S. 225-237);
- die Dichtung des sog. Dietrich (Tidericus, vgl. VL^2 IX, Sp. 922 f.), die weit verbreitet und im *Registrum multorum auctorum* (v. 714-715c) des Hugo von Trimberg (1280) erwähnt ist (hg. von Uebach, S. 77-99).

Von den volkssprachigen Bearbeitungen ragt der bereits um 1170 verfaßte altfranzösische Lai *Piramus et Tisbé* heraus (hg. von Francesco Branciforti, Florenz 1959, S. 158-209; englische Übersetzung in: *Three Ovidian Tales of Love*, edited and translated by Raymond Cormier, New York und London 1986, S. 3-83), deutsch erscheint die Geschichte später bei Hans Sachs, hg. von Keller/ Goetze, Bd. 2, S. 312 f.) und in einigen anonymen Meisterliedern (in: Georg Wickram, *Werke*, hg. von Johannes Bolte, Bd. 8, Tübingen 1906, S. 288-293).

Es spricht wenig dafür, daß der Autor des deutschen Märe von einer anderen Vorlage als dem Text Ovids ausgegangen ist (vgl. Bartsch, p.LXIII; Hart, S. 38 f., will ohne Grund das Fabliau voraussetzen; Knapp, S. 150, folgt ihm unverständlicherweise). Keine der Bearbeitungen erreichte nur entfernt dessen Verbreitung, und auch spezifische Detailbezüge lassen sich nicht beobachten. Die Bearbeitung des antiken Textes bleibt im Rahmen der Freiheiten, die mittelalterliche Autoren sich zu nehmen pflegen. Hier handelt es sich um Eingriffe in Einzelheiten (z. B. die Streichung des Grabes des Ninus als Treffpunkt, vielleicht, weil das eine Erklärung erfordert hätte), vor allem aber um

– die konsequente Herauslösung der Geschichte aus dem Erzählkontext und ihre Verselbständigung nach dem Märenmuster, vor allem durch den märentypischen Vorspruch (Sprecher-Thematisierung, sprechen-schweigen-Variation, Berufung auf erzählte Quelle [vgl. v. 15 und 48], Wahrheitsbeteuerung) und die in ihm evozierte Märenerzählsituation (mitsamt der Nennung des Terminus: v. 3);
– die planvolle Ausrichtung auf das im Prolog genannte Thema von der Macht der Minne (v. 7: *der minne meisterschaft*): im Handlungsteil durch die Betonung der Widerstände (*huote*) und den Vorwurf ihrer Unangemessenheit (v. 58, v. 393-397), auch durch die vorbestimmte Zusammengehörigkeit (Geburt am gleichen Tag: v. 35) und die perfekte Harmonie der Klagenden (vgl. Komm. zu v. 409-414), am Ende in der Auszeichnung des toten Paares durch die legendenhaften Wunder Gottes: die Verfärbung des Maulbeerbaumes und den die beiden Gräber umschlingenden Rebstock. Den Rebstock kennen weder

Ovid noch die anderen Bearbeitungen; er ist eindeutiger Verweis auf das Ende Tristans und Isoldes (vgl. Komm. zu v. 473-480). Die Verfärbung des Maulbeerbaumes erklärt sich bei Ovid aus dem Blut des Pyramus, das über die Wurzeln in die Früchte steigt (v. 126 f.), und auch die vorausgehende Schwärze der einstmals weißen (v. 90) Beeren ist dort ›natürlich‹ begründet: das wie eine Fontäne aufspritzende Blut hat sie geschwärzt. Der deutsche Autor streicht dies alles, geht gleich von Beeren in der schwarzen Farbe der Trauer aus und läßt sie durch ein Wunder Gottes in die rote Farbe der Liebe verwandeln.

Die deutsche Version von *Pyramus und Thisbe* stellt sich so den Mären zur Seite (Strasser, S. 172, 180), die die Gewalt der Liebe ins Bild rücken und dabei – wohl in Auseinandersetzung mit dem Tristan-Stoff (vgl. die Parallelisierung in einer Minnerede: Fischer, Studien, S. 109 Anm. 33) – ihre zerstörerische Macht in eine höhere (christliche) Wahrheit einzubinden versuchen (Konrads von Würzburg *Herzmäre* [hier Nr. 13], *Schüler von Paris* [Nr. 14], *Hero und Leander* [Fischer, Studien, S. 350f, Nr. 59], auch: *Die Frauentreue* [Nr. 17]).

Literaturhinweise: Karl Bartsch, *Albrecht von Halberstadt und Ovid im Mittelalter*, Quedlinburg und Leipzig 1861, p.LXII sq.; Fischer, Studien, S. 109 Anm. 33, 110, 382 (Lit.); Georg Hart, *Ursprung und Verbreitung der Pyramus- und Thisbe-Sage*, 2 Tl.e, Passau 1889 und 1891, bes. T. 1, S. 36-43; Fritz Peter Knapp, *Der Selbstmord in der abendländischen Epik des Hochmittelalters*, Heidelberg 1979, S. 150-155; Londner, Eheauffassung, S. 141-158; Brian Murdoch, *›Pyramus und Thisbe‹: Spätmittelalterliche Metamorphosen einer antiken Fabel*, in: *Zur deutschen Literatur und Sprache des 14. Jahrhunderts. Dubliner Colloquium 1981*, hg. von Walter Haug, Timothy R. Jackson und Johannes Janota, Heidelberg 1983, S. 221-237; Lutz Röhrich, *Antike Motive in spätmittelalterlichen Erzählungen und Volksballaden*, in: *Kontinuität und Transformation der Antike im Mittelalter*, hg. von Willi Erzgräber, Sigmaringen 1989, S. 327-344, bes. 328; Schirmer, Stil- und Motivuntersuchungen,

S. 175-178; Franz Schmitt-von Mühlenfels, *Pyramus und Thisbe. Rezeptionstypen eines ovidischen Stoffes in Literatur, Kunst und Musik*, Heidelberg 1972, S. 71 f.; Strasser, Vornovellistisches Erzählen, S. 172, 180; VL[2] VII, Sp. 928-930 (Karl-Heinz Schirmer und Franz-Josef Worstbrock); Ziegeler, Erzählen im Spätmittelalter, S. 258-281.

Stellenkommentar

Überschrift: nach der Wiener Handschrift, normalisiert.

1 *sprechen oder sagen]* Doppelformel, die nicht unterschiedliche Redeweisen meint, sondern wohl als ganze auf die Vortragssituation zu beziehen ist. Es handelt sich um eine Variante der Tacete- und Audite-Formeln, die bei der Eröffnung des Märenvortrages eingesetzt zu werden pflegen, um die Aufmerksamkeit des Publikums zu binden (vgl. Fischer, Studien, S. 262-265).

7 *meisterschaft]* Hier im Sinne von »Meister über jemanden sein, jemanden beherrschen« (vgl. Lexer I, Sp. 2088 f.).

15 *hôrt lesen]* Belege für *hœren lesen* als Vortragsweise von Mären bei Fischer, Studien, S. 267 Anm. 71; Fischer erwägt zu dieser Stelle ohne endgültige Entscheidung die Bedeutung »vorlesen« und die Möglichkeit des Rückschlusses auf eine »Buchquelle«, »die für dieses ovidianische Sujet ja möglich wäre« (S. 250 Anm. 13). Die Erwähnung eines Buches als Quelle in v. 48 macht diese Möglichkeit sehr wahrscheinlich.

18 f. *guoter minne ⟨. . .⟩ stæ te triuwe wil]* Haupts Kommentar zu seiner Konjektur: »die verbesserung so verderbter zeilen in einem gedichte weder guter zeit noch gebildeter kunst muß unsicher bleiben« (S. 504).

24 *wârheit]* Zahlreiche Belege zu *wârheit* für wahrheitsgemäße Quelle, »personifiziert wie bei andern Dichtern die Aventiure«: BMZ III, S. 520. Zur Wahrheitsberufung in der Mären-Dichtung Fischer, Studien, S. 250-252.

48 *buoch]* Vgl. Komm. zu v. 15.

52 *was ez]* Konjektur in Haupts Text (Handschrift: *Ez*).

60 *und]* Zu *und* als Einleitung von Konditionalsätzen vgl. PWG §§ 445 Anm. 1.

66 *verselt]* Wohl zu *verselwen* (Haupt) »beschmutzen, trüben, verdunkeln« (Lexer III, Sp. 224).

70 *schriren ⟨...⟩ wâfen]* Der Ruf *wâfen!, wâfenâ!* (wörtlich: »Waffen! Rüstung!«) ist aus der engen Bedeutung des Drohgeschreis im Kampf zur allgemeinen Schmerz- und Drohgebärde geworden.

87 *veste]* Haupt schlägt als Konjektur zum überlieferten *fest* vor: *fürsten* (S. 506, Anm.: »ich denke die 26 erwähnten *zwêne künige*«).

90 *schrant]* Zu *schrinden* »bersten, sich spalten« (Lexer II, Sp. 799).

115 *mannes künne]* Wörtlich: »das Geschlecht des Mannes«.

128 *ein spiegel als diu sunne]* Der absolute Gebrauch von *spiegel* (ohne Genitiv-Attribut) als rühmende Metapher ist im Mhd. selten, vgl. z. B. *So ich ersich den spiegel clar / Dich aller liebstes ain* (*Liederbuch der Clara Hätzlerin*, Nr. 11, 158 f.).

132 *die huote]* Die Aufpasser als gesellschaftliche Instanz, häufig insbesondere im Minnesang, vgl. Seibold, *Huote*. Zu den Erzählkonsequenzen Ziegeler, Erzählen im Spätmittelalter, S. 258-281.

158 f. *möcht ich ein keiser gesîn, / dir wolte ich wesen undertân]* Eine verbreitete poetische Formel zur Beschreibung des Liebesglücks, vgl. Peter Wapnewski, *Kaiserlied und Kaisertopos. Zu Kaiser Heinrich 5,16,* in: P. W., *Waz ist minne. Studien zur Mittelhochdeutschen Lyrik*, München [2]1979, S. 47-64.

161 *nâch dem und]* Vgl. PWG § 451 und 465 Anm. 1.

172 *in die wîte liez]* Wörtlich wohl: »man ihnen den weiten Raum alleine überließ«.

180 *vil ungelîche]* Wörtlich: »nicht zur gleichen Zeit« (wie Pyramus).

188 *daz houbt ⟨...⟩ hant]* Der Vers wurde in der Wiener Handschrift nachgetragen und mit Hilfe eines Sternchens eingefügt.

205 *wunderbalde]* Wörtlich: »wundersam schnell«.

212 *bewarte]* In dieser oder einer vergleichbaren Bedeutung nicht belegt.

223 *ûz dem houbt brach er daz hâr]* Sich die Haare auszureißen ist konventionalisierte Klagegeste, vgl. z. B. Peil, Die Gebärde, S. 310.

254 *daz wende ich]* Wohl zu *wenden* »zur Umkehr bringen, rückgängig machen, wehren« (Lexer III, Sp. 759).

341 Die unvermittelte und in der Apostrophe an Pyramus unsinnige Wendung an Venus (*Fraw venus auz erwelte minne*) der Handschrift hat schon Haupt gestrichen.

350 *gunterva]* Entstellte Form von *kunterfeit* »verfälschtes Gold, Falsches, Trügerisches« (Lexer I, Sp. 1783). Haupt setzt dementsprechend diese Form in den Text und konjiziert danach in v. 349: *ich was dir liep und niht leit.* Die Variationsbreite der überlieferten Formen von *kunterfeit* ist jedoch so groß (Lexer ebd.), daß ein so starker Eingriff sich nicht rechtfertigen läßt.

369 f. *widerfaren : klagen]* Der Reim ist ersichtlich gestört; Haupt bessert etwas großzügig zu *ergân : hân.*

372 *mit herzen lieb besliffen]* Von Lexer (I, Sp. 219) ist die Stelle zu *beslîfen* gestellt: »gleitend, schleichend berühren«.

377 *singt oder seit]* Ursprünglich auf die unterschiedlichen Vortragsweisen lyrischer (*singen*) und epischer (*sagen* = rezitieren) Dichtung bezogen, hier wohl als pauschale Doppelformel für Vortrag jeder Art; vgl. Schwietering, Singen und Sagen.

409-420 Das Gebet Thisbes entspricht bis in einzelne Formulierungen dem des Pyramus (v. 282-289): Spiegelung der Harmonie der Liebenden.

422 *sich ⟨. . .⟩ rach]* Eigentlich: »sich rächte«, hier dem Sinne nach ohne den Aspekt der Strafe und Vergeltung verwendet: »eine Handlung wiederholen, gleichziehen«.

423 *môrus]* »Maulbeerbaum« (vgl. Ovid, *Metamorphosen*, v. 90).

433 *wundermanlîchen]* Das Wort ist nicht belegt, wohl aber die Bildungsweise, bei der *wunder-* als verstärkendes Kompositionsglied bei Adjektiven oder Adverbien dient: *wunderbalt*, *wunderbreit*, *wunderenge* etc. (vgl. Lexer III, Sp. 989-994).

455 f. *wiefen : riefen]* Die Konjektur von Haupt heilt diese eindeutig verdorbene Stelle mit großem Geschick.

458 *in den lüften wider hal]* Wörtlich: »in der Luft zurückhallte«.

473-480 In den deutschen Fassungen des Tristan-Romans, die den Schluß überliefern (Eilhart von Oberg, Ulrich von Türheim, Heinrich von Freiberg) vereinigen sich auf wunderbare Weise ein Rebstock und eine Rose über den Gräbern der beiden Toten (vgl. z. B. Eilhart von Oberge, *Tristrant*, v. 9510-9519); auch die altnordische *Tristramssaga* (hg. von Eugen Kölbing, Heilbronn 1878, S. 112 und 204) zeigt Spuren dieses Bildes: zwei aus den Gräbern wachsende Eichen vereinigen sich hoch oben unter dem Dach der Grabeskirche. Das Märe hat das Motiv offensichtlich aus dem Tristan-Komplex übernommen und verweist damit auch auf dessen Deutungshorizont. (Vgl. dazu auch Knapp, S. 153 f.)

480 *einem]* Die Handschriften schreiben *von einem grab in daz ander*; das mißversteht die Stelle völlig: die beiden liegen bereits in einem Grab (v. 467 f.). Haupt hat *grab* deshalb mit Recht gestrichen (vgl. auch Knapp, S. 153 Anm. 151).

16
DIE HEIDIN (B)

Überlieferung

Das Märe ist in zwei eng verwandten Märenhandschriften überliefert:

H (1. Viertel 14. Jh. Nordwestböhmen/Oberfranken), Bl. 111rb-123ra.

K (1. Viertel 14. Jh. Nordwestböhmen/Oberfranken, Abschrift aus H), Bl. 112rb-124ra (Abdruck: Mailáth/Köffinger, S. 191-240).

Neuerdings tritt auch noch ein Fragment aus der Stiftskirche Ossiach (v. 1818-1862) hinzu: Univ.-Bibl. Klagenfurt, Perg. 64 (vgl. Hans Gröchenig, *Ein Fragment einer mit-*

telalterlichen Maerenhandschrift aus der UB Klagenfurt. Ein neu aufgefundenes Fragment zur Heidin B und zu Dietrich von Glesse: Der Gürtel, in: Buchkunde. Zeitschrift für Buchkunde, Philologie und historische Hilfswissenschaften 1 [1984], S. 3-10). Sigle: o.

Autor und Entstehung

Ein Autor ist nicht bekannt. Überlieferung (1300/1325) und sprachliche Merkmale (Pfannmüller, Vier Redaktionen, S. 193-195) sprechen für Entstehung im ostfränkischen Sprachgebiet an der Wende vom 13. zum 14. Jahrhundert.

Text

Der Text folgt so eng wie möglich den Handschriften H und K; Orthographie (Ausgleich von *i/j*, *u/v/w*, Beseitigung von Mehrfachkonsonanz etc.) und Morphologie (Kasusendungen, *die/diu*, *iu/iuch*, Getrennt- und Zusammenschreibung nach den üblichen Regeln) sind behutsam im Anschluß an H reguliert (die Verteilung von *ze* und *zu*[!] ist nach der Handschrift geregelt). Korrigierend eingegriffen ist nur an Stellen, die deutlich als (sinnstörende) Fehler zu erkennen sind oder an denen die metrische Gestalt über die beobachtbaren Spielräume hinaus zerstört ist (Kursivierung im Text). Die Besserungen sind oftmals übernommen aus der Ausgabe von Ludwig Pfannmüller, *Mittelhochdeutsche Novellen. I. Die Heidin*, Bonn 1912, gelegentlich folge ich den Vorschlägen von Jungbluth (Nachweise im Stellenkommentar). Mit den weitreichenden Konjekturen in der Ausgabe von Erich Henschel und Ulrich Pretzel (*Die Heidin*, Leipzig 1957), die den Text stellenweise zu einer »schönen Neudichtung« machen (Ziegeler, Erzählen im Spätmittelalter, S. 366 Anm. 49; vgl. auch die treffende Bemerkung S. 369 Anm. 54) setze ich mich nur dort auseinander, wo sie mit meinen Besserungsversuchen kollidieren.

An folgenden Stellen weiche ich von der Überlieferung ab:

1 *heide* HK. 12 *allen*] *allen den* HK. 28 *alle* HK. 94 *ez*] *ir* HK. 96 *minen* HK. 110 *wirt*] *wurde* HK. 113 *mac ich niht* fehlt HK. 119 *lop* fehlt HK. 120 *si* fehlt HK. 146 *vil*] *wol* HK. 156 *alle*] *alse* HK. 158 *ez fehlt* HK. 159 *wîp*] *vrow* HK. 173 *wollen* HK. 188 *dichs*] *dich* HK. 195 *ûz*] *noch vz* HK. 203 *nu verborgen*] *vnverborgen* HK. 327 *sprach* fehlt an dieser Stelle HK; leitet 328 ein: *Sprach. Ich sag* HK. 329 *wol ze wer* HK. 365 *in wâren nâch*] *waren in ouch* HK. 373 *die*] *In die* H *Die* K. 384 *dem* fehlt HK. 474 *unmazen* K] *vnmeslichen* H. 477 *Der was des*] *Des was er* HK. 485 *heiden* fehlt HK. 488 *tjuste*] *zeivst* HK. 496 *Dem*] *Den* HK. 508 *iht*] *niht* HK. 528 *sich* fehlt HK. 534 *er ersach*] *sach* HK, *schin*] *pin* HK. 555 *gerne* fehlt HK. 564 f. *êren/den gast den*] *den gast eren/Den* HK. 584 *sîn*] *sei* HK. 591 *Ringelolt* H. 604 *da zv* HK. 618 *dritten* fehlt HK. 622 *dem*] *Den* HK. 646 *ensol sîn wan*] *sol niht sin* HK. 648 *ir* K] *wir* H, *fîn*] *sein* HK. 650 *ezn si*] *Iz ist* HK. 678 *iuchs*] *evch* HK. 747 *enhalp*] *Eine halbe* HK. 771 *ist*] *ist wol* HK. 786 *ez*] *ich* HK, *ergân*] *gehan* HK. 803 *vaz*] *spigel gla vaz* HK. 852 *mich in mînem*] *mir minen* HK. 858-860 *daz ir lâzet* ⟨. . .⟩ *gerne holt*] *Daz ir lazet mich an not/Vnd lat ewern spot den ir machen wolt/Vz mir ich bin evch svst gern holt* HK. 877 *im*] *in* HK. 884 *gewert*] *nu gewert* HK. 898 *Priamo* HK. 912 *ir den* H *ir der* K. 937 *her*] *der* HK. 941 *dan*] *wen* HK. 946 *gerner*] *gerne* HK. 961 *iuwers*] *minez* HK. 989 *Lebenberc* K] *lebenderk* H. 997 *wesen* K] *sin vnd wesen* H.

1029 *die* fehlt HK. 1031 *iu* fehlt HK. 1043 *danne*] *Wen* HK. 1068 *und sich*] *Sich und* HK. 1070 *was*] *wart* HK. 1085 *und mit klage*] *vnd mit iemerlicher clag* HK. 1094 *im* fehlt HK. 1095 *gerne* fehlt HK. 1096 *Gerne. schowet* HK. 1116 *den*] *dem* HK. 1118 *von* fehlt HK. 1146 *ir*] *iren* HK. 1156 *der minne*] *Die minne die er* HK. 1168 *stech rechen* H. 1191 *tôt*] *zv tot* HK. 1192 *sîne*] *dine* HK. 1194 *schanden*] *schaden* HK. 1195 *dîn herre*] *dinez herzen* HK. 1203 *jener umbevienge*] *einer enphienge* HK. 1221 *niht*] *iht* HK. 1232 *tar*] *tart* HK.

1233 *in*] *hin* HK. 1234 *laden*] *Den degen laden* HK. 1240 *nein*] *mein* HK. 1243 *der*] *die* HK. 1248 *breche*] *zv breche* HK. 1261 *mîner*] *immer miner* HK. 1268-1270 *Si was herte als ein stein/Do ir gemvte an also manich ende wielz/Vnd ir daz herze smielz* HK. 1274 *vrist*] *list* HK. 1282 *bezzer ich* HK. 1298 *dan*] *wen* HK. 1314 *hô*] *vnho* HK. 1320 *nû*] *Vnd* HK. 1343 *sô*] *Si* HK. 1352 *sprich*] *sprach* HK. 1366 *ergest* HK. 1378 *danne*] *Wenne* HK. 1381 *ir kunnet*] *Iz kumet* H *Iz kunnet* K. 1394 *er gnvck* HK. 1404 *vol*] *wol* HK. 1415 *spræche si*] *sprech* HK. 1421 *gehabetez* HK. 1422 *sagetez* HK. 1432 *hetzet*] *Hvtzet* HK. 1437 *sin* HK. 1459 *die er* K] *Der* H. 1465 *bevangen*] *bevangen vil* HK. 1466 im *fehlt HK*, *ange*] *angil* HK. 1468 *niht* fehlt HK. 1470 *bî*] *bi den* HK. 1506 *wolgetân*] *so getan* HK. 1512 *eine*] *eine teil* HK. 1517 *mit*] *vz* HK. 1541 *nimmer* HK. 1546 *des grâven*] *der vrowen* HK. 1554 *noch* HK. 1589 *minen* HK. 1624 *als*] *So alz* HK. 1691 *sô* fehlt HK. 1725 *an*] *aber an* HK. 1747 *bestat* HK. 1748 *werltlich* HK. 1772 *von*] *Mit* HK. 1813 *hin*] *In* HK. 1827 *muoz* o] *must* HK. 1845 *ich*] *Wie ich* HK. 1857 *immer* fehlt HKo. 1858 *Immer leit* HK. 1889 *phant*] *lant* HK.

Weitere Ausgabe: GA I, S. 389-439.

Übersetzung: Pretzel, Erzählungen, S. 135-163.

Motivik, Quellen, Thematik

Die *Heidin* ist offensichtlich aus einer Reizfrage der Minnetheorie heraus entwickelt. Im Minnetraktat ›De amore‹ des Andreas Capellanus, nach 1174 am Hof der Marie de Champagne in Troyes (oder im Umkreis des Königshofes in Paris?) entstanden, wird die Frage aufgeworfen, wie man sich zu entscheiden habe, wenn man zwischen der oberen und der unteren Hälfte der umworbenen Dame wählen müsse (Andreas Capellanus, S. 206-217). Die Frage wird im theoretischen Disput (S. 217: *nostra disputatio*) von einer Dame ihrem Diskussionspartner an einem Fall dargelegt: Wenn eine Frau, die sich zwischen zwei konkurrierenden Liebhabern entscheiden müsse, ihnen zur Probe die Wahl zwischen oben und unten aufgebe: wessen Entscheidung sei höher zu loben (S. 207: *Quaero igitur, quis vobis videatur in sua magis electione laudandus*)? Die Frage wird im Austausch der Argumente abgehandelt (überlegen sei derjenige, der sich für die obere Hälfte entscheide, weil er die Überlegenheit des Geistes über die Natur erkenne und sich überdies darauf verlassen könne, daß die untere Hälfte schon nachfolge); in ihrer Funktion als Entscheidungshilfe wird sie dann nicht weiter beachtet.

Aus einer ›Problemdiskussion‹ dieser Art (ob direkt aus Andreas Capellanus oder aus vergleichbaren Materialien, muß offen bleiben) entwickelt der Autor der *Heidin* seine Erzählung. Er übersetzt sie damit aus einem hypothetisch vorgetragenen Denkkonstrukt in die ›Realität‹ einer erzählten Situation. Es mag daraus der Eindruck der Unangemessenheit, vor allem auch der Mutwilligkeit in der Handlungsweise der Frau entstehen, komisch wird das Märe nicht schon dadurch. Es bleibt Verbildlichung eines ›Problems‹ mit genereller Bedeutung.

Zur Umsetzung der Streitfrage in Erzählung bedient der (erste) Autor der *Heidin* sich des vor allem in der Literatur des 12. Jahrhunderts (sog. Spielmannsepik) beliebten Schemas der ›gefährlichen Brautwerbung‹ im Orient, zu der auch schon das Eingangsmotiv der Entstehung der Liebe nach dem bloßen Hörensagen gehört. Das Werbungsgespräch wird so zum Höhepunkt einer Werbungsfahrt und begründet das gute Ende.

Die Fassungen

Die Ausformulierung dieser Kernfabel wird uns in der 1. Fassung der *Heidin* (*Heidin I*, bald nach 1250, nordbair., 1172 Verse) greifbar; möglich, aber nicht zu belegen ist, daß sie auf ein altfrz. Fabliau zurückgeht. Die drei weiteren deutschen Fassungen gehen mittelbar oder unmittelbar von *Heidin I* aus:

– *Heidin II* (ca. 1270/90, bair., 2625 Verse) baut die Handlung konsequent nach dem Brautwerbungsschema weiter aus (heimliche Entführung der ›Braut‹ und Taufe, Rachefeldzug des Heiden, Versöhnung und Taufe des ersten Gatten).
– *Heidin III* (Ende 13. Jahrhundert, bair./ostschwäb., 4628 Verse) schmückt diesen Grundriß mit allerlei Details der Orientzüge (z. B. einem Drachenkampf) weiter aus.
– Die hier abgedruckte *Heidin B* (= IV: Wende 13./14. Jahrhundert, ostfränk., 1902 Verse) geht direkt auf Fassung I zurück. Der knappe Handlungsgrundriß ist beibehalten, erheblich ausgebaut ist dagegen die rationale Durchdringung des Werbungs- und des Entscheidungsproblems in Dialogen und Monologen (z. B. v. 1136-1282, 1392-1470, vgl. Kommentar zu v. 1265), durch die die *Heidin B* dem Ausgangspunkt der Stoffgeschichte, der theoretischen Diskussion eines Minnekasus, wieder näherrückt und dabei ein weiteres Thema der Minnetheorie, die Pflicht zur Lohngewährung bei vorbildlich-beständiger Werbung, aufgreift. Der Autor der *Heidin B*, auch sonst literarisch bewandert (zur Benützung von Wirnts von Grafenberg *Wigalois* und des Winsbecken vgl. Leitzmann, Zu von der Hagens Gesamtabenteuer, S. 67-70), zeigt sich hier mit Darstellungstechniken vertraut, wie sie in Minnetraktaten (z. B. dem *Büchlein* Hartmanns von Aue; weiteres bei Glier, Artes amandi) und Streitgesprächen (vgl. Ingrid Kasten, *Studien zu Thematik und Form des mittelhochdeutschen Streitgedichts*, Diss. Hamburg 1973) entwickelt worden sind. Möglicherweise liegt auch Einfluß der altfrz. Form des *jeu-parti* (dazu Kasten, S. 21-39) vor; vgl. dazu den Kommentar zu v. 1350: *zwei geteiltiu*. Der Autor verfügt aber auch über die Mittel derber Komik, die er mit dem Typus der widerspenstigen Frau in sein Werk übernimmt (v. 1627-1703) und die zusammen mit dem listigen Ausspielen der Macht des Ritters über die obere Hälfte der Frau den Minnekasus in dieser Fassung doch in ein schwankhaft-ironisches Licht rücken. Dies tritt zu den

von Ziegeler (Erzählen im Spätmittelalter, S. 366-374, 377-380) beobachteten Gestaltungsmitteln der Informationsreduktion und der lyrischen Diskontinuitäten (vgl. den Kommentar zu v. 62-104 und 1818-1877) und erzeugt eine »Erkenntnis fördernde Distanz« zum Helden (Ziegeler, ebd. S. 377), die das märenhafte Erzählen hier vor den in den Fassungen II und III greifbaren Tendenzen zum Roman bewahre. Darin und in ihrer stilistisch versiert ausgestalteten Form liegt die Qualität begründet, die die *Heidin B* über die anderen Fassungen hinaushebt.

Literaturhinweise: Bruno Barth, *Liebe und Ehe im altfranzösischen Fablel und in der mittelhochdeutschen Novelle*, Berlin 1910, S. 261-264; Bumke, Höfische Kultur, S. 579; Fischer, Studien, S. 58, 118 Anm. 44, 346 f.; Klaus Hufeland, *Der auf sich selbst zornige Graf. ›Heidin IV‹ als Manifestation der höfischen Liebe*, in: *Gotes und der werlde hulde. Literatur in Mittelalter und Neuzeit. Festschrift für Heinz Rupp*, hg. von Rüdiger Schnell, Bern 1989, S. 135-163; Günther Jungbluth, *Kritische Beiträge zur ›Heidin IV‹*, in: PBB 80 (Tübingen 1958), S. 449-465; Leitzmann, Zu von der Hagens Gesamtabenteuer, S. 67-70; Ludwig Pfannmüller, *Die vier Redaktionen der Heidin*, Berlin 1911, S. 192-225; Schirmer, Stil- und Motivuntersuchungen, S. 78 Anm. 85, 89, 193-202, 266; Stehmann, Studentenabenteuer, S. 140-145; VL[2] III, Sp. 612-615 (Karl-Heinz Schirmer); Ziegeler, Erzählen im Spätmittelalter, S. 242-245, 335-346, 365-386.

Stellenkommentar

Überschrift: nach der Heidelberger Hs. (H).

16 *gevilde]* »Sicher ist an das Turnier gedacht« (Jungbluth, S. 451). Vgl. auch v. 452.

39-41 *mit guoten sitten ⟨. . .⟩ manger hande spil]* Vgl. Gotfrid von Straßburg, *Tristan*, v. 7564-7570: *ich was ein höfscher spilman / und kunde genuoge / höfscheit unde fuoge: / sprechen unde swîgen, / lîren unde gîgen, / harphen unde rotten, / schimphen unde spotten.*

40 *mit rotten]* Zur Rotte (eine Art Harfenzither) vgl. Komm. zu *Schneekind A* (s. o. Nr. 6), v. 40.

62-104 *sint dir got der guote ⟨. . .⟩ sî hât niht wandels umb ein hâr]* Der Abschnitt zeigt in Reimkorrespondenzen (Binnenreimen) und strophenartiger Binnengliederung (v. 62-74, 75-79, 90-104, vgl. Pfannmüller, Vier Redaktionen, S. 196; Ziegeler, Erzählen im Spätmittelalter, S. 378) Anklänge an lyrische Bauformen. Er wird dadurch auf den ähnlich gegliederten Schlußmonolog des Heiden (v. 1817-1877) bezogen und auf Programmworte wie *leit* und *vröude* konzentriert.

72 f. *ich wil sprechen ⟨. . .⟩ herzen mîn]* »Die Lösung ist noch nicht gefunden. Ich erwäge 72: *Ich wil sprechen: »genâde!«* (»Dank!«) *und muoz*, und schließe mich 73 an Henschel (*hêre*) an« (Jungbluth, S. 451).

75-80 *ich sach den klê ⟨. . .⟩ dan die bluomen und den klê]* Es »liegt wohl der folgende Gedanke vor: ›da beides in meiner Macht steht, nämlich sowohl die Schönheit der Natur als auch die Schönheit der Fraue zu preisen, so erkühne ich mich dazu, meine Fraue noch über *bluomen unde klê* hinaus zu rühmen‹« (Jungbluth, S. 451). Jungbluths Eingriffe in den Wortlaut der Handschriften sind für dieses Verständnis nicht notwendig.

83 *ûzerweltez vaz]* *Vaz* »Gefäß, Schrein« ist als Epitheton für die Jungfrau Maria belegt (z. B. Walther von Rheinau, *Marienleben*, hg. von Edit Perjus, Åbo [2]1949, v. 3239; HMS III, S. 467: Ps.-Winsbeckin, hg. von Reiffenstein, Winsbecke, Str. IV,2: *wie reine ein vaz*). Eine Anspielung darauf liegt nahe.

85 *diu minneclîche]* Constructio ἀπὸ κοινοῦ: zugleich zu beziehen auf *dan* (v. 85) und *macht* als Subjekt des Satzes in v. 86 (vgl. Behaghel III, § 1208; PWG § 493).

94 f. *der hêren kün egîn / noch der vrouwen]* Zwei Benennungen für ein und dieselbe Dame: die Gemahlin des Heidenkönigs.

107 *tougenlîche]* Der Zusammenhang erfordert »ein zu *tugen* gehöriges *tougen* im Sinne von ›kräftig‹« (Henschel/Pret-

zel, Kritischer Apparat, S. 4; ebd. zu den wenigen Belegen). Anders Jungbluth, S. 452: »heimlich«.

114 *diu state lêret den diep steln]* Sprichwörtlich (Belege: Zingerle, Sprichwörter, S. 48), vgl. auch Boner, *Edelstein*, v. 61,18: *wan stunt und stat vil dieben macht.*

119 f. *mit reht* 〈...〉 *erstorben]* Vgl. Hartmann von Aue, *Iwein*, v. 15 f.: *er hât den lop erworben, / ist im der lîp erstorben. lop* ist allerdings nicht überliefert, aber von Henschel/Pretzel und Jungbluth (S. 452) übereinstimmend konjiziert. Henschel/Pretzel streichen diese Verse: »Pretzel glaubt jetzt, daß erst ein Schreiber das Iweinzitat eingeschmuggelt hat« (Kritischer Apparat, S. 4). Der Sinn ist aus der *Iwein*-Stelle übernommen: Ihr Ruhm hätte ihren Tod überdauert.

134-140 *daz man mære sagete* 〈...〉 *er was zu allen dingen snel]* »134 ff. 〈mögen〉 einmal gelautet haben: *daz man sagete mære, / wie stolz sîn herze wære, / küene unde milde, / vrum under dem schilde. / (Ezn ist niht ein bîspel). / Er was zallen dingen snel*« (Jungbluth, S. 453).

171 *ûf âventiure] Âventiure* ist zentraler Begriff in der höfischen Epik, bes. im Artusroman; er meint das unvermutete gefährliche Ereignis, das dem Ritter begegnet oder das er sucht, um sich zu bewähren und sich einen Namen zu machen. Vgl. dazu etwa Köhler, Ideal und Wirklichkeit, S. 66-88.

188 *dichs begeben]* Die Bedeutung »etwas aufgeben, sich entäußern« erfordert gegen die Überlieferung (*dich*) reflexive Konstruktion und den Genitiv (Lexer I, Sp. 144).

203 *nu]* Vorschlag Jungbluth, S. 453.

251 *triuwe]* Vgl. Komm. zum *Begrabenen Ehemann* (s. o. Nr. 2), v. 28, und unten Komm. zu v. 1153.

273 *tageweide]* »ursprünglich wohl von Wanderzügen mit Vieh: so weit Vieh an einem Tage weiden kann« (Lexer II, Sp. 1394).

283 *teilen ein spil]* »eine Entscheidung vorlegen, vor die Wahl stellen« (vgl. Komm. zu v. 1350); für Jungbluths Übersetzung »einen Wettkampf bestreiten« sehe ich keine Begründung.

329 *sint zu wer wol umbe ein ei*] Wörtlich: »sie taugen zum Kampf gerade so viel wie ein Ei«. (Vgl. zur Funktion der Floskel *ein ei* PWG § 436.) Jungbluth sieht einen Verlegenheitsreim auf *turnei* im zweifelhaften v. 330.

330 *do huop sich der turnei*] Der Vers ist identisch mit v. 338; das weist auf Verderbnis dieser Stelle hin, ohne daß eine überzeugende Möglichkeit zur Korrektur gefunden werden könnte (Jungbluth, S. 454 f.).

369-372 *ir leit* ⟨. . .⟩ *den tôt vermiten*] Pretzel hält diese Verse »schon aus Stilgründen« für unecht; es fehle ihnen die Pointe (Kritischer Apparat, S. 7). Die Überlieferung ist jedoch ohne jeden Anstoß, der gedankliche Zusammenhang unbedenklich: im bloßen Hemd wären sie als ritterliche Gegner nicht in Frage gekommen und somit vom Kampf verschont geblieben.

377 *wâren*] Vgl. Ziegeler, Erzählen im Spätmittelalter, S. 371.

378 *mohten*] Vgl. Ziegeler, ebd.

416 *Hectôr noch Pâris*] Hektor, Sohn des Priamos und der Hekabe, wird von Homer als herausragender Held der Troer im Trojanischen Krieg beschrieben; sein Glück ist der Ruhm kriegerischer Taten. Seit dem 14. Jahrhundert erscheint er in künstlerischen Repräsentationsprogrammen und in zahlreichen literarischen Texten in der Gruppe der neun guten Helden als Sinnbild des Rechts (LMA VI, Sp. 1104-1106). – Paris war der jüngere Bruder Hektors und wird als Mann von außergewöhnlicher Schönheit beschrieben. Parisurteil und Raub der Helena machen ihn zum Minnehelden.

483 f. *und diu ros* ⟨. . .⟩ *den sporn*] Als »Vorform« dieser metrisch wenig befriedigenden Stelle vermutet Jungbluth: *In was ûf einander zorn: / diu ros hiewens mit den sporn* (S. 456).

488 *tjuste*] *Tjost* ist die Turnierübung des Zweikampfes mit Lanzen.

555 *gerne*] Konjektur Pretzels, nachdem bereits Pfannmüller eine Lücke im Text angesetzt hatte.

564 *êren / den gast, den*] Besserung nach Jungbluths Vorschlag (Handschriften: *den gast eren / den*).

575 *sie müeste]* Jungbluth beharrt zu Recht gegen Henschel/Pretzel (*er müeste*) auf dem *sie* der Handschriften. Der Zorn des Heidenkönigs werde so ins Außergewöhnliche gesteigert (S. 456); vgl. auch v. 579 und 1674.

580 *dancte]* Jungbluth konjiziert *wincte* und faßt das als hilfesuchende Geste der Frau an den Christen auf, der auch in *Heidin I* und *Heidin III* verhindere, daß der Heidenkönig seinen Zorn an der Dame auslasse (S. 456). Auch das überlieferte *danken* kann aber als Geste der Zuwendung so verstanden werden.

616 *wart dô sîn genôz]* Wörtlich: »(er) wurde darin seinesgleichen«.

622 *gôz man wazzer în]* Anspielung auf die Redensart »Wasser in den Wein gießen«? Oder auf das Begießen mit Wasser, mit dem man Ohnmächtige weckt (so Wirnt von Grafenberg, *Wigalois*, v. 5454 f.; vgl. Komm. zu v. 1838-1848 und Leitzmann, Zu von der Hagens Gesamtabenteuer, S. 68).

677 f. *swie ir selbe ⟨. . .⟩ iuchs genietet]* Interpunktion und Übersetzung nach Jungbluth, S. 457.

693 *man wazzer genam]* Wörtlich: »man nahm sich Wasser«; gemeint ist das Waschen der Hände vor dem Mahl, das zum »Protokoll der höfischen Mahlzeit gehörte« (Bumke, Höfische Kultur, S. 262). Das Wasser wurde in Handbecken (Aquamanile, vgl. LMA I, Sp. 825 f.) gereicht.

700 *truhsæze]* Der Truchseß hatte »die Obliegenheit, für die Gäste, besonders bei Tische, zu sorgen« (BMZ II/2, S. 341; vgl. auch Bumke, Höfische Kultur, S. 249, 255 f.).

701 *wan er ⟨. . .⟩ quam]* »Die Bedeutung von 701 bleibt dunkel« (Jungbluth, S. 457).

715-718 *unde daz ⟨. . .⟩ tohte]* Von Henschel/Pretzel ohne zureichende Begründung gestrichen.

745 *Alpharius]* »Man darf vermuten, daß dies ein Versteckname sein soll« (Pfannmüller, Vier Redaktionen, S. 205), volksetymologisch gedeutet als »der Allfahrende« (ebd., S. 220)?

753 *Dêmuot]* Als sprechender Name bedeutungsvoll ge-

wählt; die von Pfannmüller (Vier Redaktionen, S. 220) beobachtete Selbstironie kann ich nicht erkennen.

765 *der sælden schrîn]* *Schrîn* »Schrein, Behälter« ist häufig gebrauchte Umschreibung für umfassendes Verfügen über Tugenden und Vorzüge; Beispiele: BMZ II/2, S. 217; Lexer II, Sp. 799 f.

766 *ver Sælde]* *Ver* ist Nebenform zu *vrouwe*, insbesondere vor Namen, vgl. BMZ III, S. 422.

784 *mit verdâhtem muote]* Übersetzung nach Jungbluth, S. 458.

803 *ûzerweltez vaz]* Vgl. Komm. zu v. 83.

858-860 *daz ir lâzet 〈. . .〉 gerne holt]* Die Überlieferung ist an dieser Stelle verderbt (s. o. *Text*). Ich folge hier dem einleuchtenden Besserungsversuch von der Hagens (GA I, S. 412), den auch Pfannmüller übernommen hat. Henschels Vorschlag (*daz ir lâzet mich âne nôt / unt lazet iuwern spot mit mir. / Ich bin iu gerne holt*) rettet weniger vom überlieferten Text und resigniert dennoch bei den reimlosen Versen 859 f. Jungbluths (S. 458 f.) Lösung ist viel zu spekulativ. (Weitere Vorschläge: Henschel/Pretzel, Kritischer Apparat, S. 11 f.).

897 f. *Pîramô und Tisbê]* Eines der topischen Musterpaare der antiken und mittelalterlichen Literatur für machtvolle unglückliche Liebe (nach Ovid, *Metamorphosen*, IV,55-166). Weiteres vgl. Komm. zu *Pyramus und Thisbe* (s. o. Nr. 15).

901 f. *daz ist 〈. . .〉 mit jâmer jehen]* Henschel/Pretzel streichen diese Verse ohne Grund (so auch Jungbluth, S. 459).

911-914 *welt ir 〈. . .〉 überlogen]* Interpunktion nach Pfannmüller und Jungbluth (S. 459).

918 *schâch 〈. . .〉 mat]* Die Terminologie des Schachspiels ist im Mhd. weit verbreitet und dient häufig zur Beschreibung von (intellektuellen) Konfrontationen; bekannt ist das aus der Sängerpolemik zwischen Reinmar (MF 159,1) und Walther von der Vogelweide (111,22). Zahlreiche weitere Beispiele bei Lexer I, Sp. 2059, und II, Sp. 621 f.

923 *genâde ist bezzer denne reht]* Redensartliche Verdichtung (Belege: Pfannmüller, Vier Redaktionen, S. 198 f.) des mittelalterlichen Gnadenrechts, nach dem Gnade not-

wendige Voraussetzung für Gerechtigkeit ist (vgl. LMA IV, Sp. 1521 f.).

936 f. *der von Berne ⟨. . .⟩ her Dietrich]* Der historische Ostgotenkönig Theoderich († 526) wird als sagenhafter Dietrich von Bern (= Verona) zur bedeutendsten Heldenfigur der germanisch-deutschen Heldendichtung und zum Kristallisationskern eines eigenen Sagenkreises (Dietrichepik), vgl. LMA III, Sp. 1016-1021.

940 *hern Hagen und hern Ecken]* *Hagen*, Gegenspieler Siegfrieds und Kriemhilds im *Nibelungenlied*, ist dort der Repräsentant eines archaisch-unerbittlichen Ehrbegriffes, der trotzig in den Untergang geht. – Der Riese *Ecke* ist Hauptfigur des *Eckenliedes* (Mitte 13. Jahrhundert), in dem er es wagt, den großen Dietrich von Bern herauszufordern.

941 f. *sterker dan her Samsôn / wîser dan her Salomôn]* Samson (Idc 14-16) ist die topisch gewordene biblische Beispielfigur für Stärke, Salomo (I Rg 2-11, bes. 3,16-28: Salomonisches Urteil) für Weisheit; zum Nachleben in Literatur und Kunst vgl. Martin Bocian, *Lexikon der biblischen Personen*, Stuttgart 1989, S. 455-461 und 479-485.

970 *niht umbe ein ei]* Geläufige Verstärkung der Negation; vgl. PWG § 436.

989 *Lebenberc]* Sicherlich hier prahlerisch als sprechender Name gemeint (Pfannmüller, Vier Redaktionen, S. 205): *lebe* ist häufige orthographische Variante zu *lewe* »Löwe« (vgl. Lexer I, Sp. 1893 f.).

992 f. *vrouwen diu hânt kurzen muot ⟨. . .⟩ und langez hâr]* Vgl. Komm. zum *Rädlein* (s. u. Nr. 23), v. 289 f.

1003 f. *got gebe dir ⟨. . .⟩ bevil]* So auch im engen Anschluß an die Handschriften Jungbluth, S. 460.

1035 *blâst ein horn]* Gemeint ist: als Zeichen zum Rückzug; vgl. etwa *Nibelungenlied*, Str. 944.

1071 *und ouch diu heidenschaft vernam]* Das pronominale Objekt *ez* ist, wie häufig, nicht ausdrücklich bezeichnet: Ersparung (PWG § 492 B).

1085 f. *und mit ⟨. . .⟩ herzen trage]* Ohne Zweifel ist v. 1085 in den Handschriften überfüllt (s. o. *Text*). Der Fehler läßt sich aber mit einem behutsameren Eingriff lösen als mit der Umformulierung bei Henschel/Pretzel: *die ich mit worten immer klage / unt jæmerlîche im herzen trage.*

1098 *unverholt]* Sonst nicht belegt. Jungbluth (S. 460 f.) betrachtet es als »sinnlose Schreiberform«, sieht sich damit aber zu umfangreichen Texteingriffen gezwungen.

1121 *mit stechen noch mit houwen]* Zwei Typen des Zweikampfes: mit Lanzen (*stechen*) oder mit Schwertern (*houwen*).

1134 *der wunderlich Alexander]* Alexander der Große ist dem ganzen Mittelalter Faszinationsfigur als Welteroberer, der bis in die Tiefen des Meeres und die Höhen des Äthers vorgedrungen, am Ende aber an seiner *superbia* gescheitert ist (Überblick: LMA I, Sp. 354-366). In der deutschen Dichtung ist er von früh an mit dem Epitheton *wunderlich* fest verbunden; vgl. *Annolied*, hg., übersetzt und kommentiert von Eberhard Nellmann, Stuttgart 1975, v. 21,6; Lamprechts *Alexander*, hg. von Karl Kinzel, Halle 1884, v. 45 bzw. 47; *Rolandslied* des Pfaffen Konrad, hg. von Carl Wesle und Peter Wapnweski, Tübingen [3]1985, v. 3974.

1140 *diu guote und diu reine]* Im Zusammenhang der höfischen Minnediskussion meinen beide Adjektive nicht moralische Qualitäten, sondern bezeichnen das den Regeln gemäße Verhalten; vgl. die Belege bei Schirmer, Stil- und Motivuntersuchungen, S. 198 Anm. 155.

1149 f. *sie dâhte 〈...〉 an gedanken swer]* Von Henschel/Pretzel ohne zureichende Begründung gestrichen.

1153 *ein ungetriuwez wîp]* Aus der folgenden Explikation geht hervor, daß *ungetriuwe* diejenige heißt, die eine regelgerechte Werbung nicht erhört und »damit der Minnelehre zuwiderhandelt« (Schirmer, Stil- und Motivuntersuchungen, S. 198). *Triuwe* meint also hier, wie z. B. auch in der *Frauentreue* (s. u. Nr. 17), die Erhörung des Geliebten und steht in direktem Widerspruch zur ehelichen Treue.

1156 *mit zühten]* Hier: »den Regeln gemäß, wie es sich gehört« (vgl. Komm. zu v. 1153). Damit korrespondiert v. 1165 *nâch zühten.*

1194 *schanden weten]* Wörtlich: »an Schande binden« (vgl.

Winsbecke, 44,3; Leitzmann, Zu von der Hagens Gesamtabenteuer, S. 69).

1195-1211 *ouch hât ⟨...⟩ minnen dînen werden man]* Vgl. dazu Andreas Capellanus: *Habeo namque virum omni nobilitate urbanitateque ac probitate praeclarum, cuius nefas esset violare torum vel cuiusquam me copulari amplexibus. Scio namque, ipsum me toto cordis effectu diligere* (S. 141).

1216 *lesen]* Hier im Sinne von »wählen, ordnen«, vgl. Lexer I, Sp. 1888 f.

1226 f. *übel und arc ⟨...⟩ sîne pîn]* »Die Überlieferung ist weder metrisch noch gedanklich in Ordnung« (Jungbluth, S. 461); die Besserungsvorschläge klären allerdings zu wenig oder entfernen sich zu weit von der Überlieferung. Ich halte mich deshalb an den überlieferten Text.

1233 f. *sî in wider drâte / laden]* Vers 1234 ist in den Handschriften deutlich überfüllt (*Den degen laden nach der minne rate*). Die Besserungsversuche von Pfannmüller (*Gedenken nâch der minne râte*) und Henschel/Pretzel (1233 f.: *Dô begunde den degen si drâte / laden nâch...*) greifen aber unnötig stark in die Überlieferung ein.

1248 *iht]* Zur Verwendung von *iht* als Ausdruck der Verneinung in *daz*-Sätzen PWG § 441.

1254 f. *hern Dietrîchen und hern Ecken / und dâ bî hern Hagen]* Vgl. Komm. zu v. 936 und 940.

1265 *einen schœnen strît]* Die Abwägung der gegensätzlichen Standpunkte bei mehrmaligem Wechsel der eigenen Position folgt »dem Muster höfischer Konfliktmonologe« (Schirmer, Stil- und Motivuntersuchungen, S. 199), z. B. dem des *Moriz von Craûn*, hg. von Ulrich Pretzel, Tübingen [2]1962, v. 426-523. Weiteres bei Ilse Nolting-Hauff, *Die Stellung der Liebeskasuistik im höfischen Roman*, Heidelberg 1959.

1268-1270 *ir gemüete ⟨...⟩ smielz]* Vers 1269 ist in den Handschriften deutlich überfüllt (*Do ir gemvte an also manich ende wielz*). Ich übernehme den Besserungsvorschlag von Pfannmüller (unnötig allerdings in 1270: *vnz daz ir*).

1282 *sô wær ich bezzer ungeborn]* Die Wendung ist »charakteristisch für den höfischen Helden in einer Konfliktsituation« (Schirmer, Stil- und Motivuntersuchungen, S. 276; Belege ebd. Anm. 107); sie nimmt das biblische *Bonum erat ei si natus non fuisset homo ille* (Mt 26,24) auf. Vgl. auch v. 1436.

1283 *Einen reinen muot]* »Das bedeutet: einen klaren Entschluß im Sinne der Minnedoktrin« (Schirmer, Stil- und Motivuntersuchungen, S. 199 Anm. 163). Vgl. auch Komm. zu v. 1140.

1309 *unvermezzen]* Übersetzung nach Jungbluths Vorschlag: »mit großer Festigkeit« (S. 462).

1329-1332 *wâ zwen 〈...〉 mit einander heln]* Die Stelle ist schwer zu verstehen. Kienast (bei Henschel/Pretzel, Kritischer Apparat, S. 17) paraphrasiert: »Zwei Diebe können nur dann gemeinsame Sache machen, wenn sie beide in gleicher Verdammnis sind; denn nur dann können sie sich aufeinander verlassen.« Jungbluth (S. 462) ersetzt *gevangen* durch *gevüege* und übersetzt: »Wenn zwei, die sich aufs Diebeshandwerk verstehen, einander lieben, dann können sie getrost gemeinsame (Diebes-)Sache miteinander machen, falls sie es als gemeinsames Geheimnis wahren wollen.«

1337 *hiute lieber danne gester]* Die Zeitperspektive (wörtlich: »lieber heute als gestern«) muß im Nhd. umgekehrt werden. Vgl. aber Leitzmann, Zu von der Hagens Gesamtabenteuer, S. 70.

1350 *zwei geteiltiu]* Anspielung auf den Terminus *geteiltiu spil* (aus altfrz. *jeux-partis*), ursprünglich wohl Kampfspiel, Wettkampf mit gleich verteilten Voraussetzungen, dann »Streitgespräche, bei denen sich die Dinge, zwischen denen zu wählen oder zu entscheiden ist, in ihren Vorzügen und Nachteilen etwa gleichkommen« (Schirmer, Stil- und Motivuntersuchungen, S. 250). In der altfrz. Literatur verfestigt sich das zur Gattung der *jeux-partis*, in denen zwei Gesprächspartner über eine minnekasuistische Frage diskutieren. Vgl. Ingrid Kasten, *Studien zu Thematik und Form des mittelhochdeutschen Streitgedichts*, Hamburg 1973, S. 21-39.

1351 *hübesch]* Übersetzung wie Jungbluth (S. 462); Bumke, Höfische Kultur, S. 579, übersetzt »höfisch«.

1359-1362 *oberhalp der gürtel mîn 〈...〉 daz nim über al]* Vgl. oben *Motivik, Quellen, Thematik.*

1374 f. *als im wær geschorn / der bart âne schermezzer]* Vgl. *Der Bergmann* (gleichfalls in Handsc hrift H überliefert): *ane mezzer und ane scher / schar er mir vil schone* (*Kleinere mittelhochdeutsche Erzählungen, Fabeln und Lehrgedichte III. Die Heidelberger Handschrift Cod. Pal. Germ 341*, hg. von Gustav Rosenhagen, Berlin 1909, S. 42, v. 342f).

1388 *schrei »wâfen«]* Wörtlich: »rief ›wehe‹«; vgl. BMZ III, S. 456.

1390 *guotzît]* »Frühzeitig«, vgl. DWb IV/I, 6, Sp. 1491.

1401 f. *ich : ich]* Der identische Reim deutet auf verderbten Text; ein Besserungsversuch bei Jungbluth, S. 462 f.

1436 *sô wær ich bezzer nie geborn]* Vgl. Komm. zu v. 1282.

1437 *den liuten sint gedanke vrî]* Vgl. Freidank, 22,26 (Parallelen ebd. S. 303); weiteres bei Zingerle, Sprichwörter, S. 46.

1507 *reine wîbes vruht]* Umschreibend in preisender Anrede, vgl. etwa: *vrouw unde herzeliebiu fruht* (Konrad von Würzburg, *Trojanerkrieg*, v. 9173).

1559 *zemte]* Zu *zemen* in der Bedeutung »locken, reizen« vgl. Lexer III, Sp. 1057.

1612 *diu vrouwe maget]* Als attributiver Nominativ bestimmt *maget* den Status der *vrouwe* in der hier beschriebenen Situation: in ihr ist sie ›gleichsam jungfräulich‹ geblieben.

1617 f. *als ich iu 〈. . .〉 sîn verdaget]* Von Henschel/Pretzel ohne Begründung gestrichen.

1638 *lesen]* Zur Bedeutung »wahrnehmen, erblicken« vgl. Lexer I, Sp. 1889.

1643 *âbenttanz]* Nur noch ein weiteres Mal belegt, vgl. BMZ III, S. 14.

1644 *glanz]* Die hier erforderliche Bedeutung »verrückt«, ›aberwitzig« (so BMZ I, S. 549, zu dieser Stelle) oder auch ›betrunken« (Henschel/Pretzel) ist sonst nicht belegt. Henschel/Pretzel erwägen ironischen Gebrauch: »Ihr seid ja prächtig!«

1646 f. *gelogen / in iuwern hals]* Vgl. *Seifried Helbling* (hg. von Joseph Seemüller, Halle 1886) II, v. 1412.

1656 *gouch]* Wörtlich: »Kuckuck«; häufig als Schimpfwort (»Tor, Narr«) verwendet; Beispiele: BMZ I, S. 558.

1700 *kûm]* Hier: »nur schwer, mit Müh und Not«; vgl. Henschel/Pretzel, Kritischer Apparat, S. 21.

1701 f. *er hiez ⟨. . .⟩ lenger beiten]* Von Henschel/Pretzel »als Schreiberverse gestrichen«. »Die Streichung ist nicht berechtigt« (Jungbluth, S. 464).

1704 *mannen]* Die hier erforderliche Bedeutung »sich ermannen« ist sonst nicht belegt (Lexer I, Sp. 2035, bezieht sich auf diese Stelle). Vgl. Henschel/Pretzel, Kritischer Apparat, S. 21, die gleiche Bedeutung wie bei *ermannen* annehmen.

1745 *ein wênic]* Steht häufig als direkte Verneinung, vgl. PWG § 436.

1755 f. *reht alsô ⟨. . .⟩ lîbe erschein]* Zur Rechtfertigung der handschriftlichen Überlieferung verweist Jungbluth (S. 464) auf Wirnt von Grafenberg, *Wigalois*, v. 5427 f.: *also gar daz dehein / vadem an sîm lîbe schein.* Vgl. Komm. zu v. 1838-1848.

1772 *von]* Korrektur des unverständlichen *mit* der Handschriften durch Henschel/Pretzel; Pfannmüllers *mir* bleibt näher an der Überlieferung, bietet aber keine überzeugende Lesung.

1775-1778 *sîn herze ⟨. . .⟩ den bôzolt]* Von Henschel/Pretzel »als typische Schreiberzusätze« angesehen (Kritischer Apparat, S. 22) und gestrichen.

1778 *trâten sie den bôzolt]* »Man sollte vermuten, daß Bossolt der Name eines Tanzes sei. Was hier damit gemeint wird, bedarf keiner Erklärung« (BMZ I, S. 226, zu dieser Stelle).

1787-1798 *ditz was ⟨. . .⟩ der minne spil]* Von Henschel/Pretzel (Kritischer Apparat, S. 22) für unecht gehalten, da durch diese Verse der Zusammenhang von v. 1786 und 1801 »roh unterbrochen« werde. Man darf aber nicht übersehen, daß der ganze Schluß in einen übermütigeren und frivolen Ton abbiegt. Durch die Streichungen wird das konsequent verschleiert.

1799 f. *volliclîch ⟨. . .⟩ acht tage]* »Widersprechen völlig der Situation« (Henschel/Pretzel, Kritischer Apparat, S. 22); deshalb dort gestrichen. Vgl. aber Komm. zu v. 1787-1798 und Ziegeler, Erzählen im Spätmittelalter, S. 376 Anm. 59.

1818-1877 *eiâ, got der rîche ⟨. . .⟩ bin ich und wunt an mînen ôt]* Der Abschnitt zeigt in Reimkorrespondenzen und strophenartiger Binnengliederung (1818-1836, 1838-1856, 1861-1869, 1873, vgl. Pfannmüller, Vier Redaktionen, S. 96 f.; Ziegeler, Erzählen im Spätmittelalter, S. 379) Anklänge an lyrische Bauformen. Er wird dadurch mit dem ähnlich gegliederten Eingangsmonolog des Heiden (v. 51-104) verknüpft und auf Programmworte wie *vröude* und *leit* konzentriert.

1836 *minneclîcher gruoz]* *Gruoz* ist Zeichen der Erhörung.

1838-1848 *er sprach ⟨. . .⟩ gibt mir ungewin]* Die Verse entsprechen fast wörtlich Wirnt von Grafenberg, *Wigalois*, v. 9650-9660. Dazu und zu zahlreichen weiteren Parallelen Leitzmann, Zu von der Hagens Gesamtabenteuer, S. 68 f.

1841 *mîner vröude ein ôstertac]* Häufig wird *ôstertac* bildlich für den Zustand höchster Erfüllung und den Inbegriff der Freude gesetzt, vgl. etwa Reinmars *si ist mîn ôsterlîcher tac* (MF 170,19) und Walthers von der Vogelweide Replik (111,26). Zahlreiche weitere Beispiele BMZ III, S. 6.

1855 f. *al die wîle ⟨. . .⟩ immer strebe]* Wegen der Wiederholung von v. 1851 f. nach Henschel/Pretzel »natürlich zu streichen« (Kritischer Apparat, S. 23). Die Wiederholung ist sicher nicht sehr glücklich, als Mittel zur Intensitätssteigerung im abschließenden Klage-Monolog aber durchaus vorstellbar.

1889 *phant]* Konjektur Jungbluths (S. 465) aus *lant* der Handschriften; sie folgt dem von Henschel/Pretzel (Kritischer Apparat, S. 23) für die Stelle postulierten Sinn: der Graf erwerbe die Aufnahme in das Himmelreich: »Die Taufe der Heidin war die Gewähr (Unterpfand) für des Grafen Heil« (Jungbluth ebd.).

17
DIE FRAUENTREUE

Überlieferung

Die *Frauentreue* ist in zwei der großen Kleinepiksammlungen des 14. Jahrhunderts und in zwei der einschlägigen Sammelhandschriften des 15. Jahrhunderts überliefert, außerdem in einem Fragment, das gleichfalls aus einer Sammelhandschrift mit einer Märenreihe stammt (B^{α}), und zusätzlich in einer unspezifischen Textkollektion:

H (1. Viertel 14. Jh., Nordwestböhmen/Oberfranken), Bl. 137va-140rb.

K (1. Viertel 14. Jh., Nordwestböhmen/Oberfranken, Abschrift aus H), Bl. 138vb-141rb (Abdruck: Mailáth/Köffinger, S. 277-288).

l (›Liedersaal-Handschrift‹: um 1430/33, Oberschwaben), Bl. 10rb-13ra (Abdruck: Laßberg, Lieder-Saal I, S. 117-128).

m (1455-1458, nordbairisch-ostfränkisch [Nürnberg?]), Bl. 137^{v}-147^{v}.

B^{α} (um 1350, ostmitteldeutsch), Bl. 2ra-3vb: v. 45-275 (Abdruck: August Heinrich Hoffmann von Fallersleben, *Bruchstücke mittelhochdeutscher Gedichte*, in: Altdeutsche Blätter 1 [1836], S. 241-246).

Berlin, Staatsbibliothek Stiftung Preußischer Kulturbesitz, Ms. germ. 8° 186, geschrieben 1431 in Livland (!), niederrheinisch: Minnereden, Mären, *Flos und Blankeflos* (Mihm, Überlieferung, S. 119f.), Bl. 21^{r}-25^{v}: v. 1-335.

Text

Die Heidelberger und die von ihr nur in unwesentlichen orthographischen Varianten unterschiedene Genf-Kalocsaer Handschrift bieten als die ältesten Zeugen einen im ganzen verläßlichen und guten Text. Die Berliner Fragmente B$^{\alpha}$ kommen ihm in Alter und Qualität nahe, vertreten aber einen anderen, im Wortlaut gelegentlich abweichenden Überlieferungsast (Burchardt, S. 46). Die Handschriften des 15. Jahrhunderts (l, Berlin 8° 186, in geringerem Maße auch m) schreiben den Text stark um und formulieren ihn streckenweise neu.

Eine Edition muß auf dem Handschriftenpaar HK aufbauen (so auch von der Hagen, GA I, S. 261-276, Burchardt, de Boor, Mittelalter, S. 1428-1433). Für ihre Kontrolle und Korrektur fallen die Handschriften des 15. Jahrhunderts wegen ihrer Bearbeitungstendenz weitgehend aus, die Berliner Fragmente B$^{\alpha}$ kommen grundsätzlich in Frage, werfen aber das Problem einer Vermengung unterschiedlicher Texttraditionen auf; Korrekturen müssen also zurückhaltend vorgenommen werden. Die Qualität des in den beiden alten Handschriften überlieferten Textes erlaubt eine solche Zurückhaltung.

Diese Edition bietet deshalb den orthographisch normalisierten (Ausgleich von *i/j*, *u/v/w*, Beseitigung von Mehrfachkonsonanz etc.) und grammatisch (Kasusendungen, *die/diu*, *iu/iuch*, Getrennt- und Zusammenschreibung nach den üblichen Regeln) regulierten Text der Heidelberger Handschrift (= H; die orthographischen Abweichungen von K sind nicht eigens vermerkt), in den nur an wenigen, als fehlerhaft erkennbaren Stellen korrigierend eingegriffen ist (Kursivierung im Text; so weit Begründungen erforderlich sind, finden sie sich im Stellenkommentar):

4 *noch*] *nach* HK. 83 *brunnen vor*] *brvnvar* HK. 120 *vrouwe gienge*] *vrowen giengen* HK. 121 *ir*] *in* HK. 134 *ime vür sorgen tohte*] *in von sorgen brehte* HK. 150 *eim*] *einem* HK. 166 *willen* K] *wille* H. 253 *wie* K *wer* H. 318 *ze spæt*] *gespet* HK.

Beibehalten habe ich die Eigenheit der Heidelberger Handschrift, im Text der *Frauentreue* *zuo* und *ze* in *zu* zusammenfallen zu lassen, weil sich, wie die Reime 103 f. *zu : nû*, 273 f. *dû : zu*, auch 335 f. *vru : nû* zeigen, darin eine lautliche Entwicklung, die mitteldeutsche Monophthongierung von *uo* > *û* niederschlägt, die diese Reime erst erlaubt. Da *zu* in der Handschrift regelmäßig auch in unbetonter Stellung erscheint, kann es vielleicht nach Bedarf auch mit kurzem Vokal gelesen werden.

Außerhalb textkritischer Überlegungen verzeichne ich die Abweichungen der anderen Handschriften von der Heidelberger und der Genfer (vgl. den textkritischen Apparat in der Ausgabe von Burchardt) im Rahmen dieser Ausgabe, die keine überlieferungsgeschichtlichen Ziele verfolgen kann, nicht. Als Beispiele für die Intensität der Umarbeitung in den jüngeren Handschriften gebe ich den Anfang des Gedichtes (v. 1-38) nach der Berliner Handschrift 8° 186 und den Schluß (v. 367-390) nach der Donaueschinger (l) wieder.

Berlin 8° 186:

1 *Ich solde wunschen mochte dat wesen*
wat men van herte leue mach lesen
vnd van der suten
4 *na der werlde sinne*
7 *bescheden will myd worden*
dat steyt an allen orden
wo eyner vrauwen to mute was
10 *als yk vthe deme boke las*
12 *wat or to vrauden wart getalt.*
11 *myd truwen se dat gar vorgalt*
21 *disse vorrede wil yk nv laten stan*
vnd wil diss böck nv heven an
23 *dat was ey ritter vnd ey degen*
24 *des liues was he gar vorwegen*
27 *he vorwarff durch vrauwe mine*
viel manige blut rynne
29 *vnd vil manige bittircheyt*
31 *to vrauwen denste was he jw bereyt*
38 *vnd dede yo dat beste*
37 *wat he to vrauwen denste wiste*

Donaueschingen 104:

sy gieng hin da der ritter lack
sy blickt jn an ir hrcz darschrack
jr varwe verkerti sich
sy gebaret trúriglich
von jamer sy jr hende fielt
jr hercz sich jn irm libe spielt
daz sy zu der erde sanck
vmb sy ward ain groß gedranck
daz waz ain vngefúgi not
die fraw lag vor laide tot
von rechter trüwe die sy het
vnd blaib an allen eren stet.
Ainer ret suß der ander so
der frowen wirt waz vnfro
vor laide zart er vz sin har
vnd sprach ich waiß fúr war
vnd wil ez han an alle scham
daz kainer jn der welt gewan
ain wib so gar an falschen list
wie ez dar umb komen ist
dez waiß ich nit jn dirre zit
wan grosser jamer mir an lit
man laiti si ze ainander
jn ain grab behander
die zway geholden
sust het sy jm vergolden
vnd tätt jm ganczer truwe schin
hie endet sich das märelin
vnd was ain not ob aller not
des müssent wir alle liden den tot

Übersetzungen: Pretzel, Erzählungen, S. 128-134; Spiewok, Decamerone, S. 343-351.

Autor und Entstehung

Das Gedicht ist anonym überliefert. Nach Ausweis seiner Reimsprache (vgl. Burchardt, S. 46 f. und die Bemerkungen zur Monophthongierung s. o. *Text* und Stellenkommentar zu v. 49 f.) wird es im Mitteldeutschen entstanden sein. Der Möglichkeit einer genaueren Lokalisierung (Ruh, ²VL, Sp. 880: eher rheinfränkisch als mittelfränkisch) steht man heute skeptisch gegenüber. Für die Entstehungszeit gibt nur die Datierung der ältesten Überlieferung (1320/30) einen festen Anhaltspunkt. Weit ins 13. Jahrhundert dürfte das Werk nicht zurückreichen.

Motivik, Quellen, Thematik

Die Erzählung ist aus drei verbreiteten Motiven heraus entwickelt:

1. Zweikampf ohne Rüstung (im Hemd) als Liebesbeweis (z. B. Wolfram von Eschenbach, *Parzival*, 27,13 ff.: Belakane und Isenhart; Ulrich von Liechtenstein, *Frauendienst*, hg. von Reinhold Bechstein, 2 Tl. e, Leipzig 1888, v. 180,29 ff.; Heinrich von dem Türlin, *Krone*, v. 3698 ff.; vgl. Burchardt, S. 100-106, Lang, Versnovelle, S. 44-49).
2. (Tödliches) Aufbrechen einer Wunde durch die Leidenschaft der Liebesbegegnung (vgl. z. B. Gotfrid von Straßburg, *Tristan*, v. 1285-1329: Riwalin; ebd., v. 15149-15208: Mehlstreu).
3. (Bekenntnishafter) Tod einer Frau am Grabe des Geliebten (z. B. *Tristan* [hier: Eilhart von Oberge, *Tristrant*, v. 9421-9438]; *Pyramus und Thisbe* [s. o. Nr. 15], Marie de France: *Les dous amanz* [Marie de France, Lais, S. 250-267], in Konsequenz von (1) verknüpft mit

3a. Demonstration der Zusammengehörigkeit durch öffentliches Auftreten im (seinem) Hemd (s. u.).

In signifikanter Verknüpfung finden sich Elemente aus diesem Ensemble

- im frz. Fabliau *Des trois chevaliers et del chainse* des Jacques de Baisieux aus dem 13. Jahrhundert (Montaiglon/ Raynaud, Bd. 3, S. 123-136):
  Eine von drei Rittern umworbene Dame verlangt als Tapferkeitsprobe einen Turnierkampf in ihrem Hemd (1); nur der ärmste der drei nimmt das auf sich, siegt, wird aber schwer verwundet. Als die Dame das erfährt, trägt sie bei einem Festmahl das blutgetränkte Hemd, bekennt sich so als seine Geliebte (3a), schenkt ihm ihre Liebe und heilt ihn damit (konträr zu 2).
- im *Friedrich von Auchenfurt*, einer novellistischen Episode in Jansen Enikels *Weltchronik* (um 1280, v. 28205-28532):
  Ein Ritter umwirbt eine Gräfin, die ihrem Mann treu ist. Sie stellt dem Werbenden deshalb die vermeintlich unlösbare Aufgabe, einen Turnierkampf nur in einem ›Frauenkleid‹ zu bestehen (1); dann wolle sie ihm ihre Gunst gewähren. Der Ritter besteht den Kampf, wird aber schwer verwundet. Nach seiner Genesung erbittet er, das blutige Hemd vorweisend, seinen Lohn. Die Gräfin erfleht seinen Verzicht, und er gewährt ihn unter der Voraussetzung, daß sie sich beim Kirchgang vor dem Altar ihres Mantels entledige und in seinem blutigen Hemd zeige (3a). Das Opfer der Scham bestätigt ihre Treue.
- im Märe *Der Schüler von Paris* (s. o. Nr. 14):
  Die Tochter eines Pariser Bürgers und einen Studenten verbindet leidenschaftliche Liebe. Der Vater des Mädchens versucht, das zu unterbinden, und hält es in ihrer Kemenate fest. Mit einer List (= *Mönch als Liebesbote*) arrangiert sie dennoch ein Stelldichein. Dem Studenten, der am Morgen zur Ader gelassen hatte (Fassung A), bricht in der Leidenschaft der Liebesbegegnung die Wunde auf, und er verblutet (2). Bei der Totenmesse opfert sie demonstrativ ihren Jungfrauenkranz (3a), dann sinkt sie tot über dem Leichnam des Geliebten zusammen (3).
  (Ähnlich im 2. Teil: Margarete von Navarra, *Heptaméron*, Nr. 50 [S. 323-327]; deutsch von Widmer, Heptameron, S. 559-564.)

– in Boccaccios *Girolamo und Salvestra* (*Decameron* IV,8 [S. 411-417]; deutsch von Witte/Bode, S. 364-370):
Der vornehme Knabe Girolamo und die Schneiderstochter Salvestra lieben sich. Um das zu unterbinden, schicken ihn die Eltern für zwei Jahre nach Paris. Nach seiner Rückkehr findet er seine Geliebte verheiratet, und sie achtet seiner nicht mehr. Da dringt er heimlich in ihr Schlafgemach ein, bittet darum, wenigstens neben ihr liegen zu dürfen, und stirbt (2). Im Einverständnis mit ihrem Mann bringt sie ihn weg. Zur Tote nfeier schickt ihr Mann sie aus Neugier. Dort übermannen sie Liebe und Mitleid, und sie stürzt tot auf den Leichnam des Geliebten (3).
(Ähnlich Straparola, *Piacevoli notti*, IX,2 [Bd. 2, S. 101-105]; deutsch von Floerke, Straparola, S. 233-239.)

Der Vergleich läßt die unterschiedlichen Gestaltungsmöglichkeiten der Motivkombination erkennen. Sie kann – je nach Auswahl und Verkettung – zum Demonstrationsfall für die bezwingende Kraft ritterlicher Kühnheit (Fabliau), die Opferbereitschaft einer treuen Frau (*Friedrich von Auchenfurt*), die innige Gemeinschaft zweier Liebender bis in den Tod (*Schüler von Paris*) oder die Kraft unterdrückter, gegen das Bewußtsein sich durchsetzender Liebe (Boccaccio) werden.

Die *Frauentreue*, die offensichtlich den *Schüler von Paris*, Fassung C, gekannt hat (im Schlußteil ist seine Benützung nachzuweisen: Burchardt, S. 109-116, Rosenfeld, S. 203-207), akzentuiert demgegenüber die objektive Kraft des Minnedienstes. Dem unbedingten, das Leben aufs Spiel setzenden Dienst des Ritters korrespondiert die unbedingte eheliche Treue der Frau. Das zeichenhaft eingesetzte Requisit des Hemdes (Kampf um die Frau – Abwehr der Werbung) markiert diese Korrespondenz, die in der Rolle des Ehemanns ausgebaute Figurenkonstellation unterstützt sie: die Frau handelt stets im Einvernehmen mit ihrem Mann, wenn nicht gar auf seine Veranlassung. Auf dieses Verhältnis fällt kein Schatten, von Minne der Dame zum werbenden Ritter ist zunächst keine Rede. Dennoch opfert die Frau für den

Ritter ihre Ehre und ihr Leben. Dem fehlt (im Gegensatz etwa zu Boccaccios Version) jede psychologisierende, auf unbegriffene oder unterdrückte Liebe zielende Motivation. Das Opfer der Frau ist die notwendige Antwort auf eine außerordentliche Tat: sie setzt Größe gegen Größe und lohnt ihm so seine Liebe und seine Treue; dies erst füllt dann den Begriff der *triuwe* (vgl. Komm. zu v. 11) am Ende erzählerisch auf: als Verpflichtung auf Gegenseitigkeit, die ihren Wert in sich trägt. Daß diese konsequente Realisierung eines ritterlich-höfischen Wertes in das Handeln einer Bürgersfrau verlegt ist, ist ein irritierender Zug dieser Erzählung; mag sein, daß die Geschichte so aus dem oft spielerischen Regelsystem höfischen Erzählens gelöst wird, damit der Fall in seiner Kraßheit als allgemein verbindlich erscheinen kann (Ruh).

Literaturhinweise: Bédier, Les Fabliaux, S. 291-298; Kurt Burchardt, *Das mittelhochdeutsche Gedicht von der ›Frauentreue‹*, Diss. Berlin 1910; Fischer, Studien, S. 338 f. (Lit.); Landau, Quellen des Dekameron, S. 161 f.; Lang, Versnovelle, S. 44-58; Ortmann/Ragotzky, triuwe-Beweise, S. 99-102; Rosenfeld, Novellenstudien, S. 203-207; Kurt Ruh, *Zur Motivik und Interpretation der ›Frauentreue‹*, in: K. R., *Kleine Schriften*, Bd. 1, Berlin und New York 1984, S. 157-169; Schirmer, Stil- und Motivuntersuchungen, S. 16-20, 144, 157-174 u. ö. (Reg.); Stehmann, Studentenabenteuer, S. 157-162; Strasser, Vornovellistisches Erzählen, S. 172, 293-295; VL[2] II, Sp. 880-882 (Kurt Ruh); Ziegeler, Erzählen im Spätmittelalter, S. 317 f. u. ö. (Reg.).

Stellenkommentar

Überschrift: nach der Heidelberger Handschrift, normalisiert.

8 *stæt]* »Beständig, feststehend, dauerhaft gültig«. Das Wort meint im rechtlichen Sinn die konsequente Zuverläs-

sigkeit des Vertragspartners (vgl. DWb X/II,2, Sp. 2546-2549); so bildet es zusammen mit *triuwe* (vgl. Komm. zu v. 11) den begrifflichen Kern der Erzählung.

11 *triuwen]* Schlüsselbegriff zum Verständnis dieser Geschichte. Er betont sachlich-objektiv die Gegenseitigkeit eines Verhältnisses von Leistung und Gegenleistung: die Dame antwortet (*galt*: »vergalt, zahlte zurück«) mit ihrer Tat angemessen auf den außergewöhnlichen *dienst* (v. 12) des Ritters: »Es geht um keine Geschmacksfrage und keine Frage weiblicher Psychologie« [Ruh, Motivik, S. 161]. *triuwe* meint als Begriff aus dem Feudalwesen ursprünglich »Abmachung, Vertrag«, dann die »Verläßlichkeit« im Einhalten von Vertragsbeziehungen, schließlich auch die Haltung, die sich darin niederschlägt: »Treue« als persönlich gewendeter Tugendbegriff (vgl. BMZ III, S. 107; DWb XI/I, 2, Sp. 282-342).

15 *sîn herze]* Subjekt sowohl zu *enzundet* (v. 14) wie zu *gescheiden* (v. 15): Konstruktion ἀπὸ κοινοῦ (PWG § 493).

24 *lîbes* ⟨. . .⟩ *erwegen]* Wörtlich: »körperlich und in seiner Gesinnung entschlossen«.

28 *bluotrunst]* »Blutfluß, blutige Wunde« (Lexer I, Sp. 318); vgl. *runs, runst* »Rinnen, Fließen« (Lexer II, Sp. 540 f.).

44 *ûf âventiure]* Die Formel wird hier ganz im Sinne der hochhöfischen Epik verwendet: der Ritter sucht eine ihm angemessene Gelegenheit, sich zu bewähren. Vgl. dazu etwa Erich Köhler, Ideal und Wirklichkeit, S. 66-88; Harald Haferland, *Höfische Interaktion. Interpretationen zur höfischen Epik und Didaktik um 1200*, München 1988, S. 109-120.

49 f. De Boor streicht die beiden Verse ohne Grund. Der Reim *sehen : næhen* ist nach seiner Qualität in einem mitteldeutschen Text nur optisch unrein (durch Verzicht auf orthographische Normalisierung ließe sich auch das vermeiden; die Handschrift schreibt *sehen : nehen*). Die quantitative Differenz im Reim von Kurz- auf Langvokal ist tolerabel.

62 *mit ougen pinken]* Die Wörterbücher belegen nur diese Stelle. Sie verweisen aber zur Rechtfertigung auf eine Reihe von mundartlichen Belegen für »schlagen, hämmern« (Lexer

II, Sp. 273; DWb VII, Sp. 1860). Danach ist de Boors Korrektur (*blinken*, im Anschluß an Hs. l: *Die muß uwerm hertz blincken*) unnötig.

74 *verschriet]* Zu *verschrôten* »zerhauen, zerschneiden« (Lexer III, Sp. 219 f.).

76-97 Zur Konvention der Schönheitsbeschreibungen kurz Bumke, Höfische Kultur, S. 451; ausführlicher Anna Köhn, *Das weibliche Schönheitsideal in der ritterlichen Dichtung*, Leipzig 1930. Zur Beschreibung in der *Frauentreue* Schirmer, Stil- und Motivuntersuchungen, S. 16-20. Vgl. hier z. B. auch die Schönheitsbeschreibung im *Rädlein* (s. u. Nr. 23), v. 59-71.

78 *gebende]* Die vom Kinn aus über die Wangen nach oben ›gebundene‹ Kopfbedeckung als »der vorzüglichste Teil des Putzes einer Frau« (BMZ I, S. 132-134, mit zahlreichen Details). Vgl. Brüggen, Kleidung und Mode, S. 216 f. – *zwinzerlîch]* »Funkelnd« schlägt de Boor vor; das Wort ist nur an dieser Stelle belegt (Lexer III, Sp. 1217; vgl. aber *zinzerlich*, *Der Schüler von Paris B* [= Nr. 14], v. 607 und Komm. zu dieser Stelle). Die Berliner Fragmente B^{α} schreiben ein sonst ebenfalls unbekanntes *frazerlich*.

83 *brunnen vor]* H und K schreiben das nicht völlig auszuschließende *brvnvar* (*brûn* = »glänzend«, vgl. DWb II, Sp. 324). Wegen des fehlenden Verbs folge ich aber der Korrektur von Burchardt im Anschluß an B^{α} (*brenten von*) und l (*brünent in*).

114 *verselt]* »Verkauft« (vgl. Lexer III, Sp. 223 f.).

133 f. H und K bauen diese Verse auf dem Reim *möhte : brehte* auf, der sich nur schwer rechtfertigen läßt, erst recht nicht in der teilnormalisierten Form *mehte : bræhte*, die de Boor als Ausweg wählt. Korrekt ist der Reim in den Berliner Fragmenten B^{α}, die *mochte : tochte* reimen. Burchardts Korrektur des Verses baut auf der Lesung dieser Handschrift auf: *daz ime vor sorgen tochte*. Ich schließe mich ihm an.

137 *erwüeten]* »In Wut geraten, toll werden« (Lexer I, Sp. 703).

148 *tjost]* Ritterlicher Zweikampf zu Pferde mit eingelegten Lanzen, vgl. Bumke, Höfische Kultur, S. 360-362.

150 *sîdîm]* In H, K und m überliefert, gleichfalls in den hier umformulierten Partien von l und des Berliner Fragments 8° 186. Für die von Burchardt vorgenommene Streichung des Wortes im Anschluß an das Berliner Fragment B$^{\alpha}$ bietet die Überlieferung also keine Grundlage. Die Überfüllung des Verses läßt sich durch das von de Boor vorgeschlagene *eim* < *einem* mildern. – In der Sache ist die Entsprechung zur Szene in der Kemenate der Frau (v. 284) wichtig.

175 *wirt]* »Ehemann«, vgl. Lexer III, Sp. 932 f.

194 *du enmüezest]* »Daß du mögest«: Zur Verwendung der Negation (*en-*) in abhängigen konjunktionslosen Sätzen trotz positivem Sinn vgl. PWG § 441.

210 *güete]* »Schamhaftigkeit« ist Übersetzungsvorschlag von de Boor.

245 f. Burchardt und de Boor schließen sich der nicht sehr schlüssigen Auflösung dieser etwas dichten Verse in der stark bearbeitenden Handschrift l ohne rechte Begründung an: *Vil baß dan der aine / die da wär gemaine / daz sy ze hand wär berait / durch ir baldikait.*

251-288 In l völlig neu formuliert: Die Frau stellt bereits hier dem Ritter die Gewährung ihrer Gunst in Aussicht und verabredet das Stelldichein in ihrer Kammer mit dem Ritter; wenn ihr Mann schlafe, solle er kommen und sie werde ihn einlassen.

256 *verwuoc]* Zu *verwegen* »aufs Spiel setzen« (vgl. Lexer III, Sp. 297 f.).

270 *erqueme]* Zu *erkomen*, *erquemen* »erschrecken« (vgl. Lexer I, Sp. 644).

283 *daz hâr ûz rouft]* Das Ausraufen des Haares ist rituelle Klagegeste, vgl. z. B. Peil, Die Gebärde, S. 310.

297 *er der sêle]* Wörtlich: »er in bezug auf die Seele«.

308 *daz noch nôt bricht îsen]* Vgl. Wander, Sprichwörter-Lexikon III, S. 1050.

328 *purper]* Kostbarer Seidenstoff, der im Mhd. nicht mit einer bestimmten (Purpur-)Farbe verbunden wird; vgl. Brüggen, Kleidung und Mode, S. 277 f.

332 *mit lesen und mit singen]* *Lesen unde singen* ist Doppelformel für »Gottesdienst halten«, besonders auch im Rahmen der Totenmesse; vgl. die Beschreibung von Siegfrieds Begräbnis im *Nibelungenlied* (1065,3): *ê daz man in begrüebe, man sanc unde las.* Weiteres DWb X/I, Sp. 1069 f.

345 *opfern]* Das Darbringen der Gaben im Rahmen der Meßliturgie, das in der Totenmesse einen besonders betonten Ort hatte (vgl. LThK VII, Sp. 1118, 1176).

354 *als ich ê las]* Zur Bedeutung von *lesen* in diesem Zusammenhang (»erzählen, berichten«, auch »vortragen«) vgl. Fischer, Studien, S. 268. Möglich wäre aber auch: »wie ich selbst an früherer Stelle gelesen habe«.

359 *sukkenîe]* Übergewand, das »von beiden Geschlechtern über dem Rock getragen« wird (Brüggen, Kleidung und Mode, S. 78-80).

363 *rocke]* *Rock* ist das Kleidungsstück zwischen Übergewand (*sukkenîe*) und Hemd; er wird in allen Belegen (Brüggen, Kleidung und Mode, S. 241-244) über dem Hemd getragen.

365 *zum dritten mâl tet si alsam]* Das heißt: sie legte ein weiteres Kleidungsstück ab und stand nun im Hemd da.

372 *spielt]* Zu *spalten* »sich spalten, zerbersten«.

377 *rette]* Aus *redete* (PWG § 54).

379 *zart er ûz sîn hâr]* Vgl. Komm. zu v. 283.

387 *in ein grap]* »Das gemeinsame Bestatten der Liebenden in einem Grab ist topisch geworden (vgl. *Schüler von Paris A/B/C*, *Frauentreue*, *Der arme Ritter*)« (Ziegeler, Erzählen im Spätmittelalter, S. 274 Anm. 31 zu *Pyramus und Thisbe* [s. o. Nr. 15], v. 477-480).

389 *triuwe]* Zur zentralen Bedeutung von *triuwe* für das Verständnis dieses Gedichts vgl. Komm. zu v. 11. Burchardts Änderung in *riuwe* verfehlt deshalb den Sinn vollkommen.

390 *büechelin]* Vgl. Komm. zu Johannes von Freiberg, *Das Rädlein* [s. u. Nr. 23], v. 5.

In H und K schließt sich an v. 390 folgender Schlußabschnitt an:

Daz heizet vrowen triwe
sie lebe in iamers rewe
Vnd mvͤs in leide ersterben
Die den laz verderben
Der ir trage holden mvt
Nimmer mvͤz ir liep noch gut
Geschehen vnd mvͤz verflvchet sin
Des wunschet ir daz herze min
Vnd liͤp vnd sinne
Daz ir nimmer minne
Gvte geschehen mvͤze
Von reiner manne grvͤze
Hie vf dirre erde
Ir nimmer bvz werde
Jemerklichez smerzens
An libe vnd irs herzens
In svͤchen mvsen swinden
Als man die kelde linden
Sicht. In grozer hitze
Alsa mvz si in iamers switze
Avser die vrowe di da lon
Gibt irem diner schon
Die mvͤz in sinem riche
Got kronen ewikliche
Vnd da mit grozer wirdikeit
Beschowen die werde drivaltikeit
Liep von reht erwerben sol
Der liep mit liebe kan gelten wol
Der liebe mvz teilhaftic wesen
Der evch daz bvchel hat gelesen.

18
ARISTOTELES UND PHYLLIS

Überlieferung

Das Märe ist in drei Handschriften überliefert, von denen jedoch eine verbrannt und nur in einem alten Abdruck zugänglich, die andere verschollen und nur im Abdruck einzelner Lesarten bewahrt ist. Nur die jüngste und textkritisch sicherlich wertloseste ist erhalten:

S (um 1330/1350, Elsaß?), Bl. 41ra-45rb. Die Handschrift ist 1870 verbrannt. (Abdruck: Myller, Samlung deutscher Gedichte III, p.XVII-XXI.)

k (zwischen 1430 und 1435, Nordschwaben), Bl. 83ra-87vb (Abdruck: Schmid, Codex Karlsruhe 408, S. 348-362).

Regensburg, Jesuitenbibliothek, ohne Signatur (wohl 14. Jh.; seit 1809 verschollen; erhalten sind nur die durch von der Hagen in seinen Lesarten-Apparat [GA I, S. 482-485] aufgenommenen Varianten). Sigle: r

Autor und Entstehung

Der Autor ist nicht bekannt; seine literarische Bildung, die präzise Kenntnis der Werke Gotfrids von Straßburg und Konrads von Würzburg und auch die wohl niederalemannische Entstehung des Märe lassen an einen Angehörigen der literarisch regen oberrheinischen Städte (Basel? Straßburg?) denken. Einen Anhaltspunkt für die Datierung bietet die nicht zu bezweifelnde Kenntnis der Werke Konrads von Würzburg. Die am deutlichsten benützten, *Herzmäre* und *Engelhard*, sind allerdings selbst nicht deutlicher als zwischen ca. 1260 und 1287 (das Todesjahr Konrads) zu datieren; der vielleicht gleichfalls herangezogene *Trojanerkrieg* wäre auf 1281-1287 einzugrenzen. Die Entstehung von *Aristoteles und*

Phyllis wird man so mit einiger Gewißheit in den beiden letzten Jahrzehnten des 13. Jahrhunderts (am Oberrhein?) annehmen dürfen.

Text

Nach der Überlieferungslage wäre der Text auf die beiden Handschriften aus dem 14. Jahrhundert, die Straßburger und die Regensburger, zu gründen. Da die Karlsruher Handschrift eine deutlich jüngere Version bietet, scheidet sie als Alternative aus (anders Cramer, Mæren-Dichtung II, S. 21-35). Da der Abdruck Myllers zwar in der orthographischen Gestalt nicht ohne Willkür ist, im Wortlaut aber ziemlich zuverlässig scheint (vgl. Komm. zu *Herzmäre* [Nr. 13] und *Halber Birne* [Nr. 9]), stütze ich meinen Text darauf (= S), umgehe die orthographische Unsicherheit durch Normalisierung und versuche nur, deutliche Fehler mit Hilfe der Regensburger Lesarten (= r) und der Karlsruher Handschrift (= k) zu bessern. Von den im Prinzip ähnlich verfahrenden Editionen von Niewöhner (NGA, S. 234-243) und de Boor, Mittelalter (S. 1418-1425: setzt in großem Umfang Lesarten der Regensburger Hs. ein) unterscheidet sich mein Text durch die grundsätzliche Priorität von S.

An folgenden Stellen (Kursivierung im Text) weiche ich über die Normalisierung hinaus von S ab (vollständiges Lesarten-Verzeichnis: NGA, S. 234-243):

4 *daz* k] *Die* S. 8 *an m.*] *und an m.* S fehlt k *gut mut* r. 15 *wart*] *hette* S *waz* k. 19 *daz* k] *die* Sr. 29 *hôch wol geborne* r] *hochgeborne* S *höhst wol erkörn* k. 31 *gerîhten*] *Gerichteten* S *Geryeten* k *geriten* r. 33 *sider*] *Er* S *Sehet der* k *Seit er* r. 49 f. k] *Daz alle die welt geliche / Dz alle die ovch hant künstenriche* S (Formulierung bei ungewisser Versstellung auch r). 50 *Daz er alle* k. 51 *Nach* Skr. 67 *daz* k] *Den* S. 95 *vröudenschouwe*] *froeide frowen schowe* S *freüde frawe schawe* k (Vers fehlt r). 115 *nie* kr] *nie man* S. 120 *sînem* k] *sinen* S. 145 *state*] *statten* S *stat* kr. 150 *darnâch* k] *do noch* S. 167 *die* k] *Sú* S.

169f. *swâr : dar* k] *swer : der* S. 183f. *unschulde : hulde* k] *unschulden : hulden* S. 201 *er* k] *Wan er* S. 215 *noch*] *noch noch* S *nach* k. 228 *liehte su nne* kr] *iungfrowe* S. 231 *ez* kr] *das* S. 256 *garwe* kr] *gerwe* S. 272 *ze kurz* kr] *kurz* S. 308 *dem* k] *den* S. 320 *unsigehaft*] *sigehaft* Sk. 332 *verre* k] *vliehen* S. 335 *ez* k] *daz* S. 341 *blickte* kr] *sach* S. 374 *wir* kr] *ir* S. 380 *genante*] *gemante* S *gewant* kr. 394 *geschrirn*] *geschruwen* S *we mir ymmer* k. 413 *dem* k] *den* S. 457 *kiuschen sin*] *kúsche sin* S *keüsch sein* k. 460 *tûsent* k] *Tusent tusent* S. 464 *missewende* k] *an missewende* S. 466 *daz* k] *Die* S, *ez* k] *sú* S. 476 *diu* k] *sine* S. 493 *er* kr] *Vnde* S. 504 *dô* k] *Daz* S *Piz* r. 510 *hunder* S. 519 *gerovchen* S. 525f. k(r)] *Er enmoehte do niht langer sin / Heinlich in ein schiffelin* S. 554 *niht*] *ime niht* S.

Weitere Ausgaben: Campion, S. 351-356; GA I, S. 21-35; Josephson, S. 71-87; Kully/Rupp, S. 112-130.

Übersetzungen: Fischer, Schwankerzählungen, S. 5-15; Lemmer, Erzähler, S. 279-288; Petzoldt, Schwänke, S. 14f.; Spiewok, Decamerone, S. 632-640; Wolzogen, Schwankbuch, S. 11-19.

Motivik, Quellen, Thematik

Das Märe geht auf eine ältere deutsche Fassung zurück (Benediktbeurer Fassung, um 1200, rheinfrk.), die nur in Fragmenten erhalten ist (hg. von Rosenfeld, Aristoteles und Phyllis). Sie teilt mit dem Märe des späten 13. Jahrhunderts alle wesentlichen Erzählzüge; gelegentlich finden sich auch wörtliche Anklänge (vgl. Stellenkommentar zu v. 254, 264, 300, 491, 530). Die hier abgedruckte jüngere Fassung geht über ihre Vorlage vor allem durch eine an Gotfrid von Straßburg und Konrad von Würzburg geschulte sprachliche Stilisierung (vgl. Stellenkommentar) und durch kommentierende Einschübe hinaus (v. 300-332, 421-464), die – ähnlich wie einige Erzählpartien (v. 207-220, 238-252, 269-284, vgl. Stellenkommentar) – durch Versatzstücke aus Gotfrids *Tristan* angereichert sind.

Woher die Benediktbeurer Fassung, die älteste europäische, den Stoff hat, ist nicht festzustellen. Am ehesten kommen nicht erhaltene Vorstufen der Exempelfassungen (s. u.) in Frage; möglich ist auch mündliche Vermittlung. Dem Alexanderroman ist die Episode jedenfalls fremd, erst spät und nur am Rande (Ulrich von Etzenbach, *Alexander*, hg. von Wendelin Toischer, Tübingen 1888, v. 23415-23528) ist sie in ihn eingedrungen.

Das Motiv der Bloßstellung eines Weisen, der sich von Liebe verblendet einer Frau unterwirft, ist in der Weltliteratur weit verbreitet (AaTh 1501). Es taucht zuerst in einer buddhistischen Erzählung aus China (*Tripitaka*, 516 n. Chr.) auf, dann vom 9. Jh. an (Ps.-Ǧâhiẓ, *Kitâb el-mahâsin wal'l-masâwî* [»Über die guten und schlechten Seiten der Dinge«], deutsche Übersetzung dieser Episode bei Delbouille, Lai d'Aristote, S. 54f.) in persischen, später (Ah'medech Schîrwâni, 5. Jh., deutsche Übersetzung bei Oskar Rescher, *Geschichten und Anekdoten aus Qaljûbî's Nawâdir und Schîrwânis Nafhat el Jemen* ⟨...⟩, Stuttgart 1920, S. 261) auch in arabischen Erzählsammlungen (vgl. auch *Hodscha Nasreddin*, Bd. 2, S. 61-63). Das Grundschema ist von früh an das gleiche: die Frauen rächen sich am Ratgeber des (verliebten, galanten) Herrschers für dessen Warnungen vor der verderblichen Macht der Frauen oder der Liebe, indem sie ihn diese Macht selbst spüren lassen und als verliebten Narren der Lächerlichkeit preisgeben. Die Lehre kann in die Pointe münden, daß sich die Warnung des Weisen so erst recht bestätige.

In Europa erscheint der Stoff schon in seinen ersten Zeugen (mhd. Märe, Benediktbeurer Fassung: ca. 1200; Henri d'Andeli, *Lai d'Aristote* [hg. von Delbouille, Lai d'Aristote, deutsch bei Widmer, Hexameron, S. 45-50, und Paschold/Gier, S. 60-74]: 1220-1250; Jakob von Vitry, *Exempla* [hg. von Goswin Frenken, Die Exempel des Jakob von Vitry, München 1914, S. 105 f.]; auch Delbouille, Lai d'Aristote, S. 39f.) an die Idealfiguren des Herrschers und des Weisen, Alexander und Aristoteles, gebunden. Variabel besetzt ist nur die Rolle der verliebten und durch die Warnungen des Philosophen geschädigten Frau:

- In den lateinischen Exempelfassungen (Jakob von Vitry, Stephan von Bourbon [gedr. bei Delbouille, Lai d'Aristote, S. 40], Anonymus d'Arras [gedr. bei Delbouille, Lai d'Aristote, S. 41], Johannes Herolt [gedr. bei Delbouille, Lai d'Aristote, S. 41 f.; deutsch bei Wesselski, Mönchslatein, S. 167]) ist es die Ehefrau (was den moralischen Aspekt eliminiert und ganz die objektive Gefahr im Absolutheitsanspruch der Liebe betont).
- Im *Lai d'Aristote* ist es eine indische Schöne, der Alexander auf seinem Feldzug erliegt (was Gelegenheit gibt, die Gefährlichkeit der Liebe in ihrem exotischen Reiz zu pointieren und ihre isolierende und entrückende Macht gegen die Aktivität des Feldherrn und die Verpflichtung zu ritterlicher Tat zu stellen).
- Im deutschen Märe ist mit Phyllis eine Figur antiker Liebesheroik (Ovid, *Heroides*, Nr. 2) und später auch vagantischer Bukolik (*Carmina Burana*, Nr. 92: *Phyllis und Flora*) gewählt, mit der kapriziöse weibliche Verführungskunst ins Licht gerückt werden kann und ebenso Witz und Klugheit dieser Frau, die sie in der Benediktbeurer Fassung sogar zur künftigen Gattin des Alexander qualifiziert. So verschiebt sich der Akzent von einer Demonstration der Macht der Minne zu der weiblicher List und ›berechtigter‹ Rache, der sogar der Philosoph als Inbegriff der Klugheit zum Opfer fällt: er zieht in Schande gestürzt und b esiegt ins Exil; nur in der jüngeren deutschen Fassung erhalten ist der parodistische Schwenk am Ende, mit dem der verbitterte Aristoteles seine alten Weisheiten und neuen Einsichten in einem Buch zusammenfaßt.

Im ausgehenden Mittelalter ist der Stoff, wohl wegen der Ausgestaltungsmöglichkeiten der Reitszene, zum beliebten Vorwurf für Fastnachtspiele geworden (Keller, Fastnachtspiele, T. 1, S. 138-153, und T. 4, S. 216-230; *Aristotiles und die Königin* [hg. von Otto Springer, in: ZfdA 101 [1982], S. 22-52]; Hans Sachs, *Comedia mit 7 personen*, in: Hans Sachs, hg. von Keller/Goetze, Bd. 12, S. 241-264); aus dem gleichen Grunde sind bildliche Darstellungen häufig (Stammler, Wort und Bild; ders., *Aristoteles*, in: Reallexikon zur deutschen Kunstgeschichte, hg. von Otto Schmidt, Bd. 1, Stuttgart 1937, Sp. 1027-1040), die Aristoteles dann auch in den Kreis der Minnesklaven (vgl. Maurer, Minnesklaven) ziehen. Die italienische Novellistik hat den Stoff über Sercambi, *Novelliere*, Nr. 50 (4. Viertel 14. Jh.) rezipiert (Bd. 1, S. 289-298).

Literaturhinweise: John L. Campion, *Aristoteles and Phillis*, in: Modern Philology 13 (1915/16), S. 347-360; Maurice Delbouille, *Le Lai d'Aristote de Henri d'Andeli*, Paris 1951; EM I, Sp. 786-788 (Rolf Wilhelm Brednich); Fischer, Studien, S. 309-311 (Lit.); Frosch-Freiburg, Schwankmären und Fabliaux, S. 96-104; Cornelia Herrmann, *Der »gerittene Aristoteles«. Das Bildmotiv des »Gerittenen Aristoteles« und seine Bedeutung für die Aufrechterhaltung der gesellschaftlichen Ordnung vom Beginn des 13. Jahrhunderts bis um 1500*, Pfaffenweiler 1991; Sibylle Jefferis, *Das Spiel ›Aristoteles und die Königin‹ (U. of Pennsylvania, Cod. Ger. 4): Ein Vergleich mit seiner Hauptvorlage, dem Märe ›Aristoteles und Phyllis‹*, in: Fifteenth Century Studies 15 (1989), S. 165-181; dies., *»Aristoteles ⟨and Phyllis⟩«: Fabliau, Maere, Spiel*, in: Fifteenth Century Studies 17 (1990), S. 169-183; Jonas, Versschwank, S. 153-160; Gisela Josephson, *Die mittelhochdeutsche Versnovelle von Aristoteles und Phyllis*, Diss. Heidelberg 1934; Hellmut Rosenfeld, *Aristoteles und Phillis. Eine neu aufgefundene Benediktbeurer Fassung um 1200*, in: ZfdPh 89 (1970), S. 321-336; Schirmer, Stil- und Motivuntersuchungen, S. 8f., 12 Anm. 37, 90f.; Bernhard Sowinski, *Aristoteles als Liebhaber in den deutschen Dichtungen des Spätmittelalters*, in: Archiv f. Kulturgeschichte 69 (1987), S. 315-329; Wolfgang Stammler, *Wort und Bild. Studien zu den Wechselbeziehungen zwischen Schrifttum und Bildkunst im Mittelalter*, Berlin 1962, S. 12-44; Joachim Storost, *Zur Aristoteles-Sage im Mittelalter. Geistesgeschichtliche, folkloristische und literarische Grundlagen zu ihrer Erforschung*, in: *Monumentum*

Bambergense. Festgabe für Benedikt Kraft, München 1955, S. 298-348; VL[2] I, Sp. 434-436 (Hellmut Rosenfeld); Burghart Wachinger, *Zur Rezeption Gottfrieds von Straßburg im 15. Jahrhundert*, in: *Deutsche Literatur des späten Mittelalters. Hamburger Colloquium 1973*, hg. von Wolfgang Harms und L. Peter Johnson, Berlin 1975, S. 56-82, bes. 77-82.

Stellenkommentar

Überschrift fehlt: Die Handschriften stellen in Überschrift oder Explizit nur die Figur des Aristoteles heraus (k: *Von dem weysen Aristotiles* bzw. *Diz püchlein sei bekant / Aristotiles ist ez genant* [v. 556 f.], r: *Aristotiles hat hye ein end*) oder sie nehmen gemäß seiner Prominenz noch Alexander in den Titel auf (S: *Dis seit von Allexander und Alestotiles*).

3 *Philippus]* Philipp von Makedonien (ca. 382-336 v. Chr.), Vater Alexanders des Großen.

22 *lûter als ein spiegelglas]* Vgl. Herrand von Wildonie, *Die treue Gattin* [s. o. Nr. 7], v. 26. Verbreiteter Vergleich, den z. B. auch Gotfrid von Straßburg (*Tristan*, v. 11730) und Konrad von Würzburg (*Silvester*, v. 5150) verwenden.

31 *gerîhten]* Zu *rîchen* in der Bedeutung »herrschen, regieren« vgl. Lexer II, Sp. 419 f.

38 *kunst ⟨...⟩ herren zühte]* Wissen und Kenntnisse (*kunst*) als dasjenige, worüber der Gelehrte Aristoteles in erster Linie verfügt (vgl. v. 49, 51, 77) sind den Regeln adeligen Verhaltens und höfischen Lebens (*herren zühte*) als Besonderheit in der Ausbildung Alexanders an die Seite gestellt.

39 *gesat]* Zu *setzen* »setzen, stellen« (vgl. PWG § 165 Anm. 3).

40 f. *ime gewinnen hat / einen meister]* Aristoteles war tatsächlich von 342-340 v. Chr. Lehrer des jungen Alexander.

61 *palas]* Eigentlich nur das Hauptgebäude der Burg mit dem Empfangs- und Speisesaal.

87-89 *an lîbe unde an varwe ⟨...⟩ hete ersehen]* Vgl. Konrad von Würzburg, *Partonopier und Meliur*, v. 7879-7881: *gereinet alsô garwe, / daz man sich in ir varwe / und in ir bilde wol ersach.*

95 *vröudenschouwe]* Das Wort ist nur hier belegt.

103 f. *wie ime der sorgen bürde / ein teil gelîhtert würde]* Vgl. Konrad von Würzburg, *Engelhard*, v. 2053 f.: *daz mîner sorgen bürde / von iu gelîhtert würde.*

107 f. *swenne er die ⟨. . .⟩ grôz ungemach]* Vgl. Gotfrid von Straßburg, *Tristan*, v. 11779 f.: *als er ir aber niht ensach, / daz was sîn meistez ungemach.*

152 f. *streit / den jungen] Strîten* »kämpfen, streiten« mit persönlichem Akkusativ-Objekt ist sonst nicht belegt.

153 *morten]* Aus *morte* (< *mordete*, vgl. PWG § 54) und angehängtem Personalpronomen *in* (Krasis, vgl. PWG § 214 Anm. 7).

191 *huote]* Zugleich personal und institutionell gemeint: die Aufpasser, ihre Tätigkeit und auch ihr ›Amt‹ als gesellschaftlich sanktionierte Instanz de r Verhaltenskontrolle. Vgl. Seibold, *Huote.*

192-194 *daz diu reine, guote ⟨. . .⟩ herzen willen]* Vgl. Konrad von Würzburg, *Herzmäre* [s. o. Nr. 13], v. 64-66: *daz der herre guot / nie mohte an ir gestillen / sîns wunden herzen willen.*

199 *brummende als ein ber]* Ein nicht seltener Vergleich, der z. B. auf den Riesen Asprian (*König Rother*, hg. von Theodor Frings und Joachim Kuhnt, Halle 1954, v. 1651), Achilles (Herbort von Fritzlar, *Liet von Troye*, hg. von Georg Karl Frommann, Quedlinburg und Leipzig 1837, v. 2990) und den Bâruc von Baldac (Wolfram von Eschenbach, *Parzival*, v. 42,14) angewendet wird.

203 *diu sende jâmerunge]* Vgl. Konrad von Würzburg, *Herzmäre* [s. o. Nr. 13], v. 521: *von sender jâmerunge.*

204 *vergienc]* Zu *vergân* m. Akk.: »vorübergehen an, meiden« (vgl. Lexer III, Sp. 108 f.).

205 f. *diu klâre unde schœne / wart ûzer mâzen hœne]* Vgl. Konrad von Würzburg, *Trojanerkrieg*, v. 38969 f.: *des küniges tohter schœne, / wart alsô rehte hœne.*

207-220 *si was mit dem selben schaden ⟨. . .⟩ ir leben was gerihtet sô]* Entspricht fast wörtlich Gotfrids von Straßburg *Tristan*,

v. 957-970. Dort beschreibt die Passage die Unruhe der Blanscheflur beim Aufbrechen ihrer Liebe zu Riwalin.

230 *swenzelîn]* Diminutiv zu *swanz* »Schleppe des Frauenkleides« bzw. »Kleid mit Schleppe« (BMZ II/2, S. 761). Vgl. Brüggen, Kleidung und Mode, S. 90.

238-252 *si sazte ûf ir houbet ⟨. . .⟩ nie steine baz geleite]* Nahezu wörtlich übernommen aus Gotfrids von Straßburg *Tristan*, v. 10966-10980 (festlicher Auftritt Isoldes am Hof in Irland).

250 *werkmannes]* »Arbeiter, Handwerker, Künstler«, häufig für »den Arbeiter ⟨. . .⟩ in Erz und Metall« (BMZ II/2, S. 48).

254 *spiegelglas]* Vgl. die Benediktbeurer Fassung: *In eines spigels glase / sach sie, ob ein enige mase / An irme libe were* (Frgm. I, v. 31-33).

264-266 *ir bein ⟨. . .⟩ ân alle swerze]* Vgl. Konrad von Würzburg, *Engelhard*, v. 3002-3004: *ir wâren bein und arme sleht, / gewollen als ein kerze. / ir hende ân alle swerze.* – Die Benediktbeurer Fassung ist an dieser Stelle noch konventioneller: *ir bein / schier als ein marmelstein, / darze wiz als ein snê* (Frgm. I, v. 94 f.)

264 *slôz]* »Schlosse« = »Hagelkorn« (DWb IX, Sp. 774 f.).

266 *swerze]* Gemeint ist wohl jede Färbung der edlen weißen Haut; sonnengebräunt waren die Bauernmädchen.

268 *kwecbrunne]* Zu *quec* »lebendig, frisch« (Lexer II, Sp. 318 f.): ein »lebendiger« = sprudelnder Brunnen.

269-284 *dem gie diu minneklîche bî ⟨. . .⟩ in harte süezer wîse]* Nahezu wörtlich übernommen aus Gotfrids von Straßburg *Tristan*, v. 10989-11006 (gleichfalls [vgl. Komm. zu v. 238-252] aus dem festlichen Auftritt der Isolde am irischen Hof: hier umfunktioniert zur »voll ausgekosteten Verkleidungs- und Verführungskomödie« [Wachinger, S. 80]).

276 *sperwære]* Zum Sperber als Jagdvogel vgl. Dalby, Lexicon of the Medieval German Hunt, S. 210 f.

277 *gestreichet]* Zu *streichen* »glattstreichen«, auch »putzen«, vgl. Konrad von Würzburg, *Trojanerkrieg*, v. 7538 f.: *gestreichet als ein velkelin, / dem sîn gevider ebene lît.*

279 *valke]* Der Falke als Symbol der Freiheit und Unbezähmbarkeit ist vor allem aus dem Minnesang (Kürnberger, MF 8,33; Dietmar von Eist, MF 37,4) und der späteren Lyrik bekannt (Belege bei Dalby, Lexicon of the Medieval German Hunt, S. 253 f.). Zur Bedeutung vgl. Peter Wapnewski, *Des Kürenbergers Falkenlied*, in: P. W., *Waz ist minne. Studien zur Mittelhochdeutschen Lyrik*, München [2]1979, S. 23-46, und Arthur T. Hatto, *Der minnen vederspil Isôt*, in: Euphorion 51 (1957), S. 302-307.

300 *Waz wîbe liste kunnen]* Der gleiche Ausruf an der gleichen Stelle des Handlungsablaufs in der Benediktbeurer Fassung (Frgm. I, v. 78).

310-319 *reht als der wilde vogel tuot 〈. . .〉 ez bindet in und macht in haft]* Nahezu wörtlich übernommen aus Gotfrids von Straßburg *Tristan*, v. 842-851 (dort zur Beschreibung der schicksalhaften Minneverstrickung Riwalins; hier vom Thema »unausweichliche Macht der Minne« verschoben auf »unausweichliche listige Macht der Frauen« [Wachinger, S. 81]). Zahlreiche Belege zur Geläufigkeit des Bildes bei Lambertus Okken, *Kommentar zum Tristan-Roman Gottfrieds von Straßburg*, Bd. 1, Amsterdam 1984, S. 95-97.

366 *gramerzî]* Verballhorntes Französisch: »Grand merci«, vgl. BMZ I, S. 565.

367-369 *minneclîche süeze vruht 〈. . .〉 haben sol]* Vgl. Konrad von Würzburg, *Trojanerkrieg*, v. 14679-14681: *nâch der vil keiserlîchen fruht. / an ir lac alliu diu genuht / der man von spilender wunne gert.*

380 *genante]* Zu *genenden* »sich erkühnen, erdreisten« (vgl. Lexer I, Sp. 855).

388 *arc]* »Arche«, häufig aber auch »Geldkiste« (vgl. Lexer I, Sp. 91 f.).

394 *geschrirn]* Partizip Perfekt zu *schrîen* »geschrien«; wörtlich also: »Hilfe gerufen!«.

413 f. *in dem boumgarten; / dâ enmac uns gewarten / deweder wîp noch man]* Vgl. Konrad von Würzburg, Engelhard, v. 2932-2934: *ûf unser zweier minnespil / enmac nieman gewarten. / wan umbe den boumgarten.*

417 *gereiten*] In der Bedeutung »reiten lassen, (als Pferd) tragen« nur hier belegt.

438 *ir lâgen unde ir warten*] Vgl. Gotfrid von Straßburg, *Tristan*, v. 11936 f.: (*ir netze unde ir stricke*) / *ir warte unde ir lâge* (ebenso v. 13706). Vgl. dazu auch Konrad von Würzburg, *Trojanerkrieg*, v. 7762 f.: *ir lâge und al ir warte / diu wart ûf in gewendet.*

449 f. *Adam und Samsôn, / Davît unde Sâlomôn*] Samson (mit Delila: Idc 16,4-22), Salomon (der den Göttern seiner ausländischen Frauen opfert: I Rg 11,1-10), David (mit Batseba: II Rg 11,2-27) sind die topischen Beispielfiguren aus dem Alten Testament für die verderbliche Wirkung weiblicher Schönheit, die selbst Helden vom rechten Wege abbringt. Adam wird ihnen wegen seiner Verführbarkeit gelegentlich an die Seite gestellt. Beispiele aus Literatur und bildender Kunst bei Maurer, Minnesklaven. Aus der deutschen Literatur vgl. z. B. Oswald von Wolkenstein, hg. von Karl Kurt Klein, 3., neubearbeitete und erweiterte Auflage von Hans Moser, Norbert Richard Wolf und Notburga Wolf, Tübingen 1987, Lied 3, II,9-18 (einschließlich Aristoteles und Absalon); Freidank, 104,22-25: *Adâm unde Samsôn / Dâvît unde Salomôn, / die heten wîsheit unde kraft, / doch twanc si wîbes meisterschaft.* Außerdem: Herrmann, *Der »gerittene Aristoteles«*, S. 21 und 25, und Heimo Reinitzer, *Über Beispielfiguren im Erec*, in: DVjs 50 (1976), S. 597-639, hier S. 600 Anm. 14. Vgl. auch *Schneekind A* (Nr. 6), Komm. zu v. 87-90.

452 *samir Sante Galle*] Für die Anrufung des hl. Gallus ist ein spezieller Anlaß nicht zu erkennen; Galluspatrozinien sind vor allem in der Ostschweiz und in Schwaben verbreitet.

491 *krouch ûf allen vieren*] So wörtlich auch in der Benediktbeurer Fassung (Frgm. II, v. 51).

511 *ze siben jâren ûzerwegen*] Wörtlich: »haben sich auf sieben Jahre zubewegt« (vgl. Lexer II, Sp. 697); »zusammengeschrumpft«: Fischer, Schwankerzählungen, S. 13.

515-517 *Diz grôze unbilde* 〈. . .〉 *alle die sîne*] Die Benediktbeurer Fassung läßt König Philipp und seine Frau, Alexander und den ganzen Hofstaat die Szene vom Palas aus selbst beobachten und boshaft kommentieren (Frgm. II, v. 45-68); die jüngere Fassung mildert die Drastik.

530 f. *er vuor ⟨...⟩ die gegene vlôz]* Vgl. die Benediktbeurer Fassung: *er vůr daz wazzer ze tal, / Daz da vor die borc vloz* (Frgm. II, v. 84 f.).

537 *ein michel buoch]* Eine Mystifikation, die aus der Erzählung selbst abgeleitet ist. Es ist abwegig, die philosophischen Lehren des Aristoteles mit diesem Text in Beziehung zu setzen und z. B. in der *Nikomachischen Ethik* einen Anstoß zu ihm zu sehen (Herrmann, *Der »Gerittene Aristoteles«*, S. 26-30). – Die Benediktbeurer Fassung kennt diese Wendung zum Buch nicht. Auch dort reist Aristoteles ab; anschließend nimmt Alexander Phyllis zur Frau. Der Schluß lautet: *Als der meister dannen kam / alexander die vrouwen nam / Ze einer ammien vnz an sinen tot. / Riuwe, kumber vnde not / Ist dicke von wiben komen: / des hant ir ein teil hie vernomen* (Frgm. II, v. 89-94).

19
DER MÖNCH ALS LIEBESBOTE (A)

Überlieferung

Der *Mönch als Liebesbote A* ist nur in der Handschrift m (1455-1458, nordbairisch-ostfränkisch [Nürnberg?]), Bl. 214^v-222^r, überliefert.

Autor und Entstehung

Im *Mönch als Liebesboten A* wird am Ende als Autor Konrad von Würzburg genannt (v. 346). Diese Zuschreibung ist wenig glaubwürdig (vgl. Fischer, Studien, S. 144 Anm. 16, 164); die Fälschung ist »eher noch offenkundiger« (Fischer) als bei der *Halben Birne* (s. o., Nr. 9) und Teil eines Spiels mit literarischen Konventionen (VL^2 VI, Sp. 655 [Ziegeler]). Als

Anhaltspunkt für die Entstehungszeit bleibt nur die Überlieferung: vor 1450 (Ziegeler, ebd.: »im weitesten Sinne ›um 1400‹«).

Text

Gedruckt nach dem Wortlaut der Handschrift; die Orthographie ist in Analogie zu den Regeln Fischers, Märendichtung, p.XII sq., reguliert (insbes.: *i/j/y*, *u/v*, *cz/tz*, Vereinfachung von Doppelkonsonanten etc.). Korrekturen gegen die Handschrift (Kursivierung im Text): 45 *höfelischem*] *höfelischen* Hs. 47 *vierundzwainzic*] *vierundzwaincz* Hs. 137 *niht getan*] *gethun* Hs. 212 *fauls*] *fawlst* Hs. 213 *rür*] *für* Hs. 247 *tolang*] *tolung* Hs., *niht*] fehlt Hs.

Weitere Ausgabe: Keller, Erzählungen, S. 232-241 (unter dem Titel *Die falsche Beichte*).

Übersetzungen: Fischer, Schwankerzählungen, S. 147-154; Spiewok, Decamerone, S. 283-290; Viviani, Die Nonne im Bade, S. 68-75.

Motivik, Quellen, Thematik

Die Geschichte vom Mönch als ahnungslosem Kuppler ist der in der deutschen Märendichtung am häufigsten bearbeitete Stoff. Sie ist dreimal unabhängig voneinander erzählt worden (und außerdem im *Schüler von Paris A* als Motiv zur Gestaltung eines Handlungszuges genützt, vgl. Rosenfeld, Novellenstudien, S. 407-417, v. 218-371):

- *Der Mönch als Liebesbote A*, um 1400;
- Heinrich Kaufringer, *Der Mönch als Liebesbote B*, um 14 (hg. von Sappler, Kaufringer I, S. 81-91);
- Hans Schneeberger, *Der Mönch als Liebesbote C*, Ende 15. Jahrhundert (hg. von Fischer, Märendichtung, S. 338-347).

Die drei deutschen Fassungen unterscheiden sich im Ablauf der Ereignisse nur wenig voneinander, in ihrer Thematik gar nicht: es geht in allen dreien um die Cleverness, mit der die Frau es versteht, ihren Wunsch nach ein em Rendezvous und die Einzelheiten der Planung (Wegbeschreibung) dem unwissenden Erwählten zukommen zu lassen, ohne die Etikette zu verletzen. Die Unterschiede liegen in den Erzählarrangements.

In Fassung A spielt die Geschichte in Rom, es gibt nur zwei Begegnungen der Dame mit dem Mönch, von Anfang an stehen symbolische Geschenke im Mittelpunkt (Ring, Börse, Gürtel), die Sorge um den guten Ruf wird eher nebenbei geäußert, der Jüngling begreift sofort und sendet ein Gegengeschenk, die zweite Begegnung dient nur noch der Übermittlung der Wegbeschreibung und bestätigender Minnegaben. Dame und Junker bedienen sich in gleicher Weise des Mönchs als Boten.

Kaufringers Fassung B (in Augsburg angesiedelt) zeichnet sich durch eine Reihe zusätzlicher Hindernisse und retardierender Elemente aus: Der Jüngling liebt eigentlich eine andere und flaniert für sie, die Mahnungen des Beichtvaters treffen deshalb auf völliges Unverständnis, die Zusage, der werbenden Frau nicht nachzustellen, ist ehrlich und selbstverständlich. Erzählerische Aufgabe in dieser Version ist es, durch Botschaften (Anschuldigungen) über den Mönch erst einmal die Aufmerksamkeit des Jünglings auf die Bewerberin zu lenken. Das gelingt erst beim dritten Mal mit dem Symbolgeschenk eines Ringes und dem eingravierten Entschlüsselungssignal: *merk, wie du verstandest das!* Jetzt wird auch die Wegbeschreibung über Dornhecke, Ringmauer und Schlehenbaum zur offenen Haustür verstanden; dem Happy-End steht nichts mehr im Wege.

Hans Schneebergers Fassung C kommt ganz ohne solche Hindernisse aus. Die Frau weiß, daß der junge Florentiner Edelmann mit einem Mönch befreundet ist. Schon die erste Anschuldigung (ihr einen Liebesbrief geschickt zu haben), die sie ihm über diesen zukommen läßt, versteht er als Einadung. Hindernis ist der Ehemann, der aber als unstandesgemäß und tölpelhaft wenig Chancen hat. Trotzdem muß er überwunden werden. Bis es so weit sein kann, hält die Frau den künftigen Liebhaber durch ein üppiges Geldgeschenk bei Laune (2. Besuch beim Mönch), mit dem der sich prächtig einkleidet. Die dritte Botschaft enthält schließlich die Mitteilung über die Abwesenheit des Hausherrn und die Wegbeschreibung (offene Gartentür, Bach, Linde, Fenster). Dem Rendezvous steht nichts mehr im Wege.

Schneebergers Version deckt sich (anders als die Fassungen A und B) in vielen signifikanten Details (Florenz, Dame unstandesgemäß verheiratet, Bekanntschaft von Edelmann und Mönch, sofortiges Verständnis, Geschenk zur ›Überbrückung‹, Nachricht über Abwesenheit des Mannes, Wegbeschreibung: Garten, Baum, Fenster) mit Boccaccios Novelle *Decameron* III,3 (S. 254-264; deutsch von Witte/Bode, S. 223-232). Es spricht alles dafür, daß das *Decameron* ihm als Vorlage diente, wenn nicht in der italienischen Fassung, dann vielleicht in der Übersetzung des Arigo (hg. von Adelbert von Keller, *Decameron des Heinrich Steinhöwel*, Stuttgart 1860, S. 176-184), die 1476 oder später bei Johann Zainer in Ulm erschienen war. Schneebergers *Mönch als Liebesbote* wäre damit (neben der *Wiedervergeltung* des Hans Folz, hg. von Fischer, Reimpaarsprüche, S. 1-3 [zu *Decameron* VIII,8]) das erste Märe, das direkt auf Boccaccio zurückgeht, mit dem die Märendichtung so eng durch die Benützung eines gemeinsamen Motivfundus verbunden ist.

Auch beim *Mönch als Liebesboten* ist dieser gemeinsame Hintergrund deutlich. Die Fassungen A und B bezeugen ihn bei allen Differenzen im Detail durch die Übereinstimmung in den Grundzügen, ohne daß hier direkte Abhängigkeit untereinander oder auch von Boccaccio angenommen werden könnte.

Über die Vorgeschichte des Stoffes ist nichts bekannt. Boccaccios Novelle ist das erste abendländische Zeugnis. Ob tatsächlich orientalische Vorstufen anzunehmen sind, z. B. aus dem Umkreis des indischen *Vetâlapantschavinçati* und dessen Hindi-Bearbeitung *Baital-Pachísí* (= *Fünfundzwanzig Erzählungen eines Dämon*, deutsch von Hermann Oesterley, *Bibliothek orientalischer Märchen und Erzählungen in deutscher Bearbeitung*, Bd. 1, Leipzig 1873, S. 27-38), ist durchaus fraglich. Die Parallelen sind sehr allgemein (vgl. Landau, Quellen des Dekameron, S. 101: »von der Vermittlerin, welche die Zeichensprache des verliebten Mädchens nicht versteht, und als vortrefflicher Postillon d'amour dient«).

Die weitere Tradierung des Stoffes (vgl. Rosenfeld, Novellenstudien, S. 505-524), auch wo sie auf Anspielungen (Luther, Tischreden, Nr. 3521, in: Weimarer Ausgabe, II/3, S. 373 f.) und verknappte Resümées (Bebel, *Facetien*, Nr. III, 67 [S. 129]; deutsch von Wesselski, Bebels Schwänke, S. 32 f.) reduziert ist, scheint von Boccaccio auszugehen. Ausdrücklich beruft sich auf *Johannes Pocacius* Hans Sachs in seinem *Kuplet mönch* (in: Hans Sachs, hg. von Keller/Goetze, Bd. 22, S. 454 f.), und eng an Boccaccio bleiben auch Martin Montanus in seiner *Gartengesellschaft* von ca. 1558 (in: Montanus, Schwankbücher, S. 391-394) und ein Meisterlied in Ps.-Frauenlobs *Spätem Ton* (RSM 'Frau 25/5, abgedruckt bei Montanus, Schwankbücher, S. 530-534).

Selbständiger verfährt die romanische Tradition: Masuccio Salernitano, *Novellino*, Nr. 30 (S. 240-247; deutsch von Floerke, Masuccio, Bd. 2, S. 63-75) oder Bonaventure des Periers (in: *Oeuvres françoises de Bonaventure des Periers*, hg. von Louis Lacour, Bd. 2, Paris 1856, S. 355-357: Nouvelle CXIV) konzentrieren sich ohne Umwege auf den letzten Schritt: die Beschreibung des Weges zum Rendezvous (Weiteres bei Borgeld und Rosenfeld).

Literaturhinweise: Andries Borgeld, *Vrouwenlist. Verbreiding en oorsprong van een novelle uit den Decamerone*, Groningen 1926; Euling, Studien über Kaufringer, S. 70-74; Fischer, Studien, S. 126, 144 Anm. 16, 164, 202, 359 (Lit.), 375 (Lit.), 396 (Lit.); Hoven, Erotik, S. 368 f.; Jonas, Versschwank, S. 54-81; Langensiepen, Tradition und Vermittlung, S. 165-171, 185-187, 239-246; Rosenfeld, Novellenstudien, S. 499-524; Stehmann,

Studentenabenteuer, S. 153-157; VL² VI, Sp. 654f. [Hans-Joachim Ziegeler]; VL² VIII, Sp. 773f. [Hans-Joachim Ziegeler].

Stellenkommentar

Überschrift: nach der Handschrift.

15 *nach schimpflichem sit]* Weitere Beispiele für die Unterhaltungsfunktion des Märenerzählens bei Fischer, Studien, S. 105 (vgl. auch hier v. 340ff.).

16 *tempft]* Wörtlich: »dämpft«, zu *dempfen* (Lexer I, Sp. 417), wohl mit Hyperkorrektur der vermeintlich wirksamen binnendeutschen Konsonantenschwächung (vgl. PWG § 101-103).

29 *erwerklich]* Entspricht *êrbæreclîche* (Lexer I, Sp. 607).

60 *ausdermosen]* Mhd. *ûz der mâzen* (*o* < *â*: Frnhd. Gr. I/1, § 75,2).

68 *ainn schönn]* Entspricht *ainen schönen* mit Synkope des *e* (vgl. PWG § 54).

95 f. *mein haus* 〈. . .〉 *gesinde]* Wörtlich: »Mein Haus liegt beinahe (= *nachent*) leer von Gesinde«.

110 *manschlacht]* »Erschlagung eines Menschen, Totschlag, Mord« (Lexer I, Sp. 2038).

161 *ich tar]* Wörtlich: »ich wage«.

166-168 *in irn palast* 〈. . .〉 *auf einer pank]* Der Stilbruch (wörtlich: »in ihrem Palast 〈. . .〉 auf einer Bank«) kann in der Übersetzung nur notdürftig geheilt werden.

173 *jahet]* Entspricht mhd. *gâhet* »eilt«; zur Schreibung *j-* für *g-* im Nürnbergischen, auch in diesem Wort, vgl. Frnhd. Gr. I/3, § 148 [S. 241]).

174 *von müdiger not]* Lexer I, Sp. 2212, zu dieser Stelle (*müedec*): »*müede* machend, beschwerlich«.

208 *heint auf dise nacht]* Ein Beleg dafür, daß *heint* seine ursprüngliche Bedeutung, nämlich »heute nacht«, im 15. Jahrhundert verloren hat und nur noch allgemein für »heute« steht.

239 *sie*] Konstruktionsbruch durch den Wechsel des Genus bei *gürtel*, das auch Femininum sein kann (vgl. hier v. 267). – *rot, grün, weiß und val*] Vier der konventionellen (sechs) Minnefarben: rot für brennende Liebe, grün für den Anfang, weiß für die Hoffnung, gelb für die Hingabe, vgl. Glier, Artes amandi, S. 106 Anm. 137.

294 *pezwangen*] Zu *bezwanc* / *betwanc* »Zwang, Bedrängnis« (Lexer I, Sp. 245).

315 *elenden*] Hier wohl noch in der ursprünglichen Bedeutung »in der Fremde« (Lexer I, Sp. 539); »unglücklich« ist der Besucher jedenfalls nicht.

340-343 *Seß ich* ⟨. . .⟩ *missetat*] Es wird – ähnlich wie in den Nürnberger Fastnachtspielen – eine gesellige (Vortrags-)Situation aufgerufen, die mit den Einleitungsversen (bes. v. 15 f.) korrespondiert (vgl. Komm. zu v. 15).

346 *Cunrat von wirzpurk*] Wohl eine Verfasserfiktion, vgl. oben zu *Autor und Entstehung*.

20

JACOB APPET
DER RITTER UNTER DEM ZUBER

Überlieferung

Das Märe ist in vier Handschriften überliefert, von denen eine (S) nicht mehr zugänglich ist:

S (um 1330/1350, Elsaß?), Bl. 8vb-11vb. Die Handschrift ist 1870 verbrannt. (Abdruck: Myller, Samlung deutscher Gedichte I, S. 213-215.)

m^5 (1462-82 [1478?], nordbairisch-ostfränkisch [Nürnberg?]), Bl. 110^v-120^r.

n^1 (1471-1473, Nürnberg), Bl. 207^r-217^r (vgl. auch Gilbert, S. 7-10).

Bremen, Staats- und Universitätsbibliothek, Ms. b 42 b, geschrieben zu Beginn des 15. Jahrhunderts im Elsaß: kleinere Reimpaardichtungen und Freidanks *Bescheiden-*

heit (Mihm, Überlieferung, S. 117, 131; Gilbert, S. 3-5), Bl. 119^r-125^r (Sigle: b).

Autor und Entstehung

Seiner Sprache nach ist der *Ritter unter dem Zuber* »in Zürich oder zwischen Zürich und der Ostschweiz« (Gilbert, S. 20-26 mit Berufung auf Alfred Senn) entstanden.

Die Identifizierung des Autors hängt von der Bewertung von v. 394 ab (vgl. Stellenkommentar). Am meisten Wahrscheinlichkeit hat, daß der Jakob Appet, der sich in der Straßburger Handschrift nennt und von dem in der Münchner Handschrift mit dem Vornamen Jacob immerhin auch eine Spur erhalten wäre, sich selbst als Verfasser meint. Der Bezug auf einen Dritten als Gewährsmann für die Schlechtigkeit der Weiber (Niewöhner bei Gilbert, S. 18) wäre recht umwegig. Das Zeugnis der Nürnberger Handschrift für Gregorius Awer paßt weder dialektal noch reimtechnisch.

Jakob Appet (= Apt) dürfte der gleiche sein, der in dem aus der Ostschweiz stammenden Minneroman *Reinfried von Braunschweig* (hg. von Karl Bartsch, Stuttgart 1871, v. 15222 f.) als Experte für die Schamlosigkeit und Verderbtheit der Frauen zitiert wird. Der *Reinfried* ist um 1300 (nach 1291) entstanden, der *Ritter unter dem Zuber* müßte da also schon vorgelegen haben.

Text

Den ältesten und ohne Zweifel besten Text bietet die verbrannte Straßburger Handschrift; er ist allerdings nur durch den alten (1784) Abdruck des Gedichtes bei Myller zugänglich, der, wenn das Beispiel des *Herzmäre* (hier Nr. 13) und der *Halben Birne* (hier Nr. 19) repräsentativ ist, im Wortlaut relativ zuverlässig, in der orthographischen und metrischen Gestalt aber ziemlich frei ist. Die drei anderen Handschriften können für eine Überprüfung gerade in den Details nicht herangezogen werden, weil sie in Sprachstand, Formulierungsanspruch und Metrik bereits eine jüngere Stufe vertreten; die Bremer Handschrift zeigt überdies bei aller grundsätzlichen (stemmatischen) Nähe zur Straßburger so deutlich Kürzungs- und Überarbeitungsspuren, daß sogar Niederschrift aus dem Gedächtnis erwogen wurde (Gilbert, S. 13).

Für die Textherstellung kann bei dieser Überlieferungslage nur die Straßburger Handschrift in Frage kommen. Die nicht einschätzbare sprachliche Genauigkeit des Abdrucks zwingt zu konsequenter Normalisierung der Sprache. Dabei bleibe ich dort, wo die Normalisierungsregeln Spielräume zulassen, bei den Formen des Abdrucks (ähnlich Gilbert, rigoros dagegen Niewöhner [NGA, S. 158-169]); das gilt auch für die metrische Gestalt, für die ein lesbarer (nicht: ein regelmäßig alternierender) Vierheber zum Maßstab genommen ist (die von Niewöhner angestrebte metrische Glättung durch eine Vielzahl von Apo- und Synkopierungen ist also vermieden).

Über die im einzelnen nicht angezeigten Normalisierungen hinaus ist in den Abdruck der Straßburger Handschrift nur bei deutlichen Fehlern (im Sachzusammenhang und in der Formulierung) eingegriffen (Kursivierung im Text). Zumeist lassen sich Korrekturen dieser Art aus der jüngeren Überlieferung rechtfertigen. Es handelt sich um folgende Stellen:

18 *ez* bm^{5}n^1] *er* S. 23 *mangen* bm^{5}n^1] *langen* S. 30 *got* bm^{5}n^1] *bot* S. 44 *sius niht*] *sú nit also* b *sie sein niht* m^{5}n^1 *sú niht* S. 53 b] *Sie sprachen wieder zu ym* m^5 *Da sprachen sie nu wider zu jm* n^1 *Sprach er aber zuo in* S. 83 *rette siu niht* b] *thetz nicht* m^5 *thëtt sie nit* n^1 *so riett sú ime* S. 92 *uz* bm^5] *von mir* n^1 fehlt S. 100 *wirt* bm^{5}n^1] *wart* S. 108 *er* bm^{5}n^1] *sú* S. 110 *wart* bm^{5}n^1] fehlt S. 125 *er* bm^{5}n^1] fehlt S. 133 *sol* bn^1] *sey* m^5 *ist* S. 153 *Diu mære horte gern der r.* m^5] *Vnd als sie das alles gesagt hett dem Ritter* n^1 *Die selbe mere dem ritter* S (Vers fehlt in b). 154 *duhte* m^{5}n^1] *dahte* S (Vers fehlt in b). 155 *was* m^{5}n^1] *wurt*

waz S (Neuansatz in b: *Des wz der wirt her wider kumen*). 177 *nacket* bm^{5}n^1] *Zuo male* S. 178 *im* b] *ich* S (anderer Vers m^{5}n^1). 189 *hus* bm^{5}n^1] fehlt S. 224 *ungemache* bm^{5}n^1] *gemache* S. 229 *keiner* bm^{5}n^1] *einre* S. 230 *bevunde* b] *gefunden* m^5 *erfunden* n^1 *begunde* S. 231 *wes*] *was* bm^{5}n^1 *Vinden liez* S. 244 *ungelingen*] *vngedingent* b *mißlingen* m^{5}n^1 *angelingen* S. 274 *ersuochet* bm^5] *durchsucht* n^1 *ersuochet alles* S. 280 *und* bm^{5}n^1] fehlt S. 320 *beide* b] *auch* m^5 *sú* S (*das krump vnd auch das schlecht* n^1). 321 *hœret*] *gehört* m^5 (bn^1) *horte* S. 366 *iuch triuwen* b] *mit trúwen* S (anderer Vers m^{5}n^1). 384 *wile* bm^{5}n^1] *wibe* S.

Auf die Mitteilung abweichender Formulierungen der jüngeren Handschriften verzichte ich im Regelfalle. Sie sind in den Ausgaben von Gilbert und Niewöhner (NGA, S. 158-169) sorgfältig verzeichnet. Sofern sie bei meinen Eingriffen in die Straßburger Handschrift oder bei strittigen Lesungen eine Rolle spielen, sind sie im Stellenkommentar genannt.

Weitere Ausgabe: GA II, S. 297-308.

Übersetzungen: Fischer, Schwankerzählungen, S. 179-187; Spiewok, Decamerone, S. 553-561; Viviani, Die Nonne im Bade, S. 87-96.

Motivik, Quellen, Thematik

Das Märe gehört in den Umkreis der weit verbreiteten und vielfältig ausgestalteten Geschichten vom in flagranti überraschten Paar, in denen die Entdeckung des (unter einem Zuber verborgenen) Geliebten durch das kaltschnäuzige und deshalb für die Unwahrheit gehaltene Geständnis der Wahrheit verhindert wird. So

- im Fabliau *Le cuvier* aus der Mitte des 13. Jahrhunderts (Nykrog, Fabliaux, Nr. 43; hg. Nouveau Recueil V, S. 135-144; deutsch von Widmer, Hexameron, S. 128-131, und Strasser, Von Lieben und Hieben, S. 100-104),
- in dem wohl ebenfalls aus dem 13. Jahrhundert stammenden sehr kurzen Märe *Der Liebhaber im Bade* (hg. NGA, S.

170 f.), in dem die Frau ihrem Mann Badewasser ins Gesicht spritzt,

– im *Ritter mit den Nüssen*, einem Märe von der Wende des 13./14. Jahrhunderts (hg. NGA, S. 172-179) und dem damit verbundenen Komplex lateinischer und französischer Geschichten vom *Schlafpelz* (vgl. Frosch-Freiburg, Schwankmären und Fabliaux, S. 129-136), den auch der Kaufringer aufgenommen hat (hg. von Sappler, Kaufringer I, S. 174-176).

Von diesen Fassungen steht der des Jakob Appet das Fabliau *Le cuvier* besonders nahe.

Es teilt mit dem Märe nicht nur den Handlungsverlauf mit der »spezifische⟨n⟩ Verbindung der ursprünglich sicher getrennten Motive des Verstecks unter einem Zuber und des Entkommens durch Feuerruf« (Frosch-Freiburg, Schwankmären und Fabliaux, S. 167), sondern auch bezeichnende Details: die Komplizierung des Ablaufs durch das Verlangen der Nachbarin nach dem Zuber, die Botenrolle der Magd, die verschlüsselte Botschaft an die Nachbarin und das (wirkliche oder vorgebliche) Feuer (dies auch im Märe *Die treue Magd* [Fischer, Studien, S. 372 f., Nr. 80], vgl. Frosch-Freiburg, Schwankmären und Fabliaux, bes. S. 167).

Die zeitliche Einordnung der beiden Texte (*Cuvier*: Mitte 13. Jahrhundert, Appet: letztes Viertel des 13. Jahrhunderts) ließe die Annahme zu, das Fabliau sei Vorlage des deutschen Märe. Andererseits ist das Märe in zahlreichen Einzelheiten und in entscheidenden Zügen anders gestaltet. Wichtig ist nicht nur der ritterliche Liebhaber anstelle des französischen Scholaren (*clerc*), der den Ständegegensatz ins Spiel bringt, sondern vor allem die unterschiedliche Motivierung der Rückkehr des Ehemannes: nicht zufällig, wie der französische Kaufmann, kommt der Mann bei Jacob Appet zurück, sondern gewarnt von seinen Brüdern und in der Absicht, das Paar zu ertappen. Daß die Frau in der Lage ist, sogar den argwöhnischen und genau den stattfindenden Vorfall erwartenden Ehemann zu täuschen, streicht das Übermaß ihrer listigen Überlegenheit ganz besonders heraus und betont die im Promythion behauptete Verschlagenheit und Gefährlichkeit der Frauen.

Es ist nicht ausgeschlossen, daß eine solche Umakzentuierung auch im Zuge der Bearbeitung des *Cuvier* als Vorlage stattfinden konnte, wahrscheinlicher aber ist, daß das deutsche Märe und das französische Fabliau »auf stoffgeschichtlich ältere Fassungen zurück⟨gehen⟩, wobei offen bleibt, ob diese im französischen oder deutschen Sprachgebiet zu lokalisieren sind und in welcher Richtung die Einflußnahme der einen auf die andere Fassung zu denken ist« (Frosch-Freiburg, Schwankmären und Fabliaux, S. 169).

Literaturhinweise: Russel Wieder Gilbert, *Jacob Appet. Der Ritter underm Zuber*, Philadelphia 1943 (Diss. Univ. of Pennsylvania); Fischer, Studien, S. 185 f., 191, 308 f. (Lit.) u. ö.; Frosch-Freiburg, Schwankmären und Fabliaux, S. 161-169; Jonas, Versschwank, S. 54-81, 93-99; Krohn, Zeugnisse des Niedergangs, S. 266-268; Londner, Eheauffassung, S. 258-298; Schirmer, Stil- und Motivuntersuchungen, S. 46 f., 75, 242 u. ö.; Strasser, Vornovellistisches Erzählen, S. 141, 216 f., 292, 331; VL^2 I, Sp. 413 f. (Hans-Friedrich Rosenfeld).

Stellenkommentar

Überschrift: nach der Bremer Handschrift.

9 *aventiur]* Hier sicherlich ohne den programmatischen Gehalt eines Prüfungs- und Bewährungsgeschehens wie im höfischen Roman. Zum unspezifischen Gebrauch vgl. Frnhd. Wb. I, Sp. 61-68.

11 f. *der mirz mit sinem munde/seite]* Zur Berufung auf Augenzeugenschaft vgl. Fischer, Studien, S. 251.

13 *wirtin]* *Wirtinne* ist im Alemannischen bis in die Mitte des 14. Jahrhunderts das gewöhnliche Wort für Ehefrau, vgl. Gilbert de Smet, *›Ehefrau‹ in den altdeutschen Originalurkunden bis zum Jahre 1300. Eine historisch-wortgeographische Skizze*, in: *Festschrift Karl Bischoff*, Köln und Wien 1975, S. 72-93; Kon-

rad Kunze, *Neue Ansätze zur Erfassung spätmittelalterlicher Sprachvarianz*, in: *Überlieferungsgeschichtliche Prosaforschung. Beiträge der Würzburger Forschergruppe zur Methode und Auswertung*, hg. von Kurt Ruh, Tübingen 1985, S. 157-200, hier S. 194-198.

20 f. *salamander/in dem heizen viure]* Die Vorstellung, der Salamander lebe im Feuer, ist alt und wird z. B. von Aristoteles, *De animalibus historia*, 552^b, 16/17 (hg. von Leonhard Dittmeyer, Leipzig 1907, S. 191), weitergegeben; im Mittelalter findet sie sich z. B. bei Konrad von Megenberg, *Buch der Natur* (S. 277,9-12, mit Berufung auf *Augustinus*, *Adelinus* und *Isidorus*). Zur *Physiologus*-Tradition gehört sie ursprünglich nicht (vgl. Dietrich Schmidtke, *Geistliche Tierinterpretation in der deutschsprachigen Literatur des Mittelalters*, Diss. Berlin 1968, S. 387 und 640). Belegstellen aus der mhd. Epik (z. B. Wolfram von Eschenbach, *Parzival*, 735,25-27) bei Gilbert, S. 90.

24 *als melde nie gelac]* Wörtlich: »in der das Gerede nicht unterblieb«. Vgl. auch *Schlegel* (hier Nr. 8), v. 995.

35 f. *ritter : mit ir]* Zu diesem Reim Gilbert, S. 41.

80 *alters eine]* »Alleine auf der Welt«, vgl. BMZ I, S. 420. Zur ursprünglichen Bedeutung von *alter* »Zeitalter, Welt« vgl. DWb XIV/1,1, Sp. 1458 f.

82 *wan ich 〈...〉 enbir]* Wörtlich: »Denn ich (kann) dich so sehr nicht entbehren« (*kume* ist als Litotes zu lesen, vgl. PWG § 436). Der Vers gehört zu denen, die über Parallelstellen bei Gotfrid von Straßburg, *Tristan* (v. 5125), und Konrad von Würzburg, *Engelhard* (v. 3398), für die Vorbildfunktion dieser beiden Autoren in Anspruch genommen werden (Gilbert, S. 93).

90 *wie kume 〈...〉 enbirt]* Vgl. Komm. zu v. 82.

92 *wan]* Zu *wan* als Einleitung von Wunschsätzen vgl. PWG § 322α. So liest auch Gilbert die Stelle.

114 *got mich ie gesach]* Vgl. BMZ II/2, S. 277, und Lexer I, Sp. 1052 (zu dieser Stelle): »Gott hat gesehen, gesegnet, beglückt«.

135 *sagen den murz]* »Es kurzweg sagen« (*murz*: »kurzes,

abgeschnittenes Stück, Stummel«): Lexer I, Sp. 2255 (zu dieser Stelle).

143 *als man jensit Rines tuot]* Belege für diese Anspielung auf die »sprichwörtliche« Frivolität der Franzosen bei Lexer II, Sp. 441, und DWb VIII, Sp. 855.

153 f. *ritter : bitter]* »Einer der häufigsten Reime bei Konrad ⟨von Würzburg⟩« (Gilbert, S. 96, mit Belegen aus *Herzmäre, Schwanritter, Turnier von Nantes, Partonopier und Meliur*).

166 *wider strit]* »um die Wette«, vgl. *Sperber* (s. u. Nr. 21), v. 16.

178 f. *sin hube ⟨...⟩ niderkleit]* Der Sinn dieses Satzes ist nicht ganz klar. In Gilberts Vorschlag (S. 98: »daß ohne Haube zu sein ihm größeren Verdruss bereitete ⟨...⟩ als ohne *niderkleit* unter dem Zuber zu sitzen, der ihm ziemlich schwer auf dem Kopf lastet«) kann ich keine überzeugende Lösung sehen. Es muß sich wohl um eine ironische Bemerkung handeln, die die Komik der Situation unterstreichen soll: »Auf die Unterhose hätte er ja verzichtet, wenn man ihm nur die Haube gelassen hätte...« – *niderkleit]* Wie *bruoch* die Hose um Hüfte und Oberschenkel: »Unterhose«. Vgl. DWb VII, Sp. 766; Brüggen, Kleidung und Mode, S. 237.

202 *bœser nuz]* Wörtlich: »Ich werde dir eine schlechte Nuß zu essen geben«. Die Stelle ist nur im Abdruck der Straßburger Handschrift überliefert und deshalb über Zweifel nicht erhaben.

203 *enbizen]* Wörtlich: »(essend oder trinkend) genießen« (Lexer I, Sp. 545).

205 *lotervalle]* Zu *lotter* »leichtfertig, liederlich« (DWb VI, Sp. 1210); in Zusammensetzungen (Lotterbande, Lotterbube etc.) zur Bezeichnung des Lasterhaften.

226 *so engilt ich des ich nie genoz]* Entspricht wörtlich einem Vers aus einer anonymen Frauenstrophe des (frühen) Minnesangs: MF 4,4 (vgl. Schirmer, Stil- und Motivuntersuchungen, S. 242).

316 *husbach]* Gilberts Verweis (S. 101) auf BMZ I, S. 76 für die Bedeutung »die ihr hausbacken Brot selbst bereitete« ist zirkulär: das Wörterbuch verweist auf diese Stelle zurück.

Es bleibt also nur die mundartliche Bezeugung (*Schweizerisches Idiotikon. Wörterbuch der schweizerdeutschen Sprache* ⟨. . .⟩, begonnen von Friedrich Staub und Ludwig Tobler, Bd. 4, Frauenfeld 1901, Sp. 960) für *husbache* »wer fürs Haus paßt« (Gilbert ebd.). Die Stelle ist nur im Abdruck der Straßburger Handschrift überliefert (die übrigen Handschriften formulieren völlig abweichend) und deshalb nicht über Zweifel erhaben.

329 *gevatern*] *Gevatter(in)* hat kein nhd. Äquivalent. Es bezeichnet eine weite Skala von Beziehungen, die vom Verhältnis des Taufzeugen zum Vater des Täuflings (*com-pater* = Mit-Vater) ihren Ausgang nehmen und über Patenschaft, Nachbarschaft bis zu bloßer Bekanntschaft reichen (DWb IV/1,3, Sp. 4640-4663).

371 *mir daz* ⟨. . .⟩ *gedaht*] Wörtlich: »Hätte sie es mir heute (schon) lange zugedacht«.

394 *Jacob Appet*] Diese Verfassernennung ist nur im Abdruck der Straßburger Handschrift überliefert. Die Münchner (m^5) schreibt *Jacob ye vnd ye*, die Nürnberger (n^1) *Gregorius Awer* (die Bremer erwähnt überhaupt keinen Namen). – *da*] Die Straßburger Handschrift unterscheidet nicht zwischen *do* und *da*. Meine Normalisierung entscheidet mit der Wahl von *da* (»hier« = in diesem Gedicht) mit Gilbert (S. 18 f.) für die Nennung von Jakob Appet als Verfasser (anders Niewöhner, NGA, S. 394: *do* »damals« = in einem früheren, verlorenen Gedicht).

21

DER SPERBER

Überlieferung

Der *Sperber* ist mit seinen 11 Textzeugen neben dem *Herzmäre* (hier Nr. 13) das am weitesten verbreitete Märe; die Überlieferung greift dabei über die Reimpaarsammelhandschriften hinaus in weitere Bereiche aus:

H (1. Viertel 14. Jh., Nordwestböhmen/Oberfranken), Bl. 343vb-346ra.

K (1. Viertel 14. Jh., Nordwestböhmen/Oberfranken), Bl. 255va-257vb (in diesem Abschnitt unabhängig von Handschrift H, vgl. Mihm, Überlieferung, S. 52-57).

S (um 1330/50, Elsaß?), Bl. 13rb-15rb. Die Handschrift ist 1870 verbrannt. (Niewöhner, Sperber [vgl. dort S. 4] verzeichnet die Lesarten nach einer Abschrift von Karl Schmidt).

w (1393, Innsbruck), Bl. 32ra-34vb (Abdruck: Schmid, Codex Vindobonensis 2885, S. 136-144).

i (1456, Tirol, von w abhängig), Bl. 21va-23va (Faksimile: Sammlung kleinerer deutscher Gedichte, 21^{v}-23^{v}; dazu auch Konrad Zwierzina, *Die Innsbrucker Ferdinandeumhandschrift kleiner mhd. Gedichte*, in: *Festgabe für Samuel Singer*, Tübingen 1930, S. 144-166, hier 158-160).

k (1430/35, Nordschwaben), Bl. 38ra-40va (abgedruckt bei Schmid, Codex Karlsruhe 408, S. 189-197).

l (›Liedersaal-Handschrift‹: um 1430/33, Oberschwaben), Bl. 1ra-3ra (abgedruckt bei Laßberg, Lieder-Saal, Bd. 1, S. 223-232).

d (1447, ostschwäbisch [Augsburg?]), Bl. 1ra-3ra (Abdruck: Hefti, Codex Dresden M 68, S. 55-66).

München, Bayer. Staatsbibliothek, cgm 717 (geschrieben 1348, ostschwäbisch [Augsburg?]: geistliche Sammelhandschrift mit eingestreuten weltlichen Reden und Mären), Bl. 98^{v}-102^{r} (Mihm, Überlieferung, S. 125, 138). Sigle: m^{6}.

Berlin, Staatsbibliothek Stiftung Preußischer Kulturbesitz, Ms. germ. 4° 284 (Mitte 14. Jahrhundert, am Mittelrhein entstanden, ripuarisch: ›Blankenheimsche Handschrift‹ mit der *Sächsischen Weltchronik*, Gotfrids von Straßburg *Tristan* und der *Tristan*-Fortsetzung Ulrichs von Türheim), Bl. 54va-56va (Mihm, Überlieferung, S. 120, 130). Sigle: B.

Wien, Österreichische Nationalbibliothek, Cod. 2931 (Mitte 14. Jahrhundert, bairisch: Hadamars von Laber *Jagd*,

Adam und Eva frgm.), Bl. 58^r-64^v (Mihm, Überlieferung, S. 118, 143). Sigle: w^4.

Autor und Entstehung

Ein Autor ist nicht bekannt. Sprachbehandlung, metrische Regelhaftigkeit und die stilistische Orientierung an Hartmann von Aue sprechen für Entstehung des Gedichts in der ersten Hälfte des 13. Jahrhunderts im nördlichen Alemannien (Niewöhner, Sperber, S. 53, 63, 65).

Text

Die reichhaltige und im großen und ganzen sorgfältige Überlieferung des *Sperber* bietet einer Rekonstruktion des ursprünglichen Textes gute Voraussetzungen, insbesondere durch die relativ breite Bezeugung des Märe im 14. Jahrhundert (das Handschriftenpaar HK, die Blankenheimer Handschrift B, der cgm 717, die Wiener Handschrift 2931 und auch die verbrannte Straßburger Handschrift). Niewöhners Recensio und die Ordnung der Überlieferung in seinem Stemma (Niewöhner, Sperber, S. 9) ruhen auf vernünftigen (wenn auch nicht unbestreitbaren) Argumenten. Danach bietet sich die Möglichkeit, den Text der beiden Hauptvertreter der beiden Überlieferungszweige, H und K einerseits, der Blankenheimer Handschrift andererseits, bei den nicht sehr seltenen Divergenzen an den übrigen Text zeugen, insbesondere der Wiener Handschrift 2931 und dem cgm 717 (und Straßburg) und auch an den Überkreuzungen zwischen den Gruppen zu kontrollieren. Ein ›kritischer Text‹ ist unter diesen Voraussetzungen – anders als bei vielen Texten Niewöhners im NGA – möglich. Damit sind die grundsätzlichen Vorbehalte gegen diesen Editionstyp nicht ausgeräumt; er ist hier aber der Reproduktion der als individuell erkennbaren Einzelhandschriften vorzuziehen. Bei der starken Divergenz der Schreibsprachen (HK: böhmisch, Blankenheimer Handschrift: ripuarisch, cgm 717: ostschwäbisch etc.) kann die sprachliche Bezugsform nur ein normalisiertes Mittelhochdeutsch sein.

Niewöhners Ausgabe folgt dieser Vorgabe und hält sich – wiederum anders als im NGA – von Eigenmächtigkeiten frei (deshalb wohl auch die revocatio in *Kunst oder Methode*, in: PBB 79 [1957], S. 414-437, hier 428-430). Ich folge ihr aus diesem Grunde. Einige wenige Versehen und Eingriffe gegen (fast) alle Handschriften habe ich korrigiert (v. 4, 6, 15, 36, 111, 119, 138, 164, 222, 227); Begründungen jeweils im Stellenkommentar.

Weitere Ausgaben: GA II, S. 23-35; Kully/Rupp, S. 59-71.

Übersetzungen: Spiewok, Decamerone, S. 673-679; Viviani, Die Nonne im Bade, S. 60-67; Fritz Gerathewohl, *Deutsche Liebesmären. Nach alten Quellen*, München o. J., S. 188-197; Lemmer, Erzähler, S. 109-116; Wolzogen, Schwankbuch, S. 21-40.

Motivik, Quellen, Thematik

Der Sperber baut ebenso wie das ihm nah verwandte *Häslein* (s. u. Nr. 22) auf dem weit verbreiteten Motiv der als Tauschhandel getarnten Verführung eines unschuldigen Mädchens und des angeblichen Rückkaufs der Unschuld durch Wiederholung auf (Motif-Index K 1362: ›Innocent girl sells her »love« and later receives it back‹). Von den zahlreichen literarischen Parallelen (Niewöhner, Sperber, S. 132-141; Frosch-Freiburg, Schwankmären und Fabliaux, S. 23-42) stehen *Sperber* und *Häslein* ein deutsches Märe und zwei französische Fabliaux besonders nahe:

- *Dulciflorie* (wohl um 1210, rheinfränkisch, Text nur fragmentarisch erhalten: 305 von ca. 900 Versen, hg. von Niewöhner, Sperber, S. 95-105),
- Garin, *De la Grue* (1. Drittel des 13. Jahrhunderts, Isle de France [Nykrog, Fabliaux, Nr. 76; hg. von Montaiglon/Raynaud, Bd. 5, S. 151-156]),

– *Du Heron* (überliefert am Ende des 13. Jahrhunderts, anglonormannisch [Nykrog, Fabliaux, Nr. 78; hg. von Rychner, Contribution, Bd. 5, S. 9-14]).

Diese fünf Erzählungen teilen mit *Sperber* und *Häslein* die Grundkonstellation, in der die Naivität des Mädchens die Grundlage nicht nur der ersten, sondern in steigernder Überbietung auch noch einer zweiten Überlistung ist. Trotz aller Ähnlichkeiten im Erzählablauf und trotz mancher Formulierungsparallelen ist aber ein unmittelbarer Bezug zwischen den fünf Texten nicht zu belegen (am wahrscheinlichsten ist noch, daß das *Häslein* den *Sperber* gekannt hat, vgl. Frosch-Freiburg, Schwankmären und Fabliaux, S. 34-36; Niewöhner, Sperber, S. 144); insgesamt gehen alle wohl auf eine oder mehrere gemeinsame Vorlagen zurück (Niewöhner, Sperber, S. 142-151), die man sich am ehesten im Französischen entstanden denken möchte und die die beiden Fabliaux »doch ziemlich getreu widerspiegeln« (Niewöhner, Sperber, S. 151) könnten. Im *Häslein* ist jedenfalls auf eine fremdsprachige Vorlage hingedeutet (s. u. Nr. 22, v. 8: *tiutschlîchen velzen*).

Von den beiden hier gedruckten deutschen Fassungen ist der *Sperber* (eines der ältesten Mären überhaupt neben denen des Strickers und zusammen mit der benachbarten *Dulciflorie* das erste Zeugnis der Fabliaux-Rezeption im Deutschen) die bei weitem erfolgreichere, aber auch die koventionellere. Sie begnügt sich mit der – zweifellos geschickten und stilsicheren – Ausformulierung des Schemas. Der Autor beherrscht die Darstellungsmittel der zeitgenössischen höfischen Literatur (vgl. Stellenkommentar zu v. 20f., 40-42, 47, 200; weiteres bei Niewöhner, Sperber, S. 45-51 und 67f.) und nützt sie zur Kontrastierung von natürlicher Schönheit, höfischer Lebensart und unverbildeter Naivität. In der stilistischen Pointierung der einfachen Fabel (zu der auch die von Schirmer, Stil- und Motivuntersuchungen, S. 53, völlig mißverstandenen Wiederholungen gehören [vgl. v. 169, 173, 193; 275, 294, 315]) liegt der Reiz des *Sperbers*.

Das *Häslein* unterscheidet sich von seinen Verwandten

durch die geradezu zynische Schlußpointe, mit der die naive Reinheit und unbeschwerte Lust des Mädchens gegen die kaltschnäuzige Versiertheit des als Braut vorgesehenen Edelfräuleins gesetzt und auch im Milieu des Hofes als die überlegene Haltung akzeptiert wird. Das *Häslein* zeigt mit dieser Wendung eine erst ein gutes Jahrhundert später beim Kaufringer wieder zu beobachtende Fähigkeit zum ironisch-distanzierten Umgang mit den Erzählschemata.

In der weiteren Tradierung dieses überaus beliebten Stoffes werden neue Akzente gesetzt:

- in den *Cent nouvelles nouvelles*, Nr. 8 (S. 35-37; deutsch von Semerau, S. 88-94) wird nur das dem *Häslein* eigene Moment der sich durch Überheblichkeit verplappernden Braut aufgenommen (aus einer verlorenen Fabliaufassung, die dann auch Vorlage des *Häslein* gewesen wäre? Vgl. Frosch-Freiburg, Schwankmären und Fabliaux, S. 35),
- in den prägnanten Fassungen der italienischen Renaissance- Novellistik (bei Sacchetti ist die Novelle nur als wenig aussagekräftiges Fragment überliefert) übernimmt eine erfahrene Frau die Rolle der Verführten:
  - in Poggios *Facezie*, Nr. 69 (S. 285 f.; deutsch von Floerke, Facezien, S. 71 f.) ist es eine verheiratete Frau,
  - bei Sabadino degli Arienti, *Le porretane*, Nr. 34 (S. 294-304) ist es die gleichfalls gut verheiratete *madonna Claudia, moglia de uno degno gentilhuomo*,
  - bei Lasca (nach 1540, *Cena prima*, Nr. 6; abgedruckt bei Niewöhner, Sperber, S. 133-135) ist es ebenfalls eine Ehefrau.

Auf diese Weise wird der Verkauf des Tieres (stets: eine Gans) zum von allen Beteiligten erkannten Vorwand oder wenigstens zur Gelegenheit für sexuelle Aktivitäten, am ungeniertesten bei Poggio, der das augenzwinkernde Einverständnis zu Wiederholung und Variation im spielerischen Austausch von Argumenten aufscheinen läßt (hier nach der Übersetzung von Floerke, Facezien, S. 71 f.):

Von einem Landmann, der eine Gans zu verkaufen hatte

Ein junger Landmann brachte eine Gans nach Florenz zum Verkauf. Eine Frau, die sich für sehr witzig hielt, wurde seiner ansichtig und fragte ihn, um sich einen Spaß mit ihm zu machen, wieviel die Gans kosten solle. »Ihr könnt sie für eine Kleinigkeit haben,« lautete die Antwort. »Für wieviel denn?« fragte die Frau. »Für einen einzigen Koitus,« sagte der Landmann. »Das ist nicht dein Ernst,« erwiderte die Frau, »aber komm ins Haus, damit wir über den Preis verhandeln können.« Er trat ein, und als er auf seinem Vorschlag beharrte, willigte die Frau ein. Als sie, die zu oberst gelegen hatte, nachher die Gans verlangte, verweigerte er sie ihr, »denn« – so sagte er – »ich habe nicht Euch übermannt, sondern Ihr seid über mich gekommen.« Und als sie darauf den Kampf von neuem begannen, besorgte der junge Mann das Geschäft des Reiters. Als die Frau dann, gestützt auf den Vertrag, zum zweitenmal die Gans forderte, verweigerte sie der Bursche wieder, indem er sagte, jetzt seien sie beide wieder quitt; denn er habe noch keine Bezahlung erhalten, sondern nur die ihm zugefügte Beleidigung gesühnt: das erstemal habe sie ihn ja doch unter sich gehabt. Der Streit dauerte bereits längere Zeit, da kam der Gatte darüber zu und fragte nach dem Grund des Zanks. »Ich wollte dir,« antwortete die Frau, »ein köstliches Mahl bereiten, aber dieser verdammte Kerl hat es verhindert. Wir hatten uns auf zwanzig Soldi für die Gans geeinigt, aber jetzt, nachdem er ins Haus getreten ist, hat er seine Ansicht geändert und verlangt noch zwei dazu.« »Eh!« sagte der Gatte, »unser Essen soll doch nicht wegen einer solchen Lappalie gestört werden! Da hast du dein Geld!« So hatte der Bauer das Geld und den Genuß.

Literaturhinweise: Fischer, Studien, S. 106f., 121f., 134, 403f. (Lit.); Frosch-Freiburg, Schwankmären und Fabliaux,

S. 23-42; Hoven, Erotik, S. 53-57; Hufeland, Schwankdichtung, S. 87-105; Jonas, Versschwank, S. 42-47; Niewöhner, Sperber; Schirmer, Stil- und Motivuntersuchungen, S. Anm. 112, 53, 91, 212; Strasser, Vornovellistisches Erzählen, S. 219, 329; Suchomski, ›delectatio‹ und ›utilitas‹, S. 194 f.; VL^2 IX, Sp. 78-80 (Rolf Max Kully); Ziegeler, Erzählen im Spätmittelalter, S. 198 Anm. 193, 299.

Stellenkommentar

Überschrift: nach Handschrift H, normalisiert.

Vor v. 1 bieten die Handschriften K und w^4 einen zusätzlichen ›Prolog‹: *Die zit sul wir vertriben / Bi wol gemuoten wiben / Da des niht mac an gewesen / Da sol man singen oder lesen / Oder sagen eteswaz / Ze kurzewile umbe daz / Ob ein man ichtz gedenke / Daz in kein sorge iht krenke / Daz er sich trurens maze / Und die wile da von laze* (Text nach Fischer, Studien, S. 106).

1 f. *Als mir 〈. . .〉 wârheit]* Gleicher Beginn auch in den *Drei Mönchen zu Kolmar* (s. u. Nr. 32). Weiteres Niewöhner, Sperber, S. 45.

3 *spel]* Eigentlich neutral »Erzählung, Bericht«, häufig aber auch – wie hier – als Gegensatz zur Wahrheit: »märchenhafte, lügenhafte und unnütze Rede« (Belege: BMZ II/1, S. 490 f.).

4 *snel)]* Die Möglichkeit, nur v. 4 in Parenthese zu setzen, erwägt bereits Niewöhner, Sperber, S. 45. Die Übersetzung »kurzweilig« schlägt schon Lexer II, Sp. 1029, für diese Stelle vor.

6 *saget]* Schon in Niewöhners Apparat als Form des Textes (gegen dortiges *seit*) gebucht.

9 f. *erbûwen schône 〈. . .〉 ein klôster sol]* Die beiden Verse stimmen fast wörtlich überein mit *Gänslein*, v. 3 f. (vgl. unten Nr. 24).

14 *lâsen unde sungen]* Hier wohl nicht als idiomatische Wendung in der Bedeutung »Messe lesen« (vgl. Komm. zu Nr. 32, v. 81; so auch Niewöhner, Sperber, S. 45 zu dieser Stelle) verwendet.

15 *tage zît]* »Tagzeiten«, die sieben im klösterlichen Tageslauf festgelegten Zeiten für das Stundengebet.

16 *wider strît]* Wörtlich: »wetteifernd, um die Wette« (Lexer II, Sp. 1240).

20 f. *borten dringen* ⟨. . .⟩ *an der ram]* Vgl. Konrad von Würzburg, *Engelhard*, v. 2864 f.: *ei wie kunde dringen / sîn frouwe borten an der ram.* Typische Tätigkeiten der vornehmen Nonnen im Kloster, vgl. im Überblick kurz Peter Ketsch, *Frauen im Mittelalter*, Bd. 2, Düsseldorf 1984, S. 273.

28 *gewonheit]* Wohl Übersetzung des lateinischen *consuetudo*: *consuetudines* sind die in Ergänzung zu den Ordensregeln entstandenen, z. T. schriftlich fixierten Konventionen zur Regelung des monastischen Lebens (vgl. LThK III, Sp. 48 f.).

36 *witze]* Niewöhners Form *misse* ist ohne Stütze in der Überlieferung; *witze* haben alle Handschriften mit Ausnahme der in diesem Vers fehlenden Münchner (m^6) und des grundlegend anders formulierenden Paares wi. Der andere Text fordert eine veränderte Interpunktion (Niewöhner: Komma nach v. 35, Semikolon nach v. 36).

40-42 *wie si* ⟨. . .⟩ *unde stân]* Mit ganz ähnlichen Formulierungen wird auch ritterliche Erziehung beschrieben, vgl. z. B. Wirnt von Gravenberc, *Wigalois*, v. 1239 f.: *si lêrtenz rîten unde gên, / mit zühten sprechen unde stên.*

47-49 *daz er* ⟨. . .⟩ *versagen]* Vgl. Hartmann von Aue, *Iwein*, v. 5359-5361: *Daz er nimmer enkunde / sô manegem süezen munde / betelîchiu dinc versagen.*

84 *sperwer]* Der Sperber ist als Jagdvogel ritterliches Standesattribut; zahlreiche Beispiele bei Niewöhner, Sperber, S. 46. Vgl. auch Dalby, Lexicon of the Medieval German Hunt, S. 210 f.

93 *vogelîn]* Die Verwendung des Diminutivs für den gefährlichen Jagdvogel kennzeichnet die Naivität der jungen Nonne (vgl. auch v. 96 u. ö.).

111 *ir]* Fast alle Handschriften schreiben *er tet ir bekant* (S und d mit Umstellung: *tet er ir b.*). Niewöhners *der süezen* ist allein in der Blankenheimer Handschrift (B) überliefert, dort

aber erfordert die Umstellung von v. 107-110 hinter v. auch einen anderen Anschluß.

118 *gedinge]* Neben »Gericht, Vertrag« auch »Versprechen einer Zahlung, die Schuld oder Zahlung selbst« (Lexer I, Sp. 771 f.).

119 *selbe]* Niewöhner setzt dafür *iergen*, das nur die späte Handschrift k schreibt (*iendert* m^6). Die meisten Handschriften laborieren aber an dem in HKw^4wi unterfüllten und unpointierten Vers: *daz ich mac gehan.* Nach Niewöhners Prinzipien ist der Lösung von Handschrift B der Vorzug zu geben: *d. i. seluer.*

135 *bildære]* Durch Reim und Überlieferung (HK) gesichert, belegt aber nur in der Bedeutung »Bildner, Künstler« (Lexer I, Sp. 273 f.). Hier müssen »Bilder, Skulpturen« gemeint sein, vermittelt vielleicht über die Bedeutung »Vorbild, Muster«.

136 f. *drî nâdeln ⟨...⟩ hârbant]* Nadeln, Schere, Haarbänder werden häufiger als Grundausstattung genannt (Beispiele bei Niewöhner, Sperber, S. 47).

138 *vîrtegelîch]* Die Überlieferung ist hier gespalten (Handschrift B fehlt). HK, l und d schreiben *tegelich*, das Niewöhner in den Text übernimmt. Mit den Handschriften Sw^4m^6wk ist *virtegelich* aber mindestens ebenso gut bezeugt und im Sinn eindeutig überlegen: warum sollen ausgerechnet die Alltagskleider mit den Wertsachen weggeschlossen sein?

143 *müemelîn] Muome* ist eigentlich »Mutterschwester«, dann aber auch allgemein »weibliche Verwandte«; hier ein familiärer Ausdruck für die Ordensobere (Priorin, Novizenmeisterin etc.).

164 *zuo eines]* Niewöhners Kontraktion (*zeines*) ist überflüssig.

200 *er reit ⟨...⟩ si dâ]* Beliebte Formel zum Episodenschluß, vgl. etwa Hartmann von Aue, *Iwein*, v. 963 und 1518. Vgl. auch unten zu v. 318.

211 *vluochen]* Muß hier positiv gemeint sein (oder ironisch?); in dieser Verwendung allerdings nicht belegt.

222 *unbillîch*] So alle Handschriften (l: *vnganckliche*) außer B: *vnmuͤgelich*; nur dort fände Niewöhners *unmügelîch* eine Stütze.

227 *pfrüende halbe*] Der von Niewöhner hergestellte Vers (*Unser halbe pfrüende geben dar*) ist so nicht belegt und außerdem metrisch unbefriedigend. In einem Teil der Handschriften (Hm^{6}k) fehlt *halbe* völlig, in der textkritisch gewichtigen Gruppe Kw^{4}ld ist umgestellt (S fehlt, B formuliert um); danach mein Text.

306 *ungetriuwer vunt*] Wörtlich: »pflichtvergessene Ausflucht«.

318 *er reit hin, si gienc in*] Vgl. Komm. zu v. 200.

329 *nône*] Die fünfte der sieben Horen, der Zeiten für das monastische Stundengebet: Mittag.

332 f. *ungehalden* ⟨. . .⟩ *wîten rinc*] Der Sinn dieses Bildes ist dunkel; gemeint sein könnte der aus der wiedergewonnenen Ehre erwachsene Stolz, etwa im Sinn von: »hocherhobenen Hauptes«. Andere Erklärungsversuche bei Niewöhner, Sperber, S. 50: Necken nach der Hochzeitsnacht, Drohung des Lahmwerdens bei unzeitiger Liebe. Fraglich ist aber auch, ob der Text so richtig hergestellt ist (vgl. Niewöhner, Sperber, S. 50).

359 f. *swer daz viur* ⟨. . .⟩ *brenne*] Wörtlich bei Freidank, 71,17 f.

361 *sich* ⟨. . .⟩ *übersiht*] Wörtlich: »sich versieht, etwas versäumt«.

368 *sî iu bescheiden*] Wörtlich: »möge Euch erzählt sein«.

332-370 *ungehalden* ⟨. . .⟩ *sperwære*] Handschrift d bietet einen anderen Schluß: *Der halff mir an die alten stat / Dem ich mein minne gab. / Der hůb mich zů im hinab / Vnd gab mir wider die minne mein / Vnd nam auch wider sein foͤgelin / Gar schon auff sein hand. / Die allt sprach: Daz du seyest geschand, / Daz du so uil mengen schlag groß / Vnd auch darzů mengen stoß / Darvmb hast enpfangen / Vnd pist aber da hin gangen. / Das haut gemachet dein tummer sin. / Da waz der zorn vmb si hin. / Da sprach aber die alt: / Daz sein der tüfel walt. / Der ain ding nit kan vnderstan, / Der solt ez mit gůt varen lan / Wenn ez wer ain schad pesser denn zwen, /*

Für war alz ich ez uersten. / Nun tů ez nimmer me, / Du hettest ez pas gelassen ee. / Dez antwurt ir die gůt / Gar mit verdachtem můt: / Jch gib dir mein trewen, / Ez hat mich ser gerüwen / Seyt du zürnest so sere / Vnd sprechent, ich hab mein ere / Dar vmb gar uerlorn / Vnd hab weibez namen erkorn. / So wartent nun auff mein er, / Wann ich tůn ez nimmer mer. / Hie mit vergab si ir schuld / Vnd ließ si haben ir huld. / Si halff ir pessern vnd puͤssen, / Der rainen vnd der suͤssen. / Vnd das ist uon dem sperber. / Got helff vns auß aller swaͤr.

22
DAS HÄSLEIN

Überlieferung

Das Märe war nur in einer, 1870 verbrannten, Handschrift überliefert:

S (um 1330/1350, Elsaß?), Bl. 53ra-57ra (Abdruck: Myller, Samlung deutscher Gedichte III, p.XXI-XXIV).

Entstehung

Der Autor ist nicht bekannt. Lokalisierung und Datierung ergeben sich aus der Überlieferung und der Sprachbehandlung: »Das *Häslein* ist auf ausgesprochen alem. Gebiete ⟨...⟩ frühestens gegen Ende des 13. Jhs. ⟨...⟩ entstanden« (Niewöhner, Sperber, S. 77). Die stilistische Orientierung an Gotfrid von Straßburg und Konrad von Würzburg (vgl. Stellenkommentar) paßt zu diesem Befund.

Text

Der Text der verbrannten Handschrift ist nur durch den alten (1785) Abdruck des Gedichtes bei Christoph Heinrich

Myller (s. o., *Überlieferung*) und durch von der Hagens normalisierende und emendierende Edition (GA II, S. 5-18) zugänglich. De Boor (Mittelalter, S. 1456-1463) hat von der Hagens Text – großenteils nach den Vorschlägen von Niewöhner, Sperber, S. 69 f. – revidiert (S. 1463). Ich folge hier de Boor, mache aber solche Eingriffe (Sigle: B) rückgängig, die nur der Glättung dienen, sofern an diesen Stellen Myller (Sigle: My) und von der Hagen (Sigle: H. Lesarten [S. 653 f.] Sigle: Hla) zusammenstimmen (stillschweigend gestrichen habe ich die von von der Hagen eingeführten, von de Boor übernommenen Apostrophe bei apokopierten Formen in Myllers Abdruck: *waer'*, *wolt'* etc.):

22 *gunst* MyHla] *günste* B. 42 *betrahtete* MyH] *betrahte* B. 44 *ime sîn herze* MyHla] *sîn herze ime* B. 69 *magt* MyH] *maget* B. 70 *gruozte si* MyH] *gruoztes* B, *sagt* MyH] *saget* B. 82 *ich engelebete* MyH] *ingelebete* B. 100 *es* MyH] *et* B. 175 *niuwan* MyH] fehlt B. 199 *liehten* MyH] *liehte* B. 209 *verlornen* MyH] *vlornen* B. 212 *wartet* MyH] *warte* B. 263 *waz* MyH] fehlt B. 212 *wartet* MyH] *warte* B. 263 *waz* MyH] fehlt B. 270 *habet ê* MyHla] *nû hâte mê* B. 281 *dô* MyHla] *daz* HB. 292 *dîns heiles* MyH] *dînem heile* B. 403 *wider kûme* MyH] *kume wider* B. 424 *niemer* MyH] *nie* B. 498 *enbeitet* MyH] *enbeitte* B.

Vgl. auch den Stellenkommentar zu v. 150, 215, 355, 361, 421, 488, 500 f.

Übersetzung: Fischer, Schwankerzählungen, S. 99-109.

Motivik, Quellen, Thematik

Vgl. Komm. zum *Sperber* (Nr. 21).

Literaturhinweise: Helmut de Boor, *Zum Häslein V. 1-4*, in: PBB 87 (Tübingen 1965), S. 200-203; Fischer, Studien, S. 344 f. (Lit.) und Register; Frosch-Freiburg, Schwankmären und Fabliaux, S. 23-42; Hoven, Erotik, S. 91-93, 362 f.; Leitzmann, Zu von der Hagens Gesamtabenteuer, S. 258-260;

Londner, Eheauffassung, S. 127-140; Niewöhner, Sperber; Schirmer, Stil- und Motivuntersuchungen, S. 63 f., 91, 212; Strasser, Vornovellistisches Erzählen, S. 219 f., 329; VL² II, Sp. 243-245: *Dulciflorie* (Hans-Friedrich Rosenfeld); VL² III, Sp. 544 f. (Johannes Janota); Stephen L. Wailes, *The Hunt of the Hare in ›Das Häslein‹*, in: Seminar 5 (1969), S. 92-101; Ziegeler, Erzählen im Spätmittelalter, S. 298-301.

Stellenkommentar

Überschrift: nach Myllers Abdruck.

1 *Tribe ⟨. . .⟩ hin]* Wörtliches Zitat aus Gotfrids von Straßburg *Tristan*, v. 41.

2 f. *sît ich ⟨. . .⟩ in der mâzen]* Ich folge de Boors Erklärung dieser Stelle (Zum Häslein V. 1-4, S. 200-203), nach der hier eine »spielend verklausulierte Namensnennung des Dichters« vorliege (S. 201): er sei genannt (*genemmet*) ebenso wie (*in der mâzen*; die Übersetzung »zu Recht« [Fischer, Schwankerzählungen, S. 99] trifft dies nicht) *von gotes genâden*. Die Spekulationen über die genaue Form dieses Äquivalents (*Gozold*, *Gottschalk*, *Gotfrid*) sind allerdings müßig. Vgl. Fischer, Studien, S. 195 f.

5 *kurze wîle]* Eine in der Märendichtung häufiger erwähnte Zielsetzung; Beispiele bei Fischer, Studien, S. 105 f.

6 *ze bîle]* Begriff aus dem Jagdwesen: »der Augenblick, wo das gejagte Wild steht und sich gegen die Hunde zur Wehr setzt« (Lexer I, Sp. 272), z. B. Gotfrid von Straßburg, *Tristan*, v. 2765, 13522.

7 *âbentmærlîn]* Das Wort ist nur hier belegt und wohl eine Gelegenheitsbildung, kein terminus technicus. Vgl. aber Fischer, Studien, S. 84.

8 f. *velzen/dise rîmes ende]* Die Enden der Zeilen ineinanderfalzen, also reimen (de Boor, Mittelalter, S. 1456).

17 *der edeln gunst]* Anspielung auf Gotfrids Publikumsentwurf der *edelen herzen* (*Tristan*, v. 45-130)? Vgl. auch v. 20. Fischer, Studien, S. 223, sieht nur einen Hinweis auf adliges Publikum.

18 *vrou Venus*] Venus als Inspirationsquelle für den Dichter nennt (in seiner Rühmung Walthers von der Vogelweide) auch Gotfrid von Straßburg (*Tristan*, v. 4807: *diu gotinne minne*). Zu Venus als Schutzgöttin der Poesie in der Antike vgl. Gustav Riedner, *Typische Äußerungen der römischen Dichter über ihre Begabung, ihren Beruf und ihre Werke,* Nürnberg 1903, S. 16.

19 *sprenge ich ûf*] Zu *sprengen* »springen machen« (BMZ II/2, S. 544), hier: »in Bewegung setzen, anstacheln«.

48 *der senede gluot*] *Senen* ist Programmwort in Gotfrids *Tristan*-Prolog, bes. v. 58-130.

49 *als ⟨. . .⟩ golt*] Ein in der mhd. Literatur verbreiteter Vergleich; Beispiele bei Niewöhner, Sperber, S. 70.

50 *des ⟨. . .⟩ geholt*] Übersetzungsvorschlag de Boor »dahin kam überein, entschloß sich sein Sinn« (Mittelalter, S. 1457); die Wendung ist sonst nicht belegt.

55 *næme ein ei*] Zur redensartlichen Verwendung für Geringwertiges vgl. Wander, Sprichwörter-Lexikon I, Sp. 762. Vgl. auch *Die drei Mönche zu Kolmar* (Nr. 32), v. 362.

71 *wannân*] Eigentlich: »woher«.

72 *wan*] »Vorangehen kann dem Konj. Prät. im wünschenden Satz *wan* (< *wanne* ... + *ne* »warum nicht«) dem ein nhd. ›o daß doch!‹ entspricht« (PWG § 322α).

76 *sint*] Alemannische Form der 2. Ps. Plural (PWG § 282 Anm. 2).

127 *versniten*] Im Sinne von »fehlerhaft geschnitten, geformt«.

132-134 *got ⟨. . .⟩ schouwen*] Vgl. Gotfrid von Straßburg, *Tristan*, v. 7649 f.: *got möhte in gerne hœren / in sînen himelkœren.*

133 *die selben juncvrouwen*] ἀπὸ-κοινοῦ- Konstruktion (vgl. PWG § 493): *juncvrouwen* ist Objekt zu *sehen* wie zu *schouwen.*

143 *herre ⟨. . .⟩ dô*] Vgl. Gotfrid von Straßburg, *Tristan*, v. 11965: *got herre, wie gewarp ich sô*, und v. 2358: *got herre, wie gewirbe ich* (Leitzmann, Zu von der Hagens Gesamtabenteuer, S. 259).

146 *hungertuoch*] Eigentlich das Tuch, mit dem in der Fastenzeit der Altar verdeckt wird, seit dem Jahr 1000 in Ge-

brauch gekommen (LThK V, Sp. 538); hier metonymisch für das Liebeslager (in dieser Verwendung sonst nicht belegt).

150 *wan]* Konjektur de Boors, die die Passage neu zu gliedern erlaubt und den schwer verständlichen Text der Handschrift (nach Myller und von der Hagen: *der*) durchsichtig macht.

157 *orden]* Fischer, Schwankerzählungen, S. 316, erwägt für *orden* die Bedeutung ›Berufsstand‹ und übersetzt mit »Berufsehre«: »der Dichter scheint sich damit als Berufspoet auszugeben«. Angesichts der Bedeutungsbreite von *orden* (BMZ II/1, S. 439) scheint mir diese Festlegung gewagt.

160 *der sumerzîte ginret wart]* Zu *innern* / *geinnern* »inne werden lassen, gewahr werden lassen« vgl. BMZ I, S. 751. Das Bild deuten de Boor (Anm. zur Stelle: »verhüllend für den Wandel der Jungfrau zum Weibe«) und Fischer als »Anspielung auf die Reifung des jungfräulichen Mädchens zur Frau« (Fischer, Schwankerzählungen, S. 316). Das ginge vom Bild des Sommers als Zeit der Erfüllung und der Reife aus. Wahrscheinlicher ist aber wohl eine Anspielung auf den Sommer als Zeit der Freude (so z. B. in Gotfrids *Tristan*, v. 544). Gemeint wäre also: »wie sie die Liebesfreude in sich fühlte«.

215 *als er ê tet]* Vorschlag Grubmüller. Der überlieferte Wortlaut (*als er ir e tet* MyH) überfüllt den Vers, die Konjektur von Niewöhner und de Boor (*Und er ir tæte als er ê tete*) greift unnötig stark ein.

265 *der minnen übergulde]* Vgl. Gotfrid von Straßburg, *Tristan*, v. 17555: *der minnen übergulde* (Leitzmann, Zu von der Hagens Gesamtabenteuer, S. 259).

268 *daz]* Vgl. zu *daz*-Sätzen »als erläuternde(n) Bestimmungen einzelner Glieder des übergeordneten Satzes« PWG § 466,2.

286 *zwir]* Eigentlich »zweimal«; phraseologisch ist das in der Gegenwartssprache nicht gebräuchlich.

291 *ze teile]* Belegt ist *ze teile tuon* »schenken« (Lexer II, Sp. 1414).

308 *underbint]* Eigentlich »Unterlaß, Unterbrechung« (Lexer III, Sp. 1780 f.).

317 *borten]* Eigentlich »Band, Gürtel«; hier ist gewiß der Kranz als Zeichen der Jungfräulichkeit gemeint.

318 *ist* ⟨...⟩ *ze holz]* »Ist dahingegangen, verloren«, sonst in dieser Bedeutung nicht belegt (vgl. Niewöhner, Sperber, S. 73), aber abzuleiten aus der mit *holz* verbundenen Konnotation »unwirtlicher, wertloser Ort« und aus Verbindungen wie *zu holz gehen, laufen* etc. für »weggehen« (DWb IV/II, Sp. 1765).

339 *swaz* ⟨...⟩ *geschiht]* Wiederholt am Schluß des Gedichts, v. 504. Eine Vielzahl ähnlicher Wendungen führen Niewöhner, Sperber, S. 73; Zingerle, Sprichwörter, S. 50f. und 195; Wander, Sprichwörter-Lexikon I, Sp. 1585 an. Genaue Parallelen z. B.: Reinmar (MF 164,2); Freidank, 132,6; Werner der Gärtner, *Helmbrecht*, v. 1683. Vgl. aber auch *Dulciflorie*, v. 939 (Niewöhner, Sperber, S. 104).

355 *si]* Konjektur de Boors (Mittelalter, S. 1461), wohl im Anschluß an Wendungen wie *wand er im holdez herze truoc* (Wolfram von Eschenbach, *Parzival*, 397,22); die überlieferte Formulierung *zuo dem ir herze truog* (MyH) fügt sich nicht in die üblichen Konstruktionen der Herzens-Bildlichkeit.

361 *die vrouwe]* Konjektur de Boors (Mittelalter, S. 1461, im Anschluß an von der Hagen, vgl. Leitzmann, Zu von der Hagens Gesamtabenteuer, S. 260), die den Sinn besser trifft und die störende Wiederholung (*ir frowe ir muoterlin* MyH) vermeidet.

374 *und]* Einleitung von Konditionalsätzen, vgl. PWG § 445 Anm. 1.

381 *genâde und danc]* In dieser Verbindung sind die beiden Vokabeln gleichbedeutend (Hendiadyoin), einige Belege bei Niewöhner, Sperber, S. 73.

398 *tet einen kach]* Wörtlich: »machte lautes Gelächter« (Lexer I, Sp. 1492).

411 *understân]* Die aus dem Kontext offensichtliche Bedeutung »bedrängen« ist nicht belegt.

421 *wert er sich: »entuo]* Myller druckt *wert' sich*; das ist sicher nicht als apostrophierte Form zu lesen, eher als Wiedergabe des *-er*-Hakens: *werter sich*. Der Satz macht dann (bei

zusätzlicher Korrektur von *entuon* zum Imperativ *entuo*) keine Schwierigkeiten mehr (so wohl auch Niewöhner, Sperber, S. 70), die Besserungsversuche von der Hagens und de Boors (Mittelalter, S. 1462: *Dô wert' er: »[s] ich entuon sîn niht«*) si nd überflüssig.

452 *gesaz]* *Gesitzen* »sitzen bleiben« (BMZ II/2, S. f.), häufig in Zweikampfbeschreibungen in genau dieser Fügung mit der Bedeutung »im Sattel bleiben«.

463 *lie 〈...〉 drasen]* *Drasen* »schnauben« (Lexer I, Sp. 459); de Boor (Mittelalter, S. 1463) schlägt für die Stelle vor: »Er ließ sein Roß schnauben, d. h. er eilte«.

465 *sat]* Mittelfränkisches (von der hochdt. Lautverschiebung nicht erfaßtes) Präteritum zu *setzen*, das zusammen mit einigen anderen mittelfrk. Vokabeln »bis in die alem. Dichtersprache entlehnt« wird (PWG § 165, Anm. 3).

474 *von obene zetal]* Eine bei Gotfrid von Straßburg, *Tristan*, besonders häufige Wendung: v. 10004, 10917, 16176, ähnlich v. 5455.

488 *in]* Konjektur Niewöhners (Sperber, S. 70), die allein den richtigen Sinn gibt. Von de Boor übernommen.

496 f. *ob er 〈...〉 êre]* Vgl. Gotfrids von Straßburg *Tristan*, v. 1048: *Ob er bedenken wolte, / waz fuoge wære und êre.*

500 f. *diu ander 〈...〉 kappelâne]* Die metrischen Unzuträglichkeiten in v. 500 (*Die ander wider heim wart gesant* MyH) sind nach dem Vorschlag Niewöhners (Sperber, S. 70) durch die Umstellung von *wart* zu beheben; die aufwendigen Veränderungen durch de Boor (*diu ander wider heim gesant / wart z'ir kappelâne*) sind unnötig.

504 Vgl. v. 339.

23
JOHANNES VON FREIBERG
DAS RÄDLEIN

Überlieferung

Das *Rädlein* ist in zwei sonst kaum miteinander verbundenen Märenhandschriften und außerdem in einem der Fragmente überliefert, die ebenfalls aus einer Märenhandschrift stammen:

H (1. Viertel 14. Jh., Nordwestböhmen/Oberfranken), Bl. 354ra-357rb (vgl. Mihm, Überlieferung, S. 48-51: in diesem Abschnitt hat die Handschrift kein Gegenstück in der Genf-Kalocsaer Handschrift [K]).

k (zwischen 1430 und 1435, Nordschwaben), Bl. 186vb-190va (Abdruck: Schmid, Codex Karlsruhe 408, S. 730-742).

B^{β} (um 1350, ostmitteldeutsch), Nr. 3, Bl. 2ra-2vb: v. -300, 355-382 (Abdruck: Julius Zacher, *Bruchstück aus einer Handschrift kleiner deutscher Erzählungen*, in: ZfdA 13 [1867], S. 333-335).

Text

Die Ausgabe muß auf dem Text der Heidelberger Handschrift basieren. Das Berliner Fragment, dessen Text von ähnlicher Qualität gewesen sein dürfte, überliefert nur wenige Verse, die Karlsruher Handschrift ist fast hundert Jahre jünger und ändert häufig.

Die Heidelberger Handschrift bietet im ganzen einen zuverlässigen Text, zeigt an einzelnen Stellen (besonders v. 181-184, 292-294) aber unübersehbare Verderbnisse. Ich folge der Heidelberger Handschrift (H), soweit sich ihr Text rechtfertigen läßt, normalisiere orthographisch (Ausgleich von *i*/*j*, *u*/*v*/*w*, Beseitigung von Mehrfachkonsonanz etc.,

Verteilung von *ze* und *zu* [vgl. die Reimbindung in v. 91 f.] nach der Handschrift), reguliere grammatisch (Kasusendungen, *die/diu*, *iu/iuch*, Getrennt- und Zusammenschreibung nach den üblichen Regeln etc.) und korrigiere Fehler (Kursivierung im Text) an folgenden Stellen (soweit Begründungen erforderlich sind, finden sie sich im Stellenkommentar):

17 *den* k] *der* H. 27 *mohten*] *mohte* H *nahtes* k. 32 *den* k] *des* H. 65 *die vüeze*] *den fvzzen* H *den füß* k. 77 *iu zem ein*] *vz einem* H *aüs einem* k. 91 *geruochte* k] *gebruchte* H. 99 *gegangen* k] *alle gegangen* H. 120 *pardîsepfelîn*] *paris eppfelin* Hk. 125 *den* k] *der* H. 127 *vollen*] *niht vollen* H *nit wol* k. 181-184 k] fehlt H. 189 *gruozes* k] *gruzzens* H. 190 *er* k] *iz* H. 233 *hinder* k] *hin hinder vnder* H. 244 *geaht* k] *gemacht* H. 259 *waz tærehter sinne* k] fehlt H. 292 B$^{\beta}$] fehlt Hk. 294 B$^{\beta}$] fehlt Hk. 326 *klagen*] *geclagen* Hk. 352 *dich* k] fehlt H. 367 *vil lîse* B$^{\beta}$] *gemelichen* Hk. 371 *swîc* B$^{\beta}$k] *swie* H. 420 *enhête*] *het* Hk, *getriben* k] *zetriben* H. 430 *dar* k] *daz dar* H. 432 *werte* k] *het gewert* H. 436 *durch* k] *vf dvrch* H. 447 *schrîbære*] *pfaffen vn̄ schribere* H *schuler* k. 455 *viurîn*] *vuren* H *furn in* k. 464 *die*] *in die* H (k abweichend). 480 *der sin*] *die sinne* Hk. 501 *mære*] *were* Hk.

Weitere Ausgabe: GA III, S. 111-124.

Übersetzungen: Fischer, Schwankerzählungen, S. 16-25; Spiewok, Decamerone, S. 216-225; Wolzogen, Schwankbuch, S. 129-142; Viviani, Die Nonne im Bade, S. 106-116.

Autor und Entstehung

Als Verfasser nennt sich in v. 1 Johannes von Freiberg (in Sachsen). Die Reimsprache des Werkes (Buske, S. 15-18) stimmt zur Lokalisierung im Ostmitteldeutschen. Für die Datierung steht als entscheidender Anhaltspunkt nur der Beginn der Überlieferung (1320/30) zur Verfügung. Die von Buske (S. 45) beigebrachten metrischen Argumente für eine Entstehu ng »spätestens um die Mitte des 13. Jahrhunderts« sind teilweise zirkulär (sie beruhen auf der von ihm selbst hergestellten metrischen Gestalt des Textes), teilweise wenig beweiskräftig (Abnehmen des zweisilbigen Auftaktes gegen Ende des Jahrhunderts). Realistischer ist sicher die gesamte 2. Hälfte des 13. Jahrhunderts als Abfassungszeit. Daß in dieser Zeit einige Personen mit Namen *Johannes* und dem Herkunftsvermerk *de Vriberg* nachgewiesen sind, besagt nichts über deren Identität mit dem Dichter (Fischer, Studien, S. 181 f.).

Motivik, Quellen, Thematik

Eine Vorlage zum *Rädlein* ist nicht bekannt. Vieles spricht dafür, daß Johann von Freiberg seine Geschichte durch die genaue Verkehrung eines bekannten Motivs gewonnen hat; dort (Motif-Index H. 439. 1. 1: »Painting on wife's stomach as chastity index«) malt ein Mann seiner Frau ein Zeichen auf den Bauch, das ihm zum Beweis ihrer Keuschheit während seiner Abwesenheit dienen soll. Die Frau und ihr Liebhaber versuchen, die Falle zu umgehen, indem sie die Bemalung nach dem Beischlaf wiederherstellen, treffen das Zeichen aber nicht genau. Die Differenz (Lamm: gehörnter Widder, Widder: gehörnter Widder, Esel: gesattelter Esel) wird zum Anlaß für Strafe oder zur Gelegenheit, sich mit einer schlagfertigen und zweideutigen Antwort aus der Affäre zu ziehen: »Welches Lamm kriegt in drei Monaten keine Hörner?« (Fortini).

Diese Geschichte ist überliefert

- in der Exempelliteratur (Juan Ruiz, *Libro de buen amor* [vor 1450], S. 171-173);
- in der italienischen Novellistik (z. B. bei Sercambi, *Novelliere* [nach 1374/ca. 1399], Nr. 128 [Bd. 3, S. 14-21], oder bei Fortini, *Novelle dei Novizi* [1555-1561], II,10 [Bd. 1, S. 216-231]);
- in der französischen Novellistik (bei La Fontaine, *Contes et nouvelles* III,8 [*Le bât*: La Fontaine, Oeuvres, Bd. 5, S. 227-230]; deutsch von Fabricius, S. 490);

– auch in der deutschen Märendichtung in den fragmentarischen *Zwei Malern* (= *Der Maler von Würzburg*) vom Ende des 14. Jahrhunderts (Fischer, Studien, S. 494, Nr. 81).

Johann von Freiberg macht aus dem Zeichen, das die Unversehrtheit der Frau sicherstellen soll, den (scheinbaren) Beleg für ihre »Versehrtheit« (ähnlich, aber mit dem Ziel, eine scheinbar keusche, arrogante Hofdame bloßzustellen, bei Margarete von Navarra, *Heptaméron*, Nr. 43 [S. 296-301]; deutsch von Widmer, Heptameron, S. 505-513). Dies bietet dann nur den Anlaß, die Neugier des Mädchens herauszufordern: in der Schilderung ihres (ziemlich plötzlichen) Sinneswandels, der listig-komischen Vorbereitungen mit Hilfe eines ebenfalls bereitliegenden Bauelements (die Frau trägt den Liebhaber auf dem Rücken in ihre/ aus ihrer Kammer: *Cent nouvelles nouvelles*, Nr. 18 [S. 58-60]; deutsch von Semerau, S. 153-160) und vor allem in der Beschreibung ihrer Lust und ihres Vergnügens gewinnt Johann von Freiberg eine sehr vergnügliche Selbständigkeit.

Ungeklärt ist das Verhältnis der nur fragmentarisch in einer Handschrift des 14. Jahrhunderts überlieferten Erzählung *Das Kreuz* (FB 75) zum *Rädlein*. Es teilt mit ihm das Grundelement der Umkehrung des scheinbaren Beleges für vergangenen Beischlaf zum Anlaß des neuen.

Literaturhinweise: Walter Buske, *Die mittelhochdeutsche Novelle ›Das Rädlein‹ des Johann von Freiberg*, Berlin 1912; Fischer, Studien, S. 181 f., 214, 355 (Lit.); Frosch-Freiburg, Schwankmären und Fabliaux, S. 224; Jonas, Versschwank, S. 48-53; Londner, Eheauffassung, S. 141-158; Schirmer, Stil- und Motivuntersuchungen, S. 20, 126, 112 Anm. 201, 258 Anm. 53; VL^2 IV, Sp. 603-605 (Rolf Max Kully); Stephen L. Wailes, *The Title of ›Das Rädlein‹ by Johannes von Freiberg*, in: German Quarterly 47 (1974), S. 52-54.

Stellenkommentar

Überschrift: nach der Heidelberger Handschrift, normalisiert.

1 *Jôhannes von Vrîberc]* Vgl. *Autor und Entstehung.*

4 *aber heben an]* Man schließt aus dieser Stelle, daß Johannes von Freiberg schon andere Dichtungen verfaßt hatte.

5 *büechel]* Abgeleitet von *buoch* »Dichtung, Gedicht«: »Opusculum«, Gedichtchen (Fischer, Studien, S. 87): eine häufige Bezeichnung für Kleindichtung unterschiedlicher Themen (vgl. Edward Schröder, *Büechelin,* in: ZfdA 73 (1936), S. 260; Glier, Artes amandi, S. 45) und auch für Mären (vgl. Fischer, Studien, S. 87 f. Anm. 204). Vgl. auch *Frauentreue* (s. o. Nr. 17), v. 390.

7 *ez ist wâr]* Die Wahrheitsbeteuerung, häufig unter Berufung auf Augenzeugen (hier v. 8 f.: *wan der ez hôrt unde sach*), ist häufiges Element in Märenprologen und -epilogen (vgl. Fischer, Studien, S. 249-252; Strasser, Vornovellistisches Erzählen, S. 190).

35 *wirt]* Hier: »Hausherr«; vgl. auch Komm. zu Jacob Appet, *Der Ritter unter dem Zuber* (s. o. Nr. 20), v. 13. – *schrîbær]* »Sekretär« (vgl. DWb IX, Sp. 1698-1700), häufig in den Mären auch für Schüler und Student, was »dadurch gerechtfertigt« ist, »daß durchziehende Studenten gern zeitweise mit Schreibarbeiten betraut wurden. Dieser Fall ist wohl bei dem *schrîber zühtec unde guot* des *Rädleins* anzunehmen« (Fischer, Studien, S. 121 Anm. 56).

42 *gebet]* »Bitte« ist die ursprüngliche Bedeutung; auch im Mhd. noch reichlich belegt (DWb IV/I, 1, Sp. 1740 f.).

49 *meitîn]* Aus *magetîn* »Jungfrau, Mädchen«; zur Kontraktion *-age-* > *-ei-* vgl. PWG § 108.

58 *unwandelbære]* Zu *wandel* »Makel, Fehler« (Lexer III, Sp. 669 f.).

59 *scheitel]* Hier wohl in der seltenen Bedeutung »Stirne«, vgl. Lexer II, Sp. 689.

59-71 Die Beschreibung orientiert sich an den üblichen

Konventionen, vgl. Rüdiger Krüger, *Puella Bella. Die Beschreibung der schönen Frau in der Minnelyrik des 12. und 13. Jahrhunderts*, Stuttgart 1989. Weiteres im Komm. zu *Frauentreue* (Nr. 17), v. 76-97.

77 *als iu zem ein holre]* Die Lesart der Heidelberger Handschrift: *vz einem holre* (Karlsruhe: *aüs einem holer*) ist in ihrer Bedeutung unklar, eine Redensart dieses Inhalts ist nicht nachzuweisen (vgl. Buske, S. 91). Anton Wallners (*Eine Hampfel Grübelnüsse*, in: ZfdA 64 [1927], S. 81-86, hier 89 f.) Besserungsvorschlag geht von einer tatsächlich leicht möglichen Verlesung des Schreibers aus, der sich in der Wortabteilung und der Aufteilung der i-Striche geirrt habe (*uz einem* statt *u zem ein*); gemeint wäre Holunder als in der Tat belegtes Heilmittel gegen den »Koller«, einen »Rappel, dessen Ursache man in überhitztem Blut oder entzündlichem Schleim (›Phlegma‹) sah« (S. 90). Anders Leitzmann, Zu von der Hagens Gesamtabenteuer, S. 276: *holre* ist ein aus Holunderholz hergestelltes Blasinstrument, also: »trompetet mir nichts vor«.

120 *pardîsepfelîn]* Beide Handschriften schreiben *paris-* (bzw. *pareis*: Karlsruhe)*apfel*. Die wenigen Belege für *parisapfel* »Granatapfel« (*malumgranatum*) sind allesamt zweifelhaft (vgl. Lexer II, Sp. 207; *Vocabularius Ex quo*, M 79). Dagegen ist *par(a)dîsapfel* in dieser Bedeutung gut belegt (Lexer II, Sp. 206; *Vocabularius Ex quo*, M 69,1) und auch in der Motivierung sinnvoller.

122 *besunder göuden]* Der Vers kann nur dreihebig gelesen werden; das kann aber kein Grund sein, ihn wie Buske durch eine Konjektur (*unt besunder*) zum Vierheber zu machen. – *besunder* übersetze ich wie *sunder* »ohne«; die belegten Bedeutungen von *besunder* (BMZ II/2, S. 739 f.) lassen zusammen mit den negativen Konnotationen von *göuden* (< *giuden*: Lexer I, Sp. 1025) kein akzeptables Verständnis zu.

131 f. Die Verse wiederholen v. 63 und 60.

139 *redel]* Vgl. Komm. zu v. 524 und Schirmer, Stil- und Motivuntersuchungen, S. 258 Anm. 53: »Symbol der Unverletzbarkeit eines durch den Kreis umschlossenen Bezirks«.

140 *medel]* Diminutiv zu »Made« (Lexer I, Sp. 2068).

168 *schrei 〈...〉 wâfen]* Der Ruf »*wâfen*« kann Entsetzen, Schmerz, Drohung, Hilfebedürfnis bezeichnen (Lexer III, Sp. 629 f.).

177 f. *eitte : erbeitte]* Aus *eitete : erbeitete* mit Synkope des *e* in unbetonter Mittelsilbe (vgl. PWG § 54a).

181-184 In der Heidelberger Handschrift fehlen diese Verse; dort schließt v. 185 unmittelbar an v. 180 an. Für den Fortgang der Erzählung muß der Übergang aber dargestellt sein. Ich setze hier nach dem Vorschlag von Buske die entsprechenden Verse der Karlsruher Handschrift (in orthographischer Normalisierung) ein.

207 *âne smeichen]* Wörtlich: »ohne Schmeicheln, Schäkern«.

236 *stênd ein swarzez rat]* Wörtlich: »ein schwarzes Rad stehen«.

244 *geaht]* Die Lesart der Karlsruher Handschrift gibt einen vernünftigen Sinn; Buskes Konjektur *gedâht* (für das wegen des rührenden Reims sicher fehlerhafte *gemacht* der Heidelberger Handschrift) ist unnötig.

267 *prîme]* Das zweite der klösterlichen Stundengebete zwischen drei und sechs Uhr am Morgen.

269 *lesen]* Wohl im Sinne von »ablesen, wahrnehmen, betrachten«, vgl. Lexer I, Sp. 1888 f.

273 *gedunken]* Das Wort ist durch den Reim (*: trunken*) gesichert; zu *gedunc* »Bedünken« vgl. Lexer I, Sp. 776.

289 f. *die vrouwen 〈...〉 daz ist wâr]* Das Sprichwort ist verbreitet, vgl. Zingerle, Sprichwörter, S. 35, und Johannes Stosch, *Langez hâr – kurzer muot*, in: ZfdPh 28 (1896), S. 429 f. In literarischem Zusammenhang verwenden es z. B. die Winsbeckin (*Winsbecke*, 19,1 f.), Hugo von Trimberg im *Renner* (v. 309 f.), die *Heidin B* (s. o. Nr. 16, v. 992 f.), der *Reiher* (NGA, Nr. 15, v. 10 f.). Freidank (zu dieser Stelle S. 243 [Bezzenberger]) wird es nur hier in den an dieser Stelle verderbten Handschriften aus Heidelberg und Karlsruhe zugeschrieben (vgl. Komm. zu v. 292).

290 *gemüete]* Eigentlich ein Sammelbegriff für alle Verstandes- und Seelenkräfte.

291 *her Vrîdanc]* Nach der Heilung der Textverderbnis in den Versen 292-294 (vgl. Komm. zu v. 292) wird die Autorität Freidanks für v. 292 in Anspruch genommen. Im (sehr offen überlieferten) Freidank-Corpus findet sich auch dieser Spruch nicht, er wird aber in einem anderen Märe (*Bestraftes Mißtrauen* [NGA, Nr. 28, v. 299 f.]) Freidank zugeschrieben.

292-294 Die Heidelberger und die Karlsruher Handschrift haben den Text an dieser Stelle verderbt; sie überliefern nur v. 293, der dann ohne korrekte Reimbildung bleibt (*alzehant* reimt auf *vridank*, v. 291); die Heidelberger Handschrift läßt den Fehler so stehen, die Karlsruher versucht ihn zu heilen und scheitert am dann ohne Reimentsprechung bleibenden v. 296 (vgl. Schmid, Codex Karlsruhe 408, S. 737, v. 284). Ich folge hier dem Vorschlag von Buske (S. 97 f.) und gebe den Text nach den Berliner Fragmenten.

335 *erbeitte]* Präteritum zu *erbeiten* »erwarten«: *erbeitete*, mit Synkope in der Mittelsilbe (vgl. PWG § 54a).

361 *singen unde sagen]* Doppelformel für den (rezitativen) Vortrag von Gedichten (vgl. Julius Schwietering, Singen und Sagen, bes. S. 28 f.), hier in der redensartlichen Brechung wohl nur ironisch zu verstehen.

373 *sente Alêne]* Die hl. Helena, Mutter Konstantins des Großen, deren Kult in Frankreich einen Schwerpunkt hatte; auf Entlehnung aus dem Französischen weist hier auch die Wortform (*Alêne*). Eine besondere Funktion in Beteuerungsformeln ist sonst nicht bekannt.

376 *ân allen vâr]* »Ganz ohne Verdacht«.

420 *enhête ⟨. . .⟩ getriben]* Das Bild braucht eine Verneinung; deshalb ziehe ich hier die Lesart der Karlsruher Handschrift der Heidelberger (*man het ⟨. . .⟩ zetriben*) vor.

433-435 *leben als Elîas, / in dem rœmischen palas / iemer inne gewaltic sîn]* Es handelt sich offensichtlich um zwei getrennte Vergleichsgrößen (ein Leben des Elias in einem römischen Palast wäre eine Klitterung unverträglicher Vorstellungen). In der plausiblen zweiteiligen Form findet der Vergleich sich im *Mönch Felix* (GA III, S. 613-623), v. 120-123: *solde ich alsô lange / Leben, als Elîas, / oder in dem Rœmischen palas / gewaldik immer keiser sîn*; zum langen Leben des Elias vgl. Hugo von Trimberg, *Renner*, v. 19362.

438 *lesen*] Hier im Sinne von »berichten«, vgl. Lexer I, Sp. 1889.

442-450 Ähnlich Freidank, 104,11 g-m, weiteres bei Buske, S. 101.

454 *rotten*] Die Rotte ist ein der Harfe ähnliches Saiteninstrument, das in der Art einer Zither gehalten und mit der Hand gespielt wird. Vgl. Hugo Steger, *Die Rotte. Studien über ein germanisches Musikinstrument im Mittelalter*, in: DVjs 35 (1961), S. 96-147.

455 *mîniu ougen viurîn mir schozzen*] Wörtlich: »Meine Augen schossen feurig (herum)«. – *vuren* der Heidelberger Handschrift läßt sich nach deren Schreibgebrauch als *viurîn* auflösen. Ähnlich verfährt auch Schmid, Codex Karlsruhe 408, bei v. 439; sie korrigiert *furn in* zu *fúrin*.

462-464 *was mir ⟨. . .⟩ die kel*] Vgl. Ez 3,3: *factum est in ore meo sicut mel dulce:* wohl eine parodistische Anspielung.

471 *unde erwischte zwô nahtegal*] Verhüllendes Bild für den Orgasmus, vgl. Bruno Barth, *Liebe und Ehe im altfranzösischen Fabliau und in der mittelhochdeutschen Novelle*, Berlin 1910, S. 147 f.

479 *alpleich*] »Ursprünglich ein zur Abwehr von Alben dienender Gesang; hier ist darunter ein Gesang zu verstehen, so schön, wie ihn nur Elfen anstimmen können« (Buske, S. 102 f.). *Leich* ist im engeren Sinn ein Gesangsstück mit bestimmter metrischer Form (vgl. RL^2 II, S. 39-42), im weiteren (vgl. Lexer I, Sp. 1862) ein Musikstück (mit erzählendem Text) von unspezifischer Art.

480 *der sin*] Der Singular ist syntaktisch durch das Reimwort *entweich* bestimmt, deshalb muß die Lesart der Heidelberger Handschrift (*die sinne*) korrigiert werden. Der Sache nach trifft sie das Richtige.

524 *daz redelîn*] Wailes interpretiert das Zeichen (v. 139) ohne ausreichende Begründung als »Rad der Fortuna« und will daraus eine programmatische Titelformulierung ableiten (vgl. Literaturhinweise).

24
DAS GÄNSLEIN

Überlieferung

Das Märe ist in sechs der großen Märenhandschriften überliefert und zählt damit zu den breiter überlieferten und gut bezeugten:

H (1. Viertel 14. Jh. Nordwestböhmen/Oberfranken), Bl. 349rb-351ra.

K (1. Viertel 14. Jh. Nordwestböhmen/Oberfranken), Bl. 332ra-333vb (nur v. 1-128, in dieser Partie unabhängig von H, vgl. Zwierzina, Kalocsaer Handschrift, S. 210, 224; Mihm, Überlieferung, S. 54, 56).

E (um 1350, Würzburg), Bl. 91va-93vb (Faksimile: Hausbuch des Michael de Leone, Bl. 91-93).

w (1393, Innsbruck), Bl. 45rb-47vb (Abdruck: Schmid, Codex Vindobonensis 2885, S. 181-188).

(1456, Tirol, von w abhängig), Bl. 29va-31ra (Faksimile: Sammlung kleinerer deutscher Gedichte, Bl. 29^{v}-31^{r}).

k (zwischen 1430 und 1435, Nordschwaben), Bl. 46ra-48rb (Abdruck: Schmid, Codex Karlsruhe 408, S. 218-225).

Text

Die Überlieferung ist sehr dispers. Sie tritt in mindestens vier verschiedene Fassungen auseinander.

Früh stehen sich die Versionen der Heidelberger (H) und der Münchner Handschrift (E) mit unterschiedlichem Versbestand und zahlreichen Formulierungsvarianten gegenüber, die zwar keine grundsätzlich andere Darstellungsintention, aber doch eine unterschiedliche Kommentierungsintensität an jeweils anderen Stellen erkennen lassen.

Die Genf-Kalocsaer Handschrift (K) steht, soweit die

fragmentarische Überlieferung in diesem Falle ein Urteil zuläßt, relativ unabhängig zwischen diesen beiden Versionen.

Die Karlsruher Handschrift teilt Eigenheiten in Formulierung und Versbestand sowohl mit der Heidelberger wie mit der Münchner Fassung, fügt auch Eigenes hinzu (vgl. z. B. Stellenkommentar zu v. 25 f., 56 f., 105-108, 144-148) und formt so eine eigenständige Version.

Die Wiener Handschrift (w) bringt (zusammen mit der aus ihr abzuleitenden Innsbrucker [i]) in noch höherem Maße gravierende Änderungen in Versbestand und Formulierungen, einige Passagen (v. 40-46, 79, 105-134, 144-148, 212-290) sind völlig anders gestaltet (Mihm, Überlieferung, S. 69: »Umdichtungen«; er errechnet eine Abweichung von 58,3% gegenüber der Heidelberger Fassung [S. 68]).

Ein kritischer Text ist bei dieser Überlieferungslage nicht erreichbar. Ihr würde am ehesten ein synoptischer Abdruck gerecht. Das ist im Rahmen dieses Bandes nicht möglich (und auch angesichts der Bedeutung des Werkes nicht zu rechtfertigen). Ich biete deshalb – mit der der Entstehungslandschaft entsprechenden Nennung von *Swâben* (vgl. Stellenkommentar zu v. 285) als Hilfsargument – den Text der Münchner Handschrift (E) als der einen der beiden frühen Fassungen in orthographisch normalisierter Form und mache im Stellenkommentar auf einige der gravierenden Änderungen in den anderen Fassungen aufmerksam; bei den Zitaten aus der Wiener Handschrift sind die geringfügigen Abweichungen der Innsbrucker nicht eigens vermerkt.

Korrigiert sind folgende Fehler der Handschrift (Kursivierung im Text): 48 *iern.* 157 *bru̍t* (*: duht*!). 166 *to̍t, beiden sam.* 170 *si* fehlt (vgl. Stellenkommentar). 247 *wart gesagt* (vgl. Stellenkommentar). 281 *doch* (vgl. Stellenkommentar).

Einen Text nach H bringt von der Hagen, GA II, S. 37-48, nach E mit Lesarten von H Pfeiffer, Zwei alte Schwänke, S. 95-105, nach k Kully/Rupp, S. 72-80.

Übersetzungen: Fischer, Schwankerzählungen, S. 110-114; Spiewok, Decamerone, S. 689-694.

Autor und Entstehung

Ein Autor ist unbekannt. Die Überlieferung, die um 1320/30 einsetzt und in der Handschrift des Michael de Leone eng mit einer wohl frühen Teilsammlung von Stricker-Kleindichtungen verbunden ist, spricht für Entstehung in der 2. Hälfte des 13. Jahrhunderts. Stil und Sprache widersprechen dem nicht. Die Reimsprache (z. B. v. 208 f. *ir gebent : (sie) lebent*, vgl. PWG § 240 Anm. 3) spricht für Entstehung in alemannischem Gebiet, die Erwähnung von *Swâben* (v. 285) paßt dazu. (Der Austausch durch das böhmische *Drahov* in der Handschrift aus Böhmen ist sicher sekundär.)

Motivik, Quellen, Thematik

Das *Gänslein* gehört in den im Märe besonders beliebten Themenkreis »Verführung und erotische Naivität« (Fischer, Studien, S. 97) und präsentiert hier besonders prominent den Typus des unerfahrenen Mönchs, der in Kontrast steht sowohl zum verführten unerfahrenen Mädchen wie zum Mönch als Minnehelden und Verführer.

Das Motiv des abgeschieden von der Welt erzogenen Jungen, der bei seiner ersten Begegnung mit dieser sich alle Gegenstände erklären und benennen läßt, dabei besonders Gefallen an den Frauen findet und sich auch durch deren verhüllend-irreführende Benennung (Gänse, Teufel) nicht von seinem Interesse abbringen läßt, ist in vielen Literaturen verbreitet (AaTh 1678: »The Boy who had Never Seen a Woman«).

Seine prägnante und für das abendländische Mittelalter dominierende Form hat es im Rahmen des wohl die indische Buddha-Legende ins Christliche übertragenden *Barlaam und Josaphat*-Stoffes (EM I, Sp. 1243-1252) gefunden, der im 11. Jahrhundert in griechischer, vom 12. Jahrhundert an in lateinischer Sprache überliefert wird. Von da an ist er in vielerlei Erzählgattungen (Roman, Legende, Exempel etc.) in der lateinischen Literatur verbreitet (z. B. bei Vinzenz von Beauvais, 1. Hälfte des 13. Jahrhunderts, und – besonders wirkungsmächtig – in den *Vitaspatrum* [MPL 73, Sp. 561 f.] und in der *Legenda aurea* des Jacobus de Voragine, vor 1267) und in viele Volkssprachen übertragen (deutsch z. B. im sog. *Laubacher Barlaam*, um 1200, und bei Rudolf von Ems, 1220/30; italienisch im anonymen *Novellino*, 1280/1300, Nr. 14 [S. 51]).

In der Form, die sie als Episode im *Barlaam und Josaphat* gefunden hat, geht die Geschichte vom unwissenden Jüngling auch in die Predigtliteratur und in Exempelsammlungen ein (z. B. bei Jakob von Vitry, *Exempla*, Nr. 82 [S. 37 f.], oder deutsch im *Großen Seelentrost*, hg. von Margarete Schmitt, Köln und Graz 1959, S. 35, Nr. 17g).

In der Exempelliteratur löst sie sich aber auch von der Josaphat-Gestalt und ihrer spezifischen Umgebung (Königshof) und Motivation (der Sohn droht zu erblinden, wenn er vor seinem 10. Lebensjahr die Sonne sieht) und wird in klösterliches Milieu übertragen und auf mönchische Askese allgemein bezogen (erster greifbarer Beleg wohl Odo von Cheriton, † 1246/47, nach Pietro Toldo, *Dall' Alphabetum narrationum*, in: Archiv f. d. Studium der neueren Sprachen und Literaturen 117 [1906], S. 68-85, hier 79 Anm. 1).

In dieser Umgebung erfährt das Motiv, wohl auch im Zusammenhang mit den Bewältigungsversuchen der irritierenden Mönchsaskese und der entsprechenden Rollentypik der Schwankliteratur, seine Umdeutung ins Komische, in der sie sich weitervererbt (Geiler von Kaisersberg [hg. von Ignaz Hub, *Die komische und humoristische Literatur der deutschen Prosaisten des sechzehnten Jahrhunderts*, Nürnberg 1856, S. 35], Abraham a Santa Clara [*Huy! und Pfuy! Der Welt*, Nürnberg und Würzburg 1707, S. 38], Placidus Taller [hg. von Moser-Rath, Predigtmärlein, S. 322]). Von der Exempelliteratur aus geht sie in die italienische Novellistik (Boccaccio, *Decameron*, Einleitung zum 4. Tag [S. 346-349]; deutsch von Witte/Bode, S. 304-306), in die Verserzählungen La Fontaines (*Contes et nou-*

velles III,1 [La Fontaine, Oeuvres, Bd. 5, S. 3-21]; deutsch von Fabricius, S. 364-374), die deutsche Schwankliteratur (Montanus, *Schwankbücher*) und auch in mancherlei Volkserzählungen (z. B. in schwedische ›Volksmärchen‹ [hg. von Waldemar Liungmann, Berlin 1961, Nr. 1678] und eine ostjüdische Anekdote [hg. von Immanuel Olsvanger, *Rosinkess mit Mandlen. Aus der Volkserzählung der Ostjuden*, Basel ^{2}1931, S. 35]) ein; selbst in Erzählungen nordamerikanischer Neger (hg. von Richard Mercer Dorson, *Negro Folktales from Michigan*, Cambridge/Mass. 1956, S. 193) taucht sie auf.

Man kann annehmen, daß der Dichter des *Gänslein* Anregung und Vorlage aus der Exempelliteratur erhalten hat. Er baut sie aber mit Hilfe eines naheliegenden und für die Schwankliteratur typischen Konsequenzschemas (das in gleicher Weise und sicher unabhängig vom *Gänslein* auch Malespini, *Ducento Novelle* I,62, nutzt) weiter aus: die durch das Klosterleben erzwungene Unkenntnis und die spaßhafte und fürsorgliche Täuschung durch den Abt haben die Verführbarkeit des jungen Mönchs zur Folge, die Liebesnacht steigert sein ›unschuldiges‹ Vergnügen an den ›Gänsen‹, und dies führt in die komische Blamage; die Handlung wird »hier zuende gespielt; sie läuft bis zur Verführung weiter und ergänzt sich damit im Sinne der ursprünglichen Erzählung ⟨. . .⟩: das Exempel ist ⟨. . .⟩ in die literarisch autonome Form des Schwanks übergegangen« (Haug, S. 287).

Literaturhinweise: EM VII, Sp. 769-773: Junge weiß nichts von Frauen (Hans-Jörg Uther); Fischer, Studien, S. 342 f. (Lit.); Walter Haug, *Poetologische Universalien und Literaturgeschichte*, in: *Erzählforschung 2*, hg. von Wolfgang Haubrichs, Göttingen 1977, S. 277-296; Jonas, Versschwank, S. 42-47; Landau, Quellen des Dekameron, S. 171; Leitzmann, Zu von der Hagens Gesamtabenteuer, S. 260 f.; Pfeiffer, Zwei alte Schwänke, S. 95-105; Schirmer, Stil- und Motivuntersuchungen, S. 35 Anm. 119; Strasser, Vornovellistisches Erzählen, S. 337; Suchomski, ›delectatio‹ und ›utilitas‹, S. 195; VL^2 II, Sp. 1071 f. (Rolf-Max Kully); Joachim Theisen, *»Sie* *heißen Gänse«? Zum Programm des Decameron*, in: DVjs 66 (1992), S. 613-640; Ziegeler, Erzählen im Spätmittelalter, S. 143, 151 Anm. 106, 173, 195-199, 550.

Stellenkommentar

Überschrift: nach der Heidelberger Handschrift in orthographisch normalisierter Form. Die Münchner schreibt *Von einem closter*, die Wiener *Daz mer von der gens*, die Karlsruher *Der münch mit dem genslin.*

3 f. *rîch und ⟨. . .⟩ klôster sol]* Fast wörtlich übereinstimmend mit *Sperber* (s. o. Nr. 21), v. 9 f.

5 *ir gasthûs und ir spitâl]* Hier wohl eine Sammelbezeichnung für die Unterkunfts- und Bewirtungsstätten im Kloster. Eine Differenzierung müßte vom sozialen Rang ausgehen: *spitâl* (aus lat. *hospitale*) bezeichnet zunächst – wie auch *Herberge* – eine Beherbergungsmöglichkeit »niederer Art«, »Unterkunftsort für arme Pilger« (DWb X/I, Sp. 2556), bevor es noch im 15. Jahrhundert der Ort für die Kranken wird. (Im *Vocabularius Ex quo*, H 154, stehen als Erklärungen nebeneinander: *est domus pauperum* und *eyn zekhus* [= »Siechenhaus«]). Vgl. auch Hans Conrad Peyer, *Gastfreundschaft, Taverne und Gasthaus im Mittelalter*, München 1983.

Nach 12 nur in E fehlend und deshalb vielleicht ursprünglich (im Wortlaut von H; in w fehlen die beiden letzten Verse):

Ir spise wart vor niemant verspart
Vnd wen das tor verslozzen wart
So was geboten an den lip
Das man keiner slachte wip
Imer lieze darin
Si satzten nicht wan iren sin
Daz sie behielten ir leben
Als in zv rechte was gegeben.

14-17 fehlt in w.

14 *underslagen]* »Abseits setzen, verbergen« (Lexer II, Sp.

1801: mit dieser Stelle als einzigem Beleg); vgl. aber BMZ II/2, S. 377: »abtrennen, abschneiden«. Fischer, Schwankerzählungen, S. 110, übersetzt: »daß ihre Klausur so abgeschlossen war«.

17 *Ich sag ev selbe ein m.* H, *Jch hört auch ye von jn sagen* k.

19 *selten]* »Nie«: Stilfigur der Litotes (»Einfachheit, Untertreibung«), im Mittelhochdeutschen häufig (PWG § 436); hier nur in E beibehalten. Die anderen verdeutlichen zu *nimmer/nie.*

25-27 Dafür in k:

Dye syeten jn dem lande,
Da von er nicht erkande
Röß, wagen noch slÿtten,
Dar auff die leute solten reyten.

40-42 Dafür in H:

In disem sinne er gedacht
vnd wider sich selben sprach
vnd werdent im die recht bekant
vnd ouch die liute vnd das lant.

41-46 fehlt in k.

Für 40-46 in w:

Allain daz er nicht sprach,
Der abt gedacht in seinem mut:
»Es ist unserm kloster gut,
Wirt dem münch erkant
Paide laẅt vnd lant,
So wirt er ÿns ain nutzer man
(Also furt er in von dan)
Vnd mag man im enphelchen wol,
Waz ain man schaffen sol.

49 *enzelt]* *Zelt*: »Paßgang des Pferdes, wobei gleichzeitig beide rechte und danach beide linke Füße gehoben werden« (DWb XV, Sp. 619).

56 Dafür in k: *Ez weren rynder, öchssen, schefflein, / Wieder, esel oder die swein.*

61 f. Dafür in H: *Der meyer des nicht verlie / Sinen herren er enphie.*

61 *meier]* Lehnwort aus lat. *maior* »der Größere«, »welches die mittellateinische Urkundensprache ⟨. . .⟩ auf den Vorsteher oder obersten Beamten eines landwirtschaftlichen Hofhalts bezieht« (DWb VI, Sp. 1902).

65-70 fehlt in w.

69 f. fehlt in H.

75 f. fehlt in H.

79 Dafür in w:

Der wirt hiez sa zehant
Enphahen ir obrists gwant.
Pei anander si do sazzen,
Mit red si vergazzen
Aller ir swer.
Hörent gemeleich mere:
Des jungen münchs augen
Pegunden fast taugen
Pliken von seinem hertzen gar
Vnd nam der tochter war.

85 *crêde mich]* Eine häufiger belegte Beteuerungsformel (z. B. Hartmann von Aue, *Gregorius*, v. 1025, 1628), die möglicherweise auf zweisprachigen Klosterjargon zurückgeht. Vgl. dazu Jacob Grimm, *Crede mihi*, in: ZfdA 2 (1842), S. 191; ders., *Zu Credemihi*, ZfdA 7 (1849), S. 562 f.

105-108 Dafür in H und (mit kleineren Abweichungen) in k:

Ditz ist ein seuberlicher man.
Das ist war, ob ichs gefüegen kan.
Ich versuoche noch heint ob sin lip
Erkennen kan wie man die wip
An dem bette handeln (*k: praüchen*) *sol.*
Er geviel ir harte wol.

105-134 Dafür in w:

Do gedacht si: »ach, herr got,
Durh dein heiligs gpot,
Daz ist ain sawber man.
Wie, ob ichs gefugen kan,
Daz ich versuch noch heinacht,

Wie der jung s ei geslacht,
Ob sein vil schöner leib
Kan enchennen, wie man weib
An dem pett traẅten sol?«
Der münch geuiel ir wol.
Do si do gesazzen,
Getrunken vnd gazen,
Der wirt schuef in guten gmah.
Zu der frawn er do sprach:
»Man sol den heren petten wol.«
»Wir tun ez, wenn ez sein sol.«
Dar nah si nit vermiten,
Si petten in nah klosters siten.
Des wirts tochter waz dar an,
Daz man pettet im von dan,
Dem selben herren jung.
Si schuf im gut handlung.
Jm wart ain pett gmacht,
Wan si ez selben tracht,
Wie si ir dink an vieng,
Daz ir wille ergieng.
Der wirt zu dem gsind sprach:
»Get all an ewren gmach,
Lat die herren ruen,
Sei sol niemen muen.«

107 f. *diu wîp/erkenne]* Hier vielleicht in der biblischen Bedeutung von »mit Frauen schlafen« (vgl. DWb III, Sp. 866; *Die altdeutsche Genesis*, nach der Wiener Handschrift hg. von Viktor Dollmayr, Halle/Saale 1932, v. 1051). Das Verkennen dieser sexuellen Bedeutung könnte die Umformulierungen in den anderen Handschriften (Ziegeler, Erzählen im Spätmittelalter, S. 197 Anm. 190: »weniger konsequent«) ausgelöst haben.

111 f. fehlt in H.

135 f. Dafür in H: *Die iuncfrow sich do stal. / Si kom dar an allen schal.*

144 *in der minne]* Geistliche Bekräftigungs- und Bittformel, vgl. Lexer I, Sp. 2145.

144-148 Dafür in k:

Jn der meynüng, daz nicht ich
Derffriese, wan ez ist kalt.«
Der mvnch waz alz eynfalt,
Daz ers vnder die deck lie,
Er enwest, waz dar nach ergie.

Dafür in w:

»Nain, du machst mich munder.«
»So erfrevs ich, ez ist kalt.«
Do was der münch so ainvalt,
Daz er sei dar vnder lie.
An div minne daz ergie.

157 *brûht]* Von Pfeiffer nach dem Reim aus fehlerhaftem *brůt* der Handschrift korrigiert.

161 f. Dafür in H: *Das si des daucht es wer tak. | Si stunt uf und sprach | Welt ir haben mer sulchen gemach.*

169-175 fehlen in H.

170 *si]* Dem Sinne nach von Pfeiffer in den Text der Handschrift eingefügt.

171 *heimlîch]* »Ort zu dem nur die Vertrauten Zugang haben« (Lexer I, Sp. 1218).

188-193 fehlen in H.

193-200 Dafür in w: *Jedoch so hal er enez gar, | Daz sein niemant wart gewar.*

199 f. fehlen in H.

207 *singen ⟨. . .⟩ und lesen]* Doppelformel für »Gottesdienst halten«, in der sich die alte Bedeutung von *singen* »mit gehobener Stimme vortragen, rezitieren« fortsetzt. Vgl. z. B. die Beschreibung von Siegfrieds Begräbnis im *Nibelungenlied* (1065,3): *ê daz man in begrüebe, man sanc unde las.* Weiteres DWb X/I, Sp. 1069 f. und Karl Lachmann, *Kleinere Schriften zur deutschen Philologie*, hg. von Karl Müllenhoff, Berlin 1876, S. 462.

208 *ir der herren]* Pfeiffers Lesung *in der herren*, die seine Korrektur zu *ir herren* auslöst, ist falsch.

208 f. fehlen in w.

212-290 sind in w bei gleichem Gesprächsverlauf und Anklängen im Detail abweichend formuliert, s. u. Anhang.

215 *vollez ampt]* Vielleicht auch »Hochamt«, vgl. WMU I, S. 74, B 5: *mit vollem ampt.*

223-226 fehlen in H.

240 Dafür in H:

Die waren minnenclich getan.
Gense und iunge genselin
Mugen wol gute spise sin.

245 *ir singen ‹. . .› lesen]* Vgl. Komm. zu v. 207.

246 *meister]* Hier im allgemeinen Sinne von »Oberhaupt, Autorität, Verantwortlicher«, vgl. BMZ II/1, S. 113.

247 *wart gesat]* Die Form ist von Pfeiffer aus den Lesarten von E (*wart gesagt*) und H (*allesamt geschach*) hergestellt, um den Reim zu erfüllen (*: bat*); sie ist zwar mittelfrk. Ursprungs, aber »bis in die alem. Dichtersprache entlehnt« (PWG § 165 Anm. 3).

251 *heimlîch]* Vgl. Komm. zu v. 171.

255 f. Dafür in H: *Der junge münch in do gewert / Den apt alles des er an in gert.*

259 f. Dafür in H und k: *Wie im des nachtes vf der vart / Die junge gans ze tail wart.*

265 f. fehlen in k.

267 *crêde mich]* Vgl. Komm. zu v. 85.

272 Dafür in k: *Er hieß den jüngen man / Vil palde zü ym gahen / Vnd püß von ym enpfahen.*

273-276 Dafür in H: *Die laist er nach sinem gebot / Esen solt im doch sin kein spot.*

281 *ouch]* Dem Sinne nach von Pfeiffer aus *doch* der Handschrift korrigiert.

283 f. fehlen in H.

285 *ze Swâben]* H: *noch zu Drahou*, k: *jn dem lande*. Der böhmische Schreiber von H hat mit dem böhmischen Ortsnamen Drahov offensichtlich Lokalkolorit seiner Umgebung aufzurufen versucht. Die Pointierung auf *Swâben* stimmt hingegen zur mutmaßlichen Entstehungslandschaft des Gedichtes, dem Oberrhein.

287 *erkennent]* Vgl. Komm. zu v. 107 f.

Nach 290 in k:

Vnd heist auch daz merlein:
Der mvnch mit dem genslein;
Wie er daz genslein mynnet
Vnd sich nicht dez versynnet,
Daz er sünden hett getan
Vnd doch püß dar über nam
Nach seines aptz rät gar
Vnd püßet die sünde sünderbar.
Da mit sei sein genück
Geseyt von dem genslein klüg.

Anhang: Schluß (= v. 213-290) nach Hs. w

Der jung münch stunt pei in
Vnd gedacht an sein genslin.
Er sprach: »lieber herr mein,
Vnd mag ez dein wille sein,
Wie wir da von nicht han gelesen,
So lazz üns nicht an gense wesen
Vnd ist auch wol der will mein,
Daz yedman werd ain genselein.«
Do sprach der abt: »pruder gut,
Da von kerent ewren mut
Vnd tut div red hin.
War an kert ir den sin?
Wa habt ir flaisch gezzen?
Jr habt ew vergezzen.«
»Gens, daz ist ain wirtschaft
Aller wirtschafft über kraft.«
»Her, sweigt, lat vns gehören.«
»Nain, her abt, ir welt mich tören.
Gense ist ain ezzen,
Des nieman kan vergezzen.«
»Sweigt vnd tut den munt zu!«
»Herr, ich nem für ain ku
Ain sawberleichs genselein.
Mocht ez mit ewrem willen sein,
So schaft es, herr, also,

Daz wir der wirtschaft werden fro,
Daz yedem man ain gans werde.
So wart nie auf der erde
Laẅten paz dann ẅns ist.«
Do sprach der abt an list:
»Jr müzt der red puz enphahen.«
Vnd hiez in von sein augen gahen.
So wart er von im vertriben.
Die andern herrn da beliben
Vnd schuffen vmb dez klosters ere
Vnd vil dannoch mere,
Vmb ir singen vnd vmb ir lesen
Vnd wer ir maister solt wesen.
Do ez alls wart gesait sa,
Der abt hiez komen da
Disen jungen man.
Er fragt in vnd sprach in an,
Wie ez dar zu komen wer,
Daz er der red nicht verper,
Daz er div ganz hiezze,
Vnd daz er des nicht enliezze.
Er hiez in peichten vnd puz enphahen.
Do sprach der münch: »daz sei getan.«
Vnd pegund im do verjehen,
Wie im da waz geschehen
Vnd wie im auf der vart
Div jung gans ze tail wart
Vnd wie ez im do ergie
Vnd wie er sei dar vndr lie.
Do sprah der abt: »crede mich!
Enphabet puz, daz rat ich.
Laider mir, ez waz ain weib!
Ewr sinneloser leib
Jst pei frawn gelegen.
Jch solt ewr anders han gephlegen,
So hët ich recht getan.«
Jch pin in dem wan,

Het er im gesait
An spot die warhait
Vnd het im nicht gelogen,
Er wer von frawen nicht betrogen.
Von lugen kumpt gerne lait
Vnd vil selten selikait,
Wa spot vnd lug ist ze vil.
Da von hört daz peispil.
Lugen vnd spot ist selten gut,
Si schendent er vnd mut,
Si sint sünd vnd an ere.
Waz soll ich ew sagen mere?
Div zwaÿ meidet, daz ist mein rat.
Hie mit mein red ain end hat.
Hie endet sich daz merelein,
Got füg üns solhe genselein.

25
DER ZWICKAUER
DES MÖNCHES NOT

Überlieferung

Des Mönches Not ist in einem Großteil der Märensammlungen des 14. und 15. Jahrhunderts überliefert:

H (1. Viertel 14. Jh. Nordwestböhmen/Oberfranken), Bl. 141rb-144rb.

K (1. Viertel 14. Jh. Nordwestböhmen/Oberfranken, Abschrift aus H), Bl. 142rb-145ra.

$B^{\alpha,\beta}$ (um 1350, ostmitteldeutsch), Fragmente (Abdruck: Ursula Winter, *Ein neues Bruchstück mittelhochdeutscher Schwank- und Legendendichtung*, in: PBB [Halle] 1968, S. 395-399: v. 1-42, stark zerstört, und Franz Pfeiffer, *Bruchstücke mittelhochdeutscher Gedichte*, in: ZfdA 5 [1845], S. 423-453, hier 434-448: v. 43-70, 189-328 [216, 244, 272, 300 fehlen], 329-356 [nur Zeilenanfänge], 385-542).

k (zwischen 1430 und 1435, Nordschwaben), Bl. 155vb-159vb (Abdruck: Schmid, Codex Karlsruhe 408, S. 617-630).

l (›Liedersaal-Handschrift‹: um 1430/33, Oberschwaben), Bl. 134rb-137va (Abdruck: Laßberg, Lieder-Saal II, S. 393-408).

m^7 (1501-nach 1510, Regensburg), Bl. 125^{r}-130^{r}: v. 1-316.

Autor und Entstehung

An zwei Stellen in der Überlieferung sind Verfasser genannt; der Zwickauer (Handschrift B) und der Zwingäuer (Handschrift l), s. u. *Text* (v. 540). Beide sind so nicht identifizierbar. Für einen Zwingäuer spricht die Geläufigkeit dieses Namens in Oberdeutschland (Rosenfeld, VL^1 IV, Sp. 1171, verweist auf den Landschaftsmaler Zwengauer; vgl. auch Edward Schröder, ZfdA 63 [1926], S. 176), für den Zwickauer das höhere Alter und die größere Zuverlässigkeit der Handschrift B und die Spuren ostmitteldeutscher Herkunft in der Sprache (durchgeführte Monophthongierung: *jungelinc : enpfinc* (21 f.), Zusammenfall von *e* und *i*: *ligen : slegen* [381 f.], weiteres bei Leitzmann, S. 261 f.). Überdies kann ein Herkunftsname wie Zwickauer jederzeit spontan gebildet werden. Ich entscheide mich hier deshalb (mit Leitzmann) für diese Form.

Für die Entstehungszeit gibt die Überlieferung in d en Handschriften H und K den einzigen verläßlichen Anhalt: vor 1300/25.

Text

Des Mönches Not ist bisher nicht zulänglich ediert. Neben Handschriftenabdrucken gibt es nur den Text in von der Hagens GA II, S. 53-69, der auf Handschrift H basiert und die Varianten der Liedersaal-Handschrift (l) beifügt.

Eine wissenschaftliche Edition kann sich auf den im ganzen zuverlässigen Text der Zeugen aus dem 14. Jahrhundert stützen: das Handschriftenpaar HK und das umfangreiche Fragment B. Die jüngeren Handschriften, ganz besonders die Münchner (m^7) aus dem 16. Jahrhundert, zeigen hingegen eine Vielzahl von individuellen Abweichungen, insbesondere auch Zufügungen und Auslassungen.

Ich stütze meinen Text deshalb auf HK (auch aus Gründen der Vollständigkeit), kontrolliere und verbessere ihn an fehlerhaften oder zweifelhaften Stellen in erster Linie nach B, stets auch unter Beiziehung der weiteren Überlieferung (außer m^7). Die Orthographie ist im üblichen Rahmen (*i/j*, *u/v/w*, Beseitigung von Mehrfachkonsonanz etc.) normalisiert, die Morphologie behutsam reguliert (Kasusendungen, *die/diu*, *iu/iuch*, Getrennt- und Zusammenschreibung nach den geläufigen Regeln etc.). Die sehr konsequent durchgeführte Monophthongierung habe ich hier (z. B. nach dem Reim *jungelinc : enpfinc* [21 f.] beibehalten, die ganz inkonsequent gehandhabte Diphthongierung rückgängig gemacht.

An folgenden Stellen weiche ich von H oder HK ab (Kursivierung im Text):

15 *schrift der wisheit* kl] *schr.* (*gern* H) *zv aller zeit* HK *schreiben lesen vnde wiszheit* l (B fällt aus). 22 *ze kamerer* Kl] *zv kameren* H *schon* k (B fällt aus). 44 *mit* B] *von* HK (l fehlt, k abweichend). 48 *zware ob* k] *zware daz* B *ob* HKl. 50 *zv aller zv stund* H. 57 f. *rat : bat* omnes] *rete : bete* HK. 177 *müzec ligens*] *muzligens* H *muzic ligens* K *still ligens* l *ligens* k. 183 *knat* Kk] *knaht* H *trat* l. 205 *natere* B] *nature* HKkl. 216 *ir wol* Bl] *ir nv wol* HK. 237 *denne* K] *den* BHl *nit* k. 247 *vrowen minne* B] *minne* HK *suzzen* k (l fehlt). 287 *mittentage* Bkl] *tag* HK. 339 *niht* kl] fehlt HK. 377 *von mangem*] *von einem* k *vnd manigen* HK (l fehlt). 381 *er* k] fehlt HK (l fehlt). 401 *gereite* Bkl] *werstu* HK. 419 *meint ez unsin oder* l] *istiz vnsinne oder* B *Tut ez vnsin oder* k *meint ez vnsers herren* HK. 441 f. Reihenfolge nach Bkl; H: 442, 441. 444 *im* B] *in* HKkl. 462 *gutlichen* B] *denmütiglich* l *zornlick* k *tavgenklichen* HK. 464 *ir* k] *ich* HKl *ich* ⟨. . .⟩ *vnd ie* (465) B. 539-544 Bl] fehlen HK, abweichend k (s. u.).

Für die weitere Textentwicklung verzeichne ich hier die gewichtigeren Abweichungen der übrigen Handschriften von HK; Wortumstellungen, Füllwörter, morphologische Varianten, auch gängige Synonyme (*minne*: *liebe*) sind grundsätzlich nicht aufgenommen. Die Handschrift m[7] sperrt sich auch einer so reduzierten Verzeichnung; sie ist in so hohem Maße fehlerhaft oder individuell, daß sie hier nicht integriert werden kann.

10 *Jn ein closter zu r. l.* k. 14 *wan*] *newr* k. 16 *kunst*] *schrieft* B. 19 *an der lenge*] *basz ander lernen* l *vaste* B. 20 *den ander lute vil tu* l ... *n der lenge und in der* ... B. 27 *briefalin* l. 30 *ez*] *die mynne* kl. 32 *In sines hertzen sin* l. 35 *fliehen* l. 37 f. fehlen l. 43 f. fehlen l. 44 *Vnd wer do beÿ tugenthafft* k. Nach 47: *Ich han uch schier gesagt* l. 48 *Ob ir siech legent vnd vngesunt* l *Vnd het eüch des ergeben / Des leibs gar erwegen* k. 50 fehlt l, *niht*] *mich* k.

53 f. fehlen B. 56 *Er immer irget ein h. j.* B. 64 *an der stet*] *er ime tet* B *lech er im ze stet* l. 65 *zu der kost silbers g.* B. 68 *zwelf* B. 71 *reit*] *legete* B. 74 *Vnd der werlt sit nit vernummen* k. Für 78 in k:

Sie was schon wolgezogen,
Zuchtig vnd nit betrogen,
Frey vnd dorzü güt,
Sie het frolichen müt.

79 *se*] *mer* k *lant* l.

Für 79 f. in k:

Im schanck ein vil groß her.
Zü dem hern sprach der knecht:
»Es dünckt mich wol recht,
Das wir heint hie sein.
Man geÿt vns brot vnd wein
Vnd dor zü wes ir gert
Des wert ir alles gewert.
Siczt ab in gotes namen
Ir durfft euch nit schemen.«
Der her ab dem ros sas,
Seiner müd er vergas.

82 *die malhen*] *daz silber* l *die pfennick* k. 83 f. in k ver-

tauscht. 84 *Die fraw bald gienck* k. 88 *Sie het den münch in pfleg* k. 93 *minne husz* l. 100 *gut*] *pfenning* l, *dar umbe*] *vmb ir myne* k.

101 *leben*] *ding* l. 102 *unde gegeben*] *pfenning* l. 103 *sechs phunt* l. Nach 104: *do sy sust geredet hat* l. Nach 105: *Dor vmb er ir wol gehies / Vnd lot eüch nit verdrißen* k. 116 *Der münch ist beschölt* l. 118 *sechs*] *zehen* kl. 124 *Jr müt was an fröden laß* l. 126 *mundalin* l. 127 *kel*] *hend* l. 128 *klein*] *lanck* k, *sinewel*] *wisz* l. 130 *des dinges*] *des sitzens* l *trinckes* k. 137 *vrilichen*] *fröfenlichen* l. 138 *si verlonet*] *si wol vergolten* l *die mynne vergolten* k. 139 *mære*] *rede* kl. 141 *minne*] *fro* l. 147 *Warent von der m. erzogen* l *Si warent besunder dar in gezogen* k.

152 *Da hin vnd sein wart g.* k. 153 f. *Da was och berait / ain bett wol beclait* l. Nach 154: *Da wart der munch angelait / mit aller schönheit* l. 158 *do*] *si* k, *rock vnd lant den sitt* l. 184 *der münch jämerlichen lag* l. 188 *vil*] *wer* kl. 190 *In seÿnem eynfeltigen synne / Er wolt gern von dann sein / Wann er leÿt do gros pein* k. 192 *Nahent het er den leÿb verlorn* k.

203 f. in Bkl vertauscht. 203 *Si graiffet vmb die wend* l, *Sie wart in u.* k. 204 *uz*] *auff* kl. 207 *angewant*] *umb kert* k. 208 *Beide mit stozen und mit slan* B, *alzehant*] *sie in bert* k. 212 *Jn daücht er mocht nit genesen* k. 216 *Er bringt eüch vmb das leben* k. Nach 224: *Mit starcken großen slegen / Si wart in vast wegen* k. 231 *daz hee sande die phert* B. 232 *hee wolde riten gegen hus wert* B. 234 *Wie ez ergangen w.* l. 244 *missevar*] *obele* B *gar* k. 245 *b. war im die w.* B. 247 f. fehlen

262 *Sprach der knecht do / disem ding ist also / Weders vnder lit* l. 271 *die ere han ich vorlorn gare* B *Dar noch verleüs ich die bruder gar* k. 274 fehlt B, *die schönent min clain* l, *scheiden*] *verstein* k. 276 *iren spot*] *den spot vnd die not* k *disi not* l. 281 *Warumme hee were so dorre* B *Wa von er so dür* lk. 282 *ab ime* (*an dem liep* l) *ich worre* Bkl. 289 *bawman* k. 292 *Ein knecht hat mine ku g.* B. 297 *bawman* k.

300 *daz er kummit zu gedinge* B, *Daz ez kom ze tädinge* l. 304 *bawmans* k. 305 *Nach deme gebure* B. 309 *Der gebur* B. 316 *Mich dunkit* (*Nu dünckt mich* k) *daz ich b.* Bkl. 318 *leider wol*] *groz leit* B. 322 *gebvr* B. Für 323-325 hat l:

wa von ist daz bekomen,
das uch ain kint ist zu benomen.
nü düncket mich der priol laß
So mac der apt bor vil baß.

326 *W. h. gethon sein gewalt* k. 327 *kelner*] *der keiner* B *heinrich* k. 328 *vrevelicher*] *freudig* l, *So* (*Nu* k) *dunkit er mich ein elwar* (*erber* k) *man* Bk. 329 *nein er*] *du ramer* k. 333 f. in l umgestellt. 340 fehlt l. Nach 342: *Wann ich müsz sin lagen* l. 348 *marck* kl. 350 *Das im der munch alsus sait* l. Nach 350: *Er sprach ir seyt eyn munch stolcz / Nu merckt das groß hölcz* k.

351 *er* bis *holz* fehlt k. 361 fehlt l. Nach 362: *do gab er im das silber dar* l. 363 fehlt l, *marck* k. Nach 364: *Das maint er do die knütel sach* l. 368 *kuttün* k. 372 *zehen* k. 375-378 fehlen l. 375 *Alle sein glider worn erplichen* k. 374 *Vnd mit dreyen knutel durch strichen* k. 378 *Do beÿ ein has nohent lag* k. 379 *lag* fehlt kl. 380 *Verborgen in dem gras* l. 381 f. fehlen l. 381 *Dor ynne was er die nacht gelegen* k. 382 *Von den bitter knuteln sl.* k.

406 *G. dem w. lieff er im noch* k, *dem münche*] *dem hasen* l. 412 *do*] *doch* Bkl. 415 *von vngeschicke* B *von vngeschicht* k. 422-424 fehlen k. 425 *Das ir habt eyn k. g.* k. 427 fehlt k. Nach 428 in l: *daz mir nü gelunge / Daz mir min kint wurde / so wär ich ane burde.* 430 *Der abt vnd die besten* k. 432 *Er sprach drÿ tüfel in uch sint* (: *kint* 431) l. 440 *So mocht ich von schulden iehen* k. Nach 440 in k: *Mein kint wer schon vnd klück / Do er der red gewück.* 445 *Die hend vff den rucken / Vnd wart in zü im smücken / Als von recht eyn diep* k. 447-449 *Das ir mich wollent binden / Jr sult sein nicht erwinden / Der alt münch sich übt* k. 447 *vnrechten kinden* B.

451 *kiule*] *knütteln* k. 452 *groze biule*] *streig vngefuck* k. 454 *allez neben*] *bi ime* B *als hin noch* k *als ain neben* l. 456 *Jn keinen kurczen stunden* k. 471 *Dor zu den koch den kelner* k. Nach 478 in k: *Vnd mit seiner volleist / Nü beswern wir den bosen geist.* 479 f. in k vertauscht. 482 *als sein gebet wart geleist* l. 487-508 fehlen k. 492 *So wölt ich minner klagen lait* l. 496 *Ez tuncket in so smäche* l, *unmære*] *smhehe* B. 498 *daz wazzer* B.

509 f. *In seinem großen leidigen mer / leiten si in in ein kerker* k.

511 *satzten*] *worphen* B *slüssent* l. 516 *hee bat dicke den richen* (*milten* k *durch* l) *got* Bkl. 530 *Du darft nimmer me gelon* l. 531 *dem priore*] *den heren* B. 532 *zv chore mit eren* B. 534 f. *Als dein gewonheyt sey gewesen / Als es in der regeln stet* k. 539-544 fehlen HK. 539 *diz mære*] *des munchs not* k. 540 *Zwickoware*] *Zwingewer* l. 541 *ist genannt*] *hat gesait* l. 544 *Sin himelrich nit versag* l. Für 539-544 in k:

Hie endet sich des munchs not.
Nu bitten wir den reichen got,
Das wir icht solcher kint tragen,
Die man mit stecken müs von vns slagen.
Die kindbet wirt gar hert,
Wo man den ruck bert
Vnd dor zu auch die seyten.
Des sulln wir nit erbeyten.
Das bedenckt fraw vnd man.
Den münch kom sein kint hart an.

Übersetzungen: Pretzel, Erzählungen, S. 206-214; Spiewok, Decamerone, S. 695-707; Wolzogen, Schwankbuch, S. 119-127; Viviani, Die Nonne im Bade, S. 45-55.

Motivik, Quellen, Thematik

Das Motiv des schwangeren Mannes ist ungewöhnlich weit verbreitet und vor allem in Volkserzählungen bis in die Gegenwart reich belegt, z. B. in

- Volkserzählungen aus der Dauphiné (Charles Joisten, *Contes Populaires du Dauphiné*, Bd. 2, Grenoble 1971, S. 231 f.);
- ukrainischen Volksüberlieferungen (Volodymyr Hnatjuk, *Das Geschlechtsleben des ukrainischen Bauernvolkes*, Bd. 1, Leipzig 1909, S. 75 f.);
- *Plattdeutschen Schwänken* (hg. von Siegfried Neumann, Rostock 1968, S. 129 f.; *De Preester kalwt*) und *Plattdeutschen Volksmärchen* (hg. von Wilhelm Wisser, Bd. 2, Jena 1927, S. 33-36: *De Prêster mit dat Kalf*);
- *Volkserzählungen aus dem oberpfälzisch-böhmischen Grenzge-*

biet (hg. von Ulrich Benzel, Münster 1965, S. 132f: *Der Pfarrer und das Kalb*).

(Weitere Belege aus der mittelalterlichen Literatur bei Meiners, S. 116 Anm. 1.)

Irgendwelche magischen Vorstellungen, die sich an den »primitiven Brauch des Männerkindbetts« (Rosenfeld, VL[1] IV, Sp. 1169 f.; in größerem Zusammenhang Bruno Bettelheim, *Symbolische Wunden. Pubertätsriten und der Neid des Mannes*, Frankfurt 1982, S. 142-149) knüpfen, spielen in diesen Geschichten keine Rolle mehr. Es handelt sich durchweg um Schwanksituationen, die auf dem biologisch nicht möglichen Sachverhalt aufbauen. Es geht dann entweder darum, die Verwechslung (der Urinproben) oder den Betrug aufzudecken oder das Unmögliche zu glauben und sich damit der Lächerlichkeit preiszugeben. Beide Möglichkeiten sind schon in den ersten literarischen Belegen realisiert (Marie de France, *Äsop*, Nr. 42 und 43; deutsch von Gumbrecht, Marie de France, S. 147-151; die positive Variante auch bei Jansen Enikel, *Weltchronik*, v. 14560-15042: *Achilles und Deidamia*).

Der Zwickauer hat die zweite Variante gewählt. Auch sie existiert wiederum in mehreren Ausformungen; häufig hält der Protagonist, der hier auch schon des öfteren der Pfarrer oder ein Mönch ist, ein Kalb, mit dem er zufällig in ein Bett zu liegen kommt, für sein eigenes Kind (z. B. bei Heinrich Bebel, *Facetien* II,148 [S. 99: *De quodam monacho*], deutsch von Wesselski, Bebels Schwänke, S. 113). Die eigentlich charakteristische Zuspitzung unserer Fassung ergibt sich aber durch die Verknüpfung mit einer tatsächlichen ›Liebes‹-Begegnung. Sie findet sich selten. Nur Boccaccio, *Decameron* IX,3 (S. 792-795), und die wohl davon ebenso wie die verschiedenen Hans-Sachs-Bearbeitungen (Meiners, S. 116 Anm. 1) abhängige Schwanksammlung *Schmaler kahler* (1608) des Dietrich Mahrold (im Anhang zu Frey, *Gartengesellschaft*) kennen diesen Zug, in beiden Fällen auch mit dem Detail der Begründung, daß das »Drunterliegen« die Ursache der merkwürdigen Schwangerschaft sei. Hier mag es also Zusammenhänge geben, aber sie verlieren sich in der

Fülle der Varianten und Zeugnisse. Eine Vorlage für den Zwickauer ergibt sich daraus nicht.

Das gilt auch für das abschließende Motiv, die Deutung des fliehenden Hasen als des geborenen Kindes. Sie findet sich häufig (mit anderen Tieren) in der Volksüberlieferung (z. B. im maltesischen Märchen vom Priester Isidoro, hg. von Hans Stumme, *Maltesische Märchen*, Leipzig 1904, S. 57 f.), aber kaum jemals in literarischen Zeugnissen; nur das auch in der Eingangssequenz vom unkundigen Liebhaber der *Mönches Not* nahestehende deutsche Märe vom *Schwangeren Müller* (FB 88) bietet Ähnliches.

Es ist offensichtlich, daß der Zwickauer oder ein uns nicht greifbarer Vorgänger volkstümlich verbreitete plakative und stets auch leicht neu zu ›erfindende‹ Motive (die spezielle Form der ›Abtreibung‹ ist sonst nur in der *Legende vom zwölfjährigen Mönchlein* belegt, hg. von de Boor, Mittelalter, S. 351-355) mit vielfältig verfügbaren Erzähldetails (vgl. Meiners, S. 116 Anm. 1) zu einer schlagkräftigen Geschichte zusammengesetzt hat, die im Vergleich zu allen anderen Versionen durch die kettenartige Reihung von Erzählpointen und die sehr konsequente Zuspitzung auf klösterliches Ambiente und mönchisch e Lebensfremdheit herausragt: letztlich ist es die scholastische Denkschulung, das Schließen vom Begriff auf die Sache, die aufs Korn genommen wird (Meiners).

Literaturhinweise: Fischer, Studien, S. 97, 205, 431 (Lit.); Hoven, Erotik, S. 107-110; Jonas, Versschwank, S. 42-47; Leitzmann, Zu von der Hagens Gesamtabenteuer, S. 261-263; Irmgard Meiners, *Schelm und Dümmling in Erzählungen des deutschen Mittelalters*, München 1967, S. 115-128; Schirmer, Stil- und Motivuntersuchungen, S. 272 f., 329; André Schnyder, *»Des Mönches Not«. Mit Michel Foucault neu gelesen*, in: Wirkendes Wort 37 (1987), S. 269-284; Roberto Zapperi, *Der schwangere Mann. Männer, Frauen und die Macht*, München 1984, S. 139-170; Ziegeler, Erzählen im Spätmittelalter, S. 562.

Stellenkommentar

Überschrift: nach den Handschriften Blk, vgl. v. 541 und *Text* zu v. 539-544 in k.

15 *schrift der wisheit*] Wohl: Schreiben (und Lesen) in lateinischer Sprache.

22 *kamerer*] Eigentlich »Kämmerer, Schatzmeister«, aber auch: »Diener 〈. . .〉 im Schlafgemach« (Lexer I, Sp. 1501), vgl. Kammerdiener; in diesem Sinne dürfte das Wort hier verwendet sein.

23 *metten*] Von *(hora) matutina*, der ersten Gebetsstunde im monastischen Tagesablauf.

26 *der minne bant*] Angespielt ist mit diesem Titel wohl auf einen (realen oder fiktiven) Minnetraktat; er ist nicht zu identifizieren. Möglich ist aber auch, daß nur das Thema, dann in beliebigem Zusammenhang, gemeint ist.

27 *bletelin*] Eigentlich »Blättchen«. Im folgenden ist aber von einem *buoch* die Rede (v. 31). Es handelt sich also entweder um ein Blatt in diesem Buch oder – wahrscheinlicher – um dieses kleine Büchlein selbst; man kann sich darunter eines der Faszikel vorstellen, die man auch für die Verbreitung der Märendichtung im Stadium des Einzeltextes annimmt; vgl. Fischer, Studien, S. 274; Mihm, Überlieferung, S. 12-23.

60 *vriunt*] Von den beiden Bedeutungen »Freund« und »Verwandter« liegt die zweite hier näher.

124 *ir munt 〈. . .〉 laz*] Wörtlich: »Ihr Mund war beim Reden nicht träge«.

155 *sinen rock behielt er an*] Kap. 22 der Benediktinerregel schreibt vor, daß die Mönche angekleidet schlafen.

158 *lasch daz liht*] Ebd. ist vorgeschrieben, daß die ganze Nacht eine Kerze brennen solle.

177 *müzec ligens*] Das in Handschrift H (vgl. *Text*) überlieferte *mvzligens* ist nur dort bezeugt; der Beleg bei Lexer I, Sp. 2250 meint diese Stelle.

180 *wielz*] Präteritum zu *walzen* »rollen«.

183 *knat]* Präteritum von *kneten* »kneten« (BMZ I, S. 853), das als Reimwort zu *treten/trat* auch sonst belegt ist, also: »stoßen«.

205 *natere]* Die Lesart ist nur in der Handschrift B überliefert, sie ergibt aber als einzige einen vertretbaren Sinn: die Frau bewegt sich wie die Natter beim Angriff (wohl im Anschluß an die im *Physiologus* überlieferte Aggressivität der Schlange beim Geschlechtsakt: sie beißt dem Männchen die Genitalien ab, so daß es stirbt; vgl. Nikolaus Henkel, *Studien zum Physiologus im Mittelalter*, Tübingen 1976, S. 181). Die übrigen Handschriften schreiben *nature*, was mir völlig unverständlich bleibt.

224 *leczen]* Lehnwort zu lat. *lectio* »Lesung, Lektion«; vgl. Komm. zum *Schüler von Paris B* (s. o. Nr. 14), v. 104.

225 *diu dritte not]* Schnyder, S. 277, verweist auf die Analogie zu den drei nächtlichen Horen: Komplet, Vigil, Laudes.

237 *enzelt]* »Im Paßgang«, vgl. Komm. zu Stricker, *Der kluge Knecht* (s. o. Nr. 1), v. 136.

240 *tweder]* Entspricht *deweder* »einer von beiden, keiner von beiden« (Lexer I, Sp. 421).

263 *der under leit]* Tatsächlich ist es wissenschaftliche Lehrmeinung des Mittelalters (z. B. Konrad von Megenberg, *Buch der Natur*, S. 486 f.), daß nur dies eine zulässige Empfängnisposition sei, weil nur so Mißbildungen vermieden werden könnten (Schnyder, S. 278; Zapperi, S. 184-202).

278 *sochen]* Zu *siech* »krank«: »krank werden« (Lexer II, Sp. 1049).

289 *hofman]* Einer, der einen Hof bewirtschaftet; hier deutlich unselbständig als Abhängiger des Klosters.

352 *prime zeit]* Die zweite der kanonischen Tagzeiten, nach der Matutin: 6 Uhr morgens.

368 *kappen]* Rund geschnittener Umhang mit Kopfloch, vgl. Komm. zur *Buhlschaft auf dem Baume* (s. o. Nr. 12), v. 75.

411 *sin hende ⟨. . .⟩ want]* Zum Händeringen als konventionalisiertem Klagegestus vgl. Komm. zum *Schlegel* (s. o. Nr. 8), v. 423 f.

413 *rouft er uz sin har]* Auch das Haareausreißen ist konventionelle Klagegeste, vgl. Komm. zu Herrand von Wildonie, *Die treue Gattin* (s. o. Nr. 7), v. 226.

419 *oder meint ez]* In »Doppelfragen des Gegensatzes« (Lexer II, Sp. 140) kann *oder* zweimal, also auch einleitend, gesetzt werden.

463 *libe]* Im Vokativ kann das Adjektiv auch schwach dekliniert werden, vgl. PWG § 347,1.

474 *uf luchten]* Die Form ist nur noch ein zweites Mal belegt, der Infinitiv (*lûhten*?) unsicher, vgl. Lexer I, Sp. 1981 (zu überlegen wäre auch ein Zusammenhang mit *lupfen* / *lüften*).

499 *stole]* »Stola«, Amtszeichen des Priesters, zu verschiedenen liturgischen Zwecken (Heiratsritus) verwendet.

503 *ein wint]* Eine der gebräuchlichen formelhaften Verstärkungen der Negation, vgl. PWG § 436.

535 *gewonheit]* Gemeint sind wohl die klösterlichen Consuetudines, die durch ›Gewohnheit‹ sanktionierten Regeln des mönchischen Zusammenlebens, die neben der Ordensregel den Tagesablauf bestimmen.

540 *der Zwickowære]* Vgl. zur Autorfrage oben: *Autor und Entstehung*.

542-544 *nu bitten wir 〈. . .〉 verjage]* Diese Verse erinnern sehr an einen Schreiberzusatz; ein Schluß des Märe mit der Titelnennung in v. 541 hätte sehr viel mehr Überzeugungskraft. Die Überlieferung (HKl) läßt aber die Streichung dieses Schlusses nicht ohne weiteres zu.

26
SCHRÄTEL UND WASSERBÄR

Überlieferung

Das Märe ist nur in einer Handschrift überliefert:

H (1. Viertel 14. Jh., Nordwestböhmen/Oberfranken), Bl. 371ra-372va, 370^{r} (v. 313-352 = Schluß): Nachtrag auf den letzten Blättern der Handschrift (vgl. Mihm, Überlieferung, S. 48-51 und bes. 56 Anm. 30).

Text

Nach der Handschrift mit orthographischer Normalisierung (Ausgleich von *i/j*, *u/v/w*, Beseitigung von Mehrfachkonsonanz etc.) und grammatischer Regulierung (Kasusendungen, *die/diu*, *iu/iuch*, Getrennt- und Zusammenschreibung nach den üblichen Regeln); darüber hinausgehende Emendationen sind im Stellenkommentar vermerkt, im Text durch Kursivierung gekennzeichnet. Besserungsvorschläge der älteren Editionen (insbes. Bernt, Heinrich von Freiberg, S. 249-258) und der reichhaltigen textkritischen Literatur (zuletzt v. Kraus, Studien) vermerke ich nur dann, wenn ich ihnen folge oder wenn es der Diskussionszusammenhang erfordert. Nicht berücksichtigt sind vor allem solche Vorschläge, die auf der vermeintlichen Verfasserschaft Heinrichs von Freiberg beruhen.

Weitere Ausgaben: Wilhelm Wackernagel, *Schretel und Wasserbär*, in: ZfdA 6 (1848), S. 174-186; GA III, S. 261-270.

Übersetzung: *Drei altdeutsche Schwänke*, übersetzt von Oskar Henke, Barmen 1888, S. 3-10.

Autor und Entstehung

Das Werk enthält keinerlei Hinweis auf Autor und Entstehungszeit. Die in der älteren Forschung vieldiskutierte, auf Bechstein (1877) zurückgehende Vermutung, Heinrich von Freiberg, Verfasser einer Fortsetzung von Gotfrids von Straßburg *Tristan*, sei der Autor, gründete sich anfangs nur darauf, daß das *Schrätel* in der Heidelberger Handschrift unmittelbar vor der für Heinrich von Freiberg gesicherten *Ritterfahrt Johanns von Michelsberg* überliefert ist (zu Heinrich von Freiberg VL[2] III, Sp. 723-730); die Rekonstruktion der Entstehungsgeschichte dieser Handschrift (Mihm, Überlieferung, S. 56 Anm. 30) zeigt aber, daß selbst diese Nachbarschaft sich unterschiedlichen Schichten verdankt (wenngleich auch ein anderer Befund keinerlei Beweiskraft hätte). Die zur Unterstützung angeführten stilistischen und metrischen Ähnlichkeiten, die den »Duktus ein und derselben Hand« erkennen ließen (zuletzt v. Kraus, Studien, S. 35), erreichen nicht den Rang beweiskräftiger Parallelen (vgl. Komm. zu v. 2, 115 f., 257 f.) oder bleiben überhaupt im Rahmen der Konventionen der höfischen Verssprache des 13. Jahrhunderts, an dessen Ende das Märe wohl zu setzen ist. (Die Diskussion zur Autorschaft ist kurz zusammengefaßt bei Fischer, Studien, S. 165).

Motivik, Quellen, Thematik

Diesem »anmutige⟨n⟩ Gedicht« (v. Kraus, Studien, S. 20), »one of the most charming of the Mären« (Wailes, Social Humor, S. 144), liegt ein ganz untypischer Stoff zugrunde: eine Spuk- und Dämonengeschichte (AaTh 1161; Motif-Index K 1728), die ihren Ort sehr viel mehr in der mündlichen Volkssage hat (Röhrich, Erzählungen I, S. 236, weist auf ca. 50 ungedruckte Varianten hin) als in der schriftliterarischen Überlieferung. Die mhd. Fassung steht so auch völlig isoliert. Sie ist der bei weitem älteste und – abgesehen von einer kurzen chronikalischen Notiz aus dem Erzgebirge (um 1700, Röhrich, Erzählungen I, Nr. 2) – bis zu den ersten Aufzeichnungen im 19. Jahrhundert über Jahrhunderte auch der einzige Zeuge für diese Geschichte. Mittelalterliche Parallelen gibt es nicht; die neuzeitlichen Zeugnisse haben einen Schwerpunkt im östlichen Mitteldeutschland, daneben in Schleswig-Holstein und Niedersachsen und im Alpenraum. Außerhalb Deutschlands ist der Stoff in Skandinavien und im mittleren Osteuropa gut bezeugt. In dieser Verbreitung und auch im Blick auf die im mhd. Märe erzählte Einführung des Bären als Geschenk des norwegischen an den Dänenkönig wird die Sage als Beleg für einen aus den frühgeschichtlichen Wanderungen resultierenden Zusammenhang zwischen Skandinavien und dem Alpenraum in Anspruch genommen (Schier; Friedrich Maurer, *Nordgermanen und Alemannen*, Bern und München [2]1952, S. 170-172).

Tatsächlich könnte sich im Einleitungsteil des Märe die in den isländischen Sagas mehrfach (z. B. *Flateyjarbók*, Bd. 3, Christiania 1868, S. 412) beschriebene Reise des Isländers Audun im Jahre 1061 nach Grönland spiegeln, der dort seine ganze Habe gegen einen Eisbären eintauschte und ihn nach einem abenteuerlichen Zug über Norwegen dem dänischen König Sveinn Ulfsson zum Geschenk machte.

Völlig offen ist allerdings, ob dieser Vorspann ursprünglich mit der Geschichte von Kobold und Bär verbunden war. Nur in einer norwegischen Volkssage (s. Röhrich, Erzählungen I, S. 239) ist diese Verknüpfung noch erhalten. Sonst geht es in allen Varianten im Kern nur um die Vertreibung eines Spukgeistes (häufig: eines Wassermannes) aus einem Gebäude (häufig: einer Mühle) durch einen Bären. Fest damit verbunden ist die anschließende Rückversicherung des Unholds in der Frage: »Hast Du die schwarze/weiße Katze noch?« (Beispiele bei Röhrich, Erzählungen I, S. 11-26). Aitiologische Funktionalisierungen (z. B. die Erklärung des Namens *Katzenmühle*) sind gelegentlich zu beobachten.

Den Reiz der Märenfassung macht die (dem Volkskundler schon spätzeitliche [EM I, Sp. 1220]) ironische Distanz zum spukhaften Geschehen aus. Der Erzähler spielt die abergläubische Hilflosigkeit des Bauern, die im rußigen Ofen endende heldenhafte Selbstgewißheit des Bärenführers, die mutwillige Frechheit des Kobolds und die siegreiche Tapsigkeit des Bären mit Genuß gegeneinander aus: keiner der Protagonisten bleibt ungeschoren, alle treffen entlarvende Reime, überzogene (Selbst-)Charakterisierungen, lächerliches Wortgeprahle (*nu kratzâ, kratz! nu krimmâ, krimm*, 258), komische Kontraste (v. 189 f.: *ez was gar eislîch getân / und het ein rôtez keppel an*). Der Erzähler beherrscht die Sprache und die Floskeln der höfischen Literatur und setzt sie effektvoll ein.

Literaturhinweise: Alois Bernt, *Heinrich von Freiberg. Mit Einleitungen über Stil, Sprache, Metrik, Quellen und die Persönlichkeit des Dichters*, Halle 1906, S. 71-75, 161-164, 249-258, 268; EM I, Sp. 1217-1225 (Lutz Röhrich); Fischer, Studien, S. 362 f. (Lit.); Carl von Kraus, *Studien zu Heinrich von Freiberg II-IV*, München 1941 = Sitzungsberichte der Bayer. Akad. d. Wissenschaften, Philosoph.-histor. Abt., Jg. 1941, Bd.II, H. 6; Röhrich, Erzählungen I, S. 11-26, 235-243 (Lit.); Bruno Schier, *Die Sage vom Schrätel und Wasserbären*, in: Mitteldeutsche Blätter für Volkskunde 10 (1935), S. 164-180; VL^2 IV, Sp. 1279 f. (Ulla Williams); Wailes, Social Humor, S. 144-148.

Stellenkommentar

Überschrift: nach der Heidelberger Handschrift. – *schretel]* Diminutiv zu *schrat* »Kobold« (Lexer II, Sp. 788 f.), vgl. nhd. »Waldschrat«.

1 *Swer]* *Wer* der Handschrift von Bernt mit Recht nach dem Gestus der verallgemeinernden Sentenz am Werkbeginn zu *swer* gebessert.

2 *der 〈. . .〉 her]* Der Vers zählt (wegen *Tristan*, v. 393: *Nu neiget iuwer ôre her*) zu den Stellen, die für die Autorschaft Heinrichs von Freiberg ins Feld geführt werden (v. Kraus, Studien, S. 34 f.).

3 f. *aventiure : stiure]* Die Diphthongierung ist in der Handschrift nur stellenweise durchgeführt (vgl. z. B. v. 5 f. *zit : git*, v. 69 f. *creatuͤre : ungehuͤre*, v. 167 f. *bakhus : grus*); ich vereinheitliche nach den älteren Monophthongen.

7 *der ich wan sorge]* Emendation des unverständlichen *der ich von sorge* der Handschrift im Anschluß an Bernt (Begründung: Heinrich von Freiberg, S. 268), dessen Vorschlag *der wan sorge* allerdings unnötig und unverständlich verkürzt. Zu *wan* »nur« vgl. BMZ III, S. 479 f. Das von Carl von Kraus (Studien, S. 20) vorgeschlagene *Der ich von kinde* ist ohne jede Stütze in der Überlieferung.

8 *hœrt]* Emendation des ungebräuchlichen *hore* der Handschrift nach Bernts Vorschlag. Vgl. auch den Plural in v. 16: *iuch.*

13 *und an]* Korrektur des metrisch überfüllten *unde ane* der Handschrift im Anschluß an Bernt.

15 *wazzerbern]* Das Wort ist sonst nicht belegt.

22 *Norman]* Ein Mann aus dem Norden (< *nortman*), vgl. Lexer II, Sp. 101. Aus v. 26 ist die Übersetzung »Norweger« zu begründen.

46 *und]* Zu *und* in der Funktion einer temporalen Konjunktion vgl. PWG § 425,13 und Behaghel III, § 1006 (S. 312); diese Verwendung ist danach keineswegs in dem Maße »lokal 〈...〉 beschränkt«, wie von Kraus es für seine Argumentation zur Autorschaft Heinrichs von Freiberg voraussetzt (Studien, S. 18 und 31).

55 f. *gebûre : sûre]* Handschrift: *gebŏwer : sŏwer* (zur Diphthongierung vgl. Komm. zu v. 3 f.); die handschriftliche Lesung legt zweisilbigen Versausgang nahe, doch ist auch einsilbiges *gebûr : sûr* (von Kraus, Studien, S. 20 f.) nicht auszuschließen.

56 *swie]* Aus *wie* der Handschrift wegen des verallgemeinernd konzessiven Sinnes mit Bernt korrigiert.

56 f. *hart und sûre/wart sîn]* Aus sicherlich fehlerhaftem *wart vnde sŏwer/sin* der Handschrift mit fehlendem Prädikat nach dem Vorschlag von Wackernagel und Bernt (Begründung: Heinrich von Freiberg, S. 268) korrigiert.

86 *hûsgemache]* *husgemach* der Handschrift zerstört den Reim.

100 *swie 〈...〉 swie]* Aus *wie 〈...〉 wie* der Handschrift wegen des verallgemeinernden konzessiven Sinnes mit Bernt korrigiert (vgl. v. 56). – *er]* *ez* der Handschrift ist Beziehungsfehler; Korrektur mit Bernt.

101 *ez]* *er* der Handschrift ist Beziehungsfehler (vgl. v. 100); Korrektur mit Bernt.

110 *ez]* Korrektur aus *er* der Handschrift, vgl. Komm. zu v. 100 und 101.

113 *ovenbrete]* Zur Bedeutung »Ofenbank« vgl. DWb VII,

Sp. 1158. – *ovensteine]* Die in den Wörterbüchern (Lexer II, Sp. 195; DWb VII, Sp. 1162) angegebene Bedeutung »Ofenkachel« macht nicht viel Sinn. Es handelt sich entweder um die Ziegel, aus denen der Ofen gemauert ist, oder um die Steine, die in ihm zum Wärmen erhitzt werden.

115 f. *hin unde her : entwer]* Der Reim gehört zu den Stellen, die für die Autorschaft Heinrichs von Freiberg (ohne Beweiskraft) ins Feld geführt werden (v. Kraus, Studien, S. 34 f.).

119 *gevlogen]* Partizip zu *vliehen*: *gevlohen*; die Schreibung geht auf die niederalem. und mitteldt. Verwendung des (dort spirantischen) *-g-* als Silbentrenner zurück, vgl. Frnhd. Gr. I/1, § 36,3.

121 f. *ziehe : vihe]* Der Reim setzt mitteldeutsche Monophthongierung von *ie* und Dehnung des *i* in der kurzen Tonsilbe voraus; »unmöglich« (v. Kraus, Studien, S. 22) ist er nur, wenn man strikte Orientierung an der klassischen Reimgrammatik voraussetzt. Sonst liefert er ein Argument für die Entstehung des Textes im (Ost-)Mitteldeutschen. Der Schreiber hat mit *zich : vich* einen nur optisch unanstößigen Reim hergestellt. In der Sache folge ich der Erklärung von Carl von Kraus: »›wofür ich mich auf euch selbst berufe‹: durch den eigenen Augenschein möge sich der Fremde von der Wahrheit überzeugen« (Studien, S. 21).

138 *spot]* In der Handschrift verschrieben zu *bot spot*.

147 *swie]* Aus *wie* der Handschrift wegen des verallgemeinernd konzessiven Sinnes mit Bernt korrigiert (vgl. v. 56).

170 *viuwer]* Handschrift: *fewer*; nach Tilgung der Diphthongierung ist *viuwer* (Edward Schröder, Rez. zu Bernt, Heinrich von Freiberg, in: Göttingische Gelehrte Anzeigen 1906, S. 961-968, hier S. 968; v. Kraus, Studien, S. 22), nicht *viure* (Bernt) die korrekte Form.

179 *gêne]* Flektierter Infinitiv zu *gên* (Gerundium); zur Vereinfachung der morphologisch korrekten Endung *-nne* vgl. PWG § 240 Anm. 9.

181 *viuwer]* Handschrift: *fewer*, vgl. Komm. zu v. 170.

186 *schretel]* Vgl. Komm. zur Überschrift.

187 *spannen]* *Spanne* umfaßt als Maß die Breite der ausgespannten Hand.

190 *keppel]* Diminutiv zu *kappe* »Umhang«.

198 *und]* Vgl. Komm. zu v. 46.

217 *dem]* Der Satz verlangt hier gegen das *den* der Handschrift den Dativ (so auch Bernt).

240 *triel]* Die Handschrift schreibt sonst nicht belegtes *griel.* Die Korrektur zu *triel* »Mund, Maul« (Lexer II, Sp. 1512), die Bernt von Wackernagel übernimmt, liegt nahe. Das Vorkommen dieses Wortes im *Tristan* Heinrichs von Freiberg (v. 5281) kann aber nicht gleichzeitig für Autoridentität in Anspruch genommen werden (v. Kraus, Studien, S. 34 f.).

241 *kratzte]* Die genaue Parallele zu v. 232 legt die Korrektur des handschriftlichen *tratzte* nahe.

257 f. *nu bîzâ, bîz! ⟨. . .⟩ nu krimmâ, krim!]* Die beiden Verse gehören zu den Stellen, die (wegen *Tristan*, v. 1806: *Nu slahâ, slach! nu clingâ, clinc!*) für eine Autorschaft Heinrichs von Freiberg ins Feld geführt werden (v. Kraus, S. 34 f.). Solche emphatischen Imperativhäufungen sind aber durchaus weiter verbreitet, vgl. etwa Werner der Gärtner, *Helmbrecht*, v. 1028 f.: *jagâ ritter, jagâ jac! / stichâ stich! slahâ slach!*

274 *ez]* *er* der Handschrift ist Beziehungsfehler.

278 *die]* *der* der Handschrift mit Bernt korrigiert.

304 *betruoc]* Auch als starkes Verb in der Bedeutung »sich ernähren, leben« belegt, vgl. BMZ III, S. 77.

331 *lancsîtic]* Wörtlich: »mit langen Seiten, Flanken«, vgl. Lexer I, Sp. 1819 mit dieser einzigen Belegstelle. Vgl. aber *Minneburg*, v. 3244 und S. 190 zu *lancsîte*: »eine schlanke Taille habend«.

336 *dun]* *dunen* der Handschrift ist wohl Verschreibung.

27

HEINRICH KAUFRINGER

DER FEIGE EHEMANN

Überlieferung

Die Mären des Kaufringers sind nur in einer Handschrift überliefert:

München, Bayerische Staatsbibliothek, cgm 270, Faszikel 2 = Bl. 234-388: Sammlung von 17 Kaufringerstücken aus dem Jahr 1464, ein Schreiber, ostschwäbisch, aus Augsburg oder Landsberg (Mihm, Überlieferung, S. 25 f., 111 f.; Rosmarie Leiderer, *Wilhalm von Orlens. Eine Reimpaarerzählung aus dem 15. Jahrhundert*, Berlin 1969, S. 9-28), hier: Bl. 287^{r}-293^{r}.

Text

Die Ausgabe folgt dem von Sappler, Kaufringer I, S. 73-80, orthographisch regulierten und um Fehler bereinigten Text.

Das sprachliche Erscheinungsbild der Kaufringer-Texte wird durch ihre Herkunft aus dem Bairisch-Schwäbischen (Augsburg/Landsberg) geprägt. Zu befremdlichen und das Verständnis erschwerenden Formen führen dabei vor allem:

- Die schwäbische Diphthongierung von *â* > *au*, hier z. B. in *straul* (v. 108), *gaund* (v. 140), *haun* (v. 161, 223 u. ö.), aber auch in *lauß* (v. 250), *aubentür* (v. 21) u. ö.; vgl. dazu Frnhd. Gr. I/1, § 75.
- Das sehr charakteristische *oun* < *ân* »ohne« (z. B. v. 85, 114 u. ö.) ist gleichfalls Ergebnis dieser Entwicklung (vgl. Frnhd. Gr. I/1, § 78,3).
- Die bairische Diphthongierung von *î* > *ei* in Nebensilben, z. B. in *geleich* (v. 132), *sicherleich* (v. 160), *ritterleich* (Nr. 30, v. 125) u. ö.; vgl. Gr. Frnhd. I/3, § 38.
- Die vor allem bairisch in der Schrift festgehaltene Medien-

verschiebung in *b* > *p*, hier z. B. in *pin* (v. 157), *pete* (v. 203) *pald* (v. 236); vgl. PWG § 159,2.
– Gelegentliche Sproßvokale, z. B. in *aribait* < *arbeit* (Nr. 30 v. 13); vgl. Gr. Frnhd. I/1, § 39,1.
– Entrundung von diphthongiertem *öu* > *ai*, vor allem in *fraint*, z. B. in v. 143 und 225; vgl. Frnhd. Gr. I/1, § 8 Anm. 9.

Weitere Ausgabe: Euling, Kaufringers Gedichte, S. 78-86.
Übersetzung: Fischer, Schwankerzählungen, S. 251-256.

Autor und Entstehung

Die Zuweisung des Gedichts an den Kaufringer beruht au der Überlieferung in einer Gruppe von einander stilistisch nahestehenden Reimpaarerzählungen, von denen drei ausdrücklich durch eine Schlußsignatur für *Hainrich Kaufringer* bzw. den *Kaufringer* (s. u. Nr. 30, v. 763) in Anspruch genommen werden. Für die Datierung gibt es nur die mutmaßliche Schaffenszeit dieses Kaufringers als Anhaltspunkt.

Es wird sich bei ihm um einen von zwei Bürgern der Stadt Landsberg am Lech handeln, Vater und Sohn, die ihren Namen wohl von der benachbarten Stadt Kaufering, aus der die Familie stammen dürfte, ableiten. Der ältere der beiden, seit 1369 belegt, Pfleger an der Landsberger Pfarrkirche, ist 1404 gestorben, der jüngere von da an auch nicht mehr belegt (Fischer, Studien, S. 148-152; Stede, S. 219-237). Auch wenn nicht zu entscheiden ist, welcher Heinrich Kaufringer der Dichter ist, wird man die Gedichte ins späte 14. Jahrhundert, vielleicht um 1400, datieren dürfen. Über ihre historische Einbettung wissen wir nichts.

Motivik, Quellen, Thematik

Zum Märe des Kaufringers gibt es eine in der Handlungsführung und in vielen Details eng benachbarte Parallele in den

– *Cent nouvelles nouvelles* (v. J. 1462), Nr. 4 (S. 26-29); deutsch von Semerau, S. 62-68. (Daraus abgeleitet Celio Malespini, *Ducento novelle* [v. J. 1609], I,15 [hg. von Giuseppe Fatini, *Novelle del Cinquecento*, Turin 1930, 317-323]).

Eine gegenseitige Quellenabhängigkeit kommt aus chronologischen und überlieferungsgeschichtlichen Gründen nicht in Frage. Anzunehmen ist vielmehr eine gemeinsame Vorlage, für die als weitere Abkömmlinge auch zwei italienische Versionen zeugen, die in der Novellensammlung des

– Sabadino degli Arienti, *Le Porretane* (zw. 1475 und 1483), überliefert sind: Nr. 36 und Nr. 52 (S. 314-318 und 436-445.)
  (Auf Nr. 36 geht wiederum eine Kurzfassung bei Antonio Cornazano, *Proverbii in facetie* [1523], Nr. 2, zurück; vgl. Stiefel, S. 504 f.)

Die Fassung der *Cent nouvelles nouvelles* und die des Sabadino (Nr. 36) unterscheiden sich sehr deutlich im Erzählziel: bei Sabadino stellt die Ehefrau nicht mit ihrem Gatten zusammen dem aufdringlichen Liebhaber eine Falle und wird dann schmählich im Stich gelassen, sie sträubt sich vielmehr aus heimlicher Zuneigung zum werbenden Priester gegen den Plan ihres Mannes und schließt diesen dann versehentlich (?) in der Truhe ein, aus der heraus er das Geschehen hilflos verfolgen muß. Eine direkte Abhängigkeit ist also auch hier nicht anzunehmen, vielmehr die jeweils selbständige Ausgestaltung eines Grundrisses, der in der Novellistik der frühen Neuzeit präsent war.

Sein Kern ist wohl in dem weit verbreiteten Motiv vom sich selbst betrügenden Ehemann zu sehen, der seine Frau (aus Geiz, aus Habgier, aus Rache) einem Liebhaber in der sicheren Hoffnung zur Verfügung stellt, daß dieser nicht zum Ziele kommt, sich darin aber getäuscht sehen muß. Es stammt vielleicht aus dem Indischen (Belege im *Hitopadesa* und im *Sindbād*-Buch, vgl. *Pantschatantra*, Bd. 1, S. 331), taucht im Westen z. B. in den *Gesta Romanorum*, Nr. 151 (S. 507-509; deutsch von Grässe, Bd. 2, S. 13-16) und in den

Sieben weisen Meistern auf (z. B. in der Versfassung des Hans von Bühel, *Dyocletianus Leben*, hg. von Adelbert von Keller, Quedlinburg und Leipzig 1841, v. 4782-4964) und findet seine bekannteste Gestaltung bei Boccaccio, *Decameron* III, 5 (S. 272-278; deutsch von Witte/Bode, S. 238-244).

Kaufringers Fassung unterscheidet sich von den übrigen durch das ungerührt einsinnige Fazit, das er den Ehemann ziehen läßt: »mein Tod wäre endgültig gewesen, dein Schmerz legt sich; ein kleiner Schaden ist besser als ein großer«. Wie häufig führt Kaufringer die Exempel-Perspektive des Märe konsequent zu Ende: hier endet sie im Zynismus. (Vergleichbar: Bebel, *Facetien* II, 17 [S. 52]; deutsch von Wesselski, Bebels Schwänke, Bd. 1, S. 56 f.)

Literaturhinweise: Euling, Studien über Kaufringer, S. 69 f.; Fischer, Studien, S. 358 (Lit.); Jonas, Versschwank, S. 54-81 u. ö.; Krohn, Entdeckung der Moral, S. 262-264; Londner, Eheauffassung, S. 207-215; Stede, S. 58-66; Arthur Ludwig Stiefel, *Zu den Quellen Heinrich Kaufringers*, in: ZfdPh 35 (1903), S. 492-506; Ziegeler, Erzählen im Spätmittelalter, S. 334.

Stellenkommentar

12 *und das]* *Und* ist hier pleonastisch verwendet, wohl in Analogie zu den Fällen, in denen es formal einem adverbialen Ausdruck Konjunktionscharakter verleiht (PWG § 465 Anm. 1).

16 *kant]* Nebenform zu *kunt* »kund, bekannt«, vgl. Lexer I, Sp. 1510 und 1782. Sappler, Kaufringer II, S. 16, ordnet sie *bekannt* zu.

46 *lantfarer]* Einer, der durch die Lande zieht (Lexer I, Sp. 1831); im 15. Jahrhundert ist aber auch schon die Bedeutung »Landstreicher« belegt (DWb VI, Sp. 114).

55 *schimpf]* Eigentlich »Scherz, Kurzweil« (Lexer II, Sp. 744), dann auch »Fröhlichkeit, Flirt« (DWb IX, Sp. 166 f.).

68 *det]* Mit ›binnendeutscher Konsonantenschwächung‹ (PWG § 101-103) aus *tet.*

80 *mit guotem frid]* Die Wendung dient im 13. Jahrhundert dazu, das bis dahin ganz formal gebrauchte Wort *vride* (»Vereinbarung, Friedensschluß«) emotional aufzuladen: »Zustand allgemeiner Ruhe und Harmonie« (vgl. Albrecht Hagenlocher, *Der guote vride. Idealer Friede in deutscher Literatur bis ins frühe 14. Jahrhundert*, Berlin und New York 1992); hier ist diese emphatische Bedeutung bereits wieder verblaßt.

81 *tritten]* Hyperkorrektur aus *dritten*, das wohl versehentlich als Ergebnis der Konsonantenschwächung (vgl. Komm. zu v. 68) aufgefaßt wurde.

105 *hohes muotes]* In der höfischen Dichtung Programmwort für die auf innerer Vollkommenheit beruhende Hochstimmung (vgl. Arnold, Studien über den Hohen Mut); hier parodistisch gebraucht.

114 *peit]* Zu *bîte/bît* »Zögern« (Lexer I, Sp. 285 f.).

122 *mit namen]* Eine bei Kaufringer häufige Bekräftigungsformel (vgl. Sappler, Kaufringer II, S. 99): »wirklich, tatsächlich« (vgl. Lexer II, Sp. 31).

124 *vas]* »Gefäß, Faß, Schrein, Sarg« (Lexer III, Sp. 34), also Behälter jeder Art. Die Übersetzung »Truhe« ergibt sich aus dem angedeuteten Ambiente.

135 *tegen]* Hier nicht als nhd. *Degen* zu verstehen, wie die Wiederaufnahme als *messer* (v. 147) zeigt. *degen* in der Bedeutung »Dolch« ist auch sonst belegt, vgl. Lexer I, Sp. 414.

143 *frainden und magen]* Doppelformel (DRWb III, Sp. 866-870) zur Bezeichnung der durch Verwandtschaft und freiwillige Bindungen auf Gegenseitigkeit konstituierten Gemeinschaft der zur Hilfe Berechtigten und Verpflichteten. Vgl. HRG I, Sp. 809-833; Althoff, Verwandte, Freunde und Getreue. – *frainden* ist schwäb. Schreibform für *friunden*, vgl. Frnhd. Gr. I/1, § 82 Anm. 9.

145 *rock, ist]* Zum Ausfall des Relativpronomens vgl. Behaghel III, § 1390 B.

160 *phendikait]* Aus *behendikeit* mit Synkope des *e* im Präfix, vgl. Gr. Frnhd. I/1, § 3.

172 *sechsflach]* Wohl nicht Schreibfehler für (*sechs-*)*fach*, da bei Kaufringer auch in *Die drei Nachstellungen des Teufels*, v. 337 (*triflach*) belegt. Kontamination aus *-fach* und *-falt* (Sappler, Kaufringer I, S. 288)?

191 *we.]* V. 192 ist nicht einschränkender Nachsatz zu v. 191 (so nach Sapplers Interpunktion: *we,*), sondern selbständiger, sich auf die ganze Passage beziehender Ausruf.

198 *hinn]* Aus *hin in* »drinnen«.

226 *frid noch suon]* Vgl. Komm. zu Kaufringer, *Unschuldige Mörderin* (s. u. Nr. 30), v. 546.

264 *trat]* Aus *drâte* »schnell« mit Hyperkorrektur des vermeintlich aus der ›binnendeutschen Konsonantenschwächung‹ hervorgegangenen *d* (vgl. Komm. zu v. 68 und 81).

280 *ergen]* Zu dieser Ersatzform für das Partizip Perfekt (*ergangen*) vgl. BMZ I, S. 463 zu *gegên*.

290 *fraind]* Vgl. Komm. zu v. 143.

293 *leipgeding]* »Inhaltlich und zeitlich beschränktes Recht an fremder Sache, das lediglich (bestimmte) Nutzungen und diese nur auf Lebenszeit des Berechtigten 〈. . .〉 gewährt« (LMA V, Sp. 1848).

28

HEINRICH KAUFRINGER
DIE RACHE DES EHEMANNS

Zu *Überlieferung* (hier: Bl. 339r-349r), *Text* (Sappler, Kaufringer I, S. 140-153) und *Autor und Entstehung* vgl. Komm. zu Nr. 27.

Weitere Ausgabe: Euling, Kaufringers Gedichte, S. 151–165.

Motivik, Quellen, Thematik

Die Geschichte ist wohl erst vom Kaufringer konstruiert worden. Er greift dabei auf gut belegte und weit verbreitete Motivbausteine zurück:

1. Der Forderung nach einem Zahn ihres Ehegatten als Liebesbeweis sehen sich die ehebrecherischen Frauen der Exempel- und Novellenliteratur immer wieder gegenüber:

Der Ausgangspunkt der Überlieferung mag auch hier in der Exempeltradition liegen. Jacob von Vitry (*Exempla*, Nr. 248 [S. 204]; deutsch von Wesselski, Mönchslatein, S. 135 f.) und später die *Compilatio singularis exemplorum* (Text bei Raas, Wette der drei Frauen, S. 237 f.) liefern dafür die Beispiele. In die Märendichtung ist das Motiv als selbständiges im *Zahn* (Fischer, Studien, S. 429, Nr. 145) übernommen worden, häufiger aber dient es als Einzelelement in einer komplexeren Geschichte, so beim Kaufringer selbst als eine der Wettbewerbsleistungen in den *Drei listigen Frauen* (s. u. Nr. 31), aber auch in der italienischen Novellistik bei Boccaccio, *Decameron* VII,9 (S. 644-656; deutsch von Witte/Bode, S. 570-581) als einer von drei geforderten Liebesbeweisen und später – im Erzählkontext der Wette der listigen Frauen – im *Mambriano* des Cieco da Ferrara (hg. von Giuseppe Rua, Florenz 1888, S. 102 f.) und in den *Ducento novelle* des Celio Malespini (II,5).

Auf Kaufringer zurückgehen dürfte die Verdoppelung des Motivs (so auch in seiner Version der *Drei listigen Frauen*), das die Grausamkeit der Forderung und die Herzlosigkeit ihrer Durchführung besonders betont, und vielleicht auch der Zynismus, der in der Verarbeitung der Beute zu kostbaren Würfeln liegt (dies allerdings auch in der *Compilatio singularis exemplorum*).

2. Zahllos sind die Erzählungen, in denen mutwillige oder als Strafe gedachte Kastrationen eine Rolle spielen (Überblick und Literatur: EM VII, Sp. 1019-1025), in der deutschen Mären- und Schwankliteratur z. B. in Rosenplüts *Hasengeier* (Fischer, Studien, S. 387, Nr. 105d), bei Hans Sachs (RSM ^{2}S/3546a) oder in Schumanns *Nachtbüchlein* (S. 14-16), in der italienischen Novellistik bei Sercambi (*Novelliere*, Nr. 149), in der französischen in den *Cent nouvelles nouvelles*, Nr. 64 (S. 188-190) und Nr. 85 (S. 245-247), deutsch von Semerau, Die hundert neuen Novellen, S. 439-443 und 532-536.

Wie beim Kaufringer ist die Kastration bei Sercambi und Schumann (und ganz parallel dazu bei Montanus) mit einem Racheakt des Verstümmelten verbunden: der Pfarrer beißt der Frau die Zunge ab.

Mag diese Verbindung also auch weiter verbreitet und nicht erst vom Kaufringer hergestellt sein, so zeigt doch die kaum merkliche Verschiebung ihres Sinnes die Arbeitsweise des Kaufringers. Was bei Sercambi und in den deutschen Schwankbüchern als direkter Racheakt des Geschädigten einer einfachen Schwanklogik gehorcht, wird bei ihm zu einem Element eines kühl kalkulierten Rachemechanismus: der Pfarrer rächt nicht sich selbst, sondern wird gezwungen, die Rache dessen zu vollziehen, an dem er sich eigentlich (und herkömmlich) zu rächen hätte – und zwar an der Frau, die ihm selbst gar nichts angetan hat, wohl abe r ihrem Mann. Der schiebt die Strafe auf das Paar ab: in der Wiederholung des Liebesspiels, das den Ritter ins Unglück gebracht hat, läßt er sie vollziehen.

Die Symmetrie und exakte Bezüglichkeit der einzelnen Handlungsschritte macht die Kunstfertigkeit von Kaufringers Märe aus. Sie ist im Großen erreicht durch die Verknüpfung der beiden sonst getrennt überlieferten Motivblöcke (Zahn als Liebespfand, Kastration) als Vergehen und Strafe, im Kleinen durch eine genaue Parallelisierung, die sich vor allem in der (sonst nirgendwo überlieferten) analogen Ausarbeitung und erzähltechnischen Funktionalisierung des ›Lederbeutelchens‹ niederschlägt, vielleicht auch schon in der Verdoppelung des Zahnopfers, der die doppelte Bestrafung entspricht.

Ergebnis dieser Kombinationen und Umakzentuierungen ist die kühle Gnadenlosigkeit, mit der hier jemand das ›Schicksal‹ seinen Lauf nehmen läßt.

Literaturhinweise: Euling, Studien über Kaufringer, S. 86 f.; Fischer, Studien, S. 96, 120, 360 (Lit.); Grubmüller, Das Groteske im Märe, S. 37-41, 47-49; Aglaja Hildenbrock, *Heinrich Kaufringers ›Die Rache des Ehemannes‹ in psychoanaly-*

tischer Betrachtung, in: Schirmer, Märe, S. 281-291; Jonas, Versschwank, S. 54-81; Krohn, Entdeckung der Moral, S. 270; Londner, Eheauffassung, S. 340-346; Stede, S. 107 f.

Stellenkommentar

7 *schimpf*] Zur Bedeutung »ritterliches Kampfspiel« (Lexer II, Sp. 744) vgl. etwa Wolfram von Eschenbach, *Parzival*, 227,9.

8 *stechen*] Vgl. Komm. zum *Beringer* (Nr. 11), v. 37. – *turnai*] Vgl. Komm. zum *Beringer* (Nr. 11), v. 36.

33 *mein herr*] Häufig in der Funktion des frz. *monsieur* als dessen wörtliche Übersetzung gebraucht (vgl. BMZ I, S. 666). Ausgeschlossen ist allerdings nicht, daß der Ritter hier als der Dienstherr des Pfarrers bezeichnet wird.

68 *pader*] Bader, ursprünglich der Badewärter, ist als bairisches Mundartwort heute noch der Friseur; im Mittelalter übernimmt er (wie später der Barbier) auch die Aufgabe des Wundarztes und Chirurgen. Vgl. Heinrich Schipperges, *Die Kranken im Mittelalter*, München 1990, S. 142.

71 *maint*] Zu *meinen* »seine Gedanken auf etwas richten« (so bei Kaufringer, *Suche nach dem glücklichen Ehepaar* [Nr. 29], v. 10), »jemandem wohlwollen, jemanden lieben« (vgl. Lexer I, Sp. 2080 f.).

72 *wond*] Schwäbische Schreibform für *wânte* »wähnte«, vgl. Komm. zu Nr. 31, v. 192.

92 *in jamers dol*] Wörtlich: »im Erdulden des Leides«.

100 *so mir*] Elliptischer Beteuerungsruf, aus Formeln wie *so* (*sam*) *mir der heilig Krist* (*helfe*), bei denen sowohl der Angerufene wie die Bitte um Hilfe fehlen kann.

103 *zerrinn*] Von *zerrinnen* »zerfließen, ausgehen, zu Ende gehen«, also: »damit deine Kunst nicht ein Ende nimmt«.

110 *ser*] Hier substantivisch: »Schmerz«.

120 *empfieng*] Interpunktion gegen Sappler geändert; dort: *empfieng*, kein Komma nach *weib*.

128 *gefiert*] Zu *fier* »stattlich, schön« (Lexer III, Sp.).

138 *ses ⟨. . .⟩ daus*] Die Zahlen beim Würfelspiel sind als feste Reihe aus dem Französischen übernommen, vgl. z. B. Hugo von Trimberg, *Renner*, v. 11455-11457: *Von zinken, drîen und quater / Weinet maniges muoter und vater, / Von zinken, quater, tûs und ses*. Im einzelnen entsprechen *tûs/daus* afrz. *dous*, *quater/kotter* afrz. *quatre*, *zinke/zingg* afrz. *cinc*, *ses* afrz. *sis*. *drî/drei* deckt sich mit der deutschen Form, *es* wird auf mlat. *as* »Heller« zurückgeführt (vgl. auch nhd. *As*, ursprünglich die niedrigste Karte im Kartenspiel: die meist fehlende Eins).

189 *bösen gscheidikait*] Der Begriff scheint sich in betonter Opposition gegen das Programmwort der Mären des Strikkers, *gevüege kündekeit*, zu richten. Vgl. Komm. zum *Klugen Knecht* (Nr. 1), v. 308.

235 *schüzlich*] Die Bedeutung »schutzlos, ungeschützt« steht hier außer Zweifel, sie ist aber nicht belegt (vgl. DWb IX, Sp. 2136 f. zu *schützig* und *schützlich*) und auch dem Wortbildungsmuster nicht zu entnehmen.

239 f. *ouß* : *grouß*] Sappler, Kaufringer I, S. schreibt (nach der Handschrift) *uß* : *gruß*. Das widerspricht völlig dem Sprachstand der Handschrift (vgl. etwa zum formelhaften *oun allen grauß* v. 78) und muß als Versehen korrigiert werden.

259 *weisircher*] Zu *irch* »weißgegerbtes (Bocks-)Leder, bes. von Gemsen, Hirschen und Rehen« (Lexer III, Sp. 1449).

354 *frid und suon*] Vgl. Komm. zu Kaufringer, *Unschuldige Mörderin* (Nr. 30), v. 546.

414 *frainde*] Mhd. *vriunt* (zur schwäbischen Schreibform vgl. Komm. zu Nr. 29, v. 176) sind sowohl Freunde wie Verwandte.

416 *seins weibes fraind*] Die Verwandten der Frau sind zur Rechtshilfe berechtigt und verpflichtet; indem ihnen deren Untaten vor Augen geführt werden, kann der Ritter die Gefahr ihres Eingreifens abwenden.

476 *gespächt*] Kollektivum zu *spaht* »lautes Sprechen, Geschwätz« (Lexer I, Sp. 922).

29
HEINRICH KAUFRINGER
DIE SUCHE NACH DEM GLÜCKLICHEN EHEPAAR

Zu *Überlieferung* (hier: Bl. 302r-311v), *Text* (Sappler, Kaufringer I, S. 92-104) und *Autor und Entstehung* vgl. Komm. zu Nr. 27.

Weitere Ausgabe: Euling, Kaufringers Gedichte, S. 99-112.

Motivik, Quellen, Thematik

Die Geschich te ist aus drei Blöcken zusammengesetzt, von denen zwei selbständig oder kombiniert auch sonst überliefert sind:

1. Die ›Buße der Ehebrecherin‹ (EM II, Sp. 1076-1082 [Kurt Ranke]), die von ihrem Gatten gezwungen wird, mit dem Skelett ihres getöteten Liebhabers zu leben oder aus seiner Hirnschale zu essen und zu trinken, ist zuerst (um 1300) in den *Gesta Romanorum*, Nr. 56 (S. 355 f.; deutsch von Grässe, S. 80-83) belegt; wohl ihnen entnommen ist Kap. 223 in Johannes Paulis *Schimpf und Ernst*, Nr. 223 (S. 143 f.), davon abgeleitet wiederum ein Meisterlied des Hans Sachs (RSM Nr.[2]S/2041a).
   In die französische Literatur ist das Motiv durch Margarete von Navarra, *Heptaméron* [1542], Nr. 32 (S. 242-246, deutsch von Widmer, Heptameron, S. 403-410: *Von der seltsamen Buße einer deutschen (!) Edelfrau* [S. 787]) eingeführt worden, in die italienische mit Matteo Bandello, *Novelle* II,12 (Bd. 1, S. 788-794; deutsch von Rymarowitz, Bd. 2, S. 128-137).
   Positiv gewendet erscheint es in einem Meisterlied des Augsburger Webers Jörg Preining (1440-nach 1504), in dem der hl. Ulrich die Unschuld der Gräfin aufdeckt und die Eintracht wiederherstellt (RSM Nr.[1]Prein/2; hg. von

Thomas Cramer, *Die kleineren Liederdichter des 14. und 15. Jahrhunderts*, Bd. 3, München 1982, S. 57-61).
Umstritten ist der indische Ursprung des Motivs (*Pantschatantra*, Bd. 1, S. 436-461); Ranke (EM II, Sp. 1076) weist zu Recht darauf hin, daß der Kern, das Motiv vom Schädelbecher (Motif-Index Q 491. 5), »wohl schon sehr früh frei verfügbar war«.

2. In einen funktionalen Zusammenhang gebracht, nämlich – ähnlich wie beim Kaufringer – zur Entlarvung nur scheinbaren Glücks verwendet, wird die Geschichte dort, wo ihr das vielfach selbständige Motiv vom ›Hemd des Glücklichen‹ (AaTh 844) vorgeschaltet wird. Sie ist in reicher Variation in türkischen Volksmärchen überliefert (Wolfram Eberhard und Pertev Naílí Boratav, *Typen türkischer Volksmärchen*, Wiesbaden 1953, S. 325-327: Typ 277 ›Die Familie ohne Kummer‹), merkwürdigerweise aber auch schon im 14. Jahrhundert bei Ser Giovanni Fiorentino, *Pecorone* (1378-1385) II,1 (S. 38-43; deutsch von Gagliardi, Bd. 1, S. 28-32).
3. Einen Ansatz zu solch zielgerichteter Verknüpfung bieten bereits die *Gesta Romanorum*, die am ehesten den Ausgangspunkt von Kaufringers Fassung bilden können: hier erscheint ein Fürst (*princeps*), dem ein Kaufmann zufällig begegnet, diesem als der reichste und glücklichste Mensch – das Servieren der Speisen auf dem Totenkopf belehrt ihn eines Besseren.

Der Kaufringer hätte also – analog zu den unter 2. verzeichneten Versionen – den Zufall der Begegnung zur gezielten Suche ausgebaut und die erste Station des entlarvten Unglücks um eine zweite, wiederum und in besonders kruder Weise auf sexuelle Unersättlichkeit zugespitzte (›Der Bauer im Keller‹), ergänzt, für die bisher keine Parallelen bekannt sind. Erreicht wird dadurch eine Verstärkung der vermittelten Einsicht vom trügerischen Glück und zusammen mit der Motivierung der ›Ausfahrt‹ (Unzufriedenheit mit dem Geiz der sonst vorbildlichen Ehefrau) die Lehre von der Unvollkommenheit der Welt und der notwendigen Zufriedenheit mit dem Gegebenen. Das Märe ist auf diese Weise gezielt als Exempel organisiert, aber zugleich ist in der überspitzten Kraßheit der Motive die Gültigkeit des Gelehrten in Frage gestellt. Kaufringers Auseinandersetzung mit dem Typus des lehrhaften Märe mündet hier in die nicht entschiedene Alternative: belegkräftiger Kasus oder abstruser Einzelfall (anders Schirmer, Stil- und Motivuntersuchungen, S. 317 Anm. 67: »gewiß ernsthaft das Vorbild für eine moralische und als christlich verstandene Besserung«).

Literaturhinweise: EM II, Sp. 1076-1082 (Kurt Ranke); Karl Euling, *Das glückliche Ehepaar*, in: Euphorion 6 (1899), S. 462-465; Fischer, Studien, S. 360 f.; Krohn, Entdeckung der Moral, S. 265-268; Stede, S. 71-75.

Stellenkommentar

3-5 *ain man* ⟨. . .⟩ *haun*] Vgl. Gn 2,24: *et adhaerebit uxori suae et erunt duo in carne una.*

7 *guot oder pein*] *Pîn* ist sonst nur substantivisch belegt (Lexer II, Sp. 270 f.; Sappler, Kaufringer II, S. 16); das ist auch hier möglich: »Gutes oder Schmerzhaftes«.

10 *maint*] Vgl. Komm. zur *Rache des Ehemannes* (Nr. 28), v. 71.

12 *ze der frist*] Beim Kaufringer häufig phraseologisch für »sogleich, sofort«, vgl. Sappler, Kaufringer II, S. 48.

18 *wird*] Mit obd. häufiger Apokope des *-e* aus *wirde* »Ansehen, Ehre, Würde«.

19 *milt*] *milte* »Freigebigkeit« ist Herrentugend, die sozial als Verpflichtung aus der privilegierten Stellung des adeligen Herrn folgt und zugleich Glanz und Charisma des Adels vor Augen zu führen hat (vgl. Bumke, Höfische Kultur, S. 369, 434 f., 481 f.). Hier wird sie programmatisch für einen *reichen burger* (v. 16) in Anspruch genommen, der sich damit durchaus auch der Kritik aussetzt. Vgl. Komm. zu v. 45.

22 *erentrich*] Wörtlich: »reich an Ansehen« (zum unorganischen *t* im Auslaut des ersten Kompositionsgliedes PWG § 149).

45 *ze milt*] Übertriebene Großzügigkeit (hier nur aus der eingeschränkten Perspektive der sparsamen Bürgersfrau zum Tadel geworden) ist auch sonst Thema in mhd. Literatur, am deutlichsten im *Pfaffen Amis* des Strickers; vgl. dazu Hedda Ragotzky, *Die kunst der milte. Anspruch und Funktion der milte-Diskussion in Texten des Strickers*, in: *Gesellschaftliche Sinnangebote mittelalterlicher Literatur*, hg. von Gert Kaiser, München 1980, S. 77-79.

64 *widerpillen*] Wörtlich: »entgegenbellen« (Lexer III, Sp. 829).

90 *gemuot*] Wörtlich: »gesinnt, gestim mt«.

102-105 Syntaktisch unklar gegliedert; Sappler (Kaufringer I, S. 289) erwägt als Alternative: Punkt nach v. 101, Komma nach v. 105.

103 *niendert*] Wörtlich: »nirgendwo«. Im Mhd. kann die Verneinung eines Hauptsatzes auf den abhängigen Satz übergreifen, auch wenn dieser für sich genommen – so wie hier – nicht verneint ist (PWG § 441). Im Nhd. muß dann positiv formuliert werden: »irgendwo«.

115 *daz*] Kontrahiert aus *da ze*.

121 *kainerlai*] Vgl. Komm. zu v. 103.

139 *aubentüre*] Mhd. *âventiure* (hier mit schwäb. Diphthongierung des *â*, vgl. Vorbemerkung zu Nr. 27) ist zentraler Begriff in der höfischen Epik, insbesondere im Artusroman. *Aventiure* ist das unvermutete gefährliche Ereignis, das dem Ritter begegnet oder das er sucht, um sich zu bewähren und einen Namen zu machen (dazu etwa Köhler, Ideal und Wirklichkeit, S. 66-88). Im 15. Jahrhundert steht dieses Prinzip mehrfach literarisch zur Diskussion, vgl. etwa Jan-Dirk Müller, *Funktionswandel ritterlicher Epik am Ausgang des Mittelalters*, in: *Gesellschaftliche Sinnangebote mittelalterlicher Literatur*, hg. von Gert Kaiser, Tübingen 1970, S. 11-59. Vgl. auch v. 298 und 375.

140 f. *mein herz* ⟨. . .⟩ *wissen*] Wörtlich: »Mein Herz strebt sehr danach, das von Euch zu wissen«.

145 *läf]* Aus *löufe* (*ä* < *öu*: vgl. Frnhd. Gr. I/1, § 79 Anm. 9), Plural zu *louf*, »Angelegenheiten, Ereignisse«.

153 *ain wenig ze karg]* Dem Zusammenhang nach hier als Litotes aufzufassen: Stilfigur der Untertreibung, die im Nhd. verdeutlicht werden muß (PWG § 436).

164 *an ainer statt]* Muß nach der nhd. Satzsemantik negativ formuliert werden; im Mhd. schlägt der positive Gesamtsinn des Satzes auf die Konstruktion durch: vgl. PWG § 444 (analog zur entsprechenden Wirkung des negativen Gesamtsinnes, vgl. PWG § 441).

176 *frainden]* Schwäbische Schreibform für *friunden/freunden*, vgl. Frnhd. Gr. I/1, § 82 Anm. 9.

179 *saitenspil]* Eigentlich unspezifisch: »Saiteninstrumente, Musik auf Saiteninstrumenten«.

184 *fräuden]* Das von Sappler aus der Handschrift übernommene *frauden* (vgl. aber *fräuden*, v. 200) geht wohl auf unterlassene Umlautkennzeichnung zurück (vgl. Frnhd. Gr. I/1, § 79 Anm. 9); ich setze die umgelautete Form ein. – *wuot]* Präteritum von *wüeten* (mit Rückumlaut und Synkope in der Endung, vgl. PWG § 262 und 54): »wütete« (= tobte, sprang).

198 *behept]* In unterschiedlicher Bedeutung auf zwei Objekte (*ew*: »zurückhalten«, *wirtschaft*: »veranstalten«) bezogen. Vgl. PWG § 493.

210 *trat]* Bair. Form von *drâte* »schnell, eilig«, mit Hyperkorrektur eines vermeintlich der binnendeutschen Konsonantenschwächung (PWG § 101-103) unterlegenen, also aus *t* entstandenen *d*.

213 *sant Johanns minn]* *Minne* »Gedenken, Erinnern« (erst sekundär zusammengefallen mit *minne* »Liebe«, vgl. Kluge/Seebold, S. 480), also »Trunk zum Gedächtnis des (heiligen) Johannes«. »Johannes (der Evangelist) soll vergifteten Wein ohne Schaden getrunken haben, der ihm geheiligte Trunk wiederum alle Gefahr der Vergiftung abwenden« (Jacob Grimm, *Deutsche Mythologie*, Wien und Leipzig 1939, S. 92); im mittelalterlichen Brauchtum ist das Trinken der Johannesminne mit dem Abschiednehmen verknüpft, kann aber

auch »Versöhnungs- und Freundschaftsbekundung« sein (LMA VI, Sp. 651). »Das makabre Gefäß macht dieses Sühne-Ritual zu einem sadistischen Zwang ständiger Erinnerung und symbolischer Lossagung« (Krohn, Entdeckung der Moral, S. 265 Anm. 24).

220 *es]* Gemeint ist die Johannesminne. – *von dir]* »Aus deinen Händen«?

230 *oun wal]* Wörtlich: »Ohne daß sie die Wahl gehabt hätte«. Vgl. auch v. 241.

249 *wau]* *Wâ* mit schwäbischer Diphthongierung; vgl. Vorbemerkung zu Nr. 27.

276 *ruob]* Apokopierte Form von *ruowe* mit bairischem *w* > *b*-Wechsel, vgl. Frnhd. Gr. I/1, § 131,3.

288 *lant;]* Interpunktion abweichend von Sappler (*lant,*). Der doppelte Bezug von v. 288 (zu v. 287 und 289) kann so vermieden werden.

297 *hüpsch]* Die ursprüngliche Bedeutung »höfisch« (< *hövesch*) mag hier noch anklingen; vgl. DWb IV/II, Sp. 1851-1855.

326 *grein]* Synkopierte Form des Infinitivs *greinen* < *grînen* (Lexer I, Sp. 1086: »den mund verziehen: lachend, knurrend, winselnd, weinend«).

327 *als weit und ich]* »Manchmal kann subordinierendes *und* durch Hinzutreten zu einem adverbialen Ausdruck diesem Konjunktionscharakter verleihen« (PWG § 465 Anm. 1).

352 *tagen]* Bair. Form von *dagen* »schweigen« mit Hyperkorrektur der vermeintlichen Konsonantenschwächung, vgl. Komm. zu v. 210.

366 *saur]* Belege für *sûr* als Attribut von Menschen (»hart, böse, schlimm, grimmig«): BMZ II/2, S. 755.

368 *behuot]* Synkopierte Form des Partizip Präteritum von *behüeten* mit Rückumlaut: *behuotet*, vgl. Komm. zu v. 184.

370 *windspraus]* Wohl eine volksetymologisch motivierte Nebenform zu »Windsbraut« (DWb XIV/II, Sp. 318): »Wirbelwind, Windstoß«.

371 *als]* »Alles«.

392 *entrant]* Zu *en-trennen* »auftrennen, auflösen, zerhauen«: Lexer I, Sp. 579 f.

404 *frainden]* Schwäbische Schreibform für *friunden/freunden*, vgl. Komm. zu v. 176.

458 *zerzaisen]* Wörtlich: »zerzausen, zerrupfen« (Lexer III, Sp. 1051 f. und 1095).

464 *geren]* Die Genitivkonstruktion ist sinnvoll nur zu verstehen, wenn *geren* als »Schoß« gelesen wird (vgl. DWb IV/I, 2, Sp. 2545 f.) und nicht als das Adverb »gern« (so Sappler, Kaufringer II, S. 57).

30
HEINRICH KAUFRINGER
DIE UNSCHULDIGE MÖRDERIN

Zu *Überlieferung* (hier: Bl. 349v-363v), *Text* (Sappler, Kaufringer I, S. 154-173) und *Autor und Entstehung* (vgl. die Verfassersignatur in v. 763) vgl. Komm. zu Nr. 27.

Weitere Ausgabe: Euling, Kaufringers Gedichte, S. 166-186.

Übersetzungen: Spiewok, Decamerone, S. 393-407; Viviani, S. 229-240.

Motivik, Quellen, Thematik

Geschichten von der Mörderin wider Willen, die sich in der Konsequenz ihrer ersten Untat zu einer Mordserie gezwungen sieht, aus der sie am Ende doch ohne Strafe hervorgeht, sind merkwürdig verstreut überliefert. Für das Verständnis von Kaufringers Märe spielen dabei zwei Gruppen von Erzählungen eine Rolle:

Eine, in der der erste Tote ein Liebhaber der Frau ist, der sich im Einverständnis mit ihr versteckt und dann aber in seinem Versteck erstickt; die Mordserie wird hier erst dadurch ausgelöst, daß der für die Beseitigung der Leiche gedungene Helfer als Lohn die Liebe der Frau fordert und notgedrungen erhält, nach der Beseitigung der Leiche aber getötet wird. Diese Version ist in zwei Fassungen überliefert, deren historischer Zusammenhang völlig ungeklärt ist:

– einer persischen, die im 17. Jahrhundert (ca. 1650) im Rahmen des Romans *Bahar-Danush* (= *Garden of Knowledge*) des Einaiut Oollah erzählt wird (in knapper Zusammenfassung enthalten in der englischen Übersetzung des *Bahar-Danush* durch Jonathan Scott, Shrewsbury 1799, Bd. 3, S. 293 f.; danach abgedruckt bei Köhler, Le conte de la reine I, S. 583 f., und in deutscher Übersetzung bei Ruh, Unschuldige Mörderin, S. 172);
– einer altirischen im *Buch von Leinster* aus der Mitte des 12. Jahrhunderts (Nacherzählung bei Köhler, Le conte de la reine II, S. 610 f.).

Eine andere, in der wie beim Kaufringer die Liebesnacht durch Täuschung (in der Maske des eigentlichen Bräutigams) erschlichen oder durch Gewalt erzwungen (lateinische Exempelfassung) wird:

– die altfranzösische Verserzählung *De la royne qui ocist son seneschal*, hg. von Dominique Martin Méon, *Nouveau recueil des fabliaux et contes inédits, des poètes français des XIIe, XIIIe, XIVe et XVe siècles*, Paris 1823, Bd. 2, 256-278 (davon abhängig ist ein gereimtes Mirakelspiel aus dem 15. Jahrhundert, vgl. Ruh, Unschuldige Mörderin, S. 173); deutsch bei Ernst Tegethoff, *Französische Volksmärchen*, Jena 1923, Bd. 1, S. 109-113;
– ein Exempel in einer englischen *Gesta Romanorum*-Übersetzung aus dem 14./15. Jahrhundert (London, British Library, Add. 9066), hg. von Sidney John Hervon Herrtage, *The Early English Versions of the Gesta Romanorum*, London 1879, S. 394-396 (= Nr. 77);
– einem lateinischen Exempel aus einer Breslauer Handschrift aus der Mitte des 14. Jahrhunderts (I. F. 115, Bl. 195va-196ra), hg. von Klapper, Erzählungen des Mittelalters, S. 128 f. (deutsch) und 330 f. (lat.);
– einem weiteren lateinischen Exempel (nicht bei Ruh, Un-

schuldige Mörderin, S. 173) in der *Compilatio singularis exemplorum* (hg. von Alfons Hilka, *Neue Beiträge zur Erzählungsliteratur des Mittelalters [die Compilatio singularis exemplorum der Hs. Tours 468, ergänzt durch eine Schwesterhandschrift Bern 679]*. Sonderabdruck aus dem 90. Jahresber. d. Schlesischen Gesellschaft f. vaterländische Cultur, Breslau 1913, S. 15 f.; deutsch von Wesselski, Märchen des Mittelalters, S. 46 f.). Vgl. auch Tubach, Index exemplorum, Nr. 4023 und 5101.

Der Grundriß, der diesen Erzählungen zugrunde liegt, gleicht dem des Kaufringers: drei Morde, die sich jeweils aus dem Zwang zur Verdeckung der Schande und zur Vertilgung der Spuren der vorhergehenden Untat ergeben. Einzelne Abweichungen »sind leicht als individuelle Ausformungen zu erkennen« (Ruh, Unschuldige Mörderin, S. 176). Gemeinsam ist allen diesen Fassungen (und auch der irischen) ein vom Kaufringer abweichender Schluß: Die Königin beichtet ihre Schuld einem Priester, dieser fordert wiederum ihre Liebe als Preis für die Wahrung des Beichtgeheimnisses, die Königin widersteht jetzt und bricht damit die fatale Serie, gerät in (die Gefahr der) Schande und wird durch das Eingreifen des Himmels (Wunderzeichen) gerechtfertigt.

Der Kaufringer, dem sicherlich keine der überlieferten Fassungen als Quelle vorlag (Ruh, Unschuldige Mörderin, S. 178 Anm. 15), hat diesen Grundriß vor allem in zwei Punkten abgeändert und damit konsequent zugespitzt:

– er hat im Diener des Ritters als Anstifter einen weiteren Bösewicht eingeführt und damit die Reihe der Opfer um ein (indirektes) viertes vermehrt: eine Verstärkung des durch das Böse ausgelösten unausweichlichen Zuges in die Zerstörung;
– er hat den gnadenhaften Eingriff des Himmels durch die Großmut des Königs ersetzt (theologisch durchaus zweifelhaft: Ruh, Unschuldige Mörderin, S. 178 f.) und damit die Zwangsläufigkeit des Bösen durch Menschlichkeit und Verständnis gebrochen.

Diese Lösung kommt nicht nur ›motivgeschichtlich‹ unerwartet, sie dürfte es auch nach der Erwartung der Hörer sein. Das akzentuiert ihre Bedeutung als (an krudem Stoff sichtbar gemachtes) Signal der Humanität. Möglich ist sie, weil sie ganz auf die Beziehung zwischen Mann und Frau beschränkt bleibt und weder die öffentlichen noch die theologischen Aspekte zur Debatte stehen; eine solche Einsträngigkeit ist im Märe möglich. Man braucht deshalb die *Unschuldige Mörderin*, »wohl das beste Gedicht K⟨aufringers⟩« (Stackmann, Sp. 508), auch nicht als »experimentelle Sonderfertigung« an den Rand des Gattungsspektrums zu rücken (Fischer, S. 100).

Literaturhinweise: Euling, Studien über Kaufringer, S. 87-91; Fischer, Studien, S. 100, 360 (Lit.); Reinhold Köhler, *Le conte de la reine qui tua son senéchal*, in: Romania 11 (1882), S. 581-584 (= I), 15 (1886), S. 610 f. (= II); Krohn, Entdeckung der Moral, S. 270; Kurt Ruh, *Kaufringers Erzählung von der ›Unschuldigen Mörderin‹*, in: K. R., *Kleine Schriften*, hg. von Volker Mertens, Bd. 1, Berlin und New York 1984, S. 170-184; Stede, S. 108-116; Arthur Ludwig Stiefel, *Zu den Quellen Heinrich Kaufringers*, in: ZfdPh 35 (1903), S. 492-506; VL[1] V, Sp. 506-510 (Karl Stackmann); VL[2] IV, Sp. 1076-1085, bes. 1084 (Paul Sappler).

Stellenkommentar

8 *als*] »Alles«.

15 *oun*] Mit schwäbischer Diphthongierung von *ô* bzw. *â* > *ou/au*, vgl. Vorbemerkung zu Nr. 27.

35 *graufen*] Mit schwäbischer Diphthongierung von *â* > *au*, vgl. Vorbemerkung zu Nr. 27.

39 *heirat*] Nicht nur »Heirat«, sondern »eig⟨entlich⟩ Zurüstung dazu« (BMZ II/1, S. 576; vgl. DWb IV/II, Sp. 891-893).

62 *unendlich*] Zu *unendelîch* »liederlich, schlecht«, vgl. Le-

xer II, Sp. 1818. Kaufringer verwendet das Wort nur an dieser Stelle (Sappler, Kaufringer II, S. 125).

64 *aubentür]* Mit schwäbischer Diphthongierung aus *âventiure*.

66 *bedort]* Zu *betœren* »zum tôren machen, äffen, betrügen« (Lexer I, Sp. 238) mit Konsonantenschwächung.

81 *heint]* *Hînt* aus *hînaht* »diese Nacht« hat hier offensichtlich seine präzise Bedeutung »heute Nacht« bereits verloren, wie die Doppelung *heint ze nacht* zeigt. Vgl. aber v. 86 und 94.

111 *gedar]* Zu *tar* »ich wage« mit Konsonantenschwächung.

162 *trat]* Zu *drâte* »schnell, eilig« mit offensichtlicher Hyperkorrektur aufgrund der durch die »binnendeutsche Konsonantenschwächung« ausgelösten Unsicherheit. Vgl. auch v. 195, 278, 365, 407, 518.

192 *slagprugg]* Bair. Form von *slagebrücke* mit Apokope des *e* (PWG § 53), verschobenem *b* > *p* und Konsonantenschwächung.

194 *in ⟨. . .⟩ schein]* Wörtlich: »die Person des Königs vortäuschend« (vgl. Lexer II, Sp. 747).

211 *und]* Von Sappler gegen die Handschrift ergänzt.

224 *peit]* 2. Ps. Pl. zu mhd. *bîten* »warten«: *bîtet*, mit anlautendem bair.-schwäb. *p* < *b*, oberdeutscher Diphthongierung und Synkope des *e* (PWG § 54).

248 *dorothem]* Zu mhd. *tôreht*/*tœreht* »töricht, närrisch, dumm« mit Konsonantenschwächung und einer wohl individuellen h-Metathese (*ht* > *th*).

279 *pottich]* Zu mhd. *botech* »Leib, Rumpf« (Lexer I, Sp. 331).

280 *ze pfande lan]* Die wörtliche Übersetzung (»als Pfand überlassen«) verfehlte die Situation; anzuknüpfen ist offensichtlich an Wendungen, in denen *ein pfant lâzen* für »besiegt werden, das Leben verlieren« steht, z. B. *ir müezet uns hie lâzen ein pfant* (Wirnt von Gravenberg, *Wigalois*, v. 2917). Vgl. BMZ II/1, S. 478.

301 *habt]* Zu mhd. *houbet* »Haupt«. Zu bair.-schwäb. *a* < *ou* vgl. Frnhd. Gr. I/1, § 79,I Anm. 9.

326 *als]* »Alles«.

358 *waug]* Zu mhd. *wâc* »Woge, Flut, Wasser« mit schwäb. Diphthongierung.

374 *pracht ze gevert]* Übersetzung nach Sappler, Kaufringer I, S. 290, wohl zu *geverte* »Fahrt, Weg« (Lexer I, Sp. 960 f.).

382 *als 〈. . .〉 gelaun]* Übersetzung nach Sappler, Kaufringer I, S. 290.

388 *hör]* »Heer« (zur Rundung im Schwäb. vgl. Frnhd. Gr. I/1, § 66,1).

397 *paret]* Zu *gebâren* »sich gebärden, benehmen« (BMZ I, S. 146): *er gebârete* »er benahm sich«.

398 *er 〈. . .〉 sin]* Wörtlich: »Er hatte weder eine (anständige) Art noch Verständigkeit«. Vgl. *Bürgermeister und Königssohn* (hg. von Sappler, Kaufringer I), v. 306: *si heten weder pärd noch weis.*

427 *peit]* Zu *bîte/bît* »Zögern« (Lexer I, Sp. f.).

444 *jamers dol]* Wörtlich: »des Elends Leiden«.

461 *des]* Gegen die Handschrift und Sapplers Text aus *das* korrigiert. (Vgl. Sapplers Anmerkung, Kaufringer I, S. 290.)

463 *man 〈. . .〉 truog]* Wörtlich: »trug man (wieder) weg«.

473-616 Das Motiv von der ›Unterschobenen Braut‹ ist in der Weltliteratur weit verbreitet (EM II, Sp. 717-721; Paul Arfert, *Das Motiv von der unterschobenen Braut in der internationalen Erzählungsliteratur*, Schwerin 1897). Es tritt hier in der spezifischen Form des sog. »Brangäne-Motivs« auf, in der eine »Braut, die ihre Unschuld längst verloren hat, 〈. . .〉 ihre Dienerin 〈bittet〉, sie in der Brautnacht zu vertreten« (EM II, Sp. 719). Seine wirkungsvollste Ausgestaltung hat es im Rahmen des Tristan-Stoffes erfahren (z. B. Gotfrid von Straßburg, *Tristan*, v. 12573-12678; zur Stoffgeschichte Gertrude Schoepperle, *Tristan and Isold. A Study of the Sources of the Romance*, Frankfurt a. M. und London 1913, Bd. 1, S. 206-208); eine Einwirkung von Gotfrids *Tristan* auf den Kaufringer (Arfert, S. 43) läßt sich daraus allerdings nicht ableiten.

486 *durch ruo]* »Um der Ruhe, der Sicherheit willen« (BMZ II/1, S. 818).

487 *gemaches gan]* »Auf den Abtritt gehen« (Sappler, Kaufringer I, S. 290). Vgl. DWb IV/I, 2, bes. Sp. 3137 f.

539 *rüssen]* Zu *rûzen/riuzen* »brüllen, lärmen, summen, niesen, schnarchen« (BMZ II/1, S. 825). Vgl. Sappler, Kaufringer I, S. 290, und II, S. 105.

546 *frid noch suon]* Geläufige Doppelformel für Friedensschluß und Verständigung, in dem der formale Aspekt des Vertragsschlusses und der emotionale der Aussöhnung zusammenfallen, vgl. DWb X/IV, Sp. 1016 f.

570 *lutraiß]* Vgl. *lûtreiste* »clamosus« (»tonfertig«): BMZ II/1, S. 666; *lautreisig* »geräuschvoll«: Götze, S. 147.

573 *ob]* Im Sinne von »auch wenn«, vgl. Lexer II, Sp. 128; PWG § 461,5.

606 *set]* »Sagte«; aus der kontrahierten Form *saite* < *sagete.*

618 *waren ⟨. . .⟩ überain]* Von *über ein sîn* »eins/einig sein«; vgl. nhd. *übereinkommen* (BMZ I, hier S. 418).

648 *jamers pflicht] Pflicht* (hier: »Art, Weise, Beschäftigung«) steht oft nur als Umschreibung für die im Genitiv benannte Tätigkeit selbst (Lexer II, Sp. 254).

734 f. *den küng ⟨. . .⟩ den küng]* Sappler (Kaufringer I, S. 290) vermutet in der Wiederholung eine Textverderbnis; der Sinn ist aber deutlich: die Zofe will den König als Mann und sie will auf Dauer Königin sein.

31
HEINRICH KAUFRINGER
DREI LISTIGE FRAUEN

Zu *Überlieferung* (hier: Bl. 321^{r}-331^{v}), *Text* (Sappler, Kaufringer I, S. 116-130) und *Autor und Entstehung* vgl. Komm. zu Nr. 27.

Die Übersetzung folgt in wesentlichen Punkten Vorschlägen von Matthias Ansorge.

Weitere Ausgabe: Euling, Kaufringers Gedichte, S. 125-140.

Motivik, Quellen, Thematik

Die *Wette der drei Frauen* ist wohl der erfolgreichste Stoff innerhalb der deutschen Märenliteratur. Er ist insgesamt viermal bearbeitet worden:

- *Drei buhlerische Frauen* (um 1300?, überliefert in der Donaueschinger Handschrift 104 [l = Liedersaal-Hs.], hg. NGA, S. 111-117; vgl. VL[2] II, Sp. 224f.),
- *Drei listige Frauen A* (Mitte 14. Jahrhundert?, überliefert in der Handschrift Karlsruhe 408, abgedruckt in Schmid, Codex Karlsruhe 408, S. 135-145; vgl. VL[2] II, Sp. 228),
- Heinrich Kaufringer, *Drei listige Frauen B*,
- Hans Folz, *Drei listige Frauen C* (gedruckt Nürnberg: Hans Folz, um 1479/83 [GW 10166] und ebd. 1483/88 [GW 10167], vgl. Fischer, Studien, S. 329, Nr. 30f.).

Die Geschichte ist in drei der vier deutschen Fassungen (Ausnahme: *Drei buhlerische Frauen*, s. u.) aus vier Motiven zusammengesetzt, die auch einzeln und in anderen Kombinationen weit verbreitet sind:

1. Die Frau bringt ihren Mann dazu, sich einen angeblich faulen Zahn (als Liebesbeweis) ziehen zu lassen. So z. B. überliefert
   - bei Jakob von Vitry, *Exempla*, Nr. 248 (S. 104); deutsch von Wesselski, Mönchslatein, S. 135 f.;
   - in der *Compilatio singularis exemplorum* (abgedruckt bei Raas, Wette der drei Frauen, S. 237f.);
   - als anonymes deutsches Märe *Der Zahn* (hg. NGA, S. 134f.).
   - Auch der Kaufringer verwendet das Motiv – in gleicher Doppelung wie hier – noch einmal in anderem Zusammenhang: *Die Rache des Ehemannes* (s. o. Nr. 28), v. 31-118.

   (Weiteres bei Raas, Wette der drei Frauen, S. 236-238.)
2. Die Frau redet ihrem Mann ein, er sei tot; z. B. überliefert
   - im Fabliau *Le vilain de Bailluel* des Jean Bodel (Nykrog, Fabliaux, Nr. 150; hg. Nouveau Recueil, Bd. 5, S. 222-

249; deutsch bei Strasser, Von Lieben und Hieben, S. 48-51);
- im *Begrabenen Ehemann* des Strickers (s. o. Nr. 2, v. 167-245);
- bei Giovanni Boccaccio, *Decameron* III,8 (S. 309-320); deutsch von Witte/Bode, S. 271-281;
- in Poggios *Facezie*, Nr. 268 (S. 401 f.); deutsch von Floerke, Facezien, S. 265-267, mit mutwilligen Jünglingen an Stelle der Frau.

(Weiteres bei Raas, Wette der drei Frauen, S. 229-233, und hier im Komm. zum *Begrabenen Ehemann* [Nr. 2].)

3. Die Frau redet dem Mann ein, er sei Geistlicher; z. B. überliefert
   - bei Jakob von Vitry, *Exempla*, Nr. 231 (S. 96); deutsch bei Wesselski, Mönchslatein, S. 26;
   - in der *Compilatio singularis exemplorum* (abgedruckt bei Raas, Wette der drei Frauen, S. 235);
   - in der *Scala coeli* des Johannes Gobii junior und den *Sermones* des Johannes Herolt (vgl. Raas ebd.)

   (Weiteres bei Raas, Wette der drei Frauen, S. 234-236.)
4. Die Frau redet dem nackten Mann ein, er sei angezogen, und schickt ihn zur Kirche (im weiteren Zusammenhang der seit dem spanischen *Conde Lucanor* v. J. 1335 vielfach überlieferten Geschichte von *Des Kaisers neuen Kleidern* [Motif-Index J 2312]).

Auch der Rahmen, in den die Geschichte in den deutschen Fassungen gespannt wird, die Wette der drei Frauen um die beste List gegenüber ihrem Mann (AaTh 1406), ist literarisch und in (skandinavischen, sizilianischen, russischen) Volkserzählungen weit verbreitet (Liebrecht, Von den drei Frauen; eine Reduktionsform dazu das Märe *Der gefundene Ring*, hg. von Fischer, Märendichtung, S. 425 f.). Dabei können einzelne Episoden ausgetauscht oder hinzugefügt werden, der Umkreis des Verfügbaren bleibt aber doch bemerkenswert konstant, so daß nicht einfach von Wandermotiven in jederzeit neuer Kombination auszugehen ist (Bédier), sondern ein Erzählkonzept sich als Grundriß vererbt und (in Grenzen) variabel gefüllt werden kann (Raas).

Die den deutschen Fassungen am nächsten stehenden Verwandten, zwei altfranzösische Fabliaux, illustrieren diesen Vorgang:

– *Les trois dames qui troverent l'anel* (frühes 13. Jahrhundert), vgl. Nykrog, Fabliaux, Nr. 52; hg. Nouveau Recueil, Bd. 2, S. 215-240; deutsch von Widmer, Hexameron, S. 133-138; Strasser, Von Lieben und Hieben, S. 105-112.
– Haiseau, *Les trois dames qui troverent l'anel au conte* (nach 1218), vgl. Nykrog, Fabliaux, Nr. 53; hg. von Montaiglon/Raynaud, Bd. 6, S. 1-7.

Den beiden Fabliaux steht das deutsche Märe aus der Liedersaalhandschrift (*Drei buhlerische Frauen*), mit ihrer höfischen Färbung wohl die älteste deutsche Version, relativ nahe; es teilt mit diesen bestimmte Proben (Nachtfahrt [s. u.], Identität als Ähnlichkeit ausgegeben), aber mit keinem alle und mit jedem in unterschiedlicher Kombination. Vorlage ist keines der Fabliaux für die *Buhlerischen Frauen* gewesen.

Erst recht können sie nicht als Vorlage für die drei anderen deutschen Fassungen in Anspruch genommen werden; dafür ist die Ausfüllung der drei Listproben zu unterschiedlich: gemeinsam bleibt nur die auf die Tonsurierung aufbauende Priester-/Mönchs-Episode, anders sind die weiteren Streiche: die Frau verschwindet mit zu bratenden Fischen und kehrt erst nach einer Woche wieder heim, sie muß angeblich auf »Nachtfahrt« gehen und kehrt bei ihrem Geliebten ein oder sie läßt sich in Verkleidung von ihrem Mann selbst an ihren Liebhaber verheiraten.

Trotzdem ist der gemeinsame Grundriß, auf den alle sich beziehen, unbestreitbar, auch ohne daß er irgendwo als konkrete Erzählung zu fassen wäre.

Selbst die drei deutschen Fassungen, die sich im Vergleich mit ihren Verwandten sehr nahe stehen, können nicht in eine direkte genetische Abfolge gebracht werden. Es muß als eher unwahrscheinlich gelten, daß eine von ihnen auf einer der anderen aufbaut; sie zeichnen sich alle drei durch starke individuelle Abweichungen aus und müssen deshalb als jeveils selbständige Zeugen eines gemeinsamen Überliefe-ungszweiges (Frosch-Freiburg, Schwankmären und abliaux, S. 191) gewertet werden:

- Fassung A (Karlsruhe 408) reiht die Streiche additiv und löst sie durch einen Wettstreit um die Ehre (den Mann am besten foppen können) aus; sie setzt die Mönchs-(nicht: Priester-)Episode an die erste Stelle, macht die Tonsurierung zum Ergebnis ihrer Überredungskünste und redet dem dritten eigens gesponnene feine Kleider an den Leib.
- Fassung B (Kaufringer) löst die Wette durch den Streit um einen überzähligen Heller aus, stellt der Totenepisode als grausige Bedrängung des Delinquenten die mutwillige Extraktion zweier Zähne voraus, setzt die heimlich vorgenommene Tonsurierung als Beweismittel für den Betrogenen ein, führt die drei Opfer in der Kirche zusammen und löst mit der alle Bosheit übersteigenden Kastrierung des dritten eine komische Katastrophe aus.
- Fassung C (Hans Folz) läßt die Wette durch einen gefundenen Gürtel auslösen (vgl. die beiden Fabliaux: gefundener Ring), teilt mit B die Zusammenführung der Opfer in der Kirche und die Tonsurierung im Schlaf, aber keine seiner anderen motivischen Besonderheiten.

Ieinrich Kaufringer hat dem verbreiteten Stoff seine konequenteste und damit auch seine grausigste Form gegeben. Der Rangwettstreit der Frauen auf Kosten ihrer Männer herkömmlich: unter Berufung auf ihre Männer) wird durch las materielle Detail des Hellers ernsthafter als im Wettstreit ım Witz; die vorangesetzte Zahnextraktion zeigt gleich zum Anfang an, daß dieser Ernst bis zur Bereitschaft zu körperlicher Verstümmelung reicht, die ihren radikalen Höhepunkt n der durch keinen ›Witz‹ und keinen ›Wettbewerb‹ mehr begründeten Kastration des dritten Bauern findet. Die radikale Bosheit, die im Gebrüll des Opfers allen vor Augen geführt wird, begründet einen bestürzenden Schluß: mit einem Male ist auch in der Erzählung die scheinbare Selbstverständlichkeit des Foppens und Überlistens, aus dem die ınderen Fassungen eine boshaft-versöhnliche Schlußfrage ziehen können, gebrochen. Der ›blutige‹ Ernst, bis zu diesem Punkte funktional abgewickelt, wird mit einem Schlag ins Bild gesetzt: die Betroffenen – in den anderen Fassungen und überall sonst im Märe nur Demonstrationsobjekte – werden sich der Ungeheuerlichkeit des Vorfalles und darin ihrer selbst bewußt – und sie fliehen aus dieser Gesellschaft in die Wildnis. Ihr Weg zurück aber wird daran gebunden, daß sie doch wieder in die Illusion zurückfallen und *erkennen* (!), *mit sehenden augen plind* zu sein – da sie doch eben erst sehend geworden sind.

Das Märe des Kaufringers – bedeutend in seinem Durchbrechen der einsträngigen List-Intellektualität des Märe und seiner Figuren-Mechanik – hat wohl keine Nachwirkung gehabt; die weitere Verbreitung des Drei-Frauen-Schwankes in der deutschen Literatur geht von Hans Folz aus.

Literaturhinweise: Bédier, Les Fabliaux, S. 265-271; Euling, Studien über Kaufringer, S. 79-84; Fischer, Studien, S. 358 f (Lit.); Frosch-Freiburg, Schwankmären und Fabliaux, S. 177-192; Jonas, Versschwank, S. 81-87; Felix Liebrecht, *Von den drei Frauen*, in: Germania 21 (1876), S. 385-404; Jan-Dirk Müller, *Noch einmal: Maere und Novelle. Zu den drei Versionen von den Drei listigen Frauen*, in: *Philologische Studien. Festschrift für Elfriede Stutz*, hg. von Alfred Ebenbauer, Wien 1984, S. 289-311; Raas, Wette der drei Frauen; Schirmer, Stil- und Motivuntersuchungen, S. 239 Anm. 3; Stede, S. 86-94; Strasser, Vornovellistisches Erzählen, S. 329.

Stellenkommentar

6 *aubentür*] Mit schwäbischer Diphthongierung aus *âventiure*, vgl. Vorbemerkung zu Nr. 27.

15 *gaun*] Mit schwäbischer Diphthongierung aus *gân*, vgl. Vorbemerkung zu Nr. 27.

24 *mit der vert*] Lexer III, Sp. 25 belegt dafür nur die Bedeutung »sogleich«, was als Übersetzung auch an dieser

·telle möglich wäre. Die weiteren Belegstellen beim Kaufringer (vgl. Sappler, Kaufringer II, S. 39) sprechen aber her für weniger spezifisches »bei dieser Gelegenheit, dabei, lann«.

25 *haller]* Ursprünglich die Münze der Stadt Schwäbisch Hall (erstmals 1189 erwähnt), im Laufe des 13. und 14. Jahrhunderts als Zahlungsmittel in ganz Süd- und Mitteldeutschand und bis nach Westfalen und Friesland verbreitet (LMA V, Sp. 2122).

37 *wollich]* Mit schwäb. Rundung von *e* > *ö* (vgl. Frnhd. Gr. I/1, § 66,1), nicht gekennzeichnetem Umlaut (*o*) und Sproßvokal (vgl. Gr. Frnhd. I/1, § 34,1) aus mhd. *welch*.

51 *häbrein]* Aus dem mhd. Adjektiv *häberîn/heberîn* »aus Hafer« (Lexer I, Sp. 1200) mit bair. Endsilbendiphthongierung (vgl. Gr. Frnhd. I/3, § 33).

59 *gestiften]* Von *stiften* »erdichten, ersinnen« (Lexer II, Sp. 1192).

68 *kiuß]* Wörtlich: »wähle ich, koste ich«, zu mhd. *kiesen*.

71 *wirt]* Zu *werren* »stören, schaden, verdrießen« (Lexer II, Sp. 792); kaum zum nicht belegten *wirren* wie Sappler, Kaufringer I, S. 289.

72 *waumit]* Mit schwäb. Diphthongierung aus *wâmit* »womit«.

120 *bis geholfen]* Imperativ des Verbums *sîn* (vgl. PWG § 382) plus aktivische Verwendung des Partizip Präteritum von *helfen* (vgl. PWG § 331): »sei helfend«.

165 *dar hinderkommen]* Entsprechend dem auch von Sappler zugrundegelegten Textverständnis (Kaufringer I, S. 289: »Er war schon zu weitgehend betrogen worden«) sollte die Wortabteilung anders gewählt werden als dort (*darhinder kommen*); zu *hinderkomen* »hintergehen, betrügen« vgl. Lexer I, Sp. 1294.

182 *oun all gepär]* Wörtlich: »ohne jede Zurückhaltung« (vgl. Sappler, Kaufringer I, S. 289); zu *gebâr/gebære* »Benehmen, Schicklichkeit« vgl. Lexer I, Sp. 747.

192 *wont]* Aus mhd. *wânte* (zu *wænen* »glauben«) mit bairischem *o* < *â*, vgl. Frnhd. Gr. I/1, § 75,2. Vgl. auch v. 210.

202 *peit]* Zu *bîte/bît* »Zögern« (Lexer I, Sp. f.).

214 *verclagen]* »Zu Ende klagen, vollständig beklagen« (Lexer III, Sp. 144 f.).

229 *par]* *Bâre*, eigentlich »Totenbahre«, auch »Katafalk« (Lexer I, Sp. 127); vgl. auch v. 264: *zuo der par herauß* (!).

233 *pracht zuo gevert]* Übersetzung nach Sappler, Kaufringer I, S. 289 (vgl. ebd. S. 290); wohl zu *geverte* »Fahrt, Weg« (Lexer I, Sp. 960 f.).

250 *torothen]* Zu mhd. *tôreht/tœreht* »töricht, närrisch« (vgl. Komm. zur *Unschuldigen Mörderin* [Nr. 30], v. 248).

260-262 Die Deutlichkeit dieser Beschreibung hat einen späteren Besitzer oder Leser der Handschrift im 16. Jahrhundert zu Korrekturen veranlaßt. Danach *setzt* der Knecht die Frau *neben* sich (v. 260), er legt sich *an jre* Beine (v. 262) und *schertzt* mit ihr (v. 263).

263 *on allen grauß]* Zur Bedeutung »furchtlos, ohne Bedenken« vgl. DWb IV/I, 5, Sp. 2180.

278 *lag]* »Nachstellung« (Lexer I, Sp. 1812).

302 *wißt]* Von Sappler dem Sinne nach gegen die Handschrift ergänzt.

307 *scharsach]* Nebenform zu *scharsahs* »Schermesser« (Lexer II, Sp. 669).

332 *nit markt des weibes kos]* Wörtlich: »das Gerede (vgl. Lexer I, Sp. 1686: *kôse, kœse*) der Frau nicht merkte«; zum Rückumlaut in *markt(e)* zu *merken* vgl. PWG § 262.

345 *der puoch nicht enkan]* Im engeren Sinne heißt das auch: »nicht lesen kann« (vgl. Blanka Horacek, *Ichne kan decheinen buochstap*, in: *Festschrift für Dietrich Kralik*, Horn 1954, S. 129-145). Lesefähigkeit und erst recht Buchgelehrsamkeit sind auch im 15. Jahrhundert noch weitgehend an klerikale Bildung gebunden (vgl. dazu etwa Herbert Grundmann, *Litteratus – illiteratus. Der Wandel einer Bildungsnorm vom Altertum zum Mittelalter*, in: Archiv f. Kulturgeschichte 40 [1958], S. 1-63). Parallelen aus dem *Pfaffen Amis* des Strickers (v. 1354, 1429, 1675) bei Raas, Wette der drei Frauen, S. 267.

375 *ich kan doch kainen buochstab]* Der Anklang an die

nahezu gleichlautende Formulierung in Wolframs von Eschenbach *Parzival*, v. 115,27, ist wohl eher zufällig; sicher ist aber hier eher als dort Lese- und Schreibfähigkeit statt gelehrter Bildung insgesamt gemeint. Vgl. Hans Eggers, *Non cognovi litteraturam (zu ›Parzival‹ 115,27)*, in: *Festgabe für Ulrich Pretzel zum 65. Geburtstag*, Berlin 1963, S. 162-172. Parallelen aus der Märendichtung (Heinrich Rafold) und einem Neidhartspiel bei Raas, Wette der drei Frauen, S. 267.

377 *trat]* Zu *drâte* (vgl. v. 382) »schnell, eilig« mit offensichtlicher Hyperkorrektur aufgrund der durch die »binnendeutsche Konsonantenschwächung« ausgelösten Unsicherheit.

381 *gelabt]* Aus *geloubte* mit bair.-schwäb. Monophthongierung von *ou* > *a* (vgl. Frnhd. Gr. I/1, § 79 Anm. 9).

415 *das opfer pringen dar]* Hier (und deutlicher noch in v. 425) wohl der Opfergang der Gläubigen zur Darbringung der Gaben im Rahmen der Meßliturgie, der in der Totenmesse einen besonders festen Platz hatte (vgl. LThK VII, Sp. 1118, 1176): als pars pro toto für die Totenmesse überhaupt. Vgl. aber v. 457 und 464.

441 *waut]* Aus *wât* »Kleidung, Gewand« mit schwäb. Diphthongierung.

446 *versach er sich]* Zur Bedeutung »Zuversicht haben« vgl. Lexer III, Sp. 222.

453 *dem]* Von Sappler gegen die Handschrift ergänzt.

459 Der Purgator, der schon in den v. 260-263 (vgl. Komm.) säubernd eingegriffen hatte, ersetzt hier *hoden* durch verschleierndes *pelgle* < *balc* »Häutchen«.

460 Wörtlich: »Er glaubte (vgl. Komm. zu v. 192), dort hänge ein Beutelchen«.

475 Der Purgator (vgl. Komm. zu v. 260-263, 459) läßt nur das *pelgle* (s. o.) aus*ziehen.*

482 f. *ruoft 〈. . .〉 das mort]* Eigentlich die Rechtsgeste, mit der ein beobachteter Mord ›beschrieen‹ und der Mörder angeklagt wurde (vgl. HRG I, Sp. 1584-87: Gerüfte); »das *mord schreien* blaßte ab zum Wehegeschrei über erlittene große Unbill« (DWb VI, Sp. 2533).

495 *luot*] Präteritum zu mhd. *lüejen* »brüllen« mit Rückumlaut (PWG § 262) und Synkope des Endungs-*e* (Gr. Frnhd. I/1, § 17): *luotet(e)*.

501 *angepruen*] Zu *anbreuen* (Sappler, Kaufringer II, S. 8) < (*ane-*) *briuwen* »brauen, mischen, verursachen« (Lexer I, Sp. 357).

543 *trappen*] »plump einherschreitende oder schwer auftretende Person oder plumper ungeschickter Mensch, gern Schimpfwort ›Tölpel‹« (DWb XI/I, 1, Sp. 1249 f.).

547 *und*] Zu *und* als Einleitung konditionaler Nebensätze vgl. Behaghel III, § 1006 (S. 312).

32
NIEMAND
DIE DREI MÖNCHE ZU KOLMAR

Überlieferung

Das Märe ist nur in einer Handschrift überliefert:

l (›Liedersaal-Handschrift‹, um 1430/33, Oberschwaben), Bl. 41vb-44rb (Abdruck: Laßberg, Lieder-Saal I, S. 309-320).

Text

Wenig zuverlässige Textabdrucke in Laßberg, Lieder-Saal I, S. 309-320, und GA III, S. 163-173. Kritische Ausgabe Niewöhners, NGA, S. 202-207; ihr folgt mit einigen beliebigen und nicht gekennzeichneten Änderungen de Boor, Mittelalter, S. 1451-1456.

Niewöhners Ausgabe stellt den Versuch dar, einen nur in einer einzigen Handschrift überlieferten spätmittelalterlichen Text nach den Maßstäben der klassischen Norm zu bessern. Das ist nur um den Preis einer Vielzahl von mehr oder weniger willkürlichen Eingriffen zu erreichen, vielfach auch solchen, die sich an einer idealisierten metrischen Norm orientieren. Ich kehre deshalb, wo immer er zu rechtfertigen ist, zum Wortlaut der Handschrift zurück. Beibehalten habe ich – neben der normalisierten Orthographie als abstrakter Verständigungsgröße – Niewöhners Besserungen nur an den – nicht wenigen – Stellen, an denen die Handschrift unverständlichen oder unsinnigen (= fehlerhaften) Text bietet. Die Stellen sind im Text kursiviert und hier zusammengestellt:

11 *in vlôch*] *jm volget* Hs. 17 *volleclich*] *frölich* Hs. 32 *der* fehlt Hs. 37 *Als si ze b. n. g.* Hs. 52 *gesprach*] *gerack* Hs. 55 *sich*] *si* Hs. 66 *sîn*] *si* Hs. 97 *Er sprach ich* Hs. 99 *tugentlich* Hs. 120 *der*] *die* Hs. 122 *arc*] *starck* Hs. 124 *do* Hs. 125 *doch* Hs. 147 *er si*] *ez* Hs. 154 *doch* Hs. 155 *ir*] *in* Hs. 157 *hette* Hs. 160 *Dez w. die m. geruchñ* Hs. 169 *genge* Hs. 199 *ervulten*] *erbaiten* Hs. 202 *ervult*] *erwolt* Hs. 213 *daz tür* Hs. 316 *vür getruoc*] *her für gefüg* Hs. 327 *für* Hs. 357 *du*] *dü alter* Hs. 363 *truoc*] *tauß* Hs. 369 *erlassen* Hs. 379 *schuoler*] *ye* Hs.

Übersetzungen: Fischer, Schwankerzählungen, S. 230-250; Weidhase/Oettinger, Minnekunst, S. 16-29; Spiewok, Decamerone, S. 95-102.

Entstehung

Die Überlieferung des Werkes gibt nur sehr ungenaue Vorgaben für seine Entstehung (vor 1430). Innere Kriterien hängen an der Bewertung der erwähnten Fakten und des Grades der angestrebten Genauigkeit. Wenn Kolmar als Schauplatz ganz realistisch genommen werden soll (dagegen: seine angebliche Lage am Rhein), kann die Geschichte erst nach 1316 (Gründung des Augustinerklosters als letztem der drei Klöster) spielen (Schupp, S. 233); für das 14. eher als für das 15. Jahrhundert sprechen auch Reimtechnik und Sprachstil. Der Autor, dessen Namen man wohl als Pseudonym und damit als Teil der literarischen Inszenierung auffassen muß (Schlußpointe: »Daß Gott dies rächt, sagt niemand/Niemand.«), beruft sich auf einen Berichterstatter aus Kolmar (v. 6), stellt sich selbst also nicht als Kolmarer vor. Eigenheiten des Wortschatzes zeigen ihn jedenfalls als Alemannen, solche der Reimsprache (v. 241: *erlaffen : slâfen*, keine Verdumpfung *â* > *o*) eher als Ostalemannen denn als Elsässer (Schupp, Anm. 14).

Motivik, Quellen, Thematik

Die Geschichte steht in ihrem Grundriß und in einer Reihe von Einzelzügen (verarmter reicher Bürger, Bestellung der Liebhaber zu festen Zeiten, Ehemann hat angeblich die Stadt verlassen, Auszahlung der Geldsumme jeweils sofort nach der Ankunft) in enger Beziehung zu einem Fabliau des Hugues Piaucele:

– *Estormi*, 13. Jahrhundert, Pikardie (Nykrog, Fabliaux, Nr. 63; hg. Nouveau Recueil, Bd. 1, S. 1-28).

Das Fabliau könnte dem Märe als Vorlage gedient haben (anders Frosch-Freiburg, Schwankmären und Fabliaux, S. 205), wäre dann aber in einigen Punkten deutlich verändert worden (Beichtversuche der Ehefrau als Vorgeschichte, Tod im siedenden Wasser, besonders: Beseitigung der Leiche durch einen unbekannten Studenten [Piaucele: den Bruder der Frau, Estormi]).

Das Fabliau steht seinerseits in einem dichten Netz von Motivbezügen mit anderen orientalischen, altfranzösischen und italienischen Erzählungen, die erkennen lassen, daß der ganze Komplex in seinen Bausteinen literarisch verfügbar war und immer wieder neu geordnet werden konnte; seinen Ausgang nimmt er vermutlich (Pillet, Paris, Suchier, dagegen: Bédier) von der orientalischen Geschichte der *Drei Buckligen*, wie sie in der hebräischen Fassung der *Sieben weisen Meister*, den *Mischle Sindabar* des 13. Jahrhunderts (Ausgabe: Paulus Cassel, Berlin 1888, S. 290-291), überliefert ist. Für die Ausgestaltung haben möglicherweise die *Segretain*-Fabels (zu ihnen unten im Kommentar zu Rosenplüts *Fünfma* getötetem Pfarrer* [Nr. 33]) ebenso eine Rolle gespielt (so Suchier, Fablelstudien, S. 574-582) wie der *Constant du Hamel* (Nykrog, Fabliaux, Nr. 38; hg. Nouveau Recueil, Bd. 1, S. 31-126), von dem der Ausbau des ersten Teils (Werbungsversuche dreier Honoratioren, Priester, Schultheiß, Förster, um die Frau des Constant) angeregt sein soll (Pillet; orientalische Parallelen: Tekinay, S. 201 f.).

Das Märe könnte auch ohne direkte Anregung durch das *Estormi*-Fabliau aus diesem weiten gemeinsamen Motivhintergrund (der zwischen mündlicher und schriftlicher Überlieferung nicht aufzuteilen ist) entstanden sein.

In diesen weiteren Rahmen gehören:

1. Geschichten, die die ›orientalische‹ Konstellation mit drei buckligen Liebhabern (Spielleuten, Brüdern) fortsetzen:
   - das Fabliau *Les trois Boçus* des Durand, 1. Hälfte des 13. Jahrhunderts, Pikardie (Nykrog, Fabliaux, Nr. 10; hg. Nouveau Recueil, Bd. 5, S. 193-207; deutsch von Bahner, Französische Geschichten, S. 101-110, Strasser, Von Lieben und Hieben, S. 30-38, Widmer, Hexameron, S. 109-115, Gier, Fabliaux, S. 75-91);
   - eine Novelle des Antonfrancesco Doni (Nr. 2), um 1543 (Doni, *Novelle*, S. 6-11);
   - eine Novelle des Giovan Francesco Straparola, Mitte 16. Jahrhundert (Straparola, *Piacevoli notti* V,3 [S. 227-237]; deutsch von Floerke, Straparola, S. 143-156).
2. Geschichten, die Priester (Mönche, Schüler) als (aufdringliche) Liebhaber einführen und so mit Elementen der Klerikersatire anreichern:
   - das (sehr knapp erzählte) Fabliau *Des IV Prestres* des Haiseau, 13. Jahrhundert (Nykrog, Fabliaux, Nr. 120; hg. von Montaiglon/Raynaud, Bd. 6, S. 42-45);
   - eine Novelle des Giovanni Sercambi, Ende 14. Jahrhundert (Sercambi, *Novelliere*, Nr. 10 [Bd. 1, S. 82-89]);
   - ein Erzähllied des Jörg Graff, 1. Hälfte 16. Jahrhundert (hg. von Keller, Erzählungen, S. 345-349);
   - die Geschichte *Von einem bawren und dreyen pfaffen, auch einem landtsknecht* von Valentin Schumann (Schumann, *Nachtbüchlein*, S. 60-63).

Diese verschiedenen Fassungen stehen sich in ihrem Erzählkern und immer wieder in signifikanten Einzelheiten nahe. Da unmittelbare literarische Beeinflussung in den meisten Fällen auszuschließen ist, spricht gerade die vielfache Bezeugung dieser Geschichte für die weite Verbreitung und Verfügbarkeit dieses ziemlich fest geformten Motivkomplexes, aus dem sich dann auch Niemand, der Dichter des deutschen Märe, bedient haben könnte.

Wenn eine eindeutige Entscheidung zwischen den beiden Alternativen (Bearbeitung des *Estormi*-Fabliaus oder eigenständige Neufassung eines präsenten Motivkomplexes) auch nicht zu treffen ist (anders Frosch-Freiburg, Schwankmären und Fabliaux, S. 205: Niemand habe »den Stoff selbständig und ohne Beeinflussung durch die vorliegenden frz. Fassungen aufgegriffen«), so sind doch die spezifischen Züge der deutschen Version klar zu erkennen: Die Konkretisierung der Geschichte durch scheinbar realistische Details (Kolmar, der Rhein, die drei Orden, die genau benannte Zeitplanung) versetzt ein eher schematisches Beispiel listiger Gegenwehr und gerechter Bestrafung so konsequent in diese historisch und lokal gegenwärtige Welt, daß der erbarmungslos und ungerührt erzählte Exempelfall als ein Kasus aus der Wirklichkeit erscheinen muß und diese damit als eine von marionettenhaften Figuren bevölkerte und nach mechanistischen Regeln und Zufällen funktionierende Einrichtung denunziert. Der satirische Gehalt ist sehr viel grundsätzlicher als es gewöhnlich gesehen wird: er richtet sich nicht einfach gegen Klerus und Mönchtum, sondern auf die gnadenlose Absurdität der Welt.

Literaturhinweise: Bédier, Les Fabliaux, S. 236-250; Fischer, Studien, S. 379f. (Lit.); Frosch-Freiburg, Schwankmären und Fabliaux, S. 199-209; Jonas, Versschwank, S. 54-81; Alfred Pillet, *Das Fableau von den Trois bossus ménestrels und verwandte Erzählungen aus früher und später Zeit. Ein Beitrag zur altfranzösischen und vergleichenden Literaturgeschichte*, Halle 1901 (Rezension: Gaston Paris, in: Romania 31 [1902], S. 136-

44); Röcke, *schade* und *market*, S. 312 f.; Schirmer, Stil- und Motivuntersuchungen, passim (Reg.); Volker Schupp, *Die Mönche von Kolmar. Ein Beitrag zur Phänomenologie und zum Begriff des schwarzen Humors* (zuerst 1968), in: Schirmer, Märe, S. 229-255; Suchier, Fablelstudien; Tekinay, Erzählmotive, S. 201-203; VL² VI, Sp. 1001-1005 (Hans-Friedrich Rosenfeld).

Stellenkommentar

1 f. *Als mir 〈...〉 wârheit*] Gleicher Beginn im *Sperber* (s. o. Nr. 21).

16 *vröuden*] Programmwort für die festliche Stimmung der höfischen Gesellschaft, bezeichnend für die höfische Stilisierung, die die Kolmarer Bürgersfrau auch sonst erfährt (*eine vrouwen minneclîch*, *schœne vrouwen*, *vrouwe vin*) und die den Kontrast zu den robusten Handlungen des Paares bildet.

28 *predier*] Ordo praedicatorum: Dominikaner.

34 *gnâde*] »elliptisch in der Anrede (vor *herre, vrouwe*) bittend oder dankend« (Lexer I, Sp. 850). Vgl. auch v. 86.

46 *gibe dir*] Der Zusammenhang fordert: »ich erlege dir (als Buße) auf« (vgl. de Boor, Mittelalter, S. 1451).

54 *swachen*] De Boors Übersetzungsvorschlag »schwach werden« (Mittelalter, S. 1452) verfehlt hier den Sinn.

79 *barvüezen*] Franziskaner; nach der anfänglichen Übung, zum Zeichen der Nachfolge Christi in Armut ohne Schuhe zu gehen. Später wurden den Ordensangehörigen offene Sandalen erlaubt. Die folgenden Verse betonen die Regelung des Ordenslebens nach dem Vorbild des traditionellen Mönchtums, die den franziskanischen Kommunitäten ursprünglich fremd war.

81 *singen unde lesen*] Doppelformel für »Gottesdienst halten, Messe lesen«, in der sich die alte Bedeutung von *singen* »mit gehobener Stimme vortragen, rezitieren« fortsetzt. Vgl. z. B. die Beschreibung von Siegfrieds Begräbnis im *Nibelungenlied* (1065,3): *ê daz man in begrüebe, man sanc unde las.* Wei-

teres DWb X/1, Sp. 1069 f. und Karl Lachmann, *Kleinere Schriften zur deutschen Philologie*, hg. von Karl Müllenhoff Berlin 1876, S. 462.

132 *in widerkîp]* »Voller Empörung« (de Boor, Mittelalter, S. 1453); vgl. Lexer III, Sp. 840 (auch zu dieser Stelle) »im Widerstreit« im Sinne von »dagegen aufbegehrend«.

146 *laste]* Nebenform zu *laschte*, vgl. Lexer I, Sp. 1887, PWG § 105 Anm. 4 und § 155.

168 *wînglocken]* Die Glocke, mit der abends das Zeichen zum Schließen der Weinhäuser gegeben wird (Lexer III, Sp 904).

169 *ginge]* »Begierig, voll Verlangen«, adverbiale Verwendung des Substantivs *ginge* (BMZ I, S. 527); vgl. auch de Boor, Mittelalter, S. 1453.

176 *metti]* Von *(hora) matutina*, der ersten Gebetsstunde im monastischen Tageslauf, nach den hier vorgestellten Zeitverhältnissen bald nach Mitternacht zu denken.

199 *daz kezzî]* Neben *kezzel* belegte Wortform mit *în*-Suffix, das auch sonst Gefäßnamen bildet (Walter Henzen, *Deutsche Wortbildung*, Tübingen [2]1957, S. 143), bezeichnend für die ostalemann. Schreibsprache der Handschrift.

234 *biuschlet]* Belegt ist *biuschen* »schlagen, klopfen« (BMZ I, S. 285; DWb I, Sp. 1199).

237 *an geleit]* Eigentlich »angezettelt, vorbereitet« (Lexer I, Sp. 60).

240 *gân.]* Interpunktion nach de Boor, Mittelalter, S. 1454.

241 *wan]* Zu *wan* »aber, allerdings« Behaghel III, § 1019.

292 *varnder schuoler]* Kann ebenso den Besucher einer Lateinschule wie einer Universität bezeichnen; die Grenze ist fließend.

298 *Rîn]* Schupp, Mönche von Kolmar, S. 233, nimmt Anstoß daran, daß der Rhein von Colmar aus »auch vor Tullas Regulierung nicht in Reichweite« war, jedenfalls nicht für einen viermaligen Weg mit einer schweren Last. Damit wird dem Märe eine unangemessene realistische Detailgenauigkeit abverlangt. Es geht eher um einprägsame als um exakt lokalisierbare Örtlichkeiten.

304 *leint]* *land* der Handschrift ist als schwäbische Form für mhd. *leinte* von *leinen* »(an)lehnen« (Lexer I, Sp. 1868 f.) zu lesen (vgl. Frnhd. Gr. I/1, § 79 Anm. 6 und Anm. 17). Niewöhners (von de Boor übernommene) Korrektur in *leite* »legte« ist falsch.

362 *niht ein ei]* formelhafte Verstärkung der Negation, vgl. BMZ I, S. 413. Vgl. auch Komm. zum *Häslein* (Nr. 22), v. 55.

389 *bîspel]* Aus *spell* »Erzählung, Bericht« und *bî-* »bei, neben«, also eine unvollständige, anderes exemplifizierende Geschichte, »Beispiel-Erzählung«. Nhd. *Beispiel* ist volksetymologisch umgeformte Weiterentwicklung dieses Wortes (vgl. Helmut de Boor, *Über Fabel und Bîspel*, München 1966).

33
HANS ROSENPLÜT
DER FÜNFMAL GETÖTETE PFARRER

Überlieferung

Das Märe ist in zwei Handschriften überliefert:
h* (um 1490, nordbairisch [Nürnberg?]), S. 99-115.
w* (zwischen 1466 und 1483, nordbairisch [Nürnberg?]), Bl. 2^r-8^r (Abdruck: Kully, Codex Weimar Q 565, S. 56-64).

Text

Die Ausgabe folgt dem von Hanns Fischer, Märendichtung, S. 217-226, auf der Grundlage der Hamburger Handschrift und mit Fehlerkorrekturen nach der Weimarer hergestellten Text. Einige unnötige Eingriffe sind rückgängig gemacht (vgl. Stellenkommentar zu v. 56 und 304).

Weitere Ausgabe: Keller, Erzählungen, S. 111-119.

Übersetzungen: Fischer, Schwankerzählungen, S. 299-305; Spiewok, Decamerone, S. 762-768.

Autor und Entstehung

In der Schlußsignatur (v. 306) wird das Märe *Hanns Rosenplüt de⟨m⟩ schnepperer* zugeschrieben, wahrscheinlich also (vgl. Komm. zu v. 306) dem bekannten Nürnberger Handwerkerdichter, der ein umfangreiches und im ganzen nur wenig erforschtes Œuvre von kleinen Reimpaargedichten (Mären u. a.), Priameln und Fastnachtspielen hinterlassen hat (Fischer, Studien, S. 152-159; Kiepe, Priameldichtung; Reichel, Rosenplüt; VL² VIII, Sp. 195-211 [Ingeborg Glier]).

Hans Rosenplüt ist 1426 (Erwerb des Bürgerrechts) und 1427 (Meisterliste der Harnischmacher) in Nürnberg bezeugt; er wird um 1400 geboren sein. Wenn es sich, wie einige Werksignaturen mit der Doppelnennung *Schnepperer Hanns Rosenplüt* nahelegen, bei ihm um die selbe Person handelt wie den Rotschmied und Büchsenmeister *Hans Schnepper/Schnepperer* (Zweifel daran bei Kiepe, Priameldichtung, S. 292-303), ist die Anwesenheit in Nürnberg durch weitere archivalische Zeugnisse für die Jahre 1429-1433 (*Hans Schnepper*) und 1444-1460 (*Hans Schnepperer*) gesichert, und sein Tod wohl für den Sommer 1460 anzunehmen (Reichel, Rosenplüt, S. 151); in diesem Jahr muß auch das letzte der Rosenplüt zugeschriebenen Werke, ein Spruch auf Herzog Ludwig von Bayern, entstanden sein.

Anhaltspunkte für eine genauere zeitliche Einordnung der Mären in die für Rosenplüt zu erschließende Lebensspanne (1426-1460) gibt es nicht.

Motivik, Quellen, Thematik

Die Geschichte greift eine Erzählkonstellation auf, die vor allem in der französischen Novellistik des 13. Jahrhunderts weit verbreitet ist. Ingesamt fünf Fabliaux von der ersten Hälfte des Jahrhunderts (*Dou Sagretaig*) bis an sein Ende (*Du Segretain Moine*) liegt sie zugrunde:

- *Du Segretain ou du Moine* (Nykrog, Fabliaux, Nr. 128; hg. von Montaiglon/Raynaud, Bd. 5, S. 115-131),
- *Du Segretain Moine* (Nykrog, Fabliaux, Nr. 129; hg. von Montaiglon/Raynaud, Bd. 5, S. 215-242),
- Jean le Chapelain, *Le dit dou soucretain* (Nykrog, Fabliaux, Nr. 130; hg. von Montaiglon/ Raynaud, Bd. 6, S. 117-137),
- *Dou Sagretaig* (Nykrog, Fabliaux, Nr. 131; hg. von Montaiglon/Raynaud, Bd. 6, S. 242-254),
- *Du prestre qu'on porte ou de la longue nuit* (Nykrog, Fabliaux, Nr. 117; hg. von Montaiglon/Raynaud, Bd. 4, S. 1-40, deutsch von Bahner, Französische Geschichten, S. 9-34).

(Zum Verhältnis dieser Fassungen neben Suchier, Fabelstudien, auch Rychner, Contribution, Bd. 1, S. 19-21.)

Kern aller Erzählungen ist der Tod eines Priesters oder Mönches im Zusammenhang einer Liebesaffäre und das Bemühen der Schuldigen, sich der Leiche zu entledigen. Die Verfahren sind jeweils darauf abgestellt, die Leiche so zu plazieren, daß jemand anderer gegen sie gewalttätig wird und seinerseits glaubt, ihren Tod verursacht zu haben. Das kann sich mehrfach wiederholen. Daß der Tote – wie bei Rosenplüt – auf ein Pferd gesetzt oder an eine Tür gelehnt wird, gehört zum Repertoire. Keine Entsprechung hat Rosenplüts Teig-Episode; auch daß der tote Priester am Ende eine fromme Bäuerin erschlägt, findet sich sonst nicht. Sonst wird vor allem die Eingangsepisode variiert; meist geht es darum, daß ein Ehemann den Kleriker als Nebenbuhler unschädlich macht; in *Dou Sagretaig* tötet ein Hammel (!) den Pfarrer Martin beim Rendezvous mit einer Schäferin.

In die italienische Novellistik hat die Geschichte bei Masuccio Salernitano (1470) Eingang gefunden (Masuccio Salernitano, *Novellino* I,1 [S. 7-19]; deutsch von Adelbert Keller, *Italiänischer Novellenschatz*, Tl. 1, Leipzig 1851, S. 275-287).

Beziehungen bestehen offensichtlich zu den Erzählungen von der Tötung verschiedener Personen in fataler Verkettung (vgl. dazu den Kommentar zu Nr 32: Niemand, *Die drei Mönche von Kolmar*).

Ungeklärt ist das Verhältnis zu einer orientalischen Fassung in den *Erzählungen aus den Tausendundein Nächten* (Bd. 1, S. 292-299: *Die Geschichte des Buckligen*). Dort fehlt das Nebenbuhlermotiv als Auslöser, Opfer ist ein Buckliger, der in seiner diskriminierenden Häßlichkeit Aggressionen auf sich zieht.

Für Rosenplüts Version ist eine genaue Vorlage nicht auszumachen (Frosch-Freiburg, Schwankmären und Fabliaux, S. 216). Sie zeichnet sich gegenüber den frz. Fassungen durch eine Zuspitzung in der absurden Beliebigkeit der Abläufe aus. Neben der Vermehrung der Todesfälle tragen dazu vor allem der unbedeutende Zufall der ›ersten‹ Todesursache (statt des erotischen ›Heldentodes‹) und die böse Rache des Leichnams an einer unschuldigen Beterin bei: Demonstration einer nicht beherrschbaren grundsätzlichen Willkür des Weltlaufs.

Literaturhinweise: Fischer, Studien, S. 388 (Lit.); Frosch-Freiburg, Schwankmären und Fabliaux, S. 210-216; Glier, Märendichter, S. 146-148; Grubmüller, Das Groteske im Märe, S. 52 f.; Haug, Theorie, S. 21 f.; Kiepe, Priameldichtung, S. 274-303; Reichel, Rosenplüt, S. 95; Walther Suchier, *Der Schwank von der viermal getöteten Leiche in der Literatur des Abend- und Morgenlandes*, Halle 1922; ders., Fabelstudien.

Stellenkommentar

Überschrift: nach der Hamburger Handschrift.

2 *pfaffe]* Die Übersetzung folgt Fischers Kommentar zu seiner Emendation (Fischer, Märendichtung, S. 541): »Hier scheint mir der Zusammenhang zunächst den allgemeineren Begriff *pfaffe* »clericus« zu fordern, der dann durch *pfarrer* »parochus« präzisiert wird.«

5 *berichten]* »Mit den Sterbsakramenten versehen« (Lexer I, Sp. 192 zu dieser Stelle); vgl. DWb I, Sp. 1522.

21 *gevattern]* *Gevatter* hat kein nhd. Äquivalent. Es be-

zeichnet eine weite Skala von Beziehungen, die vom Verhältnis des Taufzeugen zum Vater des Täuflings (*com-pater* = Mit-Vater) ihren Ausgang nehmen und über Patenschaft, Nachbarschaft bis zu bloßer Bekanntschaft reichen (vgl. DWb IV/1,3, Sp. 4640-4663). Hier ist eher eine abgeblaßte Bedeutung anzunehmen.

26 *unsern herren]* Gemeint sind die konsekrierten Hostien für die Kommunion des Sterbenden.

52 *hübschen]* Das mhd. *hövesch*, auf das *hübsch* zurückgeht, hat seine Bedeutung »höfisch« im Frühnhd. ausgeweitet auf »gesittet, fein, artig«; in dieser Bedeutung wird es, wie hier, auch ironisch verwendet. Vgl. DWb IV/2, Sp. 1851-1855.

56 *furten]* Wie in *trugen* (v. 115; beide Handschriften) = *trugen in* und *dunsen* (v. 191: Weimarer Hand schrift abweichend, aber ohne *in*) = *dunsen in* ist das Personalpronomen *in* »ihn« mit der Verbendung verschmolzen. Fischers Korrektur nur an dieser Stelle ist inkonsequent.

79 *abfretzt]* Von *veretzen*, *vretzen* »fressen machen, fressen lassen« (Lexer III, Sp. 107).

86 *verjecht]* Von reflexivem *vergâhen* »sich übereilen« (BMZ I, S. 455).

115 *trugen]* Entspricht *trugen in* (vgl. zu v. 56).

120 *giecht]* Wohl 3. P. Präs. Sg. zu *jehen* »sagen« (vgl. Gr. Frnhd. IV, § 157). Der Wechsel ins Präsens als Erzähltempus ist nicht ungewöhnlich (PWG § 305 Anm. 1). Dialektal ist auch ein schwaches Präteritum von *jehen* nachgewiesen (PWG § 249 Anm. 1).

140 *heint]* Mhd. *hînt* aus *hînaht* »diese Nacht« verliert seine präzise Bedeutung (so noch v. 133) und kann wie hier mit *hiute* »heute« zusammenfallen (DWb IV/II, Sp. 887 f.).

175 *verheiten]* Partiz. Prät. zu *verhîen* »schänden, zugrunde richten« (Lexer III, 130).

191 *dunsen]* Zusammengezogen aus *dunsen* (von *dinsen* »schleppen, zerren«) *in* (vgl. zu v. 56).

196 *schefflein]* Eigentlich (Getreide-)Hohlmaß: »Scheffel« (DWb VIII, Sp. 2034 und 2383 f.); hier nicht als bestimmtes Maß (von sehr unterschiedlicher Größe: 30-300 l), sondern als beliebiges Schöpfgefäß verwendet.

210 *riefen]* Entrundete Form (vgl. Frnhd. Gr. I/1, § 65) des schw. Verbums *rüefen* (Lexer II, Sp. 526).

231 *nu* 〈. . .〉 *gesegen]* Wörtlich: »Nun soll dich dafür gleich das Fieber segnen!« An das Fieber (*rite*) geknüpfte Verwünschungsformeln sind häufig (DWb VIII, Sp. 1052 f.); genau diese (*das euch der riet gesegen!*) ist in einem Fastnachtspiel der Rosenplüt-Tradition (*Ein spil von könig Salomon und Markolfo*, in: Keller, Fastnachtspiele, Tl. 2, Stuttgart 1853, S. 539,21) überliefert.

252 *prech]* *Brechen* in unpersönl. Konstruktion: »jem. fehlt, gebricht etwas« (BMZ I, S. 240).

304 *hat]* Von Fischer ohne Not in *het* korrigiert.

306 *Hanns Rosenplüt der schnepperer]* In dieser Verfasserangabe sind die beiden wahrscheinlich von Rosenplüt verwendeten Namen, die sonst meist getrennt erscheinen (Ausnahmen bei Reichel, Rosenplüt, S. 87-90, 93: meist in der Form *Schnepperer Hans Rosenplüt*) kombiniert. Von Zeugnissen wie diesem geht der Versuch aus, die urkundlich ohne Zusammenhang überlieferten Personen *Hans Rosenplüt* und *Hans Schnepper(er)* miteinander zu identifizieren (Kiepe, Priameldichtung, S. 292-303; Reichel, Rosenplüt, S. 59-72). Rosenplüt wäre dann der Geburtsname, *Schnepper* ein »Nürnberger Bürgername, den der Autor nach dem Seßhaftwerden in der Stadt von einem vermutlich verstorbenen Mitbürger übernimmt« (Reichel, Rosenplüt, S. 78). In Anlehnung an das Verbum *schneppern* »schwatzen, plaudern« sei daraus dann der Übername *Schnepperer* in der Bedeutung »beredsamer Poet« (Reichel, Rosenplüt, S. 78) gebildet worden (möglich allerdings auch spöttisch als »Schwätzer«, DWb IX, Sp. 1318).

In der hier vorliegenden Form der Namensnennung mit dem bestimmten Artikel und in der völlig abweichenden Verfassersignatur der Weimarer Handschrift (*Hanns zapff zue nuremberg barbirer*) sieht Reichel, Rosenplüt, S. 95, ohne zureichenden Grund einen Hinweis auf eine falsche Zuschreibung an Rosenplüt (dagegen Glier, Märendichter, S. 145).

34
HANS ROSENPLÜT
DER FAHRENDE SCHÜLER

Überlieferung

Das Märe ist in sechs Handschriften und einer Inkunabel überliefert:

d* (1460-1462, Nürnberg), Bl. 106^{v}-109^{v}: Fassung II.

g (1470/80, nordbairisch-ostfränkisch [Nürnberg?]), Bl. 18^{v}-21^{v}: Fassung I.

l* (1460-1465, Nürnberg), Bl. 50^{v}-54^{r}: Fassung II.

n^{I}. (1471-1473, Nürnberg), Bl. 31^{v}-36^{r}: Fassung I.

w* (zwischen 1466 und 1483, Nürnberg?, nordbairisch), Bl. 1^{r} (Abdruck: Kully, Codex Weimar Q 565, S. 55): nur v. 171-182 der Fassung I.

Dessau, Stadtbibliothek, Hs. Georg 150 (um 1525, ostmitteldeutsch: Sammelhandschrift mit Mären, geistlichen Reden, weltlichen Spruchgedichten, Sprichwörtern u. a.), Bl. 161^{r}-166^{v} (Reichel, Rosenplüt, S. 225 f.): Fassung II.

Inkunabel: *Von Einem Varnden Schüler*, ohne Drucker, Ort und Jahr (erschlossen: Konrad Kachelofen, Leipzig, ca. 1495): Fassung I.

Text

Das Märe ist in zwei Fassungen überliefert, die »bei annähernd gleichem Gesamtversbestand jede eine gewisse Zahl von Plus- und Minusversen« zeigen. »Einmal weicht eine Partie von 6 Versen vollständig ab (v. 11-16), sonst sind die Unterschiede meist leichterer Art« (Fischer, Märendichtung, S. 540).

Fischer ediert beide Fassungen gleichberechtigt nebeneinander (Fischer, Märendichtung, S. 188-201); ich wähle Fassung II als die in den zeitlich und örtlich autornahen Handschriften d* und l* besser überlieferte, die insgesamt – vor allem im Schlußabschnitt – auch den pointierteren Text bietet.

In der Herstellung des Fassungstextes folge ich Fischer, der sich zu recht weitgehend auf die Dresdner Handschrift stützt (zu ihr Reichel, Rosenplüt, S. 50 und 55 f.). Einige Eingriffe, die nur der Herstellung eines metrischen Gleichmaßes dienen, habe ich rückgängig gemacht (vgl. Stellenkommentar zu v. 95, 96, 97, 119, 146, 164). Die individuelle Tendenz der Dresdner Handschrift zur Verwendung nichtapokopierter und hyperkorrekter (*warde*, *sahe* etc.) Formen ist dabei berücksichtigt.

Weitere Ausgabe: Keller, Fastnach tspiele IV, S. 1172-1176.

Entstehung

Das Märe kann nur ungefähr durch die Schaffenszeit Hans Rosenplüts (vgl. Komm. zu Nr. 33) datiert werden. Seine Autorschaft gilt durch die Verfassersignatur als gesichert.

Motivik, Quellen, Thematik

Die Geschichte gehört wie des Strickers *Kluger Knecht* in eine Gruppe von Ehebruchschwänken nach dem Schema »Trickster discovers Adultery: Food goes to Husband instead of Paramour« (AaTh 1358 C).

Sie ist in ihrer knappen Form zuerst um die Mitte des 13. Jahrhunderts ungefähr gleichzeitig überliefert

- im afrz. Fabliau *Le povre clerc* (Nykrog, Fabliaux, Nr. 34; hg. von Montaiglon/Raynaud, Bd. 5, S. 192-200),
- in des Strickers *Klugem Knecht* (s. o. Nr. 1. Genaueres dort im Komm.).

In den erweiterten Fassungen begnügt der Schüler oder der Knecht sich nicht damit, den Ehebruch der Frau mit dem

Pfarrer aufzudecken und diesen bloßzustellen, sondern er demonstriert seine intellektuelle Überlegenheit noch zusätzlich dadurch, daß er den ›rehabilitierten‹ Ehemann und den ehebrecherischen Pfaffen gleichzeitig foppt, indem er den Priester zu seiner Schande nackt den Teufel spielen und ihn so vor den Augen des vor Angst schlotternden Ehemanns entkommen läßt.

Vor Rosenplüt ist diese Fassung nur in der Exempelliteratur überliefert:

- in der *Compilatio singularis exemplorum* aus der 2. Hälfte des 13. Jahrhunderts (deutsche Paraphrase bei Wesselski, Märchen des Mittelalters, S. 216 f.),
- in der *Scala coeli* des Johannes Gobii vom Ende des 13. Jahrhunderts (abgedruckt unten: Anhang).

Es ist gut vorstellbar, daß sie in der Exempeltradition ihre Ausprägung fand und Rosenplüt auch in diesem Fall von dort seine Vorlage holte.

Von der späteren Überlieferung dürfte das Fastnachtspiel des Hans Sachs (Hans Sachs, hg. von Keller/Goetze, Bd. 9, Nr. 125 [S. 72-84]) auf Rosenplüt zurückgehen, für die Reimpaarerzählung im *Esopus* des Burkhard Waldis (Waldis, *Esopus*, S. 155-162) ist das ebenfalls wahrscheinlich.

Rosenplüt bleibt im Rahmen des von der erweiterten Fassung vorgegebenen Grundrisses; er arbeitet allerdings die um moralische Skrupel nicht besorgte Raffinesse des Studenten heraus, den weder die »Rache des abgewiesenen Herbergssuchenden« (EM III, Sp. 1060) antreibt noch irgendeine Art von Gerechtigkeitssinn, sondern die pure Lust, jedermann an der Nase herumzuführen. Gerade im Vergleich mit der vorsichtigen Balance von Klugheit und Zurückhaltung, die den *Klugen Knecht* des Strickers (den er wohl nicht kannte) auszeichnet, wird die Freisetzung des Witzes als ungebundenes intellektuelles Vergnügen erkennbar.

Literaturhinweise: Blamires, Sexual Comedy, S. 104; EM III, Sp. 1055-1065: Ehebruch belauscht (Rainer Wehse); Fischer, Studien, S. 388 f. (Lit.); Frosch-Freiburg, Schwankmären und Fabliaux, S. 80-86; Grubmüller, Das Groteske im Märe, S. 49-51; Jonas, Versschwank, S. 54-81; Londner, Eheauffassung, S. 309-313; Reichel, Rosenplüt, S. 45 f., 48, 94 u. ö.

Stellenkommentar

Überschrift: aus der Dresdner Handschrift (d*).

3 *varender schüler]* Das Wort *schüler* meint im 15. Jahrhundert ebenso die Besucher von (Pfarr-, Stadt-)Schulen wie die der damals modernen Universitäten; die Übergänge sind fließend. Auch die »Schüler« ziehen von Ort zu Ort und sind selten seßhaft. Meine Übersetzung nennt den fahrenden Schüler im weiteren »Student«, entsprechend den Konnotationen in der Gegenwartssprache.

4 *hübscheit]* Das mhd. *hövescheit*, auf das *hübscheit* zurückgeht, hat seine Bedeutung »höfische Art« im Frnhd. ausgeweitet auf »feines, artiges Benehmen« und auch auf »Klugheit« und »Gewandtheit« (vgl. DWb IV/II, Sp. 1856).

11-16 In dieser Passage weicht Fassung I deutlich ab:

den hett si heimlich geladen,
das er sollt kumen in ir gaden
und mit ir spilen in der taschen.
darumb wollt si im waschen
pfeiten und pruch, was er hett,
und das er ir ein nachtdinst tet.
(Fischer, Märendichtung, S. 188)

12 *peißen]* Entspricht *beizen* »jagen«, insbes. für die Falkenjagd. Das Jagen im Forst der Bäuerin ist hier offensichtlich eine erotische Metapher.

17 *und 〈. . .〉 sweimen]* Eigentlich: »Sie ließ ihre Augen zu ihm schweifen«; der Sinn ist wohl: sie sandte ihm einen komplizenhaften Blick.

36 *schenk]* »Gabe, Geschenk« (Lexer II, Sp. 701).

42 *sich 〈. . .〉 hett verstoßen]* Reflexives *sich verstôzen* »eine Richtung nehmen, (ver)laufen« (Lexer III, Sp. 253 f.). Die Bedeutung »verstecken« (ebd.) ist wohl erst aus Kontexten wie diesem abgeleitet.

50 *verstieß]* *Verstôzen* (transitiv) »etwas in eine bestimmte Richtung weisen« (Lexer III, Sp. 253 f.); vgl. oben zu v. 42.

53 *derrholz]* Sicherlich eines der Komposita zu *darren* »trocknen, dörren« und zu *darre* »Hürde ⟨. . .⟩ zum Dörren, Trocknen des Getreides, Malzes, Obstes« (DWb II, Sp. 786). Belegt ist es im 17. Jahrhundert für das Holz zum Heizen des Darrofens (DWb II, Sp. 788), aber auch für die *Darrhürde*, also für das Gestell, auf dem getrocknet wird, und für das *darrebrett* (DWb² VI, Sp. 324). Von dieser Bedeutung geht meine Übersetzung aus.

72 *garn]* Halsband als Erkennungszeichen für Schüler und Studenten (vgl. HDA II, Sp. 1123 f.)?

79 *heint]* Mhd. *hînt* aus *hînaht* »diese Nacht« verliert seine präzise Bedeutung und kann mit *hiute* »heute« zusammenfallen (DWb IV/II, Sp. 887).

84 *außspannen]* Von *spennen* »dehnen, ausbreiten« (Lexer II, Sp. 1080).

87 *umbreiß]* Von *umberîzen* »einen Kreis ziehen, umkreisen« (Lexer II, Sp. 1737).

95 *darinnen vindest du]* Lesart der Dresdner Handschrift (*Dorynnen* auch Dessau) gegen Fischers Abweichung (*darin vinstu*) wieder hergestellt.

96 *getun]* Die Lesart der Dresdner Handschrift braucht nicht mit Fischer zu *tun* korrigiert zu werden.

97 *darinnen]* Die Lesart der Dresdner Handschrift (*dorynnen*) braucht nicht mit Fischer zu *darin* korrigiert zu werden.

100 *vindest du]* Die Lesart der Dresdner Handschrift braucht nicht mit Fischer zu *vinstu* korrigiert zu werden.

104 *abgespürt]* Von *spürn* »aufspüren, nachspüren« (Lexer II, Sp. 1125), also: »durch Aufspüren wegnehmen«.

105 *er ⟨. . .⟩ gelegen]* Fassung I ist hier ausführlicher und deutlicher: *den hett ein weib zu ir geladen,/das er sollt sein kumen in ir gaden/und solt pei ir da sein gelegen* (v. 105-107).

119 *gingen sie beide]* Die Lesart der Dresdner und der Dessauer Handschrift braucht nicht mit Fischer zu *gingens beid* korrigiert zu werden.

120 *und sprach]* Subjekt dieses Satzes ist ein nicht realisier-

tes *er*. Pronominale Subjekte können im Mhd. auch beim Wechsel des Subjekts weggelassen werden (PWG § 399).

137 *leren.*] Satzende nach *leren* (Fischer: *leren,*) vermeidet den doppelten Bezug von v. 138 f. als Konditionalsatz zu v. 137 und 140 gleichzeitig.

142 *er*] Der unmarkierte Wechsel des Subjekts, der in jedem Fall für v. 143 angesetzt werden muß, entspricht bereits an dieser Stelle am ehesten dem Sinn. Grammatische Basis ist vermutlich der stärker demonstrative Gehalt des Personalpronomens im Mhd.

146 *herab*] Die Lesart der Dresdner und der Dessauer Handschrift braucht nicht mit Fischer zu *ab* korrigiert zu werden.

158 *glenkert*] Wohl Nebenform zu *glenkern* (so auch Fassung I: *glunkert*) »baumeln, schlenkern« (Lexer I, Sp. 1040), vgl. DWb IV/1,4, Sp. 7596 zu *Glänker*.

164 *getrau*] Die Lesart der Dresdner und der Dessauer Handschrift braucht nicht mit Fischer zu *trau* korrigiert zu werden. – *beschauern*] Zu *beschiuren* »beschützen« (Lexer I, Sp. 208).

167-175 Fassung I bietet hier eine radikal gekürzte Fassung (= v. 173-175), die vor allem die scheinheilige Idyllik der Szene und die Komplizenschaft der Frau nicht mehr kenntlich macht. Hier wird die Aufforderung zum Mahl nur in der weiterlaufenden Rede des Studenten knapp ausgesprochen: *»wir wollen uns zu tisch setzen/und wollen uns unsers unmuts ergetzen.«/Sie gingen in die stuben und aßen.*

Anhang

Exempel von Clericus und Monachus (aus: Johannes Gobii, *Scala coeli*, nach dem Druck Ulm 1480, Bl. 37^r/v^.)

Clericus quidam hospitatus in domo cuiusdam militis, cuius uxor habebat amasium. Ex hoc gravis esset sibi presencia clerici milite recedente. Vinum acetosum, panis durus clerico ministratur et in-

ducitur ad intrandum lectum. Cumque intrasset cameram et amasius cum multis generibus ferculorum venisset, dum posuissent mensam, miles rediens ad portam pulsavit. Tunc domina monachum inclusit subtus scamnum et vidente clerico cibaria abscondit. Ingreditur dominus, vocatur clericus. Et dum comederent, interrogatur clericus, quam scientiam didicisset. Tunc ille: »nigromanticam«. Et cum rogaretur de domino et domina, vt aliquod experimentum faceret, ait: »Dabo vobis bonam cenam.« Et fictis incantationibus dixit: »Volo vt in tali loco sint talia ac talia cibaria et in tali talia. Nec timeatis, quia ego expellam de ista domo istum demonem, qui portavit. Sed quia est horribilissime figure, aperientur omnes porte et claudatis oculos vestros. Et ego coniurabo eum, vt in figura monachi exeat de domo ista.« Cumque omnia fuissent completa, clamauit clericus: »Demon qui es sub illa banca, exi statim.« Tunc monachus surgens velociter exiuit hospicium sine aliqua confusione.

(Die Transkription entnehme ich der Magisterarbeit von Bärbel Brix, *Mären im Kontext ihrer Quellen. Eine stoff- und motivgeschichtliche Untersuchung von Strickers Der kluge Knecht und Hans Rosenplüts Der fahrende Schüler*, Münster 1990, S. 56.)

Ein Kleriker hatte Herberge gefunden im Hause eines Ritters. Dessen Frau hatte einen Geliebten. Deshalb wäre ihr die Anwesenheit des Klerikers unangenehm gewesen bei der Rückkehr des Ritters. Saurer Wein, hartes Brot wurde dem Kleriker gegeben, und er wurde aufgefordert, ins Bett zu gehen. Als er in seine Kammer gegangen war und der Liebhaber mit vielerlei Arten von Speisen gekommen und sie den Tisch gedeckt hatten, da kam der Ritter zurück und pochte an das Tor. Da schloß die Frau den Mönch unter der Bank ein und versteckte die Speisen; der Kleriker sah das. Der Herr trat ein, der Kleriker wurde gerufen. Und als sie speisten, fragten sie den Kleriker, welche Wissenschaft er studiert habe. Darauf er: »Die schwarze Kunst.« Und als er vom Herrn und seiner Frau gebeten wurde, irgendein Experiment zu machen, da sagte er: »Ich werde Euch gutes Essen präsentieren.« Und unter Beschwörungsformeln sprach er: »Ich will, daß an diesem Ort diese und jene Speisen sind, und an jenem diese. Und habt keine Angst, denn ich vertreibe aus diesem Haus den bösen Geist, der sie gebracht hat. Aber weil er von schrecklicher Gestalt ist, müßt Ihr alle Türen öffnen und Eure Augen schließen. Und ich beschwöre ihn, daß er in der Gestalt eines Mönches aus dem Hause ausfährt.« Als sie alles so gemacht hatten, rief der Kleriker: »Teufel, der Du unter dieser Bank bist, entweiche auf der Stelle.« Darauf sprang der Mönch auf und rannte schleunigst und ohne besondere Verwirrung aus seinem Zufluchtsort.

35
HANS ROSENPLÜT (?)
DER BILDSCHNITZER VON WÜRZBURG

Überlieferung

Das Märe ist in sechs Handschriften überliefert, die außer n^2 alle mit Nürnberg und den Rosenplüt-Sammlungen in Verbindung stehen:

d* (1460-62, Nürnberg), Bl. 119^r-121^v: Fassung II.
g (1470/80, nordbairisch-ostfränkisch [Nürnberg?]), Bl. 21^v-23^v: Fassung I.
l* (1460-65, Nürnberg), Bl. 40^r-43^r: Fassung II.
m^5 (1462-82 [1478?], nordbairisch-ostfränkisch [Nürnberg?]), Bl. 124^r-127^r: Fassung II.
n^1 (1471-73, Nürnberg), Bl. 28^r-31^v: Fassung I.
n^2 (1524-26, Augsburg), Bl. $105^{r/v}$: Fassung I.

Text

Fischer, Märendichtung, S. 134-143, druckt Fassung I und Fassung II parallel. Die beiden Fassungen unterscheiden sich in manchen Details (auf die wichtigsten mache ich im Stellenkommentar aufmerksam), laufen aber in der Handlungsführung und über weite Strecken auch in der Formulierung parallel. Ich begnüge mich deshalb mit dem Druck einer Fassung und wähle als die besser, weil näher an der Orientierungsgröße Rosenplüt überlieferte, die Fassung II in der von Fischer nach der Dresdner Handschrift hergestellten Fassung.

In den folgenden Fällen, in denen Fischer (Fi.) nur zur Herstellung eines rhythmischen Regelmaßes abweicht, bin ich (unter Beachtung von Fischers orthographischen Regulierungen) zur Lesart der Dresdner Handschrift zurückgekehrt:

10 *hett* Fi. 26 *müg* Fi. 31 *wöll* Fi. 37 *kemst* Fi. 39 *mocht* Fi. 40 *umbs gelt mocht* Fi. 42 *pett* Fi. 43 *der selbig* Fi. 48 *zum* Fi. 54 *freud* Fi. 59 *lebten wol* Fi. 64 *greif* Fi. 65 *kum* Fi. 66 *s. gut rat* Fi. 81 *s. lang* Fi. 82 *eim* Fi. 83 *wöll* Fi. 90 *ob dem* Fi. 92 *lon* Fi. 96 *es so* Fi. 105 *tür auß* Fi. 110 *pest* Fi. 119 *pild herein* Fi. 121 *hett mir leicht golten* Fi. 129 *irs dar* Fi. 132 *in gesagen* Fi.

Weitere Ausgabe: Keller, Fastnachtspiele IV, S. 1180-1183.

Übersetzung: Spiewok, Decamerone, S. 91-94.

Autor und Entstehung

Das Märe ist in Zusammenhang mit den Werken Hans Rosenplüts (ca. 1426-1460, vgl. Komm. zu Nr. 33), besonders in Verbindung mit dem als echt geltenden *Knecht im Garten* (Mihm, Überlieferung, S. 32-35) überliefert. Daher wird seine Zuschreibung an Rosenplüt erwogen (Mihm, ebd.; Fischer, Studien, S. 386). In keiner der Handschriften ist das Stück allerdings Rosenplüt ausdrücklich zugeschrieben und auch die abschließende Nennung im Werk selbst (Verfassersignatur) fehlt durchweg (Reichel, Rosenplüt, S. 42, 97; vgl. auch VL^2 VIII, Sp. 205). Es ist also wohl eher damit zu rechnen, daß hier ein anonymes, wohl gleichfalls in Nürnberg, vielleicht in Rosenplüts Umgebung entstandenes Stück früh in den Überlieferungsverband der Werke Rosenplüts geraten ist.

Motivik, Quellen, Thematik

Das Rosenplüt zugeschriebene Märe ist wohl die jüngere Neubearbeitung einer schon im 13. Jahrhundert entstandenen, leider nur fragmentarisch erhaltenen Fassung, des *Herrgottschnitzers* (VL² III, Sp. 1147 f.; hg. in Kontamination der erhaltenen Bruchstücke von Niewöhner, NGA, S. 229-233). Es war möglicherweise die blasphemische Anstößigkeit der älteren Geschichte (die Frau bemalt den nackten Mönch mit den Wundmalen des Gekreuzigten), die zu ihrer verstümmelten Überlieferung geführt hat: in einer Handschrift, dem Heidelberger cpg 341 (H), ist der Text zum großen Teil ausradiert und überschrieben, ein Blatt ist völlig herausgetrennt (Mihm, Überlieferung, S. 49 f.); in einer weiteren, der Handschrift Karlsruhe 408, bricht der Text vor der anstößigen Stelle ab, die anschließenden Blätter sind herausgerissen; eine dritte, die Weimarer Handschrift O 145, bringt das alte Märe in verkürzter und paraphrasierender Form.

Dieses deutsche Märe des 13. Jahrhunderts teilt das Kernmotiv, das Bemalen eines nackten Priesters/Mönches zum Zwecke der vorgeblichen oder tatsächlichen Tarnung und des Verbergens zwischen den Kunstwerken eines (vorgeblich oder tatsächlich) betrogenen Malers/Bildhauers mit zwei altfranzösischen Fabliaux aus der 2. Hälfte des 13. Jahrhunderts (ältere oder außereuropäische Zeugnisse sind nicht bekannt):

- *Le Prestre crucefié* (Nykrog, Fabliaux, Nr. 106; hg. Nouveau Recueil, Bd. 4, S. 91-100; deutsch von Strasser, Von Lieben und Hieben, S. 77-79; Gier, Fabliaux, S. 110-115);
- Gautier le Leu, *Del prestre taint* (Nykrog, Fabliaux, Nr. 119; hg. von Montaiglon/Raynaud, Bd. 6, S. 8-23).

Die genaue Beziehung zwischen dem Märe und den Fabliaux läßt sich nicht bestimmen. In der überlieferten Form war keines die Vorlage des anderen, jeder Text zeigt Eigenheiten, die dem anderen fehlen; variabel sind die Ausgangssituation (tatsächlich vollzogener Ehebruch oder zwischen den Eheleuten verabredete Falle für den zudringlichen Priester), die Art der Strafe (vollzogene oder drohende Kastration), das Motiv (Rache oder Geldgier), die Ausgestaltung des Schlusses (körperliche Schädigung, Spott, Erpressung). Man kann sich nur auf das allgemeine kulturelle und literarische Gefälle zwischen Frankreich und Deutschland berufen, wenn man eine Fabliauxfassung als Ausgangspunkt der Stoffgeschichte ansetzt.

Deutlicher läßt sich hingegen erkennen, daß unser Text vom deutschen Märe des 13. Jahrhunderts ausgeht; ihm steht seine Geschichte im Aufbau am nächsten (Werbung des Mönches/Dompropstes, Lockung mit Geschenken, Verabredung zwischen den Eheleuten, Drohung mit Messer/Beil, ›öffentliche‹ Verfolgung des entlaufenen ›Bildes‹), und einige Formulierungsparallelen kann man unterstützend beiziehen (Frosch-Freiburg, Schwankmären und Fabliaux, S. 114f.). Die massivste Veränderung, die gegenüber dieser Vorlage vorgenommen ist, richtet sich auf die Verminderung des blasphemischen Elementes; nicht mehr wie der Gekreuzigte (*und hete varwe druz genomen/und hete sinen lip geræt,/als in die juden heten getæt*, NGA, S. 232, v. 122-124) unter lauter Kruzifixen steht der nackte Pfarrer, und nicht mehr einem Kruzifix soll sein anstößiges Geschlechtsorgan abgeschnitten werden, sondern – die Benennungsprobleme sind deutlich genug – neutralere »(Heiligen-)Figuren« (*gotte/götzen*, zur Wortbedeutung s. Komm. zu v. 70) sind jetzt die (scheinbaren) Verwechslungsobjekte. Dies nimmt dem Text einiges von seiner lakonischen Schärfe und ordnet ihn zusammen mit der hinzuerfundenen lächerlichen Erpressung des Domherrn (v. 119: *mir ist ein pild da hereingelaufen*) und dessen kläglicher Kapitulation in die Reihe der eher harmlosen burlesken Schwänke ein.

Zu größerer Verbreitung hat es diese Geschichte nicht gebracht. In der französischen Novellistik ist sie noch einmal im *Grand Parangon des Nouvelles nouvelles* des Nicolas de Troyes (1536, hg. von Emile Mabille, Paris 1869, Nr. 20 [S. 87-94]) überliefert, von den italienischen Erzählern bearbeiten sie Ende des 14. Jahrhunderts Franco Sacchetti, *Trecentonovelle*, Nr. 84 (S. 166-172), und um die Mitte des 16. Jahrhunderts Giovan Francesco Straparola, *Le Piacevoli notti*, in den Ausgaben des 2. Buches von 1553 und 1554, danach durch weniger Anstößiges ersetzt (Straparola, *Piacevoli notti* VIII,3 [Bd. 1, S. 239 f.]; deutsch von Floerke, Straparola, S. 207-216).

Literaturhinweise: Blamires, Sexual Comedy, S. 104 f.; Karl Bartsch und Reinhold Köhler, *Der Maler mit der schönen Frau*, in: Germania 18 (1873), S. 41-45; Fischer, Studien, S. 353 f., S. 386 (Lit.); Frosch-Freiburg, Schwankmären und Fabliaux, S. 105-118; Jonas, Versschwank, S. 54-81; Kiepe, Priameldichtung, S. 299; Reichel, Rosenplüt, S. 97; Schirmer, Stil- und Motivuntersuchungen, S. 92, 226 f., 292 f., Strasser, Vornovellistisches Erzählen, S. 273 f., 329; VL² III, Sp. 1148 f. (Karl-Heinz Schirmer); VL² VIII, Sp. 203-205 (Ingeborg Glier).

Stellenkommentar

Überschrift: nach der Dresdner Handschrift (d*).

5 *Wirzpurg]* Die Lokalisierung der Märenhandlung in Würzburg (der *Herrgottschnitzer* des 13. Jahrhunderts spielt in einer Stadt am Rhein) läßt keine weiteren Schlüsse zu; gewählt wird ein bekannter Name. Daß die Bildhauerkunst im 15. Jahrhundert in Würzburg in Blüte stand, kommt dem entgegen. Mit der Annahme der Entstehung des Märe in Nürnberg läßt sich der ›Spielort‹ Würzburg jedenfalls problemlos verbinden.

15 *metten]* Von *(hora) matutina*, ursprünglich die erste Gebetsstunde im monastischen Tageslauf, in der Pfarrliturgie gewöhnlich die Frühmesse.

21 *schock]* Anzahl von sechzig Stück einer beliebigen Sache (Eier, Pfennige etc.), häufig auch ohne Angabe der zu zählenden Elemente als – auf die am gegebenen Ort vorauszusetzende Münzeinheit (in der Regel Groschen) bezogene –

Preisangabe. Die Übersetzung versucht, die Unbestimmtheit der bestimmten Angabe wiederzugeben. *schock silbers* belegt Lexer II, Sp. 765, für den *Jüngling* des Konrad von Haslau.

30 *gelost]* *Losen* »schmeicheln, heucheln« (Lexer I, Sp. 1985), also: »ins Ohr geschmeichelt«.

35 *mich deucht gut]* In Fassung I geht der Vorschlag nicht von der Frau, sondern vom Mann aus. Zusätzlich zu Fassung II warnt er seine Frau auch vor dem Risiko des Unternehmens, wenn sie zu lange mit dem Pfarrer alleine sei (v. 41-46):

doch tracht, ob ich zu lang aussen wer,
das dir der schimpf icht werd zu swer,
das er die weil dich nit benasch,
so wil ich komen wider rasch.
gedenk, wie du im das helmlein zichst vor
(= »ihn hinters Licht führst«, Lexer I, Sp. 1150 f.),
biß ich würd klopfen an das tor.

44 *schauch]* Zu *schiuhe* »Scheu, Abscheu, Schreckbild« (Lexer II, Sp. 759): wohl die diphthongierte, mitteldeutsch belegte Nebenform *schûch.* Übersetzung nach Fischers Vorschlag, Märendichtung, S. 537.

70 *götzen]* Die ursprüngliche Bedeutung von *götze* (etymologisch Diminutiv zu *gott*) ist nicht geklärt; die Bedeutung »falscher Gott, Abgott« scheint das Wort erst bei und durch Luther zu erhalten. Vorher gibt es neben dem Vorkommen in unserem Text nur einige wenige Belege, die insgesamt eine frühe Bedeutung »Bildwerk, plastische Figur, Heiligenfigur« wahrscheinlich machen (DWb IV/I, 5, Sp. 1430-1450; Karl von Bahder, *Wortgeschichtliche Beiträge*, in: Beiträge zur Geschichte der deutschen Sprache und Literatur 22 [1897], S. 520-535, zu dieser Stelle: 532 f.).

götze muß (ebenso wie *gotte* der Fassung I) als neutralisierende Bezeichnung aufgefaßt werden, mit der die anstößige Vorstellung des nackten Mönches als Exemplar des gekreuzigten Christus umgangen wird, die die afrz. Fabliaux (*Le prestre crucefié* (!), v. 3 f.: *vous estendez/Avec ces autres crucefis*) ebenso ungeniert zeichnen wie das deutsche Märe des 13.

Jahrhunderts (v. 118: *si strackt in an ein criuze hin*, NGA, S. 232).

96 *jagirr]* »Durch das Jagen verwirrt«; vgl. Schmeller I, Sp. 1203: »irre, verlegen, wie ein aufgescheuchtes Wild«. (Dalby, Lexicon of the Medieval German Hunt, belegt das Wort nicht.)

99 *nicht, mein lieber man]* Fassung I baut die abwehrende Rede der Frau aus:

> *»nicht so«, sprach si, »mein lieber wirt,*
> *das pild es umb und umb wol zirt.*
> *laß es lenger da unten stan ⟨. . .⟩«*

100 *wachslicht]* Anspielung auf den Brauch, Heiligenbilder und -statuen durch brennende Kerzen zu verehren. Ganz ähnlich obszön parodiert in einem Fastnachtspiel, das wohl der frühen Nürnberger Tradition (vgl. VL^2 VIII, Sp. 213) angehört (Keller, Fastnachtspiele, Bd. 1, Nr. 10 [S. 100, v. 10-12]): *er sol mit seinem einliften finger nacket stan,/Die frauen sollen wachslicht stecken daran/Und die liecht sollen daran verprinnen.* Vgl. DWb XIII, Sp. 141.

114 *pauden]* *Bûden* »schlagen, klopfen« (Lexer I, Sp. 377).

130 *pei iren eren]* Schluß von Fassung I. Die hier gedruckte Fassung II fügt mit der Bitte um Wein (v. 131-136) noch eine typische Heischegeste des fahrenden Sängers an, mit der die Vortragssituation aufgerufen wird (Kiepe, Priameldichtung, S. 299, als Beleg für seine These, Hans Schnepper sei Spruchsprecher, Rosenplüt Autor gewesen).

36
HANS ROSENPLÜT
DIE TINTE

Überlieferung

Das Märe ist nur in einer Handschrift überliefert:

m (1455-1458, nordbairisch-ostfränkisch [Nürnberg?]), Bl. 276^r-278^v.

Text

Die Ausgabe folgt dem von Fischer, Märendichtung, S. 174-177, nach der Handschrift abgedruckten Text.

Weitere Ausgaben: Keller, Fastnachtspiele IV, S. 1186-1189; Curschmann/Glier, Dichtung des Mittelalters III, S. 254-258.

Übersetzung: Viviani, Die Nonne im Bade, S. 56-59.

Entstehung

Das Märe kann innerhalb der Schaffenszeit Hans Rosenplüts (vgl. Komm. zu Nr. 33) nicht genauer datiert werden. Rosenplüts Autorschaft gilt allgemein durch die Verfassersignatur (v. 114) als gesichert.

Motivik, Quellen, Thematik

Eine in allen wesentlichen Zügen und in den meisten charakteristischen Details mit Rosenplüts Geschichte übereinstimmende Erzählung bietet der Mailänder Dominikaner Matteo Bandello (1485-1561) im 48. Stück des 2. Buches seiner Novellensammlung. Die Novelle ist in einen philosophischen Disput über Zufall und göttliche Vorsehung eingebaut und weicht offensichtlich in der Pointierung auf dieses Thema nur am Ende von der deutschen Version ab: Einige »kecke Mönchlein« (*trattacchioni*) waschen die Dame wieder blank, und sie gewinnt auf diese Weise ein weiteres Dutzend künftiger Liebhaber: Zufall oder Vorsehung?

Es ist kaum vorstellbar, daß Rosenplüts Märe Bandello als Quelle vorlag und sich die Übereinstimmung daraus erklärt. Wahrscheinlicher ist, daß beide von der gleichen Vorlage ausgehen, die man am ehesten in der lateinischen (dominikanischen?) Exempelliteratur wird vermuten dürfen. Eine

Spur dieser Vorlage wäre dann auch in einer der lateinisch-deutschen Fazetien Augustin Tüngers (1486) zu sehen, in der die Ereignisse ins Pariser Studentenmilieu transponiert, einige Züge dementsprechend gestrichen oder verändert sind (Schule statt Mette, Aufklärung im Gespräch, Happy-end), der Grundriß aber deutlich der gleiche bleibt (*Augustin Tüngers Facetiae*, hg. von Adelbert von Keller, Tübingen 1874, S. 56 f.; deutsch bei Petzoldt, Schwänke, S. 38 f.).

Aufbauen kann die Geschichte auf dem auch sonst in der Exempelliteratur (Caesarius von Heisterbach [1180-1240], *Dialogus miraculorum*, Tl. 2, III,10; deutsch von Wesselski, Mönchslatein, S. 189), aber auch bei Poggio, *Facezie*, Nr. 106 (S. 228 f.; deutsch von Floerke, Facezien, S. 135 f.) überlieferten Motiv von der Verwandlung einer Geliebten in den Teufel, das deutlich auf abschreckende und disziplinierende Wirkung zielt.

In Rosenplüts Fassung sind Spuren davon im Epimythion noch zu erkennen, die Geschichte selbst arbeitet hingegen vor allem die grotesk-komischen Züge heraus.

Literaturhinweise: Blamires, Sexual Comedy, S. 107-109; Glier, Märendichter, S. 148 f.; Grubmüller, Das Groteske im Märe, S. 51; Reichel, Rosenplüt, S. 93 f., 234 f.

Stellenkommentar

Überschrift: nach der Handschrift.

5 *wurn]* Entspricht *wurden*.

15 *gotspfenning]* »Überwiegend wurde unter Gottespfennig die Hingabe einer Geld- oder Sachleistung verstanden, die symbolisch zur Bestätigung oder Bekräftigung eines Rechtsgeschäfts dient und gewöhnlich den Armen, manchmal aber auch den Geschäftszeugen zufließt«(HRG I, Sp. 1766-1769, hier 1767). Der Gottespfennig konnte auch, wie dem Sinne nach hier, zusätzlich zum Kaufpreis an den Verkäufer fallen.

21 f. *das alle 〈. . .〉 hungern*] Vgl. Wander, Sprichwörter-Lexikon III, Sp. 1287 (Nr. 178) und Sp. 1303 (Nr. 532).

25 *pehemisch*] Dem Pfennig als Silbermünze kommt hier der gute Ruf der böhmischen Silberproduktion zugute, der z. B. auch zur besonderen Stabilität des ›Prager Groschens‹ im Spätmittelalter beigetragen hat (vgl. LMA II, Sp. 343). Der hier angesetzte Wert von 7 Pfennigen entspricht im übrigen auch dem Wert des ›Prager‹ oder ›Böhmischen Groschens‹, der mit 7-9 Pfennigen gerechnet wurde und gelegentlich auch nur *Behemer* hieß (vgl. etwa Wilhelm Jesse, *Quellenbuch zur Münz- und Geldgeschichte des Mittelalters*, Halle/Saale 1924, S. 247: Chronik des Gebhard Dacher zu Konstanz).

42 *metten*] Von (*hora*) *matutina*, der ersten Gebetsstunde im monastischen Tageslauf.

44 *geerbet*] Entspricht *gearbeitet* (zur Monophthongierung des *ei* im Ostfrk. und Nürnberg. vgl. Frnhd. Gr. I/1, § 79,II; zur Synkope in der Endung *-tet* Gr. Frnhd. I/1, § 17).

50 *rosenwasser*] Die erfrischende Wirkung von Rosenwasser wird häufiger erwähnt, z. B. bei Konrad von Megenberg (*Buch der Natur*, S. 345,26: *rôsenwazzer hât die art, daz es kreftigt und zesamen zeucht und labet wider die hitz*) und in Boners *Edelstein* (Nr. 48, v. 95 f.: *rôswazzer sol man balde haben, dâ mit sol man mîn houbet laben*).

55 *bülein*] Diminutiv zu *buole* »Geliebter, Geliebte«: *büelîn* (Lexer I, Sp. 378).

57 *di metten auß der kutten schüteln*] Parallelbildung zu *aus dem Ärmel schütteln*, was ursprünglich auf eine unvorbereitet zu haltende Predigt bezogen war und »auf die weiten Ärmel eines Geistlichen« anspielte, »wie solche beim Vortrage bewegt werden« (DWb IX, Sp. 2109).

66 *pstraich*] Entspricht *bestreich* (zur Synkope des *e* in der Vorsilbe *be-* vgl. Gr. Frnhd. I/1, § 3).

73 *auf der vart*] »Sogleich« (Lexer III, Sp. 25).

76 *kümpt*] Der Wechsel ins Präsens als Erzählzeit ist gelegentlich belegt (PWG § 305), ungewöhnlich ist allerdings die Rückkehr ins Präteritum im selben Satz. Die Überset-

zung berücksichtigt diesen kurzatmigen Tempuswechsel nicht; er wäre in der Gegenwartssprache anstößig.

89 *gutzten]* Kontrahierte Form von *guckezten* zum Infinitiv *guckezen* = Intensivbildung zu *gucken* (Lexer I, Sp. 1110).

93 *flugen]* Entspricht *flohen* (zum inlaut. *u* vgl. Gr. Frnhd. I/1, § 110,5; zu *-g-* statt *-h-* Frnhd. Gr. I/1, § 36,3).

109 *segen]* »Großes Zugnetz«, aus griech.-lat. *sagena* »Schleppnetz« (z. B. *Vocabularius Ex quo*, S 56), vgl. Lexer II, Sp. 847.

111 *püberei]* »Bubenstück, Bosheit, Durchtriebenheit« (vgl. DWb I, Sp. 465); hier auf sexuelle Verfehlungen von Frauen bezogen, die Übersetzung orientiert sich deshalb an *bübin* »Hure, Dirne« (ebd. Sp. 466).

37
DAS NONNENTURNIER

Überlieferung

Das Märe ist nur in einer Handschrift überliefert:

k (zwischen 1430 und 1435, Nordschwaben), Bl. 30vb-35ra (Abdruck: Schmid, Codex Karlsruhe 408, S. 162-177).

Text

Das Märe ist sehr sorglos niedergeschrieben (gestörte Reime, Vers- und Wortausfälle), der Sinn wird nicht immer deutlich. Ich folge hier weitgehend (Abweichungen im Stellenkommentar) den behutsamen Besserungsvorschlägen von Fischer, Märendichtung, S. 31-47 (im Stellenkommentar ist darauf nur mit »Fischer« Bezug genommen) und seiner regulierten Orthographie (*i/j*- und *u/v*-Ausgleich, Vereinfachung bei Mehrfachkonsonanz und diakritischen Zeichen etc.). Abweichungen von der Handschrift, soweit sie sich nicht aus der Normalisierung ergeben, sind kursiviert; Begründungen im Stellenkommentar. Ergänzungen, die großenteils aus den Reimerfordernissen folgen, stehen in ⟨ ⟩.

Weitere Ausgabe: Keller, Erzählungen, S. 443-459.

Autor und Entstehung

Ein Autor ist nicht bekannt. Einziger Anhaltspunkt für die Entstehungszeit ist die Überlieferung. Die Karlsruher Handschrift enthält Texte aus dem 14. und beginnenden 15. Jahrhundert; die sprachlich-metrische Sorglosigkeit des *Nonnenturniers* spricht wohl eher für Entstehung im 15. Jahrhundert.

Motivik, Quellen, Thematik

Das Märe, das in seiner scheinbar ungerührten Brutalität die für das Märe des Spätmittelalters weithin charakteristischen obszönen Züge verabsolutiert und auf die Spitze treibt, setzt sich aus zwei deutlich geschiedenen, durch analogen Erzähleinsatz (v. 1: *Ir herschaft, ir solt gedagen, / so wil ich euch sagen.* – v. 289: *Nu sult ir stille gedagen, / so wil ich euch von dem zagel sagen.*) markierten Hälften zusammen:

1. Die Selbstentmannung eines Ritters und erfolgreichen Liebhabers, die diesem von einer gekränkten Frau als Weg zur Gewinnung von Frauengunst eingeredet wird.

Das weitverbreitete Motiv der Kastration zur angeblichen Gewinnung besonderer Qualitäten (vgl. AaTh 153 und 1133; Motif-Index K 1012. 1; EM VII, Sp. 1019-1025, bes. 1022) wird dabei pointiert ausgestaltet durch den Dialog des Mannes mit seinem Genitale, das in den ebenfalls reich bezeugten Motivkreis von den sprechenden Genitalien (vgl. EM II, Sp. 316-318) gehört: in den altfranzösischen Fabliaux ist er z. B. durch den *Chevalier qui fit le cons parler* (hg. von Rychner, Contribution, Bd. 2, S. 38-79) vertreten, im Deutschen durch die »Märengrenzfälle« (Fischer) *Gold und Zers* (vgl. VL^2 III, Sp. 76 f.) und *Rosendorn* (vgl. VL^2 VIII, Sp. 182-185). Die Verknüpfung der beiden Motive, Selbstkastration und Zwiesprache mit den Genitalien, ist sonst nicht belegt; nahe steht allerdings der *Rosendorn* als »weibliches Pendant zum ›Nonnenturnier‹« (Schröder, VL^2 VIII, Sp. 184), wo ebenfalls die einvernehmliche ›Trennung‹ von Person und personifiziertem Geschlechtsteil zum Thema wird.

2. Der Kampf der Frauen (Nonnen) um den zu selbständigem Leben gekommenen Penis.

Phallusphantasien, die sich in hyperbolischen Personifizierungen des Penis niederschlagen, sind auch außerhalb des Motivkreises der sprechenden Genitalien überliefert, z. B. im Märenfragment *Der Traum am Feuer* des Heinrich von Landshut (vgl. VL^2 III, Sp. 762 f.). Sie reihen sich ein in die Erzählungen, die in derber Pointierung die Faszinationskraft des männlichen Gliedes vorführen wollen (*Der Preller* [Fischer, Studien, S. 381, Nr. 97], *Der Striegel* [Fischer, Studien, S. 417, Nr. 128], *Der verklagte Zwetzler* [Fischer, Studien, S. 430f, Nr. 148]). Gegenseitige Beeinflussung kann man kaum annehmen; es scheint sich um ein gängiges Thema der Zeit zu handeln.

Auch für den als Turnier angekündigten Kampf der Nonnen um den zur lebendigen Trophäe erhöhten Penis braucht man Vorbilder (z. B. das seriös-parodistische *Frauenturnier*) nicht zu bemühen. Das Vorbild des Turnierrituals erschöpft sich in der Funktion der Kampfauslösung; Ziel ist die grobianische Verkehrung in eine wüste Schlägerei, die den nicht regulierbaren Zusammenprall von ungezügelter Gier und klösterlicher Askese anzeigt.

Die Bewertung dieses anstößigen Textes ist abhängig vom Urteil über den Zusammenhang der beiden Teile. Faßt man sie als komplementäre Stücke auf, in denen Kastrationsängste maskulinen Phallusphantasien oder männliche Beherrschtheit weiblicher Wildheit gegenübergestellt werden, dann läßt sich tatsächlich von einem »epischen Balanceakt« reden (Strohschneider, S. 160), durch den die Identität des ritterlichen Subjekts« in einem Akt der »Zerlegung einer ohnehin prekären Einheit ⟨...⟩ überprüft« (ebd. S. 156) werde. Vermag man dieser Interpretation nicht zu folgen, dann bleibt eine eher willkürliche Addition von Anlässen zu ungezügelter Rede über Sexualität in obskuren Vorstellungen und in grotesker Übertreibung. Für die zweite Lösung spricht zum einen eine parallele Episode bei Aelred von Rievaulx (*De sanctimoniali de Wattun*, hg. MPL 195, Sp. 789-796 [Hinweis Anne Wawer]), in der die einzelnen Elemente (Unzucht der Nonne, Züchtigung der Nonne/des Zagels, Selbstkastration, Maß- und Zuchtlosigkeit der Mitschwestern) in funktionaler Bindung als Strafe für sexuelle Ausschweifung erscheinen; der »alte Sinnzusammenhang der benutzten Formeln und Motive« (Schirmer, Stil- und Motivuntersuchungen, S. 264 Anm. 76) wäre so verloren gegangen und durch die ungeordnete Lust am (verbalen) Regelverstoß ersetzt worden. Dafür spricht auch die ziemlich unbekümmerte Machart des Textes, die sich um kausale Verknüpfungen kaum bemüht, Motivationsbrüche bedenkenlos in Kauf nimmt (z. B. die unerklärliche Verwandlung des vorbildlichen Frauenritters in einen törichten Narren, der mit lächerlichen Argumenten in die Kastration getrieben werden kann) und auch sprachlich (Reimtechnik!) ausgesprochen sorglos agiert. Zugestanden muß dabei allerdings werden, daß diese Argumentationsebene für eine tiefen- oder sozialpsychologisch angesetzte Interpretation nicht als einschlägig akzeptiert werden muß.

Unbestreitbar bleibt das *Nonnenturnier* aber ein Zeugnis für die im 15. Jahrhundert mit auffallender Massivität in literarische Formen (man vergleiche das Fastnachtspiel) überführte Thematisierung des Sexuellen. Auffällig ist dabei nicht das offensichtliche Vergnügen am Tabubruch und seinen befreienden Effekten oder die gleichsinnig wirkende plakative Veräußerlichung von Obsessionen, auffällig ist ihre Zulässigkeit im literarischen Zusammenhang. Man wird sie nur verstehen können als Indiz für eine Schwächung der mit großem intellektuellen und auch literarischen Aufwand etablierten und aufrechterhaltenen kollektiven Ordnungsentwürfe, auf die auch im *Nonnenturnier* angespielt wird (Rittertum, Turnier, Kloster). Sofern das Märe Ort dieser Ordnungsdiskussion ist, spiegelt sich in ihm auch zu Recht ihre Überdehnung ins Unerträgliche.

Literaturhinweise: Fischer, Studien, S. 272 f., 380 (Lit.); Haug, Theorie, S. 18; Hoven, Erotik, S. 222-225; Jonas, Versschwank, S. 42-47; Schirmer, Stil- und Motivuntersuchungen, S. 264 Anm. 76; Werner Schröder, *Von dem Rosen Dorn ein gut red*, in: *Mediaevalia litteraria. Festschrift für Helmut de Boor*, hg. von Ursula Hennig und Herbert Kolb, München 1971, S. 541-564, hier 556-559; Peter Strohschneider, *Der tůrney von dem czers. Versuch über ein priapeiisches Märe*, in: *Liebe in der deutschen Literatur des Mittelalters. St. Andrews Colloquium 1985*, hg. von Jeffrey Ashcroft, Dietrich Huschenbett und William Henry Jackson, Tübingen 1987, S. 149-173; VL² VI, Sp. 1180-1182 (Werner Williams-Krapp).

Stellenkommentar

Überschrift: nach der Handschrift, nach Fischers Regeln normalisiert. – *zers]* Penis.

1-10 *Ir herschaft ⟨. . .⟩ abenteur sagen]* Der Prolog belegt »für Deutschland das für Italien durch Boccaccio exemplarisch dokumentierte ›Novellieren‹ als Gesellschaftsspiel. Ob es sich hierbei um einen habituellen oder nur einen okkasionellen Vorgang handelt, das läßt unser einziges Zeugnis leider nicht erkennen« (Fischer, Studien, S. 273).

7 *on]* *Von* der Handschrift von Fischer zu Recht korrigiert.

9 *dest]* Von Fischer aus *dez* der Handschrift korrigiert.

18 *in]* Die Handschrift schreibt *man in* und fügt damit ein unsinniges zweites Subjekt ein; ich folge Fischers Korrektur.

20 *geuden]* Diphthongierte Form von *giuden* »in geräuschiger Freude sein« (Lexer I, Sp. 1025).

29 *vertret]* Schwaches Präteritum (mit Synkope der Endung *-tet* > *t*) zu *vertreten* »vertreiben, vernichten« (Lexer III, Sp. 274 f.), vgl. Fischer, Märendichtung, S. 528.

39 *der ⟨...⟩]* In der Handschrift (*der zü gieng*) fehlt offensichtlich ein Substantiv (Fischer).

39 f. *zugie : inlie]* Der Reim ist von Fischer hergestellt aus *zü gieng : jn liez* der Handschrift.

40 *in]* Von Fischer aus fehlerhaftem *ym* der Handschrift korrigiert.

56 *sparen]* Wörtlich: »verschonen«, mit unpersönlichem Objekt auch: »aufschieben, unterlassen«.

60 *püßt]* Wörtlich: »bessern, wiedergutmachen« u. a. (Lexer I, Sp. 378).

72 *betrogen]* Zu *betrâgen* »langweilen« mit dialektaler Verdumpfung des *â* > *ô*, die (mit Ausnahme des Hochalemann. und Schwäb.) im gesamten Oberdeutschen und Mitteldeutschen gilt (vgl. Frnhd. Gr. I/1, § 75,2); der Reim ist für Schrei ber aus diesen Gegenden also rein.

80 *han]* Von Fischer aus fehlerhaftem *hett* der Handschrift korrigiert.

106 *nötlich]* »Gefahrvoll, dringend«, auch: »hoffärtig, eitel, betriebsam« (Lexer II, Sp. 111; Götze, S. 168).

110 *lait]* Synkopierte Form von *leidet*, zu *leiden* »verhaßt sein« (Lexer I, Sp. 1865).

112 *kein]* Dem Sinne nach (und gemäß der ursprünglichen Bedeutung: DWb V, Sp. 457-492) notwendigerweise positiv zu lesen.

125 *versteinen]* Zur Bedeutung vgl. Lexer III, Sp. 249 f.; möglich wäre danach auch die Bedeutung »zu Stein werden lassen«.

140 *man]* Ohne diese Ergänzung (Fischer) ist der Satz unverständlich.

141 *Allem]* Von Fischer aus *Allein* der Handschrift korrigiert, das konzessiv aufgefaßt werden müßte und den Zusammenhang kaum trifft.

152 *da er was]* Fischer stellt ohne Grund um zu: *da was er*. – *alters ein]* »allein auf der Welt«, zu *alter* »Zeitalter, Welt«, vgl. DWb XIV/I, 1, Sp. 1458 f.

160 *so das]* Von Fischer korrigiert aus *so er das* der Handschrift, bei dem die Funktion von *so* als Relativpronomen (vgl. PWG § 451) mißverstanden ist.

169 *derschamen]* Von Fischer zur Besserung des Reimes aus *derschemen* der Handschrift korrigiert. *der-* ist bair.-ostfrk. und schles. Form des Präfixes *er-*, vgl. Frnhd. Gr. I/3, § 128,3 und Gr. Frnhd. I/2,2, § 12 Anm. 1.

183 *strauf]* Zu *strâf* mit schwäbischer Diphthongierung (vgl. Frnhd. Gr. I/1, § 75,3).

183 f. *fro : dro]* Von Fischer aus *froe : draüwe* der Handschrift hergestellter Reim.

191 *deursten]* Diphthongierte Form von mhd. *tiuresten*, mit dem im gesamten Oberdeutschen (ausgenommen das Hochalemann.) verbreiteten *d* < *t* (vgl. Frnhd. Gr. I/3, § 141,1).

192 *das]* Von Fischer aus fehlerhaftem *dan* der Handschrift korrigiert.

206 *vergrünter]* Von Fischer, Märendichtung (S. 528) als Ableitung zu *grind* »Schorf, Ausschlag« (vgl. DWb IV/I, 6, Sp. 368-370) erklärt: »*vergründen* ›grindig, schmutzig werden‹«.

208 *klonster]* Zu *kloster* mit alemann.-schwäb. Vokalnasalierung, die der n-Einschub anzeigt (Frnhd. Gr. I/3, § 129,4). Vgl. auch v. 245, 326, 387, 412, 473, 481, 600.

209 f. *erlaßen : stoßen]* Zum Reim vgl. Komm. zu v. 72.

211 *greißen]* Zu *krîzen* »schreien, kreischen, stöhnen« (vgl. Lexer I, Sp. 1745).

212 *preisen]* Zu *brîsen* »schnüren, einschnüren, einfassen« (vgl. Lexer I, Sp. 355).

216 *süde]* Von Fischer, Märendichtung, S. 528, erklärt als »Futterbrei für das Vieh«, von Schmid, Karlsruher Handschrift 408, S. 167, als »Absud«. Für letzteres sprechen die Belege für *Sud* in der Bedeutung »Absud, Brühe« im DWb X/IV, Sp. 916 f. – *verchergetrank]* Kompositum aus dem Plural von *varch* »Schwein«: *vercher* (vgl. Lexer III, Sp. 20) und *getrank*.

216 f. *beide* ⟨. . .⟩ *triefen]* Das Ausgesetztsein unter der

Treppe und die unappetitliche Umgebung ist als Motiv aus der Alexiuslegende bekannt (Strohschneider, S. 158 Anm. 25); vgl. TRE II, S. 264-266.

219 *rosenvarber]* Von Fischer aus fehlerhaftem *rôser varber* der Handschrift korrigiert.

225 *wart ⟨...⟩ gever]* Wörtlich: »wurde ... feindselig, stellte ... nach« (vgl. Lexer I, Sp. 957 s. v. *gevære*).

230 *entrant]* Zu *en-trennen* »abtrennen« (vgl. Lexer I, Sp. 579 f.).

234 *kunst von Arabei]* Anspielung auf den besonderen Ruf der arabischen Medizin und Pharmazie, die durch die Schule von Salerno (ca. 1070/90) dem lateinischen Abendland zugänglich wurden und das medizinische Wissen auf eine neue Grundlage stellten (vgl. LMA I, Sp. 853 f.).

242 Nach dem Reimschema ist hier ein Vers ausgefallen; zur Auffassung, es handle sich bei v. 241 um einen Flickvers (Schmid, Karlsruher Handschrift 408, S. 168) gibt es keinen Grund.

251 *gab]* Ohne diese Ergänzung (Fischer) ist der Satz unvollständig und unverständlich.

252 *spat]* Für mhd. *spot* im Reim auf *rat*, v. 251; die Schreibung erklärt sich am ehesten aus der Verdumpfung von *a* > *o* im Bair. und Niederalem. (vgl. Frnhd. Gr. I/1, § 69), nach der *a* und *o* nicht mehr auseinanderzuhalten waren.

253 *trat]* Aus mhd. *drâte* »schnell, eilig« mit Hyperkorrektur des vermeintlich aus der binnendeutschen Konsonantenschwächung (vgl. PWG § 101-103) entstandenen *d*.

254 *botenbrot]* Das »Geschenk für die Überbringung einer guten Nachricht« (BMZ I, S. 264); zahlreiche Belege für Form und Umstände DWb II, Sp. 274 f.

266 *hat]* Ohne diese Ergänzung (Fischer) ist der Satz unvollständig und unverständlich.

270 Nach dem Reimschema ist hier ein Vers ausgefallen.

272 *zu lecken]* Zu *lecke* »das Peitschen mit dem Badwedel« (Lexer I, Sp. 1850), wörtlich: »als ein Peitschen...«.

278 *Saraphat]* Gemeint ist wohl die Stadt Sarepta/Sepharad (III Rg 17,9 f.; Lc 4,26; Abd 20) in Kanaan (Stroh-

schneider, S. 163 Anm. 1). »Theologische Deutungsperspektiven ⟨. . .⟩ eröffnen sich, wenn man bedenkt, daß Kanaan aus alttestamentlicher Sicht das Land jenes der Jahwe-Religion krass entgegenstehenden ugaritischen Polytheismus war, dessen phallische Stierkulte polemisch zum Tanz um das goldene Kalb umgedeutet und als Ausdruck sexueller Wildheit verabscheut wurden« (ebd.).

296 *nemen vergut*] »Als gut (= *vür guot*) aufnehmen« (vgl. Lexer III, Sp. 121).

299 *ich wil morgen*] Fischers Ergänzung zu *ich wil gen morgen* ist unnötig.

328 *nach dem und*] Subordinierendes *und* kann einem »adverbialen Ausdruck« Konjunktionscharakter verleihen (PWG § 465 Anm. 1).

329 *wirt uns betragen*] Korrektur Fischers aus unverständlichem *wirt uns betrachten* der Handschrift. Die von Schmid (Karlsruher Handschrift 408, S. 170) vorgeschlagene Lösung *wir uns betrachten* gibt keinen brauchbaren Sinn.

340 *spitz holz*] Die Lesart der Handschrift (»spitzes Holz«) ist nicht zu beanstanden. Fischers Vermutung, eigentlich sei *spißholz* »Spießrute« (Lexer II, Sp. 1104) gemeint (Fischer, Märendichtung, S. 528), ist vor allem im Blick auf v. 341 nicht plausibel.

341 f. *entreuwen in : hin*] Der Reim ist von Fischer hergestellt aus *en treüwen : hyn jn* der Handschrift.

346 *sollestu*] Für Fischers Konjektur *soltestu* gibt es bei der lockeren Handhabung der Tempus- und Modusfolge in diesem Text keinen Anlaß.

348 *reisentrum*] Das Wort ist sonst nicht belegt; es setzt sich offenbar zusammen aus *rîs* »Reis, Zweig« und *drum* »Stück, Ende«. Die vorgeschlagenen Übersetzungen »Stück Zweig« (Fischer, Märendichtung, S. 528) und »Zweigende« (Schmid, Karlsruher Handschrift 408, S. 170), sind korrekt, erfassen die Bildlichkeit aber nicht sehr plastisch.

358 *kalter*] Die Änderung aus *keltern* der Handschrift ergibt sich aus dem Reim zu *behalten* (v. 357). Die von Fischer, Märendichtung (S. 41 und 528) vorgeschlagene exakte Ent-

sprechung *kalten* (so auch Schmid, Karlsruher Handschrift 408, S. 171) ist als schwaches Substantiv überhaupt nicht, als starkes (*gehalt/kalt*: Lexer I, Sp. 784) nur selten belegt und fügt sich in der Bedeutung (»Gewahrsam, Gefängnis«) nur schwer. Das geläufige *kalter* »Schrank, Behälter« (Lexer I, Sp. 1500) gibt hingegen einen präzisen Sinn und fällt nicht aus dem Rahmen der hier üblichen Reimbindungen.

359 *gemach]* Von Fischer aus unverständlichem *gemöcht* der Handschrift geändert.

360 *geren]* Zu *gêr/gêre* »Rockschoß, Saum«, vgl. Lexer I, Sp. 869.

370 *dürsten]* Vgl. Komm. zu v. 191.

370 Der Vers ist anschließend noch einmal notiert (mit *dürstigen* statt *dürsten*).

375 *verbeut]* Zu *verbieten* in der Bedeutung »mit Beschlag belegen« (vgl. Lexer III, Sp. 74 f.). – *den]* Von Fischer aus fehlerhaftem *der* der Handschrift geändert.

396 *dem]* Von Fischer aus fehlerhaftem *dez* der Handschrift korrigiert.

441 *kweme]* Von Fischer zur Besserung des Reimes aus *kwam* der Handschrift korrigiert.

447 *trat]* Vgl. Komm. zu v. 253.

452 *mans]* Von Fischer aus fehlerhaftem *man ez* der Handschrift korrigiert.

455 *sie]* Von Fischer aus fehlerhaftem *er* der Handschrift korrigiert.

457 *wert]* Von Fischer aus fehlerhaftem *wart* der Handschrift korrigiert. – *uf]* Fischers Ergänzung zu *uf die* ist unnötig. – *komplet]* Die letzte der obligatorischen Gebetsstunden (Horen) im klösterlichen Tagesablauf: am späten Abend (LThK II, Sp. 679-684).

470 *ein]* Von Fischer aus fehlerhaftem *Ym* der Handschrift korrigiert.

472 *dirne frei]* »Wohl die *puellae oblatae*, dem Klosterleben bestimmte und schon seit früher Jugend im Kloster lebende Mädchen« (Fischer, Märendichtung, S. 528), die ihr Gelübde noch nicht abgelegt haben. Abwegig ist Strohschneiders (S. 150 u. ö.) Übersetzung als »Dienstmädchen«.

477 *dertumeln]* Vgl. Komm. zu v. 169.

487 *straufen]* Vgl. Komm. zu v. 183.

509 *raiß sich]* Zu *sich rîzen* »mit Heftigkeit, lärmend sich bewegen« (Lexer II, Sp. 477 f.).

510 *dünst]* Wohl zu dem starken Verbum *dinsen* »reißen, schleppen, tragen«, auch »das Schwert führen« (Lexer I, Sp. 438); als schwaches Verb belegt beim Teichner, Nr. 723, v. 49 (hg. von Heinrich Niewöhner, Bd. 3, Berlin 1956, S. 329; vgl. S. 356. Zur Bedeutung vgl. Findebuch, S. 68).

513 *ein]* Von Fischer aus fehlerhaftem *eins* der Handschrift korrigiert.

517 *grienen]* Zu *grinnen* »knirschen, lärmen«, bes. von Schweinen: »grinire porcorum« (Lexer I, Sp. 1087).

519 f. *hert : zurzert]* Der Reim ist durch Fischer aus *herte : zür zerte* der Handschrift hergestellt.

521 *enteckt]* Zu *endecken* < *entdecken* (Lexer I, Sp.). Zur Passage insgesamt Fischer, Märendichtung, S. 528: »Die Haare am Hinterkopf werden herausgerissen, so daß man die kahle Kopfhaut sieht.«

524 *den]* Von Fischer aus fehlerhaftem *Dem* der Handschrift korrigiert.

532 *gaß]* Von Fischer zur Rekonstruktion des Reimes (*: baß*) aus *geßen* der Handschrift hergestellt. Das Adjektiv ist in der Verwendung als Partizip Perfekt zu *ezzen* belegt (Lexer I, Sp. 744 f.).

552 *derzogen]* Vgl. Komm. zu v. 169.

575 *frutig]* Von Fischer nach dem Reimwort *blütig* (v. 576) aus fehlerhaftem *früchtig* der Handschrift hergestellt. Zur Bedeutung vgl. Lexer III, Sp. 545: *vrüetic.*

585 *gar]* Von Schmid, Karlsruher Handschrift 408, S. 177 nach dem Reimwort *har* (Handschrift: *hare*) ergänzt. Der Vorschlag ist Fischers *zwar* vorzuziehen.

589 *weil]* Eigentlich auch »Nonnenschleier« (aus lat. *velum*) vgl. Lexer III, Sp. 886.

596 *derarnet]* Vgl. Komm. zu v. 169.

Nach 602 Schreiberspruch: *Hie hat ein ende dez zagels mere/ Göt berät den schreiber/Der daz mere hat geschrieben/Der ist an schöne fraüwen blieben.*

38
HANS ROSENPLÜT
DIE DISPUTATION

Überlieferung

Das Märe ist in zwei Handschriften überliefert:
h* (um 1490, nordbairisch [Nürnberg?]), S. 71-92.
n^1 (1471-1473, Nürnberg), Bl. 83^r-92^r.

Die beiden Handschriften sind eng verwandt (gemeinsame Lücken und Fehler), nach Kiepe (Priameldichtung, S. 158 f., 174-177) stammen sie vom selben Schreiber; Reichel nimmt die Nürnberger Handschrift (n^1) als Vorlage der Hamburger (h*) an (Reichel, Rosenplüt, S. 239).

Text

Die Ausgabe folgt im ganzen dem von Hanns Fischer, Märendichtung, S. 227-238, aus der Vergleichung der beiden Handschriften (»Ansätze zu textkritischem Arbeiten«, S. 542) hergestellten Text. Fischers Eingriffe (Sigle: Fi) in die Textgestalt der Nürnberger Handschrift, die nur ein kaum begründbares metrisches Gleichmaß anstreben, habe ich rückgängig gemacht:

16 *glaub* Fih*. 21 *glauben* Fih*. 25 *gnat* Fih*. 29 *die* streicht Fi. 42 *preit noch verr* Fi. 53 *red* Fih*. 55 f. *entpünd: verkünd* Fih*. 62 *lan* Fih*. 70 *beid* Fih*. 80 *v. so hilft* Fih*. 107 *glaubens* Fih*. 135 *glauben* Fih*. 146 *glaub* Fih*, *anfang* Fih*. 152 *all* Fih*. 153 *red* Fih*. 213 *bed* Fih*. 261 *hette* Fih*. 264 *glaub* Fih*. 282 *werd* Fih*. 318 *glauben* Fih*. 322 *glaub* Fih*. 352 *red* Fih*. 356 *red* Fih*. 402 *wird* Fih*.

Weitere Ausgabe: Keller, Fastnachtspiele IV, S. 1115-1124.

Entstehung

Das Märe kann innerhalb der Schaffenszeit Hans Rosenplüts (ca. 1426-1460, vgl. Komm. zu Nr. 33) nicht genauer datiert werden. Rosenplüts Autorschaft hängt von der Deutung der Verfassersignatur (*Hans Schnepperer*) in v. 406 ab: Fischer, Märendichtung, S. 542 hält sie dadurch für »gesichert«, Reichel, Rosenplüt, S. 96 läßt die Frage »vorläufig offen«, Glier, Märendichter, S. 145 betrachtet die *Disputation* als »wahrscheinlich authentisch«.

Motivik, Quellen, Thematik

Die Geschichte von dem Gelehrten, der sich mit einem ungebildeten Mann in einem Gebärdenwettstreit mißt und dabei unterliegt, weil er den primitiven Drohungen seines Gegners selbst subtile Bedeutungen unterlegt, ist weit verbreitet.

In den ältesten überlieferten Versionen,

– einer anekdotischen Einlage (abgedruckt bei Köhler, Rosenblüts Disputaz, S. 484) im Kommentar des Bologneser Rechtsgelehrten Accursius († um 1260) zum *Corpus iuris civilis* und
– einer Erzählung (um 1330/1343) des spanischen Erzpriesters Juan Ruiz (Ruiz, *Libro de buen amor*, Str. 46-64),

ist sie gebunden an die Einführung des griechischen Rechts im frühen Rom. Durch den ›Sieg‹ eines römischen Gauners über einen griechischen Gelehrten weisen die Römer ihre Eignung für die Verleihung der griechischen Staatsordnung nach. Vorgeführt werden hier bereits der ausgestreckte Finger und die flache Hand, eine dritte Geste fehlt.

In dieser Form ist die Geschichte in der deutschen Literatur z. B. bei Johannes Pauli, *Schimpf und Ernst*, Nr. 32 (Bd. 1, S. 26 f.) und bei Hans Sachs, hg. von Goetze/Drescher, Nr. 243 [Bd. 4, S. 6-8]) überliefert, darüber hinaus z. B. auch in der Novellistik Italiens (vielfältig erweitert bei

Sercambi, *Novelliere*, Nr. 15 [Bd. 1, S. 118-125] aus dem späten 14. Jahrhundert), des mittelalterlichen Island (*Römer und Grieche*, hg. von Hugo Gering, in: *Isländische Novellen, Legenden und Märchen*, Bd. 1, Halle 1882, S. 239-244; Übersetzung: Bd. 2, 1883, S. 175-178) und Ungarns (*Kónyi János Democritusa*, hg. von Lajos György, Budapest 1932, Nr.II,58). Es mag sein, daß sie ihren Ausgang vom Orient genommen hat (Köhler, Rosenblüts Disputaz, S. 486 f. mit Verweis auf die türkische Sammlung der *Vierzig Wesire*), doch sind die überlieferten Fassungen jünger als die abendländischen (*Vierzig Wesire*: 15. Jahrhundert, außerdem als indische Parallele von ca. 1600 die 43. Geschichte des *Kathāratnāhara*, vgl. Johannes Hertel, Das Kathāratnāhara, Bd. 1, München 1920, p.XV).

Auch in der volkstümlich mündlichen Überlieferung hat sich die Geschichte erhalten, so in einer 1965 aufgezeichneten kroatischen Erzählung (*Erzählgut der Kroaten im südlichen Burgenland*, hg. von Kàroly Gaál und Gerhard Neweklowsky, Wien 1983, S. 131-135). Sie wird dort häufig auf den Triumph über die Mächtigen hin pointiert. In diesem Rahmen wechselt dann auch der Jude die Seiten und wird zum Vertreter des ›gesunden Menschenverstandes‹, z. B. in einer von einem irakischen Juden berichteten Version (hg. von Dov Noy, *Folktales of Israel*, Chicago 1963, S. 95-97).

Rosenplüt kombiniert diese weltliterarisch sehr stabile Erzählkonstellation mit dem Typus der meist auf dogmatische Themen ausgerichteten christlich-jüdischen Streitgespräche (z. B. der mit der Silvesterlegende verbreiteten Disputation vor Kaiser Konstantin, vgl. Ernst Friedrich Ohly, *Sage und Legende in der Kaiserchronik. Untersuchungen über Quellen und Aufbau der Dichtung*, Münster 1940, S. 165-171; mhd. z. B. *Trierer Silvester*, *Kaiserchronik*, v. 7806-10633, Konrads von Würzburg *Silvester*, Hans Folz: Fastnachtspiel von *Kaiser Constantinus*) und den entsprechenden Kontroverstraktaten, z. B. des Alfonsus Bonihominis *Epistula rabbi Samuel de Fez de adventu Messiae missa ad rabbi Isaac* (ca. 1339), deutsch von Irmhart Oeser (1360/70). Weiteres zur Tradition bei Amnon Linder, *Ecclesia and Synagoga in the Medieval Myth of Con-*

stantine the Great, in: Revue belge de philologie et d'histoire 54 (1976), S. 1019-1060; Heinz Schreckenberg, *Die christlichen Adversus-Judaeos-Texte und ihr literarisches und historisches Umfeld (1.-11. Jh.)*, Frankfurt und Bern 1982; Heinz Schrekkenberg, *Die christlichen Adversus-Judaeos-Texte (11.-13. Jh). Mit einer Ikonographie des Judenthemas bis zum 4. Laterankonzil*, Frankfurt u. a. 1988; Klaus Geissler, *Die Juden in mittelalterlichen Texten Deutschlands. Eine Untersuchung zum Minoritätenproblem anhand literarischer Quellen*, in: Zeitschr. f. bayer. Landesgeschichte 38 (1975), S. 163-226.

Der Vertreter der Juden stellt sich vor dem Hintergrund dieser Tradition zu recht auf einen gelehrten Dialog ein und bringt theologische ›Thesen‹ vor, der Landstreicher setzt ihm, dem Erzählschema entsprechend, dreiste Unverfrorenheit entgegen. Er siegt nur, weil der Jude selbst in seinem skrupulösen Denken und seinem Unterlegenheitsgefühl den banalen Gesten des Landstreichers einen überlegenen Sinn unterschiebt.

Was im Schwankmilieu als milder Spott über den lebensuntüchtigen ›intellektuellen‹ Juden erscheint, wird dadurch, daß es mit Hilfe der Rahmenerzählung zur Begründung für eine Judenvertreibung wird, zu höhnischer Kritik an entsprechenden Rechtfertigungsversuchen, wie sie immer wieder, besonders militant bei Rosenplüts jüngerem Mitbürger Hans Folz (*Kaiser Constantinus*, *Christ und Jude*, *Die Wahrsagebeeren*), auch aus theologischen Sätzen wie dem von der Teufelskindschaft der Juden (Io 8,44) oder ihrem Christenmord (I Th 2,14 f.) abgeleitet worden sind. Durch diese kritische Sicht auf Judenpolemik und Judenverfolgung zeichnet Rosenplüt sich auch an anderer Stelle (*Die fünfzehn Klagen B*, v. 249-262, in: Hans Rosenplüt, *Reimpaarsprüche und Lieder*, hg. von Jörn Reichel, Tübingen 1990, S. 157) aus.

Um die Mitte des 15. Jahrhunderts war dies in Nürnberg keine bloß theoretische Haltung. Die wirtschaftliche Entwicklung und die angebliche Schuld an den großen Pestepidemien hatten die Juden schon gegen Ende des 14. Jahrhunderts allgemein (vgl. Frantisek Graus, *Pest – Geißler –*

Judenmorde. Das 14. Jahrhundert als Krisenzeit, Göttingen 1987) und auch in Nürnberg in Bedrängnis gebracht, in der 2. Hälfte des 15. Jahrhunderts war die Politik des Rates darauf gerichtet, sie gänzlich auszuschalten und aus der Stadt zu vertreiben. Im Frühjahr 1499 wurden sie endgültig ausgewiesen (Arnd Müller, *Geschichte der Juden in Nürnberg. 1146-1945*, Nürnberg 1968. Vgl. auch Markus J. Wenninger, *Man bedarf keiner Juden mehr. Ursachen und Hintergründe ihrer Vertreibung aus den deutschen Reichsstädten im 15. Jahrhundert*, Wien, Köln und Graz 1981).

Literaturhinweise: Fischer, Studien, S. 387 (Lit.); Glier, Märendichter, S. 145 f.; Kiepe, Priameldichtung, S. 274-303; Reinhold Köhler, *Rosenblüts Disputaz eines Freiheits mit einem Juden*, in: Germania 4 (1859), S. 482-493; Langensiepen, Tradition und Vermittlung, S. 165-169, 181-185; Reichel, Rosenplüt, S. 95 f.

Stellenkommentar

Überschrift: aus der Hamburger Handschrift; *freiheit* (mask.) »Landstreicher, Vagabund, Gaukler« wird entweder als entstellte Form von gleichbedeutendem *vrîhart* aufgefaßt (DWb IV/1, 1, Sp. 112), das mit dem namenbildenden Suffix *-hart* (*Wolfhart*, *Neithart*) gebildet wäre, oder es wird als Ableitung mit Hilfe des substantivierenden Suffixes *-heit* (vgl. BMZ I, S. 656) erklärt (Lexer III, Sp. 517), zu der es allerdings nur eine einzige maskuline Parallele gäbe: *ebenheit* »Genosse« (BMZ I, S. 656).

3 *Niderlant*] Bezeichnet allgemein tiefer gelegenes Land (auch: die Hölle), je nach Standpunkt z. B. Niederschwaben, Niederbayern, Niederdeutschland, den Niederrhein, die Niederlande (DWb VII, Sp. 771 f.). Der hier gegebene Kontext läßt eine genaue Situierung nicht zu, wenn auch die häufigste und prominenteste Verwendung (Siegfried, der *helt von Niderlant*, *Nibelungenlied* 131,3 u. ö.) für Niederrhein/Niederlande spricht.

12 *tag]* »Gerichtstag«, auch »die (wenn auch längere Zeit dauernde) Verhandlung selbst« (DWb XI/1, 1, Sp. 45).

17 *fraß]* »Frase, Fräse 〈. . .〉 Spreu, Heckerling, ein seltnes, unerklärtes Wort« (DWb IV/1, 1, Sp. 64).

21 *regniren]* Die vom Kontext erforderte Bedeutung »streiten, sich messen« ist sonst nicht nachgewiesen.

28 *rat]* Bedeutet nicht nur »Ratschlag«, sondern jede Form von »Hilfe, Abhilfe, Ausweg« (DWb VIII, Sp. 156-173).

38 *meister]* Lehnwort aus lat. *magister*; neben aller Bedeutungserweiterung bleibt *meister* auch Übersetzungswort für *magister* (vgl. *Vocabularius Ex quo*, M 43).

61 Fischer setzt Komma nach *entpinden.*

68 *stift]* Hier das Kollegium der Stiftsherren einer Kollegiatkirche, eines Bistums etc. (DWb X/2, 2, Sp. 2872); *hohes stift* meint in solchem Zusammenhang meist das Domkapitel.

78 *henkens]* Eigentlich: »des Gehängtwerdens«. Bei Bebel, *Facetien* II, 112 (S. 85) als *vulgare proverbium Suevorum* bezeichnet. Vgl. auch Wander, Sprichwörter-Lexikon I, S. 1289.

121 *malmasier]* Wein von Napoli di Malvasia (Monembasia auf dem Peloponnes): sprichwörtlich edler Südwein (vgl. DWb VI, Sp. 1512).

150 *anpetten]* Entspricht *anbeteten.*

152 *tümpfel]* »Wasserloch, Strudel, Teich«; h ier wohl in der häufiger belegten übertragenen Bedeutung mit »Tiefe, Grundlosigkeit oder Unsauberkeit als tertium comparationis« (DWb XI/1, 2, Sp. 1760). Dem Gefährlichen und Unangenehmen des *tümpfels* entspricht als Bild heute am ehesten der Sumpf; gemeint sind wohl: alle problematischen und anstößigen Sachverhalte.

163 *deuten,]* Wenn nach *deuten* das Satzende angenommen wird (Fischer), wäre dem Juden die Ausgestaltung des Gebärdenwettbewerbs – ohne daß schon für diesen entschieden wäre – überlassen; das widerspräche der manipulativen Regie des Landstreichers. Vermieden wird durch das Satzende nach

v. 166 auch die Notwendigkeit, v. 166 zugleich auf v. 164-166 und auf v. 168-170 zu beziehen (ἀπὸ κοινοῦ, vgl. PWG § 493).

166 *geverd.*] Fischer faßt v. 164-166 als Objektsatz zu v. 166 auf und setzt nach *geverd* ein Komma (s. o. zu v. 163).

192 *zwallen*] Wohl zu *twalm* (auch *twalben*) »Betäubung, Ohnmacht« (Lexer II, Sp. 1594 f.; DWb II, Sp. 1229), so auch Fischer, Märendichtung, S. 542. Zum Wechsel des Anlautes (wie *twerch-* zu *zwerch-*) vgl. PWG § 148,3.

210-215 *wie ein* 〈. . .〉 *hell*] Die Wege-Symbolik ist in der Bibel und in den patristischen Auslegungsschriften weit verbreitet. Das Bild von den zwei Wegen, des mühevollen zur Tugend und des bequemen zur Lust, erscheint zum ersten Male bei Hesiod (*Erga*, v. 287-292). Im Alten Testament begegnet es nur selten (z. B. Ps.I, 6; Ier 21,8), häufig ist es dagegen – in unserem Zusammenhang eine besondere Pointe – in der altjüdischen Literatur, z. B. in der Sektenrolle von Qumran (weiteres bei Adolf von Harnack, *Die Apostellehre und die jüdischen beiden Wege*, Leipzig 1886). Im Neuen Testament nimmt es Matthäus (7,13) auf (LThK X, Sp. 974 f.). In der deutschen Literatur wird das Bild im Prolog zu Hartmanns von Aue *Gregorius* (v. 56-65) zentral. Weitere Literatur bei Wolfgang Harms, *Homo viator in bivio. Studien zur Bildlichkeit des Weges*, München 1970.

244 *unbekant,*] Komma nach *unbekant* klärt die für Fischer, Märendichtung, S. 542, »merkwürdige« Konstruktion mit scheinbar zwei Dativobjekten: v. 244 ist Attributssatz zu *ofne hant*, *dem freiheit* Dativobjekt zu *reckt* (v. 243). (Vorschlag Ralf-Henning Steinmetz.)

247 *nach dem und*] Vergleichendes *und* »wie« in Verbindung mit einer demonstrativen Bezugsgröße (hier: *nach dem* »entsprechend dem«; Fischers Schreibung *nachdem* ist zu korrigieren), vgl. PWG § 465,3.

250 *ach got*] Daß der Jude seinen Stoßseufzer ›christlich‹ formuliert, ist bezeichnende Pointe.

273 *die parmherzikeit*] Plural, wie sich aus dem Reimwort *wern* (v. 274) = *werden* ergibt. Mit Recht korrigiert Fischer deshalb in v. 275 die Singularform der handschriftlichen Überlieferung (*wer*/*werd*) zu *wern.*

273-288 *das die 〈. . .〉 würde funden]* Standardthemen der christlichen Gnadenlehre: Freiheit der Gnadengewährung durch Gott, Verhältnis zur Prädestination, Verdienst und Gnade, freier Wille. Vgl. dazu etwa Arthur Michael Landgraf, *Dogmengeschichte der Frühscholastik*. 1. Tl.: *Die Gnadenlehre*, 2 Bd.e, Regensburg 1952 und 1953.

320 *vergecht]* Von *vergâhen* »sich übereilen« (Lexer III, Sp. 108).

332 *gral]* »Schrei«; abgeleitet vom starken Verbum *grellen* »rauh tönen, zornig schreien«, vgl. *grel* »rauh, grell, zornig« (BMZ I, S. 573).

333 *Adonei]* Hebräisch aus *adon* »Herr« und dem Pronominalsuffix der ersten Person: »mein«. Anredeform für den Gott Israels: »Mein Herr!« Wurde als häufig gebrauchte Anrede zur Bezeichnung Gottes und als Umschreibung für den Namen Jahwe beim Lesen des Alten Testaments gebraucht, als man diesen nicht mehr auszusprechen wagte.

341 *mein]* Entspricht *meinen* (vgl. PWG § 53, Anm. 3; Gr. Frnhd. I/1, S. 138 und 140).

345 *zugeeigt]* Von *(zu)eigen*, sw. Verb, aus *eigen(en)* »zu eigen machen« (vgl. BMZ I, S. 416).

357 f. *und welcherlei 〈. . .〉 übergee]* *Ex abundantia enim cordis os loquitur* (Mt 12,34; Lc 6,45). Vgl. zu dieser Stelle Luther im *Sendbrieff vom Dolmetzschenn* (1530): *Wes das hertz vol ist/des gehet der mund vber/das heist gut deutsch geredt* (Weimarer Ausgabe, I/30,2, S. 637).

396 *der 〈. . .〉 pat]* »Der schlimme Sinn, der mit der Redensart ›jemandem ein Bad an(zu)richten‹ verbunden ist, beruht wohl auf einer spätmittelalterlichen Folterpraktik, bei der die Delinquenten 〈. . .〉 schwitzen mußten, bis sie gestanden« (Röhrich, Lexikon der sprichwörtlichen Redensarten, Bd. 1, S. 88).

406 *Hans Schnepperer]* In der Nürnberger Handschrift nennt sich der Autor nur *der Schnepperer*. Zur Namensform und zur Frage der Identität mit Hans Rosenplüt siehe *Der fünfmal getötete Pfarrer* (s. o. Nr. 33), Kommentar zu v. 306.

ABGEKÜRZT ZITIERTE HANDSCHRIFTEN

B^{α}, B^{β} Berlin, Staatsbibliothek Stiftung Preußischer Kulturbesitz, Fragmente (Fragm. 113, Ms. germ. 4° 663, Ms. germ. 2° 923) aus einer Sammelhs. mit Reimpaar-Kleindichtung, um 1350, ostmitteldeutsch (Mihm, Überlieferung, S. 62 f.).

d Dresden, Sächsische Landesbibliothek, Mscr. M 68, geschrieben 1447, ostschwäbisch (Augsburg?): Sammlung von 32 Mären, Fabeln, Bispeln, Minnereden u. a. (Mihm, Überlieferung, S. 92-96; zum Schreiber VL^2 III, Sp. 262 f.). Beschreibung und diplomatischer Abdruck: Hefti, Codex Dresden M 68.

d* Dresden, Sächsische Landesbibliothek, Mscr. M. 50, 1460-62, aus Nürnberg, nordbairisch-ostfränkisch (»Die Hs. gilt seit langem als eine der bedeutendsten Rosenplüt-Sammelhss. 〈. . .〉 Der Schreiber war offensichtlich darum bemüht, ausschließlich Rosenplüt-Texte zu sammeln und eine erste umfangreiche handschriftliche Werkausgabe herzustellen. 〈. . .〉 Die Hs. könnte 〈. . .〉 noch zu Lebzeiten Rosenplüts in Nürnberg geschrieben 〈. . .〉 worden sein.« [Reichel, Rosenplüt, S. 226]).

E München, Universitätsbibliothek, 2° Cod. ms. 731, sog. ›Hausbuch des Michael de Leone‹, um 1350 in Würzburg entstanden, ostfränkisch, Teil 19, Bl. 68^v-107^r: *Diu werlt* = Sammlung von Mären und Bispeln (VL^2 VI, Sp. 499-501; Mihm, Überlieferung, hier S. 106 f.; Heinrich Niewöhner, *Des Strickers Welt*, in: ZfdA 63 [1926], S. 99-102). Faksimile: Hausbuch des Michael de Leone.

g Gießen, Universitätsbibliothek, Cod. 1264, Adligat 1, 1470/80, nordbairisch-ostfränkisch (aus Nürnberg?), Fragment einer größeren Sammelhandschrift (Reichel, Rosenplüt, S. 228).

h* Hamburg, Staats- und Universitätsbibliothek, Cod. ms. germ. 13, um 1490 vermutlich in Nürnberg geschrieben (nordbairisch): Sammelhandschrift, in der eine Reihe von Kleindichtungen (Priamel, Fastnachtspiele, Reimreden) als ehemals selbständige Faszikel nachträglich zusammengebunden wurden (Reichel, Rosenplüt, S. 229).

H Heidelberg, Universitätsbibliothek, Cod. palatinus germanicus 341, 1. Viertel 14. Jh., Nordwestböhmen/Oberfranken: umfängliche Sammelhandschrift mit Reimpaarkleindichtung aller Typen (Mihm, Überlieferung, S. 37-40, 47-61 u. ö. [Register]). Vgl. auch die Literatur zu K.

i Innsbruck, Tiroler Landesmuseum Ferdinandeum, Cod. FB 32001, geschrieben 1456 in Tirol: Kleinepiksammlung (wohl von der Wiener Hs. 2885 abhängig) und *Gauriel* des Konrad von Stoffeln (Mihm, Überlieferung, S. 96-99). Faksimile: Sammlung kleinerer deutscher Gedichte.

K Cologny-Genf, Bibliotheca Bodmeriana, Cod. Bodmer 72, früher: Kalocsa, Kathedralbibliothek, Mscr. 1, 1. Viertel 14. Jh., Nordwestböhmen/Oberfranken, Schwesterhandschrift zu H = Heidelberg 341, zu großen Teilen aus dieser abgeschrieben (Zwierzina, Kalocsaer Handschrift; Mihm, Überlieferung, S. 47-61; Karin Schneider in: *Deutsche Handschriften des Mittelalters in der Bodmeriana.* Katalog bearb. von René Wetzel, Cologny-Genève 1994, S. 81-129).

k Karlsruhe, Badische Landesbibliothek, Cod. Karlsruhe 408, geschrieben zwischen 1430 und 1435 in Nordschwaben: umfangreiche und relativ geschlossene Sammlung kürzerer Reimpaardichtungen, v. a. Mären, Fabeln, Bispel (Mihm, Überlieferung, S. 71-81; VL[2] IV, Sp. 1028-1030). Abdruck: Schmid, Codex Karlsruhe 408.

l Donaueschingen, Fürstl. Fürstenbergische Hofbibliothek, Cod. 104 (›Liedersaal-Handschrift‹), um 1430/33 in Oberschwaben (Bodensee? Konstanz?) entstanden: Sammlung von Reimpaar-Kleindichtungen des 13. und 14. Jahrhunderts (Heinrich Niewöhner, *Der Inhalt von Lassbergs Liedersaal-Handschrift*, in: PBB 66 [1942], S. 153-196; VL[2] V, Sp. 818-822).

* Leipzig, Universitätsbibliothek, Cod. 1590, 1460-65, aus Nürnberg, nordbairisch-ostfränkisch: systematisch angelegte Sammelhandschrift von Mären, Reimpaarreden, Priameln, Weingrüßen, Sprichwörtern; im ersten Teil auf Rosenplüt konzentriert. »Eventuell ist die Hs. noch zu Lebzeiten Rosenplüts in Nürnberg geschrieben worden.« (Reichel, Rosenplüt, S. 232.)

m München, Bayerische Staatsbibliothek, cgm 714, geschrieben 1455-1458, vermutlich in Nürnberg, nordbairisch-ostfränkisch, Ende des 15. Jahrhunderts im Besitz eines Nürnberger Bürgers. 1. Teil (Bl. 1-288): Sammlung von Minnereden, erbaulichen und didaktischen Reimpaarreden und einigen Mären (Reichel, Rosenplüt, S. 234f.).

m[5] München, Bayerische Staatsbibliothek, cgm 713, geschrieben 1462-82 [1478?], nordbairisch-ostfränkisch (aus Nürnberg?): »Die Hs. enthält im Wechsel Sammlungen von Kleinstformen wie Priamel oder Weinsegen und Zusammenstellungen von größeren Reimpaardichtungen wie Mären oder didaktischen Reden.« (Reichel, Rosenplüt, S. 234; Beschreibung: Kiepe, Priameldichtung, S. 317-329; zur Sprache Gilbert, Ritter underm Zuber [vgl. Literaturhinweise zu Nr. 20], S. 5-7).

m[7] München, Bayerische Staatsbibliothek, cgm 5919, geschrieben 1501-nach 1510 in Regensburg, bairisch, enthält »in buntem Wechsel literarische und Gebrauchstexte: historische Nachrichten und Sprüche, Rezepte aller Art, 〈...〉, Heldenepik, 〈...〉, Lieder, 〈...〉, Mären 〈...〉« (Reichel, Rosenplüt, S. 236).

n[1] Nürnberg, Germanisches Nationalmuseum, Cod. 5339a, in Nürnberg »aus dem Zusammenschluß von insgesamt 12 Einzelheften und Teilsammlungen entstanden, die untereinander keine Verbindung hatten« (Reichel, Rosenplüt, S. 238); die Faszikel sind zwischen 1471 und 1473 von einem Berufsschreiber in Nürnberg geschrieben (Kiepe, Priameldichtung, S. 154-181, S. 330-348).

n^2 Nürnberg, Germanisches Nationalmuseum, Merkelsche Familienstiftung 966,2° (= Valentin Holls Handschrift), ostschwäbisch, 1524-26 in Augsburg von dem Berufsschreiber Valentin Holl angelegte repräsentative Sammlung spätmittelalterlicher Literatur aus den verschiedensten Gattungen (Mihm, Überlieferung, S. 121 f.; Kiepe, Priameldichtung, S. 192 f. u. ö.; Reichel, Rosenplüt, S. 240).

p Pommersfelden, Gräflich Schönbornsche Bibliothek, Cod. 54 (ehem. 2798), entstanden um 1373 (?) in Thüringen: kleines Märencorpus von fünf Stücken zusammen mit zwei Marienmirakeln und zwei Heldenepen (*Laurin*, *Rosengarten*), vgl. Mihm, Überlieferung, S. 140.

S Straßburg, Stadtbibliothek, ehem. cod. A 94 der Johanniterbibliothek, geschrieben um 1330/1350, wohl im Elsaß: Kleinere Sammlung von Reimpaargedichten und Mären, zusammen mit einigen Liedern, einem Judeneid und dem *Barlaam* des Rudolf von Ems (Mihm, Überlieferung, S. 121, 141).

Die Handschrift ist 1870 verbrannt. Zwei Mären (Nr. 9 und 13) sind in einer offenbar sehr sorgfältigen Abschrift von Franz Roth aus dem Jahre 1847 erhalten (Frankfurt, Stadt- und Universitätsbibliothek, Ms. Ff. Franz Roth, 12 Bll.; vgl. Eckhard Grunewald, *Zur Handschrift A 94 der ehem. Straßburger Johanniterbibliothek*, in: ZfdA 110 [1981], S. 96-105), fünf der sechs in diesen Band aufgenommenen (Nr. 9, 13, 18, 20, 22) in dem – wie der Vergleich mit Roth zeigt – im Wortlaut, wenn auch nicht in der Graphie, relativ verläßlichen alten Abdruck (1795) bei Myller, Samlung deutscher Gedichte.

W Wien, Österreichische Nationalbibliothek, Cod. 2705, um 1280, bairisch-österreichisch: Mären, Fabeln, Bispel aus der Umgebung des Strickers (Mihm, Überlieferung, S. 35-39; Ziegeler, Wiener Codex 2705).

w Wien, Österreichische Nationalbibliothek, Cod. 2885, geschrieben 1393 in Innsbruck: Sammlung von 64 kleineren Reimpaar-Gedichten (Mihm, Überlieferung, S. 65-70). Beschreibung und diplomatischer Abdruck: Schmid, Codex Vindobonensis 2885.

w* Weimar, Herzogin Anna-Amalie-Bibliothek, Cod. Q 565, zwischen ca. 1466 und 1483 vermutlich in Nürnberg (Bedenken bei Kiepe, Priameldichtung, S. 370: bairisch) geschrieben: eine Sammelhandschrift mit über längere Zeit ziemlich regellos eingetragenen Kleindichtungen (Mären, ein Fastnachtspiel, Reimpaarreden), Gebrauchstexten (Klopfansprüche, Rezepte) und – von hinten in das Buch geschrieben – theologischer Fachprosa (Reichel, Rosenplüt, S. 244; Kiepe, Priameldichtung, S. 370-373). Abdruck: Kully, Codex Weimar Q 565.

ABGEKÜRZT ZITIERTE LITERATUR

Nur mit Namen abgekürzte Titel sind in den »Literaturhinweisen« zu den einzelnen Texten aufgelöst.

AaTh
Antti Aarne, *The Types of the Folktale. A Classification and Bibliography. A. A.'s Verzeichnis der Märchentypen*, Translated and Enlarged by Stith Thompson, Helsinki ²1964.

Althoff, Verwandte, Freunde und Getreue
Gerd Althoff, *Verwandte, Freunde und Getreue. Zum politischen Stellenwert der Gruppenbindungen im früheren Mittelalter*, Darmstadt 1990.

Andreas Capellanus
Andreas Capellanus, *De amore libri tres*, hg. von Emil Trojel, München ²1964.

Arnold, Studien über den Hohen Mut
August Arnold, *Studien über den Hohen Mut*, Leipzig 1930.

Bahner, Französische Geschichten
Französische Geschichten aus Mittelalter und Renaissance, hg. von Werner Bahner, München o.J. [1961].

Bandello, *Novelle*
Tutte le opere di Matteo Bandello, hg. von Francesco Flora, Verona ³1952.

Bebel, *Facetien*
Heinrich Bebel, *Facetien.* Drei Bücher. Historisch-kritische Ausgabe von Gustav Bebermeyer, Leipzig 1931.

Bédier, Les Fabliaux
Joseph Bédier, *Les Fabliaux. Etudes de Littérature Populaire et d'Histoire Littéraire du Moyen Age*, Paris ⁶1969.

Behaghel
Otto Behaghel, *Deutsche Syntax. Eine geschichtliche Darstellung*, 4 Bde., Heidelberg 1923-1932.

Blamires, Sexual Comedy
David Blamires, *Sexual Comedy in the ›Mären‹ of Hans Rosenplüt*, in: Trivium 11 (1976), S. 90-113.
BMZ
Mittelhochdeutsches Wörterbuch, von Georg Friedrich Benecke, Wilhelm Müller und Friedrich Zarncke, 3 Bde., Leipzig 1854-1866.
Boccaccio, *Decameron*
Tutte le opere di Giovanni Boccaccio, hg. von Vittore Branca. Bd. 4: *Decameron*. Mailand 1976.
Boccaccio, *Decameron* (Witte/Bode)
Giovanni Boccaccio, *Das Decameron*, vollständige Ausgabe in der Übertragung von Karl Witte, durchgesehen von Helmut Bode, München 1979.
Bolte/Polívka
Anmerkungen zu den Kinder- und Hausmärchen der Brüder Grimm, neu bearbeitet von Johannes Bolte und Georg Polívka, 5 Bde., Leipzig 1913-1932.
Boner, *Edelstein*
Ulrich Boner, *Der Edelstein*, hg. von Franz Pfeiffer, Leipzig 1844.
de Boor, LG III/1
Geschichte der deutschen Literatur von den Anfängen bis zur Gegenwart, begründet von Helmut de Boor und Richard Newald. Bd. 3: *Die Deutsche Literatur im späten Mittelalter. Zerfall und Neubeginn. Erster Teil: 1250-1350*, München [2]1964.
de Boor, Mittelalter
Die deutsche Literatur. Texte und Zeugnisse. Bd. 1: *Mittelalter*, hg. von Helmut de Boor, München 1965.
Brietzmann, Böse Frau
Franz Brietzmann, *Die böse Frau in der deutschen Literatur des Mittelalters*, Berlin 1912.
Brüggen, Kleidung und Mode
Elke Brüggen, *Kleidung und Mode in der höfischen Epik des 12. und 13. Jahrhunderts*, Heidelberg 1989.

Bumke, Höfische Kultur
Joachim Bumke, *Höfische Kultur. Literatur und Gesellschaft im hohen Mittelalter*, 2 Bde., München 1986.
Caesarius von Heisterbach, *Dialogus miraculorum*
Caesarii Heisterbacensis monachi ordinis Cisterciensis dialogus miraculorum, hg. von Joseph Strange, 2 Bde., Köln 1850f.
Carmina Burana
Carmina Burana, hg. von Alfons Hilka und Otto Schumann, 2 Bde., Heidelberg ²1971.
Cent nouvelles nouvelles
Les cent nouvelles nouvelles, hg. von Pierre Champion, Paris 1928.
Cramer, Mæren-Dichtung
Mæren-Dichtung, hg. von Thomas Cramer, 2 Bde., München 1979.
Curschmann/Glier, Dichtung des Mittelalters
Michael Curschmann und Ingeborg Glier, *Deutsche Dichtung des Mittelalters*, 3 Bde., München und Wien 1980-1981.
Dalby, Lexicon of the Medieval German Hunt
David Dalby, *Lexicon of the Medieval German Hunt. A lexicon of Middle High German terms associated with the chase, hunting with bows, falconry, trapping, and fowling*, Berlin 1965.
Doni, *Novelle*
Antonfrancesco Doni, *Tutte le Novelle*, hg. von Carlo Teoll, Mailand 1863.
DRWb
Deutsches Rechtswörterbuch. Wörterbuch der älteren deutschen Rechtssprache, hg. von der Preußischen Akademie der Wissenschaften, bearb. von Richard Schröder und Eberhard Freiherrn von Künßberg, Bd. 1 ff., Weimar 1912 ff.
DWb
Deutsches Wörterbuch von Jacob und Wilhelm Grimm, 16 Bde., Leipzig 1854-1960 (Nachdruck 1984).
DWb²
Deutsches Wörterbuch von Jacob Grimm und Wilhelm Grimm, Neubearbeitung, hg. von der Akademie der Wissenschaften der DDR in Zusammenarbeit mit der Aka-

demie der Wissenschaften zu Göttingen, Bd. 1 ff., Leipzig 1983 ff.
Ehrismann, Stricker
Der Stricker. Erzählungen, Fabeln, Reden, Mittelhochdeutsch/ Neuhochdeutsch, hg., übersetzt und kommentiert von Otfrid Ehrismann, Stuttgart 1992.
Ehrismann, Vom Eheleben
Otfrid Ehrismann, *»der tivel brâhte mich ze dir«. Vom Eheleben in Erzählungen des Strickers*, in: *Liebe – Ehe – Ehebruch in der Literatur des Mittelalters. Vorträge des Symposiums vom 13. bis 16. Juni 1983 am Institut für deutsche Sprache und mittelalterliche Literatur der Justus Liebig-Universität Gießen*, hg. von Xenja von Ertzdorff und Marianne Wynn, Gießen 1984, S. 25–40.
Eilhart von Oberge, *Tristrant*
Eilhart von Oberge, *Tristrant*, hg. von Franz Liechtenstein, Straßburg 1877.
EM
Enzyklopädie des Märchens. Handwörterbuch zur historischen und vergleichenden Erzählforschung, hg. von Kurt Ranke (ab Bd. 5: Rolf Wilhelm Brednich) zusammen mit Hermann Bausinger u.a., Berlin 1977 ff.
Erzählungen aus den Tausendundein Nächten
Die Erzählungen aus den Tausendundein Nächten, vollständige deutsche Ausgabe 〈. . .〉 nach dem Urtext der Calcuttaer Ausgabe 〈. . .〉 übertragen von Enno Littmann, 6 Bde., Wiesbaden 1953.
Euling, Kaufringers Gedichte
Karl Euling, *Heinrich Kaufringers Gedichte*, Tübingen 1888.
Euling, Studien über Kaufringer
Karl Euling, *Studien über Heinrich Kaufringer*, Breslau 1900.
Fabricius
Jean de La Fontaine, *Sämtliche Novellen in Versen. Contes et nouvelles en vers.* Zweisprachige Ausgabe. In der Übertragung von Gustav Fabricius, mit 〈. . .〉 einem Nachwort von Hermann Lindner, München 1981.

FB
s. Fischer, Studien: Systematische Forschungsbibliographie, Teil B.

Findebuch
Kurt Gärtner u.a., *Findebuch zum mittelhochdeutschen Wortschatz. Mit einem rückläufigen Index*, Stuttgart 1992.

Fischer, Hans Folz
Hanns Fischer, *Hans Folz. Altes und Neues zur Geschichte seines Lebens und seiner Schriften*, in: ZfdA 95 (1966), S. 212-236.

Fischer, Märendichtung
Die deutsche Märendichtung des 15. Jahrhunderts, hg. von Hanns Fischer, München 1966.

Fischer, Reimpaarsprüche
Hans Folz, *Die Reimpaarsprüche*, hg. von Hanns Fischer, München 1961.

Fischer, Schwankerzählungen
Schwankerzählungen des Mittelalters, ausgewählt und übersetzt von Hanns Fischer, München 1967.

Fischer, Studien
Hanns Fischer, *Studien zur deutschen Märendichtung*. 2. durchgesehene und erweiterte Auflage, besorgt von Johannes Janota, Tübingen 1983.

Fischer/Janota, Verserzählungen I
Der Stricker. Verserzählungen, hg. von Hanns Fischer, Bd. 1, 4., revidierte Auflage besorgt von Johannes Janota, Tübingen 1979.

Fischer/Janota, Verserzählungen II
Der Stricker. Verserzählungen, hg. von Hanns Fischer, Bd. 2, 3., revidierte Auflage besorgt von Johannes Janota, Tübingen 1973.

Fischer/Sappler
Herrand von Wildonie. Vier Erzählungen, hg. von Hanns Fischer, 2., revidierte Auflage besorgt von Paul Sappler, Tübingen 1969.

Floerke, Facezien
Die Facezien des Poggio Fiorentino, aus dem Lateinischen übersetzt und eingeleitet von Hanns Floerke, München 1906.

Floerke, Masuccio
Hanns Floerke, *Masuccio, Novellino. Renaissancenovellen aus Neapel und dem Süden Italiens*, mit einer Einleitung von Gianni Celati und einem Nachwort von Alice Vollenweider, Berlin 1988.

Floerke, Sacchetti
Hanns Floerke, *Die Novellen des Francesco Sacchetti, Bürgers von Florenz*, München 1907.

Floerke, Straparola
Straparola. Ergötzliche Nächte, aus dem Italienischen übertragen von Hanns Floerke, München 1947.

Fortini, *Novelle dei Novizi*
Pietro Fortini, *Le Giornate delle Novelle dei Novizi*, hg. von Adriana Mauriello, 2 Bde., Rom 1988.

Frauenlob
Frauenlob: Leichs, Sangsprüche, Lieder, auf Grund der Vorarbeiten von Helmut Thomas hg. von Karl Stackmann und Karl Bertau, 2 Tle., Göttingen 1981.

Frey, *Gartengesellschaft*
Jacob Frey, *Gartengesellschaft*, hg. von Johannes Bolte, Tübingen 1896.

Freidank
Fridankes Bescheidenheit, hg. von H. E. Bezzenberger, Halle 1872.

Frnhd. Gr.
Virgil Moser, *Frühneuhochdeutsche Grammatik*, Bd. I/1 und I/3, Heidelberg 1929 und 1951.

Frnhd. Wb.
Frühneuhochdeutsches Wörterbuch, hg. von Robert B. Anderson, Ulrich Goebel, Oskar Reichmann, Bd. 1 ff., Berlin 1989 ff.

Frosch-Freiburg, Schwankmären und Fabliaux
Frauke Frosch-Freiburg, *Schwankmären und Fabliaux. Ein Stoff- und Motivvergleich*, Göppingen 1971.

GA
Gesammtabenteuer. Hundert altdeutsche Erzählungen: Ritter- und Pfaffen-Mären, Stadt- und Dorfgeschichten, Schwänke,

Wundersagen und Legenden ⟨...⟩ meist zum erstenmal gedruckt und hg. von Friedrich Heinrich von der Hagen, 3 Bde., Stuttgart 1850.

Gagliardi
Ser Giovanni Fiorentino, *Die fünfzig Novellen des Pecorone*, übersetzt von Maria Gagliardi, 2 Bde., München 1921.

Gerhard von Minden, *Wolfenbütteler Äsop*
Die Fabeln Gerhards von Minden in mittelniederdeutscher Sprache, zum ersten Mal hg. von Albert Leitzmann, Halle/S. 1898.

Gernentz, Schwanritter
Hans Joachim Gernentz, *Der Schwanritter. Deutsche Verserzählungen des 13. und 14. Jahrhunderts*, Berlin 1972.

Gesta Romanorum
Gesta Romanorum, hg. von Hermann Oesterley, Berlin 1872.

Gier, Fabliaux
Fabliaux. Französische Schwankerzählungen des Hochmittelalters. Altfranzösisch-deutsch, ausgewählt, übersetzt und kommentiert von Albert Gier, Stuttgart 1985.

Glier, Artes amandi
Ingeborg Glier, *Artes amandi. Untersuchung zu Geschichte, Überlieferung und Typologie der deutschen Minnereden*, München 1971

Glier, Märendichter
Ingeborg Glier, *Hans Rosenplüt als Märendichter*, in: *Kleinere Erzählformen im Mittelalter.* Paderborner Kolloquium 1987, hg. von Klaus Grubmüller, L. Peter Johnson und Hans-Hugo Steinhoff, Paderborn 1988, S. 137-149.

Götze
Frühneuhochdeutsches Glossar von Alfred Götze, zweite, stark vermehrte Auflage, Bonn 1920.

Gotfrid von Straßburg, *Tristan*
Gottfried von Straßburg, *Tristan*, hg. von Karl Marold, dritter Abdruck mit einem durch F. Rankes Kollationen erweiterten und verbesserten Apparat besorgt und mit einem Nachwort versehen von Werner Schröder, Berlin 1969.

Gr. Frnhd.
Grammatik des Frühneuhochdeutschen. Beiträge zur Laut- und Formenlehre, hg. von Hugo Moser, Hugo Stopp und Werner Besch, Heidelberg 1970 ff.

Grä sse
Johann Theodor Grässe, *Gesta Romanorum. Das älteste Mährchen- und Legendenbuch des Mittelalters*, 2 Bde., Leipzig 1905.

Grimm, Rechtsalterthümer
Jacob Grimm, *Deutsche Rechtsalterthümer*, Nachdruck der durch Andreas Heusler und Rudolf Hübner besorgten 4. Auflage (Leipzig 1899), Darmstadt 1965.

Grubmüller, Das Groteske im Märe
Klaus Grubmüller, *Das Groteske im Märe als Element seiner Geschichte. Skizzen zu einer historischen Gattungspoetik*, in: *Kleinere Erzählformen des 15. und 16. Jahrhunderts*, hg. von Walter Haug und Burghart Wachinger, Tübingen 1993, S. 37-54.

Gumbrecht, Marie de France
Marie de France, *Äsop*, eingeleitet, kommentiert und übersetzt von Hans Ulrich Gumbrecht, München 1973.

GW
Gesamtkatalog der Wiegendrucke, hg. von der Kommission für den Gesamtkatalog der Wiegendrucke, Bd. 1 ff., Berlin 1925 ff.

Hartmann von Aue, *Büchlein*
Hartmann von Aue, *Die Klage. Das (zweite) Büchlein aus dem Ambraser Heldenbuch*, hg. von Herta Zutt, Berlin 1968.

Hartmann von Aue, *Erec*
Hartmann von Aue, *Erec*, 6. Auflage besorgt von Christoph Cormeau und Kurt Gärtner, Tübingen 1985.

Hartmann von Aue, *Gregorius*
Hartmann von Aue, *Gregorius*, hg. von Hermann Paul, neu bearbeitet von Burghart Wachinger, 14., durchgesehene Auflage, Tübingen 1992.

Hartmann von Aue, *Iwein*
Hartmann von Aue, *Iwein. Eine Erzählung*, hg. von Georg

Friedrich Benecke und Karl Lachmann, neu bearbeitet von Ludwig Wolff, Berlin [7]1968.

Haug, Theorie
Walter Haug, *Entwurf zu einer Theorie der mittelalterlichen Kurzerzählung*, in: *Kleinere Erzählformen des 15. und 16. Jahrhunderts*, hg. von W. H. und Burghart Wachinger, Tübingen 1993, S. 1-36.

Hausbuch des Michael de Leone
Das Hausbuch des Michael de Leone (Würzburger Liederhandschrift) der Universitätsbibliothek München (2° Cod. ms. 731), in Abbildung hg. von Horst Brunner, Göppingen 1983.

HDA
Handwörterbuch des deutschen Aberglaubens, hg. von Hanns Bächtold-Stäubli unter Mitwirkung von Eduard Hoffmann-Krayer, 10 Bde., Berlin 1927-1942.

Hefti, Codex Dresden M 68
Codex Dresden M 68, bearbeitet von Paula Hefti, Bern und München 1980.

Heinrich von dem Türlin, *Krone*
Heinrich von dem Türlin, *Diu Crône*, hg. von Gottlieb Heinrich Friedrich Scholl, Stuttgart 1852.

Heinzle, Märenbegriff und Novellentheorie
Joachim Heinzle, *Märenbegriff und Novellentheorie. Überlegungen zur Gattungsbestimmung der mittelhochdeutschen Kleinepik*, in: ZfdA 107 (1978), S. 121-138.

Hervieux, Fabulistes latins
Léopold Hervieux, *Les fabulistes latins depuis le siècle d'Auguste jusqu'à la fin du moyen âge*, 5 Bde., Paris 1893-1899.

HMS
Friedrich Heinrich von der Hagen, *Minnesinger. Deutsche Liederdichter des zwölften, dreizehnten und vierzehnten Jahrhunderts*, 4 Tle., Leipzig 1838.

Hodscha Nasreddin
Der Hodscha Nasreddin. Türkische, arabische, berberische, maltesische, sizilianische, kalabrische, kroatische, serbische und griechische Märlein und Schwänke, gesammelt und hg. von Albert Wesselski, 2 Bde., Weimar 1911.

Hommers, Gesta Romanorum
Peter Hommers, *Gesta Romanorum deutsch. Untersuchungen zur Überlieferung und Redaktionengliederung*, Markdorf 1968.

Hoven, Erotik
Heribert Hoven, *Studien zur Erotik in der deutschen Märendichtung*, Göppingen 1978.

HRG
Handwörterbuch zur deutschen Rechtsgeschichte, hg. von Adalbert Erler und Ekkehard Kaufmann, mitbegründet von Wolfgang Stammler, Bd. 1 ff., Berlin 1971 ff.

Hufeland, Schwankdichtung
Klaus Hufeland, *Die deutsche Schwankdichtung des Spätmittelalters. Beiträge zur Erschließung der Bauformen mittelhochdeutscher Verserzählungen*, Bern 1966.

Hugo von Trimberg, *Renner*
Hugo von Trimberg, *Der Renner*, hg. von Gustav Ehrismann, 4 Bde., Tübingen 1908-1911.

Jakob von Vitry, *Exempla*
The Exempla or Illustrative Stories from the Sermones vulgares of Jacques de Vitry, hg. von Thomas F. Crane, London 1890.

Jansen Enikel, *Weltchronik*
Jansen Enikel, *Weltchronik*, hg. von Philipp Strauch, Leipzig 1900.

Jonas, Versschwank
Monika Jonas, *Der spätmittelalterliche Versschwank. Studien zu einer Vorform trivialer Literatur*, Innsbruck 1987.

Juan Ruiz, *Libro de buen amor*
Juan Ruiz, Arcipreste de Hita, *Libro de buen amor*, übersetzt und eingeleitet von Hans-Ulrich Gumbrecht, München 1972.

Kaiserchronik
Deutsche Kaiserchronik eines Regensburger Geistlichen, hg. von Edward Schröder, Hannover 1892, unveränderter Nachdruck München 1984.

Keller, Erzählungen
Adelbert von Keller, *Erzählungen aus altdeutschen Handschriften*, Stuttgart 1855.

Keller, Fastnachtspiele
Adelbert von Keller, *Fastnachtspiele aus dem 15. Jahrhundert*, 4 Bde., Stuttgart 1853-1858.

KHM
Kinder- und Hausmärchen, gesammelt durch die Brüder Grimm. Vergrößerter Nachdruck der zweibändigen Erstausgabe von 1812-1815 ⟨...⟩ Transkription und Kommentare in Verbindung mit Ulrike Marquardt von Heinz Rölleke, 2 Bde. und Ergänzungsheft, Göttingen 1986.

Kiepe, Priameldichtung
Hansjürgen Kiepe, *Die Nürnberger Priameldichtung. Untersuchungen zu Hans Rosenplüt und zum Schreib- und Druckwesen im 15. Jahrhundert*, München 1984.

Kirchhoff, *Wendunmuth*
Wendunmuth von Hans Wilhelm Kirchhoff, hg. von Hermann Österley, 5 Bde., Tübingen 1869.

Klapper, Erzählungen des Mittelalters
Joseph Klapper, *Erzählungen des Mittelalters in deutscher Übersetzung und lateinischem Urtext*, Breslau 1914.

KLD
Deutsche Liederdichter des 13. Jahrhunderts, hg. von Carl von Kraus, 2. Auflage durchgesehen von Gisela Kornrumpf, Tübingen 1978.

Kluge/Seebold
Friedrich Kluge, *Etymologisches Wörterbuch der deutschen Sprache*, 22. Auflage unter Mithilfe von Max Bürgisser und Bernd Gregor völlig neu bearbeitet von Elmar Seebold, Berlin und New York 1989.

Köhler, Ideal und Wirklichkeit
Erich Köhler, *Ideal und Wirklichkeit in der höfischen Epik. Studien zur Form der frühen Artus- und Graldichtung*, Tübingen [2]1970.

Köppe, Ideologiekritische Aspekte
Walter Köppe, *Ideologiekritische Aspekte im Werk des Strikker*, in: Acta Germanica 10 (1977), S. 139-211.

Konrad von Megenberg, *Buch der Natur*
Das Buch der Natur des Konrad von Megenberg. Die erste Na-

turgeschichte in deutscher Sprache, hg. von Franz Pfeiffer, Stuttgart 1861.

Konrad von Würzburg, *Engelhard*
Konrad von Würzburg, *Engelhard*, hg. von Ingo Reiffenstein, 3., neubearbeitete Auflage der Ausgabe von Paul Gereke, Tübingen 1982.

Konrad von Würzburg, *Partonopier und Meliur*
Konrads von Würzburg Partonopier und Meliur, aus dem Nachlasse von Franz Pfeiffer hg. von Karl Bartsch, Wien 1871.

Konrad von Würzburg, *Silvester*
Konrad von Würzburg, Die Legenden, hg. von Paul Gereke, Bd. 1, Halle/Saale 1925.

Konrad von Würzburg, *Trojanerkrieg*
Der Trojanische Krieg von Konrad von Würzburg, hg. von Adelbert von Keller, Stuttgart 1858.

Krohn, Entdeckung der Moral
Rüdiger Krohn, *Die Entdeckung der Moral oder: Ehebruch und Weisheit. Das Märe von der »Suche nach dem glücklichen Ehepaar« und die Kaufringer-Sammlung im cgm 270*, in: Jahrbuch der Oswald-von-Wolkenstein-Gesellschaft 4 (1986/87), S. 257-272.

Krohn, Zeugnisse des Niedergangs
Rüdiger Krohn, *Zeugnisse des Niedergangs. Zum Wandel des Ritterbildes in der deutschen Märendichtung*, in: *Ûf der mâze pfat. Festschrift für Werner Hoffmann*, hg. von Waltraud Fritsch-Rößler ⟨. . .⟩, Göppingen 1991, S. 255-276.

Kühnel, Kleidung und Rüstung
Bildwörterbuch der Kleidung und Rüstung. Vom Alten Orient bis zum ausgehenden Mittelalter, unter Mitarbeit zahlreicher Fachgelehrter hg. von Harry Kühnel, Stuttgart 1992.

Kully, Codex Weimar Q 565
Codex Weimar Q 565, bearbeitet von Elisabeth Kully, Bern und München 1982.

Kully/Rupp
Der münch mit dem genßlein. 13 spätmittelalterliche Verserzählungen, aus dem Codex Karlsruhe 408 hg. und erläutert von Rolf Max Kully und Heinz Rupp, Stuttgart 1972.

La Fontaine, Œuvres
Œuvres de Jean de La Fontaine, hg. von Henri Regnier, 12 Bde., Paris 1883-1897.
Landau, Quellen des Dekameron
Marcus Landau, *Die Quellen des Dekameron*, Stuttgart [2]1884.
Lang, Versnovelle
Hans Lang, *Zur Entwicklung der mittelhochdeutschen Versnovelle*, Diss. masch. München 1950.
Langensiepen, Tradition und Vermittlung
Fritz Langensiepen, *Tradition und Vermittlung. Literaturgeschichtliche und didaktische Untersuchungen zu Hans Folz*, Berlin 1980.
Laßberg, Lieder-Saal
Lieder-Saal. Das ist: Sammelung altteutscher Gedichte, aus ungedrukten Quellen, hg. von Joseph Frhr. von Laßberg, 3 Bde., Eppishausen 1820-1825.
Lemmer, Erzähler
Manfred Lemmer, *Deutschsprachige Erzähler des Mittelalters*, aus dem Mittelhochdeutschen übertragen, Leipzig 1977.
Leitzmann, Zu von der Hagens Gesamtabenteuer
Albert Leitzmann, *Zu von der Hagens Gesamtabenteuer*, in: PBB 48 (1924), S. 258-290.
Lexer
Matthias Lexer, *Mittelhochdeutsches Handwörterbuch*, 3 Bde., Leipzig 1872-1878.
Liederbuch der Clara Hätzlerin
Liederbuch der Clara Hätzlerin, hg. von Carl Haltaus, Quedlinburg und Leipzig 1840.
LMA
Lexikon des Mittelalters, Bd. 1 ff., München 1980 ff.
Londner, Eheauffassung
Monika Londner, *Eheauffassung und Darstellung der Frau in der spätmittelalterlichen Märendichtung. Eine Untersuchung auf der Grundlage rechtlich-sozialer und theologischer Voraussetzungen*, Berlin 1973.

LThK
Lexikon für Theologie und Kirche, begründet von Michael Buchberger, zweite, völlig neu bearbeitete Auflage hg. von Josef Höfer und Karl Rahner, 11 Bde., Freiburg i. Br. 1957-1967.

Luther, Weimarer Ausgabe
Martin Luther, *Werke. Kritische Gesamtausgabe*, 4 Abteilungen, Bd. 1 ff., Weimar 1893 ff.

Mailáth/Köffinger
Koloczaer Codex altdeutscher Gedichte, hg. von Johann Nepomuk Mailáth und Johann Paul Köffinger, Pesth 1817.

Malespini, *Ducento Novelle*
Ducento novelle del signore Celio Malespini, 2 Bde., Venedig 1609.

Margarete von Navarra, *Heptaméron*
Marguerite de Navarre, *L'Heptaméron*, hg. von Michel François, Paris 1960.

Marie de France, *Äsop*
Die Fabeln der Marie de France, hg. von Karl Warnke, Halle 1898.

Marie de France, *Lais*
Marie de France, *Die Lais*, übersetzt, mit einer Einleitung, einer Bibliographie sowie Anmerkungen versehen von Dietmar Rieger unter Mitarbeit von Renate Kroll, München 1980.

Masuccio Salernitano, *Novellino*
Masuccio Salernitano, *Il Novellino*, hg. von Alfredo Mauro, Bari 1940.

Maurer, Minnesklaven
Friedrich Maurer, *Der Topos von den »Minnesklaven«*, in: DVjs 27 (1953), S. 182-206.

Mettke, Stricker
Heinz Mettke, Fabeln und Mären von dem Stricker, Halle 1959.

MF
Des Minnesangs Frühling, unter Benutzung der Ausgaben von Karl Lachmann und Moriz Haupt, Friedrich Vogt

und Carl von Kraus bearbeitet von Hugo Moser und Helmut Tervooren, Bd. 1 (Texte), Stuttgart [38]1988.

Mihm, Überlieferung
Arend Mihm, *Überlieferung und Verbreitung der Märendichtung im Spätmittelalter*, Heidelberg 1967.

Minneburg
Die Minneburg, nach der Heidelberger Pergamenthandschrift (cpg 455) unter Heranziehung der Kölner Handschrift und der Donaueschinger und Prager Fragmente, hg. von Hans Pyritz, Berlin 1950.

Moelleken
Die Kleindichtungen des Stricker. Gesamtausgabe in fünf Bänden, hg. von Wolfgang Wilfried Moelleken, Gayle Agler-Beck und Robert E. Lewis, 5 Bde., Göppingen 1973-1978.

Montaiglon/Raynaud
Recueil Général et Complet des Fabliaux des XIIIe et XIVe siècles imprimés ou inédits. Publiés avec notes et variantes d'après les Manuscrits par Anatole de Montaiglon et Gaston Raynaud, 6 Bde., Paris 1872-1890, Nachdruck New York 1963.

Montanus, Schwankbücher
Martin Montanus, *Schwankbücher (1557-1566)*, hg. von Johannes Bolte, Tübingen 1899.

Moser-Rath, Predigtmärlein
Elfriede Moser-Rath, *Predigtmärlein der Barockzeit. Exempel, Sage, Schwank und Fabel in geistlichen Quellen des oberdeutschen Raumes*, Berlin 1964.

Motif-Index
Motif-Index of Folk Literature. A Classification of Narrative Elements in Folktales, Ballads, Myths, Fables, Mediaeval Romances, Exempla, Fabliaux, Jest-Books and Local Legends, revised and enlarged by Stith Thompson, 6 Bde., Kopenhagen [2]1955-1958.

MPL
J. P. Migne, *Patrologiae cursus completus. Series prima*, Paris 1841-1864.

Myller, Samlung deutscher Gedichte
Christoph Heinrich Myller, *Samlung deutscher Gedichte aus dem XII. XIII. und XIV. Jahrhundert*, Bd. 1 o.O. [Berlin] 1784, Bd. 3 [ohne Deckblatt; Berlin, nach 1785].

Neidhart, hg. von Haupt
Neidhart von Reuenthal, *Werke*, hg. von Moriz Haupt, Leipzig 1858.

NGA
Neues Gesamtabenteuer. Das ist Fr. H. von der Hagens Gesamtabenteuer in neuer Auswahl. Die Sammlung der mittelhochdeutschen Mären und Schwänke des 13. und 14. Jahrhunderts, 1. Bd. hg. von Heinrich Niewöhner. Zweite Auflage hg. von Werner Simon mit den Lesarten besorgt von Max Boeters und Kurt Schacks, Dublin und Zürich 1967.

Nibelungenlied
Das Nibelungenlied, nach der Ausgabe von Karl Bartsch hg. von Helmut de Boor, Wiesbaden ^{17}1963.

Niewöhner, Sperber
Heinrich Niewöhner, *Der Sperber und verwandte mhd. Novellen*, Berlin 1913.

Nouveau Recueil
Nouveau Recueil complet des fabliaux, hg. von Willem Noomen und Nico van den Boogard, Assen 1983 ff.

Novellino
Il Novellino. Das Buch der hundert alten Novellen, Italienisch/Deutsch, übersetzt und hg. von János Riesz, Stuttgart 1988.

Nykrog, Fabliaux
Per Nykrog, *Les Fabliaux*. Nouvelle édition, Genf 1973.

Ortmann/Ragotzky, triuwe-Beweise
Christa Ortmann und Hedda Ragotzky, *Zur Funktion exemplarischer triuwe-Beweise in Minne-Mären: ›Die treue Gattin‹ Herrands von Wildonie, ›Das Herzmäre‹ Konrads von Würzburg und die ›Frauentreue‹*, in: *Kleinere Erzählformen im Mittelalter. Paderborner Colloquium 1987*, hg. von Klaus Grubmüller, L. Peter Johnson und Hans-Hugo Steinhoff, Paderborn u.a. 1988, S. 89-109.

Ovid, *Metamorphosen*
Publius Ovidius Naso, *Metamorphosen*, in deutsche Hexameter übertragen und mit dem Text hg. von Erich Rösch, München 1952.
Pantschatantra
Pantschatantra. Fünf Bücher indischer Fabeln, Märchen und Erzählungen, hg. von Theodor Benfey, 2 Bde., Leipzig 1859.
Paschold/Gier
Altfranzösische Liebesgeschichten. Der gerittene Aristoteles und andere Geschichten über die Liebe aus dem französischen Hochmittelalter, übersetzt, mit Erläuterungen, Anmerkungen und Nachwort versehen von Chris E. Paschold und Albert Gier, Kettwig 1992.
Pauli, *Schimpf und Ernst*
Johannes Pauli, *Schimpf und Ernst. Die älteste Ausgabe von 1522*, hg. von Johannes Bolte, 2 Bde., Berlin 1924.
Peil, Die Gebärde
Dietmar Peil, *Die Gebärde bei Chrétien, Hartmann und Wolfram. Erec – Iwein – Parzival*, München 1975.
Petzoldt, Schwänke
Leander Petzoldt, *Deutsche Schwänke*, Stuttgart 1979.
Pfeiffer, Zwei alte Schwänke
Franz Pfeiffer, *Zwei alte Schwänke*, in: ZfdA 8 (1852), S. 89-105.
Poggio, *Facezie*
Poggio Bracciolini, *Facezie*, con un saggio di Eugenio Garin, introduzione, traduzione e note di Marcello Ciccutto, Mailand 1983.
Pretzel, Erzählungen
Deutsche Erzählungen des Mittelalters, ins Neuhochdeutsche übertragen von Ulrich Pretzel, München 1971.
PWG
Hermann Paul, *Mittelhochdeutsche Grammatik*, 23. Auflage neu bearbeitet von Peter Wiehl und Siegfried Grosse, Tübingen 1987.

Raas, Wette der drei Frauen
Francis Raas, *Die Wette der drei Frauen. Beiträge zur Motivgeschichte und zur literarischen Interpretation der Schwankdichtung*, Bern 1983.
Ragotzky, Gattungserneuerung
Hedda Ragotzky, *Gattungserneuerung und Laienunterweisung in Texten des Strickers*, Tübingen 1981.
Reichel, Rosenplüt
Jörn Reichel, *Leben und Literatur im spätmittelalterlichen Nürnberg. Der Spruchdichter Hans Rosenplüt*, Stuttgart 1985.
Reinhart Fuchs
Der Reinhart Fuchs des Elsässers Heinrich, unter Mitarbeit von Katharina von Goetz, Frank Henrichvark und Sigrid Krause hg. von Klaus Düwel, Tübingen 1984.
Rheinisches Wörterbuch
Rheinisches Wörterbuch, im Auftrag der Preußischen Akademie der Wissenschaften ⟨...⟩ auf Grund der von J. Franck begonnenen ⟨...⟩ Sammlung bearbeitet und hg. von Josef Müller, 9 Bde., Bonn 1928-1971.
RL^2
Reallexikon der deutschen Literaturgeschichte, begründet von Paul Merker und Wolfgang Stammler, zweite Auflage neu bearbeitet und unter redaktioneller Mitarbeit von Klaus Kanzog ⟨...⟩ hg. von Werner Kohlschmidt und Wolfgang Mohr (Bd. 4 von Klaus Kanzog und Achim Masser), 4 Bde., Berlin 1958-1984.
Röcke, *schade* und *market*
Werner Röcke, *schade und market. Zum Wandel feudaler Selbstverständigung im höfischen und schwankhaften Märe des Spätmittelalters*, in: *Sammlung – Deutung – Wertung. Ergebnisse, Probleme, Tendenzen und Perspektiven philologischer Arbeit. Festschrift für Wolfgang Spiewok*, hg. von Danielle Buschinger, Amiens 1988, S. 301-313.
Röhrich, Erzählungen
Lutz Röhrich, *Erzählungen des späten Mittelalters und ihr Weiterleben in Literatur und Volksdichtung bis zur Gegenwart*, 2 Bde., Bern und München 1962 und 1967.

Röhrich, Lexikon der sprichwörtlichen Redensarten
Lutz Röhrich, *Das große Lexikon der sprichwörtlichen Redensarten*, Neuausgabe, 3 Bde., Freiburg/Br. 1991 f.
Rosenfeld, Novellenstudien
Hans-Friedrich Rosenfeld, *Novellenstudien. 1. Der Hellerwertwitz, 2. Der Schüler von Paris*, Leipzig 1927.
Rosenhagen, Stricker
Gustav Rosenhagen, *Mären von dem Stricker*, Halle 1934.
RSM
Repertorium der Sangsprüche und Meisterlieder des 12. bis 18. Jahrhunderts, hg. von Horst Brunner und Burghart Wachinger unter Mitarbeit von Eva Klesatschke, Dieter Merzbacher, Johannes Rettelbach und Frieder Schanze, Tübingen 1986-1989.
Rychner, Contribution
Jean Rychner, *Contribution à l'étude des Fabliaux. Variantes, Remaniements, Dégradations*, 2 Bde., Neuchâtel/Genève 1960.
Rymarowitz, Bandello
Matteo Bandello, *Novellen*, deutsch von Caesar Rymarowitz, 2 Bde., Berlin 1988.
Sabadino degli Arienti, *Le Porretane*
Giovanni Sabadino degli Arienti, *Le Porretane*, Hg. von Bruno Basile, Rom 1981.
Sacchetti, *Trecentonovelle*
Franco Sacchetti, *Il trecentonovelle*, hg. von Antonio Lanza, Florenz 1984.
Hans Sachs, hg. von Goetze/ Drescher
Hans Sachs, *Sämtliche Fabeln und Schwänke*, hg. von Edmund Goetze und Carl Drescher, 6 Bde., Halle/Saale 1893-1913.
Hans Sachs, hg. von Goetze/Markschies
Hans Sachs, *Sämtliche Fabeln und Schwänke*, hg. von Edmund Goetze, zweite Auflage besorgt von Lothar Markschies, Bd. 1, Halle/Saale 1953.
Hans Sachs, hg. von Keller/Goetze
Hans Sachs, *Werke*, hg. von Adelbert von Keller (ab Bd. 13

von Adelbert von Keller und Edmund Goetze), 26 Bde., Stuttgart 1870-1908.

Sachsenspiegel, Landrecht
Eike von Repgow, *Sachsenspiegel. Landrecht*, hg. von Karl August Eckhardt, Hannover 1933.

Sammlung kleinerer deutscher Gedichte
Sammlung kleinerer deutscher Gedichte. Vollständige Faksimile-Ausgabe des Codex FB 32001 des Tiroler Landesmuseums Ferdinandeum, Einführung Norbert Richard Wolf, Graz 1972.

Sappler, Kaufringer
Heinrich Kaufringer. Werke, hg. von Paul Sappler, 2 Bde., Tübingen 1972-1974.

Schirmer, Märe
Karl-Heinz Schirmer (Hg.), *Das Märe. Die mittelhochdeutsche Versnovelle des späteren Mittelalters*, Darmstadt 1983.

Schirmer, Stil- und Motivuntersuchungen
Karl-Heinz Schirmer, *Stil- und Motivuntersuchungen zur mittelhochdeutschen Versnovelle*, Tübingen 1969.

Schmeller
Johann Andreas Schmeller, *Bayerisches Wörterbuch*. Sonderausgabe der von G. Karl Frommann bearbeiteten 2. Ausgabe München 1872-1877, 2 Bde., München 1985.

Schmid, Codex Karlsruhe 408
Codex Karlsruhe 408, bearbeitet von Ursula Schmid, Bern und München 1974.

Schmid, Codex Vindobonensis 2885
Codex Vindobonensis 2885, bearbeitet von Ursula Schmid, Bern und München 1985.

Schumann, *Nachtbüchlein*
Valentin Schumann, *Nachtbüchlein*, hg. von Johannes Bolte, Tübingen 1893.

Schultz, Höfisches Leben
Alwin Schultz, *Das höfische Leben zur Zeit der Minnesinger*, 2 Bde., Leipzig ^{2}1889.

Schweizer Minnesänger
Die Schweizer Minnesänger, nach der Ausgabe von Karl

Bartsch neu bearbeitet und hg. von Max Schiendorfer, Tübingen 1990.
Schwietering, Singen und Sagen
Julius Schwietering, *Singen und Sagen*, in: J. S., *Philologische Schriften*, hg. von Friedrich Ohly und Max Wehrli, München 1969, S. 7-58.
Seibold, Huote
Lilli Seibold, *Studien über die Huote*, Berlin 1932.
Semerau
Alfred Semerau, *Die hundert neuen Novellen*, München 1965.
Ser Giovanni Fiorentino, *Pecorone*
Ser Giovanni Fiorentino, *Il Pecorone*, hg. von Enzo Esposito, Ravenna 1974.
Sercambi, *Novelliere*
Giovanni Sercambi, *Il Novelliere*, hg. von Luciano Rossi, 3 Bde., Rom 1974.
Spiewok, Decamerone
Altdeutsches Decamerone, hg. und übertragen von Wolfgang Spiewok, Berlin [2]1984.
Stede
Marga Stede, *Schreiben in der Krise. Die Texte des Heinrich Kaufringer*, Trier 1993.
Stehmann, Studentenabenteuer
Wilhelm Stehmann, *Die mittelhochdeutsche Novelle vom Studentenabenteuer*, Berlin 1909.
Stern/Köhler, *Ich schätz nein*
Alfred Stern und Reinhold Köhler, *Ich schätz nein. Ein Novellenstrauß des XV. Jahrhunderts*, in: ZfdPh 4 (1873), S. 304-313.
Straparola, *Piacevoli notti*
Giovan Francesco Straparola, *Le piacevoli notti*, hg. von Giuseppe Rua, 2 Bde., Bari 1927.
Strasser, Ehestandsmären
Ingrid Strasser, *Und sungen ein liet ze prise in einer hohen wise. Zur Frage der höfischen Elemente in den Ehestandsmären des Stricker*, in: ABäG 15 (1980), S. 77-107.

Strasser, Von Lieben und Hieben
Ingrid Strasser, *Von Lieben und Hieben. Altfranzösische Geschichten*, 16 Fabliaux, ausgewählt, übersetzt und mit einem Nachwort versehen von Ingrid Strasser, Wien, Köln und Graz 1984.
Strasser, Vornovellistisches Erzählen
Ingrid Strasser, *Vornovellistisches Erzählen. Mittelhochdeutsche Mären bis zur Mitte des 14. Jahrhunderts und altfranzösische Fabliaux*, Wien 1989.
Suchier, Fablelstudien
Walther Suchier, *Fablelstudien*, in: ZfromPh 42 (1922), S. 561-605.
Suchomski, ›delectatio‹ und ›utilitas‹
Joachim Suchomski, *›delectatio‹ und ›utilitas‹. Ein Beitrag zum Verständnis mittelalterlicher komischer Literatur*, Berlin 1975.
Tegethoff, Märchen, Schwänke und Fabeln
Ernst Tegethoff, *Märchen, Schwänke und Fabeln*, München 1925.
Tekinay, Erzählmotive
Alev Tekinay, *Materialien zum vergleichenden Studium von Erzählmotiven in der deutschen Dichtung des Mittelalters und den Literaturen des Orients*, Frankfurt/Main, Bern und Cirencester 1980.
TRE
Theologische Realenzyklopädie, in Gemeinschaft mit Horst Robert Balz ⟨u.a.⟩ hg. von Gerhard Krause (bis Bd. 12) und Gerhard Müller, Berlin und New York 1973 ff.
Tristan
vgl. Gotfrid von Straßburg
Tubach, Index exemplorum
Frederic C. Tubach, *Index exemplorum. A Handbook of Medieval Religious Tales*, Helsinki 1969.
Ulrich von Türheim, *Tristan*
Ulrich von Türheim, *Tristan*, hg. von Thomas Kerth, Tübingen 1979.

Viviani, Die Nonne im Bade
Die Nonne im Bade und andere deftige Schwänke des Mittelalters, hg. von Annalisa Viviani, Königstein/Taunus 1986.

VL[1]
Die deutsche Literatur des Mittelalters. Verfasserlexikon, hg. von Wolfgang Stammler (Bd. 4 und 5: Karl Langosch), 5 Bde., Berlin und Leipzig 1933-1955.

VL[2]
Die deutsche Literatur des Mittelalters. Verfasserlexikon, begründet von Wolfgang Stammler, fortgeführt von Karl Langosch, zweite, völlig neu bearbeitete Auflage hg. von Kurt Ruh (u.a.), Bd. 1 ff., Berlin und New York 1978 ff.

Vocabularius Ex quo
›*Vocabularius Ex quo*‹. Überlieferungsgeschichtliche Ausgabe, gemeinsam mit Klaus Grubmüller hg. von Bernhard Schnell, Hans-Jürgen Stahl, Erltraud Auer und Reinhard Pawis, 5 Bde., Tübingen 1988 f.

Wailes, Kleindichtung
Stephen L. Wailes, *Studien zur Kleindichtung des Stricker*, Berlin 1981.

Wailes, Social Humor
Stephen L. Wailes, *Social Humor in Middle High German Mären*, in: ABäG 10 (1976), S. 119-148.

Wailes, Students
Stephen Wailes, *Students as Lovers in the German Fabliau*, in: Medium Aevum 46 (1977), S. 196-211.

Waldis, *Esopus*
Esopus von Burkhard Waldis, hg. von Heinrich Kurz, 2 Bde., Leipzig 1862.

Wallinger/Jonas, Der Widerspenstigen Zähmung
Der Widerspenstigen Zähmung. Studien zur bezwungenen Weiblichkeit in der Literatur vom Mittelalter bis zur Gegenwart, hg. von Sylvia Wallinger und Monika Jonas, Innsbruck 1986.

Walther von der Vogelweide
Die Gedichte Walthers von der Vogelweide, hg. von Karl Lachmann, 13., aufgrund der 10. von Carl von Kraus bearbeiteten Ausgabe neu hg. von Hugo Kuhn, Berlin 1965.

Wander, Sprichwörter-Lexikon
Deutsches Sprichwörter-Lexikon, hg. von Karl Wander, 5 Bde., Leipzig 1867-1880.
Weidhase/Oettinger, Minnekunst
Minnekunst und Liebeslust am Bodensee. Lieder, Schwänke, Moralitäten und Amoralitäten aus alten Handschriften zusammengetragen und in neues Deutsch gebracht von Helmut Weidhase und Klaus Oettinger, Konstanz 1985.
Werner der Gärtner, *Helmbrecht*
Wernher der Gartenaere, *Helmbrecht*, hg. von Friedrich Panzer, 8., neu bearb. Aufl. bes. von Kurt Ruh, Tübingen 1974.
Die vierzig Wesire
Die vierzig Wesire oder weisen Meister, hg. von W. F. A. Behrnauer, Leipzig 1851.
Wesselski, Bebels Schwänke
Albert Wesselski, *Heinrich Bebels Schwänke*, 2 Bde., Berlin und Leipzig 1907.
Wesselski, Märchen des Mittelalters
Albert Wesselski, *Märchen des Mittelalters*, Berlin 1925.
Wesselski, Mönchslatein
Albert Wesselski, *Mönchslatein. Erzählungen aus geistlichen Schriften des XIII. Jahrhunderts*, Leipzig 1909.
Widmer, Hexameron
Ein französisches Hexameron. Sechzig alte französische Novellen und Schwänke, ausgewählt, übertragen und mit einem Nachwort versehen von Walter Widmer, Zürich 1986.
Widmer, Heptameron
Margarete von Navarra. Das Heptameron, vollständige Ausgabe, aus dem Französischen übertragen von Walter Widmer, München 1960.
Winsbecke
Winsbeckische Gedichte nebst Tirol und Fridebant, hg. von Albert Leitzmann. Dritte, neubearbeitete Auflage von Ingo Reiffenstein, Tübingen 1962.
Wirnt von Grafenberg, *Wigalois*
Wirnt von Grafenberg, *Wigalois*, hg. von J. M. N. Kapteyn, Bonn 1926.

Witte/Bode
s. Boccaccio, *Decameron* (Witte/Bode)
WMU
Wörterbuch der mittelhochdeutschen Urkundensprache auf der Grundlage des Corpus der altdeutschen Originalurkunden bis zum Jahr 1300. Unter Leitung von Bettina Kirschstein und Ursula Schulze erarbeitet von Sibylle Ohly und Peter Schmitt, Bd. 1 ff., Berlin 1986 ff.
Wolfram von Eschenbach, *Parzival*
Wolfram von Eschenbach, *Parzival*, hg. von Karl Lachmann, Berlin [6]1965.
Wolzogen, Schwankbuch
Ernst von Wolzogen: *Das gut alt teutsch Schwankbuch. Das ist: Artige Mären und lose Schwänklein von mutwilligen Rittern, schelmischen Pfaffen und Scholaren / als auch gelustigen Weiblein / schlimmen und lieben / alten und jungen / wie unsere Altvordern zur Zeit des Minnesanges sie gesungen und gesagt haben*, aus dem Mittelhochdeutschen sinngetreu, gereimt und ungereimt, in unserer Zeiten Sprache übertragen von Ernst von Wolzogen, Wolfenbüttel 1922.
Wunderlich, Schwankliteratur
Deutsche Schwankliteratur, Bd. 1: *Vom frühen Mittelalter bis ins 16. Jahrhundert*, hg. von Werner Wunderlich, Frankfurt a.M. 1992.
Ziegeler, Erzählen im Spätmittelalter
Hans-Joachim Ziegeler, *Erzählen im Spätmittelalter. Mären im Kontext von Minnereden, Bispeln und Romanen*, München und Zürich 1985.
Ziegeler, Wiener Codex 2705
Hans-Joachim Ziegeler, *Beobachtungen zum Wiener Codex 2705 und zu seiner Stellung in der Überlieferung früher kleiner Reimpaardichtungen*, in: *Deutsche Handschriften 1100-1400. Oxforder Kolloquium 1985*, hg. von Volker Honemann und Nigel F. Palmer, Tübingen 1988.
Zingerle, Sprichwörter
Ignaz von Zingerle, *Die deutschen Sprichwörter im Mittelalter*, Wien 1864.

Zwierzina, Kalocsaer Handschrift
Konrad Zwierzina, *Die Kalocsaer Handschrift*, in: *Festschrift für Max Hermann Jellinek*, Wien und Leipzig 1928, S. 209-232.

DANK

Bei der Arbeit an diesem Buch durfte ich vielfache Hilfe in Anspruch nehmen. Ich danke besonders Walter Haug für Zuspruch und tatkräftige Unterstützung, den Teilnehmern meiner Oberseminare in Münster und Göttingen für engagierte Mitarbeit und vergnügliche Experimente, Wolfgang Achnitz für die umsichtige Sammlung und Aufbereitung der Materialien, Manfred Eikelmann und Gerd Dicke für Mitdenken und für zahlreiche Verbesserungsvorschläge, Matthias Ansorge und den Göttinger Hilfskräften für viele sachliche Hinweise und unermüdliche Recherchen, Frauke Ebhardt für die Herstellung der Druckvorlage.

Während der Arbeit an ›SCHRÄTEL UND WASSERBÄR‹ kam Max auf die Welt. Ihm widme ich das Buch.

INHALTSVERZEICHNIS

Einzelkommentar

BIBLIOTHEK DES MITTELALTERS

Texte und Übersetzungen

Band 1

Frühe deutsche Literatur und lateinische Literatur in Deutschland

800-115

Band 2

St. Trudperter Hohes Lied

Band 3

Deutsche Lyrik des frühen und hohen Mittelalters

Band 4

Heinrich von Veldeke:

Eneasroman

Band 5

Hartmann von Aue:

Erec

Band 6

Hartmann von Aue:

Gregorius, Armer Heinrich, Iwein

Band 7/8

Wolfram von Eschenbach:

Parzival I/II

Band 9

Wolfram von Eschenbach:

Willehalm

Band 10

Gottfried von Straßburg:

Tristan I

Band 11
Gottfried von Straßburg:
Tristan II, Fragment des Thomas

Band 12
Nibelungenlied

Band 13
Carmina Burana

Band 14-18
Prosalancelot I-V

Band 19
Mechthild von Magdeburg

Band 20/21
Meister Eckhart:
Werke I/II

Band 22
Deutsche Lyrik des späten Mittelalters

Band 23
Mittelhochdeutsche Novellistik (Märendichtung)

»Der Deutsche Klassiker Verlag: ein gigantisches Vorhaben, ein Jahrhundertwerk«
Marcel Reich-Ranicki

DEUTSCHER KLASSIKER VERLAG
IM TASCHENBUCH

In dieser Reihe erschienen zuletzt:

TB 21
Hans Jacob Christoffel von Grimmelshausen
Courasche / Springinsfeld / Wunderbarliches Vogelnest I-II / Rathstübel Plutonis
Herausgegeben von Dieter Breuer · 1094 Seiten

TB 22
Gotthold Ephraim Lessing
Laokoon / Briefe, antiquarischen Inhalts
Herausgegeben von Wilfried Barner · 1216 Seiten

TB 23
Gottfried Keller
Der grüne Heinrich. Erste Fassung
Herausgegeben von Thomas Böning und Gerhard Kaiser · 1395 Seiten

TB 24
Meister Eckhart
Werke I: Predigten
Herausgegeben von Niklaus Largier · 1107 Seiten

TB 25
Meister Eckhart
Werke II: Traktate und lateinische Werke
Herausgegeben von Niklaus Largier · 1026 Seiten

TB 26
Friedrich Schiller
Klassische Dramen:
Maria Stuart / Die Jungfrau von Orleans / Die Braut von Messina / Wilhelm Tell
Herausgegeben von Matthias Luserke-Jaqui · 888 Seiten

TB 27
Friedrich Hölderlin
Hyperion / Empedokles / Aufsätze / Übersetzungen
Herausgegeben von Jochen Schmidt · 1514 Seiten

TB 28
E.T.A. Hoffmann
Die Serapions-Brüder
Herausgegeben von Wulf Segebrecht unter Mitarbeit von Ursula Segebrecht · 1687 Seiten

TB 29
Hartmann von Aue
Gregorius / Armer Heinrich / Iwein
Herausgegeben von Volker Mertens · 1110 Seiten

TB 30
Johann Wolfgang Goethe
Klassische Dramen:
Iphigenie auf Tauris / Egmont / Torquato Tasso
Herausgegeben von Dieter Borchmeyer unter Mitwirkung von Peter Huber · 1500 Seiten

TB 31
Friedrich Schiller
Sämtliche Gedichte
Herausgegeben von Georg Kurscheidt · 1532 Seiten

TB 32
Friedrich Schiller
Theoretische Schriften
Herausgegeben von Rolf-Peter Janz · 1617 Seiten

TB 33
Jacob Böhme
Werke
Herausgegeben von Ferdinand van Ingen · 1165 Seiten

TB 34
Friedrich Schiller
Die Räuber / Fiesko / Kabale und Liebe
Herausgegeben von Gerhard Kluge · 1569 Seiten

TB 35
Friedrich Schiller
Don Karlos
Herausgegeben von Gerhard Kluge
1369 Seiten

TB 36
E. T. A. Hoffmann
Nachtstücke / Werke 1816-1820
Herausgegeben von Hartmut Steinecke
und Gerhard Allroggen · 1206 Seiten

TB 37
Immanuel Kant
Kritik der Urteilskraft
Schriften zur Ästhetik und Naturphilosophie
Herausgegeben von Manfred Frank und
Véronique Zanetti · 1387 Seiten

TB 38
Johann Wolfgang Goethe
West-östlicher Divan
Zwei Teilbände
Herausgegeben von Hendrik Birus · ca. 2080 Seiten

TB 39
Wolfram von Eschenbach
Willehalm
Herausgegeben von Joachim Heinzle · 1287 Seiten

TB 40
Gottfried Keller
Züricher Novellen
Herausgegeben von Thomas Böning · 760 Seiten

TB 41
Geschichte der Ökonomie
Herausgegeben von Johannes Burkhardt
und Birger P. Priddat · 975 Seiten

TB 42
Gotthold Ephraim Lessing
Minna von Barnhelm / Hamburgische Dramaturgie
Heraugegeben von Klaus Bohnen · 1142 Seiten

TB 43
Lyrik des späten Mittelalters
Herausgegeben von Burghart Wachinger · 1070 Seiten

TB 44
Johann Wolfgang Goethe
Gedichte 1756-1799
Herausgegeben von Karl Eibl · 1336 Seiten

TB 45
Johann Wolfgang Goethe
Gedichte 1800-1832
Herausgegeben von Karl Eibl · 1432 Seiten

TB 46
Christoph Martin Wieland
Geschichte des Agathon
Herausgegeben von Klaus Manger · 1156 Seiten

TB 47
Novellistik des Mittelalters
Märendichtung
Herausgegeben, übersetzt und kommentiert
von Klaus Grubmüller · 1384 Seiten

Die Reihe wird fortgesetzt.